公司律师业务进阶系列

合同审查精要与实务指南

(第三版)

《民法典》
全类型合同起草与审查

雷霆◎著

ESSENCE FOR
CONTRACT REVIEW
AND
GUIDANCE FOR
PRACTICE

法律出版社
LAW PRESS·CHINA

北京

图书在版编目（CIP）数据

合同审查精要与实务指南：《民法典》全类型合同起草与审查 / 雷霆著. -- 3 版. -- 北京：法律出版社，2025. -- ISBN 978 - 7 - 5197 - 9604 - 4

Ⅰ. D923.64

中国国家版本馆 CIP 数据核字第 2024RC5093 号

合同审查精要与实务指南（第三版）
——《民法典》全类型合同起草与审查
HETONG SHENCHA JINGYAO YU SHIWU ZHINAN(DI - SAN BAN)
——《MINFADIAN》QUANLEIXING HETONG QICAO YU SHENCHA

雷　霆著

策划编辑　冯雨春　李沂蔚
责任编辑　李沂蔚
装帧设计　李　瞻

出版发行	法律出版社	开本	710 毫米×1000 毫米　1/16
编辑统筹	法律应用出版分社	印张	65.25　　字数 1168 千
责任校对	王　丰	版本	2025 年 1 月第 3 版
责任印制	刘晓伟	印次	2025 年 1 月第 1 次印刷
经　　销	新华书店	印刷	三河市龙大印装有限公司

地址：北京市丰台区莲花池西里 7 号(100073)
网址：www.lawpress.com.cn　　　　　　　销售电话：010 - 83938349
投稿邮箱：info@lawpress.com.cn　　　　　客服电话：010 - 83938350
举报盗版邮箱：jbwq@lawpress.com.cn　　　咨询电话：010 - 63939796
版权所有·侵权必究

书号：ISBN 978 - 7 - 5197 - 9604 - 4　　　　　定价：258.00 元

凡购买本社图书，如有印装错误，我社负责退换。电话：010 - 83938349

Preface 第三版序

《合同审查精要与实务指南》这套书的定位一直都是有关合同思维、指引的书籍,也是有关合同起草、审查技术的书籍,更是有关合同法实务与争议解决的书籍。本套书从2018年6月第一版、2022年1月第二版相继面世以来,已经走过了将近6年时间,也即将迎来第三版的付梓,而每一次的再版无不都是我国合同法律和实践发生重大变化的里程碑时点。本套书有很多自己的特点,如合同起草审查的体系性、实务性、原创性、可视性以及开放性等,但也存在或多或少的缺点与不足,但这也正是笔者不断完善的动力所在。

随着《民法典总则编司法解释》《民法典合同编通则司法解释》的出台以及2023年修订的《公司法》的施行,我国民商法律尤其是合同法律再次发生了重大的变化,合同纠纷司法实践也对这些变化予以了积极的回应,进而对合同起草、审查实务工作带来了深远的影响。鉴于此,在保持本套书第二版体例结构、写作风格的基础上,对最新的法律、司法解释和司法实践变化予以反映,便于合同法律师或公司法律顾问在实务中开展工作。第三版的主要变化如下:

- ✓ 依照新法律法规、司法解释进行全新重述与改写。在第一册单设第3章"民法典合同编通则司法解释:体系、继承与创新"对民法典合同编通则司法解释的体例结构、相对于征求意见稿的重大变化以及各部分的重大创新规则进行了介绍;另外,在本套书的各章节将司法解释新规则融入合同起草审查实务进行详述。

- ✓ 全面反映合同法实务与审判实践的经验与最新成果。本套书以《民法典》及其相关司法解释为基础脉络,从两个维度予以展开,一是诠释司法解释规则及其该规则背后的审判实践经验和成果;二是新增合同法实务中一些争议难题与审判实践观点。从此意义上讲,本套书实际是一本通过合同起草、审查为视角的合同法实务和争议解决的全书。

- ✓ 将合同法理论、学说与合同起草审查实践紧密结合。在本套书以实务为中心的前提下，适度增加了合同法理论、学说争点等内容，有助于读者了解司法解释规则的理论基础与学说争议，再辅之以司法实践的印证，可以深入理解合同起草审查思路、方法和示范条款背后的逻辑与原理。

✓ 增加合同实务中一些常见条款和争议条款。根据合同起草审查实务的进一步总结和发展，本套书在各章节增加了实务中的一些典型条款和争议条款。如买卖合同中的"加价"条款、建设工程合同的"背靠背"条款、借款合同中的"加速到期""交叉违约"条款、融资租赁合同中的"禁止中途解约"条款、运输合同中的"喜马拉雅"条款、所有合同适用的"完整合同条款"以及司法实践的观点、立场等。

在本套书再版写作期间，感谢我的家人对我的大力支持，尤其感谢法律出版社的冯雨春老师不厌其烦地提出写作思路、修改建议，没有你们的包容、理解和支持，本套书再版不会顺利的付梓。应该讲，本套书再版是笔者基于对《民法典》合同法律制度、《民法典合同编通则司法解释》等司法解释、相关规范性文件以及司法判例的研究、理解、总结和探索，错误和不妥之处在所难免。读者在实务工作中一定要以法律法规为准，避免理解和执行出现偏差和错误。我也非常欢迎各位专家、学者、律师或法律顾问、企业管理人员、财税专业人士不吝赐教，对本套书内容的错误和不足之处给予批评和指正！

雷 霆

2024 年 5 月于成都

Preface 第二版序

2018年6月,《合同审查精要与实务指南》一书付梓。自该书出版以来,受到公司(企业)集团、律所、投行、管理咨询等各界法务、财税、咨询人士的广泛关注,获得了好评,亦收获了批评和意见,在此表示由衷的感谢。

《民法典》于2020年5月28日审议通过,并已于2021年1月1日起施行,这是我国法律"里程碑"式的事件,《民法典》改变了我们日常生活的同时,也改变了我国民法的制度体例,对合同法律制度亦影响深远。在新的法典面前,法务人士如何重新理解和构建合同起草、审查工作,如何面对新法对合同业务的变化、影响和挑战,这是笔者在出版社邀请修订本书时欣然接受并开启工作的主要原因。在《民法典》出台将近一年后,笔者完成了第二版的稿件,在保留第一版特点、风格和内容的基础上,第二版存在如下重大变化:

- **在结构体例上作出了重大调整**。从合同法律业务的逻辑上,将全书重构为两册。第一册包含"合同起草、审查的基础思维"和"合同起草、审查的基本技能"两篇十五章,按照基础思维和基本技能两大逻辑主线来组织。前者包含四章,主要介绍合同法律业务的基础思维,构建了合同起草、审查工作的"2+8"逻辑模型,介绍了《民法典》合同法律制度的体例、逻辑和衔接适用以及全面合同管理的相关内容;后者包含十一章,主要介绍合同法律业务的步骤、方法、写作技巧,以及合同主体、合同订立、合同结构、合同通常条款审查等基本技能层面的内容。第二册包含"典型合同起草、审查精要与实务"和"非典型合同起草、审查精要与实务"两篇二十一章,按照《民法典》合同编典型合同分编的结构体例,划分典型合同与非典型合同分别排列,结构体例更为清晰。前者包含十三章,涵盖了《民法典》典型合同分编的绝大部分典型合同;后者包含八章,纳入了营销类合同、市场(广告)类合同、股权转让(并购)类合同、外商投资类合同等非典型性合同。经过调整后,全书由原一册二十五个专题变为两册三十六章。

- **依据《民法典》及最新司法解释、司法判例展开撰写**。主要体现为如下几个方面:一是第一册第Ⅰ篇新增"《民法典》合同法律制度:体系、逻辑与衔接适用"一章;二是第二册第Ⅰ篇新增"借款合同""保证合同""保理合同""合伙合同"四类典型合同;三是第二册第Ⅱ篇新增"股权代持协议"一章,并将原"合营合同"依据《外商投资法》及司法解释修改为"外商投资合同";四是本套书各章完全按照新法进行撰写,精选了大量最新司法判例和裁判规则,更为准确、详尽,反映了最新的法律和司法实践,称之为一套从"合同"入手学些"合同法"的书籍亦不为过。

- **与合同起草、审查法律实务契合度更高、逻辑性更强**。相较于第一版,本套书在总结实务经验的基础上,在第一册第Ⅰ篇开篇归纳总结了"2+8"的基础思维模型,起到"提纲挈领"的作用,新增了《民法典》合同法律制度的介绍;在第一册第Ⅱ篇新增了合同起草、审查的基本步骤与方法、合同条款的写作技能两章;在合同对方选择方式中新增了拍卖、挂牌、竞争性谈判(磋商)和单一来源采购等方式;在合同订立风险管控疑难部分中增加了国有资产交易合同、独立报批条款、"合同+订单"模式、"主合同+配套合同"以及"倒签合同"等内容;将原合同通用条款审查拆分为三章,分别介绍序言条款、合同正文通用条款和合同结尾与用印,更为详尽,结合司法裁判案例和规则,有助于合同的起草和审查。

- **全书配以大量的图例、表格,可视化效果更佳**。在保持第一版特点、风格的基础上,本套书增加了更多的总结图例和表格,用以展示法律规定、司法解释和实务要点,可视化程度更高;另外,通过大量的合同示范、参考条款的分析和修订,在了解、熟悉商业模式的基础上,展示了如何运用法律知识、方法技巧起草、审查、修订合同,可以称之为一套图解合同起草审查的书籍。

在本套书写作期间,感谢我的家人对我的大力支持,尤其感谢法律出版社的冯雨春老师、李沂蔚老师不厌其烦地提出写作思路、修改建议,没有你们的包容、理解和支持,本套书不会顺利地付梓。应该讲,本套书是笔者基于对《民法典》合同法律制度、最新司法解释、相关规范性文件以及司法判例的研究、理解、总结和探索,错误和不妥之处在所难免。读者在实务工作中一定要以法律法规为准,避免理解和执行出现偏差和错误。我也非常欢迎各位专家、学者、律师或法律顾问、企业管理人员、财税专业人士不吝赐教,对本套书内容的错误和不足之处给予批评和指正!

雷 霆
2021年12月于成都

Preface 第一版序

自学习和应用合同法已逾20年,笔者深知"契约自由"是合同法的灵魂和生命。契约自由的核心是任何人只能被他所同意的义务约束。契约虽然是当事人双方意思表示一致的产物,但这种"一致"一旦形成,便成为独立于双方当事人的异化物,任何一方均无权改变这个曾经是自己意志的产物,而应当遵守它,故各国合同法均规定:依法成立的契约,在当事人之间具有相当于法律的效力。如果一方当事人违反它,就会受到法律的制裁。此外,契约自由意味着没有任何一方可以将自己的意志任意强加于对方,契约的达成往往是当事人间博弈和妥协的结果。这在企业合同谈判、撰写和审查中体现得尤其明显。

作为一名公司律师或企业法律顾问,在进行合同业务审查时,首先,需要考虑的是合同的目的和商业价值,尽力去促成交易;其次,还需要考虑各方的商业和法律风险;最后,合同利益的公平和平衡无疑是当然之义。在实践中,合同审查业务已经形成了一整套的制度、流程和审查理念、原则和方法。为了公司律师或企业法律顾问在日常工作中有一本合同审查业务的工具书或参考书,笔者应法律出版社的邀请,欣然撰写本书,希望将自己的经验、教训和一些心得体会与读者进行分享。

本书分为三篇。第一篇主要介绍了合同管理和合同审查基础的相关内容。在本篇中,读者可以了解到一个企业集团是如何组织和管理合同业务的,还可以关注到合同审查基本理念、原则及审查流程,以及合同文本审查之外的一些事项。例如,合同当事人主体资格的审查、合同形式的选择、合同订立的法律风险管控以及合同框架结构和通用条款的审查等。第二篇主要介绍了企业日常工作中经常会遇到的分类合同审查业务。本篇主要从分类合同的基本概念、原理出发,介绍分类合同的框架结构后,对分类合同的核心条款进行详细解读,并通过实例和司法裁判来诠释合同的审查和修订。第三篇主要介绍了企业通常会涉及的一些特殊、重大合同的审查。这些合同包括股权转让协议、保密协议、中外合营企业合同、知识产权类许可合同、PPP项目合同以及合同的涉税及发票条款审查等内容。为了避免重复,有关资本交易合同审查的更为详尽的内容,读者可以参阅作者另外一本拙作《资本交易法律文书精要详解及实务指南》(法律出版社2015年版)。

尽管市面上有关合同审查的书籍众多,但笔者认为,本书尤其具有如下三个方面的特点:

- 在介绍合同法原理和规定的基础之上,从商业交易和商业模式为出发点,采用实际案例和示例条款的方式来介绍如何进行合同审查和修订。全面诠释合同风险识别、审查要点以及一些特殊注意事项。
- 将合同审查业务与司法实践紧密结合起来。在司法案例(特别是最高人民法院的公报案例、指导案例以及各高级人民法院的裁判案例)的基础之上,总结与合同审查相关的裁判规则,以之对合同条款拟定和审查提供借鉴。
- 在最新的法律法规变化(例如,外商投资企业法规的修订、公司法司法解释四)的基础上,结合合同业务审查实践,介绍在合同条款中如何反映这些新的变化和新的要求。

应该说,本书是笔者对最新合同法规、公司法规、司法解释以及相关规范性文件的研究、理解、总结和探索,错误和不妥之处在所难免。读者在实务工作中一定要以法律法规为准,避免理解和执行出现偏差和错误。我也非常欢迎各位专家、学者、律师或法律顾问、企业管理人员、财税专业人士不吝赐教,对本书内容的错误和不足之处给予批评和指正!

雷 霆
2018年2月于成都

缩略语表

序号	简称	全 称
	一、法律法规	
1	《民法典》	《中华人民共和国民法典》（2020年5月28日第十三届全国人民代表大会第三次会议通过，自2021年1月1日起施行）
2	《民法通则》（2009年修正）	《中华人民共和国民法通则》（主席令第18号，被《民法典》于2021年1月1日起废止）
3	《民法总则》	《中华人民共和国民法总则》（主席令第66号，被《民法典》于2021年1月1日起废止）
4	《合同法》	《中华人民共和国合同法》（主席令第15号，被《民法典》于2021年1月1日起废止）
5	《物权法》	《中华人民共和国物权法》（主席令第62号，被《民法典》于2021年1月1日起废止）
6	《外商投资法》	《中华人民共和国外商投资法》（主席令第26号，自2020年1月1日起施行）
7	《中外合资经营企业法》（2016年修正）	《中华人民共和国中外合资经营企业法》（主席令第51号，被《外商投资法》于2020年1月1日起废止）
8	《中外合作经营企业法》（2017年修正）	《中华人民共和国中外合作经营企业法》（主席令第81号，被《外商投资法》于2020年1月1日起废止）
9	《外资企业法》（2016年修正）	《中华人民共和国外资企业法》（主席令第51号，被《外商投资法》于2020年1月1日起废止）
10	《城市房地产管理法》（2019年修正）	《中华人民共和国城市房地产管理法》（主席令第32号，2019年8月26日第十三届全国人民代表大会常务委员会第十二次会议《关于修改〈中华人民共和国土地管理法〉、〈中华人民共和国城市房地产管理法〉的决定》第三次修正）

续表

序号	简称	全称
11	《土地管理法》（2019年修正）	《中华人民共和国土地管理法》（主席令第32号，2019年8月26日第十三届全国人民代表大会常务委员会第十二次会议《关于修改〈中华人民共和国土地管理法〉、〈中华人民共和国城市房地产管理法〉的决定》第三次修正）
12	《仲裁法》（2017年修正）	《中华人民共和国仲裁法》（主席令第76号，2017年9月1日第十二届全国人民代表大会常务委员会第二十九次会议《关于修改〈中华人民共和国法官法〉等八部法律的决定》第二次修正）
13	《立法法》（2023年修正）	《中华人民共和国立法法》（主席令第3号，2023年3月13日第十四届全国人民代表大会第一次会议《关于修改〈中华人民共和国立法法〉的决定》第二次修正）
14	《涉外民事关系法律适用法》	《中华人民共和国涉外民事关系法律适用法》（主席令第36号，自2011年4月11日起施行）
15	《民事诉讼法》（2023年修正）	《中华人民共和国民事诉讼法》（主席令第11号，2023年9月1日第十四届全国人民代表大会常务委员会第五次会议《关于修改〈中华人民共和国民事诉讼法〉的决定》第五次修正）
16	《政府采购法》（2014年修正）	《中华人民共和国政府采购法》（主席令第14号，2014年8月31日第十二届全国人民代表大会常务委员会第十次会议《关于修改〈中华人民共和国保险法〉等五部法律的决定》修正）
17	《招投标法》（2017年修正）	《中华人民共和国招标投标法》（主席令第86号，2017年12月27日第十二届全国人民代表大会常务委员会第三十一次会议《关于修改〈中华人民共和国招标投标法〉、〈中华人民共和国计量法〉的决定》修正）
18	《招投标法实施条例》（2019年修订）	《中华人民共和国招标投标法实施条例》（国务院令第709号，2019年3月2日《国务院关于修改部分行政法规的决定》第三次修订）
19	《拍卖法》（2015年修正）	《中华人民共和国拍卖法》（主席令第24号，2015年4月24日第十二届全国人民代表大会常务委员会第十四次会议《关于修改〈中华人民共和国电力法〉等六部法律的决定》第二次修正）
20	《矿业权转让管理办法》（2014年修订）	《探矿权采矿权转让管理办法》（国务院令第653号，2014年7月29日《国务院关于修改部分行政法规的决定》修订）
21	《电子签名法》（2019年修正）	《中华人民共和国电子签名法》（主席令第29号，2019年4月23日第十三届全国人民代表大会常务委员会第十次会议《关于修改〈中华人民共和国建筑法〉等八部法律的决定》第二次修正）
22	《建筑法》（2019年修正）	《中华人民共和国建筑法》（主席令第29号，2019年4月23日第十三届全国人民代表大会常务委员会第十次会议《关于修改〈中华人民共和国建筑法〉等八部法律的决定》第二次修正）

续表

序号	简称	全　称
23	《城乡规划法》（2019 年修正）	《中华人民共和国城乡规划法》（主席令第 29 号，2019 年 4 月 23 日第十三届全国人民代表大会常务委员会第十次会议《关于修改〈中华人民共和国建筑法〉等八部法律的决定》第二次修正）
24	《建设工程质量管理条例》（2019 年修订）	《建设工程质量管理条例》（国务院令第 714 号，2019 年 4 月 23 日《国务院关于修改部分行政法规的决定》第二次修订）
25	《建设工程勘察设计管理条例》（2017 年修订）	《建设工程勘察设计管理条例》（国务院令第 687 号，2017 年 10 月 7 日《国务院关于修改部分行政法规的决定》第二次修订）
26	《公司法》（2018 年修正）	《中华人民共和国公司法》（主席令第 15 号，2018 年 10 月 26 日第十三届全国人民代表大会常务委员会第六次会议《关于修改〈中华人民共和国公司法〉的决定》第四次修正）
27	《公司登记管理条例》（2016 年修订）	《中华人民共和国公司登记管理条例》（国务院令第 666 号，被《市场主体登记管理条例》于 2022 年 3 月 1 日起废止）
28	《公示暂行条例》（已被修改）	《企业信息公示暂行条例》（国务院令第 654 号，于 2024 年 5 月 1 日被修改）
29	《法人登记管理条例》（2019 年修订）	《中华人民共和国企业法人登记管理条例》（国务院令第 709 号，被《市场主体登记管理条例》于 2022 年 3 月 1 日起废止）
30	《市场主体登记管理条例》	《中华人民共和国市场主体登记管理条例》（国务院令第 746 号，自 2022 年 3 月 1 日起施行）
31	《个人独资企业法》	《中华人民共和国个人独资企业法》（主席令第 20 号，自 2000 年 1 月 1 日起施行）
32	《合伙企业法》（2006 年修订）	《中华人民共和国合伙企业法》（主席令第 55 号，中华人民共和国第十届全国人民代表大会常务委员会第二十三次会议于 2006 年 8 月 27 日修订）
33	《乡镇企业法》	《中华人民共和国乡镇企业法》（主席令第 76 号）
34	《企业国有资产法》	《中华人民共和国企业国有资产法》（主席令第 5 号）
35	《商业银行法》（2015 年修正）	《中华人民共和国商业银行法》（主席令第 34 号，2015 年 8 月 29 日第十二届全国人民代表大会常务委员会第十六次会议《关于修改〈中华人民共和国商业银行法〉的决定》第二次修正）
36	《社会保险法》（2018 年修正）	《中华人民共和国社会保险法》（主席令第 25 号，2018 年 12 月 29 日第十三届全国人民代表大会常务委员会第七次会议《关于修改〈中华人民共和国社会保险法〉的规定》修正）

续表

序号	简称	全　称
37	《民办教育促进法》（2018年修正）	《中华人民共和国民办教育促进法》（主席令第24号，2018年12月29日第十三届全国人民代表大会常务委员会第七次会议《关于修改〈中华人民共和国劳动法〉等七部法律的决定》第三次修正）
38	《海商法》	《中华人民共和国海商法》（主席令第64号，自1993年7月1日起施行）
39	《消费者权益保护法》（2013年修正）	《中华人民共和国消费者权益保护法》（主席令第7号，2013年10月25日第十二届全国人民代表大会常务委员会第五次会议《关于修改〈中华人民共和国消费者权益保护法〉的决定》第二次修正）
40	《律师法》（2017年修正）	《中华人民共和国律师法》（主席令第76号，2017年9月1日第十二届全国人民代表大会常务委员会第二十九次会议《关于修改〈中华人民共和国法官法〉等八部法律的决定》第三次修正）
41	《食品安全法》（2021年修正）	《中华人民共和国食品安全法》（主席令第81号，2021年4月29日第十三届全国人民代表大会常务委员会第二十八次会议《关于修改〈中华人民共和国道路交通安全法〉等八部法律的决定》第二次修正）
42	《固体废物污染环境防治法》（2020年修订）	《中华人民共和国固体废物污染环境防治法》（主席令第43号，中华人民共和国第十三届全国人民代表大会常务委员会第十七次会议于2020年4月29日修订）
43	《专利法》（2020年修正）	《中华人民共和国专利法》（主席令第55号，2020年10月17日第十三届全国人民代表大会常务委员会第二十二次会议《关于修改〈中华人民共和国专利法〉的决定》第四次修正）
44	《著作权法》（2020年修正）	《中华人民共和国著作权法》（主席令第62号，2020年11月11日第十三届全国人民代表大会常务委员会第二十三次会议《关于修改〈中华人民共和国著作权法〉的决定》第三次修正）
45	《商标法》（2019年修正）	《中华人民共和国商标法》（主席令第29号，2019年4月23日第十三届全国人民代表大会常务委员会第十次会议《关于修改〈中华人民共和国建筑法〉等八部法律的决定》第四次修正）
46	《著作权法实施条例》（2013年修订）	《中华人民共和国著作权法实施条例》（国务院令第633号，2013年1月30日《国务院关于修改〈中华人民共和国著作权法实施条例〉的决定》第二次修订）
47	《反垄断法》（2022年修正）	《中华人民共和国反垄断法》（主席令第116号，2022年6月24日第十三届全国人民代表大会常务委员会第三十五次会议《关于修改〈中华人民共和国反垄断法〉的决定》修正）

续表

序号	简称	全称
48	《广告法》(2021年修正)	《中华人民共和国广告法》(主席令第81号,2021年4月29日第十三届全国人民代表大会常务委员会第二十八次会议《关于修改〈中华人民共和国道路交通安全法〉等八部法律的决定》第二次修正)
49	《反不正当竞争法》(2019年修正)	《中华人民共和国反不正当竞争法》(主席令第29号,2019年4月23日第十三届全国人民代表大会常务委员会第十次会议《关于修改〈中华人民共和国建筑法〉等八部法律的决定》修正)
50	《税收征管法》(2015年修正)	《中华人民共和国税收征收管理法》(主席令第23号,2015年4月24日第十二届全国人民代表大会常务委员会第十四次会议《关于修改〈中华人民共和国港口法〉等七部法律的决定》第三次修正)
51	《发票管理办法》(2023年修订)	《中华人民共和国发票管理办法》(国务院令第764号,2023年7月20日《国务院关于修改和废止部分行政法规的决定》第三次修订)
52	《证券法》(2019年修订)	《中华人民共和国证券法》(主席令第37号,2019年12月28日第十三届全国人民代表大会常务委员会第十五次会议第二次修订)
53	《电信条例》(2016年修订)	《中华人民共和国电信条例》(国务院令第666号,2016年2月6日《国务院关于修改部分行政法规的决定》第二次修订)
54	《道路运输条例》(2023年修订)	《中华人民共和国道路运输条例》(国务院令第764号,2023年7月20日《国务院关于修改和废止部分行政法规的决定》第五次修订)
55	《公司法》(2023年修订)	《中华人民共和国公司法》(主席令第15号,2023年12月29日第十四届全国人民代表大会常务委员会第七次会议第二次修订)
	二、司法解释及政策文件	
1	《时间效力司法解释》	《最高人民法院关于适用〈中华人民共和国民法典〉时间效力的若干规定》(法释〔2020〕15号)
2	《婚姻家庭编司法解释(一)》	《最高人民法院关于适用〈中华人民共和国民法典〉婚姻家庭编的解释(一)》(法释〔2020〕22号)
3	《物权编司法解释(一)》	《最高人民法院关于适用〈中华人民共和国民法典〉物权编的解释(一)》(法释〔2020〕24号)
4	《施工合同司法解释(一)》	《最高人民法院关于审理建设工程施工合同纠纷案件适用法律问题的解释(一)》(法释〔2020〕25号)

续表

序号	简称	全称
5	《担保制度司法解释》	《最高人民法院关于适用〈中华人民共和国民法典〉有关担保制度的解释》（法释〔2020〕28号）
6	《贯彻实施民法典会议纪要》	《最高人民法院关于印发〈全国法院贯彻实施民法典工作会议纪要〉的通知》（法〔2021〕94号）
7	《九民纪要》	《最高人民法院关于印发〈全国法院民商事审判工作会议纪要〉的通知》（法〔2019〕254号）
8	《民通意见》（已失效）	《最高人民法院关于贯彻执行〈中华人民共和国民法通则〉若干问题的意见（试行）》〔法（办）发〔1988〕6号，于2021年1月1日起废止〕
9	《担保法司法解释》	《最高人民法院关于适用〈中华人民共和国担保法〉若干问题的解释》（法释〔2000〕44号，于2021年1月1日起废止）
10	《合同法司法解释（一）》	《最高人民法院关于适用〈中华人民共和国合同法〉若干问题的解释（一）》（法释〔1999〕19号，于2021年1月1日起废止）
11	《合同法司法解释（二）》	《最高人民法院关于适用〈中华人民共和国合同法〉若干问题的解释（二）》（法释〔2009〕5号，于2021年1月1日起废止）
12	《建设工程司法解释（二）》（2018年）	《最高人民法院关于审理建设工程施工合同纠纷案件适用法律问题的解释（二）》（法释〔2018〕20号，于2021年1月1日起废止）
13	《仲裁法司法解释》（2008年调整）	《最高人民法院关于适用〈中华人民共和国仲裁法〉若干问题的解释》（2008年12月16日发布的《最高人民法院关于调整司法解释等文件中引用〈中华人民共和国民事诉讼法〉条文序号的决定》调整）
14	《买卖合同司法解释》（2012年）（已被修改）	《最高人民法院关于审理买卖合同纠纷案件适用法律问题的解释》（法释〔2012〕8号，于2021年1月1日被修改）
15	《买卖合同司法解释》（2020年修正）	《最高人民法院关于审理买卖合同纠纷案件适用法律问题的解释》（法释〔2020〕17号，2020年12月23日最高人民法院审判委员会第1823次会议通过的《最高人民法院关于修改〈最高人民法院关于在民事审判工作中适用《中华人民共和国工会法》若干问题的解释〉等二十七件民事类司法解释的决定》修正）
16	《商品房买卖合同司法解释》（2020年修正）	《最高人民法院关于审理商品房买卖合同纠纷案件适用法律若干问题的解释》（法释〔2020〕17号，2020年12月23日最高人民法院审判委员会第1823次会议通过的《最高人民法院关于修改〈最高人民法院关于在民事审判工作中适用《中华人民共和国工会法》若干问题的解释〉等二十七件民事类司法解释的决定》修正）

续表

序号	简称	全称
17	《民事诉讼证据规定》(2019年修正)	《最高人民法院关于民事诉讼证据的若干规定》(法释〔2019〕19号,自2020年5月1日起施行)
18	《民事诉讼法司法解释》(2022年修正)	《最高人民法院关于适用〈中华人民共和国民事诉讼法〉的解释》(法释〔2022〕11号,2022年3月22日最高人民法院审判委员会第1866次会议通过的《最高人民法院关于修改〈最高人民法院关于适用〈中华人民共和国民事诉讼法〉的解释〉的决定》第二次修正,该修正自2022年4月10日起施行)
19	《外商投资企业纠纷司法解释(一)》(2010年)	《最高人民法院关于审理外商投资企业纠纷案件若干问题的规定(一)》(法释〔2010〕9号,于2021年1月1日被修改)
20	《外商投资企业纠纷司法解释(一)》(2020年修正)	《最高人民法院关于审理外商投资企业纠纷案件若干问题的规定(一)》(法释〔2020〕18号,2020年12月23日最高人民法院审判委员会第1823次会议通过的《最高人民法院关于修改〈最高人民法院关于破产企业国有划拨土地使用权应否列入破产财产等问题的批复〉等二十九件商事类司法解释的决定》修正)
21	《外商投资法司法解释》	《最高人民法院关于适用〈中华人民共和国外商投资法〉若干问题的解释》(法释〔2019〕20号)
22	《网络司法拍卖司法解释》	《最高人民法院关于人民法院网络司法拍卖若干问题的规定》(法释〔2016〕18号)
23	《互联网法院审理案件规定》	《最高人民法院关于互联网法院审理案件若干问题的规定》(法释〔2018〕16号)
24	《矿业权纠纷司法解释》(2020年修正)	《最高人民法院关于审理矿业权纠纷案件适用法律若干问题的解释》(法释〔2020〕17号,2020年12月23日最高人民法院审判委员会第1823次会议通过的《最高人民法院关于修改〈最高人民法院关于在民事审判工作中适用〈中华人民共和国工会法〉若干问题的解释〉等二十七件民事类司法解释的决定》修正)
25	《民间借贷司法解释》(2015年)	《最高人民法院关于审理民间借贷案件适用法律若干问题的规定》(法释〔2015〕18号,2015年6月23日由最高人民法院审判委员会第1655次会议通过)
26	《民间借贷司法解释》(2020年修正)	《最高人民法院关于审理民间借贷案件适用法律若干问题的规定》(法释〔2020〕6号,于2020年8月18日最高人民法院审判委员会第1809次会议《关于修改〈关于审理民间借贷案件适用法律若干问题的规定〉的决定》修正)
27	《民间借贷司法解释》(2020年第二次修正)	《最高人民法院关于审理民间借贷案件适用法律若干问题的规定》(法释〔2020〕17号,2020年12月23日最高人民法院审判委员会第1823次会议通过的《最高人民法院关于修改〈最高人民法院关于在民事审判工作中适用〈中华人民共和国工会法〉若干问题的解释〉等二十七件民事类司法解释的决定》第二次修正)

续表

序号	简称	全称
28	《房屋租赁合同司法解释》(2020年修正)	《最高人民法院关于审理城镇房屋租赁合同纠纷案件具体应用法律若干问题的解释》(法释〔2020〕17号,2020年12月23日最高人民法院审判委员会第1823次会议通过的《最高人民法院关于修改〈最高人民法院关于在民事审判工作中适用《中华人民共和国工会法》若干问题的解释〉等二十七件民事类司法解释的决定》修正)
29	《融资租赁合同司法解释》(2020年修正)	《最高人民法院关于审理融资租赁合同纠纷案件适用法律问题的解释》(法释〔2020〕17号,2020年12月23日最高人民法院审判委员会第1823次会议通过的《最高人民法院关于修改〈最高人民法院关于在民事审判工作中适用《中华人民共和国工会法》若干问题的解释〉等二十七件民事类司法解释的决定》修正)
30	《建筑物区分所有权司法解释》(2020年修正)	《最高人民法院关于审理建筑物区分所有权纠纷案件适用法律若干问题的解释》(法释〔2020〕17号,2020年12月23日最高人民法院审判委员会第1823次会议通过的《最高人民法院关于修改〈最高人民法院关于在民事审判工作中适用《中华人民共和国工会法》若干问题的解释〉等二十七件民事类司法解释的决定》修正)
31	《技术合同司法解释》(2020年修正)	《最高人民法院关于审理技术合同纠纷案件适用法律若干问题的解释》(法释〔2020〕19号,2020年12月23日最高人民法院审判委员会第1823次会议通过的《最高人民法院关于修改〈最高人民法院关于审理侵犯专利权纠纷案件应用法律若干问题的解释(二)〉等二十八件知识类司法解释的决定》修正)
32	《侵犯商业秘密司法解释》	《最高人民法院关于审理侵犯商业秘密民事案件适用法律若干问题的规定》(法释〔2020〕7号,自2020年9月12日起施行)
33	《不正当竞争司法解释》	《最高人民法院关于适用〈中华人民共和国反不正当竞争法〉若干问题的解释》(法释〔2022〕9号,自2022年3月20日起施行)
34	《独立保函司法解释》(2020年修正)	《最高人民法院关于审理独立保函纠纷案件若干问题的规定》(法释〔2020〕18号,2020年12月23日最高人民法院审判委员会第1823次会议通过的《最高人民法院关于修改〈最高人民法院关于破产企业国有划拨土地使用权应否列入破产财产等问题的批复〉等二十九件商事类司法解释的决定》修正)
35	《新冠肺炎指导意见(一)》	《最高人民法院印发〈关于依法妥善审理涉新冠肺炎疫情民事案件若干问题的指导意见(一)〉的通知》(法发〔2020〕12号,自2020年4月16日起施行)
36	《新冠肺炎指导意见(二)》	《最高人民法院印发〈关于依法妥善审理涉新冠肺炎疫情民事案件若干问题的指导意见(二)〉的通知》(法发〔2020〕17号,自2020年5月15日起施行)

续表

序号	简称	全称
37	《公司法司法解释（一）》（2014年修正）	《最高人民法院关于适用〈中华人民共和国公司法〉若干问题的规定（一）》（法释〔2014〕2号,2014年2月17日最高人民法院审判委员会第1607次会议《关于修改关于适用〈中华人民共和国公司法〉若干问题的规定的决定》修正）
38	《公司法司法解释（二）》（2020年修正）	《最高人民法院关于适用〈中华人民共和国公司法〉若干问题的规定（二）》（法释〔2020〕18号,2020年12月23日最高人民法院审判委员会第1823次会议通过的《最高人民法院关于修改〈最高人民法院关于破产企业国有划拨土地使用权应否列入破产财产等问题的批复〉等二十九件商事类司法解释的决定》第二次修正）
39	《公司法司法解释（三）》（2020年修正）	《最高人民法院关于适用〈中华人民共和国公司法〉若干问题的规定（三）》（法释〔2020〕18号,2020年12月23日最高人民法院审判委员会第1823次会议通过的《最高人民法院关于修改〈最高人民法院关于破产企业国有划拨土地使用权应否列入破产财产等问题的批复〉等二十九件商事类司法解释的决定》第二次修正）
40	《公司法司法解释（四）》（2020年修正）	《最高人民法院关于适用〈中华人民共和国公司法〉若干问题的规定（四）》（法释〔2020〕18号,2020年12月23日最高人民法院审判委员会第1823次会议通过的《最高人民法院关于修改〈最高人民法院关于破产企业国有划拨土地使用权应否列入破产财产等问题的批复〉等二十九件商事类司法解释的决定》修正）
41	《公司法司法解释（五）》（2020年修正）	《最高人民法院关于适用〈中华人民共和国公司法〉若干问题的规定（五）》（法释〔2020〕18号,2020年12月23日最高人民法院审判委员会第1823次会议通过的《最高人民法院关于修改〈最高人民法院关于破产企业国有划拨土地使用权应否列入破产财产等问题的批复〉等二十九件商事类司法解释的决定》修正）
42	《涉外民事关系法律适用法司法解释（一）》（2020年修正）	《最高人民法院关于适用〈中华人民共和国涉外民事关系法律适用法〉若干问题的解释（一）》（法释〔2020〕18号,2020年12月23日最高人民法院审判委员会第1823次会议通过的《最高人民法院关于修改〈最高人民法院关于破产企业国有划拨土地使用权应否列入破产财产等问题的批复〉等二十九件商事类司法解释的决定》修正）
43	《涉外民事关系法律适用法司法解释（二）》	《最高人民法院关于适用〈中华人民共和国涉外民事关系法律适用法〉若干问题的解释（二）》（法释〔2023〕12号,2023年8月30日由最高人民法院审判委员会第1898次会议通过,自2024年1月1日起施行）
44	《民法典总则编司法解释》	《最高人民法院关于适用〈中华人民共和国民法典〉总则编若干问题的解释》（法释〔2022〕6号,2021年12月30日由最高人民法院审判委员会第1861次会议通过,自2022年3月1日起施行）

续表

序号	简称	全　称
45	《民法典合同编通则司法解释》	《最高人民法院关于适用〈中华人民共和国民法典〉合同编通则若干问题的解释》（法释〔2023〕13号，2023年5月23日由最高人民法院审判委员会第1889次会议通过，自2023年12月5日起施行）
	三、国际公约及其他文件	
1	《联合国国际贸易中应收账款转让公约》	United Nations Convention on the Assignment of Receivables in International Trade
2	《联合国国际货物销售合同公约》	The United Nations Convention on Contracts for the International Sale of Goods（CISG）
3	《国际商事合同通则》	UNIDROIT Principles of International Commercial Contracts（PICC）
4	《欧洲合同法原则》	The Principles of European Contract Law（PECL）
5	《统一商法典》	The Uniform Commercial Code（UCC）
6	《联合国动产担保立法指南》	UNCITRAL Legislative Guide on Secured Transactions（LGST）

Contents 简 目

第 I 篇 典型合同起草、审查精要与实务

本篇概览	1
第1章 买卖合同起草、审查精要与实务	3
第2章 借款合同起草、审查精要与实务	108
第3章 租赁类合同起草、审查精要与实务	147
第4章 承揽合同起草、审查精要与实务	229
第5章 建设工程合同起草、审查精要与实务	254
第6章 运输合同起草、审查精要与实务	336
第7章 技术合同起草、审查精要与实务	360
第8章 知识产权许可类合同起草、审查精要与实务	410
第9章 保管、仓储合同起草、审查精要与实务	463
第10章 委托合同起草、审查精要与实务	482
第11章 保证合同起草、审查精要与实务	497
第12章 保理合同起草、审查精要与实务	553
第13章 民事合伙合同起草、审查精要与实务	599

第 II 篇 非典型合同起草、审查精要与实务

本篇概览	635
第14章 营销类合同起草、审查精要与实务	637
第15章 市场(广告)类合同起草、审查精要与实务	685
第16章 保密协议(条款)起草、审查精要与实务	704

第 17 章　股权转让（并购）合同起草、审查精要与实务 …………………… 726

第 18 章　股权代持协议起草、审查精要与实务 …………………………… 789

第 19 章　外商投资合同起草、审查精要与实务 …………………………… 838

第 20 章　PPP 项目合同起草、审查精要与实务 …………………………… 872

第 21 章　合同涉税及发票条款审查精要与实务 …………………………… 930

附录　本书主要参考文献 ……………………………………………………… 992

Contents 目 录

第Ⅰ篇 典型合同起草、审查精要与实务

第1章 买卖合同起草、审查精要与实务 … 3
第一节 买卖合同的概念、特征、种类与结构 … 3
一、买卖合同的概念与特征 … 3
二、买卖合同的种类 … 4
三、买卖合同的框架结构 … 5

第二节 买卖合同的主要条款审查 … 5
一、标的条款 … 5
【例1-1】物权的处分行为有别于负担行为,解除合同并非对物进行处分的方式 … 7
【例1-2】设备买卖合同标的物条款 … 9
二、价款与结算条款 … 10
(一)价款数额及其支付方式 … 10
(二)价款的支付时间 … 10
(三)价款的支付地点 … 12
【例1-3】设备买卖合同价款及结算条款 … 13
三、质量与包装方式条款 … 14
(一)质量条款 … 14
(二)包装方式条款 … 15
【例1-4】设备买卖合同质量和包装方式条款 … 16
四、交付与验收条款 … 16

（一）标的物交付条款 …………………………………………… 16
　　【例1-5】买卖合同"标的物交付地"并不必然等于"合同履行地" ………… 18
　　（二）标的物验收条款 …………………………………………… 23
　　【例1-6】设备买卖合同交付和验收条款 …………………………… 32
五、违约责任条款 …………………………………………………… 34
　　（一）质量保证金 ………………………………………………… 34
　　（二）修理费用之负担 …………………………………………… 35
　　【例1-7】设备买卖合同质量保证条款 ……………………………… 35
　　（三）减价责任 …………………………………………………… 36
　　（四）逾期付款违约金 …………………………………………… 36
　　（五）违反从给付义务的合同解除 ………………………………… 39
　　（六）违约金条款与违约方解除 …………………………………… 42
　　【例1-8】合同不具备继续履行条件的，可以允许违约方解除合同 ………… 42
　　（七）定金和损害赔偿条款 ………………………………………… 44
　　（八）可得利益损失之赔偿 ………………………………………… 44
　　【例1-9】确认违约方的赔偿责任应遵循"可预见规则" ……………… 45
　　（九）瑕疵担保责任免责的例外 …………………………………… 46
　　（十）买受人明知瑕疵免责 ………………………………………… 47

第三节　买卖合同的特殊条款审查 ……………………………………… 47
一、标的物所有权转移条款 ………………………………………… 48
　　（一）标的物所有权转移的时间 …………………………………… 48
　　（二）出卖人转移标的物所有权的义务 …………………………… 49
　　（三）出卖人交付有关单证、资料的义务 ………………………… 50
　　（四）具有知识产权的标的物买卖中知识产权的归属 ……………… 51
二、标的物风险转移条款 …………………………………………… 51
　　（一）标的物风险转移的基本规则：交付转移规则 ……………… 52
　　（二）交付时风险转移规则的例外 ………………………………… 53
　　【例1-10】产品运输及运杂费条款 ………………………………… 55
　　（三）标的物风险转移的其他规则 ………………………………… 56
三、所有权保留条款 ………………………………………………… 57
　　（一）所有权保留的概念与制度安排 ……………………………… 57
　　（二）所有权保留适用于可参照适用买卖合同的有偿合同 ………… 58

（三）所有权保留不适用于不动产 …………………………………………… 59
　　（四）标的物"取回权"和损失"索赔权" ………………………………… 59
　　（五）标的物"取回权"的限制 …………………………………………… 62
　　（六）买受人的"回赎权"和出卖人的"再出售权" …………………… 64
　　【例 1-11】出卖人的"再出售"的价款清结 …………………………… 65
　　【例 1-12】"取回权""再出售权"与标的物使用费的关系 ………… 70
　　（七）所有权保留的担保功能 ……………………………………………… 73
　　（八）所有权保留下的价款优先权 ………………………………………… 75
　　【例 1-13】所有权保留场合价款优先权的优先顺位 …………………… 77
　　（九）买卖合同所有权保留条款的实务要点 ……………………………… 79

第四节　特种买卖合同的审查 …………………………………………………… 80
　一、分期付款买卖合同 ………………………………………………………… 80
　　（一）分期付款的概念与法律规定 ………………………………………… 80
　　（二）分期付款法规适用的范围 …………………………………………… 82
　　（三）分期付款买卖与所有权保留 ………………………………………… 83
　　（四）分期付款买卖合同的审查要点 ……………………………………… 83
　二、凭样品买卖合同 …………………………………………………………… 84
　　（一）凭样品买卖的概念与法律规定 ……………………………………… 84
　　（二）凭样品买卖合同的审查 ……………………………………………… 86
　　【例 1-14】凭样品买卖合同核心条款 …………………………………… 86
　三、试用买卖合同 ……………………………………………………………… 87
　　（一）试用买卖合同的概念与性质 ………………………………………… 87
　　（二）明示和默示同意购买 ………………………………………………… 88
　　（三）试用买卖的例外 ……………………………………………………… 88
　　（四）试用买卖的使用费 …………………………………………………… 88
　　（五）试用买卖合同的审查 ………………………………………………… 89
　　【例 1-15】试用合同核心条款 …………………………………………… 92
　四、招投标买卖合同 …………………………………………………………… 93
　五、拍卖合同 …………………………………………………………………… 93
　　（一）拍卖的概念 …………………………………………………………… 93
　　（二）拍卖的标的 …………………………………………………………… 94
　六、易货交易合同 ……………………………………………………………… 94

【例1-16】"易货合同"价格的确定 · 95
　第五节　买卖合同的发票问题 · 96
　　一、发票作为付款凭证的争议与司法实践 · 96
　　　（一）发票的概念及其功能 · 96
　　　（二）发票作为收付款凭证的争议 · 97
　　　（三）发票作为收付款凭证的司法实践 · 98
　　【例1-17】发票是否可以作为"已付款凭证" · 100
　　二、买卖合同司法解释对发票证明力的规定 · 101
　　　（一）满足条件的普通发票可以作为付款凭证 · 102
　　　（二）增值税专用发票不能单独证明出卖人已履行交货义务 · 103
　　【例1-18】增值税专用发票不能单独证明买卖合同中卖方已履行标的物的交付义务 · 104
　　　（三）买卖合同发票条款的审查和注意事项 · 107

第2章 借款合同起草、审查精要与实务 · 108
　第一节　借款合同的概念、特征与种类 · 108
　　一、借款合同的概念与特征 · 108
　　二、借款合同的种类 · 109
　第二节　借款合同的效力、成立与生效 · 110
　　一、民间借贷合同的效力 · 110
　　二、自然人借款合同的成立与生效 · 113
　　三、"高利转贷"合同的效力 · 113
　第三节　借款合同的审查 · 114
　　一、借款合同的框架结构 · 114
　　二、借款合同主要条款的审查 · 115
　　　（一）借款合同的主体资格审查 · 115
　　　（二）借款币种、数额、期限、用途与放款方式 · 115
　　【例2-1】借款标的条款 · 115
　　　（三）借款利息 · 117
　　【例2-2】金融借贷利率示例 · 118
　　【例2-3】民间借贷利率条款 · 121
　　　（四）本金逾期与逾期利息 · 132
　　【例2-4】本金逾期与利息逾期条款 · 136

（五）还款及其方式、提前还款 ·· 136
　　【例 2－5】还款方式与提前还款 ··· 136
　　（六）加速到期条款 ·· 137
　　（七）担保条款 ··· 138
　　（八）违约责任条款 ··· 139
　　【例 2－6】交叉违约条款 ·· 141
　　【例 2－7】融资租赁（售后回租）纠纷案：交叉违约条款的适用 ············ 143

第 3 章　租赁类合同起草、审查精要与实务 ··· 147
第一节　租赁合同的概念、特征与类型 ·· 147
　一、租赁合同的概念 ··· 147
　二、租赁合同的特征与种类 ·· 148
　　（一）经营租赁合同的特征与种类 ··· 148
　　（二）融资租赁合同的特征与种类 ··· 148
第二节　经营租赁合同的审查 ··· 150
　一、经营租赁合同的结构 ··· 150
　二、房屋租赁合同的主体审查 ··· 150
　三、房屋租赁合同的标的物审查 ·· 151
　　（一）对租赁房屋的审查 ·· 151
　　（二）对租赁合同条款的审查 ··· 151
　　【例 3－1】租赁物业条款 ·· 152
　四、房屋租赁合同的效力问题 ··· 152
　　（一）房屋系违法建筑时，租赁合同的效力 ······································ 152
　　（二）房屋未经消防验收，租赁合同的效力 ······································ 155
　　（三）房屋未经整体验收，租赁合同的效力 ······································ 159
　　（四）未办理登记备案，租赁合同的效力 ··· 162
　五、租赁房屋的用途 ··· 163
　　【例 3－2】租赁物业用途条款 ·· 163
　六、租赁期限与"免租期"（优惠租期） ·· 164
　　（一）租赁期限的确定 ··· 164
　　（二）免租期（优惠租期） ·· 165
　七、租金及相关费用与支付 ·· 168

【例3-3】租期、租金及支付方式条款 …………………………………… 168

八、租赁房屋的交付与验收 ……………………………………………………… 170

【例3-4】房屋交付与验收条款 ………………………………………… 170

九、租赁房屋的维修和修缮 ……………………………………………………… 170

【例3-5】房屋维修和修缮条款 ………………………………………… 171

十、房屋不能正常使用时如何处理的条款 ……………………………………… 171

十一、关于广告宣传事项的约定 ………………………………………………… 172

十二、转让和转租条款 …………………………………………………………… 173

（一）转让与"买卖不破租赁""承租人优先购买权" ……………………… 173

（二）转租与出租人的"同意权""解除权" ……………………………… 179

【例3-6】房屋转让、转租和续租条款 ………………………………… 181

（三）次承租人代付租金是否是"具有合法利益的第三人" …………… 182

十三、承租人对租赁房屋添附的处理 …………………………………………… 183

十四、合同解除和终止条款 ……………………………………………………… 185

（一）租赁合同的解除 ……………………………………………………… 185

（二）承租人违约，出租人能否主张剩余租期租金 ……………………… 186

十五、租赁期满后优先续租权 …………………………………………………… 187

十六、租赁期满财产的处理 ……………………………………………………… 187

【例3-7】物业交还条款 ………………………………………………… 187

十七、租赁合同的管辖条款 ……………………………………………………… 188

第三节　融资租赁合同特别条款的审查 …………………………………………… 191

一、融资租赁合同的结构 ………………………………………………………… 191

二、融资租赁合同出租方的主体资格审查 ……………………………………… 192

三、融资租赁合同的租赁物 ……………………………………………………… 195

（一）融资租赁物必须是明确的、能独立处分的物 ……………………… 195

【例3-8】融资租赁物必须明确具体、可独立处分（转让） ………… 196

（二）融资租赁物应当具有可租赁性，不得是消耗物、消费物 ………… 197

（三）出租人对融资租赁物应拥有所有权且不存在权利瑕疵 …………… 198

（四）以在建住宅商品房项目作为租赁物 ………………………………… 198

（五）以权利作为租赁物 …………………………………………………… 199

（六）以单纯的软件作为租赁物 …………………………………………… 199

四、融资租赁合同的期限 ………………………………………………………… 200

五、融资租赁合同的租金及支付 ·················· 200
　　（一）租金加速到期条款 ·················· 201
　　（二）出租人的解除权和取回权 ·················· 205
　　【例3-9】请求支付全部未付租金与请求解除合同、取回租赁物应择一行
　　　　使 ·················· 206
六、融资租赁合同的保修条款 ·················· 209
七、融资租赁合同的保险条款 ·················· 209
八、融资租赁合同的担保条款 ·················· 209
　　（一）融资租赁合同的保证金条款 ·················· 209
　　（二）融资租赁合同的其他担保条款 ·················· 210
　　【例3-10】担保条款 ·················· 211
　　【例3-11】出租人授权承租人抵押租赁物给自己，保证人不得据此主张
　　　　应优先实现抵押权 ·················· 212
　　【例3-12】租赁物标识、定位与所有权登记 ·················· 215
九、融资租赁合同期满后留购价款与租赁物归属条款 ·················· 216
　　（一）合同约定承租人支付名义价款取得租赁物所有权的情形 ·················· 216
　　（二）合同约定承租人对租赁物的归还或购买具有选择权的情形 ·················· 217
十、融资租赁合同的违约责任条款 ·················· 219
　　（一）出租人的违约责任条款 ·················· 220
　　（二）承租人的违约责任条款 ·················· 220
十一、融资租赁合同的解除条款 ·················· 221
　　（一）出租人的解除权条款 ·················· 221
　　（二）承租人的解除权条款 ·················· 223
十二、"禁止中途解约"条款 ·················· 223
　　（一）"禁止中途解约"的概念 ·················· 223
　　（二）"禁止中途解约"的适用 ·················· 224
十三、融资租赁合同的管辖条款 ·················· 227

第4章　承揽合同起草、审查精要与实务 ·················· 229
第一节　承揽合同的概念、种类与特征 ·················· 229
一、承揽合同的概念与种类 ·················· 229
二、承揽合同的特征 ·················· 230
第二节　承揽合同与其他合同的区分 ·················· 230

一、承揽合同与买卖合同的区分 …………………………………… 231
　　　【例 4-1】买卖合同和承揽合同的区分 ……………………………… 232
　　　【例 4-2】承揽合同性质认定及合同价款约定不明确时的处理 …… 233
　　二、承揽合同与劳务(雇佣)合同的区分 …………………………… 234
　　　【例 4-3】承揽合同和雇佣关系的区分 ……………………………… 237
　　三、承揽合同与委托合同的区分 …………………………………… 238
　第三节　承揽合同的审查 ……………………………………………… 239
　　一、承揽合同的框架结构 …………………………………………… 239
　　二、承揽合同主要条款的审查 ……………………………………… 240
　　　(一)承揽的标的、数量与质量 …………………………………… 240
　　　【例 4-4】承揽合同对加工产品的规格和参数的约定不符合国家规定,承
　　　　　　　揽人拒绝领受的,责任如何承担 …………………………… 241
　　　【例 4-5】定作人提供了包含未被许可使用的 QS 标志的设计,而承揽人
　　　　　　　照此定作,导致销售产品被查封扣押导致降价损失,责任的范
　　　　　　　围与分担 ……………………………………………………… 242
　　　(二)承揽合同的报酬及支付条款 ………………………………… 244
　　　【例 4-6】设备定作合同价款支付条款 ……………………………… 245
　　　(三)承揽的方式与转包条款 ……………………………………… 245
　　　(四)材料的提供与使用 …………………………………………… 246
　　　【例 4-7】设备定作合同材料和器件提供条款 ……………………… 247
　　　(五)验收的标准、方法及提出异议的期限 ……………………… 247
　　　【例 4-8】未经验收程序径直使用,事后发现质量问题,责任的承担 … 248
　　　(六)留置权或同时履行抗辩权条款 ……………………………… 249
　　　(七)定作人的任意解除权 ………………………………………… 250
　　　(八)定作人的协助义务条款 ……………………………………… 252
　　　(九)承揽人的保密义务条款 ……………………………………… 253

第 5 章　建设工程合同起草、审查精要与实务 …………………………… 254
　第一节　建设工程相关概念与合同类型 ……………………………… 254
　　一、建设工程相关概念 ……………………………………………… 255
　　　(一)建设工程的概念 ……………………………………………… 255
　　　(二)建筑工程的概念 ……………………………………………… 255
　　　(三)建设工程勘察、设计的概念 ………………………………… 255

　　　　（四）建筑业企业的概念 ……………………………………………… 255

　　二、建设工程合同的概念与分类 …………………………………………… 256

　　三、建设工程合同与承揽合同的区分 ……………………………………… 256

　　　　【例5-1】如何区分建设工程合同与承揽合同 ………………………… 257

第二节　建设工程的招投标审查 ……………………………………………… 259

　　一、招标人资格的合法性审查 ……………………………………………… 259

　　二、投标人资格的合法性审查 ……………………………………………… 260

　　三、招投标程序的合法有效性审查 ………………………………………… 260

　　　　（一）投标邀请 …………………………………………………………… 260

　　　　（二）投标人资格预审 …………………………………………………… 261

　　　　（三）招标文件的编制与澄清 …………………………………………… 261

　　　　（四）编制投标文件及提交 ……………………………………………… 261

　　　　（五）开标、评标（投标书澄清）及定标 ……………………………… 262

　　四、招投标程序中的保证金问题 …………………………………………… 262

第三节　建设工程资质及其审查 ……………………………………………… 263

　　一、建设工程资质的概念与分类 …………………………………………… 263

　　　　（一）工程勘察、设计资质 ……………………………………………… 264

　　　　（二）建筑业企业资质序列、类别和登记 ……………………………… 265

　　二、建设工程投标人主体资格审查 ………………………………………… 266

　　　　（一）建设工程投标人主体资格审查的共性要点 …………………… 266

　　　　【例5-2】钢结构承包工程资质审查 …………………………………… 268

　　　　（二）建设工程投标人主体资格审查的分类要点 …………………… 268

　　　　（三）联合体的主体适格性 ……………………………………………… 270

第四节　建设工程施工合同的审查 …………………………………………… 271

　　一、建设工程施工合同的结构 ……………………………………………… 271

　　二、建设工程施工合同主要条款的审查 …………………………………… 272

　　　　（一）建设工程施工合同的效力 ………………………………………… 272

　　　　（二）工程概述和范围条款 ……………………………………………… 289

　　　　【例5-3】工程范围条款 ………………………………………………… 290

　　　　（三）工程工期条款 ……………………………………………………… 291

　　　　【例5-4】合同工期条款 ………………………………………………… 292

　　　　【例5-5】工期延误条款 ………………………………………………… 298

　　　　（四）工程质量条款 …… 299
　　　　（五）工程价款及结算条款 …… 301
　　　　【例5-6】合同价款支付条款 …… 305
　　　　【例5-7】发包人在约定期限内不予答复，是否视为认可竣工结算文件 …… 306
　　　　【例5-8】竣工决算条款 …… 308
　　　　【例5-9】固定总价及调价机制条款 …… 313
　　　　（六）工程竣工验收条款 …… 314
　　　　【例5-10】竣工验收条款 …… 319
　　　　（七）工程质量保修条款 …… 320
　　　　【例5-11】工程质量保修书 …… 321
　　　　（八）违约责任条款 …… 326
　　　　【例5-12】对付款时间没有约定或约定不明，建设工程已实际交付的，交付之日视为应付工程款日，亦系计息之日 …… 327
　　　　（九）农民工工资保证金条款 …… 332
　　　　（十）工程款支付担保条款 …… 333
　　　　（十一）管辖条款 …… 333

第6章 运输合同起草、审查精要与实务 …… 336
第一节 运输合同的概念与种类 …… 336
第二节 公路运输合同的审查 …… 337
　一、公路运输合同的框架结构 …… 337
　二、托运人或代理人的主体资格审查 …… 338
　三、运输货物与运输服务条款 …… 340
　　　　【例6-1】运输货物与运输服务条款 …… 340
　四、运输工具的要求 …… 341
　　　　【例6-2】运输工具要求条款 …… 341
　五、运输流程和要求 …… 341
　　　　【例6-3】运输流程和要求条款 …… 342
　六、运输费用、支付主体与结算方式 …… 344
　　　　【例6-4】运输费用及结算方式条款 …… 344
　七、货物毁损与灭失的责任承担 …… 347
　　　　（一）货物毁损与灭失赔偿责任的承担与免责事由 …… 347
　　　　（二）货物毁损与灭失赔偿责任的范围与限额 …… 348

　　　　　【例6-5】保价运输赔偿格式条款 ……………………………… 350
　　　　（三）承运人能否以责任限制条款抗辩侵权之诉 ……………… 351
　　八、保险条款 …………………………………………………………… 353
　　九、合同解除与变更条款 ……………………………………………… 353
　　十、留置权条款 ………………………………………………………… 354
　　十一、管辖条款 ………………………………………………………… 354

第7章　技术合同起草、审查精要与实务 …………………………… 360

第一节　技术合同的概念、特征与种类 ……………………………… 360
　　一、技术合同的概念 …………………………………………………… 360
　　二、技术合同的特征 …………………………………………………… 361
　　三、技术合同的种类 …………………………………………………… 361
　　　　（一）技术开发合同 ……………………………………………… 362
　　　　（二）技术转让和技术许可合同 ………………………………… 363
　　　　（三）技术咨询和技术服务合同 ………………………………… 365

第二节　技术合同的定性及与其他合同的关系 ……………………… 365
　　一、技术合同的定性 …………………………………………………… 365
　　二、技术合同的无效 …………………………………………………… 369
　　　　（一）民法典对技术合同无效情形的修订 ……………………… 369
　　　　（二）技术合同无效的情形与法律后果 ………………………… 370
　　　　（三）其他类型技术合同法律效力问题 ………………………… 377
　　　　（四）技术合同无效或被撤销的法律后果 ……………………… 380
　　三、技术合同与其他合同的参照适用 ………………………………… 380
　　　　（一）技术委托开发合同与承揽合同、买卖合同的参照适用 … 381
　　　　（二）技术委托开发合同等与委托合同的参照适用 …………… 382
　　　　（三）技术中介合同与中介合同的参照适用 …………………… 384

第三节　技术合同的审查 ……………………………………………… 385
　　一、技术合同的框架结构 ……………………………………………… 385
　　二、技术合同主要条款的审查 ………………………………………… 385
　　　　（一）对签约主体的审查 ………………………………………… 385
　　　　（二）项目名称 …………………………………………………… 386
　　　　【例7-1】技术开发合同项目名称、当事人各方等 …………… 386

(三)技术开发的模式 ………………………………………………… 386

　　(四)标的的内容、范围和要求 …………………………………… 387

　【例7-2】技术开发合同开发项目的要求条款 ……………………… 388

　　(五)履行的计划、进度、期限、地点、地域和方式 …………… 390

　　(六)技术情报和资料的保密 ……………………………………… 391

　　(七)风险责任的承担 ……………………………………………… 393

　【例7-3】技术开发合同风险损失承担条款 ………………………… 393

　　(八)技术成果的归属、收益的分配办法 ………………………… 394

　【例7-4】软件开发合同技术成果归属和收益分享条款 …………… 400

　　(九)验收标准和方法 ……………………………………………… 401

　　(十)价款、报酬或使用费及其支付方式 ………………………… 402

　【例7-5】研究开发经费、报酬及其支付或结算方式条款 ………… 406

　　(十一)限制性条款与竞业禁止条款 ……………………………… 406

　　(十二)技术协作和技术指导 ……………………………………… 407

　　(十三)技术资料的移交 …………………………………………… 407

第8章 知识产权许可类合同起草、审查精要与实务 …………… 410

第一节 知识产权许可类合同概述 ……………………………… 410

　一、知识产权的概念与特征 …………………………………………… 410

　二、知识产权许可类合同概述 ………………………………………… 411

第二节 商标使用许可合同的审查 ……………………………… 412

　一、商标使用许可合同的框架结构 …………………………………… 412

　二、商标使用许可合同主要条款的审查 ……………………………… 413

　　(一)商标使用许可合同当事方的审查 …………………………… 413

　【例8-1】"共有人单独进行许可"效力的认定 …………………… 414

　　(二)许可使用的商标条款 ………………………………………… 415

　【例8-2】许可商标条款 ……………………………………………… 416

　　(三)商标许可的方式和范围 ……………………………………… 416

　【例8-3】商标许可的方式和范围条款 ……………………………… 418

　【例8-4】商标的再许可条款 ………………………………………… 420

　　(四)商标许可费的金额、计算方法与支付 ……………………… 421

　【例8-5】商标许可费及支付方式条款 ……………………………… 422

(五)商品质量与使用监控条款 …………………………………… 422
　　【例8-6】商品质量及使用监控条款 …………………………… 423
　　　(六)商品使用许可的备案条款 …………………………………… 423
　　【例8-7】"善意第三人"的认定 ………………………………… 424
　　　(七)许可期间商标增值利益的分配条款 ………………………… 425
　　【例8-8】被许可商标增值利益的分配条款 …………………… 426
　　　(八)商标的有效性维持条款 ……………………………………… 426
　　【例8-9】被许可商标的有效维持条款 ………………………… 427
　　　(九)许可合同终止后相关产品的处理 …………………………… 428
　　【例8-10】许可合同终止后处理条款 ………………………… 431
第三节　专利实施许可合同的审查 …………………………………… 432
　一、专利实施许可合同的框架结构 ……………………………………… 432
　二、专利实施许可合同主要条款的审查 ………………………………… 433
　　　(一)词语和术语条款 ……………………………………………… 433
　　　(二)专利许可标的和权能条款 …………………………………… 435
　　【例8-11】《示范文本》之许可专利条款 ……………………… 436
　　　(三)专利实施许可方式和范围条款 ……………………………… 441
　　【例8-12】《示范文本》之许可实施行为条款 ………………… 442
　　　(四)专利许可费及其支付方式条款 ……………………………… 447
　　【例8-13】《示范文本》之"提成费用支付"条款 …………… 448
　　　(五)专利许可使用情况报告及会计审计条款 …………………… 449
　　　(六)再许可/分许可条款 ………………………………………… 450
　　　(七)后续改进成果的提供与分享条款 …………………………… 451
　　【例8-14】《示范文本》之"后续改进成果的提供与分享"条款 … 452
　　　(八)许可专利权有效性的维持 …………………………………… 453
　　　(九)许可专利被宣告无效或专利申请被驳回等的处理 ………… 455
　　【例8-15】《示范文本》之"专利权被宣告无效(或专利申请被驳回)的处
　　　　　　理"条款 …………………………………………………… 456
　　　(十)被许可专利权到期后许可权能的处理 ……………………… 456
第四节　著作权使用许可合同的审查 ………………………………… 457
　一、著作权使用许可合同的框架结构 …………………………………… 457
　二、著作权使用许可合同主要条款的审查 ……………………………… 457
　　　(一)许可使用的权利种类和内容 ………………………………… 458

（二）权利许可的方式 ·· 459
　　（三）许可使用的范围 ·· 460
　　（四）付酬标准及其支付方式 ·· 461
　　（五）人格权的配套许可与宣传服务 ·································· 461
　　（六）许可权利的维权 ·· 462

第9章　保管、仓储合同起草、审查精要与实务 ·························· 463
第一节　保管、仓储合同的概念与特征 ································ 463
一、保管合同的概念与特征 ·· 463
　　（一）保管合同的概念、特征及与一般服务合同的区分 ·················· 463
　　【例9-1】保管合同与一般性服务合同的区分 ·························· 464
　　（二）法定保管合同 ·· 466
二、仓储合同的概念与特征 ·· 468

第二节　保管合同的审查 ·· 468
一、保管合同的框架结构 ·· 468
二、保管合同主要条款的审查 ·· 469
　　（一）保管物条款 ·· 469
　　（二）当事人权利义务条款 ·· 469
　　【例9-2】保管物的交付、验收及存放 ································ 472
　　（三）保管费和其他必要费用条款 ···································· 472
　　【例9-3】保管费用与其他费用条款 ·································· 472
　　（四）保管期限 ·· 473
　　（五）违约责任条款 ·· 473

第三节　仓储合同的审查 ·· 474
一、仓储合同的框架结构 ·· 474
二、仓储合同主要条款的审查 ·· 475
　　（一）仓储合同的保管人的审查 ······································ 475
　　（二）仓储合同的成立和生效 ·· 475
　　（三）仓储合同的仓储物 ·· 476
　　（四）仓储物的保管条件和要求 ······································ 478
　　（五）储存期限 ·· 478
　　（六）违约责任条款 ·· 479

目录

【例9-4】仓储合同违约责任条款 …… 480

第10章 委托合同起草、审查精要与实务 …… 482
第一节 委托合同的概念、特征、种类与区分 …… 482
　　一、委托合同的概念 …… 482
　　二、委托合同的特征 …… 483
　　三、委托合同的种类 …… 483
　　四、委托合同与行纪合同、中介合同的区分 …… 486
第二节 委托合同的审查 …… 488
　　一、委托合同的框架结构 …… 488
　　二、委托合同主要条款的审查 …… 489
　　　　（一）委托事务条款 …… 489
　　　　【例10-1】委托事务与期限条款 …… 489
　　　　（二）委托费用及其支付条款 …… 489
　　　　【例10-2】费用及其支付条款 …… 490
　　　　（三）报酬及其支付条款 …… 490
　　　　（四）任意解除权及其赔偿责任条款 …… 490
　　　　【例10-3】解约权条款 …… 496

第11章 保证合同起草、审查精要与实务 …… 497
第一节 保证合同的概念、性质、特征与形式 …… 497
　　一、保证合同的概念 …… 497
　　二、保证合同的性质与特征 …… 498
　　三、保证的方式 …… 498
　　四、保证合同的形式 …… 499
第二节 保证与其他制度的区分 …… 501
　　一、保证与独立保函的区分 …… 501
　　二、保证与增信措施的区分 …… 504
　　三、保证与债务加入的区分 …… 506
第三节 保证合同的审查 …… 507
　　一、保证合同的框架结构 …… 507
　　二、保证合同主要条款的审查 …… 508

（一）保证合同的当事人 …………………………………………… 508
　　（二）保证方式与保证责任 ………………………………………… 512
　　【例 11-1】保证责任条款 ………………………………………… 516
　　（三）主债权与保证责任的范围 …………………………………… 516
　　【例 11-2】主债权、保证担保范围条款 ………………………… 517
　　（四）保证期间 ……………………………………………………… 520
　　【例 11-3】保证期间条款 ………………………………………… 539
　　（五）债权人的监督权 ……………………………………………… 540
　　【例 11-4】债权人监督权条款 …………………………………… 540
　　（六）主合同变更 …………………………………………………… 540
　　【例 11-5】主合同变更条款 ……………………………………… 541
　　（七）债权（债务）转让（转移）…………………………………… 544
　　（八）违约责任 ……………………………………………………… 547
　　【例 11-6】保证人违约责任 ……………………………………… 547
　　（九）最高额保证的特别条款 ……………………………………… 549
　　【例 11-7】债权确定期间和保证期间条款 ……………………… 552

第 12 章　保理合同起草、审查精要与实务 ……………………… 553
第一节　保理合同的概念、功能、特征与分类 …………………… 553
　一、保理合同的概念与基本功能 …………………………………… 553
　二、保理合同的特征 ………………………………………………… 556
　三、保理业务的分类 ………………………………………………… 556
第二节　保理合同的核心法律问题 ………………………………… 558
　一、保理合同的法律性质 …………………………………………… 558
　二、保理经营资质对保理法律关系成立的影响 …………………… 559
　　【例 12-1】不具有经营保理业务的资质是否导致保理法律关系不成立？…… 560
　三、虚构应收账款对保理法律关系成立的影响 …………………… 564
　四、有追索权保理与无追索权保理 ………………………………… 567
第三节　保理合同的审查 …………………………………………… 569
　一、保理合同的框架结构 …………………………………………… 569
　二、保理合同主要条款的审查 ……………………………………… 570
　　（一）应收账款及其转让 …………………………………………… 570

(二)应收账款转让的通知 …………………………………………………… 574
　　【例12-2】应收账款转让通知条款 ……………………………………… 576
　　(三)保理服务的范围 ………………………………………………………… 578
　　【例12-3】保理服务范围条款 …………………………………………… 578
　　(四)保理融资的相关账户 …………………………………………………… 579
　　【例12-4】以债权人名义开立的保理专户条款 ………………………… 581
　　(五)有追索权保理中的应收账款转回 ……………………………………… 582
　　【例12-5】应收账款的回购条款 ………………………………………… 590
　　(六)基础交易合同变更或终止的影响 ……………………………………… 592
　　(七)保理的登记 ……………………………………………………………… 593

第13章　民事合伙合同起草、审查精要与实务 ………………………………… 595
第一节　合伙、合伙合同的概念、类型与特征 …………………………………… 595
　一、合伙的概念、类型与特征 …………………………………………………… 595
　二、合伙合同的概念与特征 ……………………………………………………… 597
　　(一)合伙合同的概念 ………………………………………………………… 597
　　(二)合伙合同的特征 ………………………………………………………… 598
　三、合伙法律关系成立的认定 …………………………………………………… 599
　　(一)未签订书面合同时合伙法律关系的认定 ……………………………… 599
　　(二)签订书面合同时合伙法律关系的认定 ………………………………… 601
第二节　合伙合同的审查 ……………………………………………………………… 603
　一、合伙合同的框架结构 ………………………………………………………… 603
　二、合伙合同主要条款的审查 …………………………………………………… 604
　　(一)合伙经营项目或方式和合伙期限 ……………………………………… 604
　　【例13-1】合作律所的方式 ……………………………………………… 604
　　(二)合伙期限 ………………………………………………………………… 605
　　(三)合伙人出资 ……………………………………………………………… 605
　　【例13-2】出资额、出资方式和缴付期限 ……………………………… 606
　　(四)合伙财产 ………………………………………………………………… 607
　　(五)利润分配和亏损分担 …………………………………………………… 610
　　【例13-3】利润分配、亏损分担及债务承担 …………………………… 612
　　(六)债务的承担 ……………………………………………………………… 613

(七)合伙事务的执行、合伙人的禁止行为…… 615
【例13-4】合伙人禁止行为…… 617
(八)入伙与退伙…… 617
【例13-5】入伙与退伙…… 624
(九)合伙财产份额的转让…… 625
【例13-6】财产份额的转让与出质…… 631
(十)合伙合同的终止与清算…… 632
【例13-7】合伙合同的终止与清算…… 634

第Ⅱ篇 非典型合同起草、审查精要与实务

第14章 营销类合同起草、审查精要与实务…… 637
第一节 企业集团营销体系概述…… 637
一、企业集团股权架构和管理架构…… 638
二、事业部营销架构…… 638
三、营销政策概述…… 639
四、事业部营销合同体系…… 639
第二节 产品经销合同的起草与审查…… 640
一、经销合同的概念、类型与法律性质…… 640
(一)买卖型经销合同…… 641
(二)委托(代理)型经销合同…… 642
(三)行纪型经销合同…… 644
(四)混合型经销合同…… 645
二、产品经销合同的框架体系…… 647
三、产品经销合同审查的特别问题…… 647
(一)如何解决多重买卖关系的问题…… 648
(二)如何解决签约主体和履约主体不一致的问题…… 649
(三)营销(渠道)管理条款…… 651
(四)销售折扣和履约保证金条款…… 655
【例14-1】金钱质权的成立应符合金钱特定化和移交占有的要求…… 657
【例14-2】产品经销合同(有保证人)审查示例…… 664
(五)"窜货"条款…… 671

目 录

第三节　经销商管理合同的起草与审查 ······ 677
- 一、经销商管理合同概述 ······ 677
- 二、经销商管理合同审查要点 ······ 677
  - (一)经销商管理合同的框架结构 ······ 677
  - (二)经销商管理合同的核心条款 ······ 678
  - 【例14-3】经销商管理合同:经销关系条款示例 ······ 678
  - 【例14-4】经销商管理合同:特别约定条款 ······ 679
  - 【例14-5】经销商管理合同:渠道管理条款 ······ 680
  - 【例14-6】经销商管理合同:折扣政策条款 ······ 681

第四节　终端商销售合同的起草与审查 ······ 681
- 一、终端商销售合同概述 ······ 681
- 二、终端商销售合同审查要点 ······ 682

第15章　市场(广告)类合同起草、审查精要与实务 ······ 685

第一节　市场(广告)类合同的涵义与类型 ······ 685
- 一、市场推广类合同 ······ 685
- 二、广告宣传类合同 ······ 686

第二节　市场类合同的审查 ······ 687
- 一、演艺项目实施合同的框架结构 ······ 688
- 二、演艺项目实施合同的审查 ······ 688
  - (一)演艺项目的内容 ······ 688
  - 【例15-1】演艺项目的内容 ······ 689
  - (二)演艺项目的前置行政审批 ······ 689
  - 【例15-2】演艺项目的前置行政审批 ······ 689
  - (三)预算价款及价款的支付 ······ 690
  - 【例15-3】演艺项目的预算价款及价款支付 ······ 691
  - (四)验收与验收决算条款 ······ 691
  - 【例15-4】演艺项目的验收和验收决算条款 ······ 692
  - (五)安全要求条款 ······ 692
  - 【例15-5】演艺项目的安全要求条款 ······ 693
  - (六)知识产权条款 ······ 693
  - 【例15-6】演艺项目的知识产权条款 ······ 693

第三节　广告类合同的审查 ·· 693
　　一、广告合同的性质：承揽、委托或租赁 ································· 693
　　　　【例15-7】委托发布户外广告合同是委托合同还是租赁合同 ········ 696
　　二、户外广告制作发布合同的框架结构 ··································· 698
　　三、户外广告制作发布合同的审查 ·· 699
　　　　（一）户外广告制作发布合同当事人的主体资格 ····················· 699
　　　　【例15-8】广告制作发布合同的特别承诺条款 ······················· 699
　　　　（二）户外广告制作发布合同的制作、发布事项 ····················· 700
　　　　【例15-9】广告制作发布合同的制作发布要求条款 ·················· 700
　　　　（三）合同总价款条款 ··· 701
　　　　（四）知识产权保护条款 ··· 701
　　　　【例15-10】广告制作发布合同的知识产权保护条款 ················· 702
　　　　（五）侵犯第三人人身、财产时的处理 ······························ 702
　　　　（六）广告期满或提前终止时广告的处理 ···························· 702
　　　　【例15-11】广告拆除及责任承担条款 ································ 703

第16章　保密协议（条款）起草、审查精要与实务 ························ 704
第一节　保密协议的概念与分类 ·· 704
　　一、保密协议/保密承诺书的概念 ·· 704
　　　　（一）保密协议的概念 ··· 704
　　　　（二）保密承诺书的概念 ··· 705
　　二、保密协议的分类 ··· 705
第二节　保密协议（条款）的审查 ··· 705
　　一、保密协议的框架结构和主要条款 ····································· 705
　　二、保密协议主要条款的审查 ··· 706
　　　　（一）保密信息的范围和内容 ·· 706
　　　　【例16-1】保密信息的范围和内容 ··································· 709
　　　　（二）承担保密信息义务的主体 ····································· 712
　　　　【例16-2】承担保密义务的主体 ····································· 713
　　　　【例16-3】加入协议 ··· 716
　　　　（三）保密信息的使用方式 ·· 717
　　　　【例16-4】保密协议中接收方"授权使用及使用限制"条款示例 ······ 718

(四)保密期限与终止 ········· 718
(五)保密信息的处理(返还、销毁等) ········· 719
【例16-5】保密期限和保密信息处理条款 ········· 720
(六)"不招揽/不雇佣"条款 ········· 721
【例16-6】保密协议中"不招揽/不雇佣"条款示例 ········· 722
(七)知识产权条款 ········· 722
(八)独家谈判或不兜售条款 ········· 722
(九)停止行动(standstill)条款 ········· 723
(十)泄露保密信息的救济方式 ········· 724
(十一)争议解决方式和适用法律 ········· 724
三、保密协议起草、审查的思路和原则 ········· 725

第17章 股权转让(并购)合同起草、审查精要与实务 ········· 726

第一节 股权转让(并购)合同的概念与特征 ········· 726
一、股权转让(并购)合同的概念 ········· 726
二、股权转让(并购)合同的特征 ········· 727
(一)合同标的性质的复杂性和综合性 ········· 727
(二)合同主体、内容和形式受法律严格规制 ········· 728
(三)股权转让合同涉及多方利害关系人利益 ········· 728
(四)股权转让合同涉及的周期较长、交易环节繁多 ········· 729

第二节 股权转让(并购)合同的核心法律问题 ········· 730
一、股权转让(并购)合同的主体 ········· 730
(一)签约主体对合同效力的影响 ········· 730
(二)签约模式对签约主体的影响 ········· 734
二、股权转让(并购)合同的效力 ········· 735
(一)瑕疵出资时股权转让合同的效力 ········· 735
(二)公司章程限制股权转让的效力问题 ········· 736
(三)股权转让合同未经批准的效力问题 ········· 737
(四)股权转让侵犯优先购买权时合同效力问题 ········· 740
【例17-1】侵害股东优先购买权的股权转让合同有效,但不能履行 ········· 745
三、股权转让后出资责任的确定 ········· 746
(一)现行未出资股权转让出资责任规则的争议 ········· 746

（二）新公司法关于未出资股权转让出资责任的规则 …………………… 748
　四、未届出资期股权转让的加速到期问题 ………………………………… 755
　　（一）新《公司法》施行前未届出资期股权转让的加速到期问题 ………… 755
　　（二）新《公司法》施行后未届出资期股权转让的加速到期问题 ………… 758
第三节　股权转让（并购）合同的审查 …………………………………………… 759
　一、股权转让（并购）合同的框架结构 ……………………………………… 759
　二、股权转让（并购）合同主要条款的审查 ………………………………… 760
　　（一）股权转让合同的定义条款 ………………………………………… 760
　　（二）目标公司和交易标的条款 ………………………………………… 762
　　【例 17-2】股权转让协议的目标公司和标的股权条款示例 …………… 765
　　（三）股权转让价格与支付条款 ………………………………………… 765
　　【例 17-3】股权转让合同的预约价格条款 ……………………………… 766
　　【例 17-4】股权转让合同的陈述和保证条款 …………………………… 769
　　（四）股权转让的先决条件条款 ………………………………………… 770
　　【例 17-5】国有股权转让合同的先决条件条款 ………………………… 770
　　【例 17-6】国有股权未经评估，转让合同的效力问题 …………………… 772
　　【例 17-7】未履行评估程序的国有股权转让合同，以明显低价转让，可认
　　　　　　　定为恶意串通，该股权转让合同应认定为无效 ………………… 773
　　（五）股权转让的"过渡期"条款 ………………………………………… 776
　　【例 17-8】股权转让合同的过渡期安排条款 …………………………… 778
　　（六）股权转让的"交割"条款 …………………………………………… 780
　　（七）股东名册记载与变更登记条款 …………………………………… 780
　　（八）税费和开支条款 …………………………………………………… 787
　　（九）不竞争条款 ………………………………………………………… 787
　　（十）保密条款 …………………………………………………………… 788

第18章　股权代持协议起草、审查精要与实务 ………………………… 789
第一节　股权代持的概念、类型、原因与风险 …………………………………… 789
　一、股权代持的概念与类型 ………………………………………………… 789
　二、股权代持的原因及法律风险 …………………………………………… 790
　　（一）股权代持的原因 …………………………………………………… 790
　　（二）股权代持的法律风险 ……………………………………………… 790
第二节　股权代持的核心法律问题 ……………………………………………… 791

一、股权代持协议的法律效力 …………………………………………… 792
  (一)股权代持协议的法律效力的类型化分析 ……………………… 792
  (二)股权代持协议无效的法律后果 ………………………………… 794

二、隐名股东的确权显名 ………………………………………………… 795
  (一)隐名股东"显名化"概念 ………………………………………… 795
  (二)隐名股东"显名化"的条件 ……………………………………… 796

三、代持股权的处分问题 ………………………………………………… 801
  (一)名义股东将代持股权处分给第三人 …………………………… 801
  (二)隐名股东将代持股权转让给第三人 …………………………… 804

四、隐名(名义)股东对公司债务的承担 ………………………………… 807
  (一)公司债权人能否要求名义股东和/或隐名股东承担出资赔偿责任 …… 807
  (二)公司债权人能否要求名义股东和/或隐名股东承担清算赔偿责任 …… 810

五、隐名股东能否排除对名义股东的强制执行 ………………………… 811
  (一)《九民纪要》颁布前的司法实践 ………………………………… 812
  (二)《九民纪要》颁布后的司法实践 ………………………………… 816
  (三)新公司法对排除对名义股东的强制执行的影响 ……………… 822

六、名义股东对隐名股东债务的承担问题 ……………………………… 823
  (一)名义股东如何对隐名股东承担清偿责任 ……………………… 824
  (二)隐名股东的债权人能否强制执行代持股权 …………………… 824

七、股权代持协议的解除及其法律后果 ………………………………… 825
  (一)股权代持当事人有无任意解除权 ……………………………… 826
  (二)隐名股东解除股权代持协议 …………………………………… 827
  (三)名义股东解除股权代持协议 …………………………………… 828

第三节　股权代持协议的审查 …………………………………………… 829

一、股权代持协议的框架结构 …………………………………………… 829
二、股权代持协议主要条款的审查 ……………………………………… 830
  (一)股权代持协议的主体 …………………………………………… 830
  (二)委托事项(股权代持)条款 ……………………………………… 830
  【例18-1】委托股权代持(隐名投资)条款 ………………………… 830
  (三)双方的权利义务条款 …………………………………………… 832
  【例18-2】双方的权利义务条款 …………………………………… 832
  (四)处分代持股权的特别约定 ……………………………………… 834

（五）委托方"显名"的特别约定 ·· 834
　　（六）代持税费的承担与代持报酬 ·· 835
　　（七）协议的解除和终止条款 ·· 836
　　【例18-3】解除和终止条款 ·· 836

第19章　外商投资合同起草、审查精要与实务 ························ 838
第一节　外商投资法律的重大变化和影响 ································ 838
一、外商投资、外国投资者与外商投资企业的概念 ···················· 838
　　（一）外国投资者的定义 ·· 839
　　（二）外国投资的定义 ·· 841
　　（三）外商投资企业的定义 ·· 843
二、外商投资的准入管理 ·· 844
　　（一）外商投资的监管体系 ·· 844
　　（二）外商投资的准入与登记 ·· 844
三、外商投资法下的公司治理结构 ·· 845
四、外商投资企业再投资 ·· 847
五、外商投资法下的过渡期安排 ·· 848
第二节　外商投资合同的概念、类型、特征与效力 ····················· 849
一、外商投资合同的概念与类型 ·· 849
二、外商投资合同的特征 ·· 849
三、外商投资合同的效力问题 ·· 850
第三节　外商投资合同的审查 ·· 851
一、外商投资合同的框架结构 ·· 851
二、合营企业合同主要条款的审查 ··· 853
　　（一）合营企业合同的当事方与效力 ····································· 853
　　（二）合营企业的成立 ·· 856
　　【例19-1】合营企业成立条款 ··· 856
　　（三）合营企业的宗旨、范围和规模 ····································· 857
　　【例19-2】经营目的、范围和规模条款 ·································· 858
　　（四）投资总额和注册资本 ·· 858
　　【例19-3】投资总额和注册资本条款 ···································· 861
　　（五）公司治理结构条款 ·· 862

【例19-4】股东会、董事会和经营管理条款 …… 862

(六)财务、利润分配和亏损弥补条款 …… 865

【例19-5】财务和利润分配条款 …… 865

(七)股权转让条款 …… 866

【例19-6】出资份额的转让条款 …… 867

(八)合营期限条款 …… 868

【例19-7】合营期限条款 …… 868

(九)终止、解散和清算条款 …… 868

【例19-8】终止和清算条款 …… 869

(十)法律适用和争议解决条款 …… 870

(十一)其他条款的审查 …… 871

第20章 PPP项目合同起草、审查精要与实务 …… 872

第一节 PPP模式与PPP合同体系 …… 872

一、PPP模式的概念与内涵 …… 872

二、PPP模式的基本合同体系 …… 874

(一)PPP项目合同 …… 874

(二)股东协议 …… 875

(三)融资合同 …… 875

(四)保险合同 …… 875

(五)履约合同 …… 875

第二节 PPP项目合同的审查 …… 877

一、PPP项目合同的框架结构 …… 877

二、PPP项目合同主要条款的审查 …… 878

(一)PPP项目合同主体的审查 …… 878

【例20-1】某医院"BOT"项目PPP项目合同的签约主体 …… 883

(二)PPP项目的范围 …… 884

【例20-2】PPP项目范围条款 …… 887

(三)PPP项目的合作期限 …… 888

【例20-3】项目期限条款 …… 889

(四)前提条件条款 …… 892

【例20-4】前提条件条款 ·· 893
　（五）项目融资条款 ·· 895
　　【例20-5】项目融资条款 ·· 897
　（六）项目用地条款 ·· 898
　　【例20-6】关于"项目用地"的法律风险 ······································ 899
　　【例20-7】项目用地条款 ·· 900
　（七）项目前期工作条款 ·· 901
　（八）项目建设条款 ·· 901
　　【例20-8】项目建设进度计划条款 ·· 902
　（九）运营与维护条款 ·· 903
　（十）项目公司的成立及股权变更的限制条款 ·································· 904
　　【例20-9】项目公司的成立及股权变更的限制条款 ···························· 906
　（十一）项目付费机制条款 ·· 909
　　【例20-10】项目付费机制条款 ··· 913
　（十二）履约担保和保险条款 ·· 915
　　【例20-11】履约担保条款 ··· 916
　（十三）项目临时接管和提前终止条款 ·· 917
　　【例20-12】临时接管条款 ··· 917
　（十四）项目移交条款 ·· 919
　　【例20-13】项目移交条款 ··· 921
　（十五）争议解决条款 ·· 922
　　【例20-14】PPP合同的性质应根据争议的具体内容及所针对的行为性
　　　　　　　质认定 ··· 925
　　【例20-15】争议的解决条款 ··· 929

第21章　合同涉税及发票条款审查精要与实务 ···································· 930
第一节　合同涉税条款的审查 ·· 930
　一、合同当事方的税收身份审查 ·· 931
　二、合同价款、税额及价外费用 ·· 931
　（一）合同价款和税额 ·· 931
　　【例21-1】合同约定税款的承担 ·· 932

（二）合同的价外费用 …… 933
　　　（三）价款的结算与纳税义务时间 …… 935
　　　（四）合同的发票条款 …… 937
　　　【例21-2】设备采购合同价款、结算、发票条款 …… 939
　　　（五）合同的税收责任条款 …… 941
　　　【例21-3】发票赔偿责任条款 …… 942
　　　（六）税款的代扣代缴条款 …… 943
　　　【例21-4】税款的代扣代缴条款 …… 944
　第二节　合同涉税条款审查的特殊问题 …… 948
　　一、涉税条款的效力问题 …… 949
　　　（一）合同约定不开发票的效力问题 …… 949
　　　（二）合同约定扣除增值税税款的效力认定 …… 950
　　　【例21-5】交付发票是税法上的义务还是合同中约定的义务？ …… 950
　　　（三）合同"包税"条款的效力问题 …… 953
　　　【例21-6】"包税"条款不违反行政法规强制性规定,应属有效条款 …… 954
　　　（四）"0"元或"1"元名义价转股条款的效力问题 …… 959
　　二、涉发票的纠纷及其司法实践 …… 959
　　　（一）买方能否单独诉请开具发票和/或赔偿损失 …… 960
　　　【例21-7】交付发票是税法上的义务还是合同中约定的义务？ …… 961
　　　【例21-8】拒不开具发票致对方损失的,可以主张赔偿 …… 965
　　　（二）未交付发票,能否据此拒付价款 …… 972
　　　【例21-9】交付发票是从合同义务还是附随义务？ …… 973
　　　【例21-10】合同约定"先票后款",能否行使履行抗辩权 …… 975
　　　（三）增值税发票记载价款与合同约定价款不同时的处理 …… 981
　　　【例21-11】增值税发票记载价款与合同约定价款不同时如何处理 …… 981
　　三、"三流不一致"与虚开的问题 …… 983
　　　（一）"三流不一致"的含义 …… 983
　　　（二）"虚开发票"的含义与认定 …… 983
　　　（三）保持"三流一致",规避虚开发票的风险 …… 984
　　四、兼营和混合销售问题 …… 985
　　　（一）兼营问题与合同分别约定 …… 985

（二）混合销售问题 ·· 985
　　【例21-12】混合销售行为的认定与多份合同的签订 ············ 986
　五、集中采购模式下的涉税条款 ·· 987
　六、税率调整时享受税率差优惠的问题 ································ 987
　七、发票的证据效力问题 ·· 991

附录　本书主要参考文献 ·· 992

第 I 篇

典型合同起草、审查精要与实务

本篇概览

本篇按照《民法典》合同编典型合同分编编排体系,除一般公司(企业)集团较少使用或涉及或者较难磋商修改的供用电、气、水、热力合同,赠与合同,物业服务合同,行纪合同,中介合同外,对其余的常用的 14 类典型合同进行了介绍。本篇包括第 1 章至第 13 章,涵盖了买卖合同、借款合同、租赁类(经营租赁和融资租赁)合同、承揽合同、建设工程合同、运输合同、技术合同、知识产权许可类合同、保管(仓储)合同、委托(行纪、中介)合同、保证合同、保理合同和合伙合同的起草与审查。每章的体例结构大致如下:

- ✓ 各类典型合同的概念、特征和种类:本部分先对各类合同的基本概念(定义)进行介绍,然后从概念(定义)入手,介绍其主要特征和主要分类,以便于审查前对此类合同有一个基本的了解。

- ✓ 各类典型合同的核心法律问题:本部分主要对各类典型合同涉及的核心法律问题进行介绍。如合同的成立与生效、合同主体对合同效力的影响、合同的法律定性及合同与其他法律制度的区分等。

- ✓ 合同的框架结构和主要条款概述:本部分先对典型合同的框架结构进行概述,并列明主要的合同条款,并对条款进行简要的总结和介绍。本部分的主要目的在于,在对具体条款进行审查前,对合同的整体架构有一个总体的了解,避免遗漏或忽视合同主要条款。

- ✓ 合同条款的审查要点和实务:本部分通过条款修订示范、修改示例以及司法裁判,对各类合同的主要条款进行详述,介绍审查方法和要点。这部分是本书的核心内容，对于大多数公司律师和企业法律顾问而言，这些合同审查的要点、技巧和注意事项是必须了解、掌握的业务知识。

✓ 特殊类型合同、特殊条款及问题：本部分对各分类合同中的特殊类型合同（如买卖合同中的分期付款买卖合同、凭样品买卖合同、试用买卖合同等）的审查要点进行介绍；此外，对实务中可能会涉及的一些特殊条款和疑难问题进行介绍。

本书在对上述典型合同起草、审查法律事务进行介绍时，以《民法典》《民法典总则编司法解释》《民法典合同编通则司法解释》为基本的法律依据，归纳总结各类典型合同所涉的司法裁判案例和裁判规则，并在此基础上，对合同起草、审查的要点和注意事项进行详尽介绍。

第1章 买卖合同起草、审查精要与实务

> **内容概览**
>
> 签订买卖合同可以说是日常生活或生产经营中最常见、最典型的交易形式，买卖合同也是企业对外经营中签署量最大的一类合同。由于其具有这些特点，有关买卖合同的争议也是最多的，因此最高人民法院出台了《买卖合同司法解释》(2012年)来解决实践中面临的诸多争议问题。公司律师或企业法律顾问应掌握买卖类合同审查原则、方法和要点。本章包含如下内容：
> - ✓ 买卖合同的概念、特征、种类与结构
> - ✓ 买卖合同的主要条款审查
> - ✓ 买卖合同的特殊条款审查
> - ✓ 特种买卖合同的审查
> - ✓ 买卖合同的发票问题

第一节 买卖合同的概念、特征、种类与结构

一、买卖合同的概念与特征

概括地讲，买卖合同是一方转移标的物的所有权于另一方，另一方支付价款的合同。转移标的物所有权的一方为出卖人或卖方，支付价款而取得标的物所有权的一方为买受人或买方。买卖合同是最基本、最典型的有偿合同。买卖合同是双务、有偿的典型合同，除法律另有规定外，一般为诺成合同、非要式合同。其主要特征可以概述如下：

第一，买卖合同是有偿合同。买卖合同的实质是以等价有偿方式转让标的物的所有权，即出卖人移转标的物的所有权于买方，买方向出卖人支付价款。这是买卖合同的基本特征，使其与赠与合同相区别，是有偿的民事法律行为。

第二，买卖合同是双务合同。在买卖合同中，买方和卖方都享有一定的权利，都承担一定的义务。而且，其权利和义务存在对应关系，即买方的权利就是卖方的义务，买方的义务就是卖方的权利，是双务的民事法律行为。

第三，买卖合同是诺成合同。买卖合同自双方当事人意思表示达成一致时成立，不需要交付标的物即可成立。

第四，买卖合同一般是非要式合同。通常情况下，买卖合同的成立、有效并不需要具备一定的形式，但法律另有规定或当事人另有约定者除外。

第五，买卖合同是双方民事法律行为。

依据《民法典》第646条、第647条规定，法律对其他有偿合同有规定的，依照其规定；没有规定的，参照适用买卖合同的有关规定。当事人约定易货交易，转移标的物的所有权的，参照适用买卖合同的有关规定。

二、买卖合同的种类

买卖合同依不同的标准有不同的分类。依标的物交付时间的不同，可分为即时买卖合同和非即时买卖合同；依适用法律规定的不同，可分为一般买卖合同和特殊买卖合同；依标的物自身性质不同，可分为种类物买卖合同和特定物买卖合同；依付款时间不同，可分为现金买卖合同、赊购买卖合同、预约买卖合同和分期付款买卖合同；依成交方式的不同，可分为自由买卖合同和竞争买卖合同；依标的物性质的不同，可分为动产买卖合同和不动产买卖合同。

另外，《民法典》合同编典型合同分编第9章"买卖合同"（第595条至第647条，共计53条）还规定了一些特殊类型的买卖合同：

- ✓ 分期付款买卖合同（《民法典》第633条、第634条）
- ✓ 凭样品买卖合同（《民法典》第635条、第636条）
- ✓ 试用买卖合同（《民法典》第637条至第640条）
- ✓ 招投标买卖合同（《民法典》第644条）[1]
- ✓ 拍卖合同（《民法典》第645条）[2]
- ✓ 易货合同（《民法典》第647条）

---

[1] 有关招投标买卖合同的详细讨论，参见笔者所著《合同审查精要与实务指南：合同起草审查的基础思维与技能》（第3版）第9章"合同对方的选择方式——招拍挂、竞争性谈判（磋商）、询价和单一来源采购"的相关内容。

[2] 有关拍卖合同的详细讨论，参见笔者所著《合同审查精要与实务指南：合同起草审查的基础思维与技能》（第3版）第9章"合同对方的选择方式——招拍挂、竞争性谈判（磋商）、询价和单一来源采购"和第11章"合同订立的法律风险管控：疑难问题"的相关内容。

三、买卖合同的框架结构

《民法典》第596条规定:"买卖合同的内容一般包括标的物的名称、数量、质量、价款、履行期限、履行地点和方式、包装方式、检验标准和方法、结算方式、合同使用的文字及其效力等条款。"(类似规定见《合同法》第131条、第12条),结合《民法典》第470条第1款"合同的内容由当事人约定,一般包括下列条款:(一)当事人的姓名或者名称和住所;(二)标的;(三)数量;(四)质量;(五)价款或者报酬;(六)履行期限、地点和方式;(七)违约责任;(八)解决争议的方法"的规定,买卖合同可以在第470条第1款规定的条款之外,再约定包装方式、检验标准和方法、结算方式、合同使用的文字及其效力等条款。与《合同法》的规定并无实质变化。本条规定实质是一种提示性或倡导性的规定,对买卖合同当事人的具体权利义务等并无实质性影响。据此,买卖合同的框架结构如下:

- ✓ 买卖双方的名称或者姓名和住所等信息;
- ✓ 标的物名称、品牌、规格、型号、生产厂商、产地和数量;
- ✓ 价款及结算方式;
- ✓ 标的物的技术标准(含质量要求);
- ✓ 标的物的包装方式;
- ✓ 标的物交付的时间、地点和方式;
- ✓ 检验标准、时间和方法;
- ✓ 违约责任;
- ✓ 解决争议的方法;
- ✓ 其他条款(如合同使用的文字、效力条款等)。

第二节　买卖合同的主要条款审查

买卖合同的主要条款与一般合同的主要条款并无本质区别,比如买卖双方的名称或者姓名和住所需要关注的审查点基本相同,不再赘述。笔者在此仅就买卖合同各条款的一些特别之处介绍如下。

一、标的条款

《民法典》第597条规定:"因出卖人未取得处分权致使标的物所有权不能转移的,买受人可以解除合同并请求出卖人承担违约责任。法律、行政法规禁止或者限制转让的标的物,依照其规定。"与《合同法》第132条"出卖的标的物,应当属于出卖人所有或者出卖人有权处分。法律、行政法规禁止或者限制转让的标的物,依照其规定"的规定相比较,本条是在删除《合同法》第51条关于无权处分规定的基础上,吸收了《买卖合同司法解释》(2012年)第3条"当事人一方以出卖人在缔约时对标的物没有所有权或者处分权为由主张合同无效的,人民法院不予支持。出卖人因未取得所有权或者处分权致使标的物所有权不能转移,买受人要求出卖人承担违约责任或者要求解除合同并主张损害赔偿的,人民法院应予支持"之规定,所作的新规定。因此,从该条规定的表述可以看出,立法机关的立场实际是采纳了合同的"有效说"或者"不影响合同效力说"。

《民法典》第597条是基于德国法上债物二分的体系构建的,即将"买卖"这一行为区分为债权行为和物权行为两个行为,物权行为由于缺乏处分权要件而不生效,但在二分体系下并不影响债权行为的成立与生效,因为债权行为只是给债权人设立了请求权,并不以处分权为要件。此外"买受人可以解除合同并请求出卖人承担违约责任"表明这是在合同有效的前提下,买受人享有的违约救济的权利。而违约救济是一个比违约责任外延更广的概念,损害赔偿虽然可以纳入违约责任范畴,但解除合同则显然难谓为违约责任,而属于违约救济之范畴。故此,在订立买卖合同时,即便出卖人不是合同项下的标的物的所有人或有权处分人,也不影响合同的效力,仅产生不能转移标的物的所有权的效果。尽管《民法典》第597条位于典型合同分编第9章买卖合同部分,但这并不意味着其适用范围仅限于出卖人无权处分的买卖合同。对于出租他人之物、以他人之物设定权利负担(抵押、质押)等无权处分行为,可以依据《民法典》第646条"法律对其他有偿合同有规定的,依照其规定;没有规定的,参照适用买卖合同的有关规定"之规定进行类推适用。

另外,《民法典合同编司法解释》第19条规定:"以转让或者设定财产权利为目的订立的合同,当事人或者真正权利人仅以让与人在订立合同时对标的物没有所有权或者处分权为由主张合同无效的,人民法院不予支持;因未取得真正权利人事后同意或者让与人事后未取得处分权导致合同不能履行,受让人主张解除合同并请求让与人承担违反合同的赔偿责任的,人民法院依法予以支持。前款规定的合同被认定有效,且让与人已经将财产交付或者移转登记至受让人,真正权利人请求认定财产权利未发生变动或者请求返还财产的,人民法院应予支持。但是,受让人依据民法典第三百一十一条等规定善意取得财产权利的除外。"本条解释对无权处分行为进行了明确和完善。①

实务中,《民法典》第597条的规定对买卖合同条款是否产生实质性影响呢?在原法律环境下,买卖合同经常会出现如下约定:

乙方保证对所售卖的设备拥有所有权和处分权,对该等设备的出卖是乙方合法有权的行为。

由于卖方出售设备时并不需要拥有对标的物的所有权和处分权,这样约定卖方的保证责任似乎已经没有意义了,因为不论是否如此约定,按照法律的规定,买方都可以"解除合同并请求出卖人承担违约责任"。笔者认为,这样的条款仍然有意义,其价值在于,合同可以在违约责任条款中援引使用并约定不能交付标的物时的明确的救济措施。例如:

乙方不能交付设备的,按本合同第[ ]款约定的合同总价款的[20]%向甲方支付违约金,且甲方有权单方解除本合同。

需要说明的是,其实在《买卖合同司法解释》(2012年)第3条规定下,这样的条款组合的运用就已经存在了,《民法典》第597条并未对其产生实质性影响。

【例1-1】物权的处分行为有别于负担行为,解除合同并非对物进行处分的方式②

裁判要旨: 根据《物权法》第十五条③规定之精神,处分行为有别于负担行为,解除合同并非对物进行处分的方式,合同的解除与否不涉及物之所有权的变动,而只与当事人是否继续承担合同所约定的义务有关。

法院审判: 最高人民法院认为,根据《物权法》第十五条规定之精神,处分行为有别于负担行为,解除合同并非对物进行处分的方式,合同的解除与否不涉及物之所有权的变动,而只与当事人是否继续承担合同所约定的义务有关。本案中,蜀都实业公司确实仍然对该房屋享有所有权,但这并不意味着其可在不符合当事人约定或者法律规定的情形下随意解除双方之间的合同关系。在双方房屋买卖法律关系成立并生效后,蜀都实业公司虽系该房屋的所有权人,但其应当依约全面、实际

---

① 有关无权处分合同的详细讨论,参见笔者所著《合同审查精要与实务指南:合同起草审查的基础思维与技能》(第3版)第10章"合同订立的法律风险管控:基础问题"的相关内容。

② 参见成都讯捷通讯连锁有限公司与四川蜀都实业有限责任公司、四川友利投资控股股份有限公司房屋买卖合同纠纷案[最高人民法院(2013)民提字第90号民事判决书]。

③ 参见《民法典》第215条,该条继承了《物权法》第15条的规定,故此本案例仍具有现实价值。

履行其在房屋买卖法律关系项下的义务。二审判决认为在买卖标的物转移之前，所有人对自己的标的物享有占有、使用、收益、处分的权利，进而认定蜀都实业公司有权选择处分财产的方式解除合同，并判决迅捷公司将房屋腾退给蜀都实业公司，违背了《合同法》保障交易安全的基本原则，系对《物权法》的错误理解与适用，故对此予以纠正。

此外，买卖合同应当对买卖的标的物进行详细描述，做到明确、具体、一目了然。具体包括标的物名称、品牌、规格、型号、生产厂商、产地、数量等。

✓ 标的物的名称。标的物的名称应使用学名全称或行业公认的名称，切勿使用俗称、代称。

✓ 标的物的品牌。有时候卖方生产的产品有多个品牌（商标），或者一个大的品牌（商标）下有多个细分产品，此时应使用明确具体的品牌产品或者细分产品。

✓ 标的物的规格。此方面的主要风险在于约定不明会引发品质争议，因此产品的规格应当约定清楚产品的品牌、型号、生产厂家、生产厂地等，如果是材料类产品，还应当包括产品的主要成分及含量、杂质的成分及最大允许值等特征性要素，产品的规格是产品验收条件之一。

✓ 标的物数（重）量。此方面的主要风险在于买卖双方理解不一致，因此应确定产品采用何种计量方式，数（重）量是否符合谈判约定以及允许的误差范围。应特别注意设备买卖合同，此类合同的标的物往往约定为一套设备，这一套设备是否包含设备的备品备件等配套辅助设施在内应予明确（若未注明容易引发争议，必要时可列清单予以明确）。

需要说明的是，诸如标的物质量要求、包装方式等与标的物相关的要素一般不在标的物条款中直接约定，其原因在于这两个要素需要进行详细约定，而并不适宜在标的物条款中进行简单约定，因此实务中针对这两个要素一般会单列"技术指标和质量标准"和"包装与运输"进行详细约定。

在买卖合同中通过文字描述来对标的物进行约定，显得并不简洁、直观，因此合同中通常都会附加标的物相关要素的明细表。

【例1-2】设备买卖合同标的物条款

X	设备
X.1	设备名称为:[　　　　　] 设备规格型号为:[　　　　] 设备数量为:[　　　]
X.2	设备由主机、辅机、备品备件、工具、技术资料等部分组成,每套设备各组成部分的名称、规格、材质、数量、单价、生产厂家等如下表: | 设备	名称	品牌	规格/型号	材质	数量	单价(不含税)	生产厂商
---	---	---	---	---	---	---	---
主机1							
主机2							
辅机1							
辅机2							
备品备件							
工具							
……								
X.3	乙方保证对所售卖的设备拥有所有权和处分权,对该等设备的出卖是乙方合法有权的行为。
X.4	乙方保证所供设备不侵犯第三人的知识产权和其他权益。

分析: 1. 在第 X.2 款中,设备名称等应填写全称,无标准名称的应填写通用名称的全称。此外,还可以包含相关的技术资料在内。技术资料通常包括:出厂证、合格证、使用说明、维修说明、安装说明、图纸、设备性能指标说明等。购买大型机器设备的合同除约定该设备的制造商外,还应约定机器设备的主要部件的生产厂家、产地。成套机器设备必须详细约定设备的组成,如果内容较多可制作设备范围明细表作为合同的附件,该附件应与合同同时签字盖章,与合同一并保管。

2. 在第 X.3 款、第 X.4 款中,出卖人(乙方)对出卖标的物拥有完整的所有权和处分权以及不侵犯第三人的知识产权予以保证。

需要说明的是,上文主要针对"标的物(货物)本身"的要素进行了约定,但仍然需要考虑与标的物相关的"配套设备或材料"、"配套服务"以及相应的"质量标准"(本要素可以单列条款)。

二、价款与结算条款

买卖合同的价款与结算条款应当明确约定三个方面的内容：一是价款的数额及其支付方式；二是价款支付的时间；三是价款支付的地点。这些内容体现在《民法典》第626条至第628条中。

（一）价款数额及其支付方式

《民法典》第626条规定："买受人应当按照约定的数额和支付方式支付价款。对价款的数额和支付方式没有约定或者约定不明确的，适用本法第五百一十条、第五百一十一条第二项和第五项的规定。"而《民法典》第510条规定，当事人就质量、价款或者报酬、履行地点等内容没有约定或者约定不明确的，可以协议补充，不能达成补充协议的，按照合同有关条款或者交易习惯确定。第511条第2项规定"价款或者报酬不明确的，按照订立合同时履行地的市场价格履行；依法应当执行政府定价或者政府指导价的，依照规定履行"；第5项规定"履行方式不明确的，按照有利于实现合同目的的方式履行"。实务中，即便合同没有直接约定价款的数目，而是约定了一个计算价款的方法，只要该方法清晰明确，则属于对价款及其支付方式有约定的情形，买方亦应按此约定履行。合同并未就价款及支付方式作出约定或者约定不明确并不导致合同不成立，法律应采用漏洞填补的规则予以完善。

此外，买卖合同履行中，可能出现出卖人交付标的物数量多于合同约定数量的情形，对于多交付部分标的物的价款如何确定的问题《民法典》第629条规定："出卖人多交标的物的，买受人可以接收或者拒绝接收多交的部分。买受人接收多交部分的，按照约定的价格支付价款；买受人拒绝接收多交部分的，应当及时通知出卖人。"从该规定可以看出，对出卖人多交付的标的物，法律赋予买受人"接收"或"拒绝接收"的选择权，同时还规定了选择接收的标的物的价款仍然按照合同约定支付，包括按照《民法典》第626条规定的数额、支付方式以及第627条规定的支付地点、第628条规定的支付时间支付。

（二）价款的支付时间

《民法典》第628条规定："买受人应当按照约定的时间支付价款。对支付时间没有约定或者约定不明确，依据本法第五百一十条的规定仍不能确定的，买受人应当在收到标的物或者提取标的物单证的同时支付。"尤需注意的是，合同对支付时间没有约定或者约定不明确的,法律规定的漏洞填补规则是:首先是协议补充;协议不成的,按照合同有关条款或者交易习惯确定;仍不能确定的,买受人应当在收到标的物或者提取标的物单证的同时支付。这一规则体现了同时履行的原则,与我国民间的"一手交货,一手交钱"的习惯相符。

若合同约定出卖人交付标的物所有权时,买受人同时支付价款,则双方应同时履行义务,没有先后履行的区分。依据《民法典》第525条的规定,若出卖人未履行交付标的物的主义务,买受人可以行使不付款的抗辩权(同时履行抗辩权)。若出卖人违反的不是主义务(或对待给付义务),而是附随义务(如通知、协助、保密等),则买受人不能在对方已经履行主义务的情况下,拒绝支付价款。若合同约定由出卖人先行向买受人交付标的物,再由买受人于出卖人交付标的物后的一定期限内再支付价款("先货后款"),则在出卖人未交付标的物的情况下,依据《民法典》第526条的规定,买受人可以行使先履行抗辩权而不支付价款。① 若合同中约定买受人应当先履行支付价款义务,但买受人有确切证据证明出卖人经营状况严重恶化,转移资产、抽逃资金以逃避债务,丧失商业信誉,或者有丧失或者可能丧失履行债务能力的其他情形时,买受人可以要求中止履行其支付价款的义务,待出卖人提供合适的担保以后再恢复履行;若出卖人不能提供合适的担保,则买受人可以解除合同而不支付价款。此即《民法典》第527条、第528条规定的不安抗辩权的行使。

根据"权利义务匹配"的原则②,实务中,买卖双方经常采用的一种付款安排就是分期付款方式。例如:

(1)本合同签订后乙方向甲方支付设备预付款计合同总价的30%;

(2)设备制作完成发货前乙方向甲方支付设备款计合同总价的65%;

(3)设备由乙方验收合格后向甲方支付设备余款计合同总价的5%。

站在买方的立场,比较容易看出,上述条款存在一些问题:首先,设备预付款支付比例过高,调整至20%(类似于定金的最高比例)较为合适;其次,在买方没有收到设备前,已经支付了总价的95%,对买方而言风险极大,既不利于督促卖方积极履行合同义务,也不利于发生纠纷后的处理;最后,买方没有预留设备验收的质量

---

① 有关同时履行抗辩权的"对待给付判决"制度和先履行抗辩权的"同时履行判决"制度,请读者参阅笔者所著《合同审查精要与实务指南:合同起草审查的基础思维与技能》(第3版)第3章"民法典合同编通则司法解释:体系、继承与创新"第2节第4部分之"对待给付判决与同时履行判决"。

② 请读者参阅笔者所著《合同审查精要与实务指南:合同起草审查的基础思维与技能》(第3版)第6章"合同起草、审查的基本步骤与方法"的相关内容。

保证金,一旦设备出现质量问题,卖方往往不会积极处理。如果在合同中约定了保留部分合同价款作为质量保证金,依据《买卖合同司法解释》(2020年修正)第15条之规定,出卖人在质量保证期未及时解决质量问题而影响标的物的价值或者使用效果的,买受人可以拒绝支付该质量保证金。

故此,除非极特殊的情形,笔者建议买卖双方采用分期付款方式来安排交易。一方面,站在买方的立场,建议分4期支付价款,即:(1)买方在合同生效后一定期限支付一定比例(原则不超过总价的20%)的价款给卖方作为预付款或定金;(2)在卖方交付标的物时,向卖方支付一定比例的价款(建议前两期合计数额不超过总价的60%);(3)在标的物经验收合格(及安装调试完毕)后,向卖方支付一定比例的货款(建议前3期合计数额不超过总价的90%或95%);(4)剩余5%—10%的合同价款作为质保金处理,在质保期届满且货物无质量问题后,再支付给卖方。另一方面,站在卖方的立场,在买方提出上述分期付款的要求时,应对标的物验收条款作出明确约定,即买方在收到标的物后应在什么期限内验收,若买方对货物有异议,则应以书面方式提出;在该期限内未对货物提出书面异议的,则视为验收合格(《民法典》第621条第1款),此时买方应向卖方支付第3笔价款。

(三)价款的支付地点

《民法典》第627条规定:"买受人应当按照约定的地点支付价款。对支付地点没有约定或者约定不明确,依据本法第五百一十条的规定仍不能确定的,买受人应当在出卖人的营业地支付;但是,约定支付价款以交付标的物或者交付提取标的物单证为条件的,在交付标的物或者交付提取标的物单证的所在地支付。"尤需注意的是,合同对支付地点没有约定或者约定不明确的,法律规定的漏洞填补规则是:首先是协议补充;协议不成的,按照合同有关条款或者交易习惯确定。仍不能确定的,则区分两种情况处理:其一,在出卖人的营业地支付,这是一般原则;其二,若约定支付价款以交付标的物或者交付提取标的物单证为条件的,在交付标的物或者交付提取标的物单证的所在地支付,这是一般原则的例外规则。

在实务中,一般的价款通常都是指"总括价款",即价款不仅包含标的物本身的价款部分,还包括运输费用、保险费、装卸费、保管费、报关费等其他价外费用。尤其需要注意的是,要分清是含税价还是不含税价。

【例1-3】设备买卖合同价款及结算条款

X	价款和结算
X.1	本合同项下甲乙双方买卖设备的含税总价款为:[　　　](大写:　　)。**此价款系包括运费、装卸费、包装费、保险费、保管费、税款以及报关费等在内的所有价款,除此以外甲方不再对乙方承担任何支付义务。**该价款不因原料、材料、劳务、能源等市场价格的变动而变动,但本合同另有约定的除外。
X.2	甲方按如下约定**以银行转账方式**向乙方结算货款:
X.2.1	在本合同生效后[7]天**个工作日**之内,甲方按本条第X.1款规定的总价款的[20]%向乙方支付预付款;
X.2.2	在甲方按本合同第[安装前甲方对设备的初检条款序号]条规定对如期运至规定地点的设备初验合格后[14]天**个工作日**内,甲方按本条第X.1款规定总价款的[30]%向乙方支付;
X.2.3	在乙方按本合同第[安装调试及培训条款序号]条规定对设备进行安装调试并经甲方按本合同第[质量验收条款序号]条规定检验合格后的[7]天**个工作日**之内,乙方向甲方开具**合法有效的全额**增值税发票(税率17%),在甲方收到乙方发票后[14]**个工作日**内,甲方向乙方付至本条第X.1款规定的总价款的[90]%(含甲方已支付的款项在内);**若乙方不开具前述发票的,甲方有权拒绝支付前述付款;**
X.2.4	在甲方按本条第X.2.3项规定付款后,所余的本条第X.1款规定的总价款的[10]%为质量保证金,该质量保证金按本合同第[质量保证条款序号]条的规定办理。

【分析】:在本示例中,双方当事人商定采取预付部分价款、交货同时给付部分价款,验收合格后再给付部分价款和留存一定数额的质量保证金的方式结算。

根据本设备买卖合同的具体情况,本合同在X.1款,增加了该价款是总括价款的定义;在X.2款明确了以银行转账方式结算价款;X.2.3项在明确"先票后款"的情况下,强调了必须是"合法有效的全额"增值税发票,并且约定不能满足发票条件的,甲方有权拒绝付款,即将开具发票的从给付义务(或附随义务)提升至对待给付义务;此外,将各条款中的"天"修改为工作日,以避免履行中的争议。

在价款及结算条款中,双方当事人还可以商定以定金担保方式签订合同,但要注意定金和预付款的区别,定金不得超过总价款的20%(《民法典》第586条)。此外,在支付条款中对发票作出约定也是很有必要的。双方应就发票的种类、开具发票的时间、发票内容等进行明确约定。开具发票的时间约定还可以成为货物是否交付的佐证之一(具体内容详见本章第5节)。

三、质量与包装方式条款

（一）质量条款

买卖合同应对标的物的质量作出重点约定，以便于验收，避免纠纷。从狭义的角度看，标的物的质量通常是指技术指标和质量标准、要求等。而从广义的角度看，标的物的质量通常包括四个方面的内容：一是质量检验标准。合同约定的标准或者行业、国家的相关标准。二是质量检验方式（"验收条款"）。主要关注检验主体、检验阶段（如初检和最终检验等）、卖方出具质检书或监检书等相关文书。三是质量保证期间（"质保期条款"）。需要注意质保期的起算日、期间长短、质保义务及质保金的处理等。四是对质量的特殊要求，如指定材料购买商等。

若合同对标的物的质量要求没有约定或约定不明确，则需要法律对漏洞进行填补。《民法典》第616条规定："当事人对标的物的质量要求没有约定或者约定不明确，依据本法第五百一十条的规定仍不能确定的，适用本法第五百一十一条第一项的规定。"而根据《民法典》第511条第1项，依据《民法典》第510条规定仍不能确定当事人对标的物的质量要求时，"质量要求不明确的，按照强制性国家标准履行；没有强制性国家标准的，按照推荐性国家标准履行；没有推荐性国家标准的，按照行业标准履行；没有国家标准、行业标准的，按照通常标准或者符合合同目的的特定标准履行"。故填补规则是：（1）协议补充；（2）协议不成的，按合同相关条款或交易习惯确定；（3）仍不能确定的，按"国家强制标准——国家推荐标准——行业标准——通常标准（或符合合同目的的特定标准）"的顺序确定。如《啤酒瓶》（GB 4544-2020，2021年8月1日起实施）就是轻工行业第一个获批的强制性国家标准。合同双方可在合同中对啤酒瓶的质量作出如下约定：

乙方在本合同项下向甲方出售的货物应符合下列质量标准：[《啤酒瓶》（GB 4544-2020）]。本合同执行期间，若货物相关国家法律法规或强制性标准有变更（包括质量、食品安全卫生指标等），甲方有权变更本合同质量标准并通知乙方，乙方接到甲方通知后须按甲方变更后的质量标准执行。

《民法典》第615条规定："出卖人应当按照约定的质量要求交付标的物。出卖人提供有关标的物质量说明的，交付的标的物应当符合该说明的质量要求。"《民法典》第610条规定："因标的物不符合质量要求，致使不能实现合同目的的，买受人可以拒绝接受标的物或者解除合同。买受人拒绝接受标的物或者解除合同的，标的物毁损、灭失的风险由出卖人承担。"这两个条款规定了出卖人按照质量要求交付标的物的义务，以及买受人在交付的标的物不符合质量要求时，拒绝受领或解除合同的权利。

《民法典》第617条规定:"出卖人交付的标的物不符合质量要求的,买受人可以依据本法第五百八十二条至第五百八十四条的规定请求承担违约责任。"依据《民法典》第582条(按约承担违约责任,无约定的,可采取补救措施)、第583条(违约损害赔偿责任)、第584条(损失的可预见规则)的规定,出卖人的违约责任可能是支付违约金、采取补救措施(修理、重作、更换、退货、减少价款或者报酬等)、按照可预见规则赔偿损失(包括预期利益)。

(二)包装方式条款

标的物的包装方式对于标的物的安全运送非常重要,尤其是对于一些易腐、易碎、易潮、易变质以及如化学物品等具有特殊性质的标的物而言,包装不善可能发生货损或者环境事故,既可能侵害买方的利益,也可能引发公共灾害,侵害国家、社会公众的利益。

《民法典》第619条规定:"出卖人应当按照约定的包装方式交付标的物。对包装方式没有约定或者约定不明确,依据本法第五百一十条的规定仍不能确定的,应当按照通用的方式包装;没有通用方式的,应当采取足以保护标的物且有利于节约资源、保护生态环境的包装方式。"与《合同法》第156条相比较,本条增加了应采取"绿色包装方式"的要求,即包装方式还应"有利于节约资源、保护生态环境"。包装方式是指在交付标的物时对标的物的包装方法,既包括包装材料,也包括对标的物进行包装的操作方式。包装又分为运输包装和销售包装。运输包装在我国一般有国家标准或者行业标准。需要说明的是,某些情况下质量标准的一部分可能通过包装本身来体现。实务中,确定包装材料和具体的操作方式时一般根据标的物的性质和运输的方式来确定。

"足以保护"标的物的包装方式,是指能够使标的物在运送、搬运、装卸过程中不致受损坏的包装方式,实践中需根据具体的买卖合同标的物作出判断。"绿色包装"原则要求出卖人应适当地改变包装方式,比如使用可回收利用的包装方式、简化包装等,但前提是足以保护标的物。此外,当事人约定的包装方式,不得违反国家法律的规定。例如,《固体废物污染环境防治法》(2020年修订)第68条规定:"产品和包装物的设计、制造,应当遵守国家有关清洁生产的规定。……生产经营者应当遵守限制商品过度包装的强制性标准,避免过度包装。……"以上关于包装物的规定,当然是当事人履行合同中应当遵守的"绿色义务"。再如,国家强制标准《啤酒瓶》(GB 4544-2020,2021年8月1日起实施)明确将啤酒瓶分为一次性瓶、可回收新瓶和可回收旧瓶,不再对啤酒瓶设置两年的回收使用期限,增加了不可使用麻袋、捆扎等可能导致啤酒瓶质量下降的包装的要求。这些修订无疑都体现了不得造成资源的大量浪费、不得对生态环境造成污染的"绿色要求"。

【例1-4】设备买卖合同质量和包装方式条款

X	设备的技术指标和质量标准
	乙方在本合同项下向甲方出售的设备,应符合或达到下列技术指标和质量标准: …… [大型成套设备的技术指标和质量标准一般采用合同附件的方式]
Y	包装
Y.1	本合同项下乙方向甲方所供设备采取[附件1:……]所述方法包装,包装费用由乙方承担,包装物不返还,归甲方所有。
Y.2	乙方所供设备的包装应足以经受本合同约定的运输方式和保管方法将设备运至本合同第[到货时间和地点条款序号]条规定的交货地点而不受损害;且不得使用国家法律、强制性标准所禁止使用的包装物和包装形式。
Y.3	包装规格为:[ ]。

分析:在实务中,标的物的技术指标和质量标准应以技术部门和技术人员的要求为准,但公司律师或法律顾问应明确向他们作出提示:这些指标和质量标准应符合国家和行业的强制性要求,并且不能一味依赖于对方的技术资料载明的内容。此外,包装形式和方法亦应尊重业务部门的要求。无论如何,质量和包装形式条款都应当做到清晰、具体、明了,不会产生混淆、歧义和模糊性、不确定性。故该条款中新增了第Y.2款的约定。

四、交付与验收条款

(一)标的物交付条款

买卖合同的交付条款需要明确标的物的交付时间、地点和方式,以及标的物的所有权和风险(毁损、灭失)的转移时点等。

1. 标的物交付时间、地点和方式

通常所称的标的物的交付是指现实交付,即物的转移,即一方按照要求,将物移转给另一方,使受让人对该标的物取得事实上的管领力的事实。标的物交付的时间、地点和方式是交易的关键内容,它涉及双方的利益实现和标的物毁损、灭失的风险承担问题。一般情况下,标的物的所有权自交付时转移,风险承担亦随之转移。因此,交付的相关内容一定要在合同中予以明确。

首先,关于标的物的交付时间。《民法典》第 601 条规定:"出卖人应当按照约定的时间交付标的物。约定交付期限的,出卖人可以在该交付期限内的任何时间交付。"第 602 条规定:"当事人没有约定标的物的交付期限或者约定不明确的,适用本法第五百一十条、第五百一十一条第四项的规定。"而第 511 条第 4 项规定,"履行期限不明确的,债务人可以随时履行,债权人也可以随时请求履行,但是应当给对方必要的准备时间"。这些是有关标的物交付时间的规定。

其次,关于标的物的交付地点。《民法典》第 603 条规定:"出卖人应当按照约定的地点交付标的物。当事人没有约定交付地点或者约定不明确,依据本法第五百一十条的规定仍不能确定的,适用下列规定:(一)标的物需要运输的,出卖人应当将标的物交付给第一承运人以运交给买受人;(二)标的物不需要运输,出卖人和买受人订立合同时知道标的物在某一地点的,出卖人应当在该地点交付标的物;不知道标的物在某一地点的,应当在出卖人订立合同时的营业地交付标的物。"而《民法典》第 511 条第 3 项规定,"履行地点不明确,给付货币的,在接受货币一方所在地履行;交付不动产的,在不动产所在地履行;其他标的,在履行义务一方所在地履行"。《买卖合同司法解释》(2020 年修正)第 8 条规定:"民法典第六百零三条第二款第一项规定的'标的物需要运输的',是指标的物由出卖人负责办理托运,承运人系独立于买卖合同当事人之外的运输业者的情形。标的物毁损、灭失的风险负担,按照民法典第六百零七条第二款①的规定处理。"

需要强调的是,确认合同履行地不但涉及当事人的实体利益,还可能涉及程序利益(确认诉讼管辖地)②。例如,若买卖合同中明确约定由合同履行地人民法院管辖,则确定合同履行地就显得至关重要了。如《民事诉讼法》(2023 年修正)第 24 条规定:"因合同纠纷提起的诉讼,由被告住所地或者合同履行地人民法院管辖。"第 35 条规定:"合同或者其他财产权益纠纷的当事人可以书面协议选择被告住所地、合同履行地、合同签订地、原告住所地、标的物所在地等与争议有实际联系的地点的人民法院管辖,但不得违反本法对级别管辖和专属管辖的规定。"《民事

---

① 《民法典》第 607 条第 2 款规定:"当事人没有约定交付地点或者约定不明确,依据本法第六百零三条第二款第一项的规定标的物需要运输的,出卖人将标的物交付给第一承运人后,标的物毁损、灭失的风险由买受人承担。"

② 关于民事诉讼管辖中合同履行地的确定,请读者参阅笔者所著《合同审查精要与实务指南:合同起草审查的基础思维与技能》(第 3 版)第 15 章"合同通用条款的审查:合同正文通用条款"第 4 节第 3 部分之"关于合同纠纷的管辖"。

诉讼法司法解释》(2022年修正)第18条规定:"合同约定履行地点的,以约定的履行地点为合同履行地。合同对履行地点没有约定或者约定不明确,争议标的为给付货币的,接收货币一方所在地为合同履行地;交付不动产的,不动产所在地为合同履行地;其他标的,履行义务一方所在地为合同履行地。即时结清的合同,交易行为地为合同履行地。合同没有实际履行,当事人双方住所地都不在合同约定的履行地的,由被告住所地人民法院管辖。"

尽管有前述规定,但在审查合同标的物交付条款时仍需注意,买卖合同中标的物交付地并不必然等于合同履行地。参见最高院审理的如下案例:

【例1-5】买卖合同"标的物交付地"并不必然等于"合同履行地"①

基本案情: 徐冬梅川味观加盟店于2014年12月18日与被告天骄公司签订家具买卖合同,购买天骄公司生产的家具用于餐厅开业经营。合同约定该批家具价款为193,800元,材质为全实木水曲柳,款式以天骄公司展示的样品为准。为确保徐冬梅川味观加盟店餐厅能于2015年1月19日按时开业,双方将家具交付时间定为2015年1月18日,在泗阳县人民中路海欣哥伦布广场交货。直至2015年1月27日,天骄公司才向徐冬梅川味观加盟店交付该批次家具,并且徐冬梅川味观加盟店验货发现,该批次家具材质并非水曲柳且其款式、用料、尺寸与天骄公司提供的样品均不符,实际价值低于合同价款。由于徐冬梅川味观加盟店系加盟店,家具经总店验收不合格,总店不允许其开业,给徐冬梅川味观加盟店造成巨大经济损失。天骄公司交付货物不符合同约定,属于违约,根据合同第10条,天骄公司应承担双倍赔偿合同价款的违约责任。且天骄公司违约行为导致的延期开业给徐冬梅川味观加盟店造成了经营损失、延期开业房租损失、员工工资损失等,这些损失应由天骄公司承担。徐冬梅川味观加盟店请求判令天骄公司返还家具价差10万元,并支付违约金387,600元。

二审法院江苏省宿迁市中院认为: 根据《民事诉讼法》第二十三条的规定,因合同纠纷提起的诉讼,由被告住所地或者合同履行地人民法院管辖。故本案管辖权的确定的关键在于涉案合同履行地的确定。根据《最高人民法院关于适用〈中华人民共和国民事诉讼法〉的解释》第十八条第二款的规定,合同对履行地点没有约定或者约定不明确,争议标的为给付货币的,接收货币一方所在地为合同履行

---

① 参见泗阳县众兴镇徐冬梅李世川味观餐饮加盟店与杭州天骄家具制造有限公司买卖合同纠纷案管辖民事裁定书[最高人民法院(2016)最高法民辖16号]。

地;交付不动产的,不动产所在地为合同履行地;其他标的,履行义务一方所在地为合同履行地。即时结清的合同,交易行为地为合同履行地。本案中,因双方当事人并未在案涉《订货合同》中约定合同履行地,故应结合当事人的诉讼请求和合同的性质及履行情况来确定本案的争议标的,从而确定合同履行地。徐冬梅川味观加盟店分别基于天骄公司在涉案买卖合同履行过程中的不完全履行行为和延迟履行行为,向天骄公司提起返还涉案家具差价10万元和支付违约金387,600元两项诉讼请求,故徐冬梅川味观加盟店的诉讼主张均指向天骄公司在涉案合同履行过程中的违约行为,且本案系买卖合同,非金钱债务,故本案的争议标的为天骄公司的违约责任纠纷,而非给付货币。虽然徐冬梅川味观加盟店的诉讼请求中包含了给付货币请求,但减少价款、支付违约金只是以货币形式来承担违约责任的一种方式而已,并非本案的争议标的。综上,本案合同履行地为履行义务一方所在地,即天骄公司住所地浙江省杭州市余杭区。江苏省泗阳县人民法院对本案并无管辖权。故于2015年8月25日作出(2015)宿中商辖终字第00049号民事裁定:撤销江苏省泗阳县人民法院(2015)泗商初字第00470号民事裁定,本案移送浙江省杭州市余杭区人民法院审理。

浙江省高院认为: 天骄公司与徐冬梅川味观加盟店签订的订货合同中约定的交货地点为泗阳县人民中路海欣哥伦布广场,该地点是一个明确的地点。而交货义务是买卖合同中的一项主要义务,约定了交货地点可以认定双方约定了合同履行地,不能机械地要求必须出现"合同履行地"的字样。因此,可以认定江苏省泗阳县是涉案合同约定的履行地点,江苏省泗阳县人民法院对本案有管辖权。

最高院认为:《最高人民法院关于适用〈中华人民共和国民事诉讼法〉的解释》第十八条第一款规定的"合同约定履行地点的",是指合同当事人对合同履行地有书面的、明确的约定。本案立案于2015年6月16日,此时《最高人民法院关于适用〈中华人民共和国民事诉讼法〉若干问题的意见》已经失效,该意见第19条的规定"购销合同的双方当事人在合同中对交货地点有约定的,以约定的交货地点为合同履行地"不再适用。本案中,涉案合同中并未对合同履行地作出明确约定,应当依照《最高人民法院关于适用〈中华人民共和国民事诉讼法〉的解释》第十八条第二款的规定确定合同履行地。本案争议标的是交付家具的行为,属于其他标的,履行义务一方即天骄公司所在地为合同履行地。根据《民事诉讼法》第二十三条的规定,浙江省杭州市余杭区人民法院作为被告住所地和合同履行地法院,对本案有管辖权。江苏省泗阳县不是被告住所地或合同履行地,该地法院对本案没有管辖权,江苏省宿迁市中级人民法院裁定将本案移送浙江省杭州市余杭区人民法院审理符合《民事诉讼法》第三十六条的规定。

从上述最高院的裁定理由来看,在确定诉讼管辖地时涉及的合同约定的履行地点,必须是合同当事人对合同履行地作出的书面的、明确的约定。已失效的《最高人民法院关于适用〈中华人民共和国民事诉讼法〉若干问题的意见》(法发〔1992〕22号)①第19条确定的"购销合同的双方当事人在合同中对交货地点有约定的,以约定的交货地点为合同履行地"不再适用②。即不能仅因买卖合同中约定了交货地点,就当然地将其确认为合同履行地,最高院以此为由对浙江省高院的观点进行了否定。③ 尽管最高院作出该裁定的理由"'合同约定履行地点的',是指合同当事人对合同履行地有书面的、明确的约定"略有些勉强,而根据特征义务履行地规则,笔者更倾向于赞同浙江省高院的意见,但为避免争议,减少当事人的诉累,笔者建议在买卖合同中明确采用"合同履行地"的表述,或者应明确争议管辖法院。

---

① 本意见被《最高人民法院关于适用〈中华人民共和国民事诉讼法〉的解释》(2015年1月30日发布,2015年2月4日实施)废止。

② 在司法实践中,仍有个案将交货地点视为合同履行地。如在李某买卖合同纠纷民事再审民事裁定书[山东省高级人民法院(2021)鲁民再463号]中,山东省高院认为:《最高人民法院关于适用〈中华人民共和国民事诉讼法〉的解释》第18条规定,合同约定履行地点的,以约定的履行地点为合同履行地。合同对履行地点没有约定或者约定不明确,争议标的为给付货币的,接收货币一方所在地为合同履行地;交付不动产的,不动产所在地为合同履行地;其他标的,履行义务一方所在地为合同履行地。即时结清的合同,交易行为地为合同履行地。合同没有实际履行,当事人双方住所地都不在合同约定的履行地的,由被告住所地人民法院管辖。据此规定,在合同纠纷案件中,合同履行地是确定人民法院对合同纠纷案件管辖权的首要标准,而对于合同履行地一般适用特征义务履行地规则确定。所谓特征义务履行地规则,是指以当事人履行特征义务的地点来确定合同的履行地。双务合同约定的众多合同义务中包含最能反映合同本质特征的义务,应以该本质特征义务履行的地点为据确定合同的履行地。动产买卖合同的特征义务就是动产的交付,因为动产的交付标志着动产所有权和交易风险的转移,因此,应当以动产标的物的交付地或者标的物交付地点作为该合同的履行地。《最高人民法院关于适用〈中华人民共和国民事诉讼法〉若干问题的意见》第19条明确规定,购销合同的双方当事人在合同中对交货地点有约定的,以约定的交货地点为合同履行地。该司法解释虽已废止,但对买卖合同履行地的确定仍具有参照价值。涉案家具销售单约定的送货地址或者交货地点为山东省济南市历城区,履行地在济南市历城区,故济南市历城区人民法院对本案应立案受理,原审以济南市历城区法院对本案无管辖权为由裁定不予受理李某的起诉不符合涉案买卖合同的特征和前述司法解释的规定。

③ 最高院在随后的裁判中仍然坚持了这一观点,如广东安居宝数码科技股份有限公司与重庆浩博实业(集团)有限公司买卖合同纠纷民事裁定书[最高人民法院(2018)最高法民辖43号]。

最后,关于标的物的交付方式。法律上将标的物的交付方式分为现实交付和观念交付。前者又称直接交付或实物交付,是指出卖人将标的物的占有直接移转给买受人,使标的物处于买受人的实际管领和支配之下。这是通常意义的交付。需要说明的是,交付可以通过占有辅助人、被指令人或者占有媒介人进行。后者又可分为4种类型:(1)简易交付。即动产物权设立和转让前,买受人已经依法占有该动产(如已经租赁、借用该动产)。双方合同生效时即为交付之时(《民法典》第226条、《物权编司法解释(一)》第17条第2款前句①)。(2)指示交付。即动产物权设立和转让前,第三人依法占有该动产的,出卖人将其对于第三人的返还请求权让与买受人,以此代替交付。双方合同生效时即为交付之时(《民法典》第227条、《物权编司法解释(一)》第17条第2款后句②)。(3)占有改定。即动产物权转让时,双方又约定由出卖人继续占有该动产(如带租约的房屋买卖)。双方合同生效时即为交付之时(《民法典》第228条)。(4)拟制交付。即交付提取标的物的单证,以代替标的物的现实交付的交付方式。标的物的单证即物权凭证,包括仓单、提单等。交付相应物权凭证之时即为交付之时(《民法典》第598条)。

应该讲,在一般的货物买卖交易中,交付的方式主要有两种:一种是现实交付,另一种是指示交付或拟制交付。货物买卖交易中的现实交付一般是指,出卖人直接将货物运送至买受人处或者买受人指定的收货人处,买受人实际接收了货物,货物的所有权自接收时转移。例如:

乙方应在[交货地点]向甲方交付货物,乙方需将货物运至该点并由甲方负责卸车,卸车费用由甲方承担。

货物买卖交易中的指示交付或拟制交付一般是指,出卖人将货物置于保管人处,由保管人占有并保管(例如存放于仓储商的仓库中),此种情形下,出卖人向保管人出具书面指令,买受人受让交付请求权,此时货物所有权发生转移。例如,出卖人转让提单或仓单等权利凭证。

2. 电子信息产品的交付

《买卖合同司法解释》(2020年修正)第2条规定:"标的物为无需以有形载体交付的电子信息产品,当事人对交付方式约定不明确,且依照民法典第五百一十条的规定仍不能确定的,买受人收到约定的电子信息产品或者权利凭证即为交付。"

---

① 该句规定:"当事人以民法典第二百二十六条规定的方式交付动产的,转让动产民事法律行为生效时为动产交付之时。"
② 该句规定:"当事人以民法典第二百二十七条规定的方式交付动产的,转让人与受让人之间有关转让返还原物请求权的协议生效时为动产交付之时。"

显然,对标的物是以有形载体交付的电子信息产品的买卖合同而言,其规则与一般的买卖合同无异,应适用《民法典》的相关规定。对于标的物无须以有形载体交付的电子信息产品的买卖合同而言,虽然买卖双方并未实际交付有体物,但仍是以出卖人向买受人交付电子信息产品、买受人给付价款的方式履行合同。因此,在我国未就电子信息产品的买卖交易制定专门的法律前,应当适用《民法典》以及《买卖合同司法解释》(2020年修正)的相关规定。

那么如何认定无有形载体的电子信息产品的交付呢?《买卖合同司法解释》(2020年修正)根据电子信息产品的特点,确定了两种具体的交付方式:一是以在线网络传输的方式接收或者下载该信息产品,二是交付权利凭证。对于第一种交付方式,买卖双方以电子数据在线传输方式实现电子信息产品的交付。信息产品的传输过程包括出卖人发出信息产品和买受人接收信息产品两个不同阶段。由于技术、网络、计算机系统的原因,出卖人发出电子信息产品并不必然引起买受人收到信息产品的后果。因此,如果以出卖人发出电子信息产品为交付标准,有可能产生买受人虽然未能实际接收到该电子信息产品,仍须承担给付价款的合同义务的法律后果,难免有失公允。考虑到电子信息产品的出卖人在电子信息产品的制作及传输方式选择方面有更明显的优势地位,《买卖合同司法解释》(2020年修正)第2条规定,此种情况下以买受人收到约定的电子信息产品为完成交付的标准。对于第二种交付方式,买卖双方交付的并非电子信息产品本身,而是仅交付电子信息产品的权利凭证,比如访问或者使用特定信息产品的密码。在此种情形下,买受人取得权利凭证后,即可自由决定取得、使用该电子信息产品的时间,因此不宜以买受人收到该电子信息产品为标准来确定交付是否完成,买受人收到该电子信息产品权利凭证的,即应认定出卖人已完成交付义务。

3. 多交付标的物的保管义务

《民法典》第629条规定:"出卖人多交标的物的,买受人可以接收或者拒绝接收多交的部分。买受人接收多交部分的,按照约定的价格支付价款;买受人拒绝接收多交部分的,应当及时通知出卖人。"本条是关于出卖人多交标的物如何处理的规定。出卖人多交标的物,在实际生活中并不鲜见。出卖人往往是出于让买受人多购买的目的。依照本条规定,在这种情况下,买受人可以接收多交的部分,对于这部分多交的标的物,应当按照双方订立合同时约定的标的物价格计算价款,而不是按照交付时的价格。买受人也有权拒绝接收多交的部分。但该条仅对买受人拒绝接收多交部分的通知义务进行了规定,并未对买受人代为保管多交部分的法律后果进行明确。

《买卖合同司法解释》(2020年修正)对此进行了明确规定,其第3条规定:"根据民法典第六百二十九条的规定,买受人拒绝接收多交部分标的物的,可以代为保管多交部分标的物。买受人主张出卖人负担代为保管期间的合理费用的,人民法院应予支持。买受人主张出卖人承担代为保管期间非因买受人故意或者重大过失造成的损失的,人民法院应予支持。"显然,该规定明确了保管期间发生损失时的承担规则,并明确按照有偿保管合同处理。

(二)标的物验收条款

标的物的检验或验收是指买受人在收到出卖人交付的标的物时,对其等级、质量、重量、包装、规格等情况的查验、测试或者鉴定。合同中应当规定检验或验收的时间、地点、标准和方法、买受人发现质量问题提出异议的时间及出卖人答复的时间、发生质量争议的鉴定机构等。

1.检验期间与买受人的异议通知义务

第一,当事人在合同中约定了检验期的情形,又可分为约定的检验期合理和约定的检验期过短两种细分情形。

对于前者,《民法典》第620条前句规定:"买受人收到标的物时应当在约定的检验期限内检验。"《民法典》第621条第1款规定:"当事人约定检验期限的,买受人应当在检验期限内将标的物的数量或者质量不符合约定的情形通知出卖人。买受人怠于通知的,视为标的物的数量或者质量符合约定。"因此,如果当事人约定的检验期是合理的,买受人就应当在检验期限内对出卖人交付的标的物进行检验,并将标的物数量或者质量不符合约定的情形通知出卖人,买受人怠于通知的,则视为出卖人交付的标的物符合约定。需要注意的是,此处的"视为"标的物的质量符合约定并非"推定"符合约定,该规定系法律拟制而非推定,纵有相反证据证明标的物质量确实不符合合同约定,买受人亦不得以此为由主张出卖人承担相应责任。

对于后者,《民法典》第622条①规定:"当事人约定的检验期限过短,根据标的物的性质和交易习惯,买受人在检验期限内难以完成全面检验的,该期限仅视为买受人对标的物的外观瑕疵提出异议的期限。约定的检验期限或者质量保证期短于法律、行政法规规定期限的,应当以法律、行政法规规定的期限为准。"这一规定意味着在实务中:第一,法定检验期间或者质量保证期优先,约定的期限不得短于法

---

① 即《买卖合同司法解释》(2012年)第18条,《民法典》第622条将其吸收上升为法律规定。

定期限,但可以长于法定期限。第二,如果出卖人制作的送货单、确认单上有对买受人不利的检验期间的约定,如"买方签收本送货单即视为认可货物的数量及质量",买受人应在送货单、确认单上作保留说明,如"仅清点了货物的数量,质量问题需另行检验"。第三,实务中还有许多案例,买受人认为标的物有问题但仅以口头的方式向对方提出,然后拒付货款,结果出卖人向法院提起诉讼,要求支付货款,买受人这时才反诉质量问题。这种案例往往因为超过了约定的异议期间或合理的异议期间而得不到法院的支持。同时,在法官的内心确信上,法官往往认为这是买受人为了拒绝支付货款的托辞。因此,作为买受人,即使接受了对方比较苛刻的合同条款,仍应积极地对标的物进行检验并及时提出书面异议,要求双方对有问题的货物进行共同封存,及时委托有资质的部门进行检验,必要时及时提起诉讼。第四,最为重要的是,如果约定的检验期限过短,根据标的物的性质和交易习惯,买受人在检验期限内难以完成全面检验的,该期限仅视为买受人对标的物的外观瑕疵提出异议的期限。由此可知,质量瑕疵在法律上可分为外观瑕疵和隐蔽瑕疵。但《民法典》以及司法解释并未对什么是外观瑕疵、什么是隐蔽瑕疵进行明确定义。实践中通常认为,外观瑕疵应当是买受人凭借肉眼即可判断或一经投入使用即可发现的瑕疵(如标的物的外观、品种、型号、规格、花色、包装等方面存在的瑕疵),无须通过特殊的检验就可以发现;而隐蔽瑕疵主要是指标的物的性能和功效,或者标的物的其他无法在短时间发现但却存在一定质量隐患的安全瑕疵,一般情况下,买受人需要通过借助专业知识、专业设备检验或者使用一段时间后才能发现隐蔽瑕疵。因此,隐蔽瑕疵的检验期限会长于外观瑕疵。

如在青海柴达木兴华锂盐有限公司、荣成市日跃化工有限公司买卖合同纠纷再审审查与审判监督民事裁定书[最高人民法院(2020)最高法民申527号]中,最高院认为:

《中华人民共和国合同法》第一百五十七条规定:"买受人收到标的物时应当在约定的检验期间内检验。没有约定检验期间的,应当及时检验。"第一百五十八条第一款规定:"当事人约定检验期间的,买受人应当在检验期间内将标的物的数量或者质量不符合约定的情形通知出卖人。买受人怠于通知的,视为标的物的数量或者质量符合约定。"《最高人民法院关于审理买卖合同纠纷案件适用法律问题的解释》第十八条第一款规定:"约定的检验期间过短,依照标的物的性质和交易习惯,买受人在检验期间内难以完成全面检验的,人民法院应当认定该期间为买受人对外观瑕疵提出异议的期间,并根据本解释第十七条第一款的规定确定买受人对隐蔽瑕疵提出异议的合理期间。"兴华锂盐公司与日跃公司2016年10月25日、

2017年1月11日签订的两份《工矿产品购销合同》约定的质量异议期间均为15天,兴华锂盐公司在收到日跃公司交付的产品后,未在15天内提出异议。双方交易的标的物系化工类产品,产品所含有效成分是否符合合同约定,通过检验检测即能得出结论,兴华锂盐公司以所购产品数量大,无法在15天内全部使用完毕从而不能发现产品隐性瑕疵为由认为不应适用合同约定的15天质量异议期的主张,不符合该产品性质及交易惯例。兴华锂盐公司怠于在合同约定期间内对日跃公司交付的产品进行检验,在使用大部分产品后,以单方委托的检验检测报告主张产品有效成分不符合合同约定并请求解除合同,其理由不能成立,二审判决未予支持,并无不当。

在上述案件中,合同约定的质量异议期间为产品交付后15天,尽管产品系化工类产品,但产品所含有效成分是否符合合同约定,通过检验检测即能得出结论,即是说根据该产品的性质及交易习惯在15天内是可以完成产品检验的。而兴华锂盐公司以"所购产品数量大,无法在15天内全部使用完毕从而不能发现产品隐性瑕疵"为由认为应排除合同约定的15天质量异议期,法院认为不符合该产品性质及交易惯例,从而否定了该15天仅系"外观瑕疵"的异议期的可能。兴华锂盐公司怠于在合同约定期间内对日跃公司交付的产品进行检验,在使用大部分产品后,以产品存在质量瑕疵为由要求解除合同,其理由不能成立。

再如在东营银桥金属颜料有限公司与新疆合盛创新材料有限公司买卖合同纠纷二审民事判决书[新疆生产建设兵团第(农)八师中级人民法院(2023)兵08民终952号]中,法院认为:

《中华人民共和国民法典》第六百二十二条第一款规定:"当事人约定的检验期限过短,根据标的物的性质和交易习惯,买受人在检验期限内难以完成全面检验的,该期限仅视为买受人对标的物的外观瑕疵提出异议的期限。"双方签订产品销售合同约定"如有产品质量异议,乙方须在收到当次货物之后的3个工作日内提出,逾期未提出异议,视为验收合格"。按上诉人所述其从生产金属颜料到销售,再到销售的货物被退回,再到发现金属颜料存在黑点并找出形成黑点的具体原因,该流程不可能在3个工作日内完成,故双方约定3个工作日提出质量异议的期限明显过短,无法完成全面检验,故该期限应视为对货物外观瑕疵提出异议的期限,上诉人应在合理期间内对产品质量问题提出异议。上诉人已于收到货物第二日向被上诉人工作人员刘某某提出铝粉偏细并回复投入生产后再看看效果,其在3个工作日内已完成初步外观检验。上诉人2021年4月28日、29日试生产出金属颜料发现有黑点,其将金属颜料发到南京被退回,其再次试用过程中又发生

"黑机现象",其2021年5月1日通知刘某某到现场分析化验原因,上诉人与刘某某确认系被上诉人供应的球形铝粉氧化现象严重,导致生产过程中出现"黑机现象",以上事实有上诉人工作人员张某某与被上诉人工作人员刘某某的微信聊天记录足以证实。依据以上事实反映,上诉人已在合理期限内向被上诉人提出质量异议。

第二,当事人在合同中未约定检验期的情形。

《民法典》第620条后句规定:"没有约定检验期限的,应当及时检验。"《民法典》第621条第2款、第3款规定:"当事人没有约定检验期限的,买受人应当在发现或者应当发现标的物的数量或者质量不符合约定的合理期限内通知出卖人。买受人在合理期限内未通知或者自收到标的物之日起二年内未通知出卖人的,视为标的物的数量或者质量符合约定;但是,对标的物有质量保证期的,适用质量保证期,不适用该二年的规定。出卖人知道或者应当知道提供的标的物不符合约定的,买受人不受前两款规定的通知时间的限制。"《买卖合同司法解释》(2020年修正)第12条规定:"人民法院具体认定民法典第六百二十一条第二款规定的'合理期限'时,应当综合当事人之间的交易性质、交易目的、交易方式、交易习惯、标的物的种类、数量、性质、安装和使用情况、瑕疵的性质、买受人应尽的合理注意义务、检验方法和难易程度、买受人或者检验人所处的具体环境、自身技能以及其他合理因素,依据诚实信用原则进行判断。民法典第六百二十一条第二款规定的'二年'是最长的合理期限。该期限为不变期间,不适用诉讼时效中止、中断或者延长的规定。"司法解释考虑到标的物种类繁多且瑕疵类别多样,对确定合理期间的考量因素进行了提示性列举,赋予法官依照诚实信用原则,根据交易的性质、目的、标的物的种类、瑕疵性质、检验方法等多种因素进行综合考量的自由裁量权。此外,"二年"的合理期间为除斥期间。因此,最长异议期限按照对标的物是否约定质量保证期包含两种情形:一是在当事人没有约定质量保证期的情况下,买受人的最长异议期限为两年;二是若有约定,应按质量保证期确定质量异议期限[1]。

《民法典》第623条规定:"当事人对检验期限未作约定,买受人签收的送货单、确认单等载明标的物数量、型号、规格的,推定买受人已经对数量和外观瑕疵进行了检验,但是有相关证据足以推翻的除外。"即在未约定验收期限情形下,买受人签收的送货单、确认单等载明标的物数量、型号、规格的,则推定而非视为买受人已经进行了数量和外观瑕疵的验收。《买卖合同司法解释》(2020年修正)第13条规

---

[1] 参见天津泰环再生资源利用有限公司、天津ABB开关有限公司买卖合同纠纷二审民事判决书[天津市第二中级人民法院(2017)津02民终1918号]。

定:"买受人在合理期限内提出异议,出卖人以买受人已经支付价款、确认欠款数额、使用标的物等为由,主张买受人放弃异议的,人民法院不予支持,但当事人另有约定的除外。"这一解释明确了买受人支付价款、确认欠款数额、使用标的物等事项不视为对异议的放弃。

第三,买受人异议通知义务的豁免。

《民法典》第621条第3款规定,出卖人知道或者应当知道提供的标的物不符合约定的,买受人不受前两款规定的通知时间的限制。即如果出卖人故意向买受人提供存在质量瑕疵的标的物,买受人的质量异议不受时间限制,实际上这是对出卖人的一种惩罚性制度安排。

如在青岛源甲德商贸有限公司与内蒙古阜丰生物科技有限公司买卖合同纠纷申请再审民事裁定书[最高人民法院(2013)民申字第2342号]中,最高院认为:

关于源甲德公司主张阜丰公司怠于通知出卖人交付的标的物质量不合格,应视为交付标的物的质量符合约定的问题。本院认为,源甲德公司作为出卖人,其业务人员通过行贿方式以次充好交付货物的行为损害了买方的利益,违反了诚实信用原则。根据《中华人民共和国合同法》第一百五十八条第三款"出卖人知道或者应当知道提供的标的物不符合约定的,买受人不受前两款规定的通知时间的限制"的规定,源甲德公司对其所交付的标的物仍应承担瑕疵担保责任。源甲德公司认为应当推定交付的标的物符合约定的主张不能成立,本院不予支持。二审法院考虑到阜丰公司也存在管理不善过错责任,在阜丰公司已支付煤炭款400万元的基础上,酌判阜丰公司再向源甲德公司支付180万元,即阜丰公司向源甲德公司共支付煤炭款580万元,并不显失公平。

《买卖合同司法解释》(2020年修正)第14条规定:"民法典第六百二十一条规定的检验期限、合理期限、二年期限经过后,买受人主张标的物的数量或者质量不符合约定的,人民法院不予支持。出卖人自愿承担违约责任后,又以上述期限经过为由翻悔的,人民法院不予支持。"这条规定实质是对异议期间经过后之法律效果的规定。对于审判实务中争议较大的异议期间经过后的法律效果问题,司法解释认为,《民法典》第621条规定的"视为标的物的数量或者质量符合约定"属于法律拟制,异议期间的经过将会使买受人丧失相应的法律救济权和期限利益,不能被证据所推翻;但基于诚实信用原则,出卖人自愿承担违约责任后,不得以期间经过为由反悔。

2. 质量检验期与质量保证期的关系

实务中经常出现的一个争议问题是:如果交易双方在合同中既约定了质量检

验期又约定了质量保证期,但买受人未在约定的质量检验期内发现产品的质量问题,但尚在质量保证期内,此时买受人提出质量异议能否得到法院支持?对此问题,有观点认为,对于外观瑕疵,买受人应在约定的质量检验期内提出质量异议;而对于隐蔽瑕疵,即使已经过了约定的质量检验期,买受人仍然可以在质量保证期内向出卖人提出质量异议。笔者认为这一观点值得商榷,买受人有权主张出卖人承担的责任是瑕疵担保责任。主要理由如下:

第一,从质量检验期与质量保证期的概念与关系来看,前者主要解决标的物在交付时是否存在质量瑕疵的问题,这涉及买受人是否可以退货及拒付货款的权利;而后者主要解决标的物可以按照正常质量要求使用多长时间的问题,这涉及出卖人对标的货物在多长时间内承担质量保证责任或者瑕疵担保责任,两者具有不同的内涵与作用,系不同的概念。

第二,从《民法典》以及《买卖合同司法解释》(2020年修正)的相关规定来看,依据《民法典》第621条第2款规定,质量保证期仅在"当事人没有约定检验期限"的情形下才适用,并且仅用于排除法定的最长质量异议期限两年,即"对标的物有质量保证期的,适用质量保证期,不适用该二年的规定"。因此,当事人对质量检验期限有约定的,应适用《民法典》第621条第1款规定,以约定的质量检验期限为准,除非依据《民法典》第622条第1款的规定,"根据标的物的性质和交易习惯,买受人在检验期限内难以完成全面检验的,该期限仅视为买受人对标的物的外观瑕疵提出异议的期限"。

如在青海盐湖海纳化工有限公司、江苏远方电缆厂有限公司买卖合同纠纷二审民事判决书[最高人民法院(2019)最高法民终38号]中,最高院认为:

一、关于本案质量异议期的认定。《中华人民共和国合同法》第一百五十七条规定:……根据前述规定,买受人质量异议期的确定有以下几种方式:当事人对检验期间有约定的,该检验期间即为质量异议期;当事人未约定检验期间的,买受人应当在合理期间内提出质量异议,且该合理期间自收到标的物之日起最长不超过两年,但当事人在买卖合同中有质量保证期的,质量保证期为最长合理期间,不适用两年的规定,但出卖人知道或者应当知道提供的标的物不符合约定的,买受人不受合理期间、质量保证期、两年的限制。法律规定质量异议期的目的在于敦促买受人及时提出质量异议,以便出卖人尽早采取救济措施解决质量问题,防止时日久远证据灭失,纠纷持续,社会关系长期处于不稳定状态。

本案中,……合同设置"第九条质量与检验"条款,对货物的质量检验和相应责任进行了约定,其中第9.1.2款约定:"货物到达目的地后,卖方应及时到现场,与买方一起根据运单和装箱单对货物的包装、外观及件数进行清点检验。如发现有任何不符之处经双方代表确认属卖方责任后,由卖方按买方的要求立即处理解决。当货物运到现场后,买方应尽快开箱检验,检验货物的数量、规格和质量。……如买方未通知卖方而自行开箱或设备到达现场六个月后仍不开箱,产生的后果由买方承担。"由此可见,双方在电缆采购合同上约定了检验期,即设备达到现场后的六个月内。本案的质量异议期首先应当适用六个月的检验期,而非盐湖海纳公司主张的质量保证期。在此期间内,盐湖海纳公司应当尽快开箱检验货物的数量、规格和质量,若超过六个月仍不开箱,相应的后果由买方盐湖海纳公司承担。此处的"后果",结合《中华人民共和国合同法》第一百五十八条第一款的规定,应当理解为,盐湖海纳公司怠于检验,应视为标的物的数量或者质量符合约定。且本案中盐湖海纳公司主张远方电缆公司交付的电缆存在胶皮粘连、开裂、铜芯直径不够、电缆线长度不够、跳码等问题,这些都属于开箱便能检验出的外观质量瑕疵,并非难以发现的隐藏性质量缺陷,只要盐湖海纳公司在合同约定的检验期内开箱检验便能发现。但至本案一审起诉前,距盐湖海纳公司接收最后一批电缆已近四年,其均未就电缆的质量问题提出异议,且远方电缆公司向其询证货款金额以及其于 2016 年 7 月、2017 年 7 月出具《还款承诺》时,盐湖海纳公司均未以质量问题进行抗辩,此后还主动履行大部分还款义务,应当视为其认可远方电缆公司交付的电缆质量符合合同约定。

二、关于质量保证责任的问题。盐湖海纳公司认为根据电缆采购合同第 9.1.8 款的约定,即使其在检验时未发现问题,远方电缆公司仍应当承担质量保证责任,对于出现质量问题的产品可以退货。对此,本院认为,检验期是买受人用以检验所受领的标的物是否符合合同约定,当标的物不符合约定的情形时通知出卖人的期限。质量保证期,是出卖人承诺合同标的物在正常使用条件下应当具备合同约定的以及国家或行业标准确定的质量标准和使用性能的期间。检验期是为了确定合同标的物交付时是否存在质量瑕疵,质量保证期则是为了确保标的物质量和性能符合合同约定且在一段时间内不发生不合理的减损。在质量保证期内,出卖人承担瑕疵担保责任,即对于买受人正常使用标的物的情况下,因标的物本身存在质量缺陷不能达到使用性能要求或者造成人身、财产损失,出卖人应当依照合同约定及法律规定承担责任。本案中,盐湖海纳公司与远方电缆公司签订的电缆采购合同第 11.2 款约定:"设备质量保证期自保修期届满之日计算,至设备合理使用寿命周期届满之日止。卖方保证其所供应的设备是全新、未使用过的合格正品,并完全符合合同规定的质量、规格和性能的要求,符合国家有关标准,不存在任何质量瑕疵或质量瑕疵而导致的安全隐患；保证其提供的设备正确安装、正常使用和保养条件下，在质量保证期限内具有良好的性能，否则买方有权予以索赔。"如前文所述，盐湖海纳公司未在检验期内提出异议，则视为远方电缆公司交付电缆质量符合合同约定。而盐湖海纳公司未能提交诉争的价值 21,541,660.76 元的电缆对应的数量、型号等具体信息以及其接收电缆后如何保存和使用的证据，且从盐湖海纳公司主张远方电缆公司交付的电缆存在的问题表现来看，都属于开箱便能检验出的外观质量瑕疵，而非使用中产生的非正常质量减损，即盐湖海纳公司不能证明其是在依照合同约定的技术标准正确安装、正常使用和正确保养诉争电缆的情况下，发现电缆存在质量瑕疵影响使用性能，故本案不适用质量保证期的瑕疵担保责任。

再如在荣成华泰汽车有限公司、深圳市比克动力电池有限公司买卖合同纠纷二审民事判决书［最高人民法院（2018）最高法民终 1850 号］①中，最高院认为：

关于荣成华泰主张退货的请求是否应予支持的问题

根据《中华人民共和国合同法》第一百五十八条第一款规定，当事人约定检验期间的，买受人应当在约定的检验期间内将标的物的质量不符合约定的情形通知出卖人，怠于通知的，视为标的物的质量符合约定。本案中，荣成华泰与比克公司在《质量协议》中约定，货到 15 个工作日内完成验收入库，如 15 个工作日未反馈，则视为验收合格；量产情况下，荣成华泰在接到产品时，按所确定的进货检验抽样方案进行接收检验，从交付产品中抽取不同样本进行检验。据此，双方对于买卖标的物电池明确约定了 15 个工作日的质量检验期间，以及明确的检验方式。实际履行中，荣成华泰未在该期间内向比克公司提出异议，应视为验收合格。在未装车使用的情况下，荣成华泰对已验收合格的电池主张退货，缺乏依据，本院不予支持。

电量系电池质量的基本指标，并非难以发现的隐蔽瑕疵。荣成华泰作为汽车生产公司，应当具有检验电池电量的专业能力。根据荣成华泰原审提交的证据，华泰集团新能源研究院在数日内即可完成多次充放电试验，荣成华泰亦据此主张电池实测电量低于合同值，因此，荣成华泰上诉主张其不具备检验电池的技术和能力、无法在 15 个工作日内检测完毕，与事实不符。……

---

① 类案参见上诉人荣成华泰汽车有限公司与被上诉人深圳市比克动力电池有限公司、原审被告华泰汽车集团有限公司、原审被告天津华泰汽车车身制造有限公司、原审被告鄂尔多斯市华泰汽车车身有限公司买卖合同纠纷案民事判决书［最高人民法院（2019）最高法民终 1850 号］。

根据《中华人民共和国合同法》第一百五十八条第二款规定,在当事人没有约定检验期间的情况下,买受人应在发现或应当发现标的物的质量不符合约定的合理期间内或收货之日起两年内通知出卖人,否则视为符合约定,对标的物有质量保证期的,不适用两年的规定。本案中,当事人已明确约定了15个工作日的质量检验期间,不符合上述法律规定的情形。并且,合同当事人有权自由约定合同条款,除非具备法定情形,不应排除适用。排除当事人约定的检验期间应限于根据标的物的性质和交易习惯,买受人在检验期间内难以完成检验。而本案中,如前所述,荣成华泰具有在15个工作日内检测电池电量的能力。同时,在15个工作日的质量检验期间之外,《质量协议》中还明确约定质保期自货物交付到入库后3个月开始计算96个月或最终用户新车上路后12万公里。质量保证期间主要解决标的物可以按照正常质量要求使用多长时间的问题,质量检验期间主要解决标的物在交付时是否存在质量瑕疵的问题,二者系不同概念,在约定了质量检验期间的情况下,对标的物收货时的检验不应适用质量保证期间。因此,荣成华泰认为双方约定的验收期间过短,应当适用《最高人民法院关于审理买卖合同纠纷案件适用法律问题的解释》第十七条、第十八条规定,该理由缺乏事实和法律依据,本院不予采信。

第三,实务中常见的"质量保修期",是指买卖合同中出卖人向买受人出卖标的物时承诺的对该标的物因质量问题而出现故障时提供免费维修及保养的期间。在建设工程领域,则是指承包人对该建设工程在正常使用状态下,出现质量问题负责免费维修的期间[参见《建设工程质量管理条例》(2019年修订)第40条]。这一期间经过后,标的物若出现质量问题,出卖人或建设工程承包人不再承担免费维修义务,但可以有偿维修。

3. 指示交付的检验标准

《民法典》第624条规定:"出卖人依照买受人的指示向第三人交付标的物,出卖人和买受人约定的检验标准与买受人和第三人约定的检验标准不一致的,以出卖人和买受人约定的检验标准为准。"本条规定明确了指示交付的检验标准,即以出卖人和买受人之间约定的检验标准为依据。

【例1-6】设备买卖合同交付和验收条款

X	到货地点和时间
X.1	本合同项下甲方购买的设备应运至[　　　　　]。
X.2	乙方应在本合同签订之日起[　]天内发货,最迟应于本合同签订之日起[3]个月内运至本条X.1款指定的地点。
	另外的一些可选条款如下: [可选条款1:甲方应在安排好设备安装场地、做好安装准备之后,通知乙方到货时间和到货地点,乙方应根据甲方通知的时间将设备运至指定地点,以保证设备得以及时安装、验收和交付。 可选条款2:到货时间为(＿＿＿＿)年(＿＿＿＿)月(＿＿＿＿)日之前;到货地点为(＿＿＿＿)。]
Y	安装前甲方对设备的初检
Y.1	甲方应在乙方按本合同第X条规定的时间将本合同项下设备运达到货地点后[　]天之内,根据本合同第["设备"条款序号]、["包装"条款序号]条的相关规定对设备及各组成部件的种类、型号、数量、生产厂家、外观、包装进行初步检验。
Y.2	在甲方按本条第Y.1款规定对设备进行查收的过程中,发现有包装破损,设备被污染和损坏,设备的种类、数量、型号、生产厂家与合同第["设备"条款序号]条规定不符等情况的,甲方有权拒收或者保管乙方的设备并通知乙方,并有权选择要求乙方限期换货、限期修理或限期补齐。
Y.3	经甲方初检合格的设备,在按本合同第[安装调试及培训条款序号]条规定安装调试**并验收交付甲方**之前,由乙方负保管的义务。
Y.4	经甲方初检合格的设备,由乙方自负全部费用负责运至甲方设备安装所在地。
Y.5	**设备在根据本合同第[质量验收条款序号]条规定经甲方检验合格并交付给甲方前发生任何损毁、灭失及其他风险、责任均由乙方自行负责。**
Z	安装调试及培训
Z.1	乙方负责按本合同规定完成设备的安装和调试。
Z.2	安装调试期间:乙方应在[　　]年[　]月[　]日至[　　]年[　]月[　]日期间内**甲方初检合格并运至甲方设备安装所在地后**[　]天内完成对本合同项下设备的安装和调试,**但该期间最迟不应超过**[　　]年[　]月[　]日。 可选条款:乙方应根据甲方书面通知规定的期限完成设备的安装调试。
Z.3	乙方负责设备安装调试所需的全部材料、元件、器材、构件和辅助设备等,并承担其价款和费用。其中主要器件、材料的材质、规格等必须符合以下要求:[　　　　　],其他的器件、材料也应符合实现合同目的的要求。
Z.4	乙方按本条第Z.3款规定采购的材料、元件、器材、构件和辅助设备等,在设备进入安装现场前[1]天通知甲方准备查验,并在进入安装现场时向甲方出示产品合格证、检验单,且应按甲方的要求进行检验或试验,不合格的退回,检验或试验费用由乙方承担。

续表

Z.5	甲方发现乙方采购或使用不符合本条第Z.3款规定的材料、元件、器材、构件和辅助设备等的,有权要求乙方负责更换、拆除或重新采购,并由乙方承担因此发生的费用,**非经甲方书面同意**,延误的安装调试期间不予顺延。
Z.6	乙方应妥善保管材料、元件、器材、构件和辅助设备等,并且不使用不符合质量要求或过保质期的材料。乙方应保管好材料、元件、器材、构件和辅助设备等的合格证、检验单等资料,以便验收时向甲方提供。
Z.7	乙方负责安装调试的项目范围: ……
Z.8	乙方应在本条第Z.2款规定的期限内完成设备的安装调试,并经甲方验收合格,否则,视为乙方逾期交付设备。
Z.9	安装调试费已包含在本合同第[价款和结算条款序号]条规定的合同总价款之中,甲方不需另行支付。
Z.10	员工培训的范围、方法、培训费和支付方式: ……
W	**质量验收**
W.1	乙方在按本合同第Z条规定完成设备的安装调试后,应向甲方发出申请验收通知书,甲方应在收到乙方申请书后[ ]天内进行验收。
W.2	检验验收标准:在甲方按本条第W.1款规定对设备进行检验验收时,适用本合同第[设备条款序号]、[设备的技术指标和质量标准条款序号]、[包装条款序号]、Z条规定的相关标准和要求,只有设备完全符合这些标准和要求并满负荷运行[30]天后,才视为设备质量合格。但设备经甲方检验验收合格,并不排斥乙方根据本合同第[质量保证条款序号]条应承担的质量保修义务。
W.3	甲方根据本条第W.1款和第W.2款规定对设备的质量进行检验验收时发现设备不符合本合同第[设备条款序号]、[设备的技术指标和质量标准条款序号]、[包装条款序号]、Z条规定的相关标准和要求的,由乙方自费负责更换、修理或补充,直至经甲方检验验收合格。在此种情况下,如经甲方验收合格的时间超过本合同第Z.2款规定的期间,视为乙方逾期交付设备。
W.4	如果设备按本条第W.3款规定经更换、修理或补充后仍未达到或不可能达到本合同第[设备条款序号]、[设备的技术指标和质量标准条款序号]、[包装条款序号]、Z条规定的相关标准和要求的,则视为乙方不能交付设备,在此种情况下,已经安装的设备由乙方限期拆除,并质押给甲方作为乙方支付违约金的担保。但按国家有关标准或按设计部门的认定或甲方认为设备可以使用,且在甲方同意的前提下,甲乙双方可协商降低本合同第[价款和结算条款序号]条规定的总价款,并签署协议,由甲方接收设备。
W.5	如根据国家规定或有关部门规定,设备必须经过政府部门检验,在甲方验收合格之后,双方共同申请政府部门检验,设备是否合格以政府部门最终检验结果为准。

【分析】：在设备买卖合同中，买受人采取了设备初验、安装调试和最终质量验收的方式，这是与成套设备的具体特点相匹配的。上述条款增加了第 Y.5 款，该款明确约定了设备在最终质量验收合格之前，标的物的毁损、灭失的风险由出卖人承担。此外，对于安装调试期间，增加了最迟安装调试期间的描述。由于根据国家法律法规的规定，某些特种设备必须经过政府相关部门检验，应以该检验为准，因而增加了第 W.5 款。

五、违约责任条款

根据实践中买卖合同的不同情形，违约责任表现为各种特定的条款。例如，质量保证金、修理费用之负担、减价责任、逾期付款违约金、违反从给付义务的合同解除、违约金条款与违约方解除等。

（一）质量保证金

《买卖合同司法解释》(2020 年修正)第 15 条规定："买受人依约保留部分价款作为质量保证金，出卖人在质量保证期未及时解决质量问题而影响标的物的价值或者使用效果，出卖人主张支付该部分价款的，人民法院不予支持。"这就是买卖合同（或其他有偿合同）质量保证金条款的法律依据。

如在江苏瑞安特重型机械有限公司与陕西陕化煤化工集团有限公司买卖合同纠纷二审民事判决书[陕西省渭南市中级人民法院(2023)陕 05 民终 1012 号]中，法院认为：

本案争议焦点为被上诉人是否应支付上诉人货款 229,500 元。上诉人瑞安特公司与被上诉人陕煤化公司签订的《喷浆造粒干燥机买卖合同》中对质保金数额及支付方式进行了约定，质保金数额为 229,500 元，支付方式为设备指导安装调试合格后一年或设备到现场 18 个月，先到期为准，质保期满后由买方无息一次性付清，被上诉人主张的货款 229,500 元应为质保金，该质保金应为质量保证金，质量保证金的功能在于担保买卖合同标的物的质量，以保障合同的适当履行。《最高人民法院关于审理买卖合同纠纷案件适用法律问题的解释》第十五条规定，买受人依约保留部分价款作为质量保证金，出卖人在质量保证期未及时解决质量问题而影响标的物的价值或者使用效果，出卖人主张支付该部分价款的，人民法院不予支持。本案中，双方一审时均认可质保期到期日为 2021 年 5 月 27 日。被上诉人陕煤化公司分别于 2020 年 9 月 28 日、2021 年 4 月 14 日向瑞安特公司发函称其提供的干燥机机尾西侧拖辊表面凹损、桶内部分抄板脱焊，在设备质保期内，抄板焊接和抄板厚度存在质量问题,多次出现抄板脱落、变形等现象并提供了照片,在双方往来的微信聊天内容中亦能反映瑞安特公司提供的干燥机存在以上问题,瑞安特公司亦未提供证据证明其派人对以上存在问题进行了修复,现有证据能够证明瑞安特公司提供的货物存在上述问题影响正常使用,其主张被上诉人支付229,500元货款的上诉理由不能成立,本院不予支持。

(二)修理费用之负担

《买卖合同司法解释》(2020年修正)第16条规定:"买受人在检验期限、质量保证期、合理期限内提出质量异议,出卖人未按要求予以修理或者因情况紧急,买受人自行或者通过第三人修理标的物后,主张出卖人负担因此发生的合理费用的,人民法院应予支持。"本条对修理费用之负担进行了明确。

以质量保证期为例,实践中,对于金额比较大的买卖,双方除了约定质量保证期外,通常还约定买受人扣留一小部分货款作为质量保证金,在质量保证期完成后才支付给出卖人。如果出卖人未按合同约定在质量保证期间及时解决质量问题,导致影响标的物的价值或者使用效果,或者未按要求予以修理或者因情况紧急,买受人自行或者通过第三人修理标的物,出卖人可能无法获得质量保证金或需要承担修理费用。

对于出卖人而言,需要注意履行质保义务。对于买受人而言,虽然买受人的权利受到了上述司法解释的保护,但是买受人必须注意保留曾经提出质量异议、曾经要求出卖人进行修理或解决质量问题的依据。例如,买受人发出书面通知要求对方进行维修,要求对方在保修卡上作记录并签名等。否则,如果缺乏这些证据,届时出卖人否认曾经收到过买受人的质量异议通知,否认买受人曾经对标的物进行修理,那么买受人希望扣除质保金或要求出卖人承担修理费用就存在举证方面的困难。

【例1-7】设备买卖合同质量保证条款

X	质量保证
X.1	质量保证期为设备自本合同第[质量验收条款序号]条规定的质量验收合格之日的次日起[12]个月;若乙方根据本条第X.2款履行维修义务并经甲方验收合格,质量保证期自验收合格之日的次日起重新计算[12]个月,但质量保证期最长不超过[24]个月。

	续表
X.2	设备在质保期内出现质量问题,甲方将向乙方发出书面通知书或以其他方式通知乙方,乙方应在接到甲方通知后[24]小时之内指派专业人员到现场维修。如乙方不能在规定的期限内对设备进行维修,甲方有权选择第三方进行维修,所发生的维修费用在乙方的质保金中扣除,如质保金不足以支付维修费用的,超出部分由乙方全部承担。
X.3	本条第X.1款规定的保证期届满后,乙方履行了本条规定的保修义务的且质量保证金有剩余的,剩余部分由甲方支付给乙方。

(三)减价责任

《买卖合同司法解释》(2020年修正)第17条规定:"标的物质量不符合约定,买受人依照民法典第五百八十二条的规定要求减少价款的,人民法院应予支持。当事人主张以符合约定的标的物和实际交付的标的物按交付时的市场价值计算差价的,人民法院应予支持。价款已经支付,买受人主张返还减价后多出部分价款的,人民法院应予支持。"该条规定了出卖人交付的标的物质量不符合约定时,买受人可采取多样化的救济手段,体现了意思自治的原则。即是说,买受人可以根据《民法典》第582条"履行不符合约定的,应当按照当事人的约定承担违约责任。对违约责任没有约定或者约定不明确,依据本法第五百一十条的规定仍不能确定的,受损害方根据标的的性质以及损失的大小,可以合理选择请求对方承担修理、重作、更换、退货、减少价款或者报酬等违约责任"之规定主张减少价款(所谓的"减价权")。

需要说明的是,根据《民法典》第582条的规定,广义的违约责任还包括减少价款这一独立的违约责任承担形式,而《买卖合同司法解释》第17条采用了"差额法"来计算减少的价款,即减少价款等于无瑕疵标的物在交付时的市场价值减去瑕疵标的物在交付时的市场价值,这实际是违约损害赔偿责任(损失赔偿)的范畴,而减价与损害赔偿能否并用(实质也涉及减价权的法律性质之争:形成权说或请求权说)也存在较大的争议。

(四)逾期付款违约金

《买卖合同司法解释》(2020年修正)第18条第1款规定:"买卖合同对付款期限作出的变更,不影响当事人关于逾期付款违约金的约定,但该违约金的起算点应当随之变更";第2款规定:"买卖合同约定逾期付款违约金,买受人以出卖人接受价款时未主张逾期付款违约金为由拒绝支付该违约金的,人民法院不予支持";第3款规定:"买卖合同约定逾期付款违约金,但对账单、还款协议等未涉及逾期付款责任,出卖人根据对账单、还款协议等主张欠款时请求买受人依约支付逾期付款违约金的,人民法院应予支持,但对账单、还款协议等明确载有本金及逾期付款利息数额或者已经变更买卖合同中关于本金、利息等约定内容的除外";第4款规定:"买卖合同没有约定逾期付款违约金或者该违约金的计算方法,出卖人以买受人违约为由主张赔偿逾期付款损失,违约行为发生在2019年8月19日之前的,人民法院可以中国人民银行同期同类人民币贷款基准利率为基础,参照逾期罚息利率标准计算;违约行为发生在2019年8月20日之后的,人民法院可以违约行为发生时中国人民银行授权全国银行间同业拆借中心公布的一年期贷款市场报价利率(LPR)标准为基础,加计30%—50%计算逾期付款损失"。

该条第1款明确了付款期限变更后,原合同违约金的约定将自动适用,但该违约金的起算点应当随之变更。第2款明确了出卖人接收价款时未主张逾期付款违约金不视为对该项权利的放弃。第3款明确了除对账单、还款协议等明确载有本金及逾期付款利息数额或者已就此进行了变更外,买受人不得以对账单、还款协议等未涉及逾期付款责任为由抗辩。第4款明确了若合同没有约定逾期付款违约金或者该违约金的计算方法,出卖人主张买受人承担逾期付款损失的计算方法。

与《买卖合同司法解释》(2012年)相比较,第4款主要细化了逾期付款利息的计算方法,即采取了以2019年8月20日为节点分段计算的方法。这是因为,2019年8月16日,中国人民银行发布了《关于中国人民银行决定改革完善贷款市场报价利率(LPR)形成机制的公告》(中国人民银行公告〔2019〕第15号,自2019年8月16日起施行)。该公告将贷款利率市场化,用贷款市场报价利率(Loan Prime Rate,LPR)[1]取代了原来的中国人民银行贷款基准利率。因此,《九民纪要》在"关于借款合同"部分才明确规定:

---

[1] 贷款市场报价利率(LPR)由各具有代表性的贷款市场报价利率报价行(目前包括18家银行),根据本行对最优质客户的贷款利率,按公开市场操作利率(主要指中期借贷便利利率)加点[中期借贷便利(Medium-term Lending Facility,MLF)期限以1年期为主,反映了银行平均的边际资金成本,加点幅度则主要取决于各行自身资金成本、市场供求、风险溢价等因素]形成的方式报价,由中国人民银行授权全国银行间同业拆借中心(National Interbank Funding Center)计算并公布的基础性的贷款参考利率,为银行贷款提供定价参考。目前,LPR包括1年期和5年期以上两个品种。LPR报价行每月20日(遇节假日顺延)9时前,以0.05个百分点为步长,向全国银行间同业拆借中心提交报价,全国银行间同业拆借中心在去掉最高和最低报价后进行算术平均,并向0.05%的整数倍就近取整的方法计算得出LPR,于当日9时30分公布。在司法实践中,通常采用的是1年期LPR。例如,《民间借贷司法解释》(2020年第二次修正)第25条规定:"出借人请求借款人按照合同约定利率支付利息的,人民法院应予支持,但是双方约定的利率超过合同成立时一年期贷款市场报价利率四倍的除外。前款所称'一年期贷款市场报价利率',是指中国人民银行授权全国银行间同业拆借中心自2019年8月20日起每月发布的一年期贷款市场报价利率。"

人民法院在审理借款合同纠纷案件过程中,要根据防范化解重大金融风险、金融服务实体经济、降低融资成本的精神,区别对待金融借贷与民间借贷,并适用不同规则与利率标准。要依法否定高利转贷行为、职业放贷行为的效力,充分发挥司法的示范、引导作用,促进金融服务实体经济。要注意到,为深化利率市场化改革,推动降低实体利率水平,自2019年8月20日起,中国人民银行已经授权全国银行间同业拆借中心于每月20日(遇节假日顺延)9时30分公布贷款市场报价利率(LPR),中国人民银行贷款基准利率这一标准已经取消。因此,自此之后人民法院裁判贷款利息的基本标准应改为全国银行间同业拆借中心公布的贷款市场报价利率。应予注意的是,贷款利率标准尽管发生了变化,但存款基准利率并未发生相应变化,相关标准仍可适用。

例如,在太平洋建设集团有限公司、安龙县基本建设投资有限责任公司建设工程施工合同纠纷再审民事判决书[最高人民法院(2020)最高法民再322号]中,最高院认为:

案涉《施工合同》专用条款第17条约定,"甲方(基本建设公司)未按时向乙方(太平洋公司)支付工程款,甲方每拖延一天按本单项工程总价款的千分之一向乙方支付违约赔偿金"。基本建设公司申请调低违约金,太平洋公司自愿以每一期实际欠付工程款金额为基数,按每日千分之一主张违约金。本院认为,因太平洋公司起诉时,合同约定的最后2期工程款未届支付时点,太平洋公司也未起诉主张最后2期工程款,因此本案仅就前14期逾期支付工程款的违约金作出判决。根据《中华人民共和国合同法》第一百一十四条第二款规定,约定的违约金过分高于造成的损失的,当事人可以请求人民法院予以适当减少。本案太平洋公司因逾期付款所遭受的损失为资金占用损失,而双方约定的"每日千分之一"违约金计算标准明显过高,综合考虑本案合同履行的具体情况、当事人的过错程度及双方利益平衡,本院对于2018年10月31日前的违约金酌情支持300万元;2018年10月31日以后的违约金以欠付工程款45,815,040.69元为基数,按照人民银行同期贷款利率(2019年8月20日起以全国银行间同业拆借中心公布的同期贷款市场报价利率)的150%计算违约金至付清时止。

从既往的司法实践来看,关于逾期付款违约金的酌减,人民法院采取了多种计算标准。既有参照《民间借贷司法解释》(2015年)酌减至年利率的24%或4倍一年期LPR的,也有以贷款基准利率或一年期LPR为基础,上浮30%—50%的。①

---

① 相关案例参见贵州佳联达农业科技有限公司、贵州省交通工程有限公司买卖合同纠纷再审审查与审判监督民事裁定书[最高人民法院(2020)最高法民申1149号];广西永和贸易有限责任公司、南宁市冠四海房地产开发有限责任公司买卖合同纠纷二审民事判决书[最高人民法院(2019)最高法民终124号]。

因此,个案具体案情对最终的结果影响很大,法院的自由裁量权也很大。此外,对于违约金与利息的性质①以及两者能否同时获得法院支持②也存在争议。

逾期付款违约金的计算始于付款期限届满之日的次日,这一点并无争议。但逾期付款违约金计算的终点问题一直争议较大,即逾期付款违约金应计算到何时为止。此问题并无明确的法律规定,实践中裁判标准各异。总的来说,主要有5种观点:一是计算到判决生效之日;二是计算到款项付清之日;三是计算到判决确定的给付之日;四是计算到判决所确定的宽限期内的实际给付之日;五是因个案而异,无统一适用的标准。③ 最高院在此问题上的态度,目前仍是因案而异,根据个案情形具体裁量,此问题有待通过司法解释或指导性案例进一步明晰。

(五)违反从给付义务的合同解除

《买卖合同司法解释》(2020年修正)第19条规定:"出卖人没有履行或者不当履行从给付义务,致使买受人不能实现合同目的,买受人主张解除合同的,人民法院应当根据民法典第五百六十三条第一款第四项的规定,予以支持。"④这一规定表明,根据《民法典》第563条第1款第4项"当事人一方迟延履行债务或者有其他违约行为致使不能实现合同目的"的规定,不履行从给付义务也可能导致根本违约,但要注意对合同目的进行把握。

从给付义务(亦称为从合同义务)具有辅助主给付义务(主合同义务)的功能,在确保债权人利益得到最大满足或者保障合同完整履行方面有着无法替代的作

---

① 就此而言,一种观点认为利息不是法定孳息,属于承担违约责任的方式;另一种观点则认为利息的性质是法定孳息,而不是违约金。

② 就此而言,主要存在以下3种处理方式:一是同时支持。该观点认为,若在合同中同时约定了逾期付款违约金和违约利息,在诉讼中一并主张违约金和利息时,原则上可同时获得支持,但应受逾期利息的30%或最高利率上限的限制。这一观点目前是主流观点。相关案例参见叶某波、蒋某燕股权转让纠纷二审民事判决书[最高人民法院(2018)最高法民终163号];罗某芳、李某军买卖合同纠纷再审审查与审判监督民事裁定书[最高人民法院(2019)最高法民申4773号]。二是"约定优先+选择支持"。该观点认为,当事人能否同时主张违约金和利息,首先需考察合同约定,如果有约定则可同时主张;如果无约定,原则上只能选择其一主张,但有证据证明合同约定的违约金或利息单独不足以弥补其实际损失的除外。三是选择支持。该观点认为,当事人若没有约定余款的逾期利息的,对于违约金和利息不可同时主张,只能选择其一。相关案例参见黑龙江立宏风力发电有限公司、北京天源科创风电技术有限责任公司买卖合同纠纷二审民事判决书[最高人民法院(2020)最高法民终713号]。

③ 参见最高人民法院民事审判第二庭编著:《最高人民法院关于买卖合同司法解释理解与适用》,人民法院出版社2016年版,第399-400页。

④ 这一规定没有对《买卖合同司法解释》(2012年)第25条规定作出实质性修改。

用,其或基于法律明文规定,或基于当事人的约定或交易习惯,或基于诚实信用原则。例如,《民法典》第 598 条规定的"提取标的物的单证",是持有人对标的物拥有权利的证明,具有物权凭证的作用,可以以拟制交付代替实际交付,属于主合同义务的范畴;《民法典》第 599 条规定的"提取标的物单证以外的有关单证和资料"属于辅助单证资料,虽不如前者那般重要,但对合同顺利履行仍然必不可少,属于从给付义务。《买卖合同司法解释》(2020 年修正)第 4 条规定:"民法典第五百九十九条规定的'提取标的物单证以外的有关单证和资料',主要应当包括保险单、保修单、普通发票、增值税专用发票、产品合格证、质量保证书、质量鉴定书、品质检验证书、产品进出口检疫书、原产地证明书、使用说明书、装箱单等。"故此,出卖人没有履行或者不当履行从给付义务,致使买受人不能实现合同目的,买受人仍然可以行使解除权。例如,汽车出卖人提供的车辆凭证、资料有误或未能提供或未能提供完整的资料单据,致车辆无法注册登记,进而无法上路行驶的情形。

例如,在济南市历城区隆盛农机经营部、闫某买卖合同纠纷再审审查与审判监督民事裁定书[山东省高级人民法院(2020)鲁民申 11893 号]中,法院认为:

《最高人民法院关于审理买卖合同纠纷案件适用法律问题的解释》第二十五条规定,出卖人没有履行或者不当履行从给付义务,致使买受人不能实现合同目的,买受人主张解除合同的,人民法院应当根据合同法第九十四条第(四)项的规定,予以支持。本案中,申请人隆盛经营部作为出卖人,虽然履行了交付涉案车辆的主给付义务,但申请人在庭审中自认案涉车辆无任何手续,其未向被申请人杨某明交付整车出厂合格证、购车发票等相关手续。因申请人未履行从给付义务,导致杨某明无法证明涉案车辆的合法来源,无法办理车辆的过户、落户等手续,亦无法办理工程机械设备的注册登记,直接导致杨某明不能合法、自由地使用车辆,致使本案合同目的不能实现。故原审判决据此事实支持杨某明要求退车退款等诉求,属认定事实清楚,于法有据。

再例如,在高某石、陈某买卖合同纠纷二审民事判决书[山东省枣庄市中级人民法院(2017)鲁 04 民终 1900 号][1]中,法院认为:

根据高某石的上诉及陈某的答辩,归纳本案争议的焦点问题为,涉案合同是否具备解除条件,高某石的诉请应否支持。首先,高某石主张其购买的陈某的设备无

---

[1] 类案还包括任县鑫铭机械厂、田某斌买卖合同纠纷二审民事判决书[河北省邢台市中级人民法院(2017)冀 05 民终 3206 号];重庆市万州华江机械工业有限公司与上海群英机械有限公司买卖合同纠纷二审民事判决书[上海市第二中级人民法院(2015)沪二中民四(商)终字第 1711 号]。

法调试合格生产不出合格的塑料颗粒,故要求解除合同。高某石对其主张设备质量不合格且无法实现合同目的应负有初步举证证明责任,但是其仅提供了一组自行拍摄的照片,故其主张因缺乏有效证据支持而不能成立。其次,对于高某石主张的陈某未向其交付质量保证书、产品合格证、使用说明书问题,根据《合同法》第一百三十六条和《最高人民法院关于审理买卖合同纠纷案件适用法律问题的解释》第七条的规定,上述单证的交付应属于履行从合同义务的范畴。《最高人民法院关于审理买卖合同纠纷案件适用法律问题的解释》第二十五条规定,出卖人没有履行或者不当履行从给付义务,致使买受人不能实现合同目的,买受人主张解除合同的,人民法院应当根据合同法第九十四条第(四)款的规定,予以支持。依据该规定可知,买受人以出卖人未履行从给付义务为由要求解除合同,应从合同的目的及内容等相关因素审查从给付义务的违反是否会导致合同目的无法实现的后果。高某石并不能举证证明陈某未交付以上单证会导致其合同目的无法实现,故对其该项主张本院亦不予支持;……

另外需要注意的是,"普通发票、增值税专用发票"属于辅助单证,在出卖人已经履行交付货物的主给付义务的情形下,除非合同有明确约定"先票后款"并明确约定不开发票买受人有权拒付货款,否则买受人不得以出卖人未开具发票为由拒绝付款,因为出卖人开具发票仅仅是从给付义务,与支付价款这一主给付义务不构成对待给付。

例如,在王某民、韩某琴买卖合同纠纷再审审查与审判监督民事裁定书[最高人民法院(2017)最高法民申 3760 号]中,最高院认为:

《关于审理买卖合同纠纷案件适用法律问题的解释》第二十五条规定,出卖人没有履行或者不当履行从给付义务,致使买受人不能实现合同目的,买受人主张解除合同的,人民法院应当根据合同法第九十四条第四项的规定,予以支持。原审判决在农机公司已对错误发票及合格证进行了补正的前提下,认定农机公司已向王某民交付了符合约定的采棉机。王某民以农机公司向其开具的发票、产品合格证信息错误,导致合同目的不能实现,请求解除合同的事由缺乏法律依据。原审判决适用法律,并无不当。

需要注意的是,一方不履行开具发票、提供证明文件等非主要债务的,另一方能否主张其继续履行并赔偿因此导致的损失,以及另一方是否享有解除权等争议问题,《民法典合同编通则司法解释》第 26 条予以了明确。①

---

① 笔者所著《合同审查精要与实务指南:合同起草审查的基础思维与技能》(第 3 版)第 3 章"民法典合同编通则司法解释:体系、继承与创新"第 2 节第 4 部分之"从给付义务的履行与救济"以及本章第 5 节也对该问题进行了解读。

（六）违约金条款与违约方解除

《买卖合同司法解释》（2020 年修正）第 20 条规定："买卖合同因违约而解除后，守约方主张继续适用违约金条款的，人民法院应予支持；但约定的违约金过分高于造成的损失的，人民法院可以参照民法典第五百八十五条第二款的规定处理。"这一规定表明，合同解除不影响违约金条款的适用。司法实践中通常认为当事人约定的违约金超过违约行为造成损失的 30% 的，一般可以认定为《民法典》第 585 条第 2 款规定的"过分高于造成的损失"（参见《贯彻实施民法典会议纪要》第 11 条第 3 款、《民法典合同编通则司法解释》第 65 条）。

实践中还出现了一种比较特殊的情况。即违约一方起诉要求解除合同、守约一方要求继续履行合同的，法院能否以及在何种情况下可以判决解除合同？在《九民纪要》和《民法典》施行之前，最高人民法院在如下案例中确立了相关的裁判规则。

【例 1-8】合同不具备继续履行条件的，可以允许违约方解除合同[①]

裁判要旨：根据《合同法》第一百一十条规定，有违约行为的一方当事人请求解除合同，没有违约行为的另一方当事人要求继续履行合同，当违约方继续履约所需的财力、物力超过合同双方基于合同履行所能获得的利益，合同已不具备继续履行的条件时，为衡平双方当事人利益，可以允许违约方解除合同，但必须由违约方向对方承担赔偿责任，以保证对方当事人的现实既得利益不因合同解除而减少。

法院裁判：江苏省南京市中级人民法院认为，《合同法》第一百零七条规定："当事人一方不履行合同义务或者履行合同义务不符合约定的，应当承担继续履行、采取补救措施或者赔偿损失等违约责任。"从本条规定看，当违约情况发生时，继续履行是令违约方承担责任的首选方式。法律之所以这样规定，是由于继续履行比采取补救措施、赔偿损失或者支付违约金，更有利于实现合同目的。但是，当继续履行也不能实现合同目的时，就不应再将其作为判令违约方承担责任的方式。《合同法》第一百一十条规定："当事人一方不履行非金钱债务或者履行非金钱债务不符合约定的，对方可以要求履行，但有下列情形之一的除外：（一）法律上或者事实上不能履行；（二）债务的标的不适于强制履行或者履行费用过高；（三）债权

---

① 参见《新宇公司诉冯某梅商铺买卖合同纠纷案》，载《最高人民法院公报》2006 年第 6 期。

人在合理期限内未要求履行。"此条规定了不适用继续履行的几种情形,其中第(二)项规定的"履行费用过高",可以根据履约成本是否超过各方所获利益来进行判断。当违约方继续履约所需的财力、物力超过合同双方基于合同履行所能获得的利益时,人民法院应从衡平双方当事人利益受损状况和长远利益考虑,遵循公平和诚实信用原则,允许违约方解除合同,用赔偿损失来代替继续履行。同时,就判决赔偿损失而言,虽然不是应非违约方的请求作出的,但此举有利于公平合理地解决纠纷,也使当事人避免了讼累,故不应认定为超出了当事人的诉讼请求。

《九民纪要》第48条规定:"违约方不享有单方解除合同的权利。但是,在一些长期性合同如房屋租赁合同履行过程中,双方形成合同僵局,一概不允许违约方通过起诉的方式解除合同,有时对双方都不利。在此前提下,符合下列条件,违约方起诉请求解除合同的,人民法院依法予以支持:(1)违约方不存在恶意违约的情形;(2)违约方继续履行合同,对其显失公平①;(3)守约方拒绝解除合同,违反诚实信用原则②。人民法院判决解除合同的,违约方本应当承担的违约责任不能因解除合同而减少或者免除。"

《九民纪要》第48条规定被认为是司法实践第一次对"违约方解除"进行统一。英美法中将违约方解除合同的情形叫作"效率违约"。一般情况下,我们总是从道义上认为,相对于守约方,肯定是违约方错了。因此,不能让违约方随意地享有解除权。但是,现实总能超出立法者的想象。比如在一些双方需要互相信任才能履行的合同中,如果双方信任完全丧失了,陷入了长期的僵局("合同僵局"),合同不解除意味着损失在不断地产生,这时解除合同就成了一种积极的止损行为,特别是在守约一方可以轻易地找到替代交易的情况下,更应当支持这种止损性的解除。

在《九民纪要》的基础上,本次《民法典》编撰将针对"合同僵局"的"违约方解除"吸纳进《民法典》,即第580条第2款:"有前款规定的除外情形之一,致使不能实现合同目的的,人民法院或者仲裁机构可以根据当事人的请求终止合同权利义务关系,但是不影响违约责任的承担。"结合《民法典》该条款立法过程看,违约方解除合同规则实质上并未赋予违约方合同解除权,仅赋予违约方申请法院或仲裁

---

① 相关案例参见梁某、徐某云买卖合同纠纷案[浙江省高级人民法院(2017)浙民申45号];武汉麦当劳餐饮食品有限公司与湖北安良百货集团公司租赁合同纠纷二审民事判决书[湖北省荆州市中级人民法院(2015)鄂荆州中民三终字第00168号]。

② 参见王某荣诉林某棋船舶买卖合同纠纷案[厦门海事法院(2014)厦海法商初字第207号]。

机构解除合同的权利,由法院或仲裁机构最终判断合同能否解除("司法解除")。违约方申请司法解除的权利并非一般意义上的民事实体权利(普通形成权),而是带有救济性质的一种程序性权利(形成诉权),与实体法上的合同解除权存在明显差异:合同解除权只有非违约方享有,其可以意思通知的方式解除合同,而违约方解除合同规则仅允许通过请求司法机关居中裁判的方式,使违约方从"合同僵局"中解脱出来。

就此,《民法典合同编通则司法解释》第59条明确规定:"当事人一方依据民法典第五百八十条第二款的规定请求终止合同权利义务关系的,人民法院一般应当以起诉状副本送达对方的时间作为合同权利义务关系终止的时间。根据案件的具体情况,以其他时间作为合同权利义务关系终止的时间更加符合公平原则和诚信原则的,人民法院可以以该时间作为合同权利义务关系终止的时间,但是应当在裁判文书中充分说明理由。"即一般情况下以"起诉状副本送达对方的时间"作为合同权利义务关系终止的时间,特殊情形下赋予人民法院在个案中的酌定权。①

(七)定金和损害赔偿条款

《民法典》第588条规定:"当事人既约定违约金,又约定定金的,一方违约时,对方可以选择适用违约金或者定金条款。定金不足以弥补一方违约造成的损失的,对方可以请求赔偿超过定金数额的损失。"这意味着:首先,定金和违约金只能选择适用而不能并用;其次,买卖合同约定的定金不足以弥补一方违约造成的损失的,对方还可请求赔偿超过定金部分的损失,但定金和损失赔偿的数额总和不应高于违约行为造成的损失。②

(八)可得利益损失之赔偿

《买卖合同司法解释》(2020年修正)第22条规定:"买卖合同当事人一方违约造成对方损失,对方主张赔偿可得利益损失的,人民法院在确定违约责任范围时,应当根据当事人的主张,依据民法典第五百八十四条、第五百九十一条、第五百九十二条、本解释第二十三条等规定进行认定。"第23条规定:"买卖合同当事人一方

---

① 详见笔者所著《合同审查精要与实务指南:合同起草审查的基础思维与技能》(第3版)第3章"民法典合同编通则司法解释:体系、继承与创新"第2节第8部分和第15章"合同通用条款的审查:正文通用条款"第3节第3部分。

② 可参见笔者所著《合同审查精要与实务指南:合同起草审查的基础思维与技能》(第3版)第15章"合同通用条款的审查:正文通用条款"第4节第2部分。

因对方违约而获有利益,违约方主张从损失赔偿额中扣除该部分利益的,人民法院应予支持。"可得利益损失的认定一直以来都是合同违约责任认定中的疑难问题。多年来,由于相关认定规则比较模糊并难以把握,审判实践口径不一。根据《民法典》和司法解释的规定,损害赔偿责任应依据《民法典》第584条(可预见规则)、第591条(减损规则)、第592条(混合过错规则或与有过失规则)、《买卖合同司法解释》(2020年修正)第23条(损益相抵规则)等规定进行认定。

概括地讲,可得利益损失是指在合同得到履行后,当事人利用合同标的从事生产经营可以获得的利益的丧失,通常包括生产利润损失、经营利润损失、转售利润损失等。值得注意的是,可得利益损失的计算和认定与举证责任分配密切相关。最高人民法院印发的《关于当前形势下审理民商事合同纠纷案件若干问题的指导意见》(法发〔2009〕40号)对可得利益损失认定提出举证责任分配规则,即违约方一般应当承担非违约方没有采取合理减损措施而导致损失扩大、非违约方因违约而获得利益以及非违约方亦有过失的举证责任;非违约方应当承担其遭受的可得利益损失总额、必要的交易成本的举证责任。在认定可得利益损失时还应当注意,要求赔偿的可得利益必须是纯利润,不应包括为取得这些利益所支出的费用,同时要考虑各种因素(如市场价格、原材料供应、生产条件等)对利润的影响。

需要关注的是,《民法典合同编通则司法解释》第60条至第63条在上述指导意见相应规定的基础上,进一步完善了违约损害赔偿的计算规则以及当事方之间举证责任的分配。[1]

【例1-9】确认违约方的赔偿责任应遵循"可预见规则"[2]

裁判要旨:在审理合同纠纷案件中,确认违约方的赔偿责任应当遵循"可预见性原则",即违约方仅就其违约行为给对方造成的损失承担赔偿责任,对由于市场风险等因素造成的、双方当事人均不能预见的损失,因非违约方过错所致,与违约行为之间不具有因果关系,违约方对此不承担赔偿责任。

法院裁判:最高人民法院认为:关于质量减等损失的赔偿问题。本案《棉花购

---

[1] 详见笔者所著《合同审查精要与实务指南:合同起草审查的基础思维与技能》(第3版)第3章"民法典合同编通则司法解释:体系、继承与创新"第2节第8部分之"违约损害赔偿的规则"和第15章"合同通用条款的审查:正文通用条款"第4节第2部分之"违约损害赔偿的确定"。

[2] 参见新疆亚坤商贸有限公司与新疆精河县康瑞棉花加工有限公司买卖合同纠纷案[最高人民法院(2006)民二终字第111号]。

销合同》约定,康瑞公司向亚坤公司提供单价为1.69万元/吨的229级(二级)皮棉。根据《公证检验证书》认定的棉花普遍下降一至二个等级以及康瑞公司向亚坤公司实际交付1111.202吨棉花的客观事实,参照原审法院向新疆棉麻公司的咨询情况以及二审承办人向双方委托代理人的询问情况,应认定本案合同签订时的棉花等级差价为200元左右。在平衡双方利益的基础上,认定棉花减等的差价损失为400元/吨×1111.202吨=444,480.8元,应由康瑞公司向亚坤公司作出赔偿。

原审判决认定亚坤公司存在资金损失是正确的,但确认赔偿范围的标准不当。本案合同签订的2004年1月,恰逢国内棉花市场价格飞涨,但到了2004年五六月以后,棉花市场价格回落,此期间每吨相差5000~6000元。亚坤公司在2004年6月以后转售的棉花,即使质量等级不变,也必然会出现因市场行情所致的收益损失。原审判决认定的亚坤公司本金损失6,659,358.11元不仅包括了棉花减等的差价损失,亦包括在此期间因市场行情下跌所造成的收益损失。该部分收益损失显属市场风险造成的,非为双方当事人所能预见,亦非康瑞公司过错所致。因康瑞公司与该部分损失之间不存在因果关系,故康瑞公司不应承担市场行情变化导致的亚坤公司的收益损失。原审判决将亚坤公司在市场行情低迷时基于转售关系所形成的销售价格与本案行情高涨时形成的购买价格之差作为亚坤公司的损失由双方分担显属不当,不仅合同关系各不相同,亦有违公平原则及过错责任原则,法院予以纠正。上诉人亚坤公司关于康瑞公司应补偿其棉花收益损失6,152,857.22元的上诉理由不能成立。法院对亚坤公司在购买棉花时所发生的实际损失,即棉花重量亏吨损失及质量减等的差价损失予以确认,对于其他损失部分,即市场风险所致的收益损失、转售期间发生的运输费用、与案外人发生的借贷利息损失均因缺乏合同依据及法律依据而不予支持。

(九)瑕疵担保责任免责的例外

尽管买卖合同订立后,出卖人除负有向买受人交付标的物之主给付义务外,还负有两项瑕疵担保义务,包括权利瑕疵担保义务和物之瑕疵担保义务,但基于意思自治和契约自由原则,当事人亦可以自行约定免除标的物瑕疵担保责任。买受人自愿减轻或者免除出卖人瑕疵担保责任,系对其自身权利的处分,除法律规定的例外情形外,即使该协议存在不公,买受人亦不得主张解除。《民法典》第618条"当事人约定减轻或者免除出卖人对标的物瑕疵承担的责任,因出卖人故意或者重大过失不告知买受人标的物瑕疵的,出卖人无权主张减轻或者免除责任"之规定就是这样的例外情形。该条规定意味着,虽然买卖合同当事人可以通过特别约定减轻或免除出卖人的瑕疵担保责任,但出卖人明知标的物有瑕疵而故意或者因重大过失而不告知买受人属于隐瞒事实真相的欺诈行为,有悖诚信原则,对于这种特别约定的效力,人民法院不予支持。①

需要指出的是,虽然出卖人对标的物的瑕疵担保义务已被合同条款减轻或免除,但是除非合同另有约定,否则并不当然免除出卖人的售后维护义务。

(十)买受人明知瑕疵免责

《买卖合同司法解释》(2020年修正)第24条规定:"买受人在缔约时知道或者应当知道标的物质量存在瑕疵,主张出卖人承担瑕疵担保责任的,人民法院不予支持,但买受人在缔约时不知道该瑕疵会导致标的物的基本效用显著降低的除外。"根据该条解释:第一,若标的物为瑕疵物品,买受人在缔约时知道或者应当知道标的物质量存在瑕疵,主张出卖人承担瑕疵担保责任的,人民法院不予支持。② 但若标的物本身并非瑕疵物品,不存在买受人了解的瑕疵与实际瑕疵存在严重不对等之情形,则无适用本条的余地。③ 第二,但书部分意味着,在二手交易中,出卖人往往需要对标的物的瑕疵进行描述,在这种情况下,虽然买受人对瑕疵是明知的,但出卖人对于瑕疵程度的描述可能与实际不符,如果该瑕疵会导致标的物的基本效用显著降低,买受人仍然可以主张出卖人承担瑕疵担保责任。④

第三节 买卖合同的特殊条款审查

在上节中,笔者对买卖合同的一般性条款进行了介绍,实际上买卖合同因情况的不同,还可能涉及一些特殊条款。这些特殊条款主要涉及标的物交付和所有权

---

① 参见杨某、张某祥等买卖合同纠纷二审民事判决书[辽宁省沈阳市中级人民法院(2023)辽01民终6158号];韩某燕、王某等信息网络买卖合同纠纷二审民事判决书[江苏省常州市中级人民法院(2022)苏04民终5165号]。

② 参见杨某国、于某玲与江苏省汇豪农化有限公司买卖合同民事裁定书[江苏省高级人民法院(2019)苏民申4019号];邵某霞、贾某秀等产品责任纠纷二审民事判决书[江苏省淮安市中级人民法院(2023)苏08民终46号];付某森、曾某等房屋买卖合同纠纷二审民事判决书[湖北省武汉市中级人民法院(2022)鄂01民终7862号]。

③ 参见昆山洁宏无纺布制品有限公司与海安美佳医用敷料有限公司买卖合同纠纷二审民事判决书[江苏省南通市中级人民法院(2020)苏06民终3767号]。

④ 参见刘某塘、刘某娥等房屋买卖合同纠纷二审民事判决书[湖南省郴州市中级人民法院(2022)湘10民终650号]。

转移、标的物风险承担以及所有权保留等。

一、标的物所有权转移条款

在买卖合同中，标的物的交付和所有权的转移密切相关。通常情况下，标的物交付就意味着所有权的转移，这是一个基本的原则。在进行相关条款的审查时，还需要注意法律的相关规定。

（一）标的物所有权转移的时间

标的物的所有权转移是买卖合同的基本问题，关系当事人切身利益的实现。一旦标的物的所有权转移于买方后买方拒付价款或者遭遇破产，卖方就将遭受重大的损失，除非卖方保留了标的物的所有权，或者在标的物上设定了某种担保权益。否则，一旦买方在付款前丧失支付能力或者破产，卖方就只能以普通债权人的身份参与破产财产的分配，其所得可能会大大少于应收的价款。因此，讨论买卖合同标的物所有权的转移，主要就是弄清标的物所有权转移的时间。

学理上，标的物的交付是指标的物的移转占有，与所有权转移是两个概念，判断所有权是否转移，应当依据《民法典》物权编的规则来确定。《民法典》第224条规定："动产物权的设立和转让，自交付时发生效力，但是法律另有规定的除外。"[1]本条规定确定了动产物权变动以交付为生效要件的一般规则。需要说明的是，与《合同法》第133条的规定相比较，本条删除了"当事人另有约定的除外"，这意味着动产的所有权自交付时转移，但是法律另有规定的除外（如《民法典》第641条规定的"所有权保留"），当事人不得另行约定。另外，《民法典》第311条规定："无处分权人将不动产或者动产转让给受让人的，所有权人有权追回；除法律另有规定外，符合下列情形的，受让人取得该不动产或者动产的所有权：（一）受让人受让该不动产或者动产时是善意；（二）以合理的价格转让；（三）转让的不动产或者动产依照法律规定应当登记的已经登记，不需要登记的已经交付给受让人。受让人依据前款规定取得不动产或者动产的所有权的，原所有权人有权向无处分权人请求损害赔偿。当事人善意取得其他物权的，参照适用前两款规定。"《物权编司法解释（一）》第17条第1款规定："民法典第三百一十一条第一款第一项所称的'受让

---

[1] 需要说明的是，《合同法》第133条规定："标的物的所有权自标的物交付时起转移，但法律另有规定或者当事人另有约定的除外。"《民法典》合同编典型合同分编第九章"买卖合同"中删除该规定，但《民法典》第224条有关动产物权的规定表明交付作为动产所有权移转生效要件的原则并未改变。

人受让该不动产或者动产时',是指依法完成不动产物权转移登记或者动产交付之时。"这些规定明确了不动产或动产的善意取得制度,判断受让人是否善意应以不动产物权转移登记或者动产交付时为准。此制度也表明了交付即取得动产所有权的例外。即若受让人在交付时不是善意的,则所有权人有权追回标的物。

（二）出卖人转移标的物所有权的义务

《民法典》第598条规定:"出卖人应当履行向买受人交付标的物或者交付提取标的物的单证,并转移标的物所有权的义务。"本条是关于出卖人基本义务的规定。买卖合同的买受人的目的就是取得标的物的所有权,所以交付标的物并转移标的物所有权是出卖人最基本的义务。这在各国或地区的民法中都是一致的。本条规定的出卖人应当履行向买受人交付"提取标的物的单证"（物权凭证）的义务,就是一种拟制交付。这种拟制交付可以称为指示交付,它是指在标的物由第三人占有时,出卖人将对于第三人的请求提取标的物的权利让与买受人,以代替标的物的实际交付。最常见的指示交付是将仓单、提单交给买受人。买卖合同中买受人的目的是取得标的物的所有权,不言而喻,将标的物的所有权转移给买受人,同样是出卖人的基本义务。标的物所有权的转移方法,依法律的规定而定。动产一般以占有为权利的公示方法,因此,除法律另有规定外,动产所有权依交付而转移。对于法律有特别规定的特殊动产,如车辆、船舶、航空器等,登记只是对抗要件,而所有权转移的生效要件仍是交付;不动产以登记为权利公示的方法,其所有权的转移须办理所有权人的变更登记。无论合同是否作出约定,出卖人都应当协助买受人办理所有权的变更登记手续,并将有关的产权证明文书交付买受人。在前面提到的买卖合同成立时出卖人尚未取得标的物所有权的情况下,出卖人就应当在合同订立后取得该标的物的所有权,以将其转移给买受人,否则将构成违约。

需要注意的是,"提取标的物的单证"系指物权凭证,如仓单、提单等,出卖人与买受人签署的如《货权确认单》等单据并非法定的物权凭证,仅构成所有权占有改定的凭证,不能产生合同约定的向他人"交付"的法律效果,若合同对交付约定了违约责任,出卖人将因未完成交付而承担违约责任。如在汤原县高氏粮食经销有限责任公司、北大方正物产集团（大连）有限公司等买卖合同纠纷民事再审民事判决书［最高人民法院(2021)最高法民再54号］中,最高院认为:

7号合同与14号合同均为玉米采购合同,签订时间仅间隔1个月,主体均为方正公司与高氏公司,目的均系方正公司欲通过高氏公司购买玉米并转交国储粮库进而赚取差价。上述两份合同在内容上虽存在部分不同,但最终目的均是方正公司购买高氏公司于2013年收购的玉米并由高氏公司暂时保管，直至国储粮库开仓收粮时再通过高氏公司将所购玉米转卖当地国储粮库，从而通过差价赚取利润，且上述合同中均对由高氏公司承担保管、出库及将案涉玉米交付国储粮库等义务有明确约定。《中华人民共和国合同法》第一百三十五条规定："出卖人应当履行向买受人交付标的物或者交付提取标的物的单证，并转移标的物所有权的义务。"在方正公司已举证证明2000万元玉米货款如约给付的情况下，高氏公司作为7号合同与14号合同的实际相对方，应对其已完成案涉10,000吨玉米的合同交付义务承担举证责任。

高氏公司在原审中主张案涉10,000吨玉米已交付的依据为方正公司出具的三份《货权确认单》。经查，《货权确认单》并非法定的物权凭证，不能单独作为认定高氏公司已完成合同全部交付义务的证据；从7号合同与14号合同中关于玉米买卖、保管及出库交付的约定看，案涉《货权确认单》实际上是双方对案涉玉米结算和所有权占有改定的凭证，即在不转移占有的情况下，自方正公司出具《货权确认单》时，案涉玉米归方正公司所有。但在玉米所有权转移至方正公司后，7号合同与14号合同并未履行完成，高氏公司仍负有继续保管、出库及将案涉玉米交付国储粮库的义务。本案在卷证据显示，除《货权确认单》外，高氏公司未能提供其他证据证明其履行了出库及将案涉玉米转交国储粮库的义务，故其应当承担举证不能的不利后果。据此，原二审判决认定案涉10,000吨玉米并未交付，在方正公司主张解除合同的情况下，高氏公司应承担返还2000万元货款及利息的责任，理据充分。高氏公司该项再审申请理由，依法不能成立。

（三）出卖人交付有关单证、资料的义务

《民法典》第599条规定："出卖人应当按照约定或者交易习惯向买受人交付提取标的物单证以外的有关单证和资料。"《民法典》第598条规定了出卖人应当交付标的物或者交付提取标的物的单证。提取标的物的单证，主要是提单、仓单，是对标的物占有的权利的体现，可以由出卖人交付给买受人作为拟制的交付以代替实际的交付。这种拟制的交付不需要合同作出专门的约定。除了标的物的仓单、提单这些用于提取标的物的单证外，现实生活中买卖的标的物，尤其是国际贸易中的货物，还存在其他的一些辅助单证和资料。《买卖合同司法解释》（2020年修正）第4条对此进行了明确："民法典第五百九十九条规定的'提取标的物单证以外的有关单证和资料'，主要应当包括保险单、保修单、普通发票、增值税专用发票、产品合格证、质量保证书、质量鉴定书、品质检验证书、产品进出口检疫书、原产地证明书、使用说明书、装箱单等。"对于这些单证和资料,如果买卖合同中明确约定了出卖人交付的义务或者是按照交易的习惯,出卖人应当交付,则出卖人有义务在履行交付标的物的义务以外,向买受人交付这些单证和资料。

(四)具有知识产权的标的物买卖中知识产权的归属

《民法典》第600条规定:"出卖具有知识产权的标的物的,除法律另有规定或者当事人另有约定外,该标的物的知识产权不属于买受人。"本条是关于具有知识产权的标的物买卖中知识产权归属的规定。在买卖合同中,有些标的物本身可能是一定知识产权的载体,如计算机软件等。本条规定旨在说明作为知识产权的载体的买卖与知识产权买卖的不同。知识产权的买卖是权利买卖的一种。涉及权利主体转变的合同法律关系,在有关法律中一般称为权利的转让。如我国《专利法》(2020年修正)第10条第1款规定,专利权可以转让。专利权的转让是指专利权人作为转让方,将其发明创造专利的所有权或者持有权转移给受让方,受让方支付约定的价款。除了这种权利转让的合同,我国有关法律还规定了一种权利客体的许可使用合同。如《专利法》(2020年修正)第12条规定了专利实施许可合同,它是指专利权人作为许可方许可被许可方在约定的范围内实施其所有或者持有的专利技术,被许可方按照约定支付使用费的合同。在权利买卖中,当事人所追求的合同目的与一般的货物买卖是不同的。尽管从根本上说,一般货物买卖也是权利的买卖,即货物所有权的转移,但是,货物的所有权是建立在现实的、可见的实物之上的,其所有权是一个法律上的抽象概念,当事人所追求的是物的实用性。而权利的买卖或者转让则不同,当事人所追求的是权利本身所体现的利益。作为买卖对象的权利,尽管也有一定的载体,但买卖当事人看重的显然不是该载体本身,而是通过它表现的一定技术以及因对这一技术享有支配的权利而获得的利益。因此,如果一个买卖合同的标的物本身体现着一定的知识产权,除非当事人另有约定或者法律有相关规定[如《著作权法》(2020年修正)第20条第1款规定,美术、摄影作品原件的展览权随作品原件转移],买卖可以影响知识产权,否则该标的物所体现的知识产权就不转移于买受人。

二、标的物风险转移条款

买卖合同中的"风险负担",指买卖合同生效后,合同履行完毕前,因不可归责于双方当事人的事由致使标的物毁损或灭失时,应由哪一方当事人承担价金风险的问题。《民法典》第604条至第611条对此进行了规定。

（一）标的物风险转移的基本规则：交付转移规则

《民法典》第604条规定："标的物毁损、灭失的风险，在标的物交付之前由出卖人承担，交付之后由买受人承担，但是法律另有规定或者当事人另有约定的除外。"本条确定了标的物交付时风险转移的一般原则。风险承担是指买卖的标的物在合同生效后因不可归责于当事人双方的事由，如地震、火灾、飓风等发生毁损、灭失时，该损失由哪方当事人承担。风险承担的关键是风险转移的问题，也就是如何确定风险转移的时间。转移的时间确定了，风险由谁来承担也就清楚了。与动产所有权移转的规则有所不同的是，本条在明确风险的转移一般原则之例外时仍然保留了"当事人另有约定的除外"。

标的物风险转移的时间可以由双方当事人在合同中作出约定。当事人在这方面行使自治的权利，法律并不干预。然而，法律必须要确定一个规则，以解决合同当事人对此问题未作约定或者约定不明确时，标的物的风险从何时起转移。《民法典》第604条采纳的"交付原则"，即不把风险转移问题与所有权转移问题联系在一起，而是以标的物的交付时间来确定风险转移的时间。理由是风险转移是一个很现实的问题，而所有权的转移则是抽象的，因而以所有权的转移来确定风险转移的做法并不可取。标的物的交付是一个事实问题，易于判断，清楚明了，以它为标准有利于明确风险自何时转移。因此，该条规定，标的物毁损、灭失的风险，交付前由出卖人承担，交付后由买受人承担。例如，合同双方可在合同中约定：

设备在根据本合同第[质量初步验收条款序号]条规定经甲方检验合格并交付给甲方前发生任何损毁、灭失及其他风险、责任均由乙方自行负责。

需要注意的是，《民法典》第224条亦规定，除法律另有规定外，买卖动产标的物的所有权自交付时起转移，而本条又规定标的物的风险自交付时起转移。但不能认为任何情况下区分风险承担的所有权原则与交付原则没有意义。因为《民法典》规定的所有权自交付时起转移在法律没有另外规定的情况下才发生效力。例如，在所有权保留中，虽然标的物所有权仍然归出卖人所有，但此时标的物已交付给买受人并由其占有和控制，故买受人应负担标的物毁损、灭失的风险①，即所有权保留条款并不会必然影响标的物的风险转移，除非当事人另有约定。再如，《商品房买卖合同司法解释》（2020年修正）第8条规定："对房屋的转移占有，视为房屋的交付使用，但当事人另有约定的除外。房屋毁损、灭失的风险，在交

---

① 相关案例参见上海养奎实业有限公司、安徽得奇环保科技股份有限公司、苏州瑞苏电镀设备有限公司财产损害赔偿纠纷案，[安徽省宣城市中级人民法院(2023)皖18民终268号]。

付使用前由出卖人承担,交付使用后由买受人承担;……"但《民法典》第214条规定:"不动产物权的设立、变更、转让和消灭,依照法律规定应当登记的,自记载于不动产登记簿时发生效力。"因此,对于像商品房买卖这样的不动产买卖而言,商品房的所有权变动应在登记并记载于不动产登记簿时发生效力,而商品房的交付则是转移占有就视为交付,若无特别约定,则此时商品房的风险即已转移。

综上所述,除非法律另有规定或者当事人另有约定,对于动产买卖合同,动产交付(转移占有)时所有权和风险都转移;对于不动产买卖合同,不动产交付(转移占有)时风险转移,不动产登记时所有权转移。

(二)交付时风险转移规则的例外

对于标的物交付时风险转移的一般规则,《民法典》还规定了很多例外,主要体现在《民法典》第605条至第608条。

1. 因买受人过错而迟延交付的,违约时风险转移

《民法典》第605条规定:"因买受人的原因致使标的物未按照约定的期限交付的,买受人应当自违反约定时起承担标的物毁损、灭失的风险。"本条是标的物因买受人过错而迟延交付情况下,风险自买受人违约时转移的规定。[1] 依照《民法典》第604条规定,标的物的风险自交付时起,由出卖人转移至买受人。当合同履行中发生交付迟延的情况时,就要考虑按此规则处理是否会导致对当事人各方的不公平。如果有,就需要作出相应的补充规定。在标的物迟延交付是由买受人过错造成的情况下,如果仍然坚持标的物的风险自交付时起转移,显然对出卖人不公平。因为出卖人已经为标的物的交付做好了准备,标的物已处于可交付的状态,而买受人则违反了及时接收标的物的合同义务。因此,本条作出这样的规定,是合情合理的。

2. "路货买卖"的,合同成立时风险转移

《民法典》第606条规定:"出卖人出卖交由承运人运输的在途标的物,除当事人另有约定外,毁损、灭失的风险自合同成立时起由买受人承担。"本条明确除当事人另有约定外,"路货买卖"中标的物风险自合同成立时转移,而非买卖合同成立

---

[1] 相关案例参见阿瓦提小滩羊肉制品有限公司、阿瓦提县鸿广蔬菜配送有限责任公司买卖合同纠纷二审民事判决书[新疆维吾尔自治区阿克苏地区中级人民法院(2021)新29民终1325号]。

后,出卖人将标的物交由承运人时风险转移。[①] "路货买卖"是指标的物已在运输途中,出卖人寻找买主,出卖在途的标的物。它可以是出卖人先把标的物装上开往某个目的地的运输工具(一般是船舶),然后再寻找适合的买方订立买卖合同,也可以是某一买卖合同项下的买方在其未实际收取标的物前,把处于运输途中的标的物转卖给另一买方。一般"路货买卖"以后一种形式为多,往往是在"CIF"条件下买方取得卖方交付的有关货物单证后转卖货物。出卖在运输途中的货物,一般在合同订立时,出卖人就应当将有关货物所有权的凭证或者提取货物的单证等交付买方,货物也就处于买方的支配之下。因此,一般说来,从合同成立时起转移货物的风险承担是合理的。

《买卖合同司法解释》(2020年修正)第10条规定:"出卖人出卖交由承运人运输的在途标的物,在合同成立时知道或者应当知道标的物已经毁损、灭失却未告知买受人,买受人主张出卖人负担标的物毁损、灭失的风险的,人民法院应予支持。"本条解释明确了"路货买卖"中出卖人隐瞒风险事实之风险负担的补充规则。即是说,"路货买卖"(在途货物的买卖)自合同成立时风险由买受人承担,但出卖人恶意的除外。

3. "需要运输"的,货交第一承运人时风险转移

《民法典》第607条规定:"出卖人按照约定将标的物运送至买受人指定地点并交付给承运人后,标的物毁损、灭失的风险由买受人承担。当事人没有约定交付地点或者约定不明确,依据本法第六百零三条第二款第一项的规定标的物需要运输的,出卖人将标的物交付给第一承运人后,标的物毁损、灭失的风险由买受人承担。"需要注意的是,适用该条规定第2款有两个前提条件:一是"没有约定交付地点或者约定不明确",且不能确定交付地点;二是"标的物需要运输"。因此,如果交付地点是明确的,出卖人将标的物交付第一承运人时,风险并未转移;在约定的交付地点将标的物交付给买受人时,风险才发生转移。

《买卖合同司法解释》(2020年修正)第8条规定:"民法典第六百零三条第二款第一项规定的'标的物需要运输的',是指标的物由出卖人负责办理托运,承运人系独立于买卖合同当事人之外的运输业者的情形。标的物毁损、灭失的风险负担,按照民法典第六百零七条第二款的规定处理。"这一解释明确了货物买卖中标的物需要运输的情况下承运人的身份。承运人是指独立于买卖合同当事人之外的运输业者。这种情况下的承运人不是出卖人或者买受人的履行辅助人,这就有别

[①] 相关案例参见余某兵与姚某涛买卖合同纠纷案民事判决书[四川省自贡市中级人民法院(2020)川03民终3号]。

于卖方送货上门的赴偿之债和买方自提的往取之债。此外,《买卖合同司法解释》(2020 年修正)第 9 条规定:"出卖人根据合同约定将标的物运送至买受人指定地点并交付给承运人后,标的物毁损、灭失的风险由买受人负担,但当事人另有约定的除外。"这一规定补充了特定地点货交承运人的风险负担规则。

【例 1-10】产品运输及运杂费条款

X	产品运输及运杂费
X.1	乙方自提:乙方自备车辆到甲方提取产品,并负责返还在甲方借押的包装物至原提货地或调整后的提货地。
X.2	甲方送货:甲方将产品运送至双方认可的唯一交货地点;若乙方需返还包装物,甲方可安排送货车辆将包装物运回至原提货地,产品和包装物的往返运费的承担由甲乙双方协商确定,但运费标准由甲方确定。
X.3	代办托运:甲方委托铁路或公路运输部门将产品运送至乙方指定的火车站或唯一交货地点,所发生的包括但不限于代办费、运杂费、装卸费、保险费等由乙方承担,前述费用与货款一并结算,先款后货;空包装物的返还运输及相关费用由乙方自行负责。

4. 买受人迟延提货,违约时风险转移

《民法典》第 608 条规定:"出卖人按照约定或者依据本法第六百零三条第二款第二项的规定将标的物置于交付地点,买受人违反约定没有收取的,标的物毁损、灭失的风险自违反约定时起由买受人承担。"根据本条规定,买卖双方当事人对交付地点"没有约定"或者"约定不明确",且标的物"不需要运输"的,出卖人和买受人订立合同时知道标的物在某一地点的,出卖人应当在该地点交付标的物;不知道标的物在某一地点的,应当在出卖人订立合同时的营业地交付标的物。因此,当出卖人在交付期限届至时将标的物置于该交付地点,买受人违反约定没有收取的,标的物毁损、灭失的风险自买受人违反约定之日起由买受人承担。①

此外,《商品房买卖合同司法解释》(2020 年修正)第 8 条第 2 款规定:"房屋毁损、灭失的风险,在交付使用前由出卖人承担,交付使用后由买受人承担;买受人接到出卖人的书面交房通知,无正当理由拒绝接收的,房屋毁损、灭失的风险自书面交房通知确定的交付使用之日起由买受人承担,但法律另有规定或者当事人另有约定的除外。"

---

① 参见高台县鑫通伟商贸有限公司、高台县碱泉子林牧业科技开发有限责任公司买卖合同纠纷二审民事判决书[甘肃省张掖市中级人民法院(2022)甘 07 民终 297 号]。

(三) 标的物风险转移的其他规则

除上述例外规则外,《民法典》第 609 条至第 611 条还对风险转移作出了一些其他规定。

1. 出卖人不交付单证、资料,不影响风险转移

《民法典》第 609 条规定:"出卖人按照约定未交付有关标的物的单证和资料的,不影响标的物毁损、灭失风险的转移。"本条是关于出卖人交付有关标的物的单证和资料的义务与标的物毁损、灭失风险承担的关系的规定。本条主要适用于买卖合同涉及标的物运输的情况。

《民法典》第 641 条规定:"当事人可以在买卖合同中约定买受人未履行支付价款或者其他义务的,标的物的所有权属于出卖人。出卖人对标的物保留的所有权,未经登记,不得对抗善意第三人。"根据该条第 1 款,当事人可以约定买受人未履行支付价款或者其他义务的,标的物的所有权属于出卖人。此即所谓的"所有权保留"制度。在涉及标的物运输的买卖合同中,出卖人不向买受人移交有关标的物的单证,其性质可以由当事人在合同中约定,当事人可以约定这就是出卖人保留标的物所有权的表示。根据前文所述,《民法典》第 604 条确立的标的物风险转移的一般原则,除法律另有规定或当事人另有约定外,是以标的物的交付作为原则,而不与标的物的所有权相联系。因此,不论出卖人不交付标的物的单证是否意味着所有权的保留,都不影响标的物的风险从交付时起由出卖人转移给买受人。

《买卖合同司法解释》(2020 年修正)第 11 条规定:"当事人对风险负担没有约定,标的物为种类物,出卖人未以装运单据、加盖标记、通知买受人等可识别的方式清楚地将标的物特定于买卖合同,买受人主张不负担标的物毁损、灭失的风险的,人民法院应予支持。"这一解释是针对批量货中特定物的风险承担规则的规定。即对大宗货物买卖中出卖人批量托运货物以履行数份合同或托运超量货物去履行其中一份合同情况下的风险负担进行了明确,规定如果出卖人未以装运单据、加盖标记、通知买受人等可识别的方式清楚地将作为标的物的种类物特定于买卖合同项下,标的物毁损、灭失的风险由出卖人自行负担。

2. 出卖人因质量问题根本违约,风险不转移

《民法典》第 610 条规定:"因标的物不符合质量要求,致使不能实现合同目的的,买受人可以拒绝接受标的物或者解除合同。买受人拒绝接受标的物或者解除合同的,标的物毁损、灭失的风险由出卖人承担。"本条是关于出卖人根本违约的情况下,风险承担的规定。首先,如果出卖人所交付的货物不符合约定,足以使买受人有权拒收货物,则在出卖人消除了货物的缺陷,或者在买受人接受货物以前,货物的风险仍由出卖人承担。这里的"接受"指的是买受人对货物的认可。其次,如果买受人有正当理由拒绝对货物的接受,则他可以在保险合同所不包括的限度内,认为出卖人自始就承担了货物的风险。

3. 买受人承担风险不影响出卖人的违约责任

《民法典》第 611 条规定:"标的物毁损、灭失的风险由买受人承担的,不影响因出卖人履行义务不符合约定,买受人请求其承担违约责任的权利。"本条是关于买受人承担风险与出卖人违约责任关系的规定。本条是参考《联合国国际货物销售合同公约》作出的规定。它表明在出卖人违约的情况下,买受人虽然按照本法的规定承担了标的物风险,但并不影响因出卖人的违约行为,买受人请求其承担违约责任的权利,如请求损害赔偿。在标的物质量不符合质量要求,致使不能实现合同目的的情况下,可以适用《民法典》第 610 条的规定。

综上所述,笔者将标的物的风险转移规则总结为表 1-1。

表 1-1 标的物的风险转移规则

类别	卖方承担	买方承担
一般规定 (《民法典》第 604 条)	交付之前	交付之后
迟延交付 (《民法典》第 605 条)	非买方原因导致,交付之前	买方原因导致,自买方违约时
路货交易 (《民法典》第 606 条、《买卖合同司法解释》(2020 年修正)第 10 条)	合同成立之前	合同成立之后,但出卖人恶意隐瞒标的物已毁损、灭失的除外
需要运输 (《民法典》第 607 条)	交付买方指定承运人之前,地点未约定或约定不明的,交付第一承运人之前	交付买方指定承运人之后,地点未约定或约定不明的,交付第一承运人之后
迟延提货 (《民法典》第 608 条)	买方违约之前	买方违约之后
标的物瑕疵 (《民法典》第 610 条)	标的物不符合质量要求,致使不能实现合同目的的,买方拒绝接受标的物或者解除合同,标的物毁损、灭失的风险由卖方承担	

三、所有权保留条款

(一)所有权保留的概念与制度安排

《民法典》第 641 条规定:"当事人可以在买卖合同中约定买受人未履行支付

价款或者其他义务的,标的物的所有权属于出卖人。出卖人对标的物保留的所有权,未经登记,不得对抗善意第三人。"因此,所有权保留,是指在买卖合同中,买受人虽先占有使用标的物,但是在全部价款支付完毕或其他义务履行完毕之前,出卖人对于标的物仍然保留所有权。所有权保留制度是我国民事法律制度中的一项重要制度,也是商业实践中较为常见的一种安排。在分期付款或延期付款的买卖合同中,双方可以约定出卖人在价款付清之前对标的物保留所有权,并在买受人未能按约付款的情况下取回标的物,通过变卖标的物清偿价款,控制交货后价款仍未付清的风险。例如,合同双方可以约定:

所有权保留。双方明确了解并同意在乙方付清所有款项(包括迟延付款违约金)之前,销售产品的所有权都归属于甲方。

根据本合同交付的货物自交付时起风险由乙方承担,但在乙方向甲方付清所有货款及乙方完全履行完本合同义务之前,甲方保留对货物的所有权,并且甲方仍是该货物的唯一的和绝对的所有权人。

事实上,《九民纪要》第66条、《最高人民法院、国家发展和改革委员会关于为新时代加快完善社会主义市场经济体制提供司法服务和保障的意见》(法发〔2020〕25号)、《担保制度司法解释》、《最高人民法院印发〈关于充分发挥司法职能作用 助力中小微企业发展的指导意见〉的通知》(法发〔2022〕2号)等都明确将所有权保留列入非典型性担保之列。因此,对于所有权保留的法律性质而言,这些规定显然是采取了"担保物权说"。另外,对于所有权保留条款的法律性质,学界通说认为,应区分物权合意与债权合意。即在所有权保留的买卖交易中,双方互负给付义务的债权合意不附条件,买卖合同成立时即生效;而交付属于事实行为无法附条件,双方仅就标的物所有权变动的"意思"附条件来延缓所有权的变动。因此,所有权保留条款在性质上属于附条件的物权合意。

《民法典》有关所有权保留的具体制度安排如下:

✓ 第641条规定了所有权保留的基本原则;

✓ 第642条规定了出卖人的"取回权"和"索赔权";

✓ 第643条规定了买受人的"回赎权"和出卖人的"二次出售权"。

(二)所有权保留适用于可参照适用买卖合同的有偿合同

尽管《民法典》第641条第1款规定"当事人可以在买卖合同中约定买受人未履行支付价款或者其他义务的,标的物的所有权属于出卖人",但不论是学界还是司法实践对其适用范围可以扩张到可参照适用买卖合同的有偿合同并无争议。

如在湖南省嘉禾县南岭水泥有限公司、杭州新概念节能科技有限公司所有权确认纠纷再审审查与审判监督民事裁定书[最高人民法院(2019)最高法民申 2568 号]①中,最高院认为:

南岭水泥公司主张,本案中《投资与建设合同》中双方所确立的法律关系不是买卖合同关系,不能适用所有权保留制度。《中华人民共和国合同法》第一百七十四条规定:"法律对其他有偿合同有规定的,依照其规定;没有规定的,参照买卖合同的有关规定。"案涉合同为有偿合同,可以参照适用该法第一百三十四条"当事人可以在买卖合同中约定买受人未履行支付价款或者其他义务的,标的物的所有权属于出卖人"之规定。……案涉项目财产为动产,……因此,《投资与建设合同》中关于所有权保留的约定有效,案涉项目财产应适用所有权保留制度。

(三)所有权保留不适用于不动产

所有权保留不适用于不动产,《买卖合同司法解释》(2020 年修正)对此进行了明确。其第 25 条规定:"买卖合同当事人主张民法典第六百四十一条关于标的物所有权保留的规定适用于不动产的,人民法院不予支持。"司法解释作出如此规定的理由在于:第一,由于不动产买卖完成转移登记后所有权即发生变动,此时双方再通过约定进行所有权保留,明显违背法律规定;第二,在转移登记的情况下双方还采用所有权保留,出卖人的目的是为担保债权实现,买受人的目的在于防止出卖人"一物二卖",《民法典》第 221 条②规定的"预告登记"制度足以满足买卖双方所需,因此没有必要采取所有权保留的方式。特别是,转移登记是不动产所有权变动的要件,在转移登记完成前不动产所有权不会发生变动,买受人即使占有使用标的物,只要双方不转移登记,出卖人仍然享有所有权,当然也就可以保障债权,所以更无必要进行所有权保留。

(四)标的物"取回权"和损失"索赔权"

实务中,合同当事人可以约定买受人未履行支付价款或者其他义务的,标的物

---

① 类案参见中国铁路物资哈尔滨有限公司、秦皇岛太行贸易有限公司与沈阳东方钢铁有限公司、鸡西北方制钢有限公司进出口代理合同纠纷民事裁定书[最高人民法院(2015)民申字第 2388 号]。

② 该条规定:"当事人签订买卖房屋的协议或者签订其他不动产物权的协议,为保障将来实现物权,按照约定可以向登记机构申请预告登记。预告登记后,未经预告登记的权利人同意,处分该不动产的,不发生物权效力。预告登记后,债权消灭或者自能够进行不动产登记之日起九十日内未申请登记的,预告登记失效。"

的所有权保留在出卖人手中。显然，如果出卖人的价款、报酬取得权或其他约定权利不能得到实现，应当优先保护出卖人基于所有权保留而享有的对标的物的取回权。

《民法典》第642条规定："当事人约定出卖人保留合同标的物的所有权，在标的物所有权转移前，买受人有下列情形之一，造成出卖人损害的，除当事人另有约定外，出卖人有权取回标的物：（一）未按照约定支付价款，经催告后在合理期限内仍未支付；（二）未按照约定完成特定条件；（三）将标的物出卖、出质或者作出其他不当处分。出卖人可以与买受人协商取回标的物；协商不成的，可以参照适用担保物权的实现程序。"①第643条规定："出卖人依据前条第一款的规定取回标的物后，买受人在双方约定或者出卖人指定的合理回赎期限内，消除出卖人取回标的物的事由的，可以请求回赎标的物。买受人在回赎期限内没有回赎标的物，出卖人可以以合理价格将标的物出卖给第三人，出卖所得价款扣除买受人未支付的价款以及必要费用后仍有剩余的，应当返还买受人；不足部分由买受人清偿。"②因此，《民法典》第642条规定了出卖人对标的物的"取回权"；第643条后句还规定了出卖人对损失的"索赔权"。

《民法典》第642条规定表明，"取回权"实现的前提条件包括：买受人存在未按约定支付价款；未按约定完成特定条件；将标的物出卖、出质或者作出其他不当处分等情形。同时，《民法典》第643条规定还赋予了出卖人对损失的索赔权，即出卖人以合理价格将标的物出卖所得价款冲抵买受人未支付的价款以及必要费用后，不足部分由买受人清偿。

依据《民法典》第642条、《担保制度司法解释》第64条以及《民事诉讼法》（2023年修正）"实现担保物权案件"的有关规定，出卖人实现"取回权"的方式包

---

① 第642条规定系吸纳了《买卖合同司法解释》（2012年）第35条的规定："当事人约定所有权保留，在标的物所有权转移前，买受人有下列情形之一，对出卖人造成损害，出卖人主张取回标的物的，人民法院应予支持：（一）未按约定支付价款的；（二）未按约定完成特定条件的；（三）将标的物出卖、出质或者作出其他不当处分的。取回的标的物价值显著减少，出卖人要求买受人赔偿损失的，人民法院应予支持。"

② 第643条规定系吸纳了《买卖合同司法解释》（2012年）第37条的规定："出卖人取回标的物后，买受人在双方约定的或者出卖人指定的回赎期间内，消除出卖人取回标的物的事由，主张回赎标的物的，人民法院应予支持。买受人在回赎期限内没有回赎标的物的，出卖人可以另行出卖标的物。出卖人另行出卖标的物的，出卖所得价款依次扣除取回和保管费用、再交易费用、利息、未清偿的价金后仍有剩余的，应返还原买受人；如有不足，出卖人要求原买受人清偿的，人民法院应予支持，但原买受人有证据证明出卖人另行出卖的价格明显低于市场价格的除外。"

括如下几种：

第一，"协商一致取回"。即出卖人与买受人协商一致，从买受人处取回保留所有权的标的物。然而实践中，买卖双方在协商取回时往往还伴随着交易价款的最终结算、违约责任及损失的界定等问题，双方很难达成一致。

第二，"非讼程序取回"（"特别程序实现担保物权取回"）[1]。即出卖人与买受人无法协商一致的，出卖人可参照《民事诉讼法》（2023年修正）第207条、第208条[2]担保物权的实现程序，直接向标的物所在地或所有权登记地的基层人民法院提出拍卖、变卖标的物的申请。人民法院受理申请后，申请人对标的物提出保全申请的，可以按照《民事诉讼法》关于诉讼保全的规定办理。[3] 人民法院审查出卖人的申请后，如当事人无实质性争议且取回权行使条件成就的，裁定准许拍卖、变卖标的物并就所得价款受偿；但如果当事人对取回权行使有实质性争议，裁定驳回申请，并告知申请人向人民法院提起诉讼。[4] 就此，《担保制度司法解释》第64条第1款规定："在所有权保留买卖中，出卖人依法有权取回标的物，但是与买受人协商不成，当事人请求参照民事诉讼法'实现担保物权案件'的有关规定，拍卖、变卖标的物，人民法院应予准许。"此种情形下，无须经过诉讼程序取得生效判决后再申请执行。

需要强调的是，出卖人参照适用担保物权的实现程序处置标的物应符合以下法定条件：首先，买卖合同双方应就所有权保留达成合意；其次，买受人出现法定或约定违约情形，对出卖人债权构成实质性损害；再次，出卖人对标的物未行使取回权取回标的物；最后，标的物存在且所有权未发生转移。

---

[1] 参见陕西鸿恩实业有限公司与彬州融诚农业科技集团有限公司买卖合同纠纷二审民事判决书[陕西省咸阳市中级人民法院（2023）陕04民终200号]；长沙银繁机械设备制造有限公司、湖南紫瑞翔瓷业有限公司买卖合同纠纷一审民事判决书[湖南省长沙市望城区人民法院（2022）湘0112民初541号]。

[2] 《民事诉讼法》第207条规定：申请实现担保物权，由担保物权人以及其他有权请求实现担保物权的人依照民法典等法律，向担保财产所在地或者担保物权登记地基层人民法院提出。第208条规定：人民法院受理申请后，经审查，符合法律规定的，裁定拍卖、变卖担保财产，当事人依据该裁定可以向人民法院申请执行；不符合法律规定的，裁定驳回申请，当事人可以向人民法院提起诉讼。

[3] 参见《民事诉讼法司法解释》（2022年修正）第371条。

[4] 参见《民事诉讼法司法解释》（2022年修正）第370条；最高人民法院民法典贯彻实施工作领导小组主编：《中华人民共和国民法典合同编理解与适用（二）》，人民法院出版社2020年版，第1104页。

第三,"诉讼程序取回"①。不论是出卖人经过非讼程序被裁定驳回后另行起诉,还是直接起诉行使取回权,符合《民法典》第642条第1款规定条件的,出卖人取得胜诉判决后可通过执行程序取回标的物。就此,《担保制度司法解释》第64条第2款规定:"出卖人请求取回标的物,符合民法典第六百四十二条规定的,人民法院应予支持;买受人以抗辩或者反诉的方式主张拍卖、变卖标的物,并在扣除买受人未支付的价款以及必要费用后返还剩余款项的,人民法院应当一并处理。"本款之所以如此规定,理由在于,《民法典》第642条第2款规定采用的是"可以",不能理解为"只能",因此在当事人不能协商取回标的物时,出卖人不仅可以通过非讼程序的方式实现担保物权,而且可以通过普通民事诉讼及执行程序取回标的物。②此时,依据上述解释第2款的规定,如果买受人反诉请求出卖人将标的物价值超过欠付价款及其他费用的部分予以返还,或者出卖人虽然有权取回标的物,但买受人抗辩标的物的价值大于欠付价款及其他费用,请求人民法院拍卖、变卖标的物,则人民法院对于买受人的主张也应当一并予以处理。③

需要说明的是,在《民法典》生效前,出卖人行使取回权需通过普通民事程序,即在取回权行使条件得到满足的情况下向人民法院提起诉讼。例如,在南京大量数控科技有限公司诉同健(惠阳)电子有限公司买卖合同纠纷案一审判决书[江苏省南京市六合区人民法院(2017)苏0116民初6895号]中,出卖人作为原告因买受人未付清货款提起诉讼,请求法院判决确认货物所有权归其所有,并要求买受人在指定期限内返还标的物,如买受人不能返还标的物,则赔偿设备损失。法院最终判决支持了原告诉请。《民法典》第642条允许出卖人选择适用担保物权实现程序,简化了取回权的行使程序。但如当事人对于取回权的实现条件和范围等存在实质争议,则仍需向法院提起诉讼。

(五)标的物"取回权"的限制

《买卖合同司法解释》(2020年修正)第26条规定:"买受人已经支付标的物总价款的百分之七十五以上,出卖人主张取回标的物的,人民法院不予支持。在民法典第六百四十二条第一款第三项情形下,第三人依据民法典第三百一十一条的规

---

① 参见大量科技(涟水)有限公司与深圳兴启发电路板有限公司买卖合同纠纷二审民事判决书[江苏省淮安市中级人民法院(2020)苏08民终920号]。
② 参见林文学等:《〈关于适用民法典有关担保制度的解释〉的理解和适用》,载《法律适用》2021年第4期;最高人民法院民事审判第二庭著:《最高人民法院民法典担保制度司法解释理解与适用》,人民法院出版社2021年版,第538页。
③ 参见刘贵祥:《民法典关于担保的几个重大问题》,载《法律适用》2021年第1期。

定已经善意取得标的物所有权或者其他物权,出卖人主张取回标的物的,人民法院不予支持。"本条解释属于对出卖人标的物取回权的限制规定。首先,应受买受人已支付价款数额的限制。如果买受人已支付的价款达到总价款的75%以上,出卖人的利益已经基本实现,其行使取回权会对买受人利益影响较大,此时应兼顾买受人利益而适当限制出卖人取回权。其次,应受善意取得制度的限制。如果标的物被买受人处分给第三人,该第三人又符合《民法典》第311条关于善意取得的规定,则出卖人不得取回标的物。

在温州市国彩包装有限公司、三井住友金融租赁株式会社返还原物纠纷二审民事判决书[浙江省高级人民法院(2018)浙民终878号]中,法院认为:

关于争议焦点一,对于三井住友株式会社是否为案涉设备的真实权利人,取决于三井住友株式会社与天恩印刷公司、浙江国贸公司之间签订的《买卖合同书》的约定。对于三井住友株式会社的权利人身份,并无在先判决或者裁决的认定。上述《买卖合同书》特别约定条款第20条约定本合同适用中国法律法规的强制性规定,除此之外,适用日本国法律。由于中国和日本均系《联合国国际货物销售合同公约》的缔约国,而《买卖合同书》也未明确规定不适用该公约,故该公约应当自动适用,对于该公约没有规定的,可以适用当事人选择的日本法律。《买卖合同书》特别约定条款第13条约定,标的物的所有权在买卖价款付清之前,由三井住友株式会社保留;在买卖价款付清之时,标的物的所有权转移至天恩印刷公司;如果三井住友株式会社认为有必要,天恩印刷公司应按三井住友株式会社的要求,在标的物上附加表明该物所有权尚由三井住友株式会社保留的标识。由于《联合国国际货物销售合同公约》并未禁止买卖合同双方约定所有权保留,双方当事人在本案中也未提供日本法关于所有权保留的相反规定,故双方在合同中约定所有权保留的约定合法有效。国彩包装公司主张依据《最高人民法院关于审理买卖合同纠纷案件适用法律问题的解释》第三十六条:买受人已经支付标的物总价款的百分之七十五以上,出卖人主张取回标的物的,人民法院不予支持。即使根据上述规定,三井住友株式会社和天恩印刷公司之间的买卖合同的价款总额为99,422,000日元(预付款8,630,000日元;分期付款共48期,每期1,891,500日元,共90,792,000日元),天恩印刷公司支付了预付款和34期款项,共计72,941,000日元,占比为73.37%,尚未达到上述司法解释规定的75%的界线。国彩包装公司认为总价中不应计算分期付款利息的理由于法无据,本院不予支持。综上,本案并无证据表明天恩印刷公司取得案涉设备的所有权,国彩包装公司关于三井住友株式会社已经丧失案涉设备的所有权的上诉理由不能成立,本院不予支持。

关于争议焦点二即国彩包装公司是否构成善意取得的问题。《最高人民法院关于适用〈中华人民共和国物权法〉若干问题的解释(一)》第十五条规定:受让人受让不动产或者动产时,不知道转让人无处分权,且无重大过失的,应当认定受让人为善意。真实权利人主张受让人不构成善意的,应当承担举证证明责任。第十七条还规定:受让人受让动产时,交易的对象、场所或者时机等不符合交易习惯的,应当认定受让人具有重大过失。① 本案中,国彩包装公司主张其以240万元的价格向天恩印刷公司的股东陈某全购得案涉设备,但天恩印刷公司的公司登记信息和股东名单中并无陈某全的相关信息,故没有证据显示交易的对象即陈某全系该设备的合法占有人。对于交易的场所,国彩包装公司承认其自行到对方公司提取案涉设备,但其在一、二审中均无法说清对方公司的场所。且国彩包装公司在一审庭审中明确承认其明知案涉机器是进口设备,但并未审查进口单据、发票、合同等证明机器来源的文件。综合以上事实,一审法院关于国彩包装公司在受让过程中有重大过失,不构成善意取得的相关认定有相应依据。对于交易的价格,三井住友株式会社在本案中虽未提供证据证明案涉设备在交易时的真实市场价格,应当承担举证不能的法律后果,但据此尚不足以认定国彩包装公司构成善意取得。

本案中还需要注意,法院在计算分期付款的总价款时将应付利息纳入了总价款的范围。

(六)买受人的"回赎权"和出卖人的"再出售权"

《民法典》第643条规定:"出卖人依据前条第一款的规定取回标的物后,买受人在双方约定或者出卖人指定的合理回赎期限内,消除出卖人取回标的物的事由的,可以请求回赎标的物。买受人在回赎期限内没有回赎标的物,出卖人可以以合理价格将标的物出卖给第三人,出卖所得价款扣除买受人未支付的价款以及必要费用后仍有剩余的,应当返还买受人;不足部分由买受人清偿。"本条规定在吸纳了《买卖合同司法解释》(2012年)第37条规定的基础上,进行了细微的修订。主要是在增加"以合理价格"的表述后,删除了原规定中的但书部分"但原买受人有证据证明出卖人另行出卖的价格明显低于市场价格的除外"。本条是对买受人的"回赎权"和出卖人的"再出售权"的规定。

1.买受人的"回赎权"

根据《民法典》第643条的规定,回赎期间可以约定或者由出卖人指定(实践

---

① 参见《物权编司法解释(一)》第14条和第16条规定,新司法解释中这两条规定并无任何变化。

中基本是出卖人指定),出卖人单方指定的期间,不能妨碍买受人回赎标的物,所以出卖人指定买受人在数分钟内完成一定行为的,显然违背诚实信用原则,不发生期间的效力,不能约束买受人。显然,这一规定表明,买受人由于对标的物的占有使用已与其形成了一定的利益关系,买受人对出卖人完全转移标的物所有权也具有一定的期待,这种利益关系及期待应予保护。出卖人取回标的物后,买受人可以在特定期间通过消除相应的取回事由而请求回赎标的物,此时出卖人不得拒绝,而应将标的物返还给买受人。可见,买受人并不是处于完全消极的地位,只要积极恰当地履行义务,买受人的利益还是能够得到保障。还需要注意的是,在出卖人没有行使合同解除权的情形下,买受人才享有对标的物的回赎权。如果因为买受人违约,出卖人解除合同,则双方的买卖法律关系终止且丧失了继续履行的法律空间。双方虽然因买卖合同的解除而会继续处理该纠纷,但买卖合同的履行力不再具有可逆性。但是,当出卖人取回标的物后并未明确以"通知"或"涉诉"方式行使合同解除权时,买受人在双方约定的或者出卖人指定的回赎期间内,有权通过足额支付价款或消除出卖人取回标的物的其他事由而主张"回赎"标的物,这种制度类似于典当法律关系中的回赎权。

2. 出卖人的"再出售权"

根据《民法典》第 643 条的规定,买受人在回赎期间内没有回赎标的物的,出卖人可以另行出卖标的物。显然,出卖人对标的物的另行处分权并不以是否行使合同解除权为前提。即无论合同是否被解除,出卖人均有权另行处分。出卖人在转卖时应以合理的价格进行转卖,对所得价款依次扣除买受人未支付的价款以及必要费用(如取回和保管费用、再交易费用、利息等)后,仍有剩余的,应返还原买受人;如有不足,出卖人有权要求原买受人清偿,但原买受人有证据证明出卖人另行出卖的价格明显不合理的除外。因为标的物被出卖人出售后,出卖人已经获得了与原出售合同下相当的利益,类似于原买受人出售标的物给第三人并取得价款后,支付取回和保管费用、再交易费用、利息和未清偿的价金等,仍有不足的,还需要补足差额部分。若有剩余部分的,应返还给原买受人。这一规定可以用下例来进行说明:

【例 1-11】出卖人的"再出售"的价款清结

甲公司将一批货物出售给乙公司,并在买卖合同中约定,乙公司不按合同约定支付价款的,甲公司保留该批货物的所有权。货物的价款总额为 100 万元,分 3 次支付,乙公司已经向甲公司支付了首次价款 40 万元,第 2 次应支付的 40 万元已到支付期,但乙公司一直未支付。甲公司依法行使了取回权,将该批货物取回,产生了取回和保管费用10万元。随后,甲公司向第三方丙公司按市场价转售了该批货物,取得价款70万元,发生了再交易费用5万元。甲公司在扣除了取回和保管费用10万元、再交易费用5万元以及乙公司欠付价款及利息合计62万元后,其不足部分为7万元。此时,甲公司可以要求乙公司补足该7万元。我们可以发现,在乙公司补足之后,甲公司实际获得的利益为102万元:一是收到的首次价款40万元,二是乙公司未结清的价款60万元及其利息2万元。此外,甲公司发生的取回和保管费用10万元、再交易费用5万元也已经获得了补偿。实质相当于乙公司向第三方丙公司按照70万元出售了该批货物,取得了70万元价款,在承担发生的各种费用15万元后,向甲方支付未结清的价款60万元及其利息2万元,尚差7万元,并予以补足。如果甲公司转售价格为80万元,则扣除各种费用和未结清的价款及利息合计77万元后,尚余3万元,该笔款项应返还给乙公司。

3."取回权""再出售权"与解除权的竞合与选择

需要特别注意的是,《民法典》第634条规定:"分期付款的买受人未支付到期价款的数额达到全部价款的五分之一,经催告后在合理期限内仍未支付到期价款的,出卖人可以请求买受人支付全部价款或者解除合同。出卖人解除合同的,可以向买受人请求支付该标的物的使用费。"该条规定并非专门针对所有权保留,实践中当事人往往在分期付款买卖中约定所有权保留,但依据《民法典》第642条第1款,即使买受人迟付份额不足总额的1/5,出卖人仍可行使取回权。当买受人迟付份额达到价款总额的1/5时,出卖人既可以解除合同也可以行使取回权。① 事实上,这涉及取回权法律性质的争辩。学界和司法实践对取回权的法律性质有3种观点:当然解除说②、附条件解除

---

① 参见最高人民法院民法典贯彻实施工作领导小组主编:《中华人民共和国民法典合同编理解与适用(二)》,人民法院出版社2020年版,第1107页。

② "当然解除说"将出卖人取回标的物视为行使合同解除权。参见李永军:《所有权保留制度的比较法研究——我国立法、司法解释和学理上的所有权保留评述》,载《法学评论》2013年第6期;朱某高与无锡龙之宇工程机械有限公司买卖合同纠纷二审民事判决书[江苏省无锡市中级人民法院(2019)苏02民终5031号]。在朱某高与无锡龙之宇工程机械有限公司买卖合同纠纷案中,法院认为:朱某高与无锡龙之宇工程机械有限公司之间XE150D挖掘机买卖合同关系有效,其性质属保留所有权的买卖合同。朱某高逾期2期且未足额付款,无锡龙之宇工程机械有限公司取回挖掘机,应视为买卖合同解除。另参见孝义市祥云工程机械有限公司与辛某刚分期付款买卖合同纠纷二审民事判决书[山西省吕梁市(地区)中级人民法院(2015)吕民一终字第603号]。

说①和就物求偿说②。这3种观点的关键差异在于如何理解出卖人取回权和合同解除权的关系。笔者认为:其一,依据《民法典》第563条关于法定解除权的规定,合同解除要达到根本违约的程度。但《民法典》第642条第1款适用取回权的情形并不必然达到根本违约的程度,因此,"当然解除说"并不符合我国民法关于合同解除的基本理论。此外,《民法典》第643条买受人享有"回赎权"的规定也表明,出卖人行使取回权时并非同时行使解除权,否则无法解释为何在合理的回赎期限内,买受人消除出卖人取回标的物的事由的,可以请求回赎标的物。由此,出卖人行使取回权不以合同解除为前提,反而是所有权保留合同未解除的证明。其二,"附条件解除说"虽然体现了所有权保留具有非典型担保的功能,但是出卖人将标的物取回后,回赎期经过再将该标的物出卖,此时所有权保留的担保功能实现,买卖合同是因出卖人将标的物变价而消灭,而不是解除;③此外,从《民法典》第643条第2款"出卖所得价款扣除买受人未支付的价款以及必要费用后仍有剩余的,应当返还买受人;不足部分由买受人清偿"之规定来看,出卖人行使"再出售权"后,也应视为买受人将标的物出售给第三人后继续履行完毕本买卖合同而使其消灭。其三,"就物求偿说"更能够体现出卖人取回权的法律性质。依据《民法典》第388条,《担保制度司法解释》第1条、第64条之规定以及《全国人大常委会关于〈中华

---

① "附条件解除说"主要认为出卖人行使取回权并不当然导致合同的解除,若买受人未在一定期限内回赎标的物或出卖人再出卖标的物,合同才解除。参见王利明:《所有权保留制度若干问题探讨——兼评〈买卖合同司法解释〉相关规定》,载《法学评论》2014年第1期;盛某明、黑龙江海川物流有限公司买卖合同纠纷二审民事判决书[黑龙江省绥化市中级人民法院(2019)黑12民终1142号]。在盛某明、黑龙江海川物流有限公司买卖合同纠纷案中,法院认为:在二审的庭审中,黑龙江海川物流有限公司及盛某明均同意解除双方签订的《商品车运输车买卖合同》及《商品车运输车合作协议》,因盛某明已经放弃了回赎的权利,黑龙江海川物流有限公司变卖案涉车辆并不违法。

② "就物求偿说"主要认为取回权是出卖人行使担保其价款债权的一种方式,出卖人行使取回权的行为视为担保物的就物求偿。参见王泽鉴:《民法学说与判例研究》(第7册),北京大学出版社2009年版,第219-221页。另参见温州市国彩包装有限公司、三井住友金融租赁株式会社返还原物纠纷二审民事判决书[浙江省高级人民法院(2018)浙民终878号]。在该案一审中,法院认为:三井住友金融租赁株式会社行使取回权后再次出卖的目的是"就物求偿",即以再次出卖所获得的价款,来弥补其原先未获清偿的价款,从而实现其原买卖合同中的利益。还可参见宁夏益泰矿山开采有限公司与宁夏利通汽车贸易有限公司、李某伟分期付款买卖合同纠纷二审民事判决书[宁夏回族自治区高级人民法院(2016)宁民终143号];最高人民法院民法典贯彻实施工作领导小组主编:《中华人民共和国民法典合同编理解与适用(二)》,人民法院出版社2020年版,第1100-1101页。

③ 参见曲洪宗:《债权与物权的契合:比较法视野中的所有权保留》,法律出版社2010年版,第293页。

人民共和国民法典(草案)〉的说明》中"关于担保物权"的说明,所有权保留合同是"具有担保功能的合同"。因此,在所有权保留制度中,出卖人形式上保留的是对于标的物的所有权,但功能上是出卖人以其保留的所有权为其价款债权和其他权利的实现提供担保。从法律效果上看,取回权的形式并不导致买卖合同的解除①,出卖人行使取回权是为了撤回先行给付从而恢复同时履行的状态,并在一定条件下就标的物清偿价款债权,即"就物受偿"。② 因此,最高院认为,当买受人迟付份额达到价款总额的1/5时,出卖人既可以选择依据《民法典》第642条第1款第1项行使取回权,并在取回标的物后,再依据《民法典》第634条行使合同解除权,并可以向买受人请求支付该标的物的使用费。值得讨论的是,依据《民法典》第643条第2款出卖人"可以"以合理价格将标的物出卖给第三人的表述,以及根据"就物受偿说"所持的"出卖人行使取回权是为了撤回先行给付从而恢复同时履行的状态"的观点,出卖人取回标的物后,仍然有权选择买受人继续履行。如在费某庆与苏州新斯锐数控设备有限公司买卖合同纠纷申诉、申请民事裁定书[江苏省高级人民法院(2020)苏民申5372号]③中,江苏省高院就认为:

费某庆与新斯锐公司2017年4月16日、2018年3月15日签订的两份《机电产品销售合同》系双方当事人真实意思表示,内容不违反法律、行政法规强制性规定,合法有效,双方均应按约履行。合同约定:"甲方在没有全部付清够机金额时,其机床所有全归乙方,乙方有权随时取回机床及相关物品,甲方不得以任何理由或方式将机械转让、租赁给第三方。"根据《中华人民共和国合同法》第一百三十四条"当事人可以在买卖合同中约定买受人未履行支付价款或者其他义务的,标的物的所有权属于出卖人"规定,双方形成所有权保留的分期付款买卖合同关系。经审查,上述合同费某庆分别尚欠货款7300元、40,000元,费某庆在未付清余款的情况下,未通知新斯锐公司即擅自将设备搬走,并在此后连续四期未能如期支付货款,新斯锐公司根据合同约定有权将设备取回。《中华人民共和国合同法》第一百零七条规定,当事人一方不履行合同义务或者履行合同义务不符合约定的,应当承担继续履行、采取补救措施或者赔偿损失等违约责任。新斯锐公司取回设备后,双方的买卖合同并未解除,仍有继续履行的可能,新斯锐公司作为守约方有权选择继续

---

① 参见陈某、葛某洪买卖合同纠纷二审民事判决书[贵州省毕节市(地区)中级人民法院(2019)黔05民终633号]。

② 参见最高人民法院民法典贯彻实施工作领导小组主编:《中华人民共和国民法典合同编理解与适用(二)》,人民法院出版社2020年版,第1100页。

③ 类案还可参见甘肃劲力达工程机械有限公司、青海临沃工程机械设备有限公司分期付款买卖合同纠纷二审民事裁定书[青海省高级人民法院(2023)青民申19号]。

履行或解除合同,新斯锐公司要求费某庆继续履行合同,支付设备余款,符合法律规定。

若买受人迟付份额达到价款总额的1/5时,在出卖人取回了标的物后,买受人未依法回赎的,即使出卖人转售了标的物,出卖人依然可以依法向法院提起解除合同的诉讼,要求买受人支付标的物使用费。有学者认为,这一规定可能会导致在分期付款合同中买受人重复赔偿。其理由是,买受人的赔偿款会明显超出出卖人履行合同后可以获得的利益,与《民法典》第584条规定的"可预见规则"相冲突。在"就物受偿说"下,笔者倾向于这种观点,因为出卖人"再出售"的法律后果可以视为原买受人出售标的物给第三人,出卖人在买卖交易中可以获得的利益的确已经完全实现,合同因履行完毕而消灭,也就不存在所谓合同的解除了。但在"附条件解除说"下,合同因买受人未在回赎期内回赎或者出卖人"再出售",而出卖人的"再出售"视为取回标的物所有权后的新买卖合同,此时若出卖人另行提起解除合同的诉讼,诉请买受人支付标的物使用费,此时应依据《民法典》第634条、《买卖合同司法解释》(2020年修正)第28条"分期付款买卖合同约定出卖人在解除合同时可以扣留已受领价金,出卖人扣留的金额超过标的物使用费以及标的物受损赔偿额,买受人请求返还超过部分的,人民法院应予支持。当事人对标的物的使用费没有约定的,人民法院可以参照当地同类标的物的租金标准确定"之规定,将标的物使用费以及标的物受损赔偿额扣除买受人已经支付的价金后返还给买受人;反之,则应由买受人补足。即应当扣留的价款数额以标的物使用费和标的物受损赔偿额为限①。当然还需考虑出卖人对买受人的资金占用费。可见此时并不存在买受人重复赔偿之嫌。需要注意的是,既然是出卖人"再出售",则应适用《民法典》第643条第2款之规定,显然与适用《买卖合同司法解释》(2020年修正)第28条返还出卖人价金的规定相冲突。因此,笔者认为,在"就物受偿说"下,"取回权"与合同解除权可以并存②,因为标的物的取回权与合同解除标的物返还请求权的法律效果是一致的(相当于预先完成或者同时完成标的物的返还),可以在主张合同

---

① 参见张某1、某汽贸有限公司分期付款买卖合同纠纷审判监督民事裁定书[山西省高级人民法院(2023)晋民申2787号]。

② 参见新疆沙舟运输有限公司、和田市和运汽车销售服务有限公司等买卖合同纠纷二审民事判决书[新疆维吾尔自治区和田地区中级人民法院(2022)新32民终468号];贵州泰昌安能源集团矿业有限公司兴仁县水井湾煤矿、贵州础润机械设备有限公司等买卖合同纠纷二审民事判决书[贵州省黔西南布依族苗族自治州中级人民法院(2021)黔23民终960号];厦门市尧鼎工程机械有限公司、吴某良买卖合同纠纷再审民事判决书[福建省厦门市中级人民法院(2020)闽02民再54号]。

解除的同时主张标的物使用费;而出卖人取回标的物后的"再出售权"与合同解除权(主张标的物使用费)则属于竞合关系,只能选择其一,因为"再出售权"的制度设计是建立在买卖合同继续履行并最终使合同权利义务消灭的基础之上,此时不存在合同解除并主张标的物使用费的空间。

【例 1-12】"取回权""再出售权"与标的物使用费的关系[①]

基本案情:小松公司、廖某清签订一份《履带式挖掘机买卖合同(分期付款)》,主要约定:廖某清向小松公司购买小松牌挖掘机一台,设备单价940,000元,分期利息105,409元,总价款1,045,409元;设备交付前付清提机款188,000元及第一期分期款23,817元;自2013年9月至2016年7月(共35个月)每月25日前还款23,817元;逾期付款超过15日,小松公司有权单方面收回设备,自收回之日起7日内,廖某清应当付清所欠全部款项(含违约金)并消除违约状态,继续履行该合同,否则,小松公司有权解除该合同,廖某清除应支付违约金外,另需根据实际使用设备的情况,按39,167元/月的方式向小松公司支付设备使用费,使用费不足以弥补小松公司损失的,廖某清应赔偿全部损失。

小松公司于2013年5月25日将本案设备交付给廖某清,并于2016年3月12日拖回本案设备。廖某清自2013年5月18日至2015年9月11日支付货款合计710,540元。小松公司、廖某清均认可廖某清基于该案合同尚欠小松公司货款334,869元。在本案诉讼过程中,双方对案涉挖掘机取回时的价值存在争议,经司法鉴定,2016年3月12日涉案挖掘机的价格为659,600元。在庭审中,小松公司提交证据证明其于2017年6月28日将本案设备二次销售,销售价格为430,000元。

小松公司向一审法院诉请:(1)依法确认解除《履带式挖掘机买卖合同(分期付款)》,并判令廖某清向小松公司返还价值150,000元小松牌挖掘机一台;(2)判令廖某清向小松公司支付设备使用费581,971元(自2013年5月25日计算至2016年2月25日)。廖某清向一审法院提出反诉:判令小松公司退还廖某清购机款324,731(659,000-334,869)元。

一审判决:关于小松公司、廖某清签订的《履带式挖掘机买卖合同(分期付款)》是否解除的问题。小松公司于2016年3月8日诉至法院,要求解除合同,小松公司于2016年3月12日拖回本案设备,截至2016年3月12日,廖某清尚欠到

[①] 参见广西小松工程机械设备有限责任公司分期付款买卖合同纠纷二审民事判决书[广西壮族自治区南宁市中级人民法院(2017)桂01民终7676号]。

期货款 186,534 元,达到全部价款的 17.84%,廖某清未支付到期价款未达到全部价款的 1/5,但之后廖某清未再付款,合同履行期限于 2016 年 7 月 25 日届满,廖某清未支付价款达到全部价款的 1/5。诉讼过程中,廖某清于 2017 年 8 月 23 日同意解除合同。根据《合同法》第九十三条"当事人协商一致,可以解除合同"之规定,一审法院确认合同已于 2017 年 8 月 23 日解除,小松公司已于 2016 年 3 月 12 日拖回本案设备。

关于小松公司要求廖某清支付使用费的问题。第一,《合同法》第一百六十七条第二款关于支付使用费的规定,功能在于对出卖人因合同解除后所造成损害进行填补。故对于使用费,应结合小松公司履行合同后可得利益和因廖某清违约所造成的损失为标准进行核定。本案中,小松公司、廖某清均认可廖某清尚欠货款 334,869 元,如合同得到正常履行,小松公司应受领设备的剩余价款为 334,869 元,小松公司拖回本案设备时设备价值为 659,600 元,该设备的剩余价值已足以弥补小松公司的损失。第二,合同中关于使用费计算方式的约定适用的前提条件是存在小松公司有权单方解除合同的情形,前已述及,截至小松公司取回设备时,廖某清尚欠到期价款的金额未达到全部价款的 1/5。即便按照合同约定的使用费计算方式,廖某清自 2013 年 5 月 25 日至 2016 年 3 月 12 日占有、使用本案设备期间应支付的使用费为 1,334,289.13(39,167÷30×1022)元,廖某清已支付的货款 739,793 元以及设备的剩余价值 659,600 元已经足以弥补该部分费用。据此,小松公司要求廖某清支付使用费没有事实依据,不予支持。

反诉部分。关于小松公司是否应返还廖某清差额以及差额部分如何计算的问题。根据《最高人民法院关于审理买卖合同纠纷案件适用法律问题的解释》第三十七条第三款"出卖人另行出卖标的物的,出卖所得价款依次扣除取回和保管费用、再交易费用、利息、未清偿的价金后仍有剩余的,应返还原买受人;如有不足,出卖人要求原买受人清偿的,人民法院应予支持,但原买受人有证据证明出卖人另行出卖的价格明显低于市场价格的除外"之规定,小松公司提交证据证明于 2017 年 6 月 28 日将本案设备二次销售,销售价格为 430,000 元。小松公司前后陈述相互矛盾,且未能作出合理解释。基于小松公司主张的本案设备已于 2017 年 3 月 21 日前二次出售,评估中并未对设备进行现场勘验,而是以小松公司提供的设备照片作为评估依据。小松公司提交二次销售证据的相对方未到庭为小松公司作证,真实性无法确认。即便证据具有真实性,小松公司已于 2016 年 3 月 12 日拖回本案设备,小松公司的损失已就设备得到补偿,且小松公司拖回本案设备时应及时采取相应的措施防止损失扩大,但小松公司直至 2017 年 6 月 28 日才将设备二次出售,而经北京市国宏信价格评估有限公司南宁分公司对本案挖掘机于2016年3月12日的价值进行鉴定,本案设备于2016年3月12日的价格为659,600元,因小松公司未及时处置设备所造成的损失应由小松公司自行承担。小松公司、廖某清均认可廖某清尚欠小松公司货款334,869元,设备的剩余价值659,600元折抵廖某清尚欠货款后,仍有剩余,差额为324,731元。故廖某清要求小松公司返还该部分款项于法有据,予以支持。

二审判决:本案中,小松公司与廖某清签订《履带式挖掘机买卖合同(分期付款)》并将履带式挖掘机交付廖某清后,廖某清共计向小松公司支付货款合计710,540元,因廖某清尚欠小松公司货款334,869元未付,小松公司便将履带式挖掘机拖回并已另行销售,小松公司将该履带式挖掘机拖回时的价值经一审法院依法委托评估为659,600元,该价值足以超过廖某清尚欠小松公司的货款334,869元。所以,小松公司主张廖某清还应支付使用费没有事实依据,廖某清主张小松公司应将拖回履带式挖掘机时该履带式挖掘机的价值超过廖某清尚欠小松公司货款334,869元部分的价款返还廖某清于法有据。一审法院根据案件事实和相关法律的规定作出的判决并无不当,法院予以维持。

小松公司上诉称廖某清未支付所欠价款后,小松公司有权解除合同并依据合同约定收取设备使用费。法院认为,廖某清未按合同支付相应货款构成违约后,小松公司已行使了合同解除权,并及时将履带式挖掘机拖回并另行销售,之后,廖某清并没有占有并使用履带式挖掘机,廖某清的违约行为没有造成小松公司的损失,小松公司该理由不成立,法院不予采信。小松公司上诉认为《评估报告书》不能作为认定事实的根据,鉴定费也不应由小松公司负担,对标的物的残值应重新鉴定,应当依次扣除取回和保管费用、再交易费用、利息、未清偿的价金。对此法院认为,鉴于一审诉讼中,小松公司对一审法院依法委托北京市国宏信价格评估有限公司南宁分公司作出的《价格评估报告书》的真实性没有异议,虽认为评估价格过高,但未申请重新评估,也未请求廖某清支付未扣除取回和保管费用、再交易费用、利息、未清偿价金。故二审不予审理,小松公司该理由不成立,二审法院不予采信。

在本案中,在小松公司解除合同取回案涉挖掘机后,按照《买卖合同司法解释》(2012年)第37条"出卖人取回标的物后,买受人在双方约定的或者出卖人指定的回赎期间内,消除出卖人取回标的物的事由,主张回赎标的物的,人民法院应予支持。买受人在回赎期间内没有回赎标的物的,出卖人可以另行出卖标的物。出卖人另行出卖标的物的,出卖所得价款依次扣除取回和保管费用、再交易费用、利息、未清偿的价金后仍有剩余的,应返还原买受人;如有不足,出卖人要求原买受人清偿的,人民法院应予支持,但原买受人有证据证明出卖人另行出卖的价格明显低于市场价格的除外"(现《民法典》第 643 条)之规定,小松公司不论取回案涉挖掘机(廖某清未赎回)未出售,还是事后"再出售",(假定)其享有解除权,如果取回的案涉挖掘机的评估价或者再次出售价足以涵盖"买受人未支付的价款以及必要费用"的,应将剩余价款返还给买受人廖某清,此时不得再主张标的物使用费。

(七)所有权保留的担保功能

在所有权保留的安排中,形式上,出卖人所保留的是对于标的物的所有权,而非建立在他人所有权基础上的担保物权。但在功能上,出卖人保留所有权的目的是担保交易价款得到清偿。从这一角度看来,所有权保留又实现了担保的功能。因此,《民法典》虽然将所有权保留制度规定于合同编,但也通过第 388 条"具有担保功能的合同"条款将其涵摄入担保物权的体系。同时,《民法典》合同编关于所有权保留的实现和登记的相关规定也进一步体现了其担保功能。

《民法典》第 641 条规定:"当事人可以在买卖合同中约定买受人未履行支付价款或者其他义务的,标的物的所有权属于出卖人。出卖人对标的物保留的所有权,未经登记,不得对抗善意第三人。"其中第 2 款"出卖人对标的物保留的所有权,未经登记,不得对抗善意第三人"之规定,相对于《合同法》第 134 条而言,属于新增的一款规定。

依据上述第 2 款规定,出卖人所保留的所有权,未经登记,不得对抗善意第三人。出卖人对标的物所有权的取得,并不依赖于所有权保留买卖合同的成立与生效,而是基于其他法律事实。这与动产抵押权依当事人之间抵押合同的生效而设立截然不同。但出卖人所保留的所有权被功能化为担保物权之后,采用与动产抵押权相同的物权变动模式——登记对抗主义。由此即说明,出卖人所保留的所有权已经不是《民法典》物权编所有权分编中的"所有权",并不具有所有权分编规定的所有权的完整权能。相反,出卖人所保留的所有权仅具有担保功能,其权利内容同于担保物权,即就标的物变价并优先受偿。如此,出卖人所保留的所有权在性质上属于担保物权,即使未经登记,也可对抗无担保债权人。未经登记的所有权,不得对抗善意的受让人、租赁权人,不得对抗其他担保权人、查封或扣押债权人、参与分配债权人、破产债权人或破产管理人。所有权保留登记与不动产登记迥异,将在中国人民银行征信中心"动产融资统一登记公示系统"①中展开,登记和查询均在线上自主完成。

《担保制度司法解释》第 67 条规定:"在所有权保留买卖、融资租赁等合同中,出卖人、出租人的所有权未经登记不得对抗的'善意第三人'的范围及其效力,参照本解释第五十四条的规定处理。"该解释第 54 条规定:"动产抵押合同订立后未办理抵押登记,动产抵押权的效力按照下列情形分别处理:(一)抵押人转让抵押财产,受让人占有抵押财产后,抵押权人向受让人请求行使抵押权的,人民法院不予支持,但是抵押权人能够举证证明受让人知道或者应当知道已经订立抵押合同的除外;(二)抵押人将抵押财产出租给他人并移转占有,抵押权人行使抵押权的,租赁关系不受影响,但是抵押权人能够举证证明承租人知道或者应当知道已经订立抵押合同的除外;(三)抵押人的其他债权人向人民法院申请保全或者执行抵押财产,人民法院已经作出财产保全裁定或者采取执行措施,抵押权人主张对抵押财产优先受偿的,人民法院不予支持;(四)抵押人破产,抵押权人主张对抵押财产优先受偿的,人民法院不予支持。"因此,在所有权保留的买卖合同中,若出卖人的所有权未经登记,则:(1)买方转让标的物的受让人构成善意第三人的,卖方不得主张行使取回权;(2)买方出租标的物的承租人构成善意第三人的,租赁关系不受影响;(3)买方的其他债权人申请保全或者执行标的物,人民法院已经作出财产保全裁定或者采取执行措施,卖方不能主张对该标的物优先受偿;(4)买方破产的,卖方不能主张对该标的物优先受偿。

此外,《买卖合同司法解释》(2020 年修正)第 26 条第 2 款规定:"在民法典第六百四十二条第一款第三项情形下,第三人依据民法典第三百一十一条的规定已经善意取得标的物所有权或者其他物权,出卖人主张取回标的物的,人民法院不予支持。"②需要说明的是,由于没有引入所有权保留登记制度,《买卖合同司法解释》(2012 年)第 36 条的规定一定程度上增加了出卖人行使取回权的难度。例如,在宁波海润一业塑料机械有限公司与胡某新、利害关系人等案外人执行异议之诉二审民事判决书[江苏省无锡市中级人民法院(2019)苏 02 民终 1645 号]中,法院认为:

本案中,海润公司的取回权是经鄞州法院于 2017 年 6 月 20 日判决确认的,而

---

① 网址:https://www.zhongdengwang.org.cn/。
② 该规定系吸纳了《买卖合同司法解释》(2012 年)第 36 条第 2 款"在本解释第三十五条第一款第(三)项情形下,第三人依据物权法第一百零六条的规定已经善意取得标的物所有权或者其他物权,出卖人主张取回标的物的,人民法院不予支持"之规定并无实质变化。

之前海润公司与买受人之间虽约定有取回权，但因我国尚未建立所有权保留登记制度，出卖人保留所有权一般不为外界所知晓，买受人常常被推定为真实的所有权人。买受人将标的物出卖或进行其他处分的，第三人一般都是善意，一旦构成善意取得，出卖人即丧失所有权或必须容忍其他物权的存在，出卖人所希望的凭借所有权保留来实现价金担保的目的必然落空，我国现行的所有权保留制度更多的功能体现在买卖双方第三人之间。而我国立法上对动产抵押权采登记对抗主义，如果该抵押权已登记，则可以对抗他人（即原出卖人），而原出卖人保留的所有权没有登记，所以抵押权优先。

《民法典》第641条第2款明确引入了所有权保留的登记制度。在实践中，所有权保留登记对抗主义的影响可能包括以下方面：第一，强化对出卖人的保护，允许出卖人经过登记对抗善意第三人。这也督促出卖人对标的物保留所有权进行登记，以避免买受人在付清价款前出卖标的物或在标的物上设立其他担保物权可能带来的风险。第二，将所有权保留纳入担保物权登记体系，适用统一的清偿规则。在同一财产上设立多个抵押权的情况下，《民法典》第414条规定了抵押权的清偿次序：已经登记的先于未登记的受偿；均已登记的，按照登记时间先后清偿；均未登记的，按照清偿比例受偿。该条同时明确，其他可以登记的担保物权，清偿顺序参照适用上述规定。

（八）所有权保留下的价款优先权

《民法典》第416条规定："动产抵押担保的主债权是抵押物的价款，标的物交付后十日内办理抵押登记的，该抵押权人优先于抵押物买受人的其他担保物权人受偿，但是留置权人除外。"《担保制度司法解释》第57条规定："担保人在设立动产浮动抵押并办理抵押登记后又购入或者以融资租赁方式承租新的动产，下列权利人为担保价款债权或者租金的实现而订立担保合同，并在该动产交付后十日内办理登记，主张其权利优先于在先设立的浮动抵押权的，人民法院应予支持：（一）在该动产上设立抵押权或者保留所有权的出卖人；（二）为价款支付提供融资而在该动产上设立抵押权的债权人；（三）以融资租赁方式出租该动产的出租人。买受人取得动产但未付清价款或者承租人以融资租赁方式占有租赁物但是未付清全部租金，又以标的物为他人设立担保物权，前款所列权利人为担保价款债权或者租金的实现而订立担保合同，并在该动产交付后十日内办理登记，主张其权利优先于买受人为他人设立的担保物权的，人民法院应予支持。同一动产上存在多个价款优先权的，人民法院应当按照登记的时间先后确定清偿顺序。"这就是所谓的价款优先权的规定,亦称为"超级优先权"(super‐priority)。①

关于《民法典》第416条的立法背景,正如时任全国人大宪法和法律委员会副主任委员沈春耀所讲,当前市场环境下,以赊购或贷款方式采购生产设备、原材料、半成品、产品的情况十分普遍,同一动产往往被多次重复抵押,例如某企业以其名下现在或将来的动产设定浮动抵押担保,则在债权确定日前,该企业设定抵押后的所有动产自物权转移之日起,即已被抵押于浮动抵押权人。这在一定程度上限制了该企业后续采购融资的选择和可能。一定意义上讲,本条的新增即为针对以上动产浮动抵押的弊病,在并未实际侵害动产抵押权人利益的基础上,给予特定担保物权人除留置权人外的优先受偿权,以实现促进融资、交易的立法目的。

尽管《民法典》第416条(位于《民法典》物权编担保物权分编第17章"抵押权"第1节"一般抵押权")字面上仅规定了价款抵押权,但在解释论上,这一规定自可准用于所有权保留交易和融资租赁交易。② 故此,根据前述司法解释的规定,价款优先权根据价款提供者的不同可分为两类:出卖人价款优先权和资金提供者价款优先权。前者是指出卖人将动产出卖给买受人后,买受人在该动产上为出卖人就出售该动产获得的债权设立价款优先权(包括出卖人设立抵押权或者保留所有权)。后者是指买受人向出卖人购买动产,买受人购买动产的资金来自资金提供人(如银行、融资租赁公司),买受人就该动产为资金提供者就购买该动产产生的债权设立价款优先权(贷款人设立抵押权或者融资租赁的出租人设立抵押权)。在此我们仅讨论前者中的所有权保留。

1. 价款优先权的顺序

在买卖合同所有权保留场合(当然也可以是设立抵押场合),为了保证价款的安全支付及受偿,如在交付动产标的物后10日内,出卖人与买受人针对标的物办理了所有权保留登记(《民法典》第641条第2款),则出卖人(所有权保留人)将优先于标的物买受人的其他担保物权人(不论是否登记在先)受偿,但劣后于法定留

---

① "超级优先权"的概念源于英国的不动产抵押制度,美国将其扩大至动产抵押领域,美国《统一商法典》将其称为"Purchase Money Security Interest(PMSI)",学理上翻译为价款债权担保权或购买价金担保权或价款抵押权。《担保制度司法解释》第57条使用的是"价款优先权"。

② 这样的准用,一是赋予了所有融资提供人以同样的法律地位,尽可能同等对待为购买价款提供的所有交易,与统一动产担保交易规则的政策目标相合;二是实现了改行登记对抗主义之后出卖人或出租人依传统的所有权保留交易或融资租赁交易本应得到的相同保护。需注意的是,此处的融资租赁交易应排除"售后回租"的情形,其主要的理由在于这种交易形式并未带来债务人责任财产的增加。类似地,"售后买回"交易亦是如此,在此交易模式下,所有人将标的物出卖给买受人,其后立即依分期付款买卖合同再买回该标的物,同样因为这并未增加债务人责任财产,该交易并不产生购买价款优先权。

置权人。这样的超级优先顺位,实际是"先公示者优先"这一一般规则的例外。这一超级优先顺位规则见图1-1。

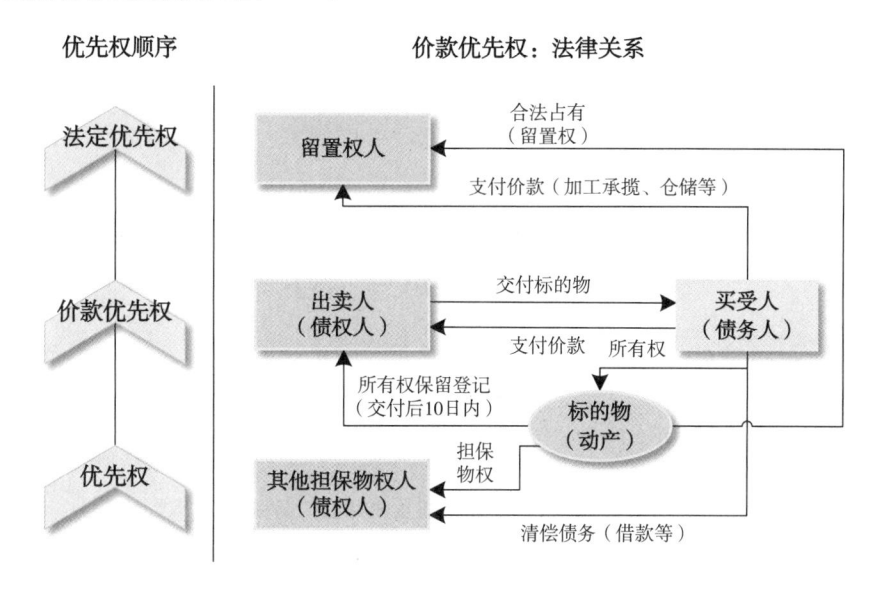

图1-1 价款优先权的优先顺位

从图1-1可以看出,基础法律关系为出卖人与买受人之间的买卖合同关系,在合同项下,出卖人负有交付标的物的主义务,买受人负有支付价款的主义务,但出卖人保留了标的物的所有权,并在交付标的物后10日内办理了所有权保留登记;在标的物买受人与其他债权人之间的基础法律关系下,买受人以占有的动产标的物向其他债权人提供担保(如抵押),这属于动产抵押担保法律关系;在标的物买受人与其他人还存在加工承揽、仓储等法律关系下,其未付价款时,则其他人称为法定的留置权人,有权留置标的物,并享有法定的留置权。因此,图1-1中存在3个优先权:留置权人的法定优先权、出卖人的价款优先权、买受人的其他债权人的担保物权优先权(优先顺位从高到低)。需要说明的是,即便标的物的买受人在标的物上为其他债权人设立的担保物权登记在先,只要出卖人的价款优先权依法在标的物交付后10日内设立,其即便登记在后也享有优先顺位,这即是作为一般优先顺位规则例外的超级优先权的"后登记者优先"原则。

【例1-13】所有权保留场合价款优先权的优先顺位

在买卖合同下,涉及如下4个交易时点:交付标的物(A)、买卖双方办理所有权保留登记(B)、交付标的物后的第10日(C)和受领标的物后,买受人设立其他担保物权的时点(D)。实务中可能存在图1-2所示的3种情形：

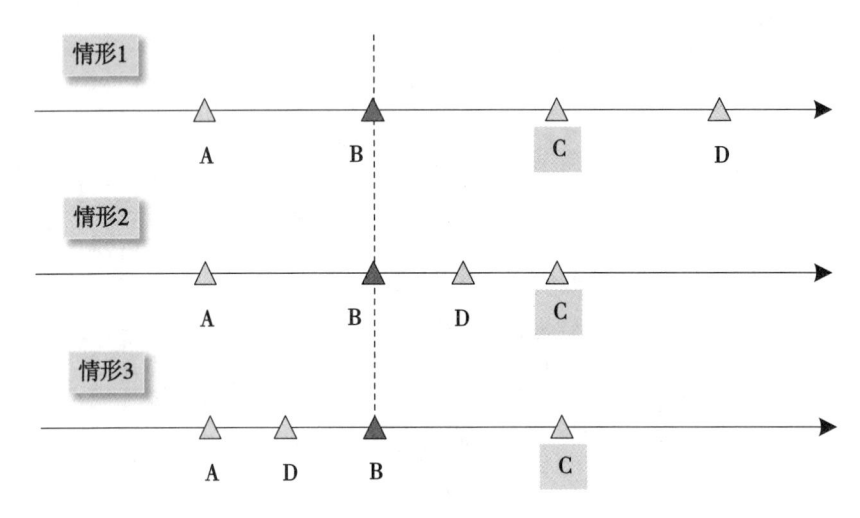

图1-2 价款优先权优先顺位的适用

在情形1下和情形2下，B点在前、D点在后，即买卖双方办理所有权保留登记在前，买受人与第三人设定其他担保物权在后。此时，不论是适用一般优先顺位规则，还是适用价款优先权规则，都是价款优先权顺位在前。

在情形3下，D点在前、B点在后，即受领标的物后，买受人与第三人设定其他担保物权在前，买卖双方办理所有权保留登记在后。此时，则需要适用《民法典》第416条的规定，价款优先权顺位在前。

此外，还需要注意的是，《担保制度司法解释》第57条第3款规定："同一动产上存在多个价款优先权的，人民法院应当按照登记的时间先后确定清偿顺序。"这意味着，《民法典》就竞存的购买价款优先权之间的优先顺位采取"登记在先"的一般原则(见《民法典》第414条第1款)，并未像美国法和加拿大法规定出卖人的购买价款优先权优先于贷款人的购买价款优先权(融资租赁交易中的出租人的购买价款优先权的地位等同于贷款人的购买价款优先权)。①

2.价款优先权的适用要件

依据《民法典》第416条以及《担保制度司法解释》第57条的规定，价款优先权适用的要件包括：

---

① 美国法和加拿大法之所以优先保护出卖人的购买价款优先权，主要原因在于，与贷款人相比，出卖人分配融资损失的能力较弱。归根结底，出卖人所受损失体现在丧失其本来享有所有权的财产，而贷款人所承担的风险则为不能就其并不享有所有权的财产的变价款受偿。两者之间，出卖人更值得同情。这一处理方案也是《联合国动产担保立法指南》的推荐方案之一。

第一,在标的物上设立担保的主债权必须是购买该标的物的全部或部分价款。此时的价款即为买受人购买标的物应向出卖人支付的购买价金。

第二,价款优先权的客体应为买受人购买的动产标的物,该动产与其担保的主债权具有应对关系。

第三,出卖人已经交付动产标的物。一般认为,此处的"交付"应指现实交付和简易交付,指示交付和占有改定不包括在内,即买受人应通过交付实际直接占有取得标的动产。

第四,须在标的物交付后10日内办理登记手续。价款优先权必须自出卖人向买受人交付标的物后10日内依法办理所有权保留登记手续,才能够取得超级优先效力;未办理登记或超期办理登记的,不得对抗在先的其他担保物权人。

第五,买受人为他人设立了购买价款优先权和其他竞存的动产担保物权。尽管《民法典》第416条并未明确此点,但这是题中应有之义。因为,不同的债务人在同一财产上为不同的担保权人分别设立价款优先权和其他竞存动产担保物权的,价款优先权不具有超级优先顺位。例如,甲担保权人在丙债务人的财产上设立了动产抵押权,并办理了动产抵押登记。其后,丙债务人将该财产出售予丁债务人,出卖该财产并未得到甲担保权人的同意,亦不属于丙债务人的正常经营活动。乙担保权人为丁债务人购置该财产提供贷款,且及时登记从而取得购买价款优先权。此时,竞存的动产担保权并不是同一债务人所设立,因此,乙担保权人的购买价款担保权只能对丁债务人在同一财产上为他人设立的其他动产担保权取得超级优先顺位。

(九)买卖合同所有权保留条款的实务要点

基于上述介绍,买卖合同所有权保留条款的实务要点主要包括:

第一,明确约定所有权保留的范围。所有权保留条款,分为简单保留条款和扩张保留条款。合同中仅约定"买方付清全部价款前,货物的所有权仍属于卖方"可能不能最大程度保障出卖人权益,建议扩大约定的内容,如"买方付清全部价款前,标的物的所有权仍属于卖方。买方已将标的物转卖的,卖方对转卖标的物的收益享有权益"。

第二,明确各方主体对办理所有权保留登记手续的责任分配及任何一方未能履行各自义务时的违约责任,以此督促买卖双方及时按照法律规定办理登记手续,最大程度实现所有权保留的担保效力。

第三,针对买卖合同所有权保留中涉及的"合理性"原则,因《民法典》并未对此进行明确规定,建议结合标的物性质、交易习惯和目的、市场价格等因素,对出卖人的催告期、买受人的回赎期及标的物合理的拍卖或变卖价格在合同中加以细化,使该类合同条款在实务中更具操作性。

第四,明确约定出卖人行使取回权后的合同后续事宜。取回权的行使不以合同解除为前提,同时,出卖人行使取回权亦不意味着合同当然解除。因此,标的物所有权保留买卖合同中,双方仍需对合同的解除条件、出卖人行使取回权后合同的后续履行、孳息归属及合同价款清算等事项作出明确约定,以保证出卖人取回权的顺利实现。

第四节 特种买卖合同的审查

《民法典》合同编典型合同分编第9章"买卖合同"除对一般性的买卖合同进行了规定外,还针对某些特种买卖合同进行了规定。主要包括分期付款买卖合同、凭样品买卖合同、试用买卖合同、招投标买卖合同、拍卖合同以及易货交易合同等。

一、分期付款买卖合同

(一)分期付款的概念与法律规定

分期付款买卖合同,是指买受人将应付的总价款,在一定期间内分次向出卖人支付的买卖合同。分期付款买卖也是一种特种买卖,其根本特征在于买受人在接受标的物后不是一次性支付价款,而是将价款分成若干份,分不同日期支付。分期付款买卖在某种意义上也属于一种赊购,但买受人在接受标的物之后,不是在一定期限内一次性地支付价款,而是在一定期限内至少分3次支付。分期付款买卖中,当事人双方可以自由约定付款的期限和次数,也可以约定买受人在接受标的物前先支付或者先分期支付若干价款,但在出卖人交付标的物后买受人至少应当再分两次(合计至少3次)向出卖人支付价款,否则就不属于分期付款的买卖。分期付款买卖可于买卖标的物价金较高,买受人一次性支付有困难时适用。由于价金是陆续支付,会使买受人在心理上、履行上不会有过重的负担,因此分期付款买卖能促进昂贵品的消费,如商品房、汽车买卖多采用分期付款方式。

分期付款买卖的标的物常常在合同成立时或者买受人给付第一期价款时,由出卖人交付给买受人,在这种最典型的"标的物先交付型"分期付款买卖交易中,因标的物已归买受人占有,出卖人如何收回剩余的各期价金,成为分期付款买卖中最重要的事项。分期付款买卖中,买受人一方只需要支付少量的资金就可以从出卖人手中得到价值较高的商品以满足即时使用的需求;对于出卖人一方,由于客户购买力的增强,商品的销售量大大提高,出卖人因此可以获得更高的经济效益。分期付款买卖中商品让渡与价款支付在时间上有了分离,出卖人实际上是向买受人授予了一定信用,并以赚取买受人未来的收入作为交易目的,而作为授信人的出卖人在价款回收上存在一定风险。

《民法典》第634条规定:"分期付款的买受人未支付到期价款的数额达到全部价款的五分之一,经催告后在合理期限内仍未支付到期价款的,出卖人可以请求买受人支付全部价款或者解除合同。出卖人解除合同的,可以向买受人请求支付该标的物的使用费。"与《合同法》第167条规定相比,《民法典》第634条增加了出卖人向买受人进行催告的程序,并规定买受人在合理期限内仍未支付到期价款的,出卖人有权择一行使以下权利:一是要求买受人支付剩余的全部价款。此时,合同仍然有效,只是合同的履行期限发生了变化,买受人丧失期限利益,履行期限提前届至。二是解除合同,并要求买受人支付标的物的使用费。本条规定属于强制性条款,其立法意旨在于保护出卖人的利益。

此外,《买卖合同司法解释》(2020年修正)第27条规定:"民法典第六百三十四条第一款规定的'分期付款',系指买受人将应付的总价款在一定期限内至少分三次向出卖人支付。分期付款买卖合同的约定违反民法典第六百三十四条第一款的规定,损害买受人利益,买受人主张该约定无效的,人民法院应予支持。"该司法解释规定"在一定期限内至少分三次",理由在于分期付款买卖中在交货时一般都会支付首期款,除该款项外,至少还有两期款项才有可能适用"分期"付款买卖的法律规则。同时,该司法解释注重保护买受人的利益:分期付款买卖合同的约定违反《民法典》第634条第1款的规定,损害买受人利益,买受人主张该约定无效的,人民法院应予支持。这意味着,如果双方约定买受人未支付到期价款的金额达到全部价款的1/6时出卖人享有解除合同的权利,买受人可以主张该约定无效;但如果约定买受人未支付到期价款的金额达到全部价款的1/4时,出卖人享有解除合同或者要求买受人支付全部价款的权利,这样的约定应属有效。《买卖合同司法解释》(2020年修正)第28条规定:"分期付款买卖合同约定出卖人在解除合同时可以扣留已受领价金,出卖人扣留的金额超过标的物使用费以及标的物受损赔偿额,买受人请求返还超过部分的,人民法院应予支持。当事人对标的物的使用费没有约定的,人民法院可以参照当地同类标的物的租金标准确定。"这一解释是有关解约扣款的规则。根据这一规则,分期付款买卖合同解除后,出卖人扣留已经受领价金后的数额不能超过标的物的使用费以及标的物受损赔偿额。当事人对标的物的使用费没有约定的,人民法院可以参照当地同类标的物的租金标准确定。

(二)分期付款法规适用的范围

分期付款买卖最大的特殊性在于分期支付价款而非一次性支付,而在其他方面与普通买卖并无不同。不论是《合同法》还是《民法典》、《买卖合同司法解释》(2020年修正)的规定在文义上均不能理解为仅适用于消费品买卖。在以前的司法实践中,有判例认为股权转让纠纷中涉及的提前清偿尾款问题可以适用《合同法》第167条的规定①,有判例认为股权转让纠纷中涉及的解除合同问题不适用《合同法》第167条的规定②,还有判例认为建设施工合同纠纷中依据《合同法》第174条参照适用《合同法》第167条,合同解除后可以请求一次性支付全部剩余工程款并支付利息,③引发了对于该条适用的争议。最高院认为,通过对立法目的的考察可知,分期付款买卖的规定一般是针对生活消费,立法意图重在保护消费者。在非消费买卖场合,应考虑合同双方交易地位是否平等、合同是否存在格式条款、格式合同是否是行业普遍交易习惯等因素,确定买受人是否处于弱势地位。如果

---

① 参见潘某华与邓某股权转让纠纷一审民事判决书[广东省中山市第一人民法院(2019)粤2071民初14966号]。

② 参见周某海与汤某龙股权转让纠纷申请再审民事裁定书[最高人民法院(2015)民申字第2532号,最高人民法院指导案例67号(2016年)]。该指导案例的裁判要点确认:有限责任公司的股权分期支付转让款中发生股权受让人延迟或者拒付等违约情形,股权转让人要求解除双方签订的股权转让合同的,不适用《合同法》第167条关于分期付款买卖中出卖人在买受人未支付到期价款的金额达到合同全部价款的1/5时即可解除合同的规定。其裁判理由是,分期付款买卖的主要特征为:一是买受人向出卖人支付总价款分3次以上,出卖人交付标的物之后买受人分两次以上向出卖人支付价款;二是多发、常见在经营者和消费者之间,一般是买受人作为消费者为满足生活消费而发生的交易;三是出卖人向买受人授予了一定信用,而作为授信人的出卖人在价款回收上存在一定风险,为保障出卖人剩余价款的回收,出卖人在一定条件下可以行使解除合同的权利。本案系有限责任公司股东将股权转让给公司股东之外的其他人。尽管案涉股权的转让形式也是分期付款,但由于本案买卖的标的物是股权,因此具有与以消费为目的的一般买卖不同的特点:一是汤某龙受让股权是为参与公司经营管理并获取经济利益,并非满足生活消费;二是周某海作为有限责任公司的股权出让人,基于其所持股权一直存在于目标公司中的特点,其因分期回收股权转让款而承担的风险,与一般以消费为目的的分期付款买卖中出卖人收回价款的风险并不同等;三是双方解除股权转让合同,也不存在向受让人要求支付标的物使用费的情况。综上,股权转让分期付款合同,与一般以消费为目的分期付款买卖合同有较大区别。对案涉《股权转让资金分期付款协议》不宜简单适用《合同法》第167条规定的合同解除权。

③ 参见首钢京唐钢铁联合有限责任公司、大连绿诺集团有限公司建设工程施工合同纠纷二审民事判决书[最高人民法院(2017)最高法民终57号]。

买受人实际上与消费买卖中的买受人无明显差别,可以适用本条予以保护。对于买卖之外的其他交易形式,不能认为有偿转让就是买卖,有些财产权转让并不是买卖,不能简单套用买卖合同。比如,证券交易就要适用证券法。买卖合同制度本质上还是对商品、货物买卖的规制,分期付款买卖制度不宜随意扩张适用到其他财产权转让中。《合同法》第130条和《民法典》第595条①关于买卖合同概念的规定中,标的物应理解为有形体,其他财产权纠纷可以通过适用其他合同类型有关规定来解决。②

(三)分期付款买卖与所有权保留

在动产分期付款买卖中,当事人约定由出卖人保留所有权的,动产交付时所有权并不移转,出卖人依然享有动产的所有权,买受人支付全部价款时,才取得动产的所有权,此前,买受人仅享有取得动产所有权的期待权。换言之,动产分期付款买卖保留所有权的,动产所有权的移转以买受人支付全部价款为停止条件。动产分期付款买卖,如果当事人没有约定由出卖人保留所有权,动产交付之时,买受人即取得标的物的所有权。有关分期付款买卖与所有权保留的适用争议问题请参阅前文,不再赘述。

(四)分期付款买卖合同的审查要点

为了保障出卖人就剩余价金债权的索取以及买受人的合法权益,通常在买卖合同条款拟定和审查中,需要考虑如下要点:

第一,在合同中约定买受人期限利益丧失条款。买受人分期付款实际上相当于其在价金债务履行上具有期限利益,期限利益丧失条款则是约定当买受人不按期支付约定的价款时,出卖人有权请求买受人一并支付未到期的全部价款。

第二,在合同中约定出卖人单方解除合同的权利。买受人不能按时支付当期价款一般都表明其支付能力出现问题,此时还要求其将剩余的全部价金一并支付给出卖人,往往并不可行。更好的方式是解除买卖合同关系,买受人将标的物返还出卖人,出卖人从买受人已支付的价款中扣除一部分作为其使用标的物的费用;不足以扣除的由买受人补足。

---

① 该条规定:"买卖合同是出卖人转移标的物的所有权于买受人,买受人支付价款的合同。"

② 参见最高人民法院民法典贯彻实施工作领导小组主编:《中华人民共和国民法典合同编理解与适用(二)》,人民法院出版社2020年版,第1051页。

第三,双方约定价款付清前出卖人保留标的物所有权。当买受人未按期支付价款时,出卖人可对标的物行使取回权以保障自身利益。

第四,双方约定分期付款,在一定期间内至少分3次付款。

第五,双方约定出卖人先行将商品交付给买受人。分期付款买卖多是在买受人急需某种商品而又没有足够的资金的情况下与出卖人签订的,如果买受人不能取得对标的物的直接占有而加以使用,就失去了分期付款购买商品的意义。

第六,如果双方在分期付款买卖中未对买受人逾期支付价款时出卖人的权利作出任何约定,出卖人仍然可以依照《民法典》第634条第1款规定,在分期付款的买受人未支付到期价款的金额达到全部价款的1/5时,要求买受人支付全部价款或者解除合同,向买受人主张权利,该项规定为法定的出卖人权利。但是,如果买卖双方约定排除或不适用上述法定内容,那么该项约定对出卖人具有法律约束力,出卖人不能依据该项规定主张权利,因为出卖人自行放弃这项权利,并且考虑到出卖人在分期付款交易中处于优势地位,可供出卖人选择的债权保障、救济措施较多,出卖人可与买受人约定其他的方式来实现剩余债权。

二、凭样品买卖合同

(一)凭样品买卖的概念与法律规定

凭样品买卖,又称货样买卖,是指以约定的货物样品决定标的物质量的买卖,出卖人应交付与所保留的样品具有同一质量的标的物的买卖。样品买卖须有样品的存在,而且样品须于订立合同时就存在,并且当事人在买卖合同中须约定"以样品确定标的物的品质"或"按样品买卖"等。在样品买卖中,样品具有根本性的作用。样品一旦确定,当事人任何一方都不得任意更改。样品与买卖的标的物应为同一种类的物品,所以,样品买卖只适用于种类物的标的物买卖。

《民法典》第635条规定:"凭样品买卖的当事人应当封存样品,并可以对样品质量予以说明。出卖人交付的标的物应当与样品及其说明的质量相同。"这一规定表明,凭样品买卖与普通的买卖存在差异,凭样品买卖合同应具备以下三个要件:

第一,样品在订立合同时已存在。样品是买卖合同双方当事人达成合意的证明,故如果缔约时,并无样品存在,则难以确定双方当事人已就样品买卖合同达成合意。因此,凭样品买卖的当事人应当封存样品,并对样品质量予以说明。

第二,表明凭样品买卖之意思表示。即当事人应在合同中约定以样品来确定标的物的品质或写明"凭样品买卖"等表明样品买卖的意思。如果仅有提供样品的事实,当事人却未在订立合同时明确表明凭样品买卖的意思,则双方不能成立凭样品买卖。

第三,当事人一方于缔约时(前)提供样品。主流观点认为,如果当事人在订立合同后,出卖人于履行前向买受人提供样品的,不属于样品买卖。笔者赞同此种观点,但同时认为仅当事人一方于缔约时提供样品,并不必然导致凭样品买卖合同的成立,如果双方当事人明确约定了买卖合同的性质为凭样品买卖,且样品于缔约时已存在的,出卖人于履行前向买受人提供样品,买受人接受的,应认为凭样品买卖合同成立。当然,在合同法理论上可解释为,一方提供样品对方接受时,凭样品买卖才成立,即样品的提供与接受,均为凭样品买卖合同订立过程中的行为。但如果买受人拒绝接受样品,则应适用《民法典》第 501 条、第 511 条的规定处理,视为普通买卖合同成立。

如在云南鸿迈商贸有限公司、刘某买卖合同纠纷二审民事判决书[云南省普洱市中级人民法院(2021)云 08 民终 346 号]中,法院认为:

凭样品买卖又称货样买卖,是按货物样品确定买卖标的物的买卖,出卖人交付的货物应当与当事人保留的样品具有相同的品质。凭样品买卖是一种特殊买卖,其特殊性表现在以货物样品来确定标的物。凭样品买卖要求有样品存在,而且样品应当在订立合同时就存在。并且,当事人在买卖合同中应当约定以样品来确定标的物的品质,或者写明"凭样品买卖"等表明凭样品买卖的意思。结合本案,首先,Y142019-WB0166 号《检验报告》系《合作协议》签订后出具,双方当事人在签订《合作协议》时,并没有样品存在,也没有封存的样品;其次,《合作协议》上亦没有"凭样品买卖"等表明样品买卖的相关意思表示。故,双方当事人签订的《合作协议》不属于凭样品买卖合同,本案仅为一般的买卖合同纠纷。

《买卖合同司法解释》(2020 年修正)第 29 条规定:"合同约定的样品质量与文字说明不一致且发生纠纷时当事人不能达成合意,样品封存后外观和内在品质没有发生变化的,人民法院应当以样品为准;外观和内在品质发生变化,或者当事人对是否发生变化有争议又无法查明的,人民法院应当以文字说明为准。"这实质上是对样品质量与文字说明不一致时的处理的规定。这一规定的目的在于,在实践中,很多样品往往不易封存,甚至不封存,因此,即使合同中约定了以样品为准,买受方还是应当添加适当的文字说明。

《民法典》第 636 条规定:"凭样品买卖的买受人不知道样品有隐蔽瑕疵的,即使交付的标的物与样品相同,出卖人交付的标的物的质量仍然应当符合同种物的通常标准。"瑕疵分为质量瑕疵和权利瑕疵。这里指的是质量瑕疵,即标的物存在不符合规定或者通用质量规格的缺陷,或者影响使用效果等方面的情况。《民法典》第616条规定:"当事人对标的物的质量要求没有约定或者约定不明确,依据本法第五百一十条的规定仍不能确定的,适用本法第五百一十一条第一项的规定。"第511条第1项规定,"质量要求不明确的,按照强制性国家标准履行;没有强制性国家标准的,按照推荐性国家标准履行;没有推荐性国家标准的,按照行业标准履行;没有国家标准、行业标准的,按照通常标准或者符合合同目的的特定标准履行"。

在凭样品买卖中,出卖人交付的标的物应当与样品及其说明的质量相同。那么在样品存在隐蔽瑕疵的情况下,能否也适用这一规定呢?既然是隐蔽瑕疵,就是买受人不知道的。因此,按照《民法典》的规定,即使样品存在隐蔽瑕疵,担保标的物没有质量瑕疵的义务仍然适用于出卖人,而不论出卖人是否知道样品存在隐蔽瑕疵。如果出卖人明知该瑕疵而故意隐瞒,甚至可以构成对买受人的欺诈。

(二)凭样品买卖合同的审查

由于凭样品买卖的特点是加强出卖人的责任,视为出卖人担保交付的买卖标的物与货样有同一品质。为了检验买卖标的物是否与货样品质相同,当事人应当封存样品,以待验证。同时,出卖人应当对样品质量予以说明。出卖人交付的标的物应当与样品的质量相同是凭样品买卖合同中出卖人应当承担的基本义务。如果出卖人未履行这项义务,买受人不但可以请求其承担违约责任,并且可以认为出卖人的违约行为严重影响其订立合同时所期望的经济利益的实现,从而符合《民法典》合同编通则分编所规定的合同解除的条件,买受人可以请求单方解除合同。

【例1-14】凭样品买卖合同核心条款

X	样品的交付和封存
	甲方已将本合同项下的[　　]货物样品(下称"样品")交付乙方,并经双方当场封存,且签署了封存记录。样品的图样详见本合同附件:[　　]。
……	……
Y	凭样品交货
	乙方向甲方订购本合同项下的货物,在本合同生效之日起[　　]天内,甲方将与样品同品同种同类同质的货物[　　]件交付给乙方,乙方凭样品对交付货物进行验收。
Z	甲方所交付货物如与样品不相同时,乙方可要求更换或解除买卖合同,由此给乙方造成的损失,由甲方负责。

需要说明的是,样品封存记录应详细载明样品的名称、品牌、规格/型号以及其

他特征,并附上对样品质量的相关说明,以及相关图案。

三、试用买卖合同

(一)试用买卖合同的概念与性质

试用买卖合同,又称为试验买卖合同、检验买卖合同,是指当事人双方约定,于合同成立时,出卖人将标的物交付买受人试验或检验,并以买受人在约定期限内对标的物的明示或默示同意购买为生效要件的买卖合同。

关于试用买卖合同的性质,在学理上存在一定争议。虽然存在预约合同说、附停止条件合同说、附解除条件合同说以及演化合同说等不同观点,但通说认为,试用买卖合同是附停止条件的买卖合同,故当事人就试用达成合意时,该买卖合同成立,但未生效。另一种观点认为,试用买卖中双方当事人就试用达成合意,而未就买卖达成协议,故不属于买卖合同。笔者认为,试用买卖仍然属于买卖合同范畴,买卖双方并非未就买卖标的物达成协议,而是已经达成协议,即卖方将购买与否的决定权交由买方,在试用期结束前,买方既可以作出购买的意思表示,也可以作出不予购买的意思表示。而在试用期间,合同虽然成立但并不生效。故试用买卖仍为买卖合同,只不过是一种特殊的附停止条件的买卖合同。我国《民法典》将试用买卖合同划归在买卖合同项下,显然也是持此种观点。

依据《民法典》第637条"试用买卖的当事人可以约定标的物的试用期限。对试用期限没有约定或者约定不明确,依据本法第五百一十条的规定仍不能确定的,由出卖人确定"以及第638条"试用买卖的买受人在试用期内可以购买标的物,也可以拒绝购买。试用期限届满,买受人对是否购买标的物未作表示的,视为购买。试用买卖的买受人在试用期内已经支付部分价款或者对标的物实施出卖、出租、设立担保物权等行为的,视为同意购买"①的规定,试用买卖是一种附条件的买卖。试用买卖与传统意义上的买卖相比,试用买卖中,出卖人向买受人发出要约,买受人无须当即承诺,在试用期内,买受人对标的物承诺购买的,则买卖合同生效。试用期届满,买受人未表示购买的,也视为购买,买卖合同生效。

此外,试用买卖在国外又称"试验买卖"或"接受或退回买卖",其所有权转移不同于普通买卖合同。试用买卖中,除双方签订合同外,出卖人还进行了交付,买受人已实际占有了标的物,但在买受人明示或默示表示购买前,所有权不发生转移。

---

① 《民法典》第638条第2款吸纳了《买卖合同司法解释》(2012年)第41条的规定。

(二)明示和默示同意购买

《民法典》第638条第1款规定:"试用买卖的买受人在试用期内可以购买标的物,也可以拒绝购买。试用期限届满,买受人对是否购买标的物未作表示的,视为购买。"该款前句规定的是明示同意或不同意购买,后句是默示同意购买的规定。由于默示同意购买在实践中呈现多种形式,《民法典》第638条第2款进行了规定,即"试用买卖的买受人在试用期内已经支付部分价款或者对标的物实施出卖、出租、设立担保物权等行为的,视为同意购买"。依据前述规定,可以得出默示购买存在3种情形:第一,试用期间届满,买受人对是否购买标的物未作表示;第二,试用期内支付部分价款;第三,对标的物实施了出卖、出租、设定担保物权等非试用行为。

(三)试用买卖的例外

《买卖合同司法解释》(2020年修正)第30条规定:"买卖合同存在下列约定内容之一的,不属于试用买卖。买受人主张属于试用买卖的,人民法院不予支持:(一)约定标的物经过试用或者检验符合一定要求时,买受人应当购买标的物;(二)约定第三人经试验对标的物认可时,买受人应当购买标的物;(三)约定买受人在一定期限内可以调换标的物;(四)约定买受人在一定期限内可以退还标的物。"这一条解释是对试用买卖的例外规定。试用买卖是买受人先行试用标的物,然后在试用期间再决定是否购买的买卖合同。该条规定的第1项、第2项为典型的附条件的买卖合同。其中第1项可称为"试用标准买卖合同",第2项可称为"第三人试验后买卖合同";第3项、第4项则严重影响了出卖人的利益。其中第3项可称为"保留换货买卖合同",第4项可称为"保留退货买卖合同"。与试用买卖合同有所不同,在"试用标准买卖合同"中,其生效并不完全由买受人单方意志决定,而是以标的物经试用是否达到一定要求为标准;在"第三人试验后买卖合同"中,合同是否生效由第三人控制,不由买卖双方意志决定,故该条件在性质上属于偶成条件,存在更大的不确定性;在"保留换货买卖合同"中,买受人调换标的物应视为标的物不确定,但合同的效力是确定的,不能要求退货而解除合同;在"保留退货买卖合同"中,合同因买受人退货解除合同而归于消灭。

(四)试用买卖的使用费

《民法典》第639条规定:"试用买卖的当事人对标的物使用费没有约定或者

约定不明确的,出卖人无权请求买受人支付。"①这一规定表明,试用买卖合同原则上是无偿使用合同,如果试用买卖的当事人没有约定使用费或者约定不明确,出卖人不得主张支付使用费②。

实践中,出卖人之所以一般都不约定标的物的使用费,其实主要目的还在于通过无偿试用,达到促销产品的目的。但若试用品属于大宗设备或者消耗品等,试用期内标的物的价值可能大幅降低,出卖人需要获得一定程度的补偿,则可以考虑对使用费作出约定。如:

甲乙双方约定本合同第[　　]条下的试用品为免费试用,但前提条件为本合同第[　　]条约定的试用期结束后签订正式的买卖合同,试用后合同未签订的,买受人应当依据本合同第[　　]条的约定支付使用费。

(五)试用买卖合同的审查

在签订和审查试用合同时,应特别注意如下几个方面的内容。

1. 试用买卖合同的试用期限

依据《民法典》第637条的规定,当事人可以自行约定试用期间。标的物的试用期间是试用买卖合同的重要条款,而试用买卖合同同样适用合同自愿原则。因此,在试用买卖中,对标的物试用期间的确定,首先应由双方当事人在合同中约定,如果合同中没有约定或者约定不明确,可以由双方当事人协议补充确定。如果双方当事人在试用买卖合同中对试用期间没有约定或者约定不明确,且事后又不能达成补充协议确定,可以按合同有关条款或者交易习惯来确定。如果双方当事人未约定试用期间或者约定的试用期间不明确,事后又不能达成补充协议确定,且根据合同有关条款及交易习惯亦无法确定的,则依据《民法典》第637条的规定,由出卖人确定试用期间。因为在试用买卖中,买受人试用标的物时是在无偿使用,只是在享受权利,没有承担义务,而出卖人则只承担了义务,因此根据权利义务相一致的原则,应当由出卖人确定试用期间。但是对于出卖人确定的试用期间,还应当考虑对标的物试用或者检验的合理期间,如果试用期间太短,买受人就不能充分地检验或者试验标的物,不利于保护买受人的利益。

---

① 《民法典》第639条吸纳了《买卖合同司法解释》(2012年)第43条的规定。
② 参见沈阳柳达商贸公司与抚顺市中心医院试用买卖合同纠纷二审民事判决书[辽宁省抚顺市中级人民法院(2018)辽04民终1240号];青岛农业大学、北京艾德豪克国际技术有限公司与郭某忠试用买卖合同纠纷二审民事判决书[北京市第二中级人民法院(2017)京02民终8583号]。

在实践中,试用期产生争议的主要情形包括起算期约定不明、约定以安装调试合格之日起算但双方对该日产生争议①以及试用期是否可以延长②等。因此,实务中应在合同中明确约定试用期、试用期的起算日以及试用期是否以及如何延长等内容。

2. 试用买卖合同生效的法律后果

试用买卖合同发生要货物买卖的法律效果,需要买受人对试用买卖合同的承认。即买受人在试用期内,明示或默示同意购买标的物,承认试用买卖合同的效力。买受人在试用期间,既可以对标的物作出购买的意思表示,也可以作出拒绝购买的意思表示,这是试用买卖合同中买受人的基本权利。买受人是否认可标的物,是否愿意购买标的物,完全取决于自己的意愿,不受其他条件或者第三人的限制。

《民法典》第638条第1款还规定,试用期间届满,买受人对是否购买标的物未作表示的,视为购买。这就是对买受人承认试用买卖合同的拟制。因为在试用期间届满前,买受人对标的物是否认可应当及时作出意思表示,以免当事人之间的法律关系过长时间处于不稳定的状态,买受人作出是否认可标的物的表示是其应当履行的义务。

如在深圳市博众节能工程技术有限公司、华润电力(海丰)有限公司试用买卖合同纠纷再审审查与审判监督民事裁定书[广东省高级人民法院(2019)粤民申13907号]中,法院认为:

本案中,深圳博众公司通过电子邮件与海丰华润公司联系业务,其明确表示给予海丰华润公司一年的试用期。随后,深圳博众公司于2016年2月15日将案涉设备安装完毕并交付海丰华润公司使用,海丰华润公司在这之后则要求深圳博众公司参加招投标以取得合作机会,深圳博众公司亦因此于2016年7月12日、2016年9月28日参加了涉案项目的招投标。由此可见,海丰华润公司在试用期内并未明确表示购买案涉设备,而是要求深圳博众公司参加招投标,深圳博众公司亦按其要求参加涉案项目的招标,可见该试用买卖合同最终并未发生效力。

---

① 参见青岛农业大学、北京艾德豪克国际技术有限公司与郭某忠试用买卖合同纠纷二审民事判决书[北京市第二中级人民法院(2017)京02民终8583号]。

② 参见福建凤竹纺织科技股份有限公司、宁波德科染整机械有限公司试用买卖合同纠纷二审民事判决书[浙江省宁波市中级人民法院(2017)浙02民终2751号]。

3.试用买卖合同标的物的风险承担

在《合同法》下,关于试用期间的风险承担,存在多种观点:第一种观点认为因交付已经完成,应由买受人承担①。第二种观点认为应由双方当事人合理分摊;第三种观点认为应适用所有权人承担风险的规则②。第三种观点认为尽管依据《合同法》规定,风险转移采用交付主义的一般原则,但是试用买卖合同生效属于附停止条件的合同,标的物虽然已经转移于买受人,但是标的物的风险负担并不因此而转移给买受人。因为如果买受人不同意购买标的物,则试用买卖合同不生效。所以,标的物已交付给买受人的,其风险转移的时间应当是买受人同意购买之时。

有观点认为,试用买卖合同属于附停止条件的买卖合同,签订时已成立,经买受人对标的物的认可而生效,因此应适用买卖合同风险承担的一般规则。《合同法》第142条规定:"标的物毁损、灭失的风险,在标的物交付之前由出卖人承担,交付之后由买受人承担,但法律另有规定或者当事人另有约定的除外。"因此,除非法律另有规定或者当事人另有约定,否则风险由买受人承担。换个角度看,出卖人已向买受人移交了标的物,标的物转由买受人实际占有并直接控制支配。在试用期内因不可归责于当事人的事由而导致的标的物毁损、灭失,由买受人承担风险也符合法律精神。另有观点认为,普通买卖中标的物风险转移适用交付主义原则,该交付属于履行买卖合同的主要义务,交付后买受人即可取得所有权,并可享有收益,风险与收益相一致。依据《合同法》第142条和《民法典》第604条的规定,普通买卖中,标的物毁损、灭失的风险,在标的物交付之前由出卖人承担,交付之后由买受人承担,法律另有规定或者当事人另有约定的除外。试用买卖中,合同附有生效条件,标的物的风险转移亦附有条件。试用期内的交付,并非履行买卖合同主要义务的交付,买受人也不因此取得所有权,不能享有收益,只能试用,故不应承担风险,否则有违公平。《民法典》第640条规定:"标的物在试用期内毁损、灭失的风险由出卖人承担",显然是采纳了后一观点。

---

① 参见广东通宇通讯股份有限公司、杭州紫光网络技术有限公司试用买卖合同纠纷二审民事判决书[广东省中山市中级人民法院(2017)粤20民终1463号]。
② 参见宜昌卓能科技有限公司、湖北交投宜恩高速公路运营管理有限公司买卖合同纠纷二审民事判决书[湖北省宜昌市中级人民法院(2020)鄂05民终1933号]。

【例1-15】试用合同核心条款

X	设备安装调试	
X.1	由乙方负责本合同项下设备的安装和调试。	
X.2	安装调试期间:……。	
……	……	
X.5	安装调试完毕且经甲乙双方书面确认后的设备甲方负有合理保管的义务。	
Y	设备试用期间	
Y.1	设备试用期间为[12]个月,自本合同第X.2款规定的设备安装调试完毕之日起开始计算[或自甲方接收设备之日起开始计算]。	
Y.2	在本条第Y.1款规定的设备试用期间内设备存在瑕疵(不论设备是否符合或达到乙方承诺的技术指标或质量标准)给甲方或第三人造成损害的,乙方应承担赔偿责任。	
Y.3	在本条第Y.1款规定的设备试用期间内,乙方有权派人检查设备的使用情况,有义务为甲方的试用提供技术指导。	
Z	甲方购买权的特别约定	
Z.1	无论是购买还是不购买本合同项下的设备,均是甲方单方的权利,由甲方自主决定。	
Z.2	甲方应在本合同第Y.1款规定的设备试用期间届满前书面通知乙方是否购买所试用的设备,否则视为甲方同意购买本合同项下设备。	
Z.3	若甲方按本条第Z.2款规定通知乙方不购买所试用的设备,则乙方应在收到甲方书面通知后[ ]日内,自行负责将本合同项下设备撤离甲方场所,否则甲方有权视为乙方放弃对该设备的所有权利而有权采取任意方法处置该设备,因此产生的一切损失均由乙方承担。	
Z.4	若甲方按本条第Z.2款规定通知乙方不购买所试用的设备,无须因试用设备而向乙方支付任何费用,乙方亦不得以设备使用磨损等任何理由向甲方主张任何权利、赔偿或补偿。	
Z.5	若甲方按本条第Z.2款规定通知乙方购买所试用的设备或在本合同第Y.1款规定的设备试用期间内未书面通知乙方是否购买所试用的设备,则甲方应按本合同第[设备价款条款序号]条的规定向乙方支付价款。	
Z.6	若甲方按本条第Z.2款规定通知乙方购买所试用的设备,则自乙方接到甲方书面通知之日起,该设备的所有权转移至甲方;若甲方在本合同第Y.1款规定的设备试用期间内未书面通知乙方是否购买所试用的设备,则自设备试用期间届满之日起,该设备的所有权转移至甲方。	

四、招投标买卖合同

《民法典》第 644 条规定:"招标投标买卖的当事人的权利和义务以及招标投标程序等,依照有关法律、行政法规的规定。"本条是对招标投标买卖的规定。招标投标买卖指招标人公布标的物的出卖条件,投标人参加投标竞买,招标人选定中标人的买卖方式。招标投标买卖法律关系的主体包括出卖人(又可称为招标人)和竞买人(又可称为投标人、买受人或中标人)。招标投标除可作为一种特种买卖形式外,还适用于承揽、建设工程、运输、服务等合同的订立。

招标投标买卖的程序,可分为招标、投标、开标、评标、定标。招标时,招标人发出招标公告。根据《民法典》第 473 条和《民法典合同编通则司法解释》第 4 条的规定,招标公告为要约邀请,投标人投标为要约。投标应当表明竞买金额,投标后,招标人应当按照公告说明的时间、地点和程序开标。开标后,招标人组织评标,按评标结果定标,确定中标人,发出中标通知书并送达为承诺。与同为竞争买卖的拍卖不同的是,拍卖以最高应价者为买定人,而招标投标买卖的中标人不一定是出价最高者,招标人可以综合衡量投标人条件选择中标人,或许使出价较低者中标。招标人发出中标通知书并送达中标人时,合同成立。

更多的相关内容,读者可以参阅笔者所著《合同审查精要与实务指南:合同起草审查的基础思维与技能》(第 3 版)第 9 章"合同对方的选择方式——招拍挂、竞争性谈判(磋商)、询价和单一来源采购"和第 11 章"合同订立的法律风险管控:疑难问题"。

五、拍卖合同

《民法典》第 645 条规定:"拍卖的当事人的权利和义务以及拍卖程序等,依照有关法律、行政法规的规定。"本条是对拍卖的规定。

(一)拍卖的概念

拍卖是拍卖人以公开竞价的方式,将拍卖标的出售给最高应价人的买卖方式。拍卖按其性质可分为公法拍卖和私法拍卖。公法拍卖指司法拍卖,私法拍卖指民事拍卖。这两种拍卖的程序、责任均有不同。司法拍卖指人民法院的拍卖,又称强制拍卖,是人民法院按照强制执行程序进行的拍卖。私法拍卖是民法上的拍卖,又称任意拍卖,指公民、法人的拍卖。人民法院委托他人拍卖罚没物品,亦属私法拍卖。私法拍卖又有自行拍卖和委托拍卖之分。公民、法人自己拍卖自己的财产,为自行拍卖。拍卖是买卖的一种方式,公民、法人可以运用这种方式出卖其财产。政府从事民事拍卖,也是自行拍卖。公民、法人、政府和法院委托他人拍卖,为委托拍卖。私法拍卖实行公开、公平、公正、诚实信用的原则。

合同编中的拍卖,即指私法拍卖,包括拍卖当事人、拍卖标的、拍卖程序、拍卖责任等内容。

(二)拍卖的标的

拍卖的财产称拍卖标的,包括拍卖的物品和财产权利。拍卖标的是有体物的,称拍卖物。禁止流通物不得作为拍卖物。依照法律或者依照国务院规定需经审批才能转让的财产,在拍卖前,应当办理审批手续。

国家行政机关依法没收的物品,充抵税款、罚款的物品,公安机关保存的超过招领期限的遗失物品和其它确认为无主物的物品,人民法院依法没收的物品,充抵罚金、罚款的物品以及无法返还的追回物品,适合拍卖的,也可作为拍卖物。

《拍卖法》(2015年修正)对于作为拍卖中介人的拍卖企业接受委托进行拍卖的行为作了具体的规定,但未调整公民、法人自己拍卖自己的财产的自行拍卖行为。因此,《民法典》第645条作出规定,拍卖的当事人的权利义务以及拍卖程序等,依照有关法律、行政法规的规定。依照这一规定,自行拍卖的当事人的权利义务以及拍卖程序等,可以依照《拍卖法》的规定确定。

更多的相关内容,读者可以参阅笔者所著《合同审查精要与实务指南:合同起草审查的基础思维与技能》(第3版)第9章"合同对方的选择方式——招拍挂、竞争性谈判(磋商)、询价和单一来源采购"和第11章"合同订立的法律风险管控:疑难问题"。

六、易货交易合同

《民法典》第647条规定:"当事人约定易货交易,转移标的物的所有权的,参照适用买卖合同的有关规定。"本条是关于易货合同的规定。易货合同是互易人相互交换标的物,转移标的物所有权的合同。互易人包括自然人、法人。易货合同的当事人可以是双方,也可以是三方以上的当事人,如三角互换。易货合同的当事人互为互易人。互易人各自享有取得对方互易标的物的权利,负有将本人的标的物转移交付对方的义务。因此,互易是双务、有偿合同。

易货合同与买卖合同最为相似,都是转移合同标的物所有权的合同。不同之处在于买卖合同是买卖标的物与价金的交换,买受人需向出卖人支付价金,而互易合同是标的物的交换，无须价金的支付。实际生活中存在附补足金的易货。不等价的易货可附补足金。不等价易货的互易人互易后，尚有差额，差额一方可以金钱补足，此为附补足金易货。附补足金易货实为互易与买卖的混合合同，补足金部分应当按买卖合同的规则处理。

以物易物是早期商品交换的合同形态，货币产生后，买卖合同渐居统治地位，互易合同衰败。而当今社会仍有易货交易，所以一般各国立法都给互易合同留有一席之地，但只是简略地规定互易概念，其余如互易人的权利义务等，则参照买卖合同的相关规定。

【例1-16】"易货合同"价格的确定①

裁判要旨：双方当事人之间签订的两个合同虽然涉及同一批货物，但因两个合同的订立目的及约定内容各不相同，故应分别依照合同约定确定货物价值，不能以一个合同关于货物价值的约定否定另一个合同的相关约定。

法院裁判：关于建昊投资是否已经履行易货义务以及其所履行的易货白酒价值是6,499,500元还是4,328,340元的问题。

1. 法院认为，鉴于甘肃皇台出具的意在证明北京皇台并未收到建昊投资交付白酒的《2002年北京皇台库存明细账》并未被法院所采信，而且甘肃皇台与建昊投资之间的往来函件对建昊投资履行易货白酒并未产生异议，特别是北京皇台的张某峰和苏某向建昊投资出具了16张收到白酒的收条，故应当认定建昊投资已经履行了易货义务。甘肃皇台关于建昊投资并未履行易货义务的主张没有事实根据，法院予以驳回。

2. 建昊投资已经履行的易货白酒价值是4,999,500元还是4,328,340元，遂成为案件诉争双方争议较大的问题。法院认为，对于建昊投资已经履行的易货白酒的价值数额的确定，应当考虑到2002年《易货协议》与1998年《协议书》之间的内在联系、协议约定以及双方履行的过程。根据《协议书》和《易货协议》的基本内容可以认定，甘肃皇台与建昊实业之间曾经存在712万元的资金拆借关系，甘肃皇台以价值700万元的皇台系列白酒向建昊实业清偿借款，并以买卖皇台系列白酒为表现形式，这已为《易货协议》开头中关于"甲乙双方于1998年签订一份《协议书》，乙方向甲方购买价值700万元的'金皇台''银皇台'白酒。甲方已向乙方交

---

① 参见史某培与甘肃皇台酿造（集团）有限责任公司、北京皇台商贸有限责任公司互易合同纠纷案［最高人民法院（2007）民二终字第139号］。

付全部货物,乙方已付清货款"的表述所认证。双方以此为背景和前提,基于友好合作关系,又就建昊实业尚未售出的前述皇台系列白酒向甘肃皇台换取食用酒精和葡萄酒达成新的易货合意,从而产生了本案中的《易货协议》。在二审期间,虽然甘肃皇台举出张某峰、苏某 16 张皇台系列白酒的收条明细(该收条明细与一审已经质证的 16 张收条中的白酒数量一致),并根据 1998 年《协议书》中的皇台系列白酒价格计算出 16 张收条中建昊投资交付皇台系列白酒的价值为 4,328,340 元;但应当看到,1998 年《协议书》中约定的皇台系列白酒价格是针对甘肃皇台通过以白酒归还其欠建昊实业的 712 万元借款而确定的,并非针对 2002 年双方已经结清借款关系后再次签订的新的 2002 年《易货协议》而专门约定的。2002 年《易货协议》并未就互易白酒的单位价格作出约定,而是在第一条和第三条对互易白酒的总体价值作出明确约定:"经甲乙双方共同到乙方仓库清点库存,确定易货白酒价值为 6,499,500 元人民币""双方同意换取食用酒精及葡萄酒的数量分别为:皇台干红葡萄酒 75,000 瓶。合 150 万元人民币;优级食用酒精 1111 吨,合 4,999,500 元"。该约定应当被解释为双方并不关注互易白酒的单位价格,而是重在确定互易白酒的总体价值。尽管同样是皇台系列白酒,但由于双方缔结 1998 年《协议书》和 2002 年《易货协议》的目的不同,加之随着时间的推移,白酒的价格会随着市场供求关系而发生变化,因此甘肃皇台静态机械地依据 1998 年以还款为目的的《协议书》所约定的单位白酒价格来计算 2002 年以易货为目的的《易货协议》中易货白酒的价值,不仅违反市场价值规律,而且有违上述两个协议的缔约目的,更明确违反 2002 年《易货协议》第一条和第三条关于易货白酒价值的明确约定。故法院认定双方已经明确确认易货白酒的价值为 6,499,500 元,甘肃皇台关于建昊投资支付的白酒价值仅为 4,328,340 元而非《易货协议》约定的 6,499,500 元的主张无理,法院不予支持。

第五节 买卖合同的发票问题

根据我国税法规定,根据不同的纳税主体和应税行为,买卖合同还可能涉及增值税专用发票和普通发票的问题。

一、发票作为付款凭证的争议与司法实践

(一)发票的概念及其功能

《发票管理办法》(2023 年修订)第 3 条第 1 款规定:"本办法所称发票,是指在

购销商品、提供或者接受服务以及从事其他经营活动中,开具、收取的收付款凭证。"《发票管理办法实施细则》(2024年修正)第24条规定:"填开发票的单位和个人必须在发生经营业务确认营业收入时开具发票。未发生经营业务一律不准开具发票。"《税收征管法》(2015年修正)第21条规定:"税务机关是发票的主管机关,负责发票印制、领购、开具、取得、保管、缴销的管理和监督。单位、个人在购销商品、提供或者接受经营服务以及从事其他经营活动中,应当按照规定开具、使用、取得发票。发票的管理办法由国务院规定。"

从前述税收法规可以看出,首先,一般而言,发票本身具有三种功能:一是"收付款凭证";二是具有确认经营业务收入金额的结算、记账功能("结算记账凭证");三是税务机关进行税务管理和监督的工具("以票控税")。但需要注意的是,发票是收付款凭证,但是"收付款凭证"不等同于"付款证明(付款证据)",开具发票与付款并不完全对应,例如实务中的"先票后款"。其次,必须在发生经营业务确认营业收入时开具发票,但是"确认营业收入时开具发票"与"收到货款"并不是同一个概念。因为确认的营业收入并不都是已经实现的经济收益,还包括未实现的经济利益,如应收账款债权等权益。只能说发票具有确认经营业务的结算功能。交易活动的一方向另一方开具发票,仅是确认经营业务发生的凭证,本身并不必然具有证明款项支付的功能。最后,开具发票也并不意味着供货方就已经交付货物,因为现实情况是既存在先交货后开具发票的情形,也存在先开具发票后交货的情形,甚至存在很多代开发票的现象,情形不一而足,因此发票也不能单独作为货物交付的证据。

(二)发票作为收付款凭证的争议

由于历史上的发票管理的规定以及现行《发票管理办法》(2023年修订)第3条第1款都明确发票是"收付款凭证",因此,在司法实践中,常有出卖人向买受人请求支付价款或报酬,而买受人向法庭提交出卖方开具的发票(包括增值税专用发票),并提出价款已支付的权利消灭抗辩。

在民事(尤其是消费)领域,先付款后开发票是基本的生活经验。然而,在商事领域则表现为另外一种更为常见的交易方式——"先票后款"。在"以票控税"的税收征管模式下,买受人不得不以"先开票后付款"作为对出卖人的要求,其目的是取得发票从而可以税前列支和作为抵扣凭证。于是在现实生活中,通常的情况是,双方订立合同,出卖人依据合同交付货物后,开具发票给买受人,买受人财务凭票列入款项支付计划,择期支付。在买受人是大中型企业时,此种情形更是比比皆是。显然，在这种交易方式下，出卖人开具并移交了发票，但并没有收到对应的货款。因此，《发票管理办法》（2023年修订）规定发票是"收付款凭证"仅考虑了"先收款后开票"的情形，在现实生活中则过于理想化。从实际操作的角度考虑，企业之间或者企业与政府、行政机关之间的交易，付款方能有效证明其已履行付款的事实和义务，一般以银行的转账或汇款（回单联）、支票存根等付款凭证作为已付款的依据。笔者认为，这样的凭证比起发票而言，更具有可信性以及有效性，更贴合现行商业交易实质。

（三）发票作为收付款凭证的司法实践

在《买卖合同司法解释》（2012年）颁布之前，在司法实践中，北京高院、上海高院、山东高院等曾就此下发相关审判指导文件。它们的一致意见是，仅有买受人开具的增值税发票尚不足以证明付款义务已经履行。例如，《北京市高级人民法院审理买卖合同纠纷案件若干问题的指导意见（试行）》（京高法发〔2009〕43号）第41条（发票的证明力）规定：

买受人以增值税发票抗辩其已履行付款义务但出卖人不认可的，买受人应当提供其他证据证明付款事实的存在。买受人以其他商业发票抗辩其已履行付款义务的，法院应予支持，除非出卖人另有证据证明买受人未支付价款。涉外贸易不适用本条规定。

再例如，山东高院发布的《合同纠纷审判实践中的若干疑难问题（一）》第15条"增值税发票能否作为付款或者交付货物的证据"规定：

增值税发票是兼记供货方纳税义务和购货方进项税额的合法证明。在现实商业交易中，既有先付款后开具发票的情形，也有先开具发票再付款的情形，既存在着先交货后开具发票的情形，也存在着先开具发票后交货的情形，甚至存在着很多代开发票现象，情形不一而足。因此，在审理买卖合同纠纷案件中，增值税发票一般不能单独作为支付价款的证据；也不能单独作为货物交付的证据。司法实践中，应综合当事人的约定、商业惯例和交易习惯等因素来加以认定。

《上海市高级人民法院民事审判第二庭关于当前商事审判若干问题的意见》（沪高法民二〔2009〕14号）第五部分"关于增值税发票证明力的相关问题"明确规定：

7.在买受人否认双方之间存在买卖关系的情况下，增值税专用发票能否单独作为认定双方买卖关系存在的依据？

增值税专用发票只是买卖双方的结算凭证，在没有其他证据予以印证的情况下,并不足以证明双方存在买卖关系。但增值税专用发票不仅记载有货物的名称、规格型号、单位数量,还标明了单价和金额,一旦由买受人向税务机关进行申报抵扣,本身就是对双方买卖关系的一种自认。因此,出卖人如果提供税务机关出具的买受人抵扣税款的证明文件,该证据就和增值税专用发票相互印证,在买受人不能提供充分的相反证据的情况下,法院应当根据《最高人民法院关于民事诉讼证据的若干规定》第72条①第1款规定,认定双方存在买卖关系。

8. 在买受人抗辩未收到货物而无付款义务的情况下,仅有增值税专用发票的记账联和税务机关出具的买受人抵扣税款的证明文件,能否作为认定出卖人已履行了交货义务的依据?

买受人根据增值税专用发票申报抵扣税款,虽然与收到对方货物之间有相当的联系,但还不具有绝对的、必然的对应关系。商事主体,在商事活动中应当遵循严格的财务纪律,买受人已经将增值税专用发票抵扣,其财务账册上应有相应的记录和财务凭证。因此,出卖人提供了增值税专用发票和税务机关出具的买受人抵扣税款的证明文件,买受人在其有能力提交相关证据证明其申报抵扣的合理理由情况下,无正当理由拒不提供的,应当依据《最高人民法院关于民事诉讼证据的若干规定》第75条②的规定,推定出卖人已履行了交货义务。

法院应当要求出卖人,对仅有的增值税专用发票及税务机关出具的买受人抵扣税款的证明文件的情况做出合理解释,并审查其合理性。同时,要尽量调查收集相关证据,进行综合审查判断。

9. 在出卖人要求买受人支付货款的情况下,仅有增值税专用发票及税务机关出具的买受人抵扣税款的证明文件,能否证明买受人已经履行了付款义务?

在买卖合同中,因增值税专用发票记载的全面性,它就具有了确定最终应付货款准确数额的作用。一般情况下,在交付货物的同时,或者在交付货物后、最迟在结算之前,由出卖人向买受人开具增值税专用发票,买受人再依据开具的增值税专用发票所确定的货款数额进行结算。故仅有出卖人开具的增值税专用发票,即使有税务机关出具的买受人抵扣税款的证明文件,也不足以证明买受人已经履行了

---

① 《最高人民法院关于民事诉讼证据的若干规定》(法释〔2001〕33号)第72条规定:一方当事人提出的证据,另一方当事人认可或者提出的相反证据不足以反驳的,人民法院可以确认其证明力。一方当事人提出的证据,另一方当事人有异议并提出反驳证据,对方当事人对反驳证据认可的,可以确认反驳证据的证明力。

② 《最高人民法院关于民事诉讼证据的若干规定》(法释〔2001〕33号)第75条规定:有证据证明一方当事人持有证据无正当理由拒不提供,如果对方当事人主张该证据的内容不利于证据持有人,可以推定该主张成立。

付款义务。但是根据买卖合同当事人的交易习惯和合同约定,是以增值税专用发票作为付款凭证的,可以认定买受人已经履行了付款义务。

法院应当要求出卖人,对仅有的增值税专用发票及税务机关出具的买受人抵扣税款的证明文件的情况做出合理解释,并审查其合理性。同时,要尽量调查收集相关证据,进行综合审查判断。

除了上述地方法院的审判指导意见之外,最高院曾经在一则案例中对发票的证明力进行了判定。

【例1-17】发票是否可以作为"已付款凭证"①

案情简介:江苏南通二建集团有限公司(下称南通二建)在新疆维吾尔自治区高级人民法院提起对新疆创天房地产开发有限公司(下称创天公司)的诉讼,称:2000年7月31日,双方签订了《建设工程施工合同》,合同对工程的开、竣工时间,施工范围,工程款的给付及违约责任等都作了明确约定。合同签订后,南通二建依约施工,创天公司却违约不按时支付工程款,双方又多次协商签订补充协议,变更付款方式,但创天公司仍不履行付款义务,导致工程多次停工,合同不能继续履行,故请求给付工程欠款并赔偿损失。

创天公司答辩称其中一笔244万元款项已经支付,有南通二建出具的发票为证;而南通二建认为2001年6月12日支付工程款244万元与事实不符,该244万元是创天公司与南通二建协商准备付款,并要求南通二建先出具发票,南通二建于2001年6月14日开具了发票并交付给创天公司,但创天公司既未付款也未退还发票。

一审新疆高院认为:创天公司依据2001年6月12日南通二建出具的244万元建筑安装工程统一发票主张已支付了该笔款项,但未提供其他证据证实其付款的事实,并辩称该笔款项系现金支付,无银行记录,但也未提供现金付账的相关凭证。发票只是完税凭证,不是付款凭证,不能证实付款的事实,也不能证实收取款项的事实,付款方付款后应当索取并持有收据,以证明收款方已收取该款项,创天公司辩称现金支付244万元,又无收款收据证实南通二建已收取该款的事实,创天公司也未提供其他财务凭证或收据等证据印证已付款的事实。故创天公司仅依据发票主张已付工程款244万元的理由不能成立,不予支持。

---

① 参见新疆创天房地产开发有限公司与江苏南通二建集团有限公司建设工程施工合同纠纷案[最高人民法院(2005)民一终字第82号]。

最高院认为: 双方争议的244万元应当认定为创天公司已经支付给南通二建。创天公司持有南通二建为其开具的收款发票。发票应为合法的收款收据,是经济活动中收付款项的凭证。双方当事人对244万元发票的真实性没有提出异议,创天公司持有发票,在诉讼中处于优势证据地位,南通二建没有举出有效证据证明付款事实不存在。一审法院认为发票只是完税凭证,而不是付款凭证,不能证明付款事实的存在,曲解了发票的证明功能,应予纠正。

从该案的判决似乎可以得出这样的结论,即最高院认为"发票应为合法的收款收据,是经济活动中收付款项的凭证"。笔者认为并非如此,主要理由在于:事实分为客观事实和法律事实,法院审判案件实质是根据证据认定法律事实并据以判案。新疆高院认为,"发票只是完税凭证,不是付款凭证,不能证实付款的事实,也不能证实收取款项的事实,付款方付款后应当索取并持有收据,以证明收款方已收取该款项";而最高院认为,"创天公司持有发票,在诉讼中处于优势证据地位,南通二建没有举出有效证据证明付款事实不存在"。事实上,最高院在考虑适用"优势证据制度"时,由于双方当事人的证据都不足以完全证明案件的事实,在此情况下,即使并不能完全排除存在相反的可能性(本案中为并不能完全排除未付款),但创天公司持有发票,在诉讼中处于"优势证据地位",而南通二建没有举出有效证据证明付款事实不存在,因此,最高院据此认定收款事实存在。显然,南通二建并不是输在"发票是付款凭证"上,而是输在没有强有力的未付款证据上。

尽管最高院在这一案件中支持了持有发票的创天公司一方,但需要指出的是,我国是成文法国家,即便是最高院的裁判案例也不能成为判案的依据,除非该案例成为最高院发布的指导案例(而本案并非指导案例)才有参照价值。而在司法实践中,各地法院的认知显然也不同。

二、买卖合同司法解释对发票证明力的规定

《买卖合同司法解释》(2020年修正)第5条①规定:"出卖人仅以增值税专用发票及税款抵扣资料证明其已履行交付标的物义务,买受人不认可的,出卖人应当提供其他证据证明交付标的物的事实。合同约定或者当事人之间习惯以普通发票作为付款凭证,买受人以普通发票证明已经履行付款义务的,人民法院应予支持,但有相反证据足以推翻的除外。"本条对前述发票是否可以作为付款凭证的问题进

---

① 本条规定与《买卖合同司法解释》(2012年)第8条规定一致,没有任何变化。

行了明确。

(一) 满足条件的普通发票可以作为付款凭证

根据《买卖合同司法解释》(2020年修正)第5条第2款规定,在两种情形下普通发票可以作为付款凭证:一是合同约定以普通发票作为付款凭证,例如买卖合同中约定买受人向出卖人支付现金,出卖人收到现金后向买受人交付发票;二是当事人之间习惯以普通发票作为付款凭证。例如,双方有多次交易往来,每次出卖人收款后就开具普通发票给买受人。但该司法解释也从反方面进行了规定,即"有相反证据足以推翻的除外"。显然,对于普通发票,在有合同约定或当事人之间交易习惯的前提下,可以作为买受人已经履行付款义务的证明,但有相反证据足以推翻的除外。

如在建银国际资本管理(天津)有限公司、郑某申请执行人执行异议之诉再审审查与审判监督民事裁定书[最高人民法院(2019)最高法民申4032号]中,最高院认为:

关于郑某、庞某盛是否实际支付购房款的问题。《最高人民法院关于审理买卖合同纠纷案件适用法律问题的解释》第八条第二款规定,合同约定或者当事人之间习惯以普通发票作为付款凭证,买受人以普通发票证明已经履行付款义务的,人民法院应予支持,但有相反证据足以推翻的除外。本案审理查明中天公司已经向郑某、庞某盛出具普通购房发票,可以证明郑某、庞某盛已经向中天公司支付了购房款。建银公司欲否定郑某、庞某盛已经支付款项的事实,应提供足以推翻该事实的证据加以证明。但是,中天公司并未提交证据证明其主张,故应承担举证不能的法律后果。原审法院认定郑某、庞某盛已经支付案涉房屋购房款,并无不当。

再如,在阜新市新邱区利民家俱城、阜新蒙古族自治县沙拉镇天合农牧联迎专业合作社买卖合同纠纷民事申请再审审查民事裁定书[辽宁省高级人民法院(2021)辽民申5216号]中,辽宁省高院认为:

根据本案查明的事实,被申请人购买办公物品后,再审申请人于2019年9月24日将办公物品送到被申请处,又于2019年12月1日为被申请人开具了发票。从常理分析,开具发票与购买物品不是同一日,如果购买方没给付货款,出卖方在购买方未出具欠据之前,不能将发票给付对方。再审申请人虽称本案是"先票后款",申请人为被申请人开具发票后,被申请人一直未付款,但从双方三年多的交易习惯看,均是"先款后票"。在申请人没有提供充分的证据证实被申请人未给付货款的情况下,依据《最高人民法院关于审理买卖合同纠纷案件适用法律问题的解释》第八条第二款"合同约定或者当事人之间习惯以普通发票作为付款凭证,买受人以普通发票证明已经履行付款义务的,人民法院应予支持,但有相反证据足以推翻的除外"的规定,一审、二审法院未支持再审申请人要求被申请人给付家具款的主张,驳回利民家俱城的诉讼请求,并无不当。

由于普通发票在上述情况下将作为付款凭证,对于出卖人而言,如果不注意发票的使用与签收就有可能无法收到货款。比如买卖合同中约定买受人向出卖人支付现金,出卖人将发票先开具给买受人,那么到底买受人是否已经付款就很难举证。因此,如先开发票后收货款,应在合同中约定"卖方先开具发票,买方收到发票后×日内付款"或直接在发票上盖上"票到付款"的印章。

(二)增值税专用发票不能单独证明出卖人已履行交货义务

《买卖合同司法解释》(2020 年修正)第 5 条第 1 款显然是将增值税专用发票与普通发票在买卖合同中的地位予以区别对待。这是由于增值税专用发票是记载商品销售额和增值税税额的财务收支凭证,是购货方纳税义务和进项税额的合法凭证,对于增值税的计算起着重要的作用。其本身只是交易双方的结算凭证,能够证明双方存在债权债务的可能性,并不能证明双方存在债权债务的必然性。而普通发票在市场交易中的功能之一是收付款凭证,因此对收付款行为具有一定的证明效力。

此外,对于增值税专用发票的证明作用。《买卖合同司法解释》(2020 年修正)认为,增值税专用发票仅是付款的记账凭证,是买受人付款的依据,但不是付款的凭证。增值税专用发票开具只表明买卖双方商品成交,而不能证明买受人已经付清所有货款。仅凭增值税专用发票不能证明标的物已经交付,也不能证明货款已经支付。在实践中,付款凭证一般是银行的银行承兑汇票(直接开具给出卖人的或者是背书的)、业务授信额度使用协议书及应收账款转让通知书、进账单、支票存根、贷代凭证(回单联)等。这样的凭证比起增值税专用发票而言,更具有可信力和有效性。

因此,增值税专用发票仅是付款的结算记账凭证,既不能必然证明出卖人已经交付标的物,也不能必然证明买受人已经付款,还需要其他证据予以支持,以形成完整的证据链。在实践中,也存在这样的判例。

【例1-18】增值税专用发票不能单独证明买卖合同中卖方已履行标的物的交付义务

案情简介： 上海风速童车有限公司（下称风速公司）诉成都市昌信商贸公司（下称昌信公司）其他买卖合同一方未完全履行供货义务另一方拒付相应货款纠纷案，一审法院成都市武侯区人民法院于2005年9月7日作出一审判决，后被告昌信公司不服一审判决上诉于成都市中级人民法院，成都市中级人民法院于2005年12月2日作出终审判决。

原告风速公司诉称： 经协商一致，风速公司与昌信公司于2003年8月22日签订《经销贸易协议》，协议对卖方风速公司和买方昌信公司的有关权利进行了约定。根据该协议的约定，风速公司分别于同年9月15日、9月27日向昌信公司提供价值15,056元的"风速"系列电动童车，扣除风速公司的让利816元之后，昌信公司收货后于同年12月3日支付该批货款14,240元。之后风速公司认为其在2003年11月3日又向昌信公司提供价值30,218元的货物，昌信公司收货后扣除退货价款2162.9元，应付货款28,055.1元。风速公司向昌信公司索要第二批货物的货款未果，遂向成都市武侯人民法院起诉，请求判令被告昌信公司给付货款28,055.1元，并承担本案的诉讼费。

被告昌信公司答辩称，昌信公司至今未收到原告风速公司诉称的第二批货物，请求驳回原告风速公司的诉讼请求。

一审法院审判： 成都市武侯区人民法院经审理查明，2003年8月22日，风速公司与昌信公司签订《经销贸易协议》，协议约定风速公司委托昌信公司代理销售"风速"系列电动童车，付款方式为第一批先发货，货到即付款80%；从第二批起每批由昌信公司先付款，风速公司收款即发货。签约后风速公司分别于2003年9月15日、9月27日向昌信公司提供价值为15,056元的产品，并在让利816元之后向昌信公司出具票款金额为14,240元的增值税发票2张，昌信公司在收到货物与发票后于2003年12月3日通过银行转账向风速公司给付货款14,240元。风速公司认为其又于2003年11月3日向昌信公司交付价值30,218元货物，对此举证提供出票时间为2003年11月3日编号为NO.19916265的增值税发票1张（销货单位记账联），证明第二批货物价税合计30,218元，并提供该公司自制未经对方盖章确认的扣除第一批货物退货价值2162.9元后应收款28,055.1元的对账单1张。审理中经法院调查，昌信公司持有的NO.19916265增值税发票的抵扣联已在成都市金牛区国家税务局进行了纳税抵扣认证。

就风速公司是否履行第二批供货义务的证据进行质证后，风速公司认为已证明其已将第二批货物和发票交给昌信公司,该公司收到后已进行报税抵扣认证。昌信公司认为虽收到发票并进行报税抵扣但不能证明对方向昌信公司提供第二批货物,存在因其他货物风速公司向昌信公司出具该票的可能。法院认为风速公司提供的对账单对方未予盖章确认不具有证明力,对 NO.19916265 增值税发票的记账联和抵扣联,因对方均无异议,应予采信。

法院认为,原告风速公司与被告昌信公司的买卖合同应受法律保护。由于出具增值税发票的前提是确已发生真实的交易行为,一方出具增值税发票的行为具有向另一方要求结算货款的意思表示。本案中对原告风速公司出具发票被告昌信公司收到并进行报税抵扣认证却否认收到第二批货物问题,双方如果是因一个虚构的交易行为而开具发票,则双方的行为有违反法律法规之嫌,但在本案审理期间并无有关部门对虚开增值税发票行为的查处认定,被告昌信公司亦未举证证明。由于之前双方之间存在发票随货同行,被告昌信公司在收到货与发票后再通过银行付款的交易方式,能够认定对第二批货物原告风速公司已履行供货义务,故原告风速公司诉请被告昌信公司在扣除退货款 2162.9 元后支付货款 28,055.1 元的主张成立,被告昌信公司应向原告风速公司支付货款 28,055.1 元。

二审法院审判:二审法院认为,本案争议的焦点是风速公司于 2003 年 11 月 3 日是否向昌信公司提供了第二批货物。

从证据上分析,增值税发票的出具及抵扣与交易行为是否真实并无直接、必然的因果关系,仅凭一张发票不能认定需方已收到供方提供的货物,本案的有效证据即发票抵扣联、《经销贸易协议》关于货物交付的约定矛盾,对证明货物交付均为间接证据,不能形成完整的排他证据链,故原审认为至本案审理期间该开具发票和抵扣行为并未得到有关部门的查处认定,从而认定发票上证明的交易行为是真实的依据不足。另外,对增值税发票违法行为的查处属税收法律关系调整,不属该案的审理范围,与需方收货与否无必然联系,不是判断收货的直接证据,故风速公司提交的证据不足以证明该公司已向昌信公司交付了第二批价值 30,218 元的货物。根据《最高人民法院关于民事诉讼证据的若干规定》第 2 条第 2 款"没有证据或者证据不足以证明当事人的事实主张的,由负有举证责任的人承担不利后果"的规定,风速公司未完成实质意义上的举证责任,应承担举证不能的诉讼风险后果。综上,上诉人的上诉理由成立,应予支持,一审判决适用法律不当。判决撤销成都市武侯区人民法院一审民事判决,驳回风速公司的诉讼请求。

上述案件所涉民事法律关系并不复杂,但一审、二审的实体处理结果却截然不同,其根本原因在于两级法院对当事人是否已履行买卖合同约定的交付义务的关键证据即增值税专用发票的认定不同所致。二审法院认为,增值税发票不是判断收货的直接证据,故风速公司提交的证据不足以证明该公司已向昌信公司交付了第二批货物。

由于税法和民法(合同法)调整的是不同性质的法律关系,是否依据真实的交易行为开具增值税专用发票的行为本身也应受到与税收相关的法律、法规的调整,而非依据合同法(《民法典》合同编)进行认定和处分。因此,在以买卖合同纠纷作为基础法律关系的案件中,尽管根据《合同法》第136条(《民法典》第599条)的规定,出卖人应当按照约定或者交易习惯向买受人交付提取标的物单证以外的有关单证和资料,如商业发票、使用说明书、产品合格证等,但根据现阶段市场运行的实际状况,审判中不宜直接将商业发票认定为一方当事人履行了合同约定的给付义务的凭证,卖方出票和买方抵扣事实仅应对买卖双方是否履行交付义务起到间接证明的作用。在本案中,双方当事人的争议焦点为风速公司是否履行了第二批货物的供货义务。从现有证据分析,由于《经销贸易协议》对两批货物交付、付款时间的约定完全不同,双方第一批货物交易的情况无法完全作为第二批货物交易履行情况的参照,且风速公司对于第二批货物交付并未提供有效的直接证据予以证明,在双方当事人对货物是否已经交付存在较大争议的情况下,不能以尚未形成完整证据链的增值税专用发票的出票和抵扣证明风速公司已履行了第二批货的供货义务。

如在山东福牌阿胶股份有限公司、永城市华诚皮毛销售有限公司买卖合同纠纷再审审查与审判监督民事裁定书[最高人民法院(2019)最高法民申5212号]中,最高院认为:

《买卖合同司法解释》第八条第一款规定:"出卖人仅以增值税专用发票及税款抵扣资料证明其已履行交付标的物义务,买受人不认可的,出卖人应当提供其他证据证明交付标的物的事实,"本案中,除增值税专用发票之外,华诚公司还提供了《原料供货协议》等多份证据证明已履行交付义务。原判决亦是根据多份证据,并非仅依据增值税专用发票认定华诚公司履行了交付货物的义务。《出库送货单》虽系华诚公司制作,但是送货单上有福牌公司工作人员签字,福牌公司并未否认该签字的真实性。

再如,在雷某幸、华西能源工业股份有限公司债权转让合同纠纷再审审查与审判监督民事裁定书[最高人民法院(2019)最高法民申351号]中,雷某幸作为债权受让人向华西能源公司主张转让的债权,对此最高院认为:

本案中雷某幸提交的证据,并未完成举证责任。为证明东容公司对华西能源公司享有的债权存在,雷某幸提供了销售发票明细表、《承揽合同》复印件、多份法律文书复印件以及《回复》等证据。其中,销售发票明细表作为转让债权标的物,是雷某幸举证证明东容公司与华西能源公司之间存在债权债务关系的主要证据。但该销售发票明细表系东容公司单方制作,华西能源公司对此不予认可。《最高人民法院关于审理买卖合同纠纷案件适用法律问题的解释》第八条第一款规定:"出卖人仅以增值税专用发票及税款抵扣资料证明其已履行交付标的物义务,买受人不认可的,出卖人应当提供其他证明交付标的物的事实"。在债务人华西能源公司对销售发票明细表不认可的情况下,雷某幸提供的《承揽合同》复印件、多份法律文书复印件以及《回复》等其他证据均为间接证据,不能证明东容公司已履行交货义务,不能证明东容公司对债务人华西能源公司享有客观存在的债权。

(三)买卖合同发票条款的审查和注意事项

基于上述考虑以及司法实践,在对买卖合同发票条款进行草拟和审查时,需要注意如下事项:

首先,在买卖合同中,应当在价款条款或者专门的发票条款中明确"先票后款"。例如,双方可作如下约定:

在本合同项下,甲方先开具全额增值税专用发票,乙方收到发票后应于[　]日内付款至本合同第[通知条款序号]条约定的指定账户内。

本合同项下甲方开具的发票并非乙方已付款证明,乙方现金付款甲方需出具现金收款收据。

如果合同中存在这样的条款,在诉讼中可以作为"发票不代表已付款证明"的有力证据。另外一个例子可以参见本专题的【例1-3】。

其次,还可以要求对方在发票签收单或签收回执上载明"给付发票时款项尚未支付"的签字或印章,或者在发票背面备注"×年×月×日给付本发票时××款项尚未支付"字样。

再次,还可以在合同的价款支付条款中,排除现金支付等其他付款方式,并且专门拟定收款人账户条款,拟定好转账支付的账户名、开户行等。因为,实务中通过银行转账方式结算的,较容易举证是否已支付价款。

最后,在合同履行中,出卖人要求变更收款账户,或要求向第三人或其他账户支付的,应事先要求其出具《×年×月×日××合同收款账户指定函》或类似委托支付函件。不符合上述要求的,应及时请求对方对付款事实予以确认。对方若拒绝确认或持续推诿,可以发正式书面催告要求其确认。

有关合同涉税及发票条款的更多审查精要、实务以及案例,请读者参阅本书第21章"合同涉税及发票条款审查精要与实务"。

第 2 章 借款合同起草、审查精要与实务

内容概览

实务中,企业传统的融资是通过借款、举债完成的,俗称借贷融资。借贷融资主要包括两种渠道,一是向银行等金融机构借贷融资;二是向金融机构之外的其他企业或个人借贷融资("民间借贷")。不论何种融资渠道,都应签订借款合同。鉴于银行借款合同基本属于银行预先制定的格式文本,故本章的讨论偏向于民间贷款合同。本章包含如下内容:
- ✓ 借款合同的概念、特征与种类
- ✓ 借款合同的效力、成立与生效
- ✓ 借款合同的审查

第一节 借款合同的概念、特征与种类

一、借款合同的概念与特征

《民法典》第 667 条规定:"借款合同是借款人向贷款人借款,到期返还借款并支付利息的合同。"据此可以看出,借款合同和传统民法上的借贷合同的概念有所区别。根据传统民法理论,借贷合同一般分为使用借贷合同和消费借贷合同,其中使用借贷合同是指无偿地将物品或者金钱借给一方使用的合同,又称为"借用合同"。借款合同仅指消费借贷中的借钱的内容。在借款合同中,出借资金的一方被称为"贷款人"("出借人"),借入资金的一方被称为"借款人"。依据我国法律的规定,借款合同的贷款人可以是在中国境内设立的经营贷款业务的金融机构("金融借贷"),也可以是自然人、法人或者非法人组织("民间借贷")。借款合同具有如下几个法律特征:

第一,借款合同的标的物是货币,不包括其他消耗物或者不可消耗物。

第二,借款合同是转移标的物所有权的合同,货币一经借出,所有权即转移于借款人。

第三,借款合同一般为有偿合同,但借款合同对支付利息没有约定的,视为没有利息[《民法典》第 680 条第 2 款、《民间借贷司法解释》(2020 年第二次修正)第 24 条]。金融机构发放的贷款,依照中国人民银行的规定,一般都应当收取一定的利息。对借款人而言,借款合同到期后,不仅应当返还本金,还应当按照约定支付利息。自然人之间的借款合同也可以是有偿的,但约定的利率不得违反国家有关借款利率的规定。

第四,借款合同为双务合同。贷款人应当按照借款合同约定的日期及金额提供借款,否则要向对方支付一定的违约金。借款人要按照约定的用途使用借款,到期应当返还本金并支付利息。

第五,金融机构与自然人、法人和非法人组织之间的借款合同是诺成合同,当事人意思表示一致达成书面协议,合同就成立;自然人之间的借款合同是实践合同,自贷款人提供借款时合同成立(《民法典》第 679 条)。

第六,借款合同可以是要式合同,也可以是不要式合同。一般情况下借款合同应当采用书面形式,但自然人之间的借款,若未采用书面形式,系不要式合同(《民法典》第 668 条第 1 款)。

二、借款合同的种类

按照不同的分类标准,借款合同有多种分类。最为常见的一种分类方式是,按照贷款人的身份的不同,将借款合同分为商业借款(金融借款)合同和民间借款合同。前者是指商业银行等金融机构作为贷款人的借款合同,而后者是指金融机构之外的不以开展信贷业务为营业方式的自然人、法人和非法人组织之间的借款合同。应该讲,在《合同法》时代,借款合同主要调整两部分内容:一是金融机构与自然人、法人和非法人组织之间的借款合同关系;二是自然人之间的借款合同关系。其中以金融机构与自然人、法人和非法人组织之间的合同关系为主。①《民法典》合同编典型合同分编第 12 章"借款合同"的调整范围进一步扩大,将传统意义上的民间借贷合同也包括在内。

除了上述最为常见的分类之外,借款还可以按照期限长短划分为短期借款[1

---

① 参见胡康生主编:《中华人民共和国合同法释义》,法律出版社 1999 年版,第 293 页。

年以内(含1年)]、中期借款[1年以上(不含1年)5年以下(含5年)]和长期借款[5年以上(不含5年)];按照有无担保划分为信用借款和担保借款。

第二节 借款合同的效力、成立与生效

借款合同的效力、成立与生效之所以重要,是因为其关乎当事各方的民事法律责任。首先,在对借款合同进行审查时,需要关注借款交易的性质、交易主体资格等因素;其次,针对不同的借款合同类型,其成立与生效有所不同,而合同是否成立与生效,关乎合同的法律效果问题。

一、民间借贷合同的效力

《民间借贷司法解释》(2020年第二次修正)第1条规定:"本规定所称的民间借贷,是指自然人、法人和非法人组织之间进行资金融通的行为。经金融监管部门批准设立的从事贷款业务的金融机构及其分支机构,因发放贷款等相关金融业务引发的纠纷,不适用本规定。"对于民间借贷合同的效力问题,该司法解释进行了多处规定,具体如下:

首先,《民间借贷司法解释》(2020年第二次修正)第10条规定:"法人之间、非法人组织之间以及它们相互之间为生产、经营需要订立的民间借贷合同,除存在民法典第一百四十六条、第一百五十三条、第一百五十四条以及本规定第十三条规定的情形外,当事人主张民间借贷合同有效的,人民法院应予支持。"根据本条规定,单位之间为生产、经营需要订立的民间借贷合同,不属于《民法典》规定的无效情形的,民间借贷合同有效。而《民法典》第146条规定,行为人与相对人以虚假的意思表示实施的民事法律行为无效;第153条规定,违反法律法规强制性规定或公序良俗的民事法律行为无效;第154条规定,恶意串通,损害他人合法权益的民事法律行为无效。《民间借贷司法解释》(2020年第二次修正)第13条规定的是民间借贷合同无效的其他情形(详见下文)。

其次,《民间借贷司法解释》(2020年第二次修正)第11条规定:"法人或者非法人组织在本单位内部通过借款形式向职工筹集资金,用于本单位生产、经营,且不存在民法典第一百四十四条、第一百四十六条、第一百五十三条、第一百五十四条以及本规定第十三条规定的情形,当事人主张民间借贷合同有效的,人民法院应予支持。"根据本条规定,单位内部集资用于本单位生产、经营,且不属于《民法典》规定的无效情形的,民间借贷合同有效。而《民法典》第144条规定的是无民事行

为能力人实施的民事法律行为无效;第 146 条、第 153 条、第 154 条的规定参见上文;《民间借贷司法解释》(2020 年第二次修正)第 13 条规定参见下文。

再次,《民间借贷司法解释》(2020 年第二次修正)第 12 条规定:"借款人或者出借人的借贷行为涉嫌犯罪,或者已经生效的裁判认定构成犯罪,当事人提起民事诉讼的,民间借贷合同并不当然无效。人民法院应当依据民法典第一百四十四条、第一百四十六条、第一百五十三条、第一百五十四条以及本规定第十三条之规定,认定民间借贷合同的效力。担保人以借款人或者出借人的借贷行为涉嫌犯罪或者已经生效的裁判认定构成犯罪为由,主张不承担民事责任的,人民法院应当依据民间借贷合同与担保合同的效力、当事人的过错程度,依法确定担保人的民事责任。"本条第 1 款明确规定,刑事领域认定借款人或出借人涉嫌犯罪,或者已经生效的裁判认定构成犯罪,并不必然导致民间借贷合同无效,其效力仍应根据《民法典》相关规定及本解释第 13 条进行认定。第 2 款明确了借款人或者出借人的借贷行为涉嫌犯罪或者已经生效的裁判认定构成犯罪的,如何认定担保人的民事责任问题。即,应该区分民间借贷合同的效力(依据第 1 款认定)与担保合同的效力以及当事人的过错程度,依据《民法典》有关担保制度以及《担保制度司法解释》的相关规定进行认定。

最后,《民间借贷司法解释》(2020 年第二次修正)第 13 条①规定:"具有下列情形之一的,人民法院应当认定民间借贷合同无效:(一)套取金融机构贷款转贷的②;(二)以向其他营利法人借贷、向本单位职工集资,或者以向公众非法吸收存款等方式取得的资金转贷的;(三)未依法取得放贷资格的出借人,以营利为目的向社会不特定对象提供借款的;(四)出借人事先知道或者应当知道借款人借款用于违法犯罪活动仍然提供借款的;(五)违反法律、行政法规强制性规定的;(六)违背公序良俗的。"

对于第 13 条第 1 项,需要说明的是,在《民间借贷司法解释》(2020 年修正)之前,《民间借贷司法解释》(2015 年)第 14 条第 1 项的规定是"套取金融机构信贷资金又高利转贷给借款人,且借款人事先知道或者应当知道的",这即是所谓的"高利转贷无效"制度,但这一制度在理论和实践中存在巨大争议。有观点认为很多企

---

① 需要说明的是,该条即《民间借贷司法解释》(2020 年修正)的第 14 条。
② 笔者注:《民间借贷司法解释》(2015 年)第 14 条的第 1 项规定是"套取金融机构信贷资金又高利转贷给借款人,且借款人事先知道或者应当知道的;"这一项规定在《民间借贷司法解释》(2020 年修正)中被修改为"套取金融机构贷款转贷的",2020 年第二次修正时第 13 条第 1 项未作修改。

业如建筑施工企业在存在银行贷款或向其他关联企业借款情形下不可避免地在运营过程中会产生向其他企业借款的情形,过于严苛的转贷无效制度会对很多正常合法经营的企业造成巨大的负面伤害。而且既然认定民间借贷有效,将转贷行为认定为无效缺乏法理上的依据。就此,《九民纪要》第 52 条"高利转贷"明确:

民间借贷中,出借人的资金必须是自有资金。出借人套取金融机构信贷资金又高利转贷给借款人的民间借贷行为,既增加了融资成本,又扰乱了信贷秩序,根据民间借贷司法解释第 14 条第 1 项的规定,应当认定此类民间借贷行为无效。人民法院在适用该条规定时,应当注意把握以下几点:一是要审查出借人的资金来源。借款人能够举证证明在签订借款合同时出借人尚欠银行贷款未还的,一般可以推定为出借人套取信贷资金,但出借人能够举反证予以推翻的除外;二是从宽认定"高利"转贷行为的标准,只要出借人通过转贷行为牟利的,就可以认定为是"高利"转贷行为;三是对该条规定的"借款人事先知道或者应当知道的"要件,不宜把握过苛。实践中,只要出借人在签订借款合同时存在尚欠银行贷款未还事实的,一般可以认为满足了该条规定的"借款人事先知道或者应当知道"这一要件。

《民间借贷司法解释》(2020 年修正)第 14 条第 1 项被修改为"套取金融机构贷款转贷的",与原规定相比较,删除了"高利"和"借款人事先知道或者应当知道"的要求①。显然,最高院在《九民纪要》第 52 条的基础之上,可能是考虑到金融服务实体经济的整体要求和当下我国经济转型的特殊背景,为了凸显民间借贷领域必须以自有资金开展和禁止吸收他人资金转手放款这一要求,这一修订后的规定比以前的规定更为严苛。

于第 13 条第 3 项规定"职业放贷人"签订的借贷合同无效。对于职业放贷人,从法律禁止性规定②出发,我国立法和司法实践一直予以否定,但由于职业放贷人

---

① 此外,第 14 条第 2 项也由"以向其他企业借贷或者向本单位职工集资取得的资金又转贷给借款人牟利,且借款人事先知道或者应当知道的"修改为"以向其他营利法人借贷、向本单位职工集资,或者以向公众非法吸收存款等方式取得的资金转贷的",也删除了借款人明知这一要求。

② 这里的法律禁止性规定来源于《非法金融机构和非法金融业务活动取缔办法》[1998 年国务院第 247 号令,2011 年修订,被《防范和处置非法集资条例》(2021 年 1 月 26 日发布,2021 年 5 月 1 日实施)废止]第 4 条和第 6 条,即未经中国人民银行批准擅自从事非法发放贷款的活动是非法金融业务活动,属于依法应当取缔的范畴。另外,《银行业监督管理法》(2006 年修订)第 19 条规定:"未经国务院银行业监督管理机构批准,任何单位或者个人不得设立银行业金融机构或者从事银行业金融机构的业务活动。"另参见大连高金投资有限公司、中国工商银行股份有限公司大连星海支行企业借贷纠纷、金融借款合同纠纷二审民事判决书[最高人民法院(2017)最高法民终 647 号]。

的身份在实践中很难确认,各地法院出现了大量职业放贷人通过司法途径起诉债务人的案件。就此,《九民纪要》第 53 条"职业放贷人"明确:

> 未依法取得放贷资格的以民间借贷为业的法人,以及以民间借贷为业的非法人组织或者自然人从事的民间借贷行为,应当依法认定无效。同一出借人在一定期间内多次反复从事有偿民间借贷行为的,一般可以认定为是职业放贷人。民间借贷比较活跃的地方的高级人民法院或者经其授权的中级人民法院,可以根据本地区的实际情况制定具体的认定标准。

但《九民纪要》在性质上属于司法政策而非司法解释,仅能作为各地法院裁判案件的参考,而不能直接作为裁判依据。《民间借贷司法解释》(2020 年修正)直接规定职业放贷人签订的民间借贷合同无效,解决了司法实践中的技术问题。《民间借贷司法解释》(2020 年第二次修正)并未对此项规定作出修改。

二、自然人借款合同的成立与生效

《民法典》第 679 条规定:"自然人之间的借款合同,自贷款人提供借款时成立。"此规定表明,自然人之间的民间借贷合同自贷款人提供借款时"成立"而非"生效"。合同成立的法律效力是要约人不得撤回要约,承诺人不得撤回承诺。但要约人与承诺人的权利义务仍没有得到法律的认可,合同中的权利义务仍处于不确定的状态。如果成立的合同嗣后无效,或被撤销,合同虽已成立,但其设定的权利义务对双方当事人没有约束力。而合同生效的法律效力则不同,生效是法律对当事人意思表示的肯定性评价,即当事人的意思表示符合国家意志。因此,当事人设定的权利义务得到国家强制力的保护。

自然人之间的借款合同属于实践性合同,此种合同的特点是以合意和交付标的物或完成其他给付义务为成立要件。《合同法》第 210 条规定"自然人之间的借款合同,自贷款人提供借款时生效"并不科学。因此,贷款人的支付借款的给付义务,只是合同义务,违反此义务不产生违约责任,应属缔约过失责任的范畴。《民法典》生效实施之后,尤需注意。那么,"提供借款时"该如何判定呢?实践中,以现金支付的,自自然人收到借款时合同成立;以银行转帐等形式支付的,自资金到达借款人账户时合同成立。

三、"高利转贷"合同的效力

《民法典》第 680 条第 1 款规定:"禁止高利放贷,借款的利率不得违反国家有关规定。"自此,将高利放贷合同认定为无效有了明确的法律依据。当然,此类合同若不存在其他无效情形,应当属于部分无效合同,即超出国家规定的那部分利率约定无效,而借款合同本身及没超出国家规定的利率部分依然有效。还需要注意的是,本条规定不仅适用于自然人,还适用于金融机构和其他非金融机构组织。

需要说明的是,除《民法典》第 680 条规定外,对民间借贷利率的司法保护上限的调整还体现在《民间借贷司法解释》(2020 年第二次修正)中,其第 25 条规定:"出借人请求借款人按照合同约定利率支付利息的,人民法院应予支持,但是双方约定的利率超过合同成立时一年期贷款市场报价利率四倍的除外。前款所称'一年期贷款市场报价利率',是指中国人民银行授权全国银行间同业拆借中心自 2019 年 8 月 20 日起每月发布的一年期贷款市场报价利率。"这一新规取消了原 2015 年旧规的"两线三区"的规定,大幅降低了民间借贷利率的司法保护上限,更重要的是取消了对自然债务区间利息的保护,即凡是超过 4 倍一年期贷款市场报价利率(LPR)的部分均不予保护。

第三节 借款合同的审查

一、借款合同的框架结构

依据《民法典》第 668 条第 2 款"借款合同的内容一般包括借款种类、币种、用途、数额、利率、期限和还款方式等条款"之规定,一般而言,借款合同的主要条款包括:

- ✓ 借款合同的当事方,包括贷款人、借款人以及担保人(若有);
- ✓ 价款标的条款。主要包括借款种类、币种、数额、期限、用途以及放款方式等;
- ✓ 借款利息的计算方式、支付方式等;
- ✓ 本金逾期时,逾期利息如何确定;
- ✓ 本金偿还及其方式;
- ✓ 提前还款;
- ✓ 担保条款;
- ✓ 加速到期条款;
- ✓ 违约责任条款;
- ✓ 合同生效的先决条件。

除此之外,还可能包括保密条款、争议解决等通用条款。

二、借款合同主要条款的审查

(一)借款合同的主体资格审查

在借款合同中,对出借人(借款人)的身份审查与一般合同并无二致,唯需关注的是若出借人(借款人)是自然人,由于其可能有配偶,此时涉及共同债权、共同债务认定的问题,实务中建议夫妻双方共同签字确认。这是其一;其二,若出借人(借款人)系企业法定代表人或股东,并以自身名义借款,还需要关注系个人借款还是企业借款,若属后者,则应要求其取得授权委托书或者要求加盖企业的公章并在借款合同中予以载明;其三,若借款合同存在担保条款或者存在独立的担保合同,还应一并审查担保人的主体资格。

需要注意的是,《最高人民法院关于新民间借贷司法解释适用范围问题的批复》(法释〔2020〕27号,自2021年1月1日起施行)明确:

关于适用范围问题。经征求金融监管部门意见,由地方金融监管部门监管的小额贷款公司、融资担保公司、区域性股权市场、典当行、融资租赁公司、商业保理公司、地方资产管理公司等七类地方金融组织,属于经金融监管部门批准设立的金融机构,其因从事相关金融业务引发的纠纷,不适用新民间借贷司法解释。

这显然是对《民间借贷司法解释》(2020年第二次修正)第1条第2款"经金融监管部门批准设立的从事贷款业务的金融机构及其分支机构,因发放贷款等相关金融业务引发的纠纷,不适用本规定"中的"金融机构"的明确,上述批复提及的7类地方金融组织属于经金融监管部门批准设立的金融机构,其因从事相关金融业务引发的纠纷,不适用民间借贷的相关司法解释。

(二)借款币种、数额、期限、用途与放款方式

这是所有借款合同(包括民间借贷合同)的核心条款之一,尽管形式上看并无太多复杂性。

【例2-1】借款标的条款

X	借款币种、数额、期限、用途与放款方式
X.1	币种:[人民币]。
X.2	借款金额:[10,000.00万元(大写:壹亿元整)],大小写不一致时以大写为准。实际借款金额与本款约定的借款金额不一致的,以实际借款金额为准。

续表

X.3	价款期限:从[2020]年[1]月[1]日起,至[2021]年[6]月[30]日止,共[1]年[6]个月。借款实际发放日与本款约定的借款起始日不一致的,借款起始日以借款实际发放日为准,前述借款期限相应顺延。
X.4	借款用途:本合同项下的借款指定用于[向××购买××设备],未经出借人书面同意,借款人不得挪作他用,否则视为借款人违约。
X.5	放款方式:双方约定本合同项下的借款金额按照方式[　]放款: (1)银行转账方式。出借人通过银行转账方式将钱款汇入本合同[　]条载明的借款人银行账户或借款人另行指定的其他银行账户; (2)现金交付方式。在本合同生效之日起[　]工作日内,出借人一次性以现金方式交付给借款人。

对于借款标的条款,需要关注如下几个方面的要点:

第一,借款合同应明确指出币种,涉及跨境借贷时,更是如此。

第二,对于借款金额,大小写要一致,小写的数位建议采用会计计数法,用"千位分隔符"隔开。在合同审查时务必检查"逗号句点"的正确位置以免酿成损失。例如,"10,000.00万元(大写:壹亿元整)"切勿写成"10.000.00万元(大写:壹亿元整)"。考虑到可能因填写失误或者小写容易篡改等原因,一般都会明确"大小写不一致时以大写为准"。此外,鉴于实际借款金额可能与合同约定借款金额不一致,故一般都会约定"实际借款金额与本款约定的借款金额不一致的,以实际借款金额为准"。最后,还需要注意的是,依据《民法典》第670条"借款的利息不得预先在本金中扣除。利息预先在本金中扣除的,应当按照实际借款数额返还借款并计算利息"之规定,在合同中约定利息预先在本金中扣除(所谓的"斩头息")的条款不受法律保护。这种做法使借款人实际得到的借款金额少于合同约定的金额,影响了借款人对于资金的正常使用,无形中加重了借款人的负担。同时,也会导致按照实际借款数额返还借款并计算利息,对出借人而言也存在风险。

第三,对于借款期限,上例中是一种较为典型的固定期限的表述方式,其中"共[　]年[　]个月"也可视情形修改为"共[　]天",特别是借款期限不足1年或者存在非完整月度时,这是其一;其二,类似地,一般都会规定"借款实际发放日与本款约定的借款起始日不一致的,借款起始日以借款实际发放日为准,前述借款期限相应顺延";其三,借款期限还可以直接表述为"本合同项下的借款期限为[60]个月,自实际放款日起计算;分次放款的,自第一次放款之日起计算"。此外,《民法典》第675条还明确规定:"借款人应当按照约定的期限返还借款。

对借款期限没有约定或者约定不明确,依据本法第五百一十条的规定仍不能确定的,借款人可以随时返还;贷款人可以催告借款人在合理期限内返还。"即借款人应当按照约定的期限返还借款。对借款期限没有约定或者约定不明确,依据补充协议仍不能确定的,借款人可以随时返还;贷款人可以催告借款人在合理期限内返还。

第四,关于借款用途。《民法典》第673条规定:"借款人未按照约定的借款用途使用借款的,贷款人可以停止发放借款、提前收回借款或者解除合同。"因此,通常情况下贷款人会明确要求约定借款用途,未经出借人书面同意,借款人不得用于其他用途,并约定贷款人有对借款行使检查、监督的权利(《民法典》第672条),以及违反用途使用时的加速到期条款等。特别是在《民法典》第416条以及《担保制度司法解释》第57条确定了价款超级优先权的情况下,为价款支付提供融资而在该动产上设立抵押权的债权人,可以主张价款优先受偿。此时,借款合同中"借款用途"条款对于认定价款优先权的债权人就显得很重要了。这是其一。其二,在实务中,出借人一般都会基于借款人的特定用途才予以放款,借款用途条款便于出借人监督资金的使用,控制风险。若借款人用作他途,出借人可以通过在借款合同中约定加速到期条款来提前收回借款并追究借款人的违约责任。

第五,对于借款本金的放款方式,银行等金融机构、企业作为出借人放款的,一般都采用银行转账方式;而现金支付方式通常适用于自然人之间的小额放款的情形,在以此方式进行放款时,尤其需要注意收款的凭据问题。

(三)借款利息

借款利息条款可能是借款合同中最为复杂的条款,也是产生争议最多的条款之一。恰当地起草、审定利息条款对于合同双方都至关重要。实务中,需要区别金融借款和民间借贷,分别适用不同的规则与利率标准。

1.金融借贷的利息

长期以来,商业银行向客户发放贷款,利率都是按照中国人民银行公布的贷款基准利率,以"上浮××倍""打××折"的形式来确定。为深化利率市场化改革,推动降低实体利率水平,中国人民银行发布了《关于中国人民银行决定改革完善贷款市场报价利率(LPR)形成机制的公告》(中国人民银行公告〔2019〕第15号)。依据该公告的规定,自2019年8月20日起,中国人民银行已经授权全国银行间同业拆借中心于每月20日(遇节假日顺延)9时30分公布贷款市场报价利率(LPR)①,中国人民银行贷款基准利率这一标准已经取消。就此,《九民纪要》"关于借款合同"部分明确:

要注意到,为深化利率市场化改革,推动降低实体利率水平,自2019年8月20日起,中国人民银行已经授权全国银行间同业拆借中心于每月20日(遇节假日顺延)9时30分公布贷款市场报价利率(LPR),中国人民银行贷款基准利率这一标准已经取消。因此,自此之后人民法院裁判贷款利息的基本标准应改为全国银行间同业拆借中心公布的贷款市场报价利率。应予注意的是,贷款利率标准尽管发生了变化,但存款基准利率并未发生相应变化,相关标准仍可适用。

因此,自2019年8月20日起,商业银行以后发放贷款时,LPR将是贷款定价的参考利率。借款人实际支付的利率要在LPR的基础上,综合考虑信用情况、抵押担保方式、期限、利率浮动方式和类型等要素,由借贷双方协商确定。具体表示方式应为在相应期限LPR的基础上加减点,以"LPR + ××个基点""LPR - ××个基点"(其中,1个基点 = 0.01%)或"LPR + ××%""LPR - ××%"的形式来确定。例如,2019年8月20日公布的1年期LPR是4.25%、5年期LPR为4.85%,若经借贷双方协商一致,一笔贷款的利率表示为1年期LPR - 25个基点(0.25个百分点),则实际执行的利率为4%(4.25% - 0.25% = 4%);若经借贷双方协商一致,一笔贷款的利率表示为5年期LPR + 5个基点(0.05个百分点),则实际执行的利率为4.9%(4.85% + 0.05% = 4.9%)。

【例2-2】金融借贷利率示例

情形1:固定利率贷款参照LPR定价

示例1: 一笔1年期固定利率贷款,合同约定在签订日前一日1年期LPR的基础上加10个基点(0.1个百分点)确定利率,而合同签订日前一日的1年期LPR为4.25%,则该笔贷款在借款期内的利率水平为4.35%(4.25% + 0.1% = 4.35%),并保持不变直至到期。

示例2: 一笔5年期固定利率贷款,合同约定在贷款发放日前一个月5年期以

---

① 目前,LPR包括1年期和5年期以上两个品种。LPR报价行每月20日(遇节假日顺延)9时前,各报价行以0.05个百分点为步长,向全国银行间同业拆借中心提交报价,全国银行间同业拆借中心按去掉最高和最低报价后算术平均,并向0.05%的整数倍就近取整的办法计算得出LPR,于当日9时30分公布。具体查询网址为:http://www.chinamoney.com.cn/chinese/bklpr/。

上LPR的基础上减5个基点(0.05个百分点)确定利率,而贷款发放日前一个月的5年期以上LPR为4.85%,则该笔贷款在借款期内的利率水平为4.8%(4.85% - 0.05% = 4.8%),并保持不变直至到期。

情形2：浮动利率贷款参照LPR定价

示例3：一笔7年期浮动利率贷款约定按季度重新定价,约定的点差为加5个基点(0.05个百分点),参考的基准为贷款发放日或重新定价日前一日的5年期以上LPR。贷款发放日为2019年8月21日,由于8月20日的5年期以上LPR为4.85%,则第一个季度的利率为4.9%(4.85% + 0.05% = 4.9%);若2019年11月20日的5年期以上LPR为4.75%,则自11月21日起的一个季度内,利率为4.8%(4.75% + 0.05% = 4.8%)。以此类推。

示例4：一笔15年期浮动利率个人住房贷款,约定在每年1月1日重新定价,约定的点差为加20个基点(0.2个百分点),参考的基准为每年12月20日的5年期以上LPR。合同签订日为2019年8月21日,由于8月20日的5年期以上LPR为4.85%,则2019年8月21日至12月31日的利率为5.05%(4.85% + 0.2% = 5.05%);若2019年12月20日的5年期以上LPR为4.9%,则2020年1月1日至12月31日的利率为5.1%(4.9% + 0.2% = 5.1%)。以此类推。

从上述示例可以看出,固定利率贷款在合同期限内利率水平保持不变,按照双方商定的某个时间点或时间段的LPR加减点确定具体利率水平,利率水平一旦确定,直至借款到期日保持不变。而浮动利率贷款应在合同中约定以一定的时间周期按相应期限LPR加减某一确定的点差计算具体利率水平,利率随参考的LPR变动而浮动。

在司法实践中,贷款利率的基准改为LPR,主要适用于如下几种情形：第一种情形,案件涉及利息或违约金的计算,但当事人之间关于利率的确定缺少合同依据,而法院必须作出裁判的；第二种情形,虽然当事人之间对利息或违约金有约定,但约定的标准为"同期贷款基准利率"或类似标准的；第三种情形,司法解释已经明确规定按照中国人民银行发布的同期同类贷款利率计算的,人民法院在适用该司法解释时应将利率标准修正为LPR。对于利息、违约金计算期间跨越2019年8月20日这一时间点的案件,审判实践以2019年8月20日为分割点,在此之前的利息或违约金仍应以中国人民银行贷款基准利率作为裁判标准,而在此之后的利息或违约金则应按照新的标准执行。

司法实践中,对金融机构借款利率是否存在上限有争议；在《民间借贷司法解释》(2015年)施行之后,还存在上限是适用4倍LPR还是参照适用24%的争议。

对于第一个问题，中国人民银行早已全面取消金融机构贷款利率的上限。①尽管《民间借贷司法解释》(2015年)明确规定不适用于金融机构，但在审判实践中不乏参照该解释规定的贷款利率上限调整金融借款利息、罚息和违约金的案例。②尤其是2017年的《最高人民法院印发〈关于进一步加强金融审判工作的若干意见〉的通知》(法发〔2017〕22号)明确：

  严格依法规制高利贷，有效降低实体经济的融资成本。金融借款合同的借款人以贷款人同时主张的利息、复利、罚息、违约金和其他费用过高，显著背离实际损失为由，请求对总计超过年利率24%的部分予以调减的，应予支持，以有效降低实体经济的融资成本。规范和引导民间融资秩序，依法否定民间借贷纠纷案件中预扣本金或者利息、变相高息等规避民间借贷利率司法保护上限的合同条款效力。

由于该文件目前尚未废止，因此引发了审判实践中，金融机构贷款仍有年综合利率不得超过24%的上限的疑虑。

对于第二个问题，司法实践中亦不统一。有法院认为，根据《民间借贷司法解释》(2020年第二次修正)第1条第2款的规定，金融借款纠纷不适用该司法解释。故此，参照适用该解释规定的1年期LPR的4倍作为上限属于适用法律错误；而且无论是法律、法规还是金融监管规定，都没有对金融借款进行限制，且金融借款的正常利率、罚息和复利计算也有人民银行的相关文件进行规范③。另有法院基于民间借贷和金融借贷之间公平性的考虑，按照金融借贷的利率要低于民间借贷的原则，认为金融借款合同利率的上限不得超过同期LPR的4倍。④ 显然，这在未来审判实践中尚待进一步观察。

---

  ① 参见《中国人民银行关于调整金融机构存、贷款利率的通知》第2条第1项、《中国人民银行关于进一步推进利率市场化改革的通知》第1条。

  ② 参见中国东方资产管理股份有限公司广西壮族自治区分公司与慈溪恒泰置业有限公司、浙江恒泰房地产股份有限公司金融借款合同纠纷一审民事判决书[广西壮族自治区高级人民法院(2016)桂民初27号]；洪某吉、平安银行股份有限公司青岛分行金融借款合同纠纷再审审查与审判监督民事裁定书[山东省高级人民法院(2019)鲁民申2461号]。

  ③ 如现行有效的《中国人民银行关于对逾期贷款计收复利有关问题的复函》(银货政〔1999〕46号)明确规定：凡是逾期贷款或挤中挪用贷款，都要按中国人民银行总行规定的罚息利率计收罚息，同时对欠交的利息计收复利。

  ④ 参见平安银行股份有限公司温州分行与洪某道金融借款合同纠纷一审民事判决书[浙江省温州市瓯海区人民法院(2020)浙0304民初3808号](但该案二审予以改判，利率参照24%上限处理)；龚某田、中国银行股份有限公司郑州花园支行金融借款合同纠纷二审民事判决书[河南省郑州市中级人民法院(2020)豫01民终17691号]；上海浦东发展银行股份有限公司兰州分行与甘肃方舟水世界游乐健身有限责任公司、吕某贵金融借款合同纠纷一审民事判决书[甘肃省兰州市中级人民法院(2020)甘01民初445号]。

2. 民间借贷的利息

对于民间借贷的利息(利率)的确定,《民间借贷司法解释》(2020年第二次修正)有明确的规定。

【例2-3】民间借贷利率条款

X	借款利息
X.1	借款利率的确定
	本合同项下,借款利率按如下第[　　]项执行: (1)固定利率,借款期限内利率保持不变,月利率为[16%]。 (2)浮动利率,浮动基础为同期全国银行间同业拆借中心公布施行的1年期贷款市场报价利率("1年期LPR"),浮动方式为上浮[5]个基点([0.05]个百分点)。浮动方式在借款期限内保持不变,1年期LPR变动时,从变动之日按新利率计算利息,以此类推。
X.2	借款利息的支付
	本合同项下支付利息的方式为: (1)于还本时一次性支付; (2)按月付息,付息日为每月的[　　]日; (3)按季付息,付息日为每满一个季度末月的[　　]日; (4)按年付息,付息日为每满一个年度末月的[　　]日。 借款方按照约定将利息足额汇至出借方指定账户。如结息日不是银行工作日,则提前至前一个银行工作日汇入。若出借方于付息日未足额收到相应的利息,视为借款方逾期付息。

对于民间借贷合同的利息(利率)条款,需要关注如下几个方面:

第一,对于借款利率的选择由双方协商确定,其中可以约定计息周期不足1月的,以日利率计算利息;计息周期达到1月或1年的,以月利率或年利率计算利息。但不论采取何种利率方式,日利率、月利率、年利率换算公式都可以约定为:日利率=月利率/30(日),月利率=年利率/12(月),尤其注意可以约定日利率=年利率/360(日)。

第二,在实践中,借贷双方基于信赖关系、合作关系等因素在合同中并未或并未明确约定利息的,借款人是否需要支付利息,需要根据具体情况进行分析:

(1)自然人之间借款的,若未约定利息,《民法典》第680条第2款规定:"借款合同对支付利息没有约定的,视为没有利息。"这一规定既适用于金融借贷,也适用于民间借贷。向金融机构借款的,借款人需要根据借款的期限等情况,向贷款人支付利息,一般不存在对支付利息没有约定的情况,如果确实发生了没有约定支付利息的情况,根据本条的规定,视为不支付利息。自然人之间借款的则不一定都要支付利息,当事人可以约定支付利息,也可以约定不支付利息,当事人对利息没有约定的,视为无息借款,借款人可以不向贷款人支付利息。①

(2)自然人之间借款的,若约定了利息但约定不明的,《民法典》第 680 条第 3 款规定:"借款合同对支付利息约定不明确,当事人不能达成补充协议的,按照当地或者当事人的交易方式、交易习惯、市场利率等因素确定利息;自然人之间借款的,视为没有利息。"因此,自然人借款人无支付利息的义务。

(3)一方非自然人的借款合同,若未约定利息的,依据《民法典》第 680 条第 2 款之规定,借款人无支付利息的义务。

(4)一方非自然人的借款合同,若约定了利息但约定不明的,借款人是否支付利息,通过合同漏洞填补规则确定。

上述情形及规则,可以总结为表 2 – 1。

表 2 – 1　借款利息未约定或约定不明的确定规则

类别	未约定利息	约定利息不明
自然人之间	无利息	无利息
非自然人之间	无利息	按照合同漏洞填补规则确定

第三,关于民间借贷保护利率的确定规则(法定利率上限)。总体上,司法解释新规以浮动利率机制"一线两区"机制取代了原"两线三区"机制。具体如下:

(1)《关于人民法院审理借贷案件的若干意见》(法〔民〕〔1991〕21 号,于 2015 年 9 月 1 日废止)第 6 条规定:"民间借贷的利率可以适当高于银行的利率,各地人民法院可根据本地区的实际情况具体掌握,但最高不得超过银行同类贷款利率的四倍(包含利率本数)。超出此限度的,超出部分的利息不予保护。"因此,银行同类贷款利率的 4 倍的利率上限于 2015 年 9 月 1 日起废止。

(2)《民间借贷司法解释》(2015 年)第 26 条规定:"借贷双方约定的利率未超过年利率 24%,出借人请求借款人按照约定的利率支付利息的,人民法院应予支持。借贷双方约定的利率超过年利率 36%,超过部分的利息约定无效。借款人请求出借人返还已支付的超过年利率 36% 部分的利息的,人民法院应予支持。"这一规定确立了著名的民间借贷利率的"两线三区"法。即约定的利率未超过年利率

---

① 参见最高人民法院民法典贯彻实施工作领导小组主编:《中华人民共和国民法典合同编理解与适用(二)》,人民法院出版社 2020 年版,第 1269 页。

24%,为有效利率或司法保护利率;约定的利率超过年利率36%,超过部分的利息约定无效;24%—36%为"自然债务区",法院对出借人起诉主张该区间部分利息的,不予保护,但是借款人自愿支付该部分利息的,司法不予干预。

(3)《民间借贷司法解释》(2020年修正)第26条规定:"出借人请求借款人按照合同约定利率支付利息的,人民法院应予支持,但是双方约定的利率超过合同成立时一年期贷款市场报价利率四倍的除外。前款所称'一年期贷款市场报价利率',是指中国人民银行授权全国银行间同业拆借中心自2019年8月20日起每月发布的一年期贷款市场报价利率。"这一新规将民间借贷利率的"两线三区"法修改为"一线两区"法。即以合同成立时1年期LPR的4倍为区间线,划分了全新的利率有效区(司法保护区)和无效区。这一改变可以形象地用图2-1来表示。

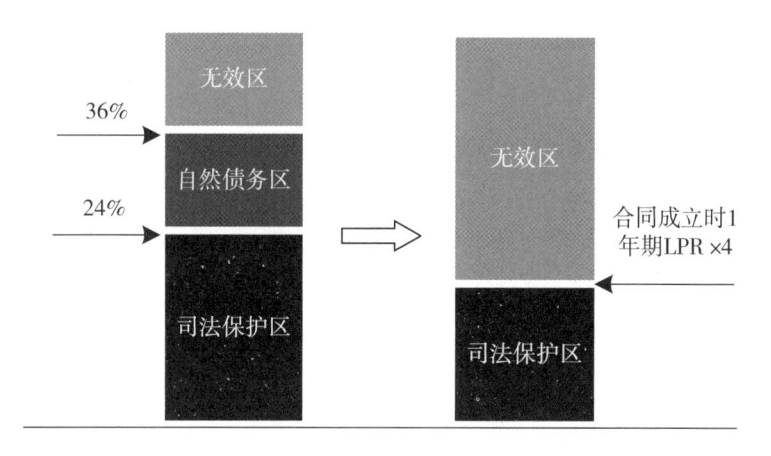

图2-1 民间借贷约定利率效力的确定规则

(4)《民间借贷司法解释》(2020年第二次修正)第25条规定与《民间借贷司法解释》(2020年修正)第26条规定完全一致,不再赘述。

第四,关于民间借贷司法解释利率的溯及力规则。综合《关于人民法院审理借贷案件的若干意见》(法〔民〕〔1991〕21号,于2015年9月1日废止)、《民间借贷司法解释》(2015年)、《民间借贷司法解释》(2020年修正)以及《民间借贷司法解释》(2020年第二次修正)的溯及力条款,笔者将其总结为图2-2。

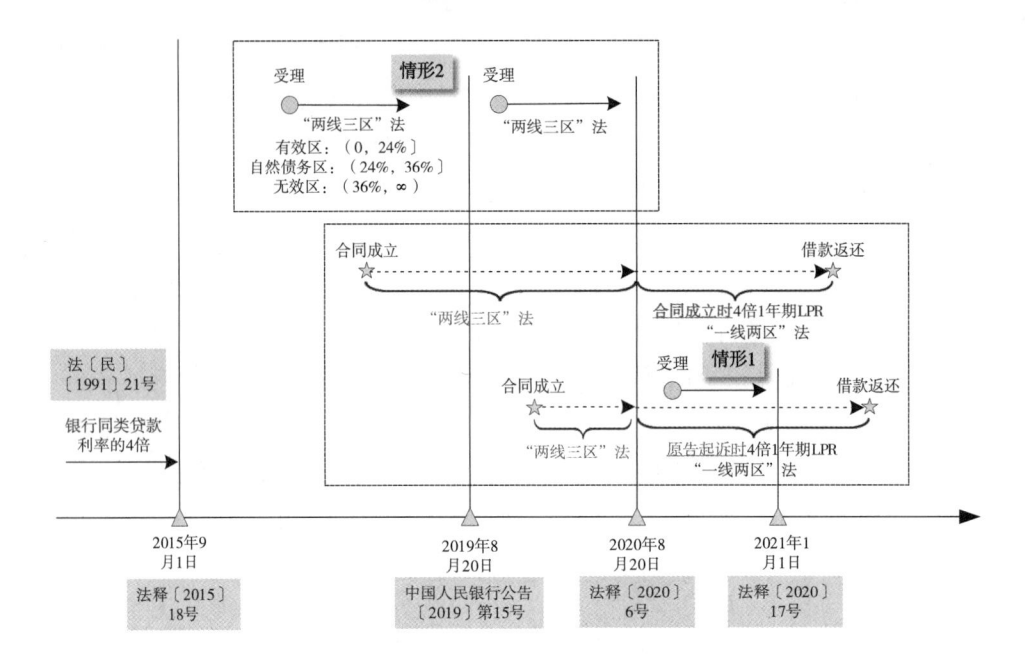

图 2-2 民间借贷司法解释利率溯及力规则

（1）关于情形1。《民间借贷司法解释》（2020年第二次修正）第31条第1款规定："本规定施行后，人民法院新受理的一审民间借贷纠纷案件，适用本规定。"第31条第2款规定："2020年8月20日之后新受理①的一审民间借贷案件，借贷合同成立于2020年8月20日之前，当事人请求适用当时的司法解释计算自合同成立到2020年8月19日的利息部分的，人民法院应予支持；对于自2020年8月20日到借款返还之日的利息部分，适用起诉时本规定的利率保护标准计算。"这一规定对《民间借贷司法解释》（2020年修正）第32条第2款"借贷行为发生在2019年8月20日之前的，可参照原告起诉时一年期贷款市场报价利率四倍确定受保护的利率上限"之规定存在的争议或模糊进行了进一步的明确（在司法实践中，部分

---

① 需要注意的是，此处的"新受理"应如何认定的问题。依据最高院法官的观点：按照我国立案登记制度的相关规定，在2020年8月20日前人民法院收到当事人起诉材料且已转入诉前调解程序的案件，以及在2020年8月20日（含）前登记立案的案件，依据本条第1款之规定，不适用《民间借贷司法解释》（2020年第二次修正）。

法院采取的处理方式是溯及至开始计息时按新规调整利率①），其规定表明对于"2020年8月20日之后新受理的一审民间借贷案件，借贷合同成立于2020年8月20日之前"的情形，就自合同成立到2020年8月19日的利息部分，《民间借贷司法解释》(2020年修正)、《民间借贷司法解释》(2020年第二次修正)不具有溯及力。具体而言：

对于自合同成立到2020年8月19日的利息部分，按照《民间借贷司法解释》(2015年)规定的"两线三区"法确定；对于自2020年8月20日到借款返还之日的利息部分，按照原告起诉时1年期LPR的4倍执行。因为从学理上讲，2020年8月20日之前，《民间借贷司法解释》(2015年)所确定的利率标准仍然有效，当事人对收取符合该规定的利息有合理的预期；2020年8月20日起，《民间借贷司法解释》(2020年修正)生效，可以对此后的利率标准进行调整，当事人亦应遵守。事实上，《民间借贷司法解释》(2020年修正)第32条第2款之所以规定"参照原告起诉时一年期贷款市场报价利率四倍确定受保护的利率上限"，是因为对于2019年8月20日之前的期间，还不存在LPR。由于原告起诉、法院受理在2020年8月20日之后，此时可以"参照"适用原告起诉时1年期LPR的4倍。因此，《民间借贷司法解释》(2020年第二次修正)第31条第2款规定，对于自2020年8月20日到借款返还之日的利息部分，适用"起诉时"该规定的利率保护标准计算。

例如，在柳某元、齐某晶与张某根等民间借贷纠纷二审民事判决书[吉林省白城市中级人民法院(2021)吉08民终56号]中，法院认为：

2019年3月28日，柳某元、齐某晶向原告出具借款借据一枚，借据载明借款期限2019年3月28日至2019年5月28日，借款金额贰拾万元；约定的借款期限实际为2个月，其二人实际收到192,000.00元的转账汇款，根据《最高人民法院关于

---

① 例如，在黄某忠、王某铭民间借贷纠纷二审民事判决书[浙江省金华市中级人民法院(2020)浙07民终5223号]中，一审法院判决：黄某忠、义乌市华舜电子科技有限公司、浙江舜带科技有限公司于判决生效之日起10日内归还王某铭借款227万元及利息(自2019年11月11日起按年利率15.4%计付至履行完毕之日止)。二审法院则认为：经重新计算，并依据《最高人民法院关于审理民间借贷案件适用法律若干问题的规定》(法释[2020]17号)第31条之规定，黄某忠尚欠王某铭借款2,175,400元及利息(自2019年11月11日起按年利率24%计算至2020年8月19日止，从2020年8月20日按年利率15.4%计算至履行完毕之日止)。故黄某忠的上诉理由部分成立，予以支持；部分不成立，不予支持。因本案二审出现新的证据，且二审期间司法解释进行了修正，据此对一审判决进行调整。故部分改判如下：黄某忠、义乌市华舜电子科技有限公司、浙江舜带科技有限公司于本判决生效之日起10日内归还王某铭借款2,175,400元及利息(自2019年11月11日起按年利率24%计算至2020年8月19日止，从2020年8月20日按年利率15.4%计算至履行完毕之日止)。

审理民间借贷案件适用法律若干问题的规定》(法释[2020]17号)第二十六条:"借据、收据、欠条等债权凭证载明的借款金额,一般认定为本金。预先在本金中扣除利息的,人民法院应当将实际出借的金额认定为本金。"的规定,实际借款本金为192,000.00元;而预先扣除利息8000.00元,张宝根称此利息为一个月的利息,而二上诉人认为系约定借款期限内的所有利息,那么根据双方约定的借款金额20万元,两个月利息8000.00元,$8000÷2÷200,000=2\%$,结合张某根在一审民事起诉状自认双方约定的利息为月利2分,本院认定双方口头约定利息计算标准为月利2%。二上诉人分别于2019年5月30日、6月29日、8月8日、9月12日、12月1日给付8000.00元,共计4万元,并于2020年1月24日给付5000.00元;因转款时间为2019年3月29日,故借款合同成立时间为2019年3月29日。

依据《最高人民法院关于审理民间借贷案件适用法律若干问题的规定》(法释[2020]17号)第三十一条:"本规定施行后,人民法院新受理的一审民间借贷纠纷案件,适用本规定。2020年8月20日之后新受理的一审民间借贷案件,借款合同成立于2020年8月20日之前,当事人请求适用当时的司法解释计算自合同成立到2020年8月19日的利息部分的,人民法院应予支持;对于自2020年8月20日到借款返还之日的利息部分,适用起诉时本规定的利率保护标准计算。"第二十八条第二款第二项:"约定了借期内利率但是未约定逾期利率,出借人主张借款人自逾期还款之日起按照借期内支付资金占用期间利息的,人民法院应予支持"第二十五条第一款:"出借人请求借款人按照合同约定利率支付利息的,人民法院应予支持,但是双方约定的利率超过合同成立时一年期贷款市场报价利率四倍的除外"的规定,2019年3月29日-2019年5月29日借期内利息可按照月利率2%计算,同时自2019年5月30日开始逾期,至2020年8月19日产生的逾期利息,应适用《最高人民法院关于审理民间借贷案件适用法律若干问题的规定》(法释[2015]18号)中的相关规定,按照月利率2%计算,自2020年8月20日起按照张某根起诉时2020年9月23日时中国人民银行授权全国银行间同业拆借中心发布的一年期贷款市场报价利率四倍即年利率$3.85\%×4=15.4\%$进行计算。

在重庆市万州区资产经营有限公司与程某、黄某莉等借款合同纠纷一审民事判决书[重庆市第二中级人民法院(2020)渝02民初2197号]中,法院认为:

原告万州资产公司主张被告玉诚公司应按照案涉合同约定偿还其借款本金3280万元及2017年3月31日起至2019年3月31日之日止的利息共计4,323,222.22元及该期间的复利213,683.73元,符合案涉合同约定且不违反法律、法规的强制性规定,本院依法予以支持。另,本案委托贷款兼具有金融借款和民间借贷的属性,委托贷款的来源亦为原告万州资产公司的自有资金，故参照《最高人民法院关于审理民间借贷案件适用法律若干问题的规定》（法释〔2020〕17号）第三十一条第二款"2020年8月20日之后新受理的一审民间借贷案件，借贷合同成立于2020年8月20日之前，当事人请求适用当时的司法解释计算自合同成立到2020年8月19日的利息部分的，人民法院应予支持；对于自2020年8月20日到借款返还之日的利息部分，适用起诉时本规定的利率保护标准计算"之规定，本案借款合同成立于2020年8月20日前且受理于2020年8月20日之后，故原告万州资产公司主张被告玉诚公司应自2019年4月1日起至2020年8月19日，罚息以3280万元为基数，自2019年4月1日起至2020年8月19日止按年利率9.75%计算；复利以2017年3月31日至2019年3月31日期间利息4,323,222.22元及2019年4月1日起至2020年8月19日止未按时支付的罚息之和为基数，自2019年4月1日起至2020年8月19日之日止按年利率6.5%计算；自2020年8月20日起至付清借款时止，罚息以3280万元为基数，自2020年8月20日起至付清借款时止按年利率9.75%计算；复利以2017年3月31日至2019年3月31日期间利息4,323,222.22元及2020年8月20日起至付清借款时止未按时支付的罚息之和为基数，自2020年8月20日起至付清借款时止按年利率6.5%计算，罚息及复利总额不超过起诉时一年期贷款市场报价利率（LPR）四倍的部分，本院依法予以支持。

在该案中，案涉《委托贷款委托合同》约定："贷款期限为12个月，自2017年3月31日至2018年3月31日。若约定的借款起始时间与贷款人的付款时间不一致，以借款借据载明的借款起始时间为准。"（后贷款期限展期了12个月，即2018年3月31日至2019年3月31日）"本合同项下贷款的利率为6.5%（年利率）""对甲方在贷款期内不能按期支付的利息，除按本条第三款约定执行外，由乙方按本合同利率计收复利；对逾期本金，根据实际逾期天数，按罚息利率9.75%计收罚息，并对未支付的利息及罚息计收复利"。因此，本案分两段（自2019年4月1日起至2020年8月19日、自2020年8月20日起至付清借款时止），分别对罚息和复利进行计算。

在张某岩与许某财、陈某红民间借贷纠纷二审民事判决书〔吉林省辽源市中级人民法院（2021）吉04民终107号〕中，法院认为：

《最高人民法院关于审理民间借贷案件适用法律若干问题的规定》（法释〔2020〕17号）第三十一条规定："本规定施行后，人民法院新受理的一审民间借贷纠纷案件，适用本规定。2020年8月20日之后新受理的一审民间借贷案件，借贷合同成立于2020年8月20日之前，当事人请求适用当时的司法解释计算自合同成立到2020年8月19日的利息部分的,人民法院应予支持;对于自2020年8月20日到借款返还之日的利息部分,适用起诉时本规定的利率保护标准计算。本规定施行后,最高人民法院以前作出的相关司法解释与本规定不一致的,以本规定为准。"《最高人民法院关于审理民间借贷案件适用法律若干问题的规定》(法释〔2015〕18号)第二十六条第一款规定:"借贷双方约定的利率未超过年利率24%,出借人请求借款人按照约定的利率支付利息的,人民法院应予支持。"本案中,高某与许某财、陈某红签订的借款合同中约定借款金额为11万元,实际只由赵某彦转账交付了10万元本金,高某将利息1万元计入到本金的行为没有法律依据,故高某实际出借的10万元应认定为借款本金。本案案涉借款经历多次债权转让,时间长达3年零2个月,借据从10万元增长到23万元,年利率达到41.05%明显超过了法律规定的受保护利率上限,因此对利息部分应予调整。2016年4月3日高某与许某财、陈某红签订的借款合同中未约定利息,但根据实际出借10万元本金、利息1万元以及借期6个月的相关事实综合计算利息为年利率20%;2018年12月6日、2019年6月6日张某岩与许某财、陈某红签订的合同中虽未约定利息,但在2019年6月6日签订的借款合同中约定了利息2.3万元,经计算利息为年利率20%;并结合许某财在一审庭审中自认2016年4月3日借款利息为年利二分,同意按10万元本金,以年利二分标准向张某岩承担给付责任,故本院确认双方当事人对案涉借款约定的利息为年利率20%。根据新法优于旧法的法律适用原则,依据《最高人民法院关于审理民间借贷案件适用法律若干问题的规定》(法释〔2020〕17号)第三十一条第三款规定,对本案2020年8月20日以前的利息部分应适用2020年第二次修正的民间借贷司法解释第三十一条第二款规定,故自2016年4月3日起至2019年12月6日止,许某财、陈某红应按年利率20%向张某岩支付借期内利息,根据《最高人民法院关于审理民间借贷案件适用法律若干问题的规定》(法释〔2020〕6号)第二十九条第二款第二项规定,自2019年12月7日起至2020年8月19日止,许某财、陈某红应按年利率20%向张某岩支付资金占用期间利息;自2020年8月20日起至借款本息全部还清之日止,许某财、陈某红应按张某岩2020年11月4日起诉时即2020年10月20日全国银行间同业拆借中心公布的一年期贷款市场报价利率四倍向张某岩支付资金占用期间利息。

类似的案件还包括:刘某民与崔某民间借贷纠纷案[江苏省淮安市中级人民法院(2021)苏08民终752号],李某荣、郑州腾煌酒店管理有限公司民间借贷纠纷案[河南省郑州市中级人民法院(2021)豫01民终2216号],伍某昆、丘某民间借贷纠纷案[广西壮族自治区贺州市中级人民法院(2021)桂11民终169号]等。

此外,若借贷合同成立于2020年8月20日之后,法院自然于2020年8月20日之后新受理该一审民间借贷案件,故应适用《民间借贷司法解释》(2020年修正),利率效力规则适用"一线两区"法,利率上限为合同成立时1年期LPR的4倍。

(2)关于情形2。《民间借贷司法解释》(2020年修正)第32条第1款规定:"本规定施行后,人民法院新受理的一审民间借贷纠纷案件,适用本规定。"故此,法院在2020年8月20日之前受理的一审民间借贷纠纷案件,应适用《民间借贷司法解释》(2015年),则利率效力规则适用"两线三区"法,利率上限为24%。

例如,在毕某智、柴某统等民间借贷纠纷二审民事判决书[甘肃省高级人民法院(2021)甘民终8号]①中,法院认为:

根据《最高人民法院关于审理民间借贷案件适用法律若干问题的规定》(法释〔2020〕17号)第三十一条的规定:"本规定施行后,人民法院新受理的一审民间借贷纠纷案件,适用本规定。2020年8月20日之后新受理的一审民间借贷案件,借贷合同成立于2020年8月20日前,当事人请求适用当时的司法解释计算自合同成立到2020年8月19日的利息部分的,人民法院应予支持;对于自2020年8月20日到借款返还之日的利息部分,适用起诉时本规定的利率保护标准计算。",本案于2020年6月23日一审立案,不适用上述法律规定,而应当适用本案《借款合同》成立当时的司法解释即《最高人民法院关于审理民间借贷案件适用法律若干问题的规定》(法释〔2015〕18号)中关于利息计算标准的规定。柴某统该项主张不能成立,本院不予支持。关于柴某统和张某浪主张有部分款项没有约定利息的问题,经审查,在还款承诺书中,明确载明借款利息的计算期间和标准,各方当事人对还款承诺书并无异议,该项主张无事实依据,本院不予支持。

根据法院查明的事实,该案于2020年6月23日一审立案,尽管案涉借款合同成立于2017年1月22日,也应适用《民间借贷司法解释》(2015年)规定的"两案三区"法确定利率上限为24%。

当然,对于2020年8月20日前已作出终审裁决的案件,裁判的既判力优于溯及力,这类案件在新规施行后进行再审时,不适用新规。

综上所述,笔者将民间借贷司法解释中有关利率溯及力的规则总结为表2-2。

---

① 类案还可参见刘某贵与高某忠民间借贷纠纷再审审查民事裁定书[吉林省高级人民法院(2021)吉民申668号]。

表 2-2 民间借贷司法解释利率溯及力规则

一审受理时间	借贷合同成立时间	计息期间	利率效力规则
2020 年 8 月 20 日前	不考虑	合同成立之日至借款返还之日	适用"两线三区"法,利率上限为 24%
2020 年 8 月 20 日后	2019 年 8 月 20 日前	合同成立之日至 2020 年 8 月 19 日	适用"两线三区"法,利率上限为 24%
		2020 年 8 月 20 日至借款返还之日	适用"一线两区"法,利率不超过原告起诉时 1 年期 LPR 的 4 倍
	2019 年 8 月 20 日至 2020 年 8 月 20 日期间		适用"一线两区"法,利率不超过合同成立时 1 年期 LPR 的 4 倍
	2020 年 8 月 20 日后	合同成立之日至借款返还之日	适用"一线两区"法,利率不超过合同成立时[1] 1 年期 LPR 的 4 倍

〔1〕《民间借贷司法解释》(2020 年第二次修正)第 25 条第 1 款明确,约定的利率不得超过合同成立时 1 年期 LPR 的 4 倍。

需要注意的是,对于《民间借贷司法解释》(2020 年第二次修正)第 31 条第 2 款规定中的"适用起诉时本规定的利率保护标准计算"如何理解与适用的问题,最高院在《最高人民法院新民间借贷司法解释理解与适用》一书中对第 31 条作出如下诠释:"对于 2020 年 8 月 20 日到借款归还之日的利息,法条规定'适用起诉时本规定的利率保护标准计算',应作如下理解:'本规定的利率保护标准'是指本规定第 25 条等条文规定的,双方约定的利率不得超过合同成立时一年期贷款市场报价利率(LPR)四倍的标准。如果双方合同成立于 2019 年 8 月 20 日至 2020 年 8 月 20 日期间的,计算 2020 年 8 月 20 日到借款归还之日的利息应按合同成立时的一年期 LPR 四倍为标准计算;如果合同成立于 2019 年 8 月 20 日之前,此时还没有 LPR 值,在计算 2020 年 8 月 20 日到借款归还之日该阶段的利息,则应适用起诉时一年期 LPR 四倍的利率标准。"因此,在表 2-2 中,民间借贷合同纠纷立案时间在 2020 年 8 月 20 日之后,成立在 2020 年 8 月 20 日之前的,还需要细分为两种情形分别适用相关规则。

第五,关于前期利息滚动计入后期本金。《民间借贷司法解释》(2020 年第二次修正)第 27 条规定:"借贷双方对前期借款本息结算后将利息计入后期借款本金并重新出具债权凭证,如果前期利率没有超过合同成立时一年期贷款市场报价利率四倍,重新出具的债权凭证载明的金额可认定为后期借款本金。超过部分的利息,不应认定为后期借款本金。按前款计算,借款人在借款期间届满后应当支付的本息之和,超过以最初借款本金与以最初借款本金为基数、以合同成立时一年期贷款市场报价利率四倍计算的整个借款期间的利息之和的,人民法院不予支持。"这意味着,如果前期利息计入后期本金并重新出具债权凭证(如重新出具借条),如果前期利息不超过合同成立时 1 年期 LPR 的 4 倍,该部分可以认定为后期本金,但不论如何后期届满时应当支付的本息和不得超过以最初借款本金与以最初借款本金为基数、以合同成立时 1 年期 LPR 的 4 倍计算的整个借款期间的利息之和。①

需要注意的是,《民间借贷司法解释》(2020 年第二次修正)第 27 条规定有条件地保护借贷双方将利息计入本金的约定,但在合同未予约定的情形下,能否将利息计入借款本金并计算逾期利息? 最高院倾向于持否定意见,即逾期利息的计算基数仍然是借款本金,而不能将利息计入本金中计算逾期利息。其理由在于:一方面,《民法典》第 676 条规定:"借款人未按照约定的期限返还借款的,应当按照约定或者国家有关规定支付逾期利息。"但是该条并未规定在支付逾期利息时,需要将原有的利息计算到本金中计算利息。另一方面,如果将借款本息作为逾期利息的计算基数,无异于在当事人没有约定的情况下,通过法院审判为当事人计算复利。当然,上述处理方式的背景是当事人没有作出相关约定。如果当事人明确约定,逾期利息的计算基数包括了本息之和,则当事人的约定在《民间借贷司法解释》(2020 年第二次修正)第 27 条规定的范围内有效。

第六,关于利息的支付期限。《民法典》第 674 条规定:"借款人应当按照约定的期限支付利息。对支付利息的期限没有约定或者约定不明确,依据本法第五百一十条的规定仍不能确定,借款期间不满一年的,应当在返还借款时一并支付;借款期间一年以上的,应当在每届满一年时支付,剩余期间不满一年的,应当在返还借款时一并支付。"这一规定是有关借款合同利息支付期限的漏洞填补规则。即,对支付利息的期限没有约定或者约定不明确,依据补充协议仍不能确定,借款期间不满 1 年的,应当在返还借款时一并支付;借款期间 1 年以上的,应当在每届满 1 年时支付,剩余期间不满 1 年的,应当在返还借款时一并支付。

第七,关于利息涉及的期间的计算方法。《民法典》第 204 条规定:"期间的计算方法依照本法的规定,但是法律另有规定或者当事人另有约定的除外。"故此,对于利息计算的起算时间,当事人亦可通过约定排除《民法典》第 201 条至第 203 条确定的期间计算的一般规则。例如,贷款期间为 2020 年 9 月 8 日至 2021 年 9 月 7

---

① 参见葛某、庆某民间借贷纠纷案[安徽省高级人民法院(2023)皖民申 7842 号];甘某、赵某等民间借贷纠纷二审民事裁定书[甘肃省高级人民法院(2023)甘民申 3546 号]。

日,当事人可以在合同中直接约定利息日包含 2020 年 9 月 8 日当日。

(四)本金逾期与逾期利息

1. 金融借贷的罚息与复利

《民法典》第 676 条规定:"借款人未按照约定的期限返还借款的,应当按照约定或者国家有关规定支付逾期利息。"因此,在借款人逾期未返还本金的情况下,应当按照当事人约定或国家有关规定(主要适用于金融机构等)支付逾期利息。例如,《中国人民银行关于人民币贷款利率有关问题的通知》(银发〔2003〕251 号,自 2004 年 1 月 1 日起施行)第 3 条规定:"关于罚息利率问题。逾期贷款(借款人未按合同约定日期还款的借款)罚息利率由现行按日万分之二点一计收利息,改为在借款合同载明的贷款利率水平上加收 30%—50%;借款人未按合同约定用途使用借款的罚息利率,由现行按日万分之五计收利息,改为在借款合同载明的贷款利率水平上加收 50%—100%。对逾期或未按合同约定用途使用借款的贷款,从逾期或未按合同约定用途使用贷款之日起,按罚息利率计收利息,直至清偿本息为止。对不能按时支付的利息,按罚息利率计收复利。"

需要注意的是,在实践中,对于是否可以计收复利以及按罚息利率计算复利通常不存在争议,但争议比较大的是计算复利的基数如何确定。一种观点认为,主要是金融机构认为,复利是对于借款人拖欠利息和罚息的一种惩罚性措施,其计算基数可以包括拖欠的利息和罚息在内;另一种观点则认为,罚息已经体现出对拖欠利息的惩罚,因此金融机构不能对罚息再另行加收复利,复利只能以利息作为基数计算。

如在北京弘轩鼎成房地产开发有限公司、中国工商银行股份有限公司北京平谷支行金融借款合同纠纷二审民事判决〔最高人民法院(2018)最高法民终 1358 号〕中,北京弘轩鼎成房地产开发有限公司不服北京市高院一审判决,上诉认为中国工商银行股份有限公司北京平谷支行通过罚息已可获得高于其实际损失的补偿,要求北京弘轩鼎成房地产开发有限公司承担复利有违合同法精神,违反公平原则。对利息再计收利息,本质上属于利滚利,有违诚信原则和公平原则。最高院就此认为:

本案二审争议焦点主要是一审法院判决弘轩公司给付工行平谷支行复利是否正确。

《人民币利率管理规定》第二十一条规定:"对贷款期内不能按期支付的利息按合同利率按季计收复利,贷款逾期后改按罚息利率计收复利。"第二十五条规定:

"逾期贷款或挤占挪用贷款,从逾期或挤占挪用之日起,按罚息利率计收罚息,直到清偿本息为止,遇罚息利率调整分段计息。对贷款逾期或挪用期间不能按期支付的利息按罚息利率按季(短期贷款也可按月)计收复利。"复利是对贷款期内未付利息计收的利息或罚息,参照上述规定以及金融借款交易惯例,金融机构借款人有权收取复利,复利的收取标准,贷款期内按合同利率计收,贷款逾期按罚息利率计收。案涉《房地产借款合同》第一部分基本约定第十一条(5)约定:"逾期借款按合同利率加收50%的利率计收罚息,并对未支付利息按合同利率加收50%的利率计收复利。"第二部分具体条款9.3约定:"借款到期(含被宣布立即到期)借款人未按约偿还的,贷款人有权自逾期之日起按本合同约定的逾期罚息利率计收罚息。对借款人未按时支付的利息,按逾期罚息利率计收复利。"上述约定系当事人真实意思表示,内容不违反法律、行政法规的禁止性规定,合法有效,当事人应当依约履行合同义务。

本案中,弘轩公司已经向工行平谷支行支付了自2018年3月20日的利息。本案贷款于2018年4月25日提前到期,根据前述规定和约定,工行平谷支行有权要求弘轩公司以6.3亿元为基数,支付自2018年3月21日起至2018年4月25日之止的利息,共计2,992,500元。因为弘轩公司并未依约支付上述利息,故一审法院据此判决弘轩公司按中国人民银行一至五年期贷款基准利率加收50%的标准计收复利,符合双方约定。双方当事人均认可案涉贷款按照合同约定计收利息、罚息、复利的总和并不超过年利率24%,且总和金额未明显过高,故弘轩公司关于收取复利有违公平原则的上诉理由不能成立。弘轩公司主张迟延还款的原因是政策变化导致其资金紧张,但其并未提交证据予以证明。弘轩公司的上诉请求缺乏事实与法律依据,不能成立,本院不予支持。

在该案中,关于利息,本金为6.3亿元,自2018年3月21日起至2018年4月25日期间,以6.3亿元为基数,按1—5年期贷款基准利率按日计收利息,共计2,992,500元;关于罚息,自2018年4月26日起至实际支付之日止,以6.3亿元为基数,按1—5年期贷款基准利率加收50%为标准,按日计收利息;关于复利,自2018年4月26日起至实际支付之日止,以2,992,500元为基数,按1—5年期贷款基准利率加收50%为标准,按日计收复利。可见,无论是北京市高院还是最高院都不支持对罚息加收复利,即复利计算只能以利息(该案中为2,992,500元)作为基数计算,计算期间为从拖欠利息之日起至利息还清之日止。

再如,在天津银行股份有限公司天马支行与中能滨海电力燃料天津有限公司、天津市佳泰投资担保有限公司等金融借款合同纠纷二审民事判决书[最高人民法

院(2015)民二终字第110号]中,最高院认为:

原审判决判令天津中能公司应支付给天马支行截至2013年7月25日止的利息为8,570,988.33元,该数额系由贷款本金的正常利息2,858,704元、逾期罚息5,611,944元以及复利100,340.33元构成。其中复利的计算是以正常利息加上逾期罚息为基础,乘以借款合同约定的逾期利率及逾期天数得出。但是,按照中国人民银行《人民币利率管理规定》及中国人民银行《关于人民币贷款利率有关问题的通知》的相关规定,复利的计算基数应仅为正常利息即合同期内的应付利息,不包括逾期罚息。故原审判决确认的上述复利计算方法缺乏法律与合同依据,本院予以纠正。

最后,还需要关注的是,《电信条例》(2016年修订)第34条第1款规定:"电信用户应当按照约定的时间和方式及时、足额地向电信业务经营者交纳电信费用;电信用户逾期不交纳电信费用的,电信业务经营者有权要求补交电信费用,并可以按照所欠费用每日加收3‰的违约金。"

2. 民间借贷的逾期利息

《民间借贷司法解释》(2015年)第29条规定:"借贷双方对逾期利率有约定的,从其约定,但以不超过年利率24%为限。未约定逾期利率或者约定不明的,人民法院可以区分不同情况处理:(一)既未约定借期内的利率,也未约定逾期利率,出借人主张借款人自逾期还款之日起按照年利率6%支付资金占用期间利息的,人民法院应予支持;(二)约定了借期内的利率但未约定逾期利率,出借人主张借款人自逾期还款之日起按照借期内的利率支付资金占用期间利息的,人民法院应予支持。"最高院在确定年利率6%的标准时可能参考了涉外案件特别是国际贸易案件处理过程中的通行做法。但实践中出现了很多问题,首先是我国资本市场融资成本实际上远远高于6%,这导致很多债务人宁愿违约承担每年6%的违约责任,也不愿意主动还款,6%的固定违约金制度不仅不能体现法律制度的惩戒性,也不利于倡导和形成诚实守信的商业文化。另外,6%年利率大多数情况下不能完全覆盖债权人的实际经济损失,不利于债权人利益保护,客观上形成了对守约方的不公平。

基于上述原因,《民间借贷司法解释》(2020年修正)对第29条进行了修正,修正后的第29条规定:"借贷双方对逾期利率有约定的,从其约定,但是以不超过合同成立时一年期贷款市场报价利率四倍为限。未约定逾期利率或者约定不明的,人民法院可以区分不同情况处理:(一)既未约定借期内利率,也未约定逾期利率,出借人主张借款人自逾期还款之日起承担逾期还款违约责任的,人民法院应予支持;(二)约定了借期内利率但是未约定逾期利率,出借人主张借款人自逾期还款之日起按照借期内利率支付资金占用期间利息的,人民法院应予支持。"这一修正放弃了原6%的统一逾期利率规定,将实际损失的计算标准交还给了个案,既回归了维护守约方利益的公平正义价值取向,也完全符合合同法关于违约责任的"填补原则"。

《民间借贷司法解释》(2020年第二次修正)对应的条款是第28条,它仅在法释《民间借贷司法解释》(2020年修正)第29条基础上作了微调。即,将第2款第1项规定调整为"既未约定借期内利率,也未约定逾期利率,出借人主张借款人自逾期还款之日起参照当时一年期贷款市场报价利率标准计算的利息承担逾期还款违约责任的,人民法院应予支持"。这一规定进一步将"逾期还款违约责任"明确为"参照当时一年期贷款市场报价利率标准计算的利息",在审判实践中减少了法官确定"逾期还款违约责任"的不确定性,但也应注意到,其实际上也有"倒退"至《民间借贷司法解释》(2015年)的"法定逾期利息"立场之嫌。《民间借贷司法解释》(2020年修正)删除了6%的法定逾期利息,从法理上讲是正确的,因为借款合同的利息为法定孳息,逾期利息则属于"损害赔偿"的范畴。将逾期的损害赔偿作为利息来处理,是以"拟制"的手段扩大了利息的概念。

笔者将上述逾期利率确定规则总结为表2-3。

表2-3 民间借贷逾期利率的确定

类别	借期内利率	逾期利率	借款人法律责任
对逾期利率有约定	有约定或无约定	有约定	从其约定,但不超过合同成立时1年期LPR的4倍
对逾期利率无约定或约定不明	无约定	无约定	参照逾期还款之日1年期LPR计算的利息承担逾期还款违约责任
	有约定	无约定	自逾期还款之日起按照借期内利率支付资金占用期间利息

最后,《民间借贷司法解释》(2020年第二次修正)第29条规定:"出借人与借款人既约定了逾期利率,又约定了违约金或者其他费用,出借人可以选择主张逾期利息、违约金或者其他费用,也可以一并主张,但是总计超过合同成立时一年期贷款市场报价利率四倍的部分,人民法院不予支持。"实务中,在1年期LPR的4倍之外,当事人主张借款合同约定的律师费用、诉讼费用的,最高院倾向于认为,律师费用和诉讼费用属于实现债权的费用,不应归入"其他费用"之列。

一个可参考的本金逾期与利息逾期的条款如下。

【例2-4】本金逾期与利息逾期条款

X	本金逾期与利息逾期
X.1	本金逾期
	乙方逾期偿还借款本金的,甲方对逾期偿还的借款本金从逾期之日起计收违约金,违约金标准为按照本合同第[　　]条约定的逾期之日双方正在执行的借款利率×(1+[　　]%)。
X.2	利息逾期
	乙方逾期偿还借款利息的,甲方对逾期偿还的利息从逾期之日起计收违约金,违约金标准与前款相同。

(五)还款及其方式、提前还款

借款合同中还应对借款资金如何返还给出借人进行明确约定。还款的方式通常有两种:一次性还款和分期还款。对于前者,只需要明确约定借款期限的终止日即可。对于后者,应明确约定每期还款的时间及金额,可通过还款计划表的形式来具体描述。除此之外,该条款通常还会约定借款人什么情形下可以提前还款。

【例2-5】还款方式与提前还款

X	还款方式
X.1	还款方式的选择
	本合同项下,乙方选择如下方式进行还款: (1)一次性还款:乙方应在本合同约定的借款期限,即[　　]年[　　]月[　　]日一次性归还全部借款本息。 (2)分期还款:详见本合同附件[　　　　　　]。
X.2	提前还款
X.2.1	乙方提前归还借款的,经甲方同意,可以按实际借款天数计收利息。
X.2.2	甲方要求乙方提前偿还借款及所涉债务的,按实际借款天数计收利息。

需要说明的是,《民法典》第677条规定:"借款人提前返还借款的,除当事人另有约定外,应当按照实际借款的期间计算利息。"第678条规定:"借款人可以在还款期限届满前向贷款人申请展期;贷款人同意的,可以展期。"此外,《民间借贷司法解释》(2020年第二次修正)第30条规定:"借款人可以提前偿还借款,但是当事人另有约定的除外。借款人提前偿还借款并主张按照实际借款期限计算利息

的,人民法院应予支持。"

(六)加速到期条款

在金融借贷中,金融机构通常会在借贷合同中约定"加速到期条款",而在部分民间借贷中,特别是分期借款的情况下,当事人为了避免借款无法收回的风险,也会选择在合同中作出类似约定。例如:

借款人没有按期偿还本合同项下任何一项的本金、利息时,贷款人有权单方决定停止支付借款人尚未使用的借款,并提前收回部分或全部借款本息,分期偿还的借款,贷款人对其中某一期借款依据本合同约定提前收贷的,其他未到期的借款视为提前到期。

在司法实践中,法院支持债权人要求债务人提前返还借款、利息通常来自两个方面的请求权基础:一是来自法律关于预期违约和不安抗辩权的规定①;二是来自当事人在借款合同中的约定②。对于后者,加速到期条款主要涉及三个方面的问题:一是该约定的效力问题;二是加速到期是否必须以合同解除为前提条件;三是债权人能否通过诉讼主张加速到期以及加速到期日的确定。

对于第一个问题,法院一般会尊重当事人的意思自治,只要双方的约定内容不违反法律法规强制性规定和公序良俗,提供贷款方主张借款加速到期、借款方返还全部借款本息的诉求一般会得到支持。③

---

① 参见《民法典》第527条、第578条以及《关于当前形势下审理民商事合同纠纷案件若干问题的指导意见》(法发〔2009〕40号)第17条规定:在当前情势下,为敦促诚信的合同一方当事人及时保全证据、有效保护权利人的正当合法权益,对于一方当事人已经履行全部交付义务,虽然约定的价款期限尚未到期,但其诉请付款方支付未到期价款的,如果有确切证据证明付款方明确表示不履行给付价款义务,或者付款方被吊销营业执照、被注销、被有关部门撤销、处于歇业状态,或者付款方转移财产、抽逃资金以逃避债务,或者付款方丧失商业信誉,以及付款方以自己的行为表明不履行给付价款义务的其他情形,除非付款方已经提供适当的担保,人民法院可以根据合同法第六十八条第一款、第六十九条、第九十四条第(二)项、第一百零八条、第一百六十七条等规定精神,判令付款期限已到期或者加速到期。

② 如上海市高级人民法院发布的《关于审理借款合同纠纷案件若干问题的解答》(沪高法民二〔2006〕12号)"五、贷款人依据借款合同关于提前收贷的约定,诉请借款人提前还款,是否必须提解除合同诉请的问题"规定:借款合同关于贷款人提前收贷有约定的,该约定只要不违反法律、法规的强制性规定,应认定有效。在贷款人主张借款人提前还款的条件成就时,贷款人据此诉请要求借款人提前还款的,法院应予支持。该诉请不以解除合同为前提,故贷款人无须主张解除合同诉请。

③ 参见中建六局第三建筑工程有限公司与江南金融租赁有限公司民间借贷纠纷二审民事判决书〔江苏省高级人民法院(2019)苏民终1203号〕;翁某芳、杨某杰民间借贷纠纷民事判决书〔广东省广州市海珠区人民法院(2022)粤0105民初496号〕。

对于第二个问题,其实际涉及"加速到期"条款的法律性质的认定。对于该问题,学界主要存在三种观点,即约定解除权条款、附条件的合同条款、附条件的合同变更条款。笔者赞同"附条件的合同变更条款"说①。在该说下,"加速到期"时合同仍然有效,仅是合同约定的履行期限提前届至,即当约定的条件成就时,还款期限变更为提前还款之日,这也是其与合同解除的主要区别。此外,我国《民法典》第673条规定:"借款人未按照约定的借款用途使用借款的,贷款人可以停止发放借款、提前收回借款或者解除合同。"由此可见,提前收回借款与解除合同是并列关系,而非包含关系。从上海市高级人民法院发布的《关于审理借款合同纠纷案件若干问题的解答》(沪高法民二〔2006〕12号)中也可以看出,宣告合同加速到期并不以合同解除为前提条件。

对于第三个问题,司法实践认为债权人可以诉讼的方式宣告债权加速到期,加速到期日以民事起诉状副本送达对方时为准。② 其法理在于,债权人行使的是"通知到期权",它是一种指示未到期的债权转化为到期债权的形成权。除《民法典》第673条约定的"借款人未按照约定的借款用途使用借款的"情形外,在合同约定了加速到期条款的情形下,该形成权系约定形成权,而非前者那样的法定形成权。这与当事人可以通过诉讼方式通知对方解除合同一样,都是实现意思表示的表达方式。另外,对于加速到期的债权,债权人还可以主张相应的违约金或者逾期利息。

需要说明的是,严格意义上讲,债权人"提前收回借款"的权利与"借款加速到期"的权利两者是有所区别的。前者是一个复合性的权利,即必须以债权人"通知到期权"这一形成权为前提,只有在通知债务人借款加速到期后,才能进一步行使债权请求权("提前"请求返还借款)。

(七)担保条款

在借款合同中,尤其是金融借贷以及民间借贷中的企业间借款合同中,基本都会出现担保条款或有单独的担保合同。不论如何,此条款或合同都需明确担保人、担保方式、担保范围、担保期限以及担保的变更、通知等。例如,担保方式是保证、

---

① 参见盛京银行股份有限公司沈阳市民主支行与天津钢管公司东油销售处、沈阳中油天宝(集团)物资装备有限公司等金融借款合同纠纷二审民事判决书[最高人民法院(2016)最高法民终146号]。

② 参见中建六局第三建筑工程有限公司与远东国际融资租赁有限公司融资租赁合同纠纷二审民事判决书[上海市高级人民法院(2019)沪民终467号]。

抵押、质押或其他非典型性担保方式;若采保证,应明确是一般保证还是连带责任保证,是否涉及共同保证,担保的范围是否为合同项下的借款本金、利息、罚息、违约金、损害赔偿金及律师费等出借人实现债权的费用等。总之,这样的条款或合同基本与一般担保条款或担保合同的起草、审查要点大体类似,不再详述。

(八)违约责任条款

1.逾期付款违约金与解约违约金的竞合

借款合同的违约责任条款主要需要关注如下一些事项:借款人未按合同约定归还借款本息时的违约责任(包括逾期利息或罚息);加速到期及合同的解除权;未按照约定用途使用借款涉及的违约责任(包括逾期利息或罚息);等等。在起草、审查违约责任条款时,还需要关注的是,如借款合同既约定了逾期付款的违约金,又约定了解约违约金,二者能否同时适用存在争议。例如,违约方逾期还款导致出借人解除合同。如果合同中同时约定了逾期还款的违约金和解除合同违约金,则法院有可能只支持出借人解约违约金的诉讼请求,而不再同时支持逾期还款违约金的诉讼请求。从学理界和实务界来看,主流观点是支持并用的。如姚明斌认为①:

……迟延履行的违约方亦得主动支付解约金行使意定解除权,此时非违约方既能获得解约金,也是迟延履行违约金的债权人。那么,债权人可否获得全部解约金和违约金呢?于此涉及的标准,依然是避免债权人双重得利,亦即指向同一利益或同一部分利益的解约金和违约金不能并存。迟延履行违约金指向迟延履行造成的损害,解约金所指向的利益,应理解为因合同解除本身给相对人造成的信赖利益损失(比如准备履约的费用),利益指向不同,迟延履行违约金和解约金得并行不悖。但需注意的是,此时违约方解除合同,说明其无继续履行的意图,非违约方尚可在迟延履行违约金之外,主张替代给付的损害赔偿。该请求权主要指向履行利益,而信赖利益乃履行利益之代价,替代给付之损害赔偿应扣除涵盖信赖利益的解约金,以免重复计算。同理,若前述例子中涉及主要涵盖履行利益的违约金,则亦应扣除解约金部分。

在司法实践中,也不乏支持该观点的案例。例如,福州市直房地产公司、东方古玩城公司、刘某光商品房买卖合同纠纷案[福建省高级人民法院(2015)闽民再终字第18号民事判决书];林某青、包某欢等与贺某、贵州富强圣能源投资有限公司采矿权转让合同纠纷案[最高人民法院(2016)最高法民终250号民事判决书];中建材供应链管理有限公司、广西城投实业有限公司买卖合同纠纷案[广西壮族自

---

① 参见姚明斌:《违约金论》,中国法制出版社2018年版,第231-232页。

治区高级人民法院(2017)桂民终464号]等。

2.交叉违约条款

交叉违约(cross-defaulting)条款最初源于银行等金融机构银团贷款、债券融资等大额融资领域以及金融衍生品交易等复杂金融交易领域,近些年来也逐步被融资担保、融资租赁以及民间借贷领域引入。本部分以金融借贷和融资租赁展开讨论。

第一,所谓"交叉违约条款",是当事人约定如果本合同项下的债务人在其他合同或者类似交易项下出现违约,将被视为对本合同的违约,本合同的债权人可以对债务人采取相应的合同救济措施。交叉违约条款在《民法典》合同编借款合同部分并无明确规定,其是债权人为保障其债权的安全性而与债务人和/或相关主体自由协商确定的专门性条款。该条款与其他违约条款相比不同之处在于,约定违反相关合同而非本合同项下的义务同样视为对本合同的违背,即如果债务人在约定的任何其他特定的合同或义务项下出现未能履约之情形,则在本合同中构成违约事件。交叉违约条款中违约主体也不仅局限于债务人,还包括债务人之外的、与本合同履行有密切关系的其他人,如相关担保主体及其关联方。① 交叉违约条款其实是对"合同相对性"原则的突破,体现在两个方面:一是突破了本合同主体范围的限制;二是债务人及其他相关主体在其他合同项下的违约行为构成本合同项下的违约行为。换言之,即便债务人在本合同项下尚无实际违约行为,债权人仍然可以依据债务人在其他合同项下的违约行为,提前行使本合同约定的权利。

在草拟或者审查交叉违约条款时,需要关注如下几个方面的内容:一是交叉违约适用的主体范围,除了债务人之外,通常还包括债务人的关联方、担保人及其关联方。二是交叉违约适用的情形(事件),除债务人出现明显的严重财务困难、破产注销等情形外,通常应将其限定在与本合同项下主债务"同类债务"的范畴之内,不宜任意扩大。例如,若本合同是金融借款合同或融资租赁合同,则其他合同原则上也局限于相同的合同类型范围之内,否则很可能构成单方加重债务人责任从而需要经受格式条款无效的检验。另外,该条款通常还会对违约金额设定一个单笔和累计的金额门槛(固定金额或者某基准指标如净资产规模的百分比),只有违约金额达到这个金额或百分比以上才能触发交叉违约机制,这相对于定性描述

---

① 参见兴业银行股份有限公司佛山分行与广东三源生活电器有限公司、佛山市禅城瑞景贸易有限公司等金融借款合同纠纷一审民事判决书[广东省佛山市禅城区人民法院(2014)佛城法南民初字第408号];兴业银行股份有限公司宁波分行、宁波百丰选矿有限公司等金融借款合同纠纷二审民事判决书[浙江省高级人民法院(2022)浙民终1272号]。

更便于实践中认定和操作。三是触发交叉违约条款的后果。交叉违约条款一般不另行规定额外的违约责任,以突出该条款的保障属性,并规避被认定为增设责任导致条款无效的风险。实践中,对于触发交叉违约条款,常见的约定后果为债务的"加速到期"并承担违约金,即在约定宽限期内,债务人须履行合同项下债务,超过宽限期限视作债权到期并计算违约金。四是在实践中,亦可在合同中约定豁免条件。如当债务人触发交叉违约条款时,可以另行补充或增设债务履行担保等方式,作为交叉违约条款的豁免。

【例2-6】交叉违约条款

X	交叉违约条款
X.1	交叉违约的情形
	借款人或其关联企业及担保人或担保人的关联企业出现以下任何一种情况,均被视为借款人对本合同同时违约,贷款人有权根据本合同第[X.2]款约定提前收贷,并根据本合同第[ ]条约定要求借款人承担违约责任: (1)任何其他借款、融资或债务出现或可能出现违约或被宣布提前到期; (2)任何担保或类似义务未履行,或存在未履行的可能性; (3)未履行或违反有关债务担保以及其他类似义务的法律文件或合同,或存在未履行或违反的可能性; (4)出现或即将出现无力清偿到期债务或到期借款/融资的情况; (5)经法律程序被宣告或即将被宣告破产; (6)将其资产或财产转让给其他债权人,危及本合同项下借款本息(融资资金)安全的; (7)危及本合同项下借款本息(融资资金)安全的其他情况。
X.2	处置
	当发生第[X.1]款中约定的违约情形之一时,贷款人有权: (1)停止发放本合同项下的任何尚未发放的贷款; (2)通知本合同项下的贷款提前到期,并立即偿还全部剩余贷款,并给予债务人宽限期[ ]个自然日。如未在前述宽限期内还清剩余贷款,为本合同违约,贷款人有权解除本合同。
X.3	豁免
	如借款人在宽限期内满足以下情形之一的,则不视为本次交叉违约情形发生: (1)借款人补充或提供担保并经贷款人认可的; (2)第三人对本合同项的借款本息(融资资金)承担不可撤销的连带保证并经贷款人认可的; (3)贷款人书面通知借款人此次交叉违约情形视为不发生。
Y	违约责任
	……

上述示例在交叉违约主体范围方面,将借款人及其关联方、担保人以及关联方涵盖进来;在交叉违约情形(事件)方面,更是采取宽泛的描述性质的界定方法,这固然可以将更多的情形(事件)包括进来,但也带来了认定的难度,即需要达到何种程度贷款人才可以适当地启动交叉违约条款。需要注意的是,为避免贷款人过分扩大违约事项的范围而加重借款人的合同义务,司法实践中通常不支持宽泛地对借款人及相关主体的任何违约行为都启动交叉违约条款,而倾向于将债务的性质界定为借款人或相关主体的其他金融借款合同项下的债务;在违约责任方面,则在违约责任条款作出专门约定。

　　第二,交叉违约条款的理论基础在于预期违约制度和不安抗辩权制度。对于前者,交叉违约条款可视为《民法典》第578条规定的"预期违约",即债务人及相关主体通过其其他合同项下的违约行为表明不履行本合同项下的合同义务,债权人可以借助"加速到期"条款要求债务人提前偿还全部债务并追究违约责任,还可以享有合同解除权。对于后者,根据《民法典》第527条规定的"不安抗辩权"制度,交叉违约条款可以解释为,当有充分证据证明债务人及相关主体在其他合同项下有违约行为,其丧失或者可能丧失履行债务能力时,债权人可以采取措施中止履行本合同。

　　第三,关于交叉违约条款的效力问题。司法实践的观点基本一致,即该条款只要是当事人的真实意思表示,就应该认可其效力,除非违反法律法规强制性规定。① 然而,对于金融机构等提供的借款合同中的交叉违约条款,更大的风险在于可能因构成格式条款,涉嫌免除或者减轻其责任、加重对方责任、限制对方主要权利,而实践中又没有尽到提示义务和/或说明义务,导致合同条款不成为合同内容

---

① 参见平安银行股份有限公司成都分行、兰某强金融借款合同纠纷二审民事判决书[四川省成都市中级人民法院(2019)川01民终737号]。在本案中,成都市中院认为:交叉违约条款是当事人约定如果合同项下的债务人在其他合同或者类似交易项下出现违约,那么此种违约也将被视为对本合同的违约,本合同的债权人可以对债务人采取相应的合同救济措施。其理论基础来自合同成立以后,后履行一方当事人财产状况恶化可能危及先履行一方当事人的债权实现时,先履行一方可以主张不安抗辩权。我国法律并未禁止当事人在合同中订立交叉违约条款,根据民事活动中法无禁止即自由的基本原则,本院对《个人信用额度贷款合同》中双方约定交叉违约条款的效力作肯定性评价。还可参见深圳金海峡融资租赁有限公司、嘉兴科能新能源技术有限公司等融资租赁合同纠纷二审民事判决书[福建省厦门市中级人民法院(2021)闽02民终5231号];四川国储天府物流有限公司、中信银行股份有限公司成都分行等金融借款合同纠纷二审民事判决书[四川省高级人民法院(2021)川民终1117号]。

或者无效①(《民法典》第 496 条、第 497 条)。

第四，尽管司法实践普遍认可交叉违约条款的效力，但也同时承认行使交叉违约条款应受到一定的限制，以避免债权人滥用权利，损害债务人和相关主体的合法权益。例如，在平安银行股份有限公司成都分行、兰某强金融借款合同纠纷二审民事判决书[四川省成都市中级人民法院(2019)川 01 民终 737 号]中，成都市中院认为：

交叉违约条款保护了债权人的预期利益，但同时也在一定程度上限制了债务人的合同权利，如滥用该条款，则不可避免的损害债务人的合法权益。因此，债务人什么性质的违约行为会导致交叉违约的启动应当结合双方合同履行的情况、债务人违约行为所引发的后果等诸多因素综合评判，双方无法达成一致时就需要人民法院加以干预。本院认为，债务人应当存在实质性、根本性的违约行为才能启动交叉违约条款。如债务人仅仅是基于技术性的疏忽或其他可补救的原因导致违约，债务人能够弥补或该违约行为并未使债权人的债权陷入明显的危险境地的，不宜认定为债权人可启动交叉违约。

从上述案例可以看出，司法实践中，审查交叉违约条款是否应当适用，重点在于借款人和/或相关主体在其他债务合同中的违约行为的性质和程度，是否已经或可能实质性地影响到本合同项下债权的安全。换言之，是否足以构成本合同项下的预期违约或者根本性、实质性违约。实务中，采用的衡量标准可以是两个维度：一是定性的方面，即违约行为的性质；二是定量的方面，即违约行为导致的金额达成何种门槛(如借款人及关联方没有清偿到期应付的任何负债，且总金额达到或超过人民币[   ]万元)。

【例 2-7】融资租赁(售后回租)纠纷案：交叉违约条款的适用②

基本案情：2019 年 3 月 6 日，出租方(买方)深圳金海峡融资租赁有限公司(以下简称深圳金海峡公司)与承租方(卖方)嘉兴科能新能源技术有限公司(以下简称嘉兴科能公司)签订了《所有权转让协议》和《融资租赁合同》(售后回租)。深圳先进储能技术有限公司(以下简称深圳先进公司)、佛山灰熊科技有限公司(以下简称佛

---

① 参见兴业银行股份有限公司宁波分行、宁波百丰选矿有限公司等金融借款合同纠纷二审民事判决书[浙江省高级人民法院(2022)浙民终 1272 号]；天津市聚龙贸易有限公司、星展银行(中国)有限公司天津分行金融借款合同纠纷二审民事判决书[天津市高级人民法院(2017)津民终 584 号]；上海雨润食品有限公司与上海银行股份有限公司青浦支行、上海雨润肉食品有限公司金融借款合同纠纷二审民事判决书[上海市第二中级人民法院(2016)沪 02 民终 2271 号]。

② 参见深圳金海峡融资租赁有限公司、嘉兴科能新能源技术有限公司等融资租赁合同纠纷二审民事判决书[福建省厦门市中级人民法院(2021)闽 02 民终 5231 号]。

山灰熊公司)和常德科欣新能源技术有限责任公司(以下简称常德科欣公司)提供了《担保书》,对前述两份合同及其所有相关协议项下承租方对出租方的所有债务提供连带责任保证担保。案涉《融资租赁合同》第14条在违约责任部分约定:"交叉违约,意即,若承租方在其与出租方之间或双方与其他当事人已签署或将要签署的所有合同、协议(包括但不限于融资租赁合同、融资租赁之售后回租合同、购买合同等)中的任一或任几个或所有合同、协议项下出现违约行为,则视同承租方在所有合同、协议项下违约,出租方有权行使任一或任几个或所有合同、协议约定的补救措施和法律规定的权利。"

关联合同履行情况:深圳金海峡公司与常德科欣公司于2019年10月16日签订了另外一份《所有权转让协议》和一份《融资租赁合同》;深圳先进公司、嘉兴科能公司为前述合同提供担保;常德科欣公司依据合同约定履行支付租金义务至2021年1月29日,其后违约。因常德科欣公司未依约履行租金支付义务,深圳金海峡公司于2021年2月2日向连带责任保证人嘉兴科能公司所指定的送达地址邮寄律师函,该催收信函于2021年2月4日被签收。其后,因各方仍未履行《融资租赁合同》及其相关协议项下之付款义务,深圳金海峡公司于2021年3月2日向人民法院起诉,本案融资租赁合同关系亦包含在该次诉讼中。

深圳先进公司系常德科欣公司和嘉兴科能公司的唯一股东。周某华系深圳先进公司及佛山灰熊公司的法定代表人。

有关交易结构与各公司的关联关系如图2-3所示。

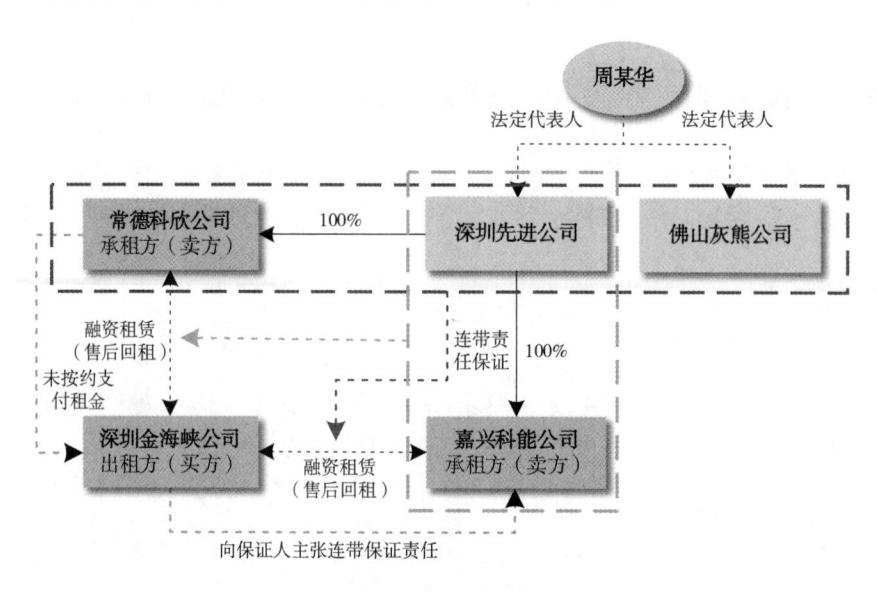

图2-3 深圳金海峡公司融资租赁案交易结构及各公司关联关系

一审审判：案涉各合同及协议均系各方当事人的真实意思表示，内容并不违反法律、行政法规的强制性规定，应认定为合法有效。

关于交叉违约之认定，所谓"交叉违约条款"，是当事人约定如果合同项下的债务人在其他合同或者类似交易项下出现违约，将被视为对本合同的违约，本合同的债权人可以对债务人采取相应的合同救济措施。一审法院认为，法律并未禁止当事人在合同中订立交叉违约条款，根据"法无禁止即自由"的民事活动基本原则，一审法院对案涉合同中的交叉违约条款之效力予以确认。深圳先进公司辩称嘉兴科能公司在履行案涉合同过程中不存在违约行为，故深圳金海峡公司无权起诉。一审法院认为，债权人是否有权启动交叉违约应当结合双方合同履行的情况、债务人违约行为所引发的后果等诸多因素综合评判。本案中，承租方及担保方均系关联企业，且深圳先进公司系常德科欣公司和嘉兴科能公司的唯一股东，故该三家公司的履约行为及履约能力具有牵连性。在融资租赁合同关系中，如期支付租金系承租方的主要合同义务，故一旦停止支付租金即构成实质性、根本性的违约，另案中，常德科欣公司已构成根本违约，而嘉兴科能公司在收到深圳金海峡公司的催告函后亦未履行担保之责。深圳金海峡公司已依约购买租赁设备并交付给嘉兴科能公司使用，嘉兴科能公司作为后履行一方，在另案中拒不履行担保责任，深圳金海峡公司据此认为其财产状况恶化可能危及债权实现并主张不安抗辩权，故一审法院认为深圳金海峡公司符合启动交叉违约条款提前宣布所有未付租金到期的条件。

二审审判：二审法院认为，深圳先进公司的上诉请求围绕案涉合同的违约责任以及违约金的认定问题，对此分析如下。案涉各合同及协议均系各方当事人的真实意思表示，内容并不违反法律、行政法规的强制性规定，应认定为合法有效。依法成立的合同，对当事人具有法律约束力。各方当事人应当按照约定履行自己的义务，不得擅自变更或者解除合同。同时，当事人行使权利、履行义务应当遵循诚实信用原则。本案，案涉融资租赁合同第十四条约定了交叉违约条款，因嘉兴科能公司为另案承租人常德科欣公司的债务提供了连带责任保证担保，在另案承租人常德科欣公司未按时足额支付租金，构成违约的情况下，经深圳金海峡公司发函催促，作为担保人的嘉兴科能公司，亦未在律师函约定的付款期间向深圳金海峡公司支付逾期租金，已构成违约，根据前述交叉违约条款的约定，其亦构成案涉融资租赁合同项下违约，深圳金海峡公司有权要求其承担违约责任。同时，因深圳先进公司在一审法庭辩论终结前未向法院提出违约金过高的抗辩，其二审主张违约金过高也未提供违约金约定缺乏公平性的相应证据。故对深圳先进公司上诉主张,不予支持。

该案的争议焦点是,当债务人在诉争合同项下未有违约行为,但在其他合同项下已出现违约行为时,债权人是否可以依据交叉违约条款加速合同到期主张债权。显然,该案是一个债务人(承租人)嘉兴科能公司的关联公司常德科欣公司在另一合同项下不履行合同义务,其担保人嘉兴科能公司也不履行担保责任,构成保证合同项下的违约行为的情形下,导致嘉兴科能公司同时在诉争合同项下违约的典型案例。在该案中,法院首先基于案涉各合同及协议均系各方当事人的真实意思表示,内容并不违反法律、行政法规的强制性规定,认定了各合同及协议的有效性。其次,在融资租赁合同关系中,如期支付租金系承租方的主要合同义务,故一旦停止支付租金即构成实质性、根本性的违约。在另一合同项下,常德科欣公司已经构成根本违约,而嘉兴科能公司在收到深圳金海峡公司的催告函后亦不履行担保责任。根据本案交叉违约条款的约定,承租方嘉兴科能公司在另一合同的从合同保证合同中出现了违约行为,则视为承租方在诉争合同项下的违约行为,从而深圳金海峡公司据此认为其财产状况恶化可能危及债权实现并主张预期违约,故法院认为深圳金海峡公司符合启动交叉违约条款提前宣布所有未付租金到期的条件,因此深圳金海峡公司有权要求嘉兴科能公司承担违约责任。而诉争合同约定在嘉兴科能公司违约时,深圳金海峡公司有权主张合同加速到期并要求嘉兴科能公司支付全部未付租金,同时合同还约定以全部未付租金为基数按日利率1‰的标准计算违约金,故法院最终判决嘉兴科能公司向深圳金海峡公司支付全部未支付租金、留购价款及违约金。

第五,在适用交叉违约条款时,如果债务人及相关主体的预期违约涉及不履行主要债务,则债权人可以主张债务人承担违约责任并可要求解除合同(《民法典》第563条第1款第2项);如果不涉及主要债务,则债权人可以主张债务人承担违约责任,但不能主张解除合同(《民法典》第578条)。在实践中涉及交叉违约条款的金融借贷、融资租赁、债券融资案中,大多数的诉讼请求都包括提前还本付息,但并不包括解除合同(如【例2-7】中的融资租赁纠纷案),因为原告并未提出明确的诉讼请求,故法院也并未就此作出判决。

第3章 租赁类合同起草、审查精要与实务

内容概览

广义的租赁合同包括一般或普通租赁合同（经营租赁合同）和融资租赁合同。狭义的租赁合同特指经营租赁合同，是指出租人将租赁物交付承租人使用、收益，承租人支付租金的合同。融资租赁合同是出租人根据承租人对出卖人、租赁物的选择，向出卖人购买租赁物，提供给承租人使用，承租人支付租金的合同。在企业实践中，除特别的企业和行业之外，一般涉及的是租赁合同，而且以城镇房屋租赁为多。本章将以经营租赁合同为中心展开，兼顾融资租赁合同。本章包含如下内容：

- ✓ 租赁合同的概念、特征与类型
- ✓ 经营租赁合同的审查
- ✓ 融资租赁合同特别条款的审查

第一节　租赁合同的概念、特征与类型

一、租赁合同的概念

广义的租赁合同包括一般或普通租赁合同（又称经营租赁合同）和融资租赁合同。《民法典》第703条规定："租赁合同是出租人将租赁物交付承租人使用、收益，承租人支付租金的合同。"《民法典》第735条规定："融资租赁合同是出租人根据承租人对出卖人、租赁物的选择，向出卖人购买租赁物，提供给承租人使用，承租人支付租金的合同。"其中，交付租赁物并获取租金收入的一方当事人被称为"出租人"，而接受租赁物并占有、使用的一方当事人被称为"承租人"。

二、租赁合同的特征与种类

(一)经营租赁合同的特征与种类

经营租赁合同是出租人将租赁物交付承租人使用、收益,承租人支付租金的合同。其具有如下典型特征:

第一,租赁合同是转移租赁物使用收益权的合同。在租赁合同中,承租人的目的是取得租赁物的使用收益权,出租人也只转让租赁物的使用收益权,而不转让其所有权;租赁合同终止时,承租人须返还租赁物。这是租赁合同区别于买卖合同的根本特征。

第二,租赁合同是双务、有偿合同。在租赁合同中,交付租金和转移租赁物的使用收益权之间存在着对价关系,交付租金是获取租赁物使用收益权的对价,而获取租金是出租人出租财产的目的。

第三,租赁合同是诺成合同。租赁合同的成立不以租赁物的交付为要件,当事人只要依法达成合意,合同即告成立。

第四,租赁合同是一种具有确定期限的合同。租赁合同具有临时性的特征,不能无限期存在。

第五,租赁标的物只能是特定的非消耗物。

根据租赁物的不同,租赁可以分为动产租赁和不动产租赁。动产租赁包括车辆租赁和设备租赁等,而不动产租赁包括房屋租赁和土地使用权租赁等。对于企业而言,可能涉及最多的是房屋租赁合同,在现实生活中由此引发的争议亦较多。就此,最高院于2009年7月30日发布了《房屋租赁合同司法解释》,对于实践中出现的诸多问题予以了明确。根据租赁合同是否确定期限,可以划分为定期租赁和不定期租赁。当事人可以在租赁合同中约定租赁期间,没有约定租赁期间的则为不定期租赁。对于不定期租赁,任何一方当事人都有权依自己的意愿随时解除合同,但在解除合同之前,应预先通知对方。但是,无论是否约定租赁期间,租赁期间都受20年法定期间的限制(《民法典》第705条)。

(二)融资租赁合同的特征与种类

融资租赁是指出租人根据承租人对租赁物件的特定要求和对供货人的选择,出资向供货人购买租赁物件,并租给承租人使用,承租人则分期向出租人支付租金,在租赁期内租赁物件的所有权属于出租人所有,承租人拥有租赁物件的使用权。租期届满,租金支付完毕并且承租人根据融资租赁合同的规定履行完全部义务后,对租赁物的归属没有约定的或者约定不明的,可以协议补充;不能达成补充协议的,按照合同有关条款或者交易习惯确定,仍然不能确定的,租赁物件所有权归出租人所有。因此,融资租赁具有如下典型特征:

第一,融资租赁业务涉及出租人、承租人以及租赁资产或设备的供应商三方当事人。出租人与承租人之间存在一个租赁合同,出租人与供应商之间存在租赁物的买卖合同。

第二,租赁物和租赁物供应商由承租人决定,出租人出资购买并租赁给承租人使用,并且在租赁期间内只能租给一个企业使用。承租人负责检查、验收供应商所提供的租赁物,对该租赁物的质量与技术条件,出租人不向承租人作出担保。

第三,融资租赁租金计算构成了融资租赁合同的核心。需要租赁双方根据租赁方式、市场利率和租赁时间长短等因素综合考虑协商确定。

第四,出租人保留租赁物的所有权,承租人在租赁期间支付租金而享有使用权,并负责租赁期间租赁物的管理、维修和保养。租期结束后,承租人一般对租赁物有留购、续租和退租三种选择,若要留购,购买价格可由租赁双方协商确定。

实践中,融资租赁业务常见的业务模式包括:直接融资租赁(直租业务)、售后回租和其他融资租赁方式。其他融资租赁方式又可包括转租赁、委托租赁、杠杆租赁、分成租赁等。其中,直接融资租赁是出租人根据承租人的请求,向承租人指定出卖人,按承租人同意的条件,购买承租人指定的资产货物,并以承租人支付租金为条件,将该资产货物的占有、使用和收益权转让给承租人。租赁结束,承租人可以协商的名义价格获得设备所有权。售后回租,有时又称出售回租、回租赁等,是指物件的所有权人首先与租赁公司签订买卖合同,将物件卖给租赁公司,取得现金。然后,物件的原所有权人作为承租人,与该租赁公司签订回租合同,将该物件租回。承租人按回租合同付完全部租金,并付清物件的残值以后,重新取得物件的所有权。为了解决融资租赁合同纠纷,最高人民法院于 2014 年 2 月 24 日发布了《关于审理融资租赁合同纠纷案件适用法律问题的解释》[法释〔2014〕3 号],该解释于 2020 年 12 月 29 日修正,修正后的解释简称《融资租赁合同司法解释》(2020年修正)。

第二节 经营租赁合同的审查

一、经营租赁合同的结构

除《民法典》第470条的规定外,《民法典》第704条还规定:"租赁合同的内容一般包括租赁物的名称、数量、用途、租赁期限、租金及其支付期限和方式、租赁物维修等条款。"若无特别说明,本节以房屋租赁合同为例进行说明,一般而言,房屋租赁合同应包括如下主要条款:

- ✓ 租赁双方当事人的名称(姓名)和住所等信息;
- ✓ 房屋的坐落、面积、装修、设施情况;
- ✓ 房屋产权证明和其他资料;
- ✓ 租赁期限及用途;
- ✓ 租金及支付方式;
- ✓ 租赁期间相关费用及税金;
- ✓ 房屋修缮与使用;
- ✓ 房屋的转让与转租;
- ✓ 添附、装修行为的设定;
- ✓ 合同的解除与终止;
- ✓ 房屋交付及收回的验收;
- ✓ 违约责任;
- ✓ 争议的解决等。

除了上述核心条款之外,根据具体情况的需要,房屋租赁合同还可能包括免责条款、续租条款、广告宣传条款、保险条款、租赁登记备案条款等。

二、房屋租赁合同的主体审查

对出租主体的审查,除审核出租人的主体资格外,还应审查出租人是否有权出租标的物,可以查验对方不动产权证书或者其他有效证明文件。审查合同时要注意查看合同所附资料中是否有出租人的上述权属证书,主要是看权属证书记载的所有权人与出租人是否一致、是否有共有权人及共有权人是否同意、是否设立抵押权、是否已经进行其他处分或受到其他权利限制。如果出租人非产权人,而是承租后再转租,还应审核产权人书面同意出租人转租的文件(如属多次转租,应逐次审核前手出租人同意转租的文件直至产权人),相关文件应作为合同附件。

除此之外,对于一些特殊情况还需要特别注意:第一,大型店面房统一出租,出租方本身对出租的房屋不拥有产权,只是接受各业主的委托统一对外出租,但在合同履行期内可能会有个别业主要求提前收回自己的商场摊位自己做生意,由此发生纠纷,在签订此类合同时承租方应当要求出租方承诺或保证不得提前收回房屋;第二,有些特定内容的房屋租赁合同,出租方应当事前办理好报批核准登记手续;第三,在房屋租赁期内,公司作为出租方如果发生了破产、企业转制、公司歇业或被注销等情况,如何补救,承租方如不能继续租赁房屋由此而产生的经济损失如何补偿等问题,合同中应予明确;第四,在房屋租赁期内,承租人作为自然人死亡后,其共同生活的家庭成员可否延续原来的房屋租赁合同,继续居住使用该房屋等。

三、房屋租赁合同的标的物审查

(一)对租赁房屋的审查

对于房屋租赁合同,首先需要关注租赁物是否是法律允许出租和出租人有权出租的标的物。实务中,需要关注三个方面的内容:

第一,出租房屋是否属于违法建筑,是否是廉租房、经济适用房等特殊性质的房屋。因为这些房屋的出租可能会影响租赁合同的效力。

第二,出租房屋是否属于适合租赁的房屋。例如,是否是司法机关和行政机关依法裁决查封或以其他形式限制的房屋;临时性、简易性房屋;不符合公安、城管、环保、卫生、消防等主管部门有关规定的房屋。这种房屋可能导致潜在的纠纷或安全隐患,也可能影响租赁合同的效力或者面临租赁合同被解除的风险。

第三,是否是转租房屋、已抵押房屋出租等。因为这样的出租房屋可能面临租赁合同被解除的风险。

涉及的租赁合同效力、解除等的具体分析详见下文。

(二)对租赁合同条款的审查

在房屋租赁合同中,要写明房屋的坐落地址、房屋的间数层数、承租的建筑面积或使用面积,结构及用途,装修情况,附属设施和设备状况,不动产权证编号,并把房地产的规划红线图及房产平面图作为合同附件。还要列明房屋的附属设施清单。要对租赁物作完整描述,如"不仅包括房屋且包括其相关附属设施(包括但不限于房屋已具备的空调、水、电、供暖设备及相应的公共设施和共用面积等)"。

此外,如果审查合同时缺乏相关的权利证明材料,对于出租方对租赁标的是否享有完整的权利,可以要求出租方对于其享有对租赁标的的完整权利作出承诺,并在违约责任条款中明确若出租方违反该承诺保证的,视为出租方违约。出租方对租赁标的物是否享有完整的权利往往影响合同的效力,因此在审查时应当特别注意。

还要注意的是,如果公司承租房屋是用于营业或办公,则应审查合同中关于拟租赁房屋的周围环境的相关约定,如是否有适当的停车地点,周围是否有娱乐场所影响办公等。

【例3-1】租赁物业条款

X	租赁物业
X.1	甲方将[　　]大厦第[　　]层第[　　]至[　　]号房(以下简称"出租物业")出租给乙方作为[办公用途]使用。
X.2	该出租物业的具体位置在本合同附件——[租赁物业位置示意图]中以阴影标注,该位置示意图只作位置确定及方便鉴别之用。
X.3	该出租物业的建筑面积为[　　]平方米。双方确认,除本合同另有规定外,该面积为计算租金、物管费及其他各项费用的基础。
X.4	在租赁期限内,乙方有权根据其正常经营需要与[　　]大厦中的所有其他租户共同、平等地使用[　　]大厦中的公共部分,包括但不限于大堂、通道、卫生间、电梯等,但甲方及[　　]大厦的管理公司有权根据实际情况对公共部分的使用予以合理的临时限制。

四、房屋租赁合同的效力问题

除《民法典》总则编第6章"民事法律行为"第3节"民事法律行为的效力"有关民法法律行为效力的规定(第143条、第144条、第146条、第153条和第154条)外,在审判实践中,房屋租赁合同还可能因租赁物的法律属性、租赁期限、是否擅自转租以及是否属于"高利贷套路贷"的新形式而无效或对当事人不发生效力。

(一)房屋系违法建筑时,租赁合同的效力

所谓违法建筑,通常是指未经规划土地主管部门批准,未领取建设工程规划许可证或临时建设工程规划许可证①,或虽领取但未按照规划许可证的规定,擅自或违规建筑的建筑物和构筑物。具体包括违反了城乡规划规定的建筑物、构筑物以及违反临时建筑管理规定的临时建筑。

《房屋租赁合同司法解释》(2020年修正)第2条规定:"出租人就未取得建设工程规划许可证或者未按照建设工程规划许可证的规定建设的房屋,与承租人订立的租赁合同无效。但在一审法庭辩论终结前取得建设工程规划许可证或者经主管部门批准建设的,人民法院应当认定有效。"建设工程规划许可证或城市建设主管部门的依法批准是房屋开发建设的合法前提和基础,未经合法批准建造的房屋,因其建设行为的违法性,不能产生设立物权的法律效果,建设人因此对违法建筑不享有物权权益。因违反强制性法律规定,就此房屋签订的租赁合同应为无效。但司法实践允许在一审法庭辩论终结前取得相关主管部门批准,使合同效力得到补正。

实务中,需要注意的是以未取得建设工程规划许可证的在建工程(如购物中心、百货商场等商业地产)订立的房屋租赁或者预租赁合同的效力问题。司法实践认为这样的租赁合同或者预租赁合同无效。如在浙江银泰投资有限公司、包头市中冶置业有限责任公司房屋租赁合同纠纷二审民事判决书[最高人民法院(2017)最高法民终171号]中,法院认为:双方当事人就尚不存在或尚未建成的房屋签订的租赁合同为房屋预租合同。现行法律、行政法规、司法解释对房屋预租合同无特别规定,在此情形下,参照适用《最高人民法院关于审理城镇房屋租赁合同纠纷案件具体应用法律若干问题的解释》第2条、第4条的规定。若合同约定的预租物没有取得建设工程规划许可证,预租合同应认定无效。

另外,在租赁物上有加建且加建部分未取得建设工程规划许可证的情况下,租赁合同是整体无效还是部分无效,实务中有争议。但总体原则是,法院会考虑租赁房屋的"整体性"和"可分性"。即,如加建部分的大小、位置、与合法建筑是否融为一体,认定合同部分无效对整个租赁标的的影响、对合同目的实现的影响以及剩余有效部分能否继续得到全面、实际、独立履行等因素都属于法院考量"可分性"与否的范畴。若加建面积占比大,位置属于建筑物核心组成部分,在物理上无法分割,分割后会对整个建筑物的使用产生重大影响,无法实现双方签约时的目的等,则法院认定租赁合同不具有可分性,判决租赁合同整体无效的可能行较大;反之,如无效部分具有可分性,则法院更倾向于认定租赁合同部分无效、部分有效。另

---

① 建设工程规划许可证是城市规划行政主管部门依法核发的,确认有关建设工程符合城市规划要求的法律凭证,是建设单位建设相关工程设施的法律凭证。

外,部分法院在具备物理分割性上,还会进一步考量加建部分是否导致房屋主体结构、地基安全隐患,若法院认为该加建行为影响房屋主体结构安全,通常会判决租赁合同整体无效。

《房屋租赁合同司法解释》(2020年修正)第3条规定:"出租人就未经批准或者未按照批准内容建设的临时建筑,与承租人订立的租赁合同无效。但在一审法庭辩论终结前经主管部门批准建设的,人民法院应当认定有效。租赁期限超过临时建筑的使用期限,超过部分无效。但在一审法庭辩论终结前经主管部门批准延长使用期限的,人民法院应当认定延长使用期限内的租赁期间有效。"临时建筑是指经建设行政主管部门审核批准,在特定的地点、使用期限以及用途范围内建造的供临时使用的建筑物。临时建筑在使用期限、建设范围等方面都有特定的限制,未经批准或者未按照批准内容建设的房屋,以及超过使用期限的临时建筑,由于不具备合法性,不受法律保护,相应的房屋租赁合同无效。对于租赁合同约定的租赁期限超过临时建筑批准的使用期限的,使用期间内的房屋租赁合同有效,超过的部分无效。但是有效部分可以履行对于合同目的的实现或部分实现并非充分条件。如果部分无效的内容影响合同目的的实现的,当事人可以请求解除合同。另外,临时建筑的效力也存在补正问题,临时建筑在一审法庭辩论终结前经主管部门批准的,应当认定有效,经主管部门批准延长使用期限的,人民法院应当认定延长使用期限内的租赁期间有效。

如在李某与蔡某伟、王某凤租赁合同纠纷民事二审民事判决书[山东省青岛市中级人民法院(2021)鲁02民终12634号]中,法院认为:

关于涉案租赁合同应否解除,涉案厂房为青岛地铁1号线临时工棚,在地铁1号线施工完毕后,该房留归李沧区湘潭路街道办事处东南渠社区居民委员会和青岛帅潮实业有限公司所有和使用。该两方主体均出具证明证实本案被上诉人蔡某伟有权对外出租。对于该厂房的性质,上诉人认可在签订租赁合同时,被上诉人已进行了明确告知,但基于该厂房只有《临时建设规划许可证》的原因,上诉人在办理使用该厂房进行生产经营的手续过程中遇到了障碍,无法办理相关证照,其多次向被上诉人要求提供厂房所有权凭证等合法手续,并于2020年12月24日向被上诉人邮寄解除合同的通知。因涉案厂房无法实现租赁合同的目的,涉案租赁合同中相关部分面积的租赁关系应予解除。考虑到给予双方一定的交接时间,本院酌情判定自上诉人于2020年12月24日向被上诉人邮寄解除合同的通知之日起,向后顺延至2021年1月31日,涉案合同中1000平方米的厂房租赁关系解除。因涉案合同约定的房屋面积为1500平方米,租赁期限为三年,自2020年9月1日至

2023年8月31日，一审认为涉案房屋在超出《临时建设规划许可证》的空间（500平方米）及其余1000平方米在超过《临时建设规划许可证》有效期后2021年7月30日至2023年8月31日租赁期的租赁关系无效，认定正确，本院予以维持。

（二）房屋未经消防验收，租赁合同的效力

关于房屋租赁合同未经消防验收或者经消防验收不合格，是否应认定房屋租赁合同无效的问题。《最高人民法院关于未经消防验收合格而订立的房屋租赁合同如何认定其效力的函复》[（2003）民一他字第11号]①规定：

关于房屋租赁合同未经消防验收或者经消防验收不合格，是否应认定房屋租赁合同无效的问题，应根据不同情况分别对待：第一，出租《中华人民共和国消防法》第十条②规定的必须经过公安消防机构验收的房屋，未经验收或者验收不合格的，应当认定租赁合同无效。第二，租赁合同涉及的房屋不属于法律规定必须经过公安消防机构验收的，人民法院不应当以该房屋未经消防验收合格为由而认定合同无效。第三，租赁房屋用于开设经营宾馆、饭店、商场等公众聚集场所的，向当地公安消防机构申报消防安全检查的义务人为该企业的开办经营者，但租赁标的物经消防安全验收合格，不是认定房屋租赁合同效力的必要条件。

对于上述函复中第2、3点意见，争议不大。对于第2点，城镇出租房屋并非一律须经消防验收，只有"按照国家工程建设消防技术标准需要进行消防设计的建设工程"，竣工时才必须经过消防验收。因此，无须经过消防验收的，人民法院不应仅因该房屋未经消防验收合格为由而认定合同无效。租赁房屋未办理消防验收，或者经验收不合格，不直接影响房屋租赁合同的效力。当然，如果租赁房屋因出租人原因未经消防验收或验收不合格致使房屋不符合使用条件，承租人的租赁目的不能实现，自然可以要求解除租赁合同，并要求出租人承担违约责任。对于第3点，

---

① 本函复被最高院《关于废止1997年7月1日至2011年12月31日期间发布的部分司法解释和司法解释性质文件（第十批）的决定》所废止，其理由为与最高院《房屋租赁合同司法解释》规定相冲突。

② 《消防法》（1998年）第10条规定："按照国家工程建筑消防技术标准需要进行消防设计的建筑工程，设计单位应当按照国家工程建筑消防技术标准进行设计，建设单位应当将建筑工程的消防设计图纸及有关资料报送公安消防机构审核；未经审核或者经审核不合格的，建设行政主管部门不得发给施工许可证，建设单位不得施工。经公安消防机构审核的建筑工程消防设计需要变更的，应当报经原审核的公安消防机构核准；未经核准的，任何单位、个人不得变更。按照国家工程建筑消防技术标准进行消防设计的建筑工程竣工时，必须经公安消防机构进行消防验收；未经验收或者经验收不合格的，不得投入使用。"

《消防法》(2021年修正)第58条第1款规定:"违反本法规定,有下列行为之一的,由住房和城乡建设主管部门、消防救援机构按照各自职权责令停止施工、停止使用或者停产停业,并处三万元以上三十万元以下罚款:……(四)公众聚集场所未经消防救援机构许可,擅自投入使用、营业的,或者经核查发现场所使用、营业情况与承诺内容不符的。"对此规定应正确理解。开设、经营宾馆、饭店等公众聚集的场所,在使用和开业前,应当进行消防申报,并经检查合格才能开业使用。这是针对上述公共聚集场所的开设经营者提出的,而不是对其之外的房屋出租人的要求。不能以未进行消防申报而认为房屋租赁合同无效。即是说,租赁标的物经消防安全验收合格,不是认定房屋租赁合同有效的必要条件。

存在争议的其实是第1点,因为《房屋租赁合同司法解释》(2009年)并未明确规定未经验收或者验收不合格对房屋租赁合同效力的影响。就此,一种观点认为,司法解释没有规定此种情形为无效,不应在合同效力上作太多限制。即使未经消防验收,只要是具备建设规划部门的行政规划许可的房屋,就应认定合同有效。租赁房屋未经消防验收,或者经验收不合格,不直接影响房屋租赁合同的效力,因为其违反的仅是管理性强制性规范。① 另一种观点认为,租赁房屋未经消防验收,或者经验收不合格,影响的是社会公共安全利益,属于违反了效力性强制性规范,应属无效。②

---

① 参见湖南一朵生活用品有限公司、湖南中铁五新重工有限公司房屋租赁合同纠纷再审审查与审判监督民事裁定书[最高人民法院(2018)最高法民申871号];贵州德万方房地产开发有限公司与贵州环球旅游文化产业投资有限公司房屋租赁合同纠纷一审民事判决书[贵州省荔波县人民法院(2018)黔2722民初871号]。例如,在(2018)最高法民申871号案中,最高院认为:房屋未通过消防验收导致房屋无法使用可作为合同解除条件,而非认定合同效力的条件。在(2018)黔2722民初871号案中,法院认为:《消防法》中未经消防验收不得投入使用的规定未明确规定违反的后果是合同无效,租赁双方就未通过消防验收的房屋签订的租赁合同未违反法律、行政法规的效力性强制性规定,亦未损害国家和社会公共利益,合同有效。

② 参见原告李某玉与被告郴州市悦和义乌小商品城有限公司房屋租赁合同纠纷案一审民事判决书[湖南省郴州市北湖区人民法院(2017)湘1002民初52号];朱某玲与徐州彭泰市场管理服务有限公司房屋租赁合同纠纷二审民事判决书[江苏省徐州市中级人民法院(2015)徐民终字第03857号];王某1、柯某房屋租赁合同纠纷二审民事判决书[青海省海北藏族自治州中级人民法院(2020)青22民终37号]。例如,在(2017)湘1002民初52号案中,法院认为:《消防法》中未经消防验收不得投入使用的规定为强制性、禁止性规定,如在庭审结束前仍未通过消防验收,违反法律禁止性规定,租赁合同应当认定为无效。在(2020)青22民终37号案中,法院认为:涉案房屋所属的整栋楼体系保障性安居工程,属大型人员密集场所,是否经过消防验收关系社会公共利益,应被认定为必须经公安机关消防机构验收的房屋,未经消防验收将导致租赁合同无效。

在审判实践中,各地法院也有不同的观点。①

在湖南一朵生活用品有限公司、湖南中铁五新重工有限公司房屋租赁合同纠纷再审审查与审判监督民事裁定书[最高人民法院(2018)最高法民申871号]②中,最高院认为:

> 关于案涉租赁合同的效力问题。本院认为,根据《最高人民法院关于审理城镇房屋租赁合同纠纷案件具体应用法律若干问题的解释》第八条第三项规定可知,租赁房屋具有违反法律、行政法规关于房屋使用条件强制性规定,导致租赁房屋无法使用的,承租人可以请求解除合同。该司法解释确立了认定城镇房屋租赁合同效力的基本原则,限定了无效合同的范围。《中华人民共和国消防法》规定的消防验收,即属于对房屋使用条件的规定。因此,本案即使存在一朵公司所称案涉二车间未经消防验收的情形,亦不必然导致租赁合同无效。从本案实际情况看,在案涉《厂房租赁合同》签订后,中铁公司依约向一朵公司交付了合同标的物,一朵公司也实际使用了中铁公司的厂房等设施,双方均在依约履行。该《厂房租赁合同》系双方当事人的真实意思表示,内容并不违反法律、行政法规的强制性规定,不存在《中华人民共和国合同法》第五十二条规定的合同无效情形。一朵公司关于原判决未采纳其对案涉租赁合同效力抗辩的再审申请事由不能成立。

---

① 例如,《广东省高级人民法院全省民事审判工作会议纪要》[粤高法(2012)240号,已被《广东省高级人民法院关于废止部分审判业务文件的决定》(2020年12月31日发布,2021年1月1日实施)废止]第6条规定:"房屋买卖合同或房屋租赁合同对房屋的交楼标准有约定的,按约定办理;如该约定违反《城乡规划法》第45条、《建筑法》第61条、《消防法》第13条等法律、行政法规的强制性规定的,应认定该条款无效,但不影响合同其他部分的效力……"《北京市高级人民法院关于印发〈北京市高级人民法院关于审理房屋租赁合同纠纷案件若干疑难问题的解答〉的通知》(京高法发(2013)462号)规定:"当事人一方以租赁房屋未办理工程竣工或消防验收,或者经验收不合格为由,要求确认房屋租赁合同无效的,不予支持。租赁房屋因出租人原因未经工程竣工或消防验收合格致使房屋不符合使用条件,承租人依据《最高人民法院关于审理城镇房屋租赁合同纠纷案件具体应用法律若干问题的解释》(下称《解释》)第八条第(三)项规定要求解除租赁合同的,应予支持。"《江苏省高级人民法院关于审理城镇房屋租赁合同纠纷案件若干问题的意见》[苏高法审委〔2008〕24号,已被《江苏省高级人民法院关于废止部分办案指导文件的通知》(2020年12月31日发布,2020年12月31日实施)废止]第5条规定:"不属于法律明确规定必须经过消防验收的房屋,当事人以租赁房屋未经消防验收或者经消防验收不合格为由,要求确认房屋租赁合同无效的,人民法院不予支持。"

② 还可参见陕西嘉亨实业发展有限公司租赁合同纠纷再审审查与审判监督民事裁定书[最高人民法院(2016)最高法民申818号]。

笔者赞同最高院在该案中的观点。首先，依据《合同法》第 52 条(《民法典》第143 条、第 153 条)，只有违反法律、行政法规效力性强制性规定的合同才是无效合同。《最高人民法院关于未经消防验收合格而订立的房屋租赁合同如何认定其效力的函复》认定城市房屋租赁合同因房屋未经消防验收使用而无效的主要法律依据是《消防法》(1998 年)第 10 条第 3 款"按照国家工程建筑消防技术标准需要进行消防设计的建筑工程竣工，必须经公安消防机构进行消防验收①，未经验收或者经验收不合格的，不得投入使用"之规定，但该规定是属于管理性强制性规范还是效力性强制性规范一直存在争议，但后来上述函复被以违反司法解释的规定的名义废止似乎意味着最高院的倾向性意见是它属于管理性强制性规范。无论如何，租赁房屋根据《消防法》必须经消防验收而未验收或验收不合格的，应依据法律法规有关效力性强制性规定来认定是否无效。其次，值得关注的是最高院在本案中的另一个说理。即，依据《房屋租赁合同司法解释》(2009 年)第 8 条第 3 项之规定，房屋未通过消防验收导致房屋无法使用可作为合同解除条件，而非认定合同效力的条件。该规定现在已经被《民法典》第 724 条所吸纳："有下列情形之一，非因承租人原因致使租赁物无法使用的，承租人可以解除合同：(一)租赁物被司法机关或者行政机关依法查封、扣押；(二)租赁物权属有争议；(三)租赁物具有违反法律、行政法规关于使用条件的强制性规定情形。"因此，在第 724 条明确确认在租赁房屋具有违反法律、行政法规关于房屋使用条件强制性规定情形致使租赁房屋无法正常使用的，承租人可以解除合同的情况下，(2018)最高法民申 871 号案件中最高院又认为该规定"确立了认定城镇房屋租赁合同效力的基本原则，限定了无效合同的范围"，故此，在租赁房屋未通过消防验收的场合，法律已经为承租人设定了权利救济途径(可以解除合同)，如果此时再将合同判定为无效，不仅可能会让承租人对救济途径产生误解，也会使合同解除与合同无效的界限更加模糊，不利于司法公信力的树立。最后，依据《九民纪要》第 30 条确立的合同效力的观点②，准确适用违法无效规则要进行法益衡量，考虑违法行为的法律后果，如果违法行为危害不特定当事人，则意味着其属于社会公共利益的范畴，可能导致合同无效。因此，正如在王某 1、柯某房屋租赁合同纠纷二审民事判决书[青海省海北藏族自治州中级人民法院(2020)青 22 民终 37 号]中，法院认为"涉案房屋

---

① 参见《建设工程消防设计审查验收管理暂行规定》(住房和城乡建设部令第 58 号)第 14条、第 27 条和第 34 条。

② 参见最高人民法院民事审判第二庭编著：《〈全国法院民商事审判工作会议纪要〉理解与使用》，人民法院出版社 2019 年版，第 246 页。

所属的整栋楼体系保障性安居工程,属大型人员密集场所,是否经过消防验收关系社会公共利益,应被认定为必须经公安机关消防机构验收的房屋,未经消防验收将导致租赁合同无效"。这样,审判实践中仍不能排除法院根据个案的实际情况,认定未通过消防验收会违反公序良俗(损害社会公共利益),进而认定房屋租赁合同无效的风险。

尤需关注的是,《民法典合同编通则司法解释》第18条规定"法律、行政法规的规定虽有'应当''必须'或者'不得'等表述,但是该规定旨在限制或者赋予民事权利,行为人违反该规定将构成无权处分、无权代理、越权代表等,或者导致合同相对人、第三人因此获得撤销权、解除权等民事权利的,人民法院应当依据法律、行政法规规定的关于违反该规定的民事法律后果认定合同效力",其目的就是要求人民法院在认定合同效力时将强制性规定与权限性规定区分开来。也就是说,强制性规定与权限性规定的区分意味着《民法典》第153条所称"强制性规定"应仅指法律、行政法规关于行为人应当实施或者禁止实施特定行为的规定,不包括法律、行政法规关于行为人无权实施特定行为的规定。就此而言,《民法典》第724条赋予了承租方解除权。因此,原则上,若因为租赁房屋没有消防验收或者未验收合格,导致承租方合同目的无法实现,承租方有权请求解除合同,由出租方承担违约责任,而不是主张合同无效。但依据《民法典合同编通则司法解释》第17条之规定,未经消防验收或未验收合格即出租房屋的行为违反公序良俗(损害社会公共利益)的,仍有可能导致租赁合同无效。

(三)房屋未经整体验收,租赁合同的效力

建筑工程竣工验收是指基于国家法律、法规中关于工程建设标准等规定,在完成工程设计要求和合同约定基础上,参与建设的单位共同抽样查验工程质量,以一定标准确认工程质量是否合格。建筑工程竣工验收包括消防、环境、卫生等质量验收,单项工程验收或工程局部验收不是建筑工程竣工验收的标准。与租赁房屋未经消防验收或验收不合格是否导致租赁合同无效的争议类似,对此问题也存在三种争议观点:租赁合同无效说①、租赁合同有效说②和租赁合同可解除说③。

随着《民法典》的施行及司法实践的新认知,笔者倾向于可解除说(有效说)的观点。尤其是在上海法院(2014)参考性案例15号:七天快捷酒店管理(北京)有限公司等诉上海松瓯实业有限公司等房屋租赁合同纠纷案[上海市第一中级人民法院(2012)沪一中民二(民)终字第3152号]中,上海市第一中级人民法院有着精辟的说理[即便在《民法典合同编通则司法解释》生效施行后,本案关于《房屋租赁合同司法解释》第8条第3项(《民法典》第724条第3项)的说理仍然具有说服性]:

本案租赁房屋已取得建设工程规划许可证,对此双方均无异议。二审中上诉人快捷酒店北京公司、快捷酒店松江店所有上诉请求均是基于其对房屋租赁合同无效的判断,而其认为合同无效的理由即租赁房屋未经竣工验收,违反了《建筑法》第六十一条第二款关于"建筑工程未经竣工验收或者验收不合格的,不得交付使用"的强制性规定。

强制性规定分为效力性强制性规定与管理性强制性规定。《最高人民法院关于适用〈中华人民共和国合同法〉若干问题的解释(二)》第十四条规定,违反效力性强制性规定的合同无效。据此,对于违反强制性规定的合同效力的认定,依赖于对该项强制性规定类型的识别。本案二审的争议焦点就在于,《建筑法》第六十一条第二款为效力性强制性规定,抑或管理性强制性规定。

---

① 该学说认为,《建筑法》(2019年修正)第61条第2款、《城市房地产开发经营管理条例》第17条的规定构成了未经竣工验收合格的房屋不得交付使用,更不得进行出租的效力性强制性规定。参见李某霞与石河子市我爱连家房产经纪服务有限责任公司房屋租赁合同纠纷再审审查裁定书[新疆维吾尔自治区高级人民法院(2018)兵民申408号];王某湖、厦门华天涉外职业技术学院房屋租赁合同纠纷再审审查与审判监督民事裁定书[福建省高级人民法院(2015)闽民申字第1328号]。

② 该学说认为,《建设工程质量管理条例》第16条、《房屋建筑工程和市政基础设施工程竣工验收备案管理暂行办法》(2009年修改后为《房屋建筑和市政基础设施工程竣工验收备案管理办法》)第4条以及《国务院关于取消第一批行政审批项目的决定》(国发[2002]24号)第323项表明,房屋竣工验收已由原来的行政许可制变为备案制。故此,只有针对违法建筑的房屋签订的房屋租赁合同才无效。参见仁凯祺商业管理有限公司房屋租赁合同纠纷二审民事判决书[贵州省铜仁市(地区)中级人民法院(2019)黔06民终2016号]。

③ 该学说认为,依据《房屋租赁合同司法解释》(2009年)第8条第3项(《民法典》第724条第3项)规定,租赁合同可解除建立在合同有效的基础上,主张合同可解除即主张合同有效。参见吕某利与济南融新投资发展有限公司房屋租赁合同纠纷再审民事判决书[山东省高级人民法院(2016)鲁民再103号];湖南一朵生活用品有限公司、湖南中铁五新重工有限公司房屋租赁合同纠纷再审审查与审判监督民事裁定书[最高人民法院(2018)最高法民申871号]。

对于强制性规定类型的识别方法,因强制性规定以行为的管制为其目的,故采目的解释的方法,进行法律制度目的的追寻尤为重要;而以体系解释的方法进行类型识别则更加清晰、直观。本案中,从目的解释的角度看:所谓建筑工程的竣工验收是指建设单位收到施工单位的建筑工程竣工验收申请报告后,根据建筑工程质量管理法律制度和建筑工程竣工验收技术规范标准,以及建设工程合同的约定,组织设计、施工、工程监理等有关单位对建筑工程查验接收的行为。国务院于1998年颁布的《城市房地产开发经营管理条例》第十七条规定,房地产开发项目竣工后,房地产开发企业应当向相关房地产开发主管部门提出竣工验收申请。房地产开发主管部门收到竣工验收申请后组织工程质量监督、规划、消防、人防等有关部门或者单位进行验收。而此后,国务院及原建设部于2000年又分别下发了《建设工程质量管理条例》和《房屋建筑工程及市政基础设施工程竣工验收备案管理暂行办法》,规定建设单位收到建设工程竣工报告后,应当组织设计、施工、工程监理等有关单位进行竣工验收,并在竣工验收合格之日起15日内,将建设工程竣工验收报告和规划、公安消防、环保等部门出具的认可文件或者准许使用文件报相关部门备案。国务院《关于取消第一批行政审批项目的决定》(国发〔2002〕24号)第323项,则将"房地产开发项目竣工验收"的行政审批项目列为取消项目。可见,自2000年起,房屋竣工验收即由原来的行政许可制变为备案制。这一变化对于《建筑法》第六十一条第二款的类型认定具有重要意义,一方面,竣工验收是基于建设工程合同关系而在平等合同主体之间产生的权利、义务,而竣工验收由行政许可变为备案制,正是将国家行政权力对私法领域的干预控制在合理范围内。《建筑法》第六十一条第二款之规定强调的是建设单位应自觉、及时地履行竣工验收合同义务,否则将承担包括合同责任及行政处罚等在内的不利后果,而非强调否定私法行为的效力。另一方面,从《建筑法》的立法背景和目的看,《建筑法》出台于20世纪90年代后期,当时我国建筑市场秩序混乱,建筑活动几乎无章可循,《建筑法》正是为加强对建筑活动的监督管理,维护建筑市场秩序而制定。而《建筑法》第六十一条第二款的立法目的同样是为加强针对工程竣工验收环节的规范与管理,而非否定以未经竣工验收的房屋为标的物的合同效力。基于此,应将《建筑法》第六十一条第二款认定为管理性强制性规定,而非效力性强制性规定。租赁房屋未经竣工验收,虽违反了《建筑法》第六十一条第二款的强制性规定,但租赁合同并不因此而无效。

从体系解释的角度看,《中华人民共和国合同法》(以下简称《合同法》)第二百三十三条规定:"租赁物危及承租人的安全或者健康的,即使承租人订立合同时明知该租赁物质量不合格,承租人仍然可以随时解除合同。"①《房屋租赁司法解释》第二条规定:"出租人就未取得建设工程规划许可证或者未按照建设工程规划许可证的规定建设的房屋,与承租人订立的租赁合同无效";第八条规定:"因下列情形之一,导致租赁房屋无法使用,承租人请求解除合同的,人民法院应予支持:……(三)租赁房屋具有违反法律、行政法规关于房屋使用条件强制性规定情况的。"综合以上法律及司法解释的规定可以看出,第一,如租赁房屋未取得建设工程规划许可证,相当于从"出生"之始,房屋就是违法的。以该类房屋为标的物的私法行为的效力应予否定,因此司法解释明确租赁房屋未取得建设工程规划许可证的,租赁合同无效。反观本案,法律规定房屋未经竣工验收不得交付使用,而如果租赁房屋具备建设工程规划许可证但未经竣工验收,相当于房屋是合法"出生"的,以房屋为标的物的租赁行为本身并未被禁止。当然,在建造过程中"竣工验收"环节存在的瑕疵,可能使房屋租赁合同的履行前提条件受到影响。第二,从《合同法》及《房屋租赁司法解释》中关于承租人合同解除权的规定可以看出,对于租赁房屋未经竣工验收的,法律并无使租赁合同无效之意,而是在维护合同效力的基础上,赋予承租人一定条件下的合同解除权。如果因房屋未经竣工验收导致承租人"无法使用",即无法按照租赁合同约定的用途使用,或者无法按照租赁房屋的性质使用,则承租人有权请求解除合同。

综上所述,《建筑法》第六十一条第二款为管理性强制性规定,房屋租赁合同并不因租赁房屋未经竣工验收而无效。快捷酒店北京公司、快捷酒店松江店经法院释明后仍坚持合同无效的诉请,故对其以租赁房屋未经竣工验收为由,主张租赁合同无效等请求不予支持。

如前所述,在《民法典合同编通则司法解释》生效施行后,依据《民法典》第724条之规定,对于租赁房屋未经竣工验收的,法律并无使租赁合同无效之意,而是在维护合同效力的基础上,赋予承租人一定条件下的合同解除权,这已经意味着合同是有效的。据此,在《民法典》第724条已经确立了相应规则的情况下,自应根据这些规则来认定合同效力,而不能再通过适用《民法典》第153条第1款的规定来认定合同效力。

(四)未办理登记备案,租赁合同的效力

《城市房地产管理法》(2019年修正)第54条规定:"房屋租赁,出租人和承租

---

① 《民法典》第731条规定:"租赁物危及承租人的安全或者健康的,即使承租人订立合同时明知该租赁物质量不合格,承租人仍然可以随时解除合同。"

人应当签订书面租赁合同,约定租赁期限、租赁用途、租赁价格、修缮责任等条款,以及双方的其他权利和义务,并向房产管理部门登记备案。"因此,我国城市房屋租赁实行登记备案制度。但前述备案制度不能作为判断房屋租赁合同效力的依据,故房屋租赁合同未登记备案的,其有效性不受影响。

就此,《房屋租赁合同司法解释》(2009年)第4条规定:"当事人以房屋租赁合同未按照法律、行政法规规定办理登记备案手续为由,请求确认合同无效的,人民法院不予支持。当事人约定以办理登记备案手续为房屋租赁合同生效条件的,从其约定。但当事人一方已经履行主要义务,对方接受的除外。"但2020年该解释修正时删除了该条规定,其原因在于:第一,其第1款规定已被《民法典》第706条所吸纳。《民法典》第706条规定:"当事人未依照法律、行政法规规定办理租赁合同登记备案手续的,不影响合同的效力。"第二,其第2款规定并未被《民法典》所直接吸纳,但结合《民法典》第158条、第490条、第502条的规定,当事人对合同生效条件有约定的从其约定。因此,若当事人约定以办理登记备案手续为房屋租赁合同生效条件的,则以约定为准,未办理登记备案手续的,合同无效。但一方履行了合同主要义务且对方接受的情况下,视为当事人以履行合同主要义务的行为,变更了以办理登记备案手续为合同生效要件的约定,此时,即使未办理登记备案手续,合同仍然有效。

五、租赁房屋的用途

在租赁房屋前,应首先核实租赁房屋房产证上所载的用途,做到租赁协议上约定的用途不与规定用途相冲突。如果不动产权证上记载用途为住宅,则承租经营用房时原则上不予考虑。同时应审查是否在合同条款中明确约定租赁物的用途,如用于营业、办公或仓储等。

【例3-2】租赁物业用途条款

X	租赁物业用途
X.1	甲方将该物业出租给乙方作为[办公用途]使用,甲方保证该物业能够作为该用途使用。

X.2	乙方向甲方承诺该租赁单元仅用于办公用途(不得出现如电话销售、直销、传销形式的销售、培训等其他使用情形,非经甲方书面同意不得开展对外培训、展示、货品交易等活动),不得将租赁单元用于或在租赁单元内从事或经营任何种类的养殖、工业或生产制造工场、仓库、殡仪馆或殡葬用品销售、佛堂、道堂、其他宗教场所、壁龛、招待所、宾馆、床位出租、餐饮、博彩、经营性娱乐场所等事项,不得在该物业内从事中国法律法规禁止的业务活动。

需要说明的是,如果出租人提供的房屋与合同约定的用途不符,不能满足租赁合同目的,承租人可解除租赁合同,但不能主张合同无效。

六、租赁期限与"免租期"(优惠租期)

(一)租赁期限的确定

合同应写明租赁期限及具体的起止日期。《民法典》第705条规定:"租赁期限不得超过二十年。超过二十年的,超过部分无效。租赁期限届满,当事人可以续订租赁合同;但是,约定的租赁期限自续订之日起不得超过二十年。"因此在审查租赁合同时对于租赁期限超过20年的约定(如"永久"或者"30年"),需修改为20年及以下。

在实务中,为了应对上述法律规定,合同中通常会约定类似的"自动续租"条款,如"租赁期届满,本租赁合同自动续期,但续展的租赁期限自展期之日起不得超过20年"。那么,这样的续期条款是否有效呢?如在佛山市顺德区星光广场投资有限公司、陈某红房屋租赁合同纠纷二审民事判决书[佛山市中级人民法院(2017)粤06民终9376号]中,法院认为:

关于涉案租赁合同约定的期限是否超过二十年及超过部分是否无效的问题。涉案《物业预租合同》第二条约定:"房屋租赁期限为二十年,房屋租赁期限自甲方(星光公司)交付房屋给乙方(陈某红)之日起开始计算。在前款约定的租赁期限届满后本合同自动延续,甲方按照本合同条款继续租用该房屋给乙方使用期至二〇四八年八月三十日止。"此外,涉案四份租金发票注明所收取的费用分别为"2014年5月31日至2048年8月30日的租金"、"2013年10月16日至2048年8月30日的租金"。由此可见,涉案合同的租赁期限是自房屋约定交付之日起至2048年8月30日止,而涉案房屋B座1916号、B座2016号于2014年4月27日交付,E座1403号、E座1405号于2014年10月3日交付,且双方已按租赁期限至2048年8月30日的约定履行,故租赁期限已超过二十年。一审判决根据《中华人民共和国合同法》第二百一十四条关于"租赁期限不得超过二十年。超过二十年的,超过部分无效"的规定,认定涉案合同租赁期限超过二十年的部分无效于法有据,本院予以维持。星光公司上诉主张涉案合同的租赁期限为二十年,超过二十年的部分是自动续租,于法无据,本院不予支持。

在该案中,租赁合同约定房屋租赁期限为20年,到期后自动续期,直至整个租赁期达到34年。但合同签订后,出租人一次性收取了34年的租金。法院最终判决,超过20年的部分无效,出租人应当返还超过20年部分的租金。

再如在黄某航、佛山市南海区城市休闲购物广场有限公司租赁合同纠纷民事二审民事判决书[广东省佛山市中级人民法院(2021)粤06民终11378号]中,法院认为:

《南海市房地产租赁契约》约定租赁期限为2002年1月30日至2032年1月30日,《〈南海市房地产租赁契约〉补充议定书》约定租赁期限为2002年1月30日至2022年1月30日且期满后双方无条件续租10年。故双方约定的租赁期限实际为30年。根据《中华人民共和国合同法》第二百一十四条关于"租赁期限不得超过二十年。超过二十年的,超过部分无效"的规定,《南海市房地产租赁契约》《〈南海市房地产租赁契约〉补充议定书》中租赁期限超过二十年部分对应的约定应为无效。除此之外,该合同租赁期限未超出二十年部分的约定系双方的真实意思表示,内容未违反法律、法规的强制性规定,合法有效。

笔者认为,从上述案件合同约定的自动续租条款以及合同的实际履行来看,其实际上意图规避《合同法》第214条(《民法典》第705条)对租赁合同最长租赁期限的强制性规定,此种情形很可能被法院认定为超过20年部分对应的约定无效。故,笔者建议,实务中可以考虑在合同中约定"租赁期限为20年,甲乙双方在期限届满前可以协商续订租赁合同"之类的条款,以保证租赁期限条款的有效性,但这样的约定也增加了续租的不确定性,因此还可以考虑另签一份附生效条件的租赁合同,除"租赁期限届满"这一条件外,还可以考虑增设其他生效条件。

(二)免租期(优惠租期)

依据性质不同,可以将免租期(优惠租期)划分为装修免租期与经营免租期。装修免租期是因为物业交付后,承租人需要对物业进行装修改造、准备办公设施等准备工作,出租人给予的一定优惠期。经营免租期往往是因为在承租人最开始经营的阶段,物业所在的整个商业项目才初始运营,承租人的经营才开始起步面临一定困难,为合理分担承租人的这部分风险,出租人给予的一定优惠期。依据是否处于租赁期限内,免租期还可以分为期内免租、期外免租。期内免租,即租赁合同约定在租赁期限内进行免租;期外免租,则是在租赁期限外赠送的免租期。需要注意的是,期外免租在实务中争议颇大。在期外免租中双方的法律关系难以界定,这种不确定性往往可能导致提前解约后损失无法认定(若将免租期约定在租期之外,则存在当合同提前解除时,免租期内的损失无法被认定为租赁期内损失的风险),因此应尽量将免租期纳入正式租赁期限。另外,若租赁合同中约定了免租期,则应明确在免租期内承租人仍需支付物业管理费、推广费、水电费、燃气费等相关费用。

对于免租期的起算日一般有两种情形:第一种,如果房屋处于适租状态,免租期的起算日可以约定为房屋实际交付日,而非租赁合同生效日(因为通常都是合同生效后再交付);如果是新建房产,房屋交付后可能还不能即刻进场装修,免租期的起算日建议约定为实际进场日(满足双方约定的进场条件后进场)。第二种,考虑到承租方要对房屋进行装修等因素,或出租方要办理有关报批登记手续,租赁期间的起算时间可约定为某年某月某日开始或者合同生效后多少日开始。同时,建议明确非因承租方原因而导致装修受阻的,免租装修期及租赁期限相应顺延。从房屋实际交付日或实际进场日开始到正式开始起算租赁期限的这段时间即是"免租期"。免租期内,承租方无须承担租金,但应承担此期间发生的装修施工所耗水、电费;而在"优惠租期"内,出租方给予一定的租金优惠。

在实务中,需要关注的一个问题是,因承租人违约致使合同解除时,出租人能否主张赔偿免租期租金损失。在租赁合同有约定的情形下,出租人有权按照约定主张承租人支付免租期租金①,应无争议。有争议的是,如果租赁合同没有约定因承租人违约致使合同解除时承租人是否应支付免租期租金,出租人主张免租期租金损失能否得到法院支持。司法实践中存在不同的观点:

观点一:租赁合同约定免租期内不支付租金,但对解除合同后免租期内的租金损失并未作出约定,此时出租人主张免租期内的租金损失不予支持。在该观点下,法院认为,如果案涉合同对出租人免去一定期间(免租期)的租金没有设定以达到约定的租赁期限为条件,也未约定免收租金的期间应与履行的租赁期间相关联,不属于附义务的赠与,故不支持出租人主张免租期的租金的诉请。②

---

① 参见吴某成与上海宝瀚置业有限公司房屋租赁合同纠纷申请再审审查案件民事裁定书[上海市高级人民法院(2021)沪民申2685号];苏某与盛亚(上海)管理有限公司房屋租赁合同纠纷二审民事判决书[上海市第二中级人民法院(2017)沪02民终2953号]。

② 参见普洱茶马古城发展有限公司、朱某燕房屋租赁合同纠纷二审民事判决书[云南省普洱市中级人民法院(2021)云08民终207号];徐某军与王某房屋租赁合同纠纷一审民事判决书[上海市浦东新区人民法院(2021)沪0115民初16919号]。

观点二：免租期是出租人在合同正常履行的情况下给予承租人的优惠，是出租人为了促使双方达成合意而出让的部分可得利益，在因承租人违约造成合同解除的情况下，出租人必然产生免租期内的租金损失，出租人既出让了可得利益又无法继续获取租赁期间的租金收益，显失公平，且合同解除系承租人的过错，应由承租人予以赔偿，至于具体金额法院一般基于公平原则予以酌定。①

观点三：免租期免除租金的性质属于附义务赠与，当承租人违约提前解除合同时，出租人可撤销赠与，要求承租人支付免租期内的租金。免租期租金应当根据承租人尚未实际使用房屋的时间和合同约定租期比例乘以免租期时间计算。②

笔者更倾向于观点二。承租方违约导致租赁合同解除，关于免租期租金的处理没有约定时，出于公平的考虑，可根据具体案情按照未履行租期占合同租赁期限的比例酌定承租方支付部分免租期租金。就此而言，观点二与观点三的实际效果是一样的。鉴于此，在草拟合同时，笔者建议可以明确写入有关承租方违约导致合同解除时免租期租金的处理条款。如：

在租赁期内，如因承租方原因导致本合同无法继续履行的或因承租方违约导致出租方单方解除本合同的，则承租方不享受免租装修期的免租金优惠，承租方应在本合同解除后[　]个工作日内按本合同约定的第一个租赁年度的租金标准向出租方补交免租装修期的全部租金。

至于房屋租赁合同无效或被撤销时，免租期的损失如何处理的问题。一般认为，房屋租赁合同被认定无效或被撤销，其中的免租期条款亦随之无效，出租人可以主张承租人承担免租期的房屋占有使用费，根据《房屋租赁合同司法解释》

---

① 参见北京苏洋瑞通科技发展有限公司、北京国电恒基科技股份有限公司、北京豪特生物科技有限公司房屋租赁合同纠纷案[北京市第二中级人民法院(2022)京02民终7413号]；北京耐思空间科技有限公司等与李某萍等房屋租赁合同纠纷二审民事判决书[北京市第三中级人民法院(2022)京03民终2100号]；刘某、黄某房屋租赁合同纠纷二审民事判决书[四川省成都市中级人民法院(2021)川01民终142号]。

② 参见江苏宏玮大酒店有限公司与张某、袁某房屋租赁合同纠纷二审民事判决书[江苏省盐城市中级人民法院(2019)苏09民终3342号]。在该案中，法院认为：免租期债务免除的性质应属附义务赠与，所附义务即为承租人在租期内按约使用房屋、支付租金，直至租赁合同约定的租赁期限届满，在约定的租期未届满之前不得退租。当承租人违约提前解除合同时，出租人基于租赁合同本应得到的利益将落空，承租人未履行完上述所附义务，出租人可撤销赠与，要求承租人支付免租期内的租金。至于承租人是否须支付全部免租期租金，则应从公平原则出发，结合承租人实际使用房屋的时间予以计算，即根据承租人实际使用租赁房屋的时间与租赁合同约定租期的比例乘以合同约定的免租期时间确认承租人免于支付租金的期间，对超出该期间的免租期期间，承租人应参照合同约定的租金标准支付房屋占有使用费。

(2020年修正)第4条第1款"房屋租赁合同无效,当事人请求参照合同约定的租金标准支付房屋占有使用费的,人民法院一般应予支持"之规定房屋占有使用费可以参照合同约定的租金标准确定。①

由于承租人对免租期租金的赔偿实质上仍属于违约责任的一部分,应以补偿守约方实际所受损失为限。因此,无论是由出租人还是承租人来承担免租期租金损失,如果合同约定的违约金、保证金等已足以涵盖出租人实际损失,因承租人已承担了相应违约责任,出租人再行主张免租期损失,可能导致出租人重复获益,不具有合理性,法院往往会根据公平和诚实信用原则酌情确定免租期的损失。

七、租金及相关费用与支付

合同审查人员应审查房屋租赁合同有关租金的约定是否完整,具体包含以下几个方面:

第一,租金标准、租金总额以及资金支付期限、支付比例、支付条件等是否明确;租金标准一般是固定的,但也可以双方约定租金按一定比例或一定金额每年递增。租金支付时间由双方约定,可以按月支付,按季支付,或按年度支付,但在约定按年度支付时,双方应约定年度的概念及起始时间。

第二,租金包含的范围(如门头门楣的使用费、停车位使用费)及租期内的物业管理、通讯费、治安费、保洁费、水电费、供暖费等费用承担及支付约定是否明确;并且承租方为公司时,在支付了房租金后,一定要向出租方索要正规有效的税务发票。特别要注意,在合同中要写明租金是否是含税价。

第三,是否有类似的有关租金的总括约定。例如,"对于除合同所列明的租金、杂费以及本协议明确规定需由承租方承担和/或支付的费用外,出租方保证不再要求承租方为承租租赁物因任何原因承担和/或支付任何其他费用"。

【例3-3】租期、租金及支付方式条款

X	租期
X.1	起租日期:[ ]年[ ]月[ ]日。
X.2	租赁期限自起租日期起,共[60]月。

---

① 参见上海崇善物业管理有限公司与上海露曦服饰有限公司房屋租赁合同纠纷二审民事判决书[上海市第一中级人民法院(2021)沪01民终8734号]。

续表

Y	租金、费用及支付方式
Y.1	租金
Y.1.1	在合同约定的租赁期限内,乙方作为承租方应按时向甲方缴纳租金,该物业的租金收取标准如下: a)[ ]年[ ]月[ ]日至[ ]年[ ]月[ ]日期间为开业优惠期(开业免租期),每月租金为每平方米每月[ ]元,月租金总额为人民币[ ]元,开业优惠期(开业免租期)租金总额为人民币[ ]元。 b)[ ]年[ ]月[ ]日至[ ]年[ ]月[ ]日期间为正常营业期,该物业租金为每平方米每月[ ]元,月租金总额为人民币[ ]元。 上述租金不包括乙方需交付之物管费及乙方使用该租赁物业而产生的其他所有费用(如电费等)。
Y.1.2	[ ]年[ ]月[ ]日至[ ]年[ ]月[ ]日期间,租金应于本合同签署之日起[10]日内一次性支付,其余每个自然月为一期,每期租金须于每月第[10]日之前支付(其间遇法定节假日不顺延)。 **首月及最后一个月的租金计算方式为:乙方在该月实际租赁的天数乘以日租金额。** **日租金额= 租赁建筑面积乘以月账面租金×12÷365**
Y.1.3	本合同项下租金款项的支付,甲方应提供应税项目为房屋租金,税率为国家政策规定的增值税专用发票税率。甲方若未按本合同本条款约定开具增值税专用发票,导致乙方对应增值税专用发票抵扣失效的,乙方有权退回失效增值税专用发票,甲方应及时向甲方提供新的增值税专用发票。每月的租金发票应于次月第[10]日前开具,乙方自行派人至甲方财务部领取。
Y.2	物管费
Y.2.1	乙方应交纳的物管费为每平方米每月[ ]元。
Y.2.2	物业公司将会在每月第[4]个工作日内向乙方提供本月物管费、上月电费缴费通知书(水费不单独费,包含在物管费中,电费包含空调、照明等办公用电)。乙方应在收到缴费通知书后[10]个工作日将相关费用交付给物业,物业方收到费用后[7]个工作日内向乙方开具增值税专用发票**(项目:物业服务费,税率6%;项目:销售电,税率9%)**。
Y.2.3	租赁期间,甲方有权根据其与物业管理公司形成的相关法律文件,在建筑区划内物业价额基础一致的前提下,按照实际情况调整物管费,但每次调整需提前[30]日以书面方式通知乙方。
Y.2.4	乙方应于签订合同后[5]个工作日内预缴三个月物管费,其余月份物管费于每月收到缴费通知书后[10]个工作日内支付。 **首月及最后一个月的物管费计算方式为:乙方在该月实际租赁的天数×当月日物管费。** **日物管费 =租赁建筑面积 ×当月每平方米物管费×12÷365**
Y.3	其他费用
Y.3.1	乙方须自行负担与该租赁物业使用有关的电费及法律规定由承租人承担的费用。
Y.3.2	乙方须按该物业独立记录表所示,按甲方向乙方提供的公共事业单位账单,在收到该等记录表或账单后[7]天内支付所有因使用该租赁物业而产生的电费及法律规定由承租人承担的费用。

八、租赁房屋的交付与验收

合同中应当约定房屋的交付时间。租赁房屋交付时,双方应约定派代表到现场检查房屋的情况,应当结清前期的水电费、通讯费、闭路电视费等有关费用,并签署房屋交付确认书及有关财物移交清单。

【例3-4】房屋交付与验收条款

X	租赁物业交付与验收
X.1	该物业的交付日期为[ ]年[ ]月[ ]日,甲方应当于该日期交付,而乙方应当于该日期接受交付。但乙方未按约支付完毕履约保证金及开业优惠期全额租金的,甲方有权不交付租赁单元。
X.2	甲乙双方交付/接收该租赁物业时,应当签署一份交接凭据,交接凭据应当载明交接日期及该物业之状况;交接凭据一旦签署,则甲乙双方的交付/接收义务立即完成。甲方交付的租赁物系清水的,可作出特殊约定,即甲方已经允许乙方对租赁物自行装修,乙方可自主按照需要进行装修,在物业交付后乙方需进行装修的,在施工前需将装修图纸报经甲方审批通过,并不得违反国家法规及损害物业主体结构和安全。
X.3	乙方有权并应该在交付时前往该租赁物业现场详细查看该租赁物业现有装修、设施及[××]大厦的公共部分。 交付验收的具体标准见本合同附件二[××大厦交付标准]。
X.4	甲方应于该物业交付时向乙方说明承租该物业建筑物的状况,包括空调、照明、用电、消防等使用注意事项。
X.5	乙方逾期前往甲方处办理租赁单元交付手续的,每逾期一日支付正常营业期月租金[3]‰的违约金给甲方,逾期达[30]日的,甲方有权终止本合同,另行处置租赁单元且无须通知乙方,乙方已支付的保证金不予退还。
X.6	甲方迟延交付的责任见本合同第[ ]条的规定。

九、租赁房屋的维修和修缮

应审查租赁合同是否有关于房屋维修、修缮、更换和改良的约定。《民法典》第713条规定:"承租人在租赁物需要维修时可以请求出租人在合理期限内维修。出租人未履行维修义务的,承租人可以自行维修,维修费用由出租人负担。因维修租赁物影响承租人使用的,应当相应减少租金或者延长租期。因承租人的过错致使租赁物需要维修的,出租人不承担前款规定的维修义务。"因此,房屋租赁合同中可以约定:当租赁物影响承租方正常使用时,出租方应负责对租赁物进行及时维护、维修,费用由出租方承担(但承租方使用不当造成的维修费用由其自行承担)

或者承租人可以自行维修，维修费用由出租人负担。同时，合同中应明确，出租方对房产及设施的定期维修保养应当事先通知承租方，并尽可能在承租方认为合适的时间进行，以保证承租方的正常经营及办公不受影响或干扰，且应约定如维修时间超过一定期限仍未能达到正常使用标准，承租方有权解除合同或者减少相应数额的租金。

对于承租人而言，《房屋租赁合同司法解释》（2020年修正）第6条规定："承租人擅自变动房屋建筑主体和承重结构或者扩建，在出租人要求的合理期限内仍不予恢复原状，出租人请求解除合同并要求赔偿损失的，人民法院依照民法典第七百一十一条的规定处理。"而《民法典》第711条规定："承租人未按照约定的方法或者未根据租赁物的性质使用租赁物，致使租赁物受到损失的，出租人可以解除合同并请求赔偿损失。"

【例3-5】房屋维修和修缮条款

X	租赁物业维修和修缮
X.1	在租赁期内，甲方应保证出租物业的使用安全。该物业及所属设施的维修、修缮责任除双方在本合同及补充条款中约定外，均由甲方负责（乙方使用不当除外）。甲方提出进行维修、修缮须提前[ ]日书面通知乙方，乙方应协助配合。乙方向甲方提出维修、修缮请求后，甲方应及时提供维修服务。对乙方的装修装饰部分甲方不负有维修、修缮的义务。
X.2	在租赁期内，甲方因合理变更、修缮需要，在事先知会乙方后，有权临时封闭[××]大厦所在建筑物公用区域（包括广场）及公用设施或其部分（包括但不限于走道、门户、窗户、电动装配、电缆电线、水管通道、电梯、自动扶梯、防火、保安设备、空调设备），变更[××]大厦之公用区域整体结构、布局及安排。
X.3	乙方应合理使用其所承租的物业及其附属设施。如因使用不当造成该物业及设施损坏的，乙方应负责立即修复、修缮或作出经济赔偿。

十、房屋不能正常使用时如何处理的条款

出租方应确保房产持续的、不间断的、能满足承租方满负荷正常运转要求的水、电、通讯等各技术条件的供应。比如，作为商场或工厂用途的，供电量应不小于250kW·h或电容量不小于300KVA。还要约定，如上述技术条件非因市政部门原因或不可抗力而中断，则出租方应当在多长时间之内修复。因此，审查合同时，应注意合同中是否约定了当供电、空调、供暖等一项或多项设施不能正常使用或影响承租方正常营业时，承租方有权拒付相应期间内的租金及水、电、空调等相应使用

费,如果上述情形持续时间或累计时间达到一定时限,承租方有权解除合同,并有权要求出租方按合同租金总额的一定比例支付违约金。

此外,承租方只承租部分楼层或房屋用于经营活动的,出租方须确保承租方可根据其营业需要,自行确定营业时间,并确保承租方在其营业时间内根据需要正常使用公用的各通道、电梯、空调、员工盥洗室等设施。

十一、关于广告宣传事项的约定

对于租赁房屋用途为营业、办公的,承租方一般会悬挂公司名牌或进行其他广告宣传。因此,审查租赁合同时,应注意合同是否约定承租方有权使用门头门楣及其具体位置,有权在租赁物室外悬挂、张贴宣传资料以及利用其他方式进行企业、业务的广告宣传,并约定出租人应保证广告位的合法使用。一般情况下,此费用可约定为已包含在合同租金中。如约定由承租方另行支付,须对费用标准及支付作具体明确的约定。如果涉及租赁房屋外墙、屋顶,尤其需要注意如下问题:

第一,关于出资方的主体资格问题。依据《建筑物区分所有权司法解释》(2020年修正)第3条的规定,建筑区划内的外墙、屋顶等基本结构部分属于共有部分。若租赁房屋整体为出租人一人所有,则只需要出租人签署即可,不存在资格瑕疵问题。但应注意,出租人后续可能将建筑物其他区域出租或出售给第三方,从风险防范的角度考虑,可在租赁合同中增加约定"出租方在对外出租或者出售其他区域时,应告知承租人或买受人本合同中关于房屋户外广告的特别约定。因出租方未履行告知义务导致争议发生的,由出租方自行调协解决";若建筑物为多个主体所有,此时,出租方为建筑物的区分所有权人,不具有单独约定户外广告事项的资格。合同中的户外广告条款建议拟定为"出租方应调协承租人与其他业主(或业主委员会)签订户外广告协议",明确各自的广告牌位置等。从公平角度考虑,在建筑物区分所有的情形下,要求出租方承担全部租金20%—30%的违约责任,有失偏颇,故约定在户外广告未能得到其他业主同意或业委会有效表决通过时,承租方有权自租金中扣减5%的户外广告租赁费用。

第二,关于户外广告的安全问题。一般而言,户外广告的制作由广告主(承租方)负责。广告的制作、安装涉及广告主与广告商之间的权利义务关系,应在广告制作发布合同中进行约定,与出租方关系不大。广告体脱落造成人员财产损失的,出租方要求免责亦符合情理,但因建筑物质量问题引发的广告体脱落、倾覆等情形除外。

第三,关于户外广告的许可与登记问题。户外广告发布权在中国大概有三种模式:权利归私人建筑物的业主、权利归地方政府、权利由地方政府和业主共有。

各地政策略有差异,但对于在公共建筑物或者地标建筑上设置的大型户外广告,企业应在制作前向主管部门充分了解相关政策。

十二、转让和转租条款

(一)转让与"买卖不破租赁""承租人优先购买权"

如果租赁期间,出租人(所有人)将出租房屋转卖给第三人,则需要审查租赁合同中是否存在有关转让条款。《民法典》第725条规定:"租赁物在承租人按照租赁合同占有期限内发生所有权变动的,不影响租赁合同的效力。"这即是所谓的"买卖不破租赁"原则。与《合同法》第229条规定相比,民法典将"租赁期间"修改为租赁物"占有期限内",这是一个重大的修订,其目的在于通过虚假租赁或倒签合同等手段,损害租赁物受让人的利益,或者规避人民法院强制执行问题。即,承租人在租赁物"占有期限内"才可主张"买卖不破租赁"。《民法典》第726条规定:"出租人出卖租赁房屋的,应当在出卖之前的合理期限内通知承租人,承租人享有以同等条件优先购买的权利;但是,房屋按份共有人行使优先购买权或者出租人将房屋出卖给近亲属的除外。出租人履行通知义务后,承租人在十五日内未明确表示购买的,视为承租人放弃优先购买权。"这即是所谓的"承租人优先购买权"的规定。与《合同法》第230条规定相比,增加了但书之后的内容。增加的内容来源于《房屋租赁合同司法解释》(2009年)第24条①。

1."买卖不破租赁"原则

所谓"买卖不破租赁"原则,是指在租赁关系存续过程中,租赁物被让与或设定物权的,承租人对取得租赁物所有权或他物权的人,可主张其承租权,此即所谓对抗力,或者说租赁权是物权化的债权。该原则肇始于《德国民法典》,后来被各国立法所借鉴,成为民法的基本原则和立法通例。其设立主要有两层含义:一是为了保护弱势的承租人。承租人作为租赁合同的一方,如果租赁物的所有权变动会导致其承租权的丧失,那么承租人的权利保障便无从谈起。二是为了降低缔约成本。如果买卖合同的签订会导致租赁合同无效,那么租赁物的出租就会受到影响,进而会引起整个经济活动成本的增加,这也是"买卖不破租赁"原则为各国立法所认同的深层次原因。

---

① 该条规定:"具有下列情形之一,承租人主张优先购买房屋的,人民法院不予支持:(一)房屋共有人行使优先购买权的;(二)出租人将房屋出卖给近亲属,包括配偶、父母、子女、兄弟姐妹、祖父母、外祖父母、孙子女、外孙子女的;(三)出租人履行通知义务后,承租人在十五日内未明确表示购买的;(四)第三人善意购买租赁房屋并已经办理登记手续的。"

(1)"买卖不破租赁"原则的构成要件

"买卖不破租赁"原则的构成要件有以下三个方面:第一,租赁合同有效存在。如租赁合同无效、被撤销、被解除,对已经履行的,可要求恢复原状,承租人根本无法取得租赁合同上的权利义务,因此不适用买卖不破租赁原则。所有权转移应发生在租赁物占有期限内。第二,租赁物已交付于承租人。出租人必须将租赁物交付承租人,且交付必须发生在租赁物让与前。立法目的在于让承租人的占有产生公示作用,使第三人容易得知其所受让的标的物上存在租赁关系。第三,出租人将租赁物的所有权让与第三人。

(2)"买卖不破租赁"原则的例外

《房屋租赁合同司法解释》(2020年修正)第14条规定:"租赁房屋在承租人按照租赁合同占有期限内发生所有权变动,承租人请求房屋受让人继续履行原租赁合同的,人民法院应予支持。但租赁房屋具有下列情形或者当事人另有约定的除外:(一)房屋在出租前已设立抵押权,因抵押权人实现抵押权发生所有权变动的;(二)房屋在出租前已被人民法院依法查封的。"本条解释在明确"买卖不破租赁原则"的基础之上,又明确了法定的除外情形。

法定的第一种例外情形明确了对在房屋(不动产)抵押权之上设定的租赁关系的限制适用。这一限制规定可以追溯至《担保法司法解释》第66条的规定:"抵押人将已抵押的财产出租的,抵押权实现后,租赁合同对受让人不具有约束力。抵押人将已抵押的财产出租时,如果抵押人未书面告知承租人该财产已抵押的,抵押人对出租抵押物造成承租人的损失承担赔偿责任;如果抵押人已书面告知承租人该财产已抵押,抵押权实现造成承租人的损失,由承租人自己承担。"即在抵押权之上设定的租赁关系限制适用该原则。《担保法司法解释》作出如此规定的原因在于:虽然对于承租人享有的承租权,古今立法者的态度经过了从"买卖击破租赁"到"买卖击不破租赁"的变迁,逐步体现出一种租赁权物权化的趋势,但是,法律对租赁权效力的特殊规定只是强化了债权的效力,从而达到对租赁人权利保护的目的,但租赁权债权的性质并未因此而改变。在将房屋抵押后再出租的情况下,仍然适用"先债权优于后债权,物权优于债权"的原则。一旦债务人不能偿还债务,可以通过变卖抵押物清偿债务。因此,如果抵押人先抵押后出租的,由于抵押权设定在先,因而具有优先效力,此后成立的租赁权不得损害抵押权,抵押权实现发生所有权的变动后,受让人不受租赁合同的约束。但先出租后抵押的房屋发生所有权变动的,仍应适用"买卖不破租赁"原则[《民法典》第405条、《拍卖变卖规定》(2020年修正)第28条第2款]。

法定的第二种例外情形明确了对在人民法院查封的房屋（不动产）之上设定的租赁关系的限制适用。查封是指人民法院执行人员将作为执行对象的财产加贴封条予以封存，禁止被执行人转移或处分的措施，体现了国家公权对私权的干预和救济。其本质上是一种公法行为。查封包括财产保全过程中的查封和强制执行过程中的查封。由于查封的目的是使债权人实现债权，不动产被查封后，其所有人或使用权人丧失了对不动产的处分权。因此，被查封的财产，债务人或其他人擅自处分的，该处分行为无效。《最高人民法院关于转卖人民法院查封房屋行为无效问题的复函》（〔1997〕经他字第8号）明确指出，执行债务人擅自处分被查封的房产的行为无效。从另一方面来说，查封就是为了实现债权，承租人明知租赁物有可能被变卖，却仍然与出租人订立租赁合同，由此带来的风险只能由他自己承受。显然，若租赁在先，查封在后，可以适用"买卖不破租赁"原则[《执行异议和复议规定》（2020年修正）第26条第1款第1项、第31条第1款①]。

2. 承租人的优先购买权

依据《民法典》第726条的规定，承租人享有的优先购买权，是指承租人依照法律规定享有的在出卖人出卖其标的物给第三人时，以同等条件优先于他人而购买的权利。《房屋租赁合同司法解释》（2020年修正）第15条规定："出租人与抵押权人协议折价、变卖租赁房屋偿还债务，应当在合理期限内通知承租人。承租人请求以同等条件优先购买房屋的，人民法院应予支持。"

（1）"同等条件"的认定

承租人行使优先购买权是按照等价有偿的原则在同等条件下优先于第三人而购买租赁物。对于"同等条件"的认定，主流的观点认为：同等条件首先是指价格等同条件下，其他方面实质上无损于出租人利益的情况。此外，"同等条件"的认定可以参照适用《公司法司法解释（四）》（2020年修正）第18条的规定："人民法院在判断是否符合公司法第七十一条第三款及本规定所称的'同等条件'时，应当

---

① 该款规定：承租人请求在租赁期内阻止向受让人移交占有被执行的不动产，在人民法院查封之前已签订合法有效的书面租赁合同并占有使用该不动产的，人民法院应予支持。这一规定显然与《民法典》第405条、《房屋买卖合同司法解释》（2020年修正）第14条确立的"抵押权设立在先"的原则有所不同，实务中可能引发争议的情形是：房屋已经在先设立抵押并进行了登记，后在人民法院查封之前该房屋对外租赁并转移占有，那么此时承租人请求在租赁期内阻止向受让人（抵押权人）移交占有被执行的不动产的，法院是否应予以支持。笔者认为，《执行异议和复议规定》（2020年修正）第31条第1款仅仅针对执行查封程序与承租权之间的关系，并未排除抵押权在先优先原则的适用，此时仍然需要从实体法上考虑承租人能否在执行程序中阻止向受让人移交占有。

考虑转让股权的数量、价格、支付方式及期限等因素。"因此，租赁场合下，应主要考虑租金价格、支付方式及期限等，此外在特定案件中，还需要考虑限购对象、履约能力与诚信度以及出卖人提出的其他条件，如相关费用分摊以及房屋或建设用地上其他权利处置等因素。

(2)"合理期限"的认定

关于"合理期限"的认定，《民通意见》第 118 条规定："出租人出卖出租房屋，应提前三个月通知承租人，承租人在同等条件下，享有优先购买权；出租人未按此规定出卖房屋的，承租人可以请求人民法院宣告该房屋买卖无效"，但该意见已被废止。最高人民法院民一庭认为可以参考《房屋租赁合同司法解释》(2009 年)第 24 条第 3 项(《民法典》第 726 条第 2 款)的规定，该项规定，出租人履行通知义务后，承租人在 15 日内未明确表示购买，视为放弃优先购买权，该"十五日"的届满之日肯定要早于出租人与第三人签订房屋买卖合同的日期，出租人履行通知义务必须给承租人留出必要的答复期限即 15 日，因此出租人最晚应于出卖房屋前 15 日通知承租人，即在 15 日答复期之前履行通知义务。

此外，《民法典》第 727 条规定："出租人委托拍卖人拍卖租赁房屋的，应当在拍卖五日前通知承租人。承租人未参加拍卖的，视为放弃优先购买权。"

(3)承租人优先购买权的例外

《房屋租赁合同司法解释》(2009 年)第 24 条规定："具有下列情形之一，承租人主张优先购买房屋的，人民法院不予支持：(一)房屋共有人行使优先购买权的；(二)出租人将房屋出卖给近亲属，包括配偶、父母、子女、兄弟姐妹、祖父母、外祖父母、孙子女、外孙子女的；(三)出租人履行通知义务后，承租人在十五日内未明确表示购买的；(四)第三人善意购买租赁房屋并已经办理登记手续的。"现该规定已废止并被原则性地吸纳入《民法典》第 726 条第 1 款但书部分"但是，房屋按份共有人行使优先购买权或者出租人将房屋出卖给近亲属的除外"。因此，可以认为上述司法解释第 24 条的规定并未实质性地发生变化。

对于"房屋按份共有人"，《民法典》第 306 条第 1 款规定："按份共有人转让其享有的共有的不动产或者动产份额的，应当将转让条件及时通知其他共有人。其他共有人应当在合理期限内行使优先购买权。"因此，房屋按份共有人的优先购买权源于物权编的规定，是基于共有的物权关系而发生，属于物权上的优先购买权，具有物权效力或性质；而承租人的优先购买权是基于租赁关系，尽管租赁是一个物权化的债权，但本质上仍属债权性质，基于物权优于债权的原则，共有人的优先购买权要优于承租人的优先购买权。

对于"近亲属",亲情关系往往是确定交换价值的重要考虑因素,具有浓厚的人身色彩,与纯粹的买卖关系终究有所不同,故本条确认出租人将租赁房屋出卖给近亲属的,承租人不得主张优先购买权。至于近亲属的范围,根据《民法典》第1045条第2款的规定,包括配偶、父母、子女、兄弟姐妹、祖父母、外祖父母、孙子女、外孙子女。

至于规定中的"善意第三人",《民法典》第311条已经规定了善意取得制度,即受让人以财产所有权转移为目的,善意受让该财产的,即使出让人无处分权,受让人仍可取得转让物的所有权。根据"举重以明轻"的民法解释原则,在第三人善意购买出租房屋,并办理登记手续的情形下,第三人可以对抗承租人优先购买房屋的主张。因此,《民法典》第726条并未再将《房屋租赁合同司法解释》(2009年)第24条第4项吸纳进来。

(4)承租人优先购买权受到侵害的救济

《民法典》第728条[参见《房屋租赁合同司法解释》(2009年)第21条]规定:"出租人未通知承租人或者有其他妨害承租人行使优先购买权情形的,承租人可以请求出租人承担赔偿责任。但是,出租人与第三人订立的房屋买卖合同的效力不受影响。"该条是对承租人优先购买权受到侵害时的救济的规定。房屋承租人的优先购买权只在租赁房屋作为买卖合同法律关系的标的物时发生,在赠与、互易以及因公征用等法律关系中则不得适用,亦不能主张优先购买权的损害赔偿请求权。在房屋转租场合,次承租人是否享有优先购买权在理论上存在争议①,但司法实践

---

① 支持的观点认为,当房屋由承租人转租给次承租人占有,为次承租人提供了安定平稳的生活状态时,承租人对房屋的使用收益权已不再迫切,次承租人成为了租赁房屋优先购买权所需保护的群体,故而赋予房屋次承租人优先购买权符合优先购买权制度的核心价值。反对的观点认为,承租人的优先购买权是法律赋予承租人的法定形成权,属于只能由原租赁合同主体享有的债权。即使转租已经出租人同意,原租赁合同的权利义务仍约束出租人和承租人,并未转让给次承租人,承租人仍未退出租赁关系,依然是行使法定优先购买权唯一的合法主体。赋予次承租人优先购买权缺乏法律依据,将会增加出租人的负担。折中的观点认为,次承租人是否享有优先购买权的关键在于转租是否取得出租人的同意。在经出租人同意的合法转租中,承租人对租赁物的依赖关系随其对房屋使用收益权的转让而一并转移,而出租人对租赁关系的信赖亦未受侵害,在此情形下,承租人不再享有优先购买权,次承租人要求行使优先购买权的,应予支持。而未经出租人同意的转租,法律赋予了出租人法定解除权,其因侵害了出租人的信赖利益,承租人及次承租人均不再享有优先购买权。对此,《北京市高级人民法院关于印发〈北京市高级人民法院关于审理房屋租赁合同纠纷案件若干疑难问题的解答〉的通知》(京高法发〔2013〕462号)第30条以及《江苏省高级人民法院关于印发〈关于审理城镇房屋租赁合同纠纷案件若干问题的意见〉的通知》[苏高法审委〔2008〕24号,已被《江苏省高级人民法院关于废止部分办案指导文件的通知》(2020年12月31日发布,2020年12月31日实施)废止]第19条的规定均支持该观点。

的主流观点认为房屋优先购买权的主体应为承租人而非次承租人,且优先购买权不得转让①。

承租人优先购买权受到侵害时,无权要求确认出租人与第三人房屋买卖合同无效,或者说出租人与第三人订立的房屋买卖合同的效力不受影响,但可以请求法院判令其直接以同等条件与出租人形成买卖合同关系,为避免承租人滥用权利,可以考虑在承租人行使优先购买权时对其课以一定的义务,如承租人主张与出租人成立买卖合同的,应当交付一定数额的定金或提供担保,以使出租人信任其履行能力。承租人虽无权以优先购买权受侵害为由要求确认出租人与第三人房屋买卖合同无效,但并不意味着出租人与第三人签订的合同就一定有效,就一定要保护其履行。出租人与第三人之间合同的效力应当依据《民法典》有关合同效力的规定判断。承租人行使优先购买权主张以同等条件与出租人订立买卖合同后,出租人无法继续履行与第三人的房屋买卖合同的,第三人可以主张出租人承担违约责任。

(5)承租部分房屋的承租人之优先购买权问题

目前,法律和司法解释对承租部分房屋的承租人在出租人整体出卖房屋时是否享有优先购买权均无明确规定。但依据《最高人民法院关于承租部分房屋的承租人在出租人整体出卖房屋时是否享有优先购买权的复函》(〔2004〕民一他字第29号),我们不难发现最高法院对前述问题已有明确意见。该复函指出:

第一,从房屋使用功能上看,如果承租人承租的部分房屋与房屋的其他部分是可分的、使用功能可相对独立的,则承租人的优先购买权应仅及于其承租的部分房屋;如果承租人的部分房屋与房屋的其他部分是不可分的、使用功能整体性较明显的,则其对出租人所卖全部房屋享有优先购买权。

第二,从承租人承租的部分房屋占全部房屋的比例看,承租人承租的部分房屋占出租人出卖的全部房屋一半以上的,则其对出租人出卖的全部房屋享有优先购买权;反之则不宜认定其对全部房屋享有优先购买权。

从上述复函可以看出,最高院主张从承租房屋独立性和承租比例两个维度来确定优先购买权的范围。即,如果承租房屋与整体出售的房屋可分或相对独立,则承租人仅就承租部分享有优先购买权;如与整体出售的房屋不可分且承租部分占

---

① 参见刘某杰与孙某汉、邢某君房屋租赁合同纠纷民事裁定书〔江苏省高级人民法院(2019)苏民申4152号〕;黄某珍、刘某兴房屋租赁合同纠纷二审民事判决书〔广东省东莞市中级人民法院(2017)粤19民终1574号〕;王某瑜、南京市玄武北苑之星幼儿园与南京市城市建设开发(集团)有限责任公司房屋租赁合同纠纷案的民事判决书〔江苏省南京市中级人民法院(2021)苏01民终2148号〕。

整体房屋 50% 以上的,则可就房屋整体主张优先购买权。此外,《北京市高级人民法院关于印发〈北京市高级人民法院关于审理房屋租赁合同纠纷案件若干疑难问题的解答〉的通知》(京高法发〔2013〕462 号)第 29 条、《上海市高级人民法院关于处理房屋租赁纠纷若干法律适用问题的解答(二)》(沪高法民一〔2005〕15 号)第 18 条有类似规定。但是在打包出售的多个房屋不具有整体性的情况下,部分房屋承租人是否可以就其承租部分单独行使优先购买权的问题,没有明确的规定。通常认为,在优先购买权的行使上,仅对承租部分享有优先购买权且其承租部分未达全部交易房屋面积 50% 的承租人,不得就整体交易房屋扩张行使优先购买权;同时,因不符合"同等条件",亦不得在一个整体性交易中,仅行使其对承租部分的优先购买权。如在陈某、周某欣第三人撤销之诉再审审查与审判监督民事裁定书〔最高人民法院(2016)最高法民申 1589 号〕中,最高院认为:

陈某不具有与第三人周某欣同等条件,因此,不享有优先购买权。主要理由如下:根据原审查明的事实,陈某承租金鼎公司所有的位于莱芜市钢城区金鼎南区 7 号楼 7-2 底层商业房一套,租赁合同于 2016 年 2 月 17 日届满,2015 年 12 月 10 日,在金鼎公司未通知承租人陈某的情况下,其公司持股会与周某欣签订《商品房买卖合同》,将包括陈某租赁房屋在内的六套商铺出售给周某欣。陈某主张按照周某欣与金鼎公司签订的买卖合同约定的总价,折合均价(含维修基金)每平米 4200 元购买其租赁的商铺,即具备了与第三人周某欣同等条件,这种理解缺乏依据。六套商铺整体出售和单独出售并非同等条件,在单价和交易成本上亦因此会有所不同。金鼎公司与周某欣之间签订的《商品房买卖合同》购买的标的物是六套商铺,总价是 4,708,830 元,即第三人购买的条件是六套商铺,总价 4,708,830 元,而陈某仅承租六套商铺中的一间,陈某提出购买承租的商铺,且按照出售六套商铺折算的每平米的单价购买,实际上与周某欣的购买条件是不同的。因此,陈某对涉案六套商铺不享有优先购买权。原审判决并无不当,陈某申请再审的理由不能成立。

(二)转租与出租人的"同意权""解除权"

转租是指承租人将租赁物转让给第三人使用收益,承租人与第三人形成新的租赁关系,但承租人与出租人的租赁关系仍然存在的一种交易形式。《民法典》第 716 条规定:"承租人经出租人同意,可以将租赁物转租给第三人。承租人转租的,承租人与出租人之间的租赁合同继续有效;第三人造成租赁物损失的,承租人应当赔偿损失。承租人未经出租人同意转租的,出租人可以解除合同。"这即是所谓的承租人转租时,出租人的"同意权"和"解除权"的规定。

1. 出租人的"同意权"

经出租人同意的转租包括两种情形：一是在租赁合同订立时明确约定承租人有权转租租赁物；二是在租赁期间承租人征得出租人同意将租赁物转租。对于事前未经出租人同意，事后出租人知道后并不反对或予以承认的，依据《民法典》确立的无处分权人处分他人财产合同的原则，可以视为经出租人同意的转租。

依据《民法典》第716条的规定，经过转租的租赁合同当事人的法律关系应为：第一，出租人与承租人之间的关系不因转租而受影响，继续有效，承租人仍然应向出租人承担支付租金、在租赁期间届满时返还租赁物的义务。因次承租人的行为造成租赁物损失的，承租人仍然要对出租人负责。第二，虽然次承租人与出租人之间没有合同关系，次承租人可以直接向出租人支付租金。第三，因为次承租合同的订立以前一个租赁合同为基础，所以在租赁合同终止或者被解除时，承租人与次承租人之间的租赁关系也随之终止。

尤需注意的是，《民法典》第717条规定："承租人经出租人同意将租赁物转租给第三人，转租期限超过承租人剩余租赁期限的，超过部分的约定对出租人不具有法律约束力，但是出租人与承租人另有约定的除外。"与《房屋租赁合同司法解释》(2009年)第15条"承租人经出租人同意将租赁房屋转租给第三人时，转租期限超过承租人剩余租赁期限的，人民法院应当认定超过部分的约定无效。但出租人与承租人另有约定的除外"之规定相比较，一个重大的修订是将转租期限超过承租人剩余租赁期限的，超出部分的约定并非无效（转租人与第三人之间的约定是有效的），但对出租人不具有法律约束力或者相对无效（剩余租赁期限到期后，出租人可以收回租赁的房屋）。

《民法典》第718条规定："出租人知道或者应当知道承租人转租，但是在六个月内未提出异议的，视为出租人同意转租。"本条吸纳了《房屋租赁合同司法解释》(2009年)第16条的规定，其目的在于，为督促出租人及时行使合同解除权，维护交易的稳定性，本条将出租人知道或者应当知道承租人转租，但在6个月内未提出异议的情形，推定为出租人同意转租。该6个月期限的性质为除斥期间，不适用诉讼时效关于中断与中止、延长的规定。

2. 出租人的"解除权"

《民法典》第716条第2款规定："承租人未经出租人同意转租的，出租人可以解除合同。"因为承租人未经出租人同意擅自将租赁物转租他人，直接破坏了出租人对承租人的信任，也直接损害了出租人对租赁物的所有权或处分权，同时造成多层次的对租赁物的占有关系，增加了出租人要求返还租赁物的困难或使出租物的

毁损程度加重,所以出租人有权解除合同。根据此规定,在承租人未经出租人同意转租的情形下,当事人之间产生如下法律后果:

第一,承租人与次承租人之间的租赁合同如未违反法律禁止性规定,是有效的。因该转租合同未经出租人同意,次承租人不能取得使用、收益的权利,次承租人可向承租人请求违约损害赔偿。

第二,承租人擅自转租,其行为构成违约,出租人有权解除合同,并向其请求损害赔偿;出租人不解除合同,租赁关系仍然有效,不因承租人的转租而受影响。

第三,出租人与次承租人之间,次承租人的租赁权不能对抗出租人。在解除与承租人的租赁合同时,出租人有权要求次承租人返还租赁物。如出租人不解除与承租人之间的租赁合同,则次承租人在原租赁期间,对租赁物享有占有、使用、收益的权利,出租人不得直接向次承租人请求返还租赁物。

此外,《房屋租赁合同司法解释》(2020年修正)第13条规定:"房屋租赁合同无效、履行期限届满或者解除,出租人请求负有腾房义务的次承租人支付逾期腾房占有使用费的,人民法院应予支持。"

【例3-6】房屋转让、转租和续租条款

X	租赁物业转让、转租和续租
X.1	租赁物业转让
X.1.1	租赁期间,甲方有权依照法定程序转让该出租的物业,转让后,本合同对新的物业所有人和乙方继续有效。
X.1.2	甲方出售该物业或者该物业所属楼层或所属[××]大楼的,须在[30]天前书面通知乙方,在同等条件下,乙方享有优先购买权。
X.2	租赁物业转租
X.2.1	未经甲方书面同意,乙方不得转租该物业。
X.2.2	发生下述各项行为及事件时,乙方应及时书面通知甲方,否则,视为乙方违反本合同对转租的约定: a)乙方为公司,而公司发生收购、重组、合并、清算; b)乙方的名称发生变更; c)法定继承事实发生,致使该物业的使用人发生变更。
X.3	租赁物业续租
X.3.1	本合同有效期限届满,乙方需继续租用该物业的,应于有效期届满之日前[60]日向甲方提出书面续租要求并经甲方同意。在同等条件下,乙方享有优先承租权。双方就续租达成一致的,应重新订立租赁合同。

	续表
X.3.2	若乙方未在本合同规定的时限内提出对该物业书面续租要求或甲方不同意续租的，则甲方有权携同该物业未来的任何租户或有关人士在租赁期结束前或提前结束前的[60]日内的所有合理时间内，预先通知乙方后视察该物业，乙方不得阻挠，但甲方的该等行为不得干扰乙方正常使用该物业。

（三）次承租人代付租金是否是"具有合法利益的第三人"

《民法典》第719条规定："承租人拖欠租金的，次承租人可以代承租人支付其欠付的租金和违约金，但是转租合同对出租人不具有法律约束力的除外。次承租人代为支付的租金和违约金，可以充抵次承租人应当向承租人支付的租金；超出其应付的租金数额的，可以向承租人追偿。"《民法典》第722条规定："承租人无正当理由未支付或者迟延支付租金的，出租人可以请求承租人在合理期限内支付；承租人逾期不支付的，出租人可以解除合同。"在转租合同有效并对出租人具有法律约束力的情形下，若出租人因承租人不支付或迟延支付租金而行使合同解除权时，次承租人可以代偿请求权抗辩出租人的合同解除权。在转租合同对出租人不具有法律约束力的场合，如转租合同未经出租人同意，次承租人无代偿请求权。次承租人代出租人支付租金与违约金后，对承租人享有两种权利，一是对于承租人的追偿权，二是其支付的租金和违约金可以折抵转租合同中其应支付的租金。

《民法典》第524条规定："债务人不履行债务，第三人对履行该债务具有合法利益的，第三人有权向债权人代为履行；但是，根据债务性质、按照当事人约定或者依照法律规定只能由债务人履行的除外。债权人接受第三人履行后，其对债务人的债权转让给第三人，但是债务人和第三人另有约定的除外。"关于次承租人是否属于"具有合理利益的第三人"，在《民法典合同编通则司法解释》出台之前，不乏争议。如立法机关认为，《民法典》第524条的规定适用于租赁合同的转租情形。《民法典》第719条的规定可以视为第524条第三人代为履行的一个具体体现。承租人拖欠租金的，次承租人具有稳定租赁关系、继续占有和使用租赁物的需要，属于对支付租金具有合法利益的第三人，享有代承租人向出租人支付租金的权利，可以代承租人支付其欠付的租金和违约金。[①] 对"合法利益"这一概念，最高院认为无合同约定情形下的第三人代履行属于民事行为，而对于民事行为，"法无禁止即可为"。因此，只要第三人履行债务的目的合法或者不违反法律法规或规章的禁止性规

[①] 参见黄薇主编：《中华人民共和国民法典合同编解读》（上册），中国法制出版社2020年版，第200页。

定,即可认定第三人对履行该债务具有合法利益。① 但也有不同观点认为,第719条中的次承租人,不是第524条规定的"对履行该债务具有合法利益"的第三人。因为第719条属于特别规定,应优先适用,第524条无适用之余地。此外,第719条确定的法律效果是"可以向承租人追偿",这与第524条中规定的债权法定转移的法律效果有所不同。笔者个人不赞同这一观点,理由是从第524条的规定来说,次承租人属于"对履行该债务具有合法利益"的第三人,这是其一;其二,尽管第719条系特别规定,但应允许次承租人选择适用第524条;其三,第719条的法律效果与第524条的法律效果相同。第719条规定的"追偿"实际也是代为清偿后的实质性"债权法定转移"。

《民法典合同编通则司法解释》第30条规定明确了"具有合法利益的第三人"的种类,其中第7项"其他对履行债务具有合法利益的第三人"属于兜底事项。最高院对此解读道,法律明确规定第三人可以代为履行的,那么该第三人无疑属于具有"合法利益",如我国《民法典》第719条规定……该条明确赋予次承租人(租赁关系外之第三人)可以向出资人代为履行租金、违约金义务。但是,转租合同能够约束出租人的,次承租人才可以代为履行,此时其才属于享有合法利益。如果转租合同不能约束出租人(比如未经出租人同意而转租),那么次承租人在代为履行方面就应当认定为欠缺"合法利益"。② 这一立场无疑是对立法机关立场以及既往司法实践主流观点的回应。

十三、承租人对租赁房屋添附的处理

《民法典》第715条规定:"承租人经出租人同意,可以对租赁物进行改善或者增设他物。承租人未经出租人同意,对租赁物进行改善或者增设他物的,出租人可以请求承租人恢复原状或者赔偿损失。"该条即为承租人改善租赁物或者对租赁物增设他物义务的规定。根据该条规定,租赁合同终止时,承租人对租赁物进行改善或者增设他物的,如果租赁合同条款中对此问题有明确约定,应该按照约定进行处理。如果没有约定,应根据该改善、增设行为是否经出租人同意分别情况处理。如果承租人未经出租人同意,对租赁物进行改善或者增设他物,出租人可以要求承租人恢复原状或者赔偿损失;如果承租人经出租人同意改善或者增设他物,在租赁合同终止时,就存在一个由出租人返还有益费用的问题。

---

① 参见最高人民法院民法典贯彻实施工作领导小组主编:《中华人民共和国民法典合同编理解与适用(一)》,人民法院出版社2020年版,第422页。

② 参见最高人民法院民事审判第二庭、研究室编著:《最高人民法院民法典合同编通则司法解释理解与适用》,人民法院出版社2023年版,第348页。

依据《房屋租赁合同司法解释》(2020年修正)第6条至第12条的规定,对于租赁房屋改善或者增设他物的,应区分以下情况进行处理:

第一,该解释第6条规定了承租人擅自变动主体和承重结构或者扩建的处理。即,承租人擅自变动房屋建筑主体和承重结构或者扩建,在出租人要求的合理期限内仍不予恢复原状,出租人请求解除合同并要求赔偿损失的,人民法院依照《民法典》第711条的规定处理。即承租人未按照约定的方法或者未根据租赁物的性质使用租赁物,致使租赁物受到损失的,出租人可以解除合同并请求赔偿损失。

第二,该解释第7条规定了租赁合同无效时经同意的装饰装修物的处理。即,承租人经出租人同意装饰装修,租赁合同无效时,未形成附合的装饰装修物,出租人同意利用的,可折价归出租人所有;不同意利用的,可由承租人拆除。因拆除造成房屋毁损的,承租人应当恢复原状。已形成附合的装饰装修物,出租人同意利用的,可折价归出租人所有;不同意利用的,由双方各自按照导致合同无效的过错分担现值损失。

第三,该解释第8条规定了合同履行届满或解除时未形成附合的装饰装修物的处理。即,承租人经出租人同意装饰装修,租赁期间届满或者合同解除时,除当事人另有约定外,未形成附合的装饰装修物,可由承租人拆除。因拆除造成房屋毁损的,承租人应当恢复原状。

第四,该解释第9条规定了合同解除时形成附合的装饰装修物的处理。即,承租人经出租人同意装饰装修,合同解除时,双方对已形成附合的装饰装修物的处理没有约定的,人民法院按照下列情形分别处理:

(1)因出租人违约导致合同解除,承租人请求出租人赔偿剩余租赁期内装饰装修残值损失[①]的,应予支持;

---

① 关于"装饰装修残值损失",法律并没有明确的规定。司法实践中,通常采用如下几种处理方法:一是按租赁期限分摊。即,房屋装饰装修残值 = 装饰装修投入费用 ÷ 租赁期限 × 剩余租赁期限。法院通常通过工程造价鉴定的方式或酌定的方式确定装饰装修费用。该方法属于实践中认定装饰装修残值损失金额的常用计算方法。参见湖南长沙船舶有限公司、湖南乐家巢家具有限公司房屋租赁合同纠纷二审民事判决书[湖南省长沙市中级人民法院(2019)湘01民终10152号]。二是现存价值法。即,房屋装饰装修残值(现值) = 装修工程的重置成本 × 综合成新率。该方法实践中较多用于租赁合同无效情况下装修装修损失的赔偿。参见廖某绮、汪某贵房屋租赁合同纠纷二审民事判决书[广东省广州市中级人民法院(2018)粤01民终16742号]。三是计提残值并折旧。即,房屋装饰装修残值 = 装修重置价格 × (1 - 残值率) × (365 × 5 - 已租赁使用期间)/5年折旧年限 + 装修重置价格 × 残值率。《企业所得税法实施条例》第60条将折旧年限确定为5年。参见东莞市广信地产代理有限公司与成某霞等租赁合同纠纷再审民事判决书[广东省东莞市中级人民法院(2018)粤19民再1号]。

（2）因承租人违约导致合同解除，承租人请求出租人赔偿剩余租赁期内装饰装修残值损失的，不予支持。但出租人同意利用的，应在利用价值范围内予以适当补偿；

（3）因双方违约导致合同解除，剩余租赁期内的装饰装修残值损失，由双方根据各自的过错承担相应的责任；

（4）因不可归责于双方的事由导致合同解除的，剩余租赁期内的装饰装修残值损失，由双方按照公平原则分担。法律另有规定的，适用其规定。

第五，该解释第10条规定了租赁期间届满时附合装饰装修物的处理。即，承租人经出租人同意装饰装修，租赁期间届满时，承租人请求出租人补偿附合装饰装修费用的，不予支持。但当事人另有约定的除外。

第六，该解释第11条规定了承租人擅自装饰装修及扩建费用的处理。即，承租人未经出租人同意装饰装修或者扩建，由此发生的费用，由承租人负担。出租人请求承租人恢复原状或者赔偿损失的，人民法院应予支持。

第七，该解释第12条规定了出租人同意的扩建但未约定费用归属的处理。即，承租人经出租人同意扩建，但双方对扩建费用的处理没有约定，人民法院按照下列情形分别处理：

（1）办理合法建设手续的，扩建造价费用由出租人负担；

（2）未办理合法建设手续的，扩建造价费用由双方按照过错分担。

在实务中，最需要关注的是上述第四点和第五点，即是说，承租人经出租人同意装饰装修的，一般应在合同中作出相关装饰装修残值损失如何确定以及损失赔偿的约定或者排除补偿的约定。有关条款参见【例3-7】。

十四、合同解除和终止条款

（一）租赁合同的解除

对于合同解除和终止条款，合同双方可以协商一致进行约定。但通常会分别约定承租方提前终止的情形和出租方提前终止本合同的情形。

承租方提前终止合同的情形通常包括：(1)若不可抗力事件发生或情势变更，致使房产周围环境发生重大变化，承租方所租房屋营业的市场、环境基础不复存在，合同不宜继续履行，则承租方有权提前终止合同而无须承担任何法律责任；(2)出租方违反其保证，或违反本合同的其他规定，在承租方通知的补救期内又没能及时补救，致使承租方不能正常居住或对外营业或使承租方的合同权益受到实质的损害；(3)出租方未能在法律规定的期限内办妥房屋租赁所需证照或其他出租房产所需的许可和手续。此外,《民法典》第724条规定:"有下列情形之一,非因承租人原因致使租赁物无法使用的,承租人可以解除合同:(一)租赁物被司法机关或者行政机关依法查封、扣押;(二)租赁物权属有争议;(三)租赁物具有违反法律、行政法规关于使用条件的强制性规定情形。"提前解约的情形亦可在合同中予以约定。

出租方提前终止本合同的情形通常包括:(1)承租方逾期支付租金;(2)承租方擅自改变房屋用途、擅自变动主体和承重结构或者扩建;(3)未经出租方同意承租方将承租房产转租他人;(4)承租方利用承租房产进行非法活动。

此外,需要注意的是,《房屋租赁合同司法解释》(2020年修正)第13条规定:"房屋租赁合同无效、履行期限届满或者解除,出租人请求负有腾房义务的次承租人支付逾期腾房占有使用费的,人民法院应予支持。"该条规定意味着,在房屋租赁合同无效、履行期限届满或者解除的情形下,承租人应将房屋返还出租人,但实际占有房屋的是次承租人。次承租人在房屋租赁关系终止时,即不再拥有占有、使用租赁房屋的合法依据,从而构成对出租人所有的租赁房屋的无权占有,出租人有权向次承租人主张返还房屋,同时,出租人亦有权向次承租人主张逾期腾房期间的占有使用费。

(二)承租人违约,出租人能否主张剩余租期租金①

在实务中,若因承租人违约导致租赁合同提前解除,出租人能否主张剩余租期的租金?在既往的司法实践中,曾经有部分高院对此予以明确。如《江苏省高级人民法院关于印发〈关于审理城镇房屋租赁合同纠纷案件若干问题的意见〉的通知》(苏高法审委〔2008〕24号,已于2020年12月31日废止)第27条第2款规定:"因出租人违约行为导致房屋租赁合同解除的,承租人可以要求出租人赔偿其租金差价损失及相关费用。租赁房屋用于商业用途的,承租人还可要求出租人赔偿其合理期间内的经营损失,但最长不得超过六个月。"

《民法典合同编通则司法解释》第61条对此进行了明确:"在以持续履行的债务为内容的定期合同中,一方不履行支付价款、租金等金钱债务,对方请求解除合同,人民法院经审理认为合同应当依法解除的,可以根据当事人的主张,参考合同主体、交易类型、市场价格变化、剩余履行期限等因素确定非违约方寻找替代交易

---

① 有关内容还可参见笔者所著《合同审查精要与实务指南:合同起草审查的基础思维与技能》(第3版)第15章"合同通常条款的审查:正文通用条款"第4节第2部分之"持续性定期合同中可得利益的赔偿"。

的合理期限，并按照该期限对应的价款、租金等扣除非违约方应当支付的相应履约成本确定合同履行后可以获得的利益。非违约方主张按照合同解除后剩余履行期限相应的价款、租金等扣除履约成本确定合同履行后可以获得的利益的，人民法院不予支持。但是，剩余履行期限少于寻找替代交易的合理期限的除外。"显然，该条对实务中如租赁、合作等以持续履行的债务为内容的定期合同中可得利益的确定进行了明确。即，非违约方的损失采用"寻找替代交易的合理期限"并按照该期限来确定可得利益的方法来确定。前述合理期限，应参考合同主体、交易类型、市场价格变化、剩余履行期限等因素确定，按以前司法实践来看，一般租赁通常以 3 个月的租金为限，而商业租赁原则上最长不超过 6 个月。因此，非违约方不能直接将合同剩余履行期限的价款、租金扣除履约成本确定为可得利益损失，除非剩余履行期限短于寻找替代交易的合理期限。

十五、租赁期满后优先续租权

关于优先续租权，目前法律没有明确规定，若租赁合同中未明确约定租赁期限届满后优先续租的适用条件，租赁期满后若谈判不成，将无法继续承租，这可能会给承租方带来风险与损失。因此，对于承租人而言，可以要求在合同中明确约定租赁期限届满后，承租人有优先续租的权利并具体约定适用条件（如同等租金标准条件）。有关续租条款参见【例 3-6】。

十六、租赁期满财产的处理

租赁合同期满，承租方在一定期限内不拆除或取回有关物品，视为承租人放弃遗留物之所有权，悉归出租方所有。还要注意，如果是一方中途违约，导致合同被提前终止，承租方的装饰装修投入及损失如何处理，也要在合同中约定。

【例3-7】物业交还条款

X	租赁物业交还
X.1	交还日期及适用范围
X.1.1	乙方应当于本合同约定的租期结束（不论何种原因）之日交还该物业。
X.1.2	除租赁期限届满合同正常终止外，如甲方或乙方依据本合同或法律、法规的规定单方面解除合同，或因不可抗力或意外事件等其他原因致使本合同提前终止的，则乙方应当在合同解除或提前终止之日起[10]日内交还该物业。

X.2	交还状况及装修和附属设施/设备的归属
X.2.1	本合同结束后(不论基于何种原因),乙方自费将该物业内的所有自有物品搬离该物业,并将该物业恢复至符合交付标准的状态(正常使用导致的磨损除外)。
X.2.2	如果该物业交还时之状况不符合前项规定,甲方有权要求乙方采取一切措施或自行采取措施,使得该物业之状况符合前项规定,由此而产生的一切费用和开支由乙方负担。
X.3	交还通知、接收
X.3.1	本合同结束(不论基于何种原因),各方均应提前[5]日通知对方交还/收回该物业的具体日期,甲方应当按照该等通知查验及接收该物业。
X.3.2	在符合本合同第X.2款规定的情形下,甲乙双方应当签署一份交还凭据,交还凭据一经签署,乙方交还该物业的义务立即完成。
X.4	逾期交还的后果
X.4.1	如果乙方未依照本合同第X.1款的规定交还物业,则甲方有权选择采用下述方法之一收回该物业,因此而产生的费用由乙方负担: a)将该物业内的一切动产搬离该物业,该物业之装修及所有附属设施/设备属甲方所有,甲方无须给予乙方补偿。 b)将该物业内的一切动产搬离该物业,并将该物业内的一切装修、附属设备/设施拆除。由此产生的费用由乙方承担。
X.4.2	本合同提前解除或期满终止之日,若乙方仍未能将承租单元及时归还给甲方,则从合同提前解除或期满终止之日起到承租单元被甲方实际收回之日止,乙方须向甲方支付相当于该时期内发生的承租费(按本合同约定的标准计算)之[两]倍的数额作为违约金,此外,乙方还应就甲方就此发生的其他可证实的费用(包括但不限于律师费、诉讼费)承担赔偿责任。

十七、租赁合同的管辖条款

《民事诉讼法》(2023年修正)第35条规定:"合同或者其他财产权益纠纷的当事人可以书面协议选择被告住所地、合同履行地、合同签订地、原告住所地、标的物所在地等与争议有实际联系的地点的人民法院管辖,但不得违反本法对级别管辖和专属管辖的规定。"《民事诉讼法司法解释》(2022年修正)第19条规定:"财产租赁合同、融资租赁合同以租赁物使用地为合同履行地。合同对履行地有约定的,从其约定。"据此,如果动产租赁合同约定由合同履行地人民法院管辖但未约定合同履行地的,则以租赁物的使用地人民法院为管辖法院。此时不适用不动产所在地人民法院专属管辖,但若是房屋租赁合同纠纷,是否应由不动产所在地人民法院专属管辖略有争议。

观点一:房屋租赁合同纠纷应由不动产所在地人民法院专属管辖。《民事诉讼法司法解释》(2022年修正)第28条第2款规定:"农村土地承包经营合同纠纷、房屋租赁合同纠纷、建设工程施工合同纠纷、政策性房屋买卖合同纠纷,按照不动产纠纷确定管辖。"该条第1款则规定:"民事诉讼法第三十四条第一项规定的不动产纠纷是指因不动产的权利确认、分割、相邻关系等引起的物权纠纷。"而《民事诉讼法》(2023年修正)第34条规定:"下列案件,由本条规定的人民法院专属管辖:(一)因不动产纠纷提起的诉讼,由不动产所在地人民法院管辖;……"据此,房屋租赁合同纠纷应由不动产所在地人民法院专属管辖。其理由在于:首先,适用不动产专属管辖的四类纠纷泛指与该四类纠纷相关的所有案件,这些案件即便不属于物权纠纷,也与租赁的不动产有牵连,而并不局限于《民事案件案由规定》(法〔2020〕347号)中的特定案由,在租赁合同存续期间应按不动产纠纷确定管辖;其次,从解释论而言,《民事诉讼法司法解释》(2022年修正)第28条第1款是对《民事诉讼法》(2023年修正)第34条的进一步解释,其内容实际上包含在第34条规定之中,因此《民事诉讼法司法解释》(2022年修正)第28条第2款的四类纠纷"按照不动产纠纷确定管辖",展开解释应是"农村土地承包经营合同纠纷、房屋租赁合同纠纷、建设工程施工合同纠纷、政策性房屋买卖合同纠纷,按照因不动产的权利确认、分割、相邻关系等引起的物权纠纷确定管辖"。因此,上述四类纠纷的管辖确定原则应是:四类纠纷直接由不动产所在地法院专属管辖,而与不动产有关的纠纷,则仅在为物权纠纷的前提下才适用专属管辖。

如在泉州龙文教育信息咨询有限公司、郑某华房屋租赁合同纠纷管辖民事裁定书[福建省高级人民法院(2020)闽民辖27号]中,原告龙文公司起诉要求被告郑某华返还租金并支付资金占用利息,一审福建省晋江市法院认为:

原、被告双方签订的《房屋租赁合同》第十七条明确约定:协商或调解不成的,依法向乙方所在地的人民法院起诉。乙方即龙文公司,住所地为福州市丰泽区,故晋江市人民法院并非约定管辖的法院。且从原告所诉求主张的内容体现,本案诉争双方的基础法律关系已是明确的债权债务纠纷,不再是租赁合同纠纷,不适用专属管辖规定而应由被告所在地的人民法院管辖。于2020年1月8日裁定:本案移送福州市鼓楼区人民法院处理。

后福州市中院认为,依据《民事诉讼法司法解释》(2022年修正)第28条第2款的规定,本案应按房屋租赁合同纠纷即不动产纠纷确定管辖,即应由福建省晋江市人民法院专属管辖,报请福建省高院指定管辖。福建省高院认为:

本案基础法律关系系房屋租赁合同履行过程中引发的纠纷,依据《最高人民法院关于适用〈中华人民共和国民事诉讼法〉的解释》第二十八条第二款的规定,房屋租赁合同纠纷按不动产纠纷确定管辖,即由不动产所在地人民法院管辖。案涉房屋位于福建省晋江福埔工业综合开发区×××城×××店及×××店面二楼,所以本案应由福建省晋江市人民法院管辖。

再如,在北京居然之家投资控股集团有限公司、马鞍山市煜×××房地产开发有限公司房屋租赁合同纠纷二审民事裁定书[安徽省高级人民法院(2019)皖民辖终75号]①中,安徽省高院认为:

本案中,上诉人居然之家公司与被上诉人煜×××公司之间的纠纷在性质上属于财产权益的合同纠纷,非物权纠纷,但该纠纷与租赁的不动产发生牵连,在租赁关系存续期间,对此类型的合同纠纷系按照不动产纠纷确定管辖。故双方当事人约定的管辖违反了专属管辖规定,不能作为确定管辖法院的依据。由于本案租赁的房屋位于马鞍山市,因此马鞍山市中级人民法院对本案具有专属管辖权。

显然,从上述案件可以看出,在这一观点下,即便法院经审查后认为案件在性质上属于债权纠纷而非物权纠纷,但系房屋租赁合同履行过程中引发的纠纷或者换言之,与租赁的不动产存在牵连关系,即凡是与房屋租赁合同相关的所有纠纷,由于存在牵连关系,都直接由不动产所在地法院专属管辖。

观点二:房屋租赁合同纠纷并非都属于《民事诉讼法司法解释》(2022年修正)第28条第1款规定的"因不动产的权利确认、分割、相邻关系等引起的物权纠纷"(如不动产登记纠纷、所有权纠纷、用益物权纠纷、担保物权纠纷、占有保护纠纷等)。如房屋租赁合同纠纷可能是欠付租金之诉,这实为债权纠纷而非涉及不动产确权、分割、相邻关系等的物权纠纷,此时应分情形分别确定管辖。即,对于虽与不动产有牵连关系但本质属于不动产债权纠纷的案件(如房屋租金纠纷等),其不属于不动产物权纠纷,不适用不动产专属管辖。

这一观点存在于个别案件中,如在上海浦东发展银行股份有限公司沈阳分行、朱某沪房屋租赁合同纠纷民事管辖上诉管辖裁定书[辽宁省葫芦岛市中级人民法

---

① 类案参见李某新与北京豫燕联合商贸有限公司房屋租赁合同纠纷民事裁定书[北京市第二中级人民法院(2023)京02民辖终308号];刘某、酒钢集团中天置业有限公司房屋租赁合同纠纷案[甘肃省高级人民法院(2022)甘民辖33号];张某与侯某杰房屋租赁合同纠纷民事裁定书[北京市第一中级人民法院(2020)京01民辖终86号];青岛安福尔车业有限公司、青岛勇能环保电力设备有限公司房屋租赁合同纠纷二审民事裁定书[山东省高级人民法院(2018)鲁民辖终325号];中国人民解放军空军南京房地产管理处杭州办事处与杭州国星电子工程有限公司房屋租赁合同纠纷一审民事裁定书[浙江省高级人民法院(2016)浙民辖145号]。

院(2021)辽14民辖终63号]①中,二审法院认为:

《最高人民法院关于适用的解释》第二十八条明确规定:"民事诉讼法第三十三条第一项规定的不动产纠纷是指因不动产的权利确认、分割、相邻关系等引起的物权纠纷",房屋租赁合同才能适用专属管辖的规定,而本案原审原告朱某沪要求原审被告上海浦东发展银行股份有限公司沈阳分行支付房屋租期届满后,被告未及时腾退房屋给原告造成的房屋租赁损失100万元,双方系债权纠纷,故本案不适用因不动产纠纷提起诉讼,由不动产所在地人民法院管辖的规定。另双方签订的《房屋租赁合同》第九条第三款明确约定"本合同执行如发生纠纷,应通过双方协商解决。协商不成,可向乙方住所地人民法院提起诉讼",即由上诉方住所地人民法院管辖,故上诉方的上诉理由成立,依法应予以支持。

最后,需要强调的是,目前司法实践的基本一致的观点是房屋租赁合同纠纷应由不动产所在地人民法院专属管辖。其主要考虑在于,房屋租赁合同纠纷与不动产具有密切联系(牵连)、合同权利义务带有物权或者准物权性质,即便所涉纠纷属于不动产债权纠纷,但由房屋所在地人民法院管辖,更便利于调查取证、查明案情和执行判决,从而正确、及时地审结案件。

第三节 融资租赁合同特别条款的审查

融资租赁合同审核要注意融资租赁合同当事人的主体资格、融资租赁合同当事人的意思表示、融资租赁合同的主要条款、融资租赁合同内容的合法性、融资租赁合同形式的合法性等事项。除经营性租赁合同的一般审查注意事项之外,融资租赁合同还具有自身的一些特点,需要特别关注。

一、融资租赁合同的结构

除《民法典》第470条规定的条款外,《民法典》第736条第1款还规定:"融资租赁合同的内容一般包括租赁物的名称、数量、规格、技术性能、检验方法,租赁期限,租金构成及其支付期限和方式、币种,租赁期限届满租赁物的归属等条款。"若无特别说明,本节以融资租赁合同(直接租赁)为例进行说明。融资租赁合同通常包括如下主要条款:

---

① 类案参见李某达与湖南爱运动体育用品有限公司房屋租赁合同纠纷案管辖异议二审民事裁定书[湖南省湘西土家族苗族自治州中级人民法院(2017)湘31民辖终13号]。

✓ 租赁双方当事人(以及担保人)的名称和住所等信息;

✓ 鉴于条款;

✓ 定义条款;

✓ 标的租赁物条款(租赁物的名称、数量、规格、技术性能、所有权、购买、交付与验收,租赁物的使用、保管、维修和税费,租赁物毁损、灭失的风险承担,租赁期限及租赁期满后租赁物的处理等);

✓ 租金及支付期限条款(首付款、租赁保证金、租赁手续费等);

✓ 加速到期条款;

✓ 合同的解除与终止条款;

✓ 担保条款;

✓ 违约责任;

✓ 争议的解决;

✓ 合同效力条款等。

除了上述核心条款之外,根据具体情况的需要,融资租赁合同还可能包括租赁物保险、分期支付租赁时诉讼时效条款等。

二、融资租赁合同出租方的主体资格审查

除一般的合同主体资格审查注意事项外,在审查融资租赁合同的出租人主体资格时,需要特别关注出租人营业执照上的经营范围是否包含融资租赁。因为,在实务中,基于部分租赁物的特殊性,有关政府部门就特定租赁物的经营许可作出了资质限制。比如医疗器械设备,因涉及人民的生命健康安全,有关行政部门就其经营许可作出限制是非常必要的。

在2018年4月20日前,由于部门规章是调整融资租赁业的主要规范,因此形成了原银监会、商务部、国税总局"三分监管"的体系,即金融租赁公司、外商投资融资租赁公司、内资试点融资租赁公司。因此,当时具备融资租赁经营业务资质的企业分为三类:

第一,依据《金融租赁公司管理办法》(银监会令2014年第3号)第2条规定,经原银监会批准的具有"金融租赁"经营资质的融资租赁企业;

第二,依据《关于从事融资租赁业务有关问题的通知》(商建发〔2004〕560号)第3条规定,经商务部、国家税务总局批准的内资租赁企业;

第三,依据《外商投资租赁业管理办法》(商务部令2005年第5号)①第4条规定,经商务部所批准的外商投资租赁公司(目前已经放开,无须事前审批),但《融资租赁企业监督管理办法》(商流通发〔2013〕337号)对融资租赁企业(包括外商投资融资租赁企业以及内资试点融资租赁企业)的业务规范和监督管理作出了统一规定,其基本精神和内容与《外商投资租赁业管理办法》一致,因此,《外商投资租赁业管理办法》的废止不影响现阶段商务部以及各级商务主管部门对融资租赁企业的监督和管理。

这三类公司虽然都具有融资租赁经营资质,但仍需注意三者的经营范围有所不同。原银监会批准的金融租赁公司适用于固定资产领域,商务部批准的内资试点租赁公司适用于生产、通信、医疗、环保、科研等设备、工程机械及交通运输工具(包括飞机、轮船、汽车等)领域,而已废止的《外商投资租赁业管理办法》规定的外资租赁则适用于生产设备、通信设备、医疗设备、科研设备、检验检测设备、工程机械设备、办公设备等各类动产,飞机、汽车、船舶等各类交通工具以及前述动产和交通工具附带的软件、技术等无形资产,但附带的无形资产价值不得超过租赁财产价值的1/2。② 因此,不同类别的融资租赁公司的经营范围也必须符合相关规定,至于不同融资租赁公司是否可以跨界经营其他类别融资租赁的业务,相关法律、法规并没有禁止。

"三分监管"的机制在2018年5月14日商务部发布《关于融资租赁公司、商业保理公司和典当行管理职责调整有关事宜的通知》(商办流通函〔2018〕165号)之后发生了变化。该通知规定:"根据《中共中央关于深化党和国家机构改革的决定》等文件要求和全国金融工作会议精神,商务部已将制定融资租赁公司、商业保理公司、典当行业务经营和监管规则职责划给中国银行保险监督管理委员会(以下简称银保监会),自4月20日起,有关职责由银保监会履行。"因此,商业保理的监

---

① 本篇法规被《商务部关于废止和修改部分规章的决定(2018)》(商务部令2018年第1号,2018年2月22日发布,2018年2月22日实施)废止。其原因在于,随着外商投资产业指导目录、外商投资准入清单将融资租赁由限制类转为鼓励类,且并未列入负面清单中,因此外商投资融资租赁企业的设立或变更也不再要求事前审批,这应是《外商投资租赁业管理办法》废止的基本背景和原因。

② 由于《外商投资租赁业管理办法》(商务部令2005年第5号)被废止,其第6条的规定当然成为了历史。根据《融资租赁企业监督管理办法》(商流通发〔2013〕337号)第10条第1款的规定,只要拟作为租赁物的物件权属清晰、真实存在且能够产生收益权,也不存在低值高估、高值低估、无法分割、租赁期末无法返还承租人等可能导致在司法实践被认定融资租赁法律关系不成立情形的,出租人可根据商业决策,自行选择租赁物。即外商投资融资租赁公司以不动产、无形资产等特殊物件作为租赁物的融资租赁项目,一般不再存在合规性障碍。

管从 2018 年 4 月 20 日后移交给原银保监会行使,实现了商业保理和银行保理统一监管。表 3-1 展示了原银保监会对融资租赁、保理、典当行统一监管的状况。

表 3-1 融资租赁、保理和典当行的监管

类别	公司类型	监管机构	
		2018 年 4 月 20 日前	2018 年 4 月 20 日后
融资租赁	金融租赁公司	原银监会	原银保监会
	外资融资租赁公司	商务部	
	内资试点融资租赁公司	商务部、国税总局及其授权机构	
保理	银行保理	原银监会	
	商业保理	商务部	
典当行	典当行	商务部、公安部	

2020 年 5 月 26 日,原银保监会发布了《融资租赁公司监督管理暂行办法》(银保监发〔2020〕22 号,以下简称《监管暂行办法》),这是原银保监会正式接手监管类金融机构(商业保理企业、融资租赁公司以及典当行)后发布的第一份针对融资租赁公司的系统性监管文件。《监管暂行办法》第 2 条第 1 款明确,其监管的是金融租赁公司之外的融资租赁公司(包括内资融资租赁公司和外商投资融资租赁公司)。《监管暂行办法》第 7 条第 1 款规定:"适用于融资租赁交易的租赁物为固定资产,另有规定的除外。"这一规定与《金融租赁公司管理办法》对金融租赁公司的要求保持一致。"另有规定的除外"为其他资产如著作权、专利权、商标权等无形资产的适用预留了空间。

《民法典》第 505 条规定:"当事人超越经营范围订立的合同的效力,应当依照本法第一编第六章第三节和本编的有关规定确定,不得仅以超越经营范围确认合同无效。"因此,超出经营范围所签订的合同并不必然无效,但若无融资租赁经营资质对外签订的合同是否有效,历史上在理论界与实务界曾经争议颇大,理论界倾向于即使没有经营资质也不应影响融资租赁合同的效力,因为没有相关法律、法规明确规定融资租赁必须取得相关经营资质。《最高人民法院关于审理融资租赁合同纠纷案件适用法律问题的解释》(法释〔2014〕3 号)第 3 条规定对此进行了明确:"根据法律、行政法规规定,承租人对于租赁物的经营使用应当取得行政许可的,人民法院不应仅以出租人未取得行政许可为由认定融资租赁合同无效。"这一规定被《民法典》第 738 条所吸纳:"依照法律、行政法规的规定,对于租赁物的经营使用

应当取得行政许可的,出租人未取得行政许可不影响融资租赁合同的效力。"该条规定的逻辑在于,融资租赁交易有其特殊性,即出租人在融资租赁交易中主要承担资金融通的功能,其购买租赁物的目的系提供给承租人使用,而非将租赁物作为其自身从事生产经营活动的工具。因此,从融资租赁交易的本质来看,要求出租人具备特定租赁物的经营许可资质并无必要。从承租人的角度来看,减少对出租人具备此类经营许可资质的限制,也有利于承租人获得更多的资金支持。基于上述原因,《融资租赁合同司法解释》(法释〔2014〕3号)第3条以及《民法典》第738条对此作出了相应的规定,即根据法律、行政法规的规定,承租人对租赁物的经营使用应当取得行政许可的,出租人未取得行政许可不影响融资租赁合同的效力。

尽管如此,在出租人主体资格审查时,稳妥起见,一般都要求出租人的经营范围内包含特定租赁物的经营资格。

三、融资租赁合同的租赁物

融资租赁合同中的租赁物直接影响到融资租赁合同的效力,租赁物还关联到与融资租赁合同相对应的买卖合同,因此对有关租赁物条款的审查必须仔细,对租赁物要有全面、详细的描述,这对融资租赁合同各当事方的利益非常重要。对于融资租赁合同的租赁物条款应当特别重视,因为它可能涉及合同是否构成融资租赁的问题。需要关注如下几个方面的问题。

(一)融资租赁物必须是明确的、能独立处分的物

融资租赁合同与其他租赁合同相比具有以下特征:第一,通常涉及三方合同主体(出租人、承租人、出卖人)以及两个合同(出租人与承租人之间的融资租赁合同以及出租人与出卖人就租赁物签订的买卖合同);第二,出租人根据承租人对出卖人和租赁物的选择购买租赁物;第三,租赁物的所有权在租赁期间归出租人享有,租赁物起物权担保作用。依前述特征,如无实际租赁物,或者租赁物不明确、具体,或者不能独立处分,或者租赁物所有权未转移至出租人或者租赁物的价值明显偏低无法起到对租赁债权的担保,应认定该类融资租赁合同没有"融物"属性,仅有"融资"属性,系以融资租赁之名行借贷之实,应属借贷合同。

《融资租赁企业监督管理办法》(商流通发〔2013〕337号)第10条第1款规定:"融资租赁企业开展融资租赁业务应当以权属清晰、真实存在且能够产生收益权的租赁物为载体。"《监管暂行办法》第7条第2款规定:"融资租赁公司开展融资租赁业务应当以权属清晰、真实存在且能够产生收益的租赁物为载体。融资租赁公

司不得接受已设置抵押、权属存在争议、已被司法机关查封、扣押的财产或所有权存在瑕疵的财产作为租赁物。"《民法典》第 737 条规定:"当事人以虚构租赁物方式订立的融资租赁合同无效。"①《融资租赁合同司法解释》(2020 年修正)第 1 条规定:"人民法院应当根据民法典第七百三十五条的规定,结合标的物的性质、价值、租金的构成以及当事人的合同权利和义务,对是否构成融资租赁法律关系作出认定。对名为融资租赁合同,但实际不构成融资租赁法律关系的,人民法院应按照其实际构成的法律关系处理。"②可见,法院在审理时不会仅审查融资租赁合同条款本身,会根据合同实际履行情况来判断法律关系。因此,融资租赁合同的租赁物必须是明确的、能独立处分的标的物,也必须是真实的存在且不得存在权利瑕疵或权利负担,否则不能构成融资租赁合同。

【例 3-8】融资租赁物必须明确具体、可独立处分(转让)③

基本案情:2011 年 9 月 15 日,外贸租赁公司作为出租人,与作为承租人的经发公司签订《融资租赁合同》。约定就《融资租赁合同》附件一《设备清单》中设备开展售后回租。设备清单共 626 项,其中 1-621 都是通用名称,如(序号)1-7 水泵、45 家具、56 厨房设备、65 清洁设备、230 酒店用品、495-498 指示牌等 1 批(73,600 元)等,且计量单位为"批"。同时出现如 38 综合布线(163,200 元)、84 停车库改造(33,800 元)、617 橡胶(1 台,25,000)、410 电脑配件等表述,且 116-143 多次出现"购"字。《融资租赁合同》附件二《租赁物买卖合同》约定,外贸租赁公司作为买方,经发公司作为卖方,买方应卖方的要求,以出租给卖方为目的,购买卖方合法所有的《设备清单》所列的自有设备。后因经发公司逾期支付租金,外贸租赁公司诉至法院。

争议焦点:涉案法律关系是否构成融资租赁。

---

① 《民法典》第 737 条如此规定的法理在于,当事人为逃脱金融监管,选择以融资租赁形式进行贷款,实际是以形式上的融资租赁合同掩盖非法融资行为,系以虚伪意思表示实施的无效民事法律行为,因为该融资租赁法律合同是无效的。

② 参见酒泉泰兴汽车贸易有限公司、汇通信诚租赁有限公司等融资租赁合同纠纷二审民事裁定书[甘肃省高级人民法院(2022)甘民申 2160 号];农银金融租赁有限公司与上海赫洋置业有限公司、上海安居置业有限公司等融资租赁合同纠纷一审民事判决书[上海市高级人民法院(2017)沪民初 1 号]。

③ 参见中国外贸金融租赁有限公司与浙江经发实业集团有限公司等融资租赁合同纠纷案[北京市第一中级人民法院(2013)一中民初字第 5657 号]。

法院裁判：本案涉案标的物并不符合融资租赁标的物的要求。《设备清单》诸如综合布线、停车库改造、电脑配件等已经难谓物权法上"独立的物"，不能够单独转让。而诸如家具、厨房设备、酒店用品等均系通用名称，并不明确。此外，从第622－626五项来看，均系装修设施，外贸租赁公司和经发公司均无法说出具体指何项动产。从发票上来看，主要是工程款、监理费、装修费等，实际是添附物的价值。上述五项装修设施的价值占了融资租赁标的价值的近三分之二。从标的物本身来看，综合上述两点，本案标的物不符合物权法关于转让标的物的规定，同样不符合回租式融资租赁标的物的要求，外贸租赁公司根本无法取得租赁标的物的所有权，无法做到回租式融资租赁既"融资"又"融物"的要求，故本案法律关系不能认定为回租式融资租赁，应认定名为融资租赁，实为企业借贷纠纷。

在上案中，回租式融资租赁在承租人与出租人之间发生物的所有权变动，必须有明确的、能够独立处分的标的物。非物权上"独立的物""确定的物"，无法单独转让，出租人根本无法取得租赁物所有权，上述案件中的法律关系因缺少"融物"特征而不能认定为融资租赁。

在实务中，针对《民法典》第737条"虚构租赁物"订立的融资租赁合同无效的规定，如仅有承租人采用虚构租赁物的方式骗取出租人支付租赁物转让价款，而出租人已履行了必要的审查义务核实租赁物权属及价值的，此时不宜简单套用《民法典》第737条的规定，认定融资租赁合同无效。此时，建议出租人在融资租赁合同中增加因承租人虚构租赁物、因租赁物瑕疵等原因导致融资租赁法律关系不能成立时，出租人可采取的救济措施。如明确约定出租人有权选择解除合同、要求返还本金、要求承租人支付资金占用费，且一并约定资金占用费适用的利率计算标准。此外，如出租人主张解除合同、恢复原状，需要一并考虑就出租人已开具的租息（租金）发票是否需要办理冲红等问题作出约定。

（二）融资租赁物应当具有可租赁性，不得是消耗物、消费物

在实务中，部分融资租赁合同约定的租赁物为"装潢材料一批""水泥挡泥板"等易耗材料，融资租赁标的物并不明确或未特定化。这可能会影响融资租赁合同的效力。笔者认为，融资租赁是融资与融物的结合，如果缺失"融物"要素，则无法成为融资租赁。融资租赁法律关系，系以融资为目的之租赁，其法律属性仍系租赁法律关系之一种。融资租赁的标的物应当具备适合于租赁的特性，在融资租赁合同期限届满时，具有返还原物的可能性。若按标的物的特性，正常使用情况下，其在期限届满时不可能返还，则客观上无法作为融资租赁关系的标的物，相应法律关

系亦不得被认定为融资租赁关系。

(三)出租人对融资租赁物应拥有所有权且不存在权利瑕疵

尽管前文阐述到,租赁公司超越经营范围进行融资租赁并不必然导致合同无效,但在实务中,一般都应当审查合同的租赁物是否符合相关规定的要求。例如,在金融租赁公司的"售后回租"①业务中,依据《金融租赁公司管理办法》第34条规定,售后回租业务的租赁物必须由承租人真实拥有并有权处分。金融租赁公司不得接受已设置任何抵押、权属存在争议或已被司法机关查封、扣押的财产或所有权存在瑕疵的财产作为售后回租业务的租赁物。《监管暂行办法》第7条第2款也有类似规定。因此,金融租赁公司在审查租赁物标的时还需要确保租赁物没有瑕疵。作为审查人员,应当对租赁物进行尽职调查,充分揭示租赁物存在的权属争议,而且从法律风险的角度考量,权属存在争议或已被司法机关查封、扣押的财产等租赁物非常不利于融资租赁的各方当事人履约,发生纠纷在法院审理时也因租赁物存在他项权利存在较大的不确定性。因此,不应将有瑕疵的租赁物作为融资租赁合同的标的。

(四)以在建住宅商品房项目作为租赁物

实践中,对于以在建住宅商品房项目作为租赁物,以房地产开发商作为承租人、租赁公司作为出租人的"融资租赁合同",通常认定为不构成融租租赁合同关系。主要理由如下:(1)房地产在建项目尚不具备法律上的所有权,故出租人并未实际取得房地产项目的所有权,此与租赁期间出租人享有对租赁物的所有权的特征相背离;(2)房地产开发商作为承租人,并非租赁物的实际使用人,其租赁在建房地产项目,也并非为使用租赁物,而是通过房地产项目来取得贷款融资;(3)在建房地产并不属于实质意义上的固定资产。我们也注意到,有的租赁公司和开发商为了避免缴纳房地产过户的大量税费,而采取了不过户的操作方式,对未过户的房地产在建项目,因与出租人对租赁物享有所有权的法律关系不符,我们倾向于明确认定此类房地产融资租赁不构成融资租赁合同关系。②

---

① 《融资租赁合同司法解释》(2020年修正)第2条规定:"承租人将其自有物出卖给出租人,再通过融资租赁合同将租赁物从出租人处租回的,人民法院不应仅以承租人和出卖人系同一人为由认定不构成融资租赁法律关系。"

② 参见最高人民法院民法典贯彻实施工作领导小组主编:《中华人民共和国民法典合同编理解与适用(三)》,人民法院出版社2020年版,第1624-1625页。

(五)以权利作为租赁物

实践中,以权利作为融资租赁标的的,主要包括两类:一是收费权,如高速公路的收费权;二是专利权、商标权等知识产权。我们认为,以收费权、商标权、专利权为租赁物的"融资租赁合同",一般不构成融资租赁合同关系,应按照其实际构成的法律关系确定合同的性质、效力及当事人之间的权利义务,理由在于:(1)权利不属于物,租赁物的实质是使用物,但对此类标的物而言,承租人根本无法使用这样的"物",这已违背了基本的民法权利体系。(2)有关租赁物的折旧、残值的计算和折抵规则均无法适用于此类合同。(3)既有监管规定将租赁物限定为固定资产,即显著排除了权利。(4)从发展的角度看,租赁物的范围也是一个发展的过程。从最开始的有形物,到今天出现在美国市场的无形物,进而有关物的权利,都在成为租赁交易的载体,但不以物为载体的各种租赁形式,不属于租赁的研究范畴,只是该载体所属领域对租赁概念的借用。(5)从法律关系的本质来看,收费权的融资租赁实质是收费权的质押,专利权、商标权的融资租赁多为知识产权的质押或者许可使用。[①]

(六)以单纯的软件作为租赁物

从融资租赁的实践上看,可以把软件的租赁交易分为两种类型:一种为无实物载体的独立的软件租赁;另一种为依附于设备之上的软件租赁。软件产品的知识产权与物权相比,具有无形性、专有性和可复制性的特征。知识产权的客体是无形财产,而不是物。计算机软件固然要表现为一定的"形"或"体",但应当把作为著作权客体的软件与作为物权客体的软件产品载体即存储介质的原件及其复制件相区分。根据《著作权法》的规定,对软件存储介质的原件或其复制件享有所有权不等于对软件享有著作权。

从本源上来说,所有权属于物权的一种,物权的客体一般是指有形物,根据《民法典》关于融资租赁合同的定义,出租人应当对租赁物享有所有权,但在租赁物为软件的情况下,出租人是否对软件享有所有权,此问题本身便与软件的权利属性相矛盾。我们认为,独立的计算机软件的融资租赁在法律关系上,实际上也是软件的许可使用,以独立的软件为标的物的融资租赁合同与正常的租赁交易有着明显的区别,软件价值也不能起到担保使用费得到清偿的功能。因此,以单纯的软件作为

---

① 参见最高人民法院民法典贯彻实施工作领导小组主编:《中华人民共和国民法典合同编理解与适用(三)》,人民法院出版社2020年版,第1625-1626页。

租赁标的物的,不应认定构成融资租赁合同关系。①

四、融资租赁合同的期限

公司律师或法律顾问还需要特别关注融资租赁合同租赁期的起始日期,目前实务中一般通过两种方式约定期限:第一种是约定以融资租赁公司购入租赁物为起租日;第二种是约定从租赁物转移到承租人开始计算。不同的约定合同期限方法直接决定了租金的计算。显然,对于融资租赁公司而言,第一种约定方式更为有利。同时,关于合同期限届满后租赁物的归属问题,《民法典》第 757 条规定:"出租人和承租人可以约定租赁期限届满租赁物的归属;对租赁物的归属没有约定或者约定不明确,依据本法第五百一十条的规定仍不能确定的,租赁物的所有权归出租人。"

五、融资租赁合同的租金及支付

《民法典》第 746 条规定:"融资租赁合同的租金,除当事人另有约定外,应当根据购买租赁物的大部分或者全部成本以及出租人的合理利润确定。"由此可知,如果融资租赁合同双方没有约定租金,则租金由购买租赁物全部或大部分成本和合理利润构成。公司律师或法律顾问在对此条款进行审查时应注意,租金条款应当明确租金数额或租金的确定方式,以及支付期限、支付方式,通常有等额租金法、固定租金法和先付后付法②等。为了避免承租人到期不付租金,可以另行约定保证金,并确认保证金在承租人不按时支付租金或者违约等情况时优先抵扣,保证金不计利息。

《民法典》第 752 条规定:"承租人应当按照约定支付租金。承租人经催告后在合理期限内仍不支付租金的,出租人可以请求支付全部租金;也可以解除合同,收回租赁物。"这一规定明确了两个方面的问题:一是承租人的"租金加速到期";二是出租人的"解除权"与"取回权"。

---

① 参见最高人民法院民法典贯彻实施工作领导小组主编:《中华人民共和国民法典合同编理解与适用(三)》,人民法院出版社 2020 年版,第 1626 页。

② 在融资租赁中,租金是以承租人占用出租人资金的长短而计算出的租金应付额。如果在融资开始就支付第一期租金则称之为先付,以后各期租金也同理先付。此种计算方法在同样的条件下,因为少占用出租人的资金,每期租金相对较少。如果第一期租金到期时才支付,因为占用了一期资金,每期租金因利率因素会相对多一些。在签订融资租赁合同时,可以根据项目经济效益,由租赁双方协商选择偿还租金的方式。

(一)租金加速到期条款

对于承租人的"租金加速到期",即承租人发生租金逾期,且经出租人催告后在合理期限内仍不支付的,出租人可以主张承租人支付全部剩余租金、其他费用或损失(未付租金占有的利息损失等),并不适用《民法典》第 758 条第 1 款"当事人约定租赁期限届满租赁物归承租人所有,承租人已经支付大部分租金,但是无力支付剩余租金,出租人因此解除合同收回租赁物,收回的租赁物的价值超过承租人欠付的租金以及其他费用的,承租人可以请求相应返还"的清算规则。① 此时融资租赁合同并未解除,承租人在租赁期限届满前仍享有占有、使用租赁物的权利。同时,根据《担保制度司法解释》第 65 条第 1 款"在融资租赁合同中,承租人未按照约定支付租金,经催告后在合理期限内仍不支付,出租人请求承租人支付全部剩余租金,并以拍卖、变卖租赁物所得的价款受偿的,人民法院应予支持;当事人请求参照民事诉讼法'实现担保物权案件'的有关规定,以拍卖、变卖租赁物所得价款支付租金的,人民法院应予准许"之规定,出租人可以在主张租金加速到期时,一并主张就租赁物享有受偿权。

在实践中,融资租赁合同一般都会对承租人欠付租金加速到期进行详细约定。例如:

承租人或其保证人有下列情形之一的,出租人有权要求承租人提供适当的担保,承租人未能提供担保的,出租人有权宣布本合同加速到期或提前终止本合同,并按本合同第[　]条款执行:

(a)租赁期限内乙方连续或累计未能按时足额支付租金达到 3 期的;

(b)逾期租金占租金总额的 15% 以上(含)的;

(c)承租人非正常及违反公平原则出售、转移、出租或以其他方式处理其业务或资产;

(d)承租人提出或被提出有关破产、重组、停业等申请,或有关部门就相关事项作出批准或决定;

(e)承租人的资产、财产或权利的全部或任何实质部分被没收、扣押、征用、查封、强制执行或被剥夺;

(f)经营状况严重恶化,转移财产、抽逃资金,以逃避债务,丧失商业信誉,有丧失或者可能丧失履行债务能力的其他情形;

(g)承租人隐瞒实际情况向第三方转让、出借、出租租赁物的。

---

① 参见《最高人民法院对十三届全国人大四次会议第 9022 号建议的答复》。

那么，如果合同约定在承租人租金短期逾期（如逾期达到1期或者出现任何逾期）的情形下，出租人也可以据此约定主张享有加速到期的权利，以及若合同并未明确约定租金加速到期且双方不能达成一致时，出租人主张加速到期是否能得到支持呢？就此，《天津市高级人民法院关于审理融资租赁合同纠纷案件若干问题的审判委员会纪要（一）》（津高法〔2019〕335号）第9条"出租人宣布租金提前到期的条件"规定："融资租赁合同中未明确约定租金提前到期的条件，且当事人无法达成一致意见，承租人欠付租金达到两期以上或者数额达到全部租金百分之十五以上，且经催告后在合理期限内仍不履行支付义务的，出租人主张承租人支付全部租金的，予以支持。融资租赁合同中约定承租人逾期支付一期租金或者承租人存在逾期支付保证金、租前息等非租金给付义务违约行为时，出租人有权宣布租金提前到期的，出租人据此主张承租人支付全部租金，不予支持。"可见，天津高院对出租人加速到期的权利也比照融资租赁合同在承租人违约情况下解除的规则①进行了一定限制，以避免权利过于向出租人一方倾斜。在司法实践中，法院在判断出租人是否有权主张租金加速到期时，普遍采用的也是承租人逾期租金是否满2期或达到全部租金15%的标准。如果融资租赁合同约定的租金支付频率较高，实践中，法院可能对承租人租金逾期期数有更高的审查标准。其他加速到期的情形，要么是承租人行使不安抗辩权的情形，要么是承租人严重违约导致出租人租金债权无法得以实现的情形，这些情形下都将触发加速到期。例如，承租人在融资租赁合同履行期间擅自出售租赁物的，出租人有权主张融资租赁合同加速到期②。

在实务中，还需要关注的另外一个问题是，对于已经到期的未付租金，出租人可依据合同约定主张违约金，对于尚未到期但因承租人违约而加速到期的租金，出租人可否自加速到期日起主张逾期利息或违约金？这在实践中存在较大争议。支持的观点认为，在融资租赁合同已经明确约定加速到期租金可以计收逾期利息或违约金的情况下，出租人就加速到期租金主张逾期利息或违约金具有合同依据，应予支持。其理由主要包括两点：一是法律未禁止合同约定对加速到期租金计收违约金；二是原本未到期的租金因加速到期而变成到期应付，若承租人未支付就应按照合同约定支付违约金。如在山东高唐热电厂、山东省高唐蓝山集团总公司与万

---

① 参见《融资租赁合同司法解释》（2020年修正）第5条第2项规定："有下列情形之一，出租人请求解除融资租赁合同的，人民法院应予支持：……（二）合同对于欠付租金解除合同的情形没有明确约定，但承租人欠付租金达到两期以上，或者数额达到全部租金百分之十五以上，经出租人催告后在合理期限内仍不支付的；……"

② 参见特斯拉融资租赁（中国）有限公司与黄某达融资租赁合同纠纷一审民事判决书[上海市浦东新区人民法院（2022）沪0115民初75427号]。

瑞联合国际融资租赁有限公司融资租赁合同纠纷二审民事判决书［北京市高级人民法院（2017）京民终406号］①中，法院认为：

　　双方在《融资租赁合同》第十一条约定，若承租人出现任何违约情形，经出租人书面通知后十五日内未采取有效补救措施并使出租人满意的，出租人有权立即向承租人追索本合同项下所有违约金、到期未付租金、全部未到期租金及其他与本合同相关的应付款项。蓝山公司逾期未支付第3期租金，万瑞公司于2016年10月17日发出《逾期（催收）通知书》，但在万瑞公司发出上述通知十五日内，蓝山公司、高唐热电厂并未采取补救措施，故万瑞公司有权依据上述合同约定追索合同项下所有违约金、到期未付租金、全部未到期租金及其他与合同相关的应付款项。万瑞公司于本案一审起诉状中提出要求蓝山公司支付全部未到期租金，蓝山公司、高唐热电厂应当在收到起诉状之日履行支付未到期租金的义务，即涉案合同项下的未到期租金于2016年12月5日全部加速到期。《融资租赁合同》对于违约金的计算基数表述为"本合同项下的任何逾期未付款项"，即应当包括已到期未支付的租金和加速到期的租金部分，故一审法院判决自2016年12月6日起，计算加速到期租金部分的违约金正确。

　　反对的观点认为，尚未到期租金因加速到期而提前到期，出租人在获得其主张的全部未付租金后，已经实现了全部预期利益，这将导致承租人丧失未到期租金的期限利益，已兼具对其违约行为的补偿和惩罚性质。违约金的性质以补偿性为主兼具惩罚性，如果出租人行使加速到期权利后再叠加主张未到期租金部分的违约金，属于重复行使违约救济，额外增加了承租人的负担。因此，对于未到期租金的违约金部分，不能作为出租人的损失而要求承租人支付违约金。如在濮阳和平门诊部诉拉赫兰顿融资租赁（中国）有限公司融资租赁合同纠纷一案二审民事判决书［上海市第一中级人民法院（2018）沪01民终403号］②中，法院认为：

---

①　类案参见中信国安化工有限公司、民生金融租赁股份有限公司融资租赁合同纠纷二审民事判决书［最高人民法院（2019）最高法民终1928号］；株山长山顺风同德新能源有限公司等与中国康富国际租赁股份有限公司融资租赁合同纠纷二审民事判决书［北京市高级人民法院（2021）京民终295号］；河南中孚实业股份有限公司等与中国外贸金融租赁有限公司融资租赁合同纠纷二审民事判决书［北京市高级人民法院（2019）京民终126号］；海泰旭能源科技有限公司、上海如银融资租赁有限公司等融资租赁合同纠纷二审民事判决书［上海金融法院（2019）沪74民终246号］。

②　类案参见中恒国际租赁有限公司与海口市第三人民医院融资租赁合同纠纷二审民事判决书［北京市第二中级人民法院（2019）京02民终3083号］；杨某亮、国银金融租赁股份有限公司融资租赁合同纠纷二审民事判决书［贵州省贵阳市中级人民法院（2018）黔01民终7237号］。

至于加速到期日后的逾期利息,根据我国《合同法》第一百一十四条的规定,违约金以补偿为主、惩罚为辅。针对和平门诊部的违约行为,拉赫兰顿公司已经主张租赁期限内所有剩余未付租金全部立即到期应付,亦即就未到期租金部分拉赫兰顿公司实际已经获得了期限利益,拉赫兰顿公司订立合同的目的已经提前全部实现,和平门诊部则丧失了对未到期租金的期限利益,对其违约行为已兼具补偿和惩罚性质,现拉赫兰顿公司亦未举证证明存在超出上述范围的损失,拉赫兰顿公司再就未到期租金要求支付逾期利息,本院不予支持。

对此,笔者认为支持的观点更为合理。即,如果出租人主张加速到期租金的违约金且具有明确的合同约定的,应予支持。如《天津市高级人民法院关于审理融资租赁合同纠纷案件若干问题的审判委员会纪要(一)》(津高法〔2019〕335号)第11条"未支付提前到期租金违约责任的认定"就规定:"承租人未按照融资租赁合同的约定支付提前到期租金时,出租人主张承租人按照合同约定,支付自提前到期日次日至实际给付之日的逾期利息或者违约金的,予以支持。"部分法院之所以不支持加速到期的租金计算逾期利息,其理由为在承租人已丧失期限利益的情况下再计算逾期利息,难免有双重惩罚之嫌。但是,该观点没有考虑到加速到期租金的实际清偿情况。申言之,承租人丧失期限利益建立在承租人能够尽快清偿加速到期租金的前提下,而该前提在案件实际执行中并不经常被满足。事实上,在融资租赁合同纠纷中,案件审理、执行动辄数年,未到期的租金在法律程序中会逐渐到期乃至逾期(以合同约定的原付款期限来判断),实质相当于承租人并未丧失任何期限利益,无异于法院的判决变相成为承租人逃避违约责任的工具。反向来看,出租人将无法通过对到期租金计算逾期利息来保护自身权利,亦无法有效对承租人施加压力以督促其尽快还款。基于上述理由,笔者认为就加速到期的租金计算逾期利息更为合理。但是,需要说明的是,如果合同对此没有明确约定或者约定不明的,不予支持。

据此,在实务中,融资租赁合同关于违约金计算基数的条款应当明确、具体和清晰。即,应就违约金计算基数是否包括加速到期的租金明确约定,避免引发歧义。诸如"迟延履行违约金以迟延支付金额为基数……"此类的表述并未明确约定若加速到期的租金未在加速到期前付清,是否属于迟延支付金额。因此,实务中建议,融资租赁合同应对此予以明确约定。例如:

> 出租人依据本合同约定宣布未到期租金立即提前到期应付,而承租人未在提前到期日支付提前到期租金的,承租人应支付自提前到期日次日至实际给付之日的违约金(或逾期利息)。

也可考虑直接在合同中明确约定"承租人未支付的加速到期租金亦属于到期未付租金"或者约定"违约金的计算基数包括本合同项下的任何逾期未付款项(包括已到期未支付的租金和加速到期的租金部分)"。

另外,实践也有采取折中处理方案的案例。即,就加速到期租金,按合同约定的各期租金到期日次日起分期计算。这种方案无疑平衡了出租人和承租人之间的利益,对于承租人而言,尽管合同约定的未到期租金因加速到期条款的触发而加速到期,但并未从加速到期日开始计算违约金,而是从合同约定的各期租金到期日的次日开始计算违约金。因此,承租人如果未在合同约定的到期日之前支付租金,则无疑是违约行为应支付违约金,也就不存在所谓因丧失期限利益而导致的"双重惩罚"。如在安徽盛运环保(集团)股份有限公司等与华电融资租赁有限公司融资租赁合同纠纷二审民事判决书[北京市高级人民法院(2019)京民终185号]①中,二审法院认为:

本案中,提前收回未到期租金已经对于华电融资公司的损失进行了补偿,提前支付未到期租金亦是济宁中科公司对于其欠租行为承担的违约责任。在此情况下,华电融资公司再要求济宁中科公司以全部未付租金为基数,支付自2018年4月3日起至实际支付之日止的逾期利息,事实和法律依据不足。一审法院将依照案涉《融资租赁合同》的约定,自各期租金应支付日次日计算至实际支付日,以各期未付租金为基数,确定逾期利息。

该案中,法院虽然不支持出租人主张以全部租金为基数计算自加速到期之日起至实际支付之日止的逾期利息,但支持各期租金自合同约定的应支付日次日起计算至实际支付日止的逾期利息。

(二)出租人的解除权和取回权

《民法典》第752条关于"解除合同,收回租赁物"的规定中,出租人享有合同解除权和租赁物的取回权。因为出租人通常对租赁物享有所有权,这一所有权具有担保其租金债权的功能,所以当承租人违约、出租人解除合同时,出租人可以收回租赁物。

《民法典》第752条使用的"可以……也可以"的表述,其含义是选择适用还是可同时适用,实践中不无争议。为了统一司法尺度,《融资租赁合同司法解释》(2020年修正)第10条第1款规定:"出租人既请求承租人支付合同约定的全部未

---

① 类案参见民生金融租赁股份有限公司与北京国发华企节能科技有限公司等融资租赁合同纠纷案[天津市高级人民法院(2017)津民初14号]。

付租金又请求解除融资租赁合同的,人民法院应告知其依照民法典第七百五十二条的规定作出选择。"不难看出,该条规定在融资租赁公司所享有的收回全部租金与取回租赁物的两项权利上,坚持的是选择行使的立场。

【例3-9】请求支付全部未付租金与请求解除合同、取回租赁物应择一行使[1]

基本案情:2010年11月29日,中联重科公司与陈某设签订了《融资租赁合同》,就融资租赁事宜进行约定。中联重科公司按照约定向陈某设交付了租赁设备,但陈某设并未按照约定足额支付租金。故中联重科公司诉至该院请求判令解除《融资租赁合同》,要求陈某设支付拖欠租金、违约金并返还设备。

法院裁判:根据《最高人民法院关于审理融资租赁合同纠纷案件适用法律问题的解释》第二十一条,出租人既请求承租人支付合同约定的全部未付租金又请求解除融资租赁合同的,人民法院应告知其依照《合同法》第二百四十八条的规定作出选择。《合同法》第二百四十八条规定,承租人应当按照约定支付租金。承租人经催告后在合理期限内仍不支付租金的,出租人可以要求支付全部租金;也可以解除合同,收回租赁物。中联重科公司在选择要求全部租金的情况下不能要求解除合同,收回租赁物。最终法院判决陈某设给付中联重科公司全部未付租金及逾期租金的违约金,驳回中联重科公司解除合同的诉请。

这里需要关注的一个问题是,出租人行使取回权是否必须以合同解除为前提。从《民法典》第752条"也可以解除合同,收回租赁物"的表述来看似乎应该是先解除合同,再根据合同解除的效果行使物上返还请求权而"收回租赁物",如果这样理解,则与本书前章所述的所有权保留情形下出卖人的"取回权"就是性质迥异的两种权利。从最高院的解释以及《国际融资租赁公约》的规定来看,似乎应该是先解除合同后收回租赁物,即出租人行使取回权必须以合同解除为前提。如最高院认为,"因为出租人通常对租赁物享有所有权,这一所有权具有担保其租金债权的功能,所以当承租人违约、出租人解除合同时,出租人可以收回租赁物"[2]。而《国际融资租赁公约》第13条第2款规定:"承租人根本违约时,受本条第5款的约束,出租人还可以根据租赁合同的约定,请求支付全部未到期租金,也可以解除租赁合

---

[1] 参见陈某设等与中联重科融资租赁(北京)有限公司融资租赁合同纠纷案[北京市第三中级人民法院(2015)三中民(商)终字第05714号]。

[2] 最高人民法院民法典贯彻实施工作领导小组主编:《中华人民共和国民法典合同编理解与适用(三)》,人民法院出版社2020年版,第1700页。

同,该租赁合同解除后,出租人可以(a)取回租赁物;以及(b)请求损害赔偿,使出租人处于承租人按租赁合同的约定履行合同时出租人所应处的状态。"此外,《融资租赁合同司法解释》(2020年修正)第11条也明确规定:"出租人依照本解释第五条的规定请求解除融资租赁合同,同时请求收回租赁物并赔偿损失的,人民法院应予支持。前款规定的损失赔偿范围为承租人全部未付租金及其他费用与收回租赁物价值的差额。合同约定租赁期间届满后租赁物归出租人所有的,损失赔偿范围还应包括融资租赁合同到期后租赁物的残值。"最高院在《对十三届全国人大四次会议第9022号建议的答复》①中明确"……租赁物的所有权归出租人。此时,因承租人逾期不支付租金,出租人有权解除合同收回租赁物。承租人返还租赁物是出租人行使物上返还请求权的结果,租赁物并不具有担保功能,并不适用民法典第七百五十八条规定的清算规则"。综上所述,如果出租人选择请求解除合同,收回租赁物,出租人收回租赁物的法律后果会因为租赁物归属不同而有所区别。如果租赁物所有权归属于承租人的话,则当出租人行使"取回权"取回租赁物时,应适用《民法典》第758条的清算规则;反之,如果租赁物所有权归属于出租人的话,承租人返还租赁物是出租人行使"物上返还请求权"的结果,租赁物并不具有担保功能,并不适用《民法典》第758条规定的清算规则。

另外,在司法实践中,多数法院认为融资租赁中取回权的行使应以合同解除为前提。即便融资租赁合同约定出租人在约定条件(如承租人拖欠租金)成就时,可以自力取回租赁物,但该取回权的行使仍应以合同的解除为前提。如果出租人在合同未解除的情况下径行取回租赁物,影响了承租人对租赁物的占有使用,系非合法的自力取回行为(不构成取回权的正当行使),出租人应向承租人返还租赁物。②但仍有部分法院持不同的立场。如在杨某宇、港联融资租赁有限公司融资租赁合同纠纷二审民事判决书[安徽省合肥市中级人民法院(2019)皖01民终63号]中,一审法院认为:

关于杨某宇抗辩的取回租赁物应以解除合同为前提,一审法院认为根据《车辆融资租赁合同》的约定,承租人未按时足额支付租金,即构成违约,出租人有权收回车辆,在收回车辆10日内,承租人仍未履行相关义务的,则承租人同意出租人对已

---

① 载最高人民法院网站"全国人大代表全国政协委员联络沟通平台",http://gtpt.court.gov.cn/#/NewsDetail?type=03000000&id=0112034ec7594a458de91af36ebc5f03。

② 参见上海易鑫融资租赁有限公司与孙某华融资租赁合同纠纷二审民事判决书[上海金融法院(2019)沪74民终224号];厦门利施融资租赁有限公司玉溪分公司、马某祥融资租赁合同纠纷二审民事判决书[福建省厦门市中级人民法院(2019)闽02民终131号]。

收回租赁车辆进行处置,且同意不对出租人处置租赁车辆的方式、价款提出异议。该内容是对出租人自力取回租赁物的约定,法律对自力取回并无明确规定,而杨某宇有关取回租赁物须以解除合同为前提的抗辩,系法律对公力取回租赁物的规定。且归结于本案,港联公司收回车辆后,委托有评估资质的机构对车辆价值进行评估,并据评估价值进行出售,在主张剩余未付租金时,亦将出售款先行抵扣,港联公司对车辆的处置行为未侵害杨某宇的合法权益,故从尊重当事人意思自治出发,一审法院对杨某宇的该项抗辩不予采信。

二审法院认为:

因杨某宇未能按期交纳租金,港联公司收回其承租的案涉车辆具有合同依据,在其未能支付租金情况下,港联公司及时将案涉车辆评估处置以减少损失亦并无不当。港联公司已实际支付融资后以按期收取租金的方式收回融资成本及费用,依法应予支持。

从上述案件一审、二审来看,法院认为承租人有关取回租赁物须以解除合同为前提的抗辩,系法律对"公力取回"租赁物的规定,而合同约定的"自力取回"并不以合同解除为必要前提。特别是案涉融资租赁合同约定"自甲方收回租赁车辆之日起10日内乙方仍未按照租赁合同约定完全履行合同义务的,乙方同意甲方无须通知乙方即有权对已收回租赁车辆进行处置,甲方有权自行决定已收回租赁车辆的处置方式和价款,且乙方同意不对甲方处置租赁车辆的方式、价款提出异议"。这一约定表明出租人自力取回租赁物时,仍然给予了承租人10天的"缓冲期",在该期间内若承租人完全履行合同义务,融资租赁合同仍然可以继续履行,否则出租人将对租赁物进行相应处置并进行清算。

因此,笔者认为,在自力取回租赁物符合正当性原则的前提下,自力取回标的物时合同尚未解除,只有当出租人"再处置"时,应视为合同解除。对于法律规定的"公力取回"(主张解除合同的同时取回租赁物),显然应坚持合同解除是取回权的前提条件。这一结论从《最高人民法院对十三届全国人大四次会议第9022号建议的答复》中也可以得到印证:"民法典第七百五十八条明确了收回租赁物的前提是解除合同,这一规定的法理基础是只有在承租人严重违约导致合同解除的前提下,出租人才能行使取回权,并且是充分考虑到融资租赁交易中承租人的正常生产经营和租赁物使用价值的发挥。在当事人无法就合同解除和租赁物收回达成一致意见时,出租人可起诉到人民法院,请求解除合同、收回租赁物并在执行程序中通过拍卖、变卖等方式确定租赁物价值,或者依据《最高人民法院关于适用〈中华人民共和国民法典〉有关担保制度的解释》第六十五条第一款规定请求参照《中华人民共和国民事诉讼法》'实现担保物权案件'的有关规定处理,而不提倡出租人在合同尚未解除的情形下,采取自力取回的方式。"

最后,不论出租人是行使加速到期权还是解除权、取回权,根据《民法典》第752条的规定,都应当在"合理期限"内催告承租人。因此,在实务中,当事人可以考虑在融资租赁合同中对"合理期限"作出明确的约定,并明确出租人可以选择的催告方式(如书面催款函、出租人委托律师发出律师函等),以及催告文件的送达地址、承租人拒签收催告文件视为送达等。

六、融资租赁合同的保修条款

公司律师或法律顾问还应关注租赁物的保修、维护、保养等一系列费用的承担问题。这些费用通常应由承租人承担,而且租赁物如果毁损或灭失了,同样应由承租人承担责任。而且,《民法典》第750条规定:"承租人应当妥善保管、使用租赁物。承租人应当履行占有租赁物期间的维修义务。"

七、融资租赁合同的保险条款

融资租赁合同中的保险通常由承租人负责购买,公司律师或法律顾问应当关注保险条款中保险费用的承担者是否为承租人,而且应当约定被保险人仅为融资租赁公司,并关注投保的日期是否与承租日一致。同时,还应当约定若租赁物发生特殊状况,承租人应当在约定的时间内通知保险公司及融资租赁公司,否则应当承担相应的责任。

八、融资租赁合同的担保条款

在融资租赁合同中可以约定担保条款,主要的担保方式为保证金、抵押、质押及保证,通常采用独立的担保合同或者出具担保函。

(一)融资租赁合同的保证金条款

实务中,在融资租赁合同中设置保证金条款或者单独签署保证金合同时,应注意如下几个要点:

第一,支付保证金的主体及支付方式。如果是承租人支付保证金,则直接在融资租赁合同中约定即可。在直租情形下,从应付出卖人的价款中扣除应付出租人的保证金,或者售后回租情形下,直接在租赁物购买价款中抵扣。如果是出卖人支付保证金,出卖人与出租人往往有长期合作,会单独签订保证金合同,为承租人的违约提供连带担保责任。支付方式就是在应付给出卖人的价款中扣除应付给出租人的保证金。

第二,保证金的支付时间。融资租赁合同通常会约定保证金、手续费等支付的时间,尤其部分合同会以支付保证金为融资租赁合同的生效要件。

第三,保证金的保管及利息。包括保证金是否要用单独账户保存;如果保证金没有用单独账户保存,承租人/出卖人能否主张返还;出租人是否可以自由支配、使用保证金,是否产生利息及计算标准。

第四,保证金的抵充顺序与抵充时间。合同通常可以约定保证金抵充顺序为依照法律规定或行政/司法文书应垫付的费用及各项开支、其他承租人应付费用、出租人的其他损失、逾期利息、违约金或损害赔偿金、未到期租金、已到期但未付租金。在双方进行了明确约定的情况下,保证金的抵扣顺序应按照合同约定进行。但如果双方并未就此进行约定,一般情况下是按照实现债权的有关费用、逾期利息、违约金或损害赔偿金、租金的顺序进行抵扣。需要注意的是,实务中上述"违约金或损害赔偿金"(是否属于逾期利息)的抵充顺序存在较大争议,并不一定能够得到支持,很可能需要在租金之后才能够得到抵充。①

就加速到期时保证金抵充时间而言,司法实践中一般倾向于认为,在双方未明确约定的情况下,保证金应在出租人行使加速到期权利时(租金提前到期日)进行抵充。

第五,保证金没收。有些融资租赁公司会基于项目的风险大小、担保力度的大小、交易主体信用的高低,决定是否应该在合同中约定当发生某些特定情形时,出租人有权没收保证金。

(二)融资租赁合同的其他担保条款

若融资租赁合同中约定担保方式为抵押、质押及保证,在对其进行审查时,需要关注担保人的主体资格、约定行使担保物权的条件,以及对租赁物残值的担保等。由于租赁物残值担保为融资租赁所特有,通常为了保障融资租赁公司对于租约期满后货物残值利益而设定。因此,审查人员应当关注对租赁物残值的担保条款,条款中应明确约定在融资租赁合同届满时租赁物的具体残值,以及当租赁物的评估变现价值低于双方约定的残值时,由承租人或第三人对差额作出担保。

---

① 参见笔者所著《合同审查精要与实务指南:合同起草审查的基础思维与技能》(第3版)第3章"民法典合同编通则司法解释:体系、继承与创新"第1节第2部分之"删除违约金抵充顺序等争议条款"。

【例3-10】担保条款

X	担保
X.1	本合同采用[抵押]/[质押]/[保证]担保形式。
X.2	承租人应当对其在本合同项下的所有债务提供担保。如采取抵押或质押方式,应按照《中华人民共和国民法典》的有关规定办理登记手续;如采取保证方式,应为连带责任保证,由保证人向出租人另行出具担保函或由各方另行签署保证合同。
X.3	本合同项下债务履行期间内,如遇担保人财务状况恶化或因其他原因导致偿债能力明显下降时,出租人有权要求承租人更换经出租人认可的担保人或提供其他经出租人认可的抵押物、质押物,以担保本合同项下债务。

实务中,需要关注"自物抵押"的物权效力问题。《民法典》颁布实施前,为了解决融资租赁交易中动产租赁物无法定登记机关、无法对外公示权利的问题,交易实践中出现了大量的出租人通过授权承租人将租赁物抵押给自己并办理抵押登记的方式来保障其租金债权的实现,行业将这种做法形象地称为"自物抵押"。《最高人民法院关于审理融资租赁合同纠纷案件适用法律问题的解释》(法释〔2014〕3号)第9条就此曾规定:"承租人或者租赁物的实际使用人,未经出租人同意转让租赁物或者在租赁物上设立其他物权,第三人依据物权法第一百零六条的规定取得租赁物的所有权或者其他物权,出租人主张第三人物权权利不成立的,人民法院不予支持,但有下列情形之一的除外:(一)出租人已在租赁物的显著位置作出标识,第三人在与承租人交易时知道或者应当知道该物为租赁物的;(二)出租人授权承租人将租赁物抵押给出租人并在登记机关依法办理抵押权登记的;(三)第三人与承租人交易时,未按照法律、行政法规、行业或者地区主管部门的规定在相应机构进行融资租赁交易查询的;(四)出租人有证据证明第三人知道或者应当知道交易标的物为租赁物的其他情形。"第二种情形,在实务中比较多见。[①] 在此情形下,出租人为抵押权人,承租人为抵押人,以租赁物进行抵押的,其真实目的是为了保护出租人的权利、防范风险,防止其他人依据善意取得制度对租赁物主张权利。但抵

[①] 在原司法实践中,关于出租人出租后又要求将租赁物抵押给自己的合法性问题,有观点认为,所有权人不能接受以自己的财产设定的抵押。也有观点认为,《担保法司法解释》第77条规定:"同一财产向两个以上债权人抵押的,顺序在先的抵押权与该财产的所有权归属一人时,该财产的所有权人可以以其抵押权对抗顺序在后的抵押权。"该规定肯定了抵押权人和所有权人同一的情形,因此,这种做法有合法性依据。笔者认为,事实上前述第77条规定的是所谓的"后发性自物抵押",并非讨论问题中的"原始性自物抵押"。对于"后发性自物抵押"的规定,学界和司法实践已经形成共识,并无争议。

押财产的所有权属于出租人,此种抵押不属于"债务人自己提供物的担保"的情形,其他的保证人不得据此主张应优先实现抵押权,而应当在抵押担保之外自己承担保证责任。

【例3-11】出租人授权承租人抵押租赁物给自己,保证人不得据此主张应优先实现抵押权①

基本案情:2013年7月15日,国兴公司(甲方)与恒顺达公司(乙方)签订《回租租赁合同》。后国兴公司与恒顺达公司签订《抵押担保合同》,约定由恒顺达公司将《回租租赁合同》项下的租赁物抵押给国兴公司作为对《回租租赁合同》的担保,并于2013年10月28日在江苏省镇江工商行政管理局办理了抵押登记,登记的抵押人为恒顺达公司、抵押权人为国兴公司,后恒顺达公司违约,国兴公司诉请支付租金,并请求保证人承担保证责任。

争议焦点:国兴公司是否对租赁物享有抵押权,保证人可否以此进行抗辩。

法院裁判:虽然国兴公司与恒顺达公司就涉案租赁物办理了抵押登记,国兴公司为抵押权人、恒顺达公司为抵押人,但其真实目的是为了保护出租人国兴公司的权利、防范风险,防止其他人依据善意取得制度对租赁物主张权利。这种做法亦被《最高人民法院关于审理融资租赁合同纠纷案件适用法律问题的解释》(法释〔2014〕3号)第九条"承租人或者租赁物的实际使用人,未经出租人同意转让租赁物或者在租赁物上设立其他物权,第三人依据物权法第一百零六条的规定取得租赁物的所有权或者其他物权,出租人主张第三人物权权利不成立的,人民法院不予支持,但有下列情形之一的除外:……(二)出租人授权承租人将租赁物抵押给出租人并在登记机关依法办理抵押权登记的……"之规定所认可,并不能以此认定名为融资租赁实为借贷关系。

《物权法》第一百七十六条规定,被担保的债权既有物的担保又有人的担保的,债务人不履行到期债务或者发生当事人约定的实现担保物权的情形,债权人应当按照约定实现债权;没有约定或者约定不明确,债务人自己提供物的担保的,债权人应当先就该物的担保实现债权;第三人提供物的担保的,债权人可以就物的担保实现债权,也可以要求保证人承担保证责任。提供担保的第三人承担担保责任

---

① 参见长城国兴金融租赁有限公司与江苏恒顺达生物能源限公司、丹阳市江南面粉有限公司、陈某顺、孙某娟融资租赁合同纠纷案[新疆维吾尔自治区高级人民法院(2014)新民二初字第37号]。

后，有权向债务人追偿。国兴公司与恒顺达公司虽然签订《抵押担保合同》并为国兴公司设立了抵押权，但抵押财产的所有权属于国兴公司而不是恒顺达公司，不属于"债务人自己提供物的担保"的情形，保证人请求优先实现抵押权、自己应当在抵押担保之外承担保证责任的理由于法无据，不能成立。

还需要注意的是，实践中融资租赁合同还经常采用所谓的"回购"条款来实现担保的功能。上海高院在《上海融资租赁审判观点汇编》(上海审判规则2016第10期)第一个问题"出租人与出卖人签订的回购合同如何定性？"中阐述到：

问题提出：当事人在回购合同中约定：承租人未按约支付租金或租赁物灭失毁损，造成租赁合同无法履行时，出卖人应履行无条件回购义务，向出租人支付回购价款，出租人收到回购款后，向出卖人出具《租赁物所有权转移证书》，将租赁物所有权和融资租赁债权一并转移给出卖人。对于回购条款的性质，实践中有三种不同的观点：担保合同、附条件的买卖合同、混合合同。

倾向观点：典型的融资租赁合同一般是出租人、承租人以及出卖人三方合同框架。回购合同是以附条件买卖合同为形式，为保证融资租赁合同履行为目的的一种混合合同，兼具保证和买卖的双重属性。具体来讲，保证属性方面，回购合同具有担保债权，保障债权人债权得以实现的目的，回购人（出卖人）应在承租人违约时承担保证责任，即支付回购款。买卖属性方面，出租人应向回购人交付符合合同约定的回购物。对于回购合同，不能单纯地适用担保法或者买卖合同的相关规定，而是应结合担保和买卖两种法律规范对合同双方的权利义务予以调整。

从上述倾向观点可以看出，上海高院认为，回购合同或回购条款兼具保证和买卖的双重属性。其实质是通过债权转让加所有权转让实现出租人对租金足额回收的担保。例如，某回购条款约定，回购担保，是指当发生符合回购条件的情况时，甲方有权要求乙方或丙方作为回购方受让租赁物件，乙方和丙方有义务以甲方要求的金额回购租赁物件。无论租赁合同是否已解除或被撤销，乙方和丙方的回购担保仍有效。甲方可在《回购通知书》提出如下请求：根据贵公司与我公司签署的《融资租赁合作协议》的规定，我公司请贵公司履行回购义务，以现有状态回购附表所列租赁物及《融资租赁合同》项下我公司的债权。

显然，上述抵押担保和回购条款的目的都在于保护出租人的利益，解决出租人与善意第三人之间的权利冲突的问题①,这是在融资租赁没有所有权登记这一制度的背景下的"变通"处理措施,但这一情况在《民法典》第745条作出"出租人对租赁物享有的所有权,未经登记,不得对抗善意第三人"之规定后得以改变。国务院根据《民法典》规定建立动产和权利担保统一登记制度②后,动产抵押、融资租赁可由当事人通过中国人民银行征信中心动产融资统一登记公示系统自主办理登记。因此,最高院在2020年修改融资租赁司法解释时删除了《融资租赁合同司法解释》(2014年)第9条关于"自物抵押"的规定。同时,《担保制度司法解释》第67条规定:"在所有权保留买卖、融资租赁等合同中,出卖人、出租人的所有权未经登记不得对抗的'善意第三人'的范围及其效力,参照本解释第五十四条的规定处理。"

对于融资租赁而言,由于租赁物被承租人占有,占有这一公示方式在融资租赁交易中的公信力较低,故出租人需要寻求另一种具有较强公信力的公示方式。登记在司法上的功能为公示融资租赁物的权利状态,其具有向社会上不特定人进行公示的公信力,且易于查询和了解。因此,采取登记的方式对出租人的权利进行公示,有利于保护出租人的权利。融资租赁登记的主要功能在于公示租赁物上的权属状况。依据《民法典》第745条的规定,融资租赁登记采用的是登记对抗主义。所谓登记对抗主义,是指出租人所有权依当事人间的合意即设定,但未经登记,不

---

① 例如,当事人在融资租赁合同中约定,设备的所有权归出租人,出租人有权在承租人不按约定履行支付租金业务时对设备进行锁机操作,由于出租人的锁机导致设备的实际使用人损失,又引发是否构成侵权的争议。在司法实务中,还存在着基于属地化车辆挂牌及使用、客户经营需要、方便处理交通事故、年检等事务的考虑,尽管出租人和承租人在融资租赁合同中约定车辆的所有权在租赁期间归属于出租人("占有改定"),但出租车辆却登记在承租人名下,导致承租人的其他债权人将该租赁物作为承租人的财产申请强制执行的问题。从物权表征看,出租人取得的租赁物所有权形式上还登记在承租人名下,而登记的抵押权人是出租人,也符合以他人之物为债权人设定抵押的表征形式,与其说是"自物抵押",毋宁说是"他物抵押"。按物权表征形式体现的抵押权认定似亦无不合理不合法之处。参见刘贵祥:《当前民商事审判中几个方面的法律适用问题》,载《判解研究》2022年第2辑。最高院认为,商事外观主义原则的适用范围应局限于就相关标的从事交易的第三人。基于以上考虑,《九民纪要》"引言"部分明确规定:"从现行法律规则看,外观主义是为保护交易安全设置的例外规定,一般适用于因合理信赖权利外观或意思表示外观的交易行为。实际权利人与名义权利人的关系,应注重财产的实质归属,而不单纯地取决于公示外观。总之,审判实务中要准确把握外观主义的适用边界,避免泛化和滥用。"根据上述纪要精神,我们认为,对出租人的上述执行异议,依法应予支持。参见最高人民法院民法典贯彻实施工作领导小组主编:《中华人民共和国民法典合同编理解与适用(三)》,人民法院出版社2020年版,第1666-1667页。

② 参见《国务院关于实施动产和权利担保统一登记的决定》(国发〔2020〕18号)。

得对抗善意第三人。质言之,对抗主义模式下的融资租赁登记,其功能如动产担保交易登记制度,不在于设定权利,而在于公示标的物上的权利状况及确定竞存权利之间的优先顺位。对于第三人而言,未经登记者并非无效,只是当事人不能主张对其有效。此时,若承租人或者实际使用人将标的物转移,对于善意取得租赁物的第三人,出租人无权追偿,而只能由承租人或者实际使用人赔偿。

《担保制度司法解释》第65条第1款规定:"在融资租赁合同中,承租人未按照约定支付租金,经催告后在合理期限内仍不支付,出租人请求承租人支付全部剩余租金,并以拍卖、变卖租赁物所得的价款受偿的,人民法院应予支持;当事人请求参照民事诉讼法'实现担保物权案件'的有关规定,以拍卖、变卖租赁物所得价款支付租金的,人民法院应予准许。"可见,在融资租赁中进行所有权声明登记,也是"以自己所有的租赁物还承租人欠自己的债",此情形与"自物抵押"无实质差别。至于该解释中的"受偿"是否具有优先性,应根据《民法典》第414条之规定处理,即同一物上有多个物权登记的,登记在先者优先于登记在后者,当然更优于未登记者。

【例3-12】租赁物标识、定位与所有权登记

X	租赁物标识、定位与所有权登记
	为便于管理,出租人对租赁物为下列行为,承租人须无条件接受:
X.1	在租赁物的显著位置粘贴、印刷"融资租赁"字样或所有权人标志,承租人应当保证前述"融资租赁"字样或所有权人标志不被遮挡、涂改、脱落,租赁物上的"融资租赁"字样或所有权人标志被遮挡、涂改、脱落的,承租人应当第一时间通知出租人予以恢复。
X.2	承租人了解并同意出卖人在租赁物上安装全球定位系统(GPS系统),以保证租赁物的安全运行及使用。承租人在未获得出租人书面同意的情况下不得对GPS系统实施任何改动、拆除、拆卸毁损或破坏,否则将视为承租人重大违约事项。承租人确认并同意出租人为租赁物的所有权人,其有权在任何时间利用GPS系统确定租赁物的地点。若出租人发现或合理认为承租人有任何违约行为(包括但不限于未能按期支付租金及其他到期款项),出租人有权利用GPS系统暂停承租人对租赁物的使用,若出租人同意承租人对违约行为的补救措施(包括但不限于支付已经到期的租金和其他款项),出租人将恢复承租人对租赁物的使用。若承租人未能提供出租人满意的补救措施,出租人有权行使合同解除权并取回租赁物,由此产生的相关费用由承租人承担,且将按本合同约定追究承租人的违约责任。
X.3	出租人有权随时对租赁物进行检查,承租人必须无条件配合之。具体检查方式方法以出租人书面通知为准。
X.4	出租人有权要求承租人配合在中国人民银行征信中心"融资租赁登记公示系统"进行登记和公示。

最后,需要再次强调的是,《民法典》第416条规定:"动产抵押担保的主债权是抵押物的价款,标的物交付后十日内办理抵押登记的,该抵押权人优先于抵押物买受人的其他担保物权人受偿,但是留置权人除外。"《担保制度司法解释》第57条规定:"担保人在设立动产浮动抵押并办理抵押登记后又购入或者以融资租赁方式承租新的动产,下列权利人为担保价款债权或者租金的实现而订立担保合同,并在该动产交付后十日内办理登记,主张其权利优先于在先设立的浮动抵押权的,人民法院应予支持:(一)在该动产上设立抵押权或者保留所有权的出卖人;(二)为价款支付提供融资而在该动产上设立抵押权的债权人;(三)以融资租赁方式出租该动产的出租人。买受人取得动产但未付清价款或者承租人以融资租赁方式占有租赁物但是未付清全部租金,又以标的物为他人设立担保物权,前款所列权利人为担保价款债权或者租金的实现而订立担保合同,并在该动产交付后十日内办理登记,主张其权利优先于买受人为他人设立的担保物权的,人民法院应予支持。同一动产上存在多个价款优先权的,人民法院应当按照登记的时间先后确定清偿顺序。"这即是本书前述的价款优先权的规定,亦称为"超级优先权"(super–priority)。

与买卖合同中所有权保留下的价款优先权类似,若承租人以融资租赁方式占有租赁物但是未付清全部租金,又以标的物为他人设立担保物权,以融资租赁方式出租标的物的出租人,为担保租金的实现而订立担保合同,并在该动产交付后10日内办理登记的,可以主张其权利优先于承租人为他人设立的担保物权。

九、融资租赁合同期满后留购价款与租赁物归属条款

(一)合同约定承租人支付名义价款取得租赁物所有权的情形

在实践中,很多融资租赁合同都会作出"租赁期限届满后,承租人仅需支付选择价格即可取得租赁物的所有权"的约定,而所谓的"选择价格"(或"保留价""象征性价格")基本上就是名义价,如1元、10元或100元不等,在这种情况下,租赁物的所有权归属何者呢?《民法典》将此问题上升到法律层面予以明确,其第759条规定:"当事人约定租赁期限届满,承租人仅需向出租人支付象征性价款的,视为约定的租金义务履行完毕后租赁物的所有权归承租人。"该条是关于根据当事人约定象征性价款推定租赁期限届满后租赁物所有权归属的规定。若有类似约定,则视为当事人已经约定了租赁期限届满之后租赁物归属于承租人。出租人不能再以合同没有明确约定租赁期限届满租赁物归属而主张适用《民法典》第757条"出租人和承租人可以约定租赁期限届满租赁物的归属;对租赁物的归属没有约定或者约定不明确,依据本法第五百一十条的规定仍不能确定的,租赁物的所有权归出租人"之规定,但可以适用第 758 条第 1 款"当事人约定租赁期限届满租赁物归承租人所有,承租人已经支付大部分租金,但是无力支付剩余租金,出租人因此解除合同收回租赁物,收回的租赁物的价值超过承租人欠付的租金以及其他费用的,承租人可以请求相应返还"之规定。在适用该款规定时,需要注意两个方面的问题:第一,"承租人已经支付大部分租金但无力支付剩余租金"的规定并非限制出租人行使合同解除权的条件,出租人行使合同解除权的法律依据是《民法典》第 752 条①;第二,即使承租人需支付的留购款是象征性的,也应计入承租人欠付的租金以及其他费用。如在吉运集团股份有限公司与济宁广盛通新型建材有限公司融资租赁合同纠纷二审民事判决书[北京市第二中级人民法院(2017)京 02 民终 10041 号]中,法院认为:

> 关于吉运集团返还款项的金额。《中华人民共和国合同法》第二百四十九条规定:当事人约定租赁期间届满租赁物归承租人所有,承租人已经支付大部分租金,但无力支付剩余租金,出租人因此解除合同收回租赁物的,收回的租赁物的价值超过承租人欠付的租金以及其他费用的,承租人可以要求部分返还。《最高人民法院关于审理融资租赁合同纠纷案件适用法律问题的解释》第二十二条规定:出租人依照本解释第十二条的规定请求解除融资租赁合同,同时请求收回租赁物并赔偿损失的,人民法院应予支持。前款规定的损失赔偿范围为承租人全部未付租金及其他费用与收回租赁物价值的差额。合同约定租赁期间届满后租赁物归出租人所有的,损失赔偿范围还应包括融资租赁合同到期后租赁物的残值。从上述法律规定可以看出,在融资租赁合同解除的情形下,出租人实际获得的利益不能超过合同履行利益。本案中,吉运集团取回了涉案车辆,表明其以实际行为解除了《融资租赁合同》,此时吉运集团的债权范围为广盛通公司欠付的全部租金、其他费用、留购价款的总和减去租赁物的价值。根据查明的事实,广盛通公司欠付的全部租金为 115,500 元,涉案车辆被收回时的价值为 345,300 元,扣除广盛通公司欠付的租金及合同约定的残值 1 元后的剩余费用为 229,799 元,依据上述法律规定,吉运集团应将该款项返还给广盛通公司。

(二)合同约定承租人对租赁物的归还或购买具有选择权的情形

在实践中,还有部分融资租赁合同会作出诸如"租赁期限届满后,承租人可选择归还设备或是支付选择价格购买设备"的约定。在这种情况下,似乎可以得出实

---

① 参见《最高人民法院对十三届全国人大四次会议第 9022 号建议的答复》。

际上租赁物所有权的归属处于不确定的状态的结论。在《融资租赁合同司法解释》(2014年)下,最高院认为租赁物应归属承租人。其理由为:"融资租赁合同约定租赁期限届满后承租人可以支付一定的价款留购租赁物,也可以不支付价款而放弃租赁物。这种情况下如何认定当事人约定的租赁物所有权归属?我们认为,这种约定情形将是否取得租赁物所有权的选择权赋予了承租人,而且行使选择权的时间节点为租赁期限届满之时,即涉案协议订立时以及合同履行期间均无法确定租赁期满后租赁物的归属,应当属于当事人对租赁物归属不明确的情形……合同约定租赁期间届满后承租人可以支付象征性价款留购租赁物,例如一元钱。这类约定在融资租赁合同中非常常见,其根源在于英美法系的对价制度,即约定象征性对价是为了确保合同约定内容有效成立,而非赋予承租人选择权。在约定象征性留购权的融资租赁合同中,双方订立合同时对于租赁期间届满后租赁物的归属已经达成共识,遵从当事人真实意思,应确认这种情形下双方明确约定了租赁期间届满后租赁物归属承租人。"①

但在《民法典》颁布实施后,最高院改变了其立场,认为在审判实践中适用《民法典》第759条时,应当注意,如果当事人约定承租人可以选择仅需向出租人支付象征性价款或选择不支付价款而放弃租赁物的,不能视为租赁期间届满后租赁物的所有权归承租人。其理由为:"实践中,当事人在融资租赁合同里约定租赁期限届满后承租人可以支付象征性的价款留购租赁物,也可以选择不支付价款而放弃租赁物,这类约定实际上是将是否要取得租赁物所有权的选择权赋予了承租人,而且行使选择权的时间点为租赁期限届满之时。换言之,在融资租赁合同订立时以及合同履行期间承租人无权行使选择权,也无法确定租赁期限届满后租赁物的归属,应当属于当事人对租赁物归属约定不明确的情形。如双方就租赁期限届满后租赁物的归属发生纠纷,需适用《民法典》第757条之规定来确定。"②而依据《民法典》第757条的规定,则需要按照合同漏洞填补规则,仍然优先由当事人补充协议约定,不能达成补充协议的,按照合同有关条款或者交易习惯确定,仍然不能确定的,则租赁物的所有权归属于出租人。此外,最高院在《对十三届全国人大四次会议第9022号建议的答复》③中明确:"在合同约定承租人享有留购选择权的情况

---

① 参见最高人民法院民事审判第二庭编:《最高人民法院关于融资租赁合同司法解释理解和适用》,人民法院出版社2016年版,第340页。
② 参见最高人民法院民法典贯彻实施工作领导小组主编:《中华人民共和国民法典合同编理解与适用(三)》,人民法院出版社2020年版,第1751-1752页。
③ 载最高人民法院网站"全国人大代表全国政协委员联络沟通平台",http://gtpt.court.gov.cn/#/NewsDetail? type=03000000&id=0112034ec7594a458de91af36ebc5f03。

下,虽然当事人没有明确约定租赁物的归属,但民法典第七百五十九条对当事人的意思表示作出了解释和补充,承租人享有留购选择权视为约定的租金义务履行完毕后租赁物归承租人。然而承租人逾期不支付租金,承租人行使留购选择权的条件不具备,则应依据民法典第七百五十七条的规定,当事人对租赁物归属约定不明确的,租赁物的所有权归出租人。此时,因承租人逾期不支付租金,出租人有权解除合同收回租赁物。承租人返还租赁物是出租人行使物上返还请求权的结果,租赁物并不具有担保功能,并不适用民法典第七百五十八条规定的清算规则。"

根据上述内容,最高院倾向于认为以下两种情况下可排除《民法典》第759条的适用:

第一,虽然融资租赁合同约定租赁期限届满之后,承租人支付象征性价款,租赁物所有权归承租人,但同时也约定有权选择不支付象征性价款而放弃租赁物所有权的,不适用《民法典》第759条,即不能视为租赁期间届满后租赁物的所有权归承租人。

第二,承租人行使留购选择权以承租人按期支付租金为前提,如果承租人逾期不支付租金,则承租人无权再行使留购选择权。此时,不应适用《民法典》第759条,而应适用《民法典》第757条,视为当事人对融资租赁期限届满之后租赁物的归属约定不明确,若不能依据合同漏洞填补规则予以确定的话,则推定租赁物所有权归出租人。

但仍然存在反对的观点:《民法典》第759条已经明确规定,如果当事人约定租赁期限届满,承租人仅需向出租人支付象征性价款的,就视为约定的租金义务履行完毕后租赁物的所有权归承租人。一方面,当事人的此类约定本身就是赋权性的合同条款,承租人当然享有选择权(如放弃租赁物),但不能因此而认定当事人对租赁物所有权归属约定不明;另一方面,该条并未规定以承租人未违约为适用前提,在具体适用时还应当分析融资租赁合同的具体约定,不宜以承租人违约(如逾期不支付租金)为由认为承租人行使留购选择权的条件不具备并进而认定当事人关于租赁物所有权归属的约定不明。有鉴于此,笔者建议,在融资租赁合同中可以考虑增加诸如"本合同履行期间,如承租人发生租金逾期支付等违约情形的,承租人无权行使本合同有关留购价款的相关约定"或者"在承租人未发生租金逾期支付等违约情形的前提条件下,承租人有权根据本合同关于留购价款的相关约定,留购租赁物"的约定,以避免争议。

十、融资租赁合同的违约责任条款

在审查融资租赁合同的违约责任条款时,需要分别注意出租人的违约责任和承租人的违约责任两个方面：

（一）出租人的违约责任条款

根据《民法典》合同编典型合同分编第 15 章"融资租赁合同"与《融资租赁合同司法解释》（2020 年修正）的相关规定，出租人构成合同违约的主要情形包括：

第一，出租人影响承租人对租赁物的占有、使用的情形。《融资租赁合同司法解释》（2020 年修正）第 6 条规定："因出租人的原因致使承租人无法占有、使用租赁物，承租人请求解除融资租赁合同的，人民法院应予支持。"《民法典》第 748 条第 2 款规定："出租人有下列情形之一的，承租人有权请求其赔偿损失：（一）无正当理由收回租赁物；（二）无正当理由妨碍、干扰承租人对租赁物的占有和使用；（三）因出租人的原因致使第三人对租赁物主张权利；（四）不当影响承租人对租赁物占有和使用的其他情形。"

第二，出租人不履行索赔协助义务的情形。《民法典》第 743 条规定："出租人有下列情形之一，致使承租人对出卖人行使索赔权利失败的，承租人有权请求出租人承担相应的责任：（一）明知租赁物有质量瑕疵而不告知承租人；（二）承租人行使索赔权利时，未及时提供必要协助。出租人怠于行使只能由其对出卖人行使的索赔权利，造成承租人损失的，承租人有权请求出租人承担赔偿责任。"

第三，出租人干预承租人选择租赁物的情形。《融资租赁合同司法解释》（2020 年修正）第 8 条规定："租赁物不符合融资租赁合同的约定且出租人实施了下列行为之一，承租人依照民法典第七百四十四条、第七百四十七条的规定，要求出租人承担相应责任的，人民法院应予支持：（一）出租人在承租人选择出卖人、租赁物时，对租赁物的选定起决定作用的；（二）出租人干预或者要求承租人按照出租人意愿选择出卖人或者租赁物的；（三）出租人擅自变更承租人已经选定的出卖人或者租赁物的。承租人主张其系依赖出租人的技能确定租赁物或者出租人干预选择租赁物的，对上述事实承担举证责任。"

（二）承租人的违约责任条款

根据《民法典》合同编典型合同分编第 15 章"融资租赁合同"与《融资租赁合同司法解释》（2020 年修正）的相关规定，出租人构成合同违约的主要情形包括：

第一，承租人逾期支付租金及违反其他付款义务的情形，这是承租人最主要的也是最常见的违约形式。《融资租赁合同司法解释》（2020 年修正）第 5 条规定："有下列情形之一，出租人请求解除融资租赁合同的，人民法院应予支持：（一）承租人未按照合同约定的期限和数额支付租金,符合合同约定的解除条件,经出租人催告后在合理期限内仍不支付的;(二)合同对于欠付租金解除合同的情形没有明确约定,但承租人欠付租金达到两期以上,或者数额达到全部租金百分之十五以上,经出租人催告后在合理期限内仍不支付的;(三)承租人违反合同约定,致使合同目的不能实现的其他情形。"第9条规定:"承租人逾期履行支付租金义务或者迟延履行其他付款义务,出租人按照融资租赁合同的约定要求承租人支付逾期利息、相应违约金的,人民法院应予支持。"第10条规定:"出租人既请求承租人支付合同约定的全部未付租金又请求解除融资租赁合同的,人民法院应告知其依照民法典第七百五十二条的规定作出选择。出租人请求承租人支付合同约定的全部未付租金,人民法院判决后承租人未予履行,出租人再行起诉请求解除融资租赁合同、收回租赁物的,人民法院应予受理。"第11条规定:"出租人依照本解释第五条的规定请求解除融资租赁合同,同时请求收回租赁物并赔偿损失的,人民法院应予支持。前款规定的损失赔偿范围为承租人全部未付租金及其他费用与收回租赁物价值的差额。合同约定租赁期间届满后租赁物归出租人所有的,损失赔偿范围还应包括融资租赁合同到期后租赁物的残值。"

第二,承租人未经出租人同意,擅自处置租赁物的情形。《民法典》第753条规定:"承租人未经出租人同意,将租赁物转让、抵押、质押、投资入股或者以其他方式处分的,出租人可以解除融资租赁合同。"

十一、融资租赁合同的解除条款

除本章前文涉及的合同解除内容外,在审查融资租赁合同的解除条款时,需要分别注意出租人的解除权和承租人的解除权两个方面。

(一)出租人的解除权条款

依据《民法典》第752条、第753条、第754条以及《融资租赁合同司法解释》(2020年修正)第5条的规定,出租人享有合同解除权的情形主要包括:
- ✓ 原买卖合同解除、无效或被撤销,无法再另行签订买卖合同;
- ✓ 租赁物意外毁损、灭失,无法修复或替代;
- ✓ 因出卖人原因致使融资租赁合同目的无法实现;
- ✓ 承租人私自处分租赁物,包括转让、抵押、质押、投资入股等方式;
- ✓ 承租人逾期支付租金及其他付款义务;
- ✓ 承租人有其他违约行为。

尤其需要注意的是,尽管《融资租赁合同司法解释》(2020年修正)第10条规定:"出租人既请求承租人支付合同约定的全部未付租金又请求解除融资租赁合同的,人民法院应告知其依照民法典第七百五十二条的规定作出选择。出租人请求承租人支付合同约定的全部未付租金,人民法院判决后承租人未予履行,出租人再行起诉请求解除融资租赁合同、收回租赁物的,人民法院应予受理。"在《民法典》第752条、第758条第1款的基础上,《担保制度司法解释》第65条又进一步规定:"在融资租赁合同中,承租人未按照约定支付租金,经催告后在合理期限内仍不支付,出租人请求承租人支付全部剩余租金,并以拍卖、变卖租赁物所得的价款受偿的,人民法院应予支持;当事人请求参照民事诉讼法'实现担保物权案件'的有关规定,以拍卖、变卖租赁物所得价款支付租金的,人民法院应予准许。出租人请求解除融资租赁合同并收回租赁物,承租人以抗辩或者反诉的方式主张返还租赁物价值超过欠付租金以及其他费用的,人民法院应当一并处理。当事人对租赁物的价值有争议的,应当按照下列规则确定租赁物的价值:(一)融资租赁合同有约定的,按照其约定;(二)融资租赁合同未约定或者约定不明的,根据约定的租赁物折旧以及合同到期后租赁物的残值来确定;(三)根据前两项规定的方法仍然难以确定,或者当事人认为根据前两项规定的方法确定的价值严重偏离租赁物实际价值的,根据当事人的申请委托有资质的机构评估。"据此,出租人就租赁物进行清算,既可以借助于"实现担保物权案件"特别程序,亦可依循普通民事诉讼程序。具体而言:①

其一,不管当事人约定租赁期限届满租赁物归出租人所有还是归承租人所有,承租人未按照约定支付租金,经催告后在合理期限内仍不支付的,出租人均可主张租金加速到期,并可依普通民事诉讼程序或者"实现担保物权案件"特别程序,就拍卖、变卖租赁物的变价款优先受偿,这进一步显示了融资租赁交易中所有权的担保功能。

其二,不管当事人约定租赁期限届满租赁物归出租人所有还是归承租人所有,承租人未按照约定支付租金,经催告后在合理期限内仍不支付,出租人均可主张解除融资租赁合同并收回租赁物,并进行清算。

需要再次强调的是,如前所述,尽管不论租赁期限届满租赁物归出租人所有还是归承租人所有,并不影响出租人解除合同后收回租赁物,但适用的法律规则有所不同:如果租赁物所有权属于承租人,则适用《民法典》第758条的清算规则;反之,

---

① 参见程啸等:《最高人民法院新担保司法解释理解与适用》,法律出版社2021年版,第410-411页。

则应适用《民法典》第 566 条合同解除的规则。

此外,《融资租赁合同司法解释》(2020 年修正)第 11 条规定:"出租人依照本解释第五条的规定请求解除融资租赁合同,同时请求收回租赁物并赔偿损失的,人民法院应予支持。前款规定的损失赔偿范围为承租人全部未付租金及其他费用与收回租赁物价值的差额。合同约定租赁期间届满后租赁物归出租人所有的,损失赔偿范围还应包括融资租赁合同到期后租赁物的残值。"第 12 条规定:"诉讼期间承租人与出租人对租赁物的价值有争议的,人民法院可以按照融资租赁合同的约定确定租赁物价值;融资租赁合同未约定或者约定不明的,可以参照融资租赁合同约定的租赁物折旧以及合同到期后租赁物的残值确定租赁物价值。承租人或者出租人认为依前款确定的价值严重偏离租赁物实际价值的,可以请求人民法院委托有资质的机构评估或者拍卖确定。"

(二)承租人的解除权条款

依据《民法典》第 743 条、第 748 条第 2 款、第 754 条及《融资租赁合同司法解释》(2020 年修正)第 8 条的规定,承租人享有合同解除权的情形主要包括:
- ✓ 原买卖合同解除、无效或被撤销,无法再另行签订买卖合同;
- ✓ 租赁物意外毁损、灭失,无法修复或替代;
- ✓ 因出卖人原因致使融资租赁合同目的无法实现;
- ✓ 出租人影响承租人对租赁物的占有和使用,包括妨碍、干扰、无正当理由收回;导致第三人对租赁物主张权利等。

此外,依据《民法典》第 743 条、第 748 条第 2 款,《融资租赁合同司法解释》(2020 年修正)第 8 条的规定,下列情况下,承租人可要求出租人赔偿损害:
- ✓ 出租人影响承租人对租赁物的占有和使用,包括妨碍、干扰、无正当理由收回;导致第三人对租赁物主张权利等;
- ✓ 出租人干预承租人选择租赁物导致租赁物不符合约定;
- ✓ 出租人不当履行索赔协助义务导致索赔逾期或者索赔失败。

十二、"禁止中途解约"条款

(一)"禁止中途解约"的概念

从融资租赁合同的法律性质和经济目的来看,融资租赁合同具有不可解约性,又称"禁止中途解约"或"中途解约禁止"。所谓"禁止中途解约"条款,是指出租人和承租人约定,在融资租赁合同存续期间,双方不得任意解约。之所以"禁止中途

解约",其理由在于:

由于融资租赁交易具有融资性、周期长、利益重大、交易复杂等特点,融资租赁合同的解除与一般合同的解除相比有着更为严格的条件。融资租赁合同中一般都有类似"除合同约定条款外,未经对方书面同意,任何一方不得中途变更合同内容或解除合同"的约定,即所谓的"禁止中途解约条款"。融资租赁合同之所以规定这样的条款是因为单方中途解约会对另一方当事人造成较大损失。具言之,对于出租人而言,购买租赁物需要大量资金,大多数情况下这些资金绝大部分来自第三方的融资,如果允许承租人单方中途解约,则出租人很难收回投入的各项资金,并需偿付融资本息,而且即使承租人将租赁物返还给出租人,在一定期间内也很难将退回的租赁物出租给新的承租人或转让,出租人将蒙受极大的损失;对于承租人而言,承租人在租赁过程中已经投入了相当的资金,比如为了使用租赁物,承租人往往需要进行一定的配套设备的投入,若允许出租人单方任意解除合同,将使承租人已投入的资金无法收回而蒙受损失。鉴于此,无论国外立法还是融资租赁实践均对中途解约进行了严格的限制。但是,禁止中途解约并非融资租赁合同不适用解除制度,在法定或约定的特殊情况下,应当允许当事人基于一方或双方的意思使合同归于消灭。①

(二)"禁止中途解约"的适用

对于禁止中途解约条款,实务中存在两个问题:第一,如果当事人约定了禁止中途解约条款,是否可以实际排除《民法典》第 754 条②"有下列情形之一的,出租人或者承租人可以解除融资租赁合同:(一)出租人与出卖人订立的买卖合同解除、被确认无效或者被撤销,且未能重新订立买卖合同;(二)租赁物因不可归责于当事人的原因毁损、灭失,且不能修复或者确定替代物;(三)因出卖人的原因致使融资租赁合同的目的不能实现"关于法定解除权的适用?

对此,多数观点认为,本条规定属于任意性规定,如果当事人有特别约定就不能适用本条的规定。如当事人约定了禁止中途解约条款,就排除了本条的适用。也就是说,如当事人约定了该条款,即便发生了本条所规定的三种情形,当事人也不得随意解除合同。也有观点反对约定排除法定解除权,其认为预先排除基于履行不能或合同目的落空时的法定解除权,其实是将当事人强行且无限期地束缚在

---

① 参见最高人民法院民法典贯彻实施工作领导小组主编:《中华人民共和国民法典合同编理解与适用(三)》,人民法院出版社 2020 年版,第 1702－1703 页。

② 本条吸纳了《融资租赁合同司法解释》(2014 年)第 11 条的规定。

一个根本没有任何前途和未来的合同关系中,显然构成对缔约方经济自由的不合理的束缚。正因为如此,在比较法上,几乎没有哪个国家会认同这种解除权的预先排除;德国法中因违约之外的原因而导致的合同解除权或终止权不得预先放弃,该条款被理解为一种典型的法定风险负担规则。在合同目的落空时,解除权的行使十分有意义,当整个合同已失去交易标的或当持续性债务关系中已出现明显的法律情势改变时,仍要求继续行使合同权利有可能构成不被允许的权利滥用。即预先放弃嗣后履行不能之法定解除权,或放弃继续性合同解除权的,或者弃权涉及消费者保护等其他公共利益时,应属无效。①

第二,出租人行使合同解除权并取回租赁物时,是否应受禁止中途解约条款的约束? 从司法实践来看,基本一致的观点是应受其约束。如在安吉租赁有限公司与程某化融资租赁合同纠纷二审民事判决书[上海金融法院(2021)沪74民终320号,2021年度上海法院金融商事审判十大案例之七]②中,一审法院认为:

安吉租赁有限公司收回租赁车辆是否具有正当理由。融资租赁合同法律关系中,出租人有保证承租人平静占有和使用租赁物的义务,并有权依约收取租金及费用;承租人有依约支付租金的义务,并有权在租赁期间占有使用租赁物。安吉租赁有限公司收回租赁车辆应从合法性和合理性审查:其一,程某化是否存在逾期付款行为。……其二,安吉租赁有限公司收回租赁车辆是否具有合法性。《融资租赁合同》约定,承租人逾期支付任一期租金,出租人有权解除本合同,径行收回租赁车辆。……融资租赁合同"中途解约禁止"的性质要求对行使取回权进行正当性标准衡量。程某化、安吉租赁有限公司双方对解除合同及收回租赁物的条件进行了约定,但应根据诚实信用原则及鼓励交易原则对约定的条件进行解释,应当审查违约方的违约程度是否影响守约方合同目的的实现。……其三,安吉租赁有限公司收回租赁车辆是否具有合理性。融资租赁合同履行期间,承租人对租赁车辆有平静占有和使用的权利,出租人应当保证承租人该项权利的行使,无正当理由不得妨碍、干扰、收回。从权利救济看,安吉租赁有限公司是否存在采取其他救济措施的可能。根据合同约定,承租人逾期支付租金,出租人可以选择要求承租人支付滞纳

---

① 参见高圣平:《民法典担保制度及其配套司法解释理解与适用》,中国法制出版社2021年版,第1266-1267页。

② 类案参见刘某权、孙某军等融资租赁合同纠纷二审民事判决书[辽宁省沈阳市中级人民法院(2022)辽01民终1856号];某融资租赁(大连)公司、丛某融资租赁合同纠纷一审民事判决书[辽宁省大连经济技术开发区人民法院(2023)辽0291民初2563号];兰州鑫瑞达物流有限公司、陈某国等融资租赁合同纠纷一审民事判决书[陕西省西安市碑林区人民法院(2022)陕0103民初12622号]。

金,或者支付全部到期及未到期租金,或者解除合同并收回租赁物。相较其他救济途径,收回租赁物应针对严重违约并导致合同目的无法实现的情形。……据此,原审法院认为,程某化已经付清欠款并连续支付两期租金,其延迟履行的先违约行为亦未造成合同目的无法实现,程某化以实际行为表示对系争融资租赁合同继续履行。在此情况下,安吉租赁有限公司自行收回并处分变卖租赁物没有正当性理由,违反诚实信用原则和鼓励交易原则,构成对程某化占有和使用租赁物的侵扰,属于滥用取回权。

二审法院认为:

首先,虽然取回租赁物是融资租赁合同项下出租人的一项自力救济权利,但行使该权利应本着诚信互助原则,对于违约情节较轻的合同相对人,应进行必要协商和沟通,取回车辆的行为应当文明合法,并通知相对人在场。本案中,截至安吉租赁有限公司收回租赁车辆前,程某化已履行了11期到期租金的支付义务,仅有2019年3月这1期到期租金尚未支付,且逾期支付的4期租金均按《融资租赁合同》约定支付了滞纳金,从未支付的到期租金占全部已到期租金的比例来看,程某化的行为并未影响安吉租赁有限公司收回融资款获取收益的合同目的实现,不构成根本违约。安吉租赁有限公司收回租赁车辆未提前告知,收车当时未通知程某化在场,并在没有拿到车辆钥匙的情况下委托第三方公司自行从程某化的出租屋门口将租赁车辆拖走,其单方收回车辆的行为影响程营化作为承租人对租赁物的占有和使用,该行为不具有正当性。其次,收回车辆后安吉租赁有限公司一方面对程某化表示必须全款结清才可取回车辆,另一方面又继续收取程某化支付的2019年3月租金、滞纳金及2019年4月、5月的租金,其继续收取租金的行为表示双方的《融资租赁合同》仍在履行中,却在2019年6月未与程某化协商即自行处分变卖租赁车辆,其单方处分变卖车辆的行为导致《融资租赁合同》目的完全无法实现,应对程某化承担损失赔偿责任。

在本案中,法院认为,在融资租赁法律关系中,出租人解除合同并取回租赁物的救济行为将直接导致合同无法继续履行,应审慎适用。在本案中,甲租赁公司收回租赁车辆不具有正当理由。对于合同约定"承租人逾期支付任一期租金,出租人有权解除本合同,径行收回租赁车辆"的条款,法院应依融资租赁合同"禁止中途解约"原则对出租人行使取回权进行正当性衡量,根据诚实信用原则及鼓励交易原则对合同进行解释,还应审查违约方的违约程度是否影响守约方合同目的的实现。显然,即便"禁止中途解约"并未在合同中予以明确约定,但法院在合同解释时,亦视同此条款的存在。程某化虽有迟延履行合同的在先违约行为,但其于合理期限付清欠款,并以实际付款行为表示其继续履行合同的意愿,违约程度并不足以导致合同目的无法实现;安吉租赁公司亦具备通过其他救济途径保障自身合法权益的可能性。此外,安吉租赁公司收车程序不具正当性,其拖回和处分车辆均未提前协商告知;租赁车辆取回后,程某化继续支付租金,甲租赁公司仍收回并处分租赁车辆,其单方自行收回租赁物的方式构成对程某化占有和使用租赁物的侵扰,属于滥用取回权。

最后,需要说明的是,《九民纪要》第47条①以及《最高人民法院关于适用〈中华人民共和国民法典〉合同编通则若干问题的解释(征求意见稿)》第55条②,都对违约显著轻微时约定解除权的行使进行了限制。③ 笔者认为,事实上融资租赁合同"禁止中途解约"的性质就是前述意见在融资租赁场合下的具体体现和运用。

十三、融资租赁合同的管辖条款

与普通的房屋租赁合同的管辖有所不同的是,融资租赁合同法律关系的基本特征在于"融资""融物",租金包括了购买租赁物的成本以及出租人的合理利润,显著区别于普通的房屋租赁合同,即便其所涉标的物为房屋,也不应适用不动产纠纷专属管辖。

如在天津市市政建设开发有限责任公司、天津市政建设集团有限公司融资租赁合同纠纷二审民事裁定书[最高人民法院(2019)最高法民辖终464号]中,最高院认为:

本案的争议焦点为:融资租赁合同纠纷中,租赁物为房屋时,应否按照不动产纠纷确定管辖。

《中华人民共和国民事诉讼法》第三十三条规定因不动产纠纷提起的诉讼,由不动产所在地人民法院管辖。《最高人民法院关于适用〈中华人民共和国民事诉

---

① 该条规定:合同约定的解除条件成就时,守约方以此为由请求解除合同的,人民法院应当审查违约方的违约性质是否显著轻微,是否影响守约方合同目的实现,根据诚实信用原则,确定合同应否解除。违约方的违约程度显著轻微,不影响守约方合同目的实现,守约方请求解除合同的,人民法院不予支持;反之,则依法予以支持。

② 该条规定:当事人一方以对方的违约行为符合约定的解除事由为由主张解除合同的,人民法院依法予以支持。但是,违约方的违约程度显著轻微,不影响非违约方合同目的的实现,解除合同对违约方显失公平的除外。有前款规定的除外情形,非违约方主张对方承担相应的违约责任或者采取其他补救措施的,人民法院依法予以支持。

③ 有关内容参见笔者所著《合同审查精要与实务指南:合同起草审查的基础思维与技能》(第3版)第3章"民法典合同编通则司法解释:体系、继承与创新"第1节第2部分之"删除'违约显著轻微时约定解除权行使的限制'条款"。

讼法〉的解释》第二十八条规定民事诉讼法第三十三条规定的不动产纠纷是指因不动产的权利确认、分割、相邻关系等引起的物权纠纷。农村土地承包经营合同纠纷、房屋租赁合同纠纷、建设工程施工合同纠纷、政策性房屋买卖合同纠纷,按照不动产纠纷确定管辖。该条列举了按照不动产纠纷确定管辖的合同,除列举的合同以外,其他合同,仍应按照合同纠纷案件来确定管辖。融资租赁合同法律关系,基本特征在于"融资"、"融物",租金包括了购买租赁物的成本以及出租人的合理利润,虽然案涉的租赁物为房屋,但显著区别于普通的房屋租赁合同,因此本案不属于《最高人民法院关于适用〈中华人民共和国民事诉讼法〉的解释》第二十八条规定的不动产专属管辖的范畴,不应按照不动产纠纷确定管辖。根据《中华人民共和国民事诉讼法》第三十四条即"合同或者其他财产权益纠纷的当事人可以书面协议选择被告住所地、合同履行地、合同签订地、原告住所地、标的物所在地等与争议有实际联系的地点的人民法院管辖,但不得违反民事诉讼法对级别管辖和专属管辖"的规定,案涉《回租租赁合同》第20－1条约定"甲、乙双方就本合同的解释和履行发生的任何争议,应通过友好协商解决。未能通过友好协商解决的,任何一方均应向本合同签订地有管辖权的人民法院提起诉讼",故本案应按《回租租赁合同》的约定确定管辖。《回租租赁合同》的签署地点为乌鲁木齐民主路75号,属于原审法院辖区,故原审法院对本案享有管辖权。原审法院于2019年4月15日立案,根据《最高人民法院关于调整部分高级人民法院和中级人民法院管辖第一审民商事案件标准的通知》(法发〔2018〕13号)规定,当事人一方住所地不在受理法院所处省级行政辖区的,新疆高级人民法院管辖诉讼标的额1亿元以上一审民商事案件。本案诉讼标的金额为20,618万余元,亦属于原审法院管辖范围。

在本案中,最高院论述了涉及房屋的融资租赁合同不适用不动产纠纷专属管辖,仍应按照合同纠纷案件来确定管辖。根据《民事诉讼法》(2023年修正)第35条、《民事诉讼法司法解释》(2022年修正)第19条的规定,若融资租赁合同约定了由合同履行地管辖但未约定合同履行地的,以租赁物使用地为合同履行地,租赁物使用地人民法院具有管辖权。

第4章 承揽合同起草、审查精要与实务

> **内容概览**
>
> 承揽合同是日常生活中除买卖合同外较为常见和普遍的合同,通常是指承揽人按照定作人的要求完成工作,交付工作成果,定作人给付报酬的合同。在承揽合同中,完成工作并交付工作成果的一方为承揽人;接受工作成果并支付报酬的一方称为定作人。承揽合同的承揽人可以是一人,也可以是数人。本章包含如下内容:
> - ✓ 承揽合同的概念、种类与特征
> - ✓ 承揽合同与其他合同的区分
> - ✓ 承揽合同的审查

第一节 承揽合同的概念、种类与特征

一、承揽合同的概念与种类

承揽合同是日常生活中除买卖合同外较为常见和普遍的合同,我国《民法典》第770条第1款对承揽合同所下定义为:"承揽合同是承揽人按照定作人的要求完成工作,交付工作成果,定作人支付报酬的合同。"在承揽合同中,完成工作并交付工作成果的一方为承揽人;接受工作成果并支付报酬的一方为定作人。承揽合同的承揽人可以是一人,也可以是数人。在承揽人为数人时,数个承揽人即为共同承揽人,如无相反约定,共同承揽人对定作人负连带责任(《民法典》第786条)。

承揽合同是一种典型的提供劳务的合同。依据《民法典》第770条第2款的规定,根据提供劳务类型的不同,承揽可以分为加工、定作、修理、复制、测试和检验等工作。

二、承揽合同的特征

承揽合同是诺成、有偿、双务、非要式合同,具有以下特征:

第一,承揽合同以完成一定的工作并交付工作成果为标的。在承揽合同中,承揽人必须按照定作人的要求完成一定的工作,但定作人的目的不是工作过程,而是工作成果,这是承揽合同与单纯的提供劳务的合同的不同之处。承揽合同所要完成的工作成果可以是体力劳动成果,也可以是脑力劳动成果;既可以是物,也可以是其他财产。

第二,承揽合同的标的物具有特定性。承揽合同是为了满足定作人的特殊要求而订立的,因而定作人对工作质量、数量、规格、形状等的要求使承揽标的物特定化,使它同市场上的物品有所区别,以满足定作人的特殊需要。

第三,承揽人的工作具有独立性。承揽人以自己的设备、技术、劳力等完成工作任务,不受定作人的指挥管理,独立承担合同约定的责任,在交付工作成果之前,对标的物意外灭失或工作条件意外恶化风险所造成的损失承担责任。故承揽人对完成工作有独立性,这种独立性受到限制时,其承受意外风险的责任亦可相应减免。

第四,承揽合同具有一定人身性质。承揽人一般必须以自己的设备、技术、劳力等完成工作并对工作成果承担责任。承揽人不得擅自将承揽的工作交给第三人完成,且对完成工作过程中遭受的意外风险负责。但是如果经过定作人的同意,承揽人可以将承揽的主要工作交由第三人完成,但承揽人仍然需要对其负责(《民法典》第772条)。

第五,承揽合同是诺成合同、有偿合同、双务合同。

第六,定作人在承揽人完成工作之前可以随时解除承揽合同,造成承揽人损失的,应当赔偿损失(《民法典》第787条)。

第二节 承揽合同与其他合同的区分

在实践中,承揽合同常常会与买卖合同、劳务(雇佣)合同、委托合同和建设工程合同[①]混淆。对于合同性质的认定不同,会导致适用的法律规定和裁判规则不同,因此有必要加以明确区分。

---

① 承揽合同与建设工程合同的区别和联系,请参阅本书第5章"建设工程合同起草、审查精要与实务"。

一、承揽合同与买卖合同的区分

买卖合同与承揽合同有着明显的区别,同时两者也有极大的相似性,其中以买卖合同与承揽合同中承揽人提供原材料的定作合同最为相像。实践中对两者的区分标准包括:其一,以合同标的物是否为特定物作为区分标准;其二,从合同解除权和留置权方面进行区分;其三,承揽合同与买卖合同无法区分时,准用买卖合同的规定。但是即使如此,也难以完全将二者区分开来。

《民法典》第 595 条规定:"买卖合同是出卖人转移标的物的所有权于买受人,买受人支付价款的合同。"据此,买卖合同有两大主要特征:出卖人须转移标的物的所有权;买受人须支付价款。买卖合同的出卖人以取得价款为目的,买受人以取得标的物所有权为目的。如果缺乏当事人的这一目的,买卖合同也就不能成立。需要说明的是,买卖合同对标的物并未单独作明确规定,并不特别要求标的物是特定物。《民法典》第 770 条规定:"承揽合同是承揽人按照定作人的要求完成工作,交付工作成果,定作人支付报酬的合同。承揽包括加工、修理、复制、测试、检验等工作。"通过这一规定不难看出,承揽合同是以完成工作为目的的合同。承揽的标的具有特殊性,承揽标的是承揽人完成并交付的工作成果,是按照定作人的特定要求为满足定作人的特殊要求而完成的。承揽合同中承揽人独立完成工作。承揽合同的标的物只能通过承揽人完成工作来取得,定作人是根据承揽人的条件认定承揽人能够完成工作来选择承揽人的,定作人注重的是承揽人的技术能力。尽管在完成工作中承揽人必须接受定作人的监督检验,承揽人却需要以自己的人力、设备和技术力量等条件独立完成工作。从《民法典》第 595 条与第 770 条之规定来看,买卖合同与承揽合同都是双务合同,且都要将标的物交给支付对价的一方,买卖合同中,出卖人须将出卖的标的物交付给买受人,而在承揽合同中承揽人必须将完成的定作物交付给定作人。在这一点上,二者很相似,也正因为如此,正确区分承揽合同和买卖合同成为实践中的一个难点问题。

从理论和实务来看,买卖合同与承揽合同存在以下区别①:

第一,签订合同的目的不同。买卖合同在订立时是以发生标的物所有权的转移为目的,而承揽合同在订立时是以获得特定的工作成果为目的。承揽合同中转移标的物的所有权并不是承揽人的主要义务,而是承揽人完成工作成果后的一种附随义务;在买卖合同中转移标的物所有权是出卖人的主要义务。这是两者最主

---

① 参见防城港华裕特纤科技有限公司、邵阳纺织机械有限责任公司买卖合同纠纷再审民事判决书[最高人民法院(2019)最高法民再 383 号]。

要的区别。

第二,标的物是否具有特定性。买卖合同的标的物是双方约定的出卖人应交付的物,买卖合同的标的物一般是种类物,具有通用性,一般有国家或行业标准,而承揽合同中的标的物只能是承揽人严格按照定作人的要求而完成的工作成果,往往有特殊用途,具有特定性,通常只能为定作人所使用,不能在市场上流通,即使能够在市场上买卖,也会失去其应有的价值。

在原平西美钢铁有限公司与马鞍山市天择贸易有限公司其他买卖合同纠纷民事判决书[最高人民法院案号(2009)民二终字第6号]中,法院的裁判较为典型地区分了二者的上述两个特点。参见下例:

【例4-1】买卖合同和承揽合同的区分

裁判摘要:买卖合同是出卖人转移标的物的所有权于买受人,买受人支付价款的合同。承揽合同是承揽人按照定作人的要求完成工作,交付工作成果,定作人计付报酬的合同。买卖合同以移转标的物的所有权为内容,承揽合同则以提供劳务为内容。本案《购销合同》对于钢坯的型号、数量和质量作了明确约定,但并不要求原平公司必须以自己的技术和设备组织生产。当事人对于钢坯的型号和质量确有明确约定,但该型号和质量的钢坯也并非只有原平公司才能生产。因此本案合同关系并不是以原平公司提供特定劳务为内容的承揽合同,只是约定的付款和提货方式有异于一般的买卖合同,但不足以影响合同的性质。

第三,定作人对产品生产过程有一定的控制力。承揽合同的定作人有权在不影响承揽人工作的情况下对承揽人工作的情况进行监督和检查;而买卖合同的买受人只有权请求出卖人按约定的条件交付标的物,其无权过问对方的生产经营或标的物的取得过程。

第四,承揽合同具有较强的人身性。在承揽合同中,定作人往往会对承揽人的资质能力、技术水平、设备条件非常关心。而买卖合同则无此种要求,买受人关注的是取得标的物的所有权,对标的物的制作人、制作条件、制作过程并不关心。

第五,承揽人对承揽工作承担保密义务。买卖合同一般不包含此种规定。

第六,承揽合同在工作成果完成前,只能由承揽人自己承担定作物意外灭失的风险;而在买卖合同中当事人可以约定自合同成立时起标的物意外灭失的风险即由买受人负担。

第七,合同价款的性质不同。买卖合同中约定的价款是标的物本身的价值,而承揽合同中约定的价款则是承揽人完成特定工作成果后向其支付的劳动报酬。

【例4-2】承揽合同性质认定及合同价款约定不明确时的处理①

基本案情: 2009年,电气公司与电业公司签订工业品买卖合同,约定前者向后者供应电气设备并负责总体安装,产品报价清单列明了各设备名称、型号、数量、单价与总计。2010年,电气公司向电业公司提交竣工验收报告,所附产品报价清单总价为847万余元。2011年,双方经现场核对,签署施工统计,确认了部分单价及分项价款,尚有部分单价及分项价款无法参照合同确定,双方形成争议。

法院裁判: 涉案合同文本名为买卖,实际系承揽人按定作人要求完成工作,定作人可随时修改、调整承揽指令,定作人交付承揽成果取得报酬的合同,符合加工承揽合同法律特征,故本案属电器设备设施加工与安装的承揽合同。

《合同法》第六十一条规定:"合同生效后,当事人就质量、价款或者报酬、履行地点等内容没有约定或者约定不明确的,可以协议补充;不能达成补充协议的,按照合同有关条款或者交易习惯确定。"第六十二条第(二)项规定,当事人就价款或报酬约定不明确,依第六十一条规定仍不能确定的,按订立合同时履行地市场价格履行。

本案合同签订时虽约定了总价款,但依定作方指令,履行时变更了部分工作内容。因履行变更,定作人不按约定价款付款亦未同意协商结算。根据已投产、投产后电气公司提交工程竣工验收报告请求电业公司组织最终验收和最后双方对承揽成果各部件数量、价格的现场核实等事实,法院确认承揽合同实际履行内容,并区分双方当事人已确认和未确认价款的不同情况对相应工作成果价款作出认定。对施工统计中未填写价款、双方无法协商确定价款、无法通过对比合同签订前报价清单定价的,由法院依《合同法》第六十一条、第六十二条规定,参照合同签订时当地相同品名、型号规格的市场价予以确定,电业公司请求对全部定作物及安装承揽工作进行价格鉴定的主张,法院不予支持,并判决电业公司向电气公司支付482万余元货款。

上述案例表明,名为买卖实为承揽的合同签订时,当事人双方虽约定了总价

---

① 参见某电气公司与某电业公司承揽合同纠纷案,河北省高级人民法院(2013)冀民二终字第14号。

款,但依定作方指令,履行时变更了部分工作内容,双方对价款约定不明确且不能协商确定,按合同有关条款或交易习惯亦无法确定的,应按订立合同时履行地市场价格履行。

最后,在司法实践中,对于定牌加工①交易模式,由于加工物的技术标准、规格、性能等方面均具有特定性,承揽人按照定作人需求进行加工,多数法院认为符合承揽合同的性质。② 另有少数案例参考双方约定、交易模式等多种因素判定为买卖合同关系,其主要理由是当事人签订定牌加工框架合同,并通过订单形式订购,因此被定性为买卖合同。③

二、承揽合同与劳务(雇佣)合同的区分

承揽合同是指承揽人按定作人的要求完成一定的工作,交付工作成果,定作人支付报酬的合同。而劳务(雇佣)合同是指提供劳务者按照接受劳务一方的指示,利用接受劳务一方提供的条件提供劳务,接受劳务一方向提供劳务者支付劳动报酬的合同。具体而言,两者存在如下区别:

第一,合同的标的不同。承揽合同是以承揽人完成一定的工作并交付该工作成果为标的,劳务合同则是以提供劳务者的劳务为标的,无须提交工作成果。是否以追求特定成果为目的是两类合同最为明显的区别。劳务合同强调劳务本身,根据双方当事人的约定,劳务提供者提供的是"种类劳务",也即劳务提供者的劳务具有单一性、重复性。而承揽合同不看重工作的过程,只要完成的成果符合定作人的要求即可。《民法典》第770条第2款规定:"承揽包括加工、定作、修理、复制、测试、检验等工作"。所以,承揽人的工作内容是根据定作人的要求确定的,具有特定性,区别于劳务提供者的劳务。

---

① 定牌加工(Original Equipment Manufacture,OEM),俗称贴牌加工,是指承揽人按照定作人的要求,生产加工并交付带有定作人提供商标的商品,由定作人支付报酬的市场合作方式。

② 参见江苏松桥电器有限公司与广东鸿智智能科技股份有限公司、苏宁易购集团股份有限公司等定作合同纠纷二审民事判决书[南京市中级人民法院(2018)苏01民终8766号];福玛特机器人科技股份有限公司与东莞市智科智能科技有限公司加工合同纠纷二审民事判决书[北京市第二中级人民法院(2019)京02民终3097号];五彩湖低氘水(广东)生物科技有限公司、青海阳光女人投资有限公司等承揽合同纠纷审判监督民事裁定书[青海省高级人民法院(2022)青民申512号]。

③ 参见网神信息技术(北京)股份有限公司与深圳市祈飞科技有限公司买卖合同纠纷二审民事判决书[北京市第一中级人民法院(2019)京01民终6293号];广州市鸽遥生物科技有限公司、广州欧慕生物科技有限公司买卖合同纠纷二审民事判决书[广州市中级人民法院(2019)粤01民终8654号]。

因此，区分两者的首要方法，便是从合同的目的出发，判断诉争法律关系中是否存在特定的工作成果。承揽合同中的工作成果，包括有形的工作成果与无形的工作成果。但这一方法在实践中日益显示出其局限性，如特定劳动成果的无形化与单纯劳务付出的区分日益困难。这是其一。其二，承揽合同与雇佣合同皆为劳务性合同，无论是否追求特定成果，都需要承揽人和受雇人付出一定的劳动。而事实上，人的有意识、有目的的行为都会产生一定的结果，因而任何劳动都必然会产生一定的结果。

第二，劳务提供者与承揽人的关系不同。在劳务关系中，劳务提供者按照劳务接受方的指示与要求提供劳务，必须服从劳务接受者的工作指示。即在劳务关系中，劳务提供者具有人格上的"从属性"。而在承揽关系中，承揽人依靠自己的劳动等完成主要工作，《民法典》第772条第1款规定："承揽人应当以自己的设备、技术和劳力，完成主要工作，但是当事人另有约定的除外。"这表明承揽人本身具有"独立性"。

因此，区分两者还可以从"人身关系支配性"进行判断，这也许是最符合两类合同本质特征的判断方法。在承揽合同中，承揽人依靠自己的劳动力、专业技术、专业设备独立完成定作人交给其的特定工作成果，即承揽人不用接受定作人在工作方式方面的指示，更不会在人身方面受到定作人的支配和控制。虽然定作人在承揽人工作期间有进行必要的监督检验的权利，但其并不能因此而妨碍承揽人正常的工作。反观劳务（雇佣）合同，其本质特征就在于受雇人对雇用人具有较强的人身依附性，受雇人不仅在工作方式上需要服从雇用人的指示，更是在人身方面受到雇用人的支配和控制。在实践中，判断双方在人身方面是否存在支配性主要看以下方面：具体劳动内容由哪一方决定；劳动地点位于哪一方之处；劳动时间由哪一方安排；劳动方式由哪一方指定。如果上述因素全部或者大部分由一方决定与安排，则双方构成雇佣合同。但应该认识到该方法同样存在局限性，如在实务中，雇佣人并不对每一雇员的具体工作都加以管理和控制，也不对其所有工作都作出明确指示，在这种情形下，双方的支配控制关系就不明显。另外，承揽合同中定作人对承揽人的工作实施必要的监督检验，有时候在外观上与雇佣关系中雇佣人对受雇人的管理和控制很为接近，此时从人身支配性方面进行判断就不易区分，存在不确定性。

第三，报酬支付方式不同。在承揽合同中，由于合同的标的是工作成果，一般是承揽人在完成工作成果并将其交付给定作人，定作人检验后，一次性将报酬支付给承揽人，承揽人与定作人的承揽关系持续时间多数比较短。而劳务合同中，接受劳务一方与提供劳务者一般会建立长期的稳定的劳务关系,劳务接受者一般按月或者是按照约定的期限向劳务提供者支付报酬,也就是计时工资。

采用这一区分方法进行判断是一种重要的方法,但也存在局限性。例如,在实践中,在一些需要耗费较长时间才能完成特定成果的承揽合同中,也有可能存在定作人向承揽人分期支付报酬的情形。此外,在民间存在的大量短期雇佣合同中,报酬在工作完成时一次性支付,并不存在分期支付的情况。

第四,提供工具、设备与设施的主体不同。一般来说,承揽合同中,由承揽人自带工具、设备,并且定作人一般不限制工作时间。而劳务合同中,接受劳务一方应当为提供劳务者提供工作的条件、工具及设施,并且有固定的劳动时间。

这一方法与前述的"人身关系支配性"方法密切相关,生产工具、设备由哪一方提供,亦是双方是否具有人身支配性的一项重要延伸标准。如果生产工具、设备由提供劳务的一方提供,则双方一般形成承揽合同。反之,在雇佣关系中,生产工具、设备往往由雇用人提供。但这一方法的局限性在于,例如,如果生产工具、设备由提供劳务一方提供,但综合案件其他因素,如双方存在人身支配性等,则双方仍然可能构成雇佣合同。典型的例子就是家政服务。反之,虽然生产工具由接受劳务的一方提供,但从合同目的来看,需要劳务提供方交付工作成果给对方(如将维修好的屋顶交付对方),对方再支付维修费,此时仍然可能构成承揽关系。

第五,劳务(雇佣)活动通常构成一方生产经营活动的组成部分。尤其在一方当事人为法人或其他组织的情形中,按照这一方法进行判断较为有效。因为承揽关系中,承揽人的活动通常不构成定作人生产经营活动的一部分,而在劳务(雇佣)关系中,受雇人为雇用人付出的劳务一般为雇用人生产经营活动的一部分。但这一方法在双方均为自然人的雇佣合同中,就不太好适用了。例如雇佣合同广泛地存在于农村村民建房的领域,但建造房屋并不用于雇佣人的生产经营活动。

第六,所属法律范畴不同。承揽合同是私法上的合同,遵循意思自治的原则。劳务合同一部分受公法的调整,在现代社会,为了保护提供劳务者的利益,公法的立法更多地涉及劳务合同。

第七,风险承担不同。《民法典》第1192条第1款规定:"个人之间形成劳务关系,提供劳务一方因劳务造成他人损害的,由接受劳务一方承担侵权责任。接受劳务一方承担侵权责任后,可以向有故意或者重大过失的提供劳务一方追偿。提供劳务一方因劳务受到损害的,根据双方各自的过错承担相应的责任。"即是说,在个人劳务关系中,如果提供劳务者在提供劳务的过程中造成了他人的损害,劳务接受者应当承担责任,劳务接受者承担侵权责任后,可以向有故意或者重大过失的劳务提供者追偿;如果劳务提供者自身受到损害,根据双方各自的过错承担相应的责任。而在承揽合同中,《民法典》第1193条规定:"承揽人在完成工作过程中造成第三人损害或者自己损害的,定作人不承担侵权责任。但是,定作人对定作、指示或者选任有过错的,应当承担相应的责任。"因此,在承揽关系中,一般情况下,承揽人在完成工作过程中对第三人造成损害或者自身受到损害的,定作人不承担侵权责任。

第八,可否使用替代人不同。在劳务关系中,劳务提供者与劳务接受者往往是基于彼此间的信任而达成劳务关系的,所以劳务提供者必须以自己的劳动亲自完成劳务工作,一般不得使用代理人,其人身具有不可替代性;但是在承揽关系中,对于主要工作,除非当事人另有约定,承揽人须以自己的劳动完成工作,未经定作人同意的,定作人也可以解除合同。《民法典》第772条第1款规定:"承揽人应当以自己的设备、技术和劳力,完成主要工作,但是当事人另有约定的除外";第2款规定:"承揽人将其承揽的主要工作交由第三人完成的,应当就该第三人完成的工作成果向定作人负责;未经定作人同意的,定作人也可以解除合同"。所以在承揽关系中,承揽人的人身替代性比劳务关系中的劳务提供者的人身替代性高,但是仍然受一定的限制。

【例4-3】承揽合同和雇佣关系的区分[①]

裁判要旨:承揽关系与雇佣关系最大的区别,就是合同的标的不同。承揽法律关系的合同标的是承揽人为定作人加工制作的劳动成果,而雇佣法律关系的合同标的是雇员按照雇主的指示、要求进行的劳务活动。

基本案情:2007年8月初,曹某明经他人介绍,召集了18名工人为被告刘某、胡某明合伙经营的山场砍伐、运输木材。约定,工人进山作业由工人修路,被告支付修路费、工人进山砍树的工资、运输木材费35元/立方米,并由刘某负责购买工人吃饭的炊具和支付工人的餐费。2007年8月10日起,曹某明等18名工人自带板车、斧头,携带被告购买的马钉、钱丝等工具进山砍伐木材。砍下的树木运到被告指定的堆放场所,由刘某的工作人员验收登记方量。2008年3月12日,工人刘某生装满木材的双轮车侧倒在工地的桥边。于是,曹某明一人站在车的一边,与另

[①] 参见邱继东、郭瑞萍:《雇佣关系与承揽关系的区分》,载《人民法院报》2010年9月16日,第6版。

一边站的约十来个工人一起共同从桥边抬起侧倒的双轮车。不料,由于双轮车两边受力不均,车身侧翻将曹某明双腿压伤。

曹某明向江西省瑞金市人民法院起诉,要求刘某、胡某明赔偿其医疗费、精神抚慰金等。

法院裁判: 瑞金市人民法院经审理认为,原告曹某明等人为被告刘某、胡某明伐木、运木,是被告刘某、胡某明采伐、销售杉木等经营行为的一项内容。原告等工人砍什么树,砍下的树锯成多长,锯成的木材运到什么地方等工作都由被告安排。原告所得工资是按照砍伐、搬运木材的方量计算,被告根据核准的工人作业量支付工资,这完全符合雇佣关系的法律特征。原告在从事雇佣活动中受伤,在原告没有故意和存在重大过失的情况下,雇主理应承担全部赔偿责任。

宣判后,被告刘某、胡某明不服,以双方系承揽法律关系为由提起上诉。赣州市中级人民法院维持了一审对原、被告之间法律关系系雇佣关系的认定。但认为原告对事故的发生存在一定过错,应适当减轻被告刘某、胡某明的责任。为此,改判被告刘某、胡某明由承担100%的赔偿责任变为承担90%的责任。

三、承揽合同与委托合同的区分

委托合同是委托人委托受托人处理事务,受托人依委托人的要求处理事务的合同。承揽合同和委托合同二者都包含了劳动力付出的内容,而且都包含了遵照他人要求实施一定事务的内容,从这些特点看,承揽合同与委托合同具有相似性。但是,二者也有明显的区别:

第一,承揽合同中,仅存在承揽人与定作人之间的关系,一般不会涉及第三人,即使承揽人将承揽合同的辅助工作交由其他人完成,这些辅助承揽人也同样是承揽人,而且辅助承揽人不必以承揽人名义而为承揽。而在委托合同中,受托人一般要以委托人名义行事,即使不以委托人名义行事,受托人对外签订合同的义务,最终也要由委托人负担,受托人在实际上与合同的相对方并无权利义务关系。所以,在委托合同中,受托人依委托人要求行事,实际上是委托人、受托人和第三人三方之间的关系,受托人往往处于一种"中间人"的地位。而承揽合同则不存在这一问题。

第二,承揽合同中承揽人要自己承担风险和责任,独立完成工作,定作人一般不会对此承担风险和责任。而委任合同则不同,因为受托人所处理的事务并非自己的事务,而是为委托人处理事务,所以,委托人要承担处理事务中发生的风险和责任。受托人虽直接处理事务,但并不对此承担风险和责任。

第三,承揽合同为有偿合同,这是承揽合同的必然特点,不具有有偿性的合同不是承揽合同。而委托合同可以是有偿合同,也可以是无偿合同,当事人可以自由约定。

第四,在承揽合同中,承揽人的工作一般必须有工作成果,至少在合同中有约定的工作成果,否则就不能成立承揽合同。而在委托合同中,委托人一般只是要求受托人处理一定事务,这种事务虽然会有结果,但这里的结果并不等于承揽合同中的工作成果,它只是一种事物发展的后果,不一定包含利益因素;而承揽合同的工作成果则包含对定作人有利的因素,如财产利益等。委托合同的结果仅是一种客观的后果,如委托人委托受托人购买某物,受托人前去购买时该物已售完的,不能说受托人未履行委托合同的义务,也不能说委托人因此得到了财产利益,但这仍然是委托合同履行的结果。

如在五彩湖低氘水(广东)生物科技有限公司、青海阳光女人投资有限公司等承揽合同纠纷民事审判监督民事裁定书[青海省高级人民法院(2022)青民申512号]中,法院认为:

承揽合同是承揽人按照定作人的要求完成工作,交付工作成果,定作人给付报酬的合同。承揽包括加工、定作、修理、复制、测试、检验等工作。阳光女人公司与五彩湖公司代理人陈文斌签订的《OEM委托加工合同》规定:"由甲方委托乙方品牌开发、设计、产品生产完毕向乙方交付合格产品。"但从该合同约定内容分析,该合同并不同于新技术、新产品的研发所设立的委托开发合同。案涉《OEM委托加工合同》对产品供应单价、数量、交货期限、商标使用、质量保证等均进行了明确约定。五彩湖公司向阳光女人公司交付化妆品样本后按照阳光女人公司的要求完成工作并交付工作成果,包括加工、定制包装文案,由阳光女人公司支付报酬。案涉《OEM委托加工合同》更符合承揽合同的构成要件,原审认定案由及适用法律正确。

第三节 承揽合同的审查

一、承揽合同的框架结构

依据《民法典》第771条的规定,承揽合同的内容一般包括承揽的标的、数量、质量、报酬、承揽方式、材料的提供、履行期限、验收标准和方法等条款。其框架结构和主要条款如下:

✓ 承揽的标的、数量、质量;

- ✓ 报酬、支付安排及支付方式；
- ✓ 承揽方式；
- ✓ 材料的提供；
- ✓ 履行期限；
- ✓ 验收标准和方法；
- ✓ 留置权条款；
- ✓ 定作方的任意解除权条款。

除上述条款外，当事人还可以约定其他认为应当订立的条款。例如，技术保密条款、定金条款，以及合同履行地、违约责任和争议解决等通用条款。

二、承揽合同主要条款的审查

如上所述，承揽合同的主要条款包括承揽的标的、数量、质量；报酬、支付安排及支付方式；承揽方式；材料的提供；履行期限；验收标准和方法等。

（一）承揽的标的、数量与质量

对此条款应主要关注承揽的标的及其数量、质量的约定是否具体、明确、合法。对于定作物，应注意其是否是合法物，是否是法律禁止物，是否需经有关部门批准才允许加工，避免出现不必要的法律责任。对于定作物的质量约定，质量条款必须具体、明确和详尽。如果定作物的质量技术标准采用统一标准，要审查是否写明其名称、代号或编号；如果凭说明书确定定作物的质量技术标准，要审查说明书中有无辅以图样、照片、设计图、分析表和各种数据以说明定作物的构造、用料、性能和使用等；如果是凭样品确定定作物的质量技术标准，要审查封存样品是否当面进行，双方当事人是否亲自签名贴封，合同中是否注明以样品质量为准。除此之外，在实践中还需要特别注意如下两个问题：

第一，如果定作物属于特定行业产品，其技术参数需要满足国家的标准和要求，但定作人委托承揽人定作时，提供的规格和参数不符合国家或相关行业公告要求，承揽人按照合同约定加工交付时，会引发定作人拒绝领受的风险。

【例4-4】承揽合同对加工产品的规格和参数的约定不符合国家规定,承揽人拒绝领受的,责任如何承担①

基本案情:2013年8月6日,承揽方中集瑞江公司与定作方金海煤炭公司签订了一份《专用车加工承揽合同》,该合同约定:中集瑞江公司为金海煤炭公司加工20辆WL9403GFLA粉粒物料运输半挂车;合同总价款380万元,金海煤炭公司向中集瑞江公司交纳定金80万元(每台车4万元);余款300万元金海煤炭公司在提货时以电汇方式向中集瑞江公司一次性付清;交货地点为中集瑞江公司所在地,交货方式为自提;交货期限为定金到达中集瑞江公司账户之日起55个工作日,交货期满后7个工作日内金海煤炭公司务必提车,否则金海煤炭公司从第8个工作日开始按照合同约定车款总额日5‰向中集瑞江公司支付资金占用费,直至金海煤炭公司付款提车之日止(该处付款包括资金占用费);因合同约定产品为金海煤炭公司指定中集瑞江公司加工的产品,中集瑞江公司无法实现直接转售第三方,故除适用定金罚则外,金海煤炭公司还须按合同货款总额的50%向中集瑞江赔偿损失;合同在执行中如有争议,双方应友好协商解决,若协商不成,向中集瑞江公司所在地人民法院提起诉讼等。金海煤炭公司于合同签订之日即2013年8月6日向中集瑞江公司交纳定金80万元。据此,交货期限根据合同约定,为2013年10月29日,金海煤炭提货的最后期限为2013年11月7日。中集瑞江公司在交货期限内完成工作。中集瑞江公司认为交货期为2013年9月30日,于2014年9月由律师发函要求金海煤炭公司付款提车等,但金海煤炭公司未付款提车。

案涉《专用车加工承揽合同》第三条约定,此合同中车辆为定作方委托承揽方承揽加工的专用车,定作方提供的技术参数有可能不符合国家公告要求,承揽方对此已经告知定作方,定作方承诺若该车辆不符合国家公告要求,定作方将该车辆只做场地内周转货场使用,不作为道路运输车辆使用,该车辆合格证仅作为出厂检验合格的凭证,不作为该车辆上牌入户的凭证,否则承揽方不承担由此产生的一切后果。在签订《专用车加工承揽合同》的同时,中集瑞江公司与金海煤炭公司签订技术规范确认书(专用车为罐式自卸半挂),确定了案涉粉粒物料运输半挂车的型号及常规配置等。

最高院裁判:关于案涉《专用车加工承揽合同》是否应继续履行的问题。最高

---

① 参见芜湖中集瑞江汽车有限公司与双鸭山市金海煤炭有限责任公司承揽合同纠纷案[安徽省高级人民法院(2015)皖民二终字第00935号民事判决书/最高人民法院(2016)最高法民申1321号民事裁定书]。

院认为,案涉《专用车加工承揽合同》系双方当事人的真实意思表示,内容不违反有关法律规定,依法成立并生效后,双方当事人均应依约履行。该合同第三条约定,此合同中车辆为定作方委托承揽方承揽加工的专用车,定作方提供的技术参数有可能不符合国家公告要求,承揽方对此已经告知定作方,定作方承诺若该车辆不符合国家公告要求,定作方将该车辆只做场地内周转货场使用,不作为道路运输车辆使用,该车辆合格证仅作为出厂检验合格的凭证,不作为该车辆上牌入户的凭证,否则承揽方不承担由此产生的一切后果。在签订《专用车加工承揽合同》的同时,中集瑞江公司与金海煤炭公司还签订了技术规范确认书,明确了案涉粉粒物料运输半挂车的型号及常规配置等。可见,双方在签订合同时已对案涉定作物不符合国家要求时如何处理作出了约定,即约定案涉定作物不作为道路运输车辆使用,承揽方不承担由此产生的后果。况且,在签订合同和约定提货期限届满时,并不存在国家禁止生产销售定作物的情形,金海煤炭公司逾期提货期间,因国家公告暂停销售定作物产生的风险应由金海煤炭公司自行承担。因此,案涉《专用车加工承揽合同》合法有效,原审判决金海煤炭公司依约履行合同义务并无不当。

第二,在QS认证制度下,QS标识的含义是质量安全,任何企业未取得生产许可证不得生产实行生产许可证制度管理的产品,任何单位和个人不得销售或者在经营活动中使用未取得生产许可证的产品。如果生产的产品不在国家许可管理目录内,则均不得使用QS标识。如果对外销售的定作物使用了QS标识而被行政机关予以了行政处罚,而这是由于包装物定作人的过错导致的,则承揽人不承担责任,应由定作人承担。

【例4-5】定作人提供了包含未被许可使用的QS标志的设计,而承揽人照此定作,导致销售产品被查封扣押导致降价损失,责任的范围与分担①

基本案情:2006年1月27日,湛化公司与农资公司、广州绿兴公司签订合作生产、包销磷酸二铵协议,约定湛化公司生产的磷酸二铵产品全部由农资公司、绿兴公司进行包销。之后,双方协商由农资公司与清泉公司签订外包装购销合同,由清泉公司向湛化公司提供磷酸二铵外包装袋,外包装袋由清泉公司发货至湛化公司。由于清泉公司所提供的外包装袋上印有冒用的QS质量安全标识,销售过程中农

---

① 参见芜湖中集瑞江汽车有限公司与双鸭山市金海煤炭有限责任公司承揽合同纠纷案[安徽省高级人民法院(2015)皖民二终字第00935号民事判决书/最高人民法院(2016)最高法民申1321号民事裁定书]。

资公司所销磷酸二铵,被工商机关查封扣押,农资公司无法继续销售,直接造成货物降价损失及运费、仓储费等损失,共计4950万元。因清泉公司提供不合格外包装,湛化公司未尽到验收货物的责任,故农资公司请求判令清泉公司、湛化公司赔偿经济损失4950万元。

案涉磷酸二铵外包装袋分两面印刷,一面为经销商农资公司的商标、厂名等信息;一面为生产商湛化公司的商标、厂名等信息。外包装两面的图形样式分别由农资公司、湛化公司通过电子邮件等方式向清泉公司提供。本案所涉QS质量安全标识印刷在生产商湛化公司一面的右下角,是由湛化公司提供印刷图样。清泉公司按合同要求生产出包装袋后,将包装袋托运发货至湛化公司,由湛化公司验收合格后,与农资公司结算。合同由农资公司代表上述两公司与清泉公司签订,湛化公司对上述合同的签订过程均知情,也以提供印刷图样、验收货物等方式实际履行了上述合同。清泉公司在履行合同中没有过错,农资公司对清泉公司的诉讼请求不成立。

在再审中,申请再审人湛化公司认为,原审判决认为湛化公司有主要过错应承担80%的损失、农资公司亦有过错应承担其余20%的损失没有法律依据和事实根据,认定基本事实缺乏证据证明。即便因包装袋不合格被处罚,湛化公司、农资公司和绿兴公司均应各承担1/3的责任。农资公司在起诉前一直没有将包装袋印有QS标志被查处的情况告知湛化公司,在未与湛化公司协商的情况下,亦未首先采取更换合格包装袋等措施以减少损失,就单方面降价销售,其应承担降价损失的主要责任。

最高院裁判:本案所涉磷酸二铵外包装袋分两面印刷,一面为经销商农资公司的商标、厂名等信息;另一面为生产商湛化公司的商标、厂名等信息。外包装袋两面的图形样式分别由农资公司、湛化公司向清泉公司提供。本案所涉QS标志印刷在有生产商湛化公司信息一面的右下角,是由湛化公司提供的印刷图样。清泉公司按合同要求生产出包装袋后,将包装袋托运发货至湛化公司,由湛化公司验收合格后,与农资公司结算。因违法使用QS标志的一面印刷图样系由湛化公司提供,其主观过错明显;而农资公司作为经销商,对经销的化肥外包装袋上违法使用QS标志也存在一定过错。原审判决判令由湛化公司对因违法使用QS标志造成的损失承担主要责任,农资公司承担次要责任并无不当。

《合同法》第一百一十九条规定:"当事人一方违约后,对方应当采取适当措施防止损失的扩大;没有采取适当措施致使损失扩大的,不得就扩大的损失要求赔偿。当事人因防止损失扩大而支出的合理费用,由违约方承担。"本案所涉磷酸二铵化肥已经分散在各处仓库中，客观上确实存在更换包装袋需要一定的技术设备、成本也比较高且不易实施的情况。同时，化肥为季节性较强的农资产品，农资公司作为销售企业，采取降价销售的方式本身亦属于防止损失扩大的行为。湛化公司关于农资公司没有采取适当措施，应当对造成的损失承担全部责任及要求湛化公司、农资公司、广州绿兴公司各承担1/3损失的主张没有事实与法律依据，不予支持。

因此，原审判决确定湛化公司应对因违法使用QS标志造成的损失承担80%的责任并无不当，最高院予以支持。

在上述案件中，磷酸二铵并不在国家许可管理目录内，因此，生产和销售磷酸二铵的企业均不能使用QS标识。湛化公司作为生产磷酸二铵的企业，应当知道磷酸二铵的包装袋上不能印QS标识，但包装袋有其信息的一面却设计使用了QS标识。因此，农资公司在销售其产品的过程中因产品被有关部门查处，销售受影响而产生的损失，湛化公司应承担主要过错责任。农资公司作为销售方，对于磷酸二铵的外包装袋亦具有审查义务，应及时发现包装袋上印刷了不应使用的QS标识，并采取相关措施，减少损失的发生。因此，农资公司对印刷了QS标识的包装袋给其造成的损失，亦应承担相应的责任。

(二)承揽合同的报酬及支付条款

《民法典》第782条规定："定作人应当按照约定的期限支付报酬。对支付报酬的期限没有约定或者约定不明确，依据本法第五百一十条的规定仍不能确定的，定作人应当在承揽人交付工作成果时支付；工作成果部分交付的，定作人应当相应支付。"因此，在合同中应当对报酬及其支付进行明确约定。

在实务中，加工承揽合同一般不宜约定分期付款，无论谁提供原材料，原材料在加工过程中都转化为定作物，而定作物的所有权在加工完成时就属于定作人所有，承揽人只享有留置权，一旦交付，留置权消灭，分期付款对承揽人十分不利。但对于需要现场安装调试的设备定作合同等，一般情况定作方会支付一部分预付款，并根据安装工程的进度支付进度款，竣工验收合格后支付尾款，但保留的质保金除外。

需要注意的是，如果承揽合同约定了定金（一般为总价款的20%），则不采用预付款条款。采用定金条款的原因主要是定作人有任意解除加工承揽合同的权利，一旦中途解除加工承揽合同，承揽人的损失将无法及时有效地得到弥补。

【例4-6】设备定作合同价款支付条款

X	价款支付
X.1	在本合同生效后[ ]天之内,甲方按本合同第[ ]款规定的总价款的[ ]%向乙方支付预付款(在有定金的情况下,不用本款)。
X.2	在乙方加工定作产品至[ ]阶段时,乙方向甲方提交支付进度款申请书,经甲方对加工进度确认后,甲方按本合同第[ ]款规定总价款的[ ]%向乙方支付进度款计[ ]元。
X.3	在甲方按本合同第[初步验收条款]条规定对定作产品进行初检合格后的[ ]天之内,甲方按本合同第[ ]款规定总价款的[ ]%向乙方支付进度款。
X.4	在甲方按本合同第[验收条款]条规定对定作产品进行质量检验、验收合格后的[ ]天之内,乙方向甲方开具合法有效的全额增值税发票(税率13%),在甲方收到乙方发票并确认无误后[ ]天内,甲方向乙方付本合同第[ ]条规定的总价款的[ ]%(含已支付的定金或预付款和进度款在内)。
X.5	在甲方按本条第X.4款规定付款后,所余的总价款的[ ]%为质量保证金,该质量保证金按本合同第[质保金条款]条的规定办理。

(三)承揽的方式与转包条款

《民法典》第772条规定:"承揽人应当以自己的设备、技术和劳力,完成主要工作,但是当事人另有约定的除外。承揽人将其承揽的主要工作交由第三人完成的,应当就该第三人完成的工作成果向定作人负责;未经定作人同意的,定作人也可以解除合同。"第773条规定:"承揽人可以将其承揽的辅助工作交由第三人完成。承揽人将其承揽的辅助工作交由第三人完成的,应当就该第三人完成的工作成果向定作人负责。"因此,除非当事人另有约定,承揽人应以自己的设备、技术和劳力,独立地完成主要工作。但可以将主要工作之外的部分工作交由第三人完成。在定作中,双方可以在合同中约定承揽人是否可以转包主要工作和非主要工作部分的工作。对于承揽人,如果考虑到自身在承揽合同期限内有可能不能按时完成承揽工作,而必须与第三人合作才能按时交付工作成果,则可以在签订承揽合同时与定作人进行协商,约定可将主要工作交由第三人完成,这对于促成加工承揽合同的签订以及保障加工承揽合同的顺利履行会起到积极的作用。反之,如果承揽人在未经定作人同意的前提下,擅自将承揽的主要工作交由第三人完成,定作人有权解除加工承揽合同,这将给承揽人带来一系列的法律风险。对此,当事人可作出如下约定:

定作人同意承揽人可将本合同项下的如下主要工作交由第三人完成,但承揽人应当就该第三人完成的工作成果向定作人负责:

……

承揽人未经定作人同意将其他工作交由第三人的,定作人有权解除合同,并有权向承揽人主张赔偿责任。

当然,定作人也完全可以不同意承揽人将其主要工作进行转包。同样地,如果承揽人擅自将主要工作交由第三人完成,定作人有权解除承揽合同,并请求承揽人承担赔偿责任。

(四)材料的提供与使用

《民法典》第774条规定:"承揽人提供材料的,应当按照约定选用材料,并接受定作人检验。"第775条规定:"定作人提供材料的,应当按照约定提供材料。承揽人对定作人提供的材料应当及时检验,发现不符合约定时,应当及时通知定作人更换、补齐或者采取其他补救措施。承揽人不得擅自更换定作人提供的材料,不得更换不需要修理的零部件。"因此,在对加工承揽合同进行审查时,要特别注意材料由谁负责提供以及对应的补救措施。需要注意如下几点:

第一,审查合同中有无原材料的提供条款,以及由谁提供。

第二,审查合同对原材料的规格、质量、数量等有无约定。如果是承揽方提供原材料,审查是否约定在使用前原材料必须经定作方检验才能使用;是否约定承揽方有意隐瞒原材料的缺陷或者使用不符合合同规定的原材料而影响定作物的质量时定作方享有的权利,通常情况下定作人有权要求重作、修理、减少价款或解除加工承揽合同。如果是定作方提供原材料,要审查合同中是否明确使用原材料的消耗定额,是否约定定作方提供原材料的具体时间、数量、质量和规格;是否约定承揽方擅自更换定作方提供的原材料,擅自偷换修理物品的零部件的后果。

第三,定作人提供原材料的,要审查合同中原材料交付时间、交付地点、方式等,承揽人对原材料应及时检验,不符合要求的应立即通知定作人更换或补齐。同时还应对原材料消耗定额,以及超出定额部分材料费用的承担作出约定,以明确责任,避免在履行加工承揽合同过程中出现纠纷。

【例4-7】设备定作合同材料和器件提供条款

X	材料和器件
X.1	本合同第[定作产品条款]条所规定的甲方定作产品加工及安装所耗用和使用的各种原料、材料、器材、元件、配件和辅助设备等全部由乙方自行负责,并承担相关的一切费用和支出。
X.2	乙方为甲方加工和安装定作产品所使用的原料、材料、器材、元件、配件和辅助设备等必须符合本条第X.3款、第X.4款、第X.5款的规定,对此甲方享有检查权。
X.3	主要原料和材料的名称、生产厂家、品牌、规格和质量标准详见附件:[ ]。
X.4	器材、元件、配件和辅助设备的名称、生产厂家、品牌、规格、型号、质量标准详见附件:[ ]。
X.5	虽未列于本条第X.3款、第X.4款的乙方为甲方加工安装定作产品所使用的各种物品,也应完全满足本合同第[质量标准和技术要求条款]条关于定作产品及其安装的质量标准和技术要求的规定,乙方不得使用假、冒、伪、劣产品为甲方加工及安装定作产品。
X.6	乙方应保管好所用原料、材料、器材、元件、配件的质检单、合格证、生产厂家证明、试验证明、质量证明及其他有关资料,以证明乙方履行了本条上述各款的义务,并在交付定作产品时向甲方提供上述资料。

(五)验收的标准、方法及提出异议的期限

《民法典》第779条规定:"承揽人在工作期间,应当接受定作人必要的监督检验。定作人不得因监督检验妨碍承揽人的正常工作。"第780条规定:"承揽人完成工作的,应当向定作人交付工作成果,并提交必要的技术资料和有关质量证明。定作人应当验收该工作成果。"因此,承揽方在工作期间,应当接受定作方必要的检查,但定作方不得因此妨碍承揽方的正常工作。双方对定作物和项目的质量在检验中发生争议时,可由法定质量监督检验机构提供检验证明。定作方应当按合同规定的期限验收承揽方所完成的工作。验收前承揽方应当向定作方提交必需的技术资料和有关质量证明。短期难以发现质量缺陷的,可由双方协商在合同中约定保证期限,期限内除定作方使用、保管不当等原因而造成质量问题的以外,由承揽方负责修复或退换。

对于验收而言,定作方有技术资料、图样的,按照所提供的技术资料和图样规定的标准验收;没有技术资料或图样,当事人有约定标准的,按照当事人的约定标准进行验收。无论哪种验收标准,都要审查合同中有无明确标准。对于检验的方式、方法和期限双方认为有必要协商的,应载明提出异议的期限,对任何期限的约定都一定要注明期限终止的时间点。在实践中,切忌不经验收即使用定作物,否则定作方将面临视为验收合格的风险。

【例4-8】未经验收程序径直使用,事后发现质量问题,责任的承担①

法院裁判:根据《承揽合同书》的约定,讼争生产线在载荷调试符合合同约定后,应由亿恺公司通知龙源公司进行验收,龙源公司须在一周内组织验收,否则视为验收合格。本案中亿恺公司虽没有证据证明其已通知龙源公司进行验收,但是如果龙源公司所主张的成立,即调试报告载明的载荷调试存在的问题一直没有得到解决,那么龙源公司应拒绝进行验收,而现有证据表明从2009年年底至2011年初,龙源公司在未组织第二次验收即载荷调试验收的情况下,即将讼争生产线投入生产经营,并且,从2009年年底至亿恺公司2011年6月提起本案诉讼时止,龙源公司亦未就讼争生产线存在质量问题向亿恺公司提出过主张,故讼争生产线应视为已经龙源公司验收合格。

龙源公司向法院提交了一份其于二审判决后委托大连质检所出具的《司法鉴定报告》,以此证明讼争生产线质量不合格。由于龙源公司未经检验即将讼争生产线投入使用,故即使该生产线客观上存在质量不合格的情形,也应依据《承揽合同书》的约定认定为质量合格,故本案不存在鉴定的必要,该份鉴定报告不符合新证据的要求,法院不予采信。

需要关注的是,《民法典》对于承揽合同的检验期限并没有具体规定,对此根据《民法典》第646条的规定,可以参照适用《民法典》第621条关于买卖合同中标的物检验期限的相关规定。② 当事人约定检验期限的,定作人应当在检验期限内将工作成果的质量或数量问题通知承揽人。定作人收到货物后超过约定的检验期限怠于向承揽人提出质量异议的,应视为定作物符合合同约定。当事人没有约定检验期间的,定作人应当在发现或者应当发现工作质量或者数量不符合约定的合理期间内通知承揽人。定作人在合理期间内未通知或自收到工作成果之日起两年内未通知承揽人的,视为工作成果或者质量符合约定,但对工作成果有质量保证期的,适用质量保证期的约定。行业标准或国家标准有特殊规定的,从其规定。如承

---

① 参见再审申请人龙源海洋生物股份有限公司与被申请人山东亿恺仓储工程有限公司承揽合同纠纷案[最高人民法院(2012)民申字第1586号]。
② 参见本书第1章"买卖合同起草、审查精要与实物"第2节第4部分之"标的物验收条款"。

揽人对交付的工作成果明知或应当知道不符合质量要求,定作人的异议期间不受上述检验期限的限制。

如在南通亚太展览有限公司与德马吉国际展览有限公司承揽合同纠纷案二审民事判决书[上海市第一中级人民法院(2020)沪01民终4462号]中,法院认为:

合同中双方并未约定验收的期限和标准,但对短期的展会而言,德马吉公司有责任及时验收。从本案证据来看,德马吉公司在南通亚太公司制作、搭建和展台实际使用过程中从未提出书面异议,至本案起诉前也未提出解除合同,本案中除照片中可见的一些表面瑕疵外,德马吉公司未举证证明南通亚太公司交付的展台不符合德马吉公司的图纸或双方的约定。因此本院认为德马吉公司已认可了南通亚太公司的工作成果并交付案外人使用,应认定南通亚太公司的制作、搭建、拆除工作基本符合双方合同约定。

(六)留置权或同时履行抗辩权条款

《民法典》第783条规定:"定作人未向承揽人支付报酬或者材料费等价款的,承揽人对完成的工作成果享有留置权或者有权拒绝交付,但是当事人另有约定的除外。"与《合同法》第264条相比,除保留原规定的留置权外,本条增加了"有权拒绝交付",即增加规定了承揽人拒绝交付工作成果的权利,这是承揽人的同时履行抗辩权。这一规定表明立法既采纳了物权性留置权,也采纳了债权性留置权的规定。后者的规定就是"有权拒绝交付",这是为了弥补承揽人作为债权人合同救济权利的缺陷,尊重和保障承揽人的自主选择权。承揽人拒绝交付工作成果这一行为,应理解为承揽人向定作人主张同时履行抗辩权。

承揽人享有的留置权是法定担保物权,无须加工承揽合同约定。承揽人在依法留置定作物后,应当通知定作人在一定期限内履行相应的义务,订立加工承揽合同时可以对该期限进行约定。《民法典》第453条规定:"留置权人与债务人应当约定留置财产后的债务履行期限;没有约定或者约定不明确的,留置权人应当给债务人六十日以上履行债务的期限,但是鲜活易腐等不易保管的动产除外。债务人逾期未履行的,留置权人可以与债务人协议以留置财产折价,也可以就拍卖、变卖留置财产所得的价款优先受偿。留置财产折价或者变卖的,应当参照市场价格。"因此,承揽人只有在规定的期限届满时,才能处分定作物。承揽人通过折价的方式处分定作物应与定作人协商,通过拍卖、变卖方式处分定作物,并将有关情况及时通知定作人。承揽人在留置定作物期间,可以收取定作物孳息(《民法典》第452条),并享有必要的使用权,将报酬请求权转让时,留置权也可一同转让。

如在常州瑞溪纺织品有限公司、诸暨恒羽服饰有限公司等定作合同纠纷案二审民事判决书[浙江省绍兴市中级人民法院(2023)浙06民终1725号]中,二审法院认为:

我国《民法典》第七百八十三条规定,定作人未向承揽人支付报酬或者材料费等价款的,承揽人对完成的工作成果享有留置权或者拒绝交付。因恒羽公司除该批货物的价款未予支付之外,另有欠款未向瑞溪公司支付,瑞溪公司作为承揽人依法享有留置权,其未向恒羽公司交付该批货物不构成违约。我国《民法典》第四百四十七条第一款规定,债务人不履行到期债务,债权人可以留置已经合法占有的债务人的动产,并有权就该动产优先受偿。因此,留置权人享有的系就其债权范围内对留置动产的优先受偿权,其行使留置权并不影响其行使原享有的债权。关于留置权的实现方式问题,我国《民法典》第四百五十三条也作了相应规定,在债务人未履行债务的情况下,留置权人可以与债务人协议以留置财产折价,也可以就拍卖、变卖留置财产所得的价款优先受偿。第四百五十五条进一步规定,留置财产折价或者拍卖、变卖后,其价款超过债权数额的部分归债务人所有,不足部分由债务人清偿。根据上述规定,留置权人对留置财产进行相应处置系留置权人的一项法定权利,而并非其义务,留置权人享有留置权并不影响其向债务人主张债权。因此,一审判决确定瑞溪公司负有对留置财产进行处置的义务,系适用法律不当。瑞溪公司就此提出的上诉理由成立,本院予以支持。恒羽公司应向瑞溪公司支付留置部分面料的承揽报酬651,623.82元,恒羽公司支付报酬后可自行提取留置部分面料,若有缺失,按双方约定对相应报酬予以扣减。恒羽公司若未履行支付报酬义务,瑞溪公司可对留置财产依法处置,并对处置的价款享有优先受偿权,处置价款超过报酬的部分返还给恒羽公司,不足部分仍由恒羽公司清偿。

需要特别注意的是,《民法典》第783条规定"但是当事人另有约定的除外",这意味着合同当事方可以排除留置权的适用。为此,定作方在订立合同时,应特别注意因资金周转不灵而引发承揽方行使留置权带来的连锁风险。如果定作方处于资金周转困难时期,除将合同约定的付款期限延长外,还可以另行约定承揽方不得对加工后的成品或己方提供的原材料等行使留置权。

(七)定作人的任意解除权

《民法典》第787条规定:"定作人在承揽人完成工作前可以随时解除合同,造成承揽人损失的,应当赔偿损失。"与《合同法》第268条"定作人可以随时解除承揽合同,造成承揽人损失的,应当赔偿损失"的规定相比较,增加了"在承揽人完成工作前"的前提条件。故定作人依法享有任意的合同解除权。该条款主要是出于对定作人的保护,其设立宗旨是承揽合同多是为定作人利益而设立规则,因情势变更等原因,承揽工作对定作人没有实际意义时,为有效避免社会资源的浪费,应允许定作人解除合同。定作人行使任意解除权无须说明理由,只要其表示要求解除合同就可以解除合同,也无须以承揽人根本违约为前提①。

在《合同法》时代,对定作人行使任意解除权时是否有限制,司法实践中存在两种主要观点:第一种观点认为,根据《合同法》第268条的规定,定作人有权随时解除承揽合同,因此,对于定作人要求解除双方未履行部分承揽合同的请求,应予以支持;第二种观点认为,根据承揽合同的特殊性质,《合同法》第268条规定的法律宗旨是在维护双方利益的前提下,当定作人不再需要委托承揽人加工的工作成果时,赋予定作人解除合同的法定权利,其目的在于使承揽人的工作不再继续,避免双方损失的扩大,并以此避免社会资源的浪费。由此可见,该规定并不意味着定作人的合同解除权不受任何限制,为均衡双方利益,定作人合同解除权的行使应受时间限制,即定作人的合同解除权仅存续于承揽人未完成工作期间,如承揽人已按约完成加工工作,即使工作成果尚未交付,定作人亦不得任意解除合同②。《民法典》第787条的规定明确了上述争议。这是因为,承揽工作完成后,承揽合同的性质已与特定物买卖合同无异,定作人享有任意解除权的基础,即定作人对承揽人强烈的信赖已不复存在了。因此,定作人行使任意解除权需要满足如下条件:一是定作人应当在承揽人完成工作成果之前提出解除合同;二是定作人应当通知承揽人,解除通知达到承揽人时,承揽合同终止;三是定作人行使解除权后,造成承揽人损失的,应当赔偿损失,而且该项权利的行使不能违背诚实信用原则。因此,合同当事方可以在承揽合同中明确约定,定作人行使任意解除权应当在承揽人完成工作成果之前提出,并且明确有关解除通知送达的地址和程序要求。

司法实践中还存在一个争议问题,即定作人的任意解除权是否可以通过合同约定放弃。有观点认为,定作人的任意解除权作为一种民事权利,可由定作人选择是否行使,或依据意思自治原则对其作出限制。也有观点认为,定作人的任意解除权是否可以放弃需要结合承揽合同是否有偿加以区分。最高院的倾向性意见是,

---

① 参见张某义与河南某华机电有限公司定作合同纠纷再审审查民事判决书[河南省高级人民法院(2023)豫民再757号];广州东环环保科技有限公司、广州市基盛环保工程有限公司承揽合同纠纷二审民事判决书[广东省广州市中级人民法院(2023)粤01民终27424号]。

② 参见北大荒鑫亚经贸有限责任公司与北大荒青枫亚麻纺织有限公司加工合同纠纷二审民事判决书[最高人民法院(2015)民二终字第68号];东莞市贝康儿童用品有限公司承揽合同纠纷再审审查与审判监督民事裁定书[广东省高级人民法院(2019)粤民申3679号]。

承揽合同双方不能通过约定排除定作人的任意解除权。首先,合同法上的赋权性规范都应归入强制性规范,任意解除权规定是法律的强制性规范,不可以通过约定改变。其次,定作人享有任意解除权的正当性是基于承揽合同的性质,而非是否有偿,除非特别法对定作人的任意解除权加以限制,否则,不应认为定作人的任意解除权可以通过约定加以放弃。① 在司法实践中,不乏判定排除定作人任意解除权条款无效的案例,②但也存在一些相反的案例③。

(八)定作人的协助义务条款

《民法典》第 778 条规定:"承揽工作需要定作人协助的,定作人有协助的义务。定作人不履行协助义务致使承揽工作不能完成的,承揽人可以催告定作人在合理期限内履行义务,并可以顺延履行期限;定作人逾期不履行的,承揽人可以解除合同。"本条是有关定作人的协助义务的规定。在实务中对合同进行审查时,需要注意:

第一,定作人有依据加工承揽合同提供材料、设计图纸、技术要求、样品的义务,如相关材料存在瑕疵,定作人还应及时更换、补齐。定作人不履行协助义务的,承揽人可以在合同约定的期限内催促其履行,如果定作人仍不履行,承揽人有权解除加工承揽合同。

第二,定作方应对自己提供给承揽方的图纸或技术方案进行认真审议。但承揽方对图纸及技术方案提出异议时,要及时核实情况、组织论证、完善方案,切不可拖延推诿,否则将会承担承揽方的窝工、设备租赁、生产线闲置等相关损失。

第三,在履行加工承揽合同过程中,承揽人发现定作人提供的材料或图纸、技术要求等不符合加工承揽合同约定要求的,应及时通知定作人进行更换、补齐或采取其他的补救措施,如承揽人不及时通知或定作人怠于答复则有可能导致加工承揽合同不能按时履行或造成对方损失。因此,在加工承揽合同中,应当明确约定如出现上述问题,加工承揽合同一方应当在什么期限内,通过什么方式通告对方,守

---

① 参见最高人民法院民法典贯彻实施工作领导小组主编:《中华人民共和国民法典合同编理解与适用(三)》,人民法院出版社 2020 年版,第 1899 页。
② 参见武汉云外恒信息技术有限公司、长兴卫示广告传媒有限公司承揽合同纠纷二审民事判决书[浙江省湖州市中级人民法院(2020)浙 05 民终 1827 号];成都市零上四度广告有限公司与四川省圣名实业有限公司承揽合同纠纷二审民事判决书[四川省绵阳市中级人民法院(2015)绵民终字 1120 号]。
③ 参见河源市勇艺达科技有限公司与北京小乔机器人科技发展有限公司定作合同纠纷二审民事判决书[北京市第三中级人民法院(2020)京 03 民终 10328 号]。

约方在加工承揽合同约定的时间内履行通知的义务,方可避免相关的法律风险。

(九)承揽人的保密义务条款

《民法典》第785条规定:"承揽人应当按照定作人的要求保守秘密,未经定作人许可,不得留存复制品或者技术资料。"在实务中,承揽人在订立和履行承揽合同过程中,知悉的定作人的商业秘密或技术秘密,如设计图纸、技术资料、专利成果,甚至是定作人要求保密的姓名、名称、住所等,如果承揽人泄露或不正当使用该秘密,将会给定作人的利益带来损害。因此,在签订承揽合同时,定作人应明确约定承揽人保密的内容、范围和期限,以及不得留存的复制品或者技术资料的范围。保密的期限可以不限于承揽合同的履行期限,并应具体约定如承揽人违反保密的义务所应承担的赔偿责任。

第 5 章 建设工程合同起草、审查精要与实务

> **内容概览**
>
> 建设工程是指土木工程、建筑工程、线路管道和设备安装工程及装修工程。建筑工程,指通过对各类房屋建筑及其附属设施的建造和与其配套的线路、管道、设备的安装活动所形成的工程实体。在实务中,这些工程项目涉及金额较大、项目程序复杂,技术质量要求较高,这也导致相应的建设工程比较复杂。实践中,发生合同争议的情况比比皆是。为此,最高人民法院发布了《施工合同司法解释》(2004 年)和《施工合同司法解释(二)》(2018 年)来解决司法实践中的问题。《民法典》生效施行后,最高人民法院在废止前述两个司法解释的基础上出台了《施工合同司法解释(一)》(2020 年)。本章包含如下内容:
> - ✓ 建设工程相关概念与合同类型
> - ✓ 建设工程的招投标审查
> - ✓ 建设工程资质及其审查
> - ✓ 建设工程施工合同的审查

第一节 建设工程相关概念与合同类型

在进行建设工程合同起草、审查前,由于这类合同具有行业性、专业技术性等特点,有必要对建筑行业的一些基本概念进行了解。这些概念主要包括建设工程、建筑工程、建设工程勘察、设计以及建筑企业等。在这些概念基础之上,再来看相关合同的分类。

一、建设工程相关概念

(一)建设工程的概念

《民法典》第 788 条规定:"建设工程合同是承包人进行工程建设,发包人支付价款的合同。建设工程合同包括工程勘察、设计、施工合同。"《建设工程质量管理条例》(2019 年修订)第 2 条第 2 款规定:"本条例所称建设工程,是指土木工程、建筑工程、线路管道和设备安装工程及装修工程。"其形式包括新建、扩建和改建。

(二)建筑工程的概念

《建筑法》(2019 年修正)没有对建筑工程给出明确的定义,只是对建筑活动作了定义。其第 2 条第 2 款规定:"本法所称建筑活动,是指各类房屋建筑及其附属设施的建造和与其配套的线路、管道、设备的安装活动。"按照通常的理解,建筑工程,是指通过对各类房屋建筑及其附属设施的建造和与其配套的线路、管道、设备的安装活动所形成的工程实体。其中"房屋建筑"有顶盖、梁柱、墙壁、基础以及能够形成内部空间,满足人们生产、居住、学习、公共活动等需要,包括厂房、剧院、旅馆、商店、学校、医院和住宅等;"附属设施"指与房屋建筑配套的水塔、自行车棚、水池等。"线路、管道、设备的安装"指与房屋建筑及其附属设施相配套的电气、给排水、通信、电梯等线路、管道、设备的安装活动。

显然,建筑工程为建设工程的一部分,与建设工程的范围相比,建筑工程的范围相对较窄,其专指各类房屋建筑及其附属设施和与其配套的线路、管道、设备的安装工程,因此也被称为房屋建筑工程。故此,桥梁、水利枢纽、铁路、港口工程以及不是与房屋建筑相配套的地下隧道等工程均不属于建筑工程范畴。

(三)建设工程勘察、设计的概念

《建设工程勘察设计管理条例》(2017 年修订)第 2 条第 2 款、第 3 款规定:"本条例所称建设工程勘察,是指根据建设工程的要求,查明、分析、评价建设场地的地质地理环境特征和岩土工程条件,编制建设工程勘察文件的活动。本条例所称建设工程设计,是指根据建设工程的要求,对建设工程所需的技术、经济、资源、环境等条件进行综合分析、论证,编制建设工程设计文件的活动。"

(四)建筑业企业的概念

《建筑业企业资质管理规定》(2018 年修正)第 2 条第 2 款规定:"本规定所称

建筑业企业,是指从事土木工程、建筑工程、线路管道设备安装工程的新建、扩建、改建等施工活动的企业。"根据该定义,建筑业企业是指从事建设工程业务的企业。

二、建设工程合同的概念与分类

如前所述,依据我国《民法典》第788条的规定,建设工程合同是承包人进行工程建设,发包人支付价款的合同。建设工程合同包括建设工程勘察、设计和施工合同三类。其分类依据是承包内容的不同。具体如下:

✓ 建设工程勘察合同。建设工程勘察设计合同,是指勘察人(承包人)根据建设单位(发包人)的委托,完成特定的建设工程勘察任务,明确相互权利义务关系而订立的合同。

✓ 建设工程设计合同。建设工程设计合同,是指设计人(承包人)根据建设单位(发包人)的委托,完成特定的建设工程设计工作,明确相互权利义务关系而订立的合同。

✓ 建设工程施工合同。建设工程施工合同,是指施工人(承包人)根据建设单位(发包人)的委托,完成特定的建设项目的施工工作,明确相互权利义务关系而订立的合同。

在实践中,根据承包方式的不同,还可将建设工程合同分为总包合同和分包合同。总包合同是指建设单位(发包人)与总承包人签订的,由总承包人负责工程的全部建设工作的承包合同;分包合同是指总承办人经发包人同意,将其承包的部分工作分包给第三人所订立的合同。分包合同的发包人就是总包合同的总承包人。分包合同的承包人即分包人,就其承包的部分工作与总承包人共同向总包合同的发包人承担连带责任[《建筑法》(2019年修正)第29条第2款、《民法典》第791条第2款]。

需要说明的是,从建筑业实践来看,建设工程涉及的合同主要包括建设工程勘察合同、建设工程设计合同、建设工程施工合同和建设工程监理合同。但《民法典》第788条仅将前三类合同纳入建设工程合同中,而建设工程监理合同则被纳入委托合同的范畴。《民法典》典型合同分编第18章"建设工程合同"第796条规定:"建设工程实行监理的,发包人应当与监理人采用书面形式订立委托监理合同。发包人与监理人的权利和义务以及法律责任,应当依照本编委托合同以及其他有关法律、行政法规的规定。"

三、建设工程合同与承揽合同的区分

建设工程在传统民法上属于承揽合同,在性质和工作内容上属于一种特殊的承揽合同。《民法典》第 770 条规定："承揽合同是承揽人按照定作人的要求完成工作,交付工作成果,定作人支付报酬的合同。承揽包括加工、定作、修理、复制、测试、检验等工作。"因此,建设工程和承揽合同均是一方完成一定工作并交付工作成果,另一方支付价款的合同。因此,《民法典》第 808 条规定："本章没有规定的,适用承揽合同的有关规定。"因此,在实务中,有关承揽合同的规定对建设工程合同而言亦具有重要价值。

【例 5-1】如何区分建设工程合同与承揽合同[①]

裁判要旨:建设工程合同本质上属于承揽合同,两者的区别仅在于所承揽工作内容的不同,即承揽建设工程的为建设工程合同,承揽其他工作的为承揽合同。在界定建设工程时,应以《合同法》的立法目的为指导,并结合相关行政管理性法规的规定加以分析。

解析:建设工程合同本质上属于承揽合同,只不过因为建设工程的重要性和工程建设领域的混乱状况,《合同法》才将建设工程合同从承揽合同中分离出来单独加以规定。两者的区别仅在于所承揽工作内容的不同,即承揽建设工程的为建设工程合同,承揽其他工作的为承揽合同。由此,两者的区分问题可转化为如何界定建设工程的问题。在界定建设工程时,必须考虑到《合同法》将建设工程合同从承揽合同中分离出来的立法目的。《合同法》专章规定建设工程合同主要是为了规范建设市场,解决建设工程质量低劣的问题。建设工程合同独立性得以确立的主要原因和合理化因素也正是这两个方面:其一,规范建设市场,确保工程质量;其二,解决拖欠工程款和民工工资的问题。在界定建设工程时,必须考虑到这两个立法目的并以之为指导。可以说,对建设工程合同作出独立规定是基于建设市场的现实需要。此外,界定《合同法》上的建设工程还应结合相关行政管理法规的规定。由于建设工程的重要性,国家出台许多行政管理性法规对之加以规范,如《城乡规划法》《建筑法》《招投标法》《建设工程质量管理条例》《建筑业企业资质管理规定》等,这与《合同法》对建设工程的第一个立法目的是相通的,也正是由于建设工程的重要性,《合同法》才将建设工程合同专章加以规定。

除了上例中所述的是否以构建"建设工程"为工作内容这一核心区别外,两者

[①] 参见浙江大东吴集团钢构有限公司与湖州升浙建筑工程有限公司承揽合同纠纷二审民事判决书[浙江省湖州市中级人民法院(2010)浙湖商终字第 72 号];另参见辛坚等:《建设工程合同与承揽合同之区分》,载《人民司法》2011 年第 8 期。

还存在一些其他区别：一是合同主体是否具备相应的建筑资质。因为建筑业施行市场准入制度，承包人应具有相应的资质，而承揽人可以是具有资质的法人，也可以是其他单位或个人。二是合同是否受建设行政主管部门的监管。发包人应取得建设工程规划许可证等规划审批手续，而承揽合同一般不需要。三是分包关系中责任承担不同。承揽人分包后，次承揽人仅就完成的工作向承揽人负责，而建设工程分包后，分包人就工作成果与总承包人共同向发包人承担连带责任。

如在中国自控系统工程有限公司、华电克拉玛依发电有限公司承揽合同纠纷民事二审民事判决书[新疆维吾尔自治区克拉玛依市中级人民法院（2022）新02民终400号]中，法院认为：

《中华人民共和国民法典》第七百八十八条规定，建设工程合同是承包人进行工程建设，发包人支付价款的合同。建设工程合同包括工程勘察、设计、施工合同。该类合同是各类房屋建筑及其附属设施的建造和与其配套的线路、管道、设备的安装活动过程中签订的建设工程施工合同，属承揽合同的特殊类型。《中华人民共和国民法典》第七百七十条规定，承揽合同是承揽人按照定作人的要求完成工作，交付工作成果，定作人支付报酬的合同。承揽包括加工、定作、修理、复制、测试、检验等工作。承揽系满足定作人个性化设计和需求，需要承揽人独特的工艺、技术、材料、设备等提供劳动交付工作成果。因此，建设工程合同属于特殊的承揽合同。两者按照以下标准进行区分：（1）是否属于建筑法的调整范围，如果属于建筑法调整的范围，则属于建设工程合同，如果不属于建筑法调整范围，一般不能认定为建设工程合同。（2）是否需要具备相应的资质。从事建设工程活动，一般需要具备相应资质要求，而承揽则无须资质要求。（3）是否需要受到建设行政主管部门的管理，需要接受建设行政主管部门监督管理的合同，一般为建设工程合同。而本案中，自控公司按照双方协商的合同内容及技术参数指标对涉案采样机维修，自控公司交付劳动成果，经第三方性能检测合格后，由华电公司支付劳动报酬，并非住建部《建筑业企业资质标准》所列举的建设工程的范围，不适用建筑法的调整，无须接受建设行政主管部门监督管理，故一审法院认定本案案由为承揽合同并无不当。

在判断工作内容是否属于建筑法的调整范围或者工作内容是否是建设工程时，应考虑到建设工程项目一般耗资大、履行期长，并且有严格的质量要求。对于一些投资小、技术简单，对承包人主体资格没有特殊要求的工程，不宜认定其为建设工程合同，而宜按照承揽合同处理。实践中，一般可以根据投资数额、技术难度、工程用途、发包人情况等因素综合判断。如在河南森源电气股份有限公司、李某建

设工程施工合同纠纷二审民事判决书[河南省许昌市中级人民法院(2020)豫10民终2007号]①中,法院认为:

建设工程合同具备承揽合同的一般特征,即它的标的是完成一定工作成果,并具备诺成、双务、有偿的特征。但是,与承揽合同相比,建设工程合同的标的不是一般的定作物,而是建设工程项目,这些工程项目耗资大、履行期长,并且有严格的质量要求。审判实践中,往往根据投资数额、技术难度、工程用途、发包人情况等因素综合判断。本案案涉光伏发电工程投资数额较大,涉及土建工程、电机安装、临时设施等具体工作,且案涉工程施工合同对工程的工期、质量、变更设计、竣工验收及验收标准、保修等内容进行了详细约定,因此,一审法院认为本案法律关系为建设工程施工合同并无不当,一审法院确认本案案由为建设工程施工合同纠纷正确。

第二节 建设工程的招投标审查

在建设工程招投标审查时,需要注意如下三个大的方面:招标人资格的合法性审查、投标人资格的合法性审查、招投标程序的合法有效性审查。此外,还需要关注一些特殊的问题,如联合体投标以及担保的问题等。

一、招标人资格的合法性审查

根据《招投标法》(2017年修正)的规定,具备合法资格的招标人应当符合以下要件:其一,招标人为依法设立的法人或其他组织,若招标工程为房地产开发项目,招标人还应当符合建设部《房地产开发企业资质管理规定》(2022年修正)的要求,其招标的房地产开发项目的规模应与其开发资质一致。其二,招标人已经履行了招标项目的审批手续,取得了相关行政批准许可。主要有工程项目立项审批、规划审批、建设用地审批等,应当符合建筑工程立项、规划、土地管理等法律的相应规定。其三,招标人已经落实招标项目的资金或资金来源。投标人应当注意调查了解招标人项目资金的落实情况,防范资金风险。其四,招标人选择招标代理机构委托其进行招标的,该招标代理机构应当符合《招投标法》(2017年修正)第13条(具有相应营业场所和相应资金;配备相应的专业力量)及住建部等有关部门规定的资

---

① 类案参见杨某金与张某涛承揽合同纠纷二审判决书[新疆生产建设兵团第十四师中级人民法院(2023)兵13民终28号];中山澳利空调服务有限公司、华瑞达医疗科技(中山)有限公司承揽合同纠纷二审民事判决书[广东省中山市中级人民法院(2021)粤20民终4931号]。

格条件。

二、投标人资格的合法性审查

《招投标法》(2017年修正)第26条规定:"投标人应当具备承担招标项目的能力;国家有关规定对投标人资格条件或者招标文件对投标人资格条件有规定的,投标人应当具备规定的资格条件。"《建筑法》(2019年修正)第26条规定:"承包建筑工程的单位应当持有依法取得的资质证书,并在其资质等级许可的业务范围内承揽工程。禁止建筑施工企业超越本企业资质等级许可的业务范围或者以任何形式用其他建筑施工企业的名义承揽工程。禁止建筑施工企业以任何形式允许其他单位或者个人使用本企业的资质证书、营业执照,以本企业的名义承揽工程。"具备合法资格的建设工程投标人应当符合以下要件:

其一,投标人为依法设立的建筑施工企业或其他组织。其他组织主要指联合投标体[《招投标法》(2017年修正)第31条]。

其二,投标人具备所投标工程要求的施工资质等级。投标人应按照住建部有关施工资质管理的具体规定,取得有效施工资质等级证书,并按照资质等级和类别参与相应建设类型和规模的工程施工投标(有关建设工程资质的更多内容详见下文)。

其三,投标人不得以借用、挂靠等任何形式使用其他建筑施工企业的名义进行投标。严禁任何形式的使用其他单位的施工资质证书、营业执照进行投标,投标人必须以本企业的名义进行投标[《建筑法》(2019年修正)第26条]。

其四,投标人符合招标文件所要求的特殊条件。许多招标人在进行招标时往往对投标人的资格条件设定特殊要求,例如要有特殊建筑工程的成功施工业绩或经验等,但这种要求不应构成部门、系统或地域限制或排斥,或者限制、排斥歧视潜在投标人[《招投标法》(2017年修正)第6条、第18条、第20条]。

三、招投标程序的合法有效性审查

《招投标法》(2017年修正)及其实施条例、相关部门规章、地方性法规、规章均对建筑工程招投标的程序作出了明确的规定。招投标有投标邀请、投标人资格预审、招标文件澄清、编制投标书及提交、开标、评标(含投标书澄清)、定标和合同书签订等主要程序,这些程序中应当注意以下问题。

(一)投标邀请

公开招标是向不特定投标人发出邀请,《招投标法》(2017年修正)第16条对公开招标的招标公告作了规定,同时《房屋建筑和市政基础设施工程施工招标投标管理办法》(2019年修正)第13条第1款规定,必须进行公开招标的工程项目,应当在国家或者地方指定的报刊、信息网络或者其他媒介上发布招标公告,并同时在中国工程建设和建筑业信息网上发布招标公告。邀请招标是向特定投标人发出邀请,《招投标法》(2017年修正)第17条规定,邀请招标应当向3个以上特定投标人发出投标邀请书。招标公告和投标邀请书都必须载明招标人名称和地址,招标项目的性质、数量、实施地点和时间及获取招标文件的办法等事项。

(二)投标人资格预审

投标人资格预审实质上是招标人对投标人是否具备合法的投标资格进行审查。招标人根据需要对投标人资格进行预审的,应当发布资格预审公告、编制资格预审文件,资格预审文件的发售期不得少于5日。依法必须进行招标的项目提交资格预审申请文件的时间,自资格预审文件停止发售之日起不得少于5日[《招投标法实施条例》(2019年修订)第15-17条]。在审查时,应主要关注投标人资质、业绩、技术装备、财务状况、拟派出项目经理及主要技术人员的简历和业绩等,预审后向通过预审的投标申请人发出资格预审结果通知,告知参加投标的有关事项。当投标申请人过多时,招标人可选择不少于3家资格预审合格的投标申请人[《招投标法实施条例》(2019年修订)第19条]。

(三)招标文件的编制与澄清

招标人应依法编制招标文件,招标文件的发售期不得少于5日[《招投标法实施条例》(2019年修订)第16条]。在招标文件要求提交投标文件截止时间至少15日前,招标人可以对已发出的招标文件进行必要澄清和修改,书面通知所有招标文件收受人[《招投标法》(2017年修正)第23条、《招投标法实施条例》(2019年修订)第21条],并报工程所在地县以上地方政府建设行政部门备案。

(四)编制投标文件及提交

投标人应按照招标文件的要求,对招标文件提出的实质性要求和条件作出响应[《招投标法》(2017年修正)第27条第1款]。投标文件主要包括投标人基本情况(包括施工资质、业绩、财务状况、优势特点等)、施工组织设计(包括总体部署和施工方案、项目部机构、质量工期安全文明环保保证措施、土建装饰安装施工措施、新技术工艺措施、施工机械设备配置、劳动力安排、工程交付回访及维修等)、报价书及编制说明等。投标文件既要根据投标工程及投标人自身具体情况，全面响应招标文件的实质性要求，又不得违反国家及地方有关法律标准规范的强制性规定。

（五）开标、评标（投标书澄清）及定标

开标前，所有投标文件应当保密，开标由招标人主持，所有投标文件当众拆封唱标［《招投标法》（2017年修正）第36条］。然后由招标人组织的符合法律规定的评标委员会进行评标，评标委员会成员名单在中标结果确定前应当保密［《招投标法》（2017年修正）第38条］。评标委员会在评标过程中可以要求投标人对投标文件的有关内容作出不改变实质内容的澄清或说明［《招投标法》（2017年修正）第39条］。中标人确定后，招标人应向中标人发出中标通知书，并在30日内按照招标文件和投标文件与中标人签订书面合同［《招投标法》（2017年修正）第45条、第46条］。

四、招投标程序中的保证金问题[①]

建设工程招投标程序中的保证金主要涉及投标保证金、履约保证金、质量保证金、农民工工资保证金以及工程款支付担保。在此，我们仅讨论投标保证金的问题，后面几种保证金以及工程款支付担保的问题在本章第4节有关条款中讨论。

《招投标法实施条例》（2019年修订）第26条规定："招标人在招标文件中要求投标人提交投标保证金的，投标保证金不得超过招标项目估算价的2%。投标保证金有效期应当与投标有效期一致。依法必须进行招标的项目的境内投标单位，以现金或者支票形式提交的投标保证金应当从其基本账户转出。招标人不得挪用投标保证金。"这里主要涉及两个方面的问题：一是招标文件中约定的"投标保证金"超过招标项目估算价的2%时，超过部分是否有效的问题；二是投标保证金未从投标人的基本账户转出是否有效的问题。有关第一个问题的讨论，请读者参阅笔者所著《合同审查精要与实务指南：合同起草审查的基础思维与技能》（第3版）第9章"合同对方的选择方式——招拍挂、竞争性谈判（磋商）、询价和单一来源采购"的相关内容，在此仅对第二个问题展开讨论。

《招投标法实施条例》（2019年修订）第26条第2款之所以规定必须从基本账

[①] 有关保证金的详细内容，可以参阅笔者所著《合同审查精要与实务指南：合同起草审查的基础思维与技能》（第3版）第9章"合同对方的选择方式——招拍挂、竞争性谈判（磋商）、询价和单一来源采购"第3节。

户转出投标保证金,其原因在于,在我国,除基本账户外,对投标人开立存款账户并没有太多限制,管理也相对宽泛。投标人开立不同的银行账户为其他投标人提供投标保证金,在围标、串标等违法违规行为中几成定律,要求投标保证金必须来自投标人基本账户的相关规定,对遏制围标、串标行为发挥了积极作用。具体而言:

首先,该条例第26条第2款适用于"依法必须进行招标的项目",故此非依法必须进行招标的项目,在招标文件未作禁止性规定的情况下,投标保证金可以不从基本户转出。

其次,该条例第81条规定:"依法必须进行招标的项目的招标投标活动违反招标投标法和本条例的规定,对中标结果造成实质性影响,且不能采取补救措施予以纠正的,招标、投标、中标无效,应当依法重新招标或者评标。"因此,通常情况下中标保证金未从基本账户转出,且不对中标结果造成实质性影响的,如不构成串标、围标等中标无效情形,并不会导致投标保证金及中标结果无效。

最后,基本账户开户许可取消后,新开立基本账户的投标人在投标时可以提交由其开户银行盖章的在人民银行账户管理系统查询的基本账户信息截图,以证明其保证金转出账户是基本账户。

第三节 建设工程资质及其审查

在上一节中,我们提及了对投标人资格的合法性审查,其中涉及了投标人资质的审查内容。在本节对此进行详细介绍。

一、建设工程资质的概念与分类

依据《建筑法》(2019年修正)和《民法典》第788条的规定,建设工程合同包括工程勘察、设计、施工合同。相应地,建设工程资质包括工程勘察、设计和工程施工资质。前者由《建设工程勘察设计管理条例》《建设工程勘察设计资质管理规定》进行规范,后者由《建筑业企业资质管理规定》和《建筑业企业资质标准》进行规范(见表5-1)。

表 5-1 建设工程资质的相关法律依据

资质分类			文件名称
工程勘察、设计资质	工程勘察资质	工程勘察综合资质	《建设工程勘察设计管理条例》（2017年修订）《建设工程勘察设计资质管理规定》（2018年修正）
		工程勘察专业资质	
		工程勘察劳务资质	
	工程设计资质	工程设计综合资质	
		工程设计行业资质	
		工程设计专业资质	
		工程设计专项资质	
施工资质		施工总承包资质	《建筑业企业资质管理规定》（2018年修正）《建筑业企业资质标准》
		专业承包资质	
		劳务分包资质	

（一）工程勘察、设计资质

《建设工程勘察设计管理条例》（2017年修订）第7条规定，国家对从事建设工程勘察、设计活动的单位，实行资质管理制度。

1. 工程勘察资质

工程勘察资质分为工程勘察综合资质、工程勘察专业资质、工程勘察劳务资质。工程勘察综合资质只设甲级；工程勘察专业资质设甲级、乙级，根据工程性质和技术特点，部分专业可以设丙级；工程勘察劳务资质不分等级。取得工程勘察综合资质的企业，可以承接各专业（海洋工程勘察除外）、各等级工程勘察业务；取得工程勘察专业资质的企业，可以承接相应等级相应专业的工程勘察业务；取得工程勘察劳务资质的企业，可以承接岩土工程治理、工程钻探、凿井等工程勘察劳务业务（见图5-1）。

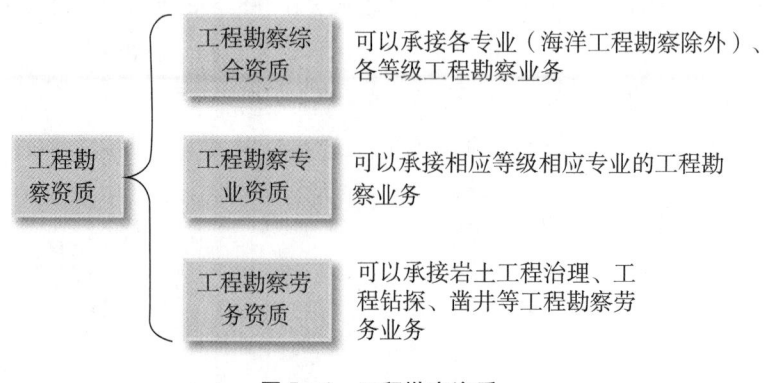

工程勘察资质
- 工程勘察综合资质：可以承接各专业（海洋工程勘察除外）、各等级工程勘察业务
- 工程勘察专业资质：可以承接相应等级相应专业的工程勘察业务
- 工程勘察劳务资质：可以承接岩土工程治理、工程钻探、凿井等工程勘察劳务业务

图 5-1 工程勘察资质

2. 工程设计资质

工程设计资质分为工程设计综合资质、工程设计行业资质、工程设计专业资质和工程设计专项资质。工程设计综合资质只设甲级；工程设计行业资质、工程设计专业资质、工程设计专项资质设甲级、乙级。根据工程性质和技术特点，个别行业、专业、专项资质可以设丙级，建筑工程专业资质可以设丁级。

取得工程设计综合资质的企业，可以承接各行业、各等级的建设工程设计业务；取得工程设计行业资质的企业，可以承接相应行业相应等级的工程设计业务及本行业范围内同级别的相应专业、专项（设计施工一体化资质除外）工程设计业务；取得工程设计专业资质的企业，可以承接本专业相应等级的专业工程设计业务及同级别的相应专项工程设计业务（设计施工一体化资质除外）；取得工程设计专项资质的企业，可以承接本专项相应等级的专项工程设计业务（见图5-2）。

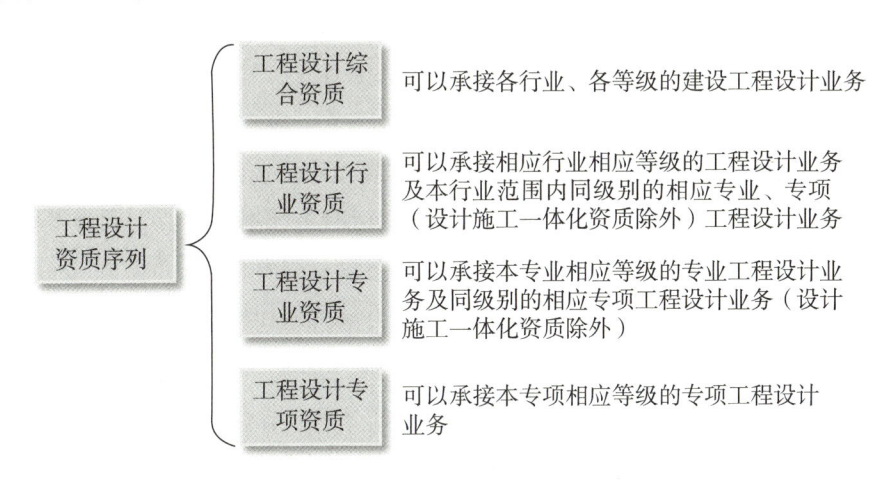

工程设计资质序列		
	工程设计综合资质	可以承接各行业、各等级的建设工程设计业务
	工程设计行业资质	可以承接相应行业相应等级的工程设计业务及本行业范围内同级别的相应专业、专项（设计施工一体化资质除外）工程设计业务
	工程设计专业资质	可以承接本专业相应等级的专业工程设计业务及同级别的相应专项工程设计业务（设计施工一体化资质除外）
	工程设计专项资质	可以承接本专项相应等级的专项工程设计业务

图 5-2　工程设计资质序列

（二）建筑业企业资质序列、类别和登记

1. 建筑业企业资质序列

《建筑业企业资质管理规定》（2018年修正）第5条规定，建筑业企业资质分为施工总承包、专业承包和劳务分包三个序列：（1）取得施工总承包资质的企业（以下简称施工总承包企业），可以承接施工总承包工程。对于所承接的施工总承包工程内各专业工程，施工总承包企业可以全部自行施工，也可以将专业工程或劳务作业依法分包给具有相应资质的专业承包企业或劳务分包企业。（2）取得专业承包资质的企业（以下简称专业承包企业），可以承接施工总承包企业分包的专业工程和建设单位依法发包的专业工程。对于所承接的专业工程，专业承包企业可以全

部自行施工,也可以将劳务作业依法分包给具有相应资质的劳务分包企业。(3)取得劳务分包资质的企业(以下简称劳务分包企业),可以承接施工总承包企业或专业承包企业分包的劳务作业(见图5-3)。

建筑业企业资质序列
- 施工总承包：各专业工程全部自行施工；各专业或劳务作业分包给专业承包企业或劳务分包企业
- 专业承包：各专业工程全部自行施工；劳务作业分包给劳务分包企业
- 劳务分包：可以承接施工中承包企业或专业承包企业分包的劳务作业

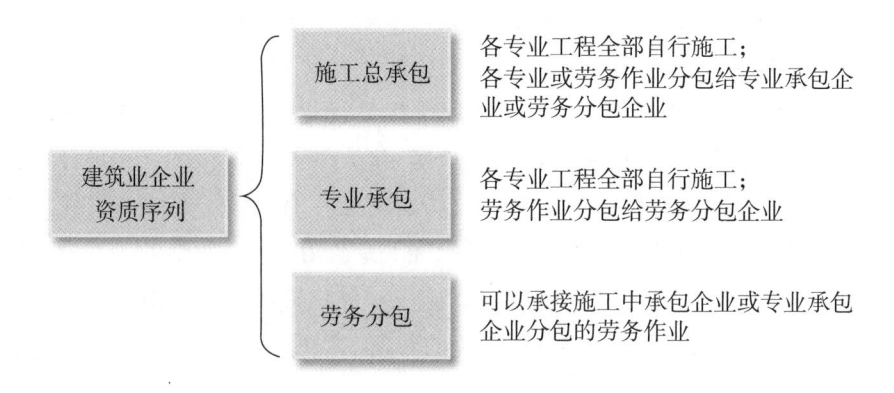

图5-3 建筑业企业资质序列

2.建筑业企业资质类别和等级

施工总承包资质、专业承包资质、劳务分包资质序列按照工程性质和技术特点分别划分为若干资质类别。各资质类别按照规定的条件划分为若干资质等级,具体可参见《建筑业企业资质标准》和《施工总承包企业特级资质标准》(建市〔2007〕72号)。《建筑业企业资质标准》分三部分:施工总承包序列设12个类别,一般分为4个等级(特级、一级、二级、三级);专业承包序列设36个类别,一般分为3个等级(一级、二级、三级);劳务分包序列不分类别和等级。

二、建设工程投标人主体资格审查

(一)建设工程投标人主体资格审查的共性要点

建设工程各类合同的主体适格性各不相同,公司律师或法律顾问在审查建设工程合同投标人主体适格性时,应注意以下一些共性的审查要点:

✓ 合同主体有无法人资格或者是否系依法成立的其他非法人组织,是否属于独立的民事主体。

✓ 是否有权签订建设工程合同或已得到合法授权。

✓ 是否满足一定的资质要求。资质,是依据企业的注册资本、净资产额、专业技术人员和已完成开发或建设的工程等因素对企业的综合评定。建筑企业应当持有依法取得的资质证书,并在其资质等级许可的业务范围内承揽工程。

需要注意的是,《施工合同司法解释(一)》①第1条规定:"建设工程施工合同具有下列情形之一的,应当依据民法典第一百五十三条第一款的规定,认定无效:(一)承包人未取得建筑业企业资质或者超越资质等级的;(二)没有资质的实际施工人借用有资质的建筑施工企业名义的;(三)建设工程必须进行招标而未招标或者中标无效的。承包人因转包、违法分包建设工程与他人签订的建设工程施工合同,应当依据民法典第一百五十三条第一款及第七百九十一条第二款、第三款的规定,认定无效。"此规定与《施工合同司法解释》(2004年)第1条②、第4条③相比较,存在如下5个变化:

第一,将合同无效的法律依据由《合同法》第52条第5项修改为《民法典》第153条第1款"违反法律、行政法规的强制性规定的民事法律行为无效"。

第二,将"建筑施工企业资质"措辞改为"建筑业企业资质",与《建筑业企业资质管理规定》(2018年修正)保持一致。

第三,依据《民法典》第791条第2款"……承包人不得将其承包的全部建设工程转包给第三人或者将其承包的全部建设工程支解以后以分包的名义分别转包给第三人"及第3款"禁止承包人将工程分包给不具备相应资质条件的单位。禁止分包单位将其承包的工程再分包。建设工程主体结构的施工必须由承包人自行完成"之规定,将"非法转包"改为"转包"(与建筑市场实践保持一致,进一步表明转包在行为上的违法性),将"违法分包建设工程的行为无效"改为"建设工程施工合同无效"。

第四,删除《施工合同司法解释》(2004年)第4条中的没有资质的实际施工人借用有资质的建筑施工企业名义签订建设工程施工合同的行为无效,将其一并纳入"建设工程施工合同无效"中。

第五,删除《施工合同司法解释》(2004年)第4条第2句的规定。这是因为《民法典》生效施行后,《民法通则》第134条的规定已经被《民法典》第179条的规定所修改,没收违法所得的民事责任承担方式已丧失法律依据。

---

① 该司法解释自2021年1月1日起施行,《施工合同司法解释》(2004年)、《施工合同司法解释(二)》(2018年)、《最高人民法院关于建设工程价款优先受偿权问题的批复》(法释〔2002〕16号)同时废止。

② 《施工合同司法解释》(2004年)第1条规定:"建设工程施工合同具有下列情形之一的,应当根据合同法第五十二条第(五)项的规定,认定无效:(一)承包人未取得建筑施工企业资质或者超越资质等级的;(二)没有资质的实际施工人借用有资质的建筑施工企业名义的;(三)建设工程必须进行招标而未招标或者中标无效的。"

③ 《施工合同司法解释》(2004年)第4条规定:"承包人非法转包、违法分包建设工程或者没有资质的实际施工人借用有资质的建筑施工企业名义与他人签订建设工程施工合同的行为无效。人民法院可以根据民法通则第一百三十四条规定,收缴当事人已经取得的非法所得。"

【例5-2】钢结构承包工程资质审查

在某包装车间、瓶箱堆棚及上瓶间、桶装线钢结构工程项目招标过程中,甲钢结构公司并无设计资质,也无钢结构施工资质,借用了其关联公司乙钢品有限公司的专业承包钢结构工程二级资质参加投标,且中标参与了钢构的施工。

钢结构二级资质国家规定的施工范围如下:"可承担下列钢结构工程的施工:(1)钢结构高度100米以下;(2)钢结构单跨跨度36米以下;(3)网壳、网架结构短边边跨跨度75米以下;(4)单体钢结构工程钢结构总重量6000吨以下;(5)单体建筑面积35,000平方米以下。"该包装车间钢结构单项合同的钢材重量为11,769.18吨,包装间a最大单体建筑面积37,509平方米,均大于钢构二级资质施工范围,因此某钢结构公司即使借用其他公司专业承包钢结构工程二级资质也不能承担招标公司包装间钢结构工程。

(二)建设工程投标人主体资格审查的分类要点

除了上述共性要点之外,建设工程各类合同主体适格性还各具特点。具体如下:

1. 施工中承包人作为分包合同发包人的适格性

就此而言,需要注意:第一,施工总承包人作为非主体工程的专业分包合同发包人的,除合同另有约定外,应取得建设单位的同意;第二,施工总承包人作为劳务分包合同发包人的,无须合同约定或取得建设单位的同意。

2. 建设工程勘察人的主体适格性

就此而言,需要注意:第一,建设工程勘察资质可分为工程勘察综合资质、工程勘察专业资质、工程勘察劳务资质。第二,建设工程勘察资质的等级:工程勘察综合资质只设甲级;工程勘察专业资质设甲级、乙级,根据工程性质和技术特点,部分专业可以设丙级;工程勘察劳务资质不分等级。第三,建设工程勘察企业业务范围因资质等级的不同而不同:取得工程勘察综合资质的企业,承接工程勘察业务范围不受限制(海洋工程勘察除外);取得工程勘察专业资质的企业,可以承接同级别相应专业的工程勘察业务;取得工程勘察劳务资质的企业,可以承接岩土工程治理、工程钻探、凿井工程勘察劳务工作。

3. 建设工程设计人的主体适格性

就此而言,需要注意:第一,建设工程设计资质可分为工程设计综合资质、工程设计行业资质、工程设计专业资质和工程设计专项资质。第二,建设工程设计资质的等级:工程设计综合资质只设甲级;工程设计行业资质、工程设计专业资质、工程设计专项资质设甲级、乙级。根据工程性质和技术特点,个别行业、专业、专项资质可以设丙级,建筑工程专业资质可以设丁级。第三,建设工程设计单位的业务范围因资质等级的不同而不同:取得工程设计综合资质的企业,其承接工程设计业务范围不受限制;取得工程设计行业资质的企业,可以承接同级别相应行业的工程设计业务(设计施工一体化资质除外);取得工程设计专项资质的企业,可以承接同级别相应的专项工程设计业务。

4. 施工人(含专业分包人、劳务分包人)的主体适格性

就此而言,需要注意:第一,施工人(含专业分包人、劳务分包人)分别有其相对应的不同的资质标准和等级;第二,审查施工人(含专业分包人、劳务分包人)的主体适格性时,应对照相关标准审核施工人是否具备相应的资质条件。

5. 工程(勘察、设计、施工)中承包人的主体适格性

就此而言,需要注意:第一,没有专门的工程总承包资质标准和等级;第二,建筑企业只要具有工程勘察、设计或施工总承包资质之一就可以在其资质等级许可的工程项目范围内开展工程总承包业务。

6. 监理人的主体适格性

就此而言,需要注意:

第一,工程监理企业资质分为综合资质、专业资质和事务所资质。综合资质、事务所资质不分级别。专业资质分为甲级、乙级;其中,房屋建筑、水利水电、公路和市政公用专业资质可设立丙级:

(1)甲级工程监理企业可以监理经核定的工程类别中一级、二级、三级工程。

(2)乙级工程监理企业可以监理经核定的工程类别中二级、三级工程。

(3)丙级工程监理企业可以监理经核定的工程类别中三级工程。

具体见图5-4。

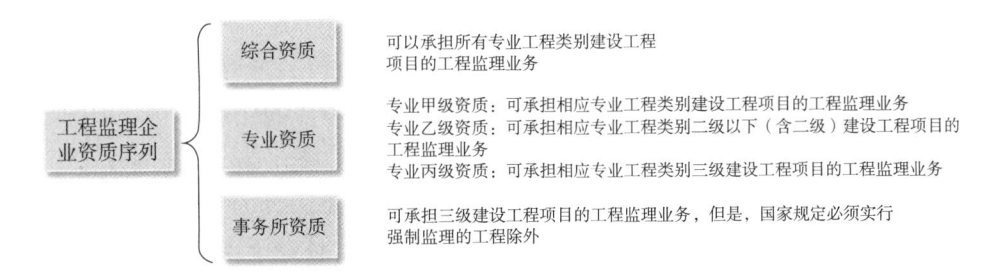

工程监理企业资质序列	综合资质	可以承担所有专业工程类别建设工程项目的工程监理业务
	专业资质	专业甲级资质:可承担相应专业工程类别建设工程项目的工程监理业务 专业乙级资质:可承担相应专业工程类别二级以下(含二级)建设工程项目的工程监理业务 专业丙级资质:可承担相应专业工程类别三级建设工程项目的工程监理业务
	事务所资质	可承担三级建设工程项目的工程监理业务,但是,国家规定必须实行强制监理的工程除外

图5-4 工程监理企业资质序列

第二,工程监理企业资质按照工程性质和技术特点划分为若干工程类别:

(1)工程监理企业可以申请一项或者多项工程类别资质。

（2）申请多项资质的工程监理企业，应当选择一项为主项资质，其余为增项资质。

（3）工程监理企业的增项资质级别不得高于主项资质级别。

第三，相关主体除了可以委托具有相应资质等级的工程监理单位进行监理外，也可以委托具有工程监理相应资质等级并与监理工程的施工承包单位没有隶属关系或者其他利害关系的该工程的设计单位进行监理。即符合监理条件的设计单位既可以以设计单位的名义申请取得工程监理资格，也可以在设计单位内成立实体监理公司并申请取得工程监理资格。

(三)联合体的主体适格性

《建筑法》(2019年修正)第27条规定："大型建筑工程或者结构复杂的建筑工程，可以由两个以上的承包单位联合共同承包。共同承包的各方对承包合同的履行承担连带责任。两个以上不同资质等级的单位实行联合共同承包的，应当按照资质等级低的单位的业务许可范围承揽工程。"这一规定是联合体投标的法律基础。既然《建筑法》(2019年修正)允许两个以上单位联合承揽建筑工程，那么就必然允许联合体投标，就必然要对联合体投标进一步进行法律规范。《招投标法》(2017年修正)第31条即对联合体投标的资格、程序、方式、法律责任作了进一步规定。在联合体投标中，联合体各方应当按照《招投标法》(2017年修正)的规定参加投标，同时联合体内部的法律关系应引起重视，内部关系的混乱必将导致联合体投标失败以及联合施工争议和损失。约束联合体内部关系的法律文件主要是联合体协议，联合体各方在参加投标前应当签订一份合法明晰的协议，明确约定各方在联合投标活动中关于投标费用的承担、投标分工等权利义务、联合体组织结构及运行方式、中标后承揽安排、违约索赔及争议处理办法等。

公司律师或法律顾问在审查联合体的主体适格性时，应区分联合体作为承包人和发包人的不同要求：第一，当联合体作为承包人时，联合体各方的资质都必须符合建设单位的要求，且两个以上不同资质等级的单位实行联合共同承包的，应当按照资质等级低的单位的业务许可范围承揽工程。联合体各方应当共同与业主方签定委托项目管理合同，对委托项目管理合同的履行承担连带责任。第二，联合体作为发包人时，联合体作为发包人的主体资格根据联合体处于工程总承包人还是施工总承包人地位而有所不同。联合体作为发包人签订合同时应当由联合体各方或者授权其中某一方签订。

第四节 建设工程施工合同的审查

限于篇幅,且建设工程施工合同具有典型代表性,因此,笔者以建设工程施工合同为例来阐述建设工程合同审查的注意要点。从工程价款结算方式来看,建设工程施工合同可以分为三类:固定总价合同、固定单价合同和预决算合同。固定总价合同就是按商定的总价承包工程。它的特点是以图纸和工程说明书为依据,明确承包内容和计算包价,并一笔"包死"。在合同执行过程中,除非建设单位要求变更原定的承包内容,承包单位一般不得要求变更包价。固定单价合同是指根据单位工程量的固定价格与实际完成的工程量计算合同的实际总价的工程承包合同。预决算合同是指事先根据建设工程项目所需各种材料、人工、机械消耗量及耗用资金得到预算价格,待工程竣工后进行决算得出工程结算价款的合同。笔者以预决算合同为例进行介绍。

一、建设工程施工合同的结构

预决算模式的建设工程施工合同的框架结构和主要条款如下:

- ✓ 术语定义。
- ✓ 工程概况。本条款主要约定工程名称、工程地点以及对工程内容进行概述。
- ✓ 承包形式和承包范围。本条约定合同的承包形式(如包工包料、包工不包料等)和承包范围,该范围一般以附件形式载明。
- ✓ 工程分包及转包。本条款对工程的分包和转包的程序及范围等进行约定。
- ✓ 工期。本条对施工工期进行约定。
- ✓ 工程质量标准。本条对工程质量的等级、适用标准和规范等进行约定。
- ✓ 预算价款。本条对工程的预算价格进行约定。
- ✓ 施工图纸(包括变更图纸)。
- ✓ 甲方代表、监理工程师和乙方项目经理姓名及职权。
- ✓ 甲方义务。本条对建设单位的义务进行约定,如办理土地征用、拆迁补偿、平整施工场地等工作。
- ✓ 乙方义务。本条对施工单位的义务进行约定,如提供施工方案、施工进度计划、材料和设备进场计划等。
- ✓ 施工进度。本条对施工进度计划、实施等进行约定。

✓ 工期延误。本条对工期延误时顺延、窝工损失承担等进行约定。

✓ 隐蔽工程和中间检查。本条对隐蔽工程的范围、检查和确定进行约定。

✓ 设计变更。本条对设计变更的程序、确认以及损失承担等进行约定。

✓ 工程验收。本条对工程初验和竣工验收进行约定。

✓ 竣工决算。本条对竣工决算依据以及如何决算进行约定。

✓ 合同价款支付。本条对合同价款的支付进行约定,一般采用分期付款加质保金的方式。

✓ 保修。本条款约定工程质量保修的相关内容。

✓ 违约责任。

✓ 保险。本条款主要是约定承包人负责购买第三人生命财产险等。

✓ 其他通用条款。

需要说明的是,这一合同框架和条款并非按照《建设工程施工合同(示范文本)》(GF-2017-0201,下称《施工合同示范文本》)的体例而进行构建。《施工合同示范文本》的架构分为三个部分:合同协议书、通用合同条款和专用合同条款。合同协议书主要包括工程概况、合同工期、质量标准、签约合同价和合同价格形式、项目经理、合同文件构成、承诺以及合同生效条件等重要内容,集中约定了合同当事人基本的合同权利义务。通用合同条款是合同当事人根据《建筑法》、《民法典》合同编等法律法规的规定,就工程建设的实施及相关事项,对合同当事人的权利义务作出的原则性约定。专用合同条款是对通用合同条款原则性约定的细化、完善、补充、修改或另行作出约定的条款。合同当事人可以根据不同建设工程的特点及具体情况,通过双方的谈判、协商对相应的专用合同条款进行修改补充。

二、建设工程施工合同主要条款的审查

对于建设工程施工合同的审查,需要关注如下核心条款:建设工程的当事人和合同效力、工程概述(名称、地址)和工程范围条款、工期条款、工程质量条款、工程价款及结算条款、工程竣工验收条款、工程质量保修条款、违约责任条款、索赔条款等。其中,最核心的是对有关合同效力、工程范围、工期、质量、工程价款及结算和竣工验收条款的审查,因为这几个条款是施工合同最核心、最重要的内容。

(一)建设工程施工合同的效力

对于建设工程施工合同而言,在实践中争议最多的是合同的效力问题。在司法实践中,即使案件当事人并未对合同效力产生异议,人民法院也应当主动对合同

效力进行认定,也就是说人民法院应当依职权主动审查案件所涉建设工程施工合同的效力。依据《建筑法》(2019年修正)、《施工合同司法解释(一)》的规定,建设工程合同无效主要包括如下几种情形。

1. 未取得"四证"签订的建设工程施工合同的效力

根据《建筑法》(2019年修正)、《城乡规划法》(2019年修正)的相关规定,一个建设工程项目的开工建设,必须取得"四证"。所谓"四证",是指建设工程中的建设用地规划许可证、建设工程规划许可证、建设用地使用权证和建筑工程施工许可证。在实践中,经常会出现发包方未取得"四证"或之一就签订建设工程施工合同的情况。在这种情况下,建设工程施工合同的效力如何认定呢?《施工合同司法解释》(2004年)并未对此予以明确,但各地法院的审判指导对此进行了明确,其立场基本一致。概述如下:①

第一,北京高院、浙江高院、安徽高院、广东高院和四川高院认为,发包人未取得建设用地规划许可证、建设工程规划许可证等行政审批手续,与承包人签订建设工程施工合同的,应认定合同无效;但在一审法庭辩论终结前发包人取得相应审批手续或者经主管部门批准建设的,可认定合同有效。但深圳中院对此的指导意见是在开庭前补正的,可认定合同有效。安徽高院认为,违反建设工程规划许可证规定超规模建设的,所签订的建设工程施工合同无效,但起诉前补办手续的,应认定合同有效。四川高院认为,在审理期间取得建设用地使用权,办理了相应审批手续或者经行政主管部门批准建设且已经竣工验收合格的,应当认定合同有效。

依据《城乡规划法》(2019年修正)、《土地管理法》(2019年修正)及其实施条例的相关规定,实际上,未取得建设用地规划许可证的建筑工程属于违法建筑②,因非法占用土地,应当予以拆除。因此,有关建设用地规划许可证的法律规定属于法律强制性规范,发包人未取得该证与承包人签订的建设工程施工合同因违反法

---

① 参见《北京市高级人民法院关于审理建设工程施工合同纠纷案件若干疑难问题的解答》(京高法发〔2012〕245号)第1条;《浙江省高级人民法院民事审判第一庭关于审理建设工程施工合同纠纷案件若干疑难问题的解答》(浙法民一〔2012〕3号)第2条;《深圳市中级人民法院关于审理建设工程施工合同纠纷案件的指导意见》(2010年3月9日修订)第1条;《安徽省高级人民法院关于审理建设工程施工合同纠纷案件适用法律问题的指导意见》(2009年5月4日第16次会议通过)第7条;《广东省高级人民法院全省民事审判工作会议纪要》(粤高法〔2012〕240号)第18条;《四川省高级人民法院关于审理建设工程施工合同纠纷案件若干疑难问题的解答》〔川高法民一(2015)3号〕第2问。

② 违法建筑是指未取得规划许可或者未按照规划许可内容建设的建筑物和构筑物,以及超过规划许可期限未拆除的临时建筑物和构筑物,包括城市、镇规划区内的违法建筑和乡、村庄规划区内的违法建筑。

律强制性规定而无效。但在一审法庭辩论终结前(或开庭前或起诉前)取得该证或者经主管部门予以批准的,可认定有效。类似地,未取得建设工程规划许可证或者未按照建设工程规划许可证的规定进行建设的建设工程实际上也属于违法建筑,发包人未取得该证与承包人签订的建设工程施工合同因违反法律强制性规定而无效,但也可在一审法庭辩论终结前(或开庭前或起诉前)予以补正。

这样的审判指导意见还可以从《房屋租赁合同司法解释》(2009年)的相关规定得到佐证。该司法解释第2条[《房屋租赁合同司法解释》(2020年修正)第2条]规定:"出租人就未取得建设工程规划许可证或者未按照建设工程规划许可证的规定建设的房屋,与承租人订立的租赁合同无效。但在一审法庭辩论终结前取得建设工程规划许可证或者经主管部门批准建设的,人民法院应当认定有效。"

第二,北京高院、浙江高院、安徽高院和四川高院认为,发包人未取得建设用地使用权证或建筑工程施工许可证[①]的,不影响建设工程施工合同的效力。但深圳中院认为,开庭前已经取得合法土地使用权及上述许可证,但未取得施工许可证的,应认定施工合同有效。

依据《城乡规划法》(2019年修正)第40条第2款的规定,申请办理建设工程规划许可证,应当提交使用土地的有关证明文件、建设工程设计方案等材料。该规定意味着,建设单位在申请办理或者取得建设工程规划许可证时,实际上就已经取得了建设使用土地的有关证明文件。事实上,土地规划以及建设工程规划都属于国民的基本利益所在,属于社会公共利益的范畴。依据《建筑法》(2019年修正)第8条的规定,建设单位申请领取施工许可证必须在已经确定建筑施工企业的条件下才能办理。即是说,只有在建设工程施工合同生效后才能办理。在建设工程正式施工前发放施工许可证是建设行政主管部门对建设工程项目加强监管的一种行政手段,主要目的是审查建设单位或者承包单位是否具备法律规定的建设或者施工条件,具有行政管理的性质。施工人在未取得建设审批手续的情况下进行施工,其行为构成非法建设,应受行政制裁,但不能以此认定建设工程施工合同无效。

随后,《施工合同司法解释(二)》(2018年)第2条规定:"当事人以发包人未取得建设工程规划许可证等规划审批手续为由,请求确认建设工程施工合同无效的,人民法院应予支持,但发包人在起诉前取得建设工程规划许可证等规划审批手

---

① 依据《建筑工程施工许可管理办法》(住建部令第52号)第2条第2款的规定,工程投资额在30万元以下或者建筑面积在300平方米以下的建筑工程,可以不申请办理施工许可证。省、自治区、直辖市人民政府住房城乡建设主管部门可以根据当地的实际情况,对限额进行调整,并报国务院住房城乡建设主管部门备案。

续的除外。发包人能够办理审批手续而未办理,并以未办理审批手续为由请求确认建设工程施工合同无效的,人民法院不予支持。"《施工合同司法解释(一)》第3条对《施工合同司法解释(二)》(2018年)第2条予以了继承,未作任何修改。至此,发包人未取得建设工程规划许可证等规划审批手续的,原则应认定建设工程施工合同无效,但司法解释给予了统一的补正机会,即在"起诉前"可以进行补正,而不是"一审辩论终结前"。就此而言:

首先,《施工合同司法解释(一)》(2020年)第3条采用了"建设工程规划许可证等规划审批手续"的表述,这并不意味着未取得建设用地规划许可证不影响建设工程施工合同的效力,而是从法律规定和办理相关规划许可的审批程序看,取得建设用地规划许可证是取得建设工程规划许可证的前提,故仅需规定建设工程规划许可证即可。① 而发包人未取得建设用地使用权证(国有土地使用权证)或建筑工程施工许可证的,不影响建设工程施工合同的效力。

其次,效力补正时间应确定为起诉前,否则容易产生消极结果。建设工程施工合同纠纷案件往往案情复杂,可能涉及质量、工期、价款等争议,审限较长,将效力补正时间节点确定为"一审法庭辩论终结前",会导致涉案合同效力在法庭审理期限内存在不确定性,直接影响当事人合同权利义务和诉讼权利义务的行使,从公平、便于案件审理和法律价值判断角度,将效力补正时间确定为"起诉前",可以便利当事人在启动诉讼时判断相应风险。最终司法解释采纳了这一观点。②

在司法实践中,如何适用"建设工程规划许可证等规划审批手续",存在很多情形。如建设工程项目取得不动产权证且规划总平面已通过审查,并通过质量安全监督提前介入,但仍需取得建设工程规划许可证,否则施工合同无效。③ 又如发包人未举证证明积极办理规划审批或在起诉前取得规划审批依据,据此能够认定其能够办理审批手续而未办理,对发包人关于确认案涉施工合同无效的主张不予支持。④

---

① 参见最高人民法院民事审判第一庭编著:《最高人民法院新建设工程施工合同司法解释(一)理解与适用》,人民法院出版社2021年版,第41页。
② 参见最高人民法院民事审判第一庭编著:《最高人民法院新建设工程施工合同司法解释(一)理解与适用》,人民法院出版社2021年版,第46页。
③ 参见广东强雄建设集团有限公司、佛山康强养老管理有限公司等建设工程施工合同纠纷二审民事判决书[广东省佛山市中级人民法院(2023)粤06民终926号];中建二局第二建筑工程有限公司、友德(河南)精密机械有限公司与河南友嘉实业有限公司、友嘉(河南)精密机械有限公司建设工程施工合同纠纷二审民事判决书[河南省高级人民法院(2021)豫民终479号]。
④ 参见陕西经久实业有限公司、西安三建建设有限公司建设工程施工合同纠纷再审审查与审判监督民事裁定书[最高人民法院(2020)最高法民申3545号]。

2. 未取得建筑业企业资质或超越资质等级承包工程

《施工合同司法解释(一)》第1条第1款规定:"建设工程施工合同具有下列情形之一的,应当依据民法典第一百五十三条第一款的规定,认定无效:(一)承包人未取得建筑业企业资质或者超越资质等级的;……"这里的承包人是指建筑业企业。根据《建筑法》(2019年修正)的规定,进行工程施工建设的只能是建筑业企业,并且应当在相应的资质等级范围内承包施工。因此,承包人没有取得相应资质或超越资质等级承包工程而签订的建设工程施工合同违反了《建筑法》(2019年修正)的强制性规定,属于无效合同。事实上这种情形属于违反有关建筑市场准入制度的强制性规定。

如在张某云、刘某芝等建设工程施工合同纠纷民事申请再审审查民事裁定书[云南省高级人民法院(2022)云民申1394号]①中,法院认为:

关于案涉合同是否有效的问题。《中华人民共和国建筑法》第二十六条第一款规定:"承包建筑工程的单位应当持有依法取得的资质证书,并在其资质等级许可的业务范围内承揽工程。"《最高人民法院关于审理建设工程施工合同纠纷案件适用法律问题的解释(一)》第一条规定:"建设工程施工合同具有下列情形之一的,应当依据民法典第一百五十三条第一款的规定,认定无效:(一)承包人未取得建筑业企业资质或者超越资质等级的……"《建设部关于加强村镇建设工程治理安全管理的若干意见》第三条第三项规定:"对于村庄建设规划范围内的农民自建两层(含两层)以下住宅的建设活动,县级建设行政主管部门的管理以为农民提供技术服务和指导作为主要工作方式。"本案案涉工程虽属于农村自建房屋,但申请人、被申请人均认可房屋设计层数为三层以上,故不属于《中华人民共和国建筑法》第八十三条规定的农民自建低层住宅,仍须受建筑法调整。申请人作为不具备相应资质条件的个人承建沉管灌注桩(孔引)基础工程,违反了法律强制性规定,原审认定双方所签订的施工承包合同无效并无不当。

需要特别注意的是,《施工合同司法解释(一)》第4条规定:"承包人超越资质等级许可的业务范围签订建设工程施工合同,在建设工程竣工前取得相应资质等级,当事人请求按照无效合同处理的,人民法院不予支持。"因此,若在建设工程竣工前取得相应资质等级,合同有效。

---

① 类案参见栗某与谭某江装饰装修合同纠纷再审审查民事裁定书[湖北省高级人民法院(2023)鄂民申7804号];蒋某、皮某荣建设工程合同纠纷申请再审审查民事裁定书[湖北省高级人民法院(2021)鄂民申3918号]。

3."借用资质"承包工程("挂靠")

《施工合同司法解释(一)》第 1 条第 1 款规定:"建设工程施工合同具有下列情形之一的,应当依据民法典第一百五十三条第一款的规定,认定无效:……(二)没有资质的实际施工人借用有资质的建筑施工企业名义的;……"这实质就是我们实践中俗称的"挂靠"行为。这种情形亦属于违反有关建筑市场准入制度的强制性规定。具体而言,具有下列情形之一的,应当认定为司法解释规定的"挂靠"行为:(1)不具有从事建筑活动主体资格的个人、合伙组织或企业以具备从事建筑活动资格的建筑施工企业的名义承揽工程;(2)资质等级低的建筑施工企业以资质等级高的建筑施工企业的名义承揽工程;(3)不具有施工总承包资质的建筑施工企业以具有施工总承包资质的建筑施工企业的名义承揽工程;(4)有资质的建筑施工企业通过名义上的联营、合作、内部承包等其他方式变相允许他人以本企业的名义承揽工程。①

此外,住建部发布的《建筑工程施工发包与承包违法行为认定查处管理办法》(建市规〔2019〕1 号)②第 9 条规定:"本办法所称挂靠,是指单位或个人以其他有资质的施工单位的名义承揽工程的行为。前款所称承揽工程,包括参与投标、订立合同、办理有关施工手续、从事施工等活动。"第 10 条规定:"存在下列情形之一的,属于挂靠:(一)没有资质的单位或个人借用其他施工单位的资质承揽工程的;(二)有资质的施工单位相互借用资质承揽工程的,包括资质等级低的借用资质等级高的,资质等级高的借用资质等级低的,相同资质等级相互借用的;(三)本办法第八条第一款第(三)至(九)项规定的情形,有证据证明属于挂靠的。"其中,第 8 条第 1 款第 3 至 9 项规定的情形包括:"……(三)施工总承包单位或专业承包单位未派驻项目负责人、技术负责人、质量管理负责人、安全管理负责人等主要管理人员,或派驻的项目负责人、技术负责人、质量管理负责人、安全管理负责人中一人及以上与施工单位没有订立劳动合同且没有建立劳动工资和社会养老保险关系,或派驻的项目负责人未对该工程的施工活动进行组织管理,又不能进行合理解释并提供相应证明的;(四)合同约定由承包单位负责采购的主要建筑材料、构配件及工程设备或租赁的施工机械设备,由其他单位或个人采购、租赁,或施工单位不能提供有关采购、租赁合同及发票等证明,又不能进行合理解释并提供相应证明的;

---

① 参见《北京市高级人民法院关于审理建设工程施工合同纠纷案件若干疑难问题的解答》(京高法发〔2012〕245 号)第 2 条。
② 该管理办法自 2019 年 1 月 1 日起施行。2014 年 10 月 1 日起施行的《建筑工程施工转包违法分包等违法行为认定查处管理办法(试行)》(建市〔2014〕118 号)同时废止。

（五）专业作业承包人承包的范围是承包单位承包的全部工程，专业作业承包人计取的是除上缴给承包单位'管理费'之外的全部工程价款的；（六）承包单位通过采取合作、联营、个人承包等形式或名义，直接或变相将其承包的全部工程转给其他单位或个人施工的；（七）专业工程的发包单位不是该工程的施工总承包或专业承包单位的，但建设单位依约作为发包单位的除外；（八）专业作业的发包单位不是该工程承包单位的；（九）施工合同主体之间没有工程款收付关系，或者承包单位收到款项后又将款项转拨给其他单位和个人，又不能进行合理解释并提供材料证明的。"

尽管《施工合同司法解释》（2004年）第1条第2项［《施工合同司法解释（一）》第1条第1款第2项］规定"挂靠"合同应当认定为无效，但北京高院认为，建筑行业中的挂靠经营行为并不都是当然无效，在下列情形下挂靠行为有效：（1）挂靠者虽然以被挂靠者的名义签订建设工程施工合同，但其本身具备建筑等级资质，且实际承揽的工程与其自身资质证书等级相符；（2）被挂靠者提供工程技术图纸、进行现场施工管理，并由开发单位直接向被挂靠者结算。[①]

《施工合同司法解释（一）》第7条［《施工合同司法解释》（2018年）第4条］对借用资质的单位或个人责任进行了明确，其规定道："缺乏资质的单位或者个人借用有资质的建筑施工企业名义签订建设工程施工合同，发包人请求出借方与借用方对建设工程质量不合格等因出借资质造成的损失承担连带赔偿责任的，人民法院应予支持。"

4. 必须招标而未招标或中标无效

《施工合同司法解释（一）》第1条第1款规定："建设工程施工合同具有下列情形之一的，应当依据民法典第一百五十三条第一款的规定，认定无效：……（三）建设工程必须进行招标而未招标或者中标无效的。"因此，必须招标而未进行招标或中标无效的，其签订的合同无效。[②] 这种情形实际是违反建设工程招投标制度的强制性规定。

那么，必须招标的工程如何认定呢？应根据《招投标法》（2017年修正）第3条、《招投标法实施条例》（2019年修订）和《必须招标的工程项目规定》（国家发展改革委令第16号，自2018年6月1日起施行）的相关规定予以确定。法律、行政法规有新规定的，适用其新规定。概括地讲，涉及社会公共利益、公众安全的项目，

[①] 参见《北京市高级人民法院关于印发〈北京市高级人民法院审理民商事案件若干问题的解答之五（试行）〉的通知》第46条。

[②] 参见聊城市昌华房地产开发有限公司、山东金诚建设工程有限公司建设工程施工合同纠纷申请再审审查民事裁定书［山东省高级人民法院（2021）鲁民申13457号］。

涉及国有资金投资、国家融资的项目,或者涉及国际组织或者外国政府贷款、援助资金的项目,这些都是必须进行公开招投标的项目。另外,"中标无效"是指《招投标法》(2017年修正)中有关中标无效的规定。比如,串标、陪标、泄露标底等。①

在《施工合同司法解释》(2004年)下,《安徽省高级人民法院关于审理建设工程施工合同纠纷案件适用法律问题的指导意见(二)》(2013年12月23日安徽省高级人民法院审判委员会民事执行专业委员会第32次会议讨论通过)第2条规定:"依法必须进行招标的建设工程,招标人与投标人在履行招投标程序前,以签订补充协议等形式对建设工程的施工范围、工期、计价方式、总价款等内容进行约定的,属串通投标,所签订的建设工程施工合同无效。"②此外,最高人民法院《全国民事审判工作会议纪要(2011年)》第24条规定:"对按照'最低价中标'等违规招标形式,以低于工程建设成本的工程项目标底订立的施工合同,应当依据招标投标法第四十一条③第(二)项的规定认定无效。对建设工程施工合同中有关违反工程建设强制性标准,任意压缩合理工期、降低工程质量标准的约定内容,应认定为无效。该约定被认定为无效后,依据《关于审理建设工程施工合同纠纷案件适用法律问题的解释》相关规定处理。"该规定实质就是低于成本价订立的施工合同应认定为无效。《招投标法》(2017年修正)第46条第1款规定:"招标人和中标人应当自中标通知书发出之日起三十日内,按照招标文件和中标人的投标文件订立书面合同。招标人和中标人不得再行订立背离合同实质性内容的其他协议。"《全国民事审判工作会议纪要(2011年)》第23条明确:"招标人和中标人另行签订的改变工期、工程价款、工程项目性质等中标结果的约定,应当认定为变更中标合同实质性内容;中标人作出的以明显高于市场价格购买承建房产、无偿建设住房配套设施、让利、向建设方捐款等承诺,亦应认定为变更中标合同的实质性内容。建设工程开工后,发包方与承包方因设计变更、建设工程规划指标调整等原因,通过补充协议、会谈纪要、往来函件、签证等形式变更工期、工程价款、工程项目性质的,不应认定为变

---

① 中标无效的法定情形,请读者参阅笔者所著《合同审查精要与实务指南:合同起草审查的基础思维与技能》(第3版)第9章"合同对方的选择方式——招拍挂、竞争性谈判(磋商)、询价和单一来源采购"的相关内容。

② 参见北京政泉控股有限公司与江苏省华建建设股份有限公司建设工程施工合同纠纷案[北京市高级人民法院(2015)高民终字第16号]。在该案中,法院认为,中标的华建公司在招投标前已经与招标方政泉公司进行了实质性磋商,签订了施工合同,华建公司被确定为诉争工程的承建方,显见双方有串通招投标行为,中标无效。

③ 该条规定:"中标人的投标应当符合下列条件之一:(一)能够最大限度地满足招标文件中规定的各项综合评价标准;(二)能够满足招标文件的实质性要求,并且经评审的投标价格最低;但是投标价格低于成本的除外。"

更中标合同的实质性内容。"

需要注意的是,《施工合同司法解释(一)》第 2 条规定:"招标人和中标人另行签订的建设工程施工合同约定的工程范围、建设工期、工程质量、工程价款等实质性内容,与中标合同不一致,一方当事人请求按照中标合同确定权利义务的,人民法院应予支持。招标人和中标人在中标合同之外就明显高于市场价格购买承建房产、无偿建设住房配套设施、让利、向建设单位捐赠财物等另行签订合同,变相降低工程价款,一方当事人以该合同背离中标合同实质性内容为由请求确认无效的,人民法院应予支持。"该规定对此问题进行了明确。

5. 违法发包和违法承包

《建筑法》(2019 年修正)第 24 条规定:"提倡对建筑工程实行总承包,禁止将建筑工程肢解发包。建筑工程的发包单位可以将建筑工程的勘察、设计、施工、设备采购一并发包给一个工程总承包单位,也可以将建筑工程勘察、设计、施工、设备采购的一项或者多项发包给一个工程总承包单位;但是,不得将应当由一个承包单位完成的建筑工程肢解成若干部分发包给几个承包单位。"第 25 条规定:"按照合同约定,建筑材料、建筑构配件和设备由工程承包单位采购的,发包单位不得指定承包单位购入用于工程的建筑材料、建筑构配件和设备或者指定生产厂、供应商。"第 26 条规定:"承包建筑工程的单位应当持有依法取得的资质证书,并在其资质等级许可的业务范围内承揽工程。禁止建筑施工企业超越本企业资质等级许可的业务范围或者以任何形式用其他建筑施工企业的名义承揽工程。禁止建筑施工企业以任何形式允许其他单位或者个人使用本企业的资质证书、营业执照,以本企业的名义承揽工程。"

《建筑工程施工发包与承包违法行为认定查处管理办法》第 5 条规定:"本办法所称违法发包,是指建设单位将工程发包给个人或不具有相应资质的单位、肢解发包、违反法定程序发包及其他违反法律法规规定发包的行为。"第 6 条规定:"存在下列情形之一的,属于违法发包:(一)建设单位将工程发包给个人的;(二)建设单位将工程发包给不具有相应资质的单位的;(三)依法应当招标未招标或未按照法定招标程序发包的;(四)建设单位设置不合理的招标投标条件,限制、排斥潜在投标人或者投标人的;(五)建设单位将一个单位工程的施工分解成若干部分发包给不同的施工总承包或专业承包单位的。"因此,在一些情形下,违法发包签订的合同无效。但需要注意的是,《施工合同司法解释(一)》第 4 条规定:"承包人超越资质等级许可的业务范围签订建设工程施工合同,在建设工程竣工前取得相应资质等级,当事人请求按照无效合同处理的,人民法院不予支持。"

6. 转包与内部转包

《建筑法》(2019 年修正)第 28 条规定:"禁止承包单位将其承包的全部建筑工程转包给他人,禁止承包单位将其承包的全部建筑工程肢解以后以分包的名义分别转包给他人。"《民法典》第 791 条第 2 款规定:"……承包人不得将其承包的全部建设工程转包给第三人或者将其承包的全部建设工程支解以后以分包的名义分别转包给第三人。"《建筑工程施工发包与承包违法行为认定查处管理办法》第 7 条规定:"本办法所称转包,是指承包单位承包工程后,不履行合同约定的责任和义务,将其承包的全部工程或者将其承包的全部工程肢解后以分包的名义分别转给其他单位或个人施工的行为。"从前述规定可以看出,承包人转包可以分为两种类型:直接转包和肢解转包。

《建筑工程施工发包与承包违法行为认定查处管理办法》第 8 条还规定:"存在下列情形之一的,应当认定为转包,但有证据证明属于挂靠或者其他违法行为的除外:(一)承包单位将其承包的全部工程转给其他单位(包括母公司承接建筑工程后将所承接工程交由具有独立法人资格的子公司施工的情形)或个人施工的;(二)承包单位将其承包的全部工程肢解以后,以分包的名义分别转给其他单位或个人施工的;(三)施工总承包单位或专业承包单位未派驻项目负责人、技术负责人、质量管理负责人、安全管理负责人等主要管理人员,或派驻的项目负责人、技术负责人、质量管理负责人、安全管理负责人中一人及以上与施工单位没有订立劳动合同且没有建立劳动工资和社会养老保险关系,或派驻的项目负责人未对该工程的施工活动进行组织管理,又不能进行合理解释并提供相应证明的;(四)合同约定由承包单位负责采购的主要建筑材料、构配件及工程设备或租赁的施工机械设备,由其他单位或个人采购、租赁,或施工单位不能提供有关采购、租赁合同及发票等证明,又不能进行合理解释并提供相应证明的;(五)专业作业承包人承包的范围是承包单位承包的全部工程,专业作业承包人计取的是除上缴给承包单位'管理费'之外的全部工程价款的;(六)承包单位通过采取合作、联营、个人承包等形式或名义,直接或变相将其承包的全部工程转给其他单位或个人施工的;(七)专业工程的发包单位不是该工程的施工总承包或专业承包单位的,但建设单位依约作为发包单位的除外;(八)专业作业的发包单位不是该工程承包单位的;(九)施工合同主体之间没有工程款收付关系,或者承包单位收到款项后又将款项转拨给其他单位和个人,又不能进行合理解释并提供材料证明的。两个以上的单位组成联合体承包工程,在联合体分工协议中约定或者在项目实际实施过程中,联合体一方不进行施工也未对施工活动进行组织管理的,并且向联合体其他方收取管理费或者其他类似费用的,视为联合体一方将承包的工程转包给联合体其他方。"

针对转包的情形,《施工合同司法解释(一)》第1条第2款规定:"承包人因转包、违法分包建设工程与他人签订的建设工程施工合同,应当依据民法典第一百五十三条第一款及第七百九十一条第二款、第三款的规定,认定无效。"但转包并不影响发包人与承包人已签订的工程总承包合同的效力。《四川省高级人民法院关于审理建设工程施工合同纠纷案件若干疑难问题的解答》(川高法民一〔2015〕3号)第3问"如何认定转包?"的解答明确:"转包是指建筑施工企业承包工程后,不履行合同约定的责任和义务,将其承包的全部工程或者将其承包的全部工程肢解后以分包的名义分别转给其他企业或个人施工的行为。存在下列情形之一的,一般可以认定为转包:(一)建筑施工企业未在施工现场设立项目管理机构或未派驻项目负责人、技术负责人、质量管理负责人、安全管理负责人等主要管理人员,不履行管理义务,未对该工程的施工活动进行组织管理的;(二)建筑施工企业不履行管理义务,只向实际施工企业或个人收取费用,主要建筑材料、构配件及工程设备由实际施工企业或个人采购的;(三)劳务分包企业承包的范围是建筑施工企业承包全部工程,劳务分包企业计取的是除上缴给建筑施工承包企业管理费之外的全部工程价款的;(四)建筑施工企业通过采取合作、联营、个人承包等形式或名义,直接或变相将其承包的全部工程转给其他企业或个人施工的;(五)法律、行政法规规定的其他转包情形。"

最后,还需要关注实务中的"内部转包"问题。所谓"内部转包",是指中标公司将中标项目转包给其关联公司(如子公司)的行为,是转包在关联公司内部的一种特定表现形式。目前,我国法律明确规定禁止任何形式的工程转包行为。需要注意的是,《全国人大常委会法制工作委员会对建筑施工企业母公司承接工程后交由子公司实施是否属于转包以及行政处罚两年追溯期认定法律适用问题的意见》(法工办发〔2017〕223号)对住建部答复道:"关于母公司承接建筑工程后将所承接工程交由其子公司实施的行为是否属于转包的问题。建筑法第二十八条规定,禁止承包单位将其承包的全部建筑工程转包给他人,禁止承包单位将其承包的全部建筑工程肢解以后以分包的名义分别转包给他人。合同法第二百七十二条规定,发包人不得将应当由一个承包人完成的建设工程肢解成若干部分发包给几个承包人。承包人不得将其承包的全部建设工程转包给第三人或者将其承包的全部建设工程肢解以后以分包的名义分别转包给第三人。禁止承包人将工程分包给不具备相应资质条件的单位。禁止分包单位将其承包的工程再分包。建设工程主体结构的施工必须由承包人自行完成。招标投标法第四十八条规定,中标人不得向他人转让中标项目,也不得将中标项目肢解后分别向他人转让。中标人按照合同约定或者经招标人同意,可以将中标项目的部分非主体、非关键性工作分包给他人完成。接受分包的人应当具备相应的资格条件,并不得再次分包。上述法律对建设工程转包的规定是明确的,这一问题属于法律执行问题,应当根据实际情况依法认定、处理。"因此,母公司承接工程后交由子公司完成是转包行为。另外,《建筑工程施工发包与承包违法行为认定查处管理办法》第 8 条也明确"承包单位将其承包的全部工程转给其他单位(包括母公司承接建筑工程后将所承接工程交由具有独立法人资格的子公司施工的情形)或个人施工的"属于转包。《〈建筑工程施工转包违法分包等违法行为认定查处管理办法(试行)〉释义》(建市施函〔2014〕163 号)解释道:"转包人与转承包人必须是两个独立法人或其他组织或个人。若承包人承包工程后,以内部承包方式授予自己的分公司或内部机构(不包括子公司)施工,则不构成转包。"这一解释也从反面论证了承包人以内部承包方式授予子公司施工,构成转包。

在实务看来,从形式上看"内部转包"是集团内部关联公司之间的分工协作,且与"内部承包"的表现形式有所类似,但它毕竟属于独立法人主体之间的转包,其本质还是法律所禁止的转包行为。

7. 违法分包与内部分包

《建筑法》(2019 年修正)第 29 条规定:"建筑工程总承包单位可以将承包工程中的部分工程发包给具有相应资质条件的分包单位;但是,除总承包合同中约定的分包外,必须经建设单位认可。施工总承包的,建筑工程主体结构的施工必须由总承包单位自行完成。建筑工程总承包单位按照总承包合同的约定对建设单位负责;分包单位按照分包合同的约定对总承包单位负责。总承包单位和分包单位就分包工程对建设单位承担连带责任。禁止总承包单位将工程分包给不具备相应资质条件的单位。禁止分包单位将其承包的工程再分包。"《建筑工程施工发包与承包违法行为认定查处管理办法》第 11 条规定:"本办法所称违法分包,是指承包单位承包工程后违反法律法规规定,把单位工程或分部分项工程分包给其他单位或个人施工的行为。"[1]从

---

[1] 单项工程亦称为工程项目,是指具有独立的设计文件,可以独立施工,竣工建成后,能独立发挥生产能力或使用效益的工程。如工厂中的生产车间、办公楼、住宅;学校中的教学楼、食堂、宿舍等,它是基建项目的组成部分;单位工程是单项工程的组成部分,是指具有独立的设计可以独立组织施工,但竣工后不能独立发挥生产能力或使用效益的工程。如生产车间这个单项工程是由厂房建筑工程和机械设备安装工程等单位工程所组成。建筑工程还可以细分为一般土建工程、水暖卫工程、电器照明工程和工业管道工程等单位工程。按工程的种类或主要部位,可以将单位工程划分为分部工程。如基础工程、主体工程、电气工程、通风工程等。分项工程是按不同的施工方法、构造及规格将分部工程划分为分项工程。如土方工程,钢筋工程,给水工程中的铸铁管、钢管、阀门等安装。

前述规定可以看出,并非所有的分包都属于违法分包。合法的分包范围只能是建筑工程主体结构以外的专业工程或劳务作业,且必须交给具有相应资质的承包人完成。

《建筑工程施工发包与承包违法行为认定查处管理办法》第12条规定:"存在下列情形之一的,属于违法分包:(一)承包单位将其承包的工程分包给个人的;(二)施工总承包单位或专业承包单位将工程分包给不具备相应资质单位的;(三)施工总承包单位将施工总承包合同范围内工程主体结构的施工分包给其他单位的,钢结构工程除外;(四)专业分包单位将其承包的专业工程中非劳务作业部分再分包的;(五)专业作业承包人将其承包的劳务再分包的;(六)专业作业承包人除计取劳务作业费用外,还计取主要建筑材料款和大中型施工机械设备、主要周转材料费用的。"同样,依据《施工合同司法解释(一)》第1条第2款,违法分包的建设工程合同无效,但这并不影响发包人与承包人已签订的工程总承包合同的效力。

需要特别注意的是,在司法实践中,司法解释和各地法院对劳务分包所作的相关指导意见。劳务分包既不是转包,也不是违法分包,转包及违法分包为法律所禁止,但劳务分包则不为法律所禁止。从性质上看,劳务分包是基于建设工程施工合同派生出来的合同关系,应将劳务分包理解为建设工程施工合同的一部分,没有建设工程施工合同也就没有劳务分包合同的存在。① 就此,《施工合同司法解释(一)》第5条[《施工合同司法解释》(2004年)第7条②]规定:"具有劳务作业法定资质的承包人与总承包人、分包人签订的劳务分包合同,当事人请求确认无效的,人民法院依法不予支持。"对于劳务分包合同的效力认定,亦可参考《深圳市中级人民法院关于审理建设工程施工合同纠纷案件的指导意见》(2007年1月1日试行,2010年3月9日修订)第4条的规定,即"承包人将工程的劳务作业分包给无劳务作业法定资质的劳务分包承包人,发包人以承包人违法劳务分包为由要求解除建设工程施工合同的,不予支持,当事人另有约定的除外"。《北京市高级人民法院关于审理建设工程施工合同纠纷案件若干疑难问题的解答》(京高法发〔2012〕245号)第4条规定:"同时符合下列情形的,所签订的劳务分包合同有效:(1)劳务作业承包人取得相应的劳务分包企业资质等级标准;(2)分包作业的范围

---

① 参见最高人民法院民事审判第一庭编著:《最高人民法院建设工程施工合同司法解释的理解与适用》,人民法院出版社2004年版,第80页。

② 该条规定:"具有劳务作业法定资质的承包人与总承包人、分包人签订的劳务分包合同,当事人以转包建设工程违反法律规定为由请求确认无效的,不予支持。"

是建设工程中的劳务作业(包括木工、砌筑、抹灰、石制作、油漆、钢筋、混凝土、脚手架、模板、焊接、水暖、钣金、架线);(3)承包方式为提供劳务及小型机具和辅料。合同约定劳务作业承包人负责与工程有关的大型机械、周转性材料租赁和主要材料、设备采购等内容的,不属于劳务分包。"《四川省高级人民法院关于审理建设工程施工合同纠纷案件若干疑难问题的解答》(川高法民一〔2015〕3号)第7问"如何认定劳务分包?"采用了与北京高院类似的标准,还特别强调"劳务费用一般是通过工日的单价和工日的总数量进行费用结算,不发生主要材料、大型机械、设备等费用的结算,不收取管理费"。

在实务中,还需要注意所谓的"内部分包"。即,中标公司将其中标项目分包给其关联公司(如子公司),这是分包在集团化管控模式中的一种表现形式,符合法定条件的内部分包具备合法性。

8. 内部承包

首先,"内部承包"是建筑行业普遍存在的一种管理模式,然而法律及最高院的司法解释对其并没有明确的定义,目前仅在部分部门规章释义及国家和地方法院发布的司法文件中进行了规定。如《〈建筑工程施工转包违法分包等违法行为认定查处管理办法(试行)〉释义》(建市施函〔2014〕163号)解释道:"转包人与转承包人必须是两个独立法人或其他组织或个人。若承包人承包工程后,以内部承包方式授予自己的分公司或内部机构(不包括子公司)施工,则不构成转包。"另外,北京高院发布的《关于审理建设工程施工合同纠纷案件若干疑难问题的解答》(京高法发〔2012〕245号)、浙江高院发布的《关于审理建设工程施工合同纠纷案件若干疑难问题的解答》(浙发民一〔2012〕3号)、《四川省高级人民法院关于审理建设工程施工合同纠纷案件若干疑难问题的解答》(川高法民一〔2015〕3号)、《重庆市高级人民法院、四川省高级人民法院关于审理建设工程施工合同纠纷案件若干问题的解答》(2022年12月发布)等都有类似的解释。《重庆市高级人民法院、四川省高级人民法院关于审理建设工程施工合同纠纷案件若干问题的解答》(2022年12月发布)对"内部承包"的定义是:"建筑施工企业将其自身承包的工程交由与其建立了劳动关系的企业职工或者下属分支机构经营管理,利用建筑施工企业特定的生产资料完成工程施工,对相关经营管理权以及利润分配、风险承担等事项达成合意的,属于内部承包。"2022年6月,《最高人民法院对十三届全国人大五次会议第3784号建议的答复》[①]中明确:"虽然现行法律、行政法规对建筑业内部承包

---

① 参见http://gtpt.court.gov.cn/#/NewsDetail?type=03000000&id=a27e8033509a42e3ace206541aece321。

未作直接规定,但既然称内部承包,则内部承包人应属于建筑企业的工作人员。……建筑企业的工作人员应指与建筑企业'有合法劳动人事关系的职工'。"综上所述,笔者认为,"内部承包"是指承包单位授权其下属非独立法人的分支机构、职能部门或职工承担实际工程施工任务,对外的责任和风险由承包单位承担,对内通过协议形式明确各自权责及利益分配的项目管理模式。其本质是一个独立法人企业内部对工程任务的分工协作,其行为具备合法性基础。

其次,判断内部承包合同的效力,可以将内部承包人分为法人、分支机构、自然人三类进行讨论:

(1)内部承包人是独立法人,内部承包合同应当属于转包或挂靠(借用资质)合同,因为合同缔约方是两个法律上独立的法人主体,其合法性应当根据转包和挂靠(借用资质)的判断标准认定。

(2)内部承包人是承包人的下属分支机构。这种情形主要从以下几个方面进行判断:一是内部承包人与承包人之间是否存在管理与被管理的隶属关系,是否在承包人的管理和监督下进行项目施工,使用承包人的建筑资质、商标及企业名称等是否属于职务行为;二是施工现场的项目经理或其他现场管理人员是否接受承包人的任免、调动和聘用;三是内部承包人组织项目施工所需的资金、技术、设备和人力等方面是否由承包人予以支持;四是内部承包人与承包人是否共享利润、共担风险(如工程质量、安全建设等责任)。

(3)内部承包人是自然人,除了需要单独判断内部承包人是否是承包人的内部职工这一核心因素外,其他的考量因素可以参考分支机构情形下的第2至4项因素。

如在朱某彩与陕西中洋建设工程有限公司合同纠纷二审民事判决书[陕西省西安市中级人民法院(2020)陕01民终775号]中,法院认为:

当事人之间存在合法的劳动关系是内部承包合同有效的前提条件。一般而言,合法的劳动关系可以通过劳动合同、工资单、社保缴纳等证据综合认定。本案中朱某彩、中洋公司始终无法提供双方存在劳动关系的证据,二审中朱某彩也自认与中洋公司之间是挂靠施工关系。中洋公司也无证据证明在整个施工过程中在资金、设备、材料等方面给予朱某彩相应的支持。因此可以认定朱某彩与中洋公司之间存在挂靠施工关系。朱某彩与中洋公司之间签订的《项目内部管理目标责任书》应当属于无效协议。一审判决对此认定不当,本院予以纠正。

综上所述,就内部承包合同效力而言,内部承包人如果是独立于承包人的法人,则内部承包合同的性质应当属于转包或挂靠(借用资质);内部承包人如果是承包人的下属分支机构,则内部承包合同原则上有效;内部承包人如果是自然人,则应从内部承包人与承包人是否有劳动关系,承包人是否为内部承包人提供资产、设备、材料等方面的支持,安全生产、工程质量等责任的承担主体,利润分配、成本分担以及风险承担方式等方面综合判断内部承包合同是否有效。

9.转包、挂靠、内部承包的区分

第一,区分转包与挂靠主要应从实际施工人(挂靠人)有没有参与投标和合同订立等缔约磋商阶段的活动加以判断。转包是承包人承接工程后将工程的权利义务概括转移给实际施工人,转包中的实际施工人一般并未参与招投标和订立总承包合同,其承接工程的意愿一般产生在总承包合同签订之后,而挂靠是承包人出借资质给实际施工人,挂靠关系中的挂靠人在投标和合同订立阶段一般就已经参与,甚至就是其以被挂靠人的代理人或代表的名义与发包人签订建设工程施工合同。因此,一般而言,应当根据投标保证金的缴纳主体和资金来源、实际施工人(挂靠人)是否以承包人的委托代理人身份签订合同、实际施工人(挂靠人)有没有与发包人就合同事宜进行磋商等因素,审查认定属于挂靠还是转包。①

第二,区分转包与内部承包主要应从施工主体上进行区分。首先,尽管两者都是承包人自发包人处直接承包工程,但从施工主体上看,内部承包是由承包人的下属分支机构(如分公司、项目部)或在册的内部职工承包施工。其次,在内部承包中,承包人对施工过程及工程质量进行管理,并且还会在资金、技术、设备、人力等方面给予支持,而在转包情况下,承包人并不参与施工过程和工程管理,仅仅是单纯地收取所谓的"管理费"。最后,在内部承包中,承包人对外承担责任,而在转包中,大部分的采购合同在实际施工中可能直接由转包合同的"承包人"自行对外签署,并独立作为权利义务主体履行其签署的交易合同。

如在新疆维泰开发建设(集团)股份有限公司、罗某国建设工程施工合同纠纷再审审查与审判监督民事裁定书[最高人民法院(2021)最高法民申142号]中,最高院认为:

内部承包区别于转包合同的关键在于,双方是否存在劳动合同关系。维泰公司将其承包的案涉工程以签订《责任书》的形式全部由罗某国施工,在维泰公司不能证明其与罗某国存在劳动合同关系的情况下,原判决将《责任书》认定为转包合同,并无不当。《责任书》因违反《中华人民共和国建筑法》第二十八条"禁止承包单位将其承包的全部建筑工程转包给他人"的规定,故原判决依据《最高人民法

---

① 参见重庆瑞昌房地产有限公司、白某强建设工程施工合同纠纷再审审查与审判监督民事裁定书[最高人民法院(2019)最高法民申729号]。

院关于审理建设工程施工合同纠纷案件适用法律问题的解释》第四条"承包人非法转包、违法分包建设工程或者没有资质的实际施工人借用有资质的建筑施工企业名义与他人签订建设工程施工合同的行为无效"的规定,认定《责任书》无效正确。

第三,区分挂靠与内部承包主要应从如下几个方面进行:(1)借用资质(挂靠)人通常以出借资质(被挂靠)人的名义参与招投标、与发包人签订建筑施工合同,挂靠人与被挂靠人之间没有产权联系,没有劳动关系,没有财务管理关系。(2)从施工主体上看,内部承包是由承包人的下属分支机构(如分公司、项目部)或在册的内部职工承包施工;而挂靠是挂靠人(单位或个人)以其他有资质的施工单位的名义承揽工程,在挂靠施工中,挂靠人的项目负责人、安全负责人、质量管理负责人、技术负责人等主要管理人员与被挂靠人都不存在劳动关系,即挂靠人与被挂靠人之间不存在人员隶属关系。(3)从工程管理上看,在内部承包中,承包人对施工过程及工程质量进行管理,并且还会在资金、技术、设备、人力等方面给予支持,而在挂靠情况下,承包人并不参与施工过程和工程管理,仅仅是单纯地收取所谓的"管理费"。(4)被挂靠人与发包人之间没有实质上工程款收付关系,通常是以"委托支付""代付"等方式进行工程价款结算,或者仅是过账转付关系。(5)施工合同约定由被挂靠人负责采购主要建筑材料、构配件及工程设备或租赁施工机械设备,实际并非由被挂靠人进行采购、租赁,而是由挂靠人进行。

如在中兴建设有限公司、中兴建设有限公司西宁分公司等建设工程施工合同纠纷民事申请再审审查民事裁定书[最高人民法院(2021)最高法民申6504号][1]中,最高院认为:

关于双方是否属于建设工程挂靠关系的问题。中兴公司未提供劳动合同、缴纳社保证明等能够证明与严某华存在劳动合同关系的证据。且严某华个人无工程施工资质,其与中兴公司签订的《内部承包施工合同》《承包协议》明确约定中兴公司只收取固定管理费,严某华承担工程所需的人工、材料采购、机械、管理费等,承担一切风险,中兴公司实际不参与案涉工程的施工以及管理。从《内部承包施工合同》《承包协议》约定及履行情况看,严某华不是中兴公司职工,《内部承包施工合同》《承包协议》不具有企业内部承包经营性质,而是严某华借用中兴公司资质的挂靠行为。中兴公司称本案双方为内部承包法律关系的再审理由,依法不能成立。

---

[1] 类案参见南通四建集团有限公司、获嘉县岚世纪房地产开发有限公司建设工程施工合同纠纷二审民事判决书[最高人民法院(2020)最高法民终1269号]。

(二)工程概述和范围条款

对工程范围条款进行审查时,需要注意文本是否载明工程的名称、地点、范围等,以及整体要求是否清楚、准确,还应特别关注是否与招投标文件、发包图纸、工程量清单内容一致。工程名称需要使用行业标准的全称。如,土建工程、给排水工程、电气工程、消火栓工程、消防喷淋工程、暖通工程、弱电工程(包括智能化系统预埋管、盒、箱壳部分)等。具体的工程范围、内容及工程量(特别是工程量清单)需要由专业工程人员予以核实、确定,通常采用合同附件的形式体现。

需要特别说明的是,工程量的确定(工程量差异的风险)应引起高度重视。因为在实践中,工程量纠纷是施工合同纠纷案件中最常见也最典型的一类纠纷类型。其原因有的是工程范围约定不明确;有的是范围明确,但是工程量计算有错误;有的是工程量清单漏项;还有的是设计变更。以工程量清单计价为例来进行说明,由于实践中工程图纸设计深度不同,工程量巨大、计算烦琐、复杂等因素的影响,再加上工程量清单由建设单位提供,因此往往不能准确反映真实的工程量,一般都会少于图纸工程量,有的时候相差很多。然而,投标人是根据发包人提供的工程量清单来报价,但是合同承包的工程范围却是图纸范围内的全部工程量,图纸工程量往往会多于清单工程量,这就使承包人在实际建设中有一部分工程量是"白干"的,尤其是在"总价包死"合同中,这一点更为明显。这个风险点是工程量清单计价所特有的风险类型,但公司律师或法律顾问基于自己专业知识的局限,很难将这些漏项、错项审查出来。因此,实务中,法律人员需要具备一定的工程量清单计价的基础知识,尤其重要的是要有这个风险意识,更为专业的工程领域的事务可以借助工程师、造价师等专业人士的帮助。

此外,还需要注意的是,《施工合同司法解释(一)》第20条规定:"当事人对工程量有争议的,按照施工过程中形成的签证等书面文件确认。承包人能够证明发包人同意其施工,但未能提供签证文件证明工程量发生的,可以按照当事人提供的其他证据确认实际发生的工程量。"签证又称工程鉴证、施工鉴证、技术核定单等。其是指发承包人或其代理人就施工过程中涉及的影响双方当事人权利义务的责任事件所作的补充协议。鉴证的构成要件至少应包括以下三项:第一,工程鉴证的主体为发承包人及其代理人,其他主体签发的有关文件不属于工程鉴证;第二,工程鉴证的性质为发承包人之间达成的补充协议,其成立并生效应满足一般合同成立并生效的要件;第三,工程签证的内容是施工过程中涉及的影响当事人权利义务的责任事件,包括工程量、工程款、工期等核心要素。① 关于签证主体对鉴证效力的影响问题,若发承包人法定代表人签认的话,则依据表见代表规则处理;若发包人现场代表或承包人项目经理签认的话,则依据职务代理和表见代理规则处理。关于监理人员签证的效力问题,《建筑法》(2019 年修正)第 32 条第 1 款规定:"建筑工程监理应当依照法律、行政法规及有关的技术标准、设计文件和建筑工程承包合同,对承包单位在施工质量、建设工期和建设资金使用等方面,代表建设单位实施监督。"因此,监理人代表建设单位对承包单位在施工质量、建设工期和建设资金使用等方面实施监督,监理对技术鉴证的签认属于其职权范畴,应为有效;但对经济签证的签认没有明确授权的,应当认定为无效。另外,在建设工程施工合同履行期间,双方当事人根据施工合同发生的手写、打印、复写、印刷的各种通知、证明、证书、工程变更单、工程对账签证、补充协议、备忘录、函件以及经过确认的会议纪要等书面文件形式的作为载体的证据,都可以作为结算工程量并进而作为当事人结算工程款的依据。

【例 5-3】工程范围条款

X	承办形式和承办范围
X.1	承包形式:[包工包料]。
X.2	乙方承包工程的范围
X.2.1	本合同项下乙方承包的工程范围即乙方应完成的工程为:[ ]或详见乙方承包工程一览表(合同附件);
X.2.2	**尽管有本合同第 X.2.1 项的规定,但未包含在本合同第 X.2.1 项或合同附件所列明的工程范围内的,与本合同第 X.2.1 项或合同附件所列明的乙方承包的工程相连、相关或相通的工程或工作,在合理的理解和公允的判断下应由乙方完成的,乙方应完成。**
X.2.3	乙方应按本合同第 X.2.1 和 X.2.2 项的规定进行施工,不得漏项,不得虚报。
X.3	乙方承包的材料
X.3.1	乙方负责本合同第 X.2 款规定的全部工程所需的全部材料、燃料、设备和器具等,并承担其价款和费用。

---

① 参见最高人民法院民事审判第一庭编著:《最高人民法院新建设工程施工合同司法解释(一)理解与适用》,人民法院出版社 2021 年版,第 202 页。

续表

X.3.2	乙方负责的下列材料应满足如下要求:[ ]或详见乙方部分承包材料要求明细表(合同附件)。
X.3.3	乙方按本合同第 X.3.1 和 X.3.2 项规定采购的材料,在到货前[1]天通知甲方代表和监理工程师准备查验,并在进入工地时向甲方代表和监理工程师出示产品合格证、检验单,且应按甲方代表和监理工程师的要求进行检验或试验,不合格的退回,检验或试验费用由乙方承担。
X.3.4	甲方代表或监理工程师发现乙方采购并使用不符合设计或本合同要求的材料时,有权要求乙方负责更换、拆除或重新采购,由乙方承担因此发生的费用,延误的工期不予顺延。
X.3.5	乙方应妥善保管承包材料,不使用变质、降质或过保质期的材料。
X.3.6	乙方应保管好承包材料的合格证、检验单,以便工程验收时向验收方提供。
X.3.7	乙方为采购、运输、保管、检验、维修承包材料、施工设备、器具的任何支出均由乙方自行承担。

在上述条款中,需要注意对乙方承包工程范围的描述应当做到准确、全面、不漏项;乙方部分承包材料要求明细表可包括品种、规格、型号、质量等级、生产厂家、产地或品牌等内容。

(三) 工程工期条款

在实践中,关于工期的争议多因开工、竣工日期未明确界定而产生。根据《施工合同示范文本》,"工期"是指合同协议书约定的承包人完成工程所需的期限,包括按照合同约定所作的期限变更。开工日期包括计划开工日期和实际开工日期。计划开工日期是指合同协议书约定的开工日期;实际开工日期是指监理人按照第7.3.2 项"开工通知"约定发出的符合法律规定的开工通知中载明的开工日期。竣工日期包括计划竣工日期和实际竣工日期。计划竣工日期是指合同协议书约定的竣工日期;实际竣工日期按照第 13.2.3 项"竣工日期"的约定确定。① 下面是《施工合同示范文本》的合同工期条款:

---

① 参见《施工合同示范文本》第二部分"通用合同条款"第 1 条"一般约定"第 1.1.4 项"日期和期限"条款。

【例5-4】合同工期条款

X	合同工期
X.1	计划开工日期:[ ]年[ ]月[ ]日。
X.2	计划竣工日期:[ ]年[ ]月[ ]日。
X.3	工期总日历天数:[ ]天。工期总日历天数与根据前述开工、竣工日期计算的工期天数不一致,以工期总日历天数为准。

分析:本示例条款表明,本合同项下的工期是指双方约定的按日历天数(包括法定节假日)计算的承包天数,并且如果根据开竣工日期计算的承包天数不一致,以总日历天数为准。而总日历天数是指不扣除节假日的自然天数或日历天数,每一天算一天。但需要说明的是,由于在实践中开工日期和竣工日期在合同签订时很难予以确定,因此在开竣工日期前加上"预计"或"计划"二字,或者采用如下文所述的其他确定方式。

从上例可以看出,合同工期的确定与开工日期、竣工日期和总日历天数三个日期有关。概括地讲,开工日期是指开始施工的日期;完工日期是指完成施工的日期,而竣工日期是完成施工且通过竣工验收的日期。完工日期、竣工日期关系是先有完工日期,后有竣工日期。

1. 开工日期条款

在建设工程领域,开工日期的确定涉及工期是否违约,以及是否需要相应扣减工程款等问题。开工日期的确定通常有如下方式:

第一,采用合同约定的具体的开工日期(如【例5-4】所示)。这种方式一般适用于在签订合同时已经能够确定或预估开工日期的情形,但实践中这一方式较为少见。

第二,以发包人或监理人开工通知中载明的日期作为开工日期。《施工合同示范文本》即采用监理人开工通知中载明的日期为开工日期这种方式。该文本通用合同条款第7.3.2项"开工通知"约定:

发包人应按照法律规定获得工程施工所需的许可。经发包人同意后,监理人发出的开工通知应符合法律规定。监理人应在计划开工日期7天前向承包人发出开工通知,工期自开工通知中载明的开工日期起算。

当在签订合同之时尚不能确定开工日期或虽有一个预计或计划开工日期但仍存在不确定因素时,可以在合同中采用这样的条款。但对于承包人而言,最好能够在合同中增加限制性约定,如约定:发包方或监理人确定的开工日期最迟不得超过某年某月某日。这样可以防止合同签订后,开工日期因发包方或监理人或其他原因迟迟不能确定的风险。

第三,以承包人递交的开工报告或开工申请被批准的日期为开工日期。

第四,以施工许可证上载明的开工日期作为开工日期。《建筑法》(2019年修正)第64条规定:"违反本法规定,未取得施工许可证或者开工报告未经批准擅自施工的,责令改正,对不符合开工条件的责令停止施工,可以处以罚款。"该规定可以解读为,未取得施工许可证并不会必然导致工程停工,也不必然否认法律意义上的开工日期,施工许可证只是一种行政监管措施。因此,以施工许可证来确定开工日期似乎并不恰当。在工程实践中,实际开工日期通常要晚于施工许可证上载明的日期,但也有不少情形,为了抢工期、出形象,实际开工日期早于施工许可证上的日期。

第五,以实际开工日期为准。

正是由于实践中,存在上述诸多的开工日期的确定方式,特别是当合同约定开工日期、实际开工日期、开工报告或开工申请被批准日期、开工通知或开工令记载日期以及施工许可证记载日期不一致时,常常会引发争议。在《施工合同司法解释》(2018年)第4条对该问题作出规定之前,各地法院的裁判并不完全统一。主要表现为如下几种裁判观点:施工许可证确定的开工时间优先于开工报告确定的开工时间,但实际开工日期优先于施工许可证确定的开工时间;[1]将实际开工时间优先确定为开工日期。[2]

《施工合同司法解释(一)》第8条[《施工合同司法解释》(2018年)第5条]对此进行了明确:"当事人对建设工程开工日期有争议的,人民法院应当分别按照以下情形予以认定:(一)开工日期为发包人或者监理人发出的开工通知载明的开工

---

[1] 参见《深圳市中级人民法院关于审理建设工程施工合同纠纷案件的指导意见》(2007年1月1日起试行,2010年3月9日修订)第6条。还可参见广州市建筑集团有限公司与广州东顺房地产开发有限公司建设工程施工合同纠纷申请再审民事裁定书[最高人民法院(2013)民申字第862号]。

[2] 参见《北京市高级人民法院关于审理建设工程施工合同纠纷案件若干疑难问题的解答》(京高法发〔2012〕245号)第25条、《浙江省高级人民法院民事审判第一庭关于审理建设工程施工合同纠纷案件若干疑难问题的解答》(浙法民一〔2012〕3号)第5条、《安徽省高级人民法院关于审理建设工程施工合同纠纷案件适用法律问题的指导意见(二)》(2013年12月23日安徽省高级人民法院审判委员会民事执行专业委员会第32次会议讨论通过)第3条。还可参见福建永鼎设计装饰工程有限公司与中国农业银行股份有限公司福建省分行营业部建设工程施工合同纠纷民事裁定书[福建省高级人民法院(2014)闽民终字第598号民事判决书/最高人民法院(2015)民申字第1417号民事裁定书]。

日期;开工通知发出后,尚不具备开工条件的,以开工条件具备的时间为开工日期;因承包人原因导致开工时间推迟的,以开工通知载明的时间为开工日期。(二)承包人经发包人同意已经实际进场施工的,以实际进场施工时间为开工日期。(三)发包人或者监理人未发出开工通知,亦无相关证据证明实际开工日期的,应当综合考虑开工报告、合同、施工许可证、竣工验收报告或者竣工验收备案表等载明的时间,并结合是否具备开工条件的事实,认定开工日期。"从此规定来看,司法机关更倾向于以客观事实为标准,偏向于以真实的开工时间为准。

需要注意的是,如果合同约定由发包人发出进场通知或开工通知,但实际没有发出且双方都没有证据证明开工时间的,由发包人承担举证责任。在提供证据方面,如发包人平时保存证据不够规范,重要文件只有复印件或没有签字盖章的,证据证明力不高,无法得到法院的认可,发包人应承担举证不能的后果,法院将以承包人主张的时间为准确定开工日期。[①]

如果合同没有约定具体的开工时间,法院将结合其他证据来认定开工日期。如承包人主张以《材料进场通知单》《设计变更通知单》等文件来认定开工时间,以上文件并不能表明承包人已进场施工的事实。但如建设工程质量监督站在检查时发现施工问题,有相关记录的,且该时间早于监理单位发出的开工许可证上的时间,则证明工程至少于建设工程质量监督站检查前已经开工。如发包人无法提供相关证据证明自己主张的开工时间的,法院将结合这些过程文件来认定开工时间。[②]

因此,从《施工合同司法解释(一)》第8条规定来看,公司律师或法律顾问在对合同开工日期条款进行审查时需要注意:在开工日期的确定上,合同的约定应尽量明确,可在合同中约定"预计"或"计划"的开工时间,实际开工时间以"开工通知"或其他书面形式的文件确认的开工时间为准。对于施工准备的时间是否包含在工期内,也应在合同中明确。此外,如存在施工许可证后补的情况,建议要求承包人在进场时向发包人出具承诺函,明确具体开工时间。发包人在施工管理过程中应做好文档的管理工作,重要的文件都应保存原件,确保由有权人员出具及签收。

在广西建工集团第五建筑工程有限责任公司建设工程施工合同纠纷再审审查

---

① 参见武汉创高幕墙装饰工程有限责任公司与浙江临安富源房地产开发有限公司建设工程合同纠纷二审民事判决书[浙江省杭州市中级人民法院(2015)浙杭民终字第965号]。
② 参见三明市荣天机械制造有限公司与福建省三明市华厦建设工程有限公司建设工程施工合同纠纷二审民事判决书[福建省三明市中级人民法院(2014)三民终字第216号]。

与审判监督民事裁定书[最高人民法院(2019)最高法民申3651号]中,最高院认为:

一、关于开工时间的认定

广西五建公司主张原判决认定涉案工程的开工日期为2010年3月5日缺乏证据证明。根据《最高人民法院关于审理建设工程施工合同纠纷案件适用法律问题的解释(二)》第五条的规定:当事人对建设工程开工日期有争议的,人民法院应当分别按照以下情形予以认定:(一)开工日期为发包人或者监理人发出的开工通知载明的开工日期;开工通知发出后,尚不具备开工条件的,以开工条件具备的时间为开工日期;因承包人原因导致开工时间推迟的,以开工通知载明的时间为开工日期。(二)承包人经发包人同意已经实际进场施工的,以实际进场施工时间为开工日期。(三)发包人或者监理人未发出开工通知,亦无相关证据证明实际开工日期的,应当综合考虑开工报告、合同、施工许可证、竣工验收报告或者竣工验收备案表等载明的时间,并结合是否具备开工条件的事实,认定开工日期。广西五建公司与柳州望泰公司2010年3月5日至9月3日多次召开的监理例会以及工作会议所形成的会议纪要、监理记录表等书面记录能够证明工程的实际开工时间,从"截至2010年7月31日止,7#楼完成五层主体,8#、9#、10#楼要向7#楼看齐"的记载可见,广西五建公司已经于2010年7月31日前进场施工。原审法院根据2010年3月5日监理例会记录"今日是本工程第一次生产前例会,今天定为开工日期"的记载,将实际进场施工日期2010年3月5日确定为涉案工程的开工日期,符合《最高人民法院关于审理建设工程施工合同纠纷案件适用法律问题的解释(二)》第五条第二项的规定。

在简阳市虹都房地产开发有限公司、四川省都江堰龙泉山灌区管理处建筑工程公司建设工程施工合同纠纷再审审查与审判监督民事裁定书[最高人民法院(2020)最高法民申1318号]中,最高院认为:

关于灌区公司是否施工逾期。《中华人民共和国合同法》第二百八十三条规定:"发包人未按照约定的时间和要求提供原材料、设备、场地、资金、技术资料的,承包人可以顺延工程日期,并有权要求赔偿停工、窝工等损失"。根据《最高人民法院关于审理建设工程施工合同纠纷案件适用法律问题的解释(二)》第五条规定,开工日期应当综合开工报告、合同、施工许可证、竣工验收报告等载明的时间,并结合是否具备开工条件的事实予以确定。本案中,承包及销售协议第八条约定工期为24个月,自取得施工许可证之日起算。据原审查明,案涉一期工程施工许可证颁发时间为2014年4月11日,载明的合同开工日期为2014年6月30日,合同竣工日期为2016年6月20日。竣工验收报告(一期)载明:开工日期为空白,竣工验收日期为2016年9月22日。实际施工中双方均未严格按协议约定的自取得施工许可证之日起计算工期。虽然灌区公司于2014年5月25日进场施工,但虹都公司并非一次性向灌区公司交付全部施工场地,而是自2014年6月16日至10月8日陆续交付场地。案涉一期工程于2016年9月22日竣工,未超出双方约定的24个月工期。原审认定灌区公司不存在工期违约行为并无不当。

2. 竣工日期条款

竣工日期亦是建设工程施工合同中另外一个非常重要的时间点,因为涉及工程款的支付时间和利息的起算时间、逾期竣工违约和违约金的数额、工程风险转移等重要问题。同时,工程一经竣工验收,便可交付发包方使用,工程即进入质保期。如,《施工合同示范文本》中,竣工日期包括计划竣工日期和实际竣工日期。计划竣工日期是指合同协议书约定的竣工日期;实际竣工日期按照第13.2.3项"竣工日期"的约定确定。而第13.2.3项"竣工日期"约定如下:

工程经竣工验收合格的,以承包人提交竣工验收申请报告之日为实际竣工日期,并在工程接收证书中载明;因发包人原因,未在监理人收到承包人提交的竣工验收申请报告42天内完成竣工验收,或完成竣工验收不予签发工程接收证书的,以提交竣工验收申请报告的日期为实际竣工日期;工程未经竣工验收,发包人擅自使用的,以转移占有工程之日为实际竣工日期。

尽管在实践中,合同关于竣工日期如何确定的约定基本以竣工验收合格之日为竣工日期,但仍然存在一些争议。因此,《施工合同司法解释(一)》第9条[《施工合同司法解释》(2004年)第14条]规定:"当事人对建设工程实际竣工日期有争议的,人民法院应当分别按照以下情形予以认定:(一)建设工程经竣工验收合格的,以竣工验收合格之日为竣工日期;(二)承包人已经提交竣工验收报告,发包人拖延验收的,以承包人提交验收报告之日为竣工日期;(三)建设工程未经竣工验收,发包人擅自使用的,以转移占有建设工程之日为竣工日期。"

该条规定对确定竣工日期的规则进行了明确:首先,以双方确认的日期为竣工日期。如果双方当事人签字确认了竣工日期,则该确认的日期为竣工日期。其次,建设工程经竣工验收合格的,以竣工验收合格之日作为竣工日期。再次,承包人已经提交竣工验收报告,发包人拖延验收的,以承包人提交验收报告之日为竣工日期。该规定的法理依据是根据《民法典》合同编的规定,在附条件的民事行为中,若当事人恶意阻止条件成就的,视为条件已经成就。最后,建设工程未经竣工验收,发包人擅自使用的,以转移占有建设工程之日为竣工日期。依据《建筑法》

(2019年修正)和《民法典》合同编的有关规定,建设工程未经竣工验收,不得交付使用。然而在实践中,时常发生发包人出于各种原因在工程未经竣工验收时擅自使用工程的情形。司法解释如此规定的理由在于:发包人在工程未经竣工验收的情况下擅自使用工程,违反了上述相关法律规定,应承担相应的责任;发包人使用工程,表明其已经实现合同的目的;发包人使用工程后,若再进行竣工验收,便出现质量责任不清晰的问题。所以从合法、诚实信用原则考虑,应认定发包人使用工程日期即该工程转移占有的日期为竣工日期。尽管司法解释有这样的规定,但在合同竣工日期条款中进行明确可以避免此类争议的发生。

3. 工期延误和工期顺延

广义的工期延误是指因承包方、发包方原因引起的工期延长。《施工合同示范文本》采用的即是这种概念。狭义的工期延误仅指因承包方原因造成的工期延长。此种情况下,承包方一般须承担逾期竣工的违约责任。工期顺延通常是指非因承包方原因(通常是发包方原因)造成的工期延误。此种情况下,承包方无须承担逾期竣工的违约责任。概括地讲,工期延误是实际工期超出约定工期的天数;工期顺延是非因承包人的原因导致实际工期延误;工期延误是工期顺延的前提,没有延误就不可能申请顺延。在合同审查时,公司律师或法律顾问需要对引起工期延误的具体情形进行明确约定,并对应审查逾期竣工的违约责任条款。

对于工期顺延,法律法规、司法解释明确规定了一些法定顺延的情形。《民法典》第798条规定:"隐蔽工程在隐蔽以前,承包人应当通知发包人检查。发包人没有及时检查的,承包人可以顺延工程日期,并有权请求赔偿停工、窝工等损失。"第803条规定:"发包人未按照约定的时间和要求提供原材料、设备、场地、资金、技术资料的,承包人可以顺延工程日期,并有权请求赔偿停工、窝工等损失。"此外,《施工合同司法解释(一)》第10条规定:"当事人约定顺延工期应当经发包人或者监理人签证等方式确认,承包人虽未取得工期顺延的确认,但能够证明在合同约定的期限内向发包人或者监理人申请过工期顺延且顺延事由符合合同约定,承包人以此为由主张工期顺延的,人民法院应予支持。当事人约定承包人未在约定期限内提出工期顺延申请视为工期不顺延的,按照约定处理,但发包人在约定期限后同意工期顺延或者承包人提出合理抗辩的除外。"第11条规定:"建设工程竣工前,当事人对工程质量发生争议,工程质量经鉴定合格的,鉴定期间为顺延工期期间。"还需要注意的是,在合同中需要确定发包方与承包方对工期顺延的确认程序,以及因工期顺延所产生的费用、损失的承担方式。

以下是《施工合同示范文本》的通用工期顺延条款:

【例 5-5】工期延误条款

7.5	工期延误	
7.5.1	因发包人原因导致工期延误	
	在合同履行过程中,因下列情况导致工期延误和(或)费用增加的,由发包人承担由此延误的工期和(或)增加的费用,且发包人应支付承包人合理的利润。 (1)发包人未能按合同约定提供图纸或所提供图纸不符合合同约定的; (2)发包人未能按合同约定提供施工现场、施工条件、基础资料、许可、批准等开工条件的; (3)发包人提供的测量基准点、基准线和水准点及其书面资料存在错误或疏漏的; (4)发包人未能在计划开工日期之日起 7 天内同意下达开工通知的; (5)发包人未能按合同约定日期支付工程预付款、进度款或竣工结算款的; (6)监理人未按合同约定发出指示、批准等文件的; (7)专用合同条款中约定的其他情形。 因发包人原因未按计划开工日期开工的,发包人应按实际开工日期顺延竣工日期,确保实际工期不低于合同约定的工期总日历天数。因发包人原因导致工期延误需要修订施工进度计划的,按照第 7.2.2 项〔施工进度计划的修订〕执行。	
7.5.2	因承包人原因导致工期延误	
	因承包人原因造成工期延误的,可以在专用合同条款中约定逾期竣工违约金的计算方法和逾期竣工违约金的上限。承包人支付逾期竣工违约金后,不免除承包人继续完成工程及修补缺陷的义务。	

依据《施工合同司法解释(一)》第 10 条第 1 款的规定,当事人约定顺延工期应当经发包人或者监理人签证等方式确认,承包人虽未取得工期顺延的确认,但能够证明在合同约定的期限内向发包人或者监理人申请过工期顺延且顺延事由符合合同约定,承包人以此为由主张工期顺延的,人民法院应予支持。例如,《北京市高级人民法院关于审理建设工程施工合同纠纷案件若干疑难问题的解答》(京高法发〔2012〕245 号)第 26 条指出:因发包人拖欠工程预付款、进度款、迟延提供施工图纸、场地及原材料、变更设计等行为导致工程延误,合同明确约定顺延工期应当经发包人签证确认,经审查承包人虽未取得工期顺延的签证确认,但其举证证明在合同约定的办理期限内向发包人主张过工期顺延,或者发包人的上述行为确实严重影响施工进度的,对承包人顺延相应工期的主张,可予支持。

依据《施工合同司法解释(一)》第 10 条第 2 款的规定,当事人约定承包人未在约定期限内提出工期顺延申请视为工期不顺延的,按照约定处理,但发包人在约定期限后同意工期顺延或者承包人提出合理抗辩的除外。因此,可在合同中作出如下约定:

虽有本合同第[ ]条规定的工期顺延情形,但承包方没有在[ ]日内向发包方申请工期顺延的,则视为承包方放弃申请工期顺延的权利,工期不予顺延,承包方需承担本合同第[　]条规定的逾期违约责任。

(四)工程质量条款

施工方应依法对其施工的建设工程质量负责。依据《建设工程质量管理条例》(2019年修订)第32条、第40条第3款、第41条之规定,施工方对建设工程应承担的质量责任,包括对工程施工中出现的质量问题及经验收不合格工程应承担的"质量返修责任",以及对经验收合格的工程在使用过程中出现的质量问题应承担的"质量保修责任"。前者系基于建设工程施工合同约定及相关法律法规等规定对工程质量应承担的责任。后者系基于双方签订的保修合同或建设工程施工合同中约定的保修条款及相关法律法规等规定对工程质量应承担的责任。本部分介绍的是质量返修责任,质量保修责任将在后文工程质量保修条款中介绍。

根据《建设工程质量管理条例》(2019年修订)的规定,工程质量监督部门不再是工程竣工验收和工程质量评定的主体,竣工验收将由建设单位组织勘察、设计、施工、监理单位进行。因此,合同中应明确约定参加验收的单位、人员,采用的质量标准,验收程序,须签署的文件及产生质量争议的处理办法等。《施工合同示范文本》中通用合同条款中的"工程质量"条款分为"质量要求""质量保证措施""隐蔽工程检查""不合格工程的处理""质量争议检测"五个部分,在实际拟定和审查合同文本时可以参考。

在审查工程质量条款时,需关注:第一,合同对于工程质量的等级是否有明晰的标准约定,如"合格"。第二,是否有具体明确的适用标准和规范。有国家标准、规范的应采用,没有的则采用行业标准、规范,两者皆没有的,则采用工程所在地地方标准、规范。第三,根据本工程的特点及用途,是否在前述要求之外还存在其他特殊要求和标准。比如,有的合同对工程质量的特殊要求为可申请"鲁班奖",而有权申请"鲁班奖"的权利方是建设单位,如果建设单位不去申请,那么施工单位的质量标准就永远达不到合同约定。

除了这些关注点外,实务中还有一些特别事项需要考虑:

第一,如果建设工程招投标过程中,招标文件提出的质量标准为合格,某投标单位投标文件中承诺质量标准为优良,该投标是否有效。笔者认为,对于建筑工程,工程质量标准只有合格与不合格,而无优良之说。且招标人在招标文件中对质量已作出了明确的要求,故投标人关于质量的承诺是错误的,需要予以澄清,或者依据《招投标法》(2017年修正)第27条规定,认定为废标。

第二,《施工合同司法解释(一)》第 13 条规定:"发包人具有下列情形之一,造成建设工程质量缺陷,应当承担过错责任:(一)提供的设计有缺陷;(二)提供或者指定购买的建筑材料、建筑构配件、设备不符合强制性标准;(三)直接指定分包人分包专业工程。承包人有过错的,也应当承担相应的过错责任。"因此,如果工程施工中,分包工程出现质量问题,但分包工程是由发包人直接指定分包人施工的,尽管《建筑法》(2019 年修正)和《建设工程质量管理条例》(2019 年修订)规定,总承包单位与分包单位对分包工程的质量承担连带责任,但上述司法解释第 13 条第 3 项规定,发包人应承担过错责任,如果承包人在分包工程施工管理过程中有过错,也应当承担相应的过错责任。

第三,需要注意约定隐蔽工程和中间验收的条件和程序。在程序方面,如在合同中约定"按照国家、省、市、县有关规定执行。承包人自检、并在隐蔽或中间验收前,以书面形式通知监理工程师和发包人代表。防水及室外装修等重要部位的施工先做样板,经发包人和现场监理验收后方可进行施工"等;也可在合同中明确"正负零""封顶"等主要节点的验收要求。

第四,在实践中,还经常会遇到一类情形。即,当事人就工程款结算达成一致后,又主张质量等方面赔偿的,应如何处理?通常情况下,法院认为,结算协议生效后,承包人依据协议要求支付工程款,发包人以因承包人原因导致工程存在质量问题或逾期竣工为由,要求拒付、减付工程款或赔偿损失的,不予支持,但结算协议另有约定的除外。因此,除非结算协议另有明确约定或者明确声明保留或放弃事项外,结算协议应视为当事人关于结算争议事项的最终协议或最终依据。① 当事人签订结算协议不影响承包人依据约定或法律、行政法规规定承担质量保修责任。

第五,在司法实践中,在承包人提起的建设工程施工合同纠纷案件中,发包人以工程质量不符合合同约定或者规定为由,要求承包人支付违约金或者赔偿修理、返工或者改建的合理费用等损失的,法院应告知其提起反诉解决。《施工合同司法解释(一)》第 16 条[《施工合同司法解释》(2018 年)第 7 条]"发包人在承包人提

---

① 参见《北京市高级人民法院关于审理建设工程施工合同纠纷案件若干疑难问题的解答》(京高法发〔2012〕245 号)第 24 条。另参见内蒙古新加多房地产开发有限公司、中建城市建设发展有限公司建设工程施工合同纠纷二审民事判决书[最高人民法院(2017)最高法民终 883 号];五指山兆通房地产开发有限公司、海南金盛建筑工程有限公司建设工程施工合同纠纷再审民事判决书[最高人民法院(2017)最高法民再 97 号];中国建筑一局(集团)有限公司、大连晟科房地产开发有限公司等建设工程施工合同纠纷申请再审审查民事裁定书[最高人民法院(2021)最高法民申 4117 号]。

起的建设工程施工合同纠纷案件中,以建设工程质量不符合合同约定或者法律规定为由,就承包人支付违约金或者赔偿修理、返工、改建的合理费用等损失提出反诉的,人民法院可以合并审理"之规定,就反映了前述观点。

(五) 工程价款及结算条款

建设工程施工合同最常见的纠纷是工程价款与结算的争议。建设工程价款结算通常是指对建设工程的发承包合同价款进行约定和依据合同约定进行工程预付款、工程进度款、工程竣工结算的活动。其主要的法律依据有《民法典》典型合同分编第18章"建设工程合同"、《建设工程价款结算暂行办法》(财建〔2004〕369号)、《建筑工程施工发包与承包计价管理办法》(住房和城乡建设部令第16号)、《施工合同司法解释(一)》等。

由于任何工程在施工过程中都不可避免涉及变更、现场签证和材料差价的情况,所以均难以"一次性包死,不作调整"。合同必须对工程价款,价款调整的范围、程序、计算依据和设计变更,现场签证,材料价格的签发、确认作出明确规定。一般地,工程价款及结算条款包括4个部分:工程价款的计价方式、工程价款的计价方法、工程价款的支付安排以及竣工决算和结算。

1. 工程价款的计价方式

工程的计价方式直接决定工程款如何结算。如果是招投标的工程,首先要审查合同的计价方式是否与招投标文件一致。如果一致的话,则需要关注合同价款确定的具体方式。《建设工程施工合同(示范文本)》(GF－1999－0201)规定了如下三种确定工程价款的方式:

第一,采用固定价格合同。固定价格合同可以分为固定总价和固定单价两种类型。在审查时,需要注意合同价款中包括的风险范围,如主材价格的市场变化对价款的影响;还要注意风险费用的计算方法。如在合同约定,工程总价款包含全部工程量内容,任何情况下未列入单价或总价款中的工程量,都应由承包人负担,发包人并无增加支付的义务,并且已经包含在总承包价款中。本工程竣工结算时,只计算变更部分和材料价差调整部分,不再对报价书、标底价及中标价进行重新核对。

第二,采用可调价格合同。在这样的合同中,需要明确合同价款的调整方法和机制。如,招标范围以内的工程量按实计算,定额计价,税前总价下浮。设计变更及现场签证由监理、发包人现场代表共同认可,施工期间工程变更或签证调整单项一定范围以内不予计取,多少元以上单项的变更或签证于竣工决算时调整,签证、变更的工程量按专项条款所规定的相应下浮率下浮等。

第三,采用成本加酬金合同。成本加酬金合同,是由业主向承包人支付工程项目的实际成本,并按事先约定的某一种方式支付酬金的合同类型。即工程最终合同价格按承包商的实际成本加一定比例的酬金计算,而在合同签订时不能确定一个具体的合同价格,只能确定酬金的比例。其中酬金由管理费、利润及奖金组成。这种方式在实践中采用不多。

除此之外,实践中,还存在基于定额的预决算合同。预决算合同,是指事先根据建设工程项目所需各种材料、人工、机械消耗量及耗用资金的核算得到预算价格,待工程竣工后进行决算得出工程结算价款的合同。

《建设工程施工合同(示范文本)》(GF－2013－0201)、《施工合同示范文本》对1999年版中的合同价格形式作出了调整:

第一,单价合同。单价合同是指合同当事人约定以工程量清单及其综合单价进行合同价格计算、调整和确认的建设工程施工合同,在约定的范围内合同单价不作调整。合同当事人应在专用合同条款中约定综合单价包含的风险范围和风险费用的计算方法,并约定风险范围以外的合同价格的调整方法,其中因市场价格波动引起的调整按第11.1款"市场价格波动引起的调整"执行。

第二,总价合同。总价合同是指合同当事人约定以施工图、已标价工程量清单或预算书及有关条件进行合同价格计算、调整和确认的建设工程施工合同,在约定的范围内合同总价不作调整。合同当事人应在专用合同条款中约定总价包含的风险范围和风险费用的计算方法,并约定风险范围以外的合同价格的调整方法,其中因市场价格波动引起的调整按第11.1款"市场价格波动引起的调整"、因法律变化引起的调整按第11.2款"法律变化引起的调整"执行。

第三,其他价格形式。合同当事人可在专用合同条款中约定其他合同价格形式。

新的范本作出调整的原因在于:可调价格合同原本不是一类单独的合同形式,一般施工合同的价格并非永远不可调整,因此没有绝对的固定价格,当然不宜将可调合同价格作为相对应的一类合同价格形式单列;成本加酬金的价格形式在工程实践中非常少见,因此单列一类意义不大;此外,实践中采用定额计价形式的施工合同还是比较常见的,因此在分类上将成本加酬金与定额计价等合同类型列入其他价格形式合同比较好。

2012年12月25日住建部颁布的《建设工程工程量清单计价规范》(GB 50500－2013,2013年7月1日施行)第7.1.3条款规定,实行工程量清单计价的工程,应采用单价合同;建设规模较小、技术难度较低、工期较短,且施工图设计已审查批准的建设工程可采用总价合同;紧急抢险、救灾以及施工技术特别复杂的建设工程可采用成本加酬金合同。

在上述计价方式的基础之上,还需要注意,因设计变更、工程质量标准或其他实质性变更而需要调整工程价款的情形。因此,在合同中需要加入有关工程价款调整情形、调整方式等条款。《施工合同司法解释(一)》第19条规定:"当事人对建设工程的计价标准或者计价方法有约定的,按照约定结算工程价款。因设计变更导致建设工程的工程量或者质量标准发生变化,当事人对该部分工程价款不能协商一致的,可以参照签订建设工程施工合同时当地建设行政主管部门发布的计价方法或者计价标准结算工程价款。建设工程施工合同有效,但建设工程经竣工验收不合格的,依照民法典第五百七十七条规定处理。"因此,如果合同中没有对设计变更的约定,或者有约定但不明确而又不能协商一致的,可以参照签订建设工程施工合同时当地建设行政主管部门发布的计价方法或者计价标准结算工程价款。

2. 工程价款的计价方法

工程价款的计价方法主要包括两种:定额计价和工程量清单计价。

所谓定额计价方法,是指根据招标文件,按照国家建设行政主管部门发布的建设工程预算定额的"工程量计算规则",同时参照省级建设行政主管部门发布的人工工日单价、机械台班单价、材料以及设备价格信息及同期市场价格,计算出直接工程费,再按规定的计算方法计算间接费、利润、税金,汇总确定建筑安装工程造价。建设定额标准是各地建设主管部门根据本地建设市场建安成本的平均值确定的,是完成一定计量单位产品的人工、材料、机械和资金消费的规定额度,是政府指导价范畴,属于任意性规范而非强制性规范。价款包括了直接工程费、间接费、利润和税金。

工程量清单是载明建设工程分部分项工程项目、措施项目、其他项目的名称和相应数量、规费、税金项目以及安全生产项目等内容的明细清单。造价应由分部分项工程费、措施项目费、其他项目费、规费和税金组成。《建设工程工程量清单计价规范》(GB 50500-2013)规定,全部使用国有资金投资或国有资金投资为主的工程建设项目,必须采用工程量清单计价。非国有资金投资的工程建设项目,可采用工程量清单计价。

定额计价适用的是造价管理部门编制的、具有社会平均水平的预算定额(或消耗量定额),即使是招投标的建设工程,只要是定额计价,各投标人使用的定额就是相同的;而清单计价招投标的建设工程,招标方使用的定额是具有社会平均水平的消耗量定额;而投标方使用的是企业定额,企业定额的水平将因企业的综合生产能力、管理能力而不同,清单计价使用的定额具有多样性。

《施工合同司法解释(一)》第19条第1款、第2款[《施工合同司法解释》(2004年)第16条]规定:"当事人对建设工程的计价标准或者计价方法有约定的,按照约定结算工程价款。因设计变更导致建设工程的工程量或者质量标准发生变化,当事人对该部分工程价款不能协商一致的,可以参照签订建设工程施工合同时当地建设行政主管部门发布的计价方法或者计价标准结算工程价款。"第3款规定:"建设工程施工合同有效,但建设工程经竣工验收不合格的,依照民法典第五百七十七条规定处理。"①在司法实践中,建设工程施工合同中没有约定工程价款的计价标准和结算办法,或虽有约定但约定不明,当事人对工程款的结算存在争议且不能协商一致的,可以参照签订建设工程施工合同时当地建设行政主管部门发布的计价方法或者计价标准计算工程价款。在当事人之间没有作出以定额价作为工程价款约定时,一般不宜以定额价确定工程价款。依据《民法典》第510条仍不能确定的,依据第511条第2项"价款或者报酬不明确的,按照订立合同时履行地的市场价格履行;依法应当执行政府定价或者政府指导价的,依照规定履行"规定执行。同时,建设工程施工合同约定的工程价款的确定方法虽然与建设工程计价依据不一致,但并不违反法律、行政法规强制性规定的,该约定应认定有效。

3. 工程价款的支付安排

工程价款支付安排一般采用"形象进度"的分期付款方式。首先,确定一笔工程预付款;其次,根据工程的形象进度支付进度款;最后,根据竣工决算确定支付一笔价款,但保留一定比例的质保金。

审查时需要注意,依据《建设工程价款结算暂行办法》(财建〔2004〕369号)的规定,包工包料工程的预付款原则上不低于10%,不超过30%。对于工程进度款,需要注意工程进度节点如何确定的问题,以及工程进度和款项支付的配套,前期垫资比例、垫资压力,工程过程中的资金投入的持续和科学等。通常情况下,根据确定的工程计量结果,承包人向发包人提出支付工程进度款申请,发包人一般应按不

---

① 需要说明的是,《施工合同司法解释(一)》第19条第3款规定将法律依据修改为《民法典》第577条"当事人一方不履行合同义务或者履行合同义务不符合约定的,应当承担继续履行、采取补救措施或者赔偿损失等违约责任",将施工合同有效但竣工验收不合格时结算问题调整为按违约责任处理,不再按《施工合同司法解释》(2004年)第3条以合同无效时,修复后是否验收合格作为结算价款的依据,回归到违约责任救济措施的范畴。

低于工程价款的60%,不高于工程价款的90%向承包人支付工程进度款。在未取得全额工程款发票前应保证剩余未支付款项高于乙方应缴纳的税款。此外,一般应留有不低于工程决算价格3%的工程质量保修金。

【例5-6】合同价款支付条款

X	合同价款支付
X.1	本合同生效后[7]天内,甲方按本合同第[合同预算价款条款序号]款规定的预算价格的[20]%向乙方预付人民币[　　]元。
X.2	在本合同项下工程量实际完成[　　]%或完成[　　　　]阶段时,乙方可向甲方提出支付工程进度款的书面申请,经甲方、监理工程师确认后,甲方向乙方支付本合同第[合同预算价款条款序号]款规定的预算价格的[　　]%,计人民币[　　]元。
X.3	工程按本合同第[竣工验收条款]款规定完成竣工验收,双方根据本合同第[竣工决算条款序号]条规定确定决算价格,甲方收到乙方开具的合法有效的决算价格全额增值税发票后[　　]天内,甲方向乙方支付至决算价格的[　　]%(含甲方已付的预付款和进度款),甲方按本款付款时,有权扣除乙方按本合同第[　　]款应付的费用。
X.4	工程决算价格的[　　]%作为质量保修金,乙方按本合同附件《建筑工程质量保修书》履行保修义务,在保修期满后甲方支付给乙方。

4. 竣工决算和结算

工程进行到竣工结算的步骤时,施工企业就成功了大半。但是,有些合同往往对竣工结算条款约定不明确,导致发包方无限期拖延结算,给承包方造成重大损失。这就要求竣工结算条款的约定要明确。首先,竣工结算的程序要明确。一般的竣工结算程序是"承包方提交竣工结算文件—发包方及监理审核—审核无异议在规定时间付款",有些合同还约定发包方和监理审核完毕之后需要经过工程造价机构审核。其次,各审核环节的时间要明确,不能因时间约定不明确导致发包方无限期拖延审核。最后,合同条款可以约定"发包方在合同约定的审核时间内未完成审核或未提出异议的,视为对竣工结算文件的认可"。这样,只要承包方能够在提交竣工结算文件时保存证据,就可以防止发包方拖延结算,并在出现拖延结算的情况下通过诉讼主张工程款。这一约定已经得到《施工合同司法解释(一)》的支持。其第21条[《施工合同司法解释》(2004年)第20条]规定:"当事人约定,发包人收到竣工结算文件后,在约定期限内不予答复,视为认可竣工结算文件的,按照约定处理。承包人请求按照竣工结算文件结算工程价款的,人民法院应予支持。"因此,从该司法解释以及司法实践来看,只有在合同中约定了发包人的审核答复的期限,如"在约定期限内不予答复,视为认可竣工结算文件",承包人申请按照竣工结算文件结算工程价款的,法院才予以支持。

【例5-7】发包人在约定期限内不予答复,是否视为认可竣工结算文件①

裁判要旨: 只有当事人之间约定了发包人收到竣工结算文件后,在约定的期限内不予答复,则视为认可竣工结算文件的,承包人提交的竣工结算文件方可作为工程款结算的依据。

最高院审判:《最高人民法院关于审理建设工程施工合同纠纷案件适用法律问题的解释》第20条规定:"当事人约定,发包人收到竣工结算文件后,在约定期限内不予答复,视为认可竣工结算文件的,按照约定处理。承包人请求按照竣工结算文件结算工程价款的,应予支持。"适用本条司法解释的前提条件是当事人之间约定了发包人收到竣工结算文件后,在约定期限内不予答复,则视为认可竣工结算文件。承包人提交的竣工结算文件可以作为工程款结算的依据。最高人民法院关于如何理解和适用《最高人民法院关于审理建设工程施工合同纠纷案件适用法律问题的解释》第20条的复函([2005]民一他字第23号)明确,建设部制定的建设工程施工合同格式文本中的通用条款第33条第3款②的规定,不能简单地推论出,双方当事人具有发包人收到竣工结算文件一定期限内不予答复,则视为认可承包人提交的竣工结算文件的一致意思表示,承包人提交的竣工结算文件不能作为工程款结算的依据。同时,不适用本条司法解释,以承包人单方提交的竣工结算文件作为确认工程款数额的依据,并不意味着通用条款第33条第3款的内容对双方当事人没有约束力,违反这一规定,仍应承担违约责任。

需要说明的是,《施工合同示范文本》合同通用条款第14.2款第2段对此进行了明确的规定:"发包人在收到承包人提交竣工结算申请书后28天内未完成审批且未提出异议的,视为发包人认可承包人提交的竣工结算申请单,并自发包人收到承包人提交的竣工结算申请单后第29天起视为已签发竣工付款证书。"在此强调的是,《建设工程施工合同(示范文本)》(GF-1999-0201)通用条款第33.3条款规定:"发包人收到竣工结算报告及结算资料后28天内无正当理由不支付工程竣

---

① 参见江西圳业房地产开发有限公司与江西省国利建筑工程有限公司建设工程施工合同纠纷案[最高人民法院(2006)民一终字第52号]。

② 该款规定:发包人收到竣工结算报告及结算资料后28天内无正当理由不支付工程竣工结算价款,从第29天起按承包人同期向银行贷款利率支付拖欠工程价款的利息,并承担违约责任。

工结算价款,从第 29 天起按承包人同期向银行贷款利率支付拖欠工程价款的利息,并承担违约责任。"在当时,很多承包人认为该条款是以承包人单方提交竣工结算报告来计算工程款的合同依据。为此,最高人民法院民一庭于 2006 年以《最高人民法院关于如何理解和适用〈最高人民法院关于审理建设工程施工合同纠纷案件适用法律问题的解释〉第 20 条的请示的复函》(〔2005〕民一他字第 23 号)明确:"适用该司法解释第二十条的前提条件是当事人之间约定了发包人收到竣工结算文件后,在约定期限内不予答复,则视为认可竣工结算文件。承包人提交的竣工结算文件可以作为工程款结算的依据。建设部制定的建设工程施工合同格式文本中的通用条款第 33 条第 3 款的规定,不能简单地推论出,双方当事人具有发包人收到竣工结算文件一定期限内不予答复,则视为认可承包人提交的竣工结算文件的一致意思表示,承包人提交的竣工结算文件不能作为工程款结算的依据。"该答复意见表明,《建设工程施工合同(示范文本)》(GF-1999-0201)通用条款第 33.3 条款并没有"不答复视为认可"的明确表述,只表明发包人在 28 天之内应该审核,在 28 天之内没有正当理由不支付工程竣工结算价款的,从第 29 天起应该承担违约责任、支付拖欠工程价款的利息。因此,承包人如果依据《建设工程施工合同(示范文本)》(GF-1999-0201)通用条款第 33.3 条款的约定要求适用《施工合同司法解释》(2004 年)第 20 条规定,用承包人单方提交的竣工结算报告作为结算依据将得不到法院支持。因此,后续的《建设工程施工合同(示范文本)》(GF-2013-0201)中合同通用条款第 14.2 款第 2 段就已经调整为新的表述,这一表述在 2017 年版中并无变化。

在实践中还存在另外一种合同约定方法,即在合同的开始部分写明遵从《建筑工程施工发包与承包计价管理办法》(住建部令第 16 号,2014 年 2 月 1 日生效施行)、《建设工程价款结算暂行办法》(财建〔2004〕369 号)的相关规定,试图将这些部门规章的规定转换为合同的约定。原因在于,前者第 18 条规定:"发承包双方在合同中对本条第(一)项、第(二)项的期限没有明确约定的,应当按照国家有关规定执行;国家没有规定的,可认为其约定期限均为 28 日。"后者第 14 条第 3 款"工程竣工结算审查期限"规定,单项工程竣工后,承包人应在提交竣工验收报告的同时,向发包人递交竣工结算报告及完整的结算资料,发包人应按以下规定时限进行核对(审查)并提出审查意见:工程竣工结算报告金额在 500 万元以下的,审查时间为从接到竣工结算报告和完整的竣工结算资料之日起 20 天;500 万元至 2000 万元的,审查时间为 30 天;2000 万元至 5000 万元的,审查时间为 45 天;在 5000 万元以上的,审查时间为 60 天。同样,在某些地方规章中也有类似规定。例如,北京市建委 2011 年 7 月下发的《北京市建设工程造价管理暂行规定》(京建发〔2011〕206

号)中,审查时间也是28天。很多承包人认为,既然合同中这样规定了,就应当执行规章的相关规定。笔者认为,规章在民事诉讼审判中仅作为法院裁判的参照,并不必然适用,需要根据案件情况进行具体判断是否适用。在实践中,承包人的单方工程竣工结算报告通常都存在"虚报冒算"的情况,原则上不能或应予限制适用规章。因此,笔者建议,应在合同中明确约定适用某规章多少条的规定,例如:

提交工程竣工结算报告[ ]天之内不答复的,参照《建筑工程施工发包与承包计价管理办法》(住建部令第16号)第十八条的规定处理。

合同中有这样的明确规定的,才可以将规章的规定转化为合同约定,仅在合同开头进行前述笼统的约定并不足够。

【例5-8】竣工决算条款

X	竣工决算
X.1	决算的依据为:[ ]
X.2	本合同项下工程按本合同第[竣工验收条款序号]条规定通过竣工验收后,乙方**应在工程竣工验收合格后[28]天内**向甲方递交竣工决算书及完整的决算资料,甲方对乙方的决算书进行审核。
X.3	**甲方应在收到竣工决算书及完整的决算资料后[28]天内审核完成,**甲方审核认可乙方提交的决算书,按决算书确定的决算价格进行工程价款的结算。甲方不认可乙方的决算书的,由甲方自行或委托有关机构进行决算。**该决算期限不计算在前述28天期限内。**如果乙方对甲方的决算价格没有异议或异议理由不充分的,以甲方自行或委托决算的价格为工程决算价格,并按该价格结算工程价款。
X.4	如果甲乙双方最终不能就决算价格达成一致,双方将协商选定一家权威机构,根据本合同所确定的决算依据和范围进行最终性质的决算,向权威机构提供的用于决算的资料应由甲乙双方共同确认,该权威机构的决算是终局的,甲乙双方必须接受,委托决算费用根据决算结果由双方合理分摊。

分析: 第X.1款决算的依据应尽量明确,如写明哪个地方、哪年版、哪个出版社的收费标准文件,同时应对适用文件中哪个级别的收费标准进行约定;最好约定材料价格的变动及使用材料数量的增减不影响决算,即将材料变动因素剔除在决算范围之外;如材料也在决算范围之内,则应在合同中对材料的价格进行固定,以防在最终决算时材料价格的调整严重影响合同价款。此外,第X.2款至第X.4款对竣工决算资料的提交时间、审核时间等进行了明确约定。如果双方不能达成一致的,可以委托第三方鉴证机构进行鉴证确定。

需要注意的是,在双方不能达成一致的情况下,委托第三方鉴证机构对其效力进行鉴证。在司法实践中一般都是支持的。例如,《四川省高级人民法院关于审理涉及招投标建设工程合同纠纷案件的有关问题的意见》(2010 年 6 月 22 日四川省高级人民法院审判委员会第 33 次会议讨论通过)第 5 条规定:"合同中约定了以第三方审价或者审计确定的造价作为付款依据的,人民法院在诉讼中应当促使双方当事人履行合同,委托第三方对工程款结算的情况进行审价或审计,并以第三方确定的造价作为判决支付工程款的依据。"《重庆市高级人民法院、四川省高级人民法院关于审理建设工程施工合同纠纷案件若干问题的解答》(2022 年 12 月发布)第 5 条有更为详细的规定。

在实践中,需要注意政府行政审计和委托中介机构审计确认的价款的问题。例如,最高人民法院发布的《全国民事审判工作会议纪要(2011 年)》第 25 条规定:"当事人以审计机关作出的审计报告、财政评审机构作出的评审结论,主张变更有效的建设工程施工合同约定的工程价款数额的,不予支持。"《深圳市中级人民法院关于审理建设工程施工合同纠纷案件的指导意见》第 14 条规定:"合同约定工程价款或双方已经委托中介机构审价并确认的价款,与政府行政审计确定的价款不一致的,应以双方确认的为结算依据。但在合同明确约定以审计结论作为结算依据,或者合同约定不明确、合同约定无效,或者双方当事人恶意串通损害国家利益的情况下,可以将审计结论作为结算依据。"

此外,《施工合同司法解释(一)》第 20 条[《施工合同司法解释》(2004 年)第 19 条]规定:"当事人对工程量有争议的,按照施工过程中形成的签证等书面文件确认。承包人能够证明发包人同意其施工,但未能提供签证文件证明工程量发生的,可以按照当事人提供的其他证据确认实际发生的工程量。"在认定工程量、工程价款的依据上,根据前述司法解释以及司法实践,可以遵从如下规则:

✓ 建设工程施工合同有明确约定的,按照合同约定的计算标准、范围进行认定。

✓ 双方当事人在建设工程施工过程中形成的补充协议、会议纪要、工程联系单、工程变更单、工程对账签证以及其他往来函件、记录等书面证据,都可以作为工程量计算和认定工程价款的依据。①

---

① 参见左某伟与中交二公局第一工程有限公司建设工程施工合同纠纷申请再审案[最高人民法院(2014)民申字第 1781 号]。此外,《浙江省高级人民法院民事审判第一庭关于审理建设工程施工合同纠纷案件若干疑难问题的解答的通知》第 10 条"哪些证据可以作为工程量、工程价款的结算依据?"的解答明确:"双方当事人在建设工程施工过程中形成的补充协议、会议纪要、工程联系单、工程变更单、工程对帐签证以及其他往来函件、记录等书面证据,可以作为工程量计算和认定工程价款的依据。"

✓ 如果双方对工程量存在争议,承包人未能提供签证文件证明工程量发生,但能够证明发包人同意其施工,可以按照当事人提供的其他证据确认实际发生的工程量。

✓ 工程量发生变化后的总量确定,是一个事实认定问题。当承包人与发包人双方发生争议时,承包人在施工中实际付出的人工费和原材料费用以及实际支出的其他费用,应当按照订立合同时履行地的市场价格确定。

最后还需要注意的是,如前所述,当事人根据合同约定的决算和结算条款最终达成结算协议的,如果后续发生争议,一方当事人在诉讼中要求重新结算的,法院不予支持,但结算协议被认定为无效或撤销的除外。但结算协议不影响承包人依据合同约定或法律、行政法规规定承担的质量保修责任。如果结算协议生效后,承包人依据协议要求支付工程款,发包人以因承包人原因导致工程存在质量问题或逾期竣工为由,要求拒付、减付工程款或赔偿损失的,不予支持,但结算协议另有约定的除外;承包人以因发包人原因导致工程延期为由,要求赔偿停工、窝工等损失的,不予支持,但结算协议另有约定的除外。另外,《民法典》第793条规定:"建设工程施工合同无效,但是建设工程经验收合格的,可以参照合同关于工程价款的约定折价补偿承包人。建设工程施工合同无效,且建设工程经验收不合格的,按照以下情形处理:(一)修复后的建设工程经验收合格的,发包人可以请求承包人承担修复费用;(二)修复后的建设工程经验收不合格的,承包人无权请求参照合同关于工程价款的约定折价补偿。发包人对因建设工程不合格造成的损失有过错的,应当承担相应的责任。"[①]据此,建设工程施工合同无效,但建设工程经验收合格,可以参照合同关于工程价款的约定折价补偿承包人。若建设工程经验收不合格,则分两种情形分别处理。

5. 固定价格合同及其价款调整

除了采用预决算合同之外,实践中经常采用的另外一种方式是固定价格合同。如前所述,固定价格合同包括固定总价合同和固定单价合同。在审查固定价格合

---

① 需要说明的是,《施工合同司法解释》(2004年)第2条"建设工程施工合同无效,但建设工程经竣工验收合格,承包人请求参照合同约定支付工程价款的,应予支持"、第3条"建设工程施工合同无效,且建设工程经竣工验收不合格的,按照以下情形分别处理:(一)修复后的建设工程经竣工验收合格,发包人请求承包人承担修复费用的,应予支持;(二)修复后的建设工程经竣工验收不合格,承包人请求支付工程价款的,不予支持。因建设工程不合格造成的损失,发包人有过错的,也应承担相应的民事责任"被《民法典》第793条所整合吸纳,明确在合同无效情况下,价款支付性质为"补偿"承包人,该条还将"应予支持"改为"可以参照","竣工验收"改为"验收"。

同时，需要注意，固定价格并非必然不可调整。例如，《浙江省高级人民法院民事审判第一庭关于印发〈审理建设工程施工合同纠纷案件若干疑难问题的解答〉的通知》第12条"能否调整总价包干合同的工程量、工程价款"规定："建设工程施工合同采用固定总价包干方式，当事人以实际工程量存在增减为由要求调整的，有约定的按约定处理。没有约定，总价包干范围明确的，可相应调整工程价款；总价包干范围约定不明的，主张调整的当事人应承担举证责任。"实践中，除了法律、法规、规章或者国家有关政策变化影响合同价款、工程造价管理机构发布价格调整信息、发包方更改经审定批准的施工组织设计造成费用增加的情形之外，对固定价格进行调整还包括如下两种主要因素：

第一，固定价格因"设计变更"而予以调整。因此，在合同中就需要明确约定什么是设计变更，以及出现设计变更时，如何对固定价格进行调整。通常而言，设计变更是指设计部门对原施工图纸和设计文件中所表达的设计标准状态的改变和修改。根据该定义，设计变更仅包含由于设计工作本身的漏项、错误或其他原因而修改、补充原设计的技术资料。实践中，常见的设计变更情形包括：

✓ 在建设单位组织的有设计单位和施工企业参加的设计交底会上，经施工企业和建设单位提出，各方研究同意而改变施工图的做法，都属于设计变更，为此而增加新的图纸或设计变更说明都由设计单位或建设单位负责。

✓ 施工企业在施工过程中，遇到一些原设计未预料到的具体情况，需要进行处理，因而发生的设计变更。这类设计变更应注明工程项目、位置、变更的原因、做法、规格和数量，以及变更后的施工图，经各方签字确认后即为设计变更。

✓ 工程开工后，由于某些方面的需要，建设单位提出要求改变某些施工方法，或增减某些具体工程项目等，如在一些工程中由于建设单位要求增加的管线，征得设计单位的同意后作出设计变更。

✓ 施工企业在施工过程中，由于施工方面、资源市场的原因，如材料供应或者施工条件不成熟，认为需改用其他材料代替，或者需要改变某些工程项目的具体设计等引起的设计变更，经双方或三方签字同意可作为设计变更。

如果承包人认为因设计变更需要在固定价格之外单独结算工程价款，需要证明该部分确实已经实施，并且在合同的工程范围之外，即固定价格合同的施工图纸里没有这部分工程；此外，还需要证明额外实施的工程得到发包人的同意或认可。例如，《四川省高级人民法院关于审理涉及招投标建设工程合同纠纷案件的有关问题的意见》(2010年6月22日四川省高级人民法院审判委员会第33次会议讨论通过)第3条规定："合同实际履行过程中因设计变更导致工程量(价)增加的，且履行了约定的或规定的报批、审查程序,承包人与发包人就中标合同的内容协商作了修订和补充的,人民法院可以按照《最高人民法院关于审理建设工程施工合同纠纷案件适用法律问题的解释》第十六条第一款①的规定,以当事人实际履行的合同作为结算工程价款的依据;当事人对发生变化部分的工程价款不能协商一致的,可以按照《最高人民法院关于审理建设工程施工合同纠纷案件适用法律问题的解释》第十六条第二款②的规定,参照建设行政主管部门发布的计价方法或者计价标准结算工程价款。"由于《施工合同司法解释》(2004年)第16条第1款、第2款规定为《施工合同司法解释(一)》第19条第1款、第2款所吸纳,故该司法指导意见仍可参考适用。

第二,固定价格因"主要原材料价格大幅调整"而调整。"主要原材料"通常是指钢材、木材、水泥、混凝土等。例如,《安徽省高级人民法院关于审理建设工程施工合同纠纷案件适用法律问题的指导意见(二)》第15条规定:"建设工程施工合同履行过程中,人工、材料、机械费用出现波动,合同有约定的,按照约定处理;合同无约定,当事人又不能协商一致的,参照建设行政主管部门的规定或者行业规范处理。因工期延误导致上述费用增加造成损失的,由导致工期延误的一方承担;双方对工期延误均有过错的,应当各自承担相应的责任。"现实中,部分地方主管部门就此出台了指导意见。例如,北京市建设工程造价管理处出台了《关于加强建设工程施工合同中人工、材料等市场价格风险防范与控制的指导意见》(京造定〔2008〕4号)。该文对价格波动的风险范围、风险幅度给出了指导意见,风险范围包括钢材、木材、水泥等八大类对工程造价影响较大的主要材料及人工和机械。风险幅度以

---

① 《施工合同司法解释》(2004年)第16条第1款规定:"当事人对建设工程的计价标准或者计价方法有约定的,按照约定结算工程价款。"该款规定被《施工合同司法解释(一)》第19条第1款所吸纳。

② 《施工合同司法解释》(2004年)第16条第2款、第3款规定:"因设计变更导致建设工程的工程量或者质量标准发生变化,当事人对该部分工程价款不能协商一致的,可以参照签订建设工程施工合同时当地建设行政主管部门发布的计价方法或者计价标准结算工程价款。建设工程施工合同有效,但建设工程经竣工验收不合格的,工程价款结算参照本解释第三条规定处理。"该款规定被《施工合同司法解释(一)》第19条第2款、第3款所吸纳并修订为"因设计变更导致建设工程的工程量或者质量标准发生变化,当事人对该部分工程价款不能协商一致的,可以参照签订建设工程施工合同时当地建设行政主管部门发布的计价方法或者计价标准结算工程价款。建设工程施工合同有效,但建设工程经竣工验收不合格的,依照民法典第五百七十七条规定处理"。最大的变化是第3款,在《施工合同司法解释》(2004年)下,若建设施工合同有效,但建设工程经竣工验收不合格的,参照第3条(建设施工合同无效,且建设工程经竣工验收不合格)的规定执行;在《施工合同司法解释(一)》下,则直接依照《民法典》第577条有关违约责任的规定处理。

投标期和施工期对应的《北京工程造价信息》中发布的价格为准。其计算方法用公式表示为：

$$P = \frac{Cs - Ct}{Ct} \times 100\% \qquad (5-1)$$

式中：P——价格变化幅度

Cs——施工期《北京工程造价信息》发布的价格

Ct——投标期《北京工程造价信息》发布的价格

一般而言,固定价格中的原材料的价格不予调整,这部分市场风险应由承包人承担,因为其在投标和缔约合同时已经对风险有所预判。但如果主要原材料价格大幅调整,一般都是价格大幅上涨时,对固定价格进行调整是例外。原则上,如果主要原材料的价格调整在"风险幅度"（"风险边界"）之内,不予调整;超过时,可以考虑予以调整。在实践中,一般会在合同中约定这个风险幅度。比如,在主要原材料涨幅不超过6%的范围内,由承包人承担;超过6%至10%的部分由发包人承担;超过10%的部分,由发包人和承包人按照约定比例分摊。此外,在进行合同约定时,还需要考虑过错责任的问题。如,主要原材料价格的变化是由于一方原因导致工期延误而产生的,则价差部分可以约定由过错方承担。

【例5-9】固定总价及调价机制条款

X	合同价款
X.1	合同价款含税金额:大写[　　　　　]元整,小写[￥:　　　　元]。
X.2	本合同第 X.1 款约定的合同价款为乙方完成本合同[**工程的范围条款**]约定的工程,包工包料条件下的包死不变价。但若发生本合同第 X.3 款约定的情况时,甲乙双方将协商对本合同第 X.1 款约定的合同价款进行调整,并由甲方按调整后的合同价款向乙方履行付款义务。甲方不在本合同第 X.1 款及按本款约定调整后的合同价款以外向乙方支付任何款项。
X.3	合同价款调整:只有按本合同[**设计变更条款**]的约定设计变更被甲方确认,且符合本款如下约定的情况下才能对合同价款进行调整。
X.3.1	在甲方确认设计变更时,如果增加或减少的单位工程量小于或等于本合同附件《工程量清单及预算书》中单位工程量单项子目的[3]%时,双方一致同意不对本合同第 X.1 款约定的合同价款进行调整,由双方书面确认;如果增加或减少的单位工程量大于本合同附件《工程量清单及预算书》中单位工程量单项子目的[3]%时,双方一致同意以书面形式就超出[3]%部分所增加或减少的单位工程量的造价对本合同第 X.1 款约定的合同价款进行调整,**甲乙双方调整合同价款的协议书签署后,乙方方可执行该设计变更,上述调整合同价款的协议书将作为本合同的附件,由双方分别存查。**

	续表
X.3.2	在合同执行期间如市场材料价格(以合同附件《工程量清单及预算书》中的第[ ]条施工主材一览表中的材料价格为准)下浮导致本合同**X.1**款总额下降[**5**]%及以上,甲乙双方达成协商一致后,按程序走补充协议审批完成后重新调整合同价款;若市场材料价格(以合同附件《工程量清单及预算书》中的第[ ]条施工主材一览表中的材料价格为准)上浮导致本合同**X.1**款总额上浮[**5**]%及以上,乙方提出要求调整合同价款时,甲乙双方达成协商一致后,按程序走补充协议审批完成后重新调整合同价款。

分析:本合同条款存在的主要问题包括如下三个:

1. 第X.3款规定,进行合同价款调整的前提有两个:一是必须是甲方认可的设计变更;二是符合约定的两种情形。但与合同经办人员沟通确认后,实质上两个条件是可选条款而非并列满足条件,即如果出现设计变更或者市场材料价格调整两者之一,满足条件的情况下,应调整固定总价。

2. 第X.3.1项规定,"*甲乙双方调整合同价款的协议书签署后,乙方方可执行该设计变更,上述调整合同价款的协议书将作为本合同的附件,由双方分别存查*",但在实践中,仅需双方同意设计变更,待最终竣工结算时一并达成调价协议来处理,在施工前,只需要乙方提交施工方案及价格预算即可。

另外,"*增加或减少的单位工程量的造价*"的表述在实践中容易引发是按照增加或者减少的单位工程量造价各自计算3%的幅度,还是按照增加和减少的单位工程量造价相抵后的"净额"计算3%的幅度,按照行业习惯或通例,建议最好在合同中明确以"净额"法计算3%的幅度。

3. 第X.3.2项规定与第X.3.1项规定不同的是,没有明确规定合同价款总额变动5%范围以内不调整合同价款,应予以补充。此外,合同价款总额下降5%时,应作出甲方有权提出下调合同价款的约定。

最后,还需要注意的是,《施工合同司法解释(一)》第28条[《施工合同司法解释》(2004年)第22条]规定:"当事人约定按照固定价结算工程价款,一方当事人请求对建设工程造价进行鉴定的,人民法院不予支持。"需要说明的是,此处对司法鉴定不予支持仅仅是在固定价范围之内的部分,如果合同约定固定价在设计变更和主要原材料价格波动的情况下需要调整,但结算时双方不能协商一致而诉至法院,此时仍然可以对变更和调价部分申请司法鉴定。即是说,在固定价结算合同中,不支持司法鉴定并非绝对。

(六)工程竣工验收条款

建设工程的竣工验收是指建设工程已经按照设计要求完成全部工作任务,准备交付给发包人投入使用时,由发包人或有关主管部门依照国家关于建设工程竣工验收制度的规定,对该项工程是否合乎设计要求和工程质量标准所进行的检查、考核工作。依据《房屋建筑和市政基础设施工程竣工验收备案管理办法》(住建部令第2号)、《房屋建筑和市政基础设施工程竣工验收规定》(建质〔2013〕171号)的规定,竣工验收的组织单位是建设单位,参加单位包括勘察单位、设计单位、施工单位、监理单位和工程质量监督机构。竣工验收的一般流程可分为八个步骤:第一步,施工单位对工程质量自行检查,若合格,提出工程竣工报告;第二步,监理单位对工程质量进行评估,若合格,提出工程质量评估报告;第三步,设计单位对勘察设计等文件进行检查,若合格,提出质量检查报告;第四步,建设单位组织勘察、设计、施工、监理等单位进行竣工验收,通知工程质量监督机构;第五步,验收完毕,若合格,形成经验收组人员签署的竣工验收意见,若不合格,重新组织验收;第六步,验收合格,建设单位提出竣工验收报告;第七步,建设单位申请规划、环保、消防等部门出具认可或者准许使用文件;第八步,建设单位向主管部门备案规定文件,工程质量监督机构向备案机关提交工程质量监督报告[1]。此外,各个地方在上述原则性规定基础上,存在地方性差异。

在对工程竣工验收条款进行审查时,通常需要注意:第一,承包人应提交的各项竣工验收资料是否完整;第二,竣工验收各环节的时间、程序是否明确;第三,从发包方角度,应注意约定竣工验收发现工程需整改时的相应救济措施。此外,还需要注意如下三个问题:

第一,《民法典》第801条规定:"因施工人的原因致使建设工程质量不符合约定的,发包人有权请求施工人在合理期限内无偿修理或者返工、改建。经过修理或者返工、改建后,造成逾期交付的,施工人应当承担违约责任。"《施工合同司法解释(一)》第12条[《施工合同司法解释》(2004年)第11条]规定:"因承包人的原因造成建设工程质量不符合约定,承包人拒绝修理、返工或者改建,发包人请求减少支付工程价款的,人民法院应予支持。"[2]第14条前句[《施工合同司法解释》(2004年)第13条前句]规定,"建设工程未经竣工验收,发包人擅自使用后,又以使用部分质量不符合约定为由主张权利的,人民法院不予支持",但法律法规以及司法解释未对发包人已组织验收并在相关文件上签字确认验收合格,后又以工程

---

[1] 参见王毓莹、史智军:《建设工程施工合同纠纷疑难问题和裁判规则解析》,法律出版社2022年版,第203页。

[2] 与《施工合同司法解释》(2004年)第11条相比,《施工合同司法解释(一)》第12条将"过错"修改为"原因",与《民法典》第801条规定保持一致。

质量存在瑕疵为由,拒绝支付或要求延期支付工程价款的情形作出规定。在司法实践中,根据"举重以明轻"的原则,发包方已经签字确认工程质量合格,发包方应当对自己的行为负责,此时发包方又以工程质量存在瑕疵为由进行抗辩的,不予支持。① 但依据《施工合同司法解释(一)》第14条后句[《施工合同司法解释》(2004年)第13条后句]"但是承包人应当在建设工程的合理使用寿命内对地基基础工程和主体结构质量承担民事责任"之规定,确因承包人施工而导致地基基础工程、主体结构质量不合格的,发包人仍可以拒绝支付或要求延期支付工程价款②。

例如,在重庆迈崴机器有限公司、重庆建工第四建设有限责任公司建设工程施工合同纠纷民事申请再审审查民事裁定书[最高人民法院(2021)最高法民申2690号]中,最高院认为:

原审判决认定本案石材及玻璃幕墙并非主体工程、幕墙质量适用2年质保期,有事实和合同依据。迈崴公司关于玻璃幕墙工程中存在钢结构、铝合金结构,应属案涉工程的主体结构,缺乏事实依据……尽管迈崴公司于2018年4月4日向建工四建发函提出幕墙质量问题,且重庆市建设工程质量检验测试中心的《司法鉴定意见书》亦载明,案涉幕墙工程部分施工不满足设计要求、存在安全隐患。但是,基于上述案涉工程早已经各方验收、交付等事实,原审判决对迈崴公司就幕墙工程质量补充鉴定的请求未予准许以及认定迈崴公司关于上述石材及玻璃幕墙的金属结构施工存在质量问题应予返工的主张不成立,并无不当。

又如,在中国建筑一局(集团)有限公司、无锡远东置业有限公司建设工程施工合同纠纷二审判决书[最高人民法院(2022)最高法民终63号]中,最高院认为:

竣工验收是全面考核基本建设,检查工程是否符合设计要求和工程质量的重要环节。为保证工程质量,相关法律法规对工程竣工验收有严格规定,工程要通过

---

① 参见《江苏省高级人民法院建设工程施工合同案件审理指南》(2010年1月31日生效)、《浙江省高级人民法院民事审判第一庭关于审理建设工程施工合同纠纷案件若干疑难问题的解答》(浙法民一〔2012〕3号)第7条、《河北省高级人民法院建设工程施工合同案件审理指南》(冀高法〔2018〕44号)第40条、《山东省高级人民法院关于审理建设工程施工合同纠纷案件若干问题的解答》(2020年11月4日发布)第8条、《福建省高级人民法院建设工程施工合同纠纷疑难问题解答》(2022年9月发布)第28条。

② 参见《浙江省高级人民法院民事审判第一庭关于审理建设工程施工合同纠纷案件若干疑难问题的解答》(浙法民一〔2012〕3号)第7条"发包人已经签字确认验收合格,能否再以质量问题提出抗辩,主张延期或不予支付工程价款?"规定:"发包人已组织验收并在相关文件上签字确认验收合格,后又以工程质量存在瑕疵为由,拒绝支付或要求延期支付工程价款的,该主张不能成立。但确因承包人施工导致地基基础工程、工程主体结构质量不合格的,发包人仍可以拒绝支付或要求延期支付工程价款。"

竣工验收,必须符合国家规定的建设工程质量标准。建设工程验收合格表明承包人已经按照约定履行了合同义务,不合格的工程不得通过竣工验收交付使用。合同解除后,在建筑公司配合下,案涉工程在诉讼中已通过某东置业组织的竣工验收,应推定案涉工程并非不合格工程。当然,即便工程通过竣工验收,承包人仍应承担质保责任,根据《最高人民法院关于审理建设工程施工合同纠纷案件适用法律问题的解释》(法释〔2004〕14号)第十一条规定"因承包人的过错造成建设工程质量不符合约定,承包人拒绝修理、返工或者改建,发包人请求减少支付工程价款的,应予支持"。可见,针对承包人施工造成的质量问题,首先应当由承包人承担修复义务,只有在承包人拒绝修理、返工或者改建等情况下,发包人请求减少支付工程价款的抗辩或反诉,才能得到支持。只有合格工程才能经过竣工验收,竣工验收后发现工程存在质量问题不等同于工程不合格。案涉工程2019年10月29日竣工验收合格,某东置业已经接受工程并已投入使用,同年12月25日即向一审法院提出质量鉴定申请,并在一审法院询问是否由施工方维修时,拒绝分包商某飞幕墙公司进行维修;二审庭审结束3个月后,又函告本院称"一、坚持认为幕墙存在质量问题的责任全部在于建筑公司,其应当为此承担全部责任,一审认定建筑公司仅需承担部分责任,远远不足以弥补某东置业的损失"。从上述情况来看,某东置业主张在工程价款中扣除幕墙修复费用理据不足,一审判决在某东置业无正当理由拒绝施工方组织维修的情况下,径行判令建筑公司和某东置业按照过错比例承担维修费用,与司法解释规定不符,应予改判。建筑公司上诉主张不应减少工程价款63,069,973元的上诉理由本院予以采纳,但其依法依约应履行的维修义务不因此免除。

结合《施工合同司法解释(一)》第14条、第19条第3款以及《民法典》第793条的规定,笔者认为,工程质量不合格对工程款的影响可以总结为表5-2。

表5-2 工程质量瑕疵的法律后果

合同效力	是否验收合格	一般质量瑕疵	地基基础工程和主体结构质量瑕疵
有效	竣工验收合格	1. 发包人不得拒付或直接扣减工程款 2. 承包人承担保修责任	1. 发包人可以拒付或延付工程款 2. 承包人承担保修责任
	竣工验收不合格	1. 发包人不得拒付工程款 2. 承包人承担修复、返工或赔偿损失等违约责任	

续表

合同效力	是否验收合格	一般质量瑕疵	地基基础工程和主体结构质量瑕疵
无效	竣工验收合格	1. 参照合同关于工程价款的约定折价补偿,发包人不得拒付或者直接扣减工程款 2. 承包人承担保修责任	
	竣工验收不合格	修复后验收合格的,承包人有权请求参照合同工程价款的约定折价补偿,但应承担修复费用	
		修复后经验收不合格的,承包人无权请求参照合同工程价款的约定折价补偿,并承担修复费用	

从表 5-2 可以看出,在讨论建设工程竣工验收是否合格对发承包人权利义务的影响时,应从建设工程施工合同的效力状态(无效和有效)和工程竣工验收是否合格两个维度分析:其一,若合同有效且竣工验收合格,对于一般质量瑕疵,发包人不得拒付或者直接扣减工程款;对于地基基础工程和主体结构质量瑕疵,发包人可以拒付或延付工程款;不论何种情形,若工程在竣工验收合格后的确存在质量问题,承包人均应承担保修责任。其二,若合同有效,但竣工验收不合格,发包人不得拒付或者直接扣减工程款,承包人承担修复、返工或赔偿损失等违约责任。其三,若合同无效,但竣工验收合格,发包人不得拒付或者直接扣减工程款。若工程在竣工验收合格后的确存在质量问题,承包人应承担保修责任。其四,若合同无效,且竣工验收不合格,则需要区分承包人履行修复义务后工程验收是否合格来分别处理:若验收合格,承包人有权请求参照合同工程价款的约定折价补偿,但应承担修复费用;若验收不合格,承包人无权请求参照合同工程价款的约定折价补偿,并承担修复费用。

第二,《施工合同司法解释(一)》对建设工程实际竣工日期的确定进行了明确。其第 9 条[《施工合同司法解释》(2004 年)第 14 条]规定:"当事人对建设工程实际竣工日期有争议的,人民法院应当分别按照以下情形予以认定:(一)建设工程经竣工验收合格的,以竣工验收合格之日为竣工日期;(二)承包人已经提交竣工验收报告,发包人拖延验收的,以承包人提交验收报告之日为竣工日期;(三)建设工程未经竣工验收,发包人擅自使用的,以转移占有建设工程之日为竣工日期。"从承包方的角度看,为了防止发包方为拖延支付工程款而迟延进行验收,可以约定发包方无故不按照合同约定期限组织验收时,承包方有权要求办理竣工验收手续,支付工程款,同时约定工程保管的费用和风险转移给发包方。

第三,依据《建设工程质量管理条例》(2019 年修订)第 49 条的规定,建设单位应当自建设工程竣工验收合格之日起 15 日内,将建设工程竣工验收报告和规划、公安消防、环保等部门出具的认可文件或者准许文件报建设行政主管部门或其他有关部门备案。建设行政主管部门或其他有关部门发现建设单位在竣工验收过程中有违反国家有关建设工程质量管理规定行为的,责令停止使用,重新组织竣工验收。

【例 5-10】竣工验收条款

X	工程竣工验收
X.1	甲方初验:
X.1.1	乙方认为工程具备验收条件时,应提前[　]天书面通知甲方对工程进行初验。
X.1.2	甲方根据图纸、说明书、本合同约定的质量标准、承包内容和设计变更的内容,对工程的质量、数量、内容进行初步验收。
X.1.3	乙方对甲方在初步验收时提出的有关工程质量和工程数量方面的问题,应在本合同第[工期条款]条约定的工期内完成整改和增补,并通知甲方进行复验。
X.1.4	乙方向甲方申请初步验收时,应向甲方提交工程的有关施工图纸、竣工图纸、文件等技术资料,甲方初验包括对资料的验收。
X.1.5	工程经甲方初验符合本合同第[工程质量标准条款]条约定的质量标准后,方可转入政府有关部门进行正式验收。
X.1.6	本合同项下的工程应达到本合同第[工程质量标准条款]条约定的质量标准,以政府有关部门进行的验收为竣工验收,以政府部门的验收为准。
X.2	竣工验收:
X.2.1	甲方对工程初验认为达到本合同第[工程质量标准条款]条约定的质量标准后,由甲乙双方共同向政府有关验收部门申请竣工验收。
X.2.2	凡在竣工验收中提出的工程质量和工程内容方面的问题,由乙方负责在本合同第[工期条款]条约定的工期内整改和增补,并在整改和增补后再行验收,直至达到本合同第[工程质量标准条款]条约定的质量标准,方视为工程竣工验收完成。
X.2.3	乙方应按有关法律、法规要求备妥应提交政府有关部门的文件和资料。
X.2.4	甲方应备妥由其提交给政府有关部门的各种文件、资料。
X.2.5	验收费用由[　]方承担,因乙方施工质量问题引起的复验,复验费由乙方承担。
X.2.6	乙方应在本合同第[工期条款]条约定的工期内,使全部工程达到本合同第[工程质量标准条款]条约定的质量标准,并完成竣工验收;凡完成竣工验收的时间迟于本合同第[工期条款]条约定的工期的为工期延误,工期延误的由乙方按本合同第[　]条承担违约责任。

此外,需要注意的是某些地方法院的审判指导意见。例如,《深圳市中级人民法院关于审理建设工程施工合同纠纷案件的指导意见》第11条规定:"发包人接到承包人竣工报告后,无正当理由不组织验收的,经过一定合理时间(30天)后应视为工程已竣工验收,发包人以工程未验收或存在质量问题为由,要求不支付或缓支付工程款的,不予支持。"第12条规定:"工程已施工完毕,发包人未按约定支付工程款且不协助办理工程竣工验收的,视为工程停工,工期顺延,承包人不承担延误工期的责任。"

(七)工程质量保修条款

质量保修责任的设定,是为了保护发包人以及使用人的利益,同时对施工方在施工时的施工行为进行约束,加强对施工方的管理,保证工程质量。国家明确施工方工程质量保修的责任,并对一些工程的保修期限进行了规定。《建设工程质量管理条例》(2019年修订)第39条规定:"建设工程实行质量保修制度。建设工程承包单位在向建设单位提交工程竣工验收报告时,应当向建设单位出具质量保修书。质量保修书中应当明确建设工程的保修范围、保修期限和保修责任等。"因此,在审查工程质量保修条款时,需要注意如下四个方面的问题:

首先,明确工程质量保修范围和内容。一般情况下,应在合同附件《工程质量保修书》中明确工程质量保修范围和内容,并明确工程内容符合国家相关标准、设计标准并与甲方使用目的相一致。此外,还可以约定"本条款未予约定,但与该工程相连、相关或相通的工程或工作,在合理的理解和公允的判断下应由乙方承担质量保证责任的,乙方应承担相应的质量保证责任"。

其次,明确工程质量保修期限。《建设工程质量管理条例》(2019年修订)第40条规定:"在正常使用条件下,建设工程的最低保修期限为:(一)基础设施工程、房屋建筑的地基基础工程和主体结构工程,为设计文件规定的该工程的合理使用年限;(二)屋面防水工程、有防水要求的卫生间、房间和外墙面的防渗漏,为5年;(三)供热与供冷系统,为2个采暖期、供冷期;(四)电气管线、给排水管道、设备安装和装修工程,为2年。其他项目的保修期限由发包方与承包方约定。建设工程的保修期,自竣工验收合格之日起计算。"通常情况下,工程质量的保修期为全部工程竣工验收合格之日的次日起1年,质量保修期内出现质量问题,质量保修期自承包方修补、返工并经发包方验收合格之日的次日起重新计算。

再次,明确质量保修金。《房屋建筑工程质量保修办法》(建设部令第80号)第3条规定:"本办法所称房屋建筑工程质量保修,是指对房屋建筑工程竣工验收后在保修期限内出现的质量缺陷,予以修复。本办法所称质量缺陷,是指房屋建筑工程的质量不符合工程建设强制性标准以及合同的约定。"《建设工程质量保证金管理办法》(建质〔2017〕138 号,自 2017 年 7 月 1 日起施行)第 2 条规定:"本办法所称建设工程质量保证金(以下简称保证金)是指发包人与承包人在建设工程承包合同中约定,从应付的工程款中预留,用以保证承包人在缺陷责任期内对建设工程出现的缺陷进行维修的资金。缺陷是指建设工程质量不符合工程建设强制性标准、设计文件,以及承包合同的约定。缺陷责任期一般为 1 年,最长不超过 2 年,由发、承包双方在合同中约定。"第 6 条规定:"在工程项目竣工前,已经缴纳履约保证金的,发包人不得同时预留工程质量保证金。采用工程质量保证担保、工程质量保险等其他保证方式的,发包人不得再预留保证金。"第 7 条规定:"发包人应按照合同约定方式预留保证金,保证金总预留比例不得高于工程价款结算总额的 3%。合同约定由承包人以银行保函替代预留保证金的,保函金额不得高于工程价款结算总额的 3%。"第 8 条规定:"缺陷责任期从工程通过竣工验收之日起计。由于承包人原因导致工程无法按规定期限进行竣工验收的,缺陷责任期从实际通过竣工验收之日起计。由于发包人原因导致工程无法按规定期限进行竣工验收的,在承包人提交竣工验收报告 90 天后,工程自动进入缺陷责任期。"因此,在审查质保金预留比例时,原则不得超过 3%,这与《建设工程质量保证金管理办法》(建质〔2016〕295 号)规定的 5% 有所不同。

最后,明确保修的程序。如发包方应在发现问题后多长时间内通知承包方,承包方应在接到通知后多长时间内派人进行维修等。对于发包方而言,通常还可以约定,如果承包方不在约定期限内派人保修的,发包方可以委托他人修理,由此产生的费用在承包方的质量保修金中扣除,如质量保修金不足以支付维修费用,超出部分由承包方全部承担。

【例 5-11】工程质量保修书

X	工程质量保修范围和内容
X.1	乙方在质量保修期内,按照有关法律、法规、规章的管理规定和双方约定,承担本工程质量保修责任。
X.2	工程质量保修的范围及具体内容如下:[ ]。
X.3	本工程项下的工程内容符合国家相关标准、设计标准并与甲方使用目的相一致。

续表

X.4		在本条上述条款中未予约定,但与该工程相连、相关或相通的工程或工作,在合理的理解和公允的判断下应由乙方承担质量保证责任的,乙方应承担相应的质量保证责任。
Y	质量保修期	
Y.1		质量保修期自全部工程竣工验收合格之日**的次日**起算。
Y.2		质量保修期内出现质量问题,质量保修期自乙方修补、返工并经甲方验收合格之日**次日起**重新计算。
Y.3		双方根据《建设工程质量管理条例》及有关规定,约定本工程质量保修期如下:
Y.3.1		基础设施工程、房屋建筑的地基基础工程和主体结构工程,为设计文件规定的该工程的合理使用年限50年;
Y.3.2		屋面防水工程、有防水要求的卫生间、房间和外墙面的防渗漏,为5年;
Y.3.3		供热系统,为2个采暖期;
Y.3.4		电气管线、给排水管道、装修工程,为2年;
Y.3.5		其他工程的质量保修期为1年。
Z	质量保修责任	
Z.1		属于保修范围、内容的项目,乙方应当在接到保修通知之日起[2]天内派人保修。乙方不在约定期限内派人保修的,甲方可以委托他人修理,由此发生的费用在乙方的质量保证金中扣除,如质量保证金不足以支付维修费用,超出部分由乙方全部承担。
Z.2		发生紧急抢修事故的,乙方在接到事故通知后应当立即到达事故现场抢修。
Z.3		对于涉及结构安全质量问题,应当按照《房屋建筑工程质量保修办法》的规定,立即向当地建设行政主管部门报告,采取安全防范措施,由原设计单位或者具有相应资质等级的设计单位提出保修方案,乙方实施保修。
Z.4		质量保修完成后,由甲方组织验收。
W	质量保证金	
W.1		本合同约定的质量保证金为合同价款的[**10**]%,由甲方直接在工程款中扣除。
W.2		属于保修范围、内容的项目,乙方应当在接到保修通知之日起[2]天内派人保修。乙方不在约定期限内派人保修的,甲方可以委托他人修理,由此发生的费用在乙方的质量保证金中扣除,如质量保证金不足以支付维修费用,超出部分由乙方全部承担。
W.3		本工程的质量保证金,在工程竣工验收合格之日起满[12]个月,乙方履行了保修义务且质保金有剩余的,乙方向甲方提出支付申请本次付款的财务收据并经财务部门审核符合要求后,甲方将剩余部分在20个工作日内**不计息**支付给乙方,但乙方仍应履行保修义务直至质量保修期满。

在上例中,需要特别注意要区分"缺陷责任期"和"质量保修期"。缺陷责任期是指承包人按照合同约定承担缺陷修补义务,且发包人扣留质量保证金的期限。

缺陷责任期内,由承包人原因造成的缺陷,承包人应负责维修,并承担鉴定及维修费用。如承包人未履行缺陷维修义务,则发包人可以按照合同约定扣除质量保证金,并由承包人承担相应的违约责任。非承包人原因造成的缺陷,发包人负责维修并承担费用,经承包人同意的,也可以由承包人负责维修,但应支付相应费用。缺陷责任期自实际竣工日期起算。而质量保修期则是指双方在合同中约定的承包方承担保修义务的期限,但不得低于《房屋建筑工程质量保修办法》(建设部令第80号)第7条以及《建设工程质量管理条例》(2019年修订)第40条规定的最低保修期限。显然,承包人负有保修责任并不意味着承担建设工程的质量缺陷责任。保修期间出现质量问题,承包人负责保修,但根据《建设工程质量管理条例》(2019年修订)的规定,保修费用由质量缺陷的责任方承担。缺陷责任期届满,发包人应向承包人颁发缺陷责任期终止证书,并返还相应的质量保证金。例如,上例第W.3款规定的12个月期限就是"缺陷责任期",而第Y.3款规定的各项期限就是"质量保修期"。

在实践中,还应高度重视《施工合同司法解释(一)》的相关规定,该解释第14条[《施工合同司法解释》(2004年)第13条]规定:"建设工程未经竣工验收,发包人擅自使用后,又以使用部分质量不符合约定为由主张权利的,人民法院不予支持;但是承包人应当在建设工程的合理使用寿命内对地基基础工程和主体结构质量承担民事责任。"该规定表明,发包人擅自[①]提前使用的,其工程质量责任风险也由施工单位随之转移给发包人,而且实际竣工之日,依据《施工合同司法解释(一)》第9条第3项的规定,提前至建设工程转移占有(发包人实际使用)之日,未经竣工验收擅自使用,只是推定工程质量合格,但并不免除承包人的保修义务,承

---

① 通常情况下,司法解释所规定的"擅自"系指在建设工程未经过竣工验收或者验收未通过的情况下,发包人违反法律规定进行使用的行为。未经竣工验收,即使承包人同意也应属于擅自使用。参见张家界市湘粤教育科技有限公司、慈利县银澧学校等建设工程施工合同纠纷二审民事判决书[湖南省张家界市中级人民法院(2022)湘08民终500号]。发包人被迫提前使用(如因政府部门为回迁居民要求或因举办会展、文化节而临时使用等)未竣工验收工程,以及因承包人原因导致工程无法验收情形下,发包人使用工程一般不构成"擅自使用",不影响发包人要求承包人承担质量责任的权利。参见中国建筑第六工程局有限公司与天津市天思置业发展有限公司建设工程施工合同纠纷民事裁定书[最高人民法院(2016)最高法民申259号];浙江昆仑建设集团股份有限公司、信阳万国置业有限公司建设工程施工合同纠纷再审民事判决书[河南省高级人民法院(2020)豫民再145号];山东美达建工集团股份有限公司、阿拉山口正裕国际货运代理有限责任公司建设工程施工合同纠纷二审民事判决书[新疆维吾尔自治区博尔塔拉蒙古自治州中级人民法院(2016)新27民终450号];一建公司与聚金公司建设工程施工合同纠纷二审民事判决书[重庆市高级人民法院(2012)渝高法民终字第00175号]。

包人在保修期限和保修范围内仍应承担相应的保修责任①。如果双方发生争议，发包人不得再就擅自使用部分(地基基础工程和主体结构除外)的质量问题提起鉴定②。发包人也不得以工程(地基基础工程和主体结构除外)质量问题为由拒付工程款③。

但依据《建筑法》(2019年修正)第60条第1款"建筑物在合理使用寿命内，必须确保地基基础工程和主体结构的质量"的强制性规定，无论建筑工程是否经过验收、发包人是否擅自使用，如果建筑工程在合理使用寿命内地基基础工程和主体结构质量出现问题，承包人仍然需要承担责任。关于"合理使用寿命"的问题，目前国家还没有统一的规定，具体各类建设工程的合理使用年限要根据建筑物的使用功能、所处的自然环境等因素，由有关技术部门作出判断，依据《住房和城乡建设部关于发布国家标准〈民用建筑设计统一标准〉的公告》(住房和城乡建设部公告2019年第57号，自2019年10月1日起施行)的规定，一般认为按民用建筑的主体结构确定的建筑耐久年限分为四级：一级耐久年限为100年以上，适用于重要的建筑和高层建筑(指10层以上住宅建筑、总高度超过24米的公共建筑及综合性建筑)；二级耐久年限为50—100年，适用于一般建筑；三级耐久年限为25—50年，适用于次要建筑；四级耐久年限为15年以下，适用于临时性建筑，耐久年限即为工程合理使用年限，建设单位如有低于或高于工程合理使用年限要求的，应在合同中予以明确。地基基础和主体结构发生质量缺陷，对是否在合理使用寿命内产生争议的，应首先确定该建筑物的合理使用寿命。已有确定年限的，以该年限为准；无确定年限的，由原设计单位或有权确认的部门确定，并按此确定的年限为准。

需要注意的是，《施工合同司法解释(一)》第17条[《施工合同司法解释》(2018年)第8条]规定："有下列情形之一，承包人请求发包人返还工程质量保证

---

① 参见芜湖吉尔吉新型建材有限公司、芜湖市新安建设有限公司建设工程施工合同纠纷再审审查与审判监督民事裁定书[安徽省高级人民法院(2021)皖民申468号]；齐齐哈尔市非凡建筑装饰工程有限责任公司与泰来县聚洋购物中心有限公司、青海临峰房地产开发有限公司、浙江中业建设集团有限公司建设工程施工合同纠纷再审民事判决书[最高人民法院(2019)最高法民再166号]；泰来县鑫宇房地产开发有限责任公司建设工程施工合同纠纷民事判决书[最高人民法院(2016)最高法民再23号]。

② 参见集贤县天一房地产开发有限公司建设工程施工合同纠纷再审审查与审判监督民事裁定书[最高人民法院(2021)最高法民申2311号]；黑龙江立宏风力发电有限公司、北京天源科创风电技术有限责任公司建设工程施工合同纠纷二审民事判决书[最高人民法院(2020)最高法民终982号]。

③ 参见甘肃三联巨能环保热源科技有限公司、兰州兰石建设工程有限公司建设工程施工合同纠纷民事裁定书[最高人民法院(2021)最高法民申4526号]。

金的,人民法院应予支持:(一) 当事人约定的工程质量保证金返还期限届满;(二)当事人未约定工程质量保证金返还期限的,自建设工程通过竣工验收之日起满二年;(三)因发包人原因建设工程未按约定期限进行竣工验收的,自承包人提交工程竣工验收报告九十日后当事人约定的工程质量保证金返还期限届满;当事人未约定工程质量保证金返还期限的,自承包人提交工程竣工验收报告九十日后起满二年。发包人返还工程质量保证金后,不影响承包人根据合同约定或者法律规定履行工程保修义务。"

值得讨论的一个问题是,质保金与其他部分的工程款是否属于"同一债务",司法实践也存在争议。讨论这一问题的意义在于,它牵涉诉讼时效和保证期间是自各期价款履行期届满日分别起算还是以质保金到期日作为整体起算的问题。一种观点认为,质保金与工程款的性质并无不同,质保金系按照当事人的约定从工程款中预留的部分,属于工程款的一部分,两者为同一债务,只不过按照合同约定分期履行而已[1]。另一种观点认为,质保金虽然系从工程款中预留,但质保金系承包人履行保修义务的担保,与工程款的性质并不相同,两者的支付时间、支付条件(以完成工程量的大小为结算依据)和返还时间、返还条件(以工程质量是否有缺陷为条件)也不相同,应分别计算诉讼时效[2]。应该讲,这两种观点从不同的视角进行解读,都有一定的道理。笔者赞同前一种观点,除前述理由外,笔者认为还有如下理由:第一,从建设工程合同的约定来看,通常都约定了一个固定总价或者预算总价,且就工程预付款、进度款、结算款以及质保金的支付进行了明确的约定,它们属于基于同一合同(法律关系)产生的同一债务的分期履行。第二,工程款与质保金

---

[1] 参见成都怡和天成房地产开发有限公司、四川宏业电力集团有限公司城东分公司建设工程施工合同纠纷再审审查与审判监督民事裁定书[四川省高级人民法院(2020)川民申 2187 号];东莞市圆玄建材贸易有限公司与海南石琼建筑工程公司、中恒建设集团有限公司、株洲清水塘循环经济工业区置业有限责任公司建设工程施工合同纠纷二审民事判决书[湖南省株洲市中级人民法院(2021)湘 02 民终 979 号];天津市滨丽建设开发投资有限公司、天津市桑路工程总公司建设工程施工合同纠纷二审民事判决书[天津市第三中级人民法院(2021)津 03 民终 1682 号];椰树集团有限公司建设工程施工合同纠纷二审民事判决书[海南省第一中级人民法院(2017)琼 96 民终 1213 号]。

[2] 参见再审申请人大连欣田房屋修缮工程有限公司与被申请人大连正治物业管理有限公司建设工程施工合同纠纷民事裁定书[辽宁省高级人民法院(2017)辽民申 2136 号];湖南省第五工程有限公司、岳阳市一人民医院建设工程施工合同纠纷二审民事判决书[湖南省岳阳市中级人民法院(2018)湘 06 民终 2091 号];武汉祥泰源置业有限公司、盛隆电气集团电力工程有限公司建设工程施工合同纠纷二审民事判决书[湖北省武汉市中级人民法院(2019)鄂 01 民终 5482 号]。

的功能、用途的区别并不能改变质保金系从工程款中预留、来源于工程款、属于工程款的本质。第三,如果将工程款、质保金分别计算诉讼时效,将导致同一合同项下的合同价款的诉讼时效被割裂为两部分:一是工程预付款、进度款、结算款从双方办理完毕结算时开始计算诉讼时效;二是工程质保金在质保期限届满应予返还时开始计算诉讼时效。而国家对建设工程有法定的质量保修期要求(如防水工程、防泄漏工程的最低保修期为5年),如果分别计算诉讼时效,则现实生活中很多情况下工程结算纠纷在保修期经过后才发生,此时追诉工程款存在诉讼时效风险。第四,我国法律关于同一债务分期履行诉讼时效计算的规则并未排除当事人在最后一期债务履行期限届满之前进行主张,包括起诉债务人要求履行前面已届履行期限的分期债务。第五,工程款和质保金支付时间、支付条件的区别并不构成分别计算诉讼时效的依据,反而证明二者是同一债务的分期履行。

(八)违约责任条款

在建设工程合同中,明确约定双方的违约责任非常重要,因为此类合同是争议发生的高频领域。

1. 发包人的违约责任条款

对于发包方而言,可能发生的违约责任主要有:(1)逾期支付工程款:发包人不能按时支付工程款的,自逾期之日起按照中国人民银行规定的贷款利率和/或贷款市场报价利率(Loan Prime Rate,LPR)单独或分段计算承担迟延履行期间的利息;(2)未按照约定提供原材料、设备、场地、技术资料等;(3)因自身原因导致工程中途停建、缓建的;(4)未按约定进行隐蔽工程验收或竣工验收等。

工程款的逾期利息涉及三个方面的因素:计息基数、起息日和利率(计付标准)。计息基数包括预付款、进度款、结算款和质保金;对于起息日,《施工合同司法解释(一)》第27条[《施工合同司法解释》(2004年)第18条]规定:"利息从应付工程价款之日开始计付。当事人对付款时间没有约定或者约定不明的,下列时间视为应付款时间:(一)建设工程已实际交付的,为交付之日;(二)建设工程没有交付的,为提交竣工结算文件之日;(三)建设工程未交付,工程价款也未结算的,为当事人起诉之日。"①即按照约定的应付工程款之日开始给付,无约定或约定不明的,按照工程交付之日、提交竣工结算报告之日和起诉之日的顺序确定。对于利率,《施工合同司法解释(一)》第26条[《施工合同司法解释》(2004年)第17条]

---

① 本条与《施工合同司法解释》(2004年)第18条相比较,无实质修改,措辞上修改为"开始计付"。

规定:"当事人对欠付工程价款利息计付标准有约定的,按照约定处理。没有约定的,按照同期同类贷款利率或者同期贷款市场报价利率计息。"①即有约定的按约定处理,无约定的按照同期同类贷款利率或者同期贷款市场报价利率计息。从前述规定可以看出,司法解释将欠付工程款利息在性质上认定为法定孳息。

在实务中,对于预付款,合同一般约定为于开工前 7 日支付;对于进度款,合同一般约定按月或形象进度计付,如约定"进度款应于……或工程计量结果确认后 14 天内予以支付……",但需要明确进度款是否包括因设计变更、签证、索赔等导致的价款调整部分;对于结算款,合同一般约定"结算款应于结算完成后 28 天内予以支付……";对于质保金,合同一般约定质保期届满后工程无质量问题无息返还。

【例5-12】对付款时间没有约定或约定不明,建设工程已实际交付的,交付之日视为应付工程款日,亦系计息之日②

法院裁判:江苏高院认为,《最高人民法院关于审理建设工程施工合同纠纷案件适用法律问题的解释》第十八条规定:"利息从应付工程价款之日计付。当事人对付款时间没有约定或者约定不明的,下列时间应视为付款时间:(一)建设工程已实际交付的,为交付之日。"本案中,左某伟与中交公司之间并未订立书面合同,亦未对付款时间有口头约定,故在工程已实际交付的情况下,应当以交付之日作为应付款日,并自该日起计付欠付工程款的利息。一审审理过程中,双方当事人于 2012 年 12 月 17 日听证、2013 年 10 月 24 日开庭中均明确确认,左某伟施工的路基工程于 2011 年 5 月、桥梁工程于 2011 年 12 月实际交付中交公司。中交公司现主张 2011 年 12 月工程仅完工,并没有验收,不应视为交付,没有依据,不予采信。左某伟施工的工程实际于 2011 年 12 月全部实际交付后,因当事人双方均不能确定具体于 2011 年 12 月的哪一天实际交付,故一审法院自 2012 年 1 月 1 日起计付欠付工程款的利息,符合最高人民法院上述司法解释的规定,并无不当。

此外,建设工程施工过程中,垫资款与工程款看似是完全不同的两种资金,但是在实践中会有重叠和交叉,也会存在名为垫资实为欠付工程款的情况。司法解释对于垫资款产生的利息与欠付工程款所产生的利息规定有所不同。垫资承包施

---

① 本条与《施工合同司法解释》(2004 年)第 17 条相比较,将"中国人民银行发布的同期同类贷款利率"修改为"同期同类贷款利率或者同期贷款市场报价利率"。

② 参见左某伟与中交二公局第一工程有限公司建设工程施工合同纠纷申请再审案[最高人民法院(2014)民申字第 1781 号]。

工,是指在工程项目建设过程中,承包人利用自有资金为发包人垫资进行工程项目建设,直至工程施工至约定条件或全部工程施工完毕后,再由发包人按照约定支付工程价款的项目施工承包方式①。垫资款与欠付工程款的主要区别在于:第一,发生阶段不同。垫资大部分发生在工程施工的初始阶段,双方约定当达到一定工程量时,发包人才支付前期承包人垫付的资金。欠付工程款一般发生在工程施工的过程中或结束时,是发包人应按合同约定支付给承包人而未付的款项。第二,发生意愿不同。垫资是承发包双方的约定,具有合意性,不属于违约行为;而欠付工程价款则是发包人的违约行为,具有被动性。第三,法院对利息的认定不同。垫资利息利率超过垫资时的同类贷款利率或者同期贷款市场报价利率的部分法院不予支持。工程欠款逾期利息,法院一般尊重当事人的约定,高于贷款利率的部分法院一般予以支持。当然,如果逾期利息约定过高,当事人也可请求法院调低逾期利息的计算标准。因此,对于发包人应付给承包人的资金,发包人更倾向于解释为垫资款,而承包人更倾向于解释为欠付工程款。

《施工合同司法解释(一)》第25条规定:"当事人对垫资和垫资利息有约定,承包人请求按照约定返还垫资及其利息的,人民法院应予支持,但是约定的利息计算标准高于垫资时的同类贷款利率或者同期贷款市场报价利率的部分除外。当事人对垫资没有约定的,按照工程欠款处理。当事人对垫资利息没有约定,承包人请求支付利息的,人民法院不予支持。"该条规定明确:

第一,工程垫资必须要有明确约定,否则认定为工程欠款②。如前所述,实践中,原则上工程预付比例不低于合同金额的10%,进度款支付比例不低于工程价款的60%,低于该标准的,一般认为存在垫资行为。但存在垫资行为,并不必然属于工程垫资,司法解释明确规定,垫资必须有明确约定,即使存在垫资行为,若合同或相关协议中并未明确约定垫资事宜,该款项仍会被认定为工程欠款。

第二,当事人对垫资利息没有约定的,视为无利息。而欠付工程款利息无约定的,按照同期同类贷款利率或者同期贷款市场报价利率计息。当事人对垫资利息有约定的,从其约定,但不得超过同期同类贷款利率或者同期贷款市场报价利率,该标准是垫资利息的保护上限。而对于欠付工程款利息的利率,有约定的从其约

---

① 参见海天建设集团有限公司、北海穗丰房地产开发有限责任公司建设工程施工合同纠纷再审审查与审判监督民事裁定书[最高人民法院(2017)最高法民申4260号]。

② 参见芷江侗族自治县工业集中区管理委员会、芷江侗族自治县工业园区投资开发有限责任公司建设工程施工合同纠纷再审审查与审判监督民事裁定书[最高人民法院(2019)最高法民申291号]。

定,未约定的,以同期同类贷款利率或者同期贷款市场报价利率作为下限。

第三,垫资只发生在工程施工期间,工程完工后垫资款的性质转化为工程欠款。如在中国核工业华兴建设有限公司、南京欣网视讯文化传播有限公司等建设工程施工合同纠纷民事二审民事判决书[最高人民法院(2021)最高法民终1241号]中,最高院认为:

案涉合作协议第3.3.7条约定:"欣网视讯公司、马某平、沈某按年15%的融资费率向华兴公司支付财务费用,该财务费用以工程造价形式体现。"案涉2017备忘录第三条进一步约定融资费用结算仍按合作协议约定的原则和方案执行。本案中,案涉工程项目由华兴公司负责融资,案涉工程造价分为施工过程中的工程进度款与竣工验收后的工程结算款,对于以工程进度款体现的融资费性质应当认定为垫资和垫资利息,对于以工程结算款体现的融资费性质应当认定为工程款和工程款利息。

在实践中,建设工程施工合同存在承包人未取得建筑业企业资质或者超越资质等级、实际施工人挂靠、工程必须进行招标而未招标或者中标无效的情形,均会被认定无效。建设工程施工合同无效的,垫资及垫资利息的约定并不属于可参照适用的工程价款约定的内容,垫资和垫资利息亦应按无效约定处理①。根据《民法典》第157条的规定,合同无效或者被撤销后,因该合同取得的财产,应当予以返还或折价补偿。对方因此受到的损失按过错承担相应的责任。所以垫资本金应当作为返还财产的内容,而垫资利息应当属于因此遭受的损失,应根据过错原则予以认定。

在司法实践中,建设工程施工合同的当事方还经常在合同中同时约定发包人逾期支付工程款的利息以及违约金,当发生发包人逾期支付的事实后,承包人是否能够依据合同约定同时主张利息和违约金,成为实践中的争议焦点。对于此问题,主要存在如下三种观点:

第一种观点认为,承包人不能按照合同约定,既请求发包人承担逾期支付工程款的违约金,又同时请求支付相应利息。② 其核心理由在于,违约金是当事人预先约定的对发包人逾期支付工程款导致承包人损失的赔偿额,逾期付款利息就是发包人欠付工程款导致工程款的法定孳息的损失,逾期付款违约金本身就是用来赔

---

① 参见临高县人民政府与林某国、琼华装饰工程有限公司建设工程施工合同纠纷申请再审民事裁定书[最高人民法院(2015)民申字第152号]。

② 参见《浙江省高级人民法院民事审判第一庭关于审理建设工程施工合同纠纷案件若干疑难问题的解答》第21问。

偿利息损失的。如果支持承包人的请求,则存在重复计算的问题。

第二种观点认为,承包人可以按照合同约定,既请求发包人承担逾期支付工程款的违约金,又同时请求支付相应利息。如果当事人在合同中有明确约定,从其约定;反之,仅仅约定承担违约责任,而未约定支付欠付工程款利息的,承包人无权同时请求支付利息。①

第三种观点认为,发包人逾期支付工程款的,合同明确约定承包人可以同时主张逾期付款违约金和利息的,依照其约定。但承包人主张合同约定的违约金和利息之和过分高于实际损失,发包人请求予以适当减少的,可予支持。合同没有约定或约定不明的,对承包人的主张,一般不予同时支持,但承包人有证据证明不足以弥补其实际损失的除外。②

笔者赞同第三种观点。理由在于,通说认为,逾期付款违约金具有赔偿和惩罚的双重性质,而工程欠款利息属于法定孳息,其发生的基础为资金占用而不是违约行为,承担或支付利息作为一项附随义务,与当事人负有的付款责任同时产生,因此,两者在性质上存在明显不同。逾期利息着眼于"利息",衡量的是资金成本问题,而违约金则着眼于"担保",目的是担保合同的履行。法律对逾期利息和违约金共同适用并无禁止性规定,在私法领域,法无禁止即为可行。此外,可以佐证的是,《民间借贷司法解释》(2020年第二次修正)第29条规定:"出借人与借款人既约定了逾期利率,又约定了违约金或者其他费用,出借人可以选择主张逾期利息、违约金或者其他费用,也可以一并主张,但是总计超过合同成立时一年期贷款市场报价利率四倍的部分,人民法院不予支持。"③但在当事人既主张逾期付款违约金又主张利息的情况下,违约金与工程价款利息支付的总额应以实际损失为衡量基础。④

需要说明的是,各地高级人民法院在这一问题上的裁判意见并不统一。例如,《浙江省高级人民法院民事审判第一庭关于审理建设工程施工合同纠纷案件若干

---

① 参见最高人民法院民事审判第一庭编:《民事审判指导与参考》(总第49辑),人民法院出版社2012年版,第266页。

② 参见《北京市高级人民法院关于审理建设工程施工合同纠纷案件若干疑难问题的解答》(京高法发〔2012〕245号)第36条。

③ 另参见《民间借贷司法解释》(2015年)第30条"出借人与借款人既约定了逾期利率,又约定了违约金或者其他费用,出借人可以选择主张逾期利息、违约金或者其他费用,也可以一并主张,但总计超过年利率24%的部分,人民法院不予支持"的规定和《民间借贷司法解释》(2020年)第30条之规定。

④ 参见黑龙江省庆达水利水电工程有限公司、大庆油田牡丹江新能源有限责任公司建设工程施工合同纠纷再审民事判决书[最高人民法院(2017)最高法民再333号]。

疑难问题的解答》(浙法民一〔2012〕3号)第21问"承包人能否一并请求逾期支付工程款的违约金和利息?"认为:承包人不能按照建设工程施工合同的约定,既请求发包人承担逾期支付工程款的违约金,又同时请求支付相应利息。但《北京市高级人民法院关于审理建设工程施工合同纠纷案件若干疑难问题的解答》(京高法发〔2012〕245号)第36问"承包人同时主张逾期支付工程款的违约金和利息的,如何处理?"认为:"建设工程施工合同明确约定发包人逾期支付工程款,承包人可以同时主张逾期付款违约金和利息的,依照其约定,发包人主张合同约定的违约金和利息之和过分高于实际损失请求予以适当减少的,按照《最高人民法院关于适用〈中华人民共和国合同法〉若干问题的解释(二)》第二十九条①的规定处理;没有约定或约定不明的,对承包人的主张,一般不应同时支持,但承包人有证据证明合同约定的违约金或利息单独不足以弥补其实际损失的除外。"《广东省高级人民法院关于印发〈全省民事审判工作会议纪要〉的通知》(粤高法〔2012〕240号)第30条明确:"建设工程施工合同同时约定迟延付款的利息和违约金的,可以同时适用,但二者之和不得过分高于迟延付款的损失,过分高于的认定标准,按照最高人民法院《关于适用〈中华人民共和国合同法〉若干问题的解释(二)》第二十九条的规定把握。"

尽管《合同法司法解释(二)》第29条已经被废止,但最高人民法院发布的《全国法院贯彻实施民法典工作会议纪要》第11条延续了该条的精神,而《民法典合同编通则司法解释》第65条进一步予以了完善,其规定:"当事人主张约定的违约金过分高于违约造成的损失,请求予以适当减少的,人民法院应当以民法典第五百八十四条规定的损失为基础,兼顾合同主体、交易类型、合同的履行情况、当事人的过错程度、履约背景等因素,遵循公平原则和诚信原则进行衡量,并作出裁判。约定的违约金超过造成损失的百分之三十的,人民法院一般可以认定为过分高于造成的损失。恶意违约的当事人一方请求减少违约金的,人民法院一般不予支持。"②

2. 承包人的违约责任条款

对于承包方,可能发生的违约责任主要有:(1)工期拖延;(2)工程质量达不到

---

① 《合同法司法解释(二)》第29条规定:"当事人主张约定的违约金过高请求予以适当减少的,人民法院应当以实际损失为基础,兼顾合同的履行情况、当事人的过错程度以及预期利益等综合因素,根据公平原则和诚实信用原则予以衡量,并作出裁决。当事人约定的违约金超过造成损失的百分之三十的,一般可以认定为合同法第一百一十四条第二款规定的'过分高于造成的损失'。"

② 有关违约金司法酌减的内容,详见笔者所著《合同审查精要与实务指南:合同起草审查的基础思维与技能》(第3版)第15章"合同通用条款的审查:正文通用条款"第4节第2部分。

要求;(3)未按约定交付工程和资料;(4)未按约定履行返修、保修义务;(5)未按约定采购材料设备;(6)施工违反安全要求等。

(九)农民工工资保证金条款

《保障农民工工资支付条例》(国务院令第724号,自2020年5月1日起施行)第32条规定:"施工总承包单位应当按照有关规定存储工资保证金,专项用于支付为所承包工程提供劳动的农民工被拖欠的工资。工资保证金实行差异化存储办法,对一定时期内未发生工资拖欠的单位实行减免措施,对发生工资拖欠的单位适当提高存储比例。工资保证金可以用金融机构保函替代。工资保证金的存储比例、存储形式、减免措施等具体办法,由国务院人力资源社会保障行政部门会同有关部门制定。"第24条第2款规定:"建设单位与施工总承包单位依法订立书面工程施工合同,应当约定工程款计量周期、工程款进度结算办法以及人工费用拨付周期,并按照保障农民工工资按时足额支付的要求约定人工费用。人工费用拨付周期不得超过1个月。"

农名工工资保证金是保障农民工工资支付的一种保障制度。农民工工资保证金以条例的形式出台,将农民工的利益保护上升到行政法规层面。实践中,施工企业应当按照当地行政主管部门的要求,在当地开设专用账户,并按工程建设项目合同造价的一定比例向专用账户存入农民工工资保证金,确保按时支付农民工工资。当施工企业拖欠工资被责令限期支付逾期未支付的,由人力资源社会保障部门或有关行业主管部门申请,经工资保证金监管部门批准,可以动用工资保证金支付拖欠工资。工程项目完工后,未发现拖欠工资的,该保证金予以退还。因此,对发包方而言,通常会在建设工程施工合同中对总承包单位提出农民工工资支付方面的要求。例如(乙方为施工总承包单位,甲方为建设单位):

乙方应当依法与所招用的农民工订立劳动合同并进行用工实名登记,未与乙方订立劳动合同并进行用工实名登记的人员,不得进入项目现场施工;乙方应加强劳动用工管理,依法按时足额支付农民工工资,妥善处理与农民工工资支付相关的矛盾,如本项目发生农民工集体讨薪事件的,乙方应在事件发生后立即通知甲方,并向工程所在地人力社会保障行政部门和相关行业工程建设主管部门报告有关情况。

……

人工费用按月支付,在甲方和监理单位对乙方提交的相关资料完成审查后日内,乙方向甲方开具与本次付款等额的合法有效的增值税专用发票,在甲方收到乙方发票并审核无误后,于每月[ ]日前支付上月人工费用,人工费用将支付至乙方开设的农民工工资专用账户中。

(十)工程款支付担保条款

《保障农民工工资支付条例》第 24 条第 1 款规定:"建设单位应当向施工单位提供工程款支付担保。"工程款支付担保虽然不是保证金,但作为一种重要的担保措施被写入了行政法规。工程款支付担保是发包人向承包人开具的保证按时向承包人支付工程款的一种担保措施。如发包人未按期支付工程款,承包人可以对该担保措施行使权利。例如,双方可以约定:

本合同生效后[　]日内,甲方向乙方提供一份价值为合同总价款[　]%(数额为人民币[　]元)的银行保函作为工程款支付担保。该工程款是指本合同约定的除工程质量保证金以外的合同价款。银行保函的有效期间为自本合同生效之日起至本合同约定的工程款支付完毕之日止。乙方须在甲方将本合同约定的工程款支付完毕后[　]日内将支付担保银行保函返回甲方。

但实践中,很少有发包人向承包人提供这样的工程款支付担保。

(十一)管辖条款

对于建设工程施工合同纠纷,《民事诉讼法司法解释》(2022 年修正)第 28 条第 2 款规定:"农村土地承包经营合同纠纷、房屋租赁合同纠纷、建设工程施工合同纠纷、政策性房屋买卖合同纠纷,按照不动产纠纷确定管辖。"《民事诉讼法》(2023 年修正)第 34 条规定,因不动产纠纷提起的诉讼,由不动产所在地人民法院管辖。因此,在该司法解释颁布实施后,建设工程施工合同纠纷应当由不动产所在地人民法院专属管辖,与先前司法实践中将建设工程施工合同纠纷作为合同纠纷适用地域管辖明显有所改变。在拟定和审查管辖条款时,需要注意这一点。

建设工程施工合同纠纷应适用专属管辖,这点毋庸置疑,实践中常出现争议的是与建设工程有关的其他纠纷①是否同样适用专属管辖。如对于建设工程设计合同纠纷,按照一般合同纠纷来确定管辖还是适用专属管辖,在司法实践中各法院的做法并不统一。一种观点认为应按一般合同纠纷来确定管辖。如在中外建华诚工程技术集团有限公司、北京贞玉民生药业有限公司建设工程设计合同纠纷民事裁定书[最高人民法院(2021)最高法民辖 16 号]中,最高院认为:

---

① 根据《最高人民法院关于印发修改后的〈民事案件案由规定〉的通知》(法〔2020〕347号)的相关规定,三级案由"建设工程合同纠纷"包括 9 类四级案由:建设工程勘察合同纠纷、建设工程设计合同纠纷、建设工程施工合同纠纷、建设工程价款优先受偿权纠纷、建设工程分包合同纠纷、建设工程监理合同纠纷、装饰装修合同纠纷、铁路修建合同纠纷和农村建房施工合同纠纷。

《最高人民法院关于适用〈中华人民共和国民事诉讼法〉的解释》第二十八条第二款规定，农村土地承包经营合同纠纷、房屋租赁合同纠纷、建设工程施工合同纠纷、政策性房屋买卖合同纠纷，按照不动产纠纷确定管辖。法律规定不动产纠纷由不动产所在地人民法院管辖，便于受诉人民法院勘验现场，调查收集证据，也便于裁判生效后的执行工作。在实践中，有些涉及不动产的合同纠纷具有一定特殊性，如农村土地承包经营合同纠纷、房屋租赁合同纠纷、政策性房屋买卖合同纠纷，双方的争议除涉及合同的订立、履行等，还涉及当地的土地承包经营政策和房地产宏观调控政策，由不动产所在地法院专属管辖，有利于案件审理与执行。

本案中，建华诚公司以与贞玉民生药业公司存在建设工程设计合同纠纷为由，起诉至法院请求判令支付设计费等费用。《民法典》第七百八十八条规定，建设工程合同是承包人进行工程建设，发包人支付价款的合同。建设工程合同包括工程勘察、设计、施工合同。这三种合同均属为建设房屋而订立的合同，但是各自具有不同的特点。工程勘察合同是指发包人与勘察人就完成建设工程地理、地质状况的调查研究工作而达成的协议；设计合同是在建设工程为项目决策提供可行性资料的设计及具体施工设计达成的协议；施工合同主要包括建筑和安装两方面内容。在审理建设工程施工合同纠纷中，建设工程施工合同的履行基本是在建设工程所在地，即不动产所在地，其争议会经常涉及建筑物工程造价评估、质量鉴定、留置权优先受偿、执行拍卖等，故由不动产所在地法院管辖。依照《民事案件案由规定》的有关规定，与建设工程施工合同具有同样性质、具有建筑和安装内容的建设工程分包合同纠纷、装饰装修合同纠纷、铁路修建合同纠纷、农村建房施工合同纠纷，其合同履行基本也在建筑物所在地，故应适用不动产专属管辖，同时建设工程价款优先受偿权纠纷、建设工程监理合同纠纷与建设工程施工具有密切关联性，同样应适用不动产专属管辖。虽然建设工程勘察合同、建设工程设计合同的履行与工地有一定的联系，如设计合同，设计工作必须从工地勘察开始，但设计工作主体实际是在设计单位内完成；勘察合同的履行尽管数据采集等大部分工作在工地进行，但后期作图、报告制作等也是在承揽单位完成，故建设工程勘察合同纠纷、建设工程设计合同纠纷不应适用不动产专属管辖。

最高人民法院（高民智）曾在《人民法院报》2015年8月27日第5版发表《关于民诉法解释中的管辖若干问题的理解与适用》一文，该文认为：应当按照不动产纠纷由不动产所在地法院专属管辖的建设工程施工合同纠纷，不限于《民事案件案由规定》的建设工程合同纠纷项下的第3类四级案由"建设工程施工合同纠纷"，而应当包括该项下的与建设工程施工相关的案件：第3类，建设工程施工合同纠纷;第4类,建设工程价款优先受偿权纠纷;第5类,建设工程分包合同纠纷;第6类,建设工程监理合同纠纷;第7类,装饰装修合同纠纷;第8类,铁路修建合同纠纷;第9类,农村建房施工合同纠纷。其中并未包含第1类建设工程勘察合同纠纷和第2类建设工程设计合同纠纷,可见这两类纠纷不应适用不动产所在地人民法院专属管辖。

另一种观点认为应适用不动产所在地人民法院专属管辖。例如,在苏州工业园区九寸钉空间设计工作室与南阳市万泓房地产开发有限公司管辖裁定书[江苏省苏州市中级人民法院(2020)苏05民辖终43号]中,苏州市中院认为"建设工程设计合同纠纷属于建设工程施工合同纠纷范畴",应由不动产所在地人民法院管辖。又如,在南京金鸿装饰工程有限公司、南京里外装饰工程设计有限公司建设工程设计合同纠纷管辖权异议民事裁定书[江苏省泰州市中级人民法院(2019)苏12民辖终217号]中,泰州市中院认为:"建设工程设计活动与工程现场紧密关联,对于合同义务的履行情况需结合现场及当地建设主管部门的相关文件进行认定,故建设工程设计合同与施工合同一样,亦应适用专属管辖。"

司法实践虽然对设计合同是否适用专属管辖有不同理解,但更多的裁判结果认为设计合同不适用专属管辖。笔者亦赞同这一观点。

主流裁判观点认为,尚未开工建设的建设工程施工合同纠纷以及达成结算协议的建设工程施工合同纠纷,因最高院的司法解释并未将此类案件的纠纷进行施工前、施工中、竣工后等时段划分,均适用专属管辖[1]。但对于达成结算协议的建设工程施工合同纠纷,也有法院认为建设工程施工合同已经履行完毕,形成新的法律关系,应按一般的合同纠纷确定管辖[2]。工程款债权转让的,债务人与受让人因债务履行发生纠纷的,因该债权源于建设工程施工合同,应依据建设工程施工合同法律关系确定管辖,故仍适用专属管辖[3]。

---

[1] 参见刘某、余某荣等建设工程施工合同纠纷管辖民事裁定书[新疆维吾尔自治区昌吉回族自治州中级人民法院(2023)新23民辖终29号];中煤建工集团建设有限公司、四川诚信悦劳务有限公司建设工程施工合同纠纷管辖民事裁定书[四川省绵阳市中级人民法院(2021)川07民辖终49号]。

[2] 参见三门峡美利邦装饰工程有限公司建设工程合同纠纷二审民事裁定书[河南省洛阳市中级人民法院(2021)豫03民终1183号]。

[3] 参见北京国电中兴电力建设工程有限公司与河南青建置业有限公司、河南九嘉置业有限公司建设工程合同纠纷民事裁定书[最高人民法院(2020)最高法民辖72号];王某洲与江苏鼎鑫建设工程有限公司管辖民事裁定书[青海省高级人民法院(2019)青辖1号];安徽乾坤建设工程有限公司、张某债权转让合同纠纷管辖民事裁定书[安徽省宣城市中级人民法院(2020)皖18民辖终56号]。

第6章 运输合同起草、审查精要与实务

> **内容概览**
>
> 运输合同是承运人将旅客或者货物从起运地点运输到约定地点,旅客、托运人或者收货人支付票款或者运输费用的合同。可以分为客运合同和货运合同。一般非运输企业主要涉及货运合同,本专题以货物合同为主进行合同审查介绍。
> 本章包含如下内容:
> - √ 运输合同的概念与种类
> - √ 公路运输合同的审查

第一节 运输合同的概念与种类

《民法典》第809条规定:"运输合同是承运人将旅客或者货物从起运地点运输到约定地点,旅客、托运人或者收货人支付票款或者运输费用的合同。"其中的"承运人"并非指具体从事驾驶服务的人员或售票的客运站等,而是指订立运输合同的"承运人"。[①]

运输合同根据运输对象的不同,分为客运合同和货运合同。客运合同是承运人与旅客关于承运人将旅客及其行李安全运送到目的地,旅客为此支付运费的合同。客运合同一般采用票证形式,如车票、船票、机票等。货运合同,是指当事人为完成一定数量的货运任务,约定承运人使用约定的运输工具,在约定的时间内,将

---

① 参见《海商法》第42条规定:"承运人",是指本人或者委托他人以本人名义与托运人订立海上货物运输合同的人。《民用航空法》第137条对"缔约承运人"作了解释:本节所称缔约承运人,是指以本人名义与旅客或者托运人,或者与旅客或者托运人的代理人,订立本章调整的航空运输合同的人。

托运人的货物运送到约定地点交由收货人收货并收取一定运费而明确相互权利义务的协议。根据运送工具的不同,运输合同可分为铁路运输合同、公路运输合同、水路运输合同、航空运输合同等。

货运合同,是指承运人将货物从起运地点运输到约定地点,托运人或者收货人支付运输费用的合同。一般情况下,物流企业在货物运输合同中作为承运人,享有依约收取运费的权利,同时负有在约定的期间或者合理的期间内将货物安全运输到约定地点的义务。货物运输合同按运输方式的不同可以分为:铁路货物运输合同、公路货物运输合同、水路货物运输合同、航空货物运输合同与管道货物运输合同等。其中公路运输,也就是陆路运输,因具有较强的机动性和较高的效率而成为国内中短途运输的主力,也是目前大多数物流企业的主要业务。公路货物运输合同纠纷也因此占到货物运输合同纠纷的大半壁江山。同时,其他形式的货物运输在性质和法律适用上都有很多特殊的地方。在此背景下,限于篇幅,笔者着重从法律层面分析公路货物运输合同的相关要点,并讨论如何把握与防范公路货物运输合同常见的法律风险。

第二节　公路运输合同的审查

一、公路运输合同的框架结构

一般而言,公路货运合同应包括如下主要条款:

✓ 托运人、收货人和承运人的名称(姓名)、地址(住所)、法定代表人、联系电话、邮政编码等主体信息;

✓ 货物信息,包括名称、性质(是否属于易燃、易爆、有毒、有腐蚀性、有放射性的危险物品等)、规格、重量、数量、体积等;

✓ 装货地点、卸货地点、运输距离;

✓ 货物的包装方式;

✓ 承运日期和运到期限;

✓ 运输形式(零担、速递、联运等);

✓ 装卸方式与装卸责任;

✓ 货物价值,是否保价、是否购买保险及保险费用承担;

✓ 运输费用的确定与结算方式;

✓ 违约责任及争议解决方法等。

根据具体情况的不同,货运合同中还可能包含其他一些条款。例如,运输破损、履约保证金、赔偿等条款。

二、托运人或代理人的主体资格审查

《民法典》第143条规定:"具备下列条件的民事法律行为有效:(一)行为人具有相应的民事行为能力;……"因此,公司在签订运输合同时,应当特别注意审查签订合同的对方的主体资格是否符合法律规定,要与有民事责任能力的个人或法人签订合同。对方是个人的,应当注意查验对方的有效身份证件,如身份证、驾驶证等,确保对方为年满18周岁的成年人。对方是法人的,应当注意查验对方的营业执照以及相应的资质证书(道路运输经营许可证以及车辆营运证),尤其注意对方是否有运输资质。

《道路运输条例》(2023年修订)第24条第1款、第2款规定:"申请从事货运经营的,应当依法向市场监督管理部门办理有关登记手续后,按照下列规定提出申请并分别提交符合本条例第二十一条、第二十三条规定条件的相关材料:(一)从事危险货物运输经营以外的货运经营的,向县级人民政府交通运输主管部门提出申请;(二)从事危险货物运输经营的,向设区的市级人民政府交通运输主管部门提出申请。依照前款规定收到申请的道路运输主管部门,应当自受理申请之日起20日内审查完毕,作出许可或者不予许可的决定。予以许可的,向申请人颁发道路运输经营许可证,并向申请人投入运输的车辆配发车辆营运证;不予许可的,应当书面通知申请人并说明理由。"依据前述规定,在实务中,从事货运经营业务需要取得《道路运输经营许可证》。若运输人缺乏该许可证,是否导致运输合同无效呢?这涉及违反前述第24条第2款规定是否构成因违反强制性规定而导致运输合同无效的问题。在司法实践中,各地法院的裁判并不统一。

例如,在北京瀛正日尚装饰装潢有限公司与赵某运输合同纠纷一审民事判决书[北京市第一中级人民法院(2013)一中民终字第14449号]①中,法院认为:

《中华人民共和国道路运输条例》规定:"申请从事危险货物运输经营以外的货运经营的,应当向县级道路运输管理机构提出申请;依照前款规定收到申请的道路运输管理机构,应当自受理申请之日起20日内审查完毕,作出许可或者不予许可的决定。予以许可的,向申请人颁发道路运输经营许可证,并向申请人投入运输的车辆配发车辆营运证;货运经营者应当持道路运输经营许可证依法向工商行政管理机关办理有关登记手续。"本案中,鉴于赵某系个人,其本身不具有从事公路货

---

① 类案参见宋某与李某伟公路货物运输合同纠纷一审民事判决书[江西省萍乡市湘东区人民法院(2019)赣0313民初268号]。

物运输的经营资质，故其与瀛正日尚公司签订的道路运输合同因违反法律法规的强制性规定而应当确认为无效。

但在深圳市福鑫记饮食管理有限公司与赵某年运输合同纠纷二审民事判决书[广东省深圳市中级人民法院(2016)粤03民终10193号]①中，法院认为：

本院认为，本案争议焦点为涉案《运输服务合同》是否有效。上诉人根据《中华人民共和国道路运输条例》第二十五条的规定，以被上诉人不具有《道路运输经营许可证》，不具有道路货运经营主体资格为由，主张涉案《运输服务合同》无效。而《中华人民共和国道路运输条例》第二十五条规定，从事危险货物运输经营以外的货运经营的，向县级道路运输管理机构提出申请；依照前款规定收到申请的道路运输管理机构，应当自受理申请之日起20日内审查完毕，作出许可或者不予许可的决定。予以许可的，向申请人颁发道路运输经营许可证，并向申请人投入运输的车辆配发车辆营运证；不予许可的，应当书面通知申请人并说明理由。货运经营者应当持道路运输经营许可证依法向工商行政管理机关办理有关登记手续。从上述内容来看，该规定主要是对货运经营者以及货运车辆市场准入资格进行审核的管理性规范，并未明确规定没有取得道路运输经营许可证的货运经营者所签订的运输合同无效。

根据《中华人民共和国合同法》第五十二条的规定，违反法律、行政法规强制性规定的合同无效。《最高人民法院关于适用〈中华人民共和国合同法〉若干问题的解释(二)》第十四条则规定，合同法第五十二条第(五)项规定的"强制性规定"，是指效力性强制性规定。而《中华人民共和国道路运输条例》第二十五条的上述规定并非效力性强制性规定，因此上诉人以此为由主张双方签订的运输合同无效，依据不足，本院不予支持。被上诉人赵某年虽没有取得道路运输经营许可证，但其为上诉人提供运输服务使用的运输车辆是挂靠在深圳市诚智远汽车服务有限公司名下具有道路运输证的车辆，深圳市诚智远汽车服务有限公司亦取得了道路运输经营许可证，被上诉人为此已经提交了相应证据予以证明，被上诉人为上诉人提供运输服务的行为并无不当。上诉人主张被上诉人提交的挂靠车辆与本案无关，并非被上诉人平时为其提供服务的车辆，没有提供证据证明，本院不予采信。

尽管从既往主流裁判观点来看，《道路运输条例》的该条规定系管理性强制性规定，但从实务来看，在审查运输人主体资格时应要求对方出示道路运输经营许可证以及相应的车辆营运证，以保证货物运输合同的有效性。在《民法典合同编通则

---

① 类案参见克拉玛依佳运工贸有限责任公司与李某利公路货物运输合同纠纷二审民事判决书[新疆维吾尔自治区克拉玛依市中级人民法院(2015)克中民二终字第151号]。

司法解释》出台后,应根据其第 16-18 条规定判断合同效力,司法实践如何具体适用这些规定还有待观察。

实务中,还需要区分运输合同与货运代理合同。后者是指委托人和受托人约定由受托人为委托人处理货物运输及相关业务的合同。货运代理合同本质上是委托合同的一种,适用《民法典》合同编典型合同分编第 23 章"委托合同"的规定。在货运代理中,受托人(货运代理方)不直接承担运输义务,除从事国际货物运输代理、国内航空货运代理等的企业外,法律法规对其也没有特别资质要求,且其对于货物在运输过程中出现的经济损失一般不负赔偿责任(过错责任原则)。

三、运输货物与运输服务条款

对于货运合同而言,首先需要明确的是运输的货物以及承运人提供的运输服务的内容,需要做到明确、具体。在货物运输条款,应明确承运货物的名称、品牌、性质(是否属于易燃、易爆、有毒、有腐蚀性、有放射性的危险物品等)、规格/型号、数量、价格、包装形式和生产厂商等信息,涉及货物众多的,可以采用附件表格的形式载明;在货物运输条款,应明确承运人提供的运输服务的具体项目、运输起运地、目的地、路线等,可以附件形式载明。

【例 6-1】运输货物与运输服务条款

X	运输货物
X.1	本合同项下乙方承运的货物为:[　　　　　　]。
X.2	乙方每次承运货物的品种、规格、数量等以本合同有效期内甲方向乙方发出的运输通知单载明的货物信息为准。
Y	运输服务内容
Y.1	本合同有效期内,甲方有权要求乙方提供以下一项或多项运输服务:
Y.1.1	将货物从甲方运输至甲方指定客户处;
Y.1.2	将甲方指定客户处的包装物运输至甲方或甲方指定地点;
Y.1.3	将货物在甲方指定的甲方或甲方关联公司的仓库之间进行运输。
Y.2	本合同项下乙方送货区域、甲方客户及甲方(含甲方关联公司)仓库地址详见合同附件[　　　　　　]。
Y.3	若甲方在本合同有效期内提出本条上述两款规定之外的运输服务要求,乙方应予以积极配合,且双方应签订补充协议以明确各自的权利义务,补充协议签订后,乙方可执行。

此外,对于承运人,在接收托运货物时也务必认真查看托运货物的包装是否完好、是否符合运输合同约定,查验货物的名称、性质、重量、数量、收货地点等是否与运输合同相符,审核托运人保价的金额或者声明的金额与货物实际价值是否基本相符,审查需要办理审批、检验等手续的货物是否已办理完有关手续,检查属于易燃、易爆、有毒、有腐蚀性、有放射性等危险物品的货物是否已按照国家有关危险物品运输的规定对危险物品妥善包装并作出危险物标志和标签等,如出现违法或与运输合同不符的情形应及时告知托运人,并留下由托运人签署认可的书面记录,或者依法拒绝接收,否则,承运人对货物的签收就意味着认可托运货物符合法律规定及运输合同的约定,托运人已经履行了法定及约定义务,之后即便是因托运人原因导致的货物短少、损毁等风险也依法由承运人承担。

四、运输工具的要求

运输工具的要求条款是对承运人用于运输的运输工具(车辆)进行具体约定的条款。主要包括运输车辆自身的性能要求、检测和维护要求、驾驶人员的要求、载重的要求以及不得运输危险有害物质的要求等。

【例6-2】运输工具要求条款

X	运输工具的要求
X.1	乙方承诺在本合同项下用于运载货物的车辆须为性能良好的车辆,为此,乙方将定期对运输车辆进行检测,以满足运载性能要求。
X.2	乙方应为本合同项下车辆配备拥有合法手续的、专业的驾驶人员,**并配备必要的装卸人员**。
X.3	乙方承诺本合同项下运输车辆符合《中华人民共和国食品安全法》等法律法规的规定,未装载过农药、兽药、重金属等危害人体健康的有毒有害物资,且运输时不得搭载有毒有害物质、动物、易造成运输货物污染的物质以及其他任何非经甲方同意搭载的物质。
X.4	**乙方承诺本合同项下运输车辆的法定装载能力满足甲方要求,严格按核定的载重量进行装载,长、宽、高不得违反《中华人民共和国道路交通安全法》等法律法规的规定,否则因此导致的罚款等一切损失概由乙方承担。**
X.5	乙方保证具有足够的运输能力满足甲方的运输要求,按时按量完成甲方下达的运输任务。

五、运输流程和要求

运输流程和要求条款主要解决的是托运人和运输人在运输合同履行中有关程

序性要求的问题。主要涉及托运人发出运输通知单、承运人接单处理;装货;运输;卸货与货物签收、回单,以及涉及货物回空的回空条款等。

【例6-3】运输流程和要求条款

X	运输流程和要求
X.1	发单和接单
X.1.1	甲方应提前[　]小时向乙方发出运输通知单,乙方接到上述运输通知单后应立即积极组织运力,并书面回复承运车辆车牌号、司机姓名及联系方式,为甲方提供有效的运输保障。如遇特殊情况则不受上述时间的限制,乙方也应尽可能地安排合适的运力保障货物及时运送。
X.1.2	乙方应指定专门的授权委托人负责办理接单、运力调派、开票、提货等事宜。本合同项下乙方授权委托人为:[　　　],联系方式:[　　　],如变更,乙方应提前通知甲方并另行提供书面的授权委托书。
X.1.3	乙方的授权委托人、驾驶人员或其他人员进入甲方厂区必须遵守甲方的厂纪厂规等各项规章制度。
X.2	装货
X.2.1	乙方凭甲方运输通知单提货,乙方车辆进出甲方厂区及装载过程中,均应严格遵守甲方的各项管理规定,服从甲方人员的指挥,按序排队,先进先出。
X.2.2	装货时,乙方车辆应停靠指定车位,依据运输通知单记载信息,乙方应与甲方核对装载运输货物的名称、品种、规格、数量,无异议后签字交接。
X.2.3	乙方应根据运输货物的性质以及运输安全需要,自行确定防护、捆绑方式,确保安全、防雨、防晒、防寒,不得影响运输货物的外观和品质,如甲方对此有专门规定,乙方承诺完全遵守;对不符合上述要求的,甲方有权禁止其车辆出厂,且不论车辆是否出厂,凡因此造成的损失概由乙方承担。
X.3	运输过程
X.3.1	乙方承诺严格执行甲方的运输安排,保证按甲方要求及时送货到位。
X.3.2	到货时间要求为:[　　　　　　]。
X.3.3	运输过程中如遇意外情况,在及时征得甲方同意后乙方方可变动原计划安排,即使征得了甲方同意,乙方也应尽可能地完成运输任务。
X.3.4	乙方必须严格遵守国家关于道路运输和交通安全的法律法规,否则造成的损失概由乙方承担。
X.3.5	乙方在运输过程中如发生货物损毁事故(包括但不限于行车事故、偷盗等),不论事故原因,凡因此给甲方造成的损失概由乙方承担。

续表

X.4	卸货和签单
X.4.1	乙方应充分配合收货人卸货,满足收货人合理卸货要求。
X.4.2	乙方必须要求收货人在运输通知单上签收所收货物的品种、规格、数量、收货时间[及回空品种、规格、数量]等内容,必须监督收货人或经其授权的经办人签署全名[并加盖收货人公章]。
X.4.3	乙方对收货人签收信息与运输通知单记载信息之间的各项差异向甲方承担赔偿责任,并对收货人签收的真实性负责,对因此导致的甲方损失承担责任。
X.5	回单
X.5.1	乙方应于货物送达后[　]小时之内将完整的收货人按本合同第X.4.2项签收的运输通知单(下称回单)交给甲方。
X.5.2	乙方如将回单遗失或毁损回单导致其无法使用,应赔偿甲方因此而受到的损失。
X.6	回空
X.6.1	乙方应按甲方的要求在收货人处回收包装物。
X.6.2	乙方在收货人处装载包装物的等候时间最多不超过[　]小时,若超过应及时通知甲方;如甲方要求延时装货,则按每小时[　]元计算给予乙方补偿。
X.6.3	乙方应按甲方回空瓶箱验收标准对甲方客户的回空包装物进行检验,以避免收回不合格的包装物;甲方有权对乙方回空的包装物进行检验,若发现不合格包装物,由乙方向甲方承担赔偿责任(具体检验及赔偿标准详见附件[　　　])。
X.6.4	如甲方需要乙方空车至甲方客户处进行回空,乙方必须执行。

依据《民法典》的规定,收货人负有两项权利(义务):一是及时提货,若逾期提货应向承运人支付保管费等费用;二是检验货物,若在约定期限或合理期限内未履行检验义务则视为承运人已按约交付。具体如下:

第一,收货人及时提货的义务。《民法典》第830条规定:"货物运输到达后,承运人知道收货人的,应当及时通知收货人,收货人应当及时提货。收货人逾期提货的,应当向承运人支付保管费等费用。"因此,在货物(尤其是鲜活物品)运输到达后,承运人应当按照货物运输合同中约定及时通知收货人收货或送货上门,合同中约定的联系方式或地址有误无法联系到收货人,或收货人拒绝收货、逾期提货的,承运人应当及时将相关情况通知托运人,并同时采取合适的方式予以保管,或者依法予以提存、变卖,或者依照运输合同约定退回至托运人,在此情况下,妥善处置托运货物是承运人的义务,如果因承运人的原因导致损失扩大,承运人对扩大的损失承担赔偿责任。同时,承运人应当仔细核对收货人的身份信息,应确保实际收货人与运输合同中托运人指定的收货人相符,以避免错误送达招致托运人的索赔。

第二,收货人检验货物的权利(义务)。在履行货物运输合同的过程中,货物运达目的地后的验货环节,是全面履行运输合同、划清责任、避免纠纷与争议的重要环节。《民法典》第 831 条规定:"收货人提货时应当按照约定的期限检验货物。对检验货物的期限没有约定或者约定不明确,依据本法第五百一十条的规定仍不能确定的,应当在合理期限内检验货物。收货人在约定的期限或者合理期限内对货物的数量、毁损等未提出异议的,视为承运人已经按照运输单证的记载交付的初步证据。"因此,在约定的或合理的期限内对货物进行检验不仅是收货人的权利(义务),也是承运人减少自身法律风险的重要途径。因此,若收货人对货物验收合格,承运人应当注意保存相应的书面材料。

第三,值得展开讨论的是当收货人与托运人不一致时,运输合同的法律性质。笔者认为,这种合同属于不真正的利益第三人合同(《民法典》第 522 条第 1 款),其在合同明确约定收货人可以直接向承运人主张债务的情况下才构成真正的利益第三人合同(《民法典》第 522 条第 2 款)。既然收货人不是运输合同的当事人,为何《民法典》第 830 条、第 831 条在其身上附加了提货、检验的义务? 因为在利益第三人合同中,收货人属于既得利益者,作为受领人,其负担提货、检验之义务显属应有之义,这些义务都属于不真正义务,因为违反该义务并不会导致其承担民事责任,只会减损其权利。

六、运输费用、支付主体与结算方式

货物运输费用及结算方式是货运合同的重要条款之一。它主要涉及运输费用单价和总额的确定,运费支付主体以及结算方式(包括时间、地点、数额以及票据等)的确定。

【例 6-4】运输费用及结算方式条款

X	运输费用及结算方式
X.1	本合同项下运输单价为[　　　　　　　　　　　　　]。
X.2	本条上款规定的运输单价已包含运输过程中的油费、过路费、过桥费、保险费以及乙方按本合同规定装卸货物所需费用等一切费用,该价款为甲方按本合同规定条件实现运输货物以及回空目的所须支付的全部价款,除此以外,甲方不再对乙方承担任何支付义务。
X.3	本合同项下运费按月结算;乙方应于每月[　　]号前(遇节假日顺延)向甲方递交上月的运费汇总和运输明细,供甲方核查;甲方在收到后[　　]个工作日内完成核查,核查无误且甲方收到乙方开具的合法有效的同等金额增值税专用发票后[　　]个工作日内足额支付给乙方。

如果涉及运输的货物众多,上述运输单价条款可以表格的形式明确线路、运输距离、运输方式等详细内容。

在哈密海达工贸有限责任公司、中煤科工集团沈阳设计研究院有限公司新疆分公司运输合同纠纷再审审查与审判监督民事裁定书[最高人民法院(2018)最高法民申 5466 号]中,最高院认为:

关于海达工贸公司主张增加运距差价款的问题。首先,双方合同约定的运输单价为综合固定价格,合同履行中双方并未对合同价格条款予以变更,且海达工贸公司在月结算中从未主张增加运距差价款,应视为其对于已经结算的价款并无异议。海达工贸公司称实际运距超过合同约定运距,提前解除合同使其造成损失,但该问题属于合同解除的过错认定及责任承担问题,海达工贸公司并无证据证明其履约超过约定范围或中煤科工新疆分公司存在违约行为,其对前期运距较长属于明知,也未提出异议,故海达工贸公司以其前期实际运距大于合同约定运距主张增加运距差价款,无事实和法律依据。

从上述案件可以看出,若双方合同约定的运输单价为综合固定价格,合同履行中双方并未对合同价格条款予以变更,且一方在月结算中从未主张增加运距差价款的,应视为其对于已经结算的价款并无异议。

另外,关于收货人是否负有支付运费的义务,存在争议。一种观点认为,在托运人未支付运费的情况下,收货人负有支付运费的义务。理由如下:其一,这符合《民法典》第 809 条关于运输合同定义之构成要素"旅客、托运人或者收货人支付运输费用",第 813 条"托运人或者收货人应当支付……运输费用"以及第 836 条承运人行使留置权的前提条件是"托运人或者收货人不支付运费、保管费或者其他费用"的规定。其二,在利益第三人合同中,收货人之所以作为第三人享有合同利益,通常是因为托运人与收货人之间存在基础的原因关系。从此意义上讲,为保护运输合同相对方承运人的利益(毕竟运输合同项下的主要义务其已经履行完毕),在托运人不支付运费时,应附加收货人支付运费的义务,至于托运人与收货人之间的纠纷与承运人无关。其三,在很多运输业务场合,"运费到付"是交易习惯或者行业惯例。因此该观点认为,若运输合同约定托运人支付运费,从其约定;若运输合同约定收货人支付运费,或者无书面运输合同、运输合同未约定或者约定不明,且托运人未支付运费的,由收货人支付运费。另外一种观点认为,即便运输合同约定"运费到付",但基于合同相对性原则,该约定仅约束托运人和承运人,不能约束收货人。依据《民法典》第 523 条"当事人约定由第三人向债权人履行债务,第三人不履行债务或者履行债务不符合约定的,债务人应当向债权人承担违约责任"之规定,若收货人拒付运费,则承运人只能向托运人主张支付运费。这也是我国目前司法实践中采用的基本观点①。

对于货物运输合同项下运输费用支付的主体,《民法典》第813条规定为"托运人或者收货人","托运人或者收货人"作为运输支付主体究竟是共同的,还是二选一,如何具体确定的问题,最高院认为,总体而言,除非合同另有不同约定,托运人作为运费支付主体是原则性的、无条件的,而收货人作为运输费用支付主体是例外的或者有条件的。收货人原则上不是运输费用支付的义务主体,即使实践中收货人实际支付了运输费用,也未必就意味收货人在运输合同项下本身有义务支付(不排除买卖合同中约定作为买方的收货人有支付运费的义务)。在一般货物运输合同下,即使运输合同约定由收货人支付运费,因收货人没有参与运输合同的订立,该约定属于托运人与承运人之间的约定,根据合同相对性原则,该约定并不能当然约束收货人;如果收货人拒绝提货,承运人不能基于上述运输合同的约定向收货人主张运输费用,承运人只能向托运人主张运输费用。在收货人主张提货情况下,无论运输合同是否约定运输费用由收货人支付,如果没有人支付运输费用,承运人可以行使抗辩权或者留置权拒绝交付货物,这时往往由需要提取货物的收货人支付运费,但这可能是收货人的权宜之计,并非可以说明收货人就是运输合同项下运输费用支付的义务主体,收货人是运输费用的实际支付主体不等于其是费用支付的义务主体。如果货物运输合同特别约定运输费用由承运人在目的地向收货人收取,而承运人在目的地交付货物时并没有向收货人收取,之后却请求托运人支付运费,这属于承运人违约(能够向收货人收取而未向收货人收取)所致,托运人可以相应提出抗辩②。

有关运输单行法对收货人支付运费的条件均作出专门规定。如《铁路法》(2015年修正)第21条、第22条第1款,《最高人民法院关于新疆梧桐塑料厂与乌鲁木齐铁路分局铁路货物运输合同赔偿纠纷一案的请示的答复》(〔2001〕民监他字第19号)、《民用航空法》(2021年修正)第120条第1款以及《海商法》第69条等。尽管其均规定了收货人支付运输费用的条件,在收货人一直拒绝提取货物情况下,货物无人提取,承运人原则上请求托运人支付运费,而无权请求运输合同当

---

① 参见王某柱与杨某、神华巴彦淖尔能源有限责任公司等运输合同纠纷二审民事判决书〔内蒙古自治区乌海市中级人民法院(2020)内03民终36号〕;于某华与梁某平运输合同纠纷二审民事判决书〔吉林省白城市中级人民法院(2019)吉08民终1152号〕;杨某山与李某云运输合同纠纷二审民事判决书〔山西省忻州市(地区)中级人民法院(2018)晋09民终525号〕。

② 参见最高人民法院民法典贯彻实施工作领导小组主编:《中华人民共和国民法典合同编理解与适用(四)》,人民法院出版社2020年版,第2076－2077页。

事人之外的收货人支付；但是，如果收货人已经出面向承运人主张货物，事后又不提取货物，承运人可以请求收货人支付货物在迟延提取期间的合理保管费用，还可按照收货人提示的运输单证中关于由收货人支付运费等记载请求收货人支付运费。理论上，对于收货人承担支付运输费用义务的法律依据，"独立的无名契约说"认为："谓运送人以运费及其他费用之支付，应与运送物之交付为要约，受货人未为保留而受取托运单及运送物，可认为默示的承诺。"①

总之，在收货人承担支付运费义务的条件上，以德国为代表的大陆法系和以英国为代表的英美法系的立法立场基本趋同：承运人请求收货人支付运输费用，原则上应以收货人主张提取货物为前提。据此，如果收货人一直拒绝向承运人主张提取货物，承运人向收货人主张运输费用则缺乏法律和法理依据。这一点值得我国立法和司法借鉴，其中的基本原理就是权利义务的一致性和尊重当事人（特别是收货人）意思自治。② 因为，利益第三人的合同可使第三人单纯获得利益，也可使第三人负担为一定给付之债（如约定收货人支付运费等），第三人如不欲享受附有对待给付之利益，可以拒绝受领而不负其责。收货人作为运输合同中的第三人，其在合同项下权利义务关系，原则上就在其主张提取货物等运输合同项下权利时确定。

七、货物毁损与灭失的责任承担

（一）货物毁损与灭失赔偿责任的承担与免责事由

货物的毁损与灭失与责任承担条款是明确运输途中货物的毁损、灭失以及承担损害赔偿责任的条款。《民法典》第 832 条规定："承运人对运输过程中货物的毁损、灭失承担赔偿责任。但是，承运人证明货物的毁损、灭失是因不可抗力、货物本身的自然性质或者合理损耗以及托运人、收货人的过错造成的，不承担赔偿责任。"由此可见，承运人对于运输过程中货物的损毁、灭失承担的是严格责任。即是说，除非承运人有证据证明货物的毁损、灭失是因不可抗力、货物本身的自然性质或者合理损耗以及托运人、收货人的过错造成的，否则无论承运人自身是否存在过错，只要货物在运输过程中损毁、灭失，承运人就应当依法承担损害赔偿责任。因此，承运人除应当在运输过程中尽到谨慎义务、要求托运人为托运货物投保或者自

---

① 最高人民法院民法典贯彻实施工作领导小组主编：《中华人民共和国民法典合同编理解与适用（四）》，人民法院出版社 2020 年版，第 2078 – 2079 页。转引自史尚宽：《债法各论》，中国政法大学出版社 2000 年版，第 613 页。

② 参见最高人民法院民法典贯彻实施工作领导小组主编：《中华人民共和国民法典合同编理解与适用（四）》，人民法院出版社 2020 年版，第 2080 页。

已投保货物运输险之外，还应当注意搜集、保存、固定有关免责事由的证据材料，以降低自己的赔偿风险。

例如，在平凉市第四汽车运输有限责任公司、颜某华公路货物运输合同纠纷再审审查与审判监督民事裁定书[最高人民法院(2018)最高法民申163号]中，最高院认为：

二、关于是否存在普通货物与危险货物混装的情形及责任认定问题

平凉第四运输公司为证明颜某华作为托运人将危险货物与普通货物混装并应承担责任，向一审法院提交了照片六张。颜某华对该组照片的真实性、合法性及关联性均提出异议，一审法院未予采信；二审期间，平凉第四运输公司未提交新证据；再审期间，平凉第四运输公司亦未就此事实提供新证据。本院认为，首先，在无其他有效证据印证的情况下，平凉第四运输公司所提供的照片不足以证明案件相关事实，二审法院认定平凉第四运输公司并未就存在危险货物与普通货物混装事实提供有效证据予以证明，并无不当；其次，根据公安消防部门的事故认定书，案涉车辆发生火灾的原因系樊某宁所驾驶车辆在行驶过程中轮胎与刹车鼓摩擦产生高温引燃轮胎等周围可燃物所致，即车辆自身故障是该次火灾事故的根本原因，故火灾发生与货物本身并无直接关联；最后，在承运合同中，双方已明确约定"在运输途中，如有被遗失、损坏淋湿等意外事故，均由承运方负责一切经济损失"，该约定系合同当事人对双方权利义务的自愿安排，合法有效，事故发生后，承运方应按此约定内容承担责任。故平凉第四运输公司关于颜某华亦应承担责任的主张没有事实依据和法律依据，本院不予支持。

在上述案件中，承运人并未能有效举证证明火灾系由运输货物本身的自然性质以及托运人混装之过错而造成，且双方已明确约定"在运输途中，如有被遗失、损坏淋湿等意外事故，均由承运方负责一切经济损失"，该约定系合同当事人对双方权利义务的自愿安排，合法有效。

(二)货物毁损与灭失赔偿责任的范围与限额

目前，我国法律对于货物损毁、灭失的赔偿责任的范围的确定分为两种情况：

第一，对未保价货物损毁、灭失方面的规定。对于此种情形，《民法典》第833条规定："货物的毁损、灭失的赔偿额，当事人有约定的，按照其约定；没有约定或者约定不明确，依据本法第五百一十条的规定仍不能确定的，按照交付或者应当交付时货物到达地的市场价格计算。法律、行政法规对赔偿额的计算方法和赔偿限额另有规定的，依照其规定。"由此可见，承运人的赔偿额首先根据当事人在运输合同

中的约定来确定,没有约定的,该范围不包括债权人(托运人)因此受到的可得利益(预期利益)的损失,并且对于国际/沿海海上货物运输、航空货物运输、铁路货物运输等,不能超过主管部门规定的责任限额①。承运人赔偿额应当以货物运输目的地的价格为准计算。但是,承运人对货物的毁损、灭失有主观故意或重大过失的,承运人则应当赔偿托运人的全部损失②。

第二,对于保价运送货物的赔偿额的确定。托运人办理保价运送的,在该货物发生毁损、灭失的情况下,承运人应当赔偿托运人的实际损失,但要以保价金额或者托运人声明的金额为限,如果货物的毁损、灭失是由于承运人的故意或者重大过失造成的,不能适用赔偿限额的约定。实务中,这样的保价运输主要集中在邮件服务合同中。例如,《海商法》《国内航空运输承运人赔偿责任限额规定》《邮政法实施细则》《快递市场管理办法》等法律法规对海运、空运以及邮政运输等方式下的赔偿责任限额有专门规定。例如,《国内航空运输承运人赔偿责任限额规定》第3条第3项规定,对旅客托运的行李和对运输的货物的赔偿责任限额,为每公斤人民币100元。

因此,在对此条款进行审查时,需要注意如下几个方面的内容:一是赔偿额的确定。对于公路货物运输合同,对于货物的毁损、灭失的赔偿额,当事人最好事先进行约定,并按照约定执行。二是赔偿限额的确定。对于铁路、海运和民航等运输,法律法规对赔偿限额作出了明确规定。合同约定应遵从这些规定。三是对于保价运输,双方应在合同中明确保价运输,承运人按价值承运,就应按价值赔偿;按重量承运,就应按重量赔偿。重量赔偿的原则是按重量乘以每单位重量赔偿额计算出赔偿总额;价值赔偿是以托运人声明价值为赔偿基础。四是约定承运人的免责条件。即,承运人能证明货物的毁损、灭失是因为不可抗力、货物本身的自然性质或者合理损耗以及托运人、收货人的过错造成的,不承担损害赔偿责任。

---

① 国际/沿海海上货物运输、航空货物运输、铁路货物运输都存在法定的赔偿责任限额,但国内公路货物运输、内河货物运输并无法定的责任限制。以铁路货物运输为例,《铁路法》(2015年修正)第17条规定:托运人或者旅客根据自愿申请办理保价运输的,按照实际损失赔偿,但最高不超过保价额;未按保价运输承运的,按照实际损失赔偿,但最高不超过国务院铁路主管部门规定的赔偿限额;如果损失是由于铁路运输企业的故意或者重大过失造成的,不适用赔偿限额的规定,按照实际损失赔偿。国务院铁路主管部门规定的赔偿限额是指《铁路货物运输规程》(铁运[1991]40号)第56条中的限额,该条规定的赔偿限额较低。

② 参见中国铁路沈阳局集团有限公司、李某明铁路货物运输合同纠纷二审民事判决书[昆明铁路运输中级法院(2020)云71民终33号]。

【例6-5】保价运输赔偿格式条款

X	运输赔偿
X.1	托运人向承运人办理货物保价,声明保价为:[ ],并支付相应保价费[ ]。
X.2	**托运人声明保价并支付保价费后,发生货物丢损,承运人按如下规则赔偿:货物全部灭失,按货物保价声明价值赔偿;货物部分损毁或灭失,按声明价值和损失比例赔偿,最高不超过声明价值。声明价值高于实际任何价值的,按实际价值赔偿。**
X.3	未办理保价而发生货物丢损,承运人在丢损货物运费的3倍以内赔偿。按以上方式计算得出的赔偿金额超过货物实际价值的部分无效。

对于涉及多种货物的,可以附件形式来声明保价以及相应的保价费用。还需要说明的是,在货物行业,很多货运合同表现为格式合同形式。比如,货运单正面载有"货物保价""保价费"等内容栏可供填写,背面合同条款中说明托运人可以选择保价或不保价运输(参见上例)。在上例中,第X.3款明确在未办理保价运输的情况下,承运人的最高赔偿额为运费的3倍,对承运人的责任进行了限制。因其中涉及限制承运人责任的格式条款,承运人应采取合理方式向托运人进行提示与说明,并告知其可以选择保价或不保价,以便托运人作出合理选择。依据《民法典》第496条之规定,提供格式条款的一方未履行提示或者说明义务,致使对方没有注意或者理解与其有重大利害关系的条款的,对方可以主张该条款不成为合同的内容。依据《民法典》第497条之规定,提供格式条款一方不合理地免除或者减轻其责任、加重对方责任、限制对方主要权利,或者提供格式条款一方排除对方主要权利的,该格式条款无效。因此,承运人此类限责条款并非当然无效,只要并非不合理地免除或者减轻其责任、加重对方责任、限制对方主要权利的,其可以采取合理的方式提请对方注意与说明。《民法典合同编通则司法解释》第10条第1款、第2款规定:"提供格式条款的一方在合同订立时采用通常足以引起对方注意的文字、符号、字体等明显标识,提示对方注意免除或者减轻其责任、排除或者限制对方权利等与对方有重大利害关系的异常条款的,人民法院可以认定其已经履行民法典第四百九十六条第二款规定的提示义务。提供格式条款的一方按照对方的要求,就与对方有重大利害关系的异常条款的概念、内容及其法律后果以书面或者口头形式向对方作出通常能够理解的解释说明的,人民法院可以认定其已经履行民法典第四百九十六条第二款规定的说明义务。"因此,可以在托运协议中用较大的加粗字体加下划线注明"以上条款托运人须仔细查阅,能遵守者方可签字",并经过托运人签名确认,在实践中,法院也往往认可该类条款的有效性。另外,责任限制

条款并非完全免除了承运人的责任,只是在赔偿金额上减轻了承运人责任,如果这种减轻责任是双方可预见的,并且意思表示一致的结果,那么不能当然地认为其是不合理地减轻了自己的责任,也不能认为这是排除了托运人的主要权利,因为其索赔权并没有因此丧失。此外,责任限制条款也并没有当然地加重托运人的义务,在货物运输合同中,托运人最主要的义务就是按时支付运费,而运输方式的选择、承运人的选择甚至是运费支付方式都可以取决于其自身意愿,谈不上说是加重了其义务。就此而言,并非所有限制赔偿责任的格式条款都当然无效。①

如在福州某某物流有限公司与福州某某文化传播有限公司公路货物运输合同纠纷再审审查民事裁定书[福建省高级人民法院(2023)闽民申6184号]中,福建高院认为:

关于《托运单》中声明事项的效力问题。《中华人民共和国民法典》第四百九十六条规定:"格式条款是当事人为了重复使用而预先拟定,并在订立合同时未与对方协商的条款。采用格式条款订立合同的,提供格式条款的一方应当遵循公平原则确定当事人之间的权利和义务,并采取合理的方式提示对方注意免除或者减轻其责任等与对方有重大利害关系的条款,按照对方的要求,对该条款予以说明。提供格式条款的一方未履行提示或者说明义务,致使对方没有注意或者理解与其有重大利害关系的条款的,对方可以主张该条款不成为合同的内容。"本案中,某乙公司与某甲公司以《托运单》的形式订立运输合同。该《托运单》系某甲公司为了重复使用而预先拟定,相关条款属于格式条款,其中声明事项载明"贵重物品请保价(手续费3‰),凡未保价,发生货损、遗失,承运人按所损失部分运费的5—30倍赔偿。玻璃、陶瓷等易碎品破碎不赔"的内容减轻了某甲公司在货物损失时应承担的赔偿责任,却未以加黑、加粗、下划线等方式标记提示,字体亦明显小于《托运单》的其他内容。某甲公司原审中亦不能证明双方签订运输合同时以采取合理的方式提示某乙公司注意该条款的内容。故,原审认定案涉《托运单》声明事项的内容不成为合同的内容,并无不当。

(三)承运人能否以责任限制条款抗辩侵权之诉

实务中一个值得讨论的问题是,《民法典》第186条规定:"因当事人一方的违约行为,损害对方人身权益、财产权益的,受损害方有权选择请求其承担违约责任或者侵权责任。"这是关于违约责任和侵权责任竞合的规定。现在的问题是,如果受损害的托运人以侵权之诉提起诉讼,承运人能否在诉讼中以合同中约定的责任

---

① 关于格式条款的内容,请参阅笔者所著《合同审查精要与实务指南:合同起草审查的基础思维与技能》(第3版)第11章"合同订立的法律风险管控:疑难问题"第7节。

限制条款来抗辩呢？实务中存在如下两种观点：

观点一：反对的观点。该观点认为，如果选择的是侵权之诉，侵权之诉不受合同约束，承运人就应按侵权进行赔偿。

观点二：赞同的观点。该观点认为，虽然我国法律规定，侵权责任和违约责任竞合时，权利人得择一而诉，但并未明确规定在选择侵权之诉时就完全排除合同条款的适用。从意思自治、公平诚信原则来看，合同中的赔偿责任限制条款系当事人自我评估、选择后达成一致的条款，如果托运人通过选择侵权之诉就可以规避该约定的话，将极大地加重承运人的责任，而且会导致双方合同关系形同虚设。因合同当事人一方的"违约行为"导致对方财产权益受损的情况，仍然属于合同履行的范畴，不论一方采取侵权之诉还是违约之诉，均不能排除对方依据合同享有的赔偿责任限制等抗辩权。

如新杰物流集团股份有限公司与东京海上日动火灾保险（中国）有限公司上海分公司保险人代位求偿权纠纷二审民事判决书[上海市第二中级人民法院(2017)沪02民终6914号,2018年度上海法院金融商事审判十大案例之七,载《中华人民共和国最高人民法院公报》2019年第12期（总第278期）]的裁判要旨认为：货物运输合同履行过程中托运人财产遭受损失，在承运人存在侵权与合同责任竞合的情形下，允许托运人或其保险人依据《合同法》第122条选择侵权诉讼或合同诉讼。但是，托运人要求承运人承担侵权责任的，承运人仍然可以依据货物运输合同的有关约定进行抗辩。法院应依据诚实信用原则，综合考虑合同条款效力、合同目的等因素确定赔偿范围。

事实上，上述观点二可以追溯至《海商法》第58条的规定："就海上货物运输合同所涉及的货物灭失、损坏或者迟延交付对承运人提起的任何诉讼，不论海事请求人是否合同的一方，也不论是根据合同或者是根据侵权行为提起的，均适用本章关于承运人的抗辩理由和限制赔偿责任的规定。前款诉讼是对承运人的受雇人或者代理人提起的，经承运人的受雇人或者代理人证明，其行为是在受雇或者受委托的范围之内的，适用前款规定。"本条在学理上被称为"喜马拉雅条款"[①]。这是因

[①] "喜马拉雅条款"起源于海运承运人针对1955年英国上议院就Aldler诉Dickson(the Himalayas)一案判决所制定的合同条款。在该案中，由于船票条款中有承运人可以免责的"不负责任条款"，因此在"喜马拉雅"邮轮上受伤的乘客Aldler转而向该邮轮的船长及水手长提起诉讼，以规避其与承运人在传票中所约定的承运人抗辩理由，由于英国法允许乘客绕开承运人直接对承运人雇员提起侵权之诉，且没有任何合同条款可以保护承运人的雇员，该乘客最终获得胜诉判决。之后，海运承运人针对该类判决，制定旨在用于保护受其委托装卸作业的人、其受雇人或者代理人的格式条款。"喜马拉雅条款"的主要内容有两点：一是将承运人的抗辩事由和责任限制拓展适用于其受雇人、代理人和"独立合同人"（independent contractor，为英美法中的概念，大致相当于大陆法系中的承揽人或者受托人，后来国际和国内立法吸收采纳该条款时普遍剔除了"独立合同人"）；二是将承运人的抗辩事由和责任限制拓展适用于侵权之诉等非合同之诉。

为运输合同下容易形成违约责任和侵权责任竞合情形,在允许当事人自由选择诉因的前提下,如果不特别规定运输合同中的限制性规定也适用于侵权之诉,则运输合同法律规范容易落空而失去其规范作用,也影响当事人之间法律后果的稳定性和可预见性。《民用航空法》第131条也同样规定,有关航空运输中发生的损失的诉讼,不论其根据如何,只能依照该法规定的条件和赔偿责任限额提出。现今有关航空和海运的国际条约均有"喜马拉雅条款"。在外国立法例中,类似规定并不少见,例如《德国商法典》第四章"货运营业"第一节"一般规定"中第434条将其规定为"合同外请求权",该条第1款规定,对于托运人或受货人因货物灭失或毁损或因超过交货期间而对承运人享有的合同外的请求权,也适用该节中和在货运合同中规定的责任免除和责任限制。①

八、保险条款

对于货物运输合同而言,要求承运人参加必要的保险,也是发生货物毁损和灭失事件后,承运人获得快速赔偿的必要保障措施。因此,在运输合同中加入类似的保险条款很有必要。保险条款主要涉及两个方面的保险:一是,对运输工具(如运输车辆)投保机动车交通事故强制险、第三者责任险等保险;二是,对其承运的货物办理货物运输保险。

九、合同解除与变更条款

《民法典》第829条规定:"在承运人将货物交付收货人之前,托运人可以要求承运人中止运输、返还货物、变更到达地或者将货物交给其他收货人,但是应当赔偿承运人因此受到的损失。"根据本条规定,法律赋予托运人单方任意解除或变更的权利,但因此给承运人增加成本以及造成损失的,应赔偿承租人因此受到的损失。这一权利适用的前提是"在承运人将货物交付收货人之前"。实务中,托运人行使任意解除权时,应重点审查合同是否对解除权的行使时间、方式和程序有明确的规定,以及合同解除后的责任承担。就后者而言,主要涉及合同解除后货物的处理以及费用的承担。托运人行使变更权时,应重点审查变更事项的通知时间、方式和程序,以及因此产生的费用的承担。

如在李某锋、邹平煜通物流有限公司等运输合同纠纷二审民事判决书[山东省

---

① 参见最高人民法院民法典贯彻实施工作领导小组主编:《中华人民共和国民法典合同编理解与适用(四)》,人民法院出版社2020年版,第2052－2053页。转引自《德国商法典》,杜景林、卢谌译,中国政法大学出版社2000年版,第198页。

滨州市(地区)中级人民法院(2021)鲁16民终3252号]中,二审法院认为:

关于李某锋是否有权终止履行运输合同。李某锋作为承运人应当按照约定,按时将货物完整无损地运输至卸货地点并交付给收货人。同时,《中华人民共和国民法典》第八百二十九条规定,在承运人将货物交付收货人之前,托运人可以要求承运人中止运输、返还货物、变更到达地或者将货物交给其他收货人,但是应当赔偿承运人因此受到的损失。因此,托运人有权单方变更合同变更收货地址,但应对承运人产生的损失予以赔偿。李某锋主张该变更后的收货地址为禁行区,涉案运输合同无法继续履行。但即使煜通公司变更的收货地点为大货车禁行区域,承运人也应依约将货物运送到收货地点附近,与收货人或托运人进行协商,安排进一步的收货事宜,对产生的损失可以向托运人要求赔偿。承运人李某锋以收货地点为禁行区为由,在货物运输途中擅自终止运输合同,违反了法律规定和合同约定,明显不当,依法不应予以支持。

关于李某锋是否依法对货物享有留置权。根据《中华人民共和国民法典》第八百三十六条规定,托运人不支付运费,承运人对相应的运输货物享有留置权。但李某锋未经托运人同意违反合同约定,擅自终止运输合同履行,未完成合同义务,违约在先,不享有占有涉案运输货物的权利,因此,李某锋无权对涉案货物行使留置权。

十、留置权条款

除了上述条款外,实践中,运输合同还可能涉及留置权的行使条款。《民法典》第836条规定:"托运人或者收货人不支付运费、保管费或者其他费用的,承运人对相应的运输货物享有留置权,但是当事人另有约定的除外。"因此,承运人除应当避免在合同中出现类似"承运人放弃在任何情况下对托运货物的留置权"的约定之外,还应当在必要的情况下合法行使留置权。首先,如果留置的财产为可分物,留置物的价值应当相当于债务的金额。其次,行使留置权的承运人负有妥善保管留置物的义务。因保管不善致使留置物灭失或者毁损的,行使留置权的承运人应当承担民事责任。最后,行使留置权的承运人应当通知托运人或收货人在运输合同约定的期限(不少于60日)内或指定的60日以上的期限内履行债务,托运人或收货人逾期仍不履行的,承运人才有权与托运人或收货人协议以留置物折价,或者依法拍卖、变卖留置物(《民法典》第453条)。

十一、管辖条款

《民事诉讼法》(2023年修正)第28条规定:"因铁路、公路、水上、航空运输和联合运输合同纠纷提起的诉讼,由运输始发地、目的地或者被告住所地人民法院管辖。"这是关于运输合同纠纷的特殊地域管辖的规定。第35条规定:"合同或者其他财产权益纠纷的当事人可以书面协议选择被告住所地、合同履行地、合同签订地、原告住所地、标的物所在地等与争议有实际联系的地点的人民法院管辖,但不得违反本法对级别管辖和专属管辖的规定。"这是关于合同纠纷的协议管辖的规定。因此,如果运输合同有协议管辖且有效的,按照约定确定管辖①;反之,如果运输合同无协议管辖或者有协议管辖但约定不明或无效的,则按照特殊地域管辖处理,可以选择运输始发地、目的地或者被告住所地人民法院管辖。

实践中,还需要考虑专门管辖的问题,适用的基本原则如下:

(1)如果采用单一运输方式,按运输方式来确定管辖法院。属于海上、通海水域运输纠纷的,由海事法院管辖②;属于铁路运输的,由铁路运输法院管辖③;其他的由普通法院管辖。

(2)如果采用联合运输④方式,根据具体情况处理。纠纷与海事有关的,由海事法院管辖;纠纷与铁路运输有关的,由铁路运输法院管辖。

(3)在联合运输中,对于同时存在水运和铁路运输的情况,法律并未作出具体规定,当事人可以自主选择法院管辖。

如在北京世纪卓越快递服务有限公司、广东双鹰玩具实业有限公司海上、通海水域货物运输合同纠纷二审民事裁定书[广东省高级人民法院(2020)粤民辖终100号]中,广东高院认为:

双鹰公司以世纪卓越公司未按合同约定为托运货物办理目的港清关手续造成

---

① 参见上海中集公联集装箱储运有限公司与上海东颖物流有限公司运输合同纠纷管辖民事裁定书[上海市第二中级人民法院(2023)沪02民辖终502号]。

② 参见《民事诉讼法司法解释》(2022年修正)第2条第2款、《最高人民法院关于海事法院受理案件范围的规定》(法释[2016]4号)第25条。

③ 参见《最高人民法院关于铁路运输法院案件管辖范围的若干规定》(法释[2012]10号)第3条。

④ 需要注意的是联合运输与多式联运的区别。联合运输合同,是指多个承运人以同一种运输方式共同完成货物运输的一种方式,托运人只与数个承运人当中的一个承运人,通常是第一个承运人签订运输合同。联合运输只有一种运输方式,责任承担的首要原则是由与托运人订立合同的承运人对全程运输承担责任,但如果损失发生在某一运输区段,则由该区段承运人与订立合同的承运人承担连带责任。多式联运合同,是指多式联运经营人以两种以上的不同运输方式,负责将货物从接收地运至目的地交付收货人,并收取全程运费的合同。多式联运运输方式多样化,如陆路运输和水路运输相结合。不管多式联运承运人与其他承运人如何约定,均由多式联运承运人对全程运输负责任;其赔偿责任和责任限额因运输区段的不同而适用不同法律。

其损失为由提起本案诉讼,故本案为海上货物运输合同纠纷。依照《最高人民法院关于海事法院受理案件范围的规定》第二十五条"海上、通海可航水域货物运输合同纠纷案件,包括含有海运区段的国际多式联运、水陆联运等货物运输合同纠纷案件"的规定,本案属于海事法院受理案件范围。世纪卓越公司与双鹰公司签订的《国际货物出口运输服务协议》第十二条第二款约定:"如果发生由本协议引起的或与本协议有关的双方之间的任何争议,……如协商不成,对于采用海运方式的,任何一方有权将该等争议提交上海海事法院诉讼解决;……"依照《中华人民共和国民事诉讼法》第三十四条"合同或者其他财产权益纠纷的当事人可以书面协议选择被告住所地、合同履行地、合同签订地、原告住所地、标的物所在地等与争议有实际联系的地点的人民法院管辖,但不得违反本法对级别管辖和专属管辖的规定"的规定,当事人通过书面协议约定管辖应当选择与案件具有实际联系的地点的法院。本案中,虽然当事人通过书面协议对海运诉讼纠纷的管辖法院进行了约定,但双方当事人的住所地、合同的签订地和履行地均与上海没有实际联系。因此,上述书面协议管辖条款应属无效。依照《中华人民共和国民事诉讼法》第二十七条"因铁路、公路、水上、航空运输和联合运输合同纠纷提起的诉讼,由运输始发地、目的地或者被告住所地人民法院管辖"的规定,本案海上运输始发地位于深圳,属于一审法院辖区,故一审法院对本案具有管辖权。世纪卓越公司主张将本案移送至上海海事法院审理,理据不足,一审法院予以驳回正确。

在司法实践中有争议的问题是,运输合同的当事人在合同中约定管辖时,是否必须在运输始发地、目的地或者被告住所地三个管辖连接点中任选其一,即是否受特殊地域管辖中的管辖连接点限制,是否可以选择原告住所地、合同签订地等管辖连接点。如在天津满运软件科技有限公司、连云港风清扬纺织科技有限公司江山分公司等运输合同纠纷民事管辖上诉裁定书[江苏省连云港市中级人民法院(2022)苏07民辖终172号]中,法院认为:

本案系运输合同纠纷。根据《中华人民共和国民事诉讼法》第二十八条规定,因铁路、公路、水上、航空运输和联合运输合同纠纷提起的诉讼,由运输始发地、目的地或者被告住所地人民法院管辖。依据上述规定,当事人只能在规定的3个管辖连接点人民法院之间约定一个管辖法院。涉案《货物运输交易协议》中虽然约定了发生纠纷,任何一方均可向合同签订地南京市雨花台区有管辖权的人民法院提起诉讼。货物运输合同作为特殊合同,法律对其管辖地法院已作出明确规定,因本案运输合同的始发地位于四川省乐山市马边彝族自治县马边无穷矿业磷化工厂,运输目的地为江苏省连云港市连云区新光路22号振海集装箱导航吉安甩挂场站,而上诉人即一审被告天津满运软件科技有限公司的住所地位于天津自贸试验区东疆保税港区,一审被告纪某的住所地位于江苏省邳州市八路镇祠堂村拔卜营45号。由于双方约定的协议管辖地点与法律规定的3个管辖连接点没有关联,故该约定与法律规定相悖,应视为无效约定。被上诉人即一审原告连云港风清扬纺织科技有限公司江山分公司选择运输目的地人民法院提起民事诉讼,符合法律规定,因涉案运输目的地位于中国(江苏)自由贸易试验区连云港片区,属于江苏省连云港市连云区人民法院司法辖区,故江苏省连云港市连云区人民法院对本案具有管辖权,江苏省连云港经济技术开发区人民法院对本案没有管辖权,一审法院在无管辖权的情形下,将本案移送至有管辖权的江苏省连云港市连云区人民法院审理并无不当,但将运输合同归为专属管辖范围不妥,应予纠正。上诉人主张其实际经营地点位于南京市雨花台区,未能提供充分有效的证据予以证实,其上诉理由缺乏事实和法律依据,本院不予采纳。

  在上述案件中,法院在适用《民事诉讼法》(2021年修正)第28条规定时,认为只能在三个管辖连接点中选择其一。笔者认为,这是一个法律适用错误。在适用《民事诉讼法》(2023年修正)第35条规定时,唯一需要审查的是当事人选择的法院是否属于该条规定的典型的五个连接点或其他连接点,且约定的连接点一般应"与争议有实际联系"①。换言之,协议管辖应优先于法定管辖(特殊地域管辖)适用,而不受其限制。如在运城市五谷全运业有限公司与榆林市鑫海联创汽车运输有限公司、赵某管辖裁定书[山西省运城市中级人民法院(2019)晋08民辖终58号]②中,原审原告(被上诉人,合同甲方)为运城市五谷全运业有限公司(住所地:山西省运城市盐湖区),原审被告(上诉人,合同乙方)为榆林市鑫海联创汽车运输有限公司(住所地:陕西省榆林市榆阳区)、原审被告赵某(住所地:陕西省西安市长安区)。甲方与乙方签订了一份《货物运输合同》,后发生纠纷,甲方起诉至山西

---

  ① 需要注意的是,协议管辖连接点的一般原则是"与争议有实际联系",但如果当事人要选择与争议无实际联系地点的法院进行管辖,当事人一般也可以通过约定,使其形式上能够满足"与争议有实际联系"这一前提条件,以实现自己选择法院的目的。如在合同正文部分约定由合同签订地法院进行管辖,并在合同的首部、尾部或管辖条款中约定合同签订地。最高院判断此种情况下约定的管辖条款是否有效,并非采用"一刀切"的方式直接判定管辖条款有效或无效,而是以是否会破坏诉讼秩序为标准判断管辖条款的效力,如"面广量大"的互联网借贷纠纷就属于这样的典型例子。在最高人民法院(2022)最高法民辖27号案中,最高院认为,互联网借贷纠纷中出借方主体特定、借款方主体不特定,产生的纠纷案件存在着面广量大的情形,如果认定管辖条款有效,势必造成大量案件通过协议管辖进入约定法院。

  ② 类案参见张某成与汕头市邦太物流有限公司运输合同纠纷二审民事裁定书[广东省汕头市中级人民法院(2017)粤05民辖终2号]。

省运城市盐湖区人民法院。乙方提出管辖权异议，山西省运城市盐湖区人民法院裁定本院有管辖权。乙方不服该裁定，提起上诉称：

根据《中华人民共和国民事诉讼法》第二十七条之规定："因铁路、公路、水上、航空运输和联合运输合同纠纷提起的诉讼，由运输始发地、目的地或者被告住所地人民法院管辖。"该案的公路运输的始发地是陕西省西安市，目的地是陕西省延安市宝塔区，因此，应依法确定本案由陕西省西安市长安区人民法院或延安市宝塔区人民法院管辖，原审法院对本案没有管辖权。综上所述，原审法院对本案无管辖权，请求：依法撤销山西省运城市盐湖区人民法院（2019）晋0802民初230号民事裁定书，将本案移送到有管辖权的陕西省西安市长安区人民法院或陕西省延安市宝塔区人民法院审理。

山西省运城市中院认为：

本案为公路货物运输合同纠纷，被上诉人与原审被告于2018年3月25日签订了一份《货物运输协议》，该协议第八条约定："甲乙双方履行货物运输中产生的纠纷，应及时友好协商解决，协商无效后由甲方所在地法院管辖。"该约定符合法律规定，依法有效。合同中的甲方为被上诉人运城市五谷全运业有限公司，其所在地为山西省运城市盐湖区。根据该约定，山西省运城市盐湖区人民法院依法对本案享有管辖权。上诉人所称的规定，是在没有约定管辖的情况下，当事人可以选择运输始发地、运输目的地或者被告住所地人民法院管辖。本案中当事人有协议管辖，排除了法定管辖。上诉人的上诉理由不能成立，本院不予支持；原审裁定认定事实清楚，适用法律正确，应予维持。

在本案中，原审原告（甲方）运城市五谷全运业有限公司和原审被告（乙方）榆林市鑫海联创汽车运输有限公司签订的运输合同约定由甲方所在地法院管辖，即由山西省运城市盐湖区人民法院管辖。双方根据《民事诉讼法》（2017年修正）第34条，选择的是与争议有实际联系的"原告住所地"（山西省运城市盐湖区）人民法院管辖。其既非"运输始发地"（陕西省西安市长安区），也非"运输目的地"（陕西省延安市宝塔区），更不是"被告住所地"（陕西省榆林市榆阳区、陕西省西安市长安区）。山西省云城市中院认为，该协议管辖"排除了法定管辖"。即，协议管辖并非一定要在《民事诉讼法》（2017年修正）第27条所规定的"运输始发地"、"运输目的地"和"被告住所地"三个管辖连接点中选择其一。

此外，实务中还需要区分货物运输合同与货运代理合同的管辖。货物运输合同，是指承运人按照约定将托运人交付的货物运送到约定地点，并交付给收货人，托运人或收货人支付运输费用的合同。而货运代理合同在性质上属于委托合同，一般指委托人和受托人约定,由受托人为委托人处理货物运输及相关业务的合同。货物运输及相关业务包括订舱、报关、报检、报验、代办货物保险、包装、绑扎固定、监装/监卸、集装箱拖箱/还箱/装箱/拆箱、分拨、中转、仓储、缮制/交接相关单证和费用结算等事宜。

首先,《最高人民法院关于海事法院受理案件范围的规定》(法释〔2016〕4号)第27条规定,海上、通海可航水域货运代理合同纠纷案件由海事法院管辖。《最高人民法院关于铁路运输法院案件管辖范围的若干规定》(法释〔2012〕10号)第3条第4项规定,代办托运、包装整理、仓储保管、接取送达等铁路运输延伸服务合同纠纷由铁路法院管辖。因此,货运代理合同纠纷由被告住所地或者合同履行地的法院管辖,如为海上、通海水域的货运代理合同则由海事法院专门管辖,如为涉及铁路的货运代理合同则由铁路法院专门管辖。需要特别注意的是,《海事诉讼特别程序法》第8条规定:"海事纠纷的当事人都是外国人、无国籍人、外国企业或者组织,当事人书面协议选择中华人民共和国海事法院管辖的,即使与纠纷有实际联系的地点不在中华人民共和国领域内,中华人民共和国海事法院对该纠纷也具有管辖权。"即对于当事人均为外国人、无国籍人、外国企业或者组织的海上货运代理合同纠纷,当事人通过书面方式协议选择中国海事法院管辖时,不需要满足"实际联系"的要求,可从11家海事法院中任选其一。

其次,如果货运代理合同无协议管辖或者有协议管辖但无效,货运代理合同纠纷适用合同纠纷管辖的一般规定,由被告住所地或合同履行地法院管辖。但对于上海的货运代理合同纠纷,上海高院认为,代理人办理委托事务的地点是货运代理合同的履行地。实践中需注意货运代理合同与货物运输合同的区别,不应简单以货物运输的始发地、目的地作为货运代理合同的履行地。立案审查时,如无法确定货运代理合同的履行地,则应由被告住所地法院管辖。① 因此,对于上海的货运代理合同纠纷,除非货运代理合同中明确约定了"合同履行地",且该"合同履行地"是与本次货运代理过程有实际联系的连接点,否则如前往"合同履行地"的法院提起诉讼,可能存在因"无法确定合同履行地"而无法立案的风险。

---

① 参见《上海市高级人民法院立案联席会议纪要(二)》[沪高法立(审)〔2013〕号] 第1条。

第7章 技术合同起草、审查精要与实务

内容概览

技术合同是当事人就技术开发、转让、许可、咨询或者服务订立的确立相互之间权利和义务的合同。技术合同根据情况可以分为技术开发合同、技术转让合同、技术许可合同、技术咨询合同和技术服务合同。技术合同履行环节多、履行期限长、涉及专业领域和专业知识,因此,在审查此类合同时有许多需要特别关注的条款。本章包含如下内容:
- ✓ 技术合同的概念、特征与种类
- ✓ 技术合同的定性及与其他合同的关系
- ✓ 技术合同的审查

第一节 技术合同的概念、特征与种类

一、技术合同的概念

《民法典》有关技术合同的规定集中在合同编典型合同分编第 20 章"技术合同"中。《民法典》第 843 条规定:"技术合同是当事人就技术开发、转让、许可、咨询或者服务订立的确立相互之间权利和义务的合同。"技术合同具有履行环节多、履行期限长的特点。此外,技术合同具有多样性,当事人一方也具有特定性,通常应当是专业单位或具有一定专业知识或技能的技术人员。技术合同是双务、有偿合同。

根据《技术合同认定登记管理办法》(国科发政字〔2000〕063 号)的规定,技术合同认定登记实行按地域一次登记制度。技术开发合同的研究开发人、技术转让合同的让与人、技术咨询和技术服务合同的受托人,以及技术培训合同的培训人、

技术中介合同的中介人,应当在合同成立后向所在地区的技术合同登记机构提出认定登记申请。

二、技术合同的特征

技术合同的主要特征包括:

第一,技术合同的标的与技术有密切联系,不同类型的技术合同有不同的技术内容。技术转让合同的标的是特定的技术成果,技术许可合同的标的是特定技术的许可使用,技术服务与技术咨询合同的标的是特定的技术行为,技术开发合同的标的兼具技术成果与技术行为的内容。

第二,技术合同履行环节多,履行期限长,价款、报酬或使用费的计算较为复杂,一些技术合同的风险性很强。

第三,调整技术合同的法律具有多样性。技术合同标的物是人类智力活动的成果,这些技术成果中许多是知识产权法调整的对象,涉及技术权益的归属、技术风险的承担、技术专利权的获得、技术产品的商业标记、技术的保密、技术的表现形式等,受专利法、商标法、著作权法、商业秘密法、反不正当竞争法甚至反垄断法等法律的调整。

第四,当事人一方具有特定性,通常应当是拥有专业技术的单位或具有一定专业知识或技能的技术人员。

第五,技术合同是双务、有偿合同。

三、技术合同的种类

从技术合同的定义可以看出,技术合同主要包括五大类别:技术开发合同、技术转让合同、技术许可合同、技术咨询合同和技术服务合同。具体分类见图7-1。

```
                        技术合同
                           │
   ┌───────────┬───────────┼───────────┬───────────┐
技术开发合同  技术转让合同  技术许可合同  技术咨询合同  技术服务合同
   │           │           │           │           │
委托开发     专利权       专利实施     可行性论证   技术服
合同         转让合同     许可合同     合同         务合同
   │           │           │           │           │
合作开发     专利申请权   技术秘密使   技术预测     技术培
合同         转让合同     用许可合同   合同         训合同
   │           │                       │           │
技术转       技术秘密                 专题技术     技术中
化合同       转让合同                 调查合同     介合同
   │           │                       │
 参照适用   集成电路布图设计专         分析评价
            有权转让/许可合同          报告合同
              │
            植物新品种权
            转让/许可合同
              │
            计算机软件著作权转
            让/许可合同
                                   参照适用
```

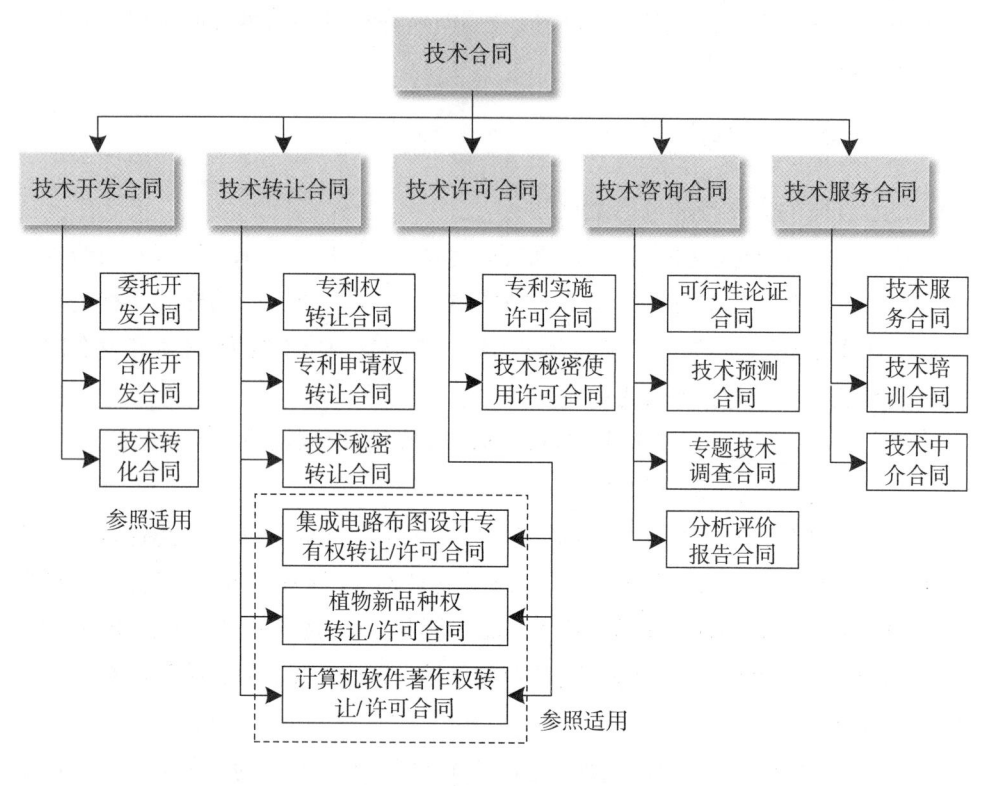

图 7-1 技术合同的分类

（一）技术开发合同

首先，《民法典》第851条第1款规定："技术开发合同是当事人之间就新技术、新产品、新工艺、新品种或者新材料及其系统的研究开发所订立的合同。"《技术合同司法解释》（2020年修正）第17条规定："民法典第八百五十一条第一款所称'新技术、新产品、新工艺、新品种或者新材料及其系统'，包括当事人在订立技术合同时尚未掌握的产品、工艺、材料及其系统等技术方案，但对技术上没有创新的现有产品的改型、工艺变更、材料配方调整以及对技术成果的验证、测试和使用除外。"

其次，依据《民法典》第851条第2款的规定，技术开发合同包括委托开发合同和合作开发合同。委托开发合同是一方当事人委托另一方当事人进行研究开发工作并提供相应研究开发经费和报酬所订立的技术开发合同。合作开发合同是当事人各方就共同进行研究开发工作所订立的技术开发合同。依据该条第4款的规定，当事人之间就具有实用价值的科技成果实施转化订立的合同，参照适用技术开发合同的有关规定。《技术合同司法解释》（2020年修正）第18条规定："民法典第八百五十一条第四款规定的'当事人之间就具有实用价值的科技成果实施转化订立的'技术转化合同,是指当事人之间就具有实用价值但尚未实现工业化应用的科技成果包括阶段性技术成果,以实现该科技成果工业化应用为目标,约定后续试验、开发和应用等内容的合同。"故此,从广义的角度,技术开发合同包括委托开发合同、合作开发合同和技术转化合同(参照适用)三类。另外,实务中,计算机软件开发合同,也经常被当作技术开发合同对待。

最后,依据《民法典》第851条第3款的规定,技术开发合同应当采用书面形式。

(二)技术转让和技术许可合同

首先,《民法典》第862条第1款规定:"技术转让合同是合法拥有技术的权利人,将现有特定的专利、专利申请、技术秘密的相关权利让与他人所订立的合同。"与《合同法》第342条第1款规定"技术转让合同包括专利权转让、专利申请权转让、技术秘密转让、专利实施许可合同"相比较,民法典将原广义的技术转让合同转变为狭义的技术转让合同,即不再包含专利实施许可合同等技术许可合同,并在第862条第2款明确了定义,即"技术许可合同是合法拥有技术的权利人,将现有特定的专利、技术秘密的相关权利许可他人实施、使用所订立的合同"。之所以作出这样的调整,是因为技术许可与技术转让有实质性的区别。因为技术具有无形性,同一技术可以为多个主体同时使用,所有权和使用权分离的现象普遍存在。技术的所有权和使用权同时转让,称为技术转让,仅仅转让技术使用权时,则称为技术许可。此前《合同法》将专利实施许可合同归在技术转让合同项下成为技术转让的一种未免牵强,所以《民法典》将技术许可合同提到与技术转让合同并列的位置,并将技术许可合同的范围从专利实施许可合同扩展至还包括技术秘密合同。

其次,《民法典》第863条第1款规定:"技术转让合同包括专利权转让、专利申请权转让、技术秘密转让等合同";第2款规定:"技术许可合同包括专利实施许可、技术秘密使用许可等合同"。《民法典》第862条第3款规定:"技术转让合同和技术许可合同中关于提供实施技术的专用设备、原材料或者提供有关的技术咨询、技术服务的约定,属于合同的组成部分。"就此,《技术合同司法解释》(2020年修正)第22条规定:"就尚待研究开发的技术成果或者不涉及专利、专利申请或者技术秘密的知识、技术、经验和信息所订立的合同,不属于民法典第八百六十二条规定的技术转让合同或者技术许可合同。技术转让合同中关于让与人向受让人提供实施技术的专用设备、原材料或者提供有关的技术咨询、技术服务的约定,属于技术转让合同的组成部分。因此发生的纠纷,按照技术转让合同处理。当事人以技术入股方式订立联营合同,但技术入股人不参与联营体的经营管理,并且以保底条款形式约定联营体或者联营对方支付其技术价款或者使用费的,视为技术转让合同或者技术许可合同。"①此外,《民法典》第876条规定:"集成电路布图设计专有权、植物新品种权、计算机软件著作权等其他知识产权的转让和许可,参照适用本节的有关规定。"故此,前述三类合同参照适用技术转让和技术许可合同的规定。如此规定是因为,技术许可合同的主要合同目的为技术方案的实施,而集成电路布图设计、植物新品种、计算机软件著作权许可则很难称得上是技术方案的实施。故此,《民法典》规定参照适用技术转让和技术许可合同一节的有关规定,而并没有直接将集成电路布图设计、植物新品种和计算机软件等作为技术转让、许可合同的标的。《民法典》第877条还规定:"法律、行政法规对技术进出口合同或者专利、专利申请合同另有规定的,依照其规定。"

再次,对于专利实施许可合同,《技术合同司法解释》(2020年修正)第25条规定:"专利实施许可包括以下方式:(一)独占实施许可,是指许可人在约定许可实施专利的范围内,将该专利仅许可一个被许可人实施,许可人依约定不得实施该专利;(二)排他实施许可,是指许可人在约定许可实施专利的范围内,将该专利仅许可一个被许可人实施,但许可人依约定可以自行实施该专利;(三)普通实施许可,是指许可人在约定许可实施专利的范围内许可他人实施该专利,并且可以自行实施该专利。当事人对专利实施许可方式没有约定或者约定不明确的,认定为普通实施许可。专利实施许可合同约定被许可人可以再许可他人实施专利的,认定该再许可为普通实施许可,但当事人另有约定的除外。技术秘密的许可使用方式,参照本条第一、二款的规定确定。"②

最后,依据《民法典》第863条第3款的规定,技术转让合同和技术许可合同应当采用书面形式。

---

① 2004年《最高人民法院关于审理技术合同纠纷案件适用法律若干问题的解释》第22条规定:"合同法第三百四十二条规定的'技术转让合同',是指合法拥有技术的权利人,包括其他有权对外转让技术的人,将现有特定的专利、专利申请、技术秘密的相关权利让与他人,或者许可他人实施、使用所订立的合同。但就尚待研究开发的技术成果或者不涉及专利、专利申请或者技术秘密的知识、技术、经验和信息所订立的合同除外。技术转让合同中关于让与人向受让人提供实施技术的专用设备、原材料或者提供有关的技术咨询、技术服务的约定,属于技术转让合同的组成部分。因此发生的纠纷,按照技术转让合同处理。当事人以技术入股方式订立联营合同,但技术入股人不参与联营体的经营管理,并且以保底条款形式约定联营体或者联营对方支付其技术价款或者使用费的,视为技术转让合同。"

② 有关专利实施许可合同的相关内容,请读者参阅本书第8章"知识产权许可类合同起草、审查精要与实务"。

(三)技术咨询和技术服务合同

首先,《民法典》第878条第1款规定:"技术咨询合同是当事人一方以技术知识为对方就特定技术项目提供可行性论证、技术预测、专题技术调查、分析评价报告等所订立的合同。"《技术合同司法解释》(2020年修正)第30条规定:"民法典第八百七十八条第一款所称'特定技术项目',包括有关科学技术与经济社会协调发展的软科学研究项目,促进科技进步和管理现代化、提高经济效益和社会效益等运用科学知识和技术手段进行调查、分析、论证、评价、预测的专业性技术项目。"

其次,《民法典》第878条第2款规定:"技术服务合同是当事人一方以技术知识为对方解决特定技术问题所订立的合同,不包括承揽合同和建设工程合同。"《技术合同司法解释》(2020年修正)第33条规定:"民法典第八百七十八条第二款所称'特定技术问题',包括需要运用专业技术知识、经验和信息解决的有关改进产品结构、改良工艺流程、提高产品质量、降低产品成本、节约资源能耗、保护资源环境、实现安全操作、提高经济效益和社会效益等专业技术问题。"

最后,《民法典》第887条规定:"法律、行政法规对技术中介合同、技术培训合同另有规定的,依照其规定。"《技术合同司法解释》(2020年修正)第36条规定:"民法典第八百八十七条规定的'技术培训合同',是指当事人一方委托另一方对指定的学员进行特定项目的专业技术训练和技术指导所订立的合同,不包括职业培训、文化学习和按照行业、法人或者非法人组织的计划进行的职工业余教育。"第38条规定:"民法典第八百八十七条规定的'技术中介合同',是指当事人一方以知识、技术、经验和信息为另一方与第三人订立技术合同进行联系、介绍以及对履行合同提供专门服务所订立的合同。"故此,广义的技术服务合同包括通常意义上的技术服务合同(狭义的技术服务合同)、技术培训合同和技术中介合同等。

第二节 技术合同的定性及与其他合同的关系

一、技术合同的定性

首先,如前所述,《民法典》将技术许可合同从原技术转让合同中单列出来作为一类独立的技术合同类型,将之前参照技术转让合同的"专利实施许可合同"纳入进来,并增加了"技术秘密实施许可合同"。故此,今后法院在审理技术合同纠纷时,若案涉合同属于技术许可合同,就不必参照适用技术转让合同的规定了。

其次,《技术合同司法解释》(2020 年修正)第 42 条规定:"当事人将技术合同和其他合同内容或者将不同类型的技术合同内容订立在一个合同中的,应当根据当事人争议的权利义务内容,确定案件的性质和案由。……技术转让合同或者技术许可合同中约定让与人或者许可人负责包销或者回购受让人、被许可人实施合同标的技术制造的产品,仅因让与人或者许可人不履行或者不能全部履行包销或者回购义务引起纠纷,不涉及技术问题的,应当按照包销或者回购条款约定的权利义务内容确定案由。"此外,《民法典合同编通则司法解释》第 15 条也规定:"人民法院认定当事人之间的权利义务关系,不应当拘泥于合同使用的名称,而应当根据合同约定的内容。当事人主张的权利义务关系与根据合同内容认定的权利义务关系不一致的,人民法院应当结合缔约背景、交易目的、交易结构、履行行为以及当事人是否存在虚构交易标的等事实认定当事人之间的实际民事法律关系。"该条针对的是"欠缺真实的效果意思的虚伪意思表示行为"("名不符实")。根据实践,"名实不符"大致可分为两种情形:一是法律行为(合同)名称与法律行为(合同约定的内容)之实不一致("名称与内容不符");二是当事人主张的法律关系与合同约定的权利义务不一致("法律关系不一致")。

例如,在广东镖臣防盗设备有限公司、珠海市鑫金软件有限公司计算机软件开发合同纠纷二审民事判决书[最高人民法院(2019)最高法知民终 390 号]中,原审法院认为:

一、关于涉案合同的性质及法律适用问题

本案涉及两份合同,即《APP 专项应用软件销售合同》及《金蝶软件销售合同》,双方均确认前述合同合法有效。关于前述合同的性质,根据《最高人民法院关于审理技术合同纠纷案件适用法律若干问题的解释》第四十二条第一款、第二款关于"当事人将技术合同和其他合同内容或者将不同类型的技术合同内容订立在一个合同中的,应当根据当事人争议的权利义务内容,确定案件的性质和案由。技术合同名称与约定的权利义务关系不一致的,应当按照约定的权利义务内容,确定合同的类型和案由"的规定,应当根据合同权利义务内容确定合同性质。

本案中,《APP 专项应用软件销售合同》包括附件《APP 专项应用软件许可使用许可合同》《功能明细》,根据上述合同及附件内容,前述合同系镖臣公司委托鑫金公司开发 APP 专项应用软件,原审庭审时双方均确认该合同系计算机软件开发合同,前述合同是双方当事人的真实意思表示,且内容未违反法律、行政法规的强制性规定,故上述合同合法有效,双方均应按照约定全面履行自己的义务。

双方对《金蝶软件销售合同》的性质存在争议,涉案《金蝶软件销售合同》包括三个附件《金蝶软件许可使用合同》《金蝶实施服务合同》《金蝶客户化开发合同》，因此《金蝶软件销售合同》的性质应结合主合同及其三个附件约定的权利义务综合确定。首先，《金蝶软件销售合同》第一条约定涉案合同包括软件许可、实施服务和客户化开发等多方面的内容，该合同附件一《金蝶软件许可使用合同》约定了鑫金公司许可镖臣公司使用的软件产品为 K/3CloudV6.2 版本等内容，该合同附件二《金蝶实施服务合同》约定了软件实施模块的范围等内容，该合同附件三《金蝶客户化开发合同》第一条约定了客户化开发的内容，即根据双方共同制定的《功能需求说明》及《客户化软件需求规格说明书》确定具体的开发内容。由此可见，涉案《金蝶软件销售合同》既包括了软件许可使用，也包括软件的二次开发和技术服务等内容，故该合同系将不同类型的技术合同内容订立在一个合同中。其次，根据《金蝶实施服务合同》第一条的约定看，合同实施模块范围为《金蝶软件使用许可合同》约定的模块，而实施标准为双方调研、盖章确认的《业务蓝图》。从鑫金公司提交的《金蝶实施工作确认单》《玥玛 Cloud 项目业务蓝图》等内容分析，鑫金公司是在镖臣公司进行调研后根据其需求制作业务蓝图，再就玥玛 Cloud 项目进行系统初始化数据工作、开展二次开发改造等工作。因此，根据镖臣公司的需求确定业务蓝图是《金蝶软件销售合同》履行的前提和基础，其核心还是根据客户要求在许可软件的基础上进行开发并提供服务，故鑫金公司主张该合同为计算机软件销售合同依据不充分，原审法院不予支持。最后，从双方争议的内容看，鑫金公司认为其已经提供了《玥玛 Cloud 项目业务蓝图》并经镖臣公司确认，故而主张继续履行合同，双方争议的焦点在于是否应根据业务蓝图下一阶段工作，故主要争议在于是否进行二次开发的问题。故，对镖臣公司称《金蝶软件销售合同》为计算机软件开发合同的主张，原审法院予以支持。

　　本案在适用法律上，因承揽合同是承揽人按照定作人的要求完成工作，交付工作成果，定作人给付报酬的合同。而技术委托开发合同与之相比，只是交付的工作成果为相关的智力成果，故技术委托开发合同具有承揽合同的性质。因此本案除应适用有关技术合同方面的法律规定外，还可参考有关承揽合同的相关法律规定。同时，根据《中华人民共和国合同法》第一百七十四条的规定，即"法律对其他有偿合同有规定的，依照其规定；没有规定的，参照买卖合同的有关规定"，本案系有偿合同，亦可参照买卖合同的有关规定。

　　关于《APP 专项应用软件销售合同》及《金蝶软件销售合同》的关系，原审庭审时双方均确认上述两份合同是独立的合同，两份合同所涉软件是独立的，因双方就两合同纠纷合并审理并无异议，故原审法院在本案中合并审理。

又如，在广东法瑞纳科技有限公司、上海环莘电子科技有限公司专利权权属纠纷二审民事判决书[最高人民法院(2020)最高法知民终 1008 号]中，最高院认为：

（一）关于涉案合同的性质认定

《最高人民法院关于审理技术合同纠纷案件适用法律若干问题的解释》第四十二条第一款、第二款规定："当事人将技术合同和其他合同内容或者将不同类型的技术合同内容订立在一个合同中的，应当根据当事人争议的权利义务内容，确定案件的性质和案由。技术合同名称与约定的权利义务关系不一致的，应当按照约定的权利义务内容，确定合同的类型和案由。"

本案中，涉案合同既约定了转移产品所有权和支付价款的内容，亦约定了法瑞纳公司要根据环莘公司所提的需求，完成共享雨伞租赁设备及儿童推车租赁设备等的设计、开发和生产的内容，其合同实质上包含了买卖合同和技术合同两部分内容。双方诉争的焦点在于如何认定履行涉案合同中产品设计的专利权权属，特别是涉及合同中知识产权归属条款的理解。因此，根据前述规定和合同约定的双方的权利义务内容，原审法院将涉案合同确定为兼具买卖与技术委托开发性质的混合合同并无不当，本院予以支持。

最后，《民法典》第 862 条第 1 款、第 2 款对技术转让合同、技术许可合同的定义采用的是"现有特定"的修饰语，且《技术合同司法解释》(2020 年修正)第 22 条第 1 款也规定："就尚待研究开发的技术成果或者不涉及专利、专利申请或者技术秘密的知识、技术、经验和信息所订立的合同，不属于民法典第八百六十二条规定的技术转让合同或者技术许可合同。"因此，构成合同编中的"技术转让或许可"合同的技术成果必须满足"现有特定"的要件，"尚待研究开发的技术成果"不满足要件。例如，在山西中天煤化有限公司、骆氏集团有限公司技术合同纠纷二审民事判决书[山西省高级人民法院(2018)晋民终 695 号]中，法院认为：

……案涉技术并非是现有的已经成熟掌握的技术成果，骆氏集团进行资金投入，正是为了使中天煤化将案涉技术顺利转化为生产力，生产出合格产品，资助中天煤化完成国家煤基洁净燃料示范工程。根据最高人民法院《关于审理技术合同纠纷案件适用法律若干问题的解释》第二十二条规定，技术转让合同是指合法拥有技术的权利人，包括其他有权对外转让技术的人，将现有特定的专利、专利申请、技术秘密的相关权利让与他人，或者许可他人实施、使用所订立的合同。但就尚待研究开发的技术成果或者不涉及专利、专利申请或者技术秘密的知识、技术、经验和信息所订立的合同除外。技术转让合同的标的是当事人订立合同时已经掌握的技术成果，包括发明创造专利、技术秘密及其他知识产权成果。案涉技术并不是现有的已经掌握的技术成果,原审法院结合合同内容涉及技术转化、技术咨询、技术服务等,根据《中华人民共和国合同法》第一百二十四条的规定,将合同性质定为技术合同,并无不当。

二、技术合同的无效

（一）民法典对技术合同无效情形的修订

《民法典》第850条"非法垄断技术或者侵害他人技术成果的技术合同无效"与《合同法》第329条"非法垄断技术、妨碍技术进步或者侵害他人技术成果的技术合同无效"之规定相比较,删除了"妨碍技术进步"。如此改变是因为"妨碍技术进步"常常与"非法垄断技术"同时出现,两者的内涵和外延无法明确区分。《全国法院知识产权审判工作会议关于审理技术合同纠纷案件若干问题的纪要》(法〔2001〕84号)第11条,以及2004年《最高人民法院关于审理技术合同纠纷案件适用法律若干问题的解释》(法释〔2004〕20号)第10条,都将两者统一解释,采用的表述是"非法垄断技术,妨碍技术进步",而《技术合同司法解释》(2020年修正)第10条则采用了"非法垄断技术"的表述。从其规定的属于"非法垄断技术"的六种典型情形来看,"妨碍技术进步"基本可以被"非法垄断技术"的详细规定情形所吸收,而且"妨碍技术进步"在解释上所留空间过大,实践中进行界定会有难度。或者讲,"妨碍技术进步"是"非法垄断技术"这一行为的结果,从立法简约的角度看,无须规定。

需要注意的是,《民法典》第864条仍然针对技术合同中的技术转让和许可合同规定:"技术转让合同和技术许可合同可以约定实施专利或者使用技术秘密的范围,但是不得限制技术竞争和技术发展。"这就引发了如果技术转让和许可合同约定了"限制技术竞争和技术发展"条款,对合同效力的影响问题。笔者认为,第864条规定是第850条关于技术合同一般性规定在技术转让和许可合同领域的具体体现,这两个合同领域同样不得限制技术竞争和技术发展,如果存在这样的条款,该条款仍然无效。例如,在扬子江药业集团有限公司与河北天时医药技术开发有限公司技术转让合同纠纷上诉案〔河北省高级人民法院(2012)冀民三终字第131号〕中,一审法院认为:

本案合同主要涉及"参灵健骨胶囊"专利权的转让,技术转让合同按照法律规定可以约定让与人和受让人实施专利的范围,但不得限制技术竞争和技术发展。双方在合同中约定"该项目的后续改进权归扬子江药业,后续改进的成果归扬子江药业所有,河北天时公司无权对该项目进行任何后续改进"的内容,违反了法律的强制性规定,为无效条款,但该合同中双方主体地位合法、双方进行技术交易的根本意思真实,作为技术交易基础的合法性并未丧失,所以作为合同非主要权利义务的上述条款的无效,不影响合同其他条款权利义务的履行,合同的其他部分仍然有效。

(二)技术合同无效的情形与法律后果

《民法典》第850条规定了两类技术合同无效的情形:非法垄断技术和侵害他人技术成果。另外,《技术合同司法解释》(2020年修正)第7条至第9条还就一些涉及技术合同效力的问题作出了解释。

1.非法垄断技术的技术合同无效

《民法典》第850条所规定的"非法垄断技术",是指合同的一方当事人通过合同条款限制另一方当事人在合同标的技术的基础上进行新的研究开发,限制另一方当事人从其他渠道吸收技术,或者阻碍另一方根据市场的需求,按照合理的方式充分实施专利和使用技术秘密。就此,《技术合同司法解释》(2020年修正)第10条规定:

下列情形,属于民法典第八百五十条所称的"非法垄断技术":

(一)限制当事人一方在合同标的技术基础上进行新的研究开发或者限制其使用所改进的技术,或者双方交换改进技术的条件不对等,包括要求一方将其自行改进的技术无偿提供给对方、非互惠性转让给对方、无偿独占或者共享该改进技术的知识产权;

(二)限制当事人一方从其他来源获得与技术提供方类似技术或者与其竞争的技术;

(三)阻碍当事人一方根据市场需求,按照合理方式充分实施合同标的技术,包括明显不合理地限制技术接受方实施合同标的技术生产产品或者提供服务的数量、品种、价格、销售渠道和出口市场;

(四)要求技术接受方接受并非实施技术必不可少的附带条件,包括购买非必需的技术、原材料、产品、设备、服务以及接收非必需的人员等;

(五)不合理地限制技术接受方购买原材料、零部件、产品或者设备等的渠道或者来源;

(六)禁止技术接受方对合同标的技术知识产权的有效性提出异议或者对提出异议附加条件。

上述规定根据TRIPS协议和《对外贸易法》,参考国外的一些立法例和判例,列举了"非法垄断技术"这一技术合同特殊无效事由的六种具体情形。即,"限制创新和使用"("限制技术研发和使用"或者"不对等交换改进技术")、"限制技术来源"、"限制技术实施"、"搭售"、"限购"和"对接受方课以不争义务"(不争义务也称为不质疑义务)。从竞争法意义上讲,这些情形实质上都属于限制竞争或者说是反竞争行为。需要注意的是,第 10 条采用"下列情形,属于……'非法垄断技术'"而不是"'非法垄断技术'是指……"的表述,意味着这不是完全列举,因此,在个案中,仍然存在导致技术合同无效的其他事由。例如,技术秘密转让合同中约定禁止受让人在合同终止后继续使用受让技术的条款,导致受让人在合同终止后不能使用自己作出的与受让技术无法分离的有价值的技术改进或者发展,该禁用条款就可以被认定无效。当然,在此情况下,该禁用条款的无效并不影响让与人要求受让人为继续使用其让与的技术秘密支付合理使用费的权利①。

第一,"限制创新和使用"情形,又可以细分为两种情形:"限制技术研发和使用"和"不对等交换改进技术"。如在东莞市骥发自动化设备有限公司、周口市三禾自控工程技术有限公司专利权权属纠纷二审民事判决书[广东省高级人民法院(2018)粤民终 1268 号]②中,2015 年 6 月 3 日,三禾公司(甲方)与骥发公司(乙方)经协商就"zdc-50ⅱ自动上袋包装系统"的加工、优化设计、生产制造等事宜签订了《oem 合作协议》。该协议第 3 条中的"附件:本产品系统组成"约定:总价金额:35 万元整(不含税价),总价金额 38.5 万元整(含税率 17% 增值税单价);第 3 条中的"采购合同的签订"约定:"签订采购合同的条件:必须在乙方受甲方委托改进、完善后,经甲方终端客户认可定型后方可";第 5 条"知识产权归属"约定:生产及开发过程中所述技术创新、改进、完善等知识产权权利最终归甲方所有……三禾公司主张,涉案专利是骥发公司在履行上述《oem 合作协议》过程中产生的技术,依照该协议第 5 条"知识产权归属"的约定,该专利应归三禾公司所有。二审法院认为:

本案的争议焦点为:涉案实用新型专利权的归属问题。……《合同法》第三百二十九条规定:"非法垄断技术、妨碍技术进步或者侵害他人技术成果的技术合同无效。"《关于审理技术合同纠纷案件适用法律若干问题的解释》第十条规定:"下列情形,属于合同法第三百二十九条所称的'非法垄断技术、妨碍技术进步:……'"

---

① 参见最高人民法院民法典贯彻实施工作领导小组主编:《中华人民共和国民法典合同编理解与适用(四)》,人民法院出版社 2020 年版,第 2249 页。

② 类案参见浙江珂勒曦动力设备有限公司、巫某海技术合作开发合同纠纷再审审查与审判监督民事裁定书[浙江省高级人民法院(2017)浙民申 3684 号]。

本案中,《oem合作协议》第5条约定:"生产及开发过程中所有的技术创新、改进、完善等知识产权权利最终归甲方(即三禾公司)所有"。该合同条款是否属于前述司法解释条文第一项"限制当事人一方在合同标的技术基础上进行新的研究开发或者限制其使用所改进的技术,或者双方交换改进技术的条件不对等,包括要求一方将其自行改进的技术无偿提供给对方、非互惠性转让给对方、无偿独占或者共享该改进技术的知识产权"规定的情形,对此,本院认为,本案专利技术方案属于《oem合作协议》约定的标的技术,不属于在合同标的技术的基础上研究开发的新的技术。双方合同中约定了骥发公司作为加工方,加工制造自动上袋包装系统产品的对价。骥发公司作为理性经营者,应当能够衡量合同约定的加工制造义务与收取加工费权利以及前述技术归属合同条款之间的利益关系。该合同条款属于双方当事人意思自治的范围,不属于"要求一方将其自行改进的技术无偿提供给对方、非互惠性转让给对方、无偿独占或者共享该改进技术的知识产权"的情形。

在委托技术开发合同中,为避免引起后续的争议及纠纷,往往会对项目结束后,某一方在项目技术开发成果基础上研发的技术成果的归属进行约定。但是,对于这类后续技术开发成果的约定,应当注意避免被认定为"非法垄断技术"而无效,包括"限制技术研发与使用"和"不对等交换改进技术"。因此,针对后续技术开发成果的归属约定,为了避免被认定为"非法垄断技术"从而导致无效,应当注意约定的公平性。如果委托方希望享有对所有后续技术开发成果的所有权,应当同时约定一定的对价,抑或约定委托方享有优先受让权,避免"非互惠性转让""无偿独占"等情况。

第二,"限制技术来源"情形。这一情形既包括限制获得与技术提供方类似的技术,也包括限制获得与其有竞争的技术。如在吴某与北京思路高高科技发展有限公司技术合同纠纷上诉案[北京市高级人民法院(2007)高民终字第592号]中,北京高院认为:

关于协议2第八条第三款的效力问题。该条款规定思路高公司"不得通过其他方法获得具有靶浓度输注功能的单片机芯片。否则视为违约,需支付乙方损失的双倍给乙方"。合同法第三百二十九条规定非法垄断技术、妨碍技术进步或者侵害他人技术成果的技术合同无效。《最高人民法院关于审理技术合同纠纷案件适用法律若干问题的解释》第十条规定,限制当事人一方从其他来源获得与技术提供方类似技术或者与其竞争的技术属于合同法第三百二十九条所称的"非法垄断技术、妨碍技术进步"的情形。原审法院认定该条款无效正确,吴某的该项上诉请求不能成立,本院不予支持。

在该案中,原告与被告达成协议,就原告所掌握的技术开发系列商品(靶浓度输注麻醉泵),合同中约定双方"属独家合作方式,双方将持续开发上述系列产品,除此合作之外,双方不能重复与第三者进行合作",且被告"不得通过其他方法获得具有靶浓度输注功能的单片机芯片"。后来,被告从原告之外的途径获取具有靶浓度输注功能的单片机芯片,原告以被告违约为由诉至法院,要求被告承担损害赔偿责任。法院认为,本案中双方关于被告不得通过其他方法获得具有靶浓度输注功能的单机芯片的约定,限制了被告从其他来源获得类似的技术,属于《合同法》第329条所称的"非法垄断技术、妨碍技术进步"的情形,故为无效约定。当然,如果涉及技术垄断的条款并不是合同交易的核心条款,该条款的无效不影响协议其他部分的有效性,双方应当履行协议其他部分的约定。

第三,"限制技术实施"情形。从该项规定来看,此种情形主要是针对技术许可方"明显不合理地"限制技术接受方实施标的技术的情形,而并非限制技术许可方的行为,而技术许可方能否实施或者在多大范围内实施,需要根据双方之间的许可合同的方式和范围来确定。另外,限制技术实施的典型情况包括限制技术接受方生产产品或者提供服务的数量、品种、价格、销售渠道和出口市场。如在李某海与浙江美大实业股份有限公司发明专利实施许可合同纠纷上诉案[浙江省高级人民法院(2010)浙知终字第268号]中,浙江高院认为:

李某海认为涉案合同无效的理由是许可合同及补充协议约定其有权生产普通传统嵌入式炉具盖板、烤箱炉具盖板,但被限制了供货对象,美大公司的行为属于垄断技术、不正当竞争。本院认为,《最高人民法院关于审理技术合同纠纷案件适用法律若干问题的解释》第十条第(三)项规定,阻碍当事人一方根据市场需求,按照合理方式充分实施合同标的技术,包括明显不合理地限制技术接受方实施合同标的技术生产产品或者提供服务的数量、品种、价格、销售渠道和出口市场属于"非法垄断技术、妨碍技术进步"。而本案中,李某海与美大公司所签订的合同及补充协议中除约定许可方式为独占许可外,还明确约定许可范围为排除普通传统嵌入式炉具和烤箱炉具盖板,且自本案诉讼前李某海均未对此约定提出过异议,故本案合同及补充协议中的约定均系双方真实意思表示,并不存在前述法律规定的"非法垄断技术、阻碍技术进步"的情形,李某海以此为由主张涉案合同无效没有事实和法律依据。

第四,"搭售"情形。这里的"搭售"属于一种附加不合理交易条件的行为,即要求技术接受方接受"并非实施技术必不可少"的附加条件。包括购买非必需的技术、原材料、产品、设备、服务以及接收非必需的人员等。如在厦门大洋工艺品有限公司与厦门市黄河技术贸易有限公司专利实施许可合同纠纷案[最高人民法院(2003)民三终字第8号]①中,最高院认为:

根据《中华人民共和国合同法》第三百二十九条规定,"非法垄断技术、妨碍技术进步"的行为,是指要求技术接受方接受非实施技术必不可少的附带条件,包括购买技术接受方不需要的技术、服务、原材料、设备或者产品等和接收技术接受方不需要的人员,以及不合理地限制技术接受方自由选择从不同来源购买原材料、零部件或者设备等。本案讼争专利实施许可合同涉及的石材成型机是包含专利技术的专用设备,上诉人实施该技术,购买该机器设备是必需的。依据专利实施许可合同的约定,实施该专利技术所使用的设备包括主机、特种模具及传送带,以建立造价为人民币五百万元的生产线。上诉人大洋公司从被上诉人黄河公司处约定获得的专利实施许可,并不是制造专利产品(石材切压成型机),而是通过使用该专利产品生产、销售最终产品石材。因此,在专利实施许可合同中约定由技术许可方提供履行合同所需要的专用设备并不违反法律、法规的规定。上诉人大洋公司称这些设备是被上诉人强加于上诉人的,但未举证证明其主张。故其以"非法垄断技术、妨碍技术进步"的上诉理由确认合同无效不能成立。

第五,"限购"情形。这一情形是指技术出让方不合理地限制技术接受方购买原材料、零部件、产品或者设备等的渠道或者来源。即不合理地限制了技术接受方的"购买渠道或来源",从上游环节控制了技术接受方实施技术。如在潍坊中狮制药有限公司、北京益生同和医药科技发展有限公司技术转化合同纠纷二审民事判决书[山东省高级人民法院(2019)鲁民终1640号]中,法院认为:

中狮制药公司主张根据《最高人民法院关于审理技术合同纠纷案件适用法律若干问题的解释》第十条第三、四、五款的规定,合作协议关于"中狮制药公司必须根据益生同和公司的指定渠道购买原材料"的约定,属于《中华人民共和国合同法》第三百二十九条"非法垄断技术、妨碍技术进步或者侵害他人技术成果的技术合同无效"的规定,因此涉案合同无效。对此,本院认为,益生同和公司从保证药品质量的角度出发指定原材料的购买渠道,并非对中狮制药公司作出的不合理限制行为,不属于《最高人民法院关于审理技术合同纠纷案件适用法律若干问题的解释》第十条第三、四、五款规定的情形,因此不适用《中华人民共和国合同法》第三

---

① 类案参见常州兰陵制药有限公司、常州高新技术产业开发区三维工业技术研究所有限公司等与常州兰陵制药有限公司、常州高新技术产业开发区三维工业技术研究所有限公司等合同纠纷申请再审民事裁定书[最高人民法院(2014)民申字第967号]。

百二十九条关于技术合同无效的规定。

第六,"对接受方课以不争义务"(不争义务也称为不质疑义务)情形。"不争义务"条款,是指在知识产权许可合同中,约定当事人不得对作为许可标的的知识产权的有效性提出质疑的条款。例如,在专利实施许可合同中约定,被许可方不得在合同有效期内对合同中涉及的专利权直接或间接地向专利复审委员会提出无效宣告请求。显然,它是一种限制性条款,在技术上占据优势地位的当事人往往会倾向于在合同中设置该条款,利用其维护自身权利并充分巩固优势市场地位,从此视角出发,该条款有利于减少当事人间围绕合同涉及的技术有效性产生的争议。但是从另一方面看,在合同中设置该条款的当事人难免有意图阻碍技术进步、发展和公平竞争之嫌。在我国法律下,由于这一条款显然排除了技术接受方对标的技术的有效性提出异议的主要权利,如果技术的有效性都存在问题,还不允许技术接受方提出异议或者对提出异议附加条件的话,则技术接受方的合同目的的实现将得不到保障,没有有效标的的合同应认定为无效。

实务中,若技术合同中出现类似于"若被许可人对许可技术的有效性提出质疑,则许可人可以解除合同"的表述,那么,这样的赋予许可人"约定解除权"规避"非法垄断技术"的"变通"处理条款的效力如何呢?尽管截至目前笔者尚未检索到有关"对接受方课以不争义务"争议的司法裁判案例,但笔者认为,这样的条款表面上似乎并未剥夺被许可人提出异议的权利,但赋予许可人"约定解除权"实质上也相当于起到了限制对其技术有效性提出质疑的效果,故笔者倾向于认为,这样的条款本质上仍然构成"非法垄断技术",为无效条款。

综上所述,在审查技术合同限制性条款时,应特别关注其法律效力问题。通常的原则是遵从"互利原则"和"公平原则",正确区分"非法垄断技术"条款和"正当的商业保护"条款的边界。对于向技术接受方施加的"限制技术研发和使用""不对等交换改进技术""限制技术来源""限制技术实施"等条款,应当审慎审查。需要强调的是,即便包含上述限制性条款的合同可以被主管机关许可或登记,但如若发生争议,其仍然可能面临被司法裁判机关判定为无效的风险。

2. 侵害他人技术成果的技术合同无效

《民法典》第850条所规定的"侵害他人技术成果",是指侵害另一方或者第三方的专利权、专利申请权、专利实施权、技术秘密使用权和转让权以及其他科技成果权的行为。技术合同侵害他人依法享有的技术成果存在多种情形:一是双方恶意串通,订立技术合同侵害他人技术成果产权;二是无权处分人诈称自己有处分权或者冒称自己是技术成果产权人,与知道或者应当知道无权处分事实的第三人订立技术合同;三是诈称者或者冒称者与不知情的善意第三人订立技术合同。

对于第一种情形,直接依据《民法典》第154条关于恶意串通损害他人合法权益的民事法律行为之效力的一般规定,认定技术合同无效。对于第二种情形,鉴于实践中此类交易很可能是因为诈称者或者冒称者故意侵权所致,并不像无权处分有形财产的行为那样有一定的被追认机会,将这类合同直接认定为无效符合知识产权保护的价值取向。此种情形下,《民法典》第153条规定应理解为导致合同无效的强制性法律规范。针对前两种情形,《技术合同司法解释》(2020年修正)第12条第2款还规定:"当事人双方恶意串通或者一方知道或者应当知道另一方侵权仍与其订立或者履行合同的,属于共同侵权,人民法院应当判令侵权人承担连带赔偿责任和保密义务,因此取得技术秘密的当事人不得继续使用该技术秘密。"进一步明确了构成共同侵权的,侵权人应承担连带赔偿、保密和停止使用的责任。

对于第三种情形,不大可能发生在专利、植物新品种等以登记、公告授权为出让行为的特别生效要件的情形中,这与不动产的权属变动以登记为生效要件的情形类似。但是,与普通动产的交易类似,技术秘密由于没有(也不可能)对外登记公示,所以存在善意取得的可能。考虑到善意第三人很可能基于信赖而做了技术转化投入,甚至产生了技术升级和经济效益,故《技术合同司法解释》(2020年修正)第12条第1款规定:"根据民法典第八百五十条的规定,侵害他人技术秘密的技术合同被确认无效后,除法律、行政法规另有规定的以外,善意取得该技术秘密的一方当事人可以在其取得时的范围内继续使用该技术秘密,但应当向权利人支付合理的使用费并承担保密义务。"本款在要求"善意取得"的同时,进一步限定善意第三人仅"可以在其取得时的范围内继续使用"该技术秘密,还必须支付合理的使用费并"承担保密义务"。

关于善意第三人使用费的确定,原则上应当首先由使用人与权利人协商确定,协商不成的,任何一方均可请求法院裁决。在协商确定或者法院裁决确定使用费之前,使用人可以不停止使用。但使用人继续使用技术秘密但又拒不支付使用费的,权利人可以请求法院判令支付已使用期间的使用费,并可以请求法院判令其停止使用[《技术合同司法解释》(2020年修正)第13条第1款、第3款前句]。此外,为避免使用人双向付费,对于使用人已向无效合同的让与人或者许可人支付的使用费应当由让与人或者许可人负责返还[《技术合同司法解释》(2020年修正)第13条第3款后句]。实践操作中,实际已由让与人或许可人作为侵权损害赔偿直接支付给权利人的部分,在计算使用人向权利人支付的使用费时应当相应扣除。实践中,法院在认定善意第三人使用费时,可以根据权利人通常对外许可该技术秘密的使用费或者使用人取得该技术秘密所支付的使用费,并考虑该技术秘密的研究开发成本、成果转化和应用程度以及使用人的使用规模、经济效益等因素合理确定[《技术合同司法解释》(2020年修正)第13条第2款]。即,一般存在两种方法:一是以权利人通常对外许可该技术秘密的使用费为基础,综合考虑使用人的使用规模和经济效益等合理确定;二是以使用人取得该技术秘密所支付的使用费为基础,综合考虑该技术秘密的研究开发成本、成果转化和应用程度以及使用人的使用规模、经济效益等合理确定。

(三)其他类型技术合同法律效力问题

除前述两种合同无效的情形外,《技术合同司法解释》(2020年修正)第7条至第9条还就以下涉及技术合同效力的问题作出了解释。

第一,不具备民事主体资格的科研组织订立的技术合同。《技术合同司法解释》(2020年修正)第7条规定:"不具有民事主体资格的科研组织订立的技术合同,经法人或者非法人组织授权或者认可的,视为法人或者非法人组织订立的合同,由法人或者非法人组织承担责任;未经法人或者非法人组织授权或者认可的,由该科研组织成员共同承担责任,但法人或者非法人组织因该合同受益的,应当在其受益范围内承担相应责任。前款所称不具有民事主体资格的科研组织,包括法人或者非法人组织设立的从事技术研究开发、转让等活动的课题组、工作室等。"实践中,有不少由法人或者其他组织设立的从事技术研究开发、转让等活动的课题组、工作室等。这些组织一方面隶属于设立单位,另一方面在对外技术合作交往上有较大的自由空间,容易订立不被设立单位认可的协议。这意味着,与这类不具备法人或者其他组织资质的机构订立技术合同,需要承担合同不被设立单位追认的风险。如果未经追认,应由该科研组织成员共同承担责任,成员之间的关系类似于合伙关系;但法人或者非法人组织因该合同受益的,应当在其受益范围内承担相应责任。此处的"相应责任"可以理解为,该科研组织的成员对外共同承担责任;对内则由该单位在受益范围之内向该科研组织的成员承担责任。

如在山东京云橡塑有限公司与湖北司克嘉耐磨橡胶制品有限公司、龙某求合同纠纷一审民事判决书[湖北省赤壁市人民法院(2016)鄂1281民初1447号之一]中,法院认为:

原告认为被告龙某求、李某升串通,隐瞒了橡胶研究中心无法人资格,且无研究开发能力采取欺诈手段签订产品研制(合作)合同,主张撤销该合同。原告提交的证据仅能证明龙某求、李某升系同学关系,并不能证明两人串通。从合同的内容上看,合同载明"原告与橡胶研究中心各自的研制地点为宁津、株洲",该条款可以看出被告龙某求、李某升并未隐瞒橡胶研究中心的研究能力,原告京云公司签订合同时是明知橡胶研究中心不具备完全研发产品的资格,并且认可橡胶研究中心可以在株洲研发产品。原告与橡胶研究中心签订产品研制(合作)合同性质上是技术合同,《中华人民共和国合同法》对技术合同的主体并未特别限制必需为法人单位,《最高人民法院关于审理技术合同纠纷案件适用法律若干问题的解释》第七条规定:"不具有民事主体资格的科研组织订立的技术合同,经法人或者其他组织授权或者认可的,视为法人或者其他组织订立的合同,由法人或者其他组织承担责任;未经法人或者其他组织授权或者认可的,由该科研组织成员共同承担责任,但法人或者其他组织因该合同受益的,应当在其受益范围内承担相应责任。前款所称不具有民事主体资格的科研组织,包括法人或者其他组织设立的从事技术研究开发、转让等活动的课题组、工作室等。"由此可以看出,没有法人资格签订的合同并不是当然的无效合同。因被告司克嘉公司未授权未认可橡胶研究中心签订合同且未受益,故合同的相关权利义务应由龙某求承担;本案中龙某求实际履行了合同义务,合同的实际主体应为京云公司和龙某求。原告向龙某求个人账户汇入研制经费后,该款项的实际控制人为龙某求,只要龙某求保证产品研发如何规划和使用该款项是龙某求的处分权。故本院对原告的主张不予支持。

由科研组织成员作为缔约当事人完成的技术合同交易,不归属于任何单位的,科研组织成员作为缔约当事人享有相关的权利,包括依据合同约定享有的权利和依据法律规定享有的技术成果人身权。例如,在陈某俊与山东鲁泰煤业有限公司技术合同纠纷再审案[山东省高级人民法院(2013)鲁民再字第 4 号]中,原告陈某俊退休后接受被告太平煤矿的返聘,以开采技术研究课题组的名义与被告签署技术开发合同,继续从事新技术开发并负责生产力的转化。合同还约定了技术转化生产力后计提奖金的方法。在原告完成数个科研项目后,被告拒绝履行合同,且辩称原告仅是课题组代表,不是技术开发合同的主体,不具备本案的诉讼主体资格。一审法院认为:

陈某俊以研究课题组的名义于 2000 年 11 月 30 日与其单位签订的技术开发合同中约定的"技术创新"为新技术开发,研究课题组是其单位为继续对解放三层煤等技术创新和科研成果的转化而设立的内部临时性机构。陈某俊退休后劳动关系即终结,其与原单位之间已不存在劳动管理关系,陈某俊与原单位之间的权利义务由涉案技术开发合同约定及相关法律、法规规定且太平煤矿已按该技术开发合同履行了部分发放年终奖和科技成果转化奖的义务,陈某俊对拖欠的剩余部分的年终奖和科技成果转化奖有权主张权利。由于陈某俊所在单位太平煤矿已被鲁泰煤业公司整体吸收、合并成立了鲁泰煤业公司,太平煤矿成为下设的分公司,分公司的民事责任依法由鲁泰煤业公司承担。陈某俊依据技术开发合同及与该合同相关的法律规定对太平煤矿、鲁泰煤业公司提起诉讼符合法律规定且其主张的是其个人应得的部分,故陈某俊依法具备本案的诉讼主体资格。

二审法院认为:

涉案技术开发合同的签订者为太平煤矿与开采技术研究课题组。该课题组是太平煤矿设立的不具有民事主体资格的科研组织,由陈某俊、王某和、徐某和等八人组成,由陈某俊担任组长。该合同对技术开发任务目标、具体内容、研究达到的水平及科技成果转化后奖金的分配进行了约定。并约定课题组成员、有关业务单位负责人和工程技术人员,按照贡献大小领取奖金。陈某俊作为课题组成员有权请求支付科技成果转化奖,且太平煤矿已按技术开发合同履行了部分发放科技成果转化奖的义务。因此,陈某俊具备本案的诉讼主体资格。

第二,需要行政审批或者许可的技术合同。学界和司法实践达成的共识是,在没有特别理由的情况下,是否获得行政审批或者许可不影响合同的效力,但会影响合同的履行可能性。对此,《技术合同司法解释》(2020年修正)第8条第1款规定:"生产产品或者提供服务依法须经有关部门审批或者取得行政许可,而未经审批或者许可的,不影响当事人订立的相关技术合同的效力。"[①]

关于双方当事人之间的报批义务,如果当事人没有约定或者约定不明确的,一般来说由实施技术的一方承担更为合适。因为其通常对技术的性质和申报事宜更为熟悉,报批成本更低,效率更高。因此,上述解释第8条第2款规定:"当事人对办理前款所称审批或者许可的义务没有约定或者约定不明确的,人民法院应当判令由实施技术的一方负责办理,但法律、行政法规另有规定的除外。"

第三,一方采取欺诈手段订立的技术合同。由于技术成果的专业性和复杂性,交易欺诈的事件并不鲜见。《技术合同司法解释》(2020年修正)第9条规定:"当事人一方采取欺诈手段,就其现有技术成果作为研究开发标的与他人订立委托开发合同收取研究开发费用,或者就同一研究开发课题先后与两个或者两个以上的委托人分别订立委托开发合同重复收取研究开发费用,使对方在违背真实意思的

---

① 参见北京益生同和医药科技发展有限公司与潍坊中狮制药有限公司技术合作开发合同纠纷民事裁定书[最高人民法院(2016)最高法民申2946号];海南康力元药业有限公司、海南通用康力制药有限公司与海口奇力制药股份有限公司技术转让合同纠纷民事判决书[最高人民法院(2011)民提字第307号]。

情况下订立的合同,受损害方依照民法典第一百四十八条规定请求撤销合同的,人民法院应当予以支持。"在技术服务合同中,技术服务提供方侵犯他人技术权利的,被欺诈的合同相对人不仅可以撤销合同,而且可以拒绝支付对价。不过,被欺诈的合同相对人因为接受服务获得利益的,被侵权人可以要求获得利益方向其返还不当得利。

(四)技术合同无效或被撤销的法律后果

关于技术合同被认定为无效或者被撤销的法律后果,《技术合同司法解释》(2020年修正)第11条第1款规定:"技术合同无效或者被撤销后,技术开发合同研究开发人、技术转让合同让与人、技术许可合同许可人、技术咨询合同和技术服务合同的受托人已经履行或者部分履行了约定的义务,并且造成合同无效或者撤销的过错在对方的,对其已履行部分应当收取的研究开发经费、技术使用费、提供咨询服务的报酬,人民法院可以认定为因对方原因导致合同无效或者被撤销给其造成的损失。"这一规定的背后逻辑还是在于根据《民法典》第157条的规定进行处理。当研究开发人等已经履行或者部分履行了约定的义务,且涉及研究开发经费、技术使用费、提供咨询服务报酬的,应当根据双方当事人的过错来处理。如果技术提供方没有过错,则相对方需要为其原因造成的合同无效或者被撤销的损失承担赔偿责任。双方均有过错的,按照过错分担损失。

另外,如果技术合同被认定无效或者被撤销,但却因履行合同完成了新的技术成果或者在他人技术成果基础上后续改进技术成果,对这些新增技术成果的权利归属和利益分享,《技术合同司法解释》(2020年修正)第11条第2款规定:"技术合同无效或者被撤销后,因履行合同所完成新的技术成果或者在他人技术成果基础上完成后续改进技术成果的权利归属和利益分享,当事人不能重新协议确定的,人民法院可以判决由完成技术成果的一方享有。"

关于发生善意取得的法律后果详见前文,不再赘述。

三、技术合同与其他合同的参照适用

在实务中,技术合同中的细分类型可能会与其他合同类型产生交叉竞存的关系。例如,技术委托开发合同与承揽合同、买卖合同可能形成参照适用的关系;技术转让合同与买卖合同可能形成参照适用的关系;技术中介合同与中介合同可能形成参照适用的关系。

(一)技术委托开发合同与承揽合同、买卖合同的参照适用

技术委托开发合同与承揽合同、买卖合同可以是"参照适用"的关系。委托开发合同中,受托人根据委托人的要求开发并形成工作成果并交付给委托人,具有承揽的性质,只不过区别在于交付的工作成果是一种特殊的智力成果。如在前述(2019)最高法知民终390号案中,法院就认为:本案在适用法律上,因承揽合同是承揽人按照定作人的要求完成工作,交付工作成果,定作人给付报酬的合同。而技术委托开发合同与之相比,只是交付的工作成果为相关的智力成果,故技术委托开发合同具有承揽合同的性质。因此本案除应适用有关技术合同方面的法律规定外,还可参考有关承揽合同的相关法律规定。例如,委托人可能依据承揽合同的相关规定主张任意解除权(《民法典》第787条)、任意变更权(《民法典》第777条)等。在洛伊热工工程(天津)有限公司与上海行思信息技术有限公司技术合同纠纷二审民事判决书[天津市第一中级人民法院(2016)津01民终2145号]中,法院认为:"当事人双方之间为技术委托开发合同关系。承揽合同是承揽人按照定作人的要求完成工作,交付工作成果,定作人给付报酬的合同。而技术委托开发合同与之相比,只是交付的工作成果为相关的智力成果,故技术委托开发合同其本质属于承揽合同的性质。因此本案除应适用有关技术合同方面的法律规定外,还可参考有关承揽合同的相关法律规定。"又如,在万星恒越(北京)公关顾问有限公司与清创首开(北京)科技有限公司技术委托开发合同纠纷一审民事判决书[北京知识产权法院(2017)京73民初470号]中,法院认为:"在本案涉案合同中,出卖方应当按照买受方的要求完成工作并交付工作成果。这一点,具有结果债务的特点,与合同法分则中承揽合同的规定最为接近。因此……可以参照合同法分则中承揽合同的规定……定作人对承揽合同有任意解除的权利,可以随时解除承揽合同。"

此外,在天津市鑫视界软件开发有限公司与华禹天元(天津)信息技术有限公司委托合同纠纷一审民事判决书[天津市和平区人民法院(2015)和知民初字第0494号]中,法院认为:

在本案中,原、被告之间的涉案协议约定,被告根据原告的要求为原告研发制作"即时通讯软件",原告依约向被告支付涉案软件研发费用,故此,原、被告之间为技术委托开发合同关系。……本案在适用法律上,因承揽合同是承揽人按照定作人的要求完成工作,交付工作成果,定作人给付报酬的合同。而技术委托开发合同与之相比,只是交付的工作成果为相关的智力成果,故技术委托开发合同其本质属于承揽合同的性质。因此本案除应适用有关技术合同方面的法律规定外,还可

参考有关承揽合同的相关法律规定。此外,根据有关法律的规定,对转移标的物的所有权的,可参照买卖合同的有关规定。涉案协议是涉及转移涉案软件所有权及著作权的合同,故本案在涉及涉案标的物转移所有权方面亦可参照买卖合同的相关法律规定。

(二)技术委托开发合同等与委托合同的参照适用

技术委托开发合同、技术服务合同、技术咨询合同与委托合同可以是"参照型"关系。就此而言,如果它们都可以被认为是《民法典》合同编典型合同分编第23章"委托合同"中第919条规定的"受托人处理委托人事务"的话,这些合同就可以参照委托合同的相关法律规定执行,包括任意解除权(《民法典》第933条)、第三人可选择向委托人主张权利(《民法典》第926条)等。

对于技术服务合同,如在前述的(2016)津01民终2145号案中,法院还认为:"技术服务合同是指当事人一方以技术知识为另一方解决特定技术问题所订立的合同。对于《OA系统服务协议》为技术服务合同,属于委托合同范畴,当事人双方为委托合同法律关系。法律规定承揽合同的定作人可以随时解除承揽合同,委托人或受托人可以随时解除委托合同。洛伊公司作为《范围变更确认单》的定作人享有任意解除权,同时作为《OA系统服务协议》委托人亦享有任意解除权。在2015年12月15日的本案庭审中,洛伊公司已经向行思公司明确表示解除《范围变更确认单》和《OA系统服务协议》,行思公司对此亦知晓,故上述合同已经解除,对此一审法院予以确认。"

对于技术委托开发合同,司法实践中存在争议。如在鲜香世成(天津)科技有限公司与天津银点通科技有限公司技术合同纠纷一审民事判决书[天津市和平区人民法院(2014)和知民初字第0518号]中,法院认为:"双方的上述协议属于技术委托开发合同,原、被告为技术委托开发合同关系,原告为涉案软件技术开发的委托人,被告为涉案软件技术开发的受托人。……双方签订的该技术委托开发合同属于委托合同范畴,根据《中华人民共和国合同法》第四百一十条的规定,委托人或者受托人可以随时解除委托合同。因解除合同给对方造成损失的,除不可归责于该当事人的事由以外,应当赔偿损失。故原告于2014年8月26日向被告口头要求解除合同时,原、被告双方的涉案技术委托开发合同解除,即涉案协议及补充协议解除。"又如,在天津市御河电力工程有限公司与天津琪华科技有限公司技术委托开发合同纠纷一审民事判决书[天津市和平区人民法院(2016)津0101民初7698号]中,法院认为:"技术委托开发合同属于委托合同范畴,根据《中华人民共和国合同法》第四百一十条的规定,委托人或者受托人可以随时解除委托合同。"需要说明的是,本案因事实认定不清,被天津市一中院(2018)津01民终1534号裁定发回重审。重审判决[天津市和平区法院(2018)津0101民初5332号]最终认为:"本案中原告曾于2016年11月7日向被告、被告于同年11月16日向原告发函提出解除合同,且双方均在庭审中明确解除合同的意思表示,属双方合意解除,本院确认双方的合同自2016年11月16日解除。"事实上,重审法院认为,当事人双方均存在过错,均无无解除权,双方在诉讼中合意解除合同。就此问题,《民法典合同编通则司法解释》第52条第2款规定:"有下列情形之一的,除当事人一方另有意思表示外,人民法院可以认定合同解除:(一)当事人一方主张行使法律规定或者合同约定的解除权,经审理认为不符合解除权行使条件但是对方同意解除;(二)双方当事人均不符合解除权行使的条件但是均主张解除合同。"①

需要注意的是,并非所有法院都如此认识技术委托开发合同与委托合同之间的关系。如在张某与佛山市德畅科技有限公司技术服务合同纠纷二审民事判决书[广东省佛山市中级人民法院(2020)粤06民终5197号]②中,二审法院认为:

本案为技术委托开发合同纠纷。……技术开发合同是指当事人之间就新技术、新产品、新工艺或者新材料及其系统的研究开发所订立的合同,包括委托开发合同和合作开发合同。委托开发合同区别于委托合同。委托开发合同是指当事人一方委托另一方进行研究开发所订立的合同,即委托人向研究开发人提供研究开发经费和报酬,研究开发人完成研究开发工作并向委托人交付研究成果,而委托合同则是委托人和受托人约定由受托人处理委托人事务的合同。委托开发合同的标的是交付技术成果,委托合同的标的是劳务,二者存在本质区别,故委托开发合同纠纷不能直接适用合同法中关于委托合同的规定,此其一。其二,法律之所以赋予委托合同双方当事人任意解除权,是因为委托合同处理的是委托人的事务,合同的履行以双方信任为存在的条件,如果一方失信于另一方,继续履行合同已无必要,只要一方想终止合同,即可以随时解除合同,而且不须有任何的理由。但委托开发合同的标的是技术成果,技术开发人实际上处理的是自己的事务,即合同约定的研究开发工作,而非委托人的事务,故合同的履行并不以信任为条件。因此,委托开

---

① 有关诉讼中合意解除的内容,请参阅笔者所著《合同审查精要与实务指南:合同起草审查的基础思维与技能》(第3版)第15章"合同通用条款的审查:正文通用条款"第3节第6部分之"合同协商解除的法律效果"。

② 类案参见医影联合(北京)科技有限公司与西安翼展电子科技有限公司技术委托开发合同纠纷二审民事判决书[北京知识产权法院(2020)京73民终2700号]。

发合同纠纷也不存在适用合同法第四百一十条规定赋予双方当事人任意解除权的法理基础。一审法院适用合同法第四百一十条的规定解除涉案合同适用法律有误,本院予以纠正。但由于双方对一审判决确认解除涉案合同未提出上诉,故本院对一审法院确认涉案合同解除予以维持。

笔者更认同法院在本案中的说理,委托开发合同与委托合同的确法理基础上有所不同,其与承揽合同更为相近,此时仅定作人享有任意解除权。

(三)技术中介合同与中介合同的参照适用

技术中介合同本质上也属于"中介合同",还受《民法典》合同编典型合同分编第26章"中介合同"的规制。

如在武汉武大卓越科技有限责任公司、福建福晨环境工程有限公司技术中介合同纠纷二审民事判决书[福建省福州市中级人民法院(2019)闽01民终1893号]中,二审法院认为:

参照《最高人民法院关于印发全国法院知识产权审判工作会议关于审理技术合同纠纷案件若干问题的纪要的通知》第82条规定,技术中介合同,是指当事人一方以知识、技术、经验和信息为另一方与第三人订立技术合同进行联系、介绍、组织商品化、产业化开发并对履行合同提供服务所订立的合同,但就不含有技术中介服务内容订立的各种居间合同除外。即,技术中介合同实质上是一种含有技术中介服务内容的居间合同,技术中介合同的居间人向委托人报告订立技术合同的机会或者提供订立技术合同的媒介服务,委托人向居间人支付报酬。本案中,讼争《厦门市管处道路检测车项目RTM产品服务协议》约定卓越公司授权福晨公司在厦门市政工程管理处道路检测车项目进行产品推广及服务工作,该项目是厦门市政工程管理处针对道路检测车进行的政府采购项目,福晨公司的合同义务实际上是为卓越公司参与该项目的招投标并最终与厦门市政工程管理处订立技术合同提供媒介服务,亦属于居间服务义务。故上诉人关于一审判决认定法律关系错误的上诉理由不能成立,本院不予采纳。

需要说明的是,本案发生在《民法典》生效施行之前,适用的是《合同法》分则有关居间合同的规定。《民法典》生效施行之后,其合同编典型合同分编将《合同法》分则的"居间合同"修改为"中介合同"。另外,《技术合同司法解释》(2020年修正)第38条将"技术中介合同"定义为当事人一方以知识、技术、经验和信息为另一方与第三人订立技术合同进行联系、介绍以及对履行合同提供专门服务所订立的合同。

第三节 技术合同的审查

一、技术合同的框架结构

依据《民法典》第 845 条的规定,技术合同的内容一般包括项目的名称,标的的内容、范围和要求,履行的计划、地点和方式,技术信息和资料的保密,技术成果的归属和收益的分配办法,验收标准和方法,名词和术语的解释等条款。因此,技术合同一般包括以下条款:

- ✓ 名词和术语的解释;
- ✓ 项目名称;
- ✓ 标的的内容、范围和要求;
- ✓ 履行的计划、进度、期限、地点、地域和方式;
- ✓ 技术情报和资料的保密;
- ✓ 风险责任的承担;
- ✓ 技术成果的归属、收益的分配办法;
- ✓ 验收标准和方法;
- ✓ 价款、报酬或者使用费及其支付方式;
- ✓ 违约金或者损失赔偿的计算方法;
- ✓ 解决争议的方法。

与履行合同有关的技术背景资料、可行性论证和技术评价报告、项目任务书和计划书、技术标准、技术规范、原始设计和工艺文件,以及其他技术文档,按照当事人的约定可以作为合同的组成部分,一般是附件。技术合同涉及专利的,应当注明发明创造的名称、专利申请人和专利权人、申请日期、申请号、专利号以及专利权的有效期限。

二、技术合同主要条款的审查

鉴于技术合同的种类较多,总体上差异不大,笔者在此以技术开发合同为主,其他技术合同为辅,来说明技术合同的审查要点。

（一）对签约主体的审查

除了对合同签约主体的通常审查外,还需要注意不具有民事主体资格的科研组织作为合同主体签约的情形,具体详见前文,不再赘述。

（二）项目名称

项目名称指技术合同标的涉及的项目名称，当事人应对此作出准确约定，包括技术标的的类别、性质等。技术合同的项目名称应使用简明、准确的词句和语言反映出合同的技术特征和法律特征，并且项目名称一定要与内容相符。项目的名称将与后续知识产权的保护、技术成果转化等政府项目申报相关联，并非可以忽略的问题。

【例7-1】技术开发合同项目名称、当事人各方等

项目名称：	××公司销售管理系统V1.0系统
委托方（甲方）：	_____
受托方（乙方）：	_____
签订时间：	[ ]年[ ]月[ ]日
签订地点：	_____
有效期限：	_____

（三）技术开发的模式

如果合同是技术开发合同，还应该明确技术开发的模式，即采用委托开发还是合作开发，开发模式与知识产权的归属约定相关联。

《民法典》第851条第2款规定："技术开发合同包括委托开发合同和合作开发合同。"《民法典》第855条规定："合作开发合同的当事人应当按照约定进行投资，包括以技术进行投资，分工参与研究开发工作，协作配合研究开发工作。"《技术合同司法解释》（2020年修正）第19条规定："民法典第八百五十五条所称'分工参与研究开发工作'，包括当事人按照约定的计划和分工，共同或者分别承担设计、工艺、试验、试制等工作。技术开发合同当事人一方仅提供资金、设备、材料等物质条件或者承担辅助协作事项，另一方进行研究开发工作的，属于委托开发合同。"因此，合同当事方应该在合同中明确各方的权利义务内容，如实反映技术交易的实际情况。实践中，在确定合作内容时，技术委托开发合同与技术合作开发合同很容易混淆，而两者的主要区别可从合同本身的定义、签约目的、合同认定条件[《技术合同认定规则》（国科发政字〔2001〕253号）第21条]、正面清单[《技术合同认定规则》（国科发政字〔2001〕253号）第23条]、负面清单[《技术合同认定规则》（国科

发政字〔2001〕253号)第24条]等方面予以综合判断。

如在昆山倚天智能科技股份有限公司、南昌德漫多科技有限公司技术委托开发合同纠纷二审民事判决书[最高人民法院(2022)最高法知民终709号]中,最高院认为,昆山倚天公司所承担的机械部分的设计,非标准机械部件的设计、制造、加工,标准机械的购买、系统集成、调试等工作属于"按照约定制定和实施研究开发计划""按期完成研究开发工作""帮助委托人掌握研究开发成果"等研究开发人的义务,而南昌德漫多公司承担的是"支付研究开发经费和报酬""提供技术资料、原始数据""完成协作事项""接受研究开发成果"等委托方的义务。因此,涉案合同的性质应为技术委托开发合同。在该案中,最高院根据案涉合同签订的背景(目的)、各方的权利义务条款、合同首部各方主体所载信息明确的各方在合同中的地位和作用以及双方的主营业务等,将合同性质认定为技术委托开发合同。

(四)标的的内容、范围和要求

合同标的是合同法律关系的客体,是合同当事人权利和义务共同指向的对象。技术合同对标的应当描述准确、具体。还要根据不同标的的要求,明确该标的的技术范围和技术指标要求。

对于技术内容、范围等,当事人双方应尽可能准确、全面地填写。例如,技术开发合同标的技术的内容,是指当事人通过履行合同所要完成的科学技术成果。当事人应明确合同开发项目的技术领域,说明成果工业化开发程度,比如是属于小试、中试等阶段性成果,还是可以直接投入生产使用的工业化成果;是属于科技理论,还是有关产品技术、工艺技术;是属于以技术报告、文件为载体的书面技术设计、资料,还是以产品、材料、生产线等实物形态为载体的技术成果。此外,还应当载明开发成果的科技水平以及衡量和评定的主要技术指标和经济指标。技术开发合同标的技术的形式,是指当事人通过履行合同所完成的技术成果的形式。当事人必须明确约定技术开发合同标的技术的形式。当事人可以约定的形式包括:产品设计、工艺规程、材料配方和其他图纸、论文、报告等技术文件;磁带、磁盘、计算机软件;动物或者植物的新品种、微生物菌种;样品、样机;成套技术设备。另外,如果技术合同的标的内容无法在合同签订时全部明确,则应在合同中约定后续双方通过什么程序、方式来确定其内容。在实践中,对于这个条款的拟定和审查,公司律师或法律顾问应与技术人员一起确定。

【例7-2】技术开发合同开发项目的要求条款

X	开发项目的要求
X.1	**技术目标:** 乙方运用其在计算机图形图像表现方式中的技术,完成本项目涉及的各种关键技术的开发及制作,并针对甲方的最终需求进行软件的制作及功能的开发。
X.2	**技术内容:** 乙方负责以下技术开发及相关工作:系统实现项目的任务浏览、工作日志、工作计划、工作总结、工作计划和日志的评阅等功能。项目任务浏览,部门、个人工作任务浏览、任务统计和查询,根据权限可以按照至少三种方式进行任务的浏览: a) 按照目标到任务若干层树状索引的显示; b) 按任务类别; c) 按照时间先后顺序,纯任务列表,可以追溯到最上一级的项目目标或岗责。
X.3	技术方法和路线:……

这里的一个重要问题是,技术合同中的技术标准对合同成立的影响。《民法典合同编通则司法解释》第3条第1款延续了《合同法司法解释(二)》第1条第1款的规定,明确:"当事人对合同是否成立存在争议,人民法院能够确定当事人姓名或者名称、标的和数量的,一般应当认定合同成立。但是,法律另有规定或者当事人另有约定的除外。"但在诸如技术开发合同、软件开发合同、技术服务合同这样的知识产权合同中,技术标准、技术指标要求如果不明确是否会导致合同不成立,存在争议。

如在北京奥莱博生物技术有限责任公司与中国人民解放军南京军区南京总医院技术服务合同纠纷上诉案[北京市第一中级人民法院(2011)一中民终字第11139号]中,一审法院北京市海淀区法院认为:

技术服务合同是指当事人一方以技术知识为另一方解决特定技术问题所订立的合同。在技术服务合同中,技术标准是划分权利义务、确定履行标准、实现合同目的的基础,是技术服务合同的基本条款、关键条款和必要条款。现有证据不能证明双方就技术标准达成合意,奥莱博公司应承担举证不能的不利后果。在司法实践中,技术需求具有复杂性和多样性的特点,难以通过国家标准、行业标准或交易习惯推定。此外,现有证据也不能证明双方对交付时间、验收方式、保管期限、保管费用等达成合意。根据现有证据,奥莱博公司主张的技术服务合同没有成立,其诉讼请求缺乏法律依据,一审法院不予支持。

二审北京市一中院认为:

本案中,双方当事人经电话协商就南京军区医院委托奥莱博公司建立(血样)全长CDNA文库事宜及费用达成一致,且南京军区医院将建立CDNA文库所用血样送到奥莱博公司,应认定双方当事人已经就合同标的、价款达成一致,并实际开始履行合同,即南京军区医院与奥莱博公司之间已经达成口头的技术服务合同,该合同未违反法律的强制性禁止性规定,该合同合法有效。一审法院认为双方未就技术标准等重要条款达成一致,技术服务合同未成立的意见,缺乏法律依据,认定存在不当,本院予以纠正。

从该案来看,一审法院认为,"技术标准"是技术服务合同的必备条款,司法实践中,技术需求具有复杂性和多样性的特点,如果当事人无法协议补充,往往难以依据《民法典》第510条、第511条的规定,通过交易习惯或国家标准、行业标准填补。就此,北京市一中院同时还认为:

奥莱博公司在未与南京军区医院就技术标准、交付时间及交付、保管方式等事项进行书面约定前,即开始技术服务工作,导致双方在诉讼中对技术标准、交付及保管义务等事项存在不一致的表述。并且奥莱博公司在最初发送的电子邮件中未明确标明演示效果图片并非涉案技术服务成果图片,导致南京军区医院产生怀疑。因此,奥莱博公司在本案技术服务合同履行过程中,存在一定不当之处,对目前合同的履行处于僵持状态负有一定责任。故奥莱博公司请求法院判决南京军区医院全额支付服务报酬的请求,本院不予全部支持,在双方约定报酬基础上,予以适当酌减。

笔者赞同本案一审法院的观点。理由是,当时适用的《合同法司法解释(二)》第1条第1款仅仅规定"一般应当认定合同成立",其原因在于,该司法解释主要是以买卖合同为模板,在此场合下,这三项要素就是合同成立的必备要素;而在其他合同类型下,可能并非如此。例如,本案涉及的技术服务合同如果欠缺技术标准,必然将影响技术合同的后续填补,因为这样的合同具有特定性、复杂性和多样性的特点,无法通过交易习惯或国家标准、行业标准填补。因此,按照合同未成立处理亦非不可,因为依据《民法典》第157条、《九民纪要》第32条第1款①、《民法典合同编通则司法解释》第24条第1款②的规定及精神,当事人要承担的责任是缔约

---

① 该款规定:《合同法》第58条就合同无效或者被撤销时的财产返还责任和损害赔偿责任作了规定,但未规定合同不成立的法律后果。考虑到合同不成立时也可能发生财产返还和损害赔偿责任问题,故应当参照适用该条的规定。

② 该款规定:合同不成立、无效、被撤销或者确定不发生效力,当事人请求返还财产,经审查财产能够返还的,人民法院应当根据案件具体情况,单独或者合并适用返还占有的标的物、更正登记簿册记载等方式;经审查财产不能返还或者没有必要返还的,人民法院应当以认定合同不成立、无效、被撤销或者确定不发生效力之日该财产的市场价值或者以其他合理方式计算的价值为基准判决折价补偿。

过失责任。由于本案不涉及财产的返还或折价补偿，因此按照过错原则进行赔偿。

(五)履行的计划、进度、期限、地点、地域和方式

关于技术合同的履行，应该根据技术合同的标的来确定技术合同的形式要求，且并非所有技术合同均有履行的计划、进度、期限、地点、地域和方式等内容。如在技术开发合同中，具体的履行内容包括技术开发合同经费的支付、技术资料和原始数据的提供、开发失败的风险约定、研究开发的进度、期限和技术成果的交付等。在专利实施许可合同中，具体履行内容则包括实施许可的专利名称、内容、专利号，实施许可的期限、地域及方式等。在技术转让合同中，可以约定让与人和受让人实施专利或使用技术机密的范围，但不得限制技术竞争和技术发展。

需要特别注意的是，常见的研发(履行)计划一般包括四个方面的内容：起始时间、任务描述、任务目标、交付成果。任务阶段根据进度时间大致分为：总体系统方案设计阶段、测试方案与实测验证阶段、需求对齐与方案验证阶段和最终的样品加工制造、测试报告形成阶段。在合同附件中载明履行计划看似对受托方有所助益，如有助于受托方及时确认阶段性成果、有助于受托方防范因技术开发过程中的各类风险而带来的不必要损失，但也应该认识到，尤其是在技术开发合同场合下，因为技术开发的创新性和前瞻性，当事方在签订合同时往往无法完全确认技术研发的准确时间节点与阶段性成果的交付标准，想要制定一份"契合未来实际"的研发进度的计划可能是不现实的，因此这样的计划往往都比较原则、宏观，不够具体、明确。实践中，委托方在合同履行过程中可能会因各类实际情况变化要求受托方改变或细化某项技术参数或者变更某项交付标准。此时，双方极有可能因该等事项的变更以及由此引发的合同延期、更换设备、增加人力甚至合同解除等产生争议，亦可能存在合同到期后，受托方未完成研发工作但委托方又未提出异议之情形。因此在审查此类条款时，一方面要重点审查研发计划的可操作性，另一方面应尽可能通过合同条款设计或风险提示等帮助当事人规避可能产生的法律风险。如可通过"增加委托方变更要求的限制性条件""提示受托方谨慎预估交付周期""利用好中试与试验收条款"，"将阶段性成果的验收文件作为附件一同附于协议后"等方法与技巧。

另外，对于开发地点而言，若可能应列明开发项目的具体实施履行地，约定这一项主要是当合同产生纠纷时，如果没有约定管辖，在适用法定管辖时，可选合同履行地作为合同争议解决地。但在表述时，应明确表述为"合同履行地"或者"项目开发(履行)地"等。

(六) 技术情报和资料的保密

保密条款对于技术合同是十分重要的条款,除专利技术外,技术合同的标的一般都是不对外公开的,一旦公开,其经济价值就大大下降,因此应当在合同中对需要保密的技术情报和资料的事项、范围、期限、责任等作出具体的约定。具体而言:

第一,在技术开发合同中,技术开发合同标的的技术成果具有新型的特点,一般只有研发人员才了解该技术成果的具体特性及应用。因此,需要明确约定研发人员不得向第三者泄露技术秘密。

第二,在技术转让合同中,让与人与受让人可以约定保密义务。因为让与人自己了解其所转让的技术成果的内容,如果让与人向受让人转让技术之后,又向他人泄露了该技术成果的内容,则受让人的利益将受到损害,其所受让的技术成果的价值也将贬损。受让人也应当按照约定的范围和期限,对让与人提供的技术中尚未公开的秘密部分,承担保密义务。就此,《民法典》第864条规定:"技术转让合同和技术许可合同可以约定实施专利或者使用技术秘密的范围,但是不得限制技术竞争和技术发展。"《技术合同司法解释》(2020年修正)第28条规定:"民法典第八百六十四条所称'实施专利或者使用技术秘密的范围',包括实施专利或者使用技术秘密的期限、地域、方式以及接触技术秘密的人员等。当事人对实施专利或者使用技术秘密的期限没有约定或者约定不明确的,受让人、被许可人实施专利或者使用技术秘密不受期限限制。"[①]

第三,对于技术秘密转让合同和技术秘密使用许可合同,保密条款尤为重要。对于技术提供方,《民法典》第868条规定:"技术秘密转让合同的让与人和技术秘密使用许可合同的许可人应当按照约定提供技术资料,进行技术指导,保证技术的实用性、可靠性,承担保密义务。前款规定的保密义务,不限制许可人申请专利,但是当事人另有约定的除外。"本条第2款的规定在《合同法》第347条中并不存在。显然,对于技术秘密使用许可合同而言,从鼓励技术的公开和推广利用的角度出发,应以许可人有权申请专利为原则,以另有明确约定不得申请为例外。因此,在实务中,对于被许可人而言,应考虑对许可人申请专利的权利作出明确限制,以防技术秘密公开影响商业利益和竞争优势。一方面,被许可人可以要求在合同中约定,在该技术秘密许可期间许可人不得申请专利;另一方面,被许可人可以同意许可人在技术秘密许可期间申请专利,但同时约定,许可人申请专利后该技术秘密使

---

① 参见石家庄泽兴氨基酸有限公司、河北大晓生物科技有限公司等侵害技术秘密纠纷二审民事判决书[最高人民法院(2020)最高法知民终621号]。

用许可合同自动转变为独占专利许可合同或者排他性专利许可合同,以此来保障被许可人的技术垄断优势。对于技术接受方,《民法典》第 869 条规定:"技术秘密转让合同的受让人和技术秘密使用许可合同的被许可人应当按照约定使用技术,支付转让费、使用费,承担保密义务。"第 871 条规定:"技术转让合同的受让人和技术许可合同的被许可人应当按照约定的范围和期限,对让与人、许可人提供的技术中尚未公开的秘密部分,承担保密义务。"《技术合同司法解释》(2020 年修正)第 29 条规定:"当事人之间就申请专利的技术成果所订立的许可使用合同,专利申请公开以前,适用技术秘密许可合同的有关规定;发明专利申请公开以后、授权以前,参照适用专利实施许可合同的有关规定;授权以后,原合同即为专利实施许可合同,适用专利实施许可合同的有关规定。人民法院不以当事人就已经申请专利但尚未授权的技术订立专利实施许可合同为由,认定合同无效。"

此外,《民法典》第 872 条规定:"许可人未按照约定许可技术的,应当返还部分或者全部使用费,并应当承担违约责任;实施专利或者使用技术秘密超越约定的范围的,违反约定擅自许可第三人实施该项专利或者使用该项技术秘密的,应当停止违约行为,承担违约责任;违反约定的保密义务的,应当承担违约责任。让与人承担违约责任,参照适用前款规定。"第 873 条规定:"被许可人未按照约定支付使用费的,应当补交使用费并按照约定支付违约金;不补交使用费或者支付违约金的,应当停止实施专利或者使用技术秘密,交还技术资料,承担违约责任;实施专利或者使用技术秘密超越约定的范围的,未经许可人同意擅自许可第三人实施该专利或者使用该技术秘密的,应当停止违约行为,承担违约责任;违反约定的保密义务的,应当承担违约责任。受让人承担违约责任,参照适用前款规定。"另外,由于技术的秘密性,受让人在缔约过程中,需要先了解技术秘密的内容,才会决定是否订立技术秘密转让合同。因此,受让人需要在技术秘密合同订立之前先承担保密义务。

在审查保密条款时,需要注意如下几点:第一,合同内容涉及国家安全和重大利益需要保密的,应在合同中载明国家秘密事项的范围、密级和保密期限以及各方应承担的保密义务和责任;第二,当事人可以约定对技术合同中所涉及的、仅为少数专家掌握,并使拥有者在竞争中获得优势的技术情报、资料、数据、信息和其他技术秘密承担保密义务;第三,当事人可以根据所订立的技术开发合同所涉及的技术进步程度、生命周期以及其在竞争中的优势等因素,商定技术保密的范围、时间以及各方应承担的保密责任;第四,当事人双方可以约定,无论本合同是否变更、解除或终止,合同保密条款不受其限制而继续有效,各方均应继续承担保密条款约定的保密义务;第五,保密条款不得与国家法律、法规及有关政策相抵触。

(七)风险责任的承担

科学研究和技术开发本身是一项高风险活动,故在技术合同的履行中,如技术开发合同的履行过程中,受托人所研究开发的技术是作为"新"技术存在的,而非现有的技术成果。因此,由于现有的知识水平、技术水平的限制,研究开发活动经常面临着不可预知的、可能导致技术开发失败或部分失败的风险。在技术咨询合同中,受托人所提供的咨询和报告意见只是为委托人作出最终的决策提供参考,具体的决策工作是由委托人自己作出的,而非由受托人作出的。所以,《民法典》第881条第3款规定:"技术咨询合同的委托人按照受托人符合约定要求的咨询报告和意见作出决策所造成的损失,由委托人承担,但是当事人另有约定的除外。"

因此,当事人应当根据具体情况,在合同中对技术开发项目的风险责任作出合理的约定。具体包括约定风险责任承担主体、风险责任分担原则及比例、风险责任承担方式。当事人在合同中没有约定风险责任或者约定不明确而导致损失的,双方应本着友好协商的原则协议补充风险责任的承担,仍不能明确的,风险由当事人合理分担(《民法典》第858条第1款)。当事人一方发现可能导致研究开发失败或者部分失败的情况时,应当及时通知另一方并采取适当措施减少损失;当事人一方没有及时通知另一方并采取适当措施,致使损失扩大的,应当就扩大的损失承担责任(《民法典》第591条第1款、第858条第2款)。

【例7-3】技术开发合同风险损失承担条款

X	风险责任承担
X.1	在本合同履行中,因出现在现有技术水平和条件下难以克服的技术困难,导致研究开发失败或部分失败,并造成一方或双方损失的,双方按如下约定承担风险损失:完全由乙方原因造成损失的,乙方退还甲方已支付的所有款项;双方原因造成损失的,按各自过错共同承担相应责任;完全由甲方原因造成损失的,乙方不退还甲方已支付的款项;其他原因造成损失的,由双方另行协商。
X.2	双方确定,本合同项目的技术风险按以下方式认定。认定技术风险的基本内容应当包括技术风险的存在、范围、程度及损失大小等。认定技术风险的基本条件是: a)本合同项目在现有技术水平条件下具有足够的难度; b)乙方在主观上无过错且经认定研究开发失败为合理的失败。 一方发现技术风险存在并有可能致使研究开发失败或部分失败的情形时,应当在[10]日内通知另一方并采取适当措施减少损失。逾期未通知并未采取适当措施而致使损失扩大的,应当就扩大的损失承担赔偿责任。

（八）技术成果的归属、收益的分配办法

《技术合同司法解释》（2020年修正）第1条规定："技术成果，是指利用科学技术知识、信息和经验作出的涉及产品、工艺、材料及其改进等的技术方案，包括专利、专利申请、技术秘密、计算机软件、集成电路布图设计、植物新品种等。技术秘密，是指不为公众所知悉、具有商业价值并经权利人采取相应保密措施的技术信息。"技术成果的归属和分配，是指在技术开发合同中所产生的技术发现、技术发明创造和其他技术成果权益的归属，以及对由此产生的利益的分配。成果的归属和分享是技术开发合同的一个特殊条款，当事人应当在合同中对包括著作权、专利权、非专利技术使用权、转让权如何使用、归谁所有以及利益如何分配作出约定。

确认技术成果权属应当遵循两个原则：一是与人身相关的权利不可侵犯的原则。所谓与人身相关的权利，是指与技术成果完成者人身和创造性劳动不可分割的荣誉权和身份权。它包括作为发明人、发现人和科技成果人的发明权、发现权、科技成果权等身份权以及依法取得的荣誉称号、奖章、奖励证书和奖金等荣誉权。就此，《民法典》第849条规定："完成技术成果的个人享有在有关技术成果文件上写明自己是技术成果完成者的权利和取得荣誉证书、奖励的权利。"二是经济权利合理分享的原则。经济权利，是指通过使用、转让技术成果取得物质利益的财产权利。如专利实施权、非专利技术的使用权和转让权等因许可实施、转让而获得经济收益的权利。对技术成果，当事人应当根据平等互利的原则，在合同中约定合理的分享办法。合同中没有约定的，应当按照《民法典》合同编和其他有关规定解决权利归属和利益分配问题。

事实上，技术成果的归属需要区分委托技术成果和合作技术成果、职务技术成果和个人技术成果等。

1. 委托技术成果和合作技术成果

第一，对于委托技术成果，《民法典》第859条规定："委托开发完成的发明创造，除法律另有规定或者当事人另有约定外，申请专利的权利属于研究开发人。研究开发人取得专利权的，委托人可以依法实施该专利。研究开发人转让专利申请权的，委托人享有以同等条件优先受让的权利。"[1]可见，《民法典》第859条第1款与《专利法》（2020年修正）第8条对委托开发合同完成的发明创造的申请专利的权利归属问题的规定相一致，即委托开发合同的当事人可以在合同中对发明创造

---

[1] 参见《专利法》（2020年修正）第8条。

的申请专利的权利归属进行约定,申请专利的权利归属根据当事人的约定进行确定。如果当事人没有约定,委托开发完成的发明创造,申请专利的权利属于研究开发人。另外,《民法典》第859条第2款还针对专利实施和转让作了进一步规定。即研究开发人取得专利权的,委托人可以依法实施该专利。研究开发人转让专利申请权的,委托人享有以同等条件优先受让的权利。需要注意的是,委托人可以"依法实施"该专利,而不是《合同法》第339条第1款规定的"免费实施"该专利。因此,实务中,在法律法规尚未对此有明确规定的情况下,双方应就实施该专利是否付费进行明确约定。另外一种处理方式是在合同中明确约定技术成果归属于委托人,这种情况下就没有对免费实施作出约定的必要了。

在实务中,常发生委托开发合同中约定申请专利的权利属于委托人,但委托人未依约支付研发费用的情况。此时,研究开发人是否可以据此主张合同未履行,从而委托人不享有申请专利的权利?在无锡市蓝虹电子有限公司与于某平、无锡市佳杰电器开关有限公司专利权权属纠纷案[江苏省无锡市中级人民法院(2007)锡民三初字第195号]中,双方当事人签订了技术委托开发合同,约定申请专利的权利属于委托人,研究开发人按照约定制造了模具,在成功开发出涉案产品后,委托人依照约定与研究开发人保持涉案产品的买卖关系。但委托人未能按约支付模具费用,研究开发人据此主张合同未履行,从而申请专利的权利不属于委托人。法院经审理后认为:

本案技术委托开发合同签订后,佳杰公司按照约定制造了模具。在成功开发出涉案产品后,佳杰公司依照约定与蓝虹公司保持着涉案产品的买卖关系。蓝虹公司未能按约支付模具费用,佳杰公司有权要求其履行合同义务,承担相应的违约责任,但这并不能否定合同约定的技术开发事项已经得到履行。于某平、佳杰公司关于合同实际未履行的抗辩,本院不予支持。于某平还认为涉案专利技术实际为其个人开发,其专利申请权及专利权均应属于个人所有,但于某平未就此提供相应证据,无法证明其上述事实。即使上述事实成立,于某平作为佳杰公司法定代表人与蓝虹公司签订技术委托开发合同后,也应意识到其已将专利申请权转移给了蓝虹公司,无权再行使上述权利,故于某平的上述抗辩,本院不予支持。……综上,蓝虹公司与佳杰公司签订的技术委托开发合同为双方真实意思表示,且不违反法律强制性规定,应为合法有效。合同签订后,佳杰公司也按约履行了合同,涉案专利产品开发成功。按照合同约定,涉案专利申请权属蓝虹公司,于某平作为佳杰公司法定代表人,申请并获得了涉案技术专利权,蓝虹公司的专利申请权已无法实际行使,但蓝虹公司应享有根据专利申请权产生的专利权。因此,本案专利权应为蓝虹公司所有。上述专利权权属确定后,蓝虹公司可直接向国家知识产权局申请变更专利权人,无须要求于某平返还专利权。

第二,对于合作技术成果,《民法典》第860条规定:"合作开发完成的发明创造,申请专利的权利属于合作开发的当事人共有;当事人一方转让其共有的专利申请权的,其他各方享有以同等条件优先受让的权利。但是,当事人另有约定的除外。合作开发的当事人一方声明放弃其共有的专利申请权的,除当事人另有约定外,可以由另一方单独申请或者由其他各方共同申请。申请人取得专利权的,放弃专利申请权的一方可以免费实施该专利。合作开发的当事人一方不同意申请专利的,另一方或者其他各方不得申请专利。"与委托开发类似,《民法典》第860条第1款的规定与《专利法》(2020年修正)第8条对涉及合作开发完成的发明创造的申请专利的权利归属问题的规定一致,即合作开发合同的当事人可以在合同中对申请专利的权利归属进行约定,申请专利的权利归属根据当事人的约定进行确定。如果当事人没有约定,合作开发完成的发明创造,申请专利的权利属于合作开发的当事人共有。关于共有专利申请权或者专利权的权利行使,《专利法》(2020年修正)第14条第1款对此进行了规定:"专利申请权或者专利权的共有人对权利的行使有约定的,从其约定。没有约定的,共有人可以单独实施或者以普通许可方式许可他人实施该专利;许可他人实施该专利的,收取的使用费应当在共有人之间分配。"

另外,与《专利法》(2020年修正)相比较,《民法典》第860条还针对权利共有情况下的专利转让、当事人一方声明放弃其共有的专利申请权情况下的权利归属以及专利申请的同意权作了进一步规定。具体而言:其一,关于权利共有情况下的转让,该条规定,当事人一方转让其共有的专利申请权的,其他各方享有以同等条件优先受让的权利。其二,关于合作开发的当事人一方声明放弃其共有专利申请权的情况下的权利归属,《民法典》在《合同法》第340条基础上增加了"除当事人另有约定外"的情况,即如果当事人有约定,申请专利的权利归属按照约定确定,没有约定或者约定不明确的,可以由另一方单独申请或者由其他各方共同申请。申请人取得专利的,放弃专利申请权的一方可以免费实施该专利。其三,关于各方专利申请的同意权,该条规定,如果当事人一方不同意申请专利,另一方或者其他各方不得申请专利。因此,在实务中,签署合作开发合同时,如果不想由合作开发的当事人共有合作开发完成的发明创造的技术成果,建议在合同中明确约定。如果没有约定,则落入共有的范围。

如在陈某、魏某专利权权属纠纷二审民事判决书[最高人民法院(2019)最高法知民终58号]中,双方签订《合作开发协议》,约定双方均进行投资,各自负担产品开发及生产销售的义务,并共同拥有合作开发成果,任何一方不得单独申请专利。后被告一方提出了专利申请,原告魏某主张涉案专利应当属于双方共有,被告陈某以原告未完成合同约定的生产销售的义务为由进行抗辩。最高院经审理后认为:

诉讼双方签订的《合作开发协议》第六条明确约定:"技术开发成果的归属:在履行本合同中完成的合作开发成果即内增高脚后跟套产品的专利权归协议双方共同所有,任何一方不得单独申请。"第八条载明:"违约责任……3.任何一方单独申请专利,另一方均有权要求确认该专利系双方共同所有,违约一方还应赔偿另一方的实际损失。"诉讼中,陈某也明确涉案专利即双方协议指向的合作开发成果,因此,涉案专利应当属于诉讼双方共有。陈某单独申请专利,魏某有权要求确认该专利属于双方共同所有。至于魏某是否未按照协议约定履行其应当承担的合同义务,陈某可以就魏某是否存在违约行为以及是否需要继续履行合同义务另案诉请解决。

另外,《民法典》第861条规定:"委托开发或者合作开发完成的技术秘密成果的使用权、转让权以及收益的分配办法,由当事人约定;没有约定或者约定不明确,依据本法第五百一十条的规定仍不能确定的,在没有相同技术方案被授予专利权前,当事人均有使用和转让的权利。但是,委托开发的研究开发人不得在向委托人交付研究开发成果之前,将研究开发成果转让给第三人。"本条规定了当事人均有使用和转让的权利的前置条件是"在没有相同技术方案被授予专利权前",因为与技术秘密相同的技术方案一旦被他人申请专利并被授权,他人将享有专利的排他权,此时委托开发或合作开发当事人对完成的技术秘密将无法再使用或转让。若此技术方案在专利申请日前未公开,当事人已经制造相同产品、使用相同方法或者已经作好制造、使用的必要准备的,可以依据《专利法》(2020年修正)第75条第2项①先用权的规定来进行不侵权抗辩,但需要注意的是其使用和实施范围仅局限于原有范围,超过则构成侵权。

2. 职务技术成果和个人技术成果

第一,对于职务技术成果,《民法典》第847条规定:"职务技术成果的使用权、转让权属于法人或者非法人组织的,法人或者非法人组织可以就该项职务技术成果订立技术合同。法人或者非法人组织订立技术合同转让职务技术成果时,职务

---

① 该条第2项规定,有下列情形之一的,不视为侵犯专利权:在专利申请日前已经制造相同产品、使用相同方法或者已经作好制造、使用的必要准备,并且仅在原有范围内继续制造、使用的。

技术成果的完成人享有以同等条件优先受让的权利。职务技术成果是执行法人或者非法人组织的工作任务，或者主要是利用法人或者非法人组织的物质技术条件所完成的技术成果。"需要说明的是，与《合同法》第326条第1款相比较，《民法典》第847条第1款删除了对完成职务技术成果的个人给予奖励或者报酬的规定，即删除了完成职务技术成果个人的获得报酬权，但这并不意味着完成职务技术成果个人的获得报酬权不再被法律支持①，只是没有必要在《民法典》中予以重复规定而已。本条第2款明确了职务技术成果可以分为两类：一是执行工作任务所完成的技术成果；二是主要利用单位的物质技术条件所完成的技术成果。

对于第一类职务技术成果，《技术合同司法解释》（2020年修正）第2条规定："民法典第八百四十七条第二款所称'执行法人或者非法人组织的工作任务'，包括：（一）履行法人或者非法人组织的岗位职责或者承担其交付的其他技术开发任务；（二）离职后一年内继续从事与其原所在法人或者非法人组织的岗位职责或者交付的任务有关的技术开发工作，但法律、行政法规另有规定的除外。法人或者非法人组织与其职工就职工在职期间或者离职以后所完成的技术成果的权益有约定的，人民法院应当依约定确认。"本条解释第1款又将执行工作任务细分为两种情形：一是在职期间履行岗位职责②或承担单位交付的其他技术开发任务③；二是，在离职后一年内继续从事前述在职期间的工作任务④。本条解释第2款明确了有约定的，从其约定；如果没有约定的，则依据第1款明确。

对于第二类职务技术成果，《技术合同司法解释》（2020年修正）第3条规定：

---

① 参见《专利法》（2020年修正）第15条规定：被授予专利权的单位应当对职务发明创造的发明人或者设计人给予奖励；发明创造专利实施后，根据其推广应用的范围和取得的经济效益，对发明人或者设计人给予合理的报酬。国家鼓励被授予专利权的单位实行产权激励，采取股权、期权、分红等方式，使发明人或者设计人合理分享创新收益。另参见《专利法实施细则》（2023年修订）第7章"对职务发明创造的发明人或者设计人的奖励和报酬"第92－94条；《促进科技成果转化法》（2015年修订）第44条。

② 参见吴某成与南京龙蟠医院、中国人民解放军南京政治学院其他科技成果权纠纷一审民事判决书[江苏省南京市鼓楼区人民法院（2012）鼓知民初字第184号]。

③ 参见孔某所与上海金盾消防安全设备有限公司专利申请权权属纠纷二审民事判决书[上海市高级人民法院（2009）沪高民三（知）终字第95号]。

④ 参见上诉人广州万孚生物技术股份有限公司、杨某、赖某强与被上诉人深圳市理邦精密仪器股份有限公司，原审被告王某华专利申请权权属纠纷民事判决书[最高人民法院（2019）最高法知民终第799号]；李某毅、深圳市远程智能设备有限公司专利权权属纠纷再审审查与审判监督民事裁定书[最高人民法院（2019）最高法民申6342号，最高人民法院指导案例158号]；海默科技（集团）股份有限公司与无锡洋湃科技有限公司专利权权属纠纷二审民事判决书[江苏省高级人民法院（2019）苏民终236号]。

"民法典第八百四十七条第二款所称'物质技术条件',包括资金、设备、器材、原材料、未公开的技术信息和资料等。"第4条规定:"民法典第八百四十七条第二款所称'主要是利用法人或者非法人组织的物质技术条件',包括职工在技术成果的研究开发过程中,全部或者大部分利用了法人或者非法人组织的资金、设备、器材或者原材料等物质条件,并且这些物质条件对形成该技术成果具有实质性的影响;还包括该技术成果实质性内容是在法人或者非法人组织尚未公开的技术成果、阶段性技术成果基础上完成的情形。但下列情况除外:(一)对利用法人或者非法人组织提供的物质技术条件,约定返还资金或者交纳使用费的;(二)在技术成果完成后利用法人或者非法人组织的物质技术条件对技术方案进行验证、测试的。"①从本条解释可以看出,主要利用相应单位的物质技术条件的情形主要包括两类:一类是科研人员在技术成果的研究开发过程中,全部或者大部分利用了该单位的资金、设备、器材或者原材料等物质条件,并且这些物质条件对形成该技术成果具有实质性的影响;②另一类是技术成果的实质性内容是科研人员在该单位尚未公开的技术成果、阶段性技术成果基础上完成。但如果在利用上述物质技术条件时,约定返还资金、缴纳使用费,或是在技术成果完成后仅仅利用物质技术条件对技术方案进行验证、测试的,则相应技术成果均不能被认定为该单位的职务技术成果。

另外,《技术合同司法解释》(2020年修正)第5条规定:"个人完成的技术成果,属于执行原所在法人或者非法人组织的工作任务,又主要利用了现所在法人或者非法人组织的物质技术条件的,应当按照该自然人原所在和现所在法人或者非法人组织达成的协议确认权益。不能达成协议的,根据对完成该项技术成果的贡献大小由双方合理分享。"

第二,对于个人技术成果,《民法典》第848条规定:"非职务技术成果的使用权、转让权属于完成技术成果的个人,完成技术成果的个人可以就该项非职务技术成果订立技术合同。"《技术合同司法解释》(2020年修正)第6条规定:"民法典第八百四十七条所称'职务技术成果的完成人'、第八百四十八条所称'完成技术成果的个人',包括对技术成果单独或者共同作出创造性贡献③的人,也即技术成果的发明人或者设计人。人民法院在对创造性贡献进行认定时,应当分解所涉及技

---

① 参见蒂龙科技发展(北京)有限公司与泰斯福德(北京)科技发展有限公司专利权权属纠纷一审民事判决书[北京知识产权法院(2015)京知民初字第814号]。

② 参见王某麟、浙江弘驰科技股份有限公司专利权权属纠纷二审民事判决书[浙江省高级人民法院(2017)浙民终843号]。

③ 参见西安近代化学研究所与吴某志技术成果完成人署名权、荣誉权纠纷二审民事判决书[陕西省高级人民法院(2009)陕民三终字第33号]。

术成果的实质性技术构成。提出实质性技术构成并由此实现技术方案的人,是作出创造性贡献的人。提供资金、设备、材料、试验条件,进行组织管理,协助绘制图纸、整理资料、翻译文献等人员,不属于职务技术成果的完成人、完成技术成果的个人。"

最后,需要提醒的是,对于在技术开发成果的基础上进行二次开发所得到的成果,其专利申请权最好也在合同中明确,以避免纠纷的出现。技术合同对专利申请权无约定时,处理规则见表7-1。

表7-1 技术合同权利无约定时的处理

技术合同类型	当事人对权利无约定时专利申请权的归属
委托开发合同	委托开发完成的发明创造,除法律另有规定或者当事人另有约定外,申请专利的权利属于研究开发人(《民法典》第859条)
合作开发合同	合作开发完成的发明创造,申请专利的权利属于合作开发的当事人共有,当事人另有约定的除外(《民法典》第860条)
技术转让合同和技术许可合同	没有约定或者约定不明的,对于依据填补规则仍不能确定的一方后续改进的技术成果,其他各方无权分享(《民法典》第875条)
技术服务合同和技术咨询合同	受托人利用委托人提供的技术资料和工作条件完成的新的技术成果,专利申请权属于受托人;委托人利用受托人的工作成果完成的新的技术成果,专利申请权属于委托人(《民法典》第885条)

【例7-4】软件开发合同技术成果归属和收益分享条款

X	技术成果归属和收益分享
X.1	乙方按本合同要求所开发的[ ]系统,其著作权由乙方享有。甲方及其下级分支机构、参控股公司等与甲方有直接或间接股权关系的单位可以使用和复制此软件,拥有该软件的使用权和复制权,但不享有该软件的署名权、修改权、翻译权、发表权、信息网络传播权、发行权、出租权、许可权、转让权及其他从第三方机构或个人获取经济利益的权利,甲方及其下级分支机构、参控股公司等与甲方有直接或间接股权关系的单位应确保乙方所提供的技术成果不被用于其他单位;乙方享有该软件的署名权、发表权、发行权、出租权、许可权、转让权、使用权、修改权、信息网络传播权、翻译权和复制权及其他从第三方机构或个人获取经济利益的权利,乙方可将此次开发的部分或全部技术成果用于其他用途,但不可提及甲方或甲方提供的流程及数据。
X.2	乙方只能将甲方提供的数据及流程,用于此[ ]系统的设计、开发、测试和使用,不得用于其他任何用途。
X.3	乙方在开发软件的过程中,不得有侵犯他人知识产权的行为,否则应对外承担全部侵权责任。

(九)验收标准和方法

验收标准和方法是确定当事人是否依据合同约定履行义务的依据。此处所说的验收,是指技术合同的当事人就研究开发人或受托人等所交付的技术成果是否符合合同约定而进行检验。验收标准既可以由当事人直接约定按照国家规定的标准进行,也可以由双方直接约定具体标准。

总体来看,在合同中约定技术成果的验收标准、验收方法、验收程序、交付方式以及相关责任时,应考虑如下几个方面:

第一,明确具体的验收标准。验收标准是指技术开发合同实施完成后,当事人双方或一方确认所完成的技术成果是否符合和达到当事人约定的技术指标和经济指标的尺度。以技术开发合同的验收为例,验收标准是委托开发合同的研究开发或合作开发合同中合作双方进行研究、开发工作的操作标准和具体要求,同时也是合同完成以后双方验收时应共同遵守的准则。

第二,明确具体的验收方法或方式。技术开发合同的验收可以由委托方单方验收、由双方组织验收或者委托第三方鉴定、评估验收(技术鉴定会、专家技术评估等),或者采取多种验收方式。不管采用何种验收方式,最后都应由验收方出具验收证明及文件,作为合同验收通过的依据。

第三,明确具体的验收流程或交付流程。包括但不限于如何发起验收或交付,按验收方法进行验收后的验收结果如何通报、如何确认、如何提出异议等。对于已经实际交付且已实际使用的技术成果,应对实际使用的情况进行证据保全,以证明技术成果符合验收标准或已完成交付。

第四,明确验收不通过或者交付存在瑕疵的责任承担,包括合同双方应当各自承担何种责任,责任比例如何划分等。

例如,合同双方可作出如下约定:

甲乙双方确认,按以下标准、方法和形式等对乙方提交的技术工作成果进行验收/交付:

1. 乙方提交技术工作成果的形式:[   ]。
2. 技术成果的验收标准:[   ]。
3. 技术成果的验收方法:[   ]。
4. 验收的时间和地点:[   ]。

在司法实践中,技术委托开发合同引发的大多数纠纷争议焦点在于验收事项。一旦各方对验收条款意见不一诉至法院,大多数法院判定是否完成验收的关键在于其交付成果的功能是否满足合同签订的根本性目的。通常情况下,委托方不能仅以部分应用型功能尚未实现为由认定交付成果质量不合格,更不能以此为由要求解除合同。开发成果已完成交付验收或者实际投入使用后,委托方又主张开发成果不符合合同约定功能需求的,由其承担举证责任。如在柳州沪信汽车科技有限公司、深圳瑞丰同创科技有限公司计算机软件开发合同纠纷二审民事判决书[最高人民法院(2020)最高法知民终972号]中,沪信公司认为瑞丰公司开发完成的大数据检测系统存在bug,主张瑞丰公司交付的软件系统存在瑕疵。最高院认为:

因沪信公司与瑞丰公司在签订涉案合同已约定软件交付以双方共同制定的功能清单为标准,测试发现的问题及时与瑞丰公司进行沟通,瑞丰公司也及时予以了解释和调整。免费维护的一年期,在此时间段内,沪信公司从未提出过涉案软件存在重大缺陷、无法使用。在瑞丰公司交付的软件已经能够实现基本运行的情况下,其在某一特定时间暴露出的运行效率不高、使用不够便捷的问题仅属于需要不断优化的瑕疵,不构成软件无法使用的缺陷,更不能因此认为该软件未能达到合同约定的标准。因此,沪信公司关于涉案软件存在重大瑕疵、无法使用、足以导致涉案合同目的不能实现的上诉主张与事实不符,不能成立。

(十)价款、报酬或使用费及其支付方式

价款主要是指在涉及技术成果权属的技术转让合同中受让人应支付的对价;报酬主要是指技术委托开发合同、技术咨询合同和技术服务合同的委托人所应支付的对价,而使用费主要是指专利实施许可合同和技术秘密许可使用合同中被许可人应支付的对价。具体而言:

第一,在技术开发合同中,《民法典》第852条规定:"委托开发合同的委托人应当按照约定支付研究开发经费和报酬,提供技术资料,提出研究开发要求,完成协作事项,接受研究开发成果。"这里的研究开发费用不同于报酬,研究开发费用主要是指完成研究开发工作所需要的成本,比如购买研究必需的设备仪器、研究资料、试验资料、能源和试制、安装以及获取情报资料等费用,而报酬则是研究开发成果的使用费和研究开发人员的科研补贴。在合同中,可以约定将研究开发经费的一定比例作为使用费和科研补贴,不单列报酬。

实践中,技术开发合同对于研究开发费用以及报酬这一条款约定不明,或者对其结算方式、支付方式约定不明往往会导致不必要的纠纷。那么,当事人到底应当怎样选择合适的计算方法和结算、支付方法呢,下面具体就这三个方面进行分析:

(1)当事人双方应当明确写明合同研究开发经费的总金额,以及研究开发经费和报酬的来源,如果是合作开发,应明确双方分担经费的数额并在合同中分别写明。

(2)技术开发合同经费结算方式主要有两种:一是经费包干,实行经费包干使用,研究开发方的报酬应包含在结余的研究开发经费中,委托方不另行支付报酬。那么如何确定包干费用或者固定费用呢?实务中,一般采取三种方式来确定:委托双方均认可的第三方机构进行评估确定;参考同类产品研发的市场行情来确定;双方磋商协议定价或者通过挂牌交易等方式确定。二是实报实销,如实行该结算方式,双方当事人应在合同中约定,当研究开发经费不足时,委托方应补充支付;当经费出现剩余时,研究开发方应如数返还;同时还应明确约定,研究开发的报酬数额、支付的形式和时限等。

(3)当事人应当明确约定合同价款的支付方式。当事人可以协商议定采取"一次总算、一次总付"或"一次总算、分期支付";也可以采取提成支付或者提成支付附加预付入门费①的方式。约定提成支付的,可按照产品价格、实施技术后的新增的产值、利润或者产品销售额的一定比例提成,也可按照约定的其他方式计算。提成支付的比例可以采取固定比例、逐年递增比例或者逐年递减比例。约定提成支付的,当事人可以约定查阅有关会计账目的办法《民法典》第846条。除此以外,最好明确约定是现金支付还是通过银行转账等方式支付。具体适用情形见表7-2。

表7-2 技术合同价款、报酬及费用支付方式

支付方式	适用情形
一次总算、一次总付	合同价款固定,一次性支付。适用于价格较低、技术难度较低的技术合同,该支付方式简捷便利,可以及时结清款项
一次总算、分期支付	合同价款固定,协商分期支付。是否采用这种方式取决于受让方的支付能力
提成支付	按照产品价格、实施技术后的新增的产值、利润或者产品销售额的一定比例提成,提成支付的比例可以采取固定比例、逐年递增比例或者逐年递减比例。适用于技术比较成熟、市场前景稳定、技术价格较高的技术合同
提成支付附加预付入门费	协议签订时或者履行后在一定期限内支付入门费,其余价款采用提成方式分期支付。适用于履行期长、技术价格高、技术水平高的技术合同

---

① 所谓技术合同的"入门费",又称为"初付费",是指承接技术的一方在合同成立时或在实施技术并取得效益前向提供技术的一方支付的第一笔价款、报酬或使用费。这种方式既可以公平分担交易风险,又可以给已为技术投入了大量成本的转让方一些固定的补偿。

如下是一个提成支付附加预付入门费的示例条款:

乙方需于本合同生效之日起[10]个工作日内支付预付入门费[   ]元(大写:[   ]元整)。乙方后续实施标的技术成果产生利益的,实施标的技术成果所产生利益的[5]%归属于甲方,双方根据本合同第[   ]条约定的方法确定前述利益,乙方应于前述利益确定之日起[10]个工作日内支付给甲方。双方确认,为确保前述利益提成支付之实现,甲方有权以[委托双方均认可的会计师事务所进场]方式查阅乙方有关的会计账目。

实践中尤其需要注意,计算机软件开发合同中分期付款与阶段性开发成果之间并非必然具有对价关系。如在武汉中新蓝软件有限公司、李某计算机软件开发合同纠纷二审民事判决书[最高人民法院(2020)最高法知民终1545号]中,中新蓝公司上诉认为,涉案合同开发成果无须也无法与合同价款一一对应,从软件开发工作的完成程度来看,中新蓝公司亦无须返还精科绿源公司支付的首期款。精科绿源公司辩称,中新蓝公司对涉案软件项目并未实际投入开发,无论是UI设计图还是功能模块均未完成,已构成根本违约,应当向精科绿源公司返还第一、二期开发款。就此,最高院认为:

计算机软件开发合同履行过程中委托方分期给付的每一期开发款,除有明确约定外,并不要求均必须有相应的开发成果为对价。一方面,计算机软件开发合同的订立通常是基于委托方对开发方技术实力的认可与信任,故此类合同的履行具有一定的人身属性,且合同履行周期一般跨度较长,合同各方通常约定按照所设定工作事项的完成进度分期付款,故履行周期较长、分阶段付款是此类合同的典型特征。另一方面,计算机软件开发合同履行过程中,委托方对于软件的功能需求往往并非一成不变,而是会在实际开发过程中根据具体情况对合同所欲实现的功能需求进行相应灵活、机动的调整,故计算机软件开发合同除了呈现履行周期长、分阶段付款之特征外,还往往呈现软件功能需求随开发进程动态调整之特点。针对计算机软件开发合同的上述性质和特点,委托方基于合理管控交易风险的考量,采取分阶段、按比例向开发方支付款项的做法符合商业习惯。但计算机软件开发过程中各阶段开发事项彼此是相互依存、紧密衔接的,某一阶段所对应的开发事项的完成情况和效果,往往决定了下一阶段开发工作能否顺利开展和完成效果,而下一阶段开发工作的完成情况又可作为检验前一阶段工作成果的参照。因此,将委托方在每一阶段支付的款项孤立地认为仅是对应该阶段工作成果之对价的观点,既不符合计算机软件开发合同的特点,也不符合计算机软件开发行业的特点和习惯。相反,委托方每一阶段支付的款项均应当理解为是软件开发整体工作对价的有机组成。另外,根据涉案合同第7.2条关于"付款方式"的约定,合同开发款分六期支付,首期款应于合同签订后3日内由精科绿源公司按合同总金额20%支付。涉案合同首期款既可以理解为是涉案软件开发项目的启动资金,也可以理解为是作为涉案软件委托方的精科绿源公司为软件开发方中新蓝公司组建研发团队、投入相关软、硬件资源所提供的物质条件。但是,于此阶段即要求中新蓝公司提交相应的开发成果以作为取得首期开发款的对价,既缺乏合同依据,亦不符合计算机软件开发行业的特点和习惯,未免强人所难。

上述观点在最高院随后处理精科绿源公司主张解除合同并要求中新蓝公司返还一、二期开发款时成为了处理的基础。最高院从"精科绿源公司要求中新蓝公司返还已经支付的第一、二期开发款,与涉案合同的约定明显不符""中新蓝公司就涉案软件开发业已完成的工作量,与其作为对价从精科绿源公司处实际收取的第一、二期开发款之间不构成明显比例失衡""计算机软件开发合同解除后并非当然、一概地恢复原状,而应当视具体个案情况而定"等维度进行了充分的说理,最高院最终认为原审法院关于中新蓝公司应当向精科绿源公司返还涉案合同首期开发款的处理不当,应予以纠正。

第二,在技术咨询和服务合同中,委托人所支付的报酬中通常包含费用在内。因此,在委托人支付报酬之外,受托人一般不得再向委托人请求支付相应的费用。《民法典》第886条规定:"技术咨询合同和技术服务合同对受托人正常开展工作所需费用的负担没有约定或者约定不明确的,由受托人负担。"因此,如果当事人没有约定费用或就费用的负担约定不明确,应当由受托人承担该费用。

第三,《技术合同司法解释》(2020年修正)第14条规定:"对技术合同的价款、报酬和使用费,当事人没有约定或者约定不明确的,人民法院可以按照以下原则处理:(一)对于技术开发合同和技术转让合同、技术许可合同,根据有关技术成果的研究开发成本、先进性、实施转化和应用的程度,当事人享有的权益和承担的责任,以及技术成果的经济效益等合理确定;(二)对于技术咨询合同和技术服务合同,根据有关咨询服务工作的技术含量、质量和数量,以及已经产生和预期产生的经济效益等合理确定。技术合同价款、报酬、使用费中包含非技术性款项的,应当分项计算。"

【例7-5】研究开发经费、报酬及其支付或结算方式条款

X	研究开发经费、报酬及其支付方式
X.1	研究开发经费是指完成本项研究开发工作所需的成本;报酬是指本项目开发成果的使用费和研究开发人员的科研补贴。
X.2	本项目研究开发经费及报酬总额为人民币(大写):[　　　]元(小写)[　　　]元。
X.3	经费和报酬支付方式及时限如下: a)合同签订后[5]日内甲方支付乙方合同款项的50%,即人民币(大写):[　　　]元(小写)[　　　]元; b)系统开发完成,验收后[5]日内甲方支付乙方合同款项的50%,即人民币(大写):[　　　]元(小写)[　　　]元。

(十一)限制性条款与竞业禁止条款

关于技术合同的"限制性条款",有关讨论详见前文,不再赘述。在此,仅强调在审查技术合同条款时,应注意区分限制技术竞争和技术发展的"限制性条款"和"竞业禁止条款"。竞业禁止条款,通常适用于劳动法领域(如用人单位与劳动者约定,在职或离职后某一期限内,不得受雇于与本单位相同或类似的营业的单位或者自营前述竞争业务)和公司法领域(如董监高基于忠实、勤勉义务所衍生出的竞业禁止义务;又如,收购方在投资并购标的公司后,要求出让方在某段期间内在与收购人有竞争关系的行业、区域内不得从事相同或类似的营业)。

在实务中,技术委托开发合同中经常会存在这样的条款:"在合同有效期及合同终止后[　]年内,受托方参与研发的人员及其团队不向与委托方存在竞争关系的公司或其他机构提供与本工作任务书相同或类似的服务。"这一条款从表面上看似乎与"禁止招揽条款"或者"竞业禁止条款"类似,但其实并非如此。"禁止招揽条款"通常约定的是,在合同约定的期限内,双方不得直接或间接聘用对方的特定雇员,也不得劝说、诱使他们终止与对方的劳动关系。但上述条款则不然,其约定的是接受技术开发受托方不得向与委托方存在竞争关系的公司或其他机构提供与本工作任务相同或类似的服务。这其实限制了受托方"自由经营"的权利。这是其一。其二,如前所述,"竞业禁止条款"显然也不适用于这一场合,因为受托方并非与委托方有竞争关系,反而是禁止其服务的对象与委托方有竞争关系。当然就更不属于劳动法领域的竞业限制或禁止条款了。

有观点认为,这样的条款涉嫌违反《技术合同司法解释》(2020年修正)第10条第1项"限制当事人一方在合同标的技术基础上进行新的研究开发或者限制其使用所改进的技术……"之规定,构成"非法垄断技术",依据《民法典》第850条的规定,此类条款应属无效。尽管笔者认为这样条款的效力值得商榷,但以上述条款作为依据认定无效有些牵强。理由是,该条款限制的是受托方向与委托方具有竞争关系的单位提供相同或类似服务,而并非在合同标的技术基础上的"限制创新"和"限制使用改进技术"。另外,受托方仍然可以向与委托方不具有竞争关系的单位提供相同或类似服务。当然如果基于项目的特定化或定制化,这样的潜在客户会很少甚至基本不存在的话,其可能涉嫌构成限制技术竞争和技术发展。因此,笔者认为,这样的条款不能一概而论,应该在个案中根据案情来具体分析是否构成"非法垄断技术"。其实,对于这样的条款,似乎可以考虑依据《民法典》第153条第2款"违背公序良俗的民事法律行为无效"之规定,认定其属于《民法典合同编通则司法解释》第17条第1款第2项规定的影响公平竞争秩序、违背社会公共秩序的情形,甚至在适用《民法典》第850条有难度的情形下,直接适用《民法典》第844条"订立技术合同,应当有利于知识产权的保护和科学技术的进步,促进科学技术成果的研发、转化、应用和推广"之原则规定,认定该条款无效。总之,这是一个颇具争议并值得思考的问题。

最后,笔者认为,其实这样的条款完全可以用其他方式来处理,如在合同中约定技术成果归属于委托方,并对受托方后续的二次创新开发,在公平、对等的基础上,交换改进技术,避免"非互惠性转让"或"无偿独占"等情况。如此的话,由于技术成果归属于委托方,即使受托方向与委托方具有竞争关系的单位提供相同或类似服务,也不得擅自使用该技术成果,一定程度上也保护了知识产权和商业秘密。

(十二)技术协作和技术指导

在技术开发合同履行过程中或者技术成果交付之后,当事人可以要求对方或一方为合同的履行或后续工作进行必要的工作协作和技术指导,保证合同具有研究开发、实施使用的条件。双方可以约定技术协作和指导的具体内容、协作和指导中各方所应承担的义务和责任。如果合同已经终止或解除,当事人双方或一方就该技术项目在需要进行技术协作或技术指导时,应按所提出的要求另行订立技术咨询或技术服务合同,原合同技术协作和技术指导条款的有关内容不再生效。

(十三)技术资料的移交

在技术转让合同中,一般都会涉及转让人向受让人移交相关的技术资料,这也是转让人的主要义务之一,在涉及一些特定行业、特定新技术时更应重视。例如,《药品技术转让注册管理规定》(国食药监注〔2009〕518号)第6条规定:"转让方应当将转让品种的生产工艺和质量标准等相关技术资料全部转让给受让方,并指导受让方试制出质量合格的连续3个生产批号的样品。"第17条第1款、第2款规定:"申请药品技术转让,应当填写《药品补充申请表》,按照补充申请的程序和规定以及本规定附件的要求向受让方所在地省、自治区、直辖市药品监督管理部门报送有关资料和说明。对于持有药品批准文号的,应当同时提交持有药品批准文号的药品生产企业提出注销所转让品种药品批准文号的申请。"因此,"新药技术转让合同"一般都会约定,合同标的物的交付,除了转让方向受让方移交全套技术资料(包括药品综述资料、药学研究资料、临床研究资料等)外,还须由转让方指导受让方试制出质量合格的连续3个生产批号的样品,并协助受让方向国家药品监督管理局申请获得药品生产批件,即完成"新药技术转让注册"。完成"新药技术转让注册",一般作为转让方履行完毕新药技术转让合同义务的形式要件。事实上,这也是药品技术转让合同的法定附随义务。例如,在海南葫芦娃药业集团股份有限公司、广西科伦制药有限公司确认合同效力纠纷二审民事判决书〔广西壮族自治区高级人民法院(2018)桂民终134号〕中,法院认为:

关于涉案协议是否已经履行完毕的问题。根据查明的事实,涉案协议中双方约定的主要义务是一方转让并移交涉案药品技术的相关资料,另一方签收确认药品技术资料,验收合格后支付药品技术转让款。但本案是药品技术转让合同,基于技术转让合同本身的特殊性,技术出让方具有履行技术指导的法定附随义务,关键是配合受让方实现技术转让的目的,即在受让方未成功地完成所转让技术的实施之前,出让方具有根据约定或请求进行技术指导的义务,以保证所转让技术的实用性和可靠性。本案中,涉案药品技术受让方科伦制药公司至今尚未成功实施药品的生产,如科伦制药公司提出请求,葫芦娃公司仍然具有对其所转让技术进行技术指导的义务,因此虽然双方已经按照约定履行完毕药品相关批文及生产技术资料的交接工作,科伦制药公司经验收合格并向葫芦娃公司付清了全部转让款金额,但该履行情况仅能视为双方就涉案合同约定的主要义务履行完毕,而不是合同的全部义务,因此葫芦娃公司主张涉案《转让协议书》及《补充协议》的全部义务已经履行完毕,没有事实和法律依据,不能支持,其请求确认涉案协议因双方义务履行完毕已经终止的上诉请求不能成立。

最后,除了上述主要条款之外,对于违约金或者损失赔偿的计算方法及解决争议的方法等条款,可以参照《民法典》合同编的一般条款进行约定,在技术合同中没有太多特别的情形。"名词和术语的解释"条款需要对名词和术语进行约定,并且技术合同的内容具有很强的专业性,对其中的专业名词和术语进行解释既有利于当事人明确自身所应承担的义务,也可为日后出现的争议提供标准。

第8章 知识产权许可类合同起草、审查精要与实务

> **内容概览**
>
> 知识产权,也称为"知识所属权",指权利人对其智力劳动所创作的成果享有的财产权利,一般只在有限期限内有效。各种智力创造比如发明、外观设计、文学和艺术作品,以及在商业中使用的商标、名称、图像,都可被认为是某一个人或组织所拥有的知识产权。在实践中,知识产权往往通过转让和许可使用等方式被权利人实际应用并取得回报。本章介绍有关知识产权使用许可合同方面的问题,主要包括商标使用许可合同、专利实施许可合同和著作权使用许可合同。本章包含如下内容:
> - ✓ 知识产权许可类合同概述
> - ✓ 商标使用许可合同的审查
> - ✓ 专利实施许可合同的审查
> - ✓ 著作权使用许可合同的审查

第一节 知识产权许可类合同概述

一、知识产权的概念与特征

概括地讲,知识产权是指公民、法人或者非法人组织对其在科学技术和文学艺术等领域内,主要基于脑力劳动创造完成的智力成果所依法享有的专有权利。广义概念上的知识产权包括下列权利:文学艺术和科学作品、表演艺术家的表演以及唱片和广播节目、人类一切领域的发明、科学发现、工业品外观设计、商标、服务标记以及商品名称和标志、制止不正当竞争,以及在工业、科学、文学和艺术领域内由于智力活动而产生成果的一切权利。狭义概念上的知识产权仅包括版权、专利权、

商标权、名称标记权、制止不正当竞争，而不包括科学发现权、发明权和其他科技成果权。需要注意的是，知识产权通常由人身性质的权利和财产性质的权利两部分构成。例如，作家在其作品上署名的权利，或对其作品进行发表、修改和保护作品完整性等权利，即为人身性质的权利；而财产性质的权利，是指权利人取得报酬或者得到奖励的权利[①]。

知识产权的特性概括起来有以下几个方面：第一，无形财产权。即知识产权的客体是不具有物质形态的智力成果和商业标记。第二，其确认或授予必须由国家专门立法直接规定。第三，双重性。既有某种人身权（如署名权）的性质，又包含财产权的内容。但商标权是一个例外，它只保护财产权，不保护人身权。第四，专有性。知识产权为权利主体所专有。权利人以外的任何人，未经权利人的同意或者法律特别规定，都不能享有或者使用这种权利。第五，地域性。地域性的含义有二：其一，知识产权只在产生的特定国家或地区的地域范围内有效，这种地域性随知识产权的国际保护而逐渐消失。其二，知识产权的授权和转让是与地域相联系的。即知识产权的授权和转让必须明确地域范围，被授权人仅在某些地域范围内行使知识产权，超出此地域范围行使该项知识产权即为侵权行为。第六，时间性。法律对知识产权的保护规定了一定的期限，知识产权在法定期限内有效。例如，《专利法》（2020年修正）第42条第1款规定，发明专利权的期限为20年，实用新型专利权的期限为10年，外观设计专利权的期限为15年，均自申请之日起计算。

二、知识产权许可类合同概述

知识产权许可类合同是指知识产权人为将自己的知识产权许可给他人使用而签订的协议。知识产权许可类合同是一项债权债务关系协议，该合同的签订并不意味着知识产权许可的完成，一般而言，知识产权许可合同均需登记备案，不经登记不得对抗善意第三人，但未经备案并不影响许可合同的效力。尤其是在独占许可和排他许可中，在办理了登记备案手续后，被许可人才能获得用益知识产权，否则仅能获取债权。例如，《商标法》（2019年修正）第43条第3款规定："许可他人使用其注册商标的，许可人应当将其商标使用许可报商标局备案，由商标局公告。商标使用许可未经备案不得对抗善意第三人。"在合同有效期内，知识产权人负有维持知识产权有效的义务以及积极应对他人提出的知识产权撤销或宣告无效请求的义务。这是知识产权人权利瑕疵担保义务的一种体现。

---

① 参见《著作权法》（2020年修正）第10条。

根据知识产权的具体形态进行分类,知识产权可以划分为商标权、专利权、著作权、商业秘密权和非物质文化遗产权利等,因此知识产权许可包括商标权许可合同、专利权许可合同、著作权许可合同、商业秘密权许可合同和非物质文化遗产权利许可合同等形式。本章仅介绍前面三种常见的许可合同。

第二节 商标使用许可合同的审查

商标使用许可合同是指商标权人将其商标许可给他人使用,被许可使用人支付费用而签订的合同。商标权人或者其授权的人为许可方,另一方则为被许可方。商标使用许可合同生效后许可方并不丧失商标权,仍为商标的所有人。商标使用许可合同的标的是商标的"使用权",而不是所有权,这是商标权使用许可合同与商标权转让合同的区别。

一、商标使用许可合同的框架结构

《民法典》合同编典型合同分编中并未对商标使用许可合同作出单独规定。在实践中,一般由许可人和被许可人根据自愿、公平、诚实信用的原则,约定相互间的权利义务。商标使用许可合同一般应包括以下内容:

- ✓ 许可人和被许可人的名称、地址。
- ✓ 许可使用的商标(图样)及其注册号、注册类别。
- ✓ 许可使用的方式:独占、排他或者普通使用许可。
- ✓ 许可使用商标的范围。包括被许可使用的商品或服务范围;许可使用的地域范围和许可期间等。
- ✓ 许可人对被许可人使用其注册商标的商品质量进行监控的条款。如有关技术、设备、服务监控等。
- ✓ 在使用许可人商标的商品上标明被许可人的名称和商品产地的条款。
- ✓ 许可人保证被许可商标持续有效的有关条款,如按期续展,不得在合同存续期间注销被许可商标等。
- ✓ 商标使用费(许可费)数额及其支付方法。
- ✓ 商标许可使用合同的备案条款。
- ✓ 违约责任。
- ✓ 合同终止或解除条件。
- ✓ 其他条款。

除了上述条款之外,实践中通常还可能涉及对被许可人再许可的特别约定,如权利瑕疵担保条款、许可期间商标增值利益的分配以及商标使用许可合同终止后相关产品的处理等特别条款。

二、商标使用许可合同主要条款的审查

(一)商标使用许可合同当事方的审查

对于商标许可人而言,在许可前应对被许可人的情况作出全面了解。首先,应审查清楚被许可人的基本情况,如经营范围、经营规模、生产能力等;其次,应核实清楚被许可人的经营资质、是否合法登记设立,以及管理理念甚至企业文化等;最后,也是最重要的,许可人应对被许可人的产品质量进行全面测试和考察。

对于被许可人而言,亦应注意对许可人的资格审查。首先,《商标法》(2019年修正)第43条第1款规定:"商标注册人可以通过签订商标使用许可合同,许可他人使用其注册商标。……"依条文本意,许可人应当是商标注册人,许可使用的商标应当是注册商标。一方面,实践当中普遍存在一种情况,即商标权人与合同签订人不一致。出于便利性等原因,商标注册申请经常会由企业的实际控制人或主要负责人个人实施,但参与市场活动以及对外宣传时使用的是企业整体的名义,将个人与企业混同。因此,为避免不必要的纠纷,被许可人应首先核实许可人的相关情况。另一方面,法律并未禁止市场主体对未注册商标的使用许可,只要不违反法律法规强制性规定而致使许可合同无效或被撤销,与被许可人签订的许可合同就应属有效。例如,在天津开发区泰盛贸易有限公司与北京业宏达经贸有限公司、广州睿翔春皮具有限公司商标许可使用合同纠纷再审审查民事裁定书[最高人民法院(2012)民申字第1501号]中,最高院认为:

未注册商标能否许可他人使用,法律法规对此没有禁止性规定,且在业宏达公司与泰盛公司签订的合同中,亦未限定许可泰盛公司使用的三个商标必须均为注册商标,特别在《再许可授权协议》第11条第(1)项,明确写明了业宏达公司"了保证商标有效性"的条款,根据该条款的内容,泰盛公司作为涉案商标的被许可方,理应知晓签订合同时被许可使用的三个商标的权利状态,即"狐狸图形""无赛"两个商标系业宏达公司已获得注册的商标,第3730891号"wolsey"商标为业宏达公司正在申请注册中的商标。最后,涉案合同关于商标许可使用费的约定,未区分三个商标各自的独立价值,特别是未就第3730891号"wolsey"商标是否具有核心价值,其使用费应高于其他两个商标等作出特别约定,因而二审法院结合泰盛公司在签订涉案合同前即与业宏达公司存在商业合作关系,以及泰盛公司一直将"wolsey"

商标与"狐狸图形"商标在相关商品上同时使用等情况，认定业宏达公司"wolsey"商标在1802类皮具商品上未获得注册，不影响泰盛公司实现签订涉案合同根本目的，业宏达公司不存在欺诈行为，并无不当。

为避免争议，被许可人应对商标是否属于注册商标及其权利人进行审查。其次，必要时或条件具备时，应当调查被许可商标的商标权权属状态，如是否存在在先权利人、是否处于被侵权或混淆的状态、是否有企业使用与该商标相同的文字符号作为企业名称等状况。有些商标虽然表面上看没什么瑕疵，但可能已经被人提出商标争议、撤销申请或权属诉讼，那么此时该商标的权利就处于极不稳定的状态，被许可人此时更应审慎考虑作出决策，是否还要开始这一许可合作。因为在这种状态下，商标随时可能因权属变更或被撤销或被宣告无效而不能使用。这些都将影响商标使用许可合同的效力、存续和履行。

此外，在实践中还需要特别关注一个问题，即"商标共有人单独进行许可"的效力认定问题。与著作权法、专利法领域对"共有"知识产权如何行使作出总括性规定①不同，《商标法》(2019年修正)第5条规定："两个以上的自然人、法人或者其他组织可以共同向商标局申请注册同一商标，共同享有和行使该商标专用权。"除此之外，商标法对于商标权共有人权利行使的一般规则没有作出具体规定。最高院在如下司法判例中明确了其立场。

【例8-1】"共有人单独进行许可"效力的认定②

裁判要旨：在商标权共有的情况下，商标权的行使应遵循当事人意思自治原则，由共有人协商一致行使；不能协商一致，又无正当理由的，任何一方共有人不得阻止其他共有人以普通许可的方式许可他人使用该商标。

法院裁判：最高院认为，首先，商标只有用于生产经营活动中，与商品或者服务结合起来，才能起到区分商品或者服务来源的作用，体现商标的真正价值。如果因为商标权共有人难以协商一致导致注册商标无法使用，不仅难以体现出注册商标的价值，有悖于商标法的立法本意，也难以保障共有人的共同利益。其次，商标权

---

① 参见《著作权法》(2020年修正)第14条、《专利法》(2020年修正)第14条。
② 参见张某恒与沧州田霸农机有限公司、朱某峰侵害商标权纠纷申请再审民事裁定书[最高人民法院(2015)民申字第3640号]，载《最高人民法院公报》2017年第4期(总第246期)。类案参见邱某、程某商标权权属纠纷二审民事判决书[河南省高级人民法院(2020)豫知民终243号]；陈某、刘某中等侵害商标权纠纷一审民事判决书[江苏省连云港市中级人民法院(2022)苏07民初150号]。

共有人单独以普通许可方式许可他人使用该商标,一般不会影响其他共有人利益,其他共有人可以自己使用或者以普通许可方式许可他人使用该商标,该种许可方式原则上应当允许。商标权共有人如果单独以排他许可或者独占许可的方式许可他人使用该商标,则对其他共有人的利益影响较大,原则上应禁止。再次,根据商标法的规定,许可人应当监督被许可人使用其注册商标的商品质量,被许可人应当保证使用该注册商标的商品质量。因此,从保证商品质量和商标商誉的角度,商标权共有人单独进行普通许可,对其他共有人的利益一般也不会产生重大影响。退一步而言,即便商标权共有人单独进行普通许可造成了该商标商誉的降低,损害到了其他共有人的利益,这也是商标权共有制度自身带来的风险。在商标权共有人对权利行使规则没有作出约定的情况下,共有人应对该风险有所预期。最后,要求商标权共有人全部同意才可进行普通许可,无疑会增加商标许可使用的成本,甚至导致一些有价值的商标因共有人不能达成一致而无法使用。综上,商标权共有人在没有对权利行使规则作出约定的情况下,一般可以单独以普通许可的方式许可他人使用该商标。

(二)许可使用的商标条款

我国《商标法》(2019年修正)第56条规定:"注册商标的专用权,以核准注册的商标和核定使用的商品为限。"因此,商标使用许可合同必须明确被许可使用的商标本身是文字还是图形或是两者兼有,必须明确被许可使用的商标注册号以及被核定使用的商品或服务的类目。

此外,《商标法》(2019年修正)第42条第2款、《商标法实施条例》(2014年修订)第31条第2款针对商标转让规定了应当将在同一种商品上注册的近似的商标,或者在类似商品上注册的相同或者近似的商标一并转让①,这样规定的目的在于避免相同或近似商标出现两个来源,让消费者混淆,而商标许可使用则不存在这样的问题,因为其来源是唯一的,因为《商标法》(2019年修正)第43条第1款规定:"许可人应当监督被许可人使用其注册商标的商品质量。被许可人应当保证使用该注册商标的商品质量";第2款规定:"经许可使用他人注册商标的,必须在使用该注册商标的商品上标明被许可人的名称和商品产地。"根据这些规定,被许可

---

① 应注意的是,相同或近似商标的"捆绑"转让还涉及商标在不同主体之间"共存"的问题。尽管尚未形成共识,在实践中,为了解决这一难题,仍然可以考虑通过"共存协议"来予以解决。所谓"共存协议"是指,两家不同的企业在同一类商品或服务上使用相同或者近似的商标,而并不必然导致混淆或者权利冲突。这是对"商标权绝对排他效力"的突破。

人应在商品标签上明确标注商标的许可人和被许可人名称和商品产地,因此也就不存在所谓的将相同或近似商标一并许可的问题了。尽管如此,如果商标存在相关的商业标记,如联合商标、防御商标、域名等,为了商标的有效使用,可以要求权利人将相关商标、商业标记一起授权使用,或者要求权利人不得将相关商标、商业标记转让或许可给不同的商业主体。

【例8-2】许可商标条款

X	许可商标
X.1	本协议项下的许可商标为甲方许可乙方使用的甲方注册商标和未注册商标: (1)注册商标类目为:第[　　]类,注册号为:[　　　　],图样见本协议附件:[　　　]; **(2)未注册商标为:**[　　　　],图样及相关文字说明见本协议附件:[　　　]。
X.2	甲方拥有的与第[X.1]款下许可乙方使用的商标相关的联合商标、防御商标以及域名(详见本协议附件:[　　　]),甲方在本协议有效期内不得许可除乙方之外的第三人使用。

分析: 律师在对本条款进行审查时,通过与业务经办人员沟通,并查阅相关文件,发现许可的商标属于"打包"商标,不但包括注册商标,还包括未注册商标,因此在第X.1款中增加了第(2)项规定,由于没有相关的注册类别和注册号,因此对该商标的图样及其文字说明以附件的形式来具体界定。经磋商,考虑到被许可方的利益,甲方同意增加第X.2款的规定。

(三)商标许可的方式和范围

在对商标使用许可合同进行审查时,尤其需要注意商标许可的方式和范围。一般而言,需要关注商标许可的方式、被许可使用的商品或服务范围、许可使用的地域范围和许可期间四个维度。

1. 商标许可的方式

根据被许可人获得的权利和所处的地位,可以将商标许可合同分为独占许可合同、排他许可合同和普通许可合同。《最高人民法院关于审理商标民事纠纷案件适用法律若干问题的解释》(2020年修正)第3条规定,商标使用许可包括以下三类:

✓ 独占使用许可,是指商标注册人在约定的期间、地域和以约定的方式,将该注册商标仅许可一个被许可人使用,商标注册人依约定不得使用该注册商标;

✓ 排他使用许可,是指商标注册人在约定的期间、地域和以约定的方式,将该注册商标仅许可一个被许可人使用,商标注册人依约定可以使用该注册商标但不得另行许可他人使用该注册商标;

✓ 普通使用许可,是指商标注册人在约定的期间、地域和以约定的方式,许可他人使用其注册商标,并可自行使用该注册商标和许可他人使用其注册商标。

一般而言,许可人更希望采用普通使用许可,因为普通使用许可的潜在被许可人较多,可期待的综合许可收益更大;而对于被许可人而言,其可能更希望获得的是独占使用许可或者排他使用许可,因为这两种许可方式能够使被许可人直接获得竞争优势,并且可能会给其创造更多的价值;与此同时,被许可人则需要支付更高的许可费。此外,许可人可以考虑将许可类型与地理区域、行业类型、销售渠道、时间周期等因素结合起来,授权被许可人在某一特定的地理区域、特定的行业、特定的销售渠道以及特定的时间范围内享有独占使用许可、排他使用许可或者普通使用许可,从而最大化地实现其商标价值。

需要注意的是,在实务中,当事人选择独占使用许可时,经常在合同中采用"独家许可""独家使用权"这样的措辞,但这些措辞并不规范,如"独家许可"可以解释为"排他使用许可",因为可以理解为许可人许可的被许可人是"独家的""唯一的",但许可人自己仍然可以使用。因此,建议采用法律中所用的规范措辞。

2. 商标许可的范围与期限

第一,在审查商标许可的范围时,其实应从两个维度来考虑:一是确定许可使用的商品和/或服务的范围;二是确定许可使用的地域范围。

关于许可使用的商品和/或服务的范围。被许可人应根据自身经营(业务)范围、未来业务的发展规划、资金实力等因素确定需要使用商标的商品和/或服务的范围。许可人既可以授权被许可人在核定使用的全部商品或服务上使用许可商标,也可以仅授权在某一或某几个核定的商品或服务上使用许可商标。

关于许可使用的地域范围。双方可以在充分考虑自身市场拓展规划、营销的便利程度等因素的基础上,确定许可使用的地域范围,但最大不得超过商标注册的国家或地区。

第二,关于许可的期限,商标专用权权利期限为10年,可以无限续展,但市场千变万化,商标的知名度、预期价值都会时常波动,从实践来看,商标使用许可合同2—5年一签比较普遍,这个年限范围也较为合适,为合同双方当事人都留下了将来是续签还是终止合同的余地和自由。

【例8-3】商标许可的方式和范围条款

X	商标许可的方式和范围
X.1	商标许可的方式为:[独占、排他或者普通使用许可]
X.2	商标许可的范围为: (1)许可区域:[中国大陆地区]。 (2)许可商标产品:[乙方制造和销售的使用甲方许可商标的产品或商品。详见本协议附件:　　　　]。乙方必须在使用该注册商标的产品或商品上标明甲方的名称和商品产地。 (3)许可期限:[自本协议生效之日起5年]。**合同期满,如需延长使用时间,由甲、乙双方另行续订商标使用许可合同。**

在实务中,根据《商标使用许可合同备案办法》(商标〔1997〕39号)第11条第4项的规定以及《商标使用许可备案表》填表说明的要求,许可期限超过注册商标有效期的不予备案,但这并不意味着超过有效期的许可合同必然无效。如许可合同签署日临近注册商标有效期届满(如届满前12个月内),则建议约定由许可人申请续展后再就许可合同进行备案。如果双方期望许可期限超过注册商标有效期,例如某商标有效期的"剩余"时间为3年,但双方计划许可期限为5年,此时可通过签署补充协议或者约定优先续约权等方式来实现。

另外,如果商标使用许可合同中存在诸如"许可人应当在商标有效期届满日前,依法办理商标续展手续;商标依法续展后,许可人应当按照与本合同实质条件相同的方式继续许可被许可人使用商标"这样的续展条款,那么商标使用许可合同的期限是否明确,是否构成不定期合同?笔者赞同重庆高院在重庆某美体内衣有限公司与某投资有限公司商标使用许可合同纠纷二审民事判决书[重庆市高级人民法院(2021)渝民终833号]中的观点,在该案中,某投资公司(许可人)与重庆某公司(被许可人)签订了《商标许可使用合同》。该合同约定的许可使用期限为该协议签订之日至商标注册有效期2021年1月20日。同时,还约定许可人应当在商标有效期届满日前,依法办理商标续展手续,商标依法续展后,许可人应当按照与本合同实质条件相同的方式继续许可被许可人使用商标。后某投资公司主张解除案涉商标许可使用合同,一审法院依据《民法典》第563条第2款的规定,认定其可以行使任意解除权。重庆高院就此认为:

根据《中华人民共和国民法典》第五百六十三条第二款关于"以持续履行的债务为内容的不定期合同,当事人可以随时解除合同,但是应当在合理期限之前通知对方"的规定,合同需同时满足"以持续履行的债务为内容"和"不定期"两个要件,当事人可依据该条规定享有任意解除权。本案中,《商标许可使用合同》的内容并非因一次给付可以完结,而是需要商标注册人持续地将商标许可给被许可人使用,故应属于以持续履行的债务为内容的合同。至于该合同是否属于不定期合同,双方当事人在诉讼的不同阶段存在不同理解。本院认为,应以当事人在订立合同时对于合同履行期限的真实意思表示来确定该合同是否为不定期合同。涉案合同4.1条对合同履行期限有明确约定,即自该协议签订之日起至商标注册有效期2021年1月20日止,并非未约定期限或者约定不明确,故涉案合同不属于不定期合同。涉案合同4.2条进一步约定,"许可人应当在商标有效期届满日前,依法办理商标续展手续;商标依法续展后,许可人应当按照与本合同实质条件相同的方式继续许可被许可人使用商标"。该条款系双方当事人就商标依法续展后另行订立与涉案合同实质条件相同的合同达成的合意,应属于《中华人民共和国民法典》第四百九十五条第一款"当事人约定在将来一定期限内订立合同的认购书、订购书、预订书等,构成预约合同"规定的预约合同条款,而非对本约合同履行期限的约定。毕竟,涉案合同已经对履行期限有了明确约定,并且4.2条关于"本合同"的表述应当理解为需另行订立合同。虽然另行订立的合同实质条件与本约合同相同,但不影响该条款为预约合同条款的性质。因此,对于一审法院认为涉案合同许可期限条款所约定的商标注册有效期满后的所谓续展期持续时间并不确定,亦即涉案合同约束力的期限不确定,进而认定涉案合同具有不定期的特点,本院并不认同。综上,涉案合同虽系以持续履行的债务为内容的合同,但并非不定期合同,故某投资公司无法依据《中华人民共和国民法典》第五百六十三条第二款规定享有任意解除权,一审法院依据该款规定确定《告知函》已经产生解除该合同的法律效果属于适用法律错误,本院予以纠正。

3. 商标许可的再许可

除上述事项外,在商标许可合同中还应明确约定是否允许被许可人再许可(分许可)。一般而言,在独占使用许可的情形下,再许可通常是被允许的,因为商标独占地控制在被许可人手中。在非独占使用许可的情形下,如果许可人能获得利益(如可以从再许可中收入中获得一定的分成,或者再许可可以帮助许可产品快速地占领市场或者扩大商标的知名度等),也可能会允许再许可。对于被许可人而言,如果其本身不是直接的制造、使用或者销售许可产品的主体,或者意图在后期引入其他市场主体拓展业务,再许可就是必不可少的。

如果允许被许可人再许可,则应在商标许可合同中作出明确的约定,否则应视为被许可人无权再许可。再许可条款同样需要明确再许可的方式、范围和期限。需要注意的是,再许可应经过许可人的书面同意,并限定商标许可的方式、被许可使用的商品或服务范围、许可使用的地域范围和许可期间等,并且不得超过许可人对被许可人许可的内容。

实务中,很多再许可条款一般都比较简单,如约定"甲方授予乙方可以再许可的普通许可""未经许可人书面同意,被许可人不得再许可"等。再许可涉及许可人、被许可人和再被许可人三方主体。前述过于简单的再许可条款容易引发争议,事实上,审查时还应关注:若允许再许可,被许可人应当履行何种再许可程序;是否需要提前获得许可人的书面同意,以及如何履行通知义务;再许可的对象(再被许可人)的范围如何,是仅限于被许可人的关联方还是可以没有任何限制;再许可的收入,是否应在许可人和被许可人之间进行二次分配;许可协议与再许可协议之间的关系,如许可协议终止时,再许可协议的效力问题;等等。限于篇幅,在此仅就部分问题予以介绍。

第一,再被许可人的范围的确定。再被许可人一般可以分为被许可人的关联方和第三人。许可人通常会通过限制再被许可人的范围来对再许可权的行使作出一定的限制,如合同会约定被许可人有权许可其关联方,但无权许可第三人。在协议草拟和审查时,被许可人的"关联方"和"第三人"一般都在"定义"条款予以专门定义,但应关注被许可人的关联方的增减变化,如因新设关联企业或者收购产生关联企业,也可能原来的关联企业因注销或被收购而消灭或不再受被许可人控制。因此,在拟定再许可条款时就应关注"关联方"纳入的时间范围,如是否仅限于本协议生效时纳入的范围,还是可以纳入本协议生效后未来纳入的关联方,如果允许纳入,是否应经许可人书面同意或者许可人是否享有否决权。下面是一个简单的商标使用权再许可条款的示例:

【例8-4】商标的再许可条款

X	商标的再许可
X.1	本协议项下的被许可商标专用权,被许可人有权在其被许可的方式、范围、期限内再许可给同时满足如下条件的第三人使用: (1)是被许可人的关联企业; (2)再被许可主体应从事与被许可人相同或类似的营业; (3)再被许可主体不得是个人独资企业和合伙企业。
X.2	在本协议生效后,未经许可人书面同意,被许可人不得向其新增的关联企业再许可,但本协议生效时被许可人的关联企业(详见附件:[ ])除外。

续表

X.3	在本协议生效后,被许可人的关联企业因解散注销、破产清算等原因而消灭的,被许可人的再许可自然终止;被许可人的关联企业因被收购、合并、分立等原因不再具有关联企业身份的,被许可人应妥善终止再许可协议。
X.4	被许可人违反本条上述规定的,构成根本违约,按照本协议第[ ]条规定承担违约责任。

第二,再许可费用的确定。如果许可人允许被许可人再许可的前提是可以分享再许可费用的话,则在拟定再许可条款时应考虑再许可费用分成的方式等。实践中,一般有如下两种约定方式:一是约定被许可人在定期报告中报告其再许可收入,将再许可收入归入"销售额",并以该新确定的"销售额"为基准向许可人支付许可使用费。显然,对于被许可人而言,其再许可费用的"费率"应该高于基础许可约定的"费率",才能赚取一定的差价。二是约定支付给许可人的再许可费用为被许可人再许可收入的某个百分比(如15%)。

第三,关于许可协议与再许可协议的关系问题。通常情况下,基于再许可协议的从属性,许可协议终止,再许可协议亦终止。但若许可人此时继续允许再许可,并接受了再许可人的履行,则尽管许可协议已经终止,但再许可仍将有效。事实上,其此时已经变为另外一份许可协议了。因此,在此种情形下,许可人应当重新与许可人签订新的许可协议。

(四)商标许可费的金额、计算方法与支付

商标许可费的金额和计算方式,是商标使用许可合同许可方和被许可方利益博弈的重点之一。许可方无疑希望收取的许可费越多越好,被许可方无疑希望许可费越少越好。当被许可方使用该商标后的获益情况很不确定时,许可人往往希望一次性收取全部使用费来保障自己在这场交易中的收入;若被许可方获益较大,许可人则希望商标的使用许可费用与被许可人的利润额挂钩,而被许可人则恰恰相反。

关于许可费的计算,除了固定费用模式外,还存在浮动费用模式。理论界一种学说认为,对风险的负担是确定许可费率的基础,营销费用由许可方承担则许可费率高,营销费用由被许可方承担则许可费率低;还有学者提出更为具体的量化公式,国际上通用的关于知识产权许可使用的费率的标准为许可的知识产权所带来的营业收入的5%,那么对于商标使用许可费率而言,即为经许可使用该商标可能带来的营业收入的5%。在法律没有规定也没有成熟的商业惯例时,可以借鉴这种计算方式,但需要注意的是,使用被许可商标后的营业收入在订立合同时往往难以确定,因此更可行的方式是双方约定根据被许可方使用许可商标后每年的收入或利润额来约定一个比例或一个比例区间,以期更公平公正,更好地平衡双方的利益和损失。当然,也可采用两种费用模式的组合,如先收取一个较低的固定费用,剩余费用采取浮动方式收取。这两种模式并无优劣之分,主要是商业上的考虑,但后者更为复杂一些,需要考虑如何确定收取浮动费用的计算基准(如当期营业收入的确定),此时应在合同中明确约定被许可人定期提交生产销售数据的义务(如定期提交书面报告),以及许可人查阅、审核相关资料、数据(如会计账簿、出库单)的权利,甚至可以约定许可人具有实地查验库存情况等权利。

在固定费用模式下,商标许可费的支付通常可以采取如下方式:一次性支付或分期支付。在浮动收费模式下,支付方式一般与约定的生产销售周期挂钩。

【例8-5】商标许可费及支付方式条款

X	商标许可费及支付方式
X.1	第[1]年至第[3]年,商标使用许可费按乙方销售总额的1.5%向甲方支付,每个自然年度支付一次,每年到期后下年度的第一个月的前[10]天内付清。
X.2	第[4]年起至第[5]年,按每年销售量保底[2,500]万元计算向甲方支付许可费,并且每年按照上一年度的[20]%递增计算,一直计算至合同届满之日时止。自第6年起,乙方必须半年将生产的量和销售量如实报告甲方并将书面的财务资料报送甲方一份。
X.3	如乙方未能按期支付许可费,甲方可随时终止本合同,并继续向甲方追索许可费,使用未满一个年度的,则以一个年度计算。**乙方在接到甲方终止合同通知后,必须立即停止一切销售和生产行为。**

分析: 在本条款中,双方协商达成的第X.3条款显然对许可方甲方相当有利,而被许可方乙方则承担较重的义务,尤其是后来增加的"乙方在接到甲方终止合同通知后,必须立即停止一切销售和生产行为",更是如此。在实践中,一般应给予被许可方一个合理的催告期限(如15日),在催告期间内乙方支付欠付许可费的,可以继续履行合同,甲方不能享有随时终止合同的权利;此外,即使甲方终止合同,一般也应考虑给乙方一个合理的后续处理库存的期间,所得费用优先用于清算许可费。

(五)商品质量与使用监控条款

《商标法》(2019年修正)第43条第1款规定:"商标注册人可以通过签订商标使用许可合同,许可他人使用其注册商标。许可人应当监督被许可人使用其注册商标的商品质量。被许可人应当保证使用该注册商标的商品质量。"根据该规定，对商品质量的监督和保证不仅是权利也是一项义务，不能通过约定排除。相反，许可合同中应尽量约定，许可人可以采取合理方式检查、考察被许可人的生产品质，被许可人的产品质量若达不到既定标准，许可人有权终止许可合同，收回商标使用权。必要时，可以约定具体的产品质量控制手段，如将产品质量标准作为附件、提供样品、许可方可以定期或不定期派员巡查生产车间及生产设备等。被许可方有义务接受许可人对商品质量的监督审查，保证使用注册商标的商品或服务质量，并在其商品或包装上标明被许可人的名称和商品产地，满足公众的知情权。

【例8-6】商品质量及使用监控条款

X	商品质量及使用监控
X.1	许可商标产品在初次投放市场或初次进入商业流通之前，任何使用许可商标的广告和文字材料在发表之前，乙方应将这种产品的样品或这种广告或文字材料的样本送交甲方认可。
X.2	乙方应保证许可商标产品的质量，甲方有权监督乙方使用许可商标的产品质量。乙方应在使用许可商标时加上一个说明，说明本许可商标是甲方授予的许可。
X.3	甲方可对乙方生产或者销售的使用许可商品进行不定期的检查或者抽检，**对发现的不合格产品，有权要求乙方撤除甲方商标后作价处理或者作销毁处理**。甲方检查或者抽检的质量标准按照相关授权产品的国家或者行业标准执行。
X.4	乙方自愿接受并积极配合甲方对其产品质量的监督抽查及甲方对不合格商品的处理要求。在本合同签订之日起[7]日内，向甲方一次性交纳质量保证金人民币[　　]万元，保证金在合同期满或者终止后[　　]个月内结算。
X.5	乙方不得实施任何对许可商标有侵犯、模仿、非法使用及滥用许可商标的侵权行为，不得实施企图注册与许可商标相冲突的商标或者阻碍注册许可商标的行为。

（六）商品使用许可的备案条款

《商标法》（2019年修正）第43条第3款规定："许可他人使用其注册商标的，许可人应当将其商标使用许可报商标局备案，由商标局公告。商标使用许可未经备案不得对抗善意第三人。"《最高人民法院关于审理商标民事纠纷案件适用法律若干问题的解释》（2020年修正）第19条规定："商标使用许可合同未经备案的，不影响该许可合同的效力，但当事人另有约定的除外。"第20条规定："注册商标的转让不影响转让前已经生效的商标使用许可合同的效力，但商标使用许可合同另有约定的除外。"从上述规定可以看出，商标使用许可合同备案是商标局对商标管理提出的具体要求,虽不是影响使用许可合同法律效力的法定条件,但对于善意的第三人而言,未经备案的许可合同不具有公信力,其就无法产生可信赖利益。而且,《商标法》(2001年修正)此处规定的是"商标使用许可合同应当报商标局备案",《商标法》(2013年修正)在原法的基础上进一步明确了备案的主体,即许可人。同时,备案对被许可人有好处,因为备案后经商标局公告,社会公众都能方便地查询获得相关信息。因此,被许可人应当在合同中明确约定许可人应当及时备案,若逾期未备案应承担相应的违约责任。

【例8-7】"善意第三人"的认定①

裁判要旨:深圳与香港两地经济联系紧密,内地企业注册与香港知名商标文字相同的企业字号作为商业标识使用时,采用字号的繁体字标识即构成商标侵权。

法院裁判:四川高院认为,依照我国《商标法》第四十条及其他相关规定,商标使用许可合同应当报商标局备案,旨在使国家相关部门方便对商标许可使用情况的管理,规范商标使用市场。同时,对于社会公众特别是与相关商标有涉的交易者而言,备案也是了解该商标实际状况、作出正确商业判断、保证交易安全的重要手段。为此,《最高人民法院关于审理商标民事纠纷案件适用法律若干问题的解释》第十九条第二款规定:"商标使用许可合同未在商标局备案的,不得对抗善意第三人。"根据该规定,备案属于商标使用许可合同的对抗要件,即虽然合同效力不因未备案而受到影响,但因此不产生对善意第三人即该合同以外与商标权人就该商标进行交易的不知情的当事人的对抗力。就本案而言,长丰公司与新余爱情岛公司签订《商标转让协议书》时,并未将其在此之前已授权许可代某光使用"米蘭""米兰"商标的事实告知新余爱情岛公司;其在《商标转让协议书》第一条第二项中明确列举了7项其已许可他人使用所转让商标的授权,但该7项中并未涉及许可代某光使用的情况,且其在协议中保证除了上述列举的7项情况外,其所转让商标上不存在任何抵押、质押、许可使用等他项权利存在。在案涉《商标许可使用合同》未经备案,不具有公示作用的情况下,新余爱情岛公司不知道也难以实际查清在其受让案涉商标前,长丰公司已将该商标授权许可代某光使用,因此,新余爱情岛公司应系在对此不知情的情况下受让案涉商标专用权,其理应属于法律意义上的善意第三人。

---

① 参见代某光与新余市仙女湖爱情岛旅游有限责任公司侵犯商标权纠纷上诉案[四川省高级人民法院(2014)川民终字第134号]。

在实践中,被许可人要求许可人对许可合同进行备案具有重要的意义,主要体现在:一是商标使用许可备案的相关规定可以有效解决非商标注册人使用商标的合法性问题;二是备案手续可以作为商标注册人使用商标的证据,避免因3年未使用商标造成商标被撤销的风险;三是避免受市监部门行政罚款甚至注册商标被撤销。

需要特别注意的是,从规范用语的角度来看,《技术合同司法解释》(2020年修正)第24条第2款以及《最高人民法院关于审理商标民事纠纷案件适用法律若干问题的解释》第20条与《民法典》第725条采取了类似的表达,即转让不影响许可/租赁合同的效力。在租赁合同的情况下,该规定是"买卖不破租赁"的依据,即承租人得以承租权对抗受让人之所有权。尽管在学说上认为,知识产权许可意义上的"转让不破许可"的立法表达应该为"新的权利人不得禁止转让合同成立前的被许可人在合同范围内继续实施",①但是通过梳理可以发现,司法实践中还普遍承认了"转让不破许可"的效力,只是在对上述规范性质的解释上存在两种态度。具体如下:

如果将许可使用权类比于"租赁权"的话,那么非专有许可权作为对人权,仅在满足公示要求时才能获得对抗在后受让人的效力。只有在采取"备案对抗"制度的商标权领域中才可能在"物权化"理解下赋予在先非专有许可的被许可人对抗在后受让人的效力。而在没有明确规定"备案对抗"的著作权与专利权领域中很难承认在先的非专有许可被许可人有权对抗受让人。

在对世权的理解下,即使是非专有许可使用权,仍在针对被许可人的禁止权权能上存在处分性的转移。这样对于在后的受让人或专有许可的被许可人来说,即使他们获得了一个针对任意第三人的排他权,但针对该特定在先非专有许可的被许可人行使的排他权,由于"时间"在后而不享有排他权。非专有许可的被许可人仍可在原有许可条件范围内继续实施许可使用权。这样即使在没有规定"备案对抗"的著作权与专利权案件中也可以直接承认在先的非专有许可被许可人有权对抗受让人,而在规定了"备案对抗"的商标权案件中,在先的非专有许可被许可人能否对抗受让人则取决于备案与否及在后受让人的善意情况。②

(七)许可期间商标增值利益的分配条款

我国现有法律框架对商标使用许可中被许可人创造的商标增值利益的分配并没有明确规定。而实践中,商标被许可使用后价值增加的现象越来越普遍,轰动全

---

① 参见张轶:《知识产权转让不破许可之证伪》,载《知识产权》2019年第5期。
② 参见张鹏:《知识产权许可使用权对第三人效力研究》,载《北方法学》2020年第6期。

国的"王老吉"和"加多宝"商标利益纷争案更是引起了对这一问题的深入思考。判决结果也表明,商标使用许可合同期满后,若无特别约定,被许可人不能分享商标增值部分的利益和商誉。因此,许可合同当事人需要利用好法律赋予的"契约自由"的空间,在合同中明确约定许可使用期间商标增值部分及其利益分配规则。在遵守合同约定和市场竞争的规则下,被许可人尤其要注意利用合同和事前约定全面保护自己的权利,可以在合同中约定,使用期满后若商标增值,被许可使用人应当获得一定的利益,若商标因被许可人经营不善而贬值,则被许可人应给予商标所有权人一定的补偿。

【例8-8】被许可商标增值利益的分配条款

X	被许可商标增值利益的分配
X.1	被许可商标增值利益分配的情形 若出现如下被许可商标不再被许可使用情形之一,各方有权分享许可期间被许可商标的增值利益: (1)依据本协议第[ ]条约定,本协议解除或终止的; (2)甲乙双方确定的其他应分配增值利益的情形。
X.2	被许可商标增值利益的分配方法
X.2.1	被许可商标的价值评估 出现本协议第X.1款所述情形[ ]个工作日内,甲乙双方应协商确定一家合资格资产评估机构以及评估基准日对被许可商标进行估值,双方对该估值予以认可。评估费用由双方平均分摊。
X.2.2	被许可商标增值利益的确定 被许可商标增值利益按照如下方式确定:被许可商标增值=评估基准日被许可商标的估值×[%]
X.2.3	被许可商标增值利益的分配 被许可商标增值利益按照如下方式分配: 甲方分享的被许可商标增值=评估基准日被许可商标的估值×[%] 乙方分享的被许可商标增值=评估基准日被许可商标的估值×[%]
X.3	被许可商标增值利益的支付 甲方应在认可被许可商标估值之日起[ ]个工作日内,向乙方支付货币资金。

(八)商标的有效性维持条款

在实务中,被许可人应在许可合同中明确约定商标许可方维持商标的有效性。通常包括:未经被许可人同意,商标权不得转让给第三人;不得放弃续展注册;不得申请注销商标;不能妨碍商标使用许可合同被许可人合法使用商标等。当然被许可人也应积极使用商标,否则商标可能因为3年不使用被撤销注册。此外,还应约定发生商标侵权时,督促商标使用许可合同许可方与被许可方积极配合,共同维护商标的有效性。《商标法》(2019年修正)第60条第1款规定,商标注册人或者利害关系人可以向人民法院起诉。《最高人民法院关于审理商标民事纠纷案件适用法律若干问题的解释》(2020年修正)第4条规定:"商标法第六十条第一款规定的利害关系人,包括注册商标使用许可合同的被许可人、注册商标财产权利的合法继承人等。在发生注册商标专用权被侵害时,独占使用许可合同的被许可人可以向人民法院提起诉讼;排他使用许可合同的被许可人可以和商标注册人共同起诉,也可以在商标注册人不起诉的情况下,自行提起诉讼;普通使用许可合同的被许可人经商标注册人明确授权,可以提起诉讼。"因此,不同许可类型下被许可人的诉权不同:第一,独占使用许可合同的被许可人可以向人民法院提起诉讼;第二,排他使用许可合同的被许可人可以和商标注册人共同起诉,也可以在商标注册人不起诉的情况下,自行提起诉讼;第三,普通使用许可合同的被许可人经商标注册人明确授权,可以提起诉讼。

【例8-9】被许可商标的有效维持条款

X	被许可商标的有效维持
X.1	**被许可商标的有效维持** 甲方有义务在本协议项下被许可商标的许可期限内维持被许可商标权利的有效性,确保其权利状态的确定与稳定。为确保前述目的的实现,在被许可期限内,甲方应遵从如下义务,否则构成根本性违约: (1)甲方不得将被许可商标转让给第三人,经乙方书面同意的除外; (2)甲方不得放弃被许可商标的续展注册; (3)甲方不得申请注销被许可商标或者因改变使用导致被许可商标被注销; (4)甲方不得将被许可商标用于为自身或任何第三人提供权利质押等任何担保; (5)甲方不得从事妨碍乙方合法使用被许可商标的任何其他行为。
X.2	**被许可商标的权利稳定** 在许可期限内,本协议项下的被许可商标出现第三人对其提出异议、宣告无效等影响其权利稳定情形的,甲方应自知悉该情形之日[48小时]内书面告知乙方,并充分披露该等事宜。甲方应尽最大的努力维护被许可商标的有效性,并将影响被许可商标权利稳定的最终结果通过书面形式及时告知乙方。
X.3	**被许可商标的维权** 甲乙双方任何一方单独或共同发现第三方提出的商标申请、有效注册、商标使用等行为涉嫌侵犯被许可商标权益的,应立即通知对方。乙方有权进行维权事宜,相关费用由甲方承担,甲方提供必需的协助。如果甲方认为无须采取行动,乙方可自行采取行动,甲方应尽最大努力配合乙方的维权行动,相关费用由甲方承担。

(九)许可合同终止后相关产品的处理

在审判实践中,商标使用许可合同许可期限届满后,被许可人继续生产、销售新的带有权利人商标产品的行为构成商标侵权和合同违约的竞合,实践中对此并无争议。但商标使用许可合同解除或许可期限届满后,被许可人销售的是许可期限内生产的库存商品,被许可人的行为是否构成商标侵权或合同违约,对此,现行法律法规并未作出明确的规定,实践中亦存在争议。目前,主要有三种观点:

观点一:"侵权说"。该观点认为,被许可人无权销售库存产品,这种销售行为同样构成商标侵权。理由是,商标权是权利人享有的一种专有权利,在商标许可合同期限届满后,被许可人对库存产品的销售行为必将侵犯商标权人享有的商标权,因此,库存产品不能销售。

观点二:"不侵权说"[①]。该观点认为,被许可人有权销售库存产品,这种销售行为不构成商标侵权。理由是:第一,库存产品是在许可期限内生产的,期限届满后,被许可人仍旧可以销售,此种销售行为不违反法律的禁止性或强行性规定,也符合"商品权利用尽或穷竭"[②]原则的精神,因而是合法的。第二,被许可人已对协议期生产但仍未售出的产品投入了资金、人力,如果不准其销售,将造成产品的积压,会给其带来损失,因此被许可人的销售行为是为了减少自己损失的一种自助行为。如果不允许被许可人销售,则构成许可人的权利滥用。第三,库存产品是在商标使用许可期限内生产的,许可人与被许可人有共同的利益,被许可人对库存产品的销售对许可人而言也是有利的,因此被许可人可以继续销售库存产品。

---

① 参见衍生控股集团(深圳)有限公司与广州金金传媒广告有限公司侵害商标权纠纷一审民事判决书[广东省广州市越秀区人民法院(2017)粤 0104 民初 8442 号]。间接支持的案例参见杭州琴侣高新技术有限公司、瑞凯威儿童安全有限责任两合公司等不正当竞争纠纷二审民事判决书[北京知识产权法院(2018)京 73 民终 1552 号]。

② 知识产权中的权利用尽原则,是指专利权人、商标权人或著作权人等知识产权权利人自行生产、制造或者许可他人生产、制造的权利产品售出后,第三人使用或销售该产品的行为不视为侵权。这种情况下经首次销售,相应知识产权已合法地转化为产品进入流通领域,不再构成侵权。权利用尽原则是对知识产权权利行使的一种限制制度,目的在于避免形成过度垄断,阻碍产品的自由流通,同时也是对他人依法行使自己合法所有的财产权利的保护。而所谓权利用尽并不是知识产权的权利用尽,而是知识产权权利人对有形物销售、使用等权利的用尽。

观点三:"综合说"①。该观点认为,要综合考虑权利人和被许可人的利益,如果合同中对此有明确约定,应当优先适用合同的约定;如果合同没有约定或者当事人不能达成协议,可以根据具体情况确定合理销售期限。在该期限内被许可人销售使用许可合同期限内制造的商品的,不认定为侵权;被许可人逾期仍在销售的,构成侵权。②

从司法实践来看,基本都支持第二、三种观点,鲜见支持观点一的案例。笔者赞同观点三,即"综合说"的观点。因为此观点充分尊重了当事人意思自治,又兼顾到了社会公平原则,调和了知识产权专有性与民事活动自愿性的矛盾,不简单地搞一刀切,区分不同的具体情况,通过设置合理的销售期限,综合考虑双方不同的利益关切。如在浙江东方集团轻工业品进出口有限公司、宁波雅宁印刷有限公司商标权权属、侵权纠纷一审民事判决书[浙江省宁波市海曙区人民法院(2020)浙0203民初2054号]中,法院认为:

原告认为被告在授权到期后,未经原告许可继续生产、销售"敦煌"扑克,侵害原告的商标权。被告认为,其生产、销售行为均是获得原告的许可,且即使没有原告的许可,也是在合理期限内使用,不构成侵权。本院认为,商标使用许可合同终止后,被许可人继续销售合同终止前生产的带有许可人注册商标的商品的行为是否构成侵权,如商标许可使用合同有约定或者当事人就此问题达成协议的,按照当事人的约定处理,没有约定或者当事人不能达成协议的情况下,可以根据具体情况确定合理销售期限,在该期限内被许可人销售使用许可合同期限内制造的商品的,不认定为侵权,被许可人逾期销售的,构成侵权。本案中,原、被告签订的《商标使用许可合同》约定,"一旦合同终止或失效后,商标使用人必须无条件停止生产和

---

① 参见北京孝夕阳科技发展有限公司与占某东、丽水市莲都区东哥鞋店侵害商标权纠纷一审民事判决书[浙江省丽水市中级人民法院(2019)浙11民初59号];阿耐思特岩田产业机械(上海)有限公司与浙江奥利达气动工具股份有限公司等侵害商标权纠纷一审民事判决书[北京市西城区人民法院(2017)京0102民初25117号]。

② 参见《北京市高级人民法院关于审理商标民事纠纷案件若干问题的解答》(京高法发[2006]68号)第23问:"商标使用许可合同终止后,被许可人继续销售合同终止前生产的带有许可人注册商标的商品的,是否构成商标侵权?商标使用许可合同有约定或者当事人就此问题达成协议的,按照当事人的约定处理。没有约定或者当事人不能达成协议的,可以根据具体情况确定合理销售期限。在该期限内被许可人销售使用许可合同期限内制造的商品的,不认定为侵权;被许可人逾期销售的,构成侵权。"需要注意的是,该解答指出"如非特别指明,本解答中所称'商品',包括服务"。当然仍有不同观点认为,此种情况应仅限于商品商标,排除服务商标,因为服务商标不存在许可期满的销售库存问题,一旦商标使用许可合同期满,被许可人可以随即停止使用服务商标。

销售、清理或移交所有带商标物品,并承担由此而造成的经济损失和法律后果"。故被告作为商标使用人,在合同到期后,理应无条件停止生产和销售,但从被告的数份函件和庭审情况看,被告在合同到期后,仍在生产、销售"敦煌"扑克牌,故该行为构成对原告商标权的侵权。关于被告提出的事后双方关于顺延许可的抗辩意见,但未提供有效的证据予以证明,故本院对该意见不予采信。综上,被告的上述行为构成侵权。故原告要求被告停止侵犯其商标权的诉讼请求,合理合法,本院予以支持。

为避免纠纷,首先,双方最好就商标使用许可合同终止后的相关产品的处理作出约定。例如,在商标使用许可合同中,双方可以明确约定在许可期限届满后的一定期限内(如6个月内),被许可人可以销售库存产品,并且有关数量可以在许可期限届满前一定期限内(如2个月内)由双方通过市场预期和惯例等予以合理确定。其次,如果可行(如许可人需要此类产品),亦可考虑约定由许可人以回购的方式来进行处理。最后,如果被许可人仍有库存的使用被许可商标、带有该商标的标识、宣传印刷品等的,可以考虑在双方监督下予以销毁;被许可人在办公、营业场所、店铺门头、内部装饰、招牌、广告牌、导购牌等处的带有被许可商标的标识,也应予以清除①。这是因为,在合理的销售或宽限期限内,仅限于清理商品或产品的库存("尾货"),如果被许可人在许可期届满后仍然不合理地突出使用商标,有意造成混淆,则属于商标侵权,并且可以推定具有明显主观恶意。如继续在其店面门头、招牌及店内装饰等处突出使用涉案商标标识,则这种商标使用行为明显超出了为销售商品所必需的合理方式,构成商标侵权。

当然,对于被许可人而言,如果未经许可人允许销售库存商品,依据《商标法》(2019年修正)第64条第2款"销售不知道是侵犯注册商标专用权的商品,能证明该商品是自己合法取得并说明提供者的,不承担赔偿责任"之规定,仍然可以主张"合法来源"抗辩,即确认"侵权不负赔偿责任"②。

---

① 参见北京金伯利贸易有限公司等与上海金伯利钻石集团有限公司侵害商标权纠纷二审民事判决书[北京知识产权法院(2019)京73民终2089号];北京孝夕阳科技发展有限公司与占某东、丽水市莲都区东哥鞋店侵害商标权纠纷一审民事判决书[浙江省丽水市中级人民法院(2019)浙11民初59号];成都南方家俱有限公司与河北家盛家居贸易有限公司、河北家盛家居贸易有限公司柏乡县一分公司侵害商标权纠纷一审民事判决书[河北省邢台市中级人民法院(2019)冀05知民初34号]。

② 参见胡某诗与深圳市罗湖区红蜓公子服装店、深圳市红蜓公子服饰有限公司侵害商标权纠纷一审民事判决书[广东省深圳市罗湖区人民法院(2020)粤0303民初17345号]。

【例8-10】许可合同终止后处理条款

X	**本许可协议终止后的处理** 在本协议终止后,双方对终止后事宜的处理约定如下:
X.1	**被许可商标的停止使用** 自本协议终止之日起,被许可人不得再使用被许可商标继续生产和销售新的带有被许可商标的商品或服务,否则构成商标侵权和合同违约。
X.2	**库存商品的处理** 对于被许可人在被许可期限内生产的库存商品,被许可人有权在自本协议终止之次日起[6个月]宽限期内,选择如下方式之一进行处理: (1)继续销售,未销售完的应及时销毁; (2)由许可人按照库存商品的市场公允价格[或者双方商定的合理价格]回购。 双方应在本协议终止之前[2个月内]或终止之时按照市场预期或商业惯例对库存商品数量予以确定,双方应签订书面的确认文件。
X.3	**库存商标、标识、宣传印刷品、广告等的处理** 在第X.2款确定的宽限期届满后,被许可人应: (1)对于其未使用的库存被许可商标、带有被许可商标的标识、宣传印刷品等,被许可人应在双方协商确定的时间现场销毁,许可人有权进行监督,但最迟不应超过前述宽限期届满后[15]日。 (2)对于在其办事机构、生产经营场所、店铺门头、店内装饰、招牌、广告牌、导购牌等处使用的带有被许可商标的标识,被许可人应在本协议终止之日起[15]日内清除。
X.4	被许可人违反本条上述规定的,按照本协议第[　]条规定承担违约责任。

另外,一个值得探讨的问题是,如果许可人和被许可人在合同中明确约定被许可人在许可期届满后不得销售库存商品,如在前述的(2020)浙0203民初2054号案件中,《商标使用许可合同》就约定"一旦合同终止或失效后,商标使用人必须无条件停止生产和销售、清理或移交所有带商标物品,并承担由此而造成的经济损失和法律后果"。此时,即便被许可人继续销售库存商品在商标法意义上不构成商标侵权(如援引"商标权利用尽"原则),那么是否构成违约行为呢?对此,也存在不同的观点:一种观点认为,此种情形属于违约行为,应承担相应的违约责任,另一种观点认为,"商标权利用尽"原则具有强行法性质,当事人不得通过约定予以免除或放弃,这种约定应为无效,自不产生违约责任的问题。笔者认为,这实质牵涉的是知识产权权利用尽原则是否可以通过合同约定事先排除或放弃的问题。

笔者倾向于认为,知识产权权利用尽原则性质上属于知识产权领域的强行法,系对知识产权绝对权利的内在限制,不得由当事人约定事先排除或放弃,这样的约定不具有知识产权法意义上的效力,但仍具有合同法意义上的效力。即是说,如果合同事先有约定,应从其约定,即便许可人不能依据知识产权法主张被许可人承担侵权责任,但仍然可以依据合同法律主张被许可人承担违约责任,否则既不认定被许可人承担侵权责任,也免除其违约责任的话,将对许可人极为不公,也会对商标权许可使用的交易市场秩序造成不当的冲击。

第三节 专利实施许可合同的审查

专利实施许可合同是指专利权人、专利申请人或者其他权利人作为让与人,许可受让人在约定的范围内实施专利,受让人支付约定使用费所订立的合同。应该讲,从总体框架和结构上看,专利实施许可合同与商标使用许可合同并没有本质区别,其核心的一些条款也存在相似性,但由于涉及专利的原因,专利实施许可合同可能是内容最为复杂、专业性要求最高的知识产权许可类合同。

一、专利实施许可合同的框架结构

参考《国家知识产权局办公室关于印发专利转让许可合同模板及签订指引的通知》(国知办函运字〔2023〕502号)附件2中的专利实施许可合同(模板)(以下简称《示范文本》),并结合实践,专利实施许可合同通常包括如下主要条款:

- ✓ 名词和术语定义条款。在专利许可合同中,根据涉及的专利技术的复杂性和专业性程度,基本会有这一条款。
- ✓ 许可的授予。本条可以细分为如下几款:
  - ➢ 专利许可标的和权能。所谓权能是指专利内含的权利要素。例如,发明专利权和实用新型专利权的权能包括制造权、使用权、许诺销售权、销售权、进口权等。
  - ➢ 专利许可方式和范围。
  - ➢ 专利技术的内容。许可人应当提交专利说明书和权项保护范围中所涉及的全部技术内容,包括工艺设计、技术报告、工艺配方、文件图纸等有关内容。
  - ➢ 再许可/分许可条款。
  - ➢ 专利许可合同的备案登记。
- ✓ 专利权瑕疵担保条款。
- ✓ 专利技术资料的交付或提供。
- ✓ 专利许可费及其支付方式。

- ✓ 专利许可使用情况报告及会计审计。
- ✓ 技术指导、技术服务和培训条款。
- ✓ 被许可专利权有效性的维持。
- ✓ 后续改进技术的提供与分享条款。
- ✓ 税费条款。
- ✓ 保密条款。
- ✓ 侵权的处理条款。
- ✓ 专利权被撤销和被宣告无效的处理。
- ✓ 违约与索赔条款。

除了上述条款之外，当事方还可以就认为必要的其他事项进行约定。例如，专利技术改进成果的归属、承诺、豁免及免责等。

二、专利实施许可合同主要条款的审查

鉴于专利实施许可合同的审查方法和要点与商标许可合同的审查具有很多共性，在此仅就该合同条款的特殊问题和要点进行介绍。

（一）词语和术语条款

实践中，大部分的专利许可合同首先都会对合同中出现的主要词语和术语进行定义。实践中，通常需要对"许可专利""许可产品""许可期限""技术资料""技术服务""被许可方及其关联方"等作出定义。在定义"关联方"时，合同双方应对关联方的具体范围予以重视，因为关联方可能在合同中与被许可方一并获得许可，同时，关联方的范围还有可能对净销售额、净利润额等数额的计算产生影响，进而影响许可费的数额。例如，《示范文本》给出的一个关于"关联方"的定义：

就任一方而言，关联方指由该一方控制、控制该一方、或与该一方处于同一控制之下的主体。"控制"是指：①直接或间接持有该主体百分之五十以上的股份表决权；②通过股份、权益，或通过合同等其他方式，拥有决定或影响该主体管理或政策的权力。

以"许可专利"为例。实践中，当许可专利数量较少或者许可专利不涉及标准

必要专利(Standards – Essential Patents, SEP)①时,许可双方通常会将许可专利列在许可合同中或者以许可专利清单的方式来界定被许可专利。但是,在涉及标准专利的许可实践中,专利许可人通常通过对"许可专利"进行定义的方式来界定许可专利,而很少会通过专利清单的方式来提供许可专利。涉及标准必要专利的许可项目若使用专利清单方式来界定许可专利可能会存在以下问题:许可人或者被许可人对何为"标准必要专利"可能会存在一定的分歧;标准必要专利的许可人在进行专利许可时,必须遵循其向标准组织所承诺的 FRAND 义务②,符合 FRAND 义务的专利许可应当不能出现搭售非标准必要专利、对已经过期或者无效的专利继续收取许可费等情况,否则专利许可人有可能会被提起反垄断审查,从而面临遭致制裁、赔偿被许可人损失等风险。而通过专利清单的方式来界定许可专利就容易导致违反 FRAND 义务的情形发生。这是因为,即使专利清单中所列出的专利都是已经做过声明的专利,很大比例的专利也最终被司法所证实并非标准所实际采纳的必要专利;专利许可期限内,部分专利亦有可能存在无效或者权利到期而失效的情况,如果仍然按照原来的许可费率收取许可费,则会对已经过期或者无效的专利继续收取许可费。为了避免上述情况的发生,涉及标准必要专利的许可人通过实践发展出了一套较为有效的方案。首先,其将标准必要专利与其他非标准必要专利剥离开来,将标准必要专利作为单独的许可项目进行操作;其次,其通过定义许可专利的方式而非提供专利清单的方式来界定许可专利,并通过使用具体的标准化组织所颁布的标准来限定该定义。通过定义的方式来界定许可专利,使得许可合同的许可标的被限定为符合定义的专利,这可以避免上述可能违反 FRAND

---

① 标准必要专利目前尚无统一明确的定义。国际电信联盟(ITU)将其定义为"任何可能完全或部分覆盖标准草案的专利或专利申请"。美国电器及电子工程师学会(IEEE)认为,所谓"必要专利要求"是指实施某项标准草案的标准条款(无论是强制性的还是可选择性的)一定会使用到的专利权利要求。一般认为,如果技术标准的实施必须以侵害专利权为前提,则即使存在其他可以被纳入标准的技术,该专利对相关技术标准而言,就是必要的专利。标准是指为在一定范围内获得最佳秩序,经协商一致制定并由公认机构批准,共同使用的和重复使用的一种规范性文件。专利的标准化虽然可以促进创新,增进效率,减少消费者的适应成本,消除国际贸易障碍,但也极大增强了标准化组织参与者在专利许可使用谈判中的地位,导致其向标准使用者即专利被许可使用人索要不公平、不合理和歧视性的专利许可使用费。

② 出于寻求因公共使用目的而进行的技术标准化和专利权保护之间的平衡,标准化组织在其相关知识产权政策中,不仅要求标准参与者及时向标准化组织披露其拥有或者实际控制的专利,而且要求其承诺以公平(fair)、合理(reasonable)和非歧视(non – discriminatory)条件许可所有标准实施者利用其专利。这就是通常所说的标准必要专利许可使用中标准必要专利权人必须遵守的 FRAND 义务。

义务的情形的发生。

此外,本条款通常还会对"生效日""销售""转让""许可区域""净销售额""净利润额"等术语进行定义。无论如何,其目的就是对这些术语的具体含义进行清楚界定,以避免合同双方当事人在签订及后续履行合同的过程中出现理解上的分歧。

(二)专利许可标的和权能条款

对于专利许可标的和权能条款,需要注意如下三个问题:一是已申请尚未授权的技术能否成为专利实施许可合同的标的;二是"专利包"或"专利组合";三是"专利许可权能"的默示许可。

1. 已申请尚未授权的技术能否成为实施许可标的

关于当事人已经申请但尚未授权的技术能否成为专利实施许可合同标的问题,答案是肯定的。就此,《技术合同司法解释》(2020年修正)第29条规定:"当事人之间就申请专利的技术成果所订立的许可使用合同,专利申请公开以前,适用技术秘密许可合同的有关规定;发明专利申请公开以后、授权以前,参照适用专利实施许可合同的有关规定;授权以后,原合同即为专利实施许可合同,适用专利实施许可合同的有关规定。人民法院不以当事人就已经申请专利但尚未授权的技术订立专利实施许可合同为由,认定合同无效。"①据此,根据技术公开程度的不同,在法律适用上按照如下三种方式处理:第一,专利申请公开以前,适用技术秘密许可合同的有关规定②;第二,发明专利申请公开以后、授权以前,参照适用专利实施许可合同的有关规定③;第三,授权以后,原合同即为专利实施许可合同,适用专利实施许可合同的有关规定④。因此,就已申请尚未授权的技术签订的实施许可合同,可以参照适用专利实施许可合同的有关规定。当然,得到授权以后,这样的合同其

---

① 需要说明的是,该条第2款的适用以已经申请专利但尚未授权的技术为标,这意味着实际是专利申请的实施许可合同。如果专利申请后续被视为撤回或者被驳回的,专利权自始不存在,合同的标的已不存在,但合同并非当然无效。合同的效力仍然需要按照《民法典》和《专利法》的有关规定进行判定。若没有无效的情形,则应赋予被许可人法定的解除权;合同有约定的,赋予约定解除权。

② 参见于某彬与张某杰实用新型专利实施许可合同及技术秘密许可使用合同纠纷二审民事判决书[吉林省高级人民法院(2016)吉民终349号]。

③ 参见九江天赐高新材料有限公司与四达氟塑股份有限公司技术合同纠纷一审民事裁定书[江西省九江市中级人民法院(2019)赣04民初73号]。

④ 参见陕西健民制药有限公司与安徽省国泰医药公司侵害发明专利权纠纷案[最高人民法院(2009)民申字第624号]。

实就是专利实施许可合同了,适用专利实施许可合同的有关规定,自不待言。需要说明的是,在实践中,如果许可合同签订之后履行完毕之前,当事人申请并被授予了专利技术,则属于适用两种许可合同的法律分段适用:在签订之后、申请公开之前,适用技术秘密许可合同的有关规定;在申请公开以后、授权之前,以及授予以后,参照或者直接适用专利实施许可合同的有关规定①。

因此,在草拟或者审查许可专利这一条款时,除了要明确许可专利的名称、专利申请号、专利类型(外观设计专利/实用新型专利/发明专利)、专利申请时间以及合同签署日外,还应明确许可专利的状态(尚在申请中/已取得授权)。特别是许可专利的状态有助于缔约当事方明确许可合同在某一期间内将会适用何种法律规定。

【例8-11】《示范文本》之许可专利条款

本合同项下的许可专利("许可专利")以以下第_____种方式确定(单选):

(1)本合同项下的许可专利是指名称为_____的发明创造,其专利申请号为_____,专利类型为_____(外观设计专利/实用新型专利/发明专利)。许可专利的申请日为_____年____月____日。截至本合同签署日,许可专利的状态为_____(已取得授权/尚在申请中)。

(2)本合同项下的许可专利是指本合同附件二所列明的发明创造,本合同项下的许可专利合计_____件。

(3)_____

最后,由于各国或地区的专利制度中均设有优先权规则,即在先专利申请可以作为本国专利申请的优先权基础,包括本国优先权和外国优先权,此时专利法所称申请日指优先权申请日②。在专利实施许可合同签署时,合同列明的许可专利或者附件专利许可清单所载明的许可专利可能未包含优先权期限内可能附加申请的

---

① 参见九江天赐高新材料有限公司与四达氟塑股份有限公司技术合同纠纷一审民事裁定书[江西省九江市中级人民法院(2019)赣04民初73号];增城市润新工贸有限公司与刘某潮专利实施许可合同纠纷一案[广东省高级人民法院(2006)粤高法民三终字第368号]。

② 参见《专利法》(2020年修正)第29-30条、《专利法实施细则》(2023年修订)第12条、第34-37条,《专利审查指南(2023)》(国家知识产权局令第78号)第1章第6.2节以及《保护工业产权巴黎公约》第4条。

专利,这些技术成果的权利状态可能是申请或者授权,但这些专利申请又是被许可人经营过程中或合作项目进程中不断完善的、密不可分的高价值成果,因此在许可合同中,应考虑将以目前许可清单内专利作为优先权基础的在后申请补充加入进来,从而保障被许可人未来经营或者合作项目的顺利开展。

2. 专利包或专利组合

专利许可的标的是指授予被许可人使用的专利包或专利组合。与商标使用许可不同,专利许可的标的往往以"专利包"或"专利组合"的方式出现。这是因为,一般而言,单个专利或者有限的几个专利,并不能够形成必要的专利壁垒,无法对潜在被许可人形成吸引力。因此,专利权人往往会针对某一特定的技术领域形成一个特定的包,将与该特定技术领域相关的内外围专利、基础专利、衍生专利进行捆绑打包,为了使专利包能够形成一个内闭的专利链,有时专利权人还需要从其他第三方手中购买专利链中所缺少的一件或者几件必要专利,从而增大其专利包的价值。在合同中,应当明确专利包或专利组合的范围,尤其是许可人从其他第三方购买的必要专利,更应要求许可人维持专利的有效性。

3. 专利许可权能的默示许可

依据我国《专利法》(2020年修正)第11条第1款的规定,发明和实用新型专利权的权能包括制造权、使用①权、许诺销售②权、销售③权、进口权;而外观设计专利权的权能则包括制造权、许诺销售权、销售权、进口权。专利权人可以根据自己

---

① 参见《最高人民法院关于审理侵犯专利权纠纷案件应用法律若干问题的解释》(法释〔2009〕21号)第12条第1款规定,将侵犯发明或者实用新型专利权的产品作为零部件,制造另一产品的,人民法院应当认定属于《专利法》第11条规定的使用行为。

② 《最高人民法院关于审理专利纠纷案件适用法律问题的若干规定》(法释〔2020〕19号)第18条规定:"专利法第十一条、第六十九条所称的许诺销售,是指以做广告、在商店橱窗中陈列或者在展销会上展出等方式作出销售商品的意思表示。"一般而言,许诺销售与销售的区别在于,销售一般经过当事人双方达成协议、订立合同、标的物发生转移、买方支付或许诺支付货款等过程,实践中当事人从方力顺同认为标的转移、价金交付后销售合同才算履行完毕;许诺销售只是提供销售愿望,既可以是一种要约,也可以是要约邀请。

③ 参见《最高人民法院关于审理侵犯专利权纠纷案件应用法律若干问题的解释》(法释〔2009〕21号)第12条第1款、第2款规定:"将侵犯发明或者实用新型专利权的产品作为零部件,制造另一产品的,……;销售该另一产品的,人民法院应当认定属于专利法第十一条规定的销售行为。将侵犯外观设计专利权的产品作为零部件,制造另一产品并销售的,人民法院应当认定属于专利法第十一条规定的销售行为,但侵犯外观设计专利权的产品在该另一产品中仅具有技术功能的除外。"《最高人民法院关于审理侵犯专利权纠纷案件应用法律若干问题的解释(二)》(2020年修正)第19条规定:"产品买卖合同依法成立的,人民法院应当认定属于专利法第十一条规定的销售。"

的许可策略以及被许可人的许可需求、业务经营范围等情况,在许可合同中就被许可人可享有的具体权能进行明确约定。

虽然表面上看,上述各项权能之间是相互独立的,被许可人只能享有专利权人明确授予的某一项或某几项权能,无权享有其他未明确授予的权能。但是,司法实践表明情况可能并非如此,专利权人在授予某一项权能的时候,可能也同时将其他权能也一并授予了出去。一般而言,如无特别约定,授予被许可人"销售权",可能会隐含被许可人同时享有"许诺销售权"和"使用权";对于方法发明专利权而言,授予被许可人"使用权",可能会隐含被许可人同时享有"制造权"①。即是说,专利许可中会存在默示许可的情况。因此,专利权人在对被许可人授予特定的权能的时候,需要对可能存在的默示许可情况有一定的预见能力,并在合同约定时予以明确或排除。

从学理上讲,专利实施许可包括明示许可和默示许可两种形态。明示许可即指专利权人以书面等形式明确许可他人实施其专利。而专利默示许可,也称隐含许可,是指在一定情形之下,专利权人以其非明确许可的默示行为,让专利使用人或者被控侵权人产生了允许使用其专利的合理信赖从而成立的一种专利许可形态。我国《专利法》并未明确规定专利默示许可制度②,司法实践中对此亦无统一的标准。

司法实践中,认定专利默示许可抗辩成立的案件大多集中在标准必要专利以及产品销售等特定情形中。如《最高人民法院关于朝阳兴诺公司按照建设部颁发的行业标准〈复合载体夯扩桩设计规程〉设计、施工而实施标准中专利的行为是否

---

① 参见《北京市高级人民法院专利侵权判定指南(2017)》第131条第3项:专利权人或者其被许可人售出其专利产品的专用部件后,使用、许诺销售、销售该部件或将其组装制造专利产品;第4项:方法专利的专利权人或者其被许可人售出专门用于实施其专利方法的设备后,使用该设备实施该方法专利。

② 《专利法》(2008年修正)第12条规定:"任何单位或者个人实施他人专利的,应当与专利权人订立实施许可合同,向专利权人支付专利使用费。……"《专利法》(2000年修正)第12条沿用了这一规定,似乎在一定程度上为必要情形下适用专利默示许可制度扫清了障碍。需要说明的是,2015年《专利法修改草案(征求意见稿)》曾经试图引入标准必要专利默示许可制度,其修改说明阐述道:"为处理好标准和专利之间的关系,防止专利权人在参与国家标准制定过程中不当行使专利权损害公共利益,规定标准必要专利默示许可制度。"草案第82条规定:"参与国家标准制定的专利权人在标准制定过程中不披露其拥有的标准必要专利的,视为其许可该标准的实施者使用其专利技术。许可使用费由双方协商;双方不能达成协议的,由地方人民政府专利行政部门裁决。当事人对裁决不服的,可以自收到通知之日起三个月内向人民法院起诉。"但《专利法》(2020年修正)中并没有对默示许可制度的规定。

构成侵犯专利权问题的函》(〔2008〕民三他字第4号)中明确:"鉴于目前我国标准制定机关尚未建立有关标准中专利信息的公开披露及使用制度的实际情况,专利权人参与了标准的制定或者经其同意,将专利纳入国家、行业或者地方标准的,视为专利权人许可他人在实施标准的同时实施该专利,他人的有关实施行为不属于《专利法》第十一条所规定的侵犯专利权的行为。专利权人可以要求实施人支付一定的使用费,但支付的数额应明显低于正常的许可使用费;专利权人承诺放弃专利使用费的,依其承诺处理。"

在江苏省微生物研究所有限责任公司与福州海王福药制药有限公司、辽宁省知识产权局、辽宁民生中一药业有限公司、常州方圆制药有限公司专利侵权纠纷处理决定再审审查行政裁定书[最高人民法院(2011)知行字第99号]中,最高院认为:

根据《专利法》(2000年修正)第十二条的规定,任何单位或者个人实施他人专利的,应当与专利权人订立书面实施许可合同,向专利权人支付专利使用费。该规定并非效力性强制性规定,未订立书面实施许可合同并不意味着必然不存在专利实施许可合同关系。因此,专利实施许可并不只有书面许可一种方式,默示许可亦是专利实施许可的方式之一。例如,如果某种物品的唯一合理的商业用途就是用于实施某项专利,专利权人或者经专利权人许可的第三人将该物品销售给他人的行为本身就意味着默示许可购买人实施该项专利。

又如在范某杰与吉林市亿辰工贸有限公司侵害实用新型专利权纠纷审判监督民事判决书[最高人民法院(2013)民提字第223号][1]中,最高院认为:

《专利法》第十二条规定:"任何单位或者个人实施他人专利的,应当与专利权人订立实施许可合同,向专利权人支付专利使用费。被许可人无权允许合同规定以外的任何单位或者个人实施该专利。"本案中,根据范某杰和设计院的陈述,范某杰确实曾向设计院提供涉案专利图纸进行推广,设计院也是在范某杰所提供图纸的基础上作了《供货合同》所附图纸的设计,但由于设计院本身并不涉及专利产品的制造、销售和使用,范某杰也未与设计院签订实施许可合同,未要求或者主张支付使用费,设计院甚至主张范某杰从未告知涉及专利技术,因此从范某杰的上述推广行为中并不能得出范某杰许可设计院实施其专利的意思表示,更无法得出范某杰许可设计方案的具体实施者宏运公司、亿辰公司实施涉案专利的意思表示。范某杰和设计院均认为范某杰的本意是希望设计院将其专利技术纳入到设计方案

---

[1] 还可参见烟台科百达照明工程有限公司、江苏豪纬交通集团有限公司侵害外观设计专利权纠纷二审民事判决书[山东省高级人民法院(2017)鲁民终74号]。

中,然后通过设计方案具体实施者购买其专利产品或者依法获得其实施许可而获利。设计方案的实施者宏运公司、亿辰公司等仍需从专利权人或者经其许可的主体处购买专利产品,或者依法获得专利权人的实施许可。二审法院将范某杰向设计院提供专利图纸的行为认定为许可行为没有法律依据。

从学理和法律规定来看,专利默示许可是否成立的核心在于如何推断表意人的意思表示,即如何对表意人的意思表示作出解释。对通过"可推断的行为"发出的间接表示的解释,适用于一般意思表示的解释规则,考虑受领人作为一个"理性人"的理解可能性。据此,司法实践通常认为,专利默示许可作为合同的一种形态,应以意思表示理论为基础,以诚信原则、信赖保护原则作为价值导向,判断其是否成立。认定是否构成专利默示许可需考量三个方面的因素:一是主观要件"明知",即专利权人在主观状态上对于专利许可是明知的;二是客观要件"先前行为",即行为人虽没有以语言或文字等明示方式作出专利许可的意思表示,但通过其相关的先前行为可以推定其作出专利许可的意思表示;三是参考因素"合理对价",合理对价虽不是专利默示许可成立的必然要件,但是构成判断专利默示许可成立的重要考量因素。① 例如,在江苏固耐特围栏系统股份有限公司、厦门高诚信工程技术有限公司等侵害发明专利权纠纷二审民事判决书[最高人民法院(2022)最高法知民终139号]中,最高院就认为,专利权人主动向被诉侵权人提供并意图使其实施专利技术方案,但未披露其专利权,直至被诉侵权人实施完毕方才请求侵权救济,被诉侵权人主张其已获得专利权人默示许可的,人民法院可予支持。

此外,对于"制造权"还需要在许可合同中特别明确,被许可人只能自己进行制造还是可以委托第三方进行制造。许可实践中,由于许可往往是针对品牌商进行的,而很多品牌商并不具备生产制造能力,因此,在许可合同中最好可以约定"制造权"包括自己制造以及委托第三方进行制造(包括OEM、ODM)的情况,但是,应该明确排除被许可人自己制造然后销售给其他品牌商进行贴标销售的情况,这也与针对品牌商实施专利许可的实践相符。

---

① 参见张莹、黄心怡:《专利默示许可的认定——广州德立游艇码头工程有限公司诉南充市园林管理处、中建三局集团有限公司等侵害外观设计专利权纠纷案》,载最高人民法院中国应用法学研究所主编:《人民法院案例选》2023年第1辑,人民法院出版社2023年版。另参见广州德立游艇码头工程有限公司与南充市园林管理处、中建三局集团有限公司等侵害外观设计专利权纠纷二审民事判决书[上海市高级人民法院(2021)沪民终361号]。

(三)专利实施许可方式和范围条款

在这一条款中,专利实施许可方式包括独占实施许可、排他实施许可、普通实施许可,这与商标使用许可并无不同,不再赘述。需要注意的是,《技术合同司法解释》(2020年修正)第25条第2款规定:"当事人对专利实施许可方式没有约定或者约定不明确的,认定为普通实施许可。专利实施许可合同约定被许可人可以再许可他人实施专利的,认定该再许可为普通实施许可,但当事人另有约定的除外。"此外,需要特别注意与许可范围相关的如下几个方面的问题。

1. 专利实施许可的对象

在实践中,专利实施许可合同的被许可人有可能是企业集团,而签订专利实施许可合同的可能只是这个企业集团中的一个法人,被许可人签订专利实施许可合同的目的是不仅签约法人能够获得专利许可,集团内的其他非签约法人亦能够获得专利许可。那么,此种情况下就有必要在合同中对专利许可的对象进行明确的界定。例如,被许可的对象包括签约的乙方及其"关联方"。对"关联方"的明确通常可以采用两种方式来进行:一是在"词语和术语"条款予以定义;二是在本条单列一款予以界定。实践中,经常会采用"控制""被控制""共同被控制"等术语来定义/界定关联方。此外,对于多层公司架构,还可能需要采用"直接/间接控制"、"直接/间接被控制"以及"直接/间接共同被控制"等术语。因此,在审查时,对于许可人而言,应充分了解可能的被许可人范围,因为有可能会出现许可人的竞争对手通过控制某一被许可人的股权或者与某一被许可人进行合作间接获得许可授权的情形,从而损害许可人的利益、违背许可人的许可初衷。此外,实践中,专利许可人为行使监控的权利,通常会要求被许可人以附件形式提供关联方的清单。若被许可人的关联方在履行合同的过程中出现变更,被许可人应向许可人进行报备,并获得许可人的同意,否则应承担相应的违约责任,而且许可人有权解除合同。

2. 专利许可施行行为

许可方可以根据自己的许可策略以及被许可方的许可需求、业务经营范围等情况,在许可合同中就被许可方的许可活动进行明确约定,如研发、改进、生产、委托生产、销售或委托销售、要约销售、进口、出口等。《示范文本》对许可施行行为进行了列举(参见下例),但其实涉及的核心还是许可的产品和方法。如为生产经营目的制造、销售许可的产品,或者为生产经营目的而使用、销售依照许可专利方法直接获得的产品,当然也可以是为生产经营目的使用许可专利方法等。

【例8-12】《示范文本》之许可实施行为条款

针对许可专利,根据本合同取得的专利实施许可,被许可方可以开展以下第_____项所示的实施行为("许可实施行为")(可多选):

(1)为生产经营目的制造、使用、许诺销售、销售、进口落入许可专利保护范围的产品。

(2)为生产经营目的使用许可专利方法。

(3)为生产经营目的使用、许诺销售、销售、进口依照许可专利方法直接获得的产品。

(4)为生产经营目的制造、许诺销售、销售、进口落入许可专利(当许可专利为外观设计专利时)保护范围的产品。

(5)_____

从上述示例可以看出,其实际是根据《专利法》(2020年修正)第11条"发明和实用新型专利权被授予后,除本法另有规定的以外,任何单位或者个人未经专利权人许可,都不得实施其专利,即不得为生产经营目的制造、使用、许诺销售、销售、进口其专利产品,或者使用其专利方法以及使用、许诺销售、销售、进口依照该专利方法直接获得的产品。外观设计专利权被授予后,任何单位或者个人未经专利权人许可,都不得实施其专利,即不得为生产经营目的制造、许诺销售、销售、进口其外观设计专利产品"之规定而撰写的。发明和实用新型专利权的许可实施行为可以拆分为示例中的第(1)(2)(3)项;而外观设计专利权的许可实施行为就是第(4)项。《最高人民法院关于审理侵犯专利权纠纷案件应用法律若干问题的解释》(法释〔2009〕21号)第12条规定:"将侵犯发明或者实用新型专利权的产品作为零部件,制造另一产品的,人民法院应当认定属于专利法第十一条规定的使用行为;销售该另一产品的,人民法院应当认定属于专利法第十一条规定的销售行为。将侵犯外观设计专利权的产品作为零部件,制造另一产品并销售的,人民法院应当认定属于专利法第十一条规定的销售行为,但侵犯外观设计专利权的产品在该另一产品中仅具有技术功能的除外。对于前两款规定的情形,被诉侵权人之间存在分工合作的,人民法院应当认定为共同侵权。"第13条规定:"对于使用专利方法获得的原始产品,人民法院应当认定为专利法第十一条规定的依照专利方法直接获得的产品。对于将上述原始产品进一步加工、处理而获得后续产品的行为,人民法院应当认定属于专利法第十一条规定的使用依照该专利方法直接获得的产品。"《最高人民法院关于审理侵犯专利权纠纷案件应用法律若干问题的解释(二)》(2020年修正)第19条规定:"产品买卖合同依法成立的,人民法院应当认定属于专利法第十一条规定的销售。"第20条规定:"对于将依照专利方法直接获得的产品进一步加工、处理而获得的后续产品,进行再加工、处理的,人民法院应当认定不属于专利法第十一条规定的'使用依照该专利方法直接获得的产品'。"

许可的产品即被许可人可依据许可合同使用许可专利的产品范围。实践中,经常使用专利许可权能来限定被许可产品的范围,如许可合同约定被许可人可以通过使用许可专利制造或销售或者进口有关产品。为了最大化实现专利的许可价值,同时也为了有效监控被许可方的许可产品的出货量,许可人在定义"许可产品"时,应当甄别出潜在许可产品的类别。因为产品的类别不同,适用的许可费或许可费率可能会有所不同。如许可专利涉及的是移动通信技术,那么,潜在的许可产品可能就包括手机终端、基站设备、通信芯片,而针对这三类产品的许可费或许可费率明显是不同的。在甄别出潜在的许可产品的类别后,许可人就需要决定其意欲许可的具体类别,如许可人只希望针对手机终端进行许可,那么,其就需要通过定义将"许可产品"限定为手机终端。

关于被许可方可以使用许可专利的产品的范围,实践中,专利许可人通常会通过被许可方的品牌来限定许可产品,并在签订合同之时要求被许可方提供其产品的品牌清单,同时允许被许可人在许可合同有效期内更新其产品品牌清单,凡是在许可人认可的品牌清单下的产品均被视为许可产品,可以依约使用被许可的专利。这种以品牌来限定许可产品的做法在被许可人自己生产产品并贴上自有品牌的情形中不会有什么问题,但是,实践中却经常会发生产品品牌持有人与产品生产商相分离的情形,具体包括如下情形:

✓ 被许可人拥有许可的品牌,但产品却由第三方制造商生产。此种情形下的制造商又可细分为如下两种情形:

➢ 一种是"OEM"(Original Equipment Manufacturer,原始设备制造商)。所谓"OEM"就是我们俗称的"贴牌加工",即被许可人并不直接生产产品而是负责产品设计、开发和销售,具体的加工则是通过合同订购的方式委托同类产品的其他厂家生产,之后将所订产品进行买断并贴上许可品牌进行销售。

➢ 另一种是"ODM"(Original Design Manufacturer,原始设计制造商)。所谓"ODM"是指其他第三方设计出产品后,产品被被许可人看中,要求贴上被许可人的品牌来进行生产和销售。

✓ 被许可人制造产品后并不贴自己拥有的许可品牌而是转卖给其他第三方

品牌厂商,并由该品牌厂商贴上其自有品牌后进行销售,即"第三方贴牌"。

因此,针对上述情形的产品是否属于许可产品,当事人双方应在专利许可合同中予以明确约定。笔者认为,通常情况下,贴有被许可人品牌的 OEM 和 ODM 产品可以直接定义为许可产品,而第三方贴牌产品则不宜定义为许可产品,这也与通过被许可方的品牌来限定许可产品的实践做法相吻合。此外,关于许可品牌一般应当理解为被许可人自己所拥有的品牌,但是,对于由第三方所拥有但授权给被许可人使用的品牌是否也应当视为许可的品牌,许可人应当慎重考虑作出决定。

如在敖某平与飞利浦(中国)投资有限公司、深圳市和宏实业有限公司等侵害发明专利权纠纷再审审查民事裁定书[最高人民法院(2012)民申字第 197 号]中,案涉专利为发明专利,专利权人为敖某平。敖某平与和宏公司签订许可合同,约定同意和宏公司将涉案专利技术许可给第三方以 OEM、ODM 委托加工的方式使用。和宏公司无生产能力,均由其子公司惠州和宏生产。后飞利浦授权和宏公司为其品牌代理商,为飞利浦品牌的插座板提供生产、销售和售后服务。和宏公司在原有模具基础上改模刻字,交其子公司惠州和宏生产带有飞利浦商标的插座板并销售。敖某平起诉认为和宏公司和飞利浦侵犯其专利权。一审法院判定和宏公司和飞利浦侵犯敖某平的该项专利权。和宏公司和飞利浦上诉后,二审法院认定和宏公司和飞利浦未侵犯敖某平的该项专利权。敖某平继而向最高院申请再审。最高院在再审中认为:

本案的争议焦点是:1. 如何解释涉案专利实施许可合同关于敖某平同意和宏公司将涉案专利技术许可给第三方以 OEM、ODM 委托加工的方式使用的约定,和宏公司是否违反上述约定。2. 飞利浦公司是否属于专利法意义上的被诉侵权产品的制造者。

关于争议焦点 1。专利权人敖某平与被许可人和宏公司签订的涉案专利实施许可合同第二条之 2 约定:"该专利的许可使用范围是在全国范围内使用其专利制造专利产品,并对外进行销售。"根据该约定,被许可人和宏公司有权使用涉案专利制造专利产品。涉案专利实施许可合同没有对和宏公司在其制造的专利产品上是否必须标注和宏公司的企业名称、商标等商业标识作出约定;专利法规定的专利权本身只赋予专利权人排除他人未经许可实施其专利的权利,并没有赋予专利权人排除被许可人在经其许可制造的专利产品上标注其他厂商的商业标识的权利,因此,敖某平无权限制涉案专利被许可人和宏公司在其制造的专利产品上标注其他厂商的名称等商业标识。涉案专利实施许可合同第二条之 5 约定:"甲方(指敖某平)同意乙方(指和宏公司)在许可期限与产品范围内将专利技术许可给第三方以OEM、ODM委托加工的方式使用。"敖某平主张上述约定是为了解决和宏公司没有制造能力的问题,和宏公司也承认自己没有制造能力。从上述约定的目的和字面含义来看,并没有限定以OEM、ODM方式委托加工的定作方只能是和宏公司。和宏公司作为涉案专利被许可人,在自己没有制造能力的情况下,委托惠州和宏公司为自己制造专利产品,并在专利产品上标注飞利浦公司的企业名称、商标等商业标识,并不违反上述合同约定,不构成侵害涉案专利权。敖某平关于二审判决对涉案专利实施许可合同第二条之5的解释存在错误、二审判决的认定不符合国家公共政策的申请再审理由不能成立。

关于争议焦点2。根据专利法第十一条规定,未经专利权人许可而为生产经营目的制造、使用、许诺销售、销售、进口专利产品的,属于侵犯专利权行为。这里的"制造专利产品",对于发明或者实用新型来说,是指作出或者形成覆盖专利权利要求所记载的全部技术特征的产品。上述理解综合考虑了"制造"一词本身的含义和专利法第十一条的立法目的。在委托加工专利产品的情况下,如果委托方要求加工方根据其提供的技术方案制造专利产品,或者专利产品的形成中体现了委托方提出的技术要求,则可以认定是双方共同实施了制造专利产品的行为。本案中,被诉侵权产品是和宏公司在原有模具基础上改模刻字交由惠州和宏公司生产,被诉侵权产品的技术方案完全来源于和宏公司,飞利浦公司没有向惠州和宏公司就被诉侵权产品的生产提供技术方案或者提出技术要求,飞利浦公司不是专利法意义上的制造者,其行为并不构成侵害涉案专利权。敖某平关于飞利浦公司是被诉侵权产品的制造者、独立实施了涉案专利的申请再审理由不能成立。

在本案再审中,最高院认为,专利法规定的专利权本身只赋予专利权人排除他人未经许可实施其专利的权利,并没有赋予专利权人排除被许可人在经其许可制造的专利产品上标注其他厂商的商业标识的权利。因此,和宏公司改模刻宁并生产标有飞利浦商标的插座板的行为并不构成侵犯专利权。这是其一。其二,专利法意义上的"制造专利产品",对于发明或者实用新型来说,是指作出或者形成覆盖专利权利要求所记载的全部技术特征的产品。在委托加工专利产品的情况下,如果委托方要求加工方根据其提供的技术方案制造专利产品或者专利产品在形成中体现了委托方提出的技术要求,则可以认定是双方共同实施了制造专利产品的行为。本案中,惠州和宏制造被诉侵权产品的技术方案完全来源于和宏公司,飞利浦公司并未向其生产提供技术方案或者提出技术要求。飞利浦公司不是专利法意义上的制造者。根据《专利法》第 11 条的规定,构成专利侵权行为需要具备两个要件"未经专利权人许可"和"实施其专利",在本案中,前一要件因专利权人敖某平的明确许可、再许可而不具备;后一要件因飞利浦并不是专利法意义上的制造者而不具备,因为飞利浦公司并未参与到作出或形成覆盖专利权利要求所记载的全部技术特征的产品的过程中。被诉侵权产品经飞利浦公司许可而标有飞利浦商标,这种标注行为不属于《专利法》意义上的侵犯专利权的行为。如果许可人需要限制被许可人的"第三方贴牌"行为,则需要在许可合同中明确约定,若被许可人违反该约定,应承担合同约定的相应的违约责任。

最后,在专利许可实践中,还存在这样一种情况,即除被许可人所提供的产品会使用到许可专利外,其在对外提供服务时,有时亦会使用到被许可的专利,如被许可人对外提供修理、维护、升级设备等服务过程中会使用到许可的专利。此时,专利许可人应当决定是否需要对被许可人所提供的服务征收许可费。如果需要,那么许可人还应当在许可合同中就"许可服务"进行定义。

3. 专利实施许可的区域范围

许可合同应当明确约定许可区域的名称,例如中国某省(直辖市、自治区),或特定国家或地区。应当避免在许可合同中使用含义模糊且在许可期限内可能发生变化的区域名称,如"欧盟"等。为免疑义,有必要在许可合同的定义部分对相关术语进行明确。

就被许可方而言,一般希望获得更大的许可区域。但许可范围的确定需要考虑被许可方的研发能力等综合实力,以及许可方的需求。合作之初,许可方无法全面了解被许可方在全球各个区域内的科研能力,通常只会给予被许可方一个相对较小的许可区域。此时,被许可方可以争取一些附条件的扩大许可区域的权利。例如,对于药品专利许可,被许可方可以提出,如果被许可方在较短期限内获得了许可产品研发的里程碑审批,则有权进一步扩大许可区域。这种情况下,为了最小化未来的合作风险,许可方可以对获得扩大许可区域的被许可方在产品的研发、生产及销售阶段的权利义务进行限制。

4. 专利实施许可的期限

关于专利实施许可的期限,实务中需要考虑许可期、许可期的起始日、许可期的终止日以及许可期的续展四个方面。

第一,许可期一般由当事人双方协商确定,但应当在许可专利的保护期范围内。若双方希望就许可专利达成长期许可,则可考虑将许可期限约定为该专利权保护期,当涉及多件专利时,以最后一件专利的到期日为准。

第二，除了专利实施许可期限的长短外，其实还需要关注专利许可的起始时间，一般情况下，专利许可的起始时间自合同成立生效时起算。但如果许可合同成立生效时，许可专利处于申请公开以后、授予以前的状态，则许可清单中这样的许可专利的起始时间应从其授权公告日开始起算。

第三，在实务中，许可期的终止日比一般的知识产权许可期终止日更为复杂。因为专利实施行为存在多种表现形式，如制造、使用、许诺销售、销售和进口，因此在许可期限临近届满时，被许可人可能存在多个停止实施专利行为的时间点，如停止制造、停止许诺销售、停止销售、停止使用等。所以，许可合同应当就被许可人何时需要停止制造、是否需要销毁生产模具、是否需要销毁库存商品（半成品）、是否可以继续销售、许可人是否回购剩余库存产品（半成品）以及在售后服务过程中是否可以继续实施许可专利等涉及许可期限终止的问题进行明确约定。与商标许可期终止类似，许可人通常会给予被许可人一个合理的宽限期间，允许被许可人在该期限内继续加工半成品、销售库存商品以及在售后服务中继续实施专利许可，但不得再重新生产，也应及时处理售后服务协议等善后事宜。

第四，关于许可期的续展，可以考虑在许可合同中加入自动续展条款，如可约定在专利许可期限到期前的一定期限（如半年）内，如果双方没有通过书面等明示方式表明不再进行续展的，则许可合同可自动续展一定期限。

(四)专利许可费及其支付方式条款

专利许可费用的确定一般包括两种，一种是固定付费（可以一次性付费，也可以分期付费），另一种则是根据实际生产或销售情况的持续付费（《示范文本》称为"提成费用"）。实践中多是根据实际生产或销售情况持续付费。根据实际生产或销售情况的持续付费方式又存在如下两种类型：

一是被许可人周期性地（通常是按季度）向许可人报告专利使用情况，并根据产品的实际生产或销售情况以销售价格的一定比例或者固定许可单价向许可人支付许可费。必要时，许可人会委派专业的会计审计机构入场进行审计，即"滑动持续付费"。这种情况下，合同需要就专利使用情况的报告、审计、争议处理等进行详细约定。

二是许可人与被许可人约定，被许可人按照某一确定的生产或销售数量以销售额的一定比例或者固定许可单价周期性地（通常是按季度）向许可人支付许可费，即"固定持续付费"。一般情况下，许可人和被许可人会以许可合同签订之前被许可人某一特定时期（通常是许可合同签订之前的前一个会计年度）实际发生的生产或销售数量为准,被许可人只需要在许可合同有效期内(比较常见的是 3 年或者 5 年)按照这一生产或销售数量向许可人支付许可费。

"固定持续付费"避免了后续的专利使用情况报告以及会计审计工作,对于许可人和被许可人都比较有利。实践中,如果被许可人的生产或销售情况存在逐渐向好预期,被许可人往往选择这种方式;同时,许可人也倾向于以这种方式来吸引被许可人尽快与其达成许可合同。

【例 8-13】《示范文本》之"提成费用支付"条款

本合同所称的许可产品("许可产品")是指双方根据附件四所列许可产品清单或双方约定确认的许可专利覆盖的产品。被许可方应按照以下第____种方式支付提成费用(单选):

①销售额提成费用:自许可产品首次销售发生之日起,被许可方应在_____(每年/每六个月/每月/……)的最后一日前向许可方支付_____(当年/前六个月/当月/……)许可产品净销售额的____%。本合同所称的净销售额("净销售额")是指_____(被许可方/被许可方及其关联方/被许可方、其关联方及其被分许可方/……)在指定时间内通过真实公平的交易向第三方销售许可产品所获得的总金额(以合法合规开具的发票金额为准),扣除以下费用:包装费、运输费、税金、广告费以及符合法律法规要求的商业折扣、_____。

②利润额提成费用:自许可产品首次销售发生之日起,被许可方应在_____(每年/每六个月/每月/……)的最后一日前向许可方支付_____(当年/前六个月/当月/……)许可产品净利润额的____%。本合同所称的净利润额("净利润额")是指_____(被许可方/被许可方及其关联方/被许可方、其关联方及其被分许可方/……)在指定时间内通过真实公平的交易向第三方销售许可产品所获得的总金额(以合法合规开具的发票金额为准),扣除下述费用:包装费、运输费、税金、广告费以及符合法律法规要求的商业折扣,进一步扣除许可产品生产材料的进货成本、_____。

③入门费和_____(销售额/利润额)提成费用:截至_____日前,被许可方应先向许可方支付入门费(人民币/美元/……)____(元/美元/……)(大写:_____),随后依据上述第种方式向许可方支付相应的提成费用。

④_____

被许可方应当保存详细、完整和准确的账目记录,包括财务账目、生产账目、运输账目等,确保许可方对被许可方提成费用支付义务的履行情况进行审计。在许可方合理事先通知的情况下,被许可方应当向许可方或许可方委托的机构开放该等记录以供许可方审计。如果审计的最终结果表明被许可方实际向许可方支付的提成费用少于被许可方应向许可方支付的提成费用,许可方有权要求被许可方支付相应差额,若该差额超过被许可方应当向许可方支付的提成费用的_____%,则被许可方还应当承担审计所产生的费用。

需要补充的是,《示范文本》还提供了另外一种计费方法,即"里程碑费用"。对于部分专利许可(例如药品专利许可),由于许可产品的研发是一项长期工作,被许可方利用许可专利进行产品开发期间可能受到多方面因素的影响,其进度与结果存在不确定性。因此,被许可方通常会要求以某个里程牌式的特定事件的达成(例如完成某期临床实验、提交指定药品注册申请、公司成为药品上市许可持有人等)来支付费用。约定"里程碑费用"可以减轻被许可方的前期资金压力,同时还可以减少技术开发失败带来的风险。

最后,关于专利实施许可费率,许多专利权人尤其是国外专利权人认为向被许可人收取产品销售价格的2%或3%甚至5%的许可费是合理的。实践中,被许可人在与许可人谈判时,应获取现有市场的状况、未来市场的发展趋势,在许可产品的预测销售价格和成本数据的基础上,测算产品的未来边际利润,以确定可以接受的许可费率。

(五)专利许可使用情况报告及会计审计条款

如果专利许可合同约定许可费的支付方式是根据实际生产或销售情况持续付费,那么许可方就有必要在许可合同中加入要求被许可方按时提交专利使用情况报告,并允许许可人委派专业会计审计机构进驻被许可方场地对专利使用情况进行会计审计工作的条款内容。在专利许可合同中对专利许可使用情况报告及会计审计进行约定的目的在于,对于被许可人是否如实申报专利许可使用情况以及是否如实缴纳专利许可费进行监控。

双方需要在许可合同中明确约定:第一,被许可方提交专利使用情况报告的时间、内容及方式(一般可约定按季度提交专利使用情况报告,提交报告的时间可以考虑安排在被许可人整理完季度财务报表之后;报告的内容至少应包括产品的出货量、销售价格、产品型号等信息;专利许可人可制作标准的专利使用情况报告模板并要求被许可人按照模板提交报告)。第二,许可人对被许可人使用专利情况进行会计审计的时间、方式、场所、执行机构等(可考虑每日历会计年度进行一次会计审计，时间通常在次年的第一季度，审计的内容是上一会计年度全年的专利许可费是否存在应缴而欠缴等情况；一般需要委托专业的会计师事务所进行审计，并不建议由许可人内部的会计人员直接前往被许可人处进行审计，这是因为，实践中，许可人与被许可人之间可能存在竞争关系，直接由许可人进行审计可能存在窥视竞争对手经营信息等风险；对于专业的会计师事务所的选定，可约定数家双方都认可的第三方专业机构，要求许可人只能在约定的范围内进行委派）。第三，还需要约定对专利使用情况报告进行会计审计的标准，如果审计结果与被许可人出具的专利使用情况报告不符合，还需要约定在审计不符合标准的情况下的处理方式。

（六）再许可/分许可条款

专利许可合同需要对被许可人是否享有再许可的权利作出明确约定。大部分的专利许可合同中都会约定，在未经许可人书面同意的情况下，被许可人不得将其许可再次转许可给其他第三人或者在合同中直接约定被许可人不享有再许可的权利。

需要特别注意的是，如果授权许可为排他性许可且合同并没有提及是否允许再许可，合同有时可能会被解释为隐含了对再许可的授权。《技术合同司法解释》(2020年修正)第27条规定："排他实施许可合同许可人不具备独立实施其专利的条件，以一个普通许可的方式许可他人实施专利的，人民法院可以认定为许可人自己实施专利，但当事人另有约定的除外。"由此可见，排他许可的被许可人在前述特定情形下可以进行普通分许可，除非当事人对此进行特别约定。如果许可人允许被许可人享有再许可的权利，那么许可协议中就需要明确：被许可人可行使再许可权的具体范围，包括再许可权能、再许可地域范围、再许可时间、再许可渠道等；被许可人在签订再许可合同前，是否需要获得许可人的确认；对于被许可人通过再许可而收取的许可收益，许可人是否有权进行分享，如何进行分享；许可人与被许可人之间的许可合同终止、解除或者到期后，再许可合同的效力应该如何认定。具体可参见前文商标使用许可中再许可的相关内容。

当被许可人为集团性企业时，签订许可合同的主体可能只是该企业集团的其中一个企业，而该企业集团的其他企业亦希望通过该许可合同获得专利许可。针对非签约的其他被许可人的许可问题，实践存在两种许可模式：其一是授予许可合同的签约被许可人再许可权，其可以将专利再许可给其他非签约的集团企业；其二是在许可合同中直接规定其他非签约的集团企业亦享有专利许可权。第二种模式实质上是许可合同双方为合同外的第三方约定了权利和义务。由于许可合同的合同属性决定了其仍应具有相对性，其效力一般应仅限于合同双方当事人；但是我国《民法典》合同编通则分编亦承认利益第三人合同，但是许可合同可否归类于利益第三人合同或者是否属于真正利益第三人合同，仍属于需要深入探讨的问题。即便属于真正利益第三人合同，依据《民法典》第 522 条第 2 款、《民法典合同编通则司法解释》第 29 条第 1 款"民法典第五百二十二条第二款规定的第三人请求债务人向自己履行债务的，人民法院应予支持；请求行使撤销权、解除权等民事权利的，人民法院不予支持，但是法律另有规定的除外"之规定，非签约的集团企业（第三人）毕竟不是许可合同的当事人，其地位决定了关涉合同存废的撤销权、解除权以及损害赔偿权等其都不享有，与真正的许可合同当事人并不一样，其权利受到了限制，当然第三人毕竟是被许可人集团的成员，是否享有这些权利并不重要，因为被许可人自身可以主张。谨慎起见，第一种模式可能更可靠一些。但是也应该认识到，在集团公司签约模式下，仍然可以采取由各非签约的集团企业委托集团公司代为签署合同的方式，并约定合同中的相应权利义务由各主体分别享有和承担。①如此，事实上成立了多个实施许可合同关系，但许可人并一定能够接受，因为许可人可能不想面对这么多的被许可人，而只想面对集团公司一家被许可人，但这样做的好处在于，在持续付费模式下，再许可付费确定的复杂性和难度降低了，因此也并非不可接受，需要根据实际情况具体决定。

（七）后续改进成果的提供与分享条款

专利实施许可合同签订后，许可人与被许可人都有可能对许可的专利技术作出改进，从而形成新的改进技术。对于何为改进，技术改进一方可能倾向于用比较宽泛的标准来定义改进，而另一方则可能正好相反。因此，在许可合同中，需首先明确双方是否有权对许可专利进行改进。在允许改进的前提下，合同应就后续的改进技术进行明确定义。

同时，在签订专利实施许可合同时，还需要对基于许可专利形成的改进的权利归属进行约定，包括：如果该改进技术是由许可方作出的，那么针对该改进技术，被许可人是否可依许可合同自动获得许可并无须支付额外的许可费用。如果不能，那么在许可合同中是否可针对该后续改进技术的许可费标准进行规定；如果该改进技术是由被许可方作出的，那么许可方是否有必要通过许可合同提前获得该后续改进技术的所有权或者使用权，从而可以将该改进技术充实到其专利包中，进而

---

① 参见笔者所著《合同审查精要与实务指南：合同起草审查的基础思维与技能》（第 3 版）第 13 章"合同主体条款审查"第 5 节第 9 部分。

增加其专利包的价值。《民法典》第 875 条规定:"当事人可以按照互利的原则,在合同中约定实施专利、使用技术秘密后续改进的技术成果的分享办法;没有约定或者约定不明确,依据本法第五百一十条的规定仍不能确定的,一方后续改进的技术成果,其他各方无权分享。"因此,就实施专利后续改进的技术成果应以许可合同当事人双方的约定为主;如果没有约定或约定不明,则可以协议补充;不能达成补充协议的,按照合同有关条款或者交易习惯确定;如果仍不能确定,则后续改进的技术成果只能由改进方所有和使用。另外,《技术合同司法解释》(2020 年修正)第 11 条第 2 款规定:"技术合同无效或者被撤销后,因履行合同所完成新的技术成果或者在他人技术成果基础上完成后续改进技术成果的权利归属和利益分享,当事人不能重新协议确定的,人民法院可以判决由完成技术成果的一方享有。"因此,即便专利实施许可合同无效或者被撤销,当事人不能重新协议确定,改进技术成果的权利也属于改进方。当然如果改进是被许可人完成的,而合同约定改进技术成果归属于许可人的话,还需要关注合同约定是否构成"非法垄断技术"[①]。

由于后续改进技术成果是基于许可专利作出的,因此,对后续改进技术成果的实施一般都导致对许可专利的实施。如果当事人并未就后续改进技术成果的分享进行约定,同时该后续改进技术成果又是由被许可人作出的,而被许可人如果在专利许可合同有效期界满后实施该后续改进技术成果的,其行为实质上已经对许可人的专利权造成了侵害。因此,许可合同当事人在就后续改进技术成果的分享进行约定时,应当具有一定的预见性,本着互利互惠、公平合理的原则作出具体约定。

【例 8-14】《示范文本》之"后续改进成果的提供与分享"条款

双方有权在许可专利的基础上后续改进,由此产生的技术成果在本合同中称为"改进成果",双方可就"改进成果"的具体范围另行书面确认。双方对改进成果按以下第_____项的约定处理(可多选):

(1) 一方对所完成的改进成果,应在成果完成后____日内通知另一方。

(2) 对于一方单独完成的改进,包括申请专利的权利在内的所有权益由该方单独享有。

(3) 对于一方单独完成的改进,另一方具有同等条件下_____(优先获得许可/优先购买/免费使用/……)的权利。

(4) 对于双方共同完成的改进,包括申请专利的权利在内的所有权益由双方

---

① 参见本书第 7 章"技术合同起草、审查精要与实务"第 2 节第 2 部分。

共同享有。

(5)＿＿＿＿＿＿＿＿＿＿＿＿＿＿＿＿＿＿＿＿＿＿＿＿＿＿＿＿＿＿＿＿＿＿＿

(八)许可专利权有效性的维持

《技术合同司法解释》(2020年修正)第26条规定:"专利实施许可合同许可人负有在合同有效期内维持专利权有效的义务,包括依法缴纳专利年费和积极应对他人提出宣告专利权无效的请求,但当事人另有约定的除外。"由此可见,在许可合同存续期间维持被许可专利权有效的义务以合同当事人约定为准,在当事人未就此进行约定的情况下,依该司法解释,维持专利权有效的义务由许可人承担。

(九)许可专利被宣告无效或专利申请被驳回等的处理

实践中,许可专利可能面临被宣告无效、专利权终止,或者专利申请撤回、被视为撤回以及被驳回等导致其权利消灭的情形,对于被许可人而言,需要关注此种情形下如何预先救济的问题。

1.许可专利被宣告无效时的处理

《专利法》(2020年修正)第47条规定:"宣告无效的专利权视为自始即不存在。宣告专利权无效的决定,对在宣告专利权无效前……已经履行的专利实施许可合同……不具有追溯力。但是因专利权人的恶意给他人造成的损失,应当给予赔偿。依照前款规定不返还……专利使用费……明显违反公平原则的,应当全部或者部分返还。"也就是说,被宣告无效的专利权视为自始即不存在,因此尚未履行或正在履行的专利实施许可合同应当立即停止履行,但已经履行的部分不受影响,即专利被宣告无效之日(国家知识产权局作出专利无效宣告请求审查决定的决定日[①])前的履行行为是合法有效的,已经支付的专利使用费无须返还,但是不返还专利使用费显失公平的,应当全部或者部分返还[②]。

《民法典》第865条规定:"专利实施许可合同仅在该专利权的存续期限内有

---

① 参见陕西东明农业科技有限公司与陕西秦丰农机(集团)有限公司侵害实用新型专利权纠纷再审民事判决书[最高人民法院(2012)民提字第110号];青海民和朝明印务有限公司、青海育恒教育用品有限公司专利权权属纠纷、发明专利实施许可合同纠纷二审民事判决书[最高人民法院(2019)最高法知民终586号]。

② 参见尚某中、柳州市柳南区浩千塑料制品厂返还原物纠纷二审民事判决书[最高人民法院(2021)最高法知民终1986号];青海民和朝明印务有限公司、青海育恒教育用品有限公司专利权权属纠纷、发明专利实施许可合同纠纷二审民事判决书[最高人民法院(2019)最高法知民终586号]。

效。专利权有效期限届满或者专利权被宣告无效的,专利权人不得就该专利与他人订立专利实施许可合同。"本条中"专利实施许可合同仅在该专利权的存续期限内有效"的规定是指只有在专利权有效期限内或者专利权被宣布无效之前所签订的专利实施许可合同才能被认定为有效。而对于"专利权有效期限届满或者专利权被宣布无效的,专利权人不得就该专利与他人订立专利实施许可合同"的真实含义,结合《专利法》(2020年修正)第47条的规定,可以看出虽然宣告无效的专利权视为自始即不存在,但是在专利权被宣告无效之前签订的专利实施许可合同仍然有效。可见,只有在专利权人明知其专利权有效期限届满或者专利权已经被宣布无效之后,仍然与他人订立专利实施许可合同的,才属于违反《民法典》第865条中"专利权人不得就该专利与他人订立专利实施许可合同"这一强制性规范的行为。根据《民法典》第153条第1款关于"违反法律、行政法规的强制性规定"的合同无效的规定,应当认定实施了这一行为的专利权人与他人订立的专利实施许可合同无效。①

另外,本条中"专利实施许可合同仅在该专利权的存续期限内有效"的规定不能作反向否定推导,不能认为专利权被宣告无效则专利实施许可合同也自动归于无效。故在专利权被宣告无效的情形下,当事人可以援引《民法典》第563条第5项,并基于《民法典》第865条和《专利法》(2020年修正)第47条第1款之规定,主张专利权被宣告无效构成"法律规定的其他情形"请求行使法定解除权。此时,专利实施许可合同应自专利权被宣告无效之日起解除,该解除向后发生法律效力②。

据此,双方可以在许可合同中对专利权被宣告无效的处理进行约定,如未明显违反公平原则,且许可方无恶意给被许可方造成损失,则许可方无须向被许可方返还许可费。双方可以约定返还全部许可费,也可以约定部分返还,还可以约定合同履行超过一定时期或被许可方已经获得经济利益后专利权才被宣告无效的,不予返还或少量返还。另外,也可能会出现无效决定宣告专利权的部分权利要求无效,部分权利要求有效的情形。建议在合同中对上述可能出现的情形进行明确约定。

2.专利申请撤回、视为撤回以及被驳回时的处理

对于许可专利而言,许可人负有在合同有效期内维持专利权有效的义务。对

---

① 参见何某斌与广东万和新电气股份有限公司实用新型专利实施许可合同纠纷二审民事判决书[广东省高级人民法院(2013)粤高法民三终字第252号]。

② 参见青海民和朝明印务有限公司、青海育恒教育用品有限公司专利权权属纠纷、发明专利实施许可合同纠纷二审民事判决书[最高人民法院(2019)最高法知民终586号]。

于专利申请而言,能否被授予专利权处于不确定状态,许可人负有促使其权利状态稳定的义务。如许可专利可能面临因许可人书面申请放弃专利权①或者因许可人的原因视为放弃取得专利权②、未按规定缴纳年费导致专利权终止③的状况。专利申请也可能面临许可人作为的撤回④或者因许可人的不作为而视为被撤回⑤或者申请不符合授予专利权的要求被驳回⑥的状况。

需要关注的是,对于专利申请的实施许可合同,专利申请存在未被授权的可能,特别是发明专利申请,能否被授予专利权处于不确定状态。对于专利申请被撤回、视为撤回或被驳回,双方可约定作为合同解除的条件。由于视为撤回或被驳回可以寻求救济,还存在授权的可能性,也可以暂时不急于解除合同,而是约定如何对视为撤回进行答辩或对驳回决定提出复审请求,并对相关费用予以明确。关于许可费返还与否的处理,可以约定全部返回许可费,也可以约定部分返回,还可以约定合同履行超过一定时期或被许可方已经获得经济利益后专利申请才被视为撤回或被驳回的,不予返还或少量返还。

被许可人应当全面掌握和及时关注许可专利的法律状态。一般来说,在合同有效期间,许可人应当在"陈述与保证"条款中承诺将已收到的专利管理部门或法院发出的体现许可专利法律状态变化或可能发生变化的文书(包括专利权无效宣告请求书、口头审理通知书、专利申请审查意见通知书、视为撤回通知书、驳回通知书等)信息及时告知被许可人。被许可人也可以直接通过向专利管理部门查阅专利登记簿等方式,了解许可专利曾经发生或正在发生的转让、许可、质押、保全、复审、无效宣告等各种情况。若许可专利为专利申请,受让人可以通过专利管理部门发出的通知书,判断其可能的授权前景。对于实用新型或外观设计专利权,被许可人应当关注该许可专利是否已出具专利权评价报告,及报告关于该专利是否符合授权条件的具体意见。

---

① 参见《专利法》(2020 年修正)第 44 条。
② 参见《专利法实施细则》(2023 年修订)第 60 条。
③ 参见《专利法实施细则》(2023 年修订)第 115 条。
④ 参见《专利法》(2020 年修正)第 32 条。
⑤ 参见《专利法》(2020 年修正)第 35 – 37 条、《专利法实施细则》(2023 年修订)第 47 – 48 条、第 50 条、第 112 条。
⑥ 参见《专利法》(2020 年修正)第 38 – 40 条。

【例8-15】《示范文本》之"专利权被宣告无效(或专利申请被驳回)的处理"条款

1.若许可专利被生效的无效决定宣告全部无效,双方同意按照以下第_____项所示规定处理(多选):

(1)关于无效或诉讼的答辩及费用。在许可期限内,他人向专利管理部门提出请求宣告许可专利的专利权无效,对该专利权宣告无效或对专利管理部门的决定不服向人民法院起诉时,由许可方负责答辩,由此发生的费用由许可方单独承担。许可方如对授权权利要求进行删除或合并式修改,应取得被许可方同意。

(2)关于许可费返还与否的处理。在本合同生效后,如无明显违反公平原则,且许可方无恶意给被许可方造成损失,则对于专利权无效宣告请求审查决定书载明的决定日前已支付的许可费,许可方无须向被许可方返还;否则,许可方应返还被许可方已支付的许可费。

(3)关于合同的履行。在已被宣告无效的许可专利被重新判定为有效前,本合同停止履行,被许可方停止支付费用。

(4)_____

2.若对专利申请实施许可,且该专利申请被视为撤回或驳回,双方同意按照以下第_____项所示规定处理(多选):

(1)关于对视为撤回的答辩或对驳回的复审请求及费用。在许可期限内,视为撤回通知书或驳回决定由许可方负责答辩,由此发生的费用,包括官费和中介机构服务费,由许可方单独承担;对于许可方在合理范围内要求被许可方提供的协助,被许可方应当予以配合。

(2)关于许可费返还与否的处理。在本合同生效后,如无明显违反公平原则,且许可方无恶意给被许可方造成损失的,视为撤回通知书或驳回决定载明的日期前被许可方已支付的许可费,许可方不向被许可方返还;否则,许可方应返还被许可方已支付的许可费。

(3)关于合同的履行。在该许可专利申请被授予专利权前,本合同停止履行,被许可方停止支付费用。

(4)_____

(十)被许可专利权到期后许可权能的处理

专利许可期限是被许可人依约可以实施专利的有效期限,其往往起始于合同生效日而终止于许可合同双方明确约定的某一具体日期。如前所述,专利实施行为存在多种表现形式,如生产、许诺销售、销售、使用,因此在许可期限临近届满时,被许可人可能存在多个停止实施专利的时间点,如停止生产、停止许诺销售、停止销售、停止使用等。因此,许可合同就更应该对许可期届满后如何处理善后事宜进行明确的约定,由于本节前文已经介绍,并且该问题可以参见商标使用许可合同中的有关内容,此处不再赘述。

第四节　著作权使用许可合同的审查

著作权也称版权,是指作者及其他权利人对文学、艺术和科学作品享有的人身权和财产权的总称。而著作权许可使用合同,是指许可人与被许可人之间就作品使用的权利种类和内容、许可期间、许可地域、许可方式和许可付费等达成的协议。根据文学艺术作品的不同表现形式,著作权许可使用合同的种类也不同。常见的有出版权许可使用合同;表演权许可使用合同;编辑权、改编权、翻译权许可使用合同;各类邻接权许可使用合同,如表演者权许可使用合同等。但从合同审查方法和要点来看,与商标使用许可合同并无实质区别。有关著作权权利主体(共有主体)、合同效力,以及许可权利的种类、许可的方式和范围、许可报酬标准及其支付方法等的审查要求基本类似。

一、著作权使用许可合同的框架结构

一个比较典型的著作权使用许可合同的主要条款如下:
- 许可使用的权利种类和内容。
- 许可使用的权利是专有使用权或者非专有使用权。
- 许可使用的范围。包括使用产品或服务、地域范围和许可期间。
- 付酬标准及其支付方式。
- 保证和声明条款。
- 许可使用的权利的维权。
- 许可期满后,相关产品、物品的处理。
- 违约责任和索赔方法。
- 其他条款。

二、著作权使用许可合同主要条款的审查

鉴于著作权使用许可合同的审查方法和要点与商标许可合同的审查具有很多

共性,在此仅就合同条款的特殊问题和要点进行介绍。

(一)许可使用的权利种类和内容

依据《著作权法》(2020年修正)第10条的规定,著作权的权利内容包括:发表权、署名权、修改权、保护作品完整权、复制权、发行权、出租权、展览权、表演权、放映权、广播权、信息网络传播权、摄制权、改编权、翻译权、汇编权、其他著作权利等。从复制权开始,著作权人许可他人使用权利,都有获得报酬的权利,因此第10条第5项至第17项作为财产权利可以作为著作权使用许可合同的标的。此外,《著作权法》(2020年修正)第4章规定的邻接权、《计算机软件保护条例》(2013年修订)第8条第1款第4项至第9项的财产权利也可以作为著作权使用许可合同的标的。

实践中,根据使用人的不同需要,以及著作权人许可使用的意愿,许可使用的著作权的权利种类是不一样的。如果出版者仅仅想要实现传统意义上纸质图书的出版,则其希望获得的许可使用权主要是复制权、发行权;影视作品的出品人希望获得的许可使用权主要是改编权、摄制权、复制权、发行权、广播权以及放映权等。鉴于著作权及邻接权的复杂性以及当今互联网时代的特点,关注许可权利的具体内涵就尤显重要。如在影视作品授权中,演员就影视作品进行表演时无须取得著作权人对表演权的授权。因为,我国《著作权法》规定的表演权系指现场表演和机械表演。前者指的是演员直接或者借助技术设备以动作、声音、表情公开再现作品或者演奏作品;后者指的是借助录音机、录像机等技术设备将前述表演公开传播,不包括广播电台、电视台的无线播放,也不包括电影作品等的放映,前者是作品的广播权,后者则是作品的放映权。例如,在广州茂森广告文化传播有限公司、深圳市新经典广告制片厂有限公司著作权许可使用合同纠纷二审民事判决书[广东省高级人民法院(2015)粤高法民三终字第619号]中,2013年,茂森公司作为被许可方和新经典公司签订了《拷贝许可使用合同》。合同约定,新经典公司作为甲方,提供影片《走路上学》供茂森公司(乙方)在广州行政区域内数字及胶片拷贝放映机上的许可使用。2014年,新经典公司与央视电影频道签订合同。合同约定,电影频道获得涉案影片在全球范围的广播权以及以无线或有线方式直接公开广播或者传播作品的权利(包括但不限于有线电视、无线电视、卫星电视等免费或收费的播放)。茂森公司认为新经典公司将影片授予案外人,导致商业策略和商业利益受损,合同目的无法实现,起诉要求与新经典公司解除合同。广东高院认为,"新经典公司许可茂森公司的权利是通过胶片播放形式进行的对涉案影片的放映活动,许可茂森公司的权利是电影作品的放映权",而"电影频道获得涉案影片在全球范围的广播权以及信息网络传播权","涉案影片的放映权与广播权、信息网络传播权的使用方式是通过不同的介质进行,彼此并不冲突。新经典公司将涉案影片广播权和信息网络传播权授予案外人不影响茂森公司在授权期限内放映权的行使"。因此,新经典公司并无违约行为,最终法院驳回茂森公司全部诉讼请求。

从上述案件可以看出,著作权许可使用合同中许可权利种类、范围和内容是订立合同首先应当明确的,是订立合同其他条款的基础或者前提。如果许可使用的著作权权利种类不明确或者当事人对许可权利的认识不清,其他内容订得再好,该合同仍然形同废纸。因此,当事人在订立著作权许可使用合同时应当对许可使用的权利种类进行清楚、明白、准确无误的约定。

(二)权利许可的方式

根据《著作权法》(2020年修正)第26条第2款第2项的规定,著作权人授权他人使用作品的权利分为专有使用权和非专有使用权,这里专有的含义是指独占的和排他的,非专有的含义是指非独占的和非排他的。专有使用权指著作权人只授权某人使用其作品,从而该使用人取得对该作品的专有使用权,著作权人不得将该作品在授权使用期限内再授权给第三人使用,著作权人自身也不得使用。例如,图书出版者与作者约定,享有该作者某一作品10年的图书专有出版权。在这10年的期限内,出版者有权禁止他人出版该作品。非专有使用权是在一定期限内著作权人授权某人使用作品后,还可以将该作品再授权第三人使用,在这种情况下,使用人取得作品的使用权就属于非专有使用权。例如,画家将自己的画交由某画廊展览,合同规定画家可以随时将画取回或者换到别的画廊展览,该画廊并不享有专有展览权。使用作品的人取得专有使用权还是非专有使用权,由著作权人同使用作品的人在合同中约定。《著作权法实施条例》(2013年修订)第24条规定:"著作权法第二十四条规定的专有使用权的内容由合同约定,合同没有约定或者约定不明的,视为被许可人有权排除包括著作权人在内的任何人以同样的方式使用作品;除合同另有约定外,被许可人许可第三人行使同一权利,必须取得著作权人的许可。"因此,如果合同中未对许可使用的权利方式进行明确约定,即视为使用人取得的是专有使用权。

需要注意的是,尽管法律对于著作权许可采用专有使用权和非专有使用权的分类,但实践中仍然可以考虑采用与商标使用许可类似的三类划分法,此种划分下排他许可和普通许可的合集相当于非专有使用权,而独占许可则相当于专有使用权。这是其一。其二,与其他知识产权许可类合同类似,在著作权使用许可合同中,也应避免使用"独家使用权""独家许可"等类似表述,若当事人对此发生争议,法院一般会根据合同有关条款、合同目的、交易习惯等,结合在案证据认定是否属于专有使用权。

(三)许可使用的范围

许可使用的地域范围是指使用作品的对象、物品或产品以及地域、期限等。比如,电影作品的著作权人只允许某某电视台在某某地区播放该电影,其他地区不得播放。又如某图书的著作权人只允许图书出版社在国内发行,不允许向国外发行等,这些都属于使用作品的地域范围问题。

需要注意的是,在现今的互联网时代,传统许可概念上的地理地域已经被互联网所模糊,如果被许可方为互联网平台经营者或者依托于互联网平台的平台内经营者,则许可范围条款就需要重点关注被许可的互联网平台描述是否准确、明确。比如,区分网站域名范围,如是否通过链接、跳转、二级域名等方式与其他主体合作;区分移动手机安卓客户端、iOS客户端;区分电商旗舰店、专营店等。

如在微软在线网络通信技术(上海)有限公司等与杭州锋线文化信息咨询有限公司侵害作品信息网络传播权纠纷二审民事判决书[北京知识产权法院(2015)京知民终字第2406号]中,涉案影片原始著作权人为东方公司、时代公司、新影联公司和盛世公司。时代公司经其他三家原始权利人授权,有权使用涉案影片在大陆地区包括信息网络传播权在内的相关权利、转授权及维权权利。锋线公司经合法授权取得涉案影片在中国大陆地区独家信息网络传播权,期限自2011年11月1日至2014年1月15日。搜狐公司提交了宁波成功公司出具的《授权书》,其中注明授予飞弧信息技术(天津)有限公司与搜狐公司包括涉案影片在内的作品的非独家信息网络传播权,授权范围明确在被授权单位平台(被授权单位或其关联公司拥有的客户端软件和网站 sohu. com、17173. com、chinaren. com、focus. cn、go2map. com)向用户提供视频点播或下载等服务,被授权单位不得在上述平台之外的任何地方使用,包括连接、嵌入、跳转、内置、二级域名等形式。涉案影片授权期限自2012年1月20日至2014年1月15日。在本案中,微软公司和搜狐公司通过合作经营的"MSN视频频道—MSN中文网"(网址为 msn. tv. sohu. com)提供涉案影片在线播放服务,使公众可以在选定的时间和地点获得涉案影片。法院认为:

在上诉人搜狐公司已获涉案作品著作权人相应授权的情况下,判断被诉行为是否侵犯著作权的关键因素便在于被诉行为是否超出授权范围。该授权书中显示,搜狐公司可以在"sohu. com"网站中提供视频点播或下载等服务,但是禁止搜狐公司以"二级域名"方式与其他主体进行合作。可见,对于"sohu.com"这一域名的二级域名下的传播涉案作品的行为,如果由搜狐公司与其他公司合作进行,则该行为并不属于该授权书的授权范围内。本案中,被诉行为发生在"msn.tv.sohu.com"域名下,两上诉人亦认可其针对该域名具有合作关系,可见,该行为属于授权书中所禁止的在"二级域名"合作下的传播行为,其并不属于授权书中所许可的行为。据此,被诉行为并未获得涉案作品著作权人的许可。

在本案中,法院最终认定,搜狐公司超出合同许可范围的作品使用行为构成对锋线公司享有的信息网络传播权的侵犯。

(四)付酬标准及其支付方式

他人使用著作权人的作品应当向著作权人支付报酬。当事人应当在合同中确定支付报酬的标准和支付方式。付酬标准和付酬方式有联系,也有区别。付酬标准一般是确定付酬数额的问题,付酬办法一般是确定怎样付酬的问题。比如,出版图书,每千字多少元属于付酬标准,是预付还是出版之后再付,是一次性付酬还是分期付酬,是付现金还是支票、汇票支付以及以何种货币支付等则属于付酬方式。

需要注意的是,《著作权法》(2020年修正)第30条规定:"使用作品的付酬标准可以由当事人约定,也可以按照国家著作权主管部门会同有关部门制定的付酬标准支付报酬。当事人约定不明确的,按照国家著作权主管部门会同有关部门制定的付酬标准支付报酬。"因此,当事人如果约定明确的,按照国家著作权主管部门会同有关部门制定的付酬标准支付报酬。例如,《使用文字作品支付报酬办法》(国家版权局、国家发展和改革委员会令第11号)就是针对文字作品支付报酬的规定。

(五)人格权的配套许可与宣传服务

著作权使用许可合同除了许可的著作权权利种类和内容之外,有时为了许可权利的开发利用,往往需要同时借助作者、表演者的肖像、姓名进行宣传,在宣传过程中,往往还需要作者、表演者适当配合出席活动。这些配套的许可和服务都需要当事人在许可合同中予以明确约定。例如:

乙方为宣传本作品之目的,需要甲方参加本作品之宣传活动的,包括但不限于需要甲方参加座谈会、签名售书等,应经甲方同意。甲方同意参加的,相关交通、食宿费用均由乙方承担,且乙方应向甲方支付劳务费,劳务费按照本合同第[ ]条确定。

(六)许可权利的维权

在著作权许可使用情形下,著作权人和/或被许可人是否有权单独或者共同对侵权行为提起诉讼,存在争议。在学理上,有观点认为,被许可人仅仅基于许可使用合同关系从著作权人处取得了使用权利,在合同未明确约定的情况下,即便是专有使用权人也无权针对侵权行为自行维权提起诉讼。但司法实践的认知有所不同。依据《著作权法》(2020年修正)第26条、《著作权法实施条例》(2013年修订)第24条的规定,在专有使用权许可的情形下,被许可人作为作品唯一有权使用人,著作权被侵害时其利益直接受损,与被诉侵权行为有直接利害关系,可以作为原告提起诉讼。在非专有使用权许可情形下,被许可人为有权使用作品的人之一,著作权被侵害时其利益亦直接受损,并与被诉侵权行为有直接利害关系。考虑到在非专有使用许可情形下,著作权人也可以使用作品,而且被许可人可能有多个,为维护正常诉讼秩序,参照《最高人民法院关于审理商标民事纠纷案件适用法律若干问题的解释》(2020年修正)第4条的相关规定,在经著作权人明确授权的情形下,被许可人亦可以提起诉讼①。

另外,个别地方高院对此有明确的指导意见。如《北京市高级人民法院侵害著作权案件审理指南》(2018年4月20日实施)第1.8条"专有使用权范围与起诉"规定:"著作权人将专有使用权授予他人,对于发生在专有使用权范围内的侵权行为,专有使用权人、著作权人均可以单独起诉,也可以共同起诉:著作权人能够证明存在实际损失,主张损害赔偿的,予以支持。"第1.9条"被许可使用人的起诉"规定:"被许可使用人根据合同有权在约定范围内禁止他人(不包括著作权人)使用作品的,可以针对侵权行为单独起诉:著作权人已经起诉的,被许可使用人可以申请参加诉讼。"

最后,需要关注的是,《最高人民法院关于审理著作权民事纠纷案件适用法律若干问题的解释》(2020年修正)第27条规定:"侵害著作权的诉讼时效为三年,自著作权人知道或者应当知道权利受到损害以及义务人之日起计算。权利人超过三年起诉的,如果侵权行为在起诉时仍在持续,在该著作权保护期内,人民法院应当判决被告停止侵权行为;侵权损害赔偿数额应当自权利人向人民法院起诉之日起向前推算三年计算。"

---

① 参见福州大德文化传播有限公司、宁乡县皇家贵族音乐会所著作权权属、侵权纠纷再审民事判决书[最高人民法院(2018)最高法民再417号]。

第9章 保管、仓储合同起草、审查精要与实务

内容概览

保管合同是保管人有偿地或无偿地为寄存人保管物品,并在约定期限内或应寄存人的请求,返还保管物品的合同。仓储合同是保管人储存存货人交付的仓储物,存货人支付仓储费的合同。企业在经营过程中,不可避免地会涉及这两类合同,因此公司律师或企业法律顾问亦应关注这两类合同的区别和审查要点。本章包含如下内容:
- ✓ 保管、仓储合同的概念与特征
- ✓ 保管合同的审查
- ✓ 仓储合同的审查

第一节 保管、仓储合同的概念与特征

一、保管合同的概念与特征

(一)保管合同的概念、特征及与一般服务合同的区分

《民法典》第888条第1款规定:"保管合同是保管人保管寄存人交付的保管物,并返还该物的合同。"因此,保管合同(又称寄托合同、寄存合同),是指双方当事人约定一方将物交付他方保管的合同。保管合同是保管人有偿地或无偿地为寄存人保管物,并在约定期限内或应寄存人的请求,返还保管物的合同。在保管合同中,寄存物的一方称为寄存人,负责保管物的一方称为保管人。

保管合同具有如下主要特征:第一,保管合同是提供劳务的合同。保管合同以物的保管为目的,保管人为寄存人提供的是保管服务。寄存人只转移保管物的占有给保管人,而不转移使用和收益权,即保管人只有权占有保管物,而不能使用保

管物。第二,保管合同是实践合同。就保管合同而言,仅有当事人双方意思表示一致,合同还不能成立,还必须有寄存人将保管物交付给保管人的事实。《民法典》第890条规定:"保管合同自保管物交付时成立,但是当事人另有约定的除外。"第三,保管合同是双务不要式合同,有偿或无偿须根据当事人约定确定。(参见《民法典》第889条第2款规定:"当事人对保管费没有约定或者约定不明确,依据本法第五百一十条的规定仍不能确定的,视为无偿保管。")如果属于无偿保管合同,根据《民法典》第525条的规定,则不适用同时履行抗辩权。另外,根据《民法典合同编通则司法解释》第1条第3款的规定,"对合同条款有两种以上解释,……属于无偿合同的,应当选择对债务人负担较轻的解释。"在实务中,尤其需要区分保管合同和一般性服务合同。参见如下案例:

【例9-1】保管合同与一般性服务合同的区分①

基本案情:原告陈某万租赁居住的房屋在被告重庆市水文水资源勘测局(下称水文局)渝东北基地大院内。2007年11月,原告购买一辆轻骑铃木两轮摩托车,价值5880元。2007年12月31日,被告张某(甲方)与原告陈某万(乙方)签订《停车卫生费协议》,该协议约定:水文局万州基地大院原则上谢绝停车,但考虑到种种因素,故对特殊情况车辆予以停放。(1)乙方在院内停车,车牌号摩托车,乙方向甲方缴纳停车卫生费人民币200元整,时间从2007年12月30日至2008年12月30日……(4)乙方应注意车辆安全,所停车辆进出造成院内财产损坏和人身伤害的,由乙方自行赔偿,甲方只提供场地停车,收取费用为卫生费用,对其车辆的安全及造成后果不承担任何责任。该协议签订后,原告向被告张某交费200元。原告就将该车停于大院内,停取车均由原告自停自取,并不通过门卫办理任何手续。

2008年1月6日9点30分,原告向重庆市万州区公安局高笋塘派出所报案,称其摩托车在水文站大院内被盗,高笋塘派出所派员出警到现场进行了询问,《报警案件登记表》中无现场记录。庭审中原告出示一份证明:"证明,陈某万有一辆红色摩托车停放于万州水文基地大院内,于二〇〇八年元月五日晚停放,于元月六日凌晨被盗。情况属实,门卫,方某福。2008年元月7日。"该证明内容系原告书写后让门卫方某福签写。另查明,被告张某为被告重庆市水文水资源勘测局渝东

---

① 参见陈某万与张某、重庆市水文水资源勘测局服务合同纠纷案[重庆市第二中级人民法院(2008)渝二中法民终字第767号]。

北基地物管部职工,与原告签订该合同系履行职务行为,收取的200元费用也交给了被告重庆市水文水资源勘测局渝东北基地。该协议签订后,原告就将该车停于大院内,停取车均由原告自取,并不通过门卫办理交接手续。

法院审判:本案的争执焦点是:上诉人陈某万与被上诉人张某签订的《停车卫生费协议》的性质是保管合同还是一般性服务合同。法院认为:双方当事人签订的合同标题是"停车卫生费协议";从协议内容来看是由被上诉人在其大院内由门卫指定地点给上诉人陈某万停放摩托车,由上诉人陈某万支付约定的卫生费用;从合同标的来看是由被上诉人提供停车场地并提供打扫卫生的劳务服务,而不是物的交付,因此,该协议完全符合一般服务性合同的法律特征,其所签合同应为一般性服务合同,上诉人关于所收取的卫生费即是停车费的主张不能成立。根据《合同法》第三百六十五条关于"保管合同是保管人保管寄存人交付的保管物,并返还该物的合同"的规定,保管合同是实践性合同,系要物合同,必须以物的交付为成立要件,且所交付的被保管物必须是由保管人实际占有和控制,而上诉人陈某万在停放摩托车时与被上诉人并没有交付的行为事实,且其与被上诉人在协议第四条关于车辆的安全问题已明确约定被上诉人对上诉人的车辆安全及其后果不承担任何责任,且该约定并没有违反法律、法规的强制性规定,故上诉人的上诉请求及理由不能成立,法院不予支持。综上,一审法院认定事实清楚,适用法律正确,程序合法,应予维持。

从上述案例可以看出,保管合同和一般性服务合同的主要区别在于,是否存在寄存物的交付,且所交付的被保管物必须由保管人实际占有和控制。

另外,在建设施工合同履行过程中,也可能涉及承包方将设备、材料等放置于发包人场地是否构成保管合同关系的争议问题。原则上,如果合同没有约定或者没有其他证据佐证双方有形成保管合同关系的意思表示,且这些设备、材料等并未实际交付并受发包人实际占有和控制的话,不构成保管合同关系。[①] 反之,则有可能构成保管合同关系。[②]

最后,在借用合同、租赁合同、承揽合同等其他类型合同中,当事人也存在相关物的保管义务。但在保管合同中,保管行为是保管人的主给付义务,而前述这些合同中的保管义务只是合同项下的附随义务,只是实现合同目的的辅助义务,并非主

---

① 参见滨州市中通钢结构工程有限公司、山东汇宇新材料有限公司建设工程施工合同纠纷申请再审审查民事裁定书[山东省高级人民法院(2021)鲁民申6530号]。
② 参见青海协鑫新能源有限公司、巩某敏等保管合同纠纷二审民事判决书[青海省西宁市中级人民法院(2022)青01民终594号]。

给付义务。这也是区分它们的主要判断标准。

(二) 法定保管合同

需要特别注意的是,《民法典》第888条第2款还规定:"寄存人到保管人处从事购物、就餐、住宿等活动,将物品存放在指定场所的,视为保管,但是当事人另有约定或者另有交易习惯的除外。"这是《民法典》新增的有关"法定保管合同"的规定。

在既往的审判实践中,保管合同是实践合同,但对于购物、就餐、住宿等场所为消费者提供的寄存服务的合同性质存在不同认识。例如,对于经营场所为消费者提供的自动寄存柜的性质,有法院认为这种在经营场所形成的不是保管合同关系,而是借用合同关系。例如,在李某英诉上海大润发超市存包损害赔偿案①中,法院就认为,在超市寄存柜形成的不是保管合同关系,而是借用合同关系。消费者请求酒店对停车场丢失的汽车予以赔偿的,也很难得到支持。② 此外,对于购物停车合

---

① 载《最高人民法院公报》2002年第6期(总第80期)。在该案中,法院认为:《中华人民共和国合同法》第三百六十五条规定:"保管合同是保管人保管寄存人交付的保管物,并返还该物的合同。"第三百六十七条规定:"保管合同自保管物交付时成立,但当事人另有约定的除外。"依照上述法律规定,保管合同是实践合同,即保管合同的成立,不仅须有当事人双方对保管寄存物品达成的一致意思表示,而且还需寄存人向保管人移转寄存物的占有。被告大润发超市作为一家大型超市,为前来购物的消费者提供了人工寄存和自助寄存柜寄存两种存包方式。在大润发超市的自助寄存柜上,印制着"操作步骤"和"寄包须知"。通过"寄包须知"中关于"本商场实行自助寄包,责任自负""现金及贵重物品不得寄存"的内容,大润发超市已经把自愿将自助寄存柜提供给消费者使用,不愿对柜内寄存的物品承担保管责任的意思明白表示给消费者。原告李某英看到自助寄存柜上的明示后,仍不用人工寄存而选用责任自负的自助寄存,说明李某英不愿将自己的物品交付给大润发超市保管,而只愿使用该超市的自助寄存柜暂时存放。因此,双方当事人没有达成保管合同的意思表示。另外,李某英按照自助寄存柜的操作步骤,通过"投入硬币、退还硬币、吐出密码条、箱门自动打开、存放物品、关闭箱门"等人机对话方式,直接取得对自助寄存柜的使用权,实现了存放物品的目的。这一过程中,李某英的物品没有转移给大润发超市占有,大润发超市也没有收到李某英交付保管的物品。李某英只是借助使用自助寄存柜继续实现对自己物品的控制和占有,而大润发超市由于没有收到交付的物品,也无法履行保管职责。他们之间不存在保管合同成立的必备要件——保管物转移占有的事实。因此,双方当事人就使用自助寄存柜形成的不是保管合同关系,而是借用合同关系。

② 参见刘某刚与成都芙蓉锦汇餐饮管理有限责任公餐饮服务合同纠纷二审民事判决书[四川省成都市中级人民法院(2014)成民终字第501号]。在该案中,法院认为:从《中华人民共和国消费者权益保护法》的立法目的和立法本意来看,保障财产安全应解释为是对经营者服务内容以及服务行为本身的要求,且只有在该服务内容或服务行为本身不符合约定,造成消费者财产损害时,经营者才承担相应的民事责任。且经营者应承担的安全保障义务并不是无限度的,只有在保障顾客财产安全方面存在服务瑕疵,未完全尽到合理限度范围内的安全保障义务时才承担责任。

同到底属于场地租赁合同还是保管合同也存在争议。部分法院(如上海法院)认为,在停车合同中并不交付钥匙,停车场对车辆并不具备较强的占有和控制,不能认定为车辆已经交付,无法满足保管合同的要件。① 但亦有部分法院认为将车辆停放在停车场内,车辆完全置于停车场的管理之下,构成交付,故而认定成立保管合同。②

有鉴于此,我国《民法典》借鉴了国外民法,对法定保管作出了相应规定,主要目的在于保护作为顾客的消费者的利益,提高相关服务行业的服务质量。从国外立法来看,法定保管合同是指因法律规定而直接成立的保管合同,该合同非依双方当事人意思表示一致而成立,而是在具备法定要件时,当事人一方即应承担保管责任。承担法定保管责任的一方,往往是以营业为目的的经营者,法律规定这些经营者对顾客所携带物品的毁损、灭失承担损害赔偿责任。③ 从《民法典》第888条第2

---

① 参见上海百联西郊购物中心有限公司诉罗某仁合同纠纷案[上海市第一中级人民法院(2015)沪一中民一(民)终字第1987号]。在该案中,法院认为:保管合同除当事人另有约定外,自保管物交付时成立。保管物交付的目的是让保管人进行保管,要求寄托人将对保管物的占有及控制权暂时转移给保管人,以对抗除寄托人之外的任何不特定第三人。本案中,罗某仁主张双方之间构成保管合同,则应当着重审查百联公司是否已经实际控制并占有了系争车辆。根据在案证据及当事人陈述可以认定,车辆钥匙由罗某仁自行保管,百联公司根据停车凭证计时收取停车费后即对停放车辆予以放行,并不对车停放车辆及驾驶员的其他情况予以审核,此种情形并不符合保管合同中保管人对保管物应有的控制及占有特征。另外,根据百联公司每小时收取7元停车费的实际情况,不应当推定百联公司订立合同之本意中包含愿意承担保管车辆的较重义务。依据保管合同,要求百联公司承担停放车辆损坏的巨大风险将为造成权利与义务之间的严重失衡,对百联公司而言有失公允,因此,罗某仁主张双方之间系保管合同本院不予认同。根据双方之间缔结及履行合同的行为特征,应当认定双方合同系百联公司将停车位临时提供给罗某仁停车使用,由罗某仁按照停放时间缴付停车费的合同,符合场地租赁合同特征,故本院认定双方之间是场地租赁合同关系。类案还可参见:倪某与南京图腾置业发展有限公司、南京大观视界酒店管理有限责任公司场地租赁合同纠纷案[江苏省南京市中级人民法院(2016)苏01民终7314号]。

② 参见邱某雪与广州市兆盛物业管理有限公司保管合同纠纷案[广东省广州市中级人民法院(2015)穗中法民二终字第731号]。在该案中,法院认为:邱某雪将车辆停放在兆盛公司经营的停车场,案涉车辆完全置于兆盛公司的管理之下,并不存在兆盛公司将案涉停车场交付邱某雪使用、收益,邱某雪自行管理车辆的情形,且邱某雪就其停放车辆的行为向兆盛公司支付了相应的停车费,故双方之间成立有偿的保管合同关系。兆盛公司收取的停车费数额大小,对认定双方之间是否属于有偿还是无偿的保管合同关系并无影响。还可参见云南某某物业服务有限公司与陈某某保管合同纠纷二审民事判决书[云南省昆明市中级人民法院(2021)云01民终9960号]。

③ 参见最高人民法院民法典贯彻实施工作领导小组主编:《中华人民共和国民法典合同编理解与适用(四)》,人民法院出版社2020年版,第2348页。

款来看,法定保管的适用要件包括:一是寄存人需是在保管人处从事购物、就餐、住宿等活动。二是寄存人将物品存于指定场所。至于保管场所是室外还是室内,保管场所有人看管还是自助寄存在所不问,只要是保管人指定的场所即可。三是"当事人另有约定或者另有交易习惯的除外",这一除外情形实际上允许当事人对保管合同按照约定或按照交易习惯处理。

二、仓储合同的概念与特征

《民法典》第 904 条规定:"仓储合同是保管人储存存货人交付的仓储物,存货人支付仓储费的合同。"提供储存保管服务的一方称为保管人,接受储存保管服务并支付报酬的一方称为存货人。交付保管的货物为仓储物,仓储合同属于保管合同的一种特殊类型。

仓储合同具有如下主要特征:第一,仓储的货物所有权不发生转移,只是货物的占有权暂时转移,而货物的所有权或其他权利仍属于存货人所有。第二,仓储保管的对象必须是动产,不动产不能成为仓储合同的保管对象。这也是仓储合同区别于保管合同的显著特征。第三,仓储合同的保管人必须具有依法取得从事仓储保管业务的经营资格。第四,仓储合同是诺成合同。仓储合同自成立时生效(《民法典》第 905 条)。这是仓储合同区别于保管合同的又一显著特征。第五,仓储合同为双务、有偿合同,仓单是仓储合同的重要特征。保管合同则存在有偿和无偿两种情形。

第二节 保管合同的审查

一、保管合同的框架结构

一份典型的保管合同主要包含如下条款:

√ 合同当事人及合同订立的时间、地点条款。保管合同应写明保管人和寄存人的姓名(或名称)、地址或营业所在地,并由各个当事人分别签名或盖章。

√ 保管物条款。本条对保管物的名称、数量、种类、质量等进行约定。

√ 当事人权利义务条款。

√ 保管报酬和费用支付条款。

√ 违约责任条款。

√ 争议解决条款。

除上述条款之外,在不违反法律法规的前提下,当事人还可根据需要约定其他条款。

二、保管合同主要条款的审查

(一)保管物条款

保管合同以保管物品为目的,合同履行后保管人应将原物交还寄存人。因此,对保管物品应尽可能详细写明保管物的名称、数量、种类、质量、价值和权利状态等,以免发生偏差和争议。实践中,寄存物的具体情况一般都采用表格形式来予以记录。

从保管物的形态而言,保管物既包括动产也包括不动产(如房屋、果园、池塘等),也包括货币、有价证券或其他贵重物品(如古玩、字画、黄金首饰、权利证书、法律文件),此时寄存人应当向保管人声明,由保管人验收或者封存;寄存人未声明的,该物品毁损、灭失后,保管人可以按照一般物品予以赔偿(《民法典》第898条)。例如,保管合同中通常会约定"保管物中(是/否)有货币、有价证券或者其他贵重物品,具体如下:_____。"

保管合同的标的物必须是合法的,如果为保管走私物品、毒品或赃物而订立保管合同,合同不但无效,还会引起其他法律后果。

(二)当事人权利义务条款

在签订保管合同时,应详细明确地规定双方当事人的权利与义务,这是双方当事人履行合同的主要依据。权利义务的内容可由当事人自行约定,也可依据《民法典》有关保管合同的规定确定。

1. 保管人的权利和义务

保管人的主要权利包括:

第一,根据保管合同的约定收取保管费用或报酬。保管合同为有偿合同的,保管人有权要求寄存人支付费用和报酬;保管合同为无偿合同的,不得收取报酬,同时也相应减轻了保管人的责任,即无故意或者重大过失的保管人不承担保管物毁损、灭失的风险(《民法典》第889条第2款、第897条)。

第二,可以要求寄存人对保管物进行包装并提供有关该物品的相关资料。

第三,有权验收保管物,如果发现不符合保管规定或合同约定的,有权拒绝接收。

第四,有权要求寄存人按合同约定及时提货。

第五,对保管物品有留置权。在保管合同中,寄存人到期未支付保管费用或其他费用的,保管人有权留置保管物,并限定寄存人在一定时间内支付费用和报酬

(《民法典》第 903 条)。

需要注意的是有关留置权的权利行使问题。《民法典》第 450 条规定:"留置财产为可分物的,留置财产的价值应当相当于债务的金额。"如在舟山港明食品有限公司等与泰宝美客株式会社承揽合同及保管合同纠纷上诉案[最高人民法院(2010)民四终字第 29 号]中,最高院判决道:

> 即使寄存人结欠保管费,在保管物为可分物的情况下,保管人也仅享有留置相当于保管费金额的货物的权利,并须承担因保管不善致使留置物灭失的民事责任。保管合同未约定保管物为可替代物的,保管人无权主张替代返还,其应按灭失保管物的货物价值向寄存人承担损失赔偿责任,但可扣除灭失前已合法产生的保管费。

保管人的主要义务包括:

第一,按约定给付保管凭证(《民法典》第 891 条)。保管凭证既是合同成立的一种证据,又是保管物验收凭证。在口头合同中,保管凭证相当于保管合同。如果当事人有特别约定,则以交易习惯为准。例如,约定"寄存人交付保管物时,保管人应当验收,并给付保管凭证"。

第二,妥善保管物品(《民法典》第 892 条)①。这是保管人最主要的义务,保管人应从以下几方面履行自己的义务:一是保管人应当以与处理自己的事务同样的注意程度保管保管物。二是除另有约定外,保管人不得使用或让第三人使用保管物(《民法典》第 895 条)。例如约定"寄存人(是/否)允许保管人使用或者(是/否)允许保管人许可第三人使用保管物"。三是保管人应亲自进行保管,除双方另有约定或另有习惯,或者保管人因特殊事由(如患病)不能亲自履行保管义务外,不能将保管物转托给第三人保管(《民法典》第 894 条)。四是保管人应当按照约定的场所和方法保管保管物,除紧急情况或者为了维护寄存人利益以外,不得擅自改变保管场所或者方法(《民法典》第 892 条第 2 款)。例如,双方可约定:

> 乙方提供的保管场所(例如仓库)必须具备以下条件,满足防火、防晒、防雨、防盗、防鼠、防虫、常温等防止一切有可能影响保管物质量的外部因素。因乙方提供的保管场所要求不符合约定,导致保管物质量降低的,乙方应当赔偿相应损失。

第三,危险通知义务。危险通知是指当寄存的保管物因第三人或自然原因可能灭失时,保管人应通知寄存人。第三人对保管人提起诉讼或者对保管物申请抵

---

① 参见周某良、王某鹏保管合同纠纷二审民事判决书[吉林省松原市中级人民法院(2022)吉 07 民终 1516 号]。

押的,保管人应当及时通知寄存人(《民法典》第896条)。

第四,返还保管物的义务。在保管合同期限届满或终止时,保管人应及时返还保管物。保管人返还的应为原物,原物有孳息的,应当将原物及其孳息一并归还寄存人(《民法典》第900条)。保管货币或其他可替代物的,可以按约定返还相同种类、数量或质量的货币或物品(《民法典》第901条)。

第五,因保管不善承担损害赔偿责任。在保管期内,因保管人保管不善造成保管物毁损、灭失的,保管人应当承担赔偿责任[①]。但是,无偿保管人证明自己没有故意或者重大过失的,不承担赔偿责任(《民法典》第897条)。

在实践中,保管合同中一般都应明确约定保管物的交付和移交条款,明确约定交付的时间、地点以及交付程序和相关凭据等。

2. 寄存人的权利和义务

寄存人的主要权利包括:第一,有权要求保管人亲自保管物品(《民法典》第894条);第二,有权要求保管人妥善保管物品(《民法典》第892条);第三,保管期限届满,有权按照约定要求保管人返还保管物(《民法典》第900条);第四,有权提出定期检查保管物的要求(《民法典》第899条);第五,有权向保险公司投保或按合同约定要求保管人对保管物进行投保;第六,有收取孳息的权利(《民法典》第900条)。

寄存人的主要义务包括:第一,支付保管费。保管合同为有偿合同的,寄存人负有支付报酬的义务。在无偿保管中,寄存人没有给付报酬的义务(《民法典》第889条)。第二,负担必要费用。所谓必要费用,是以能维持保管物原状为准,包括重新包装、防腐、防火等的费用。寄存人应当偿付保管人为保管保管物所支出的必要费用。第三,告知义务。寄存人交付的保管物有瑕疵或者按保管物的性质需要采取特殊保管措施的,寄存人应当将有关情况告知保管人(《民法典》第893条)。例如约定"保管物(是/否)需要采取特殊保管措施。特殊保管措施是:＿＿＿＿＿＿＿＿"。寄存货币、有价证券或者其它贵重物品的,应当向保管人声明,由保管人验收或者封存。未声明但发生了保管物品的损失、灭失的,保管人可以按照一般物品予以赔偿(《民法典》第898条)。

---

① 参见云南某某物业服务有限公司与陈某某保管合同纠纷二审民事判决书[云南省昆明市中级人民法院(2021)云01民终9960号]。

【例9-2】保管物的交付、验收及存放

X	保管物的交付、验收及存放
X.1	甲方将保管物交付乙方保管时,乙方应在收到保管物后当面向甲方提供签收单,并在签收单上注明品名、数量和签收人等事项。乙方对保管物进行初步验收后,若有异议,乙方应当场通知甲方,并在送货单上注明验收发现的问题。
X.2	乙方应在收到货物[3]日后,以书面形式向甲方告知验收结果,没有通知或验收期限经过后才通知的,视为验收合格。
X.3	经双方同意,乙方可以将保管物转交第三方保管,由于第三方保管存在过错导致保管物毁损、灭失的,第三方应当承担损害赔偿责任,乙方对此承担连带责任。
X.4	物品运输由甲方负责安排,保证在[××]活动举办前及时运输至乙方所在地。保管期间届满甲方领取保管物的,乙方应当将剩余保管物归还甲方。

(三)保管费和其他必要费用条款

保管合同若为有偿合同,获取报酬是保管人享有的主要合同利益,该利益的实现取决于寄存人对支付义务的履行。因此,双方当事人应当根据所保管物品价值、期限等具体情况协商约定或者依照有关法律或惯例确定保管费用条款。此条款除应注明保管费数额外,还应写明保管费支付的时间、地点、方式等内容。此外,双方当事人还应就保管发生的其他必要费用的支付作出约定,对其他必要费用的项目、数额以及支付的时间、地点、方式作出明确约定。无论保管合同采用何种形式,无论是否有偿,支付必要的费用是寄存人的一项法定义务。

【例9-3】保管费用与其他费用条款

X	保管费用与其他费用
X.1	本合同项下的保管费总额为人民币[ ]元(大写:[ ]元)。
X.2	在保管物交付保管且乙方查验出具保管凭证后[ ]日内,甲方应向乙方支付保管费总额的[ ]%。
X.3	本合同第[ ]条约定的保管期届满,甲方提取保管物时,应向乙方交付剩余保管费。
X.4	提前提取保管物时,甲方应按如下方式确定的保管费向乙方支付费用: 剩余保管费=保管费总额×实际保管天数/保管期总天数-已付保管费

续表

X.5	保管期发生的其他必要费用包括维持保管物原状所支出的费用,如修缮费、治疗费,还包括设置仓库,雇用看管人,准备适宜的场所,预防火灾的费用,以及相关的保险费用、税款等。前述其他必要费用按照如下方式支付: [ ]

(四)保管期限

《民法典》第899条规定:"寄存人可以随时领取保管物。当事人对保管期限没有约定或者约定不明确的,保管人可以随时请求寄存人领取保管物;约定保管期限的,保管人无特别事由,不得请求寄存人提前领取保管物。"从该规定可以看出,保管合同约定保管期限,其实是用来约束保管人而非寄存人的,因为该条第1款规定"寄存人可以随时领取保管物",而第2款则规定"约定保管期限的,保管人无特别事由,不得请求寄存人提前领取保管物"。

实务中,保管期限条款一般都比较简单。一种方法就是直接约定一个固定的期限,如"保管期限自____年____月____日起至____年____月____日止"。另外一种更值得推荐的方法是约定"保管期限自甲方交付保管物且乙方出具保管凭证之日起至____年____月____日或者甲方提前提取保管物之日止"。

(五)违约责任条款

在该条款中,双方可以约定违约金,也可以约定损害赔偿金的数额和计算方法;可以约定什么性质的违约行为承担什么性质的违约责任,也可以约定承担各类违约责任的条件。同时,当事人还可以就不可抗力和免责等事项作出约定。

1.保管人的违约责任

保管人的违约责任主要包括:第一,保管物在保管期间因保管人保管不善而毁损、灭失的,保管人应当承担损害赔偿责任。但保管是无偿的,保管人证明自己没有故意或重大过失的,不承担损害赔偿责任(《民法典》第897条)。第二,不是因为紧急情况或者为了维护寄存人的利益,保管人未按合同约定的保管场所或者方法保管保管物而导致保管物毁损、灭失的,保管人应承担损害赔偿责任(《民法典》第892条)。第三,保管人违反约定擅自将保管物转交第三人保管而发生保管物毁损、灭失的,即使事出意外,仍应负赔偿责任(《民法典》第894条)。第四,保管人未经寄存人同意,自己使用或者让第三人使用保管物的,无论其主观是否有过错,均应承担违约责任,向寄存人支付违约金或者报酬(《民法典》第895条)。保管物为金钱的,保管人应自使用之日起支付利息。第五,约定保管期限的合同,保管人无特别事由而要求寄存人提前领取保管物的,应承担违约责任(《民法典》第899条第2款)。

2.寄存人的违约责任

寄存人的违约责任主要包括:第一,寄存人未按合同约定的期限向保管人支付保管费以及其他费用,应当向保管人支付逾期给付的违约金(《民法典》第889条);第二,寄存人交付的保管物有暇疵或者按照保管物的性质需要采取保管措施的,寄存人未将有关情况告知保管人,致使保管物受损失的,由寄存人自己承担责任,因此给保管人或者第三人的财产或人身造成损害的,寄存人应承担损害赔偿责任(《民法典》第893条)。

第三节 仓储合同的审查

一、仓储合同的框架结构

在实践中,仓储合同通常采用要式的仓单和非仓单式的仓储合同两种形式。仓单是指由保管人在收到仓储物时向存货人签发的表示已经收到一定数量的仓储物的法律文书。仓单的内容是对仓储合同内容的进一步确认。存货人交付仓储物的,保管人应当出具仓单(《民法典》第908条)。仓单实际上是仓储物所有权的凭证,又是存货人或者持单人提取仓储物的物权凭证。保管人应当在仓单上签字或者盖章(《民法典》第909条)。存货人或者仓单持有人在仓单上背书并经过保管人签字或者盖章的,可以转让提取仓储物的权利(《民法典》第910条)。[①] 根据《民法典》第909条规定,保管人应当在仓单上签名或者盖章。仓单包括下列事项:

- ✓ 存货人的姓名或者名称和住所;
- ✓ 仓储物的品种、数量、质量、包装及其件数和标记;
- ✓ 仓储物的损耗标准;
- ✓ 储存场所;
- ✓ 储存期限;
- ✓ 仓储费;

---

① 至于未经保管人签名或盖章,究竟对仓单转让的效力产生何种影响,司法实践尚未形成统一认识。主流的观点认为,考虑到对于保管人利益的保护,未经保管人签章的仓单转让自然可以在转让人与受让人之间发生转让的效力,但是保管人对于存货人基于仓储合同所享有的抗辩可以对抗仓单的受让人。如果仓单转让经过保管人的签章,则存货人所享有的抗辩应受到切断,不能对抗之后仓单受让人,即使后手转让并未获得保管人的签章。

- ✓ 仓储物已经办理保险的,其保险金额、期间以及保险人的名称;
- ✓ 填发人、填发地和填发日期。

除仓单之外,实践中也广泛使用双方协商确定的非仓单式仓储合同。非仓单式仓储合同主要包含如下条款:

- ✓ 仓储合同双方当事人的名称或者姓名、住所。
- ✓ 仓储物的品名或品类。
- ✓ 仓储物的数量、质量、包装。本条应具体明确仓储物的数量,计算数量的标准、计量单位,如果货物的质量、包装没有国家标准,可执行行业标准,没有行业标准,经当事人协商一致可按通常的使用标准执行。
- ✓ 仓储物验收的内容、标准、方法、时间及验收人的资质条件。
- ✓ 仓储物保管条件的要求。
- ✓ 仓储物入库、出库的手续,时间、地点、运输方式。
- ✓ 仓储物自然损耗的标准和对损耗的具体处理办法。
- ✓ 仓储物计费的项目、标准、计算方法。
- ✓ 仓储物结算的方式。
- ✓ 损害赔偿责任的具体划分。
- ✓ 仓储合同的变更、解除。
- ✓ 违约责任。
- ✓ 争议解决的方法。

除上述条款之外,仓储合同还通常包含合同有效期以及其他条款等。如无特别说明,本节以非仓单式仓储合同为讨论对象。

二、仓储合同主要条款的审查

(一) 仓储合同的保管人的审查

与一般性质的保管合同不同,并不是任何个人或单位都能够从事仓储业务,仓储合同的保管人必须是经市场监督管理机关核准登记的专营或兼营仓储业务的法人组织或其他非法人组织等。尽管无相应业务资格从法律上并不必然导致仓储合同不生效力,但实务中在签订仓储合同之前,仍然建议查明保管人是否具有从事仓储业务的资格,并且是否在其营业执照上载明。

(二) 仓储合同的成立和生效

《民法典》第 905 条规定:"仓储合同自保管人和存货人意思表示一致时成

立。"因此,仓储合同属于诺成性合同,而保管合同通常属于实践性合同,仓储合同在双方意思表示一致时即宣告成立生效,合同双方各有其应尽的义务,存货人应当交付仓储合同规定的合格的标的物,保管人应当验收和接受符合仓储合同规定的标的仓储物,并且向存货人开具仓单或入库单以切实保证其财产所有权和处置权(《民法典》第908条),如果存货人不能交付符合仓储合同规定的标的物,应该向保管人承担违约赔偿责任。

(三)仓储合同的仓储物

对于仓储合同的仓储物,需要关注:仓储物是否属于违法物品;仓储物的品名或品类、数量、质量、包装;仓储物的验收内容、出入库手续、时间及运输;仓储物的损耗标准和对损耗的具体处理办法。

1. 仓储物不得是违法物品

在审查仓储物时,首先应当审查标的仓储物是否属于违法物品,通常需要查验其合法来源(如合格证、出厂证、发票等),因为如果仓储物属于违法物品,将导致仓储合同无效。因此,在订立仓储合同时,保管人应确切地知晓存货人所存放的是什么物品,防止存货人利用仓储公司存放违法物品。

2. 仓储物的品名、品种、规格、数量、质量和包装

由于仓储合同的标的物是委托储存保管的货物,对于存货人来说,无论其为特定物还是种类物,均具有特定的用途,保管人不但应妥善保管,以免发生损毁,而且在保管期满后应当按约定将原物及其孳息交还存货人或其委托的第三人。因此,必须在合同中对货物的品种或品名作出明确、详细的规定。

货物的数量依据保管人的存储能力由双方协商确定,并应以法定计量单位计算;货物的质量应用国家或者有关部门规定的质量标准标明,如货物有保质期,也应一并说明;货物的包装由存货人负责,有国家或者专业包装标准的,执行规定标准;没有有关标准的,在保证运输和储存安全的前提下,由合同当事人约定。

此外,合同中要明确仓储物的包装条款,如仓储物的包装由存货人负责。因为保管人不负有对仓储物进行包装的义务,只负有对仓储物的包装进行储存的义务,因此不能混淆。还必须明确包装的各种具体要求,如包装物的外层包装用料、内层包装要求;易碎、易腐物品或危险物品的包装要求等。仓储物包装有国家标准或专业标准的,按国家或专业标准执行;没有国家标准或专业标准的,在保证运输和储存安全的条件下,按合同约定执行。因此,在缺少包装标准的情况下,合同当事方应根据实际情况约定包装执行的标准。

3. 仓储物的验收内容、出入库手续、时间及运输

《民法典》第907条规定："保管人应当按照约定对入库仓储物进行验收。保管人验收时发现入库仓储物与约定不符合的，应当及时通知存货人。保管人验收后，发生仓储物的品种、数量、质量不符合约定的，保管人应当承担赔偿责任。"因此，仓储物的验收由保管人负责。通常验收的内容、标准包括三个方面：一是无须开箱拆捆即直观可见的质量情况，查验项目主要有货物的品名、规格、数量、外包装状况等；二是包装内的货物品名、规格、数量，以外包装或者货物上的标记为准，无标记的，以供货方提供的验收资料为准；三是散装货物按国家有关规定或合同的约定验收。验收方法有全验和按比例抽验两种，具体采用哪种方法，应在合同中明确约定。

合同中要注意明确仓储物的出入库手续的办理方法，双方当事人必须办理签收手续，在没有存货人在场的情况下，仓储物的出库应当由存货人指定的第三人办理，不能直接由仓储物的买方办理。即使存货人与提货人存在买卖合同关系，保管人未经存货人同意而允许提货人提走货物的，也应当向存货人承担违约责任。① 保管人在收到仓储物时，仓储物验收的时间与仓储物实际入库的时间应尽量缩短，对易发生变质的仓储物，更应注意验收时间。合同中须注明保管人超过验收时间验收所造成的实际损失，由保管人负责。仓储物验收期限，自仓储物和验收资料全部送达保管人之日起，至验收报告送出之日止，日期均以运输或邮政部门的戳记或直接送达的签收日期为准。

合同中还要约定仓储物在出库后是由存货人来运输还是由保管人代为发运。由保管人代为发运的，要明确仓储物的运输方式，是公路、铁路还是水路运输，抑或是所有运输方式都可以，并且还可以约定出库后多长时间内送达目的地。

4. 仓储物的损耗标准和对损耗的具体处理办法

合同中要明确约定仓储物在储存期间和运输过程中的损耗，以及磅差标准的执行原则。有国家或专业标准的，按国家或专业标准规定执行；没有国家或专业标准的，可以在保证运输和存储安全的前提下由双方约定。目前，仓储物损耗的标准规定有《粮油仓储管理办法》（国家发展和改革委员会令第5号）及《商品运输定额损耗》（〔87〕商储〔商〕字第11号）等。此外，如果出现损耗，双方对损耗的具体处理办法。

---

① 参见中国铁路物资厦门钢铁有限公司、宁德市港务集团有限公司仓储合同纠纷再审民事判决书［最高人民法院(2018)最高法民再230号］。

（四）仓储物的保管条件和要求

仓储物的储存条件和储存要求必须在合同中明确约定，需要在冷冻库里储存或是在高温、高压下储存的，都应通过合同作出约定。特别是《民法典》第906条规定："储存易燃、易爆、有毒、有腐蚀性、有放射性等危险物品或者易变质物品的，存货人应当说明该物品的性质，提供有关资料。存货人违反前款规定的，保管人可以拒收仓储物，也可以采取相应措施以避免损失的发生，因此产生的费用由存货人负担。保管人储存易燃、易爆、有毒、有腐蚀性、有放射性等危险物品的，应当具备相应的保管条件。"因此，对易燃、易爆、易渗漏、易腐烂、有毒等危险物品的储存要明确操作要求、储存条件和方法。原则上有国家规定操作程序的，按国家规定执行；没有国家规定的，按合同约定储存。

（五）储存期限

《民法典》第914条规定："当事人对储存期限没有约定或者约定不明确的，存货人或者仓单持有人可以随时提取仓储物，保管人也可以随时请求存货人或者仓单持有人提取仓储物，但是应当给予必要的准备时间。"本条规定将仓储合同的储存期限交由当事人在合同中约定，没有约定或者约定不明确的，存货人或者仓单持有人可以随时提取仓储物；而保管人也可以随时请求存货人或者仓单持有人提取仓储物，但是应当给予必要的准备时间。

现实中出现的问题是，如果保管人提前通知存货人提取仓储物，并给予了必要的准备时间，但存货人仍然拒不提货或者置之不理，而保管人的仓库可能还有新的储存订单，如果存货人不将货物提走，则保管人将因没有存储空间而遭受损失。那么，保管人应该怎么办？实务中，保管人可通过如下几种方法来寻求救济：一是保管人向人民法院起诉请求存货人给付仓储费以及将货物提走[1]；二是在合同中约定，若存货人既不支付仓储费，又经保管人催告在合理期限内拒不提货的，视为储存期届满，保管人有权提交仓单副联、仓储合同副本等文件向提存机构申请提存，或者在不及时处理仓储物将导致其明显贬值的情况下，有权通过变卖、拍卖等方式处置仓储物并将款项提存。笔者认为，在合同约定视为储存期届满的情况下，根据《民法典》第570条的规定，当"债权人无正当理由拒绝受领"时，债务人可以将标的物提存。标的物不适于提存或者提存费用过高的，债务人依法可以拍卖或者变

---

[1] 参见辽宁国威冷藏物流有限公司与丹东昌华贝类养殖有限公司、陆某昌仓储合同纠纷一审民事判决书［辽宁省东港市人民法院(2022)辽0681民初5591号］。

卖标的物,提存所得的价款。而且在《民法典》第 914 条规定的情形下,存货人催告并预留必要的准备时间后,存货人仍拒绝提货的,在合理期间经过后,可以视为符合《民法典》第 916 条"储存期限届满……逾期不提取的,保管人可以提存仓储物"之规定,将仓储物提存如在厦门马沙利奥货运代理有限公司、上海申安对外经济贸易有限公司等仓储合同纠纷申请再审审查民事裁定书[最高人民法院(2021)最高法民申 4348 号]中,最高院认为:

作为仓储合同中的保管人,马沙利奥公司在存货人逾期不提取货物、不支付仓储费的情况下,在有权要求存货人支付费用、赔偿损失的同时,也负有减轻损失的义务。但原判决以保管人未曾要求存货人提货,也未向海关申请拍卖货物为由,认定保管人怠于履行减轻损失义务,不得向存货人主张 2017 年 8 月 25 日[笔者加注:该日为仓储合同到期日]之后的仓储费,属于适用法律错误。合同法第三百九十三条规定:"储存期间届满,存货人或者仓单持有人不提取仓储物的,保管人可以催告其在合理期限内提取,逾期不提取的,保管人可以提存仓储物。"据此,催告提取和提存仓储物,是保管人的权利,而非义务。合同法第一百零一条对债务人提存标的物问题作出了规定,根据该条规定,也不能认定保管人有拍卖仓储物的义务。保管人享有留置权时,依法有权就留置物优先受偿,法律并未规定其负有拍卖、变卖义务。

对于仓储合同保管人在存货人违约情况下,应如何减轻损失,法律并无明确规定。人民法院应当根据案件的具体情况,根据公平、诚信等原则,合理认定。本案仓储物并非不易保管的物,就本案而言,除非仓储物明显贬值,以致继续保管仓储物显然不具有经济效益,且保管人知道或应当知道此类情形,否则不宜认定本案保管人有义务及时拍卖仓储物。原判决未查明本案存在此类情形,而错误驳回保管人对仓储费的部分请求。

在本案中,最高院认为,储存期间届满,存货人或者仓单持有人不提取仓储物的,催告提取和提存仓储物是保管人的权利,而非义务,保管人亦没有变卖、拍卖仓储物的义务,但不及时处置仓储物将导致其明显贬值的除外。

(六)违约责任条款

仓储合同的违约责任条款可以从保管人和存货人两个方面来拟定和审查。

1.保管人的违约责任

保管人的违约责任主要包括:第一,保管人验收仓储物后,在仓储期间发生仓储物的品种、数量、质量、规格、型号不符合合同约定的,承担赔偿责任(《民法典》

第907条)。第二,仓储期间,因保管人保管不善造成仓储物毁损、灭失的,保管人承担赔偿责任①(《民法典》第917条)。第三,仓储期间,因约定的保管条件发生变化而未及时通知存货人,造成仓储物的毁损、灭失的,由保管人承担损害赔偿责任(《民法典》第918条、第892条);保管人储存易燃、易爆、有毒、有腐蚀性、有放射性等危险物品的,应当具备相应的保管条件②(《民法典》第906条第3款)。

若保管人出现上述违约行为,存货人可以依据《民法典》第582条和第1184条的规定,主张减少保管费或主张损害赔偿责任(若未约定损害赔偿的方式,可选择金钱或货物赔偿)。③

2. 存货人的违约责任

存货人的违约责任主要包括:第一,存货人没有按合同的约定对仓储物进行必要的包装或包装不符合约定要求,造成仓储物毁损、灭失的,自行承担责任,并承担给仓储保管人造成的损失;第二,存货人没有按合同约定的仓储物的性质交付仓储物,或者超过有效储存期,造成仓储物毁损、灭失的,自行承担责任(《民法典》第917条);第三,危险有害物品必须在合同中注明,并提供必要的资料,存货人未在合同中注明或未提供必要的资料造成损失的,自行承担民事和刑事责任,并承担由此给仓储人造成的损失(《民法典》第906条);第四,逾期储存,承担加收费用的责任(《民法典》第915条);第五,储存期满不提取仓储物,经催告后仍不提取,仓储人承担提存仓储物的违约赔偿责任(《民法典》第916条)。

【例9-4】仓储合同违约责任条款

X	违约责任
X.1	保管人违约责任
X.1.1	在货物保管期间,未按合同规定的储存条件和保管要求保管货物,造成货物灭失、短少、变质、污染、损坏的,应承担赔偿责任。

---

① 参见简某灵与晏某华仓储合同纠纷一审民事判决书[江西省上高县人民法院(2019)赣0923民初1363号]。

② 参见深圳市新宁现代物流有限公司、南昌欧菲光科技有限公司仓储合同纠纷再审审查与审判监督民事裁定书[江西省高级人民法院(2018)赣民申1270号]。

③ 参见天津冶金轧一物流有限公司、本钢集团国际经济贸易有限公司仓储合同纠纷二审民事判决书[最高人民法院(2017)最高法民终712号];湖南华菱电子商务有限公司、湖南旻峰物流有限公司仓储合同纠纷再审审查与审判监督民事裁定书[最高人民法院(2020)最高法民申6383号]。

续表

X.1.2	对于危险物品和易腐物品等未按国家和合同规定的要求操作、储存,造成毁损的,应承担赔偿责任。
X.1.3	由于保管方的责任,造成退仓不能入库的,应按合同规定赔偿存货方运费并支付违约金[ ]元。
X.1.4	由保管方负责发运的货物,不能按期发货的,应赔偿存货方逾期交货的损失;错发到货地点,除按合同规定无偿运到规定的到货地点外,还应赔偿存货方因此而遭受的实际损失。
X.2	**存货人违约责任**
X.2.1	由于存货方的责任造成退仓不能入库的,存货方应偿付相当于相应保管费[ ]%的违约金。超议定储存量储存的,存货方除交纳保管费外,还应向保管方支付违约金[ ]元,或按双方协议执行。
X.2.2	易燃、易爆、易渗漏、有毒等危险货物以及易腐、超限等特殊货物,必须在合中注明,并向保管方提供必要的保管运输技术资料,否则造成的货物毁损、仓库毁损或人身伤亡,由存货方承担赔偿责任直至刑事责任。
X.2.3	货物临近失效或有异状,在保管方通知后不及时处理的,造成的损失由存货方承担。
X.2.4	未按国家或合同规定的标准和要求对储存货物进行必要的包装,造成货物损坏、变质的,由存货方负责。
X.2.5	存货已通知出库或合同期已到,由于存货方(含用户)的原因致使货物不能如期出库,存货方除按合同的规定交付保管费外,还应偿付违约金[ ]元。由于出库凭证或调拨凭证上的差错所造成的损失,由存货方负责。
X.2.6	按合同规定由保管方代运的货物,存货方未按合同规定及时提供包装材料或未按规定期限变更货物的运输方式、到站、接货人的,应承担延期的责任和增加的有关费用。

第10章 委托合同起草、审查精要与实务

> **内容概览**
>
> 委托合同是指受托人为委托人办理委托事务,委托人支付约定报酬或不支付报酬的合同。在实务中委托合同容易与中介合同、行纪合同混淆,在进行合同审查时需要特别注意。此外,委托合同根据情况可以分为多种类型。本章包含如下内容:
> - ✓ 委托合同的概念、特征、种类与区分
> - ✓ 委托合同的审查

第一节 委托合同的概念、特征、种类与区分

一、委托合同的概念

《民法典》第919条规定:"委托合同是委托人和受托人约定,由受托人处理委托人事务的合同。"因此,委托合同又称委任合同,是指当事人双方约定一方委托他人处理事务,他人同意为其处理事务的协议。在委托合同关系中,委托他人为自己处理事务的人称委托人,接受委托的人称受托人。委托合同本质上是一种提供劳务的合同,劳务的内容没有特别限制。

委托合同是一种历史悠久的合同类型。委托合同适用范围广泛,它可产生于任何一种民事主体之间,它可以在自然人之间、法人之间或者自然人与法人之间缔结;可以为概括的委托,也可以为一项或数项事务的特别委托(《民法典》第920条)。委托合同有利于生产经营,可以方便人们日常生活,加强经济贸易的联系。具有人身属性的法律行为或事实行为,一般不适用委托合同,如收养关系的建立或终止、婚姻关系的产生和消灭、立遗嘱、结婚、收养子女等。

二、委托合同的特征

一般而言,委托合同具有如下主要特征:

第一,委托合同的标的是处理委托事务。委托人和受托人订立委托合同的目的,在于通过受托人办理委托事务来实现委托人追求的结果。因此,该合同的客体是受托人处理委托事务的行为。

第二,委托合同是诺成、非要式、双务合同。委托人与受托人在订立委托合同时不仅要有委托人的委托意思表示,还要有受托人接受委托的承诺,即承诺与否决定着委托合同是否成立。委托合同自承诺之时起生效,无须以履行合同的行为或者物的交付作为委托合同成立的条件。委托合同成立不须履行一定的形式,口头、书面等方式都可以。委托合同在要约承诺后成立,无论合同是否有偿,委托人与受托人都要承担相应的义务。对委托人来说,委托人有向受托人预付处理委托事务费用的义务,受托人为处理委托事务垫付的必要费用,委托人应当偿还该费用并支付利息(《民法典》第921条)。当委托合同为有偿合同时,委托人还负有支付受托人报酬等义务(《民法典》第928条)。对受托人来说,受托人有向委托人报告委托事务、亲自处理委托事务、转交委托事务所取得财产等义务(《民法典》第924条)。

第三,委托合同可以是有偿的,也可以是无偿的。委托合同建立在双方当事人彼此信任的基础上。委托合同是否有偿,由当事人双方根据委托事务的性质与难易程度协商决定,法律不作强制规定(《民法典》第928条)。

三、委托合同的种类

根据不同的分类标准,委托合同可以分为如下类别(见图10-1):

```
                    ┌─根据受托人──┬─特别委托合同
                    │  权限范围   └─概括委托合同
                    │
                    ├─根据受托人──┬─单独委托合同
                    │   的人数    └─共同委托合同
                    │
                    ├─根据受托人──┬─直接委托合同
           委托合同─┤  产生方式   └─转委托合同
                    │            ┌─显名代理（委托）合同
                    ├─根据是否披露委托人─┼─隐名代理（委托）合同
                    │            └─不公开代理（委托）合同
                    │            ┌─狭义委托合同
                    └─根据委托合同的─┼─中义委托合同
                       内容范围    └─广义委托合同
```

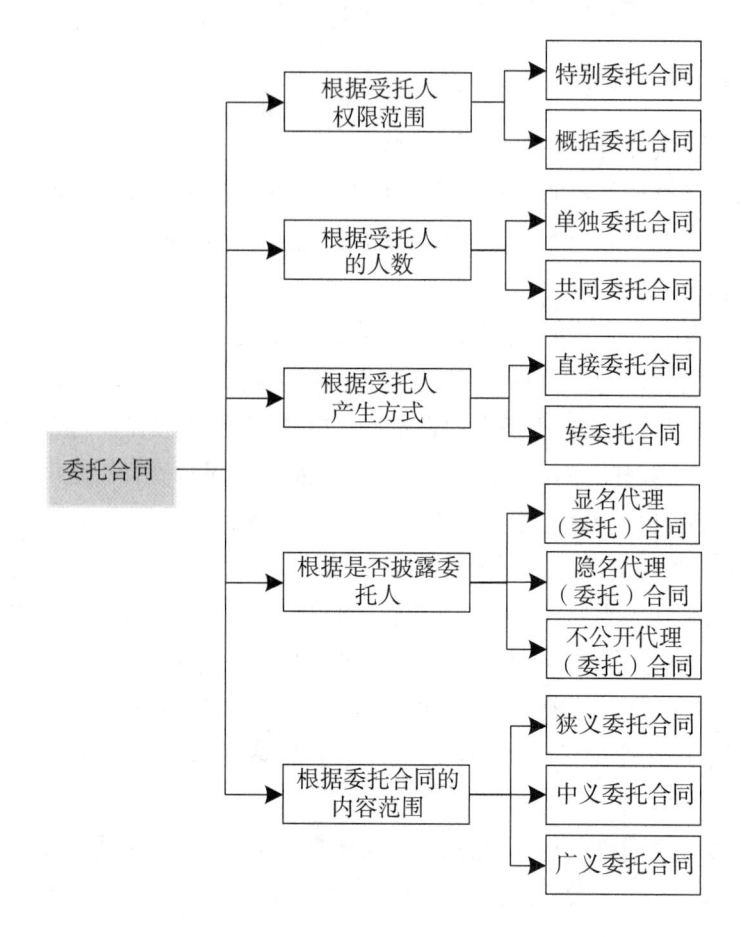

图 10-1 委托合同的分类

第一，特别委托合同和概括委托合同。根据受托人的权限范围，委托合同可以分为特别委托合同和概括委托合同。特别委托是指委托人特别委托受托人处理一项或数项事务的委托；概括委托是指委托人委托受托人处理一切事务的委托。关于特别委托和概括委托，《民法典》第920条规定："委托人可以特别委托受托人处理一项或者数项事务，也可以概括委托受托人处理一切事务。"

第二，单独委托合同和共同委托合同。根据受托人的人数，委托合同可以分为单独委托合同和共同委托合同。单独委托是指受托人为一人的委托；共同委托是指受托人为两人以上的委托。关于共同委托，《民法典》第932条规定："两个以上的受托人共同处理委托事务的，对委托人承担连带责任。"

第三，直接委托合同和转委托合同。根据受托人产生方式，委托合同可以分为直接委托合同和转委托合同。直接委托是指由委托人直接选任受托人的委托；转委托是指受托人为委托人再选任受托人的委托。受托人转委托，除紧急情况下受托人为维护委托人的利益而需要转委托的以外,应当征得委托人的同意。关于转委托,《民法典》第923条规定:"受托人应当亲自处理委托事务。经委托人同意,受托人可以转委托。转委托经同意或者追认的,委托人可以就委托事务直接指示转委托的第三人,受托人仅就第三人的选任及其对第三人的指示承担责任。转委托未经同意或者追认的,受托人应当对转委托的第三人的行为承担责任;但是,在紧急情况下受托人为了维护委托人的利益需要转委托第三人的除外。"

第四,显名代理(委托)合同、隐名代理(委托)合同和不公开代理(委托)合同①。首先,《民法典》第162条规定:"代理人在代理权限内,以被代理人名义实施的民事法律行为,对被代理人发生效力。"这被视为是显名代理(disclosed principle agency)制度的规定。其次,《民法典》第925条规定:"受托人以自己的名义,在委托人的授权范围内与第三人订立的合同,第三人在订立合同时知道受托人与委托人之间的代理关系的,该合同直接约束委托人和第三人;但是,有确切证据证明该合同只约束受托人和第三人的除外。"这被视为是对"隐名代理"(agency for an unnamed principal)制度的规定。隐名代理,是指不明示以被代理人名义,但明示为被代理人利益而表示意思或接受意思表示的代理。在这种情况下,代理人在订约时表示有代理关系存在、表明自己的代理人身份,公开被代理人的存在,但不指出被代理人的姓名。隐名代理与显名代理的主要区别在于,第三人是否确知本人的具体身份,而不在于表示代理意思的方式。最后,《民法典》第926条规定:"受托人以自己的名义与第三人订立合同时,第三人不知道受托人与委托人之间的代理关系的,受托人因第三人的原因对委托人不履行义务,受托人应当向委托人披露第三人,委托人因此可以行使受托人对第三人的权利。但是,第三人与受托人订立合同

---

① 从我国民法理论上讲,委托合同和委托代理存在区别,本处未加细分予以混用。首先,委托合同是委托人与受让人的双方合意,属债法范围,强调当事人之间的内部关系;委托代理是代理人基于被代理人的委托授权以被代理人的名义为法律行为,属代理制度范畴,强调代理人与第三人和本人的三方关系。其次,委托合同未必产生委托代理权。委托合同是委托代理权产生的基础法律关系,但仅有委托合同,并不一定产生委托代理权。原因有两个:其一,委托事务不仅包括法律行为,还包括事实行为,当委托事务为事实行为时,不会产生委托代理权;其二,即使委托的事务是法律行为,要想产生委托代理权,还需有代理权的授予。代理权的授予是产生委托代理权的直接原因,它与委托合同等基础法律关系密切相关,但并非履行委托合同的附属性法律效果,而是被代理人的单方法律行为,不需要代理人作出同意的意思表示即可产生委托代理权。最后,有委托代理权,未必有委托合同。委托代理权来源于代理权的授予,这种授予可能是基于委托法律关系,可能是基于其他基础法律关系(如合伙),甚至也可能没有法律关系而只有代理权之授予。

时如果知道该委托人就不会订立合同的除外。受托人因委托人的原因对第三人不履行义务,受托人应当向第三人披露委托人,第三人因此可以选择受托人或者委托人作为相对人主张其权利,但是第三人不得变更选定的相对人。委托人行使受托人对第三人的权利的,第三人可以向委托人主张其对受托人的抗辩。第三人选定委托人作为其相对人的,委托人可以向第三人主张其对受托人的抗辩以及受托人对第三人的抗辩。"该规定被视为"被代理人不公开的代理"(undisclosed principle agency)或"不公开代理"制度的规定(在中国也称为"间接代理")。被代理人不公开的代理,是指第三人在与代理人缔结法律关系时不知道存在被代理人的代理。在这种特殊的代理关系中,第三人认为代理人就是自己的合同对方当事人,是合同权利义务关系的承担者。

第五,广义、中义和狭义的委托合同。按照委托合同的内容范围的不同,委托合同还可以分为广义的委托合同、中义的委托合同和狭义的委托合同。狭义的委托合同是指以对通常的法律行为的委托为中心的委托合同。例如,当事人委托律师提供诉讼代理服务的合同。中义的委托合同除狭义的委托合同外,还包括提供各类无形服务的合同。例如,技术委托开发合同、技术服务合同、技术咨询合同以及其他委托提供服务的合同。广义的委托合同也可称为广义的服务合同,它既包括前述两类合同,也包括其他一些有名合同,例如行纪、中介、保管、仓储、承揽、运输,以及咨询、培训等无名服务合同。

四、委托合同与行纪合同、中介合同的区分

委托合同是指受托人为委托人办理委托事务,委托人支付约定报酬或不支付报酬的合同。委托是产生一切委托事务的基础,如代理、行纪、中介均由委托产生,委托合同是一种基础合同。委托解决委托人与受托人之间的权利义务关系问题。行纪合同又称信托合同,是行纪人以自己的名义为委托人从事贸易活动,委托人支付报酬的合同(《民法典》第951条)。中介合同也称为居间合同。它是指当事人双方约定,一方为另一方提供成交机会或者充当订立合同的媒介,另一方支付相应的报酬的合同(《民法典》第961条)。由于行纪、中介衍生于委托,但两种合同作为独立的合同各有其特殊性,故《民法典》第960条、第966条分别规定:"本章没有规定的,参照适用委托合同的有关规定。"需要注意的是,这里使用的是"参照适用"而非像建设工程合同那样规定的是"本章没有规定的,适用承揽合同的有关规定"(《民法典》第808条),并且可以发现,《民法典》对行纪、中介合同没有规定的

也并非一律都适用委托合同的相关规定①。三种合同的比较参见表10-1。

表10-1 委托合同、行纪合同、中介合同的比较

合同类型	名义主体	主体的要求	权利归属
委托合同	委托人	自然人、法人	法律效果归于委托人
行纪合同	行纪人	批准经营信托业务的法人	有介入权;行纪的法律效果先由行纪人承受,再通过其他法律关系(如委托合同)转给委托人
中介合同	中介人	取得中介人资格并核准从事中介活动的法人、自然人	中介人对委托人与第三人之间的合同无介入权

具体而言,以委托合同与中介合同为例,中介合同与委托合同都是劳务提供类合同,在事务处理方面具有一定的相似之处,最重要的一点是无论是中介人还是受托人,均是受到委托而为了委托人的利益处理事务。在此意义上来说,委托关系是产生中介合同的基础关系,中介合同是委托合同的一种特殊类型。实践中,经常会出现中介合同和委托合同混同难以区分的情况,如常常出现合同"名为居间(中介),实为委托"的情形。如在巩某与唐某委托合同纠纷二审民事判决书[北京市第三中级人民法院(2018)京03民终12521号]②中,法院认为,"《居间协议》约定巩某之义务非报告缔约机会或提供缔约的媒介,而是包括保证唐某中标并获开采权、负责办理承包三矿的所有手续等,故唐某与巩某所签协议名为居间,实为委托合同"。当然,实践中许多名为"委托合同""代理协议""服务协议"的合同,实质上是中介合同。如在史某磊与宁波其昌房地产开发有限公司委托合同纠纷二审民事裁定书[北京市第三中级人民法院(2020)京03民终9466号]中,法院认为:"根据

---

① 参见周江洪:《民法典中介合同的变革与理解——以委托合同与中介合同的参照适用关系为切入点》,载《比较法研究》2021年第2期。例如,该文论述道:《民法典》第925条和第926条原则上可能做不了合同参照适用。以了《民法典》第925条和第926条,虽然学界多有争议,但无论持何种主张,都不能否认《民法典》第925条和第926条都是以委托人与受托人之间存在代理关系为前提,只不过是区分了作为缔结合同相对人的第三人是否知道代理关系的存在。而与此不同,中介人只是提供媒介或报告服务,虽然旨在促成合同的成立,但并不介入委托人与第三人之间的合同关系,提供的只是中介服务。因此,《民法典》第925条和第926条涉及委托人对受托人代理权的授予,受托人从事的是代理权授予背景下的代理行为,与中介合同中介人只提供报告或媒介服务,存在本质的不同。后者通常不涉及代理权的问题。因此,这两条规定原则上不能被参照适用。

② 类案参见温某波、于某明与梁某委托合同纠纷二审民事判决书[北京市第一中级人民法院(2017)京01民终2509号]。

《宁波其昌地产项目融资顾问委托协议》载明的内容,史某磊和华某芬接受其昌公司的委托,为其昌公司向华兴国富公司寻找融资机会,促使华兴国富公司与其昌公司签订融资合同,并最终使华兴国富公司向其昌公司提供融资所需的资金。因此,史某磊和华某芬在此活动中,仅仅作为中间人提供中介服务,并不代理其昌公司与华兴国富公司为某种法律行为。"

关于委托合同与承揽合同的区分,请读者参阅本书第 4 章"承揽合同的起草、审查精要与实务"。另外需要说明的是,《民法典》合同编典型合同分编将《合同法》分则的"居间合同"修改为"中介合同"。

总之,实践中,委托合同首先需要与其他非委托合同(如买卖、承揽合同)相区分,其次需要与特殊的委托合同(如行纪、中介合同)相区分,最后需要关注含有委托内容的混合型合同(如委托经营管理合同包含委托合同、租赁合同、物业管理合同等性质)。

第二节　委托合同的审查

一、委托合同的框架结构

一般而言,委托合同通常包括如下主要条款:

✓ 委托双方当事人的名称(姓名)和住所条款。委托人和受托人必须具体、明确。

✓ 委托事务条款。委托事务是指委托人选定受托人处理事务的具体内容,它是整个委托合同的核心条款。

✓ 委托期限条款。委托人应当结合实际需求,对委托期限作出明确约定。避免因期限届满,产生委托权限的争议。

✓ 委托费用条款。在进行委托时,不可避免会产生各种费用,例如交通费、通信费、差旅费等。委托事务的费用负担问题,双方应在合同中予以明确。

✓ 报酬及支付方式条款。

✓ 任意解除权条款。任意解除权是指委托合同当事人可以随时解除委托合同的权利。除非合同另有排除或限制约定,任何一方均可随时行使该权力。

✓ 违约责任条款。

除了上述条款之外,委托合同还可能包括权利义务条款、连带责任条款、不竞争条款以及争议解决等其他通用条款。

二、委托合同主要条款的审查

(一)委托事务条款

委托合同的主要目的是委托别人办理一项或数项特定事务,所以关于委托事务的具体事项、委托权限、范围及委托代理的有效期限,都要具体、明确地列入委托合同。此外,委托事务应当合法。委托事务不合法将导致合同无效,并且将导致委托人与代理人承担一定的法律责任。委托人可以特别委托受托人处理一项或者数项特定事务,也可以概括委托受托人处理一切事务。

【例10-1】委托事务与期限条款

X	委托事务与期限
X.1	甲方指定乙方为其在[地理区域的详细描述]的独家代理商。
X.2	甲方委托乙方代为销售甲方生产的[产品的详细描述,可以附件列明]。
X.3	乙方在本条第X.1款、第X.2款下的代理期限为[3]年,自本合同生效之日起算。
X.4	乙方在代理期限内,需要完成的代销任务详见本合同附件[　　　　]。
X.5	在本合同有效期内和合同解除或终止后[2]年内,乙方不得代理销售与本条第X.2款载明的产品具有竞争性的任何产品。违反前述规定的,乙方应按本合同第[　]条的规定承担违约责任。
X.6	甲方承诺在本合同有效期内,在本条第X.1款规定的区域内,不再委托乙方之外的任何第三方代理销售本条第X.2款载明的产品。违反前述规定的,甲方应按本合同第[　]条的规定承担违约责任。

(二)委托费用及其支付条款

《民法典》第921条规定:"委托人应当预付处理委托事务的费用。受托人为处理委托事务垫付的必要费用,委托人应当偿还该费用并支付利息。"在审查委托合同的费用条款时,需要注意明确:第一,费用的范围。如是否包括交通费、通信费、差旅费、水电气费、物业费等。第二,支付方式和时间。如采用预付方式或是受托人定期报销或者按月度或季度支付等。第三,告知义务。当发生约定的费用范围之外且与委托事务相关的费用时,受托人应在约定的时间内按约定的方式告知委托人。第四,委托人怠于支付费用的责任。

【例10-2】费用及其支付条款

X	委托费用及其支付
X.1	甲方应承担乙方处理本合同第[委托事务条款序号]条所约定的委托事务中发生的必要费用(下称委托费用)。
X.2	委托费用包括但不限于委托期限内发生的交通费、通信费、差旅费、水电气费、物业费以及乙方为从事委托事务而代缴的任何费用。
X.3	甲方应在本合同生效之日起[7]日内预付乙方人民币[　　]元,并于每季度开始月份前[5]日内清算上一季度发生的委托费用,并在该月[10]日前向乙方支付委托费用。
X.4	在本条第X.2款之外发生的与委托事务相关的其他费用,乙方应及时通知甲方,并取得甲方书面同意后方可支付相关费用,但依据法律法规缴纳的费用除外。
X.5	甲方怠于支付前述委托费用的,需向乙方每日按照欠付金额[　　]%支付滞纳金。甲方累计未支付委托费用超过年报酬金[25]%的,乙方有权解除本合同,并按照本合同第[　　]条的规定,追究甲方的违约责任。

(三)报酬及其支付条款

委托事务的报酬和收益,双方亦应在合同中予以明确。受托人除收取约定的代理费或报酬外,对受托办理的事务所取得的财产、收益不再享有权利,这些财产、收益全部归委托人所有(《民法典》第927条)。

实践中需要关注的是,因不可归责于受托人的事由,委托合同解除或者委托事务不能完成的,委托人应当向受托人支付报酬(《民法典》第928条)。此处的"不可归责于受托人的事由"主要包括两个方面:一是委托人原因,由于委托人的原因使受托人依法解除合同或者无法完成合同;二是客观原因,如不可抗力、委托人死亡、破产等使合同解除或者无法履行合同。委托人支付报酬的数额应与受托人付出的劳务、时间、知识等相当。这些事项原则上都可以在报酬及支付条款中进行详细约定。

(四)任意解除权及其赔偿责任条款

1.民法典关于任意解除权及其赔偿责任的规定

《民法典》第933条规定:"委托人或者受托人可以随时解除委托合同。因解除合同造成对方损失的,除不可归责于该当事人的事由外,无偿委托合同的解除方应当赔偿因解除时间不当造成的直接损失,有偿委托合同的解除方应当赔偿对方的直接损失和合同履行后可以获得的利益。"本条规定了委托合同中的任意解除权以及解除后的损害赔偿责任。由于《合同法》第410条对赔偿损失的规定过于模糊，故民法典本条将"应当赔偿损失"修改为"无偿委托合同的解除方应当赔偿因解除时间不当造成的直接损失，有偿委托合同的解除方应当赔偿对方的直接损失和合同履行后可以获得的利益"。这一修订对损失范围予以了清晰界定，避免了以往司法实践中的争议。

事实上，从《合同法》第410条对此作出规定以来，关于委托合同的任意解除权，学理界和实务界争议的焦点问题有两个：一是任意解除权能否通过特别约定予以限制或排除；二是任意解除权行使后的损失赔偿范围。此次，《民法典》第933条对这两个核心问题予以了明确。

2. 任意解除权能否通过约定予以限制

一般认为，大陆法系的任意解除权制度是建立在无偿委托合同基础之上的。我国法律既规定了无偿委托合同，又规定了有偿委托合同。无偿委托合同的人身信赖属性较强，合同双方不能限制任意解除权的行使，并无太大争议；但在有偿委托合同场合，有观点认为，当事人双方之间不仅具有人身信赖关系，还具有利益关系，且当前我国有偿商事委托合同日益增多，为防止一方当事人恶意解除委托合同致对方利益受损，应当允许当事人通过特别约定的形式对任意解除权予以适当限制。① 在限制的程度上，有的观点认为，在有偿委托合同中，当事人约定对任意解

---

① 支持的观点可以参见如下几个方面：(1)最高人民法院民一庭认为：《合同法》第410条的规定不属于法律的强制性规定，当事人可以约定排除。参见马强：《当事人约定与〈合同法〉第410条规定不一致如何处理》，载中华人民共和国最高人民法院民事审判第一庭编：《中国民事审判前沿》(2005年第2集)，法律出版社2005年版。(2)2007年江西省高级法院民一庭庭长徐力在全省民事审判工作会的讲话(摘录)，第5点"关于民事案件审理中的一些具体问题"："2.关于房屋中介机构与开发商销售房屋合同性质的认定问题。房屋中介机构与开发商订立的销售房屋合同纠纷近年来不断增多，省法院民一庭受理了一些这类二审案件。对这类合同的性质不同的中院认定不一。有的中院把这类合同认定为委托合同，有的作为无名合同。我认为对这类合同的性质应从严掌握。即使具备委托合同的特征，也要谨慎处理当事人解除合同的请求。《合同法》第410条规定当事人可以随时解除委托合同，但是该条规定不属于法律的强制性规定，当事人可以通过约定排除。如果当事人约定不得随时解除合同，可以排除随时解除合同条款的适用。如果当事人在合同中约定了双方均不得违反合同约定的义务，或者当事人约定违反合同约定的义务则要承担违约责任，可以解释为当事人具备不随时解除合同的意思表示。这样才能有效促使当事人按照诚信的要求积极履行合同义务。"(3)黎家骏：《委托合同任意解除权之行使与赔偿·实务分析》，载微信公众号"法治地平线"2014年12月10日，https://mp.weixin.qq.com/s/rUM8eCmmbzIuCtGe51_LZQ。作者认为：应根据委托合同是否为有偿合同而进行区分和限制，不能单纯地毫无分别地赋予当事人"任意解除权"。具体而言：在无偿委托的场合，除当事人通过特别约定排除任意解除权的行使之外，应赋予当事人任意解除权，关于有偿

除权予以限制的,一方违反约定行使任意解除权的行为无效,不发生任意解除之效果,合同应继续履行,以充分保障契约自由和意思自治。① 也有观点主张,当事人约定对任意解除权予以限制的,解除行为依旧有效,但发生违约之效果②③。在司法实践中,上述两种观点均有所体现。④ 除此之外,最高院还在一些案例中,不因委托合同的有偿或无偿而有所区别,而仅就委托合同中是否包含其他因素作出了区分。例如,在海南中宇行房地产投资顾问有限公司与三亚天长实业有限公司商品房委托代理销售合同纠纷民事裁定书[最高人民法院(2013)民申字第1413号]中,最高院认为:本案《代理销售合同》不仅有委托合同的要素,而且还加入了包销合同

委托合同情形的解除问题,应回归合同法总则的规定,考察合同中是否存在《合同法》第93条"约定解除"、第94条"法定解除"的情形。如果存在,则由有解除权的一方当事人依法解除合同。如果不存在上述"法定解除"或"约定解除"的情形,一方当事人仍然依照《合同法》第410条的规定行使"任意解除权",则应视为《合同法》第108条规定的"当事人一方明确表示或者以自己的行为表明不履行合同义务的行为",对方可以在履行期限届满之前要求其承担违约责任。(4)崔建远、龙俊:《委托合同的任意解除权及其限制——"上海盘起诉盘起工业案"判决的评释》,载《法学研究》2008年第6期。笔者认为:当一个合同既包含委托的因素,又包含其他合同类型的因素从而构成一个无名合同的时候,不得适用《合同法》第410条……在当事人打着解除的旗号而故意毁约时,应当按照违约的损害赔偿处理,守约方可请求履行利益的赔偿;在无偿委托的场合,损害赔偿的范围是因为解除合同时期不当而造成的损失;在委托合同为双务有偿合同、当事人的合同利益不取决于其他法律行为是否成立、生效履行的情况下,损害赔偿的范围一般可按照履行利益的损失确定;在委托合同为双务有偿合同、当事人的合同利益取决于其他法律行为是否成立、生效履行的情况下,损害赔偿范围一般限于信赖利益。

① 成都和信致远地产顾问有限责任公司与四川省南部县金利房地产开发有限公司委托合同纠纷二审民事判决书[最高人民法院(2015)民一终字第226号]。

② 陈某与李某委托合同纠纷二审民事判决书[北京市第一中级人民法院(2017)京01民终4548号]。

③ 参见最高人民法院民法典贯彻实施工作领导小组主编:《中华人民共和国民法典合同编理解与适用(四)》,人民法院出版社2020年版,第2529页。

④ 区分民事委托(无偿委托)和商事委托(有偿委托),赞同对商事委托可以作出限制的案例参见:大连世达集团有限公司与大商股份有限公司其他合同纠纷申请再审民事裁定书[最高人民法院(2013)民申字第2491号];成都和信致远地产顾问有限责任公司与四川省南部县金利房地产开发有限公司委托合同纠纷二审民事判决书[最高人民法院(2015)民一终字第226号];广西融昌置业有限公司、广西弘毅营销顾问有限公司商品房委托代理销售合同纠纷再审民事判决书[最高人民法院(2017)最高法民再50号]。赞同对民事委托不得作出限制的案例参见:陈某与李某委托合同纠纷再审审查与审判监督民事裁定书[北京市高级人民法院(2018)京民申3631号]。不进行区分,反对限制的案例参见:上海盘起贸易公司与盘起工业(大连)有限公司委托合同纠纷二审案[最高人民法院(2005)民二终字第143号,载《最高人民法院公报》2006年第4期(总第114期)];重庆超霸房地产开发有限公司、重庆市港渝商业管理有限公司与杜某安上诉案[最高人民法院(2009)民二终字第78号]。

的要素,故不适用委托合同的任意解除权。另外,在文昌海石投资有限公司与海南臻美地产顾问有限公司商品房委托代理销售合同纠纷再审民事裁定书[最高人民法院(2013)民申字第 1609 号]中,最高院认为:"从《合同法》分则规定的典型合同类型来看,委托代理销售商品房合同可以参照的最相类似的规定即第二十一章规定的委托合同。结合本案案情并参照《合同法》四百一十条之规定可知:海石公司解除案涉《销售代理协议》的通知到达臻美公司后,合同已依法解除。臻美公司不得对此提出抗辩并主张继续履行该协议。"从这些案例可以看出,案涉委托合同必须是单纯的委托合同才有适用任意解除权的空间,即其不能因包含其他因素而导致无名合同产生,否则会导致合同任意解除权行使的障碍。

在《民法典》的立法过程中,立法机关在综合了各方意见后,依旧沿用了《合同法》第 410 条的规定"委托人或者受托人可以随时解除委托合同",但在后文的条款中明确了不同情形下的损失赔偿范围。通过这种"变"与"不变"的对比,笔者认为,立法机关在此问题上的态度是明确的,即对委托合同任意解除权的行使不作限制,双方均可随时解除合同;对于行使任意解除权的,通过加大赔偿责任的方式予以规制。① 而且,关于限制任意解除权的约定并不能真正阻却任意解除权的行使,此类约定亦不适于强制履行,对于一方当事人主张任意解除权的,应当认定行使任意解除权的行为有效,而不能否定行使效果。解除方违反约定行使任意解除权的行为,可作为当事人违约的一种情形,追究解除方的违约责任。② 笔者赞同陈某与李某委托合同纠纷二审民事判决书[北京市第一中级人民法院(2017)京 01 民终 4548 号]中的裁判观点:

《合同法》第四百一十条规定:"委托人或者受托人可以随时解除委托合同。因解除合同给对方造成损失的,除不可归责于该当事人的事由以外,应当赔偿损失"。该条款赋予了委托人和受托人单方解除委托合同的法定权利。本案中,李某和陈某在《股权转让协议书》第 8 条第 5 款约定,李某将股东权及经营、管理权全部授权交给陈某,且"不得单方撤销"。就"不得单方撤销"的约定能否限制当事人行使法定的解除委托合同的权利,本院认为,"不可撤销"确为双方当事人对不得解除委托所做的特别约定,但在委托合同关系中,并不因当事人预先对权利行使作出限制而随即产生丧失单方解除权的法律后果。一方面,委托合同关系主要基于人身信赖关系订立,受托人是否忠实、有能力完成委托事务,对委托人利益关系极大。

---

① 参见最高人民法院民法典贯彻实施工作领导小组主编:《中华人民共和国民法典合同编理解与适用(四)》,人民法院出版社 2020 年版,第 2529 - 2530 页。
② 参见最高人民法院民法典贯彻实施工作领导小组主编:《中华人民共和国民法典合同编理解与适用(四)》,人民法院出版社 2020 年版,第 2532 页。

而委托合同双方在订立合同时难以对此后双方的信任关系作出预判,在委托方与受托方信任基础动摇或丧失信任的情形下,双方所做的不可解除委托的约定显然有悖于委托合同的基本性质。另一方面,李某作为授权陈某行使该部分股份相关股东权利的股份持有人,享有该部分股份所对应的股东权利系法律赋予的权利,其可以随时撤销委托。李某违反"不得单方撤销"委托的约定,应当承担的是相应违约责任,而基于委托合同严格的人身属性,"不得单方撤销"委托的约定亦不适于强制履行。综上,李某诉请解除与陈某的委托合同关系(即《股权转让协议书》第8条第5款)的诉讼请求具有法律依据,应予支持,陈某的上诉请求不能成立,应予驳回;一审判决认定事实清楚,适用法律正确,应予维持。

综上所述,笔者认为,任意解除权不得通过约定排除适用。当事人在委托合同中约定排除或限制任意解除权的,无论是有偿委托还是无偿委托,均不发生限制当事人依法行使任意解除权的效力。在此情形下,被解除方可依据合同约定要求解除方承担违约责任。如在北京驰际建筑工程有限公司与河北冀港律师事务所诉讼代理合同纠纷二审民事判决书[北京市第一中级人民法院(2023)京01民终4045号]中,法院认为:

案涉争议条款约定了驰际公司自愿放弃任意解除权,并约定若发生驰际公司单方决定另行委托他人代理等情形时,驰际公司应当"以诉讼请求的数额为基数,按照本协议约定比例向冀港律师事务所支付代理费"。《中华人民共和国民法典》第九百三十三条规定,委托人或受托人可以随时解除委托合同。因解除合同造成对方损失的,除不可归责于该当事人的事由外,有偿委托合同的解除方应当赔偿对方的直接损失和合同履行后可以获得的利益。因委托人享有委托合同项下法定的任意解除权,故案涉争议条款中驰际公司自愿放弃任意解除权条款对驰际公司并不能产生强制约束力。

从本案可以看出,甚至在当事人委托律师事务所代理诉讼这样的基于专业知识信赖而产生的委托合同场合下,法院仍然持不得通过约定放弃或限制委托合同任意解除权的立场。

3. 任意解除权行使后的损失赔偿范围

关于委托合同任意解除后的损失赔偿范围,因《合同法》第410条未明确具体范围,导致审判实践的尺度不一。例如,在上海盘起贸易公司与盘起工业(大连)有限公司委托合同纠纷二审案[最高人民法院(2005)民二终字第143号,载《最高人民法院公报》2006年第4期(总第114期)]中,法院认为:"至于大连盘起是否还应向上海盘起赔偿可得利益损失问题。本院认为,虽当事人行使法定解除权亦应承担民事责任,但这种责任的性质、程度和后果不能等同于当事人故意违约应承担的违约责任。本案系因行使法定解除权而产生的民事责任。合同法第四百一十条规定当事人一方因解除委托合同给对方造成损失的,应当承担赔偿损失的民事责任。根据本案法律关系的性质和本案的实际情况,不宜对'赔偿损失'作扩大解释。原审判决驳回上海盘起要求大连盘起承担可得利益损失民事责任的诉请,并无不当。"①该判决在后续引起了较大争议,有学者也就此提出了意见,认为"一、二审法院均将《业务协议书》认定为委托合同,判决盘起工业可以基于《合同法》第410条的规定将之解除,显然不妥。《业务协议书》的内容牵涉甚广,固然包含委托的因素,但也含有买卖、知识产权转让等多种类型合同的因素,实际上已经是一个无名合同,不能机械地径直适用《合同法》第410条的规定予以解除。退一步而言,即使认为《业务协议书》可以解除,判决中将《合同法》第410条中的赔偿损失的范围限定为'直接损失'也是不可取的,在这种有偿合同的情形,应该区分情况而分别支持履行利益或信赖利益的赔偿请求"②。而在成都和信致远地产顾问有限责任公司与四川省南部县金利房地产开发有限公司委托合同纠纷二审民事判决书[最高人民法院(2015)民一终字第226号]中,最高院认为,损失赔偿的范围不仅包括直接损失,还包括可得利益的损失。③ 在当时的法律实务中,若双方当事人在签订的委托合同中,将任意解除权的行使予以排除,将解除合同行为确定为违约行为,其赔偿范围则又另当别论(可以包含可得利益损失)。例如,在文昌海石投资有限公司与海南臻美地产顾问有限公司商品房委托代理销售合同纠纷再审民事裁定书[最高人民法院(2013)民申字第1609号]中,最高院认为:关于臻美公司可得利益损失60万元是否属于海石公司行使法定解除权的赔偿损失范畴的问题,则应结合违约责任与法定解除之间的关系来分析。海石公司认为,其行使法定解除权应承担的民事责任不能等同于当事人故意违约而应承担的违约责任。对其主张,不予支持。首先,委托人行使解除权,不影响有关违约责任条款的效力。虽然《合

---

① 类案还可参见再审申请人从州新柏利置业顾问有限公司与被申请人江办嘉恒房地产开发有限公司商品房委托代理销售合同纠纷申请再审民事裁定书[最高人民法院(2013)民申字第1891号];北京市世纪律师事务所与濮阳市丰硕物资有限公司委托合同纠纷再审审查民事裁定书[最高人民法院(2013)民申字第197号]。

② 崔建远、龙俊:《委托合同的任意解除权及其限制——"上海盘起诉盘起工业案"判决的评释》,载《法学研究》2008年第6期。

③ 类案还可参见湖南康帅房地产开发有限公司、深圳天骜投资策划有限公司与湖南康帅房地产开发有限公司、深圳天骜投资策划有限公司委托合同纠纷申请再审民事裁定书[最高人民法院(2015)民申字第990号];张某成、桂林南药股份有限公司委托合同纠纷再审审查与审判监督民事裁定书[最高人民法院(2017)最高法民申4456号]。

同法》第410条赋予了委托人任意解除权,但同时也规定委托人解除合同的行为如造成相对方损失,应承担损失赔偿责任。当协议中已将委托方解除合同行为确定为违约行为时,《合同法》第410条中的损失赔偿与一般违约责任中的损失赔偿已无本质不同,故两者在赔偿范围上不应有所差异。

针对上述争议,《民法典》第933条规定,因解除合同造成对方损失的,除不可归责于该当事人的事由外,无偿委托合同的解除方应当赔偿因解除时间不当造成的直接损失,有偿委托合同的解除方应当赔偿对方的直接损失和合同履行后可以获得的利益。笔者理解,无偿委托通常属于民事委托,受托人对于委托事项的投入通常较小,委托人可以通过委托事项的获利也一般较小,受托人的不可替代性也不强,因此一方行使任意解除权的,考虑对方当事人的直接损失即可;而有偿委托通常都是商事委托,商事主体的缔约审慎性更高,对于合同履行和期待也更高,这时一方任意解除合同的,出于双方利益平衡及防止恶意解除合同等考量,解约方还应当赔偿"可得利益损失"。

综上所述,在排除合同包含其他因素而导致构成无名合同的情形下,在单纯的委托合同中,无论是有偿合同还是无偿合同,当事人均可行使任意解除权;但无偿委托合同的解除方应当赔偿因解除时间不当造成的直接损失,有偿委托合同的解除方应当赔偿对方的直接损失和合同履行后可以获得的利益。

【例10-3】解约权条款

X	解约权
X.1	除本合同另有约定外,在本合同有效期内,任何一方均有权提前[1]个月单方书面通知对方解除本合同,一方单方解除本合同的,解约方需赔偿守约方的损失。
X.2	本条第X.1款所述的损失既包括乙方因甲方解约造成的现有财产的减少,也包括可取得的预期利润或收益的丧失,即未来可得利益的减少。

至于违约损害赔偿责任(包括可得利益损失)的确定规则,《民法典合同编通则司法解释》第60-63条进行了明确规定,不再赘述。①

---

① 关于违约损害赔偿的确定规则,参见笔者所著《合同审查精要与实务指南:合同起草审查的基础思维与技能》(第3版)第3章"民法典合同编通则司法解释:体系与创新"第2节第8部分;关于违约损害赔偿和缔约过失责任的范围和边界,参见笔者所著《合同审查精要与实务指南:合同起草审查的基础思维与技能》(第3版)第11章"合同订立的法律风险管控:疑难问题"第2节第3部分;关于违约损害赔偿责任的确定,参见笔者所著《合同审查精要与实务指南:合同起草审查的基础思维与技能》(第3版)第15章"合同通用条款的审查:正文通用条款"第4节第2部分。

第 11 章 保证合同起草、审查精要与实务

> **内容概览**
>
> 实践中,无论是自然人之间,还是自然人与法人、法人与法人之间,担保合同都是应用非常广泛的一类合同。担保合同主要包括典型担保合同和非典型担保合同,前者主要包括抵押合同、质押合同和留置合同(物的担保)、定金合同(金钱担保)和保证合同(人的担保);后者主要是指其他具有担保功能的合同,如所有权保留合同、融资租赁合同、让与担保合同等。《民法典》唯一纳入典型合同分编的只有保证合同,这也是法典担保制度体例的重大改变。限于篇幅,本章仅就保证合同进行介绍。本章包含如下内容:
> - ✓ 保证合同的概念、性质、特征与形式
> - ✓ 保证与其他制度的区分
> - ✓ 保证合同的审查

第一节 保证合同的概念、性质、特征与形式

一、保证合同的概念

《民法典》第 681 条规定:"保证合同是为保障债权的实现,保证人和债权人约定,当债务人不履行到期债务或者发生当事人约定的情形时,保证人履行债务或者承担责任的合同。"与《担保法》第 6 条"本法所称保证,是指保证人和债权人约定,当债务人不履行债务时,保证人按照约定履行债务或者承担责任的行为"之规定相比较,《民法典》第 681 条的修改主要体现在:第一,《担保法》没有规定保证合同的目的,而本条增加了"为保障债权的实现";第二,《担保法》第 6 条表述的是"不履行债务",而本条在"债务"前增加了"到期"二字;第三,《担保法》中保证人应当按

照约定履行债务或承担责任的前提是"债务人不履行到期债务",《民法典》新增了"或者发生当事人约定的情形"。例如,当事人约定的"加速到期"情形或者债务人出现严重财务困难甚至其他兼并、合并以及控制权转移等情形。

需要说明的是,《民法典》第566条第3款规定:"主合同解除后,担保人对债务人应当承担的民事责任仍应当承担担保责任,但是担保合同另有约定的除外。"《民法典》第566条第1款、第2款规定:"合同解除后,尚未履行的,终止履行;已经履行的,根据履行情况和合同性质,当事人可以请求恢复原状或者采取其他补救措施,并有权请求赔偿损失。合同因违约解除的,解除权人可以请求违约方承担违约责任,但是当事人另有约定的除外。"因此,对于主债务人因主合同解除所应承担的民事责任,保证人仍应承担保证责任。这与《民法典》第681条关于"保证人承担责任"的规定保持一致。

二、保证合同的性质与特征

如前所述,保证合同具有如下典型的性质与特征:

第一,保证合同的目的是保障债权的实现,是一种典型担保形式。保证合同是主债权债务合同的从合同。主债权债务合同无效的,保证合同无效,但是法律另有规定的除外(《民法典》第682条第1款)。

第二,保证合同属于人的担保。担保分为人的担保和物的担保。所谓人的担保,是指民事主体以其自身的信誉、商誉和不特定财产担保主债务人履行债务或者承担责任。

第三,保证人必须是主债权债务合同之外的第三人,而不能是债务人自己,因为债务人的所有责任财产本来就是债权实现的担保,让债务人作为担保人,没有任何意义。

第四,保证人承担保证责任的前提是,债务人不履行到期债务或者发生当事人约定的情形。后一情形体现了民法典更加尊重当事人的意思自治。

第五,保证责任的内容是履行债务或者承担责任。履行债务,又称代为履行,是指债务人没有履行或者没有完全履行主债务时,保证人代替债务人履行。承担责任,又称为承担债务不履行责任,是指保证人不能代替债务人履行义务时所应承担的责任。

三、保证的方式

《民法典》第686条规定:"保证的方式包括一般保证和连带责任保证。当事人在保证合同中对保证方式没有约定或者约定不明确的,按照一般保证承担保证责任。"与《担保法》第19条规定"当事人对保证方式没有约定或者约定不明确的,按照连带责任保证承担保证责任"之规定相比较,《民法典》作出了重大的修改,即当事人在保证合同中对保证方式没有约定或者约定不明确的,按照一般保证承担保证责任。

　　作出这样的改变,是为了平衡债权人与保证人的利益。从保证人的角度看,一般保证的保证人享有先诉抗辩权,其在承担保证责任之前,可以主张债权人先就债务人财产诉请强制执行,其保证责任具有补充性。而承担连带责任保证的保证人由于不享有先诉抗辩权,其无权要求债权人先向债务人主张债权,往往须直面债权人,而普遍情况下,保证人代债务人清偿后其追偿权的行使要走一条漫漫长路。由此看,一般保证人承担的保证责任是较轻的。对债权人而言,推定连带责任保证有利于加强保证人对债务人履约的责任,增强了债权实现的可能,因此债权人自然更偏好连带责任保证推定。但是,以往这种推定方式其实是存在问题的。保证人承担保证责任,一般不存在特别的利益(保证合同多是单务、无偿合同),因此对保证人不能要求过高。在没有约定或者约定不明确的情况下,推定保证人承担的是连带责任保证,将使保证人的权利义务及利益关系失衡。因此,《民法典》第686条实际上改变了以往"就高"的做法,确立了"就低不就高"的规则,恢复了正常的一般保证和连带责任保证之间的关系,有助于平衡债权人和保证人之间的利益关系。

四、保证合同的形式

　　《民法典》第685条规定:"保证合同可以是单独订立的书面合同,也可以是主债权债务合同中的保证条款。第三人单方以书面形式向债权人作出保证,债权人接收且未提出异议的,保证合同成立。"因此,保证合同应当采用书面形式,具体可采取如下方式:

　　第一,单独的书面保证合同。书面合同通常由债权人、保证人两方签署,也可以由债权人、债务人和保证人三方签署。

　　第二,主债权债务合同中的保证条款。该主债权债务合同由债权人、债务人和保证人三方签署。需要说明的是,《担保法司法解释》第22条第2款规定:"主合同中虽然没有保证条款,但是,保证人在主合同上以保证人的身份签字或者盖章的,保证合同成立。"但这一规定并未被《民法典》第685条以及《担保制度司法解释》所吸纳。在《民法典》施行之后,若主债权债务合同中并未包含保证条款,保证人仅以保证人的身份在合同中签字或者盖章的,保证合同是否成立存在一些争议。

最高院自身的意见也不够统一:一种观点认为,"从解释的角度,可以将上述情况解释为保证合同条款。从意思表示的角度来看,保证人的该行为也应当认定保证合同成立。主合同有保证人这一栏目,表明债权人有希望他人为其债权提供保证的意思表示,应认定保证合同签订过程中的要约,保证人在合同上保证栏目签字或者盖章的行为表明其对债权人的要约进行了承诺,其同意对被担保的债权种类和范围进行担保,据此,债权人和保证人的意思表示达成一致,保证合同成立"①,"《担保法解释》第22条第2款:'主合同中虽然没有保证条款,但是,保证人在主合同上以保证人的身份签字或者盖章的,保证合同成立。'该种情形就不典型。典型的担保合同要么是单独订立的书面合同,要么是主债权债务合同中的保证条款。所以,该规定就没有被《民法典》吸收。但是,我们不能说该规定与《民法典》第685条第1款矛盾。《民法典》之所以没有吸收,是因为这类情况不典型。该规定实际上是当事人意思表示是否属于保证的判断问题。我们认为,在该种情形下能够判断出在主合同上签字或者盖章的人有保证的意思表示,该签字或者盖章的事实,也可以解释为《民法典》第685条第1款规定的'保证条款'。故对《民法典》施行后在主合同上签字或者盖章的担保纠纷案件,《担保法解释》第22条第2款的规定作为审判思路可以继续沿袭"②。另一种观点认为:"关于保证人在主合同上以'保证人'身份签字、盖章或捺指印是否构成有效的保证问题,原《担保法司法解释》第22条第2款对此种形式予以肯定,认为其是保证合同的一种形式。因为保证人在主合同上以'保证人'身份签字,相当于在主合同中约定了保证条款,属于第二种情形的特殊情形。而主合同有关主债权种类及数额的约定,同时也构成保证合同的必备条款,保证合同依法成立。至于保证方式、保证范围、保证期间等均可依法予以确定。但也有观点认为,《民法典》第685条第2款在基本沿袭该司法解释第1款规定的情况下,未将该司法解释第2款纳入《民法典》,表明立法者并未认可此种保证合同形式。应当看到,此种情形在实践中较为常见,故是否将其认定为保证合同可谓兹事体大。此前的司法实践是一直将其认定为保证的,但保证合同毕竟属于单务合同、无偿合同,对保证人的优先保护是《民法典》重要的价值导向,尤其是

---

① 最高人民法院民法典贯彻贯彻实施工作领导小组主编:《中华人民共和国民法典合同编理解与适用(二)》,人民法院出版社2020年版,第1309页。

② 最高人民法院民事审判第二庭:《最高人民法院民法典担保制度司法解释理解与适用》,人民法院出版社2021年版,第662-663页。

实践中很多自然人在尚不清楚保证的重要意义的情况下,就稀里糊涂地在合同书上签字,结果却要承担保证责任,甚至导致倾家荡产。为促使当事人慎重从事保证行为,本书认为,不应再将此种形式作为保证的书面形式。"①

尽管笔者认为《担保法司法解释》第22条第2款规定可以作为审判思路继续沿用,但鉴于尚存争议,因此,实务中应避免此种情形的出现,在主债权债务合同中应写明单独的保证条款,并由保证人签章。

第三,保证书的形式。《担保法司法解释》第22条第1款规定:"第三人单方以书面形式向债权人出具担保书,债权人接受且未提出异议的,保证合同成立。"这一规定被《民法典》第685条第2款所吸纳。实务中,保证书也可能体现为"保证承诺书"、"还款保证书"甚至"保函"等,关键不在于其名称或标题是什么,而在于其内容是否体现了承担保证责任的明确意思表示。

从形式上看,此种保证看似属于单方允诺,但实质仍然属于保证合同,保证人以书面形式向债权人作出的保证属于要约,债权人未提出异议的,则是以默示方式作出承诺。依据《民法典》第140条之规定,行为人可以明示或者默示作出意思表示;沉默只有在有法律规定、当事人约定或者符合当事人之间的交易习惯时,才可以视为意思表示。《民法典》第685条第2款即属法律明确规定承诺可以视为意思表示的情形。将债权人的沉默视为作出承诺的意思表示,与保证合同系单务合同有关。在单务合同中,仅保证人承担义务,债权人仅享有权利无须承担义务。因此,将债权人的沉默推定为作出了承诺的意思表示对债权人并无不利,也与债务人明确承诺提供保证的意思相一致。尽管如此,在实践中为了避免未来保证人提出撤销提供保证的要约,仍然建议债权人书面确认回复。

第二节 保证与其他制度的区分

在学理界和司法实践中,保证与独立保函、增信类措施和债务加入并不容易区分,有必要做一比较和分析。

一、保证与独立保函的区分

在《民法典》及《担保制度司法解释》施行之前,《九民纪要》第54条"独立担保"规定:

---

① 麻锦亮编著:《民法典担保注释书》,中国民主法制出版社2023年版,第115-116页。

从属性是担保的基本属性,但由银行或者非银行金融机构开立的独立保函除外。独立保函纠纷案件依据《最高人民法院关于审理独立保函纠纷案件若干问题的规定》处理。需要进一步明确的是:凡是由银行或者非银行金融机构开立的符合该司法解释第1条、第3条规定情形的保函,无论是用于国际商事交易还是用于国内商事交易,均不影响保函的效力。银行或者非银行金融机构之外的当事人开立的独立保函,以及当事人有关排除担保从属性的约定,应当认定无效。但是,根据"无效法律行为的转换"原理,在否定其独立担保效力的同时,应当将其认定为从属性担保。此时,如果主合同有效,则担保合同有效,担保人与主债务人承担连带保证责任。主合同无效,则该所谓的独立担保也随之无效,担保人无过错的,不承担责任;担保人有过错的,其承担民事责任的部分,不应超过债务人不能清偿部分的三分之一。

《独立保函司法解释》(2020年修正)第1条第1款规定:"本规定所称的独立保函,是指银行或非银行金融机构作为开立人,以书面形式向受益人出具的,同意在受益人请求付款并提交符合保函要求的单据时,向其支付特定款项或在保函最高金额内付款的承诺。"因此,独立保函只能由银行、非银行金融机构开立,其特点是主合同无效不影响独立保函的效力,而保证合同在主合同无效时是无效的(《民法典》第682条第1款)。需要注意的是,《九民纪要》第54条"如果主合同有效,则担保合同有效,担保人与主债务人承担连带保证责任"之规定,系根据"无效法律行为的转换"原理拟制为承担连带保证责任。其依据是,担保人既然愿意承担如此严苛的独立担保责任,这样责任的强度超过了连带责任保证,即使主债务人因为合同无效不再承担合同义务,担保人仍然要承担责任,则可以将其意思拟制为愿意承担连带保证责任。

《担保制度司法解释》第2条规定:

当事人在担保合同中约定担保合同的效力独立于主合同,或者约定担保人对主合同无效的法律后果承担担保责任,该有关担保独立性的约定无效。主合同有效的,有关担保独立性的约定无效不影响担保合同的效力;主合同无效的,人民法院应当认定担保合同无效,但是法律另有规定的除外。

因金融机构开立的独立保函发生的纠纷,适用《最高人民法院关于审理独立保函纠纷案件若干问题的规定》。

这一规定在《九民纪要》第54条的基础之上,进一步明确了独立担保(含保证)和独立保函的适用。就独立保证而言:

第一,《担保制度司法解释》第2条第1款规定了独立担保的法律效力。其规定了独立担保的两种情形：一是约定担保合同的效力独立于主合同（典型的独立担保条款）；二是约定担保人对主合同无效的法律后果承担担保责任（扩充的独立担保条款），这一情形系司法解释新增的独立担保类型。就此而言，《担保制度司法解释》第2条第1款采取的处理方式与《民法典》第156条"民事法律行为部分无效，不影响其他部分效力的，其他部分仍然有效"一致，即"主合同有效的，有关担保独立性的约定无效不影响担保合同的效力；主合同无效的，人民法院应当认定担保合同无效，但是法律另有规定的除外"。而未采取《九民纪要》第54条根据"无效法律行为的转换"原理拟制为"连带保证责任"的方式。

两种方案的法律效力的异同之处主要在于：（1）主合同有效时，依据《九民纪要》第54条，担保人承担连带保证责任；而依据《担保制度司法解释》，担保人在合同中没有表明"约定了保证人在债务人不履行债务或者未偿还债务时即承担保证责任、无条件承担保证责任等类似内容"意思的（《担保制度司法解释》第25条①），则应依据《民法典》第686条第2款的规定处理，即当事人在保证合同中对保证方式没有约定或者约定不明确的，按照一般保证承担保证责任。但是，在对当事人提供独立担保的真实意思进行解释时，法院也完全可能认为担保人具有无条件承担保证责任的意思。如果做这种认定，则两者的法律效果不存在实质差异。（2）主合同无效时，依据《九民纪要》，此时适用担保无效时的规则，担保人承担赔偿责任；《担保制度司法解释》则未作规定。但在解释上，自然也应适用《担保制度司法解释》第17条②，即担保人无过错的，不承担赔偿责任；担保人有过错的，其承担民事责任的部分，不应超过债务人不能清偿部分的1/3。两者并不存在差异。③

此外，对于非金融机构开立的独立保函的效力，最高院认为："在根据'无效法

---

① 该条规定："当事人在保证合同中约定了保证人在债务人不能履行债务或者无力偿还债务时才承担保证责任等类似内容，具有债务人应当先承担责任的意思表示的，人民法院应当将其认定为一般保证。当事人在保证合同中约定了保证人在债务人不履行债务或者未偿还债务时即承担保证责任、无条件承担保证责任等类似内容，不具有债务人应当先承担责任的意思表示的，人民法院应当将其认定为连带责任保证。"

② 该条规定："主合同有效而第三人提供的担保合同无效，人民法院应当区分不同情形确定担保人的赔偿责任：（一）债权人与担保人均有过错的，担保人承担的赔偿责任不应超过债务人不能清偿部分的二分之一；（二）担保人有过错而债权人无过错的，担保人对债务人不能清偿的部分承担赔偿责任；（三）债权人有过错而担保人无过错的，担保人不承担赔偿责任。主合同无效导致第三人提供的担保合同无效，担保人无过错的，不承担赔偿责任；担保人有过错的，其承担的赔偿责任不应超过债务人不能清偿部分的三分之一。"

③ 参见程啸、高圣平、谢鸿飞：《最高人民法院新担保法司法解释理解与适用》，法律出版社2021年版，第19页。

律行为的转换'原理将无效的独立保函认定为从属性担保时,有观点认为,当事人约定独立保函的行为本身表明其具有承担连带责任的意思表示,因而将此种无效的独立保函解释为连带责任保证。我们认为,在独立保函无效的情况下,只要将其解释为从属性保证就可以了。至于是一般保证还是连带责任保证,先要根据《民法典担保制度解释》第25条的规定来进行解释;难以解释的,再根据《民法典》第686条的规定推定其为一般保证。"①

第二,依据《民法典》第682条第1款规定,只有在"法律另有规定"时才能约定独立担保。《九民纪要》第54条重申了《独立保函司法解释》(2020年修正)第1条、第3条规定情形的保函,无论是用于国际商事交易还是用于国内商事交易,均不影响保函的效力。银行或者非银行金融机构之外的当事人开立的独立保函,以及当事人有关排除担保从属性的约定,应当认定无效。《担保制度司法解释》第3条第2款未将独立保函作为一种担保方式,其原因在于,独立保函是以相符交单为条件的"付款承诺",与信用证性质相同,属于一种特殊的信用证,不属于法定独立担保方式,因此不适用关于保证的规定。②《独立保函司法解释》(2020年修正)第3条第2款也明确规定:"当事人以独立保函记载了对应的基础交易为由,主张该保函性质为一般保证或连带保证的,人民法院不予支持。"

二、保证与增信措施的区分

在《民法典》及《担保制度司法解释》施行之前,《九民纪要》第91条"增信文件的性质"规定:

信托合同之外的当事人提供第三方差额补足、代为履行到期回购义务、流动性支持等类似承诺文件作为增信措施,其内容符合法律关于保证的规定的,人民法院应当认定当事人之间成立保证合同关系。其内容不符合法律关于保证的规定的,依据承诺文件的具体内容确定相应的权利义务关系,并根据案件事实情况确定相应的民事责任。

这一规定针对的是信托合同关系下第三人为保障受益人收益权所提供的承诺

---

① 最高人民法院民事审判第二庭:《最高人民法院民法典担保制度司法解释理解与适用》,人民法院出版社2021年版,第98页。

② 参见司伟、肖峰:《担保法实务札记——担保纠纷裁判思路精解》,中国法制出版社2019年版,第25页。

文件(外部增信措施包括第三方差额补足①、代为履行到期回购义务②、流动性支持③)。对于信托合同之外的当事人提供的第三方差额补足、代为履行到期回购义务、流动性支持等类似承诺文件的增信措施的性质认定,实践中存在分歧,主要包括保证④、债务加入⑤和独立合同关系⑥三种观点。

《担保制度司法解释》第 36 条规定:

第三人向债权人提供差额补足、流动性支持等类似承诺文件作为增信措施,具有提供担保的意思表示,债权人请求第三人承担保证责任的,人民法院应当依照保证的有关规定处理。

第三人向债权人提供的承诺文件,具有加入债务或者与债务人共同承担债务等意思表示的,人民法院应当认定为民法典第五百五十二条规定的债务加入。

前两款中第三人提供的承诺文件难以确定是保证还是债务加入的,人民法院应当将其认定为保证。

第三人向债权人提供的承诺文件不符合前三款规定的情形,债权人请求第三人承担保证责任或者连带责任的,人民法院不予支持,但是不影响其依据承诺文件请求第三人履行约定的义务或者承担相应的民事责任。

本条是对《民法典》第 685 条第 2 款"第三人单方以书面形式向债权人作出保证,债权人接收且未提出异议的,保证合同成立"及第 552 条"第三人与债务人约定

---

① 第三方差额补足,常见的为第三方对信托资产的差额补足,若在信托兑付日,根据交易文件的约定,融资方不足以支付约定的本金及收益,第三方对融资方未能偿还或支付的差额进行补足。此外还有第三方对全部或特定投资人投资本金及约定收益的差额补足,若在信托计划到期后,信托资产不足以根据信托文件的约定向投资人返还本金及约定收益的,第三人对全部或特定投资人承担其从信托财产获得收益与其本金及约定收益之间的差额补足义务。

② 代为履行到期回购义务,常见的为第三方向信托公司出具"回购承诺函"或签订"转让协议",一般是信托合同外的第三人向信托公司承诺,若信托产品到期,债务人未能如期清偿债务或未能如约回购,由第三人代为履行回购义务。

③ 流动性支持,常见的为第三方向信托公司或特定投资人承诺,若信托产品到期后,融资人未能如约履行其支付义务,或特定投资者未能足额受偿的,由第三方来提供一定的补足支付。许多流动性支持协议从形式上看,与第三方差额补足较为接近,但流动性支持往往会设置较多的限制前提条件,相比差额补足,对第三方的约束往往更小。

④ 参见湖南省高速公路管理局、湖南省高速公路建设开发总公司合同纠纷二审民事判决书[最高人民法院(2017)最高法民终 353 号]。

⑤ 参见中国城市建设控股集团有限公司、安信信托股份有限公司营业信托纠纷二审民事判决书[最高人民法院(2018)最高法民终 867 号]。

⑥ 参见江苏省国际信托有限责任公司、中国农业银行股份有限公司昆明分行合同纠纷二审民事判决书[最高人民法院(2017)最高法民终 478 号]。

加入债务并通知债权人,或者第三人向债权人表示愿意加入债务,债权人未在合理期限内明确拒绝的,债权人可以请求第三人在其愿意承担的债务范围内和债务人承担连带债务"之规定的解释。具体而言:

第一,《担保制度司法解释》第36条第1款规定,若承诺文件中体现了第三人为债务提供担保的意思表示,则该承诺文件应当依照保证的有关规定处理。其核心在于承诺文件应具有提供担保的意思表示。进一步而言,在该解释第25条规定的解释规则下无法认定保证究竟是一般保证还是连带责任保证时,应推定为一般保证。

第二,《担保制度司法解释》第36条第2款规定,若第三人向债权人提供的承诺文件具有第三人加入债务或第三人与债务人共同承担债务的意思表示,则可以认定该承诺文件为债务加入合同,债权人可以请求第三人在承诺范围内与债务人承担连带责任。

第三,由于债务加入情形下第三人的责任明显重于保证责任,若增信承诺文件所体现的意思表示难以确定是保证还是债务加入的,依据《担保制度司法解释》第36条第3款规定,从平衡保护债权人与保证人的立场出发,应推定第三人的意思表示为保证。

第四,若增信承诺文件的内容不符合上述保证合同或债务加入合同的要求,根据交易自由原则,在承诺文件符合《民法典》第143条有效民事法律行为的条件的情形下,债权人可以另行起诉要求第三人按照承诺文件履行约定的义务或承担相应的责任。

三、保证与债务加入的区分

依据《民法典》第681条和第552条的规定,在学理上,保证合同和债务加入二者泾渭分明,不存在混淆之可能,但在司法实践中,由于债务加入亦具有担保债权实现的功能,加之合同用语不规范等原因,债务加入的意思表示与保证的意思表示往往难以区分。有必要从以下方面对两者进行区分(见表11-1):[①]

[①] 参见王利明:《我国〈民法典〉保证合同新规则释评及适用要旨》,载《政治与法律》2020年第12期。

表 11-1 债务加入与保证制度的区分

区分	债务加入制度	保证制度
内涵	在并存的债务承担的情形下,第三人加入债的关系,本质上是对自己的债务负责,在债务履行期限届满的情形下,无论原债务人能否履行债务,债权人均可请求该第三人履行债务	保证指当事人约定一方(保证人)于他方(债权人)之债务人(主债务人)不履行债务时,由其代负履行责任之契约
成立方式	只要债权人在合理期限内不拒绝,或者在第三人与债务人之间达成合意的情形下,可成立并存的债务承担	必须在保证人与债权人之间成立,而不可能仅在保证人与债务人之间成立
当事人地位	新加入的债务人处于债务人的地位,其不仅对债权人负担债务,而且享有债务人的抗辩权。与原债务人在债务承担的顺序上相同:在债务履行期限届满的情形下,债权人可直接请求新加入的债务人履行债务,而不以原债务人不履行债务为条件	保证人不仅可以主张债务人对债权人的抗辩权,而且可以主张其基于保证合同而对债权人享有的抗辩权。此外,保证人的责任属于补充责任,在责任的承担顺序上具有次位性,其承担责任以债务人不履行债务为条件
能否向债务人追偿	除当事人另有约定外,新加入的债务人在对债权人履行债务后,其原则上不能向原债务人追偿	可以向债务人追偿
责任的限制	债权人对新加入的债务人的债权受诉讼时效的限制,即该债务诉讼时效期间届满后新加入的债务人有权主张时效抗辩,不受保证期间的限制	无论是一般保证还是连带责任保证,债权人对保证人的保证债权都既受诉讼时效制度的限制,也受保证期间制度的限制

在判断究竟是并存的债务承担还是保证时,重点考虑的就是当事人的真实意愿。一般而言,并存的债务承担中第三人的责任重于保证人。因此,在当事人意思表示不清晰时,为避免加重第三人的责任,应当适用"存疑时优先推定为保证"的规则。《担保制度司法解释》第36条第3款"前两款中第三人提供的承诺文件难以确定是保证还是债务加入的,人民法院应当将其认定为保证"之规定即表明这样的立场,即因意思表示不明而不得不进行意思表示推定时,应推定第三人作出的是保证的意思表示。

第三节 保证合同的审查

一、保证合同的框架结构

依据《民法典》第684条"保证合同的内容一般包括被保证的主债权的种类、

数额,债务人履行债务的期限,保证的方式、范围和期间等条款"之规定,一份保证合同通常包括如下主要条款:

✓ 保证合同的当事人,包括保证人的名称(姓名)、住所等基本信息;

✓ 主债权的种类、数额,主要包括主债权的种类(金钱债权或非金钱债权)、数额等;

✓ 债务人履行债务的期限;

✓ 保证的方式,即一般保证还是连带责任保证;

✓ 保证责任的范围,即保证人承担保证责任的范围,是否包括主债权及其利息、违约金、损害赔偿金和实现债权的费用;

✓ 保证的期间,即保证人承担保证责任的期限;

✓ 债权人的监督权;

✓ 主合同变更;

✓ 主债权转让、主债务转移或债务加入;

✓ 违约责任条款;

✓ 争议解决条款,即约定发生争议时如何解决。

除上述这些条款之外,还可能包括保密条款、通知与送达、合同生效、份数以及附件等其他条款。

二、保证合同主要条款的审查

(一)保证合同的当事人

保证合同的必备主体是债权人和保证人,在对保证合同主体条款进行审查时,应重点审查三个方面的内容:一是当事人是否属于不能作为保证人的主体范围;二是是否存在夫妻共同保证的问题;三是是否存在共同保证的问题。

1. 不得作为保证人的主体的情形

《民法典》第683条规定:"机关法人不得为保证人,但是经国务院批准为使用外国政府或者国际经济组织贷款进行转贷的除外。以公益为目的的非营利法人、非法人组织不得为保证人。"《担保制度司法解释》第5条规定:"机关法人提供担保的,人民法院应当认定担保合同无效,但是经国务院批准为使用外国政府或者国际经济组织贷款进行转贷的除外。居民委员会、村民委员会提供担保的,人民法院应当认定担保合同无效,但是依法代行村集体经济组织职能的村民委员会,依照村民委员会组织法规定的讨论决定程序对外提供担保的除外。"因此,除法律另有规定外,机关法人、居民委员会、村民委员会以及以公益为目的的非营利性组织(如学校、幼儿园、医疗机构等)不能作为保证人。但这并不意味着此时就无须承担任何责任,《民法典》第 682 条第 2 款规定:"保证合同被确认无效后,债务人、保证人、债权人有过错的,应当根据其过错各自承担相应的民事责任。"《担保制度司法解释》第 17 条规定:"主合同有效而第三人提供的担保合同无效,人民法院应当区分不同情形确定担保人的赔偿责任:(一)债权人与担保人均有过错的,担保人承担的赔偿责任不应超过债务人不能清偿部分的二分之一;(二)担保人有过错而债权人无过错的,担保人对债务人不能清偿的部分承担赔偿责任;(三)债权人有过错而担保人无过错的,担保人不承担赔偿责任。主合同无效导致第三人提供的担保合同无效,担保人无过错的,不承担赔偿责任;担保人有过错的,其承担的赔偿责任不应超过债务人不能清偿部分的三分之一。"

此外,未成年人作为保证人是否应认定保证合同无效,应分情形进行判定。若其属于无民事行为能力人,则依据《民法典》第 144 条"无民事行为能力人实施的民事法律行为无效"之规定,保证合同应直接认定为无效;若其属于限制民事行为能力人,则依据《民法典》第 145 条之规定,除非法定代理人同意或追认,否则应认定无效。另外,原则上不具有代为清偿能力的个人不能作为保证人。在黄某妃与华夏银行股份有限公司深圳天安支行、昶皓照明股份有限公司、上赫股份有限公司、黄某燊、温某乔借款担保合同纠纷二审民事判决书[广东省高级人民法院(2013)粤高法民二终字第 97 号]中,法院认为:

关于黄某妃作为未成年人向华夏银行天安分行出具的《最高额保证合同》是否有效的问题。经查,黄某妃于 1999 年 10 月出生,其在 2011 年 6 月 28 日向华夏银行天安分行出具《最高额保证合同》时,尚不满十六周岁,属限制民事行为能力人。《中华人民共和国担保法》第七条规定:"具有代为清偿债务能力的法人、其他组织或者公民,可以作保证人"。现有证据显示,黄某妃年纪尚幼,不具备劳动能力,尚不具备我国法律要求的具有代为清偿债务能力的保证人主体资格,故黄某妃向华夏银行天安分行出具的《最高额保证合同》应认定为无效。华夏银行天安分行辩称根据《最高人民法院关于适用〈中华人民共和国担保法〉若干问题的解释》第十四条关于"不具有完全代偿能力的法人、其他组织或者自然人,以保证人身份订立保证合同后,又以自己没有代偿能力要求免除保证责任的,人民法院不予支持"的规定,黄某妃的上诉理由不能成立。对此,本院认为,黄某妃名下的别墅由其父出资购买,该别墅被抵押后,黄某妃已无其他财产,且黄某妃本身尚处幼年根本没有劳动能力,其今后的生活学习等仍需父母照料,若判令黄某妃对昶皓公司的债务承担连带清偿责任,则将会对黄某妃日后的生活学习造成严重影响,不利于保护未成年人的成长,故本案应免除黄某妃对昶皓公司的连带保证责任,本院对原审判决第(二)判项的相关内容予以纠正。综上所述,黄某妃上诉请求免除连带保证责任,有法律依据,本院予以支持。

需要说明的是,根据保证合同的本来含义,其要求保证人应当拥有代主债务人履行债务或者承担责任的实力。但是,保证人是否具有这方面的实力,由债权人自己判断,属于债权人的商业风险。依据《民法典》第683条以及《担保制度司法解释》第5条的规定,法律对保证人资格的限制只是机关法人不得为保证人;以公益为目的的非营利法人、非法人组织不得为保证人;居民委员会、村民委员会提供担保的,人民法院应当认定担保合同无效,其他民事主体都可以作为保证人。因此,一旦签订了保证合同,保证人本人不能以其没有代偿能力要求免除保证责任,这是由自己对自己的行为负责的原理和合同必须严守的原则确定的。

2. 夫妻一方提供保证,是否构成共同债务

《最高人民法院民一庭关于夫妻一方对外担保之债能否认定为夫妻共同债务的复函》(〔2015〕民一他字第9号)明确:夫妻一方对外担保之债不应当适用《最高人民法院关于适用〈中华人民共和国婚姻法〉若干问题的解释(二)》第24条的规定认定为夫妻共同债务。该复函目前仍然有效。

《最高人民法院关于适用〈中华人民共和国婚姻法〉若干问题的解释(二)》(法释〔2017〕6号,已于2021年1月1日废止)第24条规定:"债权人就婚姻关系存续期间夫妻一方以个人名义所负债务主张权利的,应当按夫妻共同债务处理。但夫妻一方能够证明债权人与债务人明确约定为个人债务,或者能够证明属于婚姻法第十九条第三款规定情形的除外。夫妻一方与第三人串通,虚构债务,第三人主张权利的,人民法院不予支持。夫妻一方在从事赌博、吸毒等违法犯罪活动中所负债务,第三人主张权利的,人民法院不予支持。"而《婚姻法》(2001年修正)第19条第3款规定:"夫妻对婚姻关系存续期间所得的财产约定归各自所有的,夫或妻一方对外所负的债务,第三人知道该约定的,以夫或妻一方所有的财产清偿。"

《最高人民法院关于适用〈中华人民共和国民法典〉婚姻家庭编的解释(一)》第34条规定:"夫妻一方与第三人串通,虚构债务,第三人主张该债务为夫妻共同债务的,人民法院不予支持。夫妻一方在从事赌博、吸毒等违法犯罪活动中所负债务,第三人主张该债务为夫妻共同债务的,人民法院不予支持。"显然新的司法解释第34条仅吸纳了原解释第24条第2款、第3款的规定,而删除了第1款"债权人就婚姻关系存续期间夫妻一方以个人名义所负债务主张权利的,应当按夫妻共同债务处理。但夫妻一方能够证明债权人与债务人明确约定为个人债务,或者能够

证明属于婚姻法第十九条第三款规定情形的除外"之规定,并且《民法典》第1064条规定:"……夫妻一方在婚姻关系存续期间以个人名义为家庭日常生活需要所负的债务,属于夫妻共同债务。夫妻一方在婚姻关系存续期间以个人名义超出家庭日常生活需要所负的债务,不属于夫妻共同债务;但是,债权人能够证明该债务用于夫妻共同生活、共同生产经营或者基于夫妻双方共同意思表示的除外。"据此,若夫妻一方以个人名义为他人提供保证所负之债通常不属于为"家庭日常生活需要所负的债务",甚至有法院认为此种情形下的担保之债不同于借贷,不存在讨论是否用于夫妻共同生活、共同生产经营的问题。① 因为,保证人既没有从债权人处获得利益,也没有从债务人处获得对价,其提供保证未增加夫妻共同财产,有关债务未用于家庭共同生活,从而阻却了保证债务与夫妻共同债务的联系,不涉及夫妻或家庭利益,该债务不属于夫妻共同债务。但也存在一些例外情形:一是若夫妻一方以个人名义为他人提供保证,通过担保行为获取经济利益并用于家庭共同生活,比如在借贷合同中明确约定贷款利率为月息2%,保证人的收益为0.5%,该担保行为与夫妻共同生活密切相关,与之对应的保证之债应认定为夫妻共同债务;二是若夫妻一方以个人名义为夫妻另一方的债务提供保证,而夫妻另一方获得的债务用于家庭共同生活,与之对应的担保之债应认定为夫妻共同债务②。因此,在实践中,如果债权人希望由夫妻双方共同承担保证责任,应由夫妻双方共同签署合同、共同作为保证人。

3. 多人提供共同保证的问题

《民法典》第699条规定:"同一债务有两个以上保证人的,保证人应当按照保证合同约定的保证份额,承担保证责任;没有约定保证份额的,债权人可以请求任何一个保证人在其保证范围内承担保证责任。"第700条规定:"保证人承担保证责任后,除当事人另有约定外,有权在其承担保证责任的范围内向债务人追偿,享有债权人对债务人的权利,但是不得损害债权人的利益。"《担保制度司法解释》第13条规定:"同一债务有两个以上第三人提供担保,担保人之间约定相互追偿及分担份额,承担了担保责任的担保人请求其他担保人按照约定分担份额的,人民法院应予支持;担保人之间约定承担连带共同担保,或者约定相互追偿但是未约定分担份额的,各担保人按照比例分担向债务人不能追偿的部分。同一债务有两个以上第

---

① 参见吴某青与王某、上海昶昇企业发展有限公司保证合同纠纷上诉案[上海市第二中级人民法院(2018)沪02民终11457号]。
② 参见黄某峰诉胡某仲、万某燕保证合同纠纷案[江西省南昌市安义县人民法院(2022)赣0123民初717号]。

三人提供担保,担保人之间未对相互追偿作出约定且未约定承担连带共同担保,但是各担保人在同一份合同书上签字、盖章或者按指印,承担了担保责任的担保人请求其他担保人按照比例分担向债务人不能追偿部分的,人民法院应予支持。除前两款规定的情形外,承担了担保责任的担保人请求其他担保人分担向债务人不能追偿部分的,人民法院不予支持。"

据此,共同保证可以分为按份共同一般保证、连带共同一般保证、按份共同连带责任保证和连带共同连带责任保证四种类型。只有当事人之间明确约定承担连带共同担保责任,或者约定相互追偿的,共同保证人之间才可以相互追偿。此外,担保人虽然并未在合同中明确相互追偿,但是担保人在同一份合同书中签字、盖章或者按指印,此时可以理解为担保人之间存在连带共同保证的意思联络,从而认定为连带共同保证,担保人之间可以相互追偿。在同一份合同书中后来签字、盖章或者按指印的担保人,也有理论将其解释为债务加入。[①] 实务中,对于债权人一方而言,需要分别审查共同保证人的主体资格,以及是否在同一份合同书上签字、盖章或者按指印,以确定保证的方式。

(二)保证方式与保证责任

如前所述,依据《民法典》第686条规定,保证的方式分为一般保证和连带责任保证。一般保证是指当事人在保证合同中约定,在债务人不能履行债务时,保证人承担保证责任的保证。连带责任保证是指当事人在保证合同中约定保证人与债务人对债务承担连带责任的保证。这两种保证之间最大的区别在于保证人是否享有先诉抗辩权。在一般保证的情况下,保证人享有先诉抗辩权,即一般保证的保证人在就债务人的财产依法强制执行仍不能履行债务前,对债权人可以拒绝承担保证责任,但存在一些例外(《民法典》第687条第2款);而在连带责任保证的情况下,保证人不享有先诉抗辩权,即连带责任保证的债务人在主合同规定的债务履行期届满没有履行债务的,债权人可以要求债务人履行债务,也可以要求保证人在其保证范围内承担保证责任(《民法典》第688条)。

此外,《民法典》第686条还规定,当事人之间就保证方式没有特别约定或者约定不明的,按照一般保证承担保证责任。故此,若债权人欲加强对债权实现的保护,应特别约定保证人的保证方式为连带责任保证。保证的方式显然具有重要的意义和价值,不光涉及保证人承担保证责任的形式,还涉及保证人是否享有先诉抗

---

① 参见最高人民法院民事审判第二庭:《最高人民法院民法典担保制度司法解释理解与适用》,人民法院出版社2021年版,第187页。

辩权以及保证期如何确定的问题。实践中,经常出现这样一种情形,即保证合同并未明确约定保证的方式,而是采用了一些模糊的、不明确的表述(约定不明的情形),导致出现对保证方式认定的争议。例如,在李某英、于某和债权转让合同纠纷二审民事判决书[黑龙江省大庆市中级人民法院(2020)黑06民终477号]中,案涉借据约定"此款2016年12月末还此款,否则李某英负责还此款……",李某英作为担保人在借据中签字。在本案,案涉当事人对"此款2016年12月末还此款,否则李某英负责还此款"的理解发生了争议,衍生出三种解释:一是2016年12月末,债务人不偿还此款,由李某英来还;二是2016年12月末,债务人不能偿还此款,由李某英来还;三是到2016年12月末,李某英也不用还款。在适用《合同法》及其司法解释的情况下,二审法院最终认为借据对保证责任的约定不明确,李某英应承担连带保证责任。

就此,《担保制度司法解释》第25条规定:"当事人在保证合同中约定了保证人在债务人不能履行债务或者无力偿还债务时才承担保证责任等类似内容,具有债务人应当先承担责任的意思表示的,人民法院应当将其认定为一般保证。当事人在保证合同中约定了保证人在债务人不履行债务或者未偿还债务时即承担保证责任、无条件承担保证责任等类似内容,不具有债务人应当先承担责任的意思表示的,人民法院应当将其认定为连带责任保证。"① 本条解释表明,当保证人对于主债务人具有履行的顺位利益之时,应解释为一般保证;当保证人对于主债务人不具有履行的顺位利益之时,应解释为连带责任保证。

首先,保证合同约定,在主债务人"不能履行债务"或者"无力偿还债务"的情况下,保证人承担保证责任。对此争议不大,可推定为具有债务人应当先承担责任的意思表示的,应认定为一般保证。但约定"到期不能履行债务""到期不能偿还债务"的,其表述的核心是"不能","到期"是修饰"不能"的,因此,应当解释为在主债务到期且主债务人不能履行债务的情况下,保证人才应当承担保证责任,这就表明了保证人承担保证责任的顺序性,所以应当解释为一般保证,这也与一般保证是指保证人承诺在债务人客观上丧失履行债务能力才承担保证责任的立法意旨相符。如果保证合同中约定,在主债务人"到期无法履行债务""到期无法偿还借款"

---

① 其实这一规定来源于因《担保制度司法解释》于2021年1月1日生效施行而废止的《最高人民法院关于涉及担保纠纷案件的司法解释的适用和保证责任方式认定问题的批复》(法释〔2002〕38号):保证合同中明确约定保证人在债务人不能履行债务时始承担担保责任的,视为一般保证。保证合同中明确约定保证人在被保证人不履行债务时承担保证责任,且根据当事人订立合同的本意推定不出为一般保证责任的,视为连带责任保证。

的情况下,保证人承担保证责任,这里的"无法"与"不能"含义相同,根据前述分析,保证人承担的责任应理解为一般保证。① 综上,不履行是指债务人客观上不能履行或者履行不能,而不是主观上的"不履行债务"、"未偿还债务"或者"不愿履行债务",因此,债务人是客观上"不能"履行而非主观上"不"或"不愿"履行。如果保证合同中约定,在主债务人"到期不能履行债务""不能按期履行债务""不能如期履行债务""到期不能偿还债务"的情况下,保证人承担保证责任,那么,与前述约定不同的是,这一表述的核心是"到期""按期""如期","不能"是修饰"到期""按期""如期"的,其含义是,一旦主债务人到期不履行债务,保证人即承担责任,由于主债务人只有到期才有义务履行债务,所以该约定表明,一旦主债务到期,债权人既可以请求主债务人履行义务,也可以请求保证人承担保证责任,保证人履行保证责任没有顺序性,没有主债务人应当先承担责任的意思表示,因此,保证人承担保证责任的方式应当解释为连带责任保证②。

例如,在孙某祥、李某云民间借贷纠纷二审民事判决书[山东省潍坊市中级人民法院(2020)鲁07民终第4650号]中,法院认为:

关于孙某祥应承担的担保责任形式问题。案涉借款的借款合同中关于孙某祥的担保责任约定为"甲方(徐某龙)到期不能偿还借款,则由担保人偿还",该约定关于借款人不能偿还借款的内容虽与"到期"结合使用,但约定的重点在于借款人不能偿还借款的"不能"事实,"到期"是不能偿还借款的前提和应有之义,如果借款未达还款期限何来不能偿还之说。根据法律规定,孙某祥应承担一般保证责任,一审认定孙某祥承担连带保证责任,没有事实和法律依据。孙某祥关于担保责任的上诉理由成立,对其该项上诉请求,本院予以支持。

在黄某珠、黄某伟民间借贷纠纷二审民事判决书[广东省深圳市中级人民法院(2020)粤03民终30558号]中,法院认为:

《最高人民法院关于适用〈中华人民共和国民法典〉有关担保制度的解释》第二十五条规定:"当事人在保证合同中约定了保证人在债务人不能履行债务或者无力偿还债务时才承担保证责任等类似内容,具有债务人应当先承担责任的意思表示的,人民法院应当将其认定为一般保证。当事人在保证合同中约定了保证人在债务人不履行债务或者未偿还债务时即承担保证责任、无条件承担保证责任等类

---

① 参见律某强等与李某保证合同纠纷二审民事判决书[北京市第一中级人民法院(2022)京01民终3744号]。
② 参见天城(朝阳)物业管理服务有限公司、朝阳时代物业管理有限公司等合同纠纷二审民事判决书[辽宁省朝阳市中级人民法院(2022)辽13民终1359号]。

似内容,不具有债务人应当先承担责任的意思表示的,人民法院应当将其认定为连带责任保证。"本案中,黄某珠在视频中表示"如黄某伟没有还或还不完,由黄某珠偿还"。此承诺明显具有主债务人黄某伟应当先承担责任的意思表示,依法应当认定为一般保证。

其次,如果保证合同约定,在主债务人"不履行债务时""不履行到期债务时",保证人承担保证责任,或者主债务人"不履行债务时,保证人无条件承担履行债务的责任"或者主债务人"不履行债务时,保证人在接到债权人通知后一定期限内履行债务"的,强调的是"只要主债务人不履行债务"这种事实状态,而非"不能履行债务"这种能力,与连带责任保证的特征吻合,此时应认定为连带责任保证。尤需说明的是,债权人通知义务的存在,并不能改变保证人没有顺位利益的基本判断。

例如,在孙某建、潘某平等与黄某风民间借贷纠纷审判监督民事裁定书[上海市高级人民法院(2021)沪民申269号]中,法院认为:

《最高人民法院关于适用〈中华人民共和国民法典〉有关担保制度的解释》第二十五条规定:当事人在保证合同中约定了保证人在债务人不履行债务或者未偿还债务时即承担保证责任、无条件承担保证责任等类似内容,不具有债务人应当先承担责任的意思表示的,人民法院应当将其认定为连带责任保证。本案再审申请人潘某平在担保承诺书中明确表示"此借款潘某平将宜川泰山一村×××号101室的房子作担保",故一、二审法院认定潘某平应就7万元借款承担连带还款责任并无不当。

在张某江、刘某义民间借贷纠纷二审民事判决书[河南省濮阳市中级人民法院(2020)豫09民终649号]中,法院认为:

若合同明确约定在债务人不履行债务时承担保证责任,未强调债务人的履行能力,则认定为连带责任保证;若合同明确约定保证人在债务人不能履行债务时承担保证责任,则强调了债务人的履行能力,应认定为一般保证。本案中,根据借条上约定内容,张某江承担保证责任的客观条件是"借款人没还款能力",故涉案债务的保证方式应为一般保证。

可见,在司法实践中关于保证责任的表述繁多,基于文义解释可能会得出多种不同的解释,为避免事后的"徒增烦恼",不如在保证合同中清晰、明白地约定保证的方式到底是一般保证还是连带责任保证,且应注意整个合同中不能出现其他意思不一致的约定,避免在一般约定之外还存在特别约定的情况①。

---

① 参见高某虎、陈某吉等民间借贷纠纷二审民事判决书[甘肃省兰州市中级人民法院(2022)甘01民终3495号]。

【例11-1】保证责任条款

条款1：乙方在主合同到期时未能偿还上述款项，丙方必须首先要求乙方偿还，只有当乙方不能偿还，直至丙方对乙方的财产申请并实施强制执行后仍不足以清偿时，丙方才有权要求甲方代为清偿，甲方则应在保证金额的范围内和在本合同约定的期间内，就其不足的部分代乙方向丙方予以清偿。

条款2：若债务人未能按时履行主合同项下（包括乙方宣布贷款提前到期的情形）还款或向乙方交付款项的义务，乙方在本合同有效期限内可以直接向甲方追索，要求其承担连带保证责任。

条款3：

X 保证的方式

X.1 本合同的保证方式为连带责任保证。

X.2 主合同债权有多个保证人的，乙方同意与其他保证人对甲方承担连带共同保证责任。

X.3 主合同债务履行期届满包括甲方要求乙方提前偿还借款及所涉债务，债务人未按要求清偿的情形。

需要强调的是，《民法典》第698条规定："一般保证的保证人在主债务履行期限届满后，向债权人提供债务人可供执行财产的真实情况，债权人放弃或者怠于行使权利致使该财产不能被执行的，保证人在其提供可供执行财产的价值范围内不再承担保证责任。"

最后，需要说明的是，一般保证的先诉抗辩权既可以通过诉讼方式行使，也可以在诉讼外行使。但依据《民法典》第687条第2款的规定，在下列四种情况下不得行使：一是债务人下落不明，且无财产可供执行。债务人下落不明致使债权人请求主债务人履行债务发生重大困难，而对于重大困难的判断，应综合诉讼及执行的难易程度、债务人的财产状况等客观情况进行。二是人民法院已经受理债务人破产案件。为了保护保证人的利益，保证人可以在债权人未向人民法院申报债权的情况下，向人民法院申报债权，直接参加破产财产的分配，预先行使追偿权。三是债权人有证据证明债务人的财产不足以履行全部债务或者丧失履行债务能力。四是保证人书面表示放弃本款规定的权利。既然保证人放弃权利，则法律不允许其再主张先诉抗辩权。

（三）主债权与保证责任的范围

保证合同中通常会单独约定主债权（本金）的数额，并在此条款基础之上，通过保证担保范围条款来约定担保责任的范围。

【例11-2】主债权、保证担保范围条款

X	主债权数额	
	根据《主合同》第[　]条的约定,被担保主债权数额为人民币(小写)[　　　];(大写)[　　　　　],大小写不一致时以大写为准。	
Y	保证担保范围	
Y.1	担保范围为主债权本金、利息、违约金、损害赔偿金以及为实现债权和担保权利而产生的费用(包括但不限于公证、评估、登记、保险、鉴定、拍卖、过户、诉讼或者仲裁、保全、送达、执行、律师、差旅等全部费用)。	
Y.2	甲方依本合同所获得的用于清偿债务的款项,有权根据需要对前款各项费用选择不同顺序进行清偿。	

首先,主债权本金数额通常为金钱债权(实务中很少涉及非金钱债权),一般应援引主债权债务合同(包括主债权债务合同名称、编号以及主体信息等,这在债权人与债务人之间存在多个主债权债务合同时尤有指引价值)的债权金额条款来明确被担保主债权数额。当然,当保证人是公司法人时,还应当关注担保数额是否超过公司章程规定的对外担保的限额。

其次,对于保证担保的责任范围而言,依据当事人约定的不同,可能存在三种方式:仅对主债权本金进行保证、对全部债权进行保证和保证范围加限定保证责任上限(这种方式并非法律规定的最高额保证)。实务中,最为常见的是"对全部债权进行保证",上例就属于这样的方式。在对"全部债权进行保证"时,还需要注意如下几个要点:

(1)《民法典》第691条规定:"保证的范围包括主债权及其利息、违约金、损害赔偿金和实现债权的费用。当事人另有约定的,按照其约定。"因此,法律赋予了当事人自由约定的权利,未约定的,则推定为保证的范围包括主债权及其利息、违约金、损害赔偿金和实现债权的费用。

(2)保证人担保责任的范围不应超过主债务[①],这是保证的从属性所决定的。《九民纪要》第55条"担保责任的范围"规定:

---

① 参见张某琳等与中国中材进出口有限公司买卖合同纠纷二审民事判决书[北京市第一中级人民法院(2020)京01民终3922号];江苏银行股份有限公司盐城盐都支行与刘某荣、吴某弟等保证合同纠纷二审民事判决书[江苏省盐城市中级人民法院(2019)苏09民终4442号]。

担保人承担的担保责任范围不应当大于主债务,是担保从属性的必然要求。当事人约定的担保责任的范围大于主债务的,如针对担保责任约定专门的违约责任、担保责任的数额高于主债务、担保责任约定的利息高于主债务利息、担保责任的履行期先于主债务履行期届满,等等,均应当认定大于主债务部分的约定无效,从而使担保责任缩减至主债务的范围。

此外,《担保制度司法解释》第3条规定:

当事人对担保责任的承担约定专门的违约责任,或者约定的担保责任范围超出债务人应当承担的责任范围,担保人主张仅在债务人应当承担的责任范围内承担责任的,人民法院应予支持。

担保人承担的责任超出债务人应当承担的责任范围,担保人向债务人追偿,债务人主张仅在其应当承担的责任范围内承担责任的,人民法院应予支持;担保人请求债权人返还超出部分的,人民法院依法予以支持。

从《担保制度司法解释》的规定可以看出,针对原司法实践中引发争议的诸如保证合同约定了违约责任从而导致担保责任范围大于主债务范围的情形,大于部分的约定无效(也有观点认为违约金条款有效,但只是相对无效;或者认为司法解释未采纳绝对无效说),对保证人不产生法律约束力,保证人可以仅在主债务范围内承担担保责任。若担保人承担的责任超过主债务,其仅能在主债务范围内向债务人追偿,但就超过部分仍可依据"不当得利"向债权人请求返还。①

实务中,在适用《担保制度司法解释》第3条时,若保证人仅承担按份责任,债权人与保证人又在保证合同中单独约定了违约金条款,此种情形下,债权人主张该违约金能否得到支持?有观点认为,从《担保制度司法解释》第3条第1款的文义出发,只要保证人承担的"约定的担保责任"与"约定的专门的违约责任"(违约金)总和不超过"债务人应当承担的责任范围",则此种约定就是有效的。假定主债务为100万元,保证合同中约定,保证人仅在主债务中的80万元的范围内承担连带责任。那么,按此种观点,"债务人应当承担的责任范围"为100万元,而保证人"约定的担保责任"为80万元,则只要"约定的专门的违约责任"(违约金)不超过20万元,就应当得到支持。就此争议,最高院进行了回应:"……但本条的实质是,担保人可以援引主债务人的抗辩,从而使其担保责任缩减至与债务人相同的范

---

① 参见桑某法、张某伟不当得利纠纷申请再审审查民事裁定书[河南省新密市人民法院(2022)豫0183民申43号];王某、张某追偿权纠纷一审民事判决书[吉林省吉林市龙潭区人民法院(2023)吉0203民初2528号];洪某、朱某元等民间借贷纠纷一审民事判决书[江西省瑞金市人民法院(2021)赣0781民初3543号]。

围内。在担保人明确约定了承担按份担保责任的情况下,担保人代替债务人承担的责任范围就是约定范围,超出部分同样不能向债务人追偿,从而违反担保的从属性。就此而言,应当对本条进行目的性限缩,将其适用于担保人承担全部责任而非按份责任的情形。"①因此,基于担保的从属性原则,在上例中,保证人的责任范围仅局限于约定的按份责任范围之内,即80万元之内。如果按照约定保证人应付也实付了债权人15万元违约金,保证人仍可以就该15万元依据"不当得利"向债权人请求返还。

(3)对于实务中主合同未约定律师费的承担,但保证合同中约定保证责任范围包含律师费等费用的,是否予以支持,原司法实践中存在较大的争议。从《担保制度司法解释》来看,即便保证合同有这样的约定,也应以主债务为限。例如,在池某营与秦某武、茂名市众博通信有限公司民间借贷纠纷一审民事判决书[广东省广州市海珠区人民法院(2020)粤0105民初24750号]中,法院认为:

涉案三份《借款合同》中并未约定秦某武若逾期还款则应承担池某营应产生的律师费,而秦某武并未签订《借款担保协议》,即该协议中关于律师费的约定对秦某武不发生法律效力。则池某营主张秦某武承担律师费缺乏合同依据及法律依据,本院对此不予支持。亦即涉案借款产生的债务不应包含池某营因本案而支出的律师费。虽然潘某斌、梁某南签订的《借款担保协议》中约定了律师费,但潘某斌、梁某南对律师费已提出异议,若要求该两人承担律师费,则该两人承担的担保责任已超出涉案债务范围,即从债务范围大于主债务范围,于理不合、于法无据。根据《最高人民法院关于适用〈中华人民共和国民法典〉有关担保制度的解释》第三条第一款"当事人对担保责任的承担约定专门的违约责任,或者约定的担保责任范围超出债务人应当承担的责任范围,担保人主张仅在债务人应当承担的责任范围内承担责任的,人民法院应予支持"的规定,本院对池某营主张的律师费不予支持。

在吴某霖与秦某成、四川钰申投资有限责任公司民间借贷纠纷一审民事判决书[四川省攀枝花市东区人民法院(2021)川0402民初460号]中,法院认为:

关于原告提出的要求被告支付律师费、保全费的诉讼请求,被告提出在主合同中未约定,被告不应支付的抗辩主张,符合法律的规定,理由如下:原告与保证人约定的担保范围超出了主合同约定的范围,担保人主张仅在债务人应当承担的责任范围内承担责任的,法院应予支持。基于此,本院对原告的该主张,不予支持。

---

① 最高人民法院民事审判第二庭:《最高人民法院民法典担保制度司法解释理解与适用》,人民法院出版社2021年版,第104页。

（四）保证期间

保证合同的保证期间条款看似简单,但在实务中却是争议最大的问题之一,其原因在于保证期间无约定,尤其是约定不明时如何确定保证期间存在着较为复杂的规则。另外,保证期间与诉讼时效的关系也是难点之一。

1.保证期间的概念、意义、特征与性质

《民法典》第692条第1款规定:"保证期间是确定保证人承担保证责任的期间,不发生中止、中断和延长。"①据此,保证期间(又称为"保证责任的存续期间""承担保证责任的期间"),是指保证合同的当事人之间约定,或者依据法律规定,保证人在此期限内才承担保证责任,超过该期限,保证人不再承担保证责任的期间。准确地讲,保证期间是保证合同约定或者法律规定的保证债务的履行期限。或者讲,保证期间是保证债权的存续期间,超过了这一期间,债权人的保证债权(保证人的保证债务或责任)归于消灭,不能再要求保证人承担保证责任。

确定保证期间的意义在于:一是保护保证人的合同权利。由于保证合同通常是单务、无偿合同,保证人没有权利,只有义务,因此,债权人只能根据保证合同约定的期限要求保证人履行保证债务,超过该期限,承担保证债务已经不是保证人的合同义务了。所以,保证人不再承担保证责任。二是督促债权人及时行使权利。既然保证合同约定保证人只在保证期间内履行保证义务,那么债权人就应当及时行使权利,请求保证人在保证期间内履行义务。保证期间一旦经过,保证人就不再承担保证责任。因此,保证期间具有如下特征:

第一,只有在该期间内债权人向债务人(一般保证)或者保证人(连带责任保证)依法主张权利,保证人才承担保证责任(《民法典》第693条)。超过该期限,保证人不再承担保证责任。就一般的合同而言,在合同约定的履行期之后,只要没有经过诉讼时效期间,债权人都有权请求债务人履行债务,债务人不得据此抗辩。但与一般合同不同的是,在保证合同约定的保证人履行债务的期限内,债权人必须向债务人或者保证人依法主张权利,否则保证人不再承担保证责任。这是保证期间的最大特点。

第二,保证期间由当事人约定或者法律规定。保证期间与一般合同的履行期一样,当然可以由当事人约定。当事人没有约定或者约定不明确的,可依法律的规定作出认定。如《民法典》第692条第2款规定,没有约定或者约定不明确的,保证期间为主债务履行期限届满之日起6个月。关于6个月的法律规定,笔者认为,主

---

① 《民法典》第692条第1款"不发生中止、中断和延长"之规定来源于《担保法司法解释》第31条"保证期间不因任何事由发生中断、中止、延长的法律后果"之规定。

要考虑是保证合同具有单务性、无偿性,为倾斜保护保证人的权利,法律规定了较短的保证期间,这样可以避免保证人承担过重的责任。

第三,保证期间是保证合同的组成部分。就像一般合同条款都包含履行期限一样,保证合同也不例外。一般合同如果没有约定履行期或者约定不明,那么根据法律的规定可以推定履行期。保证期间与一般合同的履行期功能完全相同,也可以根据法律的规定予以推定。因此,当然是保证合同的组成部分。

关于保证期间的法律性质。《担保法司法解释》起草者认为,保证期间的性质属于除斥期间。[①] 但有学者认为,保证期间不能等同于除斥期间。一方面,从规范性质来看,除斥期间属于法律的强制性规定,不得由当事人改变。而保证期间以约定为原则,法定为例外,是可以由当事人自由约定的。同时,在合同有效期内,当事人也可以对保证期间进行变更。另一方面,从适用对象来看,除斥期间的适用对象主要为形成权。因为形成权将会根据一方的意志而产生法律关系发生、变更和消灭的效果,所以,通过除斥期间对形成权进行限制,从而使其在较短的时间内消灭该形成权,以维护社会秩序的稳定性。而保证期间主要适用于请求权,即适用于债权人请求保证人承担保证责任的权利。[②] 我们赞同上述学者的观点。同时,我们认为,保证期间也不是诉讼时效期间,这不仅因为保证期间不发生中止、中断和延长,而且保证期间经过,保证人不再承担保证责任,保证人的实体责任消灭。这与诉讼时效制度不同,因为诉讼时效期间经过,债务人有抗辩不履行的权利,但实体债务仍然存在,只是过了诉讼时效期间,成了自然债务。[③]

关于保证期间的性质,还有学者认为,保证期间是决定债权人能否取得可以要求保证人代债务人向其履行或者承担赔偿责任的债权请求权的期间,是决定债权人能否取得相应权利的期间,可称之为或有期间。保证期间是典型的或有期间,买卖合同中买受人对出卖人交付的标的物质量、数量是否合格进行检验后,及时提出异议的异议期间也是或有期间。[④] 我们认为,可以不对保证期间的性质进行归类,其既不属于除斥期间,也不属于诉讼时效期间,而是《民法典》规定的一种特殊期间。现有的理论一般认为,就民法上的期间而言,要么是诉讼时效期间,要么是除斥期间,必须二选一,不存在除此之外的其他性质。现在看来,还存在这样的特殊

[①] 参见李国光等:《最高人民法院〈关于适用《中华人民共和国担保法》若干问题的解释〉理解与适用》,吉林人民出版社 2000 年版,第 141-142 页。

[②] 参见王利明:《合同法研究》(第 4 卷),中国人民大学出版社 2018 年版,第 306 页。

[③] 参见最高人民法院民法典贯彻实施工作领导小组主编:《中华人民共和国民法典合同编理解与适用(二)》,人民法院出版社 2020 年版,第 1344 页。

[④] 参见王轶:《民法典之"变"》,载《东方法学》2020 年第 4 期。

期间，只是理论上对其名称还没有形成共识。①

《担保制度司法解释》第34条规定："人民法院在审理保证合同纠纷案件时，应当将保证期间是否届满、债权人是否在保证期间内依法行使权利等事实作为案件基本事实予以查明。债权人在保证期间内未依法行使权利的，保证责任消灭。保证责任消灭后，债权人书面通知保证人要求承担保证责任，保证人在通知书上签字、盖章或者按指印，债权人请求保证人继续承担保证责任的，人民法院不予支持，但是债权人有证据证明成立了新的保证合同的除外。"

本条第1款规定明确了法院是否应当依职权主动审查与保证期间相关的事实，采取了以前司法实践中的"肯定说"。即法院应当对于保证期间的相关事实进行审查，理由在于：首先，保证期间在性质上并非诉讼时效，保证期间届满的后果并非保证人享有拒绝承担保证责任的抗辩权，而是保证债务消灭，保证期间是否经过关系到保证人的实体权利义务，属于人民法院应查明的事实，人民法院应主动予以审查。② 其次，法院主动审查保证期间符合我国尚未建立答辩失权③制度的现状。④ 如果法院在一审中不查明保证期间的相关事实而由保证人自由决定是否以保证期间届满为由拒绝承担保证责任，很容易导致案件事实不清，如果保证人在二审中提出保证期间届满的主张，则不利于公平高效准确地裁判案件、处理纠纷。⑤

本条第2款规定实际是吸纳了《最高人民法院关于人民法院应当如何认定保证人在保证期间届满后又在催款通知书上签字问题的批复》（法释〔2004〕4号）⑥的规定精神。如果保证期间届满而债权人未于该期间内依法定方式主张权利，那么，保证人就免除了保证责任，这时保证合同上的权利义务关系全部归于消灭，保证人并非享有抗辩权，而是根本就不再负有保证债务，债权人也不再对保证人享有保证债权。由此可知，保证期间届满的法律效果显然不同于诉讼时效期间届满的

---

① 参见最高人民法院民法典贯彻实施工作领导小组主编：《中华人民共和国民法典合同编理解与适用（二）》，人民法院出版社2020年版，第1344页。

② 参见高圣平：《民法典担保制度及其配套司法解释理解与适用》，中国法制出版社2021年版，第130页。

③ 所谓答辩失权，主要是指法律规定诉讼中的一审被告和二审被上诉人在规定的期限内，因没有实施答辩行为而丧失以后的答辩权利。

④ 参见司伟、肖锋：《担保法实务札记：担保纠纷裁判思路精解》，中国法制出版社2019年版，第197页。

⑤ 参见程啸、高圣平、谢鸿飞：《最高人民法院新担保司法解释理解与适用》，法律出版社2021年版，第207页。

⑥ 本批复已被《最高人民法院关于废止部分司法解释及相关规范性文件的决定》（2020年12月29日发布；2021年1月1日实施）废止。

法律效果。因此,不存在保证人放弃免除保证责任抗辩权的问题。只有当保证人以书面形式明确表示为债权人提供保证担保,才能认为此时在债权人与保证人之间产生了新的保证合同关系,否则即便保证人在债权人发出的承担保证责任书、催收逾期债务通知书上签字、盖章或按指印,或者与债权人重新签订还款协议或者以口头的方式答应继续担保等,也不能认为保证人重新提供了担保。如果法院仅以保证人在债权人发出的催款通知书、对账单、确认书等文件上签章或按指印的行为推定其继续承担保证责任或者已经重新提供了担保,则对于维护保证人的合法权益明显不利,而且也为债权人转嫁风险提供了便利。①

2. 保证期间的确定

《民法典》第 692 条规定:"保证期间是确定保证人承担保证责任的期间,不发生中止、中断和延长。债权人与保证人可以约定保证期间,但是约定的保证期间早于主债务履行期限或者与主债务履行期限同时届满的,视为没有约定;没有约定或者约定不明确的,保证期间为主债务履行期限届满之日起六个月。债权人与债务人对主债务履行期限没有约定或者约定不明确的,保证期间自债权人请求债务人履行债务的宽限期届满之日起计算。"《担保制度司法解释》第 32 条规定:"保证合同约定保证人承担保证责任直至主债务本息还清时为止等类似内容的,视为约定不明,保证期间为主债务履行期限届满之日起六个月。"笔者将保证期间的确定规则总结为图 11 – 1:

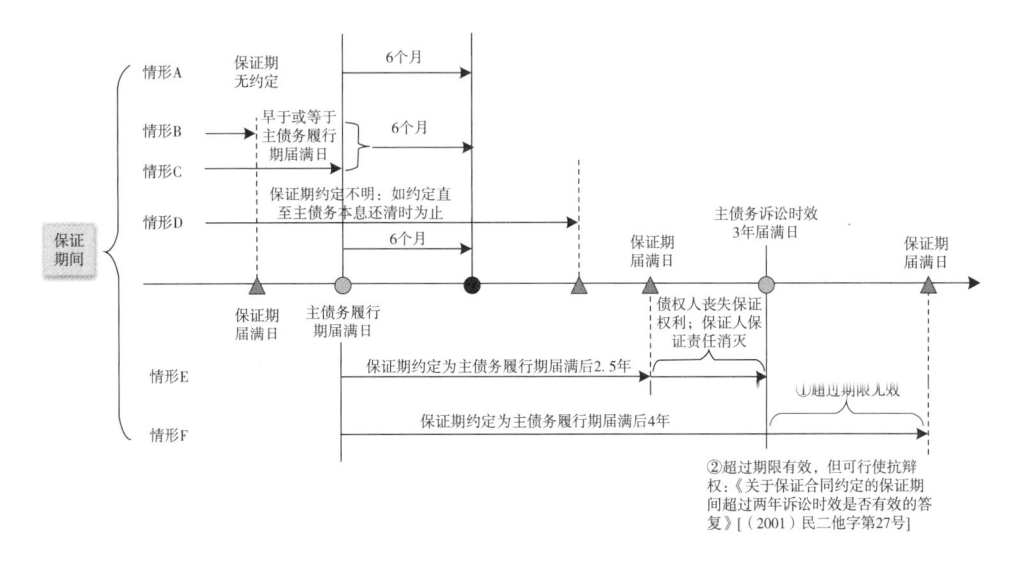

图 11 – 1 保证期间的确定

---

① 参见程啸、高圣平、谢鸿飞:《最高人民法院新担保司法解释理解与适用》,法律出版社 2021 年版,第 210 – 211 页。

第一，对于情形 A、B 和 C（没有约定或视为没有约定）。依据《民法典》第 692 条第 2 款的规定，债权人与保证人没有约定的或视为没有约定的（约定的保证期间早于主债务履行期限或者与主债务履行期限同时届满的），保证期间为主债务履行期限届满之日起 6 个月。该规定系吸纳了《担保法》第 25 条第 1 款①、第 26 条第 1 款②、《担保法司法解释》第 32 条第 1 款③之规定，并无变化。

第二，对于情形 D（约定不明确）。依据《民法典》第 692 条第 2 款的规定，债权人与保证人约定不明确的，保证期间为主债务履行期限届满之日起 6 个月。与《担保法司法解释》第 32 条第 2 款④之规定相比较，《民法典》本款规定将原主债务履行期限届满之日起 2 年修改为主债务履行期限届满之日起 6 个月。这是《民法典》的一个重大的修改。

第三，对于情形 E（约定的保证期间短于 3 年诉讼时效）。依据《民法典》第 692 条第 2 款"债权人与保证人可以约定保证期间"之规定，保证合同约定有保证期间的从其约定，在保证期间届满后，债权人丧失保证债权，保证人保证责任消灭。

第四，对于情形 F（约定的保证期间长于 3 年诉讼时效，即所谓的"长期保证"）。对于约定的保证期间超过 3 年诉讼时效的部分是否有效，司法实践中存在如下三种观点：

第一种观点认为，如承认长期保证约定的效力，将导致以长期保证的约定排斥诉讼时效适用的实际后果，既有悖于诉讼时效规定的强制性，也游离了保证期间制度的规范目的，因此，长期保证的约定，应为无效。这一观点出现在早期的一个司法案件中⑤。

第二种观点认为，约定的保证期间在 3 年诉讼时效内的部分有效，超过部分无效。这一观点既尊重了当事人的意志，又与诉讼时效制度的精神相吻合，且避免了完全否定当事人的约定所可能造成的债权人错过主张权利的有效期间的不利后果。如在江苏天地冶金工贸有限公司与上海贺宁贸易有限公司、上海长润金属材

---

① 该款规定："一般保证的保证人与债权人未约定保证期间的，保证期间为主债务履行期届满之日起六个月。"
② 该款规定："连带责任保证的保证人与债权人未约定保证期间的，债权人有权自主债务履行期届满之日起六个月内要求保证人承担保证责任。"
③ 该款规定："保证合同约定的保证期间早于或者等于主债务履行期限的，视为没有约定，保证期间为主债务履行期届满之日起六个月。"
④ 该款规定："保证合同约定保证人承担保证责任直至主债务本息还清时为止等类似内容的，视为约定不明，保证期间为主债务履行期届满之日起二年。"
⑤ 参见重庆中渝物业发展有限公司与四川金鑫贸易有限公司重庆公司、重庆渝鑫大酒店有限责任公司借款担保合同纠纷上诉案[最高人民法院(1999)经终字第 385 号]。

料有限公司等买卖合同纠纷案[江苏省南京市中级人民法院(2012)宁商初字第61号]①中,法院认为:

被告五泰公司、吴某华主张还款协议中所载明的"担保期限为本协议签订之日起3年"为无效约定,对此,本院认为,首先,保证人承担保证责任的前提是主债务人到期不履行或不能履行债务,在主债务履行期未届满时,主债务人是否履行债务尚不确定,保证人的保证责任处于潜在状态,债权人也就无法要求作为从债务人的保证人承担责任。本案中还款协议的签订日为2012年4月2日,主债务届满日为2012年4月10日,因债权人无法在协议签订日至主债务履行期届满日向保证人主张保证责任,故还款协议约定的保证期间中2012年4月2日至4月10日为无效约定。其次,约定的保证期间不能超过主债务履行期届满日后2年,否则,超过部分无效。理由为:约定保证期间超过2年将导致主债务已过诉讼时效而保证期间尚未届满的情形,造成当事人以事先的约定排除法律规定诉讼时效的结果。综上,还款协议关于保证期间的约定部分无效,其中自主债务履行期届满2年期间的约定(即自2012年4月11日至2014年4月10日)为有效约定,被告五泰公司、吴某华主张还款协议关于保证期间的约定整体无效,该主张不能成立,本院不予支持。原告天地冶金公司诉请被告五泰公司、吴某华承担保证责任的时间距主债务履行期届满不到2年,并未超出有效保证期间的约定。

第三种观点认为,保证期间并非时效期间,其长度应允许当事人自由约定,长期保证的约定,应为有效。《最高人民法院关于保证合同约定的保证期间超过两年诉讼时效是否有效的答复》[(2001)民二他字第27号]明确:

一、保证合同约定的保证期间超过两年的主债务诉讼时效期间的,应当认定该约定有效。连带责任保证的保证人应当在保证期间内承担连带责任保证。

二、主债务在诉讼时效期间内,发生中断或者连续中断的,连带责任保证的保证人应当在保证合同约定的保证期间内承担连带责任保证。

三、主债务诉讼时效完成后,债权人在保证合同约定的保证期间内向连带责任保证的保证人主张权利的,保证人可以行使主债务诉讼时效完成的抗辩权。保证人没有行使主债务诉讼时效完成的抗辩权而履行了保证责任后,向债务人行使追偿权的,人民法院不予支持。

笔者赞同第三种观点(尽管《民法总则》和《民法典》将普通诉讼时效由2年修

---

① 类案参见河北创联融资租赁有限公司、吴某华融资租赁合同纠纷二审民事判决书[江西省南昌市中级人民法院(2017)赣01民终2666号];高某娜与张某锋、周某朵民间借贷纠纷一审民事判决书[山东省邹城市人民法院(2019)鲁0883民初6082号]。

改为3年,但该答复意见的精神仍然可以适用)。理由是,保证期间不同于主债务诉讼时效期间,保证债务和主债务各有其履行期限和诉讼时效期间,两者并行不悖。即便约定的保证期间超过主债务诉讼时效期间,将导致主债务已过诉讼时效而保证期间尚未届满的情形,但并不会造成当事人以事先的约定排除法律规定的诉讼时效的结果。因为,依据上述答复第3条(《民法典》第701条规定:"保证人可以主张债务人对债权人的抗辩。债务人放弃抗辩的,保证人仍有权向债权人主张抗辩。"①)之规定,保证人可以行使主债务诉讼时效完成的抗辩权。如在丁某杰、梁某民间借贷纠纷二审民事判决书[广西壮族自治区柳州市中级人民法院(2017)桂02民终3300号]②中,法院认为:

鉴于担保合同的私法性,应贯彻意思自治原则。梁某与丁某杰约定5年保证期间,虽然超过主债务的诉讼时效,但该约定并未违反法律和行政法规的强制性规定,应认定合法有效。根据《中华人民共和国担保法》(以下简称《担保法》)第二十条的规定,保证人享有债务人的抗辩权,且该抗辩具有独立性,不因主债务人是否实际抗辩而受影响。因此,在当事人约定的保证期间超过主债务诉讼时效的情况下,保证人亦可进行主债务超过诉讼时效的抗辩而免除保证责任,但本案一审中,虽然主债务人周某进行了诉讼时效的抗辩,但其抗辩的效果应仅及于其自身,人民法院不得主动援引诉讼时效的规定将主债务人的抗辩效果及于保证人,本案中,保证人梁某经一审法院传唤无正当理由拒不到庭参加诉讼并提出诉讼时效已过的抗辩,应视为其放弃了该抗辩权。

再如,在张某、彭某友民间借贷纠纷再审审查与审判监督民事裁定书[最高人民法院(2019)最高法民申6918号]中,最高院认为:

张某、彭某友认为超出保证期间两年的约定无效的再审申请理由不能成立。理由如下:

《中华人民共和担保法》第十五条第一款第(五)项规定,保证合同的内容应当

---

① 参见《担保法》第20条规定:"一般保证和连带责任保证的保证人享有债务人的抗辩权。债务人放弃对债务的抗辩权的,保证人仍有权抗辩。抗辩权是指债权人行使债权时,债务人根据法定事由,对抗债权人行使请求权的权利。"

② 参见王某春、徐某英民间借贷纠纷二审民事判决书[山东省菏泽市(地区)中级人民法院(2018)鲁17民终1538号];南京六方建材有限公司、王某谋与王某山民间借贷纠纷二审民事判决书[江苏省南京市中级人民法院(2018)苏01民终10326号];乳山市万通置业有限公司与赵某平保证合同纠纷二审民事判决书[北京市第一中级人民法院(2019)京01民终2774号];郑州银行股份有限公司花园路支行、河南正博园林绿化工程有限公司金融借款合同纠纷二审民事判决书[河南省郑州市中级人民法院(2019)豫01民终14263号]。

包括保证期间。那么,《中华人民共和担保法》已明确规定当事人可以对保证期间进行约定,只要约定的保证期间不存在违反《中华人民共和国合同法》第五十二条规定的合同无效情形,则应认定为有效约定。而关于两年保证期间仅有的相关规定是《最高人民法院关于适用〈中华人民共和国担保法〉若干问题的解释》第三十二条第二款,该款规定:"保证合同约定保证人承担保证责任直至主债务本息还清为止等类似内容的,视为约定不明,保证期间为主债务履行期届满之日起 2 年。"该条规定的是视为约定不明情形下保证期间的认定,显然不能据此得出该司法解释规定了保证期间以两年为限的结论,更无法得出保证期间受两年诉讼时效限制的结论。保证期间与诉讼时效本就是不同的法律制度,对于保证人保证责任的承担起到不同的法律作用。张某、彭某友申请再审认为保证期间应受诉讼时效两年的限制,并据此认为约定保证期间超过两年的部分无效,该理由并无法律依据。本案中,《借款合同》对保证期间明确约定为五年,不符合第三十二条规定的约定不明情形,不能适用该条认定无效,并且也不存在违反法律、行政法规强制性规定的无效情形。故原审认定五年保证期间的约定有效,并无不当,张某、彭某友与此相关的再审申请理由并不成立,二人基于保证期间应为两年而认为冯某超出保证期间的主张,亦因缺乏基础而无法支持。

在本案中,最高院还澄清了一个认识就是,保证合同约定保证期间超过主债务诉讼时效期间的,不属于《担保法司法解释》第 32 条第 2 款(现《担保制度司法解释》第 32 条)规定的"保证人承担保证责任直至主债务本息还清时为止等类似内容"时,这一保证期间视为"约定不明确"的情形。

最后,既然有"长期保证",那么就有"短期保证"。所谓"短期保证",是指当事人约定的保证期间短于法定保证期间但超过主债务履行期限的情形。就短期保证约定的效力,学说和裁判中存在两种不同的观点。一种观点认为,短期保证的约定应为无效,直接适用法定的保证期间。其理由是,法定保证期间可以视为法律对债权人予以保护的最短时间,约定的保证期间如再短于法定保证期间,则给债权人行使权利增加了困难,不利于保障债权的实现。另一种观点认为,短期保证的约定,应为有效。其理由是,法律上关于保证期间的规定为任意性规定,当事人自可基于自己的意思排除其适用。笔者认为,应采用折中观点,即原则上短期保证属于当事人之间的合意,应承认其效力[①],但"短期保证"之"短期"不能过分地限制债权人行

[①] 参见王某鸣、程某等民间借贷纠纷一审民事判决书[黑龙江省延寿县人民法院(2014)延民初字第 626 号];杨某与刘某、天津天达金威进出口贸易有限公司民间借贷纠纷一审民事判决书[天津市河西区人民法院(2018)津 0103 民初 10542 号]。

使保证债权,"应以不违背诚实信用、公序良俗原则为限"。若当事人约定的保证期间过短,使债权人不能主张保证债权或者主张保证债权极度困难的,该约定因与当事人之间的保证合意相违,即应视为没有约定,而适用法定保证期间。如在翁某某与钱某某、童某某、孟某某民间借贷纠纷案[浙江省杭州市萧山区人民法院(2012)杭萧商初字第3138号]①中,法院认为:

根据《担保法》有关规定,保证期间分"约定"和"法定"两种情形,保证合同约定的保证期间短于六个月的,原则上应从其约定,但以不违背诚实信用、公序良俗原则为限。就本案中,主债务到期时间为2012年2月17日,童某某在担保书上记载的担保时间至2012年2月18日止,故实际保证期间仅为一天。而基于翁某某与童某某系朋友关系,本案钱某某借款系由童某某介绍及担保书也由童某某起草等事实考虑,本院认为童某某承诺的保证期间一天时间过短,该约定过分地限制债权人行使保证债权,违背了诚实信用原则和客观常理,致使债权人翁某某主张保证债权非常困难,对其极度不公,故该约定因与当事人之间的保证合意相违,即应视为没有约定,而适用法定保证期间。

3. 保证期间与诉讼时效

实务中,保证期间与主债务履行期间、主债务诉讼时效以及保证债务诉讼时效的计算等均有一定的关联。公司律师或法律顾问应当正确理解主债务履行期限、保证期间、诉讼时效之间的关系(起算点、权利义务的有效主张期间、权利义务的消灭等)。

《民法典》第693条规定:"一般保证的债权人未在保证期间对债务人提起诉讼或者申请仲裁的,保证人不再承担保证责任。连带责任保证的债权人未在保证期间请求保证人承担保证责任的,保证人不再承担保证责任。"第694条规定:"一般保证的债权人在保证期间届满前对债务人提起诉讼或者申请仲裁的,从保证人拒绝承担保证责任的权利消灭之日起,开始计算保证债务的诉讼时效。连带责任保证的债权人在保证期间届满前请求保证人承担保证责任的,从债权人请求保证人承担保证责任之日起,开始计算保证债务的诉讼时效。"《担保制度司法解释》第28条规定:"一般保证中,债权人依据生效法律文书对债务人的财产依法申请强制执行,保证债务诉讼时效的起算时间按照下列规则确定:(一)人民法院作出终结本次执行程序裁定,或者依照民事诉讼法第二百五十七条第三项、第五项的规定作

---

① 类案参见哈尔滨市南岗区群立小额贷款有限责任公司、黑龙江森工融资担保有限责任公司借款合同纠纷二审民事判决书[黑龙江省哈尔滨市中级人民法院(2017)黑01民终6401号]。

出终结执行裁定的,自裁定送达债权人之日起开始计算;(二)人民法院自收到申请执行书之日起一年内未作出前项裁定的,自人民法院收到申请执行书满一年之日起开始计算,但是保证人有证据证明债务人仍有财产可供执行的除外。一般保证的债权人在保证期间届满前对债务人提起诉讼或者申请仲裁,债权人举证证明存在民法典第六百八十七条第二款但书规定情形的,保证债务的诉讼时效自债权人知道或者应当知道该情形之日起开始计算。"笔者将一般保证保证期间与诉讼时效之间的关系总结为图 11-2、图 11-3:

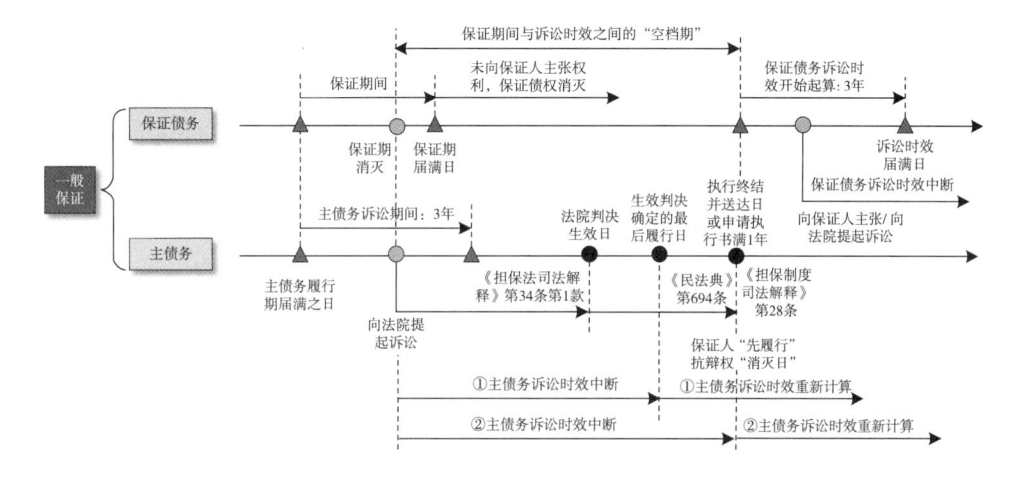

图 11-2 一般保证保证期间与诉讼时效的关系(先诉抗辩权情形)

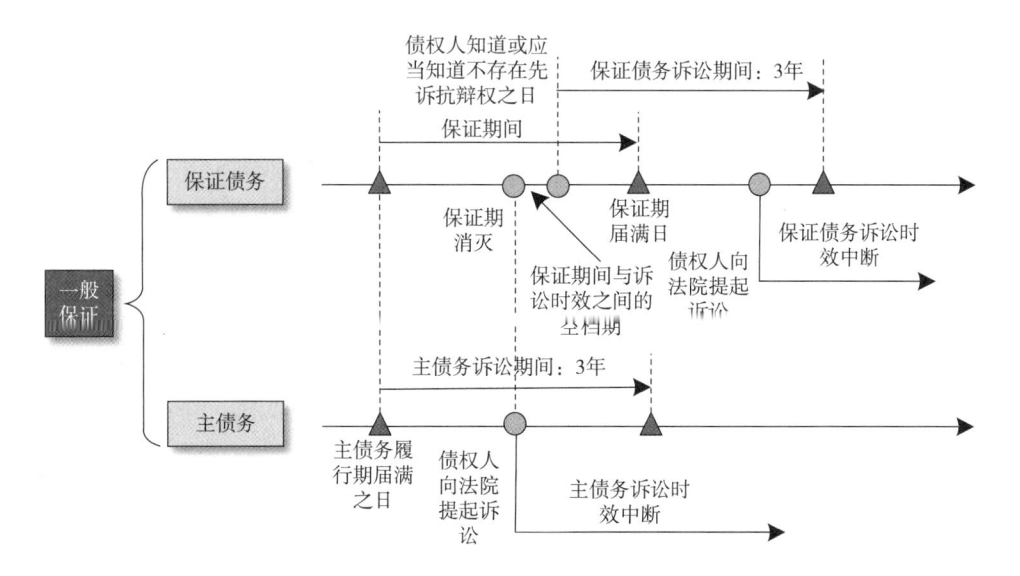

图 11-3 一般保证保证期间与诉讼时效的关系(无先诉抗辩权情形)

第一,如果债权人未在保证期间内依法向债务人或者保证人主张权利,保证人不再承担保证责任,这是其一;其二,保证债务的诉讼时效,是指当债权人请求保证人履行保证债务,若法定的时效期间经过,债权人即丧失获得胜诉判决的权利。由于法律未有另行规定,故依据《民法典》第188条第1款的规定,保证债务的诉讼时效期间为3年。其意义在于:债权人在保证期间内向主债务人或者保证人主张权利后,保证期间的使命即已经完成,保证人不能主张保证期间抗辩,但在此情况下,保证债务也不能一直存续,否则将使保证人承担过重的责任,因此,法律上确认保证债务应当适用单独的诉讼时效。从法理上而言,保证期间是债权人选择是否要求保证人承担保证责任的期间,如果债权人要求保证人承担保证责任,则会导致保证之债的出现,保证之债与普通的债务无异,理应存在时效问题。①

债权人在保证期间内根据《民法典》规定的方式向债务人或者保证人主张权利的,保证期间制度的使命完成,诉讼时效制度开始发挥作用。这样,保证人享有两次法定期间的保护,一次是保证期间,一次是诉讼时效。② 就一般保证而言,债权人在保证期间届满前对债务人提起诉讼或者申请仲裁的,保证期间制度的使命完成,但保证债务的诉讼时效并不从提起诉讼或者申请仲裁之日起算,而是从保证人拒绝承担保证责任的权利消灭之日才开始计算,在"保证期间"与"诉讼时效"之间有一个空档期。也就是说,保证期间制度的使命完成时,诉讼时效期间并没有马上起算。而连带责任保证则不同,一旦债权人在保证期间届满前请求保证人承担保证责任,保证期间制度的使命完成,诉讼时效制度立即产生作用即开始起算,中间并没有空档期。一般保证和连带责任保证之间的区别,应予注意。③

第二,关于起算时点。对于保证期间,不论是一般保证还是连带责任保证,法定保证期间都是自主债务履行期限届满之日起开始计算。但保证债务的诉讼时效期间起算点则有所不同。依据《民法典》第694条的规定,一般保证之债要求债权人在保证期间届满前对债务人提起诉讼或者申请仲裁,保证之债的诉讼时效从保证人拒绝承担保证责任的权利消灭之日起算。连带责任保证要求债权人在保证期间届满前请求保证人承担保证责任之日起算。与《担保法司法解释》第34条第1款"一般保证的债权人在保证期间届满前对债务人提起诉讼或者申请仲裁的,从判

---

① 参见王利明:《合同法研究》(第4卷),中国人民大学出版社2018年版,第311页。
② 参见曹士兵:《中国担保制度与担保方法》(第4版),中国法制出版社2017年版,第163页。
③ 参见最高人民法院民法典贯彻实施工作领导小组主编:《中华人民共和国民法典合同编理解与适用(二)》,人民法院出版社2020年版,第1356-1357页。

决或者仲裁裁决生效之日起,开始计算保证合同的诉讼时效"之规定相比较,原规定"从判决或者仲裁裁决生效之日起"存在问题,因为判决或者仲裁裁决生效后,主债务人是否有足够的责任财产可供执行尚不确定,这相当于在实质上使保证合同诉讼时效起算点提前,与先诉抗辩权制度[《担保法》第17条(《民法典》第687条)]存在矛盾。因此,《民法典》第694条第1款对此进行了修正。

至于"保证人拒绝承担保证责任的权利消灭之日",是指债权人经过诉讼或者仲裁,并就债务人财产依法强制执行仍不能获得债权实现之日。《担保制度司法解释》第28条对此进行了细化规定:

(1)债权人依法申请强制执行时保证债务诉讼时效的起算规则(见图11-2)。即:

①人民法院作出终结本次执行程序①裁定,或者依照《民事诉讼法》(2021年修正)第257条第3项、第5项的规定作出终结执行②裁定的,自裁定送达债权人之日起开始计算。我国《民事诉讼法》(2023年修正)第268条规定:"有下列情形之一的,人民法院裁定终结执行:(一)申请人撤销申请的;(二)据以执行的法律文书被撤销的;(三)作为被执行人的公民死亡,无遗产可供执行,又无义务承担人的;(四)追索赡养费、扶养费、抚养费案件的权利人死亡的;(五)作为被执行人的公民因生活困难无力偿还借款,无收入来源,又丧失劳动能力的;(六)人民法院认为应当

---

① 所谓终结本次执行程序,是指对于已经开始的执行案件,在经过调查之后没有发现可供执行的财产时,依据相应的程序而终结本次执行程序的制度。参见《最高人民法院关于执行案件立案、结案若干问题的意见》(法发〔2014〕26号)第16条规定:"有下列情形之一的,可以以'终结本次执行程序'方式结案:(一)被执行人确无财产可供执行,申请执行人书面同意人民法院终结本次执行程序的;……";《民事诉讼法司法解释》(2022年修正)第517条规定:"经过财产调查未发现可供执行的财产,在申请执行人签字确认或者执行法院组成合议庭审查核实并经院长批准后,可以裁定终结本次执行程序。依照前款规定终结执行后,申请执行人发现被执行人有可供执行财产的,可以再次申请执行。再次申请不受申请执行时效期间的限制。"

② 所谓终结执行程序,也称执行终结或执行终止,是指在执行过程中,因为出现法律规定的特殊情况,执行程序没有必要继续进行或无法继续进行,从而依法结束执行程序,以后再也不恢复。终结执行不同于前述的终结本次执行程序,前者是指执行程序的彻底终止,以后也不再恢复。但是,终结本次执行程序并非执行程序的彻底终止,而只是将本次执行程序终止,此后一旦发现被执行人还有可执行的财产,则对该财产的执行还可以再次启动。例如,《最高人民法院关于严格规范终结本次执行程序的规定(试行)》(法〔2016〕373号)第9条规定:"终结本次执行程序后,申请执行人发现被执行人有可供执行财产的,可以向执行法院申请恢复执行。申请恢复执行不受申请执行时效期间的限制。执行法院核查属实的,应当恢复执行。终结本次执行程序后的五年内,执行法院应当每六个月通过网络执行查控系统查询一次被执行人的财产,并将查询结果告知申请执行人。符合恢复执行条件的,执行法院应当及时恢复执行。"

终结执行的其他情形。"除了第6项是兜底性规定外,在其他5种终结执行的具体情形中,只有第3项和第5项情形的发生才会涉及从法院作出终结执行裁定生效之日起算保证债务诉讼时效的问题。这是因为,第4项终结执行的情形显然是与保证债务无关的,而第1项、第2项情形即申请人撤销执行申请或者据以执行的法律文书被撤销的,由于此时执行程序并未进行下去,还不满足《民法典》第687条第2款规定的"就债务人财产依法强制执行仍不能履行债务"的情形,故此一般保证人没有丧失先诉抗辩权,自然也不可能发生保证债务诉讼时效的起算。只有第3项、第5项情形下,法院作出终结执行裁定的,才可能产生保证债务诉讼时效的起算问题。

②人民法院自收到申请执行书之日起1年内未作出前项裁定的,自人民法院收到申请执行书满1年之日起开始计算,但是保证人有证据证明债务人仍有财产可供执行的除外。如此规定的理由在于:为了严格规范执行案件的审理期限,防止执行程序的不当拖延,损害当事人合法权益,我国《民事诉讼法》(2023年修正)第237条规定:"人民法院自收到申请执行书之日起超过六个月未执行的,申请执行人可以向上一级人民法院申请执行。上一级人民法院经审查,可以责令原人民法院在一定期限内执行,也可以决定由本院执行或者指令其他人民法院执行。"《最高人民法院关于适用〈中华人民共和国民事诉讼法〉执行程序若干问题的解释》(法释〔2020〕21号)第10条规定:"依照民事诉讼法第二百二十六条①的规定,有下列情形之一的,上一级人民法院可以根据申请执行人的申请,责令执行法院限期执行或者变更执行法院:(一)债权人申请执行时被执行人有可供执行的财产,执行法院自收到申请执行书之日起超过六个月对该财产未执行完结的;(二)执行过程中发现被执行人可供执行的财产,执行法院自发现财产之日起超过六个月对该财产未执行完结的;(三)对法律文书确定的行为义务的执行,执行法院自收到申请执行书之日起超过六个月未依法采取相应执行措施的;(四)其他有条件执行超过六个月未执行的。"《最高人民法院关于严格执行案件审理期限制度的若干规定》(2008年调整)第5条第1款规定:"执行案件应当在立案之日起六个月内执结,非诉执行案件应当在立案之日起三个月内执结;有特殊情况需要延长的,经本院院长批准,可以延长三个月,还需延长的,层报高级人民法院备案。"在强制执行时,对于被执行财产的强制拍卖中出现流拍的情形,《最高人民法院关于人民法院民事执行中拍卖、变卖财产的规定》(法释〔2020〕21号)第23条规定:"拍卖时无人竞买或者竞买人的最高应价低于保留价,到场的申请执行人或者其他执行债权

---

① 《民事诉讼法》(2017年修正)第226条即《民事诉讼法》(2023年修正)第237条。

人不申请以该次拍卖所定的保留价抵债的,应当在六十日内再行拍卖。"第25条规定:"对于第二次拍卖仍流拍的不动产或者其他财产权,人民法院可以依照本规定第十六条的规定将其作价交申请执行人或者其他执行债权人抵债。申请执行人或者其他执行债权人拒绝接受或者依法不能交付其抵债的,应当在六十日内进行第三次拍卖。第三次拍卖流拍且申请执行人或者其他执行债权人拒绝接受或者依法不能接受该不动产或者其他财产权抵债的,人民法院应当于第三次拍卖终结之日起七日内发出变卖公告。自公告之日起六十日内没有买受人愿意以第三次拍卖的保留价买受该财产,且申请执行人、其他执行债权人仍不表示接受该财产抵债的,应当解除查封、冻结,将该财产退还被执行人,但对该财产可以采取其他执行措施的除外。"

这就是说,人民法院自收到申请执行书之日起,即便不作出终结本次执行程序裁定或者终结执行裁定,那么最长的完成执行程序的时间就是1年,即(收到申请执行书之日起6个月内执行)+(第一次拍卖流拍后60日内进行第二次拍卖)+(第二次拍卖流拍后60日内进行第三次拍卖)+(第三次拍卖流拍后60日内进行变卖)。故此,《担保制度司法解释》第28条第1款第2项规定,人民法院自收到申请执行书之日起1年内未作出前项裁定的,自人民法院收到申请执行书满1年之日起开始计算。此外还有除外情形,即保证人有证据证明债务人仍有财产可供执行的除外。这就是说,如果保证人举证证明债务人仍然有可供执行的财产的,那么即便人民法院自收到申请执行书之日起1年内未作出终结本次执行或者终结执行的裁定的,保证债务的诉讼时效也不应当开始计算。此时,债权人仍然应当通过强制执行程序继续对债务人的财产进行强制执行,一般保证人不能仅仅因为法院拖延强制执行程序而丧失作为实体权利的先诉抗辩权。[①] 或者讲,在债务人还有财产可供执行的情况下,一般保证人的先诉抗辩权并没有消灭,还不能开始计算一般保证人的诉讼时效。[②]

(2)保证人存在丧失先诉抗辩权的情形时,保证债务诉讼时效的起算(见图11-3)。这里丧失先诉抗辩权的情形是指《民法典》第687条第2款但书规定的四种情形。需要注意的是,此时保证债务诉讼时效起算的时点为债权人知道或者应当知道该情形之日,而不是债权人对债务人提起诉讼或者申请仲裁之日。这样规定的理由在于,《民法典》第188条第2款规定"诉讼时效期间自权利人知道或者应当知道权利受到损害以及义务人之日起计算"。就此,最高院解释道:"……存在

[①] 参见程啸、高圣平、谢鸿飞:《最高人民法院新担保司法解释理解与适用》,法律出版社2021年版,第182页。

[②] 参见最高人民法院民事审判第二庭:《最高人民法院民法典担保制度司法解释理解与适用》,人民法院出版社2021年版,第287页。

《民法典》第687条第2款但书规定的四种情形时，保证人的先诉抗辩权即已经消灭。从文义上看，似乎只要出现这四种情形之一，就应当开始计算诉讼时效。问题是，债权人对这四种情形的发生可能并不知情，客观计算既不利于保护债权人权益，也不符合诉讼时效从知道或者应当知道权利被侵害之日其计算的法理。为此，《民法典担保制度解释》根据诉讼时效的一般法理，采主观说，规定存在《民法典》第687条第2款但书规定情形的，一般保证债务的诉讼时效'自债权人知道或者应当知道'该情形之日起开始计算。"①需要说明的是，上述四种情形既可能出现在债权人起诉债务人包括一般保证人的案件之后，也可能出现在债权人起诉之前。起诉之后出现这四种情形的，一般保证人的先诉抗辩权消灭，在判决主文中应当直接判决保证人承担相应的保证责任。起诉之前出现这四种情形的，债权人可以直接起诉一般保证人，要求其承担保证责任，而没有必要先起诉债务人。② 不论何种情形，只要债权人向一般保证人提起诉讼的，则保证债务诉讼时效中断。

综上所述，保证期间与保证债务的诉讼时效的区别具体如表11-2所示③：

表11-2 保证期间与保证债务的诉讼时效的区别

类别	保证期间	保证债务诉讼时效
是否可由当事人自由约定	既可约定（一般是保证合同的组成部分，优先于法定期间而适用），也可根据法律规定确定	法定（保证债务的诉讼时效期间、诉讼时效的起算规则都是）
期限长短	法定：6个月；当事人也可以自由约定保证期间	3年
期限是否可以变更	不变期间	可以发生中止、中断的变更
起算点	自主债务履行期限届满之日起算（没有约定履行期间或者约定不明的，"自债权人请求债务人履行债务的宽限期届满之日起计算"）	一般保证：从一般保证人拒绝承担保证责任的权利消灭之日起算；连带责任保证：从债权人要求保证人承担保证责任之日开始计算
期限届满的后果	债权人在该保证期间内未主张权利的，则保证责任消灭	届满不导致保证债权的消灭，但保证人有权提出时效抗辩

---

① 最高人民法院民事审判第二庭：《最高人民法院民法典担保制度司法解释理解与适用》，人民法院出版社2021年版，第283页。

② 参见最高人民法院民事审判第二庭：《最高人民法院民法典担保制度司法解释理解与适用》，人民法院出版社2021年版，第289页。

③ 参见王利明：《我国〈民法典〉保证合同新规则释评及适用要旨》，载《政治与法律》2020年第12期。

最后,还需要讨论主债务诉讼时效与保证债务诉讼时效之间的关系问题。对于一般保证,《担保法司法解释》第36条第1款规定:"一般保证中,主债务诉讼时效中断,保证债务诉讼时效中断;连带责任保证中,主债务诉讼时效中断,保证债务诉讼时效不中断。"该司法解释的起草者认为,由于在一般保证中存在先诉抗辩权的问题,因此,主债务诉讼时效中断,保证债务的诉讼时效就应当中断。如果此时保证债务的诉讼时效不中断,就可能出现保证债务的诉讼时效期间经过的后果。如果出现这种后果,对债权人来说显然是不公平的。由于在连带责任保证中保证人不存在先诉抗辩权的问题,债权人可以单独起诉保证人,所以,在连带责任保证中,主债务诉讼时效中断,保证债务的诉讼时效不中断。① 我们认为,就一般保证而言,主债务诉讼时效中断,保证债务的诉讼时效还没有发生,所以不存在主债务诉讼时效中断、保证债务诉讼时效中断的问题。就连带保证而言,根据《民法典》第694条第2款的规定,应当得出如下结论:主债务诉讼时效中断,保证债务诉讼时效不中断。《担保法司法解释》第36条第1款规定的前句在《民法典》施行后不应当继续适用,后句应当继续适用。②

需要说明的是,在图11-2中,对于起诉导致诉讼时效中断的情形,存在两种观点,但笔者赞同诉讼时效宜从生效判决确定的履行期限届满日之次日重新计算。其理由是《民法典》第195条规定:"有下列情形之一的,诉讼时效中断,从中断、有关程序终结时起,诉讼时效期间重新计算:(一)权利人向义务人提出履行请求;(二)义务人同意履行义务;(三)权利人提起诉讼或者申请仲裁;(四)与提起诉讼或者申请仲裁具有同等效力的其他情形。"据此,针对诉讼时效中断后的时效起算问题,最高院明确了对于通过诉讼、仲裁等程序的情形,时效起算点为"有关程序终结时起,诉讼时效期间重新计算"。③ 尤其是在权利人提起诉讼或者申请仲裁之后,在诉讼程序或者仲裁程序进行过程中,权利人仍然在主张权利,该过程应作为诉讼时效持续中断期间。因此,在上述情形下,诉讼时效期间的重新起算点应从上述程序终结时重新计算。正因如此,《民法总则》规定:"……从中断、有关程序终

---

① 参见李国光等:《最高人民法院〈关于适用《中华人民共和国担保法》若干问题的解释〉理解与适用》,吉林人民出版社2000年版,第154页。
② 参见最高人民法院民法典贯彻实施工作领导小组主编:《中华人民共和国民法典合同编理解与适用(二)》,人民法院出版社2020年版,第1361页。
③ 最高人民法院民法典贯彻实施工作领导小组主编:《中华人民共和国民法典总则编理解与适用》(下),人民法院出版社2020年版,第984页。

结时起,诉讼时效期间重新计算……"《民法典》总则编对这一规定予以保留。①

《担保法司法解释》第 36 条第 2 款规定:"一般保证和连带责任保证中,主债务诉讼时效中止的,保证债务的诉讼时效同时中止。"起草者认为,诉讼时效的中止是因非当事人所能控制的客观原因而产生,因此,无论对于主债务还是保证债务均应一律对待,主债务诉讼时效中止,保证债务的诉讼时效也应当同时中止。② 我们认为,保证债务的诉讼时效是与主债务诉讼时效相互独立的制度,应当适用自己独立的诉讼时效包括中止制度。因此,《担保法司法解释》第 36 条第 2 款规定的精神在《民法典》施行后是否继续,还值得研究。③

综上所述,在一般保证中,若债权人想要一般保证人承担保证责任,则起诉主债务人应受到"双重的限制"。即,应在保证期间(约定保证期间或法定的 6 个月保证期间)内,同时还应受主债务诉讼时效(一般为 3 年)的限制。若约定的保证期间为 4 年(见图 11-1 情形 F),在主债务诉讼时效不发生中断、中止的情形下,如果债权人在保证期间的第 4 年内起诉主债务人,保证期间虽未经过,但主债务诉讼时效已经经过,此时依据《民法典》第 701 条"保证人可以主张债务人对债权人的抗辩。债务人放弃抗辩的,保证人仍有权向债权人主张抗辩"之规定,保证人可以向债权人主张债务人对债权人的诉讼时效抗辩,从而保证人可以不承担保证责任。因此,站在债权人的角度,可以将保证期间约定为 3 年,保持保证期间和主债务诉讼时效的一致性,使债权人能够有效保障权利;或将保证期间约定长于 3 年,只不过律师或公司法律顾问应及时提醒债权人向债务人主张债权(使主债务诉讼时效发生中断的效果)。在连带责任保证中,保证人没有先诉抗辩权,债权人只需要在保证期间内请求保证人承担保证责任,保证人的责任即确定,保证债务的诉讼时效即开始起算。类似地,依据《民法典》第 701 条之规定,在连带责任保证的情形下,将保证期间约定为与主债务诉讼时效期间一样长也是一种最保险的做法。

4. 保证期间的起算

实践中,保证合同约定的保证期间的始期无外乎三种情形:一是约定保证期间的始期为主债务履行期限届满之日;二是约定保证期间的始期早于主债务履行期限届满之日;三是约定保证期间的始期晚于主债务履行期限届满之日。

---

① 参见最高人民法院民法典贯彻实施工作领导小组主编:《中华人民共和国民法典总则编理解与适用》(下),人民法院出版社 2020 年版,第 986 页。
② 参见李国光等:《最高人民法院〈关于适用《中华人民共和国担保法》若干问题的解释〉理解与适用》,吉林人民出版社 2000 年版,第 155 页。
③ 参见最高人民法院民法典贯彻实施工作领导小组主编:《中华人民共和国民法典合同编理解与适用(二)》,人民法院出版社 2020 年版,第 1361-1362 页。

第一,根据《民法典》第681条之规定,保证期应从"债务人不履行到期债务或者发生当事人约定的情形时"起算。《民法典》第692条第2款规定:"……没有约定或者约定不明确的,保证期间为主债务履行期限届满之日起六个月。"这里仅规定法定保证期间自"主债务履行期限届满之日"起计算,并不涉及约定保证期间的起算问题。如果当事人在保证合同中约定了保证人承担保证责任的条件除了"债务人不履行到期债务"外,还包括其他情形,如主债务人在履行期限届满之前明确表示或者以自己的行为表明不履行合同义务时,债权人可以请求保证人承担保证责任,保证期间即应从主债务人明确表示或者以自己的行为表明不履行合同义务时开始计算。这样的约定在不违背强制性法规的前提下,自应承认其效力。值得注意的是,适用法定保证期间的情形,也不排除预期违约的出现,根据《民法典》第578条关于"当事人一方明确表示或者以自己的行为表明不履行合同义务的,对方可以在履行期限届满之前请求其承担违约责任"的规定,债权人自可在履行期限届满之前请求主债务人承担违约责任。此际,债权人亦可向连带责任保证人主张保证债权,保证期间应自主债务人明确表示或者以自己的行为表明不履行合同义务之日起计算[①]。另外,《民法典》第692条第3款规定:"债权人与债务人对主债务履行期限没有约定或者约定不明确的,保证期间自债权人请求债务人履行债务的宽限期届满之日起计算。"此种情形之下,债权人可以随时要求主债务人履行债务,但应当给对方设定一个"宽限期",宽限期届满之日即为主债务履行期限,亦即保证期间的起算日。

第二,关于当事人约定的保证期间的始期早于主债务履行期限届满之日。此时又可以细分为两种情形:一是约定的保证期间终期早于或等于主债务履行期限届满之日;二是约定的保证期间终期晚于主债务履行期限届满之日。

(1)关于约定的保证期间终期早于或等于主债务履行期限届满之日。此种情形下,由于保证期间先于或与主债务履行期限届满日同时到期,保证责任消灭时,主债权人尚无权要求主债务人履行债务。根据《民法典》第692条第2款"约定的保证期间早于主债务履行期限或者与主债务履行期限同时届满的,视为没有约定"之规定,当事人间约定的保证期间"视为没有约定",并无实际意义,适用法定保证期间。

(2)关于约定的保证期间终期晚于主债务履行期限届满之日。此种情形下,保证期间终期已经确定,而保证期间始期应从主债务履行期限届满之日起算[②]。

[①] 参见高圣平:《民法典上保证期间的效力及计算》,载《甘肃政法大学学报》2020年第5期。
[②] 参见抚宁县农村信用合作联社与抚宁县新兴包装材料厂、抚宁公有资产经营有限公司、秦皇岛远东石油炼化有限公司、第三人秦皇岛骊骅淀粉股份有限公司金融借款合同及保证合同纠纷二审案[最高人民法院(2006)民二终字第236号]。

第三,关于约定保证期间的始期晚于主债务履行期限届满之日。此种情形下,保证期间始期的约定应为有效。此时,当事人真实意思为若主债务人不履行到期债务,债权人并不立即向保证人主张保证债权,实质在于通过推迟保证期间的起算点,强化保证债务的补充性。① 即便保证期间开始起算时主债务诉讼时效已经届满,保证人亦可援引主债务时效经过抗辩权,理由同于长期保证的效力。

第四,对于分期履行债务的保证期间的起算,《民法典》并未作出明确规定。司法实践对此也存在不同观点:一种观点认为,可参照适用"同一债务"②分期履行的诉讼时效起算规则(参见《民法典》第189条③)④,保证期间从最后一期履行期

---

① 参见高圣平:《民法典担保制度体系研究》,中国人民大学出版社2023年版,第647页。

② 需要说明的是,不论是分期履行诉讼时效还是分期履行保证期间的起算,前提都必须是"同一债务分期履行"。所谓同一债务分期履行,是指某一笔债务发生后,当事人依照约定的时间分期履行,债务的内容和范围在债务发生时就已经确定,不因分期履行而发生变化,债权人之于债务人的债权是不可分割的整体。如果不属于同一债务而是各自独立的多笔债务,则不适用从最后一期履行期限届满之日起计算的规则。参见中国农业银行股份有限公司阆中市支行、重庆怡和物资(集团)有限公司金融借款合同纠纷再审民事判决书[最高人民法院(2018)最高法民再109号]。

③ 该条规定:当事人约定同一债务分期履行的,诉讼时效期间自最后一期履行期限届满之日起计算。需要说明的是,本条规定系吸纳了《最高人民法院关于审理民事案件适用诉讼时效制度若干问题的规定》(法释[2008]11号)第5条规定。

④ 需要注意的是,对于分期履行债务(特别是继续性租金债权)的诉讼时效期间如何起算,在司法实践中存在争议:"分期给付说"认为,诉讼时效自最后一期租金履行期限届满之日起开始计算。理由是,各期租金债务相互之间虽具有一定的独立性,但独立性不足以否定整体性和连续性,属于"同一债务分期履行"的情形;"定期给付说"[参见《最高人民法院关于分期履行的合同中诉讼时效应如何计算问题的答复》(法函[2004]23号,2004年4月6日发布并实施)]认为,每一期应付租金的诉讼时效单独计算。理由是,分期支付的租金,不属于《民法典》第189条规定的"当事人约定同一债务分期履行的"分期给付之债,而应认为属于定期给付之债,即每一期租金支付均可成立独立请求权,因而不应认为出租人对承租人应当分期支付的租金,在整个租赁合同约定的最后期租金支付期限届满之日方才起算,而应认为每一期租金均应自其支付期限届满时即开始起算诉讼时效期间。司法实践的主流观点仍认为:通常房屋租赁合同会对租赁年限、每期租金及每期支付时间作出直接约定,有些甚至会将租金总额列明。在此情况下,应当认定每期应当支付的租金债务在合同成立时已经确定,对合同双方均已形成权利义务的约束,该债务属于"整体性""连续性"债务,应当"整体性"地适用诉讼时效规定。故依据《民法典》第189条的规定,分期支付的租金债务,全部租金从最后一期履行期限届满之日起计算诉讼时效。而对于租赁期限或租金总额没有明确约定的租赁合同或者不定期租赁合同而言,其租金存在被认定为定期给付之债进而诉讼时效将自每一期租金的支付期限届满之日分别起算的风险。这样的争议在建设工程领域关于工程款和质保金是否应分别计算诉讼时效时也同样存在,参见本书第5章"建设工程合同起草、审查精要与实务"第4节第2部分之"工程质量保修条款"。

限届满之日起计算①;另一种观点认为,应按每一期债务的履行期限届满日分别起算保证期间。理由是,民事诉讼法关于同一债务分期履行的诉讼时效起算规则的立法目的在于督促债务人履行债务,保护债权人利益。但在计算保证期间时,不应当然适用上述规定,否则将不适当地延长保证期间,加重保证人的责任②。司法实践的主流观点是第一种观点,主要理由是:一方面,在同一债务分期履行保证期间的确定上,可类推适用同一债务分期履行的诉讼时效起算规则;另一方面,在没有特别约定的情况下,分期履行的债务是同一债务整体的组成部分,保证人是为同一笔债务的整体提供担保,故主债权人可基于该债务的整体性而待最后履行期限届满后向主债务人和保证人主张权利,故保证期间亦应从最后一期债务履行期届满之日起开始计算③。值得探讨的是,上述规则针对的都是当事人约定保证人对整个债务提供担保,保证期间应从最后一期履行期限届满之日起计算。但在当事人约定保证金仅对某一期债务或者某几期债务分别提供担保的情形下,保证期间应从某一期或者某几期债务履行期限届满之日起算还是从最后一期债务履行期限届满之日起算不无争议。此时,似乎应尊重当事人的约定。

最后,在主债权债务合同解除的情形下,保证期间如何起算?主债务人因主合同解除所应承担的民事责任,发生于主债务履行期限届满之前,保证期间应从债权人可得主张因主合同解除的民事责任之日起开始计算。

笔者以如下保证期间的简单示例来结束本部分的讨论。

【例11-3】保证期间条款

保证期间为自主债务履行期届满之日起三年。分期履行的,各期债务的保证

---

① 参见马某、刘某侠民间借贷纠纷再审审查与审判监督民事裁定书[最高人民法院(2019)最高法民申6049号]。最高院在本案中认为:马某在《还款计划》担保人处签名表明其愿意依照《还款计划》对案涉700万元承担保证责任。《还款计划》约定2014年6月10日前本金加利息全部结清,这表明2014年6月10日是案涉700万元的最终还款期限。该700万元作为一个整体,不应分期计算保证期间。刘某侠于2014年12月9日提起诉讼,并未超过6个月的保证期间。类案还可参见最高人民法院(2000)经终字第232号、(2005)民二终字第185号、(2017)最高法民申4454号、(2018)最高法民终806号、(2019)最高法民终544号、(2021)最高法民终1090号裁判文书。

② 参见西安喜洋洋生物科技有限公司诉上海申航进出口有限公司买卖合同纠纷二审民事判决书[上海市第一中级人民法院(2016)沪01民终11393号]。

③ 参见张某龙、永修县矽砂矿股权转让纠纷二审民事判决书[江西省高级人民法院(2019)赣民终78号]。

期间从各期债务履行期届满之日起分别计算[均从最后一期债务履行期届满之日起计算]。

这一示例关于保证期间的约定是自主债务履行期届满之日起3年,与普通诉讼时效保持一致。另外,特别针对分期履行情形给出了两种方案以供选择。

(五)债权人的监督权

由于保证担保方式是一种基于保证人的信用或信誉的担保,故保证人是否具有真实的代履行能力就至关重要了,因此保证合同中应约定债权人的监督权,但债权人应负有相应的保密义务。

【例11-4】债权人监督权条款

X	债权人监督权
X.1	甲方有权对乙方的财务、经营等情况进行检查、监督,乙方应当按甲方要求如实提供有关资料并提供现场检查之便利。
X.2	甲方对知悉的乙方财务、经营等情况应当保密,但根据法律法规或者应政府部门要求依法披露的除外。

(六)主合同变更

《民法典》第695条规定:"债权人和债务人未经保证人书面同意,协商变更主债权债务合同内容,减轻债务的,保证人仍对变更后的债务承担保证责任;加重债务的,保证人对加重的部分不承担保证责任。债权人和债务人变更主债权债务合同的履行期限,未经保证人书面同意的,保证期间不受影响。"这一规定完全颠覆了《担保法》第24条的规定,即:"债权人与债务人协议变更主合同的,应当取得保证人书面同意,未经保证人书面同意的,保证人不再承担保证责任。保证合同另有约定的,按照约定。"《担保法》第24条的规定不尽合理,主要在于该规定对协议变更情况不作任何区分,或者说没有从合同变更对保证责任的影响这一出发点考虑问题,显然是不妥当的。例如,如果当事人协商减少债务数额,可能会减轻保证人的保证责任。因此,《担保法司法解释》第30条对此进行了修正,其规定:"保证期间,债权人与债务人对主合同数量、价款、币种、利率等内容作了变动,未经保证人同意的,如果减轻债务人的债务的,保证人仍应当对变更后的合同承担保证责任;如果加重债务人的债务的,保证人对加重的部分不承担保证责任。债权人与债务人对主合同履行期限作了变动,未经保证人书面同意的,保证期间为原合同约定的或者法律规定的期间。债权人与债务人协议变动主合同内容,但并未实际履行的,保证人仍应当承担保证责任。"根据该司法解释的起草者的解释,起草者关注的是主合同发生变化对保证人所承担保证责任的影响,重点在于是否加重了保证人的责任,是否超出了保证人所承诺的范围。① 如果没有加重保证人的责任,没有超出保证人所承诺的范围,则保证人仍然应当承担保证责任。本条的规定应当来自《担保法司法解释》第30条的规定。尤需注意主合同变更对保证期间的影响,即"债权人和债务人变更主债权债务合同的履行期限,未经保证人书面同意的,保证期间不受影响"②。

【例11-5】主合同变更条款

X	主合同变更
X.1	甲方与债务人协议变更主合同以下内容的,经乙方书面同意后,乙方对变更后的主合同债权继续承担保证责任: (1)延长借款期限的,但不包括适用分期还款方式时,在借款期限不变的情况下调整分期(分月)还款时间、减少或者增加期数的情形; (2)增加借款本金,或者提高借款利率、违约金标准加重债务人债务的; (3)甲方许可债务人将全部或者部分债务转移给第三人的。
X.2	前款约定情形之外的主合同变更,无须经乙方同意,乙方对变更后的主合同债权继续承担保证责任。
X.3	本合同有效期内,因国家法律法规及人民银行等主管机构有关规定调整或者变化且适用于主合同,包括利率调整等,导致主合同变更的,无须乙方同意,乙方对变更后的主合同债权继续承担保证责任。

需要说明的是,如本例中第X.3款的约定,《民法典》第695条规定了债权人和债务人未经保证人书面同意协商变更主债权债务合同内容的情形,是否涵盖因国家法律法规及监管机构政策变化需对主债权债务合同内容作出变更的情形呢?笔者认为,若因此种客观情况发生变化导致主债权债务合同内容发生变更的,原则

---

① 参见李国光等:《最高人民法院〈关于适用《中华人民共和国担保法》若干问题的解释〉理解与适用》,吉林人民出版社2000年版,第138页。
② 参见伊犁哈萨克自治州利融投资有限公司、新疆融硕商贸有限公司等民间借贷纠纷二审民事判决书[新疆维吾尔自治区高级人民法院(2023)新40民终644号];黄某敏、王某平民间借贷纠纷再审民事判决书[江西省高级人民法院(2020)赣民再202号];韩某、黄某等民间借贷纠纷一审民事判决书[广东省佛山市三水区人民法院(2023)粤0607民初7042号]。

上也应受《民法典》第695条的规制，但为避免争议，有必要在保证合同中予以明确。原则上，保证人是否事先同意或者放弃其权利，就需要其评估风险了。

最后，在民事纠纷中，如果债务人有部分还款意愿，而债权人为了提高回款率，减少未来执行不佳的风险，可能会与债务人协商、和解、调解，在还款金额、还款期限上作出一定让步，但与债务人之间的债务重组未必能得到保证人的配合、同意。此时，债务金额的让步减轻了保证人的保证责任，自无不可；但延长主债务的履行期限则将导致超过约定或者法定保证期间的部分对保证人不生效力。在保证期间届满日前，保证人可以主张主债务人的抗辩（《民法典》第701条），故保证人可以主张主债务履行期尚未届满，不承担保证责任。在展期后的主债务履行期间届满后，债权人主张保证人承担保证责任的，因为保证期已过，保证人可以主张保证责任消灭。那么，此种情形下，债权人如何保护自己的权利呢？笔者认为，有如下几种方法可供选择：

（1）保证合同约定保证人预先同意主债务展期，而无须另行取得保证人同意。这可能也是金融机构借款合同中最常见的方法。

【例1】：保证人在此明确同意，出借人（贷款人）有权对主合同项下的贷款进行展期，而无须另行取得保证人的同意。如果出借人（贷款人）决定对主合同项下的贷款进行展期的，保证期间自展期后的还款期届满之日起算。

【例2】：债权人与债务人双方就债务履行期达成展期协议的，保证期间至展期协议重新约定的债务履行期届满之日后三年止。展期无须再经保证人同意。保证人仍需承担连带保证责任。

就此类保证人"预先同意"条款，司法实践中多数法院认可其效力，但也存在否定的声音。认可其效力的案例，如在徐某君与启东清雅无纺布有限公司、上海清雅无纺布有限公司等民间借贷纠纷二审民事判决书[上海市第二中级人民法院(2020)沪02民终2388号][1]中，一审法院认为：

根据相关法律和司法解释的规定，债权人与债务人对主合同履行期限作了变动，应当取得保证人书面同意，未经保证人书面同意的，保证期间为原合同约定的或者法律规定的期间。债权人超过保证期间未向保证人主张承担保证责任的，保证责任得以免除。本案中徐某君作为债权人、张某作为债务人，在两份借条和《借款合同》中已经明确了主合同履行期限，虽然在《保证合同》中事先约定债权人与债务人可以协议展期，保证人在展期后继续承担保证责任，保证期间变更为展期协

---

[1] 类案参见温某某、李某等民间借贷纠纷审判监督民事裁定书[宁夏回族自治区高级人民法院(2023)宁民申1495号]。

议约定的债务履行期限届满之日起二年,但保证人在签署《保证合同》时并不知晓展期的具体约定,故保证合同中的保证期间属于约定不明状态,仍需三方就变更主合同履行期限和延长保证期间进一步协商一致予以明确,且展期未经担保人书面同意,侵害了保证人的知情权和决策权(根据展期情况决定是否在原定保证期间经过后继续提供担保),剥夺了其期限利益,导致债权人和债务人可通过随意延长主合同履行期限来顺延保证期间,实质上加重了保证人的债务负担,有违公平原则,该约定属于格式条款,排除了保证人的主要权利,加重了其责任,故该约定对于保证人无法律约束力。根据本案实际情况,徐某君没有提供证据在保证责任期间内及时向保证人主张承担保证责任,保证期间已过,保证责任免除。

二审法院认为:

启东清雅公司、上海清雅公司、张某拉、张某龙应承担保证责任。理由如下:2015年4月24日,启东清雅公司、上海清雅公司、张某拉签订的《保证合同》中明确约定"债权人与债务人就借款合同债务履行期限达成展期协议的,保证人继续承担保证责任,保证期间自展期协议约定的债务履行期限届满之日起二年。该合同之效力基于借款人与债务人就借条或借款合同内容所作的变更、补充之协议";2016年5月17日,张某龙签订的《保证合同》中明确"债权人与债务人就借款合同债务履行期限达成展期协议的,保证人继续承担保证责任,保证期间自展期协议约定的债务履行期限届满之日起二年,债权人和保证人不再另行签订保证合同,保证人的担保责任与该合同约定的相同"。……本院认为上述两份《保证合同》系启东清雅公司、上海清雅公司、张某拉、张某龙的真实意思表示,启东清雅公司、上海清雅公司、张某拉、张某龙签订的《保证合同》不仅明确约定保证人对于展期仍应承担保证责任,而且还明确借款合同内容发生变更、展期无须再经保证人确认同意、另行签订保证合同,故启东清雅公司、上海清雅公司、张某拉、张某龙在签订《保证合同》时对于其应承担的保证责任期间将随着债权人与债务人在债务履行期满后达成的展期而延长之事实是明知的,且对保证责任的承担已经作出承诺。……徐某君对张某在借款期届满后出具还款计划书以延长借款期间的意思表示予以认可,而未再经保证人同意,并未加重保证人的债务负担。

部分法院对此类条款的态度较为审慎,如在董某杰、青岛东和旭阳实业发展有限公司等民间借贷纠纷二审民事判决书[山东省青岛市中级人民法院(2022)鲁02民终4896号]中,一审法院认为:

虽然在借款合同中约定"对本合同所作的任何变更、补充与修改,保证人均予认可",但长安房地产公司在签署借款合同时并不知晓展期的具体约定,故借款合同中的保证期间属于约定不明状态,仍需三方就变更主合同履行期限和延长保证期间进一步协商一致已明确,且展期未经担保人书面同意,侵害了保证人的知情权和决策权(根据展期情况决定是否在原定保证期间经过过后继续提供担保),剥夺了其期限利益,导致债权人和债务人可以通过随意延长主合同履行期限来顺延保证期间,实质上加重了保证人的债务负担,有违公平原则,该约定属于格式条款,排除了保证人的主要权利,加重了其责任,故该约定对于保证人无法律约束力。根据本案实际情况,董某杰没有提供证据在保证责任期间内及时向保证人主张承担保证责任,保证期间已过,保证责任免除。

从上述两个案例的一审判决来看,法院之所以否定此类条款的效力主要基于两个方面的理由:一是保证人在签署保证合同时并不知晓展期的具体约定,借款合同中的保证期间属于约定不明状态;二是该约定属于格式条款,随意延长主合同履行期限来顺延保证期间,实质上加重了保证人的债务负担,有违公平原则。第二个理由主要出现在金融机构、融资担保公司这样的其他金融机构的合同文本中,因为此类条款更容易构成格式条款①。因此,为避免构成格式条款,金融机构应尽量在条款上采用加粗、协议、下画线等方式履行合理的提示义务或说明义务。

(2)保证合同不直接约定保证人预先同意主债务展期继续承担保证责任,但由债务人向债权人出具同意延期还款的单方承诺函。需要说明的是,基于对银行等金融机构的严监管,金融机构对于已经到期的债权有义务催收,而不得暂缓催收,因此需要在债权到期前进行展期处理,故展期协议是必要的法律文件,但这种方法对于非金融机构则可以考虑采用。此种方法下,债权人应在保证合同约定的保证期内向连带责任保证人(不适用于一般保证)主张权利,此时,保证期间消灭,保证债务的诉讼时效可以起算三年(当然以后还可以即时中断诉讼时效),当然前提是对于债务人的单方承诺,债权人并不签章表示同意,否则达成了展期合意,则债权人将丧失向保证人主张的权利。

(七)债权(债务)转让(转移)

在保证合同中,除需要关注主合同变更对保证人的影响外,还需要关注主合同债权(债务)转让(转移)对保证人的影响。

1. 债权转让

《民法典》第696条规定:"债权人转让全部或者部分债权,未通知保证人的,

---

① 参见安徽华商融资担保有限公司、安徽文都盖业有限公司等借款合同纠纷二审民事判决书[安徽省安庆市中级人民法院(2022)皖08民终747号]。

该转让对保证人不发生效力。保证人与债权人约定禁止债权转让,债权人未经保证人书面同意转让债权的,保证人对受让人不再承担保证责任。"本条规定是关于债权转让对保证人发生何种影响的规定。与《担保法》第22条、《担保法司法解释》第28条规定相比较,本条规定并无实质变化,仅是第2款吸收了《担保法司法解释》第28条第2句的规定,将保证人与债权人的特别约定明确列举出来。

首先,《民法典》第546条第1款规定:"债权人转让债权,未通知债务人的,该转让对债务人不发生效力。"《民法典》第696条第1款"债权人转让全部或者部分债权,未通知保证人的,该转让对保证人不发生效力"之规定,实际上是在落实《民法典》第546条第1款的规定。即在保证法律关系中,保证人就是债务人。由于主债权转让伴随了从债权(保证债权)的转让,如果不通知保证人,则该转让对保证人不发生效力。需要注意的是,笔者认为,由于债权人转让主债权未通知保证人,不影响主债权转让合同的效力,但保证合同的保证债权并未发生转让的后果(对保证人不发生效力),因原债权人的债权已经消灭或部分消灭,根据担保的从属性原理,保证债权亦随之消灭或部分消灭。

其次,《民法典》第696条第2款规定了例外情形,其理由在于尊重当事人的意愿,尊重当事人的意思自治。若保证人与债权人约定禁止债权转让或者仅对特定债权人承担保证责任,则债权人应遵守这一约定。若债权人违反该约定,未经保证人书面同意转让债权,其构成违约,保证人依约当然应当免除其相应的保证责任。

2. 债务转移(债务加入)

第一,关于债务转移。《民法典》第697条规定:"债权人未经保证人书面同意,允许债务人转移全部或者部分债务,保证人对未经其同意转移的债务不再承担保证责任,但是债权人和保证人另有约定的除外。第三人加入债务的,保证人的保证责任不受影响。"本条规定是关于债务转移(债务承担)和债务加入对保证人发生何种影响的规定。与《担保法》第23条、《担保法司法解释》第29条规定相比较,其第1款规定并未发生实质性改变,但其第2款关于债务加入的规定则属于新增规定。本条规定的原理在于:一方面,保证人承担保证责任一般以债务人不履行债务或者发生约定的情形为前提,因此,债务人的财产状况直接关系到保证人应否承担保证责任以及清偿后的追偿权能否实现的问题。在主债务转移的情形下,新的债务人是否具有清偿能力将直接影响保证人保证责任的承担。即便新的债务人具有清偿能力,如果其不履行债务,甚至逃避债务,保证人仍应承担保证责任。另一方面,保证人一般是基于对原债务人之间的人身信赖关系而提供保证担保的,保证人是基于对原债务人的信任而提供担保,但其与新债务人之间通常并不存在信任关系。因此，债务人转让债务应当获得保证人的书面同意。书面同意实际上表明保证人认可了该债务转让行为，并表明其愿意对该债务的受让人承担保证责任。如果债务人转让债务未经保证人书面同意，则保证人对转让的部分不再承担保证责任。① 本条第1款的涵义是免责的债务承担。这里的免责的债务承担，即包括全部免责，也包括部分免责。传统民法理论指的是全部免责。②

【例11－5】中实际已经包含了一个主债务转移的条款，其第X.1款第3项规定"甲方许可债务人将全部或者部分债务转移给第三人的"，经乙方（保证人）书面同意后，乙方才对被转移的主合同债权继续承担保证责任。此外，由于《民法典》第696条第1款之规定，债权人转让全部或者部分债权，并不需要保证人同意，仅需通知保证人即可，故此，该条款并未将甲方（债权人）转让全部或部分债权给第三人纳入需经乙方（保证人）书面同意的范畴。

第二，并存的债务承担，又可称为第三人加入债务。由于第三人加入债务，原债务人还是当然的债务人。因此，保证人的权益不仅没有受到任何损害，反而因第三人加入债务，最终使保证人的责任减轻。即使加入的第三人没有任何财产，也不会给保证人带来不利影响。因此，本条规定：第三人加入债务的，保证人的保证责任不受影响。③

第三，还需要关注一些实务中的问题。例如，值得讨论的是，如果债权人和保证人在保证合同中约定保证人预先同意债务人转移全部或部分债务，这样的约定的效力如何？笔者倾向于认为，如前所述，在"债权人未经保证人书面同意，允许债务人转移全部或者部分债务"的场合，该转让对保证人不发生效力。其立法的意旨在于保护相对弱势的保证人，因为新的债务人的财产状况直接关系到保证人应否承担保证责任以及清偿后的追偿权能否实现的问题。保证人在明知可能存在这样的风险的情况下，自己处置自己的权利并无不妥，但从保护保证人的利益出发，债权人或者债务人应当通知保证人，自通知达到保证人时产生法律效力。这跟债权人事先同意债务转移的道理有"异曲同工"之处④。

---

① 参见王利明：《合同法研究》（第4卷），中国人民大学出版社2018年版，第299－300页。

② 参见最高人民法院民法典贯彻实施工作领导小组主编：《中华人民共和国民法典合同编理解与适用（二）》，人民法院出版社2020年版，第1373页。

③ 最高人民法院民法典贯彻实施工作领导小组主编：《中华人民共和国民法典合同编理解与适用（二）》，人民法院出版社2020年版，第1373页。

④ 关于债权人是否可以约定事先同意债务转移的相关内容，请参见笔者所著《合同审查精要与实务指南：合同起草审查的基础思维与技能》（第3版）第15章"合同通用条款的审查：正文通用条款"第3节第2部分。

(八)违约责任

关于保证合同的违约责任条款,由于保证合同系单务合同,故通常情况下只约定保证人的违约责任。

【例11-6】保证人违约责任

X	保证人违约责任
X.1	乙方有以下情形的,构成保证人违约: (1)隐瞒企业财务、经营等情况,或者拒绝甲方行使债权人监督权; (2)在本合同订立、履行过程中提供虚假、不完整、不准确或者无效的资料及信息; (3)有抽逃出资、虚假出资、转移财产、逃避债务等缺乏担保诚意行为的; (4)与他人签订有损甲方权益的合同; (5)未履行本合同第[　　]条约定的通知义务; (6)违反所作出的保证、违反本合同的约定、明确表示或者以行为表明不履行本合同的约定。
X.2	乙方违约,甲方有权分别或者同时采取下列措施: (1)要求乙方限期纠正其行为; (2)要求乙方支付违约金,从违约行为发生之日起按主合同借款金额计收违约金,违约金标准为每日万分之[　　]; (3)要求乙方赔偿经济损失; (4)要求乙方补充提供担保或者提供新的担保; (5)甲方认为必要和可能的其他措施。

在本示例中,保证合同约定了保证人在一系列的情形下构成违约,并承担相应的违约责任,其目的是保障保证人有能力履行自己的担保责任。而在违约责任的形式上,并不包含广义上的解除合同,而只是要求其限期纠正、承担违约金、赔偿损失以及补充担保或提供新的担保,因为解除保证合同并不符合债权人的利益,这是其一。其二,需要注意的是,保证合同约定的违约金和赔偿责任应受到主债务范围的限制,参见前文不再赘述。

最后,实务中,有人提出站在债权人利益保护的角度,可以要求保证人在保证合同中作出一系列陈述和承诺,保证人违反这些承诺时,会导致债权加速到期。例如,保证合同中可以约定保证人发生减少注册资本、分立、合并、联营、资产转让、重大诉讼等变化时要通知债权人,债权人有权要求增加新的担保。如果保证人不能再提供新的担保,则债权人有权宣布贷款提前到期,要求保证人立即承担担保责任。笔者认为,该约定前句并无问题,但后句则属于表述不清,应予以适当澄清:第一，保证合同由债权人和保证人签订，其标的是担保的主债权，即特定化的、数额可以确定的、已经成立并合法有效的债权。而主合同是债权人和债务人之间签订的合同，不能因保证人违反保证合同的约定，就当然地认为债权人有权宣告主合同项下的主债务加速到期，从而要求保证人承担担保责任，除非债权人在主合同中约定了"加速到期"条款，而加速到期的事由包括了保证人的违约行为。这其实就是金融借款、融资租赁领域常见的"交叉违约条款"。① 所谓"交叉违约条款"，是指借贷双方在金融借款合同中约定，如果本合同项下的借款人（及其合并财务报表范围内的子公司、担保人及其关联方）在其他合同项下出现违约，则也视为对本借款合同的违约，进而贷款人可以向借款人主张违约责任或采取相应措施的条款。该条款的效力，法院一般都予以认可。在实践中，一般将借款人以及与金融借款合同履行有密切关系的主体纳入交叉违约主体，主要包括借款人的关联方、担保人以及担保人的关联方。显然只有在主合同中明确约定保证人在保证合同项下的违约行为构成"交叉违约"的事由时，债权人才有权援引此条款宣告主债权加速到期。而非在保证合同中约定加速到期，显然这对债务人并无约束力。第二，保证设立的目的是保障债权人在主合同项下的债权的实现，基于担保关系的附随性，保证合同作为从合同，自身不能独立存在，必须以主合同的存在为前提和依据，并随着主合同产生、变更和消灭。因此，依据《民法典》第681条的规定，保证人只有"当债务人不履行到期债务或者发生当事人约定的情形时"，才承担保证责任。由于保证人承担保证责任具有顺位利益，实质还是主合同的债务人本身不履行到期债务或者发生当事人约定的情形（如加速到期）时才触发，此时债务人已经出现了根本性的违约行为或者预期违约行为。而保证人违反保证合同的约定，可能导致保证合同项下的保证人的"预期违约"或债权人的"不安抗辩"，会实质性地影响保证人履行保证责任，但并非一定会触发主合同项下债务人的"预期违约"或债权人的"不安抗辩"，因此，约定保证人在保证合同项下的违约行为构成"交叉违约"的事由本身没有问题，但这并不必然影响债务人的履行能力，并不必然对主债权的安全造成直接的影响，这是两回事。因此，只有债务人和其他相关主体存在实质性、根本性的违约行为才能启动交叉违约条款，否则应审慎评估债权人是否构成滥用该条款，损害债务人和保证人的合法权益②。

---

① 有关"交叉违约条款"的内容，请参阅本书第2章"借款合同起草、审查精要与实务"第3节第8部分之"交叉违约条款"。
② 参见平安银行股份有限公司成都分行、兰某强金融借款合同纠纷二审民事判决书[四川省成都市中级人民法院(2019)川01民终737号]。

（九）最高额保证的特别条款

首先，《民法典》第690条规定："保证人与债权人可以协商订立最高额保证的合同，约定在最高债权额限度内就一定期间连续发生的债权提供保证。最高额保证除适用本章规定外，参照适用本法第二编最高额抵押权的有关规定。"据此，最高额保证合同中的被担保的主债权条款应包含债权确定期间（"决算期"或"确定期间"）和担保的债权最高限额两个核心要素。若最高额保证合同中未约定主债权的确定期间，依据《民法典》第423条规定确定，即"有下列情形之一的，抵押权人的债权确定：……（二）没有约定债权确定期间或者约定不明确，抵押权人或者抵押人自最高额抵押权设立之日起满二年后请求确定债权；……"

其次，最高额保证合同的保证期间与一般保证合同的保证期间的确定存在一定的特殊性。具体而言，最高额保证合同是对某一期间内连续发生的债权进行保证，期间内发生的每一笔债权的债务履行期间可能均不同，同时也可能与债权确定的期间不同，而债务履行期间的确定与保证期间息息相关。在以往的学理界和实务界，关于最高额保证合同的保证期间从何时开始起算，主要存在以下三种观点：

观点一：最高额保证合同的保证期间应自被担保的每笔债务的履行期限届满之日起开始计算。此观点将最高额保证保证期间的起算点与普通保证的起算点完全等同，忽略了最高额保证中保证人承担保证责任的特征，即最高额保证的保证人是对决算日前债务人未清偿的债权余额在最高限额内承担保证责任。

观点二：最高额保证合同的保证期间应严格从决算日开始计算。最高额保证所担保的不是多笔债务的简单累加而是债务整体，各个债务清偿期仅对债务人有意义，并不影响最高额保证保证人承担保证责任。该观点虽注意结合最高额保证的特点来起算其保证责任期间，指出了决算日对最高额保证期间的重要意义，但还存在一些漏洞，特别是忽略了保证责任从主债务履行期届满之后开始计算这一基本原理。因为可能存在某一单笔或某些笔债务的履行期起算日尚未算日而保证期却已经结束的情形。

观点三：最高额保证合同的保证期间的起算不应一概而论，而应区别对待，对决算前债务履行期已经届满的债务，保证期间自决算日起算；对决算后债务履行期才届至的债务，保证期间自债务履行期届满之后再开始计算。这是目前我国学界大多数学者支持的观点。该观点不仅注意到了最高额保证中决算日的重要性，同时注意到了发生于决算日之前的主债务其履行期届满日可能早于或者等于决算日，也可能晚于决算日。

在此基础上,《担保制度司法解释》第 30 条规定：

最高额保证合同对保证期间的计算方式、起算时间等有约定的,按照其约定。

最高额保证合同对保证期间的计算方式、起算时间等没有约定或者约定不明,被担保债权的履行期限均已届满的,保证期间自债权确定之日起开始计算;被担保债权的履行期限尚未届满的,保证期间自最后到期债权的履行期限届满之日起开始计算。

前款所称债权确定之日,依照民法典第四百二十三条的规定认定。

本条解释第 1 款规定实际就是当事人对保证期间有约定的按照约定确定。例如,当事人可以约定从债权确定期间届满之日起算保证期间,保证期间为 1 年;也可以约定从债权确定期间届满之日起 3 个月后起算保证期间,保证期间为 6 个月。若当事人约定保证人承担保证责任直至主债务本息还清时为止等类似内容,视为约定不明,保证期间为主债务履行期限届满之日起 6 个月(《担保制度司法解释》第 32 条)。此时,应当适用本条解释第 2 款规定。

本条第 2 款规定实际否定了该解释征求意见稿第 29 条的观点①(上述的观点一),而在上述观点三的基础上进行了简化调整。具体见图 11－4。

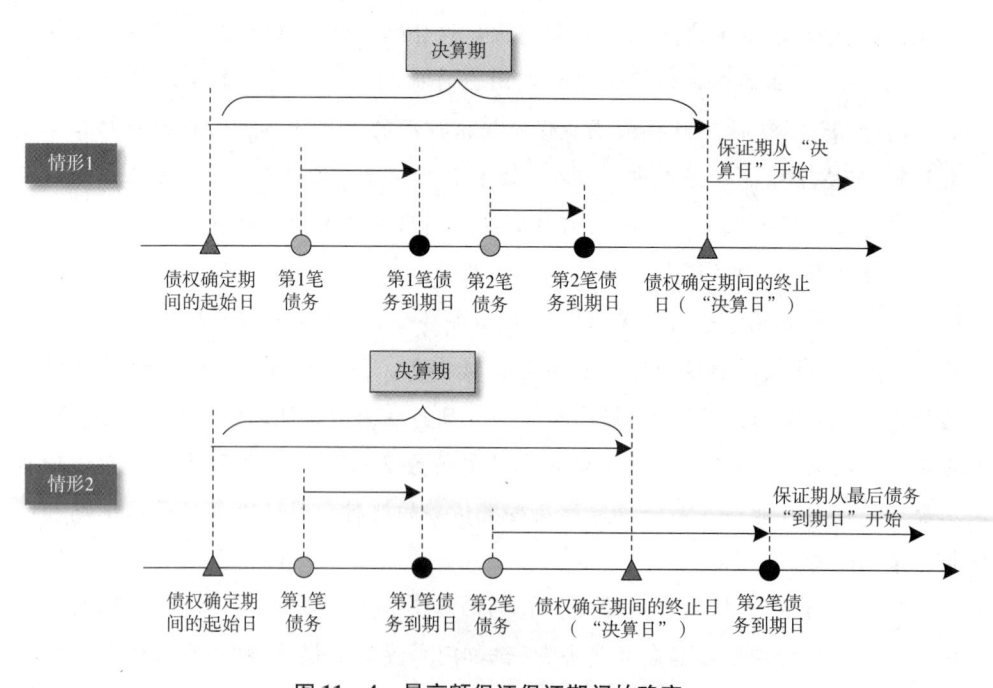

图 11－4　最高额保证保证期间的确定

---

① 参见《担保制度司法解释(征求意见稿)》第 29 条"最高额保证的保证期间"："最高额保证合同中,所担保的债务逐笔单独计算保证期间,但是当事人对保证期间的计算方式以及起算日期等另有约定的除外。"

（1）对于情形1。"被担保债权的履行期限均已届满",是指在债权确定之前发生的被纳入最高额保证担保范围的每个债权的履行期限都已经届满。此种情形下,保证期间自债权确定之日（"决算日"）起开始计算。"被担保债权的履行期限均已届满"不同于"债权确定"。所谓债权确定,是指因当事人约定的债权确定期间届满或者法律规定的情形的发生而使最高额保证所担保的债权被确定下来。《民法典》第423条规定:"有下列情形之一的,抵押权人的债权确定:（一）约定的债权确定期间届满;（二）没有约定债权确定期间或者约定不明确,抵押权人或者抵押人自最高额抵押权设立之日起满二年后请求确定债权;（三）新的债权不可能发生;（四）抵押权人知道或者应当知道抵押财产被查封、扣押;（五）债务人、抵押人被宣告破产或者解散;（六）法律规定债权确定的其他情形。"就此,《担保制度司法解释》第30条第3款规定"前款所称债权确定之日,依照民法典第四百二十三条的规定认定"。

（2）对于情形2。"被担保债权的履行期限尚未届满的"意味着,任何一笔被担保债权的履行期限在债权确定之前尚未届满的,则保证期间自最后到期债权的履行期限届满之日起开始计算。作此规定的理由在于:如果最高额保证的债权确定之前所有被担保债权的履行期限都已经届满了,则保证期限从债权确定之日起算6个月是没有什么问题的,因为最高额保证所担保的一定期间内连续发生债权,只要都在最高额债权额度内且各个具体债权的履行期限都已经届满,那么债权确定期满后,就可以确定最高额保证所担保的具体债权数额。此时,就最高额一般保证而言,债权人有权要求债务人履行债务,并在其不履行债务时提起诉讼或者申请仲裁,如果对债务人的财产强制执行仍不能清偿债务的,债权人有权要求保证人承担保证责任,此时开始计算保证债务的诉讼时效。就最高额连带保证而言,债权人既有权要求债务人履行债务,也有权要求连带责任保证人承担保证责任,而从债权人要求保证人承担保证责任之日起开始计算保证债务的诉讼时效。故此,在所有被担保债权履行期限均已届满的情况下,从债权确定之日开始计算6个月的法定担保期间,无论是对于债权人还是保证人都无不利影响。反之,如果最高额保证所担保的最高债权额限度内的某一个或某几个被担保债权的履行期限尚未届满,此时,虽然债权已经确定了,但是,对于那些履行期限尚未届满的被担保债权而言,债权人还无权要求债务人履行债务,故此不可能请求保证人承担保证责任。倘若从债权确定之日开始计算保证期间,对于债权人显然是不利的。因为,在保证期间届满前,可能某一个或某几个被担保债权的履行期限都还没有届满,债权人将因此丧失请求保证人对这些债权承担保证责任的权利。故此,按照《担保制度司法解释》第

30条第2款的规定,此时,保证期间应当从最后到期债权的履行期限届满之日起开始计算。①

在实务中,若站在债权人的角度,最高额保证合同约定所担保的债务逐笔单独计算保证期间可能对债权人更为有利,更容易把握主债务诉讼时效与保证期间的关系,以免保证人以主债务诉讼时效经过为由进行抗辩。当然更为可能的是,约定以最晚的债务履行期间届满之日作为最高额保证的保证期间的起算点。若该届满之日早于决算日,则以决算日为起算点。此外,在审定最高额保证合同条款时,若未对相关术语进行明确定义,应避免采用"决算期""放款期"等习惯术语,其涵义模糊、不确定,容易引发争议。

【例11-7】债权确定期间和保证期间条款

X	债权确定期间和保证期间
X.1	债权确定期间
X.1.1	债权确定期间为一个不中断的连续期间,甲方就乙方和债务人之间在该期间内、最高限额内发生的不特定债权,向乙方提供保证担保。
X.1.2	债权确定期间为[ ]年[ ]月[ ]日至[ ]年[ ]月[ ]日(该期间届满之日简称"决算日")。在该债权确定期间内,甲乙双方协议终止本合同的,终止之日为决算日;甲方依法书面通知乙方终止本合同的,甲方的书面通知到达乙方之日为决算日。
X.2	保证期间
X.2.1	在不特定债权额确定之后,乙方向甲方主张权利的期间,也是甲方在被担保不特定债权额确定之后承担保证责任的期间,即保证期间。
X.2.2	主合同项下被担保债务到期日按照主合同约定确定。主合同项下被担保债务到期日早于或等于决算日的,保证期间从决算日开始起算;主合同项下被担保债务到期日晚于决算日的,保证期间从主合同项下被担保债务到期日起算。而无论前述哪种情形,甲方应承担保证责任的保证期间均为三年;且双方特别同意:任一主合同项下的被担保债务到期后,乙方可宣布甲方对该笔债务的保证期间起始日提前至前述债务到期日之次日,甲方对此予以认可。

---

① 参见程啸、高圣平、谢鸿飞:《最高人民法院新担保司法解释理解与适用》,法律出版社2021年版,第194页。

第 12 章 保理合同起草、审查精要与实务

> **内容概览**
>
> 实践中,应收账款保理已经成为国内兴起的一种融资渠道和担保制度创新形式。"保理"(factoring)一词源于国际结算中的国际保理业务,全称为"保付代理",是指卖方将与买方订立的货物销售合同所产生的应收账款转让给保理商,由保理商向卖方提供一系列综合金融服务。保理为解决企业资金困境提供了新的思路。《民法典》合同编典型合同分编第 16 章将保理合同作为典型合同类型之一,并在融资实务和司法实践的基础上进行了规定,如何在新规下对保理合同进行起草和审查,是保理业务律师值得研究的课题。本章包含如下内容:
> - ✓ 保理合同的概念、功能、特征与分类
> - ✓ 保理合同的核心法律问题
> - ✓ 保理合同的审查

第一节 保理合同的概念、功能、特征与分类

一、保理合同的概念与基本功能

"保理"(factoring)一词源于国际结算中的国际保理业务,全称为"保付代理",是指卖方将与买方订立的货物销售合同所产生的应收账款转让给保理商,由保理商向卖方提供一系列综合金融服务。很多公约、规则都对保理合同进行了定义,例

如国际统一私法协会《国际保理公约》①、《联合国国际贸易中应收账款转让公约》以及《国际保理通用规则》都有所定义。在我国，银保监会颁布的《商业银行保理业务管理暂行办法》（银监会令 2014 年第 5 号）②、中国银行业协会颁布的《中国银行业保理业务规范》（银协发〔2016〕127 号）也作出了定义。

《民法典》首次在法律层面对保理合同作出了明确的定义。其第 761 条规定："保理合同是应收账款债权人将现有的或者将有的应收账款转让给保理人，保理人提供资金融通、应收账款管理或者催收、应收账款债务人付款担保③等服务的合同。"该定义与我国当前的监管规定并无本质区别。本条规定的定义主要是从保理人与应收账款债权人之间权利义务关系的角度，对保理合同进行界定。在理解和适用上需要注意以下要点：

第一，保理业务涉及两个合同关系、三方当事人。两个合同关系是指债权转让关系以及融资借款等服务合同关系；三方当事人是指保理人、应收账款债权人和债务人。就保理合同而言，合同主体涉及应收账款债权人、保理人两方当事人，应收账款债务人不是保理合同的当事人，保理合同的效力不受应收账款债务人意志的影响。

---

① 该公约第 1 条第 2 款规定：为了本公约的目的，"保理合同"系指在一方当事人（供应商）与另一方当事人（保理商）之间所订立的合同，根据该合同：(1)供应商可以或将要向保理商转让由供应商与其客户（债务人）订立的货物销售合同所产生的应收账款，但主要供债务人个人、家人或家庭使用的货物销售所产生的应收账款除外。(2)保理商应至少履行两项下述职能：a. 为供应商融通资金，包括贷款和预付款；b. 管理与应收账款有关的账户（销售分户账）；c. 代收应收账款；d. 对债务人的拖欠提供坏账担保。(3)应收账款的转让通知必须送交债务人。

② 该办法第 6 条规定："本办法所称保理业务是以债权人转让其应收账款为前提，集应收账款催收、管理、坏账担保及融资于一体的综合性金融服务。债权人将其应收账款转让给商业银行，由商业银行向其提供下列服务中至少一项的，即为保理业务：（一）应收账款催收：商业银行根据应收账款账期，主动或应债权人要求，采取电话、函件、上门等方式或运用法律手段等对债务人进行催收。（二）应收账款管理：商业银行根据债权人的要求，定期或不定期向其提供关于应收账款的回收情况、逾期账款情况、对账单等财务和统计报表，协助其进行应收账款管理。（三）坏账担保：商业银行与债权人签订保理协议后，为债务人核定信用额度，并在核准额度内，对债权人无商业纠纷的应收账款，提供约定的付款担保。（四）保理融资：以应收账款合法、有效转让为前提的银行融资服务。以应收账款为质押的贷款，不属于保理业务范围。"

③ 参见最高人民法院民事审判第二庭：《最高人民法院民法典担保制度司法解释理解与适用》，人民法院出版社 2021 年版，第 549－550 页。《民法典》第 761 条所谓"应收账款债务人付款担保"服务，系指保理人就应收账款债务人的付款义务向债权人提供担保，它是保理服务的常见内容之一，但这并非保理合同本身的担保功能。保理合同的担保功能仅仅存在于有追索权的保理中，因为无追索权保理仅仅是保理人为赚取应收账款与保理融资款之间的差价而受让应收账款。

第二，保理合同的标的是应收账款，不仅包含现有的应收账款，还包括"将有的"应收账款。需要注意的是，《民法典》对保理合同的定义采用的是"将有的"措辞而非"未来的"措辞，这意味着只有那些具有稳定的、可预期特点的未来的应收账款（金钱债权）才可成为转让标的。

第三，就保理的基本功能而言，该定义列举了资金融通、应收账款管理、应收账款、催收、应收账款债务人付款担保最为典型的四项基本功能。具体如下：

✓ 资金融通。应收账款债权人通过将应收账款转让给保理人，获得了资金融通。

✓ 应收账款管理。在保理业务中，债权人可将应收账款账户管理权授予保理人。保理人可根据债权人的要求，向债权人提供应收账款的回收和逾期情况、账龄分析等，并发送各类对账单，协助债权人进行账款管理。

✓ 应收账款的催收。保理人一般通过专业人员和专职律师进行账款催收。保理人会根据应收账款逾期阶段采取信函通知、致电、上门追款、法律诉讼等手段。

✓ 信用风险控制与坏账担保（付款担保①）。保理人可以根据债权人（卖方）的需求为债务人（买方）核定信用额度，对于在信用额度内发货所产生的应收账款，保理人提供坏账担保。

虽然民法典未规定保理商所必须提供的服务事项，但基于保理的特征并参照《商业银行保理业务管理暂行办法》第6条规定，除受让应收账款外保理商应至少提供一项以上的其他服务，否则保理将与债权转让无异。应当关注的是，债权让与之外的前述服务事项单独均足以以独立的法律关系形式存在，如借款（资金融通）、委托/信托（应收账款管理与催收）、担保（应收账款债务人付款担保）等。若当事人在保理合同中未作明确约定，相对应法律关系之规定应予以准用（如借款之利息上限规定等）。

从保理纠纷以往的审判实践来看，各级法院对保理的认识基本统一。例如，(《最高人民法院关于当前商事审判工作中的若干具体问题》2015年12月24日)在"七、关于保理合同纠纷案件的审理问题"明确："保理业务是以债权人转让其应收账款债权为前提，集应收账款催收、管理、坏账担保及融资于一体的综合性金融

---

① 所谓付款担保功能，是指保理人向应收账款债权人买进应收账款后，由保理人承担应收账款债务人债务不履行之风险。也就是说，在债权存在的前提下，保理人必须承担应收账款债务人给付迟延、丧失支付能力或单纯无支付意愿所生之不利益，不得再转向应收账款债权人请求。需要强调的是，保理业务中所称的应收账款债务人付款担保，是针对无追索权保理业务而言的。

服务。"实务中有部分法院将保理法律纠纷认定成借款纠纷,最高院对此认为:"保理法律关系的实质是应收账款债权转让,涉及到三方主体和两个合同,这与单纯的借款合同有显著区别,故不应将保理合同简单视为借款合同。"

二、保理合同的特征

根据保理合同的定义,保理合同具有如下典型特征:

第一,保理合同的标的是保理人提供的劳务或服务。具体而言,在保理合同中,保理人向应收账款债权人提供资金融通、应收账款管理或催收、应收账款债务人付款担保等服务。

第二,保理合同为要式合同。保理合同涉及两个合同、三方当事人。两个合同分为基础合同(买卖合同)与保理合同。三方当事人包括应收账款债权人和债务人、保理人。

第三,保理合同是双务、有偿合同。保理人有义务为债权人提供保理服务,同时有权获得报酬。债权人有义务支付报酬,同时有权要求保理人提供保理服务。

第四,保理合同为诺成合同。保理合同只需当事人意思表示达成一致即可成立,无须交付特定财物。

三、保理业务的分类

根据不同的分类标准,保理业务可以分为不同的类型。按照开展保理业务的主体类型,可以分为银行保理和商业保理;按照基础交易的性质和债权人、债务人所在地,分为国际保理和国内保理;按照保理人在债务人无法偿付应收账款时,是否可以向债权人反转让应收账款、要求债权人回购应收账款或归还融资,分为有追索权保理和无追索权保理;按照参与保理服务的保理人个数,分为单保理和双保理;按是否通知债务人,分为明保理和暗保理等。见图12-1:

```
                                        ┌─ 银行保理
              ┌─ 按照开展保理业务的主体分类 ─┤
              │                          └─ 商业保理
              │
              │                          ┌─ 有追索权保理（回购保理）
              ├─ 按照是否有追索权分类 ─────┤
              │                          └─ 无追索权保理（买断保理）
              │
              │                          ┌─ 国际保理
              ├─ 按照基础交易及当事人所在地分类 ─┤
              │                          └─ 国内保理
              │
              │                          ┌─ 单保理
保理业务的类型 ─┼─ 按照参与保理的人数分类 ───┤
              │                          └─ 双保理
              │
              │                          ┌─ 明保理（通知保理、公开保理）
              ├─ 按是否通知债务人分类 ─────┤
              │                          └─ 暗保理（非通知保理、隐蔽保理）
              │
              │                          ┌─ 折扣保理
              ├─ 按照应收账款是否折扣转让分类 ─┤
              │                          └─ 非折扣保理
              │
              │                          ┌─ 正向保理
              ├─ 按照发起保理业务的主体分类 ─┤
              │                          └─ 反向保理
              │
              │                          ┌─ 直接保理
              └─ 按照债务人付款对象分类 ───┤
                                        └─ 间接保理
```

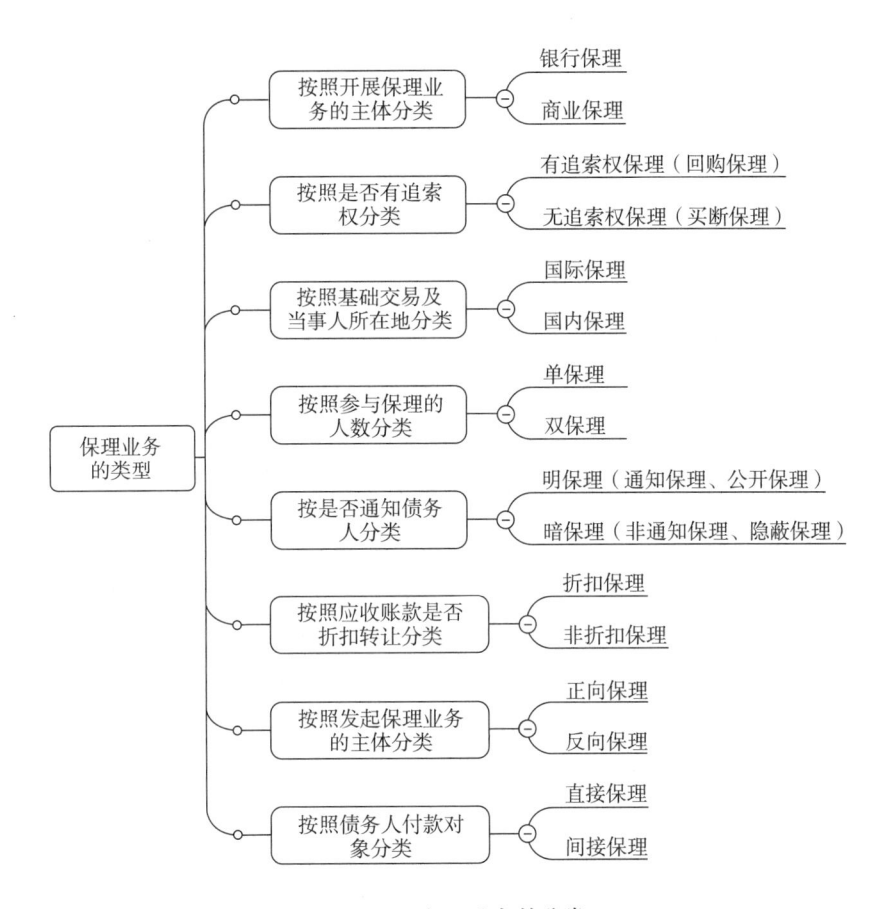

图 12-1　保理业务的分类

实践中,最为常见的分类是银行保理和商业保理、有追索权保理和无追索权保理以及明保理和暗保理。在此仅对这三种分类进行简介。

第一,按照开展保理业务的主体类型,可以将保理分为银行保理和商业保理。银行保理是指以商业银行作为保理商开展业务的一种保理类型;商业保理是指由商业银行以外的其他主体作为保理商开展业务的一种保理类型。在我国,商业保理主要表现为商业保理公司。单从提供保理业务的功能来看,这两种类型保理并无本质的区别,基本上都是以受让应收账款的融资服务为主。

第二,按照保理商在债务人破产、无理拖欠或无法偿付应收账款时,是否可以向债权人反转让应收账款、要求债权人回购应收账款或归还融资,可将保理分为有追索权保理和无追索权保理。有追索权保理是指在应收账款到期无法从债务人处收回时,保理商可以向债权人反转让应收账款、要求债权人回购应收账款或归还融资。有追索权保理又称"回购型保理"。无追索权保理是指应收账款在无商业纠纷等情况下无法得到清偿的,由保理商承担应收账款的坏账风险。无追索权保理又称"买断型保理"。

第三，按照是否将应收账款转让的事实通知债务人，可以分为明保理（通知保理、公开保理）和暗保理（非通知保理、隐蔽保理）。明保理是指债权人在债权转让的时候应立即将保理情况告知债务人，并指示债务人将款项直接付给保理商。暗保理是指将债务人排除在保理业务之外，由保理商和债权人单独进行保理业务，在到期后债权人出面进行款项的催讨，收回之后再交给保理商。需要注意的是，我国《民法典》第764条规定："保理人向应收账款债务人发出应收账款转让通知的，应当表明保理人身份并附有必要凭证。"第769条规定："本章没有规定的，适用本编第六章债权转让的有关规定。"而《民法典》第546条第1款规定："债权人转让债权，未通知债务人的，该转让对债务人不发生效力。"故此，在我国法下，若应收账款债权人转让债权不通知债务人的，对该债务人不发生效力，债务人应且仅应向债权人支付价款。

第二节 保理合同的核心法律问题

一、保理合同的法律性质

《民法典》第761条对保理合同作出了定义，实际上也解决了保理合同的法律属性、法律构造等更为根本性的问题。

在学界，关于保理合同的法律性质，见仁见智，形成了债权转让说、债权让与担保说、清偿代位说、混合合同说、典型合同说等诸种学说。其中，债权转让说似为主流学说，认为"保理其实无非是一种债权转让，受让人通知、追索权及重复让与的问题，其实依据债权让与的规则均可解决"。反对该说者则谓：债权转让说仅仅关注了保理合同中"应收账款转让"的内容，犹如借款合同说仅仅注意保理合同中"融资"的内容、债权让与担保说只聚焦于保理合同的"担保"的内容一样，它们都忽略了保理人提供综合性金融服务内容，忽略了保理所具有的融资、服务、保付等固有功能，忽视了债权让与和保理在主给付义务的确定及对价等方面的区别。典型合同说认为，应收账款债权转让系保理合同中的主给付义务，保理人提供资金融通或者应收账款管理或催收或者应收账款债务人付款担保等服务亦为保理合同中的主给付义务；并且，它们不分主次、互相依存，这是保理合同独特法律构造的基础。[①]

基于典型合同是"以主给付义务为出发点所作的规定"，因此，保理合同的性

---

① 参见崔建远：《保理合同探微》，载《法律适用》2021年第4期。

质,取决于主给付义务有没有独特性。从《民法典》第761条的规定看,不仅把应收账款债权人向保理人转让应收账款确立为保理合同的主给付义务,而且将保理人向应收账款债权人"提供资金融通、应收账款管理或者催收、应收账款债务人付款担保等服务"作为保理合同的主给付义务加以规定,将保理的融资、服务、保付功能悉数体现出来,只是保理人的主给付义务或者具体功能要视合同个案在前述各项服务中进行选择,但是至少要提供几项服务中的一项。显然,保理合同有其明确的、独特的主给付义务,且双方提供的主给付义务不可或缺、不分主次、互相依存,这也是其独特法律构造的基础。保理合同实质上是应收账款转让与融资、委托代理、担保、应收账款催收与管理等服务要素的组合体,是以合同形式表现的应收账款转让与综合性金融服务的叠加,具有混合合同的属性。

在我国,混合合同一向被视为非典型合同,保理合同也非类型完全独立的合同。《民法典》合同编典型合同分编将保理合同确立为典型合同,并将保理人所负的分属于不同合同类型的一个或数个居于同值地位的给付义务与债权人的应收账款转让义务组合在一起,构成一种新的类型的合同,成为我国民法上首个混合合同的立法样本,开创了将混合合同确立为典型合同的立法先河。保理的混合合同性质也是它的独特性所在,使其与一般的借贷关系、信用证买断或包买票据("福费廷",forfaiting)、应收账款质押融资等区分开来。

二、保理经营资质对保理法律关系成立的影响

在实务中,需要关注从事保理业务的主体准入限制(保理业务经营资质)对保理合同效力的影响。《民法典》第761条并未规定保理人的准入资格。司法实践中,存在不同观点。一种观点认为没有法律规定保理人必须是商业银行或者商业保理公司,所以从事保理业务无须特别的审批,即所有合法主体可作为保理人;[①]另一种观点认为,保理人必须是依照国家规定、经过有关主管部门批准可以开展保理业务的金融机构和商业保理公司。实践中,以第二种观点为主流。

在以往的保理业务监管实践中,商业银行和商业保理公司各自开展保理业务,分别由原银监会和商务部行使监管职责。根据2018年5月8日商务部发布的《关

[①] 参见湖北航天医院与北京腾飞高科医学技术有限公司等其他合同纠纷二审民事判决书[上海金融法院(2021)沪74民终1330号]。在该案中,一审浦东新区法院认为:从保理合同的特点来看,目前并无法律和行政法规规定保理业务属于金融行业的特许经营范围,平安租赁公司经营保理业务亦未违反法律和行政法规的禁止性规定。因此,平安租赁公司作为融资租赁公司具有保理业务经营资质。

于融资租赁公司、商业保理公司和典当行管理职责调整有关事宜的通知》(商办流通函〔2018〕165号)的规定:"根据《中共中央关于深化党和国家机构改革的决定》等文件要求和全国金融工作会议精神,商务部已将制定融资租赁公司、商业保理公司、典当行业务经营和监管规则职责划给中国银行保险监督管理委员会(以下称银保监会),自4月20日起,有关职责由银保监会履行。"此后,各地地方金融监管机构陆续开展对商业保理公司的专项清理排查工作,出台具体监管制度,体现出限制市场准入、持牌经营的监管方式,如2019年4月24日,天津市地方金融监管局发布的《天津市商业保理试点管理办法(试行)》(津金监规范〔2019〕1号)①,2019年5月23日上海市地方金融监管局发布的《关于进一步促进本市资本市场融资租赁公司、商业保理公司、典当行等三类机构规范健康发展强化事中事后监管的若干意见》(沪金规〔2019〕1号)等。在《民法典》之前的司法实践中,不具备保理业务资质的市场主体开展保理业务的,相关合同一般无法被认定为构成保理法律关系②。《民法典》实施之后,基于不同的监管强度,司法裁判规则也并不统一,存在差异③。

笔者以一个当年引发热议的案例来引入讨论,即中建六局第三建筑工程有限公司与铜冠融资租赁(上海)有限公司民间借贷纠纷案[上海市高级人民法院(2019)沪民终469号]。具体案情见下文。

【例12-1】不具有经营保理业务的资质是否导致保理法律关系不成立?

基本案情:铜冠融资租赁(上海)有限公司(以下简称铜冠公司)的经营范围包括"从事与主营业务有关的商业保理业务"。2016年12月1日,作为保理商的铜冠公司与作为应收账款转让方的中建六局第三建筑工程有限公司(以下简称中建六局三公司)签署了一份《有追索权保理合同》,开展了一笔有追索权保理业务。

---

① 本试点管理办法(试行)已被《天津市商业保理公司监督管理暂行办法》(津金监规范〔2021〕3号,2021年12月29日实施)废止。

② 参见丰都远通航运发展有限公司、上海马洲股权投资基金管理有限公司合同纠纷二审民事判决书[最高人民法院(2019)最高法民终1132号]。在该案中,一审重庆市高院认为:保理商必须是依照国家规定、经过有关主管部门批准可以开展保理业务的金融机构和商业保理公司。因此,本案法律关系与保理合同关系并不相同,本案系包含了债权转让以及债权回购的无名合同。

③ 参见湖北航天医院与北京腾飞高科医学技术有限公司等其他合同纠纷二审民事判决书[上海金融法院(2021)沪74民终1330号]。在该案中,法院认为:从保理合同的特点来看,目前并无法律和行政法规规定保理业务属于金融行业的特许经营范围,平安租赁公司经营保理业务亦未违反法律和行政法规的禁止性规定。

后因保理合同发生逾期,铜冠公司将中建六局三公司诉至法院,要求中建六局三公司承担保理合同项下的回购义务等。

一审法院裁判：铜冠公司的主营范围为融资租赁业务,根据其营业执照载明的经营范围,其可兼营与主营业务相关的商业保理业务。根据《商务部办公厅关于融资租赁行业推广中国(上海)自由贸易试验区可复制改革试点经验的通知》等相关规定,"兼营与主营业务相关的商业保理业务"是指该等业务必须与租赁物及租赁客户有关。本案中,铜冠公司与中建六局三公司没有融资租赁业务往来,也即铜冠公司与中建六局三公司开展了与铜冠公司主营业务无关的保理业务,该交易行为已超出铜冠公司的特许经营范围。经营商业保理业务必须获得相应的行政许可,铜冠公司不具有本案系争的保理融资交易的经营资质,故对其关于双方系保理融资关系的主张,一审法院不予支持。鉴于铜冠公司实际向中建六局三公司提供了融资服务,但其并非经金融监管部门批准设立的从事贷款业务的金融机构,系争《有追索权保理合同》也约定中建六局三公司分十期向铜冠公司支付保证金和手续费,保证金和手续费的金额即为铜冠公司向中建六局三公司支付的应收账款转让款(借款本金)和利息,且铜冠公司起诉要求中建六局三公司还款,并未向涉案应收账款的债务人主张权利,故一审法院认定,铜冠公司和中建六局三公司之间的融资关系性质属于民间借贷。

本案系争《有追索权保理合同》实际为借款合同,铜冠公司虽无贷款的经营范围,但其并非以发放贷款收入为其主要营业收入,故中建六局三公司与中建六局认为借款应为无效的主张,一审法院难以采信。

二审法院裁判：铜冠公司与中建六局三公司签订涉案《有追索权保理合同》及相关的交易行为虽已超出其兼营与融资租赁相关商业保理业务的范畴,鉴于铜冠公司已实际向中建六局三公司提供了融资服务,中建六局三公司收取了涉案融资款项并履行了部分还款义务,且铜冠公司并非经金融监管部门批准设立的从事贷款业务的金融机构,一审判决认定铜冠公司和中建六局三公司之间成立民间借贷法律关系并无不当,二审法院予以支持。铜冠公司虽无贷款资质,但并没有以发放贷款作为其主营收入,系争借款依法有效。铜冠公司依约交付了相应的借款本金,中建六局三公司未能按时、足额向铜冠公司支付款项,显属违约,理应承担相应的违约责任。

应该讲,(2019)沪民终469号案判决是一个颇具争议的判决,在当时引发了融资租赁及保理行业的热议。该案存在一些被质疑的地方。如法律法规并未对开展保理业务的主体经营资质作出限制,为何本案却以超越经营范围为由,直接否定了保理法律关系的成立？又如，"融资租赁公司可申请兼营与主营业务有关的商业保理业务，即与租赁物及租赁客户有关的上述业务"系《中国（上海）自由贸易试验区商业保理业务管理暂行办法》（中〔沪〕自贸管〔2014〕26号，自2014年2月21日生效施行）第5条第2款之规定，但依据该办法第21条"本办法自发布之日起实施，有效期2年"之规定，其早已于2016年4月21日失效，一审判决引用失效的地方规范文件，对铜冠公司的经营范围作出判断，是否欠妥？再如，司法实践中不乏不具备融资租赁资质的公司开展融资租赁业务，被确认融资租赁法律关系成立的案件，为何在保理业务层面，人民法院的裁判观点却如此严苛？笔者认为，对于此案件的讨论，核心在于市场准入限制（特许经营）与超越经营范围对合同效力的影响。具体而言：

首先，两者对合同效力的影响并不一致，其法律依据也有所不同。前者的法律依据是《民法典》第153条第2款规定"违背公序良俗的民事法律行为无效"，后者的依据是《民法典》第505条规定"当事人超越经营范围订立的合同的效力，应当依照本法第一编第六章第三节和本编的有关规定确定，不得仅以超越经营范围确认合同无效"。市场准入限制与超越经营范围是两种不同的场景，可以考虑区分处理：前者是对未取得金融许可证的商业保理公司或非商业保理公司而言，商业保理公司所在地区已经推行许可经营监管政策的，商业保理公司未获得经营许可仍然继续从事保理业务，应当严格司法裁判尺度；[1]商业保理公司所在地区尚未推行许可经营监管政策的，不宜仅以主体不适格否定保理合同效力。非商业保理公司，主要是指普通工商企业，非以保理为常业，仅从事了单笔保理交易的，不属于以"保理"为业，故不应以违反市场准入为由而否定该保理合同的效力。后者主要是对其他非银行金融机构或者提供融资服务的类金融机构而言，如融资租赁公司开展了与租赁物及租赁客户无关的商业保理业务，超越了经营范围，原则上可以认定保理法律关系不成立，融资租赁公司与相对人构成借贷法律关系。

其次，与融资租赁业务相比，保理业务的金融属性更为明显。就保理业务而

---

[1] 如《天津市高级人民法院关于审理保理合同纠纷案件若干问题的审判委员会纪要（一）》（津高法〔2014〕251号）第2部分"保理法律关系的认定"规定："构成保理法律关系，应当同时具备以下几个基本条件：(1)保理商必须是依照国家规定、经过有关主管部门批准可以开展保理业务的金融机构和商业保理公司；(2)保理法律关系应当以债权转让为前提；(3)保理商与债权人应当签订书面的保理合同；(4)保理商应当提供下列服务中的至少一项：融资、销售分户账管理、应收账款催收、资信调查与评估、信用风险控制及坏账担保。"此外，早在（2019）沪民终469号民事判决书作出前，上海及天津地区法院的裁判观点中早已出现过构成保理法律关系必须以保理服务的提供方具备保理资质为前提的论述，例如（2017）沪01民初835号民事判决。

言,资金提供方与资金需求方基于一笔现有的或将有的应收账款,即可以开展资金融通业务。如不对资金提供方的业务资质进行必要的限制,并以特许经营的方式作出规范,可能产生各类主体都借用保理业务的名义,变相开展借贷业务的后果,势必造成金融市场的混乱。此外,我国的金融业属于特许经营行业,未取得金融业务经营资质的市场主体长期开展金融业务的,也应当确认相应的合同无效。就此,《九民纪要》第 31 条"违反规章的合同效力"规定:"违反规章一般情况下不影响合同效力,但该规章的内容涉及金融安全、市场秩序、国家宏观政策等公序良俗的,应当认定合同无效。人民法院在认定规章是否涉及公序良俗时,要在考察规范对象基础上,兼顾监管强度、交易安全保护以及社会影响等方面进行慎重考量,并在裁判文书中进行充分说理。"从此角度看,融资租赁公司如多次开展与融资租赁业务无关的保理业务,客观上存在扰乱金融市场秩序问题,相关保理合同被认定为无效合同,具有合理性。但在(2019)沪民终 469 号案中,在法院查明的法律事实部分并不能看出这一点,若存在类似的认定,则该案的判决可能更具有说服力。

再次,在近年来强监管趋势下,为防止金融风险外溢,各金融部门法均对金融营业主体资质、业务资质采取了特许经营方式加以规制。各级法院要严格落实持牌经营原则,对于未经批准或者备案违法从事金融业务的,要依法否定合同效力"①。同时,后续发布的《全国法院金融审判工作会议纪要》(征求意见稿)亦明确:"银行业、保险业、证券业等金融业务是法律、行政法规明确规定应当持牌经营的,未经批准当事人签订从事或变相从事银行业、保险业、证券业等金融业务的合同,人民法院应当认定合同无效。法律、行政法规没有明确规定,但国务院金融管理部门或者国务院授权的部门通过规范性文件明确应当持牌经营的,当事人未按照国务院金融管理部门或省级人民政府授权部门的规定取得业务牌照或完成登记备案,签订从事或者变相从事融资租赁、商业保理、融资担保等地方金融业务的合同,人民法院应当依照民法典第一百五十三条第二款认定合同无效。"从监管视角来看,为化解金融风险,基本确立了持牌经营的基本方向。

最后,《民法典合同编通则司法解释》第 17 条在《九民纪要》第 31 条的基础之上进行了完善,其规定:

合同虽然不违反法律、行政法规的强制性规定,但是有下列情形之一,人民法院应当依据民法典第一百五十三条第二款的规定认定合同无效:

(一)合同影响政治安全、经济安全、军事安全等国家安全的;

---

① 参见刘贵祥:《关于金融民商事审判工作中的理念、机制和法律适用问题》,载《法律适用》2023 年第 1 期。

（二）合同影响社会稳定、公平竞争秩序或者损害社会公共利益等违背社会公共秩序的；

（三）合同背离社会公德、家庭伦理或者有损人格尊严等违背善良风俗的。

人民法院在认定合同是否违背公序良俗时，应当以社会主义核心价值观为导向，综合考虑当事人的主观动机和交易目的、政府部门的监管强度、一定期限内当事人从事类似交易的频次、行为的社会后果等因素，并在裁判文书中充分说理。当事人确因生活需要进行交易，未给社会公共秩序造成重大影响，且不影响国家安全，也不违背善良风俗的，人民法院不应当认定合同无效。

上述规定意味着，《民法典》第153条第1款仅仅是要求人民法院以违法为由认定合同无效必须以法律、行政法规的强制性规定为依据，并不意味在合同违反地方性法规、行政规章的强制性规定时，人民法院不能以其他理由否定合同效力。可见，在合同违反地方性法规或者行政规章的强制性规定时，人民法院虽然不能以违法为由认定合同无效，但如果合同的内容同时违背公序良俗，也应认定合同无效。[1] 对金融属性更为强烈的保理业务而言，其可能会影响国家的经济安全、影响金融秩序，再考虑到政府部门的监管强度、一定期限内从事类似交易的频次等因素，结合前述的金融强监管的态势的话，应该以持牌交易为基本原则。

有鉴于此，在保理实务中，站在应收账款债权人的角度，审查保理合同时，应关注保理人的保理资质。

三、虚构应收账款对保理法律关系成立的影响

《民法典》第763条规定："应收账款债权人与债务人虚构应收账款作为转让标的，与保理人订立保理合同的，应收账款债务人不得以应收账款不存在为由对抗保理人，但是保理人明知虚构的除外。"这一规定实质是关于应收账款债权人与债务人的通谋虚伪表示不得对抗善意保理人的规定。

应收账款债权人在保理业务中所承担的瑕疵担保义务，其内容包括应当保证其所转让的应收账款是真实合法有效的，并且不存在权利瑕疵，即品种担保义务和权利担保义务。在司法实践中，当事人以基础交易合同虚假为由，主张案涉保理合同无效，是较为常见的保理合同纠纷类型。此时，对于应收账款债权人的责任性质、责任形式及责任范围，审判实践中的认识是比较一致的。但对于这种情形下债务人承担责任的理论路径应当如何证成则存在分歧。《民法典》第763条规定采纳

---

[1] 相关内容，请参见笔者所著《合同审查精要与实务指南：合同起草审查的基础思维与技能》（第3版）第6章"合同起草、审查的基本步骤与方法"第1节第3部分。

了如下观点:根据民法基本原理,双方当事人通谋所为的虚伪意思表示,在当事人之间发生绝对无效的法律后果(《民法典》第146条规定:"行为人与相对人以虚假的意思表示实施的民事法律行为无效。以虚假的意思表示隐藏的民事法律行为的效力,依照有关法律规定处理")。但在作虚伪表示的当事人与第三人之间,则应视该第三人是否知道或应当知道该虚伪意思表示而发生不同的法律后果,在保理人善意无过失的情况下,应收账款债务人应当依其承诺的数额向保理人承担责任,而不得以应收账款虚假的理由对抗保理人。① 这一观点着眼于外观主义下的善意保护,从保理人是否有理由相信债权真实存在的外观入手,以信赖利益保护这一角度切入,在理论逻辑上能够自洽,故被《民法典》所采纳。

例如,在珠海华润银行股份有限公司与江西省电力燃料有限公司合同纠纷民事判决书[最高人民法院(2017)最高法民再164号]中,最高院认为:

根据民法基本原理,双方当事人通谋所为的虚伪意思表示,在当事人之间发生绝对无效的法律后果。但在虚伪表示的当事人与第三人之间,则应视该第三人是否知道或应当知道该虚伪意思表示而发生不同的法律后果:当第三人知道该当事人之间的虚伪意思表示时,虚伪表示的无效可以对抗该第三人;当第三人不知道当事人之间的虚伪意思表示时,该虚伪意思表示的无效不得对抗善意第三人。据此,江西燃料公司关于案涉应收账款虚假的诉讼理由能否对抗珠海华润银行,取决于珠海华润银行在受让债权时是否善意。本案中,珠海华润银行在签订案涉《国内保理业务合同》之前,不仅审核了广州大优公司提交的《煤炭买卖合同》和增值税发票的原件,还指派工作人员王永刚到江西燃料公司调查贸易背景的真实性,并对江西燃料公司签署《应收账款转让确认书》《应收账款转让通知确认书》等行为进行面签见证,向江西燃料公司送达了《应收账款转让通知书》,应当认定在案涉保理合同签订之前,珠海华润银行已经就基础债权的真实性问题进行了必要的调查和核实,广州大优公司和江西燃料公司共同向珠海华润银行确认了基础债权真实、合法、有效,珠海华润银行已经尽到了审慎的注意义务,其有理由相信广州大优公司对江西燃料公司享有46,115,344.70元债权。虽然珠海华润银行在开展贸易背景

---

① 参见中国工商银行股份有限公司乌鲁木齐钢城支行与中铁物资集团新疆有限公司、广州诚通金属公司合同纠纷二审民事判决书[最高人民法院(2014)民二终字第271号];湖北海龙专用汽车有限公司、中信商业保理有限公司武汉分公司合同纠纷二审民事判决书[湖北省武汉市中级人民法院(2018)鄂01民终526号];珠海华润银行股份有限公司与江西省电力燃料有限公司合同纠纷民事判决书[最高人民法院(2017)最高法民再164号];河南奇春石油经销集团有限公司、中国工商银行股份有限公司延安分行金融借款合同纠纷二审民事判决书[最高人民法院(2020)最高法民终155号]。

调查的过程中,存在《应收账款转让通知确认书》的落款时间为2013年10月24日、《应收账款转让通知书》的落款时间为2013年10月25日,以及实际开展面签见证的工作人员仅为1人的工作疏忽,但因江西燃料公司并不否认《应收账款转让确认书》和《应收账款转让通知确认书》上曾晓生签名和江西燃料公司印章的真实性,故该等工作瑕疵的存在,并不影响本案的事实认定。对江西燃料公司关于广州大优公司开具的N0:16713156、16713157两张增值税发票未在金税工程增值税防伪税控系统认证、抵扣,以及9.5万吨《煤炭买卖合同》中江西燃料公司合同专用章编码不一致,珠海华润银行存在重大过失等抗辩理由,本院认为,在江西燃料公司以《应收账款转让确认书》这一书面形式明确其与广州大优公司之间的应付账款金额为46,115,344.70元,到期日为2014年3月22日,应付账款的贸易背景真实、合法和有效的情况下,前述增值税发票是否认证、抵扣、印章编码与备案印章是否一致等事由,原则上不应纳入珠海华润银行的调查、核实范围,即便珠海华润银行对上述事项已经有所认识,亦并不足以引起珠海华润银行的合理怀疑,故对江西燃料公司的此点抗辩理由,本院不予支持。综上,申请人珠海华润银行关于江西燃料公司应当以其承诺行为向珠海华润银行承担清偿责任的申请理由成立,本院予以支持。江西燃料公司关于珠海华润银行作为债权受让人的权利不能超越原权利的范围,其有权以基础债权已经不存在的事由对抗珠海华润银行的诉讼理由不能成立,本院不予支持。一审判决关于珠海华润银行受让的应收账款债权并非真实合法有效的债权,江西燃料公司有权以应收账款债权系虚假债权为由拒绝向珠海华润银行履行清偿义务的认定,未能准确区分虚伪意思表示在当事人之间的效力和对第三人的效力,本院予以纠正。

因此,如果是应收账款债权人单方欺诈,保理商没有审慎审查,比如没有向债务人直接征询应收账款的真实性等,此种情况下债人可以免责;如果应收账款债权人和债务人恶意串通,保理商已尽审慎审查义务,比如在应收账款不存在或者不真实的情况下,债务人仍然签署应收账款转让确认书,确认应收账款的真实性,同意将应收账款支付至指定的保理账户等,此种情况下应收账款债权人与债务人的通谋虚伪的意思表示不得对抗善意相对人,也就是债务人不能以应收账款事实上不存在为由对善意保理商主张不承担偿还责任,债务人基于自身的承诺仍然负有在确认的应收账款本息范围内向保理商偿还融资款本息以及相关费用的义务,这也是为了保护保理商的信赖利益。因此,在实践中,作为专业机构的银行、商业保理公司需要尽到审慎注意义务,对应收账款进行审慎的、必要、尽所能的核查,并保留完整的原始证据(如基础交易合同、发票、单据、预留印鉴/签章式样、转让通知），否则仍然要承担诉讼不利的后果。

此外，在应收账款债权人与债务人的通谋虚构应收账款的场合，若保理人不构成"善意"，则双方当事人之间不成立保理合同法律关系，保理人与应收账款债权人（融资申请人）之间的权利义务关系应当按照当事人之间的真实意思表示加以确定，通常表现为金融借款或者民间借贷法律关系。

在司法实践的基础上，《民法典合同编通则司法解释》第49条第2款规定："受让人基于债务人对债权真实存在的确认受让债权后，债务人又以该债权不存在为由拒绝向受让人履行的，人民法院不予支持。但是，受让人知道或者应当知道该债权不存在的除外。"基于保理业务的核心是债权转让，这条解释同样适用于保理业务。其法理在于，债权一般不具有权利外观，原则上不适用善意取得，但是当债务人对该债权的真实性予以确认时，应认为其权利外观已经产生，对据此产生信赖的债权受让人应当予以保护。基于"禁反言"的价值考量，原则上债务人不得以债权不存在为由主张不承担债务。这一规则实际上是通谋虚伪表示不得对抗善意第三人规则在债权转让领域的具体体现。对于债务人未确认的场合，笔者倾向于认为不宜一概而论，此时要考虑受让人是否无过失。①

在实务中，针对应收账款债权人或债务人一方虚构应收账款时应当承担的责任问题，可以在保理合同中约定，虚构行为导致应收账款不存在的，保理人可以主张应收账款债权人返还保理本金、支付资金占用利息，并要求债务人对该等付款义务承担连带保证责任；保理人主张继续履行保理合同的，参与虚构行为的应收账款债权人应就债务人的本息支付义务承担连带保证责任等。

四、有追索权保理与无追索权保理

站在法律的视角讨论保理业务的操作模式时，主要涉及的是有追索权保理（recourse factoring）和无追索权保理（non-recourse factoring）模式。

所谓有追索权保理，又称回购保理、回购型保理，是指保理商在一定情形下，可以要求基础交易的债权人回购全部或部分已转让的应收账款，归还已支付的对价款、预付款本金，并支付利息及相关费用的保理。我国《商业银行保理业务管理暂行办法》第10条亦规定，"有追索权保理是指在应收账款到期无法从债务人处收回时，商业银行可以向债权人反转让应收账款、要求债权人回购应收账款或归还融资。有追索权保理又称回购型保理"。《民法典》第766条规定："当事人约定有追

---

① 详细的介绍，请参见笔者所著《合同审查精要与实务指南：合同起草审查的基础思维与技能》（第3版）第15章"合同通用条款审查：合同正文条款"第3节第2部分。

索权保理的,保理人可以向应收账款债权人主张返还保理融资款本息或者回购应收账款债权,也可以向应收账款债务人主张应收账款债权。保理人向应收账款债务人主张应收账款债权,在扣除保理融资款本息和相关费用后有剩余的,剩余部分应当返还给应收账款债权人。"

从上述关于有追索权保理的定义来看,我国实践中,有追索权保理主要表现为两种形式:一种是反转让或回购型,即债务人履行不能时,保理人有权将应收账款再次转回给应收账款债权人或者有权要求应收账款债权人回购应收账款。例如,中国保理协会制定的《国内商业保理合同(示范文本)》(有追索权)就明确约定:"12.1 发生下列情形之一时,保理商有权向卖方发送《应收账款反转让通知书》,将未受偿的已受让应收账款再次转让回给卖方:12.2.1 无论何等原因,在该应收账款到期日或宽限期届满日(如保理商已给予宽限期的),保理商未足额收回保理首付款的;……"另一种是为债权人设定归还保理融资款及相应利息的义务。折中方式对应的是《商业银行保理业务管理暂行办法》第 10 条定义中的"归还融资"。例如,在中国建设银行股份有限公司上海第二支行、中厦建设集团有限公司其他合同纠纷二审民事判决书[上海市高级人民法院(2017)沪民终 171、172 号]中,案涉保理合同第 1 条就约定:"乙方作为保理商,在甲方将商务合同项下应收账款转让给乙方的基础上,向甲方提供综合性金融服务,如乙方受让的应收账款因任何原因不能按时收回时,乙方均有权向甲方进行追索,甲方应确保买方按时足额向乙方进行支付。无论任何情形,甲方应无条件按时足额偿还乙方支付给甲方的保理预付款及相应利息等费用。"形成上述两种保理方式的主要原因在于,商业保理公司在发展初期为避免触及贷款资质的行业准入限制,回避使用借款合同特有的本金、利息等表述,相应设计出反转让或回购条款并逐渐成为行业惯例,银行从事保理业务则无此顾忌。

一个典型的有追索权保理的交易模式见图 12-2。

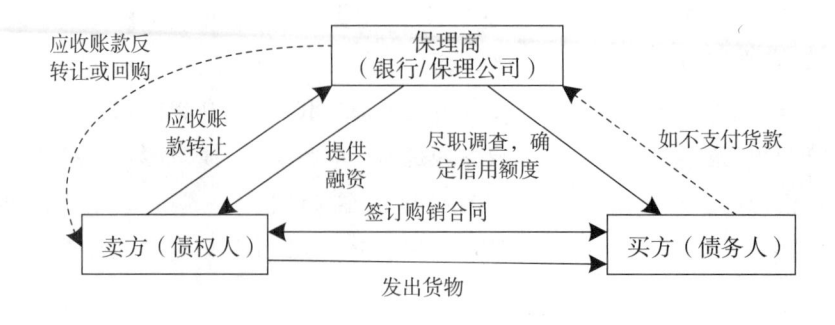

图 12-2 有追索权保理的交易模式

如图12-2所示,在有追索权的保理中,卖方(债权人)作为保理申请人向保理商转让应收账款申请融资,并由保理商对该应收账款提供分账管理、应收账款催收等服务,但在任何情形或者约定的特定情形下,买方(债务人)不向保理商支付货款,保理商有权要求卖方(债权人)回购应收账款或有权要求"应收账款反转让",或有权要求其偿还保理商已支付的保理融资款本金及其产生的利息或利息性质的费用。

所谓无追索权保理,又称买断保理、买断型保理,是指保理商受让基础交易中债权人的应收账款后,在发生应收账款债务人信用风险时不能再向该债权人追索已支付的对价款,或者须向该债权人给付相应的担保款的保理。《民法典》第767条规定:"当事人约定无追索权保理的,保理人应当向应收账款债务人主张应收账款债权,保理人取得超过保理融资款本息和相关费用的部分,无需向应收账款债权人返还。"

由此可见,二者的核心区别在于,有追索权保理中的保理商不承担应收账款债务人的信用风险,无追索权保理中的保理商承担应收账款债务人的全部或部分信用风险。① 区分二者的意义主要在于保理商所承担的风险程度有所不同,应收账款债权人的会计处理有所差异,保理业务的风险控制手段也应有所不同。

第三节 保理合同的审查

一、保理合同的框架结构

《民法典》第762条第1款规定:"保理合同的内容一般包括业务类型、服务范围、服务期限、基础交易合同情况、应收账款信息、保理融资款或者服务报酬及其支付方式等条款。"该款对保理合同的主要内容做了提示性的列举。实践中的典型保理合同一般分为"特别条款"和"一般条款"("标准条款")两个部分。前者规定了特定保理业务的特别或特殊条款,而后者则属于一般的通用条款。无论如何构建保理合同的框架体系,其主要条款通常包括:

✓ 保理合同的当事人条款,即融资人(基础法律关系中的应收账款债权人)和保理商(可能是商业银行和商业保理公司);

✓ 保理业务类型条款,如是否属于有追索权保理、是否属于明保理或暗保

---

① 需要指出的是,无追索权保理中保理商并不是对债权人不享有任何追索权和抗辩权。对于因基础交易引起的纠纷导致的不付款,保理商可以向债权人追索。参见谢菁菁:《国际保理中应收账款转让问题研究》,中国检察出版社2011年版,第23页。

理等;

  √ 保理服务范围条款,如提供应收账款融资、账款管理与催收等;

  √ 应收账款转让及通知条款,主要包括基础交易合同情况、应收账款信息、转让价款以及通知等;

  √ 服务报酬(保理费)及其支付方式条款;

  √ 保理融资账户、保理专户、应收账款回款账户等账户条款;

  √ 应收账款的回收条款;

  √ 应收账款反转让或回购条款(有追索权保理适用)。

从实践来看,除上述条款外,保理合同通常还会约定融资方式和用途、担保(如回购条款、抵押、质押、保证条款等)、陈述与保证、违约责任、争议解决等内容。

二、保理合同主要条款的审查

(一)应收账款及其转让

1. 保理合同中应收账款的审查

基础交易关系为保理合同提供标的物,没有基础交易关系就没有保理合同,保理合同的生效使应收账款债权转移给保理人。依据《民法典》第761条之规定,保理合同的主给付义务之一是应收账款债权人向保理人转让应收账款,但我国法律并未对"应收账款"作出明确的定义,其散见于一些部门规章中。

例如,《商业银行保理业务管理暂行办法》(银监会令2014年第5号)第8条规定:"本办法所称应收账款,是指企业因提供商品、服务或者出租资产而形成的金钱债权及其产生的收益,但不包括因票据或其他有价证券而产生的付款请求权。"第13条规定:"……商业银行不得基于不合法基础交易合同、寄售合同、未来应收账款、权属不清的应收账款、因票据或其他有价证券而产生的付款请求权等开展保理融资业务。未来应收账款是指合同项下卖方义务未履行完毕的预期应收账款。权属不清的应收账款是指权属具有不确定性的应收账款,包括但不限于已在其他银行或商业保理公司等第三方办理出质或转让的应收账款。获得质权人书面同意解押并放弃抵质押权利和获得受让人书面同意转让应收账款权属的除外。因票据或其他有价证券而产生的付款请求权是指票据或其他有价证券的持票人无须持有票据或有价证券产生的基础交易应收账款单据,仅依据票据或有价证券本身即可向票据或有价证券主债务人请求按票据或有价证券上记载的金额付款的权利。"再如,《动产和权利担保统一登记办法》(中国人民银行令〔2021〕第7号)第3条规定:"本办法所称应收账款是指应收账款债权人因提供一定的货物、服务或设施而获得的要求应收账款债务人付款的权利以及依法享有的其他付款请求权,包括现有的以及将有的金钱债权,但不包括因票据或其他有价证券而产生的付款请求权,以及法律、行政法规禁止转让的付款请求权。本办法所称的应收账款包括下列权利:(一)销售、出租产生的债权,包括销售货物,供应水、电、气、暖,知识产权的许可使用,出租动产或不动产等;(二)提供医疗、教育、旅游等服务或劳务产生的债权;(三)能源、交通运输、水利、环境保护、市政工程等基础设施和公用事业项目收益权;(四)提供贷款或其他信用活动产生的债权;(五)其他以合同为基础的具有金钱给付内容的债权。"

从上述规定可以看出,银监会令 2014 年第 5 号文件将"未来金钱债权"排除在外,而中国人民银行令〔2021〕第 7 号规定的应收账款则更为宽泛,既包括现有的应收账款,也包括"将有的金钱债权"。但依据《民法典》第 761 条的规定,即便有银监会令 2014 年第 5 号第 13 条之规定,商业银行作为保理人受让未来的或将有的应收账款的,一般不影响合同效力①,但商业银行可能会受到监管处罚。总之,保理业务中的应收账款可以理解为:应收账款债权人因提供商品、服务或者出租、许可使用资产而获得的要求应收账款债务人付款的权利以及依法享有的其他付款请求权,包括现有的或者将有的金钱债权,但不包括因外汇交易、票据、信用证、保函或者其他有价证券而产生的付款请求权,以及法律、行政法规禁止转让的付款请求权。按照受让时应收账款是否已经产生,应收账款分为现有的应收账款和将有的应收账款。

《民法典》第 761 条之所以将"将有的"应收账款明确纳入进来,实际是采纳了实务界和司法实践的主流观点。例如,《最高人民法院关于当前商事审判工作中的若干具体问题》(2015 年 12 月 24 日)第七部分"关于保理合同纠纷案件的审理问题"曾明确:"对于未来债权能否作为保理合同的基础债权的问题,在保理合同订立时,只要存在基础合同所对应的应收账款债权,则即使保理合同所转让的债权尚未到期,也不应当据此否定保理合同的性质及效力。"这在一定程度上阐明了:只要应收账款已存在且具有合理可期待利益,即使尚未到期,也不应当据此否定保理合同的性质及效力。从审判实践来看,法院对未来应收账款也并非一概否定其不可

---

① 参见阿贝尔化学(江苏)有限公司、中国建设银行股份有限公司武汉经济技术开发区支行合同纠纷二审民事判决书[湖北省武汉市中级人民法院(2017)鄂 01 民终 7228 号]。在该案中,法院认为:《商业银行保理业务管理暂行办法》规定商业银行不得基于未来应收账款开展保理融资业务,但该办法是行政规章,而非法律、法规,违反该规定不导致债权转让和保理行为无效的法律后果。法院对阿贝尔公司关于涉案应收账款是未来应收账款,不构成有效的债权转让和保理的上诉意见,不予采纳。

用于商业保理。例如,在星展银行(香港)有限公司与博西华电器(江苏)有限公司债权转让合同纠纷上诉案[江苏省高级人民法院(2011)苏商外终字第 0072 号]中,江苏省高级人民法院就认为:

> 对于博西华公司关于保理协议签订时其与艺良公司之间的买卖合同尚未签订,故星展银行受让的债权不存在的抗辩理由,因本案所涉保理协议约定的融资安排不仅针对协议签订时已经到期的债权,也面向协议存续期间将会发生的债权,故保理协议签订时债权尚未发生不能推导出债权事后并未发生,故对博西华公司的该节抗辩理由,不予采信。

但需要说明的是,如果转让的未来应收账款债权明显不具有"确定性",且不具有合理可期待利益,则不可对外转让,保理法律关系不成立。此外,此种转让行为应于未来债权实际发生时始生效力。如该未来债权到期未发生的,则转让行为因标的物自始不能而应归于无效,故转让未来债权时,相应转让契约虽于订立时即生效,但转让行为之效力并非当然同时生效,其效力尚处于待定阶段。例如,在福建省佳兴农业有限公司诉卡得万利商业保理(上海)有限公司其他合同纠纷案[上海市第一中级人民法院(2015)沪一中民六(商)终字第 640 号]①中,法院认为:

> 认定双方当事人之间是否构成商业保理法律关系,首先应审查所涉债权是否具备可转让性。依债权在转让时是否已真实成立,可将待转让之债权分为已成立债权及尚未成立债权,已成立之债权除法定或约定不得转让的外,均具备相应可转让性;尚未成立之债权,应属将来发生之债,其对应基础法律关系一部或全部尚未完全成立,故该种将来债权是否具备可转让性尚需视具体情况予以分析。所谓将来债权者,是指尚未实际成立但于将来可能成立之债权,其法律属性并非当事人缔约时既有现实存在之权利,而系将来可能存在之权利。民事主体固不能将乌有之权利转让他人,但如民事主体对该种将来债权具有合理期待的,则此种期待即成为一种期待权益,受法律保护(例如基于同一债权人连续提供同类商品、服务所形成的多个基础合同项下的多笔应收账款)。又因该种将来债权一般应具备财产价值,故民事主体转让此种具有经济价值的期待利益并无不当,其效力应予承认。
>
> 然而,并非所有民事主体之期待均受法律保护,期待如缺乏合理性的,则民事主体不能因此种期待而生相应期待利益,其行为效力不应被法律所承认。故特定

---

① 对于本案,上海市高级人民法院(2016)沪民申 2374 号裁定书驳回再审申请。

将来债权是否具备期待利益,其转让行为是否受法律保护,应以该特定将来债权是否具有足够合理可期待性为判断依据。

显然,依据本案法院的审判思路,如果当事人可以证明未来债权具有确定性和合理的可预期利益,仍然可以得到法院认可。其理论基础在于,在应收账款不能满足特定化要求时,尤其是未来应收账款不具有合理可期待性及确定性时,其不具有可转让性,应被认定为转让行为不成立。

在涉及将有的应收账款转让时,应关注基础合同未履行或者未完全履行的情况。这是因为有判例显示,如果基础合同的融资方(卖方)尚未或者未完全向买方履行供货义务的话,而合同又约定"先货后款"即以供货为付款条件,则因为该付款条件并未成就,买方有权拒绝支付货款[①]。此时,应考虑对保理人已支付的保理本金的处理方式作出约定。例如,可以在合同中约定保理人有权解除保理合同,由应收账款债权人向保理人返还保理本金并支付一定的资金占用利息;甚至还可以约定由应收账款债务人就应收账款债权人的款项支付义务承担连带保证责任,应收账款债务人承担责任后可以向债权人追偿或者主张抵销。

除了需关注将有的应收账款之外,实务中,原则上不能受让的应收账款包括:违反国家法律法规无权经营而导致无效的应收账款;正在发生贸易纠纷的应收账款;约定销售不成即可退货而形成的应收账款;保证金类的应收账款;可能发生债务抵销的应收账款;已经转让或设定担保的应收账款;被第三方主张代位权的应收账款;法律法规规定不得转让的应收账款;被采取法律强制措施的应收账款;可能存在其他权利瑕疵的应收账款。[②] 保理商在开展上述类型应收账款保理业务时,应当谨慎操作。

2. 基础合同中禁止或限制应收账款转让的特别约定

《民法典》第769条规定:"本章没有规定的,适用本编第六章债权转让的有关规定。"而《民法典》第545条规定:"债权人可以将债权的全部或者部分转让给第三人,但是有下列情形之一的除外:(一)根据债权性质不得转让;(二)按照当事人

---

① 参见南京银行股份有限公司南京金融城支行与中国能源工程集团有限公司、南京中人能源科技有限公司、南京高传机电自动控制设备有限公司、廖某荣金融借款合同纠纷民事判决书[江苏省南京市中级人民法院(2020)苏01民终5837号];湖北盈信商业保理有限公司与郭某合同纠纷一审民事判决书[湖北省宜昌市三峡坝区人民法院(2020)鄂0591民初531号]。

② 参考《天津市商业保理试点管理办法(试行)》[津金监规范〔2019〕1号,已被《天津市商业保理公司监督管理暂行办法》(津金监规范〔2021〕3号)于2021年12月29日废止]第18条、《上海市浦东新区商业保理试点期间监管暂行办法》(浦商委投促字〔2013〕34号,已被《上海市商业保理公司监督管理暂行办法》于2021年1月1日废止)第10条。

约定不得转让；(三)依照法律规定不得转让。当事人约定非金钱债权不得转让的，不得对抗善意第三人。当事人约定金钱债权不得转让的，不得对抗第三人。"在《民法典》第545条第2款规定之前，司法实践的主流观点是"禁止债权转让的约定有效，但不得对抗善意第三人"。在《民法典》生效施行后，即使基础合同中存在禁止或限制债权转让的特约，也不得对抗保理商（不论其是否善意），故保理商可以合法受让存在禁止或限制债权转让特约的应收账款债权并向债务人主张。①

尽管存在上述规定，在实务中，保理商仍有必要对基础合同关系的特别约定予以关注。其原因在于，应收账款债权人和债务人之间的纠纷仍然可能引发保理合同履行的争议。

(二) 应收账款转让的通知

《民法典》第764条规定："保理人向应收账款债务人发出应收账款转让通知的，应当表明保理人身份并附有必要凭证。"本条是关于保理人"可以"向应收账款债务人发出通知的规定。

在以往的司法实践中，对于债权转让应当由谁发出通知才构成一个适格的通知存在争议。一种观点认为，从立法关于"债权人转让权利的，应当通知债务人"（《合同法》第80条第1款②前句）的表述结构来看，通知义务主体无疑应当是债权人，由受让人通知增加了债务人的审核负担，不应予以支持。另一种观点认为，债权让与的通知只是满足债务人的知情权，以防其不知情而向让与人不当履行，只要债务人知晓债权让与的事实，债权让与即应对其发生效力，而不应将通知的主体限定为让与人。从《民法典合同编通则司法解释》正式稿第48条删除了征求意见稿第50条第2款"让与人未通知债务人，受让人通知债务人并提供确认债权转让事实的生效法律文书、经公证的债权转让合同等能够确认债权转让事实的证据的，人民法院应当认定受让人的通知发生法律效力"之规定可以看出，司法实践尚未能达成一致意见，故司法解释暂不作规定，毕竟《民法典》第764条规定保理人可以发出通知是保理业务这一特定领域的特别规定。但正式稿第48条第2款仍然在征求意见稿第50条第3款规定基础上作了调整后规定："让与人未通知债务人，受让人

---

① 有关禁止金钱债权转让特约的更详细的讨论，请读者参见笔者所著《合同审查精要与实务指南：合同起草审查的基础思维与技能》(第3版) 第15章"合同通用条款的审查：正文通用条款"之"合同转让条款"的相应内容。

② 《合同法》第80条第1款规定："债权人转让权利的，应当通知债务人。未经通知，该转让对债务人不发生效力。"

直接起诉债务人请求履行债务,人民法院经审理确认债权转让事实的,应当认定债权转让自起诉状副本送达时对债务人发生效力。债务人主张因未通知而给其增加的费用或者造成的损失从认定的债权数额中扣除的,人民法院依法予以支持。"这一规定表明,司法解释又在中间做了"平衡",确立了这样的规则,即原则上应当由让与人通知债务人,但如果让与人未通知的,允许受让人采取"诉讼通知"的方式,但前提是只有在人民法院经审理确认债权转让事实的情况下,起诉状副本送达才可以发生通知的效力。原因在于,由于债权转让的事实是由人民法院审理查明的,该通知方式不会增加债务人的核查负担,同时还节省了债权人通知后受让人再起诉的烦琐,有利于纠纷的高效解决。此外,在让与人怠于履行通知义务时,如不赋予受让人通知权利,也不利于债权受让人利益的保护,造成僵局。

如前所述,《民法典》第764条增加了保理人"可以"通知债务人的规定,并明确保理人应当表明保理人身份并附有必要凭证以供债务人审核,以此保护债务人的利益。必要凭证的内容一般包括两类:一是保理人、让与人之间形成的书面文件,包括保理合同、债权转让通知书等;二是让与人向保理人申请叙做保理业务时提交的与基础贸易相关的书面文件,包括基础交易合同、贸易单据等。保理人单独发出转让通知时,通常认为,仅向应收账款债务人提供了上述第一类凭证,不构成充分的必要凭证,转让通知不发生效力,债务人可以向让与人履行债务,债务人也有权要求保理人在合理期间内提供充分的必要凭证,并在保理人提供之前有权拒绝履行。需要注意的是,由保理人发出债权转让通知是保理交易中的特殊规定,不能当然反推适用于一般债权转让当中。《民法典》第764条的规定可以有效解决保理业务中应收账款债权人"懒惰""懈怠"发出债权转让通知的问题,此时保理人可以自行向债务人发出通知。

故此,将债权转让的事实通知债务人,既是对债务人的约束,也是对债务人的保护,防止其因错误清偿而蒙受不利的法律后果,这一通知义务,既可以由转让人履行,也可以由保理人履行,但由保理人履行的,则其必须表明身份并提供相关的必要凭证,简单地通知并不符合法律规定,也不宜认定产生约束债务人的法律效果。①

---

① 参见最高人民法院民法典贯彻实施工作领导小组主编:《中华人民共和国民法典合同编理解与适用(三)》,人民法院出版社2020年版,第1778页。

【例12-2】应收账款转让通知条款

X	应收账款转让通知
	应收账款转让生效后,卖方区分下列两类情形进行应收账款转让通知:
X.1	《应收账款转让申请暨确认书》约定采用"公开保理"的,则应按下述方式处理: (1)在应收账款转让生效后,卖方应按保理商要求签署《应收账款转让通知书》并按保理商要求送达给买方; (2)如保理商要求买方签署《应收账款转让通知书》之回执或以其他形式完成应收账款转让通知,卖方有义务及时完成。
X.2	《应收账款转让申请暨确认书》约定采用"隐蔽保理"的,则应按下述方式处理: (1)在应收账款转让生效后,暂不通知买方。但是保理商有权根据自行判断,自行将应收账款已转让的事实通知买方; (2)保理商有权要求卖方按保理商要求,向买方发送《应收账款回款账号变更通知书》; (3)如保理商要求买方签署《应收账款回款账号变更通知书》之回执或以其他形式确认保理回款专户,卖方有义务及时完成。

此外,在实践中,有的保理合同"特别条款"中的债权人转让债权通知条款,采用勾选的方式。其中,包括如下这样的条款:

本条款适用时,在□中打"√"选择,打"√"项为适用条款(手工勾选无效):

……

□乙方在给债务人开具的发票上备注栏或背面标明:本发票的金额已按《有追索权商业保理合同》(编号【此处填写本保理合同编号】)的约定转让给【此处填写保理商全称】。请付款至户名【此处填写卖方单位全称】的保理专户上,账号【此处填写银行账号】,开户行:【此处填写卖方交至保理商监管的账户的银行全称】。本发票给付购买方时款项尚未支付。

……

通过在发票备注栏或背面标明的方式发出转让债权通知的,在实践中尤其需要关注备注信息或标明信息的真实、完整性,即足以完成债权已经转让的通知义务,否则容易产生争议。例如,在佛山大江铜业有限公司、中国民生银行股份有限公司广州分行金融借款合同纠纷二审民事判决书[广东省广州市中级人民法院(2019)粤01民终6731号]中,法院认为:

2014年2月21日,应收账款债权人腾航金属公司与大江公司签订《购销合同》(编号THFSDJ20140221-2),大江公司向腾航金属公司购买电解铜,金额为43,717,500元。腾航金属公司向大江公司开具增值税专用发票共38张(发票号码分别为10552433-10552455、10552456-10552470),发票中均注明"本发票记载之应收账款债权已全权转让给中国民生银行安排的受让人华福证券有限责任公司（津20××-003号定向资产管理计划），请将本票下款项付至下述账户……（腾航金属公司账户）"。法院认为：

首先，本案中，民生银行广州分行要求大江公司支付的应付账款是腾航金属公司与大江公司于2014年2月21日签订的THFSDJ20140221-2《购销合同》项下的货款，对应的增值税发票号码为10552433-10552470。大江公司主张其已支付THFSDJ20140221-2《购销合同》项下的款项4368万元，大江公司于一审期间提交的电子银行业务回单证实大江公司于2014年2月26日向腾航金属公司名下03×××05账户转账2100万元，于2014年2月28日向腾航金属公司名下03×××05账户分别转账2000万元和268万元。因号码为10552433-10552470的增值税发票开具时间为2014年2月26日，故上述转账付款与THFSDJ20140221-2《购销合同》约定的"如供方以对应本合同项下的应收账款办理国内保理业务时，则对应的应收账款从开票之日后180天内需方支付供方货款到以下账号：户名：广州市腾航金属材料有限公司，账号：03×××05，开户行：中国民生银行广州分行营业部"并不矛盾。腾航金属公司向一审法院提交的答辩状确认上述4368万元是THFSDJ20140221-2《购销合同》项下的货款。由此可见，腾航金属公司在2014年2月26日收到2100万元、2014年2月28日收到2268万元的情况下，仍于2014年2月27日和2014年2月28日分别向民生银行广州分行提交《国内有追索权卖方承诺书》申请2100万元和1228万元的涉案授信。其次，民生银行广州分行于2013年9月2日向腾航金属公司发出的《中国民生银行保理额度通知书》注明涉案业务为有追索权国内单保理（明保理）业务，即是说涉案保理业务涉及的债权转让应当通知大江公司。但民生银行广州分行提交的2013年9月2日《介绍信》仅为复印件，大江公司对其真实性不予确认。民生银行广州分行提交的2013年12月13日《公证书》及所附的2013年12月6日《介绍信》，没有邮件妥投证明予以佐证，不足以证实大江公司已收到涉《介绍信》。民生银行广州分行提交的两份《应收账款转让通知函》的回执上也没有大江公司盖章确认。民生银行广州分行还主张通过在增值税发票上备注的方式向大江公司通知债权转让，但依照《中华人民共和国合同法》第八十条第一款"债权人转让权利的，应当通知债务人。未经通知，该转让对债务人不发生效力"的规定，应由腾航金属公司就债权转让通知大江公司，且仅凭发票上备注的文字并不足以证实腾航金属公司已将涉案债权转让给民生银行广州分行或华福证券有限责任公司，故本院对民生银行广州分行的该主张不予采纳。而且，民生银行广州分行在二审答辩时陈述其是在2014年3月6日才将加盖收款账户信息的增值税发票(发票号码:10552433-10552470)邮寄给大江公司。据此,民生银行广州分行提供的证据不足以证实在大江公司向腾航金属公司支付上述4368万元前,腾航金属公司已就THFSDJ20140221-2《购销合同》的债权转让通知大江公司,故涉案债权转让在2014年2月28日前对大江公司不发生法律效力。最后,民生银行广州分行未提供证据证实大江公司存在与腾航金属公司恶意串通损害民生银行广州分行利益的行为。综上,本院对大江公司的上述主张予以支持,本院认定大江公司已于2014年2月26日和2014年2月28日向腾航金属公司分别支付THFSDJ20140221-2《购销合同》项下的货款2100万元和2268万元。一审判决对此认定错误,本院予以纠正。

在《民法典》第764条规定下,民生银行广州分行主张自己已向债务人大江公司通过邮寄增值税专用发票完成债权转让通知之义务,但发票上备注之文字信息并不完整,不足以证实腾航金属公司已将涉案债权转让给民生银行广州分行或华福证券有限责任公司,因为民生银行广州分行并未表明保理人之身份,亦未附有必要凭证(如保理合同、基础交易合同、贸易单据等)。

(三)保理服务的范围

根据保理合同的定义及其基本功能,若构成保理法律关系,则保理人应提供资金融通、应收账款管理或者催收、应收账款债务人付款担保等服务中的至少一项。实践中最为常见的是保理人提供资金融通服务。在保理合同"特别条款"中的保理服务范围条款一般采取勾选的方式来处理。参见下例:

【例12-3】保理服务范围条款

本条款适用时,在□中打"√"选择,打"√"项为适用条款(手工勾选无效):

□贸易融资:根据乙方的资金需求和乙方与债务人的真实贸易情况,向乙方提供保理融资款。

□销售分户账管理:甲方根据乙方的要求,定期或不定期向其提供关于应收账款的回收情况、逾期情况、信用额度变化情况、对账单等各种财务和统计报表,协助乙方进行应收账款管理。

□应收账款催收:甲方根据应收账款账期,主动或应乙方要求,采取电话、函件、上门催收直至运用法律手段对债务人进行催收。

□信用风险控制与坏账担保:甲方为债务人核定信用额度,并在核准额度内,对乙方无商业纠纷的应收账款提供约定的付款担保。

□资信调查与评估:甲方以受让应收账款为前提,提供机构或个人的信用信息记录、信用状况调查与分析、信用评估等服务。

(四)保理融资的相关账户

在融通资金型的保理业务中,保留业务流程中通常会涉及多种资金账户,主要包括如表12-1所示的账户:

表12-1 保理融资业务所涉账户

保理商	应收账款债权人(申请融资人)
保理融资款发放账户:指保理商指定的发放保理融资款的账户	保理融资款收款账户:指保理申请人(应收账款债权人)在转让应收账款后,申请保理融资的收款账户
保理融资款回款账户:指保理商指定的用于收取债权人直接或间接归还保理融资款的账户	保理专户(保理回款专户):是保理商为债权人提供融资后,双方以债权人名义开立的(暗保理),或者保理银行开立的、具有银行内部户性质的(明保理),用于接收债务人支付的应收账款的专用账户
结算账户:指债权人向保理商交纳保理融资款利息或保理服务费的账户	——

首先,保理融资款①收款账户,是保理申请人(申请融资人)在转让应收账款后申请保理融资的收款账户,为确保保理申请人能足额及时收到保理融资款,保理申请人务必保证保理合同中列明的保理融资账户的账户名、账号和开户行等信息完整无误,并处于正常的资金可流转状态,否则由此产生的损失和责任将由保理申请人自身承担。

其次,保理专户(亦称为保理回款专户),是保理申请人或保理商收取应收账款回款的专用账户。在明保理合同中,保理商通常会在保理合同及向债务人发送的应收账款转让通知书中要求债务人将应收账款回款支付至保理商指定的账户,保理申请人不得再通过其他方式收取债务人的回款。在暗保理合同中,由于保理商不要求保理申请人立即通知债务人,故保理专户通常仍为保理申请人的账户,但会增加保理商的监管或共管措施,由保理申请人收款后根据保理合同的相关约定向

---

① 保理融资款又称贸易融资款,指保理商应保理申请人的申请,在受让应收账款后,按照保理合同的约定向保理申请人支付一定比例的融资款项。通常保理融资款=应收账款×保理比例。保理比例是指保理商根据保理申请人提供的资料以及债务人的资信情况,通过内部评估公式测算得出的融资比例。保理融资款不得超过保理授信额度(在保理合同期间内,保理商为保理申请人提供保理融资款的最高限额)。

保理商转付。

至于保理专户中保理回款的性质认定，由于保理商与债权人在保理合同中通常会约定将保理专户中的保理回款进行质押，故若满足条件，可以认定为"金钱质押"。例如，《天津市高级人民法院关于审理保理合同纠纷案件若干问题的审判委员会纪要（二）》（津高法〔2015〕146号）第7条"保理专户中保理回款的性质认定"明确规定：

保理专户又称保理回款专用户，是保理商为债权人提供融资后，双方以债权人名义开立的，或者保理银行开立的、具有银行内部户性质的，用于接收债务人支付的应收账款的专用账户。

对于保理商与债权人约定将保理专户中的保理回款进行质押的，如果该保理专户同时具备以下几个特征，保理专户中的回款可以认定为是债权人"将其金钱以特户、封金、保证金等形式特定化后"，移交保理商占有作为保理融资的担保，在应收账款到期后，保理商可以就保理专户中的回款优先受偿：1.保理商将应收账款的债权人和债务人、应收账款数额和履行期限、保理专户的账户名称、保理回款数额及预计进账时间等，在"中国人民银行征信中心动产融资统一登记平台"的"应收账款转让登记"项下"保理专户"进行登记公示。2.每笔保理业务应当开立一个保理专户，如果多笔保理业务开立一个保理专户的，应当证明每笔保理业务与保理专户的相互对应关系。3.保理商、债权人与保理专户的开户银行签订保理专户监管协议，确保保理专户未存入应收账款回款之外的其他资金，未与债权人的其他账户混用，未作为日常结算使用。

就此，《担保制度司法解释》第70条规定①：

债务人或者第三人为担保债务的履行，设立专门的保证金账户并由债权人实际控制，或者将其资金存入债权人设立的保证金账户，债权人主张就账户内的款项优先受偿的，人民法院应予支持。当事人以保证金账户内的款项浮动为由，主张实际控制该账户的债权人对账户内的款项不享有优先受偿权的，人民法院不予支持。

在银行账户下设立的保证金分户，参照前款规定处理。

当事人约定的保证金并非为担保债务的履行设立，或者不符合前两款规定的情形，债权人主张就保证金优先受偿的，人民法院不予支持，但是不影响当事人依照法律的规定或者按照当事人的约定主张权利。

如下是一个以债权人名义开立的保理专户条款：

---

① 关于此条解释的相关内容，请读者参阅本书第14章"营销类合同起草、审查精要与实务"第2节。

【例12-4】以债权人名义开立的保理专户条款[①]

X	保理专户
X.1	在明保理业务类型下,根据商业保理业务性质,乙方应在甲方推荐银行处开设保理专户,专户用于接收债务人支付的应收账款的回款。在暗保理业务类型下,乙方应在甲方推荐银行处开设保理专户的同时,向甲方提供乙方在申请保理业务前乙方向债务人收取应收账款的账户,用于甲方发放保理融资款。
X.2	乙方应当确保保理专户中未存入应收账款的回款之外的其他资金,未与乙方的其他账户混用,未作为日常结算或除与债务人之外的其他交易账号使用,否则乙方应承担应收账款的回购义务。
X.3	保理专户以及甲乙双方账款往来的账户的详细信息详见特殊条款的第I款、第J款、第K款[1]的约定。
X.4	保理专户的作用如下:
X.4.1	收取应收账款的回款。
X.4.2	依据本保理合同约定,发生甲方认为需要乙方回购应收账款的事项时,乙方应无条件回购尚未收回的应收账款,甲方有权在不提前通知乙方的情况下委托银行直接扣划该账户内的资金至甲方的账户,用于偿还甲方应收回的权益。该权益包括但不限于尚未清偿的其他费用、利息罚息、本金罚息、利息、保理服务费、保理融资款,以及相关应收账款项下因乙方或者债务人过失给甲方造成的损失等。
X.4.3	乙方未能在本保理合同约定的结息日一次性足额支付应付利息,甲方可从保理专户直接扣划当期利息及相关费用。
X.4.4	应收账款到期日(包括甲方宣示加速到期),债务人未能足额偿还应收账款,甲方有权在不提前通知乙方的情况下从保理专户直接扣划其所对应的融资本息及相关费用。
X.5	未经甲方同意,乙方不得擅自通知债务人再次变更乙方的收款账户,也不得擅自注销、冻结该保理专户,否则乙方应承担应收账款的回购义务。
X.6	乙方同意在应收账款转让给甲方后,以保理专户作为应收账款的回款的唯一账户。
X.7	保理专户仅作为本保理合同项下应收账款的回款账户,该账户资金的转出须经甲方书面同意。
X.8	乙方同意,甲方由于此时对保理专户账款的使用下偿抵充甲方的融资本息,包括进入保理专户的非来源于基础合同项下应收账款的回款。
X.9	保理专户开通后,乙方应立即书面通知债务人更改或确认保理专户。
X.10	乙方不得将保理专户告知除债务人之外的第三人。
X.11	如保理专户内资金被司法机关查封、扣押、冻结,乙方应当第一时间通知甲方,否则乙方须赔偿甲方因此所受的全部损失。

---

① 适用于有追索权商业保理合同,本示范条款来源于陈胜编著:《中国合同库:商业保理》,法律出版社2018年版,第24-26页。笔者进行了适当的调整。

续表

X.12	乙方授权甲方对保理专户进行日常监督,包括但不限于对该账户的资金收入和支出情况进行了解和记录,且须配合甲方对到账的款项进行逐笔核对。
X.13	乙方应保障保理专户的正常使用,及时缴纳网银相关费用。
X.14	本保理合同解除或终止时,甲方应配合乙方将保理专户销户或变更保理专户的业务功能,使其业务功能完全由乙方使用。如乙方不予办理,保理专户的相关法律责任由乙方自行承担。

[1]特殊条款第 I 款是"乙方收取保理融资款的账户",第 J 款是"保理专户",第 K 款包括"甲方指定的回款账户""甲方指定的结算账户""甲方指定的发放保理融资款账户"。

(五)有追索权保理中的应收账款转回

《民法典》第 766 条规定:"当事人约定有追索权保理的,保理人可以向应收账款债权人主张返还保理融资款本息或者回购应收账款债权,也可以向应收账款债务人主张应收账款债权。保理人向应收账款债务人主张应收账款债权,在扣除保理融资款本息和相关费用后有剩余的,剩余部分应当返还给应收账款债权人。"本条是关于有追索权保理中保理人行使请求权的规定。

1. 有追索权保理法律性质的学说

在《民法典》施行之前,关于有追索权保理的法律性质(法律构造),学理界和司法实践中主要有如下三种观点:

第一,附担保条件的债权让与说。该说认为,有追索权保理可以解释为附担保条件的债权让与行为,保理合同中的主要权利义务关系为基础交易项下的应收账款转让,追索权的行使相当于应收账款债权人对债务人付款行为的担保。这一观点在早期的裁定观点中有所体现。① 该观点强调,不论是无追索权保理还是有追索权保理,保理的核心权利义务关系均为债权让与,至于保理人的回购请求权或还本付息请求权,仅是债权让与合同中所附加的担保条件。即应收账款债权人在条件成就时(一般指应收账款债务人无力清偿债务),有义务回购应收账款或返还保理融资本息。这一学说未能解决有追索权保理中保理人的清算问题。按此学说,应收账款债权人是在融资款范围内承担担保责任,那么除非合同有明确约定,保理人有权拿到全部的应收账款,而无须向应收账款债权人返还。因为,在完成债权让与后,保理人作为债权人获得全部应收账款,应收账款债权人仅能主张其不再承担担保责任,但保理人却没有任何义务向应收账款债权人返还剩余的款项,此情形对

---

① 参见天津汇融保理有限公司诉天津百畅医疗器械销售有限公司等保理合同纠纷案[天津市高级人民法院(2014)津高民二终字第 0103 号]。

应收账款债权人显然不公。

第二,间接给付说。间接给付,又称新债清偿、为清偿之给付,是指因清偿债务,以新的债务替代原定的债务,在新的债务没有履行的情况下,旧债务也不消灭,从而出现新旧债务并存的情况。这一学说由最高院在珠海华润银行保理合同纠纷案①中所确立,其功能与放弃先诉抗辩权的一般保证相当,并对后来的司法实践带来了深远的影响。具体而言,有追索权的保理基本法律框架是:保理人向应收账款的债权人发放一定数额的融资款,同时债权人将其应收帐款的债权转让给保理人,保理人因此获得向基础法律关系中的债务人求偿的权利,求偿不得时,保理人有权要求债权人回购或将债权反转让给债权人。间接给付学说实质意味着:首先,保理人向债权人提供融资是一个金融借贷关系,保理人是出借人,债权人承担向保理人偿还融资款的义务。此义务即间接给付学说框架下的"原债务",但债权人并未直接清偿"原债务",而是将对债务人的债权转让给保理人,转让的目的是清偿"原债务"。其次,将债权转让给保理商后,保理人就取得向债务人的求偿权,这是债权人所负担的一个"新债务"。在债务人没有向保理人偿还应收账款的情况下,可以理解为"新债务"没有履行,在此情形下保理人对债权人享有的追索权可以理解为在"新债务"没有履行的情况下保理人请求债权人履行"原债务"的权利。由此可见,用"借贷关系+间接给付"的理论框架能够解释保理合同的性质问题,同时也就解决了追索权和求偿权能否共存的问题,因为既然新旧债务能够共存,也就意味着求偿权和追索权在实体上能够共存。在作出上述定性后,间接给付的理论还解决了有追索权保理中,谁是第一还款责任人的问题。在间接给付的理论下,新债和旧债虽然并存,但因为新债是为清偿旧债,所以根据诚实信用原则,保理人应当首先请求履行新债。而对于保理人来说,请求履行新债就意味着首先应当要求债务人偿

---

① 参见珠海华润银行股份有限公司与江西省电力燃料有限公司合同纠纷民事判决书[最高人民法院(2017)最高法民再164号];中厦建设集团有限公司、中国建设银行股份有限公司上海第二支行合同纠纷再审审查与审判监督民事裁定书[最高人民法院(2019)最高法民申1518号]。如在(2019)最高法民申1518号案中,最高院认为,有追索权的保理业务所包含的债权转让合同的法律性质并非纯正的债权让与,而应认定为是具有担保债务履行功能的间接给付契约,并不具有消灭原有债务的效力,只有当新债务得到履行且债权人的原债权因此得以实现后,原债务才同时消灭。在保理人对于债务人的债权尚未得到实际清偿的情况下,保理人不仅有权请求基础合同的债务人向其清偿债务,同时有权向基础合同债权的让与人进行追索,为避免保理人就同一债权双重受偿,债务人、债权人、保证人任何一方对债务的清偿行为,都应相应免除另一方的清偿义务。类案还可参见中铁十七局集团有限公司等与西藏信托有限公司合同纠纷二审民事判决书[北京市高级人民法院(2022)京民终404号];安徽安固美建筑装饰工程有限公司与上海通华商业保理有限公司等保理合同纠纷二审民事判决书[上海金融法院(2022)沪74民终713号]。

还款项。所以,在保理关系当中,第一还款来源或者第一顺位清偿责任人是债务人,只有在债务人不能履行的情况下,才由债权人进行清偿,所以债权人是第二顺位的清偿责任人。与"债权让与担保说"相比较,在"间接给付说"下,不能将债权转让理解为一种让与担保,实际上保理人对债权人的追索权不是对保理人对债权人的融资主债权的担保,反而是对保理人对债务人的求偿权的一种担保,类似于放弃先诉抗辩权的一般保证。图 12-3 显示了有追索权保理的"间接给付说"的法律构造:

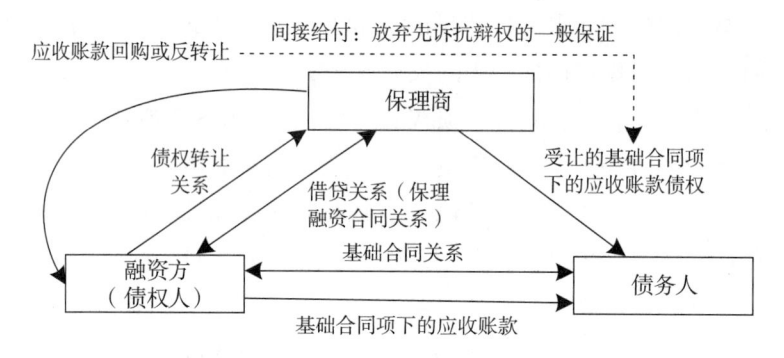

图 12-3 有追索权保理的"间接给付说"

然而,能否将间接给付理论运用至有追索权保理场景中还有待商榷。在保理法律关系中,并不存在"新债"和"旧债"之分,应收账款债权人取得融资款后不需要立即还款。如果按照间接给付说,顺此推理则融资款未届清偿期,就需要同步转让应收账款以清偿旧债,在法理上似有不妥。

第三,债权让与担保说。让与担保,又称为担保之给付,是指债务人或者第三人为担保债务的履行,将担保物的所有权移转予担保权人,债务清偿后,担保物应返还予债务人或第三人;债务不获清偿时,担保权人得就该担保物受偿的一种担保形式。司法实践很早就已经在保理合同纠纷中引入了这一学说。[1]

---

[1] 参见中国银行股份有限公司福建省分行与福州飞皇贸易有限公司、江西海通铜业有限公司等金融借款合同纠纷一审民事判决书[福建省福州市中级人民法院(2013)榕民初字第1287号];福州开发区福燃煤炭运销有限公司、中国建设银行股份有限公司福州城南支行金融借款合同纠纷二审民事判决书[福建省高级人民法院(2016)闽民终579号]。如在(2013)榕民初字第1287号案中,法院认为:有追索权保理的保理商虽受让了债权人的应收账款债权,但保理商受让应收账款后仅代为管理、收取应收账款,并将收回款项优先清偿保理融资款,收回款项若超过保理融资本息,保理商亦应将余款退还债权人,故保理商与债权人内部之间形成信托关系;并且,当保理商要求债权人承担还款责任时,在债权人未偿清保理融资款前,保理商仍有权向债务人收取应收账款用以清偿主债权。故应收账款转让的目的在于清偿主债务或担保主债务得到清偿,实为债权让与担保。

在保理法律关系的处理上,让与担保说亦把融资关系作为保理合同中的主要权利义务,但认为转让应收账款是为偿还融资款作担保,而不是为清偿。保理人虽受让了应收账款债权,但保理人受让应收账款后仅代为管理并收取应收账款,其与应收账款债权人内部之间形成信托关系。保理人收取款项若超过保理融资款及相应利息,余款亦应返还给应收账款债权人。当保理人因应收账款无法收回而要求应收账款债权人承担还款责任时,在应收账款债权人未偿清保理融资款前,保理人仍有权向基础法律关系的债务人收取应收账款用以清偿主债权。在此学说下,保理人依法享有变价权,但没有变价义务。保理人可以选择主张债权或要求变价后优先受偿,但并不因此而认为债权人必须在主张变价权后,才能主张债权,否则明显与担保的从属性相违背,即是说保理人无权利行使的先后顺序之限制。

债权的让与担保说弥补了间接给付说产生的逻辑问题,即转让应收账款的行为并非为了清偿融资款,而是用于担保。债权的让与担保说与间接给付说最大的区别在于债务履行顺位不同。在债权的让与担保说下,保理人行使债权请求权并无顺位之分。同时,由于转让应收账款是用于担保,所以保理人对于超额回款负有法定的清算义务。但仍有不同观点认为,债权的让与担保说架构下的保理并非实质意义上的保理,应收账款债权人负担首要偿还责任,违背了保理合同当事人的真实意思和交易成立的基础。这是因为,保理人通过受让债权而取得对债务人的直接请求权,保理融资的第一还款来源为债务人对应收账款的支付。图 12-4 显示了有追索权保理的"债权让与担保说"的法律构造:

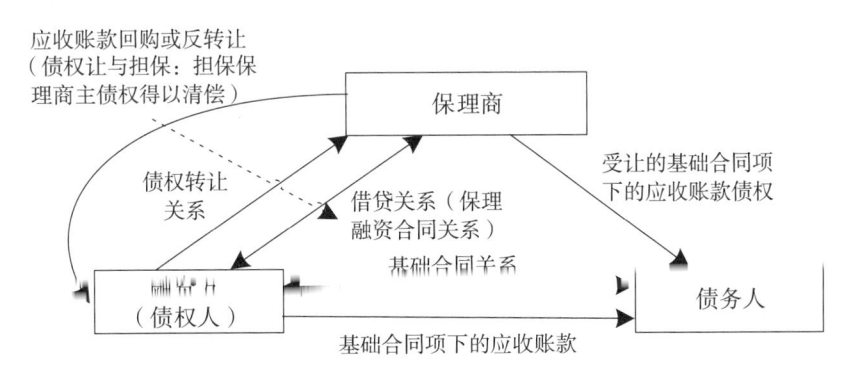

图 12-4 有追索权保理的"债权让与担保说"

综上所述,以上三种学说的主要差异见表 12-2[①]:

---

① 参见单素华、孙倩、王倩:《功能主义视角下有追索权保理合同纠纷的司法裁判》,节选自 2021 年度上海法院调研课题《民法典语境下保理合同纠纷的法律规制与裁判路径》。

表 12-2　有追索权保理法律性质学说的差异

项目	附担保条件的债权让与	间接给付（为清偿之给付）	让与担保（为担保之给付）
主要权利义务	债权让与	借款	借款
保理人行使权利顺位	无	先向债务人主张	无
基础合同债权人责任范围	融资款本息	融资款本息	融资款本息
清算义务	无	有	有

2. 民法典有追索权保理性质采纳学说之争

首先，《民法典》并未采纳附担保条件的债权让与说。主要的理由有两个：第一，从文义解释的角度，《民法典》第 766 条采用的是"可以向应收账款债权人主张……也可以也可以向应收账款债务人主张……"的表述，与民法典合同编草案二次审议稿第 552 条之四的表述"保理人有权选择向应收账款债权人主张……或者向应收账款债务人主张……"有所不同，保理人并非只得择一行使权利，同时向债权人和债务人主张权利似乎也无不可；第二，《民法典》第 766 条后句"保理人向应收账款债务人主张应收账款债权，在扣除保理融资款本息和相关费用后有剩余的，剩余部分应当返还给应收账款债权人"明确了保理人的清算义务。这是因为，保理人通过受让债权而取得对债务人的直接请求权，保理融资的第一还款来源为债务人对应收账款的支付。如果债务人拒绝履行还款义务，则保理人当然有权要求债权人归还融资本息。由于在有追索权保理中，保理人并不承担该应收账款不能收回的商业风险，其受让应收账款的目的是收回融资款本息，故保理人应受清算义务的约束乃是题中应有之义，以防止保理人获取不当得利。而在附担保条件的债权转让说下，债权人是在融资款本息范围内承担担保责任，保理人收回全部应收账款后，仅免除了债权人的担保责任，而债权人无权向保理人主张返还剩余款项，这与《民法典》第 766 条后句规定的保理人清算义务显然不符。综上所述，立法并未采纳附担保条件的债权让与说。

其次，至于《民法典》采纳的是间接给付说还是债权的让与担保说，尚有争议，但多数观点认为是采纳了后者。从既往的司法实践来看，在绝大多数情况下，保理人在提起诉讼时，均是将应收账款债权人和债务人列为共同被告。但对于保理人在向应收账款债权人主张返还保理融资款本息或者回购应收账款债权时，是否允许其同时向应收账款债务人主张应收账款债权这一问题上，曾经存在较大的争议，但现在这一问题已经"尘埃落定"，因为《担保制度司法解释》第 66 条第 2 款、第 3 款明确规定："在有追索权的保理中，保理人以应收账款债权人或者应收账款债务人为被告提起诉讼,人民法院应予受理;保理人一并起诉应收账款债权人和应收账款债务人的,人民法院可以受理。应收账款债权人向保理人返还保理融资款本息或者回购应收账款债权后,请求应收账款债务人向其履行应收账款债务的,人民法院应予支持。"这一规定明确了保理人可以自主选择行使追索权或求索权。间接给付说和债权的让与担保说在这一点上并无区别,有所区别的是间接给付说有权利行使的顺序限制。有学者认为,《民法典》第 766 条后句将保理人对应收账款债务人享有的权利限定为以融资本息为限的优先受偿权,而非全额应收账款,乃从权利实现的角度对有追索权保理的法律性质作出了立法选择。《民法典担保制度解释》亦重申了这一规则。在此规定之下,有追索权保理中的应收账款转让仅为交易的表象,其交易的实质在于担保融资本息的清偿。由此,有追索权保理中应收账款转让的本质即为应收账款让与担保。因而,在能否向债权人请求回购的同时向应收账款债务人主张应收账款的问题上,从《民法典》第 766 条所反映的有追索权保理的交易目的和法律性质来看,应将追索权认定为向债权人请求归还融资款本息的债权,该种主债权请求权可与对其进行担保的债权让与担保权同时请求。① 因此,《民法典担保制度解释》于本条第 2 款规定:"在有追索权的保理中,保理人以应收账款债权人或者应收账款债务人为被告提起诉讼,人民法院应予受理;保理人一并起诉应收账款债权人和应收账款债务人的,人民法院可以受理。"同时,第 3 款指出:"应收账款债权人向保理人返还保理融资款本息或者回购应收账款债权后,请求应收账款债务人向其履行应收账款债务的,人民法院应予支持。"②

但最高院似乎仍然坚持间接给付说:"……根据上述基本法理,认定追索权的功能相当于应收账款债权人为债务人的债务清偿能力提供了担保,这一担保的功能与放弃先诉抗辩权的一般保证相当,参照《担保法》关于一般保证的法律规定,由应收账款债务人就其所负债务承担第一顺位的清偿责任,对其不能清偿的部分,由应收账款债权人承担补充赔偿责任,法理依据是充分的。这种顺位的排序,不仅在法理上有据可循,也附合'保理融资的第一还款来源为债务人对应收账款的支付'这一行业共识。"③ "我们认为,有追索权的保理实质上是应收账款债权人为保

---

① 参见何颖来:《〈民法典〉中所追索权保理的法律构造》,载《中州学刊》2020 年第 6 期。
② 高圣平:《担保法前沿问题与判解研究——最高人民法院新担保制度司法解释条文释评》(第 5 卷),人民法院出版社 2021 年版,第 493－494 页。
③ 最高人民法院民法典贯彻实施工作领导小组主编:《中华人民共和国民法典合同编理解与适用(三)》,人民法院出版社 2020 年版,第 1785 页。

理人不能从应收账款债务人处收回约定的债权而提供的担保,这也是有追索权的保理被视为'其他具有担保功能的合同'的原因。"①"……有追索权保理的担保功能明显。既然具有担保功能,在诉讼中,也应当参照担保的规定处理。根据《民法典担保制度解释》第26条②的规定,一般保证中,债权人一并起诉债务人和保证人的,人民法院可以受理。参照该规定,保理人一并起诉应收账款债权人和应收账款债务人,人民法院也可以受理。"③从前述最高院的解释来看,其立场似乎仍然是"间接给付"的立场(放弃先诉抗辩权的一般保证)。

间接给付说和债权的让与担保说相比较,就应收账款变价所生之利益实现债权而言,两者并无区别,故认定是间接给付还是让与担保,依当事人给付之意思而定,但约定不明时,应认定为让与担保。这是因为,此时保理人仅有变价的权利而没有变价义务,保理人负担较轻。但其实两种学说除了在保理人行使权利是否有顺序限制上的差异外,其究竟是何种性质对保理人的最终权益没有太大影响,似无必要去严格区分。《民法典》施行之后,司法实践中"债权的让与担保说"的裁判思路逐渐成为主流。这主要基于以下几点理由:首先,债权人与债务人间的责任承担关系更接近于不真正连带,对保理人所负债务并未基于相同的意思联络,而是偶然联系在一起,二者法律关系为不真正连带关系,④而不真正连带责任的外部关系中,并不存在责任承担的顺序区分。其次,从程序上应当尊重保理人的意思自治,尊重保理人行使权利的选择权,如果要求保理人必须首先催收应收账款债权,无法清偿才能追索债权人,此举无疑增加了保理人的负担,限制了保理人的权利⑤。最后,债权的让与担保规则符合现行法律规定的基本逻辑,既然现行法律赋予了保理人仅选择债权人作为被告的权利,则似乎没有必要认定债权人承担的仅为补充清偿责任。再次,对于担保人的责任承担顺序,在债权的让与担保说下,应收账款的债权人和债务人的责任承担没有先后顺序,则直接按照担保合同约定要求担保人

---

① 最高人民法院民事审判第二庭:《最高人民法院民法典担保制度司法解释理解与适用》,人民法院出版社2021年版,第550页。

② 该条第2款规定:"一般保证中,债权人一并起诉债务人和保证人的,人民法院可以受理,但是在作出判决时,除有民法典第六百八十七条第二款但书规定的情形外,应当在判决书主文中明确,保证人仅对债务人财产依法强制执行后仍不能履行的部分承担保证责任。"

③ 最高人民法院民事审判第二庭:《最高人民法院民法典担保制度司法解释理解与适用》,人民法院出版社2021年版,第557页。

④ 参见麻莉、丁俊峰:《有追索权保理合同纠纷管辖法院的确定》,载《人民司法》2020年第31期。

⑤ 参见唐俐、程雪雪:《有追索权保理人请求权行使规则的适用研究——以96份裁判文书为分析样本》,载《中国政法大学学报》2023年第3期。

承担约定的担保责任即可。但在间接给付说下，由于债务人是第一顺位的责任人，而债权人则是第二顺位的补充清偿责任人，因此担保人承担责任的顺序取决于其为哪一方债务承担担保责任，并与被担保人的顺序保持一致。最后，如前所述，保理人仍然可以与应收账款债权人协商，选择在约定的情形下，由应收账款债权人对债务人本息支付义务承担连带保证责任①，以避免上述有关债权让与担保、间接给付之争。

3. 有追索权保理的清算

根据《民法典》第 766 条规定，在有追索权保理业务中，保理人负有清算义务。在清算时，保理人所能主张清偿的权利范围应当受到"双重限制"，即既受保理人的融资款本息和合同约定的相关费用限制，又受保理人受让的应收账款本息额这一最高限额的限制②。但在清算义务的具体实现路径上，有的法院认为，应该在判决时将保理人能主张的权利范围限缩在保理融资本息及其他费用这个范围内，无论是向债务人还是债权人主张，如此便不存在保理人清算义务的履行③。但也有法院同时判决，债权人向保理人支付基于保理合同产生的保理融资本息及其他费用，债务人向保理人支付基于基础合同的应收账款本息，但在扣除应收取的保理融

---

① 参见中铁十七局集团有限公司等与西藏信托有限公司合同纠纷二审民事判决书[北京市高级人民法院(2022)京民终 404 号]。在该案中，法院认为，保理人同时向应收账款债权人和债务人主张权利的，如果合同约定承担连带责任，则可按合同约定处理，如果合同未作约定，则应按照间接给付的法理，判令应收账款债务人承担第一顺位的还款责任，应收账款债权人承担补充责任。还可参见中民国际融资租赁股份有限公司与武汉和润物流有限公司、和润集团有限公司融资租赁合同纠纷一审民事判决书[天津海事法院(2020)津 72 民初 467 号]。

② 如在珠海华润银行股份有限公司与江西省电力燃料有限公司合同纠纷民事判决书[最高人民法院(2017)最高法民再 164 号]中，最高院认为：保理人珠海华润实际向广州大优公司(应收账款债权人)发放的借款本金为 3,680 万元，故珠海华润银行在本案中对江西燃料公司(应收账款债务人)所能主张的权利范围，依法应当依法限缩至 3,680 万元借款本金及其利息的范围之内。同时，珠海华润银行基于该笔贷款受让了对江西燃料公司的 4,611 万余元的应收账款，其对江西燃料公司清偿债务的信赖利益仅为应收账款本金 46,115,344.70 元及其利息，这一信赖利益范围也应当成为江西燃料公司对其承担责任的最高上限，故江西燃料公司向珠海华润银行清偿该 3,680 万元本金的利息的实际数额，不能超过该 46,115,344.70 元本金及相应利息。类案参见安徽安固美建筑装饰工程有限公司与上海通华商业保理有限公司等保理合同纠纷二审民事判决书[上海金融法院(2022)沪 74 民终 713 号]。

③ 参见中厦建设集团有限公司、中国建设银行股份有限公司上海第二支行合同纠纷再审审查与审判监督民事裁定书[最高人民法院(2019)最高法民申 1533 号]。另，最高人民法院(2017)最高法民再 164 号案也持这一立场。

资本息及其他费用后有剩余的,剩余部分应当返还给债权人①。显然,两种方式中的后一种对于保理人而言可能更有利,因为在保理业务实践中,保理人一般都采用的是"折扣保理"方式,通常而言应收账款本息额都会高于保理融资本息及其他费用。同时,有追索权的保理一定程度上可以类比债权质押,而在债权质押关系中,债务人无法偿还债务时质押权人尚有权将标的债权予以变价处置,将多余部分返还质押人,根据"举轻以明重"的法律原则,保理关系中虽非实质性债权转让,但名义上保理人已成为基础关系中新的债权人,应赋予其直接要求债务人向其支付全部应收账款本息的权利。

【例 12 - 5】应收账款的回购条款②

X	应收账款的回购
X.1	甲方行使追索权,要求乙方回购应收账款的,适用本条约定。
X.2	发生下列任何一种情形时,甲方有权通知乙方保理业务提前到期(加速到期),并向乙方发出《应收账款回购通知书》,要求乙方立即无条件回购尚未收回的应收账款、归还尚未足额清偿的保理融资款,并承担保理费用: (1)乙方与债务人因基础合同发生商业纠纷的; (2)第三人对已转让的应收账款主张权利的; (3)债务人发生信用风险,导致甲方未能按时足额收回应收账款的; (4)乙方的虚假陈述与保证,对本保理合同项下应收账款的偿还产生不利影响的; (5)乙方提供的基础合同、商业发票、交易凭证或其他资料存在虚假情况的; (6)应收账款到期日,债务人仍未足额支付应收账款的; (7)乙方未经甲方同意,与债务人协商一致修改基础合同付款日、付款金额、付款方式的; (8)债务人发生合并、分立、重组等情况,或出现包含但不限于转移财产、抽逃资金、停产、歇业、被注销登记、被吊销营业执照、被撤销、清算、破产、法定代表人或主要负责人从事违法犯罪、涉及重大诉讼活动,生产经营出现严重困难或财务状况恶化等情况,对其偿还应收账款产生不利影响的; ……

---

① 参见安徽安固美建筑装饰工程有限公司与上海通华商业保理有限公司等保理合同纠纷二审民事判决书[上海金融法院(2022)沪74民终713号]。

② 适用于有追索权商业保理合同,本示范条款来源于陈胜编著:《中国合同库:商业保理》,法律出版社2018年版,第35-39页。笔者进行了适当的调整。

续表

X.3	乙方收到甲方发出的《应收账款回购通知书》后3日内,应以电汇形式向甲方指定的结算账户一次性足额支付相关保理费用、违约金、罚息、利息、保理服务费、尚未付清的保理融资款,还款先后顺序按照本保理合同第[ ]条约定处理。即使甲方未出具《应收账款回购通知书》和《履行保证责任通知书》,甲方亦有权在乙方违约时直接对乙方或担保人行使追索权。
X.4	在回购期间,乙方应按保理融资款罚息利率标准向甲方支付回购款项的罚息,罚息计至乙方向甲方足额支付回购价款之日(含当日)。
X.5	乙方未能按照甲方要求实施回购的,甲方有权根据应收账款的金额以及乙方应当回购日至实际回购日之间的天数,按罚息利率向乙方计收罚息。
X.6	回购款项的计算公式:回购款项=保理融资款+尚未收取的保理费用+实际发生的其他相关费用-已回收的保理融资款
X.7	在回购期间,甲方足额收回保理融资款以及保理费用的,对债务人的未收回部分的应收账款的相关权益转回至乙方。
X.8	乙方同意自收到甲方发出的《应收账款回购通知书》之日起,甲方不再提供未收回部分的应收账款的催收、管理服务。
X.9	乙方无法回购的,甲方行使追索权的方式包括但不限于扣收乙方保理专户(监管账户)上的存款、申请支付令、采取诉讼等法律手段向乙方进行追索。
X.10	当乙方无论由于何种原因不能按本保理合同的约定履行回购义务及归还全部相关款项、支付全部相关费用时,由保证人承担乙方回购且不可撤销的连带保证责任。乙方预付保证金的,前述款项和费用优先从保证金中扣除。
……	……
X.12	甲方有权向债务人主张债权,亦有权要求乙方回购。甲方可选择行使上述两种权利中的一种或两种。当甲方只行使其中一种权利时,并不影响甲方将来行使另一种权利。但如果甲方已从债务人处获得部分或全部应收账款的回款,乙方的回购金额亦随之降低,如产生保理余款,甲方应将保理余款不计息支付给乙方。
……	……
X.16	甲方有权在根据本保理合同第X.2款发生的情形要求乙方履行回购义务的同时,要求乙方承担违约责任和/或单独解除本保理合同。
X.17	乙方明确表示或以自己的行为表明拒绝回购的,甲方有权单独解除本保理合同。

需要说明的是,在无追索权保理中,建议合同明确约定,应收账款债权金额大于保理融资款本息、保理合同项下其他费用之和的差额部分,作为保理人提供无追索权保理服务有权收取的报酬,应收账款债权人在任何情况下均不得主张返还或抵扣其他款项,应收账款债务人也不得主张该等费用抵扣其在保理合同项下应当清偿的保理还款。

（六）基础交易合同变更或终止的影响

在保理业务实践中，在应收账款转让后，卖方（债权人）和买方（债务人）之间在具体履行合同时，难免会遇到变更价款、增加或减少供货数量、退换货甚至终止合同等具体问题，由此产生基础合同发生变更或终止对保理人是否发生效力的问题。《民法典》第765条规定："应收账款债务人接到应收账款转让通知后，应收账款债权人与债务人无正当理由协商变更或者终止基础交易合同，对保理人产生不利影响的，对保理人不发生效力。"本条是关于何种情形下基础合同变更或终止不得对抗保理人的规定。

首先，需要澄清的是，应收账款的转让并不意味着基础交易合同的转让，保理人受让的是应收账款而非基础交易合同，保理人所继受的权利义务限于应收账款受让，以及提供资金融通、应收账款管理或者催收、应收账款债务人付款担保等的一项或多项，并非是基础交易合同项下的债权人的所有权利义务。因此，在应收账款债务人接到应收账款转让通知后，作为合同的相对方，债权人与债务人自然可以自愿协商变更或终止合同。只是由于存在应收账款转让的情形，债权人与债务人的该意思自治行为应当依法受到限制而不得滥用。

其次，学理界和以往的司法实践对此问题存在不同的观点。肯定说认为变更或者终止基础交易合同对保理人发生效力，保理人有权向债权人主张解除保理合同并要求损害赔偿，或者要求债权人承担违约责任。如《天津市高级人民法院关于审理保理合同纠纷案件若干问题的审判委员会纪要（二）》（津高法〔2015〕146号）第5条"基础合同变更对保理商的影响"规定：

保理合同对于基础合同的变更有约定的从约定，无约定的，可以按照以下情形处理：1.保理商可以对保理合同内容做出相应的变更。2.债权人变更基础合同的行为导致应收账款的有效性、履行期限、付款方式等发生重大变化，致使保理商不能实现合同目的，保理商可以向债权人主张解除保理合同并要求赔偿损失，或者要求债权人依照保理合同约定承担违约责任。

债权转让通知送达债务人，债务人未向保理商作出不变更基础合同承诺的，不承担因基础合同变更给保理商造成损失的赔偿责任。债务人已向保理商作出不变更基础合同承诺的，对于因基础合同变更给保理商造成的损失，如果没有明确责任承担方式，保理商可以主张债务人在债权人承担责任的范围内承担补充赔偿责任。

债权人与债务人恶意串通变更基础合同，损害保理商利益的，保理商依法主张债权人与债务人对造成的损失承担连带责任的，应予支持。

否定说认为,让与通知达到债务人后,债权人和债务人协商变更或终止基础交易合同,对保理人产生不利影响的,不能对抗保理人,除非保理人明确表示同意。《民法典》第765条采纳了否定说。即,在债务人收到转让通知之前,由于债权转让对债务人不发生效力,故债权人免除债务或者与债务人协商变更或者终止债权的行为,即使导致保理人利益受损,该行为也对保理人发生效力。在债务人收到转让通知后,未经保理人同意,债权人作出的此等不利于保理人利益的行为,虽然在债权人和债务人之间具有效力,但对保理人不发生效力,保理人仍有权向债务人主张原转让债权。

再次,依据《民法典》第765条之规定,判断应收账款债务人履行债务的条件和期限,应当以保理合同签订并将应收账款转让的通知送达到债务人之时的合同文本为基本依据,债权人和债务人嗣后无正当理由协商变更或者终止基础交易合同的,对保理人不生效力,债务人仍应按照原定条件或期限对保理人履行债务。

最后,在合同实务中,保理人应考虑在保理合同中明确约定,未经保理人书面同意,债权人不得变更基础合同,否则保理人有权解除合同,并且债权人应承担返还融资款本息和其他费用、赔偿损失的责任,这是其一;其二,债务人还需同时出具不可撤销的承诺函承诺不变更基础合同,并保证若未经保理人书面同意变更的,对前述债权人的责任承担连带责任。反之,债权人则应尽量争取约定一些保理人在此种情形下的限制条件或者除外情形,如将变更基础合同不影响保理人利益的情形排除在外。

(七)保理的登记

《民法典》第768条规定:"应收账款债权人就同一应收账款订立多个保理合同,致使多个保理人主张权利的,已经登记的先于未登记的取得应收账款;均已经登记的,按照登记时间的先后顺序取得应收账款;均未登记的,由最先到达应收账款债务人的转让通知中载明的保理人取得应收账款;既未登记也未通知的,按照保理融资款或者服务报酬的比例取得应收账款。"本条规定了同时存在多笔保理的清偿顺序。事实上,与买卖合同类似,保理合同也可能出现"一物二卖"的风险,而本条首次明确了保理的公示优先于通知的原则,也肯定了中国人民银行动产融资统一登记公示系统("中登网")的法律效力。此外,《担保制度司法解释》第66条第1款还规定:"同一应收账款同时存在保理、应收账款质押和债权转让,当事人主张参照民法典第七百六十八条的规定确定优先顺序的,人民法院应予支持。"这一解释明确了《民法典》第768条并未规定的保理、质押及一般债权转让并存时不同类型的权利竞存的顺位问题,即其顺位的确定规则与《民法典》第768条的规则相同,即登记在先,顺位在先;均未登记的,通知先到达债务人的优先;既未登记也未通知的,按照保理融资款或者服务报酬的比例取得应收账款。

实务中,这也对保理人提出了更高的要求。首先,在办理保理业务前,保理人应在中登网查询保理登记信息。即便是不具有保理人身份的应收账款受让人(如偶发性地受让了应收账款的普通企业),出于谨慎,也应到中登网上进行查询,这对非保理人也将是新的考验。其次,保理人自身在进行应收账款转让登记时,务必尽可能准确、详尽、特定化地描述应收账款债权的情况,不仅是基础合同的时间、债务人、金额,更重要的是基础债权债务的性质、特征、内容。再次,就前述的"保理专户",也应在"中登网"应收账款融资服务平台下的"保理专户"进行登记。最后,在保理合同中,亦应约定相应的应收账款转让登记条款。例如,"保理商有权在中征应收账款融资服务平台办理应收账款转让登记,登记费由保理商支付,卖方有义务配合"。

除上述这些主要条款之外,保理合同还通常会加入保证条款,如在有追索权保理业务中,约定应收账款债权人对债务人的还款义务承担保证责任。此时,与一般的保证合同审核要点类似,需要明确约定保证方式(建议为连带责任保证)、保证期限等,不再赘述。

最后,还需要关注的是,保理合同会存在很多附件。这些附件一般包括应收账款转让申请书(确认书)、应收账款转让通知书、提款申请确认书、应收账款回购通知书、应收账款回款账号变更通知书等。在合同审查时,应予以重视,切不可忽略。

第13章 民事合伙合同起草、审查精要与实务

内容概览

《民法典》在合同编典型合同分编中增设了第27章"合伙合同",替代了《民法通则》关于个人合伙的规范;《民法典》第102条以下条文规定的非法人组织包含了合伙企业;在《民法典》之外,《合伙企业法》还对合伙企业进行调整。民商事合伙合同(协议)在实践中应用广泛,本章主要介绍纳入典型合同的民事合伙合同。本章包含如下内容:

✓ 合伙、合伙合同的概念、类型与特征
✓ 合伙合同的审查

第一节 合伙、合伙合同的概念、类型与特征

《民法典》在正视合伙的团体契约性质后,在其合同编典型合同分编中新增了第27章"合伙合同",取代了《民法通则》中有关个人合伙的条文,将"合伙合同"正式纳入了典型合同或有名合同的范畴,这是《民法典》合同编的一个重大变化。

一、合伙的概念、类型与特征

在大陆法系传统民商法领域,所谓合伙,是指两个或两个以上的民事主体根据合伙合同或协议而设立的共同出资、共同经营、共享收益、共担风险的组织或联合。在合伙中,合伙人一般对外承担无限连带责任,或者依据法律规定对外承担有限责任。

合伙类型比较复杂,通常可以分为商事合伙与民事合伙。所谓商事合伙,是指以营利为目的而设立的,具有一定组织性和持续性的主体;而民事合伙通常是指以

非营利为目的设立的,且不具有较强组织性的民事合同关系。两者的区别主要表现在:

第一,是否通过营业行为专门从事营利活动。商事合伙一般都通过持续性的营业行为从事商事交易活动,而民事合伙虽然也可能从事一定的营利性活动,但其并不从事持续性的营业行为,本质上并非营利主体。

第二,是否具有一定的组织性,并能单独以自己名义从事活动。相对而言,民事合伙表现方式更为自由,其属于纯粹的合同或契约关系,而不属于独立的民事主体,各个合伙人无法以合伙组织体的名义从事民商事活动,当事人之间主要通过合伙协议来调整合伙人之间的法律关系("合同型合伙"或"契约型合伙");而商事合伙属于独立的民事主体,能够以自己名义从事民商事活动("组织型合伙")①。基于此,两类合伙所适用的法律规范存在诸多差别。例如,在商事合伙中,合伙人之一死亡是当然退伙事由(《合伙企业法》第48条),但并不当然导致合伙组织的终止;而在民事合伙中,合伙人之一死亡会导致合伙合同的终止,当然,各个合伙人也可以通过事先或事后协议的方式,使得合伙合同持续下去(《民法典》第977条)。再如,在合伙财产的归属上,商事合伙中由于形成民事主体,所以合伙财产应当归于合伙组织体所有(《合伙企业法》第20条、《民法典》第104条);而民事合伙并不属于民事主体,因此,其合伙财产的归属就更为复杂(《民法典》第969条、第978条)。合伙的定义采用"组织或联合"的表述其实就可以看出两者的区分。

第三,是否具有持续性不同。就民事合伙而言,合伙人之间通常是临时性的共享收益、共担风险,各个合伙人之间也并无长时间共同从事相应事务的合意,因而具有临时性、偶然性、一次性的特点;而商事合伙具有很强的组织体属性,并且具有持续性的经营意愿。

第四,调整两者的法律规范不同。在我国商事合伙主要是指合伙企业,专门通过《合伙企业法》予以调整,在商法学理论上这一法律归属于组织法的范畴,同时因为合伙协议具有契约属性,所以合伙企业能够同时适用《民法典》合同编等法律规范;而民事合伙主要表现为协议,所以其以适用《民法典》合同编为主,无法直接适用《合伙企业法》关于合伙组织体的规则。

综上所述,民事合伙和商事合伙的区别可以总结为表13-1。

---

① 商事合伙具有协议性和组织性双重属性,对外以组织体形式出现,而内部则通过合伙协议连接各个合伙人之间的关系,从这一意义上讲,合伙协议是组织体的基础和设立的依据。

表 13-1 民事合伙与商事合伙的区别

类别	《民法典》合伙合同章	《合伙企业法》
预设对象	未形成组织的合伙	形成组织的合伙
对外行为	通过"代理"解决	通过"代表"解决
合伙财产归属	全体合伙人共同共有	合伙组织所有
合伙合同	非交换性[1]	

[1] 在典型的双务合同中,当事人之间的给付义务具有交换性(对价关系),是为了各自的利益而交换给付,例如在买卖合同中,买方支付价款是为了卖方交付标的并转移所有权。在合伙合同中,合伙人是"为了共同的事业目的",是以为了全体合伙人的利益而统合给付为目的,不限于一次性的或者具体化的交换,而是针对一个动态程序中的共同目的。据此,合伙合同就并非多组具体的双方合同之间的简单叠加,并非对某个合伙人而言,其他的合伙人都是他的"对方当事人"。这就是合伙合同的"非交换性",即组织所有合伙人实现共同的事业目的。

二、合伙合同的概念与特征

(一)合伙合同的概念

《民法典》第 967 条规定:"合伙合同是两个以上合伙人为了共同的事业目的,订立的共享利益、共担风险的协议。"因此,合伙合同是各合伙人之间基于共同的利益,就共同出资、共同经营、共担风险而达成的合意。合伙合同是全体合伙人意思表示一致的产物。这一概念较之于《民法通则》第 30 条"个人合伙是指两个以上公民按照协议,各自提供资金、实物、技术等,合伙经营、共同劳动"之规定更为准确。《民法通则》第 30 条仅说明了共同出资、经营和劳动,而未提到共担风险和共享利益这一显著特征。在合伙主体的规定上,《民法典》的规定将个人合伙(《民法通则》第 30 条)和企业间或企业与事业单位间合伙型联营、合同型联营(《民法通则》第 52 条、第 53 条)上升到两个以上"合伙人",这便将自然人、法人和非法人组织囊括进来,厘清了合伙合同的主体。① 合伙合同是认定合伙关系的基础,是调整内部合伙关系的依据,是确定合伙人权利义务关系的根据。合伙合同之于合伙,如同公司章程之于公司,是合伙最重要的协议。《民法典》第 967 条属于合伙的一般规定,也准用于商事合伙。另外,合伙企业属于非法人组织,可以适用《民法典》总则编第 4 章关于"非法人组织"的规定。

---

① 《民法通则》第 30 条规定的是个人合伙,现在由《民法典》民事合伙合同规范处理;第 51 条规定的是法人联营,其实就是设立公司,现在由《公司法》规范处理;第 52 条规定的是合伙型联营,其实就是合伙企业,现在由《合伙企业法》规范处理;第 53 条规定的是契约型联营或合同型联营,现在由《民法典》民事合伙合同规范处理。

(二)合伙合同的特征

根据合伙合同之定义,合伙合同具有如下基本特征:

第一,合同主体必须为两人以上。《民法典》第967条规定的"合伙人"包括自然人、法人和非法人组织,但特别法另有规定的除外①。

第二,合伙合同原则上应采用书面形式订立。《民法典》第967条并未对合伙合同采用书面形式作出明确规定。② 这是基于实践中大量存在的口头合伙合同,容易引发纠纷而作出的实务原则性建议,订立书面合伙合同并非认定合伙关系的实质要件,而仅具有程序法的证明作用。

第三,合同目的由合伙人自行约定。合伙为经营共同事业之契约,经营共同事业为合伙之目的,亦是合伙成立之必要要件。实现共同的事业目的,是合伙最显明的特征,共同的事业是各合伙人追求的目标。这里的共同事业既可以是营利性、长期性的活动,如成立合伙企业进行商业活动;也可以是非营利性、短期、临时的活动。

第四,合同内容应当包括出资(《民法典》第968条)、利润分配和亏损分担(《民法典》第972条)等合伙内部关系重要事项。综合来看,就一般民事合伙而言,合伙人出资、利润分配和亏损分担、入伙与退伙、合伙终止属于合伙合同的必要条款。

第五,合伙合同不是双务合同,但是是继续性合同。合伙合同是属于双务合同还是共同行为,理论界素来有争议。有观点认为,在合伙合同中,各个合伙人均负有出资的义务,而且各合伙人的出资义务相互有对价的关系,因此,合伙合同为双务合同。笔者认为,各合伙人订立合同的目的是从事某项共同事业,实现某种共同目的,并非为等价交换,合伙合同的主体之间不产生如买卖合同、租赁合同当事人之间的互负权利义务的双务合同关系。合伙人履行出资义务不是为换取其他合伙人的对价,而是由各合伙人履行出资义务后形成共同的合伙财产,为实现共同事业目的奠定物质基础。合伙人实际上是通过合作的方式指向共同的目标,而非站在对立的角度进行等价交换。因此,合伙合同本质上属于共同行为,而非双务合同。③

需要注意的是,合伙合同虽不同于一般的合同,但仍属民事合同,因此,仍适用

---

① 参见《合伙企业法》第3条规定:"国有独资公司、国有企业、上市公司以及公益性的事业单位、社会团体不得成为普通合伙人。"该条规定是对商事合伙主体的特别限制。

② 《民法通则》第31条规定:"合伙人应当对出资数额、盈余分配、债务承担、入伙、退伙、合伙终止等事项,订立书面协议。"

③ 参见最高人民法院民法典贯彻实施工作领导小组主编:《中华人民共和国民法典合同编理解与适用(四)》,人民法院出版社2020年版,第2736页。

合同编有关规定。但《民法典》合同编基于双务合同特征而设定的相关规则,不能适用于合伙合同,如同时履行抗辩权(《民法典》第525条)、不安抗辩权(《民法典》第527条)等规则。此外,还应严格区分合伙关系与其他法律关系。

三、合伙法律关系成立的认定

根据《民法典》第967条的规定,合伙合同(合伙法律关系)成立的要件包括三个:一是为了"共同的事业目的";二是"共享利益";三是"共担风险"。由于合伙合同(合伙法律关系)的成立不以书面合同为形式要件,所以在实务中,认定合伙合同(合伙法律关系)是否成立需要区分未签署书面合同和签署了书面合同两种情形来具体判定。

(一)未签订书面合同时合伙法律关系的认定

在实践中,很多自然人之间的"合伙"往往没有依照《合伙企业法》的规定进行市场主体登记,而是直接以个别合伙人或者第三人的名义进行合伙活动,当发生纠纷以后,各方对基础法律关系发生争议。例如,一方主张双方是合伙关系,另一方则主张双方是合作承包关系、借贷关系、雇佣关系等。此时,应当根据《民法典》第967条明确的合伙合同成立要件进行判定。

《民法通则》第31条规定:"合伙人应当对出资数额、盈余分配、债务承担、入伙、退伙、合伙终止等事项,订立书面协议。"但《民法典》并未对合伙合同的书面形式以及必备内容作出规定,《民法典合同编通则司法解释》第3条第1款规定:"当事人对合同是否成立存在争议,人民法院能够确定当事人姓名或者名称、标的和数量的,一般应当认定合同成立。但是,法律另有规定或者当事人另有约定的除外。"因此,除非法律另有规定或者当事人另有约定外,只要能够确定当事人、标的和数量,一般应当认定合同成立。但合伙合同则属于法律另有规定的情形,根据《民法典》第967条的规定,当事人一般都容易确定,唯合伙合同的标的是合同权利义务指向的对象——"共同经营合伙事业",而"共享利益、共担风险"是过程要件、后果要件。数量对于合伙合同而言,则不属于必备条款。另外,其他一些合同要素都不是合伙合同成立的必备条款,如《民法典》第968条规定"合伙人应当按照约定的出资方式、数额和缴付期限,履行出资义务",但是否共同出资并真正形成合伙财产并不是必要条件,如在承运合同中一般不存在合伙财产,况且共同出资也可以在合伙成立之后由当事人协商确定,如果合伙的确需要出资,且事后不能协商一致或者法律不能填补的,在此种情形下可视具体案情将出资事项确定为必备条款。关于共同经营,事实上民事中"事业"也可以共同经营,并非必然是商事中的"事业"。

再如，根据《民法典》第972条的规定，合伙的利润分配和亏损分摊在没有约定或者约定不明的情况下，由合伙人协商确定；协商不成的，按实缴出资比例确定；无法确定出资比例的，由合伙人平均分配、分担，显然盈余分配、债务承担如何确定并非合伙合同的必备条款。此外，《民法典》还规定了合伙事项除合伙合同另有约定外应由合伙人一致决定（《民法典》第970条）、合伙财产份额转让（《民法典》第974条）、不定期合伙（《民法典》第976条）、合伙合同终止后的清算（《民法典》第977条、第978条）等，因此即使合伙合同中未明确约定入伙及退伙事项，也仍然能够根据《民法典》的规定予以调整。

对于当事人未签署书面合伙合同的情形，在陆某伟、刘某厚等合伙协议纠纷申请再审民事裁定书［最高人民法院（2015）民申字第1223号］中，最高院认为，"虽然陆某伟与刘某厚之间不存在书面合同关系，但陆某伟没有证据证明是其委托刘某厚支付购买案涉矿山的款项，也没有证据证明其多年来向刘某厚支付工资，双方存在雇佣关系。陆某法代理陆某伟对矿山进行投资、管理，矿山一直由刘某厚经营、管理，双方共同投资，共同经营，应当认定双方之间存在事实上的合伙关系。"也就是说，即便没有书面合伙协议，但是存在事实上的共同投资、经营事实的，也应认定为形成事实上的合伙关系。当然，这一案件是《民法通则》时代的案件，但法院通过双方"共同投资、共同经营"的事实，认定形成事实上的合伙关系，但笔者认为"共同出资、共同经营"是其"共享利益、共担风险"这一实质要件的表现形式或实现方式，而后者其实是合伙法律关系的必备条件，前者只是表象，是合伙法律关系是否成立的重要考量因素。

再如，在庄某坤、韩某合伙协议纠纷再审民事判决书［最高人民法院（2018）最高法民再216号］中，最高院重申，合伙各方是否存在共同出资和共同经营行为是认定合伙关系是否形成的重要因素，共享收益、共担风险是合伙关系的必要构成要件，在不具备上述条件的情况下，不能认定建立合伙关系。在本案中，最高院还认为，"合作承包不能直接等同于合伙关系"。因为，合作承包经营或者合作开发合同是合作承包或者合作开发各方按合同约定享有权利、承担义务的经营方式，"共同投资，共享利润、共担风险"是指合作各方内部关系，而不是指对外关系；就对外关系而言，如果合作各方没有成立法人公司，也没有成立合伙企业，应按照合同约定各自独立承担民事责任。① 而合伙则是合伙各方共享收益、共担风险，合伙各方

---

① 参见大连渤海建筑工程总公司与大连金世纪房屋开发有限公司、大连宝玉房地产开发有限公司、大连宝玉集团有限公司建设工程施工合同纠纷二审案［最高人民法院（2007）民一终字第39号］。

就合伙项目对外享有连带债权,承担连带责任。主张存在合伙法律关系的一方需举证证明存在合伙合意,而是否共同出资、共同经营是重要参考因素,本案主张存在合伙法律关系的一方提供了证人证言、付款凭证等证据证明存在合伙合意、共同出资的事实,但考虑到证言内容以及证人与当事人存在利害关系,付款可能系承包工程中的垫款行为等因素,最高院最终以证据不足为由纠正原审关于本案属于合伙法律关系的认定。①

(二)签订书面合同时合伙法律关系的认定

实践中可能出现当事人之间已经签订了书面合同,但涉及的争议是合同"名为合伙、实为其他"这样的"名实不符"的争议,如"名为合伙、实为借贷""名为合伙、实为雇佣",或实为租赁关系、委托关系、合作关系甚至股东协议关系等情形。反之,也可能"名为其他、实为合伙",如合作协议(含合作经营协议)、合作建房协议、合作开发房地产合同、合作采矿协议、联营协议、联合办学协议、承包协议、共同承建协议、技术合作开发合同等。

针对实践中大量存在的合同"名实不符"的情形,《民法典合同编通则司法解释》第15条就此解释道:"人民法院认定当事人之间的权利义务关系,不应当拘泥于合同使用的名称,而应当根据合同约定的内容。当事人主张的权利义务关系与根据合同内容认定的权利义务关系不一致的,人民法院应当结合缔约背景、交易目的、交易结构、履行行为以及当事人是否存在虚构交易标的等事实认定当事人之间的实际民事法律关系。"本条解释将"名实不符"的合同大致分为两类:一是合同名称与合同约定的内容不一致(本条解释第1句);二是当事人主张的法律关系与合同约定的权利义务不一致(本条解释第2句)。这两种情形在法律属性上是不同的:前者涉及合同解释问题,即如何解释当事人在合同中的特殊约定,如"名为合伙、实为借贷""名为合作开发、实为借贷"等,往往涉及对保底条款的认定和理解;后者涉及当事人以虚假意思隐藏真实意思表示的问题,往往存在双方虚构交易标的进行交易或者为规避监管而采取虚伪表示的情形。显然,当事人以虚假意思隐藏真实意思表示的情形,应适用《民法典》第146条"行为人与相对人以虚假的意思表示实施的民事法律行为无效。以虚假的意思表示隐藏的民事法律行为的效力,依照有关法律规定处理"的规定。但与"阴阳合同"不同的是,在此种名实不符情况下,由于当事人之间订立的是一份合同,而非两份以上的合同,因此,法院在判

---

① 类案参见李某超、王东合伙合同纠纷二审民事判决书[新疆维吾尔自治区巴音郭楞蒙古自治州中级人民法院(2022)新28民终181号]。

断其是否构成虚伪意思表示时难度较大。为此，本条解释明确，应当结合缔约背景、交易目的、交易结构、履行行为以及当事人是否存在虚构交易标的等事实认定当事人之间的实际民事法律关系。

如在兰州伦华房地产开发有限公司、兰州正和房地产开发有限公司民间借贷纠纷二审民事判决书[最高人民法院(2019)最高法民终35号][1]中，最高院认为：

关于双方当事人之间法律关系的性质。《最高人民法院关于审理涉及国有土地使用权合同纠纷案件适用法律问题的解释》第十四条规定："本解释所称合作开发房地产合同，是指当事人订立的以提供出让土地使用权、资金等作为共同投资、共享利润、共担风险合作开发房地产为基本内容的协议。"第二十六条规定："合作开发房地产合同约定提供资金的当事人不承担经营风险，只收取固定数额货币的，应当认定为借款合同。"本案中，双方签订的合作备忘录约定，马某英以个人名义向伦华公司投入资金3000万元，投入起始日期为2011年10月6日，投资期限为三年六个月，免责期一年，即最迟返还投资回报日期为2016年4月6日，返还本金和投资回报合计11,000万元。上述约定表明，马某英虽按约定办理了合作项目相关事宜，参与了项目管理，但马某英提供资金，只是收取固定数额的回报，并不承担经营风险。因此，双方当事人之间的法律关系不具备共担风险这一要件，在法律性质上不属于合作开发房地产合同，应当认定为借款关系。

在本案中，虽然当事人签订的《合作备忘录》形式上显示的是合作开发房地产，但其内容约定有保底条款、固定收益条款，这显然与"风险共担、收益共享"的合伙本质相违背，更符合民间借贷"资金融通"的债的行为本质，故名为合伙但实际不参与经营管理、合伙盈亏分配中存在保底条款、只收取固定回报不承担经营风险等情形均可能被认定属于"名为合伙、实为借贷"。

再如在林某曾、陈某河合伙协议纠纷再审民事判决书[最高人民法院(2017)最高法民再228号]中，最高院认为：

关于《股东协议》的性质问题。1.从《股东协议》约定的内容分析，三方当事人系就案涉东泥沟煤矿的合作事宜约定共同出资、共同经营，并共享收益。(1)《股东协议》第一条投资项目中的第1项约定了三方共同投资浑源县东泥沟煤矿(以下简称东泥沟煤矿)项目的投资种类、总投资额，以及各自的投资额及占比。(2)《股东协议》第二条、第三条约定了双方各自分工，共同生产、共同经营。(3)《股东协

---

[1] 类案参见刘某兴与廖某国合同纠纷二审民事判决书[湖南省高级人民法院(2016)湘民终66号]；邬某宏、麻城市吉宏运输有限公司等二审民事判决书[湖北省黄冈市中级人民法院(2022)鄂11民终2222号]。

议》第一条第三项约定各方共享收益,即对本案煤炭项目开采地超出1000亩的部分,由各方按成本价共同享受利益。2.从《股东协议》的履行情况看,三方当事人亦实际共同经营了东泥沟煤矿,并共享了经营收益。(1)本案审查期间,林某曾陈述三方共同对《股东协议》中约定的1000亩开挖地进行了丈量,煤矿场地所涉搬迁也是三方共同负责;陈某河陈述场地搬迁费用是煤炭销售后支付的。(2)陈某河陈述,其与林某负责工程和销售,财务上三个人同时签字就可以使用。(3)三方自2011年1月起共同对东泥沟煤矿进行了开采、销售,并已取得利润,至2012年4月,陈某河、林某共分得利润4413万元,林某曾分得3387万元。(4)本案审查及再审中,就东泥沟煤矿的现状,双方当事人均陈述自停产后一直由双方留守人员共同看守。根据民法通则第三十条、第三十四条规定,个人合伙是指两个以上公民按照协议,各自提供资金、实物、技术等,合伙经营、共同劳动;个人合伙的经营活动,由合伙人共同决定,合伙人有执行和监督的权利。无论是陈某河、林某与林某曾签订《股东协议》的约定内容,还是该协议的实际履行情况,均体现的是法律规定的合伙合同所具有的共同出资、共同经营、共享利润的特征。本案《股东协议》应认定为合伙合同。

从本案可以看出,即便合同名为《股东协议》,但从其约定内容以及实际履行情况来看,均体现的是合伙合同所具有的共同出资、共同经营、共享利润的特征,应认定为合伙合同①。

第二节 合伙合同的审查

一、合伙合同的框架结构

依据《民法典》有关合伙合同的规定,民事合伙合同通常包括如下主要条款:
- ✓ 合伙主体,包括合伙主体的名称或姓名、住所、联系方式等基本信息;
- ✓ 合伙经营项目或经营方式和合伙期限;
- ✓ 合伙人出资,包括合伙人出资方式、数额和缴付期限等;
- ✓ 合伙财产;
- ✓ 利润分配和亏损分担;
- ✓ 合伙债务的承担;
- ✓ 合伙事务的执行、合伙人的禁止行为;

---

① 类案参见宋某宝、聂某等合伙协议纠纷申请再审审查民事裁定书[河南省高级人民法院(2021)豫民申9049号]。

- ✓ 入伙与退伙;
- ✓ 财产份额的转让;
- ✓ 合伙合同的终止与清算。

实践中,除上述条款外,合伙合同通常还会约定违约责任、争议解决以及其他杂项条款等内容。

二、合伙合同主要条款的审查

(一)合伙经营项目或方式和合伙期限

在实践中,鉴于民事合伙不成立合伙组织,而仅靠合伙合同来约定各合伙人之间的权利义务关系。故此,通常适用于各合伙人合伙经营一些项目(如个人合作建房、合作兴办养殖、合作经营商店、店铺等)以及承包经营事业(个人合伙承包经营鱼塘、个人合伙承包工程项目)等情形。以合作建房为例:

【例13-1】合作建房的方式

X	合作建房的方式
X.1	**建房地点**:位于[ ]省[ ]市[ ](土地使用权证见附件1)宅基地,土地面积约[ ]平方米。
X.2	合作方式
X.2.1	**建房用地**:甲方以占地面积为约[ ]平方米的宅基地使用权作为合作条件,由乙方出资并建设楼房,建筑面积约[ ]平方米,每层面积约[ ]平方米。(房屋建造图纸见附件2)
X.2.2	甲方应当以本协议约定之宅基地面积提供建房用地,并保证该土地地上没有其他构筑物及附着物,满足建房所必须之条件。甲方若与家庭其他成员共有宅基地,须保证其他家庭成员已同意合作并出示书面证明,甲方为其家庭成员代表,负责全权处理合作建房事宜。
X.2.3	**建房资金**:设计、施工及其他与建房相关之资金(包括但不限于装修、消防等)由乙方提供。甲方不作任何资金投入。
X.2.4	房屋为框架结构,共[ ]层高的住宅楼。首层高度为[ ]米,第二至第[ ]层均为[ ]米。

根据我国法律法规的相关规定,宅基地使用权人依法对集体所有的土地享有占有和使用的权利,有权利用该土地建造住宅及其附属设施。但是,宅基地使用权仅仅由农村集体经济组织的成员依法享有,而非农村集体经济组织的成员则不可

在农民集体所有的土地上建造个人住宅。在实践中,享有宅基地使用权的农村集体经济组织成员常常"有地而缺建房资金",而非农村集体经济组织的成员则"有钱而无地",在房价不断高涨的背景下,合作建房的现象普遍存在。农村村民一户只能拥有一处宅基地。虽然宅基地使用权人通常登记为户主的名字,但这并不否认同户的其他成员共同享有该宅基地使用权。换言之,农村宅基地应当是以户为单位计算的,户内成员拥有共同的使用权。实际上,农村宅基地使用权取得的情况多种多样,包括但不限于分户所得、继承所得、原始审批所得等情况;而由于结婚、生老病死以及户籍转移等情况,户内成员也处于经常变动的状态。因此,为避免纠纷的出现,家庭共同共有人应出具书面证明同意"合作建房",以保证合作建房协议的顺利履行。

（二）合伙期限

对于合伙期限,《民法典》第976条规定:"合伙人对合伙期限没有约定或者约定不明确,依据本法第五百一十条的规定仍不能确定的,视为不定期合伙。合伙期限届满,合伙人继续执行合伙事务,其他合伙人没有提出异议的,原合伙合同继续有效,但是合伙期限为不定期。合伙人可以随时解除不定期合伙合同,但是应当在合理期限之前通知其他合伙人。"故此,对于合伙期限届满、没有约定合伙期限或约定不明确的情形,除非有合伙人提出异议,否则视为不定期合伙,合伙合同关系继续存续。假设合伙合同期限届满但合伙人未及时提出异议,就存在后续发生的债务由合伙人承担无限连带责任的风险,故建议在签订合伙合同时对合伙期限予以明确。

（三）合伙人出资

《民法典》第968条规定:"合伙人应当按照约定的出资方式、数额和缴付期限,履行出资义务。"就合伙人出资而言,合伙人出资构成了合伙财产最原始的部分。合伙合同一经成立,合伙人即负有出资义务,相应地,不论合伙人的出资是否现实给付,均因合伙成立生效,即时成为合伙财产的一部分。即《民法典》第969条规定中的"出资"是合同约定的出资,而非实际缴付的出资。至于合伙人出资的形式,《民法典》没有明确规定,由合伙合同自行约定。实践中,一般参照《合伙企业法》第16条的规定,合伙人可以用货币、实物、知识产权、土地使用权或者其他财产权利出资,也可以用劳务出资。

在合伙合同起草、审查实务中,尤其应当注意的是,合伙人出资的财产要具体、明确,并具有对外的公示性,据以区分合伙人的个人财产和全体合伙人共同共有的合伙财产。此时,需要考虑的是合伙财产的具体组成。若单个合伙财产有法定公示方式,要依据一般性的法定公示方式确定合伙财产。如以房屋出资的,应将该房屋的所有权登记在全体合伙人名下。若单个合伙财产没有法定公示方式,则依据合伙合同或者以全体合伙人名义取得。如以动产所有权出资,则需要将该动产交付给全体合伙人,全体合伙人可以授权出资人代表全体合伙人占有。若实务中无法做到这一点,很可能出现合伙人个人财产和合伙财产无法区别的问题,还会引发合伙人以自己名义处置合伙财产以及如何保障第三人利益的问题。

【例13-2】出资额、出资方式和缴付期限

X	出资额、出资方式与缴付期限
X.1	出资额与出资方式: 本合伙出资共计人民币_____元。具体出资如下: 合伙人_____(姓名)以_____方式出资,计人民币_____元。 …… (其他合伙人同上顺序列出)
X.2	缴付期限:各合伙人的出资,于_____年____月____日以前交齐,由合伙人_____(姓名)统一保管,其他合伙人有权监督和核查。逾期不交或未交齐的,应对应交未交金额数计付银行利息并赔偿其他合伙人由此遭受的损失。
X.3	出资返还:合伙期间各合伙人的出资为共同共有财产,不得随意请求分割,合伙终止后,各合伙人的出资仍为个人所有,协议终止当天或按合伙人约定的时间予以返还。

需要强调的是,与出资条款相匹配的是,应当明确约定出资的缴付期限,避免出现"及时缴付"这样不明确的约定,否则其他合伙人主张违约合伙人缴付出资的诉讼请求很可能得不到支持。另外,出资条款除了需要匹配出资期限外,还需要匹配未按约缴付出资时的违约责任条款。

如在淮安市贝英达教育咨询有限公司、马某合伙协议纠纷二审民事判决书[江苏省淮安市中级人民法院(2021)苏08民终4324号]中,合伙人贝英达公司与马某于2018年9月8日签订《资金入股合作协议书》,约定马某以银行转账300万的出资形式入股,占有淮安瑞思学科英语20%的股份,并约定2019年1月1号前共同成立教育培训公司,股份比例为贝英达公司占股70%,马某占股30%。马某自合同生效之日起,按合同要求将投资额转账至贝英达公司账户,马某未按本协议之规定及时向贝英达公司支付出资额,按逾期付款金额承担30万元的违约金。直至

2019年12月马某退伙,其仍未完全履行合伙协议里的出资义务,贝英达公司起诉马某,要求其承担违约责任。一审法院认定双方的合伙合同法律关系真实有效。在本案中,一、二审法院都认为,协议并没有对马某出资的履行期限进行约定,贝英达公司主张马某应在2019年1月1日之前出资到位,缺乏事实和法律依据。

(四)合伙财产

1. 合伙财产的范围

《民法典》第969条规定:"合伙人的出资、因合伙事务依法取得的收益和其他财产,属于合伙财产。合伙合同终止前,合伙人不得请求分割合伙财产。"所谓合伙财产,是指合伙关系存续中,因经营合伙事业所具有及取得之一切财产之和。学理上认为,合伙财产有狭义和广义之分,狭义的合伙财产是指合伙存续期间因经营合伙事业取得的一切积极财产。如《合伙企业法》第20条规定:"合伙人的出资、以合伙企业名义取得的收益和依法取得的其他财产,均为合伙企业的财产。"广义的合伙财产是指合伙存续期间因经营合伙事业取得的一切财产,包括合伙债务。如《民通意见》第54条规定:"合伙人退伙时分割的合伙财产,应当包括合伙时投入的财产和合伙期间积累的财产,以及合伙期间的债权和债务。……"《民法典》第969条第1款吸收了《合伙企业法》第20条的规定,采纳了狭义概念,即仅指积极财产。此外,该条第2款还规定,合伙合同终止前,合伙人不得请求分割合伙财产。

合伙财产包括三个部分:一是合伙人的出资;二是因合伙事务依法取得的收益;三是依法取得的其他财产。就合伙人出资而言,合伙人出资构成了合伙财产最原始的部分。合伙合同一经成立,合伙人即负有出资义务。相应地,不论合伙人的出资是否现实给付,均因合伙成立生效,即时成为合伙财产的一部分。此外,因合伙事务依法取得的收益主要包括合伙的营业收入、财产转让收入等;依法取得的其他财产,由拍卖出售合伙财产的总收入、因他人侵权而获得损害赔偿或者合法接受赠与的财产等。

2. 合伙财产的归属

关于合伙财产的归属,《合伙企业法》第20条规定:"合伙人的出资、以合伙企业名义取得的收益和依法取得的其他财产,均为合伙企业的财产。"《民法典》第104条规定:"非法人组织的财产不足以清偿债务的,其出资人或者设立人承担无限责任。法律另有规定的,依照其规定。"因此,在合伙企业的情形下,合伙财产归属于合伙企业,而非合伙人。在民事合伙中,《民法通则》第32条第1款、第2款分别规定"合伙人投入的财产,由合伙人统一管理和使用","合伙经营积累的财产,归合伙人共有"。即区分了出资财产和合伙经营积累的财产,《民法通则》将后者明确规定为合伙人共有,而对前者仅规定为"由合伙人统一管理和使用。"《民法典》第969条第1款对此未作明确规定。在学说中,对于合伙财产的归属也存在很大争议,有观点认为属于全体合伙人共同共有;有观点认为属于全体合伙人按份共有①;也有观点认为根据《民法通则》第32条区分合伙人出资和合伙运营财产,是混合共有。学理界和司法实践的主流观点是共同共有②,笔者也赞同合伙财产属于合伙人共同共有的观点,即合伙人对合伙财产整体和单个合伙财产在合伙合同终止前都不享有份额。③ 一定程度上《民法典》第969条第2款"合伙合同终止前,合伙人不得请求分割合伙财产"之规定也可以佐证这一点,因为如果属于按份共有,则合伙人应随时可以请求分割合伙财产。

  当然,这种共同共有不以所有权为限,还包括《民法典》第310条规定的用益物权和担保物权的共同共有,也包括其他财产的准共同共有④,相关规则都可参照适用以所有权为限的共同共有规则。《民法典》第969条第1款并未对合伙财产的归属予以明确规定,这有助于回避理论上的争议。同时,这种做法同样有助于避免可

---

  ① 参见曲某英、胡某秀股东资格确认纠纷再审民事判决书[最高人民法院(2016)最高法民再319号]。

  ② 参见朱虎:《〈民法典〉合伙合同规范的体系基点》,载《法学》2020年第8期;李永军:《民事合伙的组织性质疑——兼评〈民法总则〉及〈民法典各分编(草案)〉相关规定》,载《法商研究》2019年第2期;刘某1、刘某2合伙合同纠纷民事二审民事裁定书[甘肃省高级人民法院(2021)甘民申3352];王某英与侯某民、侯某爱等合伙协议纠纷再审审查与审判监督民事裁定书[新疆维吾尔自治区高级人民法院(2020)新民申1750号]。

  ③ 参见《重庆市高级人民法院民二庭关于个人合伙纠纷法律适用问题的解答(试行)》第4问"合伙人诉请确认合伙份额的,人民法院应如何处理?":"合伙人诉请确认合伙份额的,人民法院应进行释明,要求其明确诉请的是确认出资比例、盈余分配比例或是亏损承担比例,并依照当事人之间的约定及法律规定予以处理。"另外,按份共有人或者共同共有人也享有管理共有物、分配共有物的收益和表决等权利,但仍仅限于对共有物的权利,而非如同合伙人那样享有广泛的合伙事务执行权,故有很大的不同。

  ④ 如合伙人以某项不动产或知识产权的使用权、收益权出资,由于出资合伙人仍是该项财产法律意义上的所有人,所以该项财产原物不能成为合伙财产。但是,由于合伙人以他项财产权出资时,必须将作为使用权、收益权等财产载体的财产原物,交由全体合伙人共同占有、使用或收取收益,才能形成出资合伙人的出资,这与准共有的法律特征相符。因此,合伙人以所有权以外的财产权出资的,该出资属于合伙准共有财产。参见最高人民法院民法典贯彻实施工作领导小组主编:《中华人民共和国民法典合同编理解与适用(四)》,人民法院出版社2020年版,第2743页。

能产生的误解,即将《民法典》第974条①规定的合伙财产份额理解为物权中的共有份额,事实上,该份额应理解为合伙人地位或者合伙份额。② 如果合伙人就份额处分与第三人订立合同,合同虽然有效,但仅仅解释为利润分配请求权和清算时所享有的请求权的转让,而不能代为行使合伙人在合同中的权利。同样,单个合伙人的债权人对合伙财产整体的份额申请强制执行,实质上也仅是对合伙人地位中的利润分配请求权和强制性退伙时的财产分配请求权申请强制执行。《民法典》第975条③和《合伙企业法》第41条、第42条④对此明确规定,否则,就会出现有违合伙目的的实现和合伙人之间的特别信任关系的结果。⑤

3.合伙财产的确定

合伙财产的确定,即财产在何种情况下才构成合伙财产。如果对此欠缺清晰的规定,则可能会损害第三人的利益。

合伙人的出资是合伙财产的初始来源,即使合伙未形成组织,以非货币的财产出资的,作为出资的财产权利也应当转让给全体合伙人。这意味着能够作为出资的权利首先是能够被转让的权利,不能转让的权利无法被用于出资;同时,作为出资的权利的转让适用该权利的转让规则。具体而言,《合伙企业法》第17条第2款规定:"以非货币财产出资的,依照法律、行政法规的规定,需要办理财产权转移手续的,应当依法办理。"《民法典》规定的合伙合同中同样如此,区别仅在于不是向合伙企业转让而是向全体合伙人转让。采取登记生效主义的财产权,应当将该财产权登记在全体合伙人名下;采取登记对抗主义的财产权,不登记在全体合伙人名

---

① 《民法典》第974条规定:"除合伙合同另有约定外,合伙人向合伙人以外的人转让其全部或者部分财产份额的,须经其他合伙人一致同意。"该财产份额可以理解为《民法典》第125条所规定的"其他投资性权利"。

② 参见朱虎:《〈民法典〉合伙合同规范的体系基点》,载《法学》2020年第8期。

③ 《民法典》第975条规定:"合伙人的债权人不得代位行使合伙人依照本章规定和合伙合同享有的权利,但是合伙人享有的利益分配请求权除外。"

④ 《合伙企业法》第41条规定:"合伙人发生与合伙企业无关的债务,相关债权人不得以其债权抵销其对合伙企业的债务;也不得代位行使合伙人在合伙企业中的权利。"第42条规定:"合伙人的自有财产不足清偿其与合伙企业无关的债务的,该合伙人可以以其从合伙企业中分取的收益用于清偿;债权人也可以依法请求人民法院强制执行该合伙人在合伙企业中的财产份额用于清偿。人民法院强制执行合伙人的财产份额时,应当通知全体合伙人,其他合伙人有优先购买权;其他合伙人未购买,又不同意将该财产份额转让给他人的,依照本法第五十一条的规定为该合伙人办理退伙结算,或者办理削减该合伙人相应财产份额的结算。"

⑤ 参见朱虎:《〈民法典〉合伙合同规范的体系基点》,载《法学》2020年第8期。

下,不得对抗善意第三人;①如果是以交付作为生效要件的动产物权,则需要交付;财产权没有法定公示方式的,则合伙合同生效时即同时移转权利。例如,以债权出资的,依据《民法典》第 546 条第 1 款,在债权转让合同生效时债权即移转,不以通知债务人为生效要件。在出资未按照所涉权利的转让规则将权利移转给全体合伙人的情况下,该权利并不属于合伙财产,但是,其他合伙人对出资人享有的出资请求权和相应的违约请求权是合伙财产的组成部分。在实践中,经常出现出资未移转于全体合伙人名下的情形。例如,货币出资合伙人将资金转入某个合伙人个人账户的情形,但合伙人均认可该款项为合伙人出资,则可以认为在合伙人的内部关系中,出资义务已经完成②;但是,该财产并非合伙财产,而是持有该账户的合伙人所有,其他合伙人有权请求该合伙人转让该财产给全体合伙人。③

如果全体合伙人因合伙事业依法取得了收益和其他财产,则此部分财产亦属于合伙财产。除获得的收益之外,因合伙事业而取得的其他财产包括用合伙财产购入的新财产,合伙财产所生的天然孳息或者法定孳息,以及因合伙财产毁损、灭失等原因而获得的保险金、赔偿金或者补偿金等。

(五)利润分配和亏损分担

合伙经营期间合伙财产不能分割并不阻却合伙损益的分配或分担。所谓合伙损益分配或分担,实际包括利润分配和亏损分担两个方面。合伙的利润分配和亏损分担属于合伙内部关系的核心事项,与合伙人利害相关。

《民法典》第 972 条规定:"合伙的利润分配和亏损分担,按照合伙合同的约定办理;合伙合同没有约定或者约定不明确的,由合伙人协商决定;协商不成的,由合伙人按照实缴出资比例分配、分担;无法确定出资比例的,由合伙人平均分配、分担。"本条是关于合伙利润分配和亏损分担的规定。所谓合伙的利润是指合伙财产多于合伙债务及出资总额的部分;所谓合伙的亏损是指合伙财产少于合伙债务及出资总额的部分。具体而言:

第一,盈余分配和亏损分担首先体现了契约自由的原则,由各方协商或按约定办理。值得探讨的问题是,如果合伙合同约定将全部利润分配给部分合伙人或者

---

① 参见王某琼、李某与陆某宏合伙协议纠纷上诉案[上海市第二中级人民法院(2017)沪 02 民终 4783 号]。

② 参见潘某、桂林市华虹超越饮用水厂物权保护纠纷二审民事判决书[广西壮族自治区桂林市中级人民法院(2018)桂 03 民终 25 号]。

③ 参见朱虎:《〈民法典〉合伙合同规范的体系基点》,载《法学》2020 年第 8 期。

由部分合伙人分担全部亏损,该约定是否有效,应当如何确定利润分配和亏损分担。笔者认为,这里的契约自由是有边界的,共享利益、共担风险是合伙合同的本质特征,也是合伙的基本要求,合伙人均享有参与利润分配的权利,也负有承担亏损的义务。合伙人不能在合伙合同中约定将全部利润或全部亏损归于某一个合伙人或者数个合伙人,不能排除合伙人参与利润分配的权利,也不能免除合伙人承担亏损的义务。此类约定不符合合伙合同基本要求,应为无效。此种情形下,按照《民法典》第972条的规定,由合伙人协商确定,协商不成的,按照实缴出资比例分配、分担;无法确定出资比例的,由合伙人平均分配、分担①。这一点在《合伙企业法》第33条第2款"合伙协议不得约定将全部利润分配给部分合伙人或者由部分合伙人承担全部亏损。"也有体现,其精神是一致的。但《合伙企业法》第3章"有限合伙企业"中第69条规定"有限合伙企业不得将全部利润分配给部分合伙人;但是,合伙协议另有约定的除外。"这一例外规定是基于鼓励风险投资实业发展的考虑。故此,在一般合伙合同中,应不允许此类约定。

另外,若合伙合同仅约定了利润分配或者亏损分担比例的,合伙人内部就利润分配或亏损分担发生争议,合伙人请求推定该比例共同适用于利润分配或亏损分担,人民法院应予支持。② 其他国家或者地区的立法例中一般都规定,利益分配比例或者亏损分担比例确定的,可以同时适用于利益分配和亏损分担。③

需要注意的是,与此类似的是某一合伙人在合伙合同中约定一方提供资金并收取固定回报,或者既约定共负盈亏,又约定退出时其他合伙人退还出资及利息的,此两者都因缺乏共担风险的合意,故不能认定为合伙关系。

第二,若合伙合同没有约定或者约定不明且合伙人无法协商一致的,由合伙人按照实缴出资比例分配、分担。《民法典》第968条规定合伙人的出资方式、期限等均交由合伙人自行约定,并未强制要求合伙人必须按照合同约定全额出资。实践中存在合伙人实缴出资与合同约定出资不一致的情形,对此,按照实缴出资比例确

---

① 参见张某彬与梅某化合伙协议纠纷二审民事判决书[安徽省宣城市中级人民法院(2020)皖18民终876号];李某洪、王某合伙协议纠纷二审民事判决书[辽宁省盘锦市中级人民法院(2021)辽11民终265号]。

② 参见最高人民法院民法典贯彻实施工作领导小组主编:《中华人民共和国民法典合同编理解与适用(四)》,人民法院出版社2020年版,第2752页。

③ 《德国民法典》第722条第2款规定,仅利益中的份额或者亏损中的份额被确定的,有疑义时,该份额也适用于亏损和利益。《日本民法典》第674条第2款规定,仅就利益或者损失约定分配的比例时,其比例推定为利益及损失共同的分配成数。《西班牙民法典》第1689条和《意大利民法典》第2263条均规定,合伙人仅约定利益分配比例的,推定损失分担比例也遵照利益分配比例。

定利润分配和亏损承担,符合各合伙人的利益。

第三,若无法确定各合伙人的实缴出资比例,则基于公平原则,按照合伙人数平均分配、分担。

【例13-3】利润分配、亏损分担及债务承担

X	利润分配、亏损分担及债务承担
X.1	**利润分配与亏损分担** 合伙双方共同经营,共担风险,共负盈亏。合伙的利润和亏损按照如下方式分配和分担:
X.1.1	经营核算:由合伙双方协商按月进行经营核算,公开账目并出具核算报表,双方签字认可并留存,由甲方负责统一管理资金,乙方负责经营管理、做账,每天经营费用按时转账至甲方账户,由甲方保管,统一分配。
X.1.2	利润分配和亏损分担:合伙取得的各项收入、收益减去经营成本、日常开支、工资、奖金、需缴纳的税费等的余额,若该余额为正数则为净利润,反之则为净亏损。合伙双方在此基础上按照各自的实缴出资比例分配利润、分担亏损。
X.2	**债务承担**:对于合伙经营过程中的合伙债务,应先由合伙财产偿还;合伙财产不足清偿时,按各合伙人出资比例承担合伙债务。

需要注意的是,《民法典》第969条第2款规定"合伙合同终止前,合伙人不得请求分割合伙财产",但这并不意味着合伙人不得在合伙期间内通过合伙合同的约定分配利润,即便这种分配可能是临时性的,需要在合伙合同终止时最终清算。在约定利润分配时,应当明确分配利润的条件和时间,否则合伙人主张利润分配可能得不到支持。如在冉某梅与包某芬合伙协议纠纷二审民事判决书[重庆市第一中级人民法院(2021)渝01民终2943号]中,一审法院认为:

合伙利润的分配应该按照协议约定处理,但包某芬和冉某梅并未签订书面协议,亦无证据证明双方约定了何时、何种条件下分配利润。本案巨龙江山国际项目的利润分配方式包括分钱和以半价购买不动产两种方式,冉某梅已经通过这两种方式获得了800万元(其中400万元系投资本金),并获得半价购买门市一套,但是冉某梅的前述利益分配均是在巨龙江山国际项目开发期间的临时分配,属包某芬和冉某梅之间的个人自愿履行,不能以此证明双方达成利润分配时间和条件的约定。由于双方未约定利润分配的时间和条件,故只能待双方合伙协议终止后冉某梅方能主张清算和分配利润,现冉某梅未举证证明巨龙江山国际项目完成清算且向包某芬分配了项目利润,故其要求包某芬分配利润的条件尚未成就,对此一审法院不予支持。

(六)债务的承担

《民法典》第 973 条规定:"合伙人对合伙债务承担连带责任。清偿合伙债务超过自己应当承担份额的合伙人,有权向其他合伙人追偿。"这是关于合伙债务承担的规定。所谓合伙债务,是指合伙关系存续期间,为实现共同事业目的,以合伙名义对合伙外的人所承担的债务(如与第三人之间的合同之债、侵权之债以及无因管理之债等)。合伙债务与合伙人个人债务是两个概念,应严格区分。承担合伙债务的主体是合伙,履行或承担债务的财产范围是合伙的共有财产和每个合伙人的个人财产。而承担合伙人个人债务的主体是合伙人本人,该合伙人以个人名义对债权人清偿债务。《民法典》第 973 条确立的合伙债务承担规则包含了两个方面的涵义:一是合伙人对外承担的是无限连带责任;二是合伙人对内按照份额承担清偿责任。具体而言:

第一,合伙人对外承担的是无限连带责任。这是法定的连带责任,各合伙人不得通过合伙合同约定排除,即便约定排除,也不得对抗债权人,这是其一;其二,这是一种对外的责任,合伙人应当以其个人财产对合伙债务承担责任,不得以合伙债务非因其个人行为而产生为由提出抗辩;其三,这是一种真正的连带责任,强调的是各合伙人都要对合伙债务负责,合伙债务未全部清偿前,全体合伙人仍负连带责任。

需要解释的是,《民法典》第 973 条规定的"合伙人对合伙债务承担连带责任"是否存在清偿顺位。在立法例上主要有两种立法模式:一是并存主义,对合伙债务,由合伙财产和合伙个人财产负担连带清偿责任,债权人可以就合伙财产和合伙个人财产选择请求清偿。二是补充连带主义,对合伙债务,债权人应当首先要求以合伙财产作出清偿,合伙财产不足清偿时,各个合伙人就不足部分负连带赔偿责任。① 最高院似乎支持了补充连带主义。其认为,《民法典》第 973 条规定并未明示合伙债务的清偿顺序,不论合伙是否具有民事主体地位,均应当将合伙人的连带责任解释为补充连带责任。这种解释一是兼顾了债权人利益保障和合伙人利益保障。在合伙有财产时,首先要求合伙人个人承担责任,对合伙人不公平。二是符合债权人平等主义的要求。合伙的债权人和合伙人的债权人地位平等,合伙合同终止前,合伙人不得请求分割合伙财产,因此,合伙人不能直接以合伙财产来清偿个人债务,合伙的债权人当然也不能要求先以合伙人的个人财产来清偿。三是专门

---

① 参见王利明:《合同法研究》(第 3 卷),中国人民大学出版社 2012 年版,第 462 页。

规制商事合伙的《合伙企业法》对此规定了补充连带责任。该法第38条规定，合伙企业对其债务，应先以其全部财产进行清偿。当然，为维护合伙财产的稳定性，合伙人可以在合伙合同中约定先由合伙人个人财产清偿合伙债务，在不损害债权人利益的情形下，应认定该约定有效。①

笔者倾向于并存主义。如前所述，按照主流观点，对于民事合伙，合伙财产由合伙人共同共有（《民法典》第969条）。理论上，似乎可以借鉴《合伙企业法》的相关规定，在进行债务清偿时，先由第一顺位的合伙企业以合伙财产进行清偿（《合伙企业法》第38条②）；当合伙财产不足以清偿时，再由第二顺位责任人合伙人承担无限连带责任（《合伙企业法》第39条③）。④但依据《民法典》第518条（连带债权和连带债务）的规定，基于合伙财产由全体合伙人共同共有之关系，对于外部债权人而言，《合伙企业法》规定的这种履行顺位并不能适用于民事合伙，即不得对抗外部债权人，因为此类民事合伙（契约型合伙）并未形成组织（《合伙企业法》规定的是组织性合伙），对于债权人而言其执行的主体仍是全体合伙人，所以《民法典》第973条规定，合伙人对合伙债务承担连带责任。

第二，合伙人对内按照份额承担清偿责任。在《民法典》第972条之规定下，由于合伙人对外承担的连带责任属于真正的连带责任，真正连带责任人的某一合伙人在承担了责任后，就其清偿的数额超过按份之债的部分，有权向未足额承担份额的其他合伙人追偿。合伙人依照合伙合同约定比例，分担合伙的亏损，在承担合伙债务的连带责任时，也是按照这个比例来决定所负责任的大小（参见《合伙企业法》第40条⑤），如果某一个合伙人所清偿的数额超过其应当承担的数额，甚至是合伙的全部债务，则相应地有些合伙人未履行其义务或者履行不足，因而产生了追偿问题。

---

① 参见最高人民法院民法典贯彻实施工作领导小组主编：《中华人民共和国民法典合同编理解与适用（四）》，人民法院出版社2020年版，第2756页。

② 《合伙企业法》第38条规定："合伙企业对其债务，应先以其全部财产进行清偿。"

③ 《合伙企业法》第39条规定："合伙企业不能清偿到期债务的，合伙人承担无限连带责任。"

④ 需要说明的是，《合伙企业法》第2条第2款规定："普通合伙企业由普通合伙人组成，合伙人对合伙企业债务承担无限连带责任。……"严格地讲，该规定的表述是值得商榷的。普通合伙人与合伙企业实际承担无限的补充连带责任（《合伙企业法》第38条、第39条）。所谓"无限"是合伙人对合伙企业债务承担无限责任（纵向上是无限或有限）；所谓"连带"是在两个及以上普通合伙人之间才存在（横向上是按份或连带）。

⑤ 《合伙企业法》第40条规定："合伙人由于承担无限连带责任，清偿数额超过本法第三十三条第一款规定的其亏损分担比例的，有权向其他合伙人追偿。"

（七）合伙事务的执行、合伙人的禁止行为

1. 合伙事务的执行

《民法典》第970条规定："合伙人就合伙事务作出决定的，除合伙合同另有约定外，应当经全体合伙人一致同意。合伙事务由全体合伙人共同执行。按照合伙合同的约定或者全体合伙人的决定，可以委托一个或者数个合伙人执行合伙事务；其他合伙人不再执行合伙事务，但是有权监督执行情况。合伙人分别执行合伙事务的，执行事务合伙人可以对其他合伙人执行的事务提出异议；提出异议后，其他合伙人应当暂停该项事务的执行。"在《民法通则》第34条第1款"个人合伙的经营活动，由合伙人共同决定，合伙人有执行或监督的权利"规定基础上，《民法典》本条进行了前面的规定，新增了合伙人异议制度。具体而言，一是合伙事务决定以一致同意为原则，以合同的另外约定为例外；二是合伙事务原则上应当由全体合伙人共同执行；三是确立委托合伙人执行合伙事务制度；四是增加合伙人异议权制度。具体而言：

第一，关于合伙事务的决定，由于合伙具有团体人合属性，故应当经全体合伙人一致同意，这里的同意实行的是"一人一票"的规则，但全体合伙人另有约定的除外。

需要注意的是，这里的"合伙事务"含义和范围具有宽泛性。民法典的立法参与者认为，合伙事务的决定含义宽泛，不仅是指具体的合伙事务，也包括涉及合伙自身基础或者合伙人相互关系的行为，例如订立、修改、补充、终止合伙合同，接受他人入伙或者同意退伙等。《合伙企业法》第19条第2款规定了修改和补充合伙协议，第43条及以下条文规定了入伙和退伙。《民法典》中对这些事项未作出特别规定，但这些事项都属于合伙事务，故原则上同样应当由全体合伙人一致同意。① 同样，最高院也将"合伙事务"作宽泛解释：所谓合伙事务是指在合伙存续期间内，所有与合伙事业相关的、涉及合伙利益的事务。为实现共同事业目的，合伙关系存续期间发生的一切活动均属于合伙事务，包括入伙、退伙、合同解除、处分合伙财产、延长合伙期限，也包括合伙经营、管理活动。合伙事务繁多且可能涉及专业领域，比如会计、法律、经营管理、人事管理等。根据内容不同，又可分为通常事务和重要事务（合伙合同变更、执行事务合伙人变更、合同目的变更、处分合伙财产等）；根据性质不同，大体分为法律行为和事实行为。如为实现共同事业目的，与第三人签订买卖、租赁、借款合同等合同行为；如各类事务工作，组织生产、会计和财务

---

① 参见王轶等：《中国民法典释评：合同编·典型合同》（下卷），中国人民大学出版社2021年版，第1519页。

管理等。①

第二，关于合伙事务的执行以及委托执行制度，本条吸纳了《合伙企业法》第 26 条至第 29 条规定的合伙事务的执行规则，规定合伙事务的执行方式有三种，分别是共同执行、委托执行和分别执行。无论采取何种方式，因执行合伙事务所发生的责任后果都应由全体合伙人承担，而不能归责于某个执行事务合伙人。

（1）合伙的目的是实现共同事业，各合伙人不仅要共享利益、共担风险，还要参与合伙事业的运作及执行。各合伙人基于合伙的性质和合伙的目的，都有权具体执行合伙事务。一般来说，合伙人自签订合伙合同之日起，基于合伙人身份即有权执行合伙事务。合伙人共同执行合伙事务在合伙中较为常见，适合合伙人较少的合伙，即各合伙人都直接参与经营，处理合伙的事务，对外代表合伙。

（2）合伙事务须由全体合伙人共同决定，但对合伙人共同的决定，可以由一个或数个合伙人具体执行。合伙人可以在订立合伙合同时约定由一个或数个合伙人执行具体的合伙事务，也可以在合伙成立以后，由合伙人全体决定的方式，委托一个或数个合伙人执行合伙事务。这里的"委托"虽具有委托的特征，但不是委托关系，而是基于合伙关系产生，源于合伙合同约定或合伙人一致决定。其他合伙人不再执行合伙事务，不能代表合伙，若擅自执行合伙事务给合伙或者其他合伙人造成损失，应当承担赔偿责任；但不执行合伙事务的合伙人享有监督权。执行事务合伙人如无正当理由不得辞任，其他合伙人如想解除执行事务合伙人的执行权，则需要取得一致同意方可实施，因该事务本身就是合伙事务，因此该事务的执行当然也要适用一致同意规则。

第三，分别执行指的是由合伙人分别执行合伙事务，执行事务合伙人可以对其他合伙人执行的事务提出异议；提出异议后，其他合伙人应当暂停该项事务的执行。这里的"异议"是指对其他合伙人执行的具体行为表示反对，提出异议应当针对具体的各个执行事务，不能抽象笼统地对其他合伙人的执行事项表示不满。对于是否应当停止该项事务的执行，由全体合伙人一致决定。

2. 执行合伙事务无报酬请求权

《民法典》第 971 条规定："合伙人不得因执行合伙事务而请求支付报酬，但是合伙合同另有约定的除外。"执行合伙事务是合伙人的权利，也是其义务。合伙人执行合伙事务的义务不是源于委托关系或者雇佣关系，而是源于合伙人身份资格，不存在支付报酬或对价的问题。当然，合伙人可以在合伙合同中约定从合伙利润

---

① 参见最高人民法院民法典贯彻实施工作领导小组主编：《中华人民共和国民法典合同编理解与适用（四）》，人民法院出版社 2020 年版，第 2745 页。

中支付给合伙人执行合伙事务的报酬。需要注意的是,合伙人因执行合伙事务所支出的合理费用是可以请求偿付的。另外,合伙人在执行合伙事务过程中,因不可归责于自己的事由,身体或者财产受到损害,除向侵权人主张损害赔偿外,也有权请求从合伙财产中给予补偿。

3. 合伙人的禁止行为

执行事务合伙人作为代理人,其执行事务究竟应达何种程度,是否应类推适用公司董监高的勤勉尽责义务,《民法典》合伙合同一章并未明确规定,似乎不应严苛其应为高度勤勉尽责,但仍可借鉴《合伙企业法》和《公司法》等的相关规定,类推适用其禁止行为或者不可为之行为。例如,《合伙企业法》第 32 条规定:"合伙人不得自营或者同他人合作经营与本合伙企业相竞争的业务。除合伙协议另有约定或者经全体合伙人一致同意外,合伙人不得同本合伙企业进行交易。合伙人不得从事损害本合伙企业利益的活动。"

【例 13 – 4】合伙人禁止行为

X	合伙人禁止行为
X.1	未经全体合作人一致同意,禁止任何合伙人私自以合伙名义进行业务活动。因此而获得的收益归合伙所有;给合伙造成损失的,按实际损失进行赔偿。
X.2	禁止合伙人自营或者同他人合作经营与本合伙相竞争的业务。
X.3	除合伙合同另有约定或者经全体合伙人一致同意外,合伙人不得同本合伙进行交易。
X.4	合伙人不得从事损害本合伙利益的活动。给合伙造成损失的,按实际损失进行赔偿。

(八)入伙与退伙

《民法典》合同编典型合同分编第 27 章"合伙合同"(第 967 条至第 978 条)整章并未明确规定民事合伙的入伙与退伙。有学者认为,《民法典》合伙合同章强调合伙人之间更强的信任关系。在形成组织的合伙中,存在组织的信用,能够以组织信用吸收人的信用;在未形成组织的合伙中,则更为着重合伙人之间的特别信任关系。例如,《民法典》并未对合伙人的变更(入伙和退伙)作出一般性规定。《合伙企业法》以形成组织的合伙为预设对象,组织内部的人员变动不影响组织本身的同一性,故明确规定了入伙和退伙规则。但是,《民法典》的合伙合同章以未形成组织的合伙为预设对象,无法以组织的信用吸收人的信用,更为看重合伙人之间的特别信任关系,新的合伙人加入或者合伙人退出合伙关系,都可能会破坏此种特别信任关系。因此，在《民法典》的合伙中，默认规则是新合伙人加入或者合伙人退出合伙关系，均会导致原合伙合同的终止，并产生新的合伙合同，且原合伙合同和新合伙合同之间不具有同一性，合伙债务或者合伙债权不当然地发生法定的债务转移或者债权转让。当然，即使这并不会对第三人产生影响，但为避免使合伙人的内部关系过于复杂，以合伙合同另有约定或者合伙人另有决定为前提，仍允许不丧失合伙合同同一性的入伙和退伙。①

1. 入伙

入伙指的是非合伙人加入已成立的合伙关系中成为合伙人的行为。如前所述，依据《民法典》第 970 条第 1 款之规定，入伙事宜属于合伙事务，除合伙合同另有约定外，需要全体合伙人一致同意，这也是合伙团体人合的要求。在新合伙人加入时，原有的合伙债权也会因为入伙而发生债权转让，并且由于债务人应当向全体合伙人履行，因此不会对债务人产生不利，故不适用，也无须适用债权转让的通知等保护债务人的规则。

在商事合伙中，《合伙企业法》第 43 条②和第 44 条③规定了新合伙人入伙的权利义务规则，尤其是新合伙人对入伙前合伙企业的债务承担无限连带责任，那么，这一规则是否可以参照适用于民事合伙呢？在民事合伙中，依据《民法典》第 973 条，入伙人对入伙后的合伙债务应承担连带责任，这并无疑问，问题是入伙人对入伙前的合伙债务是否也要依据该条承担连带责任。在合伙企业的情形，入伙人对于其入伙前的合伙债务无任何贡献，但基于"合伙人相互牵连原则"与"合伙人平等原则"，相对人信赖的也是合伙企业这一组织本身，故在合伙企业的场合令入伙人对其入伙前的合伙企业债务承担无限连带责任不无道理。但是，对于《民法典》中的合伙合同而言，应对此予以慎重思考。合伙合同不同于合伙企业，其并非以一个民事主体的身份，而是以全体合伙人的名义实施民事法律行为。与之对应，合伙债务的债权人的预期是，由债务发生时的全体合伙人就该合伙债务承担连带责任，故债权人值得保护的信赖范围不包括入伙人的责任财产。入伙人与其他合伙人承担连带责任，既减损了入伙人的利益，又可能拓宽了债权人值得保护的责任财产范

---

① 参见朱虎：《〈民法典〉合伙合同规范的体系基点》，载《法学》2020 年第 8 期。

② 《合伙企业法》第 43 条规定："新合伙人入伙，除合伙协议另有约定外，应当经全体合伙人一致同意，并依法订立书面入伙协议。订立入伙协议时，原合伙人应当向新合伙人如实告知原合伙企业的经营状况和财务状况。"

③ 《合伙企业法》第 44 条规定："入伙的新合伙人与原合伙人享有同等权利，承担同等责任。入伙协议另有约定的，从其约定。新合伙人对入伙前合伙企业的债务承担无限连带责任。"

围,对债权人而言是意外之喜,故该结论的妥当性值得进一步论证。①

对此,可能的理由在于:合伙债务的债权人本来可以申请查封、扣押或者冻结合伙财产,并将其强制执行以实现债权,但在入伙以后,合伙财产的共有人增加了,此时对合伙财产的执行就会产生问题,并且无法区分合伙财产入伙后的变化哪些是入伙所导致的。因此,基于对债权人之利益的保护,应让入伙人对入伙前的债务也承担连带责任。同时,对入伙人而言,其可以在入伙前对合伙债务予以充分调查,并在此基础上采取保障自己利益的措施,即其对该风险的控制能力较强,不会因为此等连带责任而陷入过分不利的境地。因此,入伙人对入伙前的债务承担连带责任,在价值上同样是可以接受的。在规范上可以认为,除非入伙人与合伙债务的债权人另有约定,否则入伙人入伙即构成了对入伙前债务的加入,其应当依照《民法典》第552条承担连带责任。即使入伙合同中约定入伙人对入伙前的合伙债务不承担责任,该约定也不能对抗合伙债务的债权人。②

此外,《民法典》第977条规定:"合伙人死亡、丧失民事行为能力或者终止的,合伙合同终止",也即,在没有形成组织的合伙中,某一合伙人退伙会让原合伙合同终止,基于同样的原理,有新合伙人入伙的,也会导致原合伙合同终止,各方会产生一个新的合同关系。如果这种理解成立,似乎新入伙的合伙人不用对入伙前的债务承担责任,因为此类合伙中没有形成组织。但如果将合伙人在合伙中的权益看作其他投资类权益,那么在取得其他合伙人同意情形下,似乎这种权益可以转让或者允许加入重新划分,在组织性较强的商事合伙下,退伙的合伙人和新入伙的合伙人都被苛责了需对退伙和入伙前合伙企业的债务承担无限连带责任,那么在组织性弱的民事合伙下,还少了组织实体这一隔离抗辩的程序,加之民事合伙的隐蔽性,基于债权人利益的保护规则,新入伙的合伙人对入伙前的合伙债务似乎仍应清偿。对于此问题,还有待《民法典》相关司法解释予以明确。

2. 退伙

合伙人退伙指的是合伙人与合伙之间脱离关系的行为。在商事合伙领域,《合伙企业法》第45条至第54条对退伙的事由和效果予以了详细规定。而在《民法典》规定的合伙合同中,上述退伙事由事实上构成了合伙合同当然终止或者解除的事由,只有在合伙合同存在退伙的特别约定或者其他合伙人另有约定时,可能仅发

---

① 《日本民法典》第667条之二第2款就规定,入伙人"就其加入前所生的合伙债务,不负清偿责任"。《美国修正统一合伙法》第306条(b)项作同样规定。

② 参见王轶等:《中国民法典释评:合同编·典型合同》(下卷),中国人民大学出版社2021年版,第1543页。

生退伙而不终止合伙合同。民(商)事合伙中退伙类型的比较如表13-2所示。

表13-2 民(商)事合伙中退伙类型比较

类型			《合伙企业法》	《民法典》合伙合同章
自愿退伙(主动退伙)	定期合伙(约定合伙期限的退伙)	单方退伙	第45条第1项:合伙协议约定的退伙事由出现 第45条第3项:发生合伙人难以继续参加合伙的事由 第45条第4项:其他合伙人严重违反合伙协议约定的义务	无明确约定,但第977条规定: 合伙人死亡、丧失民事行为能力或者终止的,合伙合同终止;但是,合伙合同另有约定或者根据合伙事务的性质不宜终止的除外
		协议退伙	第45条第2项:经全体合伙人一致同意	
	不定期退伙(未约定合伙期限的退伙)	通知退伙	第46条:合伙人在不给合伙企业事务执行造成不利影响的情况下,可以退伙,但应当提前30日通知其他合伙人	第976条:(1)合伙人对合伙期限没有约定或者约定不明确,且不能通过协议补充或者依合同相关条款或交易习惯确定合伙期限的;(2)合伙期限届满后,合伙人继续执行合伙事务,其他合伙人没有提出异议的;(3)合伙人明确约定合伙为不定期合伙的,合伙人可以随时解除不定期合伙合同,但是应当在合理期限之前通知其他合伙人
法定退伙(被动退伙)	当然退伙		第48条:合伙人有下列情形之一的,当然退伙: (1)作为合伙人的自然人死亡或者被依法宣告死亡; (2)个人丧失偿债能力; (3)作为合伙人的法人或者其他组织依法被吊销营业执照、责令关闭、撤销,或者被宣告破产; (4)法律规定或者合伙协议约定合伙人必须具有相关资格而丧失该资格; (5)合伙人在合伙企业中的全部财产份额被人民法院强制执行。 合伙人被依法认定为无民事行为能力人或者限制民事行为能力人的,其他合伙人未能一致同意的,该无民事行为能力或者限制民事行为能力的合伙人退伙	第977条: 合伙人死亡、丧失民事行为能力或者终止的,合伙合同终止;但是,合伙合同另有约定或者根据合伙事务的性质不宜终止的除外

续表

类型	《合伙企业法》		《民法典》合伙合同章
法定退伙（被动退伙）	除名退伙	第49条：合伙人有下列情形之一的，经其他合伙人一致同意，可以决议将其除名： (1) 未履行出资义务； (2) 因故意或者重大过失给合伙企业造成损失； (3) 执行合伙事务时有不正当行为； (4) 发生合伙协议约定的事由	无明确规定

在民事合伙领域，依据《民法典》第976条、第977条的规定，民事合伙包括自愿退伙（通知退伙）和法定退伙（当然退伙）。自愿退伙（通知退伙）是指在不定期合伙的情形下，合伙人可以随时解除不定期合伙合同，但是应当在合理期限之前通知其他合伙人（《民法典》第976条第3款）。不定期合伙包括三种类型：一是，合伙人对合伙期限没有约定或者约定不明确，且不能通过协议补充或者依合同相关条款或交易习惯确定合伙期限；二是，合伙期限届满后，合伙人继续执行合伙事务，其他合伙人没有提出异议；三是，合伙人明确约定合伙为不定期合伙。显然，《民法典》中的合伙合同更关注各合伙人之间的特别信任，《合伙企业法》侧重于合伙企业的稳定存续与持续经营，故前者准许不定期合伙中的合伙人解除整个合伙合同，而后者仅允许该合伙人退伙，并不导致合伙企业解散的后果。与《合伙企业法》第46条明确规定提前30日通知不同，《民法典》第976条第3款仅规定了在合理期限之前通知；同时，前者也规定了"在不给合伙企业事务执行造成不利影响的情况下"的限制，而本条第3款并未明定此限制。但是，本条第3款规定的"合理期限"本来就并非固定的期限，而应考虑到合伙的性质、合伙事业的特点与其他合伙人的信赖等因素进行个案判断，其中也内含了应当考量是否对合伙事务执行造成了不利影响。合伙人在不利于合伙事务执行的时间解除合伙合同的，一方面，其应在合理期限之前就发出通知，否则不发生解除的效力；另一方面，根据不适当时期的特殊程度不同，"合理期限"的长短亦会发生变化。未在合理期限之前通知其他合伙人的，解除的意思表示在上述期间经过之后方才生效。法定退伙（当然退伙）是指合伙人因出现法律规定的事由而退伙。如合伙人死亡、丧失民事行为能力或者终止的，合伙合同终止；但是，合伙合同另有约定或者根据合伙事务的性质不宜终止的除外（《民法典》第977条）。

实务中，存在争议的是，在民事合伙中，合伙合同是否可以参照《合伙企业法》

第 49 条之规定，约定除名退伙。司法实践支持这样的约定。在周某汉与许某旺等合伙协议纠纷二审民事判决书［北京市第三中级人民法院（2020）京 03 民终 5328 号］[①]中，法院认为：

《合伙人协议书》约定的退伙方式包含自愿退伙、当然退伙和除名退伙。《合伙人协议书》约定"合伙人未履行出资义务，经其他合伙人一致同意，可以决议将其除名"；在《合伙人协议书》违约责任部分亦约定"合伙人未按期缴纳或未缴足出资的，按退伙处理"，故在周某汉没有完全缴纳出资的情况下，朱某锋等六人作出决议，按周某汉除名退伙处理并无不当，周某汉主张《除名决议》无效，无事实和法律依据，对其该项上诉意见，本院不予采纳。

2018 年 5 月 11 日朱某锋等六人基于周某汉未足额出资的事实向周某汉送达《除名决议》，并于 2018 年 5 月 15 日协商签署《终止合伙人协议书》，按照《合伙人协议书》约定，即"合伙人退伙后，其他合伙人与该退伙人按退伙时的合伙企业的财产状况进行结算"，朱某锋等六人应与周某汉一起进行结算，朱某锋等六人在周某汉未参加的情况下进行结算，确有不当。考虑到周某汉与朱某锋等六人之间系个人合伙关系，七个人基于彼此间的信任签订《合伙人协议书》，共同经营 V'S 假发东单旗舰店，关于各合伙人工作安排，《合伙人协议书》赋予朱某锋负责合伙期间的合伙经营范围内的所有事务最高管理、决议权，同时，2018 年 5 月 15 日的《终止合伙人协议书》是在多数合伙人参与的情况下签署，庭审中朱某锋等六人亦明确表示相关财务资料已无法提供，基于上述事实，本院认为一审法院对周某汉要求朱某锋提供东单店 2015 年 6 月 29 日至 2018 年 5 月 25 日的所有财务会计报表及相关财务资料的请求未予支持，并无明显不当，本院予以维持。周某汉要求朱某锋等六人支付东单店 5% 的财产份额，缺乏合理性，一审判决朱某锋等六人将其各自基于《终止合伙人协议书》分得的金额返还给周某汉，综合考虑周某汉的出资情况及

---

① 涉及个人合伙中除名退伙约定的案件还可参见：熊某超与凌某亨、王某远等合伙协议纠纷一审民事判决书［重庆市永川区人民法院（2017）渝 0118 民初 6258 号］。在该案中，法院认为：关于凌某亨、徐某国、余某莲将熊某超除名是否有效的问题。《最高人民法院关于贯彻执行〈中华人民共和国民法通则〉若干问题的意见（试行）》规定，在合伙经营过程中增加合伙人，书面协议有约定的，按照协议处理；书面协议未约定的，须经全体合伙人同意；未经全体合伙人同意的，应当认定入伙无效。合伙人退伙，书面协议有约定的，按书面协议处理；书面协议未约定的，原则上应予准许。本案中，水城县盛火砂石厂乙方的原合伙人为凌某亨、余某莲、熊某超、葛某萍，后变更为凌某亨、余某莲、熊某超，再变更为凌某亨、余某莲、熊某超、徐某国、王某远。由于本案合伙人签订的合伙协议中没有关于除名的约定，故凌某亨等人不能以除名的方式要求合伙人退伙，而应通过解除合伙并清算的方式解除合伙关系。因此，凌某亨、徐某国、余某莲作出《除名通知》既无合同依据，也无法律依据，该《除名通知》无效。

之前的分红情况，一审判决结果在合理范围内，本院予以维持。

除了退伙的类型需要考量外，在发生退伙时，其在合伙人之间的效果也可参照适用《合伙企业法》而予以确定。合伙人退伙时，其他合伙人应当与该退伙人按照退伙时的合伙财产状况进行结算（《合伙企业法》第51条第1款）。退伙时，如果有尚未了结的合伙事务，需要等待该事务了结后再进行结算（《合伙企业法》第51条第2款）。退伙人在合伙企业中财产份额的退还办法，由合伙协议约定或者由全体合伙人决定，可以是货币，也可以退还实物（《合伙企业法》第52条）。在部分合伙人退伙之后，合伙合同的同一性不受影响，退伙人对合伙财产不再享有物权性质的共有权利，其在合伙财产上的份额增加给其他合伙人。当然，就合伙财产的物权变动而言，还需根据法律的规定完成相应的公示方可发生。在单个合伙财产存在登记的情形中，需要办理转移登记。退伙人除了有权请求返还仅交给合伙使用的标的物外，还享有针对其他合伙人的债权性质的请求权。因此，退伙人基于这些债权性质的请求权所提起的仅仅是给付之诉而非形成之诉，所取得的法律文书也并非导致物权变动的法律文书，不适用《民法典》第229条①的规定。

在对合伙债务的承担问题上，既然基于退伙前原因发生的合伙债务的效果归属于当时的全体合伙人②，则债权人不应因退伙而遭受不利，故退伙人对此等债务自然承担无限连带责任。而对于基于退伙后原因发生的合伙债务，由于退伙人已经退伙，以全体合伙人的名义作出民事法律行为时就不包括退伙人，故除非构成表见代理，否则行为的效果自然也不能依据代理而归属退伙人，因此退伙人对退伙后的合伙债务不承担连带责任（《合伙企业法》第53条）。类似地，合伙人退伙时，合伙财产少于合伙债务的，按照《民法典》第972条处理（《合伙企业法》第54条）。

最后，需要注意的是，不论是自愿退伙、法定退伙还是约定的除名退伙，某一或某些合伙人退伙并不必然导致合伙的"解散"（合伙合同的终止），此时需要考察合伙人的数量和合伙意愿。在合伙人只有两人的情形下，如某一合伙人退伙，则合伙肯定"解散"，因其无法满足两人以上要件而无"合"的必要。在多人合伙的情形下，除退伙的合伙人外，剩余的合伙人在两人以上且愿意继续合伙的，合伙合同继续有效，不产生合伙"解散"的后果。此处的"解散"并不是法律意义上的解散，因

---

① 《民法典》第229条规定："因人民法院、仲裁机构的法律文书或者人民政府的征收决定等，导致物权设立、变更、转让或者消灭的，自法律文书或者征收决定等生效时发生效力。"

② 此处强调"退伙前原因发生的合伙债务"，既包括退伙人退伙前发生的合伙债务，也包括退伙后发生的但由退伙人在退伙前的原因引起的债务，否则可能会出现借退伙而逃避债务的道德风险。

此类合伙未形成组织,自然也不存在解散的问题,《民法典》第978条的表述是"合伙合同终止"。

【例13-5】入伙与退伙

X	入伙与退伙
X.1	入伙
X.1.1	新合伙人入伙,必须经全体合伙人一致同意;
X.1.2	新合伙人须承认并签署本合伙合同;
X.1.3	除入伙合同另有约定外,入伙的新合伙人与原合伙人享有同等权利,承担同等责任;入伙的新合伙人对入伙前合伙的债务承担连带责任。
X.2	退伙
X.2.1	自愿退伙: (1)在合伙期限内,出现如下情形之一的,合伙人可以退伙: (a)经全体合伙人一致书面同意退伙; (b)发生合伙人难以继续参加合伙的事由; (c)其他合伙人严重违反本合伙合同约定的义务。 (2)合伙期限届满,合伙人继续执行合伙事务,其他合伙人没有提出异议的,本合伙转为不定期合伙。任一合伙人可以随时解除本合伙合同,但应提前30日通知其他合伙人。 合作人擅自退伙给合伙造成损失的,应当赔偿损失。
X.2.2	当然退伙: 在合伙期限内,合伙人有如下情形之一的,当然退伙: (a)死亡或者被依法宣告死亡; (b)被依法宣告为无民事行为能力人; (c)个人丧失偿债能力; (d)被人民法院强制执行在合伙中的全部财产份额。 以上情形的退伙以实际发生之日为退伙生效日。
X.2.3	除名退伙: 在合伙期限内,合伙人有如下情形之一的,经其他合伙人一致同意,可以决议将其除名: (a)未按时足额履行出资义务; (b)因故意或重大过失给合伙造成损失; (c)执行合伙事务时有不正当行为; (d)有合伙合同约定的其他事由。 对合伙人的除名决议应当书面通知被除名人。被除名人接到除名通知之日起,除名生效,被除名人退伙。除名人对除名决议有异议的,可以在接到除名通知之日起30日内,向人民法院起诉。 合伙人退伙后,其他合伙人与该退伙人按退伙时的合伙的财产状况进行结算。

（九）合伙财产份额的转让

1. 合伙人向外部第三人转让合伙份额

《民法典》第 974 条规定："除合伙合同另有约定外，合伙人向合伙人以外的人转让其全部或者部分财产份额的，须经其他合伙人一致同意。""财产份额"一词与《合伙企业法》第 22 条第 1 款的用语是一致的。"财产份额"是合伙人地位或者资格的一部分，是一种复合性的权利，包括自益和共益的权利，类似于公司中的股权或者股份。实际上也就是合伙人的地位或者"合伙份额"。因此，财产份额的转让事实上就是合伙人地位或者合伙份额的转让。依据合伙人是否转让其全部财产份额，其类似的实质效果可以分为两种情形：一是自愿退伙（转让其全部财产份额）；二是第三人新入伙（转让其部分财产份额）。不论何种情形，都仅为财产份额在不同主体之间转移，不涉及合伙财产返还、分割、清算的问题。在实践中，还需要注意如下几个问题：

第一，合伙人就其享有的合伙财产份额权利向合伙人之外的人设立质权的，除合伙合同有约定外，应当经其他合伙人一致同意。其理由在于，质权人未来对质权的行使将导致财产份额的转让。

第二，合伙合同终止后，合伙人享有的剩余合伙财产分配权或者其他衍生财产，有权向合伙人以外的人转让，无须经全体合伙人一致同意。

第三，合伙人向合伙人以外的人转让其全部或者部分财产份额的，其他合伙人是否享有优先购买权。在商事合伙下，《合伙企业法》第 23 条规定："合伙人向合伙人以外的人转让其在合伙企业中的财产份额的，在同等条件下，其他合伙人有优先购买权；但是，合伙协议另有约定的除外。"需要注意的是，依据《合伙企业法》第 73 条"有限合伙人可以按照合伙协议的约定向合伙人以外的人转让其在有限合伙企业中的财产份额，但应当提前三十日通知其他合伙人"之规定，前述第 23 条仅适用于普通合伙人。那么，在民事合伙中，是否可以参照适用该规定呢？笔者认为，若合伙合同对其他合伙人有优先购买权的特别约定的，尊重其特别约定；若无特别约定，则在《民法典》并未明确规定优先购买权的情形下，能否参照适用《合伙企业法》第 73 条存疑。司法实践中有支持的案例。例如，在陈某东与李某根及第三人王某美合伙协议纠纷一案一审民事判决书［四川省成都市双流区人民法院（2015）双流民初字第 9816 号］中，法院认为：

根据《合同法》第八十八条"当事人一方经对方同意，可以将自己在合同中的权利和义务一并转让给第三人"；《最高人民法院关于贯彻执行〈中华人民共和国民法通则〉若干问题的意见》第51条"在合伙经营过程中增加合伙人,书面协议有约定的,按照协议处理;书面协议未约定的,须经全体合伙人同意,未经全体合伙人同意的,应当认定入伙无效";《中华人民共和国合伙企业法》第二十三条"合伙人向合伙人以外的人转让其在合伙企业中的财产份额的,在同等条件下,其他合伙人有优先购买权;但是,合伙协议另有约定的除外。"之规定,本院认为,陈某东、李某根、王某美三人为共同投资获利而在协商、自愿基础上达成了合伙协议,合伙的首要特征便是单个公民的联合,即人合。合伙协议一经订立,便对各合伙人产生法律约束力,各合伙人依合伙协议而享受权利,履行义务,承担责任。由于合伙均建立于合伙人互相了解、互相信任的基础上,所以非经合伙人全体同意,不得随意修改合伙协议,不得随意退伙,不得随意转让自己的出资。若合伙人需转让出资,则其他合伙人在同等条件下应享有优先权。若需增加新的合伙人,也需经全体合伙人同意。合伙的这种带有一定人身性质的信任关系,正是合伙作为自然人的联合体本质特征的体现。原告与被告、第三人之间所签《协议书》对退伙和增加合伙人没有约定,故合伙期间,李某根未经陈某东同意,将其出资对外转让给案外人郑某昌的转让行为无效;关于陈某东主张李某根在转让其个人合伙出资时,陈某东在同等条件下享有优先权,本院认为,现有法律虽然尚未对个人合伙对外转让出资,其他合伙人在同等条件下享有优先购买权有明确规定,但基于合伙的高度人合性,合伙人对外转让出资时,其他合伙人在同等条件下应享有优先购买权,合伙协议另有约定的除外,且《中华人民共和国合伙企业法》第二十三条对此已有明确规定,本案被告李某根此次对外转让出资的行为已被本院依法认定无效,原告主张确认被告李某根对外转让出资时其享有优先购买权,但新的转让行为尚未发生,原告可待转让行为发生时,其优先购买权遭受侵害时再另行向法院起诉。

但也有观点认为,在《民法典》并未明确规定优先购买权的情形下,实无必要引入优先购买权制度。理由在于,合伙人转让财产份额的行为,必将导致新合伙人的入伙,此时依据《民法典》第970条第1款之规定,入伙事宜属于合伙事务,需要全体合伙人一致同意,因此其他合伙人完全可以通过否决该转让来实现阻止合伙人转让财产份额之行为。另外,民事合伙无组织性的特征显著区别于商事合伙有组织性的特征,在合伙人转让财产份额时,不论是退伙或者是第三人新入伙,在合伙合同无特别约定的情况下,默认规则是新合伙人加入或者合伙人退出合伙关系,均会导致原合伙合同的终止,并产生新的合伙合同,且原合伙合同和新合伙合同之间不具有同一性,合伙债务或者合伙债权不当然地发生法定的债务转移或者债权转让。因此,也就不存在所谓的优先购买权问题。笔者倾向于这种观点。

鉴于上述争议尚不明朗，故实务中建议合伙人在合伙合同中对其他合伙人是否享有优先购买权以及行使优先购买权的条件、程序等进行明确的约定，以避免争议。

2.合伙人向其他合伙人转让合伙份额

至于既存合伙人之间的内部财产份额转让，《民法典》未作明确规定。其究竟是参照适用《合伙企业法》第22条第2款"合伙人之间转让在合伙企业中的全部或者部分财产份额时，应当通知其他合伙人"之规定（"内部自由转让"规则），还是参照适用《民法典》第974条的"外部转让一致同意"规则？司法实践中多参照适用《合伙企业法》第22条第2款采取内部自由转让规则。例如，在乔某某和张某合伙协议纠纷二审民事判决书[甘肃省兰州市中级人民法院（2017）甘01民终3754号]中，法院认为：

本案二审中，双方当事人之间存在的主要争议焦点是：乔某某向张某出具的欠条是否有效，是否发生合伙份额转让的法律效力。本院认为，个人合伙是指两个以上公民按照协议，各自提供资金、实物、技术等，合伙经营、共同劳动。合伙人应当对出资数额、盈余分配、债务承担、入伙、退伙、合伙终止等事项，订立书面协议。本案中，张某与乔某某、时某、戚某梅、杨某雯、王某六人共同签订合伙经营协议，该合伙经营协议不违反法律法规的强制性规定，合伙各方均应按照合伙经营协议的约定，享有权利，承担义务。个人合伙的各个合伙人之间能否转让份额，《中华人民共和国民法通则》对此未做禁止性规定，合伙经营协议中亦未对此进行约定。《中华人民共和国合伙企业法》第二十二条规定：除合伙协议另有约定外，合伙人向合伙人以外的人转让其在合伙企业中的全部或者部分财产份额时，须经其他合伙人一致同意。合伙人之间转让在合伙企业中的全部或者部分财产份额时，应当通知其他合伙人。本院认为，张某与乔某某等六人合伙，虽并未设立合伙企业，但对个人合伙的各个合伙人之间能否转让合伙份额，应参照《中华人民共和国合伙企业法》第二十二条第二款的相关规定，不需征得其他合伙人的同意即可相互转让合伙财产份额。

对于乔某某上诉称，根据合伙协议第六条约定，入伙、退伙均需全体合伙人同意，且需提前一个月通知所有合伙人，双方的转让行为并未实际发生法律效力，张某要求按转让协议支付剩余转让款的请求，无事实和法律依据的上诉理由。本院认为，张某与乔某某均为合伙人，合伙人之间转让合伙份额，与入伙、退伙属于不同的法律行为。乔某某于2016年4月11日向张某出具欠条，以3万元全部收购张某所持合伙份额，张某对此亦予以认可，故对合伙份额转让双方已经达成合意，乔某某出具欠条发生合伙份额转让的法律效力。乔某某以其他合伙人未同意为由，拒绝支付剩余转让款，违反双方约定和诚实信用原则。乔某某的该上诉理由不能成立，本院不予支持。

司法实践之所以参照适用《合伙企业法》第22条第2款规定，主要考虑在于，全部财产份额的内部转让毕竟不等同于退伙，在前者情形下受让人须继受转让人的合伙地位，转让人对合伙的出资也得到保留，故对合伙的冲击不是太大。而且，如若某一合伙人对于合伙关系的存续有重大意义，当事人完全可以在合同中对其退伙作出特别约定，在无约定的情况下可以考虑基于重大事由而解除合伙合同。当然，内部转让也会导致各合伙人享有的财产份额发生变化，涉及控制权的改变，但这仍然可以通过各合伙人之间的内部竞争予以解决，无须引入其他合伙人一致同意作为默认规则。需要注意的是，若合伙合同就此另有特别约定，应尊重该特别约定。例如，在北京鼎典泰富投资管理有限公司、邢某荣合伙协议纠纷、合伙企业财产份额转让纠纷二审民事判决书［最高人民法院(2020)最高法民终904号］中，最高院认为：

(一)关于合伙人之间合伙财产份额转让特约的效力问题。

在《合伙企业法》关于有限合伙企业的法律规定中，并无合伙人之间转让合伙企业财产份额的规定。《合伙企业法》第六十条规定："有限合伙企业及其合伙人适用本章规定；本章未作规定的，适用本法第二章第一节至第五节关于普通合伙企业及其合伙人的规定。"《合伙企业法》第二十二条第二款对普通合伙中合伙人之间财产份额转让作出规定："合伙人之间转让在合伙企业中的全部或者部分财产份额时，应当通知其他合伙人"。但是，该条款并未规定合伙协议对合伙人之间转让财产份额进行特别约定的效力。即使是即将生效的《中华人民共和国民法典》合伙合同章中，也未涉及合伙人之间财产份额转让特约的效力问题，而在本案当事人之间转让合伙财产份额有特别约定的情况下，首先需要对该合伙财产份额转让特约的效力进行认定。对此，需要结合合伙经营方式或合伙组织体的性质及立法精神加以判断。

合伙是两个以上合伙人为了共同的事业目的，以订立共享利益、共担风险协议为基础而设立的经营方式或组织体。合伙人之间的合作建立在对彼此人身高度信赖的基础之上，故合伙事业具有高度的人合性。比如，合伙人的债权人不得代位行使合伙人的权利；合伙人死亡、丧失民事行为能力或者终止的，合伙合同终止，而非合伙人的资格或财产份额可以继承。由于合伙事业高度强调人合性，故应尊重合伙人之间的意思自治。因此，就合伙人之间的财产份额转让而言，如果合伙协议有特别约定，在该约定不违反法律、行政法规的强制性规定，也不违背公序良俗的情况下,则应认定其合法有效,合伙人应严格遵守。

(二)关于案涉《合伙协议》中有关合伙人之间财产份额转让特别约定的效力问题。

案涉新能源基金为有限合伙。《转让协议书》约定的转让标的为有限合伙人邢福荣所持有的新能源基金19.04%的财产份额。对合伙人之间转让合伙财产份额,案涉《合伙协议》明确约定"需经全体合伙人一致同意",具体体现为:《合伙协议》第27.6条约定,有限合伙人转让或出质财产份额,除另有约定外,应须经全体合伙人一致同意。第33条约定,除非法律另有规定或全体合伙人达成一致同意的书面决定,有限合伙人不能转变为普通合伙人,普通合伙人亦不能转变为有限合伙人;该条针对本案所涉邢福荣转让有限合伙财产份额给普通合伙人的情形,进一步明确需要经全体合伙人一致同意。而该协议第29.1条则约定,经全体合伙人同意,有限合伙人可以向新能源基金其他有限合伙人,也可以向满足条件的其他自然人或法人转让在合伙企业中的全部或者部分财产份额,但转让后需满足本协议的有关规定。该约定进一步印证,合伙人之间对于合伙财产份额转让的慎重。故自上述《合伙协议》关于合伙财产份额的约定可以明确,新能源基金之合伙人在订立《合伙协议》时,已经基于合伙经营的人合性属性,明确要求合伙人之间转让合伙财产份额需经全体合伙人一致同意。

在《合伙协议》系订约各合伙人真实意思表示的情况下,该协议中关于合伙人之间转让合伙财产份额的特约,并不违反法律、行政法规的强制性规定,也不违背公序良俗,合法有效。邢某荣关于《合伙协议》中对合伙人之间转让财产份额需要"经全体合伙人同意"的约定与《合伙企业法》的规定相悖,该约定客观上限制了《合伙企业法》赋予合伙人依法转让财产份额的法定权利,故对各方不具有约束力的抗辩主张,于法无据;且前已述及,该理由恰恰与合伙经营方式或组织体之人合性所强调的合伙人高度自治之精神相悖,故本院不予采纳。

(三)关于案涉《转让协议书》的效力及履行问题。

案涉《转让协议书》在邢某荣与鼎典泰富公司之间签订,且系邢某荣与鼎典泰富公司之真实意思表示,依照《中华人民共和国合同法》第二十五条关于"承诺生效时合同成立"之规定,该《转让协议书》自当事人意思表示一致时即成立。但是,在案涉《合伙协议》已经明确约定合伙人之间转让合伙财产份额需经全体合伙人一致同意的情况下,该《转让协议书》欲生效,尚需要满足全体合伙人一致同意的条件。而在其他合伙人未对该合伙财产份额转让明确同意之前,案涉《转让协议书》属于合同成立未生效的状态。在本案审理过程中,新能源基金有限合伙人吉林省城建实业有限公司和红佳投资有限公司向本院提交书面《情况说明》，均明确不同意邢某荣向鼎典泰富公司转让合伙财产份额。此节事实说明，案涉《转让协议书》关于合伙财产份额转让事宜，已经确定不能取得全体合伙人同意，故该《转让协议书》确定不生效，不能在当事人之间产生履行力。

在本案诉讼中，邢某荣诉请履行《转让协议书》，系以《转让协议书》合法有效及具有履行力为前提。在案涉《转让协议书》已经确定不生效的情况下，邢某荣诉请履行该《转让协议书》，缺乏事实基础和法律依据，应予驳回。一审法院认定案涉《转让协议书》合法有效，判决鼎典泰富公司继续履行该协议书，违反《合伙协议》约定的合伙财产份额转让需要征得全体合伙人一致同意的共同意思表示，也违反《合伙协议》关于未经全体合伙人一致同意有限合伙不能转变为普通合伙、普通合伙不能转变为有限合伙的共同意思表示，认定事实及适用法律均错误，应予纠正。

另外，合伙人向其他合伙人转让财产份额时，是否负有通知义务，《民法典》第974条并未明确规定，但通常认为，为保障其他合伙人的知情权，可以参照适用《合伙企业法》第22条第2款"合伙人之间转让在合伙企业中的全部或者部分财产份额时，应当通知其他合伙人"之规定，认定合伙人应当通知其他合伙人，但合伙合同另有约定的除外。但司法实践中也不乏认定无须通知其他合伙人的案例。例如，在任某廷与宗某礼、姜某等合伙协议纠纷再审民事判决书[内蒙古自治区高级人民法院(2016)内民再252号]中，法院认为：

关于姜某、王某华、林某森、杨某山与宗某礼转让出资的行为是否有效的问题。任某廷主张根据2007年任某廷与宗某礼等六人签订的承包协议书第四条约定："乙方（任占廷）根据经营情况，愿意适时接收股权转让，待届时商定"，姜某等人在转让股权时应当优先转让给任某廷。但是该条的内容只是约定了任某廷愿意根据经营情况来接受股权转让，具体的内容需要到时由双方进行协商，并没有约定姜某等人必须优先将股权转让给任某廷，不能证明任某廷在合伙内部股权转让时具有优先权。任某廷主张根据姜某与宗某礼之间的合伙财产转让附加协议第三条约定："甲方有义务帮助乙方完成接收荣来联户农场出资的相关事宜，不能对甲乙双方以外的人透露出资转让的事情"，姜某和宗某礼是在秘密地、不能被他人所知的情况下完成出资转让行为的，该秘密转让的行为侵害了任某廷的知情权和同等条件的购买权。只有在合伙人向合伙以外的人转让合伙份额的情况下，其他合伙人才享有优先购买权。但姜某并不是向合伙以外的人转让合伙份额，而是向合伙人之一的宗某礼转让，同样是合伙人的任某廷并没有优先购买权。在此情况下，姜某转让合伙份额应由其自愿决定,其将合伙份额转让给宗某礼的行为并没有损害任某廷的购买权。任某廷等七人的合伙是个人合伙而非合伙企业,个人合伙的合伙人之间转让合伙份额无须通知其他合伙人,因此姜某和宗某礼的转让行为并没有损害任某廷的知情权。综上,姜某和宗某礼的转让行为并没有损害任某廷的利益,因此双方签订的转让协议有效。

综上所述,一个合伙人财产份额转让与出质的参考条款如下:

【例13-6】财产份额的转让与出质

X	财产份额的转让与出质
X.1	财产份额的转让
X.1.1	合伙人可转让其在合伙中的全部或部分财产份额,但受限于本合伙合同的其他约定。
X.1.2	**向合伙人以外的第三人转让** 合伙人向合伙人以外的第三人转让财产份额的,须经其他合伙人一致书面同意。在同等条件下,其他合伙人享有优先受让权。第三人应按本合伙合同第[填写入伙条款序号]条约定的新入伙对待,否则以退伙对待转让人。合伙人以外的第三人受让财产份额的,经修改本合伙合同即成为本合伙的合伙人。 其他合伙人应在同意合伙人向合伙人以外的第三人转让之日起[15]日内,向该合伙人发出行使优先购买权的书面通知,存在多个行权人的,协商确定各自的购买比例;协商不成的,按照转让时各自的出资比例行使优先购买权。
X.1.3	**合伙人之间的转让** 合伙人之间转让财产份额的,应当书面通知其他合伙人。其他合伙人应当在收到通知之日起[15]日内给予是否也要求购买的答复,逾期未答复者视为放弃。 多个合伙人要求购买的,应按各自的出资比例受让。拟受让合伙人应在答复期限届满之日[15]日与出让合伙人签订财产份额转让合同,前述期限届满未签订合同的,视为该拟受让合伙人放弃受让。
X.2	**财产份额的出质** 合伙人以其财产份额向合伙人以外的第三人出质的,须经其他合伙人一致书面同意。

最后,实践中,如果合伙人之间未签订书面合伙协议,此时如何确定各自的合伙份额?此种情况下,大多数法院会根据各合伙人出资额占总出资额的比例来确定合伙份额,并由会计事务所对合伙账目进行审计认定投资比例和和分红比例①,如果合伙期间账目管理不规范,合伙人对账目互不认可,无法对投入进行核算,投

---

① 参见刘某林、内蒙古金泽煤业有限责任公司与吕某斌、大连金泽矿业有限公司合伙协议纠纷再审民事判决书[最高人民法院(2013)民提字第69号]。

资份额即出资比例无法确定,可由合伙人平均分担。但也有法院在裁判时认为,不能仅依据出资数额划分合伙份额和利润,应当综合考虑出资和参与共同经营、共同劳动的整体情况加以确定,即在认定合伙份额时不仅要考虑出资比例,还要考虑参与合伙事务的时间、合伙人对合伙事务所作出的贡献,综合确定各方的财产份额[①]。

(十)合伙合同的终止与清算

《民法典》第977条规定:"合伙人死亡、丧失民事行为能力或者终止的,合伙合同终止;但是,合伙合同另有约定或者根据合伙事务的性质不宜终止的除外。"第978条规定:"合伙合同终止后,合伙财产在支付因终止而产生的费用以及清偿合伙债务后有剩余的,依据本法第九百七十二条的规定进行分配。"这两条规定实际就是关于民事合伙解散(合伙合同终止)和清算的规定。

《民法典》第977条、第978条规定的"合伙合同终止"意味着合伙合同关系消灭,当事人合同权利义务消灭。通常认为,合伙合同属于持续性合同,合同终止虽然使合同关系消灭,但其并不具有溯及既往的效力,而只向将来发生效力,即合伙人享有的合伙事务执行权及代表权均消灭,但合伙人相互的给付无须返还,也不用恢复原状。合伙合同终止后,待支付终止费用、偿还合伙债务后,就剩余的合伙财产,合伙人或者合伙人的继承人有权予以分割。

鉴于《民法典》并未对合伙合同终止后如何清算进行更为具体的规定,在实务中,基于处理合伙未完结事项和清算的需要以及合伙财产份额的属性,可以参照《合伙企业法》《公司法》及其司法解释有关规定,由全体合伙人担任清算人,也可以委托一个或数个合伙人或者委托第三方担任清算人。清算期间需要实现合伙债权和清偿合伙债务,在清偿债务后,如合伙的财产仍有剩余,应先返还出资,再分配剩余财产。如财产不足以返还所有出资,或者存有亏损需要分担,或者存有剩余利润需要分配,则按照《民法典》第972条规定的分配规则(约定—协商—按实缴比例分配—平均分配)处理。

实践中,很多的民事合伙往往存在未订立书面合同、账目不规范、执行事务权责不清、管理混乱等情形,这就导致了合伙盈利和支出认定的困难,给合伙人的自行清算带来很多不便。针对合伙合同关系未经合伙清算,合伙人是否可以起诉终止并要求分割合伙财产的问题,以往的司法实践存在不同观点。第一种观点是参照《合伙企业法》和《公司法》的相关规定,认为应该先行终止合伙关系再进行清

[①] 参见洪某忠、杨某辉合伙协议纠纷再审审查与审判监督民事裁定书[最高人民法院(2020)最高法民申6045号]。

算;未经清算不得要求分割合伙财产;在合伙未清算、账目无法查清的情况下,分配盈余、结算亏损缺乏相应依据,裁定驳回起诉或驳回诉讼请求。① 第二种观点则认为《民法通则》并未规定合伙清算是诉讼的前置程序,因此,即使合伙未经清算,也不影响原告要求分割合伙财产的诉权。笔者赞同后一观点。依据《民法典》第969条第2款"合伙合同终止前,合伙人不得请求分割合伙财产"以及第968条之规定,只要合伙合同终止,就应赋予合伙人在民事合伙中的起诉权利,在诉讼中去清算。因此,原告是否要求解除合伙合同(《民法典》第976条第3款)或者确认合伙合同已经终止就应是一项诉讼请求。此时需要法官综合分配举证责任,运用书证提出命令等证据规则,对合伙财产的清算分配作出裁决。具体案件审理过程中,可以根据《民事诉讼法》(2023年修正)第156条"人民法院审理案件,其中一部分事实已经清楚,可以就该部分先行判决"之规定,对账目清楚的部分,比如合伙人的出资、购置的固定财产、机器设备等的折价收益,均可按照合伙协议的约定或合伙人的出资比例先行确定该部分合伙财产的清算分割问题。对其他存在争议的账目,则尽量在现行法律规定的框架内,核实证据、减少纠纷,同时利用合伙当事人主体间的信任基础,通过调解工作,尽力维护当事人的利益。例如,在刘某荣、刘某权合伙协议纠纷再审审查与审判监督民事裁定书[最高人民法院(2020)最高法民申2314号]②中,最高人民法院认为:

---

① 参见蔡某富与郭张某昱合伙协议纠纷再审审查与审判监督民事裁定书[最高人民法院(2020)最高法民申5505号]。在该案中,最高院认为:本案合作协议有效,蔡某富在主张协议无效的基础上要求返还出资,没有事实和法律依据。并且,根据《最高人民法院关于贯彻执行〈中华人民共和国民法通则〉若干问题的意见(试行)》第52条的规定,合伙人退伙,书面协议有约定的,按书面协议处理;书面协议未约定的,原则上应予准许;第54条规定,合伙人退伙时分割的合伙财产,应当包括合伙时投入的财产和合伙期间积累的财产,以及合伙期间的债权和债务。本案双方无退伙协议,也没有退伙的结算或清算事实,故蔡某富要求返还投资款没有事实及法律依据,二审法院不予支持,并无不当。类案还可参见陈某清、何某进合伙协议纠纷再审审查与审判监督民事裁定书[最高人民法院(2020)最高法民申1150号]、陆某红、张某良合伙协议纠纷再审审查与审判监督民事裁定书[最高人民法院(2018)最高法民申170号];周某新、郭某村合伙协议纠纷再审审查与审判监督民事裁定书[最高人民法院(2017)最高法民申2112号];多某才让、拉某杰合伙企业纠纷二审民事判决书[青海省黄南藏族自治州中级人民法院(2021)青23民终116号]等。

② 类案参见洪某忠、杨某辉合伙协议纠纷再审审查与审判监督民事裁定书[最高人民法院(2020)最高法民申6045号];夏某飞、曾某云合伙协议纠纷二审民事判决书[最高人民法院(2020)最高法民终722号];何某、金某安合伙协议纠纷再审审查与审判监督民事裁定书[最高人民法院(2017)最高法民申3374号];亚某、刘某康退伙纠纷二审民事判决书[山东省高级人民法院(2019)鲁民终2471号]等。

关于原审法院是否应对合伙财产分割进行审理的问题。第一,合伙解散后分割合伙财产并不以合伙资产和债务全部清算完毕为条件,即使合伙已经解散,合伙财产分割完毕,合伙人仍应对合伙债务承担连带责任。虽有部分关于合伙债务的诉讼未审理终结或执行终结,也可以在现有能够确定的资产和债务基础上进行审理和判决,并非必须等待所有合伙债务均明确之后,才能分割合伙财产。第二,刘某荣目前已经被法院生效判决认定承担合伙债务,如不分配相应合伙财产,对刘某荣明显不公。第三,由于刘某荣、刘某权合伙开发建设臻金铭郡小区项目是以吉林富盛发房地产开发有限责任公司(以下简称富盛发公司)名义进行,臻金铭郡小区开发建设相关证照均办理在富盛发公司名下,刘某荣、刘某权合伙财产范围与富盛发公司的利益亦有关联,原审法院对此未予厘清。

综上所述,一个民事合伙解散与清算的参考条款如下:

【例13-7】合伙合同的终止与清算

X	合伙合同的终止与清算
X.1	合伙合同的终止
	出现下列情形之一的,本合伙合同终止: (1)本合伙合同约定的合伙期限届满; (2)全体合伙人一致同意终止合伙合同; (3)合伙人死亡或被依法宣告死亡,导致合伙不能成立的; (4)合伙人被依法宣告为无民事行为能力人或者终止,导致合伙不能成立的; (5)合伙事务完成或不能完成; (6)出现法律、法规规定的其他终止事由。
X.2	合伙的清算
X.2.1	本合伙合同终止后,应当进行清算,并通知债权人。
X.2.2	清算人由全体合伙人担任或经全体合伙人过半数同意,自合伙合同终止后15日内指定委托律师、会计师等第三人担任清算人。前述期限内未确定或不能确定清算人的,合伙人或者其他利害关系人可以申请人民法院指定清算人。
X.2.3	合伙财产在支付清算费用后,按下列顺序清偿:合伙所欠招用的职工工资和劳动保险费用;合伙所欠税款;合伙的债务。
X.2.4	清偿并返还合伙人的出资后若有剩余的,则按本合同第[填写利润分配条款的序号]条的约定进行分配。
X.2.5	清算时合伙有亏损,合伙财产不足清偿的部分,依本合同第[亏损分担条款的序号]条的约定进行分担。各合伙人应承担无限连带清偿责任,合伙人由于承担连带责任,所清偿数额超过其应当承担的数额的,有权向其他合伙人追偿。

第Ⅱ篇

非典型合同起草、审查精要与实务

本篇概览

本篇介绍的是非典型合同的起草与审查实务。在合同法律实务中，除了常见的典型合同外，实际还时常会涉及一些非典型合同，特别是一些重大的、特殊的合同类型。限于篇幅，笔者选取了部分非典型合同，对其主要条款和特殊条款的起草、审查业务进行介绍。本篇包括如下三个部分：

- ✓ **市场、营销类合同**：本部分包括第14章和第15章。第14章以公司（企业）集团营销体系为基本背景，介绍营销合同体系的建设以及各类营销合同（产品经销合同、经销商管理合同、终端商销售合同）的起草与审查。第15章对公司（企业）集团的市场（广告）类合同进行了分类，并在此基础之上分别对市场类合同和广告类合同的起草、审查进行了介绍。

- ✓ **投资并购类合同**：本部分包括第16章至第20章。第16章介绍了在投融资、并购重组、涉外、知识产权业务中经常会使用的保密协议（条款）的起草与审查；第17章介绍了并购重组中最具代表意义的股权转让（并购）合同的起草与审查；第18章介绍了日常生活以及资本市场中广泛采用的股权代持协议的核心法律问题、协议起草与审查；第19章对《外商投资法》施行以来的外商投资合同的起草与审查进行介绍，阐述了新法带来的变化和影响；第20章介绍了PPP合同体系中最为核心的项目合同的起草与审查。

- ✓ **合同涉税与发票条款**：本部分包含第21章。本章作为一个特殊章，介绍了合同法律业务中涉及的税务条款与发票条款，这些条款可以说在几乎所有合同类型中都会涉及。本章对合同涉税条款的内容、审查原则以及一些特殊的问题（涉税条款的效力问题、关于发票的纠纷及其司法实践、"三流不一致"与虚开发票的问题、兼营和混合销售问题、集中采购模式下的涉税条款以及发票的证据效力问题）进行介绍。

在本篇中，笔者对公司律师或法律顾问合同起草、审查业务可能遇到的一些非典型合同进行了介绍，这些非典型合同并未涵盖公司（企业）集团可能涉及的全部非典型合同业务类型，也未涵盖全部的非典型合同的审查实务与要点，但提供的一些共性的、通用的审查原则和方法仍具有借鉴意义和参考价值。

第14章 营销类合同起草、审查精要与实务

内容概览

企业营销系统、业务的合法、有效运转是企业成功的关键,那么如何建立一套支持营销系统合法高效运作的合同体系就显得尤为重要。营销类合同是企业最为重要的无名合同之一,公司律师和法律顾问在对营销类合同进行构建和审查时,应当根据营销组织架构、营销模式、营销商业目的以及可能面临的商业、法律风险进行,还应结合相关的市场法律(包括反不正当竞争法、反垄断法以及禁止商业贿赂法规、规章等)进行审查。本章包含如下内容:
- ✓ 企业集团营销体系概述
- ✓ 产品经销合同的起草与审查
- ✓ 经销商管理合同的起草与审查
- ✓ 终端商销售合同的起草与审查

第一节 企业集团营销体系概述

企业营销系统(业务)的合法、有效运转是企业成功的关键,那么如何建立一套支持营销系统(业务)合法高效运作的合同体系(以下简称营销合同体系)就显得尤为重要。本章将从某企业集团的营销组织架构出发,结合具体的营销模式以及销售折扣、促销政策,试图就如何建立营销合同体系作一尝试。同时,企业与经销商("一批商")签订的产品经销合同是营销活动的基础,以该合同为核心,企业集团和经销商("一批商")之间形成了以产品经销关系(买卖关系)为主,折扣促销、保证金担保为辅的产品经销关系。基于此,本章将以产品经销合同为中心展开介绍。

一、企业集团股权架构和管理架构

在企业集团架构下，在管理中设置事业部是通常的做法，而这些事业部本身仅仅是内部的管理机构，未领取（法人）营业执照，不具有独立企业法人资格或分支机构资格或其他经济组织资格。事业部下辖多家生产公司，皆系领取法人营业执照的独立企业法人。整个企业集团的股权和组织架构如图14-1所示：

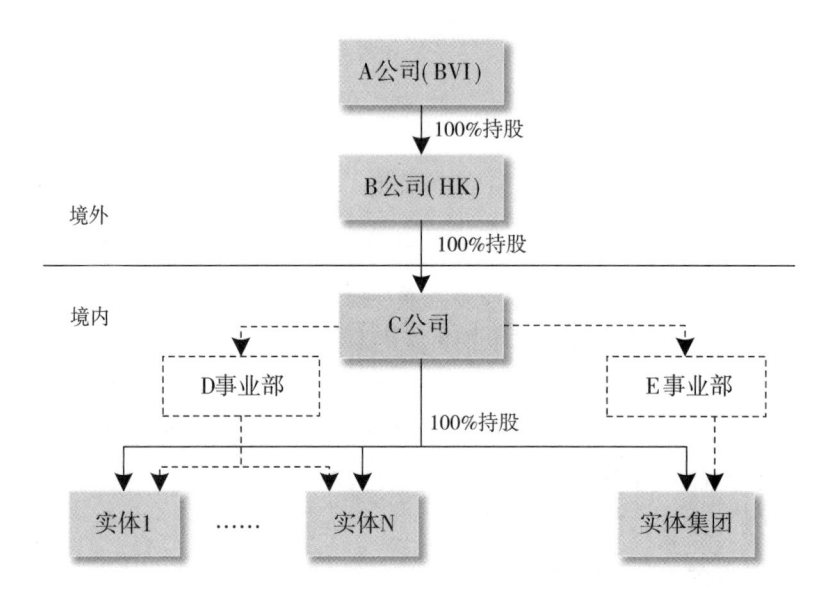

图14-1 某集团公司事业部组织机构

注：实线表示股权关系；虚线表示管理关系。下图同。

在图14-1中，A公司是一家在英属维尔京群岛（BVI）设立的离岸控股公司，而B公司则属于在香港设立的离岸中间控股公司，C公司属于在中国境内设立的外商独资投资性公司，是境内实体公司（实体1至实体N）的境内控股母公司。在管理架构上，C公司作为境内营业的管理母公司，在境内分设了多个管理事业部，如D事业部和E事业部。这些事业部对下辖的实体公司进行实际经营管理。

二、事业部营销架构

事业部内设负责营销系统运营管理的营销中心，营销中心下辖多家"销售大区"。销售大区负责其管辖区域的对外营销业务，包括经销商管理、合同签订、产品订单的处理以及营销政策的管理等，但它们并不具有民事主体资格。整个事业部营销架构如图14-2所示：

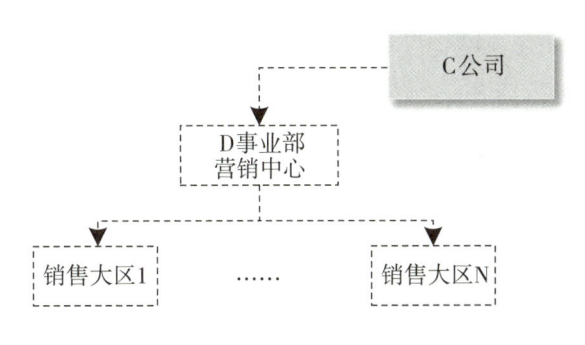

```
                    ┌─────────┐
                    │  C公司  │
                    └────┬────┘
                         ▼
                  ┌────────────┐
                  │  D事业部   │
                  │  营销中心  │
                  └─────┬──────┘
              ┌────────┴────────┐
              ▼                 ▼
        ┌──────────┐      ┌──────────┐
        │ 销售大区1│ ……  │ 销售大区N│
        └──────────┘      └──────────┘
```

图14-2　事业部营销架构

在图14-2中,D事业部根据其管理的行政区域和营业业务的需要,划分了多个销售大区,分别对其管辖区域进行管理。

三、营销政策概述

除管理控股集团总部统一的营销政策外,事业部还有权根据其管辖区域的市场情况分别制定本地的营销政策。这些本地营销政策分为三大类:销售折扣政策、降价促销政策和销售促销费用政策。其中,销售折扣分为"及时折扣"和"延后折扣","及时折扣"又分为月折扣、阶段性折扣和自提折扣,"延后折扣"仅指年折扣。所谓"及时折扣",是指经销商购买货物或商品时当即开入发票的折扣金额;所谓"延后折扣",是指根据经销商全年完成产品经销合同的情况(包括销量、占有率、覆盖率、配合度等完成情况),经过考核后在后期以折扣方式予以兑付。

四、事业部营销合同体系

为适应事业部的营销组织架构和营销政策,公司业务部门和法务部门根据营销模式和国家有关法律法规的变化,建立自己的营销合同体系。主要包括如下几个层次的合同:

✓ 产品经销合同。在事业部门,直接同各生产公司发生产品买卖关系的是"一批商"(或称"开户经销商"),因此,如何规范各生产公司与一批商之间的法律关系就是整个合同体系的基础。产品经销合同就是这个基础,它需要解决的主要问题是各生产公司与一批商之间的货物买卖、营销管理(专销品种、专销区域、价格体系、渠道管理、销量要求等)、折扣政策、履约保证金管理、提货及货款结算等。

✓ 经销商管理合同。经销商管理合同系一批商在产品销售、销售区域、价格体系、渠道管理等方面与二批商之间以享有何种权利、履行何种义务为内容的合同。

✓ 终端销售合同。终端销售合同系经销商与终端商之间因进店、促销、销售而产生的销售合同,主要解决经销商与终端商之间直接的诸如产品销售、"进店费"、"专场费"、赠与以及促销行为等问题。

✓ 其他合同。整个合同体系中还包含店铺招牌(灯箱)使用合同、货物运输合同等合同。

上述合同体系可以用图14-3来表示:

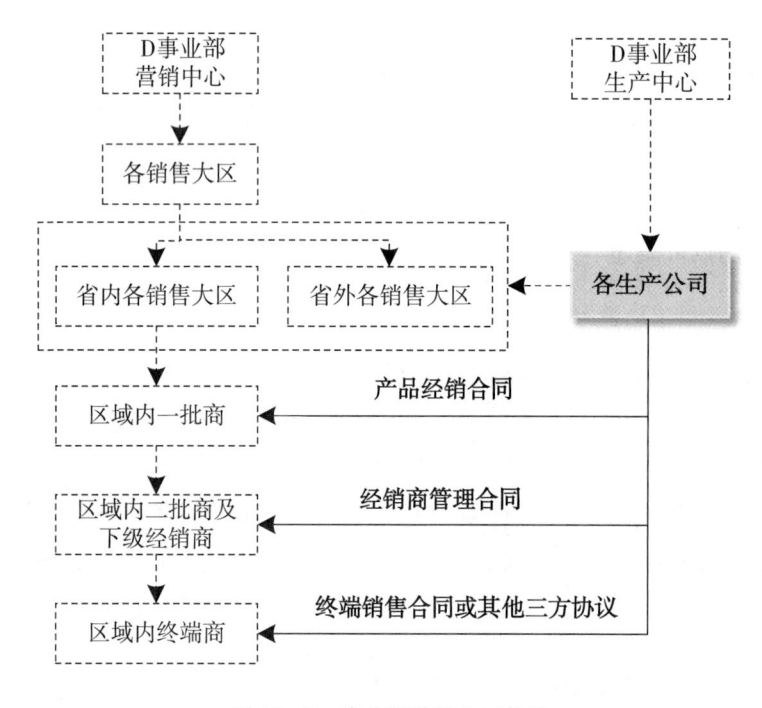

```
    ┌─────────┐                          ┌─────────┐
    │ D事业部  │                          │ D事业部  │
    │ 营销中心 │                          │ 生产中心 │
    └────┬────┘                          └────┬────┘
         │                                    │
         ▼                                    │
    ┌─────────┐                               │
    │各销售大区│                               │
    └────┬────┘                               │
         │                                    │
    ┌────┴────┐                               │
    ▼         ▼                               ▼
┌────────┐ ┌──────────┐               ┌─────────┐
│省内各  │ │省外各销售 │◀─────────────│各生产公司│
│销售大区│ │大区      │               └─────────┘
└───┬────┘ └──────────┘                    │
    │                                       │
    ▼                产品经销合同            │
┌────────┐◀─────────────────────────────────│
│区域内  │                                   │
│一批商  │                                   │
└───┬────┘                                   │
    │                                       │
    ▼                经销商管理合同          │
┌────────┐◀─────────────────────────────────│
│区域内二│                                   │
│批商及  │                                   │
│下级经销商                                  │
└───┬────┘                                   │
    │                                       │
    ▼          终端销售合同或其他三方协议     │
┌────────┐◀─────────────────────────────────┘
│区域内  │
│终端商  │
└────────┘
```

图14-3　事业部营销合同体系

第二节　产品经销合同的起草与审查

一、经销合同的概念、类型与法律性质

经销合同(协议)不是《民法典》规定的典型合同(有名合同),通常是指生产商或品牌商授予经销商或代理商销售产品,并集对其品牌(商标)、销售产品、销售价格、折扣与返利、经销方式、销售区域、供出货渠道、销售政策等渠道营销管理于一体的合同。在实践中,这一类合同的名称多采用"经销""代销""代理""委托""分销"等相关用语,从前述偏向于"商业意义"的经销合同的定义以及名称用语可以看出,经销合同双方当事人之间的权利义务比较复杂,其法律性质并不像其名称那

样直观或者并不能单一地、简单地定性,而应根据合同的内容、主要的权利义务以及合同的实际履行等因素来综合判定。司法实践中,从针对此类合同的纠纷来看,通常可以将其分类为买卖型经销合同、委托(代理)型经销合同、行纪型经销合同和混合型经销合同。

(一)买卖型经销合同

买卖型经销合同,是指生产商(厂家)与经销商达成的关于生产商提供具有品牌和质量承诺的产品,经销商以支付货款的方式取得经销产品的所有权,然后在授权的一定期限、特定区域内以自己的名义对外转售产品,独立经营,但需要保证在一定期间内完成一定的采购量,经销商以赚取货物差价或提供增值服务的方式来获取利益的合同。生产商(厂家)与经销商形成买卖合同关系,而经销商与客户也形成买卖合同关系,而生产商(厂家)与顾客之间不直接形成买卖关系。在这种模式下,合同的主要权利义务关系是生产商(厂家)提供产品、经销商支付货款,其合同的履行特征与买卖合同高度一致,所以被称为买卖型经销合同,并因此准用买卖合同的相关规则。

如在浙江丰元医药股份有限公司与海南全星制药有限公司买卖合同纠纷上诉案[最高人民法院(2017)最高法民终701号]中,最高院认为:

依照全星公司与丰元公司2014年3月6日签订的《全国代理协议》,丰元公司作为独家经营销售商按月向全星公司采购乳酸左氧氟沙星分散片,丰元公司的主合同义务为每月采购不少于一定数量的药品并支付采购款等费用,全星公司的主合同义务则是提供药品,至于丰元公司采购药品后再以何种形式何种价格面向社会销售,全星公司均不参与,也不承担丰元公司在市场推广中发生的任何费用。以上约定与委托人向受托人支付报酬,受托人对代销货物没有所有权的委托合同存在本质区别,故本案双方实际上形成的是买卖合同关系,应当定性为买卖合同纠纷。审哩庭认定本批货托合同性贡有不当,本院予以纠正。《全国代理协议》签订主体适格,是双方的真实意思表示,没有违反法律行政法规的禁止性规定,合法有效。

再如,在上海智必赢贸易有限公司与唐纳森(无锡)过滤器有限公司委托合同纠纷二审民事判决书[江苏省无锡市中级人民法院(2016)苏02民终2127号]中,法院认为:

智必赢公司所主张的与唐纳森公司之间的经销关系,事实上是通过智必赢公司与唐纳森公司、智必赢公司与终端客户之间两个独立的买卖合同所组成,而智必赢公司与唐纳森公司之间本质上仍属于买卖合同关系。一、在每一个项目中，智必赢公司都是以自己的名义向唐纳森公司购买设备，并以自己的名义将设备卖给终端客户，这其中终端客户的选择、价格的确定等影响合同订立的关键因素，并无证据证明智必赢公司是受唐纳森公司的指示来确定，因此，两份买卖合同相互独立，各自约束各自的合同当事人。二、虽然智必赢公司提供了三份授权书，拟证明其与唐纳森公司之间存在委托代理关系，但无论是从授权书的形式还是内容上看，并不足以证明唐纳森公司有委托智必赢公司进行具体的产品销售的意思，而且从整个交易模式看，如前所述，智必赢公司是通过分别与唐纳森公司、终端客户签订两份独立的买卖合同，通过转售的差价获得商业利润，该交易模式也不符合委托代理的法律特征和构成要件。三、由于智必赢公司与唐纳森公司交易所涉设备价值高、技术要求高，因此在智必赢公司销售唐纳森公司产品时，由唐纳森公司作为生产商向智必赢公司出具授权书，以证明产品的来源或品质保证，以及由唐纳森公司向终端客户承诺技术支持或质量担保，符合大型设备交易的商业惯例，而这只是为了减少终端客户购买设备时关于质量、技术等方面的顾虑，其目的最终还是为了促成各自交易的成功以实现各自的商业利益，但这并不能改变存在两次买卖和两份相互独立的买卖合同的事实。

正是基于唐纳森公司与智必赢公司之间系买卖合同关系，智必赢公司为开拓市场、获取交易机会而支出的费用，属于智必赢公司企业正常经营所开支的费用，由此带来的无法获得成功交易的商业风险应当由智必赢公司自负其责，其要求唐纳森公司赔偿实际费用损失缺乏事实和法律依据，本院不予支持。同理，虽然智必赢公司与终端客户已订立买卖合同，但由于智必赢公司向终端客户出售之设备需通过与唐纳森公司订立买卖合同购得，而买卖合同的订立需要智必赢公司与唐纳森公司达成合意，而唐纳森公司基于商业考虑未能与智必赢公司达成合意，对此唐纳森公司并无过错，虽由此造成智必赢公司与终端客户的买卖合同无法履行，智必赢公司无法通过转售差价获取利润，但这亦属于智必赢公司进行商业运作的商业风险，应由智必赢公司自负其责，其要求唐纳森公司赔偿预期可得利益损失缺乏事实和法律依据，本院不予支持。

(二)委托(代理)型经销合同

在委托(代理)型经销模式下，生产商(厂家)授权经销商在一定期限、一定区域内代理销售其产品，由被授权经销商独立从事市场营销，完成一定额度的销售任务指标，并取得相应报酬(主要来自价格折扣、年度返利以及经销商购买产品付款提货的授信额度的资金占用收益),经销商只能在授权范围内行事。具体而言,经销商以代理人的身份与客户签订销售(买卖)合同("显名代理"或者"隐名代理"),此时产品的所有权没有发生从生产商(厂家)往经销商的转移,经销商无须向生产商(厂家)支付货款,产品销售完成后,经销商应将所得货款全部交给生产商(或者由终端用户直接支付货款给生产商),最后产品经销商可根据促成的交易获得相应报酬。经销商无法售出的产品,由经销商退还给生产商(厂家),产品滞销的风险由后者承担(生产商也可能会与经销商约定销售业绩考核标准及相应罚则)。显然,生产商(厂家)与经销商之间是委托(代理)关系,经销商对产品价格没有定价的自主权。

如在明某与蒋某莉委托合同纠纷二审民事判决书[上海市第二中级人民法院(2020)沪02民终3176号]中,一审法院认为:

本案争议焦点在于明某与蒋某莉对合同的法律性质存在争议,明某认为本案所涉合同纠纷为买卖合同关系,而蒋某莉认为合同性质为委托合同关系。根据相关法律规定,买卖合同系出卖人转移标的物的所有权于买受人,买受人支付价款的合同,而代销合同通常表述为受托方接受委托方的委托,为其代为销售产品、货物等,并收取一定的报酬,其本质特征符合委托代理关系,具有委托合同的性质。本案根据双方签订的《素合品牌服装代理合同》约定相关的权利义务,明某将"素合"品牌女装四川绵阳、成都地区经销权授予蒋某莉,并按合同约定向蒋某莉供货,蒋某莉每日将前一日的销售情况报表传真给明某,以便明某了解市场信息、销售动态和补货,同时,蒋某莉在次月的6日前结清当月销售的货款等内容,根据本案现有证据及双方的陈述,明某向蒋某莉供货,蒋某莉收货后以当月的销量为结算货款,并按照零售价的42%向明某结算货款,该行为符合委托合同的法律特征,虽然合同中对退货率未作约定,结合双方的微信聊天记录,证明明某确认双方系代理合同,并要求蒋某莉将未销售的货品予以退还,根据双方在合同履行过程中的行为,本案确认本案所涉合同纠纷属于委托合同关系,并非构成买卖合同关系。若系买卖合同关系,明某仅只需向蒋某莉提供货物,蒋某莉为买受人支付货款后,货物所有权归属蒋某莉所有,蒋某莉有权进行处分,无须向明某确认销量和库存等,现明某以买卖合同为由,并要求蒋某莉支付货款及相应利息的诉请,缺乏事实及法律依据,不予支持。

二审法院认为:

根据本案所查明的事实,明某主张其与蒋某莉成立买卖合同关系,然按照双方所签订的《素合品牌服装代理合同》相关条款就货物交付、货款结算、退货约定等均与一般买卖合同不符,但却能反映出明某对已交付蒋某莉的货物及蒋某莉店铺的销售、经营行为有极大的干涉及控制力,故蒋某莉认为双方系以其提供店铺为明某销售素合品牌服饰的合作方式,更符合客观事实,一审法院由此驳回明某的诉讼请求,本院予以认同。考虑到蒋某莉确有货物未退还明兴,故明某可另行主张权利。

此外,实践中还存在这样的操作模式:经销商作为受托人负责寻找、联系买货的客户,出售货物的价格由生产商(厂家)决定,由生产商(厂家)直接与客户签订购销合同,出具增值税发票并负责发货,所销售货款也是打入生产商(厂家)账户,经销商负责接货、催款,向生产商(厂家)提供销售明细账,按照销售额或销售数量提取报酬,对于此种模式,法院认为符合委托合同关系的法律特征[1]。这种情形很容易与中介合同关系相混淆,这种模式下,经销商并非仅负责报告订约机会或者介绍生产商(厂家)和客户订约,其有权在委托权限内进行独立的意思表示,享有一定的独立决定权,只要经销商确定的客户,原则上生产商(厂家)就应当订约,这是其一;其二,经销商还提供了负责接发货、催款等受托事项;其三,经销商向生产商(厂家)提供销售明细账,按照销售额或销售数量提取报酬。其中,"受托人的义务是否仅限于报告订约机会或媒介订约"是区分委托合同和中介合同的核心标准[2]。

(三)行纪型经销合同

在行纪型经销模式下,经销商以自己的名义按照生产商(厂家)指定的价格或者不低于指定价格的价格销售产品,此时产品的所有权移转至经销商手中,经销商赚取的是向客户销售价格与指定价格之间的价差。根据《民法典》第960条,行纪合同的规则没有规定的,可以"参照适用委托合同的有关规定"。实践中,一般不用特别区分委托型经销合同和行纪型经销合同,因为它们的本质都是"代客销售",所以这类经销商一般被称为"代理商"。

如在甘肃昊世新懿机电科技有限公司、神华宁夏煤业集团有限责任公司与捷

---

[1] 参见伊犁伊力特乳业有限责任公司与刘某祥买卖合同纠纷二审民事判决书[新疆生产建设兵团第(农)四师中级人民法院(2020)兵04民终79号]。

[2] 参见巩某与唐某委托合同纠纷二审民事判决书[北京市第三中级人民法院(2018)京03民终12521号];四川省启西商务咨询有限公司、成都泰晤士教育咨询有限公司委托合同纠纷二审民事判决书[四川省成都市中级人民法院(2019)川01民终12363号];珠海知行房地产投资咨询有限公司与珠海市三美贸易有限公司合同纠纷再审审查与审判监督民事裁定书[广东省高级人民法院(2020)粤民申11351号]等。

马(济宁)矿山支护设备制造有限公司行纪合同纠纷二审民事判决书[甘肃省高级人民法院(2016)甘民终450号]中,法院认为:

行纪合同是行纪人以自己的名义为委托人从事贸易活动,委托支付报酬的合同。本案中,根据捷马公司、昊世新懿公司双方签订的《代理协议》及捷马公司、昊世新懿公司、宁煤集团分别签订的《枣泉煤矿整体耦合让均压锚杆、锚索等新支护产品与支护技术试用协议》和《梅花井煤矿整体耦合让均压锚杆、锚索等新支护产品与支护技术试用协议》并结合各方当事人在庭审中的陈述可以认定,昊世新懿公司依据捷马公司的授权以自己的名义与宁煤集团之间形成买卖合同法律关系,捷马公司根据昊世新懿公司的指示向第三人履行发货义务,宁煤集团向昊世新懿公司履行付款义务后再由其向捷马公司支付,而捷马公司向其报价与其向宁煤集团报价的差价则是昊世新懿公司在交易中获取的报酬。故捷马公司与昊世新懿公司之间行为符合行纪合同的法律特征,本案应为行纪合同纠纷。宁煤集团答辩称其对捷马公司不负有付款义务及列其为本案第三人的辩解理由不能成立。

捷马公司、昊世新懿公司签订的《代理协议》第四条"结算时间及方式"约定,正常付款期不大于60天,每月结算一次,捷马公司及时向昊世新懿公司开具所提供产品的发票,昊世新懿公司应在每月25号前根据60天付款期的原则把所欠款项汇至捷马公司账户。故捷马公司向昊世新懿公司主张权利有合同依据,昊世新懿公司辩称其主体不适格的辩解理由不能成立。前已述及,本案当事人各方的发货及付款方式为捷马公司根据昊世新懿公司的指示向第三人履行发货义务,宁煤集团向昊世新懿公司履行付款义务后再由昊世新懿公司向捷马公司支付,且宁煤集团在庭审中亦认可收到捷马公司所发货物,故捷马公司要求宁煤集团对昊世新懿公司的付款承担连带责任予以确认。

(四)混合型经销合同

混合型经销合同通常涉及"买卖"和"委托代理"两种法律关系。一方面,生产商(厂家)与经销商之间形成买卖合同关系,即生产商(厂家)出售特定产品,经销商付款购买,获得产品的完全所有权;另一方面,生产商(厂家)仍然有权对经销商的销售价格、销售区域、进出货渠道等进行控制或者约束,违反这些约定将构成违约行为。如在湖南湘宇机械设备有限公司、张某买卖合同纠纷二审民事判决书[江西省高级人民法院(2017)赣民终277号]中,法院认为:

关于宜工公司与湘宇公司法律关系的问题。本案中,从双方签订协议的目的看,宜工公司通过授权湘宇公司在湖南市场代理销售其产品,并根据湘宇公司销售情况实现回收货款,湘宇公司通过从宜工公司获得在湖南市场销售其产品的权利并从宜工公司、客户之间获取价差。从协议内容看,宜工公司与湘宇公司之间签订了系列协议,有产品销售代理协议、合作协议书、产品代销协议。从协议的实际履行看,湘宇公司销售产品是以自己名义与客户直接签订购销合同,为了结算货款再由湘宇公司与宜工公司签订买卖合同。故综合全案证据分析,宜工公司和湘宇公司之间首先是一种代销合作关系,这种代销合作关系有别于仅收取手续费的代销关系。湘宇公司销售产品给客户拥有定价权,同时还可以根据代销协议约定从宜工公司处获得返利费。因此,这种代销关系是一种兼具买卖合同关系的买断式代销合作关系。双方无论是签订的代销合同还是买卖合同,均系双方当事人的真实意思表示,内容也不违反法律、行政法规的强制性规定,合法有效,对双方当事人均有拘束力。湘宇公司主张其与宜工公司之间排除买卖关系,仅为一般的产品代销关系的理由不能成立。

实践中,还可能存在既不符合买卖合同关系,又不符合委托代理合同关系特征的经销合同,此时只能按照非典型合同或者无名合同进行处理,适用《民法典》合同编通则的规定。如在大连家洪贸易有限公司与百威英博(中国)销售有限公司、百威英博(大连)啤酒有限公司等合同纠纷二审民事判决书[辽宁省大连市中级人民法院(2018)辽02民终4776号]中,法院认为:

根据本案查明的事实,百威营口分公司、家洪公司之间不属买卖合同关系。理由如下,《中华人民共和国合同法》第一百三十条规定"买卖合同是出卖人转移标的物的所有权于买受人,买受人支付价款的合同。"买卖合同的本质属性是转移所有权,买方在取得标的物所有权后,依照《中华人民共和国物权法》的规定应享有对标的物占有、使用、收益和处分的权利,但本案中双方的目的并非是由家洪公司取得案涉货物的所有权,而是由百威营口分公司授权家洪公司就案涉货物进行销售,且双方对货物出售的价格是由百威营口分公司制定,家洪公司并不完全享有处分案涉产品的权利,故双方之间的法律关系并不符合买卖合同的主要特征及基本属性。另外,根据合同法关于委托合同的规定,委托合同应是委托人和受托人约定,由受托人处理委托人事务的合同。而根据本案事实,家洪公司对外销售案涉货物是为了自己获利,其并非是处理百威营口分公司的事务,故双方之间的法律关系也不符合委托合同的特征。因双方之间的法律关系亦不属于合同法分则或者其他法律明文规定的任一合同类型,依照合同法第一百二十四条之规定,应属无名合同,应适用合同法总则的规定。本案案由应为合同纠纷,一审判决认定本案为买卖合同纠纷不妥,本院予以纠正。

二、产品经销合同的框架体系

产品经销合同的内容根据具体的营销体系和业务而有所不同,但总体上可以包括如下主要条款:

✓ 产品、价格与经销管理(经销产品、价格体系、经销区域、销量和进供货渠道)。主要对经销商经销的产品和价格体系,经销的区域,商定的各月、季、年的目标销量以及进供货渠道进行约定。

✓ 产品质量标准。主要对产品的质量标准以及质量责任承担进行约定。

✓ 货款结算。主要包括付款方式、付款地点和期限以及赊销等内容。

✓ 产品的运输及运杂费。主要对产品的运输方式(自提、送货以及代运)和运杂费的承担进行约定。

✓ 验收、交付、储存及防护。主要对产品的验收、交付、储存以及适当的防护措施进行约定。

✓ 应收账款对账单。在赊销情况下,对应收账款如何进行对账进行约定。

✓ 质量投诉。对市场和经销商如何进行质量投诉进行约定。

✓ 知识产权。对产品涉及的知识产权及保护进行约定。

✓ 市场指导和市场推广。对产品的广告宣传及促销活动如何集中管理进行约定。

✓ 销售折扣。主要包括销售折扣的定义、销售折扣的类型、销售折扣的考核与兑付等内容。

✓ 经营(履约)保证金。主要包括经营保证金的定义、担保范围、担保期间、经营保证金的缴纳、管理和返还等内容。

✓ 暂停供货的权利。对什么情况下,公司享受暂停供货权进行约定。

✓ 合同变更、解除和终止条款。

✓ 其他条款。

上述条款是产品经销合同可能涉及的核心条款,此外,产品经销合同还可以包括其他的通常条款,如合同变更、解除、不可抗力、不安抗辩权、不构成合伙或合资、保密、争议和纠纷、合同的终止、续订、合同有效期等。从上述框架以及合同的内容来看,此处的产品经销合同更有可能构成前述的混合型经销合同。

三、产品经销合同审查的特别问题

在实践中,为了解决各生产公司与一批商之间的产品经销关系,销售大区会拟定产品经销合同提交给法务部门进行审查。该草拟合同的主要条款参见【例14-2】。在审查中，审查人员发现需要解决如下几个主要的问题：

✓ 如何解决一批商与多家生产公司发生买卖关系且提货公司（或提货地）不时变化的问题；

✓ 如何解决签约主体和履约主体（实际经营人）不一致的问题；

✓ 如何解决产品专销、价格体系等符合销售管理要求的问题；

✓ 如何解决税法有关折扣规定与公司折扣政策的衔接的问题；以及

✓ 如何解决保证金管理制度与折扣政策协调一致的问题。

（一）如何解决多重买卖关系的问题

由于D事业部下辖多家生产工厂，而每家工厂生产的产品品种并不一致，而某一销售大区的一批商因市场的需要，需要在多家生产工厂提货，并且提货产品种类众多。D事业部与多家生产工厂不时发生的买卖关系（付款提货或赊销提货），需要通过特别的"委托条款"来解决。

在实践中，某一批商可能会与所有的生产公司都发生产品买卖关系。同时，随着销售行为的进行，提货的生产公司还可能发生增减变化。在上年末或年初签订产品经销合同时，无法完全预见具体哪几家生产公司会与一批商发生产品买卖关系，而D事业部统一的管理模式又不可能使所有生产公司分别与每个一批商签订产品经销合同，这也不经济。因此，在缔约主体上，可以在事业部下辖所有生产公司中确定一家签约单位（以主要提货地所在生产公司为准），同时其他关联企业以委托方的名义，委托签约单位与一批商签订产品经销合同，享有与签约单位一样的合同权利义务。该种合同缔结方式的合法性来源于《民法典》第162条"代理人在代理权限内，以被代理人名义实施的民事法律行为，对被代理人发生效力"或者第925条"受托人以自己的名义，在委托人的授权范围内与第三人订立的合同，第三人在订立合同时知道受托人与委托人之间的代理关系的，该合同直接约束委托人和第三人；但是，有确切证据证明该合同只约束受托人和第三人的除外"之规定。在此种处理方式下，签约单位既是受托方，在其他生产公司的授权下，以自己的名义与一批商签订产品经销合同，其法律后果归其他生产公司承担；同时签约方又是独立的合同主体，以自己的名义与一批商签订产品经销合同，其法律后果由自己承担。经审查，合同新增的"委托关系"条款如下：

1. 委托关系条款

1.1 本条第1.4款约定的委托公司委托甲方代其签署本合同，本合同一经成立生效,即对甲方、委托公司和乙方产生法律约束力,甲方、委托公司和乙方各自享有本合同项下的权利,各自承担本合同项下的义务。

1.2 甲方在本合同项下向乙方销售的产品,既有甲方销售的,也有委托公司委托代其向乙方销售的。其中各方销售产品数量的多少,唯以在本合同生效后乙方在甲方和/或委托公司处购买数量为准。

1.3 根据本条第1.2款的规定,乙方应在甲方和/或委托公司处单独开户、单独购货、单独结算,即乙方向后者购买了产品,后者应向乙方开具产品增值税发票,乙方就应按本合同的规定,向后者履行交付货款的义务。

1.4 在本合同项下的委托公司为:[×××有限责任公司、×××有限责任公司、×××有限责任公司、×××有限公司。]

需要注意的是,该条第1.4款"委托公司"的填写要求:"委托公司"是指除确定的合同"甲方"以外的所有事业部管辖的其他生产公司,即各销售大区在填写甲方公司主体后,应从委托公司中删除已被确定的甲方公司。

(二)如何解决签约主体和履约主体不一致的问题

由于D事业部的一批商一般分为法人企业和个体工商户,在法人企业和个体工商户中又存在借用他人营业执照开户、开户经销商不参与实际经营、实际经营人不是开户经销商的情况。这种情况给产品经销合同构建带来的风险是合同签约主体与实际履约主体不同,如无其他直接证据材料,一旦发生争议,各生产公司可能会因实际经营人不是合同当事方,而无法根据合同直接向实际经营人主张权利。为了消除开户经销商与实际经营人不一致而带来的经营风险,D事业部在合同中引入了保证人,根据《民法典》第681条"保证合同是为保障债权的实现,保证人和债权人约定,当债务人不履行到期债务或者发生当事人约定的情形时,保证人履行债务或者承担责任的合同"、第685条第1款"保证合同可以是单独订立的书面合同,也可以是主债权债务合同中的保证条款"以及第690条"保证人与债权人可以协商订立最高额保证的合同,约定在最高债权额限度内就一定期间连续发生的债权提供保证。最高额保证除适用本章规定外,参照适用本法第二编最高额抵押权的有关规定"之规定,保证人是指与债权人约定,在债务人不履行债务时,按照约定履行债务或者承担责任的自然人或法人。除非法律另有规定,除机关法人、居民委员会、村民委员会以及以公益为目的的非营利性组织(如学校、幼儿园、医疗机构等)以及无民事行为能力人之外(参见《民法典》第683条、《担保制度司法解释》第5条),其他的民事主体均可以成为保证人且一旦在产品经销合同上以保证人的名义签字，即成为最高额保证人。故此，被借用的营业执照上记载的企业名称或个体工商户负责人（以下统称为名义签约人）为合同当事方，实际经营人为（最高额）保证人，（最高额）保证人对名义签约人（债务人）向签定产品经销合同的生产公司（债权人）所负债务承担连带清偿责任。

在对合同进行审查时，如果合同在"首部"部分拟定了"保证人"这一当事人，并且合同最后的"签署"部分亦有保证人签章，但合同正文中却没有相应的"保证"条款，这种情况下也可能存在保证合同不成立的法律风险。① 此外，即便保证合同成立，保证人应当承担保证责任，保证人在主合同上以保证人的身份签字或盖章，其同意承担保证责任的意思表示可以被确认，但由于合同正文条款没有"保证"条款对保证人的责任范围、责任方式、保证期间等进行明确规定，因此只能依照《民法典》及《担保制度司法解释》的相关规定进行推定：

第一，担保方式约定不明确。《民法典》第 686 条规定："保证的方式包括一般保证和连带责任保证。当事人在保证合同中对保证方式没有约定或者约定不明确的，按照一般保证承担保证责任。"与《担保法》第 19 条"当事人对保证方式没有约定或者约定不明确的，按照连带责任保证承担保证责任"之规定相比较，这是《民法典》有关保证合同的重大修订，这一定程度上减轻了保证人的责任。

第二，担保范围约定不明确。依据《民法典》第 691 条"保证的范围包括主债权及其利息、违约金、损害赔偿金和实现债权的费用。当事人另有约定的，按照其约定"，《担保制度司法解释》第 15 条第 1 款"最高额担保中的最高债权额，是指包括主债权及其利息、违约金、损害赔偿金、保管担保财产的费用、实现债权或者实现担保物权的费用等在内的全部债权，但是当事人另有约定的除外"之规定，当事人对保证担保的范围没有约定或者约定不明确的，保证人应当对全部债务即前述所有项目承担担保责任。

第三，担保期限约定不明确。《民法典》第 692 条第 2 款、第 3 款规定："债权人与保证人可以约定保证期间，但是约定的保证期间早于主债务履行期限或者与主债务履行期限同时届满的，视为没有约定；没有约定或者约定不明确的，保证期间为主债务履行期限届满之日起六个月。债权人与债务人对主债务履行期限没有约定或者约定不明确的，保证期间自债权人请求债务人履行债务的宽限期届满之日起计算。"《担保法司法解释》第 32 条规定："保证合同约定保证人承担保证责任直至主债务本息还清时为止等类似内容的，视为约定不明，保证期间为主债务履行期

---

① 具体内容还可参见本书第 11 章"保证合同起草、审查精要与实务"第 1 节第 4 部分。

限届满之日起六个月。"上述规定与《担保法》第25条、《担保法司法解释》第32条不尽一致,新规将保证期间没有约定、视为没有约定或者约定不明确时,保证期间统一为主债务履行期限届满之日起6个月。此外,《担保制度司法解释》第30条规定:"最高额保证合同对保证期间的计算方式、起算时间等有约定的,按照其约定。最高额保证合同对保证期间的计算方式、起算时间等没有约定或者约定不明,被担保债权的履行期限均已届满的,保证期间自债权确定之日起开始计算;被担保债权的履行期限尚未届满的,保证期间自最后到期债权的履行期限届满之日起开始计算。前款所称债权确定之日,依照民法典第四百二十三条的规定认定。"这一解释也消除了司法实践中关于最高额保证保证期间如何确定的长期争议。

经审查,产品经销合同中保证条款如下:

16. 保证

丙方承诺为本合同乙方的连带责任保证人,其保证范围适用本合同第[12.2]款约定,保证期间适用本合同第[12.3]款约定。

需要说明的是,上述第12.2款、第12.3款是对乙方(经销商)经营(履约)保证金的保证范围和保证期限的规定。产品经销合同第12条规定如下:

12. 经营(履约)保证金

本合同项下的经营(履约)保证金系乙方为保证完全履行本合同及其附件,向甲方缴纳的保证金,保证金包括初始保证金、后续保证金。初始保证金为[　　]万元,后续保证金为乙方不时缴纳的保证金。

这意味着,在保证人提供连带责任保证时,其保证范围和保证期间按照"经营(履约)保证金"(有关此保证金的法律性质容笔者后述)的规定执行,但第12条并未就此进行规定,出现了一个巨大的"Bug"!即便第12条对前述事项都有约定,但采用连带责任保证的方式来处理,仍然存在如下需要考量的问题:由于没有采取最高额保证,故此应当对整个合同期间内发生的每笔债权债务进行清理,以确定各自的保证期间。显然对于在一个期间内连续发生的交易而言,这并非最适合方式,除非采取最高额保证的方式。但若采用最高额保证的方式,则又可能遭到保证人反对且略显复杂,故此,最终仅采取了连带责任保证这一担保形式,并考虑在第12条中予以完善。

(三)营销(渠道)管理条款

产品经销合同必然围绕营销管理来界定双方的权利义务,而营销管理的核心内容为经销品种、经销区域、价格体系、进销货渠道以及销量要求等。具体而言:

✓ 经销品种是指企业授权经销商经销的产品品种范围。

✓ 经销区域是指特定产品的销售地域。在事业部中,经销商的销售区域是提前被划定了的,不允许经销商跨区域销售(业界俗称的"窜货")。为此,产品经销合同中专门设计了经销区域条款,以确定经销商的销售区域。

✓ 价格体系是指产品在不同流通环节的价格,由生产公司开票价、一批商向终端店发货时的发货价、终端店零售价三部分构成。在价格体系中,一批商向终端店发货时的发货价又处在核心位置,为了防止一批商肆意破坏产品的价格体系,产品经销合同为各生产公司设定了确定产品指导价或建议价的权利,通过产品指导价或建议价来约束一批商,保证产品价格合理。

✓ 进销货渠道是指一批商从何处购进产品,又将产品销往何处。产品经销合同对进销货渠道的约定是,一批商只能从生产公司购进产品,且只能将产品销往指定的终端店。

✓ 销量要求是指企业对经销商各品种、各授权区域分时间(月、季、年)的产品计划销售数量要求。

经销区域、价格体系、进销货渠道的合同条款均可能存在一定的法律风险。例如,确定某特定的一批商只能在特定的行政区域内销售特定生产公司的产品,是否合法?约定特定的一批商只能从各生产公司购进产品,且只能将产品销售给各生产公司指定的终端店,这是否侵犯了一批商的经营自主权,是否涉嫌垄断("市场分割")?确定产品指导价或建议价是否侵犯了一批商的经营自主权,是否涉嫌价格垄断("纵向垄断协议")?具体分析如下:

第一,对于产品价格体系条款、经销区域条款、进销货渠道条款,依据《民法典》总则编第6章"民事法律行为"第3节"民事法律行为的效力"以及合同编通则分编的相关规定①,只要不存在前述规定的导致合同无效、可撤销的情形,合同条款有效。这是一般的判定原则。

第二,对于经销区域条款、进销货渠道条款,需要考虑两个方面的问题:一是是否侵犯经销商经营自主权的问题。就经销区域和进销货渠道而言,经销商愿意在何处销售自己的产品,愿意将产品销售给谁,这属于经销商的经营自主权,经营自主权属于民事权利的范畴,对于民事权利享有者,在没有受到欺诈、胁迫或存在重大误解的情况下,缩小自己的民事权利的行使范围,其行为应当被认定有效,权利人一旦在合同中作出这种约定,对自己以及合同相对方均产生效力,权利人不得反

---

① 相关具体内容,请读者参见笔者所著《合同审查精要与实务指南:合同起草审查的基础思维与技能》(第3版)第10章"合同订立的法律风险管控:基础问题"。

悔即请求撤销。故就此而言,合同条款是符合法律规定的。二是是否涉嫌违反《反垄断法》(2022年修订)的规定。尤需考虑的是《反垄断法》(2022年修订)第22条规定:"禁止具有市场支配地位的经营者从事下列滥用市场支配地位的行为:……(三)没有正当理由,拒绝与交易相对人进行交易;(四)没有正当理由,限定交易相对人只能与其进行交易或者只能与其指定的经营者进行交易;……"这即是所谓的"滥用市场支配地位"的规则,适用这一规则的前提是经营者具有"市场支配地位"。鉴于本章并非专门讨论反垄断业务,故此,若不满足前述前提条件,无须过多关注这一风险。如确需关注,大致可以从如下几个方面进行抗辩:保护所有经销商在所在区域因投入巨大成本开拓市场而形成的潜在受益权;防止经销商恶意套利(如通过"窜货"达成业绩目标要求,从而获得生产商的奖励);作为生产商授权其经销特权(如某区域的独家代理权)的对价,需要权利义务保持一致,况且经销商也自愿承诺和遵守该约定,以及有利于不同区域的平衡发展,是维护产品质量的必要保证;等等。

第三,对于产品价格体系条款,尤其是公司对产品的流通环节制定指导价或建议价,调整产品的价格体系的条款。其不属于第一点所述的导致合同无效或可撤销的其他情形,唯一可能导致其无效的法定事由就是现有的合同条款与现行的法律或者行政法规强制性规定存在冲突,尤其是反不正当竞争、反垄断的相关规定。例如,我国《反垄断法》(2022年修订)第18条第1款规定:"禁止经营者与交易相对人达成下列垄断协议:(一)固定向第三人转售商品的价格;(二)限定向第三人转售商品的最低价格;(三)国务院反垄断执法机构认定的其他垄断协议。"即被认定为所谓的"纵向垄断协议"的风险。就此,国务院反垄断委员会、国家部委等出台了相关的具体规定和指南。① 最高人民法院也出台了《关于审理因垄断行为引发的民事纠纷案件应用法律若干问题的规定》(已失效)。《禁止垄断协议规定》第14条规定:"禁止经营者与交易相对人就商品价格达成下列垄断协议:(一)固定向第三人转售商品的价格水平、价格变动幅度、利润水平或者折扣、手续费等其他费用;(二)限定向第三人转售商品的最低价格,或者通过限定价格变动幅度、利润水平或者折扣、手续费等其他费用限定向第三人转售商品的最低价格;(三)通过其他方式固定转售商品价格或者限定转售商品最低价格。对前款规定的协议,经营

---

① 例如,《禁止垄断协议规定》(国家市场监督管理总局令第65号,2023年4月15日起施行)、《禁止滥用市场支配地位行为规定》(国家市场监督管理总局令第66号,2023年4月15日起施行)、《经营者反垄断合规指南》(国务院反垄断反不正当竞争委员会印发,2024年4月25日起施行)等。

者能够证明其不具有排除、限制竞争效果的,不予禁止。"

虽然《反垄断法》(2022年修订)第18条以及《禁止垄断协议规定》第14条所禁止的纵向垄断协议不以"无正当理由"或"产生反竞争效果"为前提条件,且有地方反垄断行政执法机构在过往案例中主张适用"本身违法原则"(Illegal Per Se Rule)或"当然违法原则"(Rule of Per Se Illegal),但有法院倾向于以"举证责任分配"为基础,要求诉讼当事人举证相关行为存在或不存在违法事实及反竞争与损害消费者利益的效果。① 即,所谓的"合理原则"(Rule of Reason)。例如,《国务院反垄断委员会关于汽车业的反垄断指南》(国反垄发〔2019〕2号,2019年1月4日起施行)就明确,依据《反垄断法》(2007年)第15条[《反垄断法》(2022年修订)第20条]的豁免规定,经营者主张不适用《反垄断法》(2007年)第14条[《反垄断法》(2022年修订)第18条]的,应举证证明协议不会严重限制相关市场的竞争,并且能够使消费者分享由此产生的利益。此外,从《反垄断法》(2022年修订)第16条[《反垄断法》(2007年)第13条第2款]"本法所称垄断协议,是指排除、限制竞争的协议、决定或者其他协同行为"之规定,采用的是"本法所称",故即便是在原反垄断法下,也应适用于整个反垄断法,即只有排除、限制竞争的行为才会构成我国《反垄断法》所禁止的垄断协议。② 因此,《禁止垄断协议规定》第14条新增了第2款规定,即"对前款规定的协议,经营者能够证明其不具有排除、限制竞争效果的,不予禁止"。

对于经销合同中的纵向价格限制条款,是否涉嫌违反《反垄断法》纵向垄断协议的规定而无效,司法实践也认为该类协议必须以具有排除、限制竞争效果为前提,如在武汉市汉阳光明贸易有限责任公司与上海韩泰轮胎销售有限公司垄断协议纠纷二审民事判决书[上海市高级人民法院(2018)沪民终475号]中,上海知识产权法院、上海市高院法院均认为,"限定向第三人最低转售价格"构成垄断协议,需要以合同当事人达成且实施了该类协议,且该类协议具有排除、限制竞争特别是排除品牌间竞争的效果为前提,该案法院最终认定该类协议不构成纵向垄断协议。因为"纵向协议则是指在生产或销售过程中,处于不同阶段的经营者之间(如生产商与经销商之间、经销商与零售商之间)达成的协议。由于协议签订主体一般为相互间不具有竞争关系的经营者,且各自的利益诉求不可能完全一致,故通常只会抑

---

① 参见北京锐邦涌和科贸有限公司与强生(上海)医疗器材有限公司、强生(中国)医疗器材有限公司纵向垄断协议纠纷案[上海市高级人民法院(2012)沪高民三(知)终字第63号]。

② 参见武汉市汉阳光明贸易有限责任公司与上海韩泰轮胎销售有限公司垄断协议纠纷二审民事判决书[上海市高级人民法院(2018)沪民终475号]。

制品牌内竞争而不会对品牌间竞争产生影响,即无法排除、限制相关市场上其他经营者的竞争行为,因此对相关市场竞争所产生的反竞争效果明显弱于直接作用于品牌间竞争的横向协议,不易对市场产生限制或排除竞争效果从而构成《反垄断法》意义上的垄断协议。相对品牌内竞争而言,良性的品牌间竞争可以更有效地推动市场有序发展,从而在维护市场正常竞争秩序中发挥主导作用,因此是商业行为反垄断定性评价中更为重要的考量因素。"而排除、限制竞争效果的举证责任由原告(经销商)承担,否则法院很可能认定不构成纵向垄断协议①。需要指出的是,我国反垄断执法机关在对纵向价格限制的处理上,与我国司法机关的观点并不一致。反垄断执法机关认为,只要达成纵向价格限制协议,即使该协议尚未实施,也属于《反垄断法》规定的垄断行为。

在实践中,公司确实有固定价格体系的意图,为了防范该风险,产品经销合同中往往设置给出产品流通环节的指导价或建议价的合同条款。通常认为,给出不具有法律约束力的"建议价"或"指导价",并不当然违反《反垄断法》(2007年)第14条[《反垄断法》(2022年修订)第18条]。在协议中约定产品转售的最高限价,一般会给最终客户带来利益,且不会对竞争产生排除、限制影响。但基于经营者的压力、处罚、奖励、针对转售价格的考核等强制措施,当建议价、指导价或最高限价被多数或全部经销商执行,在实质效果上等同于固定转售价或限定最低转售价时,根据个案具体情形,该等行为有可能被认定为固定转售价或限定最低转售价,从而违反《反垄断法》(2007年)第14条[《反垄断法》(2022年修订)第18条]的规定,但这并非合同条款本身的问题,而是实际履行行为与条款相结合的可能后果。从实务来看,若类似的"建议价"或"指导价"确非必要,在产品经销合同中也可不予约定,在生产商(厂家)在渠道管理中的价格体系不时调整而产品经销合同中约定的初始建议价或指导价不再具有指导意义的情形下更是如此。

(四)销售折扣和履约保证金条款

我国税法对"销售折扣"的规定是销售价格和折扣必须开列在一张发票上,才能进行抵扣。所以实践中很多公司会将延后折扣(年折扣)部分也在一批商提货时一并开入发票中,但是这部分折扣不是"及时折扣",按照公司的政策规定不能立即兑现给经销商,为了约束提前享受年折扣的经销商严格履行已经签订的产品经销合同,因而出现了履约保证金条款。这种以约束一批商而收取的保证金,如果

---

① 参见利辛县贝贝母婴家园、石家庄君乐宝乳业有限公司纵向垄断协议纠纷二审民事裁定书[安徽省高级人民法院(2018)皖民终648号]。

没有所保证的债权,则从法律的角度,不能称其为担保。在担保法时代,依据《担保法司法解释》"四、关于质押部分的解释"第85条"债务人或者第三人将其金钱以特户、封金、保证金等形式特定化后,移交债权人占有作为债权的担保,债务人不履行债务时,债权人可以以该金钱优先受偿"之规定,主流观点认为,这种保证金属于"动产质押"或被称为"金钱质押"。① 一批商向生产公司交付的这种保证金就属于金钱质权,所担保的债权就是在产品经销合同期间产生的欠付货款、因违反合同而应向公司支付的违约金等金钱债务。该金钱质权衍生出如下两个法律问题:

问题一:金钱质权的质押物即保证金是否可以发生变更,如发生变更,对该质押合同的效力是否有影响,对该质权的优先受偿是否有影响?

问题二:在质权合同生效时,主债权的具体金额还未确定这一事实是否会导致质权合同的无效?

1. 保证金质权的性质与有效设立

对于第一个法律问题,金钱质押从本质上讲是从合同(《民法典》第682条第1款),同样也要受《民法典》合同编的调整。根据合同编的相关规定,只要合同双方就合同条款的变更达成合意,合同变更就是有效的,且《民法典》物权编并不禁止保证金的变更。依据《民法典》第427条第1款"设立质权,当事人应当采用书面形式订立质押合同"以及第429条"质权自出质人交付质押财产时设立"(《担保法》第64条、《物权法》第212条)之规定,在以前有关保证金账户质押纠纷的司法实践中,多数法院认为,保证金账户质押系将金钱通过"保证金"形式特定化后进行出质,其性质属于动产(金钱)质押,应满足要式合同、质押财产的特定化、转移占有(或"交付")三个要件。② 典型的案件为最高人民法院第54号指导案例——中国农业发展银行安徽省分行诉张某标、安徽长江融资担保集团有限公司执行异议之诉纠纷案。

---

① 《担保法司法解释》第85条的编排体例以及规定曾经引发争议保证金账户质押的性质之争,主要涉及"债权质押说"("应收账款质押说")和"特殊动产质押说"。在后一学说中,还涉及诸如保证金或保证金账户是否就是所称的"动产",如何理解和适用保证金账户的"交付"等一些争议问题。《担保制度司法解释》"四、关于非典型担保"第70条将其作为一种非典型性担保对待,详见后文介绍。

② 参见侯某山、中原银行股份有限公司新乡分行案外人执行异议之诉再审审查与审判监督民事裁定书[最高人民法院(2020)最高法民申2244号]。

【例14-1】金钱质权的成立应符合金钱特定化和移交占有的要求①

裁判要旨： 当事人依约为出质的金钱开立保证金专门账户，且质权人取得对该专门账户的占有控制权，符合金钱特定化和移交占有的要求，即使该账户内资金余额发生浮动，也不影响该金钱质权的设立。

法院审判： 最高人民法院认为，本案二审的争议焦点为农发行安徽分行对案涉账户内的资金是否享有质权。对此应当从农发行安徽分行与长江担保公司之间是否存在质押关系以及质权是否设立两个方面进行审查。

一、农发行安徽分行与长江担保公司是否存在质押关系

《物权法》第二百一十条规定："设立质权，当事人应当采取书面形式订立质权合同。质权合同一般包括下列条款：（一）被担保债权的种类和数额；（二）债务人履行债务的期限；（三）质押财产的名称、数量、质量、状况；（四）担保的范围；（五）质押财产交付的时间。"本案中，农发行安徽分行与长江担保公司之间虽没有单独订立带有"质押"字样的合同，但依据该协议第四条、第六条、第八条约定的条款内容，农发行安徽分行与长江担保公司之间协商一致，对以下事项达成合意：长江担保公司为担保业务所缴存的保证金设立担保保证金专户，长江担保公司按照贷款额度的一定比例缴存保证金；农发行安徽分行作为开户行对长江担保公司存入该账户的保证金取得控制权，未经同意，长江担保公司不能自由使用该账户内的资金；长江担保公司未履行保证责任，农发行安徽分行有权从该账户中扣划相应的款项。该合意明确约定了所担保债权的种类和数量、债务履行期限、质物数量和移交时间、担保范围、质权行使条件，具备《物权法》第二百一十条规定的质押合同的一般条款，故应认定农发行安徽分行与长江担保公司之间订立了书面质押合同。

二、案涉质权是否设立

《物权法》第二百一十二条规定："质权自出质人交付质押财产时设立。"《最高人民法院关于适用〈中华人民共和国担保法〉若干问题的解释》第八十五条规定，债务人或者第三人将其金钱以特户、封金、保证金等形式特定化后，移交债权人占有作为债权的担保，债务人不履行债务时，债权人可以以该金钱优先受偿。依照上述法律和司法解释规定，金钱作为一种特殊的动产，可以用于质押。金钱质押作为特殊的动产质押，不同于不动产抵押和权利质押，还应当符合金钱特定化和移交债权人占有两个要件，以使金钱既不与出质人其他财产相混同，又能独立于质权人的财产。

---

① 参见最高人民法院第54号指导案例：中国农业发展银行安徽省分行诉张某标、安徽长江融资担保集团有限公司执行异议之诉纠纷案［最高人民法院（2014）民申字第1239号］。

本案中，首先金钱以保证金形式特定化。长江担保公司于 2009 年 4 月 3 日在农发行安徽分行开户，且与《贷款担保业务合作协议》约定的账号一致，即双方当事人已经按照协议约定为出质金钱开立了担保保证金专户。保证金专户开立后，账户内转入的资金为长江担保公司根据每次担保贷款额度的一定比例向该账户缴存的保证金；账户内转出的资金为农发行安徽分行对保证金的退还和扣划，该账户未作日常结算使用，故符合《最高人民法院关于适用〈中华人民共和国担保法〉若干问题的解释》第八十五条规定的金钱以特户等形式特定化的要求。其次，特定化金钱已移交债权人占有。占有是指对物进行控制和管理的事实状态。案涉保证金账户开立在农发行安徽分行，长江担保公司作为担保保证金专户内资金的所有权人，本应享有自由支取的权利，但《贷款担保业务合作协议》约定未经农发行安徽分行同意，长江担保公司不得动用担保保证金专户内的资金。同时，《贷款担保业务合作协议》约定在担保的贷款到期未获清偿时，农发行安徽分行有权直接扣划担保保证金专户内的资金，农发行安徽分行作为债权人取得了案涉保证金账户的控制权，实际控制和管理该账户，此种控制权移交符合出质金钱移交债权人占有的要求。据此，应当认定双方当事人已就案涉保证金账户内的资金设立质权。

关于账户资金浮动是否影响金钱特定化的问题。保证金以专门账户形式特定化并不等于固定化。案涉账户在使用过程中，随着担保业务的开展，保证金账户的资金余额是浮动的。担保公司开展新的贷款担保业务时，需要按照约定存入一定比例的保证金，必然导致账户资金的增加；在担保公司担保的贷款到期未获清偿时，扣划保证金账户内的资金，必然导致账户资金的减少。虽然账户内资金根据业务发生情况处于浮动状态，但均与保证金业务相对应，除缴存的保证金外，支出的款项均用于保证金的退还和扣划，未用于非保证金业务的日常结算。即农发行安徽分行可以控制该账户，长江担保公司对该账户内的资金使用受到限制，故该账户资金浮动仍符合金钱作为质权的特定化和移交占有的要求，不影响该金钱质权的设立。

首先，对于保证金的特定化。多数观点认为，保证金的特定化包括账户的特定化和资金的特定化。具体而言，该账户应专为担保而设立，账户内资金仅可用于担保且应与质押人的其他财产相区分。"保证金特定化的实质意义在于使特定数额金钱从出质人财产中划分出来，成为一种独立的存在，使其不与出质人其他财产相混同，同时使转移占有后的金钱也能独立于质权人的财产，避免特定数额的金钱因占有即所有的特征混同于质权人和出质人的一般财产中。具体到保证金账户的特定化，就是要求该账户区别于出质人的一般结算账户，使该账户资金独立于出质人的其他财产。"①但也有观点认为,保证金账户不仅不能用于普通结算业务而仅可用于存储"保证金",同时在形式外观上也应别于普通结算账户,即必须具有外部识别性。② 另有观点则认为,不必强调外部可识别性,只要保证金账户实质上独立于质押人财产即可。具体而言,只要当事人之间约定设立专门的保证金账户且质押人将资金实际存入账户并由债权人控制,即可认为完成了保证金的特定化,账户未经特殊标记不影响质权的设立。③

---

① 参见抚顺市艳丰建材有限公司、郑某旭与大连银行股份有限公司沈阳分行案外人执行异议之诉审判监督民事判决书[最高人民法院(2015)民提字第175号]。

② 参见阿拉善农村商业银行股份有限公司乌斯太支行、马某平执行异议之诉再审审查与审判监督民事裁定书[最高人民法院(2017)最高法民申2513号]。在该案中,最高院认为:保证金质押,系将金钱通过保证金形式特定化后进行出质,其性质属动产质押,实质是以保证金账户内的资金提供质押,而非账户质押。保证金形式的金钱特定化,应同时具备账户特定化和资金特定化的特征,也即账户在功能上仅用于存储保证金,不能用于普通结算业务;在形式外观上也应有别于普通结算账户。其中资金特定化体现在资金存储后应采取技术措施将普通资金与保证金予以区分,避免混同;在用途上,保证金应专门用于抵偿保证的债务,专款专用。还可参见中国银行股份有限公司天津蓟县支行、中国民生银行股份有限公司天津分行等案外人执行异议之诉民事判决书[天津市第一中级人民法院(2016)津01民终3474号]。

③ 参见张某、中国建设银行股份有限公司达拉特旗支行执行异议之诉再审审查与审判监督民事裁定书[最高人民法院(2017)最高法民申1829号]。在该案中,最高院认为:金钱质押作为特殊的动产质押,不同于一般的动产质押,也不同于不动产抵押和权利质押,由于其本身的特殊性质,应当符合将金钱进行特定化并将该特定化的金钱移交债权人占有两个要件,以使该特定化之后的金钱既不与出质人其他财产相混同,又能独立于质权人的财产。首先,建行达旗支行与鑫源房地产公司签订保证金质押合同,约定了保证金专用账户及账号,该账户内金钱即已经完成金钱特定化。其次,该账户是设立在质权人建行达旗支行营业部,且双方约定"非经乙方(建行达旗支行)同意,甲方不得对保证金专户内资金进行支用、划转或做其他任何处分",在质权人处开户并存入保证金即完成了该特定化金钱的交付,而质权人享有对该账户内保证金的控制权的约定则完成了对该特定化的金钱实际控制并占有的条件,因此建行达旗支行依法对该账户内的保证金享有质权。再次,保证金质押的账户名称是专门的保证金账户还是出质人自己的账户不影响质权的成立。最后,保证金质权的成立并不以查封、冻结、登记、特别标记等为前提,账上,以账户名称虽是出质人鑫源房地产公司且并未进行查封、冻结或者特别标记为保证金专户,但是并不影响建行达旗支行依法享有对该账户内保证金的质权。还可参见黄某东、铜仁农村商业银行股份有限公司申请执行人执行异议之诉再审审查与审判监督民事裁定书[最高人民法院(2019)最高法民申2635号]。在该案中,最高院认为:《中华人民共和国物权法》第二百一十二条规定:"质权自出质人交付质押财产时设立。"《最高人民法院关于适用〈中华人民共和国担保法〉若干问题的解释》第八十五条规定:"债务人或者第三人将其金钱以特户、封金、保证金等形式特定化后,移交债权人占有作为债权的担保,债务人不履行债务时,债权人可以以该金钱优先受偿。"根据上述法律和司法解释规定,金钱作为一种特殊的动产,可以用于质押,金钱在已经特定化并移交债权人占有时,金钱质权得以设立。在金钱存入保证金账户并移交债权人占有的情况下,法律、司法解释并未对金钱转移占有的可识别性作出特别要求。

其次，保证金的特定化不等同于固定化。即，特定化仅要求账户及资金区别于质押人的其他财产，而不是要求账户资金固定不变。再例如，在宁夏银行股份有限公司吴忠分行、中国农发重点建设基金有限公司再审审查与审判监督民事裁定书［最高人民法院（2020）最高法民申 5346 号］中，最高院认为：

保证金账户特定化不等同于固定化。宁夏银行吴忠分行认为案涉保证金账户资金余额是浮动的，应当认定该账户为一般结算账户。经审查，该账户除按照合同约定按投资比例存入保证金之外，利息增加以及在担保公司担保的贷款到期未获清偿时，农发基金公司委托的相关银行亦会扣划相应款项，都会导致账户余额浮动，该种浮动均与保证业务相对应，不属于非保证业务的结算，不能据此即认为该账户为一般结算账户，宁夏银行吴忠分行该申请再审理由不能成立。

因 9371 账户内资金已特定化并移交农发基金公司占有控制，二审判决认定农发基金公司对该账户内的资金享有质权并无不当，宁夏银行吴忠分行认为农发基金公司对案涉保证金账户内的资金不享有质权的申请再审理由不能成立，本院不予支持。

最后，债权人取得对保证金账户的实际控制。多数法院认为，债权人实际控制保证金账户包括两个方面：一是未经债权人同意，出质人不得动用保证金账户内的资金；二是在被担保的债权届满未获清偿时，债权人有权直接扣划该保证金账户内的资金。① 亦有法院在实际转移控制的基础上，要求保证金账户在形式上亦能让第三方识别质押财产已发生占有的转移。例如，在中国银行股份有限公司福州市鼓楼支行与李某英、詹某锋等金融借款合同纠纷二审民事判决书［福建省高级人民法院（2014）闽民终字第 692 号］中，一审法院认为：

……关于转移占有（或"交付"）问题。因动产的"占有"在物权法上具有物权公示的意义，第三方通过动产"转移占有"的事实识别该动产物权变动的情况，故法律规定动产的"转移占有"成为动产质权的设立要件。因此，质押财产的转移占有，不仅应在实质上实现对质押财产占有的转移，而且在形式上亦应能让第三方能识别质押财产已发生占有的转移，才能起到物权公示的法律效果。对于"保证金"质押中的质押财产的"转移占有"，"保证金"专门账户内的资金的控制权不仅应转移给"质权人"，而且该"保证金"专门账户外观上亦应区分于普通账户并体现账户内资金已设定质押，以使第三方能从外观上识别账户内的资金已发生占有转移而非仍在出质人名下，方才符合质押财产"转移占有"的实质和形式特征，若"保证

---

① 参见中国银行股份有限公司襄阳自贸区支行、李某莉执行异议之诉再审民事判决书［最高人民法院（2018）最高法民再 168 号］。

金"账户在形式上无法与普通账户区分,而导致第三方无法识别该资金已"转移占有",则无法起到物权公示的法律效果,亦有违《担保法解释》第八十五条的立法本意。综上,有效的"保证金"质押应具备以下条件,即双方应订立书面的"保证金"质押合同,通过账户特定化和资金特定化实现"保证金"形式的金钱特定化,且质权人在实质和形式上均占有"保证金"专门账户内的资金。

在学理界,对保证金账户的性质历来有"债权质押说"("应收账款质押说")和"特殊动产质押说"之争。前者认为,保证金账户体现的是存款人与银行之间的债权债务关系,在性质上属于应收款项,其理论基础在于"金钱的占有即所有"的原则。当存款人将金钱存入银行账户后,付款人不可能再就其账户中的金钱设定动产质权。[1] 至于保证金账户质押的公示方式,可以在中国人民银行征信中心应收账款质押登记公示系统中登记,同时从交易的便捷性等因素考量,登记应当为质权的对抗要件而非生效要件。[2] 后者则提出了金钱占有即所有的例外理论。即,该理论仅适用于金钱的流通领域。在金钱质押的场合,设质金钱经过特定化后退出市场的流通,当事人之间也并无转移金钱所有权的意思,因此,金钱质押是占有即所有原则的例外。[3] 关于保证金账户质押的设立要件,特殊动产质押说认为应满足账户资金特定化与移交占有两个要件。

受司法实践的影响,特殊动产质押说是目前的多数说,但该说也面临质疑:其一,保证金存入银行账户后便进入银行的整个流转体系,成为银行包括对外发放贷款、支付存款等业务的资金来源,而不是将保证金账户内资金"封存"在账户中。[4] 因此,该说建立的基础——在金钱退出流通领域后,金钱占有即所有原则即不适用的观点——有待商榷。其二,银行账户由谁实际控制和管理,涉及客户的金融隐私和众多金融信息,第三人无法辨别,无合法理由亦无权查阅。换言之,该说提出的控制公示实际上公示性较弱,第三人无法辨别某一债权人是否对某个银行账户进行了"实际控制和管理"。[5] 但也应看到,控制实际上是占有(交付)的一种特殊形式,占有本身的公示性就较弱。此外,由银行交易惯例形成的规则,在各国之间尚

---

[1] 参见赵一平:《论账户质押中的法律问题》,载《人民司法》2005年第8期。
[2] 参见侯思贤:《论银行账户质押的名称、性质与公示方式的选择》,载《征信》2019年第6期。
[3] 参见陈龙吟:《账户质押效力论》,载《北方法学》2017年第3期。
[4] 参见方建国、蒋海英:《商业银行保证金账户担保的性质辨析》,载《金陵法律评论》2013年秋季卷,法律出版社2014年版,第90页。
[5] 参加侯思贤:《论银行账户质押的名称、性质与公示方式的选择》,载《征信》2019年第6期。

存差异。在我国,银行控制账户本身是否已经在交易各方之间形成了其对账户排他的权利,尚值商榷。①

在《民法典》施行后,《担保制度司法解释》第70条规定:"债务人或者第三人为担保债务的履行,设立专门的保证金账户并由债权人实际控制,或者将其资金存入债权人设立的保证金账户,债权人主张就账户内的款项优先受偿的,人民法院应予支持。当事人以保证金账户内的款项浮动为由,主张实际控制该账户的债权人对账户内的款项不享有优先受偿权的,人民法院不予支持。在银行账户下设立的保证金分户,参照前款规定处理。当事人约定的保证金并非为担保债务的履行设立,或者不符合前两款规定的情形,债权人主张就保证金优先受偿的,人民法院不予支持,但是不影响当事人依照法律的规定或者按照当事人的约定主张权利。"该条"债务人或者第三人……设立专门的保证金账户""存入债权人设立的保证金账户"的表述即意味着保证金账户的特定化,这是其一;其二,"……并由债权人实际控制""存入债权人设立的保证金账户"的表述即意味着债权人取得对保证金账户的实际控制。至于本条解释是否明确了保证金账户质押的性质,尚不明确,有待观察。但有学者认为:《民法典》第115条规定:"物包括不动产和动产。法律规定权利作为物权客体的,依照其规定。"在解释上,保证金账户并不是"不动产和动产"等有体物,其所体现的是商业银行和账户开立人之间的债权债务关系。在特定情形之下,这种权利亦可为物权的客体。如此,保证金账户需要特定化。② 最高院认为,"保证金质押作为担保债权实现的特殊方式,在符合保证金质押成立要件的情况下,债权人得对于保证金账户内的资金具有优先受偿的权利。但是,该种担保方式并不能用动产质押的规则解决,而是应该用本条规定的规则解决"。③ 即是说将它作为一种非典型性担保方式来单独适用。最终,即便不成立质权,《担保制度司法解释》第70条仍然规定"不影响当事人依照法律的规定或者按照当事人的约定主张权利"。即是说生产公司在经销商违约的情形下有权按照约定扣除保证金,只不过不享有优先权而已。

据此,通常认为,当一批商把保证金交给生产公司设立并实际控制的专门账户并单独核算时,质权会因保证金的交付而生效;同时一批商不时交纳保证金,生产

---

① 参见高圣平:《担保法前沿问题与判例研究(第五卷)——最高人民法院新担保制度司法解释条文释评》,人民法院出版社2021年版,第520-521页。
② 参见高圣平:《担保法前沿问题与判例研究(第五卷)——最高人民法院新担保制度司法解释条文释评》,人民法院出版社2021年版,第521页。
③ 参见最高人民法院民事审判第二庭:《最高人民法院民法典担保制度司法解释理解与适用》,人民法院出版社2021年版,第580页。

公司不时接受该保证金会发生质权变更的法律后果，因此一批商持续地交纳保证金并不会影响质权的效力，也不会影响保证金的优先受偿。尤需反思的是，如果生产公司不能设立"专户"进行隔离而仅是财务上单独核算时，质权能否成立，这种情形很可能被认定为不成立，但面对大量的经销商，如果都设立"专户"或者基本账户下的"分户"无疑在操作层面是不现实的，这可能也是商业实践的现实需求与法律规定"滞后"的问题所在。

2. 保证金质权受债权金额是否确定的影响

对于第二个法律问题，其焦点在于质押合同的效力是否受债权金额是否确定（或浮动）的影响。《民法典》第427条第2款规定："质押合同一般包括下列条款：（一）被担保债权的种类和数额；（二）债务人履行债务的期限；（三）质押财产的名称、数量等情况；（四）担保的范围；（五）质押财产交付的时间、方式。"①本条规定属于建议性或倡议性条款，并非强制性内容。"被担保债权的种类和数额""质押财产的名称、数量"以及质押合同的双方当事人属于质押合同成立的必备条款，至于"债务人履行债务的期限""担保的范围""质押财产的质量、状况"等规则可以进行补正或填补。例如，《民法典》第389条规定："担保物权的担保范围包括主债权及其利息、违约金、损害赔偿金、保管担保财产和实现担保物权的费用。当事人另有约定的，按照其约定。"因此，即便在担保合同成立时，其所担保的债权金额并不确定（事实上也不需要必须确定），也并不必然导致担保合同不能履行或担保权无法实现，因为法律还允许双方事后补正或者依照法律解释进行填补。

在一些产品经销合同中，主债权的金额在产品经销合同签订时虽然没有确定，但是确定了主债权的计算方式，即产品经销合同届满时，一批商可能拖欠的货款，因违反合同而向生产公司支付的违约金，这些债权种类也是《民法典》物权编所认可的。因此，通过确定主债权的发生时间和具体类别的补正方式，主债权最终是可以确定的，产品经销合同和质押合同签订时，主债权不确定的事实不会影响嗣后质押合同的成立和履行。

最后，从销售实务以及产品经销合同来看，履约保证金不但要有合法的收取、考核理由，还必须有可执行的退还程序，因为保证金作为一种质权，最终的法律后

---

① 《担保法》第65条规定："质押合同应当包括以下内容：（一）被担保的主债权种类、数额；（二）债务人履行债务的期限；（三）质物的名称、数量、质量、状况；（四）质押担保的范围；（五）质物移交的时间；（六）当事人认为需要约定的其他事项。质押合同不完全具备前款规定内容的，可以补正。"《物权法》第210条第2款规定："质权合同一般包括下列条款：（一）被担保债权的种类和数额；（二）债务人履行债务的期限；（三）质押财产的名称、数量、质量、状况；（四）担保的范围；（五）质押财产交付的时间。"

果不是被优先受偿,就是返还质押人。对此,产品经销合同也设计了专门的退还程序即"循环利用"程序。在产品经销合同中,保证金的返还模式是将其直接转为次年度的履约保证金,转入部分在次年度某月后,经甲方考核同意后转为乙方预付货款用于乙方后续购买结算;若乙方不再续签合同,在次年度某月后予以退还。这种返还模式,背后存在着递进的法律关系:首先,当年的经销合同已经届满,生产公司对一批商的主债权在届满之日就应该确定。如一批商有债务,生产公司就从保证金中优先受偿,剩余部分,就应当返还给一批商,担保关系即告终止,但是双方对剩余保证金的处理又作出了一个约定即直接转为下年度的履约保证金,这种约定本身并未产生担保关系,该约定在双方之间是合同关系,其法律效力仅是防止一批商在新的产品经销合同生效前,要求退回剩余的履约保证金,只有在新的产品经销合同签订生效,生产公司向一批商出具保证金收据后,新的担保关系才能成立。其次,在次年某月份之后,新的产品经销合同已经生效,经过公司的考核,确定是否变更双方的质权合同,如决定变更,则将确定返还的保证金即上年度剩余保证金退还给经销商,如决定不变更,则维持保证金不变的合同状态。

产品经销合同的具体审查和修订参见下例:

【例14-2】产品经销合同(有保证人)审查示例

审查前合同	审查后合同
甲　方:×××有限责任公司 注册地址:_____ 法定代表人:_____ 乙　方:_____ 注册地址:_____ 法定代表人/负责人:_____	本经销合同(下称本合同)于____年____月____日由下列各方在_____签订。 甲　方:×××有限责任公司 注册地址:_____ 法定代表人:_____ 联系电话:_____ 乙　方:_____ 注册地址:_____ 法定代表人/负责人:_____ 联系电话:_____ 丙　方(保证人):_____ 注册地址/住所地:_____ 身份证号:_____ 联系电话:_____

续表

审查前合同	审查后合同
	1. 特别约定 1.1　本条第 1.4 款约定的委托公司委托甲方代其签署本合同,本合同一经成立生效,即对甲方、委托公司和乙方产生法律约束力,甲方、委托公司和乙方各自享有本合同项下的权利,各自承担本合同项下的义务。 1.2　甲方在本合同项下向乙方销售的产品,既有甲方销售的,也有委托公司委托代其向乙方销售的。其中各方销售产品数量的多少,唯以在本合同生效后乙方在甲方或/和委托公司处购买数量为准。 1.3　根据本条第 1.2 款的规定,乙方应从甲方和/或委托公司处单独开户、单独购货、单独结算,即乙方向后者购买了产品,后者应向乙方开具产品增值税发票,乙方应当按本合同的规定,向后者履行交付货款的义务。 1.4　在本合同项下的委托公司为：×××有限责任公司、×××有限责任公司。
1. 经销产品、价格体系、经销区域、销量和进供货渠道 甲方同意乙方担任本合同所约定产品的经销商,乙方在规定的区域内经销本合同项下的产品,并按合同约定的条件积极完成甲方的各种考核指标。具体内容详见《经销商目标责任书》(见附件1)。	2. 经销产品、价格体系、经销区域、销量和进供货渠道 甲方同意乙方担任本合同所约定产品的经销商,乙方在规定的区域内经销本合同项下的产品,并按合同约定的条件积极完成甲方的各种考核指标。 2.1　经销产品及价格体系 2.1.1　甲方供应乙方经销产品的品种和数量由甲乙双方另行签订的《经销商目标责任书》(见附件1)确定。《经销商目标责任书》包括乙方经销的产品品种、规格、销售数量及质量标准等。 2.1.2　乙方自愿承诺,在本合同有效期间,经营的××类产品仅销售甲方所属品牌产品。乙方违反此约定,视为严重违约行为,应承担违约责任。 2.1.3　甲方有权对乙方经销的产品品种进行调整,但应当以书面形式通知乙方。 2.1.4　乙方承诺按《经销商目标责任书》约定的价格执行。为保护经销商合理利润,防止恶性竞争,甲方有权根据市场行情制定、调整产品销售环节指导价格,并通知乙方,乙方承诺严格按甲方的通知执行。 2.1.5　若乙方以书面通知方式要求甲方调整价格体系,甲方在收到书面通知后,无论是否调整,都应及时书面回复。 2.1.6　乙方下级客户若扰乱甲方规定的市场指导价格体系,乙方应坚决制止,使其恢复正常。乙方下级客户的扰乱价格体系行为视同为乙方的行为,乙方同意甲方有认定乙方扰乱价格体系行为的权利,并同意按照《窜货、扰乱价格体系约定》(见附件2)承担相应的违约责任。 2.2　经销区域 2.2.1　乙方经销产品销售区域见《经销商目标责任书》。

续表

审查前合同	审查后合同
	2.2.2 乙方不得向限定的区域外出售合同产品,也不得向任何第三方出售合同产品用于向限定区域外转售。乙方有责任管理自己销售区域内的下级客户,制止跨区域销售行为,乙方下级客户的跨区域销售行为视同为乙方的行为。出现跨区销售(包括直接经销和经过任何第三方间接经销)的,乙方应承担违约责任。 2.2.3 乙方同意甲方有认定乙方跨区销售行为的权利。甲方认定乙方有跨区销售行为的,乙方同意按照《窜货、扰乱价格体系约定》承担相应的违约责任。 2.2.4 乙方不能按照甲方的要求管理和服务其下级客户的,甲方有权调整乙方的经销区域和下级客户。 2.3 合同期间应达到的销量指标 合同期间乙方经销产品应达到的销量指标见《经销商目标责任书》。 2.4 进供货渠道 2.4.1 乙方承诺所经销产品全部从甲方进货,非经甲方书面同意不得从其他任何第三方进货,否则视为严重违约行为,乙方同意按照《窜货、扰乱价格体系约定》承担相应的违约责任。 2.4.2 乙方承诺所经销产品向双方约定的经销商/零售商供货,非经甲方书面同意不得向其他任何第三方供货,否则视为严重违约行为,乙方同意按照《窜货、扰乱价格体系约定》承担相应的违约责任。
3.质量标准 ……	3.质量标准 ……
4.货款结算 4.1 付款方式:银行转账或甲方同意的其他方式。 4.2 付款地点和期限:乙方自提的,在甲方指定的收款处交款,交款后凭票提货;甲方送货或代办托运的,甲方在收到乙方货款后送/发货。	4.货款结算 4.1 付款方式:银行转账或甲方同意的其他方式。 4.2 付款地点和期限:乙方自提的,在甲方指定的收款处交款,交款后凭票提货;甲方送货或代办托运的,甲方在收到乙方货款后送/发货。 4.3 乙方在甲方处赊销产品的,按双方的赊销协议、还款计划或其他约定执行。
5.产品的运输及运杂费 ……	5.产品的运输及运杂费 ……
6.验收、交付、储存及防护 ……	6.验收、交付、储存及防护 ……

续表

审查前合同	审查后合同
7. 应收账款对账单 应收账款对账单是甲乙双方每月一次对当月经销产品及账款往来的核对单据,反映当月内甲乙双方购销关系的实际情况。甲方应确保每月制作应收账款对账单并及时交乙方核对;乙方应及时配合核对,并就应收账款对账单与实际情况是否相符进行说明并签章确认。	7. 应收账款对账单 应收账款对账单是甲乙双方每月一次对当月经销产品、及账款往来的核对单据,反映当月内甲乙双方购销关系的实际情况。甲方应确保每月制作应收账款对账单并及时交乙方核对;乙方应及时配合核对,并就应收账款对账单与实际情况是否相符进行说明并签章确认,在收到应收账款对账单之日起30日内返回甲方,否则视为对应收账款对账单的确认。
8. 质量投诉 ……	8. 质量投诉 ……
9. 知识产权 ……	9. 知识产权 ……
10. 市场指导和市场推广 ……	10. 市场指导和市场推广 ……
11. 销售折扣 本合同项下的销售折扣是指甲方因乙方购货数量较大等原因给予乙方的价格优惠。有关销售折扣的执行,按照甲方的规章制度以及甲方的通知执行。	11. 销售折扣 11.1 销售折扣的定义 本合同项下的销售折扣是指甲方因乙方购货数量较大等原因给予乙方的价格优惠。 11.2 销售折扣的类型 (1)月折扣:甲方按照相应的销售政策,在月度内,乙方购买甲方产品的,甲方按一定标准给予的销量折扣; (2)阶段性折扣:甲方根据相应的销售政策,临时性按一定标准给予乙方的销量折扣; (3)自提折扣:甲方根据相应的销售政策,乙方自提货物的,随量给予乙方的销量折扣; (4)年折扣:甲方根据相应的销售政策,按照计划标准给予乙方的销量折扣,但是乙方必须完成《经销商目标责任书》约定的内容,否则甲方有权部分或全部收回已给予的销量折扣。 11.3 销售折扣的考核 11.3.1 甲方有权依据《经销商目标责任书》对乙方上月/上年度的履约情况和销售情况进行考核,并以书面的形式通知乙方,通知中应包含"考核扣减金额"(若有); 11.3.2 甲方对乙方进行月度考核,乙方承诺认可甲方进行的考核,并同意甲方有权凭该考核结果在乙方预期可得及时折扣中扣除"考核扣减金额",或者在经营(履约)保证金中扣减"考核扣减金额",或者要求乙方返还"考核扣减金额"; 11.3.3 甲方次年对乙方上年度进行年度考核,乙方承诺认可甲方依据《经销商目标责任书》进行的考核,并同意甲方按照该考核结果从乙方的经营(履约)保证金中扣减"考核扣减金额"。

续表

审查前合同	审查后合同
12. 经营(履约)保证金 本合同项下的经营(履约)保证金系乙方为保证完全履行本合同及其附件,向甲方缴纳的保证金,保证金包括初始保证金、后续保证金。初始保证金为[　　]万元,后续保证金为乙方不时缴纳的保证金。	12. 经营(履约)保证金 12.1　定义 本合同项下的经营(履约)保证金系乙方为保证完全履行本合同及其附件,向甲方缴纳的保证金,保证金包括初始保证金、后续保证金。初始保证金为[　　]万元,后续保证金为乙方不时缴纳的保证金。 12.2　经营(履约)保证金的担保范围 本保证金的担保范围为本合同项下乙方对甲方的全部债务,包括但不限于全部债权本金、利息、违约金(包括但不限于考核扣减金额、窜货违约金等)、赔偿金、乙方应向甲方支付的其他款项(包括但不限于甲方垫付的有关手续费、通信费、杂费等)、甲方为实现债权与担保利益而发生的费用(包括但不限于诉讼费、仲裁费、财产保全费、差旅费、执行费、公证费、公告费、律师费等)。 12.3　担保期间 本合同项下的担保期间为本合同项下的债务履行期间届满之日起2年。甲方与乙方就本合同项下的债务履行期限达成展期协议的,担保期间至展期协议重新约定的债务履行期间届满之日起2年。若发生法律法规规定或本合同约定的事项,本合同项下的债务提前到期的,担保期间为债务到期之日起2年。 12.4　经营(履约)保证金的缴纳 12.4.1　乙方应在本合同签订后_____日内向甲方缴纳_____元初始保证金,甲方出具初始保证金收据;上一合同期间乙方在甲方留存的保证金余额(若有)也自动转为本期初始保证金的一部分。 12.4.2　乙方以甲方给予的年折扣为标准,在甲方给予年折扣的同时向甲方缴纳同等金额的后续保证金,甲方出具后续保证金收据。 12.5　经营(履约)保证金的管理、返还 12.5.1　经营(履约)保证金由甲方进行管理,在本合同期限未届满之前,乙方不得要求甲方退还。 12.5.2　在本合同期限届满前,如因乙方原因,导致本合同无法继续履行的,乙方应向甲方支付违约金,其金额与乙方缴纳的经营(履约)保证金余额一致,甲方可从该保证金中直接扣除。 12.5.3　本合同期限届满后,甲方按照《经销商目标责任书》的约定对乙方进行年度考核,确定经营(履约)保证金的返还金额,甲方以书面方式通知乙方。返还时,如乙方对甲方负有担保范围内的任何债务,甲方有权按照如下顺序进行处理: (1)从保证金中扣减"考核扣减金额"; (2)从保证金中扣减乙方其它所欠任何债务。

续表

审查前合同	审查后合同
	（3）扣减上述（1）（2）项后若有剩余的,按如下方式处理： （a）若乙方续签合同的,剩余金额自动转为下一合同期的初始保证金,在次年度 7 月后该转入的保证金经甲方考核同意后转为乙方预付货款用于乙方后续购货； （b）若乙方不再续签合同,在次年度 9 月后领取现金。
13. 合同变更 ……	15. 合同变更 ……
14. 暂停供货的权利 14.1　乙方出现如下情形的,甲方享有暂停供货的权利： 14.1.1　违反第 1 条约定的。 14.1.2　诋毁甲方商业信誉、损害甲方商业利益；向甲方竞争对手提供甲方产品销售、促销活动等商业信息的。 14.1.3　未按照《还款计划书》的约定支付欠款的。 14.2　暂停供货的适用情形消失,且经甲方确认后,甲方应当恢复供货。 14.3　因暂停供货给甲方造成的损失,甲方有权要求乙方赔偿；因暂停供货导致乙方无法完全履行本合同的,乙方自行负责。	14. 暂停供货的权利 14.1　乙方出现如下情形的,甲方享有暂停供货的权利： 14.1.1　违反第 2.1.2 项、第 2.1.4 项、第 2.2.2 项,第 2.4 款约定的。 14.1.2　诋毁甲方商业信誉、损害甲方商业利益；向甲方竞争对手提供甲方产品销售、促销活动等商业信息的。 14.1.3　未按照《还款计划书》的约定支付欠款的。 14.2　暂停供货的适用情形消失,且经甲方确认后,甲方应当恢复供货。 14.3　因暂停供货给甲方造成的损失,甲方有权要求乙方赔偿；因暂停供货导致乙方无法完全履行本合同的,乙方自行负责。
15. 合同解除 ……	16. 合同解除 ……
16. 保证 丙方承诺为本合同乙方的的连带保证人,其保证范围适用本合同第 12.2 款约定,保证期间适用本合同第 12.3 款约定。	
17. 不安抗辩权 ……	18. 不安抗辩权 ……
18. 不构成合伙或合资 ……	19. 不构成合伙或合资 ……
19. 保密 ……	20. 保密 ……

续表

审查前合同	审查后合同
20.不可抗力 ……	21.不可抗力 ……
	22.其他条款 22.1　甲方一切对外的承诺，必须是经甲方销售大区第一负责人或以上职级人员批准的书面承诺，否则均不具有法律效力。 22.2　合同甲乙双方的一切财务、账款往来一律通过专门的财务人员、银行或者经过明确书面授权的人员进行。因将现金、支票等交付给未经授权的公司业务人员或其他无关人员而产生的损失，由该方自行承担。 22.3　合同一方因与对方员工发生的私人经济往来而产生的任何损失，由该方自行承担。合同对方不负任何责任。
21.争议和纠纷 ……	23.争议和纠纷 ……
22.合同的终止、续订 ……	24.合同的终止、续订 ……
23.合同的有效期 ……	25.合同的有效期 ……
24.合同附件 本合同附件及补充条款构成本合同的组成部分，与本合同有同等之法律效力。 附件:1.《　　年经销商目标责任书》_____； 2.《窜货、扰乱价格体系约定》_____； 3._____； 4._____；	26.合同附件 本合同附件及补充条款构成本合同的组成部分，与本合同有同等之法律效力。 附件:1.《　　年经销商目标责任书》_____； 2.《窜货、扰乱价格体系约定》_____； 3._____； 4._____；
	27.特别条款 乙、丙方已充分阅读本合同的所有条款。应乙、丙方要求,甲方已经就本合同做了相应的条款说明。乙、丙方在签署本合同时,对合同条款的含义及相应的法律后果已全部通晓并充分理解。
签署部分	签署部分

(五)"窜货"条款

除上述在特定商业模式下需要特别关注的一些法律实务问题外,在经销合作关系中,还有另外一些特殊的条款需要重视,如"窜货"条款等。

经销合同中的"窜货"并非一个法律上的概念,一般是指经销商违反经销合同的约定,在利益驱动下发生的跨区域、跨市场、跨渠道环节的产品流向,从而导致市场价格混乱的违约行为。反之,基于所谓的"独家代理""独家经销",经销商可能也会对生产商(厂家)提出同样的要求,即不得再在该期间、该区域内发展另外的经销商,也不再自己直接供货、销售等。

在审查"窜货"条款时,需要注意如下几个方面的问题:一是是否因构成格式条款而无效;二是"窜货"主体能否包括经销商的下级(游)主体;三是"窜货"条款是否违反《反垄断法》;四是"窜货"条款涉及的其他法律问题。

1. "窜货"条款是否构成格式条款的问题

关于"窜货"条款是否构成格式条款因而无效的问题。实践中,生产商(厂家)与经销商发生"窜货"违约争议时,最常见的就是经销商提出该条款属于格式条款而无效的抗辩,认为经销合同系生产商(厂家)单方制作的格式合同,应为无效。如在高唐县盛轩(酒类)商行与苏酒集团贸易股份有限公司买卖合同纠纷申诉、申请民事裁定书[江苏省高级人民法院(2019)苏民申 1649 号]中,盛轩商行认为案涉经销承诺书第 8 条和经销协议书第 8 条均仅规定了苏酒集团对盛轩商行的处罚措施和方法,以各种理由扣除盛轩商行的应得利益,应属于无效的格式条款。而宿迁市中院二审认定,案涉经销协议书第 8 条虽然是为了重复使用而预先拟定的格式合同条款,但并不存在苏酒集团免除其责任、加重盛轩商行责任、排除盛轩商行主要权利的情况,不符合《合同法》规定的无效格式条款的条件,应为合法有效,盛轩商行主张其为无效格式条款,不能成立。江苏省高院再审认为:

本案中,虽然《经销承诺书》的文本系由苏酒集团提供,但协议第二条系对各经销商的销售区域进行限定,目的是为保护经销商的共同利益以及市场的健康有序发展,第八条是对经销商出现扰乱市场秩序行为时所可能承担的责任的约定,上述条款并不符合《合同法》第四十条规定的无效情形。且本院再审审查阶段,盛轩商行认可其自 2009 年即和苏酒集团形成经销合同关系,并多次出具《经销承诺书》,故其理应知晓承诺的内容及行为后果。据此,本院对于盛轩商行在苏酒集团依据《经销承诺书》对其因存在扰乱市场秩序的行为而采取处罚措施时,才提出《经销承诺书》的第二条和第八条系格式条款应为无效的主张,不予采信。

从司法实践中关于经销合同中的"窜货"条款效力的认定来看,即便法院认为该条款构成格式条款,也通常认为该条款并未免除生产商(厂家)的责任、加重经销商责任、排除经销商主要权利,尤其是在涉及食品安全、医药安全领域更是如此,况且经销商在签约时自愿承诺遵守并对相应的违约责任有清醒的认识,故该条款合法有效①。

2."窜货"主体能否包括经销商的下级(游)主体

如前所述,通常情形下"窜货"条款并非一定会因构成格式条款而无效,但应当指出的是,并非所有的"窜货"条款都是合法有效的,应具体案情具体分析。在司法实践中,就特别关注了将经销商的下级经销商、批发商或零售商纳入进来是否公平的争议。如在苏酒集团贸易股份有限公司、郓城县达意隆商贸有限公司买卖合同纠纷二审民事判决书[山东省菏泽市中级人民法院(2018)鲁17民终146号]中,法院认为:

案涉销协议合同以及代理商承诺书系上诉人为了重复使用而预先拟定,并在订立合同时未与对方协商的条款。因此,上诉人作为格式合同的提供方,在制作格式合同时,应严格恪守合同法的相关原则和理念,不应不适当的免除自身责任、加重对方责任和排除对方主要权利。本案中,案涉承诺书第2条中上诉人要求被上诉人的分销商也要由被上诉人保证不能出现窜货的行为,该条款实质上强行约定被上诉人要再次监督已出售商品的最终流向。由于被上诉人对分销商再次进行的销售渠道和模式不能实际控制,因此该条无形中极大加重了被上诉人一方的责任,属于我国合同法第40条中规定的情形,该条款依法不应产生效力。

再如,在上海诚美细胞某公司与李某某其他合同纠纷案[上海市第一中级人民法院(2010)沪一中民四(商)终字第1354号]中,上海一中院认为:

本案系争合同条款的相关内容却将他人的上述不当行为均视为李某某违约

---

① 参见上海纽士强医疗科技有限公司与盐城市臻康奕贸易有限公司买卖合同纠纷二审民事判决书[上海市第二中级人民法院(2021)沪02民终10299号];新疆海纳疆际药业有限公司、江西华太医药有限公司买卖合同纠纷二审民事判决书[江西省南昌市中级人民法院(2021)赣01民终334号];杨某与常州灿丰商贸有限公司委托合同纠纷二审民事判决书[江苏省常州市中级人民法院(2020)苏04民终4274号];梧州市金茂食品经营部与桂林市泽酩贸易有限公司买卖合同纠纷二审民事判决书[广西壮族自治区桂林市中级人民法院(2018)桂03民终2342号]。

并以此追究李某某的违约责任,显然有悖于我国合同法的基本原则,构成权利义务不对等。尽管系争合同第五条第六款和第八款中有系李某某制定提出、以配合诚美公司打击窜货和网络销售等相关内容;合同第十七条的特别提示条款中也有双方认真阅读、解释了合同内容,清楚法律后果,属双方真实意思表示等相关内容,但上述内容均系诚美公司拟定的格式条款,并不因此改变本案系争条款内容的不公平性,亦不能以此对抗李某某在法定期间内行使合同条款的撤销权。

在本案中,法院是从"显失公平"角度进行判定,即无论是李某某还是第三人在李某某经销区域之外以及网上销售,都被认定为李某某"窜货"的约定显失公平,该"窜货"认定条款应予撤销。

但在冉某亮、冉某艳买卖合同纠纷二审民事判决书[河北省石家庄市中级人民法院(2018)冀01民终3629号]中,案涉《2017年奶粉配送合同》第15条约定:"无论由于何种原因导致(包括但不限于乙方对货品管理不力)乙方所属产品未在合同所签署的区域、渠道、系统进行销售即视为窜货。"在签订奶粉配送合同的同时,利辛贝贝园作出《产品追溯保障承诺书》并作为合同的附件,该承诺书第6条明确:"若我方产生窜货或对货物管理不力行为的,除按照贵公司《分销商/配送商窜货或对货物管理不力的处罚规定》将产品按照市场指导价双倍收回外,并向石家庄君乐宝乳业有限公司支付100,000元至500,000元的市场及品牌损失赔偿金,且自愿接受石家庄君乐宝乳业有限公司单方终止与我方的一切合同并扣除乙方违约保证金及所有市场费用。"一审、二审法院都基于当事人意思表示,认为将下游销售商"窜货"视为冉某亮"窜货"的约定合法有效。如二审法院认为:

涉案《2017年奶粉配送合同》及附件是当事人真实意思表示,根据合同意思自治、诚实信用相关原则,当事人在享有合同权利的同时,各自应当依法依约履行自己义务。本案中,被上诉人认为上诉人存在窜货行为,系根本违约,为此提出解除奶粉配送合同,并主张相关损失及追究上诉人违约责任,其提交了购物小票、物流单据、支付凭证、证人证言、收货证明、登记表、清点数量的公证及查询产品流向的公证书,这多份证据能够相互印证上诉人存在窜货行为。同时,被上诉人提出,根据《产品追溯保障承诺书》第6条内容,如果利辛贝贝园存在窜货或对货物管理不力的行为,则被上诉人有权单方终止合同。综上,基于上诉人存在违约行为,被上诉人诉求解除双方买卖合同关系,证据充分,依法应予支持。……因上诉人存在违约行为致使双方不能继续履行奶粉配送合同,上诉人应当承担违约责任。涉案产品追溯保障承诺书明确载明产生窜货或对货物管理不力行为的,向被上诉人承担违约金数额为20万元至50万元,该内容对双方具有法律约束力。同时,这也说明双方在签订合同之时均能够预见到出现违约情形时所需承担的违约数额。根据上述承诺书内容及上诉人过错程序大小等因素,原审认为,由上诉人承担的违约金数额应当以下限100,000元为宜,并无不当。

笔者认为,尽管在(2018)鲁17民终146号民事判决书中,法院基于意思自治认定了此类"窜货"条款的有效性,与前两个案件被认定为无效或者被撤销有所不同,但其原因在于当事人的诉讼策略的不同,因为这两个案件中当事人都明确对格式条款及其效力提出了质疑。在实务中,这其实涉及的是经销合同约定的"窜货"主体及行为是仅限于经销商直接实施的"窜货"行为,还是也包括经销商的下级经销商以及下游批发商、零售商的间接"窜货"行为。从上述案例可以看出,笔者倾向于认为,如果经销商能够与下级经销商在相关合同中作出约定或者存在后文所述的经销商管理合同且对"窜货"有相关约定,无疑不存在"强加"给经销商对再次转售产品的监督而经销商无法实际控制的情形,此种情形应不存在太多风险;反之,通常而言经销合同要求经销商对非发生直接法律关系的零售商进行管控的,则被认定为不公平条款的可能性较大。当然,如果经销商与下级经销商、批发商或零售商恶意串通"窜货",应视为经销商自身的"窜货"行为,这些都可以考虑在经销合同中予以明确约定。

3."窜货"条款是否违反《反垄断法》的问题

《反垄断法》(2022年修订)第17条第1款第3项规定,禁止具有竞争关系的经营者达成分割销售市场的垄断协议,因此,经销合同中限制区域的"窜货"条款是否涉嫌违反《反垄断法》就是一个争议问题。在司法实践中,我国多数法院认为,《反垄断法》(2022年修订)第17条第1款第3项规定中禁止划分销售市场仅针对的是同一销售阶段的经营者之间达成的横向垄断协议,并不禁止不同销售阶段的生产企业和经销商之间达成纵向区域限制条款,并以品牌间竞争理论解释纵向区域限制没有限制、排除竞争的效果。

如在武汉市汉阳光明贸易有限责任公司与上海韩泰轮胎销售有限公司垄断协议纠纷二审民事判决书[上海市高级人民法院(2018)沪民终475号]中,汉阳光明公司认为韩泰轮胎公司禁止"窜货"限制了公平竞争,构成垄断。法院认为,《反垄断法》所规定"排除、限制竞争",应当理解为主要是排除、限制了品牌间竞争而非品牌内竞争。因为品牌间竞争比品牌内竞争更为基础和重要,只要存在品牌间竞争,消费者就可以在不同品牌间选择购买或消费,消费者的利益就可以通过品牌间竞争得到保证,厂商的品牌内竞争应服从于品牌间竞争,反垄断执法和司法更应该关注当事人市场行为对品牌间竞争的影响,只有在品牌间竞争受到严重影响时才有必要对市场行为进行干预。

4."窜货"条款涉及的其他法律问题

除了上述问题外,在草拟和审查"窜货"条款时,还需要关注如下几个方面的问题:

一是网络销售是否构成"窜货"。在现今互联网时代,不能仅关注线下传统渠道的"窜货"管控问题,还应当着重关注网络销售是否构成"窜货"的问题,尤其是如何认定什么样情形下的网络销售构成"窜货"。如网络销售的发货地点在经销商的被授权经销区域内,但货物最终流向了区域之外,此种情形显然属于"窜货"。因此,在认定标准上,笔者认为应以购买者的实际收货地作为一般判定标准,并结合是否存在线下的各方恶意串通"窜货"进行认定。

二是"窜货"条款通常会关注经销商"主动"向外"窜货"的情形,但实际上经销商也存在"被动"买入产品的情形,这种情形下,其他区域的经销商显然是构成"窜货"的,但对于买入"窜货"产品的经销商是否构成"窜货",在经销合同中也可以考虑约定跨区域购进产品也构成"窜货",从而构建产品的"进销渠道"两端的双重管控,加大对经销商的制约力度。

三是经销合同期满终止或者解除后发现的经销商原已销售的产品"窜货",甚至"恶意甩货"或者放任"窜货"行为的,是否构成"窜货"。笔者认为,如果经销商原已销售的产品"窜货"发生在经销合同期间内,尽管经销合同已经终止或解除,也并不影响生产商依据违约责任条款追究其违约责任;如果合同终止或解除后,经销商"恶意甩货",存在争议的是,经销合同关于"窜货"的违约责任条款能否约束经销商?笔者认为,可以考虑在经销合同中约定一个合同届满后或者解除后对经销商剩余产品的处置条款(有点类似于知识产权许可类合同中的被许可产品处理的条款),经销商有义务在"宽限期"内按照约定处理剩余产品,或者直接由生产商安排新的经销商来接管产品或者直接予以回购处理,这样可以避免产品发生无序的"窜货"行为而无法进行救济。

四是实务中在经销合同中应采用"违约销售"和承担"违约金"这样的表述,而不要涉及"罚款""处罚""没收"这样带有行政处罚色彩的表述,以避免被认定为该条款对当事人不发生效力。如在上述(2018)鲁17民终146号案中,法院就认为:

本案中,本案当事人签订的经销协议书以及被上诉人出具的承诺书中的其他条款,亦应当按照法律规定,界定其内容的合法性。鉴于"经销协议书"和"承诺书"中约定上诉人有单方处罚和没收的权利,但是该条约定均违背了我国《合同法》第三条:合同当事人的法律地位平等,一方不得将自己的意志强加给另一方。第五条:当事人应遵循公平原则确定各方的权利义务。根据我国现有法律规定,处罚权和没收权应当是国家行政机关有权实施的行政行为,在平等的民商事主体领域之间制定类似的约定,该单方处罚的条款对当事人双方亦不应产生约束力。

五是在经销合同中应明确约定"窜货"的违约责任条款,尤其是违约金计算标准和损害赔偿的范围,如包括扣除已给予的折扣、返利,追缴已给予的销售政策、市场投入费用、处理"窜货"的差旅费用,"窜货"产品收购损失、运输费用、仓储保管费用,以及公证费、律师费、仲裁或诉讼费用,等等。例如,在湖南中雅阳光医疗科技有限公司、黑龙江鹤翔制药有限责任公司侵权责任纠纷再审审查民事裁定书[最高人民法院(2021)最高法民申6143号]中,最高院认为:

关于中雅公司是否构成窜货问题。经审查,原审综合案涉合同中关于定向销售药品以及窜货违约情形的约定、鹤翔公司发现中雅公司违反合同约定低价在网上销售后向中雅公司发函、中雅公司回函承诺自查、中雅公司未按合同约定提供销售流向等事实,结合双方签订《〈散结乳癖膏〉退货协议》及实际退货的过程,认定中雅公司行为造成鹤翔公司该产品不能继续在约定的销售区域正常销售,形成低价冲击、构成窜货具有充分的事实依据。中雅公司该再审申请理由无法成立,本院依法不予支持。

关于鹤翔公司的损失数额认定问题。本案中,鹤翔公司主张的窜货损失赔偿数额为18,714,152元,其中包括直接损失6,815,085.62元、利润损失11,055,036.80元及其他费用。经查,双方在案涉合同中对于代理商窜货行为仅约定了需承担违约赔偿责任,并未约定具体损失计算方法,而鹤翔公司自己制定的《2018年营销大纲》中对于销售代理商的恶意窜货行为,规定了采取一个跟踪码按二件货进行处罚的计算标准。鉴于此,为合理确定中雅公司的违约责任,原审认为中雅公司作为鹤翔公司的销售代理商,应受鹤翔公司制度的约束,进而对鹤翔公司按照前述销售大纲的代理商窜货处罚标准计算的中雅公司赔偿数额为3,484,152元予以支持,理据充分,并无不当。

关于鹤翔公司要求给付律师费问题。案涉合同明确约定:守约方因违约方的违约行为而遭致的直接经济损失及任何可预期的间接损失和额外费用,包括但不限于:律师费用、诉讼及仲裁费用、财务费用及差旅费等。原审查明,鹤翔公司与辽宁敦正律师事务所签订律师代理合同,辽宁敦正律师事务所为鹤翔公司出具与代理合同约定一致的代理费收据,该收费标准不违反相关法律规定,中雅公司亦无证据证明该收据系恶意串通而出具。原审对鹤翔公司要求中雅公司支付 80 万元律师费的诉请予以支持,理据充分。

第三节　经销商管理合同的起草与审查

一、经销商管理合同概述

基于营销(渠道)管理的需要,公司除了直接面对一批商外,还需要对一批商下辖的二批商以及下级经销商之间的渠道进行管理。在合同体系构建上面,主要体现为公司、一批商和二批商之间签订的《经销商管理合同》,甚至于可以包含终端商签订的合同在内的管理合同。这些关系可以用图 14-4 来表示:

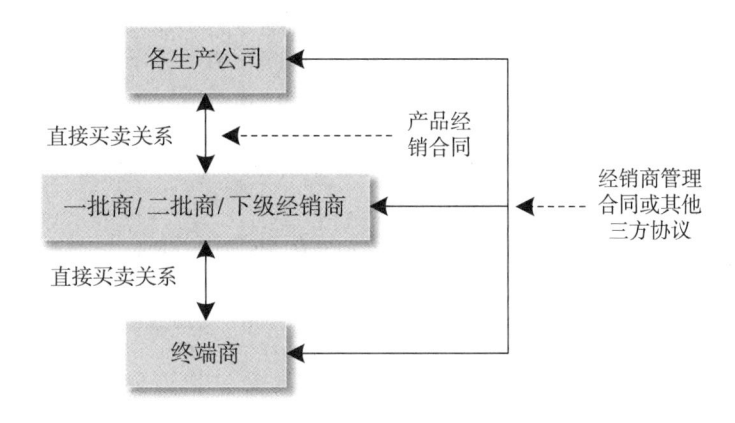

图 14-4　渠道管理合同体系

二、经销商管理合同审查要点

下面以公司、一批商和终端商之间的三方经销商管理合同为例,来对审查此类合同的要点进行介绍。

（一）经销商管理合同的框架结构

经销商管理合同根据具体的营销体系和业务有所不同,但总体上可以包括如下核心条款:

✓ 经销关系条款。本条款用于明确各方之间的经销关系,而不构成投资、合营、合伙或代理关系。

✓ 其他生产商在本合同项下权利和义务的确定条款。

✓ 终端商分销产品数量、购进价格、销售价格条款。

✓ 渠道管理条款。这一条款的主要目的在于明确生产公司和一批商对终端商的渠道管理要求。

✓ 折扣政策条款。这一条款用于明确在生产商给予一批商折扣政策的同时，一批商可以给予终端商的折扣政策。

✓ 违约责任等其他条款。

(二)经销商管理合同的核心条款

在上述框架结构中，有关经销关系、特别约定、终端商分销产品数量、购进价格、销售价格、渠道管理以及折扣政策等条款是整个合同的核心条款。

1.经销关系明确条款

在合同正文条款的起始，可以设置一个条款来对公司、一批商和终端商之间的经销关系进行明确。其目的在于，约定终端商自愿遵从本协议约定，并强调不构成投资、合营、合伙或代理等关系。参见下例(本章以下所有示例条款中，甲方为生产厂商，乙方为产品一批商，丙方为终端销售商)：

【例14-3】经销商管理合同：经销关系条款示例

1	经销关系
1.1	根据乙方与甲方于[ ]年[ ]月[ ]日签订的《产品经销合同》的约定，乙方从甲方处购入甲方[产品名称]，并分销前述经销产品。
1.2	丙方自愿并向甲方和乙方承诺在本协议期间内，从乙方购入甲方[产品名称]，并按照本合同的约定销售前述产品。
1.3	本合同中三方为各自独立的事业者，各方之间不存在任何其他关系[包括但不限于共同投资、合伙、代理、雇佣、承包]。

2.其他生产商在本合同项下权利义务的确定条款

如前所述，由于在生产商和一批商之间的产品经销合同中"委托关系"条款在其他生产公司与一批商之间成立了若干个合同关系，因此就这些委托公司向一批商销售的产品而言，有必要在经销商管理合同中予以特别约定，在这些委托公司与一批商、终端商之间建立合同管理关系。参见下例：

【例14-4】经销商管理合同：特别约定条款

2	**特别约定关系** 鉴于乙方与甲方于[ ]年[ ]月[ ]日签订的《产品经销合同》的约定：
1.1	本合同项下的经销产品，既有甲方销售的，也有甲方的关联公司(下称委托公司)委托甲方签订合同，由委托公司销售的。
1.2	根据本条上款所确定的合同关系，委托公司向乙方销售经销产品后，委托公司及乙方、丙方即按本合同规定享有权利、承担义务，因此本合同各条规定的甲方的权利和义务实际为甲方和其委托公司权利和义务的集合。
1.3	在本合同项下甲方的委托公司有:[ ]。

3. 终端商分销产品条款

基于营销渠道管理的需要，应对终端商分销一批商经销产品的数量、购进价格和销售价格进行明确约定。

在对分销产品数量进行约定时，一般应首先约定终端商在合同期限内，经销产品的建议总数量；其次，再根据经销产品的建议品种和细分时间(可以是分月、分季或者组合)进行明确；最后，对销售数量(包括品种、规格等)，生产商有权在书面通知终端商后予以调整，也可经终端商申请、生产商确认后予以增减。需要注意的是，在审查时应考虑采用"建议"或"指导"价格的表述，这是出于《反垄断法》的考虑；或者若非必要，亦可不设置类似的条款。

对于购进价格和销售价格条款。在审查时，首先，同样需要区分品种、规格、包装形式对价格进行约定，而且需要明确是否包含运费、税费等。其次，对于购进价格，还可以明确结算方式、时间等(乙、丙方协商一致)。对于销售价格还必须强调不得搭售任何其他商品。最后，类似地，这些价格应是"建议"或"指导"价格。必要时亦可不设置这样的条款。

4. 渠道管理条款

这一条款的主要目的在于明确生产公司和一批商对终端商的渠道管理要求。这些渠道要求主要包括如下事项：

✓ 对终端商购进和销售产品的渠道要求和质保期要求；

✓ 协助生产商和一批商召回产品的义务；

✓ 妥善保管和储存产品的要求；

✓ 终端商库房和库存的要求；

✓ 协助生产商和一批商保护知识产权和打击侵权产品的义务；

✓ 协助生产商和一批商进行营销和宣传的义务；

- ✓ 协助生产商和一批商处理投诉者投诉;以及
- ✓ 基于生产商的需要,进行数据统计和申报的义务。

一个可以参考的条款示例如下:

【例14-5】经销商管理合同:渠道管理条款

X	渠道管理
X.1	丙方应遵循先进先出的原则销售经销产品,并保证不销售已过保质期的或性状异常的经销产品。
X.2	经销产品因甲方原因达不到法律法规要求的安全标准被要求召回时,乙方、丙方有协助甲方召回并妥善处理事件的义务;非因甲方原因,致使乙方、丙方销售的产品达不到法律法规要求的标准而被要求召回时,由乙方及丙方共同承担因召回而造成的一切损失,包括但不限于甲方的商誉损失。
X.3	丙方应配备必要的库房和人员,妥善保管和储存甲方产品,确保置于凉爽、清洁、干燥、通风良好的室内场所。
X.4	丙方应保持甲方产品有足够库存量,库存单品量不少于单品月计划销量的[ ]%。
X.5	丙方应协助甲方和乙方维仲甲方品牌的声誉和产品形象,协助甲方维护甲方商标、专利、产品装潢等知识产权,发现有损毁甲方品牌声誉、产品形象和侵犯甲方商标、专利、产品装潢等甲方知识产权的,应及时向甲方或乙方报告并尽量帮助收集有关证据。
X.6	丙方应协助甲方和乙方搞好甲方产品的宣传,参加甲方的有关促销及宣传活动,同意甲方在其经营场所张贴宣传画,悬挂宣传品,并做好维护;丙方未经甲方书面同意,不得在其经营活动(包括但不限于广告、名片)中使用甲方商号以及甲方商标、专利、产品装潢等知识产权。
X.7	丙方不得有参与或协助他人假冒或仿冒甲方产品的任何行为。
X.8	丙方如遇消费者就甲方产品投诉,应及时通知甲方或乙方;未经甲方同意向消费者出具的书面或口头承诺、意见等,甲方不承担责任。
X.9	丙方应按甲方和乙方要求及时如实填报各种经销报表。

5. 折扣政策条款

由于终端商承担了渠道商的很多义务,相应地可以给予终端商一些优惠政策支持。在给付时,可以采用两级折扣兑付的方式实现。首先,一批商根据合同约定,给予终端商折扣优惠;其次,生产商根据一批商给予终端商的折扣,按照约定给予一批商折扣优惠政策。一个可参照的示例如下:

【例14-6】经销商管理合同:折扣政策条款

X	折扣政策
X.1	折扣是指甲方通过乙方在本协议第[ ]条规定的丙方产品购进价格内给予丙方的一定额度的价格优惠;甲方通过乙方给予丙方折扣的,该等折扣额全部表现在甲方开具给乙方、乙方开具给丙方的销售发票上。
X.2	在本协议期间内,甲方有权根据丙方销售情况决定上款所述折扣的起止时间、数额、方式等,并以适当的方式通知有关方。
X.3	在丙方完成本协议销量且完全履行本协议约定其他义务的前提下,乙方给予丙方的折扣标准为[ ],折扣预计总额为[ ]元,按年、按季或按月兑付,乙方给予丙方折扣后,甲方给乙方的折扣标准为[ ],折扣预计总额为[ ]元,按年、按季或按月兑付。
X.4	为有效地监督乙方给予丙方的折扣的兑现情况,丙方将按甲方要求按时向甲方提交由丙方签字的《甲方折扣兑现确认书》,该确认书及乙方的折扣兑付证明、丙方的销量证明等作为甲方给予乙方折扣的依据。
X.5	即使按上述各款规定乙方应给予丙方折扣、甲方应给予乙方折扣,但在甲方或乙方未将折扣兑现或全部兑现前,丙方违反本协议的有关规定,甲方或乙方有权不予兑付折扣,已经兑付的折扣,折扣收取方也应全部返还。
X.6	如果乙方违反其与甲方签署的《产品经销合同》或本协议,甲方因此而与乙方解除《产品经销合同》或本协议的,使得丙方不能按上述第X.1款、第X.2款、第X.3款和第X.4款的规定兑现应得折扣时,甲方将与丙方协商兑现折扣的方法。

在上述示例条款中,我们可以发现,在拟定和审查类似条款时,需要注意:

✓ 由于生产商与终端商之间并不存在直接的买卖关系(直销的除外),所以,采用两级折扣兑付的方式是一种合法的方式。

✓ 按照我国税法的规定,任何折扣的兑付都应当只反应在生产商对一批商、一批商对终端商的同一张销售发票上。

✓ 如果确定给予折扣,各方应协商确定折扣政策以及折扣兑付的时间、频次以及兑付依据要求等。

第四节 终端商销售合同的起草与审查

一、终端商销售合同概述

在营销(渠道)管理中,生产公司和一批商、终端商之间还可能涉及《终端商销售合同》的签订。这一合同主要涉及一批商和终端商之间的产品供应、市场支持,以及生产商给予终端商的市场支持等内容。这些关系可以用图 14 – 5 来表示：

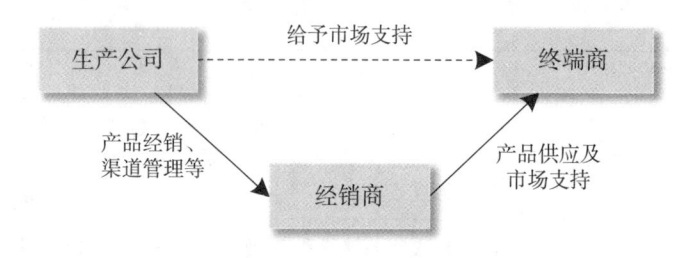

图 14 – 5　终端销售合同体系

二、终端商销售合同审查要点

对于终端商销售合同而言，审查关注要点主要包括如下几点：
- ✓ 终端商的进供货渠道的约定；
- ✓ 终端商销售产品品种、规格、数量和价格的约定；
- ✓ 终端商承诺产品专销或者促销专销的约定；
- ✓ 终端商在终端店提供产品营销、推广、陈列等促销服务的约定；
- ✓ 促销服务费用以及给付的约定；
- ✓ 产品更换、质量投诉等约定。

在对这些条款进行审查时，尤其需要注意"专销"条款和"促销服务费"条款可能带来的"商业贿赂"的风险。根据我国法律、法规和规章等的规定，"专销"并非绝对禁止的条款，并且也并非绝对不能支付所谓的"促销服务费"，但前提是存在真实合法的促销服务活动。这也明确地体现在如下的规定中：

一是《反不正当竞争法》（2019 年修正）第 7 条规定："经营者不得采用财物或者其他手段贿赂下列单位或者个人，以谋取交易机会或者竞争优势：（一）交易相对方的工作人员；（二）受交易相对方委托办理相关事务的单位或者个人；（三）利用职权或者影响力影响交易的单位或者个人。经营者在交易活动中，可以以明示方式向交易相对方支付折扣，或者向中间人支付佣金。经营者向交易相对方支付折扣、向中间人支付佣金的，应当如实入账。接受折扣、佣金的经营者也应当如实入账。经营者的工作人员进行贿赂的，应当认定为经营者的行为；但是，经营者有证据证明该工作人员的行为与为经营者谋取交易机会或者竞争优势无关的除外。"在适用这一规定时，需要关注新旧法规的变化。《反不正当竞争法》（1993 年）关于商业贿赂的规定在第 8 条："经营者不得采用财物或者其他手段进行贿赂以销售或者购买商品。在帐外暗中给予对方单位或者个人回扣的，以行贿论处；对方单位或者个人在帐外暗中收受回扣的,以受贿论处。经营者销售或者购买商品,可以以明示方式给对方折扣,可以给中间人佣金。经营者给对方折扣、给中间人佣金的,必须如实入账。接受折扣、佣金的经营者必须如实入账。"根据其规定,商业贿赂相对方包括"对方单位"及"个人"。《反不正当竞争法》2017 年修订时将该条修改为现有的条文,不再规定"交易相对方"为商业贿赂的对象,此规定是为了回应当时社会生活中出现的"泛商业贿赂化"的情况,回归商业贿赂的本质。①

在实务中,商业贿赂的对象可以分为三类:一是下游经销商或终端商的工作人员。一般是下游经销商或终端商的高管或者指派办理经销相关事务的人员(如采购人员、货架陈列人员等),其能够帮助生产商或上游经销商谋取交易机会或者竞争优势。二是受下游经销商或终端商委托办理相关事务的单位或个人,如代理人或委托人。三是利用职权或者影响力影响交易的单位或者个人,这些单位或者个人独立于生产商或上游经销商与下游经销商、终端商,且与与办理的相关事务不存在直接关系,但其职权或者影响力能够"影响"下游经销商或终端商的经营决策或其相关工作人员、受托人的行为,如国家机关单位及其工作人员。

二是《国家工商行政管理局关于禁止商业贿赂行为的暂行规定》(国家工商行政管理局令第 60 号)第 2 条规定:"经营者不得违反《反不正当竞争法》第八条②规定,采用商业贿赂手段销售或者购买商品。本规定所称商业贿赂,是指经营者为销售或者购买商品而采取财物或者其他手段贿赂对方单位或者个人的行为。前款所称财物,是指现金和实物,包括经营者为销售或者购买商品,假借促销费、宣传费、赞助费、科研费、劳务费、咨询费、佣金等名义,或者以报销各种费用等方式,给付对方单位或者个人的财物。第二款所称其他手段,是指提供国内外各种名义的旅游、考察等给付财物以外的其他利益的手段。"第 8 条规定:"经营者在商品交易中不得向对方单位或者其个人附赠现金或者物品。但按照商业惯例赠送小额广告礼品的除外。违反前款规定的,视为商业贿赂行为。"

三是《国家工商行政管理总局关于在柜台联营中收取对方商业赞助金宣传费广告费行为能否按商业贿赂定性问题的答复》(工商公字〔2001〕152 号)规定:"宣

---

① 需要注意的是,2022 年 11 月 22 日,国家市场监督管理总局公布了《反不正当竞争法(修订草案征求意见稿)》,向社会公开征求意见。其中,第 8 条重新将"交易相对方"纳入受贿人的范畴,这是为了回应现实社会中的客观需求。另外,第 8 条第 4 款明确强调"任何单位和个人不得在交易活动中收受贿赂",并且在第 29 条中规定商业贿赂中受贿行为的法律后果,填补了现行《反不正当竞争法》中的法律漏洞。

② 笔者注:第 60 号令目前还未被废止。其援引的是《反不正当竞争法》(1993 年)第 8 条,即《反不正当竞争法》(2019 年修正)的第 7 条。

传费、广告费、商业赞助等，应是对宣传行为、广告行为及其他具体商业行为所支出的费用。如果未发生宣传、广告等相应的具体商业行为，而是假借宣传费、广告费、商业赞助等名义，以合同、补充协议等形式公开收受和给付对方单位或个人除正常商品价款或服务费用以外的其他经济利益，即构成商业贿赂……"

四是《国家工商行政管理局关于以收买瓶盖方式推销啤酒的行为定性处理问题的答复》（工商公字〔1997〕第321号）规定："啤酒公司以给付现金等方式向酒店服务员回收啤酒瓶盖，诱使酒店服务员向顾客推销其产品，实质是经营者为销售商品，采用给予财物的方式贿赂对其商品销售有直接影响的人。其行为在一定程度上排挤了其他经营者，也极易限制消费者的选择权，损害消费者合法权益，扰乱正常市场竞争秩序，构成了《反不正当竞争法》第八条和国家工商管理局《关于禁止商业贿赂行为的暂行规定》第二条所禁止的商业贿赂行为，应当依法予以查处。"当然在新的反不正当竞争法下，"酒店服务员"到底是啤酒公司与酒店之间的交易中的"酒店的工作人员"，还是酒店与消费者之间的交易中的"对其商品销售有直接影响的人"，其实涉及的是对《反不正当竞争法》（2019年修正）第7条所列举三类主体的适用问题，从答复的表述来看，实际针对的是啤酒公司的商业贿赂行为，但应该适用于酒店与消费者之间的交易行为，如此前两类主体都不适用，只能是第三类主体"利用职权或者影响力影响交易的单位或者个人"，而对于"酒店服务员"对消费者的"影响力"是否足以让其构成第三类主体以及是否足以帮助"啤酒公司"去"谋取交易机会或者竞争优势"的问题，事实上如果适用"穿透"原则将其视为啤酒公司直接销售产品给消费者更为恰当，因此这些都是上述答复在新法下适用值得思考的问题。

最后，由于终端商销售合同的其他条款与产品经销合同、经销商管理合同的类似条款的拟定和审查要点类似，不再赘述。

第 15 章 市场(广告)类合同起草、审查精要与实务

> **内容概览**
>
> 一个公司要生存,离不开销售,也离不开市场推广、广告宣传,这是公司的基本营销手段。市场推广活动、广告宣传活动形式多种多样。这类合同有其独有的一些特点和关注要点,公司律师或法律顾问亦应重视。本章包含如下内容:
> - ✓ 市场(广告)类合同的涵义与类型
> - ✓ 市场类合同的审查
> - ✓ 广告类合同的审查

第一节 市场(广告)类合同的涵义与类型

一个公司要生存,离不开销售,也离不开市场推广、广告宣传,这是公司最基本的营销手段。市场推广活动、广告宣传活动形式多种多样。这类合同有其独有的一些特点和关注要点,公司律师或法律顾问亦应重视。

一、市场推广类合同

市场推广合同在现实生活中具有各种各样的形式,但就其本质而言,此类合同都是企业与营销策略、市场推广经营者之间达成的提供推广服务的合同,是一种有偿服务合同。主要包括现场推广活动、演出类推广活动、配套物料制作、品牌推广以及其他合作、赞助、"冠名"合同等类型,也包括如市场合作推广合同、营销策划推广合同等。除此之外,市场营销还会涉及委托设计合同、委托市场调查合同、微信(二维码)推广合同等。

二、广告宣传类合同

广告宣传类合同属于一种传统的营销手段,当然在数字经济时代,由于通信技术和信息技术的发展,其也呈现多种新的形式。主要包括户外广告制作发布合同、广告发布合同(适用于网络、电视、电台、广播、报纸、杂志广告)、车身广告制作发布合同、店招广告制作发布合同和广告设计合同等。

笔者将一个企业集团可能涉及的市场(广告)类合同的种类归纳为图15-1。

```
市场(广告)类合同
├─ 媒体广告类
│   ├─ 广告设计合同
│   ├─ 户外广告制作发布合同
│   ├─ 车身广告制作发布合同
│   ├─ 广告发布合同
│   └─ 店招广告制作发布合同
├─ 现场推广类
│   ├─ 现场氛围布置  ┐
│   └─ 现场推广活动  ┘ ← ××活动实施合同(现场类)
├─ 演出推广类
│   ├─ 演唱会    ┐
│   ├─ 文艺晚会  ├ ← ××活动实施合同(演出类)
│   └─ 其他演出  ┘
├─ 物料制作类
│   └─ ××物料制作 ─ 包装、促销品定作合同
│                   包装、促销品集团定作合同
├─ 网络推广类
│   ├─ 网络/微信推广合同
│   └─ 二维码促销活动合同
└─ 其他类
    ├─ 政府合作、赞助合同
    ├─ ××节冠名合同
    ├─ 委托设计合同
    └─ 市场调研合同
```

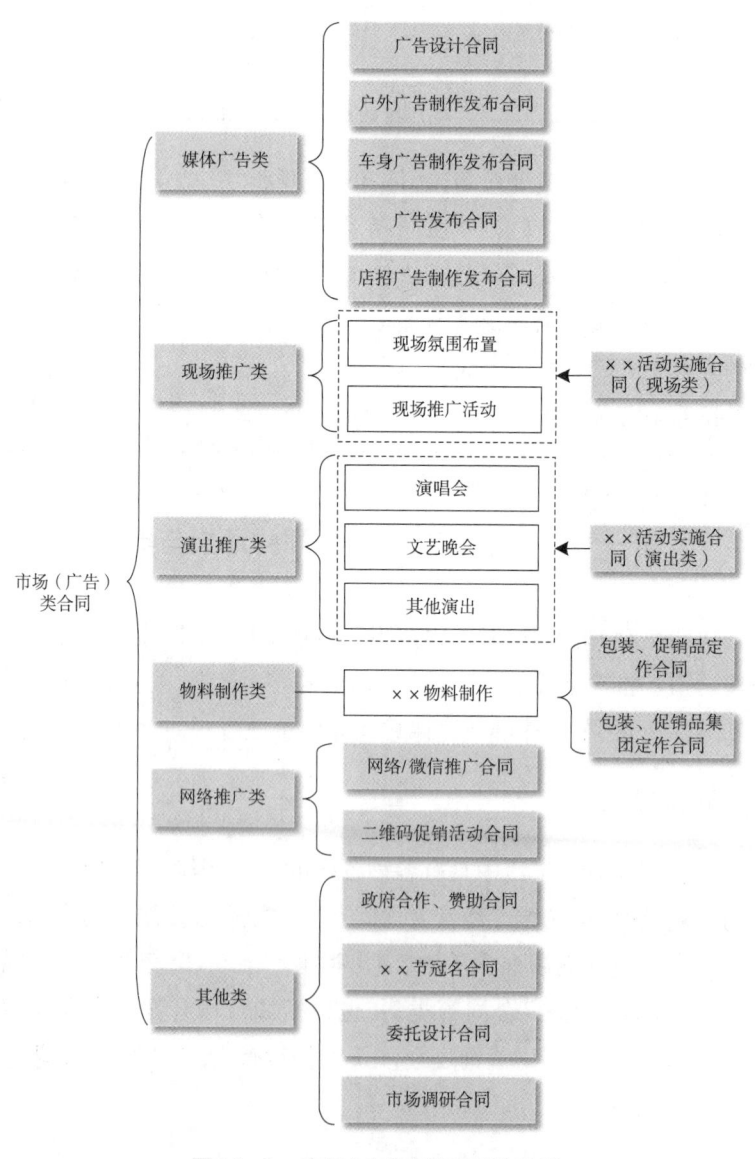

图15-1 市场(广告)类合同的种类

第一,媒体类合同主要是指传统的广告合同。广告合同是指广告客户(广告主①)与广告经营者②之间、广告经营者与广告经营者、广告发布者③之间确立、变更、终止广告承办或代理关系的协议。广告设计合同是由广告主与广告经营者就广告作品的设计进行专项委托所签订的合同;户外广告制作发布合同是由广告主与广告经营者达成的就广告作品的制作并在户外发布所签订的合同;车身广告制作发布合同是由广告主与广告经营者达成的就广告作品的制作并在车身上发布所签订的合同;广告发布合同是由广告主与广告经营者或广告发布者达成的在诸如电视台、电台、广播、报纸、杂志、网络上发布广告所签订的合同;店招广告制作发布合同是广告主与广告经营者达成的在企业指定的场所定制的广告制作发布合同。

第二,现场推广类合同主要是指企业现场开展的氛围布置、推广活动类合同。一般适用于企业自身人员或邀请主持人进行现场互动的推广活动,不涉及邀请歌手或其他演艺人员进行现场表演。

第三,演出推广类合同主要是指邀请歌手或其他演艺人员开展演唱会、文艺晚会以及其他综艺类演出合同。一般都同时包含了现场氛围布置、舞台布置或推广活动。

第四,物料制作类合同主要是指与现场推广以及其他营销、推广活动相配套而需要制作的宣传展架、促销品、宣传单、海报等物料制作的合同。

第五,网络推广类合同主要是指在网站、微博以及微信(公众号、二维码扫码)、抖音等新型自媒体上发布广告、进行推广等活动的合同。

第六,除上述合同类型之外,在市场营销活动中,还可能会涉及一些其他合同,主要包括政府合作、赞助合同,某某活动"冠名"合同,委托设计合同,市场消费者委托调查、调研合同等。

第二节 市场类合同的审查

市场推广类合同属于无名合同。由于其面临的对象众多,履行时需要面临大量的监管,如市监、消防、安全等,因此体现在合同条款上自有其特点。笔者在此以

---

① 依据《广告法》(2021年修正)第2条第2款的规定,广告主是指为推销商品或者服务,自行或者委托他人设计、制作、发布广告的自然人、法人或者其他组织。

② 依据《广告法》(2021年修正)第2条第3款的规定,广告经营者是指受委托提供广告设计、制作、代理服务的自然人、法人或者其他组织。

③ 依据《广告法》(2021年修正)第2条第4款的规定,广告发布者是指为广告主或者广告主委托的广告经营者发布广告的自然人、法人或者其他组织。

演艺项目实施合同为例来进行说明。

一、演艺项目实施合同的框架结构

根据演艺项目实施合同的特点,其一般包括如下主要条款:
- ✓ 演艺项目的内容。本条款对演艺项目的具体实施内容进行详细约定。
- ✓ 项目实施时间、地点。
- ✓ 项目实施的前置行政审批及法律责任。本条款对项目实施前涉及的所有行政审批手续由谁负责进行明确,对未履行或未及时履行该等手续的法律责任进行约定。
- ✓ 预算价款与验收结算。该条款对项目实施的预算总价、调整以及最终验收决算进行约定。
- ✓ 价款的支付。该条款对价款支付进行约定。
- ✓ 双方的权利和义务。该条款对双方的具体权利和义务进行约定。
- ✓ 验收与决算。本条款对演艺项目进行现场验收和最终验收以及决算进行具体约定。
- ✓ 项目实施的安全要求。本条款对现场施工提出安全要求,以及对第三人的人身和财产损失的承担进行明确。
- ✓ 知识产权条款。该条款主要对不得侵犯第三人的知识产权以及保守商业秘密等进行明确。
- ✓ 违约责任条款。以及
- ✓ 其他通用条款。

二、演艺项目实施合同的审查

(一)演艺项目的内容

演艺项目实施合同(实质上对所有的市场推广类合同来说)的具体实施内容是最核心的条款之一,由于演艺项目形式多样,在审查时需要业务经办部门详细分项描述业务内容。比如,演艺项目的开幕式前活动安排、开幕式、音乐盛典、梦幻之夜等具体项目以及其他项目。活动内容繁多的,一般应以合同附件的形式详细列明要求。参见下例:

【例15-1】演艺项目的内容

X	演艺项目实施内容
X.1	本次演艺项目名称：[　　　　　　　　]。
X.2	本次演艺项目由如下内容组成： (1) 开幕式前活动：…… (2) 开幕式：…… (3) 音乐盛典：…… …… **尽管有上述内容的约定，但未包含在上述内容或本合同附件1所列明的范围内的，与乙方承接的演艺项目相连、相关或相通的工作，在合理的理解和公允的判断下应由乙方完成的，乙方应完成。**
X.3	乙方应在本合同签署时，向甲方提供其签章后的本次演艺项目的策划、推广、实施的具体方案，甲方确认后作为执行实施及验收结算的标准（见附件1：《×××项目方案及预算》）。

（二）演艺项目的前置行政审批

市场推广类项目，特别是现场演艺项目，涉及很多实施前的行政审批工作。例如，需要办理文化部门审批、消防审批、公安审批手续等，涉及外籍演艺人员的还需要文化部门的特别审批。这些行政审批手续一般由承接项目实施的公司负责办理并承担相应的费用。

【例15-2】演艺项目的前置行政审批

X	前置行政审批手续
X.1	行政审批手续
	本次演艺项目实施所涉及的（包括但不限于）如下行政审批手续或者类似的审批手续均由乙方负责办理，费用由乙方承担： (1) 涉及的各种媒体广告及相关宣传、活动宣传审批手续等； (2) 涉及的各种演唱会、演出、文艺晚会、游艺活动、抽奖活动等所必需的文化部门审批、工商部门审批手续等； (3) 涉及的各种演唱会、演出、文艺晚会等活动的消防、公安审批手续等； (4) 涉及的其他需要办理的审批手续。
X.2	未履行或未及时履行审批手续的法律责任
X.2.1	若因手续办理不及时或手续不全而导致"×××项目"被禁止进行或被暂停，或甲方因此受到有关部门处罚，所造成的全部损失概由乙方承担。
X.2.2	出现X.2.1项所述情形的，甲方有权单方解除合同，并重新找定新的合作方履行剩余的合同内容，所产生的一切价款、费用概由乙方承担。

需要说明的是,随着 2021 年 4 月 29 日对 2018 年《广告法》的修正,广告发布登记制度被全面取消①。在修订之前,广播电台、电视台、报刊出版单位从事广告发布业务必须取得广告发布登记许可,未经许可而从事广告发布业务将面临责令改正、没收违法所得和罚款等行政处罚。在修订之后,国家市场监督管理总局废止了《广告发布登记管理规定》(国家工商行政管理总局令第 89 号,自 2022 年 5 月 1 日起废止),但该修订仅与广告发布登记行政许可相关,并不意味着降低广播电台、电视台等广告发布者发布广告的基本条件,也并未减轻或免除其对所发布的广告的审查义务,其实是顺应"放管服"改革的趋势,将行政资源从事前审批转到加强事中事后监管。但是,根据《广告法》(2021 年修正)第 46 条"发布医疗、药品、医疗器械、农药、兽药和保健食品广告,以及法律、行政法规规定应当进行审查的其他广告,应当在发布前由有关部门(以下称广告审查机关)对广告内容进行审查;未经审查,不得发布"以及《药品、医疗器械、保健食品、特殊医学用途配方食品广告审查管理暂行办法》(国家市场监督管理总局令第 21 号,自 2020 年 3 月 1 日起施行)的相关规定,市场监督管理部门、药品监督管理部门负责"三品一械"广告审查,广告发布者应取得批准文号。对于医疗美容广告,依据《医疗广告管理办法》(2006 年修订)的相关规定,医疗机构发布医疗广告,应当在发布前向其所在地省级卫生行政主管部门申请医疗广告审查,取得《医疗广告审查证明》,否则不得发布医疗广告。

(三)预算价款及价款的支付

由于演艺项目涉及现场活动和制作部分,特别是现场人工和制作物料等不确定的项目,这些项目需要确定人工和物料单价,并以现场验收和最终验收决算的方式确定。所以,演艺项目合同存在一个特殊的预算价款条款,对项目实施的总预算价款进行约定,并根据最终的验收确定最终的结算价款。在此基础之上,对价款的支付作出安排。

---

① 《广告法》(2021 年修正)删除了 2018 年《广告法》第 29 条中的"并向县级以上地方市场监督管理部门办理广告发布登记"、第 55 条第 3 款、第 57 条、第 58 条第 3 款中的"吊销广告发布登记证件"以及第 60 条。因此,广播电台、电视台、报刊出版单位发布广告无须取得广告发布登记许可。

【例15-3】演艺项目的预算价款及价款支付

X	预算价款及价款支付
X.1	预算价款及组成
	本合同项下的预算总价为(大写):_____,(小写)_____;预算价格组成详见附件1:《×××项目方案及预算》。此预算价款系包括制作材料、人工、运费、包装费、保险费、检验费、税款以及使用损耗等在内的所有价款,除此以外甲方不再对乙方承担任何支付义务。该价款不因原料、材料、劳务、能源等市场价格的变动而变动,但本合同另有约定的除外。
X.2	预算价款的调整
X.2.1	在演艺项目实施过程中,甲方有权对项目进行变更,并相应调整预算价款。
X.2.2	乙方不得擅自对项目进行变更。因乙方擅自变更发生的一切费用和由此导致甲方的损失,由乙方承担。
X.2.3	甲乙双方将按本合同第[验收决算条款序号]条规定进行验收决算,并按决算价格结算本合同项下的价款。
X.2.4	在第X.1款合同预算价款基础上新增(或减少)部分预算价款,双方应签订书面的补充协议,该新增(或减少)预算价款与原合同预算价款一起构成新的预算价款,并按照本合同规定的第[验收决算条款序号]条进行验收决算。
X.3	价款的支付
X.3.1	本合同生效后,乙方向甲方提供增值税专用发票[7]天内,甲方按本合同第X.1款规定的预算价格的[50]%向乙方预付(大写):_____,(小写)_____。
X.3.2	甲方按照本合同第[验收条款序号]条的约定进行验收,双方根据本合同第[验收决算条款序号]条规定确定决算价格,甲方确认乙方完全按照合同履行义务后,甲方在收到乙方开具的合法有效的决算价格全额发票后[7]天内,凭乙方提交的最终验收的各种证明材料,按照决算价款向乙方支付剩余款项(决算价款-预付价款)。

(四)验收与验收决算条款

如前所述,演艺项目实施类合同中应包含验收条款。项目的验收根据情况可以分为现场验收和最终验收两个阶段。现场验收主要针对现场实施活动场景、氛围的制作安装、合同项下的物料/物资、现场游艺、抽奖活动以及现场租用的各类设备、器材、车辆及相关活动用品等进行验收;最终验收主要是在整个项目完成之后进行整体验收,包括接收项目履行的各种证明材料,包括但不限于合同(协议)、照片、录像带、光盘资料、发票(收据)、收/发货记录、验收记录、确认单、播放证明、监播证明、人员名单、保单、代缴政府规费票据以及其他合法的证明材料。

【例15-4】演艺项目的验收和验收决算条款

X	验收
X.1	现场验收
X.1.1	对于演出现场所需的乙方报价范围内的物料及其他有形物资,乙方应在甲方库房或甲方指定的交货场所交付,甲方有权在交付时对合同项下的物料/物资进行清点验收,并履行收货确认手续。
X.1.2	甲方按照合同约定对现场活动场景、氛围的制作安装(背景架、舞台、灯光、演出设备、广告等)进行验收,双方进行确认。
X.1.3	甲方按照合同约定对现场活动(游艺活动、抽奖活动)进行监督、记录,并作为结算的依据。
X.1.4	甲方按照合同约定对乙方在现场活动中租用的各类设备、器材、车辆及相关的活动用品进行清点,双方进行确认。
X.1.5	对于演出现场的广告部分,甲方按照合同约定进行清点、核实,双方进行确认。
X.1.6	对甲方在验收中提出的问题,乙方应立即进行整改、返工,相关费用由乙方承担。
X.2	最终验收
X.2.1	乙方认为项目已经整体履行完毕并具备验收条件时,应提前[2]天书面通知甲方对项目进行最终验收。
X.2.2	甲方在最终验收时,乙方应向甲方提供整个项目履行的各种证明材料,包括但不限于合同(协议)、照片、录像带、光盘资料、发票(收据)、收/发货记录、验收记录、确认单、播放证明、监播证明、人员名单、保单、代缴政府规费票据以及其他合法的证明材料。
X.2.3	甲方在收到第X.2.2项要求或者其他合格的证明材料之前,有权拒绝支付相关的价款。
Y	验收决算
	甲方按照本合同第[演艺项目的内容条款序号]、[实施的时间和地点条款序号]、[前置行政审批手续条款序号]、[双方的权利和义务条款序号]和[验收条款序号]条之约定对乙方履行的合同项目进行验收,双方确定最终决算价款并按照该决算价款进行结算。

(五)安全要求条款

在演艺现场制作和实施中,会涉及两个方面的安全问题:一是在现场制作过程中可能引发的制作人员和第三人的人身和财产损失问题;二是在具体实施活动过程中,引发的第三人的人身和财产损失问题。这些问题以及处理、法律后果的承担都必须予以明确约定。

【例15-5】演艺项目的安全要求条款

X	安全要求
X.1	乙方必须遵守国家有关安全管理的规定,采取必要的安全防护措施,消除事故隐患。在施工过程(若有的话)中发生的工伤事故及安全事故,由乙方负责。
X.2	由于乙方制作安装、使用材料质量或其他任何原因(包括但不限于物体脱落、倒塌等)导致在制作安装或演出过程中的乙方自身及甲方或第三人的人身及财产损失均由乙方承担。

(六)知识产权条款

在演艺现场制作和实施过程中,会涉及使用许多诸如创意、设计、图形、图片和文字等内容和资料,这既可能涉及企业自身的知识产权保护问题,也有可能出现涉嫌侵犯第三人权利(主要是知识产权和肖像权等)的情况。所以在合同中必须包含有关知识产权条款。

【例15-6】演艺项目的知识产权条款

X	知识产权条款
X.1	甲方为履行本合同向乙方提交的(包括但不限于)样稿等资料含有甲方的智力成果,乙方不得在为履行本合同以外作任何利用,不得以任何方式提供给第三人,不得复制和留存。
X.2	乙方保证在本合同履行期间所需要的物品、广告、宣传等无侵害第三人之著作权、肖像权等相关知识产权或违反法规之事项,若甲方因此遭受任何损失,乙方应负责赔偿。

第三节 广告类合同的审查

广告类合同尽管形式多样,但基本的条款并无本质区别。其中,户外广告制作发布是一种比较传统的广告形式,其履行至少分为户外广告的制作和发布(投放)两个阶段,涉及的法律关系基本涵盖其他形式广告合同的法律关系。因此,笔者以此合同为代表来对广告类合同的审查进行介绍。

一、广告合同的性质:承揽、委托或租赁

尽管"广告合同"这一合同名称在实践中被普遍使用,但在《民法典》合同编典型合同分编中并没有专章对其予以规定,因此为无名合同。广告合同一般是以广告主付费,由广告经营者制作广告牌或其他广告形式并发布广告为内容的合同。在司法实践中,关于广告合同的性质尚存争议。从学理上讲,广告合同一般可分为三类:广告制作(承揽)合同、广告发布合同和广告委托代理合同。在某些情况下,一份广告合同既有广告加工承揽的内容,也有广告发布的内容。广告合同性质的认定关乎法律的适用问题,适用不同的法律条文亦会产生不同的法律后果。具体而言:

第一,对于广告制作合同,《民法典》第770条规定:"承揽合同是承揽人按照定作人的要求完成工作,交付工作成果,定作人支付报酬的合同。承揽包括加工、定作、修理、复制、测试、检验等工作。"第771条规定:"承揽合同的内容一般包括承揽的标的、数量、质量、报酬、承揽方式、材料的提供、履行期限、验收标准和方法等条款。"因此,广告制作合同一般被归类为承揽合同。① 如在湖北省宜众汽车贸易有限公司与荆门超仁传媒有限公司广告合同纠纷二审民事判决书[湖北省荆门市中级人民法院(2017)鄂08民终629号]中,法院认为:

双方签订的《户外广告发布合同》,约定超仁公司负有制作广告画面,安装、维护广告牌,办理各种手续的义务。据此判断,本案合同兼具广告制作和广告发布的内容。就广告制作,双方应成立承揽合同关系。而就广告发布,鉴于广告发布者的主要义务是完成广告主委托的广告发布任务,故广告主与经营者之间应成立委托合同关系。

第二,对于广告发布合同,学理上存在两种不同的观点:第一种观点认为,广告合同是非典型合同或无名合同,依据《民法典》第467条第1款"本法或者其他法律没有明文规定的合同,适用本编通则的规定,并可以参照适用本编或者其他法律最相类似合同的规定"之规定,应适用《民法典》合同编通则分编的规定,要求当事人全面履行合同,不得随意解除。第二种观点认为,广告合同是类典型合同或类有名合同(合同的名称中虽未包括典型合同之名,但合同的内容具有典型合同的性质),具有委托合同性质,应参照适用《民法典》合同编典型合同分编第23章"委托

---

① 参见贵阳观山湖某某图文快印店、郭某与贵州某某建筑工程有限公司、戴某甲等承揽合同纠纷二审民事判决书[贵州省贵阳市中级人民法院(2022)黔01民终8547号];马某龙等与北京绘心绘意教育科技有限公司承揽合同纠纷二审民事判决书[北京市第二中级人民法院(2019)京02民终10480号];贵州正中平实业有限公司、安顺市原始人广告有限公司广告合同纠纷二审民事判决书[贵州省安顺市中级人民法院(2019)黔04民终1374号];湖北省宜众汽车贸易有限公司与荆门超仁传媒有限公司广告合同纠纷二审民事判决书[湖北省荆门市中级人民法院(2017)鄂08民终629号]。

合同"的有关规定。依据《民法典》第933条"委托人或者受托人可以随时解除委托合同。因解除合同造成对方损失的,除不可归责于该当事人的事由外,无偿委托合同的解除方应当赔偿因解除时间不当造成的直接损失,有偿委托合同的解除方应当赔偿对方的直接损失和合同履行后可以获得的利益"之规定,当事人对委托合同均享有任意解除权。第二种观点在司法实践中多被采纳①,笔者亦赞同第二种观点。②

第三,对于广告制作发布合同,则需要根据此类合同在制作阶段还是在发布阶段发生纠纷来确定案件的性质。总体原则是,若在制作阶段发生纠纷,一般定性为承揽合同;若在发布阶段发生纠纷,应根据合同的约定来确定,发布属于制作的从给付义务的,仍然定性为承揽合同;若发布不属于从给付义务而是一种委托关系,则应定性为委托合同。对于既有制作上的纠纷,又有发布上的纠纷的情形,笔者认为可以根据合同具体争执的主要问题归属于制作还是发布,哪个为主要义务以及哪个阶段使合同不能履行的因素最多等来综合判定其性质。③ 但亦有案件显示,

---

① 参见中山市盛隆房地产开发有限公司、中山市粤中广告传媒有限公司广告合同纠纷二审民事判决书[广东省中山市中级人民法院(2021)粤20民终10185号];云南雍福天下品牌投资管理有限公司、昆明大通道文化传媒有限公司广告合同纠纷二审民事判决书[云南省昆明市中级人民法院(2019)云01民终9362号];福州尚上传媒有限公司、福建天水广告有限公司广告合同纠纷二审民事判决书[福建省福州市中级人民法院(2017)闽01民终2214号];湖北省宜众汽车贸易有限公司与荆门超仁传媒有限公司广告合同纠纷二审民事判决书[湖北省荆门市中级人民法院(2017)鄂08民终629号]。

② 需要说明的是,有的法院直接适用《广告法》,判决广告主和广告发布者之间系广告法律关系(或广告合同)。例如,在广东南方电视台与广东凤凰传说整合传媒有限公司广告合同纠纷二审民事判决书[广东省广州市中级人民法院(2014)穗中法民二终字第847号]中,一审法院认定为委托合同关系,而二审法院则认为:委托合同是委托人和受托人约定,由受托人处理委托人事务的合同,委托人与受托人之间是委托代理关系。本案中,广东南方电视台与凤凰传说公司之间签订《合同书》,约定凤凰传说公司委托广东南方电视台发布莎普爱思系列广告,广东南方电视台作为广告发布者,其与凤凰传说公司之间并非委托代理法律关系,而是广告发布法律关系。原审对双方合同性质认定有误,本院予以纠正。类似的案件还有大连市甘井子区利民老友眼镜有限公司与旅顺三人行平面设计工作室广告合同纠纷二审民事判决书[辽宁省大连市中级人民法院(2017)辽02民终7807号]。

③ 参见湖北省宜众汽车贸易有限公司与荆门超仁传媒有限公司广告合同纠纷二审民事判决书[湖北省荆门市中级人民法院(2017)鄂08民终629号]。在该案中,法院认为:双方签订的《户外广告发布合同》,约定超仁公司负有制作广告画面,安装、维护广告牌,办理各种手续的义务。据此判断,本案合同兼具广告制作和广告发布的内容。就广告制作,双方应成立承揽合同关系。而就广告发布,鉴于广告发布者的主要义务是完成广告主委托的广告发布任务,故广告主与经营者之间应成立委托合同关系。关于委托合同,《合同法》第410条规定,委托人或者受托人可以随时解除委托合同。依据该条规定,宜众公司享有随时解除合同的权利,其于广告发布一个月后,向超仁公司提出解除合同,超仁公司也收悉该通知,由此,应认定本案广告发布合同已解除。

法院有时候并未特别区分制作和发布两个阶段,而将整个制作发布合同都视为承揽合同处理①,此时只有定作人享有单方的任意解除权。

第四,对于广告牌租赁业务,尽管实务中合同的名称可能是广告发布合同或者广告经营合作合同,如果符合租赁合同的构成要件,其性质应界定为租赁合同。反之,即便合同名为广告牌租赁合同,如果符合广告制作发布的构成要件,其性质应界定为承揽合同②。

第五,对于兼具制作、发布和广告牌租赁性质的合同,应综合合同的目的、合同的约定、合同的履行情况等因素,根据上述原则综合考虑界定合同的性质。原则上以这类合同在哪个阶段发生纠纷按相应发生阶段法律所调整的范围来适用法律。

综上所述,广告主和广告经营者应根据合同履行的实际、公平和诚实信用原则、有利于商事顺利进行的原则,对合同的内容进行审核修改,对合同各阶段的性质进行准确的定性。

【例15-7】委托发布户外广告合同是委托合同还是租赁合同③

基本案情:山东世华广告有限公司(以下简称世华公司,乙方)和山东省长城广告有限公司(以下简称长城公司,甲方)于2012年6月30日签订了《广告发布合同》。合同主要内容为:"一、甲方委托乙方发布户外广告牌1块,广告内容由甲方确定。广告牌位置为滨博高速公路滨州南互通1号出口处,跨线桥。二、发布时间:共计10年,自2012年8月1日至2022年8月1日(以乙方和第三方合同为准)。三、广告发布费:每年10万元,总计100万元(不含税金)。四、支付时间:每半年一支付,每次支付5万元,第1年广告费5万元于合同签订后3日内支付,于2013年2月1日前支付5万元,第2年广告费于2013年8月1日前支付5万元,于2014年2月1日前支付5万元,以后支付时间和金额按合同的约定以此类推。……六、甲方承担合同期内的广告画面的喷绘和安装费。广告画面因为广告牌体质量原因或不明原因的人为破坏(甲方原因除外),双方共同协调第三方修复。……

---

① 参见北京亦美互动传媒广告有限公司、广厦传媒有限公司(原东阳福添影视有限公司)广告合同纠纷二审民事判决书[浙江省杭州市中级人民法院(2017)浙01民终2800号]。

② 参见广州创米文化传媒有限公司、广东金沙百汇商业管理有限公司广告合同纠纷二审民事判决书[广东省广州市中级人民法院(2019)粤01民终9615号]。

③ 参见山东世华广告有限公司、山东省长城广告有限公司广告合同纠纷二审民事判决书[山东省济南市中级人民法院(2017)鲁01民终2200号]。

九、违约责任:乙方和第三方的权利和责任,全部由甲方承担和接受,若因乙方原因未及时付款而导致的乙方和第三方产生的违约责任,全部由甲方承担,乙方有权解除合同。十、如任意一方违约,均赔偿对方广告费总额的20%。……十二、本合同一式两份,甲乙双方各执一份。具有同等法律效力。本合同自双方签字或盖章之日起生效。"合同签订后,长城公司使用了广告发布合同约定的广告牌,并分6次共计支付广告费30万元,广告费已交到2015年8月1日。

2015年3月10日,长城公司向世华公司发出广告牌恢复通知函,主要内容为长城公司已经按照合同约定支付了广告发布费,履行了全部义务。但于2015年2月15日起发现,世华公司在未通知的情况下,已擅自将长城公司发布的广告内容予以拆除,严重违反了双方合同的约定,属于违约行为。2015年3月20日,长城公司向世华公司发出了同2015年3月10日同样内容的广告牌恢复通知函。2015年9月14日,长城公司向世华公司发出《终止合同通知函》,要求自2015年8月1日起终止上述广告发布合同,将广告牌交还世华公司自行处理。

类似地,世华公司(乙方)和长城公司(甲方)分别于2012年6月30日和2013年5月6日签订了两份一样的《广告发布合同》,分别使用了另外两块不同的广告牌。

一审法院审判:尽管世华公司的一审诉请为长城公司给付拖欠的广告发布费、违约金等,但本案涉及了广告发布合同的定性问题。一审法院济南市历下区人民法院认为,世华公司、长城公司先后签订的三份《广告发布合同》,系双方真实意思表示,且不违反法律规定,合法有效,双方均应按约履行义务。根据对双方签订的《广告发布合同》进行分析,其法律关系应为广告牌的租赁合同关系。

上诉人长城公司上诉请求撤销一审判决,其中一个事实和理由是,《广告发布合同》在法律性质上属于委托合同,根据《中华人民共和国合同法》第四百一十条规定,委托人或者受托人可以随时解除委托合同。因此,我公司解除合同的行为不属于违约。

二审法院审判:世华公司与长城公司签订的三份《广告发布合同》均系有效合同,双方均应依约行使权力、履行义务。根据合同约定内容看,长城公司承担合同期内的广告画面的喷绘和安装费等,双方应系租赁关系,长城公司主张系委托关系,本院不予支持。

从上述案件可以看出,本案中长城公司(甲方)和世华公司(乙方)就广告牌的租赁而签订了广告发布合同。从该合同约定来看,该合同属于租赁合同。其理由在于:第一,长城公司(甲方)明确表示"委托乙方发布户外广告牌1块,广告内容由甲方确定";第二,甲方承担合同期内的广告画面的喷绘和安装费;第三,合同的违约责任条款明确约定,乙方和第三方的权利和责任,全部由甲方承担和接受,若因乙方原因未及时付款而导致的乙方和第三方产生的违约责任,全部由甲方承担,乙方有权解除合同。根据《合同法》第212条"租赁合同是出租人将租赁物交付承租人使用、收益,承租人支付租金的合同"以及第396条"委托合同是委托人和受托人约定,由受托人处理委托人事务的合同"的规定,这并不构成委托关系,而应定性为租赁关系。

二、户外广告制作发布合同的框架结构

根据户外广告制作发布合同的特点,其一般包括如下主要条款:

✓ 广告内容。该条款对广告的内容进行明确。

✓ 广告规格。

✓ 广告制作发布数量及地点。该条款对广告制造发布的数量(频次)以及发布地点进行约定。

✓ 广告发布期限。该条款对广告发布的期限进行约定。

✓ 广告制作安装要求。该条款规定了广告经营者制作安装广告的质量和其他要求。

✓ 制作工期。该条款规定了广告经营者制作安装广告的时间要求。

✓ 广告验收。该条款规定了对广告经营者制作的广告进行验收。

✓ 广告发布要求。该条款主要对广告经营者在发布期限内保持广告安全、完整、清洁,在发布期限内对所制作的广告进行修理、更换、日常管理和维护等义务进行明确。

✓ 合同总价款。该条款对合同总价款进行明确,包括是否属于总括价款以及是否属于含税价等。

✓ 付款方式及期限。该条款对付款方式、付款金额及期限进行明确。

✓ 特别约定。该条款对广告发布所涉行政审批手续、广告经营者的优先合作权、对第三人的侵害以及不得转让等进行明确。

✓ 知识产权保护。该条款主要对不得侵犯第三人的知识产权以及保守商业秘密等进行明确。

✓ 违约责任。

✓ 其他通常条款。

三、户外广告制作发布合同的审查

（一）户外广告制作发布合同当事人的主体资格

公司律师或法律顾问在审查时,应注意审查主体资质、资格证明、文件等。具体而言,如果是专营广告业务的企业,只需审查企业营业执照的经营范围;如果合同是与广告代理商签订,需要审查广告代理商是否具备相应的媒体广告代理授权(审查其与媒体签订的广告代理协议、媒体签发的广告代理授权书等);广告发布者是否获得了相应的广告资源发布审批权,如户外广告设置证,但无须取得市监部门的户外广告登记证。这是因为,《广告法》(2015 年修正)第 41 条第 2 款[《广告法》(2021 年修正)第 41 条第 2 款]规定:"户外广告的管理办法,由地方性法规、地方政府规章规定。"2016 年 2 月 3 日,国务院公布《关于第二批取消 152 项中央指定地方实施行政审批事项的决定》(国发〔2016〕9 号),取消原属市、县级工商行政管理部门(市场监督管理部门)实施的户外广告登记行政审批事项。随后,国家工商总局废止了《户外广告登记管理规定》(国家工商行政管理总局令第 25 号,2006 年修订)。如前所述,根据《广告法》(2021 年修正)的相关规定,市监部门对广告的事前监管仅限于医疗、药品、医疗器械、保健食品、特殊医学用途配方食品、农药、兽药、农业转基因生物八类依法实施广告发布许可审查的广告,这八类广告未经审查批准不得发布。但《城市市容和环境卫生管理条例》(2017 年修订)第 11 条第 2 款规定:"大型户外广告的设置必须征得城市人民政府市容环境卫生行政主管部门同意后,按照有关规定办理审批手续。"因此,大型户外广告的设置仍需取得户外广告设置证。

为避免制作发布合同对方主体不合法,可以在广告发布合同中要求对方作出保证:其具有履行本合同的各项法定资格、资质,同时应负责办理本合同中广告发布所涉及的行政审批、登记、备案等一切相关手续。参见下例:

【例15—0】广告制作发布合同的特别约定条款

X	特别约定
X.1	乙方承诺完全具备签订及履行本合同的资格和能力,乙方应以自己的资金、技术、劳力和设备独立完成本合同项下的户外广告制作安装及发布,未经甲方书面同意,不得将其转让给第三方;
X.2	本合同项下广告发布所涉行政审批手续(包括但不限于市容、市监等),均由乙方负责办理,费用由乙方承担。如因广告发布手续办理不及时或手续不全而导致广告被禁止发布或甲方受到有关部门处罚,所造成的损失概由乙方承担。

(二)户外广告制作发布合同的制作、发布事项

公司律师或法律顾问在审查时,应分别注意广告的制作和发布两个阶段的事项要求。比如,在广告制作阶段,应注意审查是否有广告制作材料要求、质量要求以及安全要求等,以及制作工期和验收条款;在发布阶段,应注意审查是否有发布要求,如广告发布的种类、版本、规格、发布媒体、版面设置、位置、页面、形式及发布时段、次数等。同时要审查广告发布合同是否明确约定了广告发布的规格和计量方法。若是户外广告发布合同,还应审查发布地点是否明确具体等。此外,还应审查广告发布合同是否明确了广告主对制作发布广告的监督权。

【例15-9】广告制作发布合同的制作发布要求条款

X	广告制作安装要求
X.1	质量要求
X.1.1	以甲乙双方确认的具有相应资质的[　　]设计院设计的施工图为准进行施工;
X.1.2	具体要求:[　　　　　　　　　　　　]。
X.2	材料要求
X.2.1	使用材料的种类、品牌或生产厂家、规格和型号、保质期等: ……
X.2.2	乙方提供的本合同项下广告制作所需材料均应是附有质量合格证明的材料,若无合格证明,则必须经甲方检验或甲方所在地质检机构检验合格后方可使用,由此产生的费用由乙方承担。
X.3	安全要求
X.3.1	乙方必须遵守国家有关安全管理的规定,采取必要的安全防护措施,消除事故隐患。在施工过程中发生的工伤事故及安全事故,由乙方负责。
X.3.2	本合同项下户外广告在制作安装过程中及发布期限内,由于户外广告制作安装、使用材料质量或其他任何原因(包括但不限于物体脱落、倒塌等)导致的乙方自身及甲方或第三人的人身及财产损失均由乙方承担。
Y	工期
	乙方应在[　]年[　]月[　]日前将本合同项下户外广告制作安装完毕并经甲方验收合格。
Z	验收
Z.1	验收标准: ……

续表

Z.2	乙方在制作安装完毕后,应书面通知甲方验收,甲方在接到书面通知后[ ]天内予以验收。
Z.3	由甲方负责验收,对甲方验收中提出的问题,乙方应在本合同第 Y 条规定的工期内整改、返工,并保证在该期间内通过甲方验收。
Z.4	验收合格后,甲乙双方应书面确认。
W	**广告发布要求**
W.1	乙方承诺确保本合同项下户外广告在发布期限内的安全、完整、清洁,在发布期限内对所制作的广告进行修理、更换、日常管理和维护,所发生的费用已包含在合同第[合同总价款序号]条规定的合同总价款内。
W.2	乙方负责安排专人定时检查本合同项下户外广告发布的户外状况,每季度(月)末向甲方书面反馈广告发布监测情况(包括但不限于提供含有日期显示的数码照片及监测报告)。
W.3	本合同项下户外广告破损或因日晒、雨淋等原因出现某些缺陷,包括褪色、污损或任何损坏等问题,乙方须在出现上述问题后[2]日内向甲方通报并在[5]日内恢复原状,恢复时的质量要求与验收合格时一致,因此发生的费用由乙方承担。同时广告发布时间相应顺延。
W.4	乙方保证每天亮灯时间为[ ]小时。每年 11 月 1 日至次年 3 月 31 日亮灯时间为[ ]-[ ],其他月份为[ ]-[ ],若乙方未按约定亮灯,视为乙方违约,且广告发布时间相应顺延。
W.5	本合同项下户外广告发布期间所需费用(包括但不限于电费)均由乙方承担。
W.6	甲方有权随时对本合同项下户外广告的户外状况进行检查,乙方应积极配合,对甲方检查中提出的问题,按第 W.3 款处理。

(三)合同总价款条款

广告制作发布合同与其他合同的总价款条款的审查关注点类似,如果采用总括价款,需要注意价款应描述为因广告制作、发布而需支付的全部价款,已包含审批费、广告制作费、发布费、维护管理费、检测费和照明等日常消耗费用、相关税费等一切费用在内,除此以外甲方不再对乙方承担任何支付义务。

(四)知识产权保护条款

在广告发布中涉嫌侵犯第三人权利(主要是知识产权和肖像权等)的情形很多,也可能有广告经营者或第三人侵犯广告主权利的情况发生,所以合同中必须包含有关知识产权保护的条款。广告主提供发布的宣传资料及宣传资料中包含的创意、设计、图形、图片和文字等基于广告发布合同约定产生的广告作品,其全部知识产权及其他收益均应归属于广告主所有,未经广告主书面同意,广告经营者、发布方不得擅自使用或提供给任何第三方使用。此外,广告主亦不得侵犯第三人的合法权益。

【例15-10】广告制作发布合同的知识产权保护条款

X	知识产权保护条款
X.1	甲方为发布广告提交给乙方使用的技术资料、设计方案、图纸、设计稿等均属甲方合法完整地拥有,包含有甲方的智力成果,乙方不得在为甲方制作、发布广告以外作任何利用,不得以任何方式提供给第三人,不得复制和留存。
X.2	乙方不得仿制甲方的广告设计。
X.3	乙方不得向第三人提供甲方委托乙方制作、发布广告的任何信息。
X.4	甲乙双方任何一方对本合同洽谈过程中及履行本合同过程中获知的另一方的商业秘密负有保密义务,不得向第三方泄露,但因履行本合同所必须的、中国现行法律法规另有规定的或经另一方书面同意的除外。

(五)侵犯第三人人身、财产时的处理

公司律师或法律顾问还需要注意,广告合同履行可能造成的人身伤亡、财产损失的处理,主要包括广告牌制作安装过程中造成的广告牌制作安装者(广告经营者的员工或其雇佣、委托的人)或其他第三人的人身伤亡或财产损失,广告发布期间因广告牌倒塌、广告经营者维护广告牌等原因造成的广告牌维护者(广告经营者的员工或其雇佣、委托的人)或其他第三人的人身伤亡或财产损失。合同审核过程中应明确上述伤亡或损失的责任承担方,以避免纠纷发生时责任不清或承担了未能预料的损失。相应表述可以参见【例15-9】中的第X.3条款。

(六)广告期满或提前终止时广告的处理

在合同履行完毕或者因各种原因提前终止的情况下,还需要考虑广告牌未及时拆除可能导致的一些问题。如可能面临罚款、广告牌造成第三人的人身伤亡或财产损失等。因此,合同审核中应在合同中明确由哪一方在合同提前终止或合同期满后负责广告牌的拆除及未及时拆除时责任的承担。

【例15-11】广告拆除及责任承担条款

X	广告拆除及责任承担
	本合同项下户外广告发布完毕或被政府有关部门禁止发布或甲乙双方协商一致提前终止发布或乙方违约,而甲方需拆除本合同项下户外广告时,乙方应在接到甲方通知之日起[　]天内予以拆除完毕,拆除过程中的安全由乙方负责,费用由乙方承担,拆除后的材料归[　]方所有,若乙方未按上述要求拆除,则因此产生的一切责任(包括但不限于因造成乙方自身及甲方或第三人人身及财产损失而产生的赔偿责任)均由乙方承担。

除了上述核心条款之外,还需要考虑广告制作发布合同可能面临的各种政策风险。如政府城市管理的政策变化、城市规划的调整、监管力度的强弱等。故,合同审核中应注意此类风险对合同的影响,并在合同中约定出现该类情况时的解决办法。此外,广告合同的审核还应根据实际对其他一些常见事项的处理作出约定,如合同发布期内广告画面的更换及费用承担、根据公司项目实际广告合同需要提前终止等情况。

第 16 章 保密协议(条款)起草、审查精要与实务

> **内容概览**
>
> 在各类合同中,通常都会包含"保密"条款,对保密信息有关事项进行约定。在并购重组合同中,往往还会签订单独的保密协议或者由相关方出具保密承诺书。在本章,笔者对此类条款或协议的审查进行介绍。本章包含如下内容:
> - ✓ 保密协议的概念与分类
> - ✓ 保密协议(条款)的审查

第一节 保密协议的概念与分类

尽管传统意义上,保密协议通常适用于商业交易或并购的磋商、尽职调查阶段,但也适用于研发合作阶段等。其目的主要在于共享有价值的秘密信息、实现特定的商业目的以及为了避免此类信息以损害披露方利益的方式被使用。在目前的实务中,几乎所有类别的合同中通常都会包含一个相对简略的"保密"条款,对保密信息有关事项进行约定。当然,在并购重组或其他重大合同中,往往还会签订单独的保密协议或者由相关方出具保密承诺书。

一、保密协议/保密承诺书的概念

(一)保密协议的概念

我国法律(包括《民法典》合同编典型合同分编)并未对"保密协议"进行明确规定,其属于一种非典型(无名)合同。"保密协议"有广义和狭义之分。广义的保密协议既包括单独的保密协议,也包括合同或协议中的特定保密条款;而狭义的保密协议则仅指单独的保密协议。不论如何,其基本特征及内容都是,当事人约定就

特定资料或信息等予以保密,未经允许不得超出约定范围使用或向第三方披露。

在英文中,保密协议(Confidentiality Agreements,CAs)存在多种不同的名称或称谓,也称为"不披露协议"(Non-Disclosure Agreements,NDAs),还称为"保密披露协议"(Confidential Disclosure Agreements,CDAs)、"独占信息协议"(Proprietary Information Agreements,PIAs)或者"秘密协议"(Secrecy Agreements,SAs)等。但不论如何称谓,其核心内容都基本类似而并不存在实质差异,所以笔者在此将它们统称为保密协议(NDAs)。概括地讲,合同签署前的保密协议是指合同各当事方在合同谈判和协商过程中签署的一份法律文件,其目的在于通过书面协议的方式约束潜在的买方,从而促使卖方放心地披露有关收购目标的保密资料或信息以便于潜在买方进行相关的调查了解和交易分析。

(二)保密承诺书的概念

从本质上看,保密承诺书(confidentiality undertaking)与保密协议并无区别,其唯一的区别在于这是一个负有保密义务的一方或多方对信息披露方的单方面作出的保密承诺,其主要的内容与保密协议并无二致。

二、保密协议的分类

在实践中,根据保护对象的不同,可将保密协议分为"单向保密协议"(One-way Agreements)和"双向保密协议"(Two-way Agreements or Mutual agreements)。

所谓单向保密协议(亦称为单方、单边保密协议),是指仅仅信息接受方对信息披露方承担保密协义务的协议。在并购实践中,标的公司通常提供的保密协议模板都是投资方或并购方单方保密的,但事实上几乎所有的项目都存在双向的保密信息披露,如投资方可能应出让方的要求提供资信资料或证明,以及符合法律法规规定的股东资格的证明等资料,则此时应选择双向保密协议。

所谓双向保密协议(亦称为双方、双边保密协议),是指交易双方互为信息接受方和信息披露方,同时向对方承担义务和享有权利的协议。双向保密协议是实务中最为常见的类型。

第二节 保密协议(条款)的审查

一、保密协议的框架结构和主要条款

一般而言,一个完整的保密协议应包括保密主体条款、保密客体条款、保密方式条款和保密期限条款四个部分。典型保密协议的主要内容包括如下几个方面：

✓ 保密信息的范围和内容。保密信息通常包括技术信息和经营信息两大类，不同的企业和同一企业不同的时点，所持有的需要保密的信息的范围和内容并不相同。

✓ 承担保密义务的主体。承担保密义务的主体要明确哪些人负有保密义务。

✓ 保密信息的使用方式。保密信息的使用方式是指信息披露方要求信息接收方不得向第三方披露，不得编辑、改写后披露，不得复制或不得将保密信息用于合同之外的目的等。

✓ 保密期限及其终止。

✓ 保密信息的授权使用及返还、销毁。

✓ 不招揽（或不招聘）义务等。本条款的目的在于，防止对方对本方的员工进行招揽或雇佣。特别是对那些掌握有其保密信息、商业秘密、专有技术的人员。

当然，除了上述这些主要的条款，保密协议还应具有一般合同的其他条款要素，比如鉴于条款、定义、违约责任、生效与有效期等。

二、保密协议主要条款的审查

合同一方在缔结合同的过程中，往往都需要向合同对方披露信息或接收合同对方披露的信息，披露方为了保护自己所披露的信息不被未经许可的任何他人知悉，或者不希望除合同方以外的第三方知悉有关商业往来信息，通常会要求签订保密协议或保密承诺书，或在合同中约定保密条款，保护合同方的权利。

（一）保密信息的范围和内容

《反不正当竞争法》（2019年修正）第9条第1款至第3款规定了经营者、经营者之外的其他人以及第三人不得侵犯他人商业秘密的义务（"禁止盗用规则"），第4款规定"本法所称的商业秘密，是指不为公众所知悉、具有商业价值并经权利人采取相应保密措施的技术信息、经营信息等商业信息"。据此，商业秘密具有"不为公众所知悉"、"具有商业价值"和"采取相应保密措施"三大构成要件，通常也被称为秘密性、价值性和保密性。

《侵犯商业秘密司法解释》第1条规定："与技术有关的结构、原料、组分、配方、材料、样品、样式、植物新品种繁殖材料、工艺、方法或其步骤、算法、数据、计算机程序及其有关文档等信息，人民法院可以认定构成反不正当竞争法第九条第四款所称的技术信息。与经营活动有关的创意、管理、销售、财务、计划、样本、招投标材料、客户信息、数据等信息,人民法院可以认定构成反不正当竞争法第九条第四款所称的经营信息。前款所称的客户信息,包括客户的名称、地址、联系方式以及交易习惯、意向、内容等信息。"第 2 条规定:"当事人仅以与特定客户保持长期稳定交易关系为由,主张该特定客户属于商业秘密的,人民法院不予支持。客户基于对员工个人的信赖而与该员工所在单位进行交易,该员工离职后,能够证明客户自愿选择与该员工或者该员工所在的新单位进行交易的,人民法院应当认定该员工没有采用不正当手段获取权利人的商业秘密。"已废止的《最高人民法院关于审理不正当竞争民事案件应用法律若干问题的解释》(法释〔2007〕2 号)第 13 条曾规定:"商业秘密中的客户名单,一般是指客户的名称、地址、联系方式以及交易的习惯、意向、内容等构成的区别于相关公知信息的特殊客户信息,包括汇集众多客户的客户名册,以及保持长期稳定交易关系的特定客户。客户基于对职工个人的信赖而与职工所在单位进行市场交易,该职工离职后,能够证明客户自愿选择与自己或者其新单位进行市场交易的,应当认定没有采用不正当手段,但职工与原单位另有约定的除外。"[1]据此,他人不得侵犯商业秘密权利人的权利是法定义务,但保密义务若能经过保密协议细化仍具有较大的现实价值:第一,对于商业秘密的范围可以进一步细化,避免争议;第二,保密协议的约定和签署本身就构成"保密措施"的一种形式[2];第三,可以对违反保密义务的违约责任进行明确,使得保密义务有所保障。

故此,保密协议中应对保密信息的范围和内容进行明确的约定,切忌采用笼统或概述性的描述。所谓保密信息的范围和内容,亦称为保密的客体。保密信息的范围和内容是保密协议的核心条款,哪些内容应作为保密信息予以保密,这对于信息披露方和信息接受方来说都极为重要。如果保密信息约定不明,则承担保密义务的一方将无所适从,不知道对哪些信息需要承担保密义务,不利于后期合同的履行,也不利于保护信息披露方的权益。

实务中需要特别注意的是,对于企业而言,客户名单并不直接等于商业秘密。

---

[1] 该司法解释被《最高人民法院关于适用〈中华人民共和国反不正当竞争法〉若干问题的解释》(法释〔2022〕9 号)于 2022 年 3 月 20 日废止。新的司法解释删除了有关商业秘密的相关规定,这是因为该部分内容在《最高人民法院关于审理侵犯商业秘密民事案件适用法律若干问题的规定》(法释〔2020〕7 号)中已经有相关规定,没有必要重复规定。

[2] 参见《最高人民法院关于审理侵犯商业秘密民事案件适用法律若干问题的规定》(法释〔2020〕7 号)第 6 条规定:"具有下列情形之一,在正常情况下足以防止商业秘密泄露的,人民法院应当认定权利人采取了相应保密措施:(一)签订保密协议或者在合同中约定保密义务的;……"

客户名单若只是对姓名、地址、联系方式等基本信息的简单罗列，通常难以满足商业秘密的构成要件，尤其是"秘密性"。如在麦达可尔（天津）科技有限公司、华阳新兴科技（天津）集团有限公司侵害商业秘密纠纷再审民事判决书[最高人民法院（2019）最高法民再268号]中，最高院认为：

受商业秘密保护的客户名单，除客户的名称地址、联系方式以及交易的习惯、意向、内容等信息所构成外，还应当属于区别于相关公知信息的特殊客户信息，并非是指对所有客户名单的保护。……在当前网络环境下，相关需方信息容易获得，且相关行业从业者根据其劳动技能容易知悉；其次，关于订单日期、单号、品名、货品规格、销售订单数量、单价、未税本位币等信息均为一般性罗列，并没有反映某客户的交易习惯、意向及区别于一般交易记录的其他内容。在没有涵盖相关客户的具体交易习惯、意向等深度信息的情况下，难以认定需方信息属于反不正当竞争法保护的商业秘密。

在本案中，最高院认为，商业秘密范畴内的客户名单，除客户的名称、地址、联系方式外，更应当包含不能够轻易为公众知悉的特殊客户信息，例如交易的习惯、意向、内容等信息，并且客户数量的多寡并非判断客户名单能否作为商业秘密被保护的必要条件。此外，与客户的交易时间的长短也并非衡量客户名单是否属于商业秘密的必要条件。司法实践显示，不能仅以交易次数较少或者接触时间短为由，认定涉案客户名单容易获得。有的客户交易时间虽短甚至尚未进行交易，也可能是企业付出了大量心血，通过长时间的走访和市场调研等多种努力才成为企业客户，这些信息也应认定为商业秘密①。最后，《侵犯商业秘密司法解释》第2条第1款规定："当事人仅以与特定客户保持长期稳定交易关系为由，主张该特定客户属于商业秘密的，人民法院不予支持。"因此，与特定客户之间的长期稳定的交易关系本身也不能构成商业秘密的客体。如在江苏欧耐尔新型材料股份有限公司与无锡帝科电子材料科技有限公司、殷某雨侵害经营秘密纠纷二审民事判决书[江苏省无锡市中级人民法院（2017）苏02民终461号]中，原告主张的商业秘密之一为其与特定客户形成的良好的合作关系。法院认为："商业秘密只能是某种呈现在一定的载体上并具有特定内容的信息，而不是某种社会关系，原告主张的客户关系因缺乏具体的内容而不属于法律规定的商业秘密的范围。"《侵犯商业秘密司法解

---

① 参见宋某超、鹤壁睿明特科技有限公司侵害商业秘密纠纷再审审查与审判监督民事裁定书[最高人民法院（2018）最高法民申1273号]；河南中联热科工业节能股份有限公司、河南玖德智能设备有限公司等与王某杰、王某等侵害商业秘密纠纷二审民事判决书[河南省高级人民法院（2019）豫知民终450号]。

释》第 2 条第 2 款规定:"客户基于对员工个人的信赖而与该员工所在单位进行交易,该员工离职后,能够证明客户自愿选择与该员工或者该员工所在的新单位进行交易的,人民法院应当认定该员工没有采用不正当手段获取权利人的商业秘密。"这一规定表明,除非员工与原单位另有特别约定,客户或者该员工所在的新单位基于"个人信赖"而进行交易的,可以成为构成侵犯商业秘密的阻却理由。

应该讲,如何平衡商业秘密权利人与社会公知之间的冲突一直以来都是商业秘密保护中的难题。在客户名单保护中,如果不加区别地将所有客户信息全部纳入商业秘密权利范围,就有可能妨碍员工自由流动,也不利于督促企业改进管理模式、提升服务质量;如果保护范围过窄,则可能导致企业之间陷入丛林法则的深渊,丧失独立开发客户名单的积极性。

1. 保密信息的范围和内容确定的方式

在实践中,保密信息的确定主要有如下两种方式:

方式一:保密信息必须明示为"保密"。即是说,信息披露方提供给信息接收方的任何信息,如果希望予以保密的话,则应该明确标示为秘密。

方式二:对希望保密的信息采取列举的方式。在这种方式下,实务中通常还可以采取正向定义和列举的方式,也可采取反向排除的方式。

【例 16-1】保密信息的范围和内容

【示范条款 1】:明示保密

任何一方都应对本协议的存在这个事实和协议内容以及信息披露方在执行合同过程中提供的且标示为"秘密"的信息(「保密信息」)予以保密,未经信息披露方书面授权不得将这些信息披露给任何第三方,而且对于所有与该协议有关的或可能知道该协议的员工,应让他们知晓该协议有关事项以及协议性质并要求这些员工保密。

评析:该款对于保密范围的界定是明确的,相对而言,对于信息接收方可能更有利,因为除了本协议存在的事实以及协议内容之外,除非信息披露方标示为"秘密"的信息,信息接收方才具有保密义务。此外,标注为"秘密"也属于保密措施之一。就此,《侵犯商业秘密司法解释》第 6 条规定:"具有下列情形之一,在正常情况下足以防止商业秘密泄露的,人民法院应当认定权利人采取了相应保密措施:……(四)以标记、分类、隔离、加密、封存、限制能够接触或者获取的人员范围等方式,对商业秘密及其载体进行区分和管理的;……"

【示范条款2】：正向定义

「保密信息」：系指一方直接或间接向另一方披露的与工作有关的所有数据、报告、记录和笔记、编辑、研究或其他信息，不管是口头披露还是书面披露，或是以其他任何方式披露，概不例外。

「保密信息」：系指甲方或甲方的关联公司或他们的代表、代理、咨询师、顾问直接或间接向信息接收方或信息接收方的关联公司或与实际进行或拟进行商业活动有关的他们的代表、代理、咨询师、顾问披露的所有数据、报告、记录、通信、笔记、编辑、研究或其他信息，不管这种信息是以口头、书面、机读形式还是其他方式披露，也不管这种信息是否被标示为"秘密"。为更为明确，保密信息应包括保密信息接收人对保密信息予以评价所得结果、结论和发现以及源自该保密信息的其他任何信息。

评析：此种方式采取了正向概括和列举的方式对保密信息进行了定义和界定，此时可能不管信息是否被标示为"秘密"。同时，第2个定义还延伸到由保密信息衍生而出的任何其他信息。

【示范条款3】：反向排除

保密信息不包括以下信息：

（1）披露之时已经进入公共领域的信息；

（2）披露之后非因信息接收方违反本保密义务而为公众所知晓的信息；

（3）披露之时已为信息接收方拥有的信息；

（4）披露之后由不承担保密义务的第三方披露给信息接收方的信息；

（5）适用的法律、证券交易所法规或政府命令、法令或法规条例要求信息接收方披露的信息，但信息接收方应尽力在披露前迅速书面通知信息披露方。

如果保密信息满足下列条件之一，则信息接收方可以未经信息披露方事先书面同意披露保密信息：

（1）相关的保密信息在根据本协议向信息接收方披露之日已经为信息接收方或信息接收方的关联公司所知悉的信息；

（2）非由于本协议保密信息接收方或任何根据本协议接收保密信息的其他人的作为或不作为而已为公众所拥有或能够获得的信息；

（3）适用的法律、证券交易所法规或政府命令、法令或法规条例要求信息接收方披露的信息，但信息接收方应尽力在披露前迅速书面通知信息披露方。

评析：此种方式采取反向排除的方法。即是说，除了这些情况下的信息不属于保密信息之外，其他信息披露方披露给信息接收方的与本项目有关的信息都属于保密范畴。需要注意的是,通常情况下,不属于保密信息的范围一般包括如下三种情形:一是,信息已经为公众所掌握或知晓;二是,非因信息接收方的原因而导致信息为公众所知晓;三是,因法律、法规的强制性规定的要求而披露的信息。事实上,在实践中,通常会将正向定义和反向排除的方法结合起来对保密信息的范围进行明确和界定。例如,将上述【示范条款2】和【示范条款3】结合在一起就是一个不错的保密协议的核心条款了。

综上所述,实践中,保密条款中一个完备的保密信息一般采用"正向概括+反向排除"的方式进行界定。所谓正向概括,就是规定披露方向接收方提供的所有信息,不论是以口头、书面或者其他任何形式出现,都属于保密信息。反向排除,就是列明几种特定信息不属于保密信息,比如在披露时已经为社会公众所知悉的信息,接收方独立开发的信息,接收方从第三人处合法获得的信息,且该第三人不受任何法定或约定的保密义务的约束等。

除此之外,需要注意的是,还存在对交易或交易合同本身的保密的要求。即,不允许双方对外披露本交易或本交易合同的存在和相关信息或细节。这主要适用于收并购的前期谈判、意向磋商阶段。例如,在涉及上市公司的收购时,上市公司不希望因为尚不确定的交易影响股价,会要求双方对前期谈判进行保密。例如,在意向书中约定"本意向书的内容及存在均属于保密信息,双方均不得对外披露""本次合作作为上市公司重大事项,可能对上市公司的股价产生重大影响,属于上市公司未公开内幕信息,标的公司实际控制股东、管理层及知晓本合作的各方均负有保守上市公司内幕信息的法定义务。双方承诺对相关合作协议条款严格保密"。再例如,"双方同意本合同的内容应对外保密,除双方必要人员知情以外,不得向任何第三方(包括……)披露本合同的存在以及本合同的全部或部分内容"。

2. 对保密信息载体的约定

除了上述要界定保密信息的范围或者保密的内容之外,在实务中还需要关注的是保密信息的载体。有关要点如下:

第一,披露方通常希望保密信息的形式或载体最好涵盖所有的形式,包括但不限于任何书面、口头、电子载体(网络、电邮、光碟等);

第二,披露方甚至希望将保密信息扩大到接收方及其关联方,甚至咨询机构根据该等保密信息进行研究、评价以及开发所得的工作成果或产品等。

3. 对保密信息的例外确定

《侵犯商业秘密司法解释》第3条规定:"权利人请求保护的信息在被诉侵权

行为发生时不为所属领域的相关人员普遍知悉和容易获得的，人民法院应当认定为反不正当竞争法第九条第四款所称的不为公众所知悉。"第4条规定："具有下列情形之一的，人民法院可以认定有关信息为公众所知悉：（一）该信息在所属领域属于一般常识或者行业惯例的；（二）该信息仅涉及产品的尺寸、结构、材料、部件的简单组合等内容，所属领域的相关人员通过观察上市产品即可直接获得的；（三）该信息已经在公开出版物或者其他媒体上公开披露的；（四）该信息已通过公开的报告会、展览等方式公开的；（五）所属领域的相关人员从其他公开渠道可以获得该信息的。将为公众所知悉的信息进行整理、改进、加工后形成的新信息，符合本规定第三条规定的，应当认定该新信息不为公众所知悉。"

因此，实务中，如下四类信息一般会被视为保密信息的例外情形时：

✓ 信息披露时，信息接收方自己拥有或掌握的信息；信息接收方自己独立开发并知悉的信息（"自主研发"）；①

✓ 信息披露时，信息接收方可以从公众领域或社会公众或其他公开渠道获得的信息（"公知信息"）；

✓ 信息披露时，信息接收方从第三方获得的信息，且该第三方对此信息并无保密义务（"从第三方合法取得"）；

✓ 适用的法律、法规或其他政府命令、法令要求接收方披露的信息（"法律强制披露"）。

（二）承担保密信息义务的主体

通常，合同的签约方当然属于保密主体，但是在实践中几乎不可能只有签约方才可能接触到签约对方的保密信息，信息接收方的关联公司、咨询公司以及融资银行等（下称接收方的代表）都有可能接触到保密信息。因此，保密主体一般都会扩展到这些主体。概括地讲，只要是保密信息的接收方都应当作为保密主体。但是，根据合同相对性原则，签约方不可能为签约方以外的第三方设定义务。譬如，甲乙双方签订的合同，其条款不可能对甲乙双方之外的第三方，包括甲乙双方的关联公司（控股母公司、子公司、姊妹公司）以及各种咨询公司、银行等具有约束力。在这

---

① 《侵犯商业秘密司法解释》第14条规定："通过自行开发研制或者反向工程获得被诉侵权信息的，人民法院应当认定不属于反不正当竞争法第九条规定的侵犯商业秘密行为。前款所称的反向工程，是指通过技术手段对从公开渠道取得的产品进行拆卸、测绘、分析等而获得该产品的有关技术信息。被诉侵权人以不正当手段获取权利人的商业秘密后，又以反向工程为由主张未侵犯商业秘密的，人民法院不予支持。"

种情况下,实务中通常采用"加入协议"的方式予以解决。

1. 约定承担保密义务主体的方式

信息披露方为了加强对其所披露的信息的保护,一般采取如下三种措施来保护其利益:

方式一:要求信息再披露必须经过信息披露方事前书面许可。但基于信息披露方可能因其他原因欲终止合同而无故"刁难"保密信息接收方,可以在该条款后面加上"信息披露方不得无故拒绝"等类似的语句。

方式二:允许信息接收方向其关联公司、咨询公司等披露保密信息,但必须限于为履行合同而有必要接触保密信息的关联公司、咨询公司等,从而达到限制接触保密信息的主体的目的。譬如,只允许信息接收方执行该合同的员工接触保密信息,其他员工不得接触该保密信息;只允许信息接收方的为执行合同而必须接触保密信息的关联公司、咨询公司接触保密信息,其他主体不得接触该保密信息。同时,还必须要求信息接收方保证在其再披露信息的过程中,再披露信息接收方应当按照信息披露方和信息接收方约定的保密条款履行保密义务。

方式三:签订信息披露方可以直接执行的保密协议。该种方式一般是在原来的主合同中约定一个保密条款,要求信息接收方对保密信息承担保密义务,并且要求信息接收方在对其关联公司或咨询公司进行再披露时与这些关联公司或咨询公司签署一份保密协议,该保密协议可以由原信息披露方直接执行。换句话说,该保密协议可以约束原保密信息披露方、原保密信息接收方和保密信息的再披露接收方(所谓的"加入协议")。

下面我们以如下示例来说明保密条款中如何约定保密主体。

【例16-2】承担保密义务的主体

【示范条款1】:

除非事先获得信息披露方书面许可,否则,信息接收方不得将该保密信息披露给其除雇员之外的任何人,但信息披露方不得无故拒绝。

评析:该条款的约定将使信息接收方在向其他第三方(包括向其关联公司或供应商、承包商、银行等)披露保密信息时,必须经过信息披露方的书面许可,这样信息披露方在一定程度上可以掌握接触保密信息的实体范围。

但是,这对于信息接收方而言则可能意味着潜在的法律风险。即,如果信息披露方无故不允许保密信息的再披露的话,则信息接收方很有可能无法履行合同。譬如,如果信息接收方需要向银行贷款才能进一步履行合同,并且又必须向银行披露某些保密信息时,这个时候信息披露方如果不允许的话,将导致信息接收方无法获得贷款,从而可能导致信息接收方无法履行合同。

如上所述,一般而言信息披露方不会这样为难信息接收方,但不可否认可能存在信息披露方由于某些原因欲终止合同而无故"刁难"保密信息接收方的情况,故信息接收方一般会要求在条款中加入本例中的类似语句"但信息披露方不得无故拒绝"。

【示范条款2】:

信息接收方承诺,提供的保密信息只会披露给那些为履行与本协议所规定的目的有关的义务而合法且绝对必要知晓该保密信息的员工、关联公司及任何其他人(包括但不限于咨询公司、银行、供应商、承包商等)。

评析: 从本条款的约定可以看出,即使是信息接收方的员工也不是都可以知晓保密信息,只有那些必须为了履行本合同规定的义务而绝对有必要知晓的员工才可以知晓。除此之外的其他员工都无权获悉该等保密信息。

同时,信息接收方向其关联公司、咨询公司等其他第三人再披露保密信息时,同样需要遵从上述原则。

【示范条款3】:

X	保密
X.1	信息接收方可以不经信息披露方事先书面同意将保密信息披露给执行本协议的「关联公司」,但信息接收方必须保证「关联公司」遵守本条的保密规定。
X.2	信息接收方有权不经信息披露方事先书面同意向下列人披露保密信息,但应限于这些人为执行合同而明确需要知晓的范围内: (ⅰ)信息接收方的雇员、管理人员和董事;或 (ⅱ)上述信息接收方「关联公司」的雇员、管理人员和董事; (ⅲ)上述信息接收方的「咨询公司」、「供应商」、「承包商」的雇员、管理人员和董事; ……

评析: 本示例条款将信息接收方可以再披露的对象范围缩小到为执行合同而必须要接触这些保密信息的关联公司、咨询公司、供应商、承包商及其相关工作人员。同时,信息接收方还必须保证这些关联公司及相关员工必须按照合同保密条款承担保密义务。

【示范条款4】:

X	保密
X.1	信息接收方可以不经信息披露方事先书面同意将保密信息披露给执行本协议的「关联公司」,但信息接收方必须保证「关联公司」遵守本条的保密规定。

续表

X.2	信息接收方有权不经信息披露方事先书面同意向下列人披露保密信息,但应限于这些人为执行合同而明确需要知晓的范围内: (ⅰ)信息接收方的雇员、管理人员和董事;或 (ⅱ)上述信息接收方「**关联公司**」的雇员、管理人员和董事; (ⅲ)上述信息接收方的「**咨询公司**」、「**供应商**」、「**承包商**」的雇员、管理人员和董事; ……
X.3	信息接收方应保证所有根据本协议接受保密信息的这些人对这些保密信息保密,不会向任何未授权方披露或泄露保密信息;
X.4	在向上述第[X.1]款和[X.2]款允许的这些人披露信息前,信息接收方应从这些信息披露接收者那里获得本协议信息披露方和信息接收方都有权执行的保密承诺,其内容和形式应基本和本条款一致。

评析:在上述【示范条款1】至【示范条款3】中,信息披露方可以通过合同约束的只有签约的信息接收方,而对合同之外的任何第三方,包括接触保密信息的关联公司和咨询公司,在合同框架下却无能为力。当然,对于这些关联公司或咨询公司的非法行为,信息披露方既可以通过侵权之诉去保护自己的利益,也可以直接对信息接收方通过违约之诉达到自己的目的。但有时,信息披露方为了能够直接对这些关联公司或咨询公司采取违约之诉,往往会要求信息接收方在进行信息再披露时要求这些关联公司或咨询公司签订一份单独的保密协议,该保密协议可以由原信息披露方直接执行。本示例就是这样的例子,在第X.4款中,信息披露方就要求信息接收方在再披露之前获得信息披露方和信息接收方都有权直接执行的保密承诺,并且内容和形式应基本和本条款一致。

从上述这些示范条款可以看出,签约方对保密主体的限制可以为合同的顺利履行奠定基础。信息接收方可以将关联公司、咨询公司、承包商等的范围扩大,从而扩大自己进行再披露的权利;而信息披露方则可以将这些主体的范围缩小,从而限制信息接收方进行再披露的权利。

2. 加入协议

《反不正当竞争法》(2019年修正)第9条第3款规定:"第三人明知或者应知商业秘密权利人的员工、前员工或者其他单位、个人实施本条第一款所列违法行为,仍获取、披露、使用或者允许他人使用该商业秘密的,视为侵犯商业秘密。"《侵犯商业秘密司法解释》第11条规定:"法人、非法人组织的经营、管理人员以及具有劳动关系的其他人员,人民法院可以认定为反不正当竞争法第九条第三款所称的员工、前员工。"《反不正当竞争法》(2019年修正)第9条第3款规定的"员工、前员工"并非严格的法律术语,在实务中容易引发争议。《侵犯商业秘密司法解释》第

11条明确,与法人、非法人组织具有劳动关系的人员,可以认定为员工、前员工。同时,法人、非法人组织的经营、管理人员也属于员工、前员工。尽管如此,在实务中,承担商业秘密保密义务的主体并不仅限于上述的"员工、前员工",很多时候,与信息接收方具有关联关系、密切商业合作的其他单位的员工或人员仍然需要纳入保密主体范畴中来,这也是"加入协议"产生的一个动因。

在实践中,"加入协议"随处可见,从法律上其产生的根本原因在于一个合同法的基本理论和规则——"合同相对性"原则,即合同只对合同的签约方产生法律约束力,而不对合同之外的第三方产生法律约束力,除非法律法规另有明确规定。如前所述,卖方如何才能在保密协议中约束买方的关联人和其他信息知悉方,使他们遵从保密义务呢?因为,他们并不是保密协议的合同对方,根据合同相对性原则,保密协议并不能对他们产生法律上的约束力。其实方法很简单,就是要求信息接收方向其代表披露保密信息之前签署一份"加入协议"以使他们成为保密协议的签约方或当事方——简单地讲,加入协议的根本作用就是将需要遵从保密义务的主体通过一份保密协议的变更协议或加入协议加入保密协议中来,使其从保密协议最初的生效日起就受保密协议的条款的约束,这就是为了解决合同相对性原则和信息披露方对保密义务的需要而产生的。

一般来说,加入协议的主要内容和要点如下:
- ✓ 在协议的首部明确加入方以及术语的适用;
- ✓ 明确加入方加入到保密协议中,并自始受其约束;
- ✓ 加入协议的生效;
- ✓ 加入协议的签署。

下面是一个典型的加入协议:

【例16-3】加入协议

加入协议示范	评述
保密加入协议 　　本保密加入协议由[**加入方的全称**](「加入方」)为「卖方」之利益于[2014]年[12]月[04]日在[**签署地**]签署(「加入协议」)。加入方系一家按照[**国家或地区**]法律注册成立的[**公司的类型**],其主要注册地[或营业地]位于[**地名**]。加入协议使用的并未定义的术语(括号内加黑标示)应当具有「保密协议」(定义如下)所列示的含义。	本协议在首部注明了本协议未定义的术语应具有保密协议下的术语的含义。

续表

加入协议示范	评述
序言 鉴于： 1.「**买方**」已经于[2014]年[10]月[10]日与卖方签署了一份保密协议（「**保密协议**」）； 2.加入方系一个与卖方和买方的一个潜在交易有关的可能的权益融资人和/或债务融资人； 3.加入方希望审阅卖方的「**保密信息**」以评估参与上述潜在交易的可能性； 4.卖方和买方及其「**代表**」提供保密信息给加入方的前提条件是加入方签署并使加入协议生效。	本协议的"鉴于"条款，更便于我们了解背景。譬如，我们明确知道加入方是一个并购中可能加入的权益融资人或债务融资人。
因此，加入方同意如下： 1.加入方已经收到并审阅保密协议的副本。加入方在此加入并同意在该保密协议项下作为"买方"受其所有的条款的约束，就像他最初即作为"买方"签署该协议一样。 2.对加入方的通知应当送至如下地址： [**具体的通信地址**] 3.加入协议应当适用[**国家或地区**]法律并据以作出解释。 4.加入协议于加入方在上述第一次所提签署日期生效，以兹为证。	本部分需要注意两点：一是明确了加入方确认收讫并确认充分有效且有价值的对价，这是合同法对价理论的要求，以避免无对价导致的"约因"；二是增加了通知、法律适用的条款，减少合同履行中可能产生的争议。
加入方：[**加入方的全称**] 授权签署人：_____ 职务：_____	

总体评述：应该讲，本示例是一个比较完善的加入协议范本。主要体现在如下几个方面：(1)解决了术语定义及适用的问题；(2)增加了背景介绍的"鉴于"条款，使协议使用者可以更明确该协议适用的范围和作用；(3)正文条款部分增加了确认收到保密协议副本以及其他必要的通知、法律适用条款等，减少协议履行过程中可能产生的风险。

(三)保密信息的使用方式

保密信息的使用方式亦即保密方式。简单地讲，保密方式就是指信息披露方要求信息接收方不得向第三方披露，不得编辑，不得改写后披露，不得复制或不得将保密信息用于合同之外的目的等。除此之外，保密条款一般还会加上一个兜底的任何其他方式来对保密方式进行限制。

【例16-4】保密协议中接收方"授权使用及使用限制"条款示例

> 买方不得对任何人披露保密信息,并且不得除为评估、谈判和/或完成一个**可能的交易**之外的任何目的而使用该等保密信息。但买方因如下事项而向其**代表**披露保密信息的除外:
> [*例外的具体情形*]

评析:在本示例中,买方只有在为了评估、谈判和/或完成买卖双方未来的可能的并购交易之目的时才可获得授权使用的权利。同时,买方向其代表披露保密信息存在例外的情形。这些情形通常包括:

(1)买方的董事会、股东会基于内部项目批准之程序而需要;

(2)买方的咨询机构(会计师、律师、金融顾问、行业专家)基于对项目的评估、评价、分析以及涉及交易路径或方案等而需要;

(3)买方基于为并购项目之交易而准备融资计划,而向资本融资方或债务融资方等筹措并购资产而需要,但需要经过信息披露方事先的书面同意。

(四)保密期限与终止

保密期限即信息接收方需要承担保密义务的期间。当然,信息披露方希望时间越长越好,但信息接收方则持相反态度。实践中,一般都是双方协商确定一个合理的期间,期满后保密义务终止。一般而言,对于保密协议而言,协议方可以直接约定保密期限是多少年或者以某项事件的发生或不发生为期限。但是,很多时候签订保密协议主要的目的在于后续签订更为重要的其他主要合同,而在后来签订的这些合同中,基本都会存在保密条款,因此,实践中也经常将签订了能够涵盖保密协议的保密义务的最终并购合同作为保密协议终止的一个原因。

实务中还需要注意,保密期限届满后某些信息被泄露的话,仍然可能对信息披露方造成损害,因此信息披露方可能会要求信息接收方在保密义务结束后,返还或销毁信息披露方提供的各种文件资料,以从根本上杜绝这些保密信息被泄露。实务中,保密义务的期限需要根据交易项目的具体情况而定,但通常遵循如下的几个惯常的原则:

✓ 如果交易双方不能达成交易意向,则卖方当然希望保密期限越长越好,最好是无限期保密,但更可能的期限是要求至少3年;买方则希望一个较短的保密期限,一般的要求是1年,但如果保密信息非常重要和敏感,则卖方通常会坚持3年的保密期甚至无限期。对于不招揽义务,卖方一般会适当让步(比保密义务的期限更短)——可能交易双方妥协的结果是,保密义务的期限是2-3年。

✓ 如果交易双方能够达成交易意向,则保密义务一般在签署最终确定性交易协议时终止,因为后者也会包含新的保密义务条款。

✓ 因此,实践中保密协议的保密义务的期限可能以上述两个期限更早者为准。

当然,上述的保密期限情形通常适用于商业并购、投资等领域,但实务中应注意保密期限通常根据保密信息的性质而区别确定。当涉及的是"商业计划书""战略规划书"等明显带有时效性的信息时,保密期限可以截至前述文件所涉期间经过之日。再如,若涉及的是未公开的专有技术,则可以考虑将保密期限设置至该专有技术公布或者公开申请专利之日止。此外,关于经营合同、投标文件、客户名单等信息则可以根据实际情况确定一个合理的保密期限。

最后,需要澄清的是,保密义务本身就有法律法规的规定,并无期限的限制,除非秘密信息丧失秘密性。也就是说,在保密协议约定的保密期限届满后,并不意味着信息接收方的保密义务就消灭了,或者接收方可以自行披露、使用保密信息,因为还存在"法定的保密义务"。如《侵犯商业秘密司法解释》第10条规定:"当事人根据法律规定或者合同约定所承担的保密义务,人民法院应当认定属于反不正当竞争法第九条第一款所称的保密义务。当事人未在合同中约定保密义务,但根据诚信原则以及合同的性质、目的、缔约过程、交易习惯等,被诉侵权人知道或者应当知道其获取的信息属于权利人的商业秘密的,人民法院应当认定被诉侵权人对其获取的商业秘密承担保密义务。"《民法典》第501条规定:"当事人在订立合同过程中知悉的商业秘密或者其他应当保密的信息,无论合同是否成立,不得泄露或者不正当地使用;泄露、不正当地使用该商业秘密或者信息,造成对方损失的,应当承担赔偿责任。"结合《民法典》第509条第2款、第558条等规定以及司法实践①,保密协议中的保密期限仅针对当事人负有的"约定的保密义务",而不能替代"法定的保密义务",即使在保密期限届满后,接收方对于特定的保密信息仍应当承担一定程度的保密义务。

(五)保密信息的处理(返还、销毁等)

实务中,保密信息的处理一般是指信息披露方对信息接收方提出的要求对保密信息(资料)返还或销毁的义务。在审查该条款时,需要关注如下要点:

第一,对于信息披露方而言,它们往往要求信息接收方按照其随时可能发出的

---

① 参见石家庄泽兴氨基酸有限公司、河北大晓生物科技有限公司等侵害技术秘密纠纷民事二审民事判决书[最高人民法院(2020)最高法知民终621号]。在该案中,最高院认为:技术秘密许可合同约定的保密期限届满,除非另有明确约定,一般仅意味着被许可人的约定保密义务终止,但其仍需承担侵权法上普遍的消极不作为义务和基于诚实信用原则的后合同附随保密义务。

指示来返还或销毁保密信息(包括所有载有保密信息的材料,以及信息接受方基于该等保密信息开发的智力成果或工作成果等)。

第二,对于信息接收方而言,它们往往会力争信息披露方要求的上述权利受到如下的限制:(1)信息披露方须在要求返还或销毁保密信息前一定时间内发出书面通知。(2)信息接收方有权保留如下资料:①基于保密信息自行开发的智力成果或工作产品的副本;②基于信息接收方内部程序,该保密信息已经并入其他文件或报告的;③应法律法规的强制性要求而保存的保密信息;以及④电脑备份系统中常规存储的保密信息。如约定"尽管有前述约定,接收方及其代表根据相关法律、法规、行政或司法机关或程序、内部合规管理制度的要求可留存相关保密信息及其复印件或复制件及包含保密信息的任何文件及副本,但应对保留的保密信息继续承担本协议项下的保密义务"。

第三,实务中,交易双方可能的妥协结果是:信息披露方具有在保密义务终止时要求信息接收方返还或销毁相关资料的义务,但放弃随时要求的权利,并且接受提前书面通知的程序条件;信息接收方放弃上述第①点的权利保留而获得信息披露方对第②至④点的豁免。

第四,任何时候都需要清醒地认识到,保密信息的返还或销毁条款适用的前提一般是交易双方不能达成交易,但如果交易双方最终达成交易,则该等条款一般不适用,因为此时,信息接收方一般将会拥有这些保密信息的权利(信息披露方披露的未转让的保密信息除外)。

【例16-5】保密期限和保密信息处理条款

X	保密
…	……
X.3	本协议项下的保密义务应在本协议有效期间及期满后或因任何原因终止后[3]年内一直有效;
…	……
X.5	本协议规定的保密义务结束后,信息接受方应立即: (1)返还或根据信息披露方选择,销毁以有形形式提供给信息接受方的保密信息(包括但不限于计算机硬盘中或其他电子媒介中存储的保密信息);以及 (2)销毁任何基于该保密信息所得的分析、编辑、研究或其他文件,但根据法律或信息接收方内部程序该保密信息已经并入其他文件或报告的除外,但信息接收方应采取适当措施,继续承担这些信息的保密义务; ……

实务中,有人提出,这样的保密信息返还和销毁条款基本都停留在形式上,即便物理上得到实际执行也无太大意义,因为在信息化时代,保密信息可以被轻易地复制和储存。那么,保密协议中约定这样的条款还有意义吗？笔者认为,该条款仍然具有价值,因为在当事人双方之间就保密信息进行返还和销毁之时起,保密信息的接收方就不能再实质性地以任何形式保留保密信息的任何复制品,更不能使用或向任何第三方披露该保密信息。若经发现,就应当承担惩罚性的违约责任,而不论该行为是否给披露方造成实际损失。当然,这里存在两个前提：一是要求双方对保密信息的返还和销毁进行书面确认;二是在保密协议的违约责任条款中明确约定保密信息返还和销毁后信息接收方违反保密义务的惩罚性违约责任。

（六）"不招揽/不雇佣"条款①

在保密协议中,由于交易双方的工作人员会密切接触,卖方很可能面临买方招揽或雇佣其员工的风险,特别是那些掌握有其保密信息、商业秘密、专有技术的人员。因此,在保密协议中一般都会加入"不招揽/不雇佣"条款对买方的此类行为进行限制和约束。当然,买方也会对此条款的义务要求予以例外保留。此类条款的主要关注要点如下：

✓ 卖方通常会要求买方在相当长的时间内（一般是3年）不得招揽或雇佣其员工（包括但不限于其董事、管理人员和承包商）;

✓ 买方则希望：(1)可能的话,取消整个不招揽/不雇佣条款,或只承担不雇佣义务,最不济也要把义务期限进行缩短（比如缩短到1年或2年）。(2)将不招揽/不雇佣义务保护的卖方的员工对象限制为：关键的高层管理人员,以及在并购项目中有过交往的或在该过程中首次接触的人员。(3)将某些招揽和雇佣行为排除在外：(a)通过广告或猎头公司进行的无针对性的招揽和雇佣;(b)对已经与卖方终止雇佣关系的人员的招揽和雇佣;以及(c)对非经引诱而自行解除雇佣关系的卖方人员的招揽和雇佣。

下面是一个"不招揽/不雇佣"条款的示例：

---

① 有关本条款的内容,还可参见笔者所著《合同审查精要与实务指南：合同起草审查的基础思维与技能》（第3版）第15章"合同通用条款的审查：正文通用条款"第5节第3部分。

【例16-6】保密协议中"不招揽/不雇佣"条款示例

> 买方同意,直到本协议签署后第[3]年止,未经卖方书面同意不得雇佣卖方的[与交易评估有关而[第一次]接触的]任何雇员(包括但不限于董事、管理人员)。

评析:1.本示例是一个最简单的"不招揽/不雇佣"条款。该条款对买方的要求是非常严格的,在保密协议签署后3年内不得"雇佣"任何卖方的人员。这种条款一般出现在并购双方都从事相同或类似的营业或业务,或同处一个行业的情况下,并购双方对此都非常敏感——此时,买方可以同样寻求"双向"的"不招揽/不雇佣"义务,即是说同样限制卖方的行为;同时,我们注意到,该条款使用的是"买方同意"而不是"买方及其代表同意",这意味着买方的代表并不受限,这也是买卖双方妥协的结果,因为如果囊括代表的话,该义务将很繁重,这并不是买方希望看到的结果。

2.在实务中,更可能出现的"不招揽/不雇佣"条款是:买方通常会寻求减小不招揽或不雇佣的范围以最小化其限制和管理成本,并且通常将不招揽或不雇佣的人员范围限制为卖方的董事或管理级雇员,或者如上例所示的可选项的限制,即限定为"与交易评估有关而第一次接触的"雇员。

(七)知识产权条款

在知识产权条款中,应当约定本协议不代表对保密信息接收方进行任何知识产权等有关方面的许可,且保密信息不得用于任何形式的知识产权的权利基础,包括不得作为信息接收方和关联方以此取得著作权或申请专利、商标,并应当明确违约责任。如约定"披露方不授予接收方关于保密信息的所有权以及任何基于保密信息的知识产权、商业秘密和属于披露方的其他权利下的权利、产权或利益"。但在双方存在合作关系或保密信息能够被进一步开发而产生效益的情况下,也可以约定使用保密信息得到的新数据、新技术的权利归属及使用权的行使方式。

(八)独家谈判或不兜售条款

在保密协议的履行期间,有时买方为了确保对方的出卖诚意和限制通过向第三方披露信息而制造紧张的商业气氛,会要求在保密协议中加入保密协议约定的期间,其拥有后续的独家谈判权,以及卖方不再向其他方提供保密信息的限制性条款。

(九)停止行动(standstill)条款

在涉及股权并购尤其是涉及上市公司的收购或者投资交易中,买方获得了目标公司的保密信息,但如果交易谈判不顺利,买方可能会通过其他方式(如受让第三人持有的目标公司股权或者增资入股)或者在二级市场转而发起对目标公司的恶意收购。出于这样的担心,卖方通常会在保密协议中设置停止行动(Standstill)条款,主要目的在于限制买方及其关联方(甚至包括获知保密信息的买方代表)在一定期限内不得直接或间接购买目标公司股权(股票)、资产或任何证券,或者试图控制或影响目标公司管理层,或者通过其他人采取这样的行动等。例如:

本保密协议的目的是保障接收方拟通过股权转让方式获得披露方所投资项目的股权,为保证前述目的的实现,接收方承诺:如非经披露方同意,接收方及其关联方(包括但不限于接收方直接控制或者接收方通过一家或者多家中间机构间接控制或者与接收方共同受控于他人的任何其他主体)只能以受让披露方所持有的标的公司股权的方式全部或者部分获得标的公司股权。接收方亦同意,自本协议签订之日[1]年内,接收方以及其关联方不得在未经披露方同意的情况下通过其他方式(包括受让第三方持有的标的公司股权或者增资入股方式)获得标的公司的股权,否则将补偿披露方未能实施上述目的的损失。

当然,站在买方的立场上,通常应对如下一些事项予以审慎考虑:一是停止行动条款应当只有在卖方已向买方披露保密信息之后生效。可能的理由是,虽然保密协议已签署成立,但如果买方并未获悉保密信息,自然可以购买目标公司的股权(股票)[1]。二是买方是否可以控制受限的义务主体。譬如,如果买方无法控制其代表(如第三方咨询团队),则停止行动条款的受限主体就应限定为买方和/或其关联方。三是停止行动条款是否会影响买方已经在正常进行的其他资产管理、投资项目(如购买涉及目标公司的理财产品)等。四是买方是否可以购买较低比例的股权(股票)或者不具有表决权的优先股、可转换债券,因为这些证券通常不会影响公司治理或实现控制公司的结果。五是如果其他公司本就持有目标公司的股权(股票),买方是否可以持股该公司。六是如果卖方与其他买家已签署了交易协

---

[1] 有些保密协议可能会规定,卖方有权决定是否披露、何时披露以及披露哪些信息给买方。通常,这样的条款并无太大争议。但是,当保密协议中含有停止行动条款或其他限制性条款时,买方则需更加小心。比如,在买方尚未获悉任何保密信息的情况下,买方为何被要求禁止买卖目标公司的股权(股票)? 此时买方可以提出,保密协议应在买方已获悉保密信息之日起生效,同时也可以要求卖方将披露给其他潜在买家的信息同步披露给买方,进一步防止停止行动条款被卖方滥用。

议,或者第三方已采取了恶意收购行动时,该停止行动的义务是否应当被提前终止,从而允许买方可以参与竞价(标)。

(十)泄露保密信息的救济方式

鉴于泄露保密信息造成的损失常常难以精确计算,因此,在保密协议中,至少应对违反保密协议的救济方式进行明确约定,包括举证责任等。例如,对于损害赔偿可以确定一种计算公式,但至少要将可能产生的直接损失,包括诉讼费用、律师费用和调查费用等列明。双方也可以约定针对某项义务的一次性违约赔偿金。例如:

如信息接收方未按本协议各条所述义务保密或引用保密信息牟利并因以上行为导致信息披露方遭受损失,信息接收方应向信息披露方作出赔偿,包括但不限于披露方因接收方的违约行为而受到的索赔、支出、法院或仲裁庭或任何其他监管机构作出的处罚、诉讼费用、律师费用、公证费用和调查费用,但接收方不承担披露方的任何间接损失(包括但不限于利润损失、机会损失)。

从上述条款可以看出,保密协议中的违约责任条款通常较为笼统,一方面是因为对于违反保密协议而产生的纠纷难以计算损失及确定违约金标准,另一方面是由于保密协议通常属于交易初期阶段,双方都可能认为没有必要过早展开此类讨论。然而,保密协议的局限性也体现于此。无论接收方是出于善意还是恶意,一旦其违反保密协议约定披露保密信息,后果往往是难以预料的,而此时披露方的损失不仅难以明确计算,也同样难以举证证明,尤其是在保密信息未来价值远高于当前价值的情况下。当保密信息具有极高商业价值时,披露方可以设置更严格的违约责任,例如约定特定金额的违约金,以起到督促履行的效果,发生争议时也更容易获得赔偿。例如:

若接收方对保密信息未经许可进行披露或有其他违反保密义务的行为(包括但不限于故意、过失或疏忽),将按[某特定金额]向披露方支付违约金,并赔偿披露方及其关联公司因此受到的全部直接和间接损失。此外,披露方还有权寻求停止侵害的禁令或其他类似的法律救济。

(十一)争议解决方式和适用法律

就保密协议本身而言,也需要就适用的法律和争议解决方式进行约定。实践中,选择仲裁机构和法院均可,但一般而言,基于信息本身的保密需要,推荐选择信息披露方所在地的仲裁机构管辖,并适用其所在地法律,这有利于保护信息披露方的权益。需要注意的是,在涉外项目中,无论是选择法院还是仲裁机构,律师都应注意相关法域的冲突法适用规则,避免因此给或有案件的代理造成阻碍。例如:

因本协议的履行或解释而产生的或与之有关的任何争议,双方应友好协商。协商不成的,任何一方均有权将前述争议提交至[   ]仲裁委员会,按照届时有效的仲裁规则进行仲裁,仲裁费由败诉一方承担。本协议的订立、效力、解释、履行和争议的解决均适用中华人民共和国法律(中国香港、澳门特别行政区及台湾地区的规定除外),并按其进行解释。

三、保密协议起草、审查的思路和原则

在实务中,公司律师或法律顾问在对保密协议进行审查时,通常需要遵从如下的一些思路和原则:

✓ 保密条款应当包含保密主体、保密客体、保密方式和保密时间四要素。即,保密条款基本是保密协议的缩微版,四要素缺一不可;此外,原则上还应约定违反保密义务的救济方式,可能的情况下可以直接约定明确的违约责任(如违约金)等。

✓ 保密主体既包括签署协议的信息接收方(协议方),也包括与信息接收方有关的关联公司、咨询公司、银行以及供应商、承办商等其他第三人。保密主体要解决的问题是谁需要承担保密义务。

✓ 保密客体是指保密的范围和内容。比如,与项目有关的所有数据、报告、记录和笔记、编辑、研究或其他信息等。保密客体的明确和界定可以采取正向和反向或两者结合的方式来进行。保密客体要解决的问题是哪些信息需要保密。

✓ 保密方式是指保密信息的传播方式。比如,披露、复制、编辑等。保密方式要解决的问题是禁止保密信息通过什么方式传播。

✓ 保密时间是负有保密义务的各方承担保密义务的时间。保密时间的长短由当事人根据具体情况协商确定,但并非一定与本合同的有期时间一致,还可能具有更长的期间。保密时间要解决的问题是什么时候需要保密,什么时候保密义务终结。

✓ 违反保密义务的救济方式。一般而言,应至少将违反保密义务可能产生的直接损失,包括诉讼费用、律师费用和调查费用等列明载入损害赔偿责任范围之内。双方也可以约定针对某项义务的一次性违约赔偿金。

第 17 章 股权转让(并购)合同起草、审查精要与实务

> **内容概览**
>
> 股权即股东的权利,有广义和狭义之分。广义的股权,泛指股东得以向公司主张的各种权利;狭义的股权,则仅指股东基于股东资格而享有的、从公司获得经济利益并参与公司经营管理的权利。股权转让合同是以股权转让为内容的合同,股权转让是合同项下债的履行。根据标的公司组织形式以及标的股权的不同,股权(份)转让合同分为有限责任公司的股权转让合同和股份有限公司的股份转让合同。《公司法》(2023 年修订)于 2024 年 7 月 1 日生效,将对股权转让业务产生重大的、深远的影响。本章包含如下内容:
> - ✓ 股权转让(并购)合同的概念与特征
> - ✓ 股权转让(并购)合同的主体与效力
> - ✓ 股权转让(并购)合同的审查

第一节 股权转让(并购)合同的概念与特征

一、股权转让(并购)合同的概念

股权(份)是有限责任公司或者股份有限公司的股东对公司享有的人身和财产权益的一种综合性权利。狭义的股权仅适用于有限责任公司,广义的股权则还包括适用于股份有限公司的股份,若无特别说明,本章所使用的股权是广义的概念。即股权是股东基于其股东资格而享有的,从公司获得经济利益,并参与公司经营管理的权利。

股权转让,是指公司股东依法将自己的股权让渡给他人,使他人成为公司股东的民事法律行为。股权转让合同是一种非典型合同(无名合同),是指当事人以转

让股权为目的而达成的关于出让方交付标的股权并收取价金,受让方支付价金得到标的股权的合同。根据标的公司组织形式以及标的股权的不同,股权转让合同可分为有限责任公司的股权转让合同和股份有限公司的股份转让合同。前者即通常意义上所说的股权转让合同,而后者则通常称为股份转让合同。

尤其需要说明的是,实务中通常所称的股权并购合同从法律意义上看仍然属于股权转让合同,只不过股权的受让方(亦称为股权收购方)从股权的出让方处受让标的股权的目的在于取得对目标公司的控制,而一般的股权转让合同则不会导致目标公司的控制权转移。

二、股权转让(并购)合同的特征

股权转让(并购)合同与一般的商品或货物买卖合同相比具有特殊性,其主要特点如下:

(一)合同标的性质的复杂性和综合性

首先,作为合同标的的股权的性质问题本身就是公司法理论中的一个比较复杂的问题。对于股权性质的解释学说众多,比较有代表性的有股权所有权说[1]、股权社员权说[2]、股权债权说[3]和独立权利形态说[4]四种,这些学说主张的法理基础不同,观点迥异,在股权转让的一些具体制度的设计上也存在不同的认识和理解。

其次,根据大陆法系传统的公司法理论和我国多数学者所主张的独立权利形态说,股权既不属于物权,也不属于债权,而是一种公司法规定的具有独立内涵的包括财产权等多种权利在内的综合性的、新型的、独立的权利形态。作为股权转让合同标的的股权,泛指公司赋予股东的各种权益或者全部的权利,具体是指股东基于股东资格而享有的从公司获取财产和参与公司经营、管理的权利。具体又可分为财产性权能和非财产性权能(自益权和共益权)。

最后,股权作为一种资格权利,反映了股东与公司之间的权利义务关系,在一

---

[1] 所有权说认为股权就是物权中的所有权,认为在公司中并存着两种所有权,即股东对股权享有所有权,公司法人也享有对法人财产的所有权,二者并称为所有权的两重结构。
[2] 社员权说主张股权是社员权,是股东在法人内部拥有的权利与义务的总称。
[3] 债权说主张股权实质上是债权,股东与公司之间是一种债的关系。
[4] 股权独立权利说在揭示上述三种学说都存在着理论上的缺陷后,提出了一个新的学说,主张股权既不是所有权,也不是债权,更不是什么其他权,而是公司法赋予股东的一种独立的权利,也就是说,股权是与所有权、债权、社员权等传统权利并列的一种独立的权利形态。

定意义上既包含股东对公司的权利,又包含股东对公司和社会应承担的义务。股权转让合同的这一特点,使得这类合同比一般的商品或货物买卖合同在订立、效力、履行等方面表现得更为复杂,特别是在确定双方的权利义务以及股权转让行为产生的民事后果方面难度较大。

(二)合同主体、内容和形式受法律严格规制

一方面,鉴于股权转让涉及的标的的复杂性,法律对股权转让合同的主体、内容和形式作出较多的限制,以保障资本市场的有序运作。一是对不同投资主体持有的股权如国家股、法人股、个人股、外资股和内部职工股等,法律对其可转让性、受让人和转让方式作了不同的规定;二是对于某些特定主体持有的股权,法律禁止或限制其在一定期间内转让;三是对于股份有限公司、有限责任公司、上市公司等不同形式或形态的公司,其股权转让的程序,法律也作了不同的规定;四是不仅不同类型的股权转让的方式不同,相同类型的股权转让的具体方式也有区别。

另一方面,股权转让合同除受《民法典》总则编、合同编有关债权债务法律关系的规定规制外,还受《公司法》(2023年修订)、《证券法》(2019年修订)等有关股权交易法规及其相关公司管理的市场监督管理法规的规制。此外,由于有关法律法规规定比较原则,市场监督管理、证券管理主管部门的行政规章、规范性文件对股权转让行为事实上也起着规制作用。因此,股权转让合同的合法性问题比一般商品或货物买卖合同重要得多、复杂得多。股东转让股权时必须依照相关的法律规定进行,审查股权转让合同的效力时,应将合法性审查作为重点内容。

(三)股权转让合同涉及多方利害关系人利益

公司股权的流转不仅影响股权转让合同双方的利益,而且涉及公司及其他股东、董事甚至隐名(实际)股东、公司或股东的债权人的利益。实践中除了股权转让合同双方当事人主张合同无效或要求撤销合同外,其他众多的利害关系人也经常会提出股权转让合同的效力问题,如公司或其他股东认为股东出让公司股权行为违反公司章程或者损害公司和其他股东利益而要求认定转让合同无效或要求撤销等。再如,对于未出资股权(包括已届出资期未出资和未届出资期未出资)的转让,就可能涉及公司、公司的债权人的利益[参见《公司法》(2023年修订)第86条、第88条]。

(四)股权转让合同涉及的周期较长、交易环节繁多

股权转让合同,尤其是其中的股权并购合同涉及的周期较长,交易环节和关键节点繁多。如,股权并购通常包括并购正式实施之前的磋商阶段(签订意向协议、谅解备忘录)、尽职调查阶段、正式实施阶段(敲定定价基准日、股权作价、价款及其支付安排、过渡期监管、股权交割以及管理权移交等)以及实施后阶段(主要涉及或有负债的处理)。而股权并购合同的具体条款实际上就反映了股权收购的核心交易内容和交易节点。具体见图17-1:

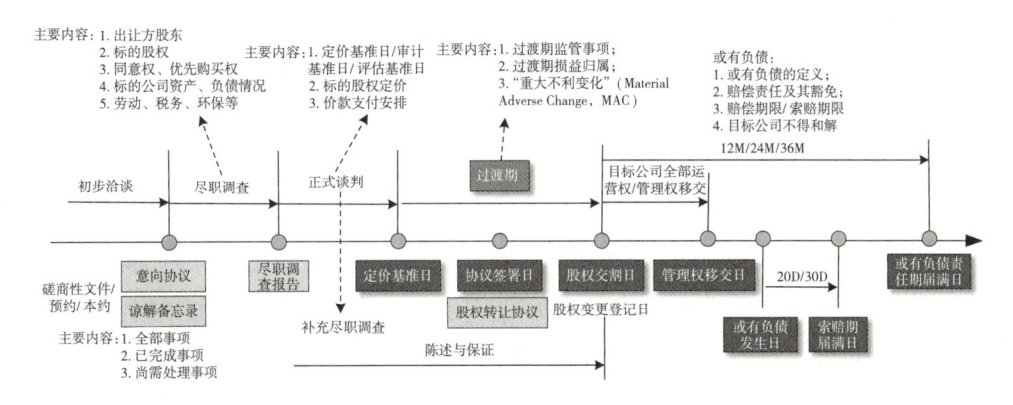

图 17-1　股权并购流程关键节点

笔者以图17-1中的定价基准日、股权交割日和过渡期为例来予以说明。在股权并购合同中,首先在定义条款中就应当对股权定价基准日、股权交割日进行定义,而过渡期则被定义为两者之间的期间;其次,定价基准日敲定后,还需要对基准日的股权作价及其调整机制作出约定;再次,对于过渡期,根据交易的需要一般需要明确过渡期对目标公司及其股东的各类监管事项、过渡期损益的归属以及出现"重大不利变化"MAC时如何处理等内容;最后,需要明确股权交割日的确定方法、股权交割的先决条件以及股权交割的具体内容等。可见,股权并购合同实际是股权并购整个交易流程的完整、具体的反映。因此,对于这类合同的起草、审查应建立在对整个交易完整、清晰的了解的基础之上,并且应具有一定的实践经验才行。

第二节 股权转让(并购)合同的核心法律问题

公司律师或法律顾问在对股权转让(并购)合同进行审查时,首先需要关注股权转让合同的主体、合同的效力,以及未届出资期股权转让的加速到期等核心法律问题。

一、股权转让(并购)合同的主体

关于股权转让(并购)合同的主体,实际主要涉及两个方面的考虑:一是通过对合同主体信息的审查,关注是否导致股权转让(并购)交易无效或者受到限制;二是合同签订的模式牵涉了哪些主体而使其成为合同的当事方。

(一)签约主体对合同效力的影响

对于第一个方面的考虑,在审查股权转让(并购)合同的出让方时,实务中如果出让方是自然人,应当写明自然人的姓名、住所、身份证或护照的号码等信息。如果出让股权的自然人是多人,可以列表作为合同的附件,同时明确在本合同中,所有在本合同项下出让股权的自然人统称为出让方。如果出让方为法人,则应当写明法人的名称全称、统一社会信用代码、住所、法定代表人的姓名和企业类型等信息。在审查股权转让合同的受让方时,同样应当写明受让自然人和受让法人的相关信息。

在审查时,还应特别关注标的公司章程和法律、行政法规对股权转让和受让主体的限制:

第一,标的公司章程对股权转让的限制。根据法律规定,法律赋予有限公司高度的意思自治权,有限公司可以通过公司章程限制股权内外部转让,只要该章程不违背相关法律的强制性规定,并且未造成实质禁止股权转让之法律效果的,法律即承认其效力。

第二,法律法规对股权转让的限制。这方面主要包括:(1)发起人转让股份的限制。《公司法》(2018年修正)第141条第1款规定,股份有限公司发起人持有的股份自公司成立起1年内不得转让,在公司公开发行股份前已发行的股份,自公司股票在证券交易所上市交易起1年内不得转让。需要注意的是,《公司法》(2023年修订)第160条第1款删除了"发起人持有的本公司股份,自公司成立之日起一年内不得转让"的规定。即,取消了发起人股份 1 年锁定期的规定①。(2)董监高股权转让的限制。前述人员在"就任时确定的"②任职期间每年转让的股份不得超过其所持有的本公司股份的 25%,所持股份自股票上市交易之日起 1 年内不得转让。在离职后半年内,也不得转让其所持有的本公司股份[《公司法》(2023 年修订)第 160 条第 2 款]。

  第三,以下几类主体,在股权转让时受到法律限制:(1)质权人在限售期内行权的限制。《公司法》(2023 年修订)第 160 条第 3 款新增了"股份在法律、行政法规规定的限制转让期限内出质的,质权人不得在限制转让期限内行使质权"的规定。这一规定表明,限售期内虽然不能进行股权转让,但可以进行股份出质,只是质权人在限售期内不得行使质权。该规定一方面保证了股东可以将限售期内的股份出质,以在一定程度上实现股份的经济价值,另一方面为了确保限售的效果,规定了质权人在限售期内不得行使质权,以避免股东借"出质"的名义规避限售的要求。此外,新《公司法》同时规定,法律、行政法规或者国务院证券监督管理机构对上市公司的股东、实际控制人转让其所持有的本公司股份另有规定的,从其规定。该等规定保留了一定的灵活性,有利于监管部门根据证券市场发展适时作出灵活

---

① 《公司法》(2023 年修订)取消发起人持有股份的 1 年锁定期的主要原因在于:在股份有限公司设立后的一定时间内,发起人应作为股东留在公司,以保证公司稳定和运营的连续性,这是其一;其二,如果允许发起人在公司成立后很短的时间内就进行本公司的股份的转让,发起人可能会不适当地转移投资风险,甚至会出现发起人以设立公司为名义非法集资或者操纵股票赢利的现象。但从实践来看,股份有限公司目前只能以发起设立的方式成立而不能以募集设立的方式成立,几乎不会出现以设立公司为名义非法集资或者操纵股票赢利的情况。况且,实践中未来要 IPO 的主体很多都是由有限责任公司整体变更为股份有限公司的方式发起设立,在有限责任公司阶段可能已经有不少外部投资人,而对于发起人的上述锁定期的要求,对于实践中无论是以重组、股权激励、退出或者其他目的而需转让股份的发起人而言,无疑设置了法律障碍。因此,笔者认为,新公司法取消了发起人的股份锁定期法定限制条款,更符合实践需求。当然,如果发起人基于公司稳定性考虑,仍然可以在公司章程中作出相关的锁定期限制。

② 根据《公司法》(2023 年修订)的规定,董监高在任职期间有减持限制,离职后半年内不得转让所持股份。因此,董监高如欲快速套现,理论上可以在辞职半年后快速转让其所持股份。对于上市公司而言,证券交易所通过发布有关上市公司董监高减持股份细则的方式,明确了董监高在任期届满前离职的,应当在其就任时确定的任期内和任期届满后 6 个月内遵守上述有关减持限制(如《上海证券交易所上市公司自律监管指引第 15 号——股东及董事、监事、高级管理人员减持股份》的规定)。新《公司法》采纳了上市公司董监高股份减持的上述处理方式,将减持限制期间修改为"在就任时确定的任职期间",即便公司(包括上市公司和非上市公司)的董监高提前离职,其所持股份在原定任职期间内依然受到限制,由此可以避免董监高通过提前离职进行快速套现。

调整。(2)属于国家禁止或限制设立外商投资企业的行业的公司股权,禁止或限制向外国投资者转让。(3)法律、法规、政策规定不得从事营利性活动的主体,不得受让公司股权成为公司股东,例如各级国家机关的公务员。(4)受到国家金融监管法规、规章禁止或限制受让股权的主体。

此外,还需要关注两类主体的股权转让交易问题:一是隐名股东和股权代持问题。① 一般情况下,隐名股东在释明其股东权利的情况下,具有成为股权转让合同交易对象的合法性,是适格的出让方;但为防纠纷,名义股东的申明同意也相当重要,最好在隐名股东签署的股权转让合同中予以明确。至于名义股东签署的股东转让合同,通常是有效的,只要不存在名义股东与受让方恶意串通损害隐名股东权益的情形即可,但受让方能否取得标的股权,则取决于其是否善意(《民法典》第311条)。二是股东配偶对标的股权的共有问题。根据《民法典》第1060条第1款"夫妻一方因家庭日常生活需要而实施的民事法律行为,对夫妻双方发生效力"、第1062条第1款第2项夫妻共同财产包括"生产、经营、投资的收益"②以及《民法典婚姻家庭编解释(一)》第73条③的规定,"以一方名义在有限责任公司的出资额"应作为共同财产予以分割,但对"出资额"是否等同于"股权"争议颇大。尽管目前人民法院的主流观点是股权本身不是夫妻共同财产,股权所代表的财产利益

---

① 有关隐名股东和股权代持的具体内容,请读者参阅本书第18章"股权代持协议起草、审查精要与实务"。

② 参见最高人民法院民法典贯彻实施工作领导小组主编:《中华人民共和国民法典婚姻家庭编继承编理解与适用》,人民法院出版社2020年版,第150页。最高院论述道:《民法典》第1062条第1款第2项在《婚姻法》第17条第2项"生产、经营的收益"基础上,增加规定了"投资的收益"。近年来,家庭财产投资形式日趋多元化,股票、证券、期货等投资产生的收益不能完全囊括在"生产、经营的收益"范围内。增加规定"投资的收益",能够更有针对性地回应现实社会生活。故此,关于夫妻共同财产规定的变化并未明确股权是否属于夫妻共同财产,仅可以确认的是夫妻关系存续期间股权投资所获得的收益属于夫妻共同财产。

③ 《民法典婚姻家庭编解释(一)》第73条规定:"人民法院审理离婚案件,涉及分割夫妻共同财产中以一方名义在有限责任公司的出资额,另一方不是该公司股东的,按以下情形分别处理:(一)夫妻双方协商一致将出资额部分或者全部转让给该股东的配偶,其他股东过半数同意,并且其他股东均明确表示放弃优先购买权的,该股东的配偶可以成为该公司股东;(二)夫妻双方就出资额转让份额和转让价格等事项协商一致后,其他股东半数以上不同意转让,但愿意以同等条件购买该出资额的,人民法院可以对转让出资所得财产进行分割。其他股东半数以上不同意转让,也不愿意以同等条件购买该出资额的,视为其同意转让,该股东的配偶可以成为该公司股东。用于证明前款规定的股东同意的证据,可以是股东会议材料,也可以是当事人通过其他合法途径取得的股东的书面声明材料。"

或变价款才属于夫妻共同财产,配偶对股权变价款享有应有份额。① 但是也存在不同的认识,即便是最高院本身也作出不同的判决②。因此,为避免标的股权的权属在未来发生争议,实践中,应取得股东配偶一方对股权转让合同的知情同意和确认。

---

① 参见海南陵水宝玉有限公司、李某龙股权转让纠纷二审民事判决书[最高人民法院(2019)最高法民终424号]。在该案中,最高院认为:公司股权属于公司法上的财产性权益,对其处分应由登记的股东本人或其授权的人行使。在没有得到股东授权之前,股东的配偶转让股东名下的公司股权,仍属于无权处分。当事人主张因股东的配偶与股东之间的夫妻关系,故转让的案涉股权属于夫妻共有财产的,没有法律依据。但与此同时,尽管上述股东配偶代为转让股权的行为系无权代理,但还应考察该行为是否构成表见代理,如果构成表见代理,则仍应认定股权转让合同的效力。还可参见刘某春与陶某、周某其他案由执行裁定书[江苏省高级人民法院(2020)苏执异125号]。在该案中,江苏高院认为,根据《婚姻法》第17条的规定,夫妻在婚姻关系存续期间的所得属于夫妻共同财产。《最高人民法院关于适用〈中华人民共和国婚姻法〉若干问题的解释(二)》第16条规定,人民法院审理离婚案件,涉及分割夫妻共同财产中以一方名义在有限责任公司的出资额,另一方不是该公司股东的,按以下情形分别处理:夫妻双方协商一致将出资额部分或者全部转让给该股东的配偶,过半数股东同意、其他股东明确表示放弃优先购买权的,该股东的配偶可以成为该公司股东;夫妻双方就出资额转让份额和转让价格等事项协商一致后,过半数股东不同意转让,但愿意以同等价格购买该出资额的,人民法院可以对转让出资所得财产进行分割。过半数股东不同意转让,也不愿意以同等价格购买该出资额的,视为其同意转让,该股东的配偶可以成为该公司股东。根据上述规定,有限责任公司的股权作为一种特殊的财产性权利,兼具资合性与人合性,我国《公司法》等商事法律、司法解释亦在股权的流转、股东资格的确认等方面作出了严格的限制,故股权本身并不能成为夫妻共同财产进行分割,但股权所代表的财产利益或股权变价款应属于夫妻共同财产。本案中,陶某通过王某、陶某华代持股的方式持有天迈公司100%股权发生在陶某与刘某春夫妻关系存续期间,刘某春虽然不能基于夫妻共同财产对涉案股权主张权利,但可以对涉案股权的变价款主张应有的份额。类似的案件还包括:艾某、张某田与刘某平、王某、武某雄、张某珍、折某刚股权转让纠二审民事判决书[最高人民法院(2014)民二终字第48号];谷某与赵某娟股权转让纠纷二审民事判决书[辽宁省高级人民法院(2015)辽民二终字第00341号]。

② 参见刘某、王某卿离婚后财产纠纷再审审查与审判监督民事裁定书[最高人民法院(2018)最高法民申796号]。在该案中,最高院认为,卓辉公司成立于2004年,是在刘某、王某卿夫妻关系存续期间由王某卿出资设立的有限责任公司,应认定是夫妻共同财产。因二人离婚时签订的《离婚协议书》中未就该公司股权分割问题进行处理,二审判决认定该公司股权属于离婚时未处理的夫妻共同财产,并无不当。根据《最高人民法院关于适用〈中华人民共和国婚姻法〉若干问题的解释(二)》第16条的规定,人民法院审理离婚案件时,涉及分割夫妻共同财产中以一方名义在有限责任公司的出资额,另一方不是该公司股东的,若夫妻双方不能就股权分割问题达成一致意见,为了保证公司的人合性,应对另一方请求分割的股份折价补偿。因在本案二审审理过程中,刘某坚持要求分割股权,不同意折价补偿,也不同意评估股权价值,二审判决对刘某要求分割股权的诉讼请求不予支持,并无不当。还可参见:瞿某林、瞿某荣与乔某花股权转让纠纷审判监督民事裁定书[上海市高级人民法院(2018)沪民申970号]。

(二)签约模式对签约主体的影响

对于第二个方面的考虑,实务中,基于各种考虑以及制约的因素,可能存在三种签约模式(签约主体)可供选择：

模式一：股权转让方和受让方双方之间签约,这是实务中最为常见的签约模式。

模式二：股权转让方、受让方和目标公司三方之间签约,这种模式在实务中也比较常见。

模式三：股权转让方、受让方、目标公司及其他股东四方之间签约,这种模式在实务中比较罕见。

对于模式一,由于股权转让交易就是股权转让方和受让方之间的交易,所以双方作为合同当事方签约是很正常的事情,毕竟目标公司及其他股东都不是直接的利益相关者,但存在间接的利益和义务。例如,依据《公司法》(2023年修订)第34条、第56条、第86条的规定,公司负有将股东载入股东名册、向登记机关登记的法定义务。新《公司法》还赋予了股权转让方、受让方起诉公司的权力[《公司法》(2023年修订)第86条第1款]。再如,除非公司章程另有规定,《公司法》(2018年修正)第71条赋予了目标公司其他股东的同意权和优先购买权,《公司法》(2023年修订)第84条取消了其他股东的同意权,仅保留了优先购买权,这些事项在两方协议中都不能解决,需要辅之以其他法律程序、措施和文书来解决。

模式二相对于模式一,可能很好地解决了目标公司记载股东名册、向登记机关登记以及实务中的经营管理权移交等事项,但无法直接解决其他股东的优先购买权问题。事实上,在实践中要求其他股东作为签约主体加入进来有时候是比较难以实现的,因为其他股东认为这是对他的约束,而优先购买权完全可以通过放弃优先购买权申明、召开股东会决议等方式来解决。

模式三相对于模式二,其实现难度更大,目标公司的股东越多,则实现这样的签约方式的难度就越大,且有时候并无必要,因为对于其他股东而言,在合同中基本不存在其他义务,而放弃优先购买权完全没有必要采用加入股权转让合同的方式来实现。

综上所述,实务中,对于股权转让并购交易而言,建议采取模式二；而对于不以取得目标公司控制权为目的的一般股权转让交易而言,可优先采取模式二,其次采用模式一。不论何种交易,若能够实现模式三,也可以考虑去争取。

二、股权转让(并购)合同的效力

在对股权转让合同的效力进行审查时,需要特别注意的是:股权转让合同的效力与股权转让行为的效力是两个不同的法律概念,两者成立的顺序是股权转让合同生效在先,股权转让行为在后。我国《公司法》对股权转让合同的效力采取以成立生效为原则,以批准生效为例外的立法。如同其他合同一样,股权转让合同的效力分为有效、无效、可撤销、效力待定四种情形。生效的股权转让合同仅产生转让方将其股权交付给受让方的合同义务,而非发生股权的必然变动。即使股权转让合同生效,但转让方怠于履行或者拒绝履行义务的话,股权也不发生变动,股权转让行为未发生。受让方仅享有债权请求权,有权根据《民法典》合同篇的规定追究转让方的违约责任,包括继续履行合同、解除合同以及赔偿损失等。因此,认定股权转让合同效力,不以股权变动作为必要条件,不以未发生股权变动为由而否认合同的效力。该规则适用于有限责任公司和股份有限公司。在审查股权转让合同的效力时,需要特别关注如下几个方面的问题。

(一)瑕疵出资时股权转让合同的效力

瑕疵出资股东应当向公司补缴出资,并向其他股东承担违约责任(或还应当对给公司造成的损失承担赔偿责任)①[《公司法司法解释(三)》(2020年修正)第13条;《公司法》(2023年修订)第49条],甚至要承担相应的行政及刑事责任,但其股东资格并不应受到影响。认定瑕疵出资股东仍具备股东资格正是其承担补缴出资义务的前提和基础,如果否认其股东资格,将导致对公司的出资义务无从履行,从而损害公司的债权人和社会公共利益。如在曾某、甘肃华慧能数字科技有限公司股权转让纠纷二审民事判决书[最高人民法院(2019)最高法民终230号]中,最高院就认为"股权转让关系与瑕疵出资股东补缴出资义务分属不同法律关系""股东是否足额履行出资义务不是股东资格取得的前提条件,股权的取得具有相对独立性。股东出资不实或者抽逃资金等瑕疵出资情形不影响股权的设立和享有"。再如,在汪某、张某等股权转让纠纷申请再审审查民事裁定书[最高人民法院(2021)

---

① 需要注意的是,《公司法》(2023年修订)第49条第3款删除了2018年《公司法》第28条第2款"还应当向已按期足额缴纳出资的股东承担违约责任"的规定,修订为"还应当对给公司造成的损失承担赔偿责任"。如此修订的原因在于,追究违约股东的违约责任,根据股东协议或者设立协议的约定或者合同法律的相关规定即可主张,无须在公司法中采用法定违约责任的方式来明确规定。这是其一。其二,增加对公司的损害赔偿责任,为司法实践中公司追究违约股东的包括利息损失在内的损害赔偿提供了法律依据。

最高法民申6452号]中,最高院再次重申"瑕疵出资并不影响股权的设立和享有,相关股权仍具有可转让性。股东出资到位与否不影响股权转让合同的效力"。因此,出资人并不因瑕疵出资而丧失股东资格和股权,也就有权转让该股权,股权转让行为并不因瑕疵出资而当然无效[《公司法司法解释(三)》(2020年修正)第18条;《公司法》(2023年修订)第88条第2款]。

如果转让人在签订股权转让合同时将瑕疵出资的事实如实告知受让人,受让人仍同意受让其股权,股权转让合同有效,受让人将被确认为公司股东,受让人所享有的股权会受到瑕疵出资的限制,但受让人可以通过补缴出资来剔除股权瑕疵,再向转让人追偿[《公司法司法解释(三)》(2020年修正)第18条;《公司法》(2023年修订)第88条第2款]。瑕疵出资的补足义务不影响股权的确认。

如果转让人在签订股权转让合同时隐瞒了瑕疵出资的事实,使受让人作出错误的判断和意思表示,属于《民法典》第148条规定的欺诈情形,受让人有权请求人民法院或仲裁机构撤销该股权转让合同。股权转让合同被撤销的,出让人仍为公司股东;如果受让人没有主张股权转让行为存在欺诈,除斥期间经过后,如无导致合同无效的情形,受让人将被确认为股东。

(二)公司章程限制股权转让的效力问题

在肯定公司章程可以对股权转让作出限制性规定的同时,必须明确,这一限制性规定是受到制约的,对于违法的或者违反公司法原理的限制性条款,不应认定其效力。具体而言:一是公司章程中对股权转让的限制性条款与法律、行政法规的强制性规定相抵触的,应确认该公司章程条款无效,对股东没有法律约束力,股东违反该条款转让股权而签订的股权转让合同有效;二是公司章程的限制性条款造成禁止股权转让的后果的,这种规定因违反股权自由转让的基本原则,剥夺了股东的基本权利,应属无效,股权转让不因违反这些限制性规定而无效。

上述观点在《最高人民法院关于适用〈中华人民共和国公司法〉若干问题的规定(四)》(征求意见稿)第29条中得以体现。该条规定:"有限责任公司章程条款过度限制股东转让股权,导致股权实质上不能转让,股东请求确认该条款无效的,应予支持。"对于该条是否有必要存在,也存在不同的观点。有观点认为,该规定明显超出了司法解释的授权范围,与《公司法》(2018年修正)第71条的规定相悖,缺乏法律依据。首先,《公司法》(2018年修正)第71条第4款规定:"公司章程对股权转让另有规定的,从其规定。"《公司法》本身并未对什么是"另有规定"作出任何限制性;其次,从有限责任公司的"人合性"来看,只要股东之间达成合意,完全可以在章程条款中作出如此的规定;最后,"过度限制股东转让股权,导致股权实质上不能转让"在司法实践中可能难以界定。显然,上述征求意见稿第 29 条是以违反股权自由转让的基本原则为出发点,保护股东的基本权利。需要说明的是,基于上述考虑,特别是最后一点原因,2017 年 8 月 28 日最高人民法院颁布的《最高人民法院关于适用〈中华人民共和国公司法〉若干问题的规定(四)》删除了上述第 29 条规定。《公司法司法解释(四)》(2020 年修正)也未纳入该条。尽管如此,需要说明的是,司法实践形成的基本共识可以总结为图 17-2①:

公司章程限制股权转让条款的效力

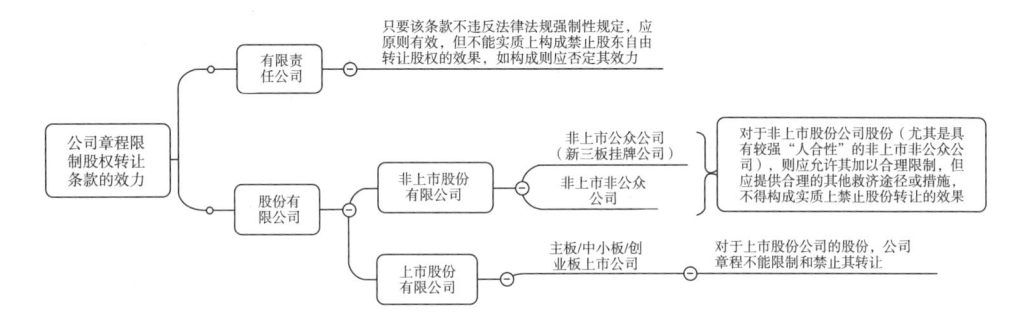

- 有限责任公司 — 只要该条款不违反法律法规强制性规定,应原则有效,但不能实质上构成禁止股东自由转让股权的效果,如构成则应否定其效力
- 股份有限公司
  - 非上市股份有限公司
    - 非上市公众公司（新三板挂牌公司）
    - 非上市非公众公司 — 对于非上市股份公司股份（尤其是具有较强"人合性"的非上市非公众公司）,则应允许其加以合理限制,但应提供合理的其他救济途径或措施,不得构成实质上禁止股权转让的效果
  - 上市股份有限公司 — 主板/中小板/创业板上市公司 — 对于上市股份公司的股份,公司章程不能限制和禁止其转让

图 17-2 公司章程限制股权转让条款的效力

(三)股权转让合同未经批准的效力问题

首先,《民法典》第 502 条规定:"依法成立的合同,自成立时生效,但是法律另有规定或者当事人另有约定的除外。依照法律、行政法规的规定,合同应当办理批准等手续的,依照其规定。未办理批准等手续影响合同生效的,不影响合同中履行报批等义务条款以及相关条款的效力。应当办理申请批准等手续的当事人未履行义务的,对方可以请求其承担违反该义务的责任。依照法律、行政法规的规定,合同的变更、转让、解除等情形应当办理批准等手续的,适用前款规定。"②因此,法律、行政法规规定合同应当办理批准手续的,在未办理批准之前,应认定合同成立未生效。若确定不能获得批准的情形下,应认定合同确定不发生效力(不生效)。

其次,《外商投资法》第 4 条规定:"国家对外商投资实行准入前国民待遇加负面清单管理制度。前款所称准入前国民待遇,是指在投资准入阶段给予外国投资

---

① 最为典型的案件是宋某军诉西安市大华餐饮有限公司股东资格确认纠纷案[(2014)陕民二申字第 00215 号](最高人民法院第 96 号指导性案例)。

② 相关规定可参见《最高人民法院关于审理外商投资企业纠纷案件若干问题的规定(一)》(法释[2020]18 号)第 5 条、第 6 条第 2 款;《最高人民法院关于审理矿业权纠纷案件适用法律若干问题的解释》(法释[2020]17 号)第 6-8 条;《九民纪要》第 37-40 条。

者及其投资不低于本国投资者及其投资的待遇;所称负面清单,是指国家规定在特定领域对外商投资实施的准入特别管理措施。国家对负面清单之外的外商投资,给予国民待遇……"《最高人民法院关于适用〈中华人民共和国外商投资法〉若干问题的解释》(法释〔2019〕20号)第2条第1款规定:"对外商投资法第四条所指的外商投资准入负面清单之外的领域形成的投资合同,当事人以合同未经有关行政主管部门批准、登记为由主张合同无效或者未生效的,人民法院不予支持。"第3条规定:"外国投资者投资外商投资准入负面清单规定禁止投资的领域,当事人主张投资合同无效的,人民法院应予支持。"第4条第1款规定:"外国投资者投资外商投资准入负面清单规定限制投资的领域,当事人以违反限制性准入特别管理措施为由,主张投资合同无效的,人民法院应予支持。"《最高人民法院关于审理外商投资企业纠纷案件若干问题的规定(一)》(2020年修正)第1条规定:"当事人在外商投资企业设立、变更等过程中订立的合同,依法律、行政法规的规定应当经外商投资企业审批机关批准后才生效的,自批准之日起生效;未经批准的,人民法院应当认定该合同未生效。当事人请求确认该合同无效的,人民法院不予支持。前款所述合同因未经批准而被认定未生效的,不影响合同中当事人履行报批义务条款及因该报批义务而设定的相关条款的效力。"同时,该解释第3条还规定:"人民法院在审理案件中,发现经外商投资企业审批机关批准的外商投资企业合同具有法律、行政法规规定的无效情形的,应当认定合同无效;该合同具有法律、行政法规规定的可撤销情形,当事人请求撤销的,人民法院应予支持。"因此,涉及负面清单的投资合同需要经审批生效,未经审批的无效,但不影响独立报批条款的效力。① 此外,审批机构审批后的股权转让合同也并不必然有效,因为合同是否有效应由司法机关依据法律法规予以效力评价。就此,《民法典合同编通则司法解释》第13条规定:"合同存在无效或者可撤销的情形,当事人以该合同已在有关行政管理部门办理备案、已经批准机关批准或者已依据该合同办理财产权利的变更登记、移转登记等为由主张合同有效的,人民法院不予支持。"本条解释明确了两个方面的规则:一是明确了行政机关的备案、批准或登记(变更或移转登记)不影响法院依据其他无效或者可撤销事由认定合同无效或者可撤销的裁判权。即是说,对于民事法律行为(包括合同行为)的效力的裁判权在于裁判机关,而非行政机关。二是无效或者可撤销的合同,也不会因办理了备案、批准或登记手续就转变为有效合同。

---

① 有关独立报批条款的更多内容,请读者参阅笔者所著《合同审查精要与实务指南:合同起草审查的基础思维与技能》(第3版)第11章"合同订立的法律风险管控:疑难问题"第6节。

再次,在实务中,还存在一种特殊的情况,那就是股权转让双方对原股权转让协议达成了补充协议,主要包括两种情形:一是在报请审批机关审批时,只提交了股权转让的主协议,而未提交补充协议;二是在报请审批后达成了补充协议,但未将其报请审批。那么如何判断这些未经审批的补充协议的效力呢?目前司法审判采取的标准是——对已批准的合同是否构成"重大或实质性变更"。《最高人民法院关于审理外商投资企业纠纷案件若干问题的规定(一)》(法释〔2010〕9 号)第 2 条①规定:"当事人就外商投资企业相关事项达成的补充协议对已获批准的合同不构成重大或实质性变更的,人民法院不应以未经外商投资企业审批机关批准为由认定该补充协议未生效。前款规定的重大或实质性变更包括注册资本、公司类型、经营范围、营业期限、股东认缴的出资额、出资方式的变更以及公司合并、公司分立、股权转让等。"在适用股权转让协议的补充协议时,如果补充协议可能导致公司的类型发生变化(比如,外国投资方从部分转让股权转变为全部转让股权从而使得公司类型从外商投资企业转变为内资企业)、导致新的股权变化(比如重新拟定新的转股比例)、导致违反外商投资企业的准入政策等,这样的未经审批的补充协议将属未生效。在天津市顺通化工机械贸易有限公司与天津市津热供热集团有限公司股权转让合同纠纷上诉案②中,天津市高级人民法院认为,中外合资经营企业股权转让合同已获批准后,当事人协议变更股权转让对价的,不属于《最高人民法院关于审理外商投资企业纠纷案件若干问题的规定》中规定的"重大或实质性变更",无须另行报批。

最后,如果事实上股权转让合同已不可能获得监管部门的审批,不能实际履行,在司法实践中,尽管有所争议,但主流观点认为,对成立未生效的股权转让合同应予以解除,双方应依过错责任承担损失③。因为,在此种情形下,依据《九民纪要》第 40 条"行政机关没有批准,合同不具有法律上的可履行性,一方请求解除合同的,人民法院依法予以支持"、《民法典》第 158 条之规定,该股权转让合同此时应认定为确定不发生效力,而确定不生效合同,由于其效力状态已经确定,法律后果等同于无效合同,此时合同不具有履行力,守约方可以主张解除合同但不得主张

---

① 最高人民法院 2020 年对该司法解释进行修正时,第 2 条未作任何修改。
② 本案例选自《人民司法·案例》2012 年第 4 期。需要说明的是,最高人民法院(2012)民提字第 120 号裁定书以"原一、二审法院对涉及《补充协议》效力的认定、当事人应予承担的法律责任及计算依据等事实未予查清"为由,撤销原一、二审判决,将案件发回天津市二中院重审。
③ 参见邯郸丛台酒业股份有限公司与中国广顺房地产开发唐山有限公司等股权转让合同纠纷案[最高人民法院(2008)民二终字第 53 号]。

继续履行[①]。依据《民法典》第 157 条的规定,各方都有过错的,应当各自承担相应的责任(缔约过失责任)。对此,《民法典合同编通则司法解释》第 24 条第 1 款、第 2 款已有明确规定:

合同不成立、无效、被撤销或者确定不发生效力,当事人请求返还财产,经审查财产能够返还的,人民法院应当根据案件具体情况,单独或者合并适用返还占有的标的物、更正登记簿册记载等方式;经审查财产不能返还或者没有必要返还的,人民法院应当以认定合同不成立、无效、被撤销或者确定不发生效力之日该财产的市场价值或者以其他合理方式计算的价值为基准判决折价补偿。

除前款规定的情形外,当事人还请求赔偿损失的,人民法院应当结合财产返还或者折价补偿的情况,综合考虑财产增值收益和贬值损失、交易成本的支出等事实,按照双方当事人的过错程度及原因力大小,根据诚信原则和公平原则,合理确定损失赔偿额。

(四)股权转让侵犯优先购买权时合同效力问题

股东优先购买权,是指有限责任公司股东在向股东以外的人转让其股权时,在同等条件下,其他股东较非股东享有优先于非股东购买该转让的股权的权利。优先购买权的立法本意是基于有限责任公司人合性特点的考量,强化保护公司的老股东和公司这一更大群体的利益,以维护交易市场的稳定和秩序。股东优先购买权产生的情形是:存在股权外部转让,如股权在公司股东之间内部转让则不存在优先购买权;同时,在向公司股东以外的第三人转让股权的条件高于公司股东的情况下,也不存在优先购买权问题,只有在同等条件下,其他股东才有优先购买权。如前所述,在《公司法》(2023 年修订)第 84 条下,其他股东已经不存在同意权,仅享有优先购买权。新公司法不再要求对外转让股权时需过半数其他股东同意这一条件,相应地,也就取消了不同意转让的股东需购买拟转让股权这一要求。这些变化简化了优先购买权的行权程序,与目前交易实践中的做法也更为相符。

第一,侵害其他股东优先购买权的股权转让合同有效,但其他股东可以申请撤销。侵害其他股东优先购买权的股权转让,其所侵害的仅仅是其他股东的利益,而非社会公共利益,因此,只要当事人之间意思表示是真实的,就不应轻易否定股权

---

① 参见中珠医疗控股股份有限公司、杭州忆上投资管理合伙企业股权转让纠纷二审民事判决书[最高人民法院(2020)最高法民终 137 号];国轩控股集团有限公司、北京巨浪时代投资管理有限公司股权转让纠纷二审民事判决书[最高人民法院(2020)最高法民终 1081 号]。

转让合同的效力。《公司法司法解释(四)》(2020年修正)第21条①对此进行了明确。该条规定：

有限责任公司的股东向股东以外的人转让股权,未就其股权转让事项征求其他股东意见,或者以欺诈、恶意串通等手段,损害其他股东优先购买权,其他股东主张按照同等条件购买该转让股权的,人民法院应当予以支持,但其他股东自知道或者应当知道行使优先购买权的同等条件之日起三十日内没有主张,或者自股权变更登记之日起超过一年的除外。

前款规定的其他股东仅提出确认股权转让合同及股权变动效力等请求,未同时主张按照同等条件购买转让股权的,人民法院不予支持,但其他股东非因自身原因导致无法行使优先购买权,请求损害赔偿的除外。

股东以外的股权受让人,因股东行使优先购买权而不能实现合同目的的,可以依法请求转让股东承担相应民事责任。

笔者将上述规定总结归纳为图17－3：

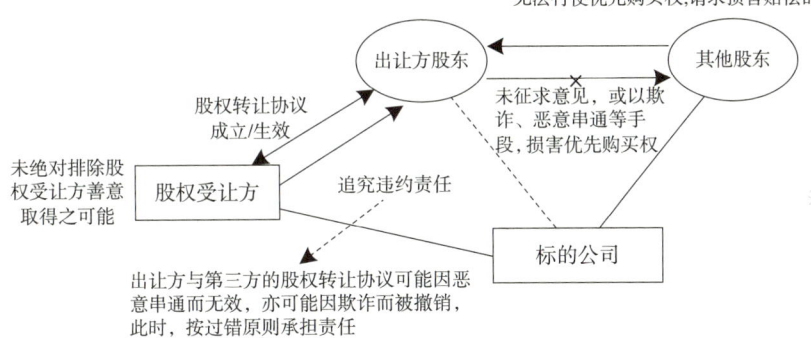

图17－3　股权转让合同侵害优先购买权时的效力

其中,有关主张优先购买权的时间规定如图17－4所示：

---

① 本条规定与该司法解释修订前第21条的规定完全相同。

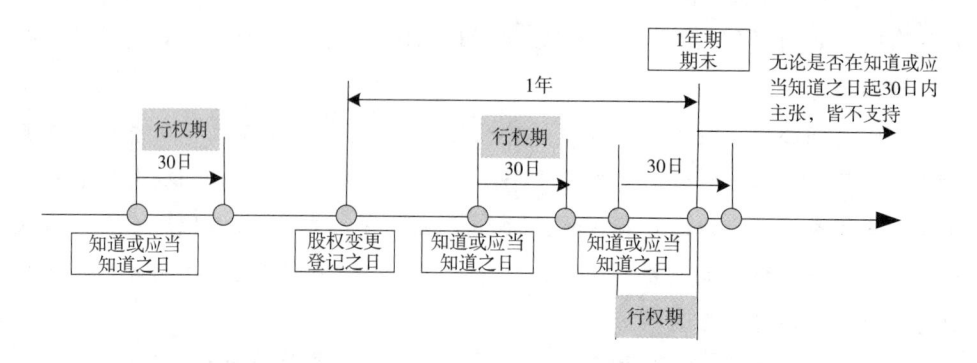

图 17-4　其他股东主张优先购买权的时间要求

（1）股东优先购买权是以转让方与第三人就股权转让主要交易条件达成协议为基础而行使的权利，因此，优先购买权行使不仅导致转让方与其他股东之间合同的成立，而且会直接决定和影响转让方此前与第三人进行的交易。由此，形成了优先购买权之下股权转让合同的特殊效力状态。在学理界，就"对外效力"而言，优先购买权的行使，必然会在转让人、第三人、优先购买权人之间成立两个合同，形成在同一股权之上的"一股二卖"局面。如何确定这两个合同之间的效力及协调它们之间的冲突，尤其是是否承认向第三人转让股权合同的法律效力，在股权优先购买权问题上是最令人困惑和最具争议的尖锐问题。对此，公司法学界亦众说纷纭，有代表性的主张包括："无效说"①、

---

① "无效说"认为《公司法》（2018 年修正）第 71 条属于强行性规范，转让股东违反该条规定与第三人签订的股权转让合同应当归于无效。该说从法律规范的性质入手，试图从该法中找到转让人与第三人之间合同无效的根据，然而，批评的观点却指出，《公司法》（2018 年修正）第 71 条第 2 款和第 3 款之规定并非法律的强制性规定，而系选择适用和推定适用的任意性规范。有学者还进一步指出，即便将其认定为强制性规范，该条规定也属于强制性规定中的赋权性规定，而非禁止性规定，在股东违反法定规则与第三人签订转让合同的情形下，股东的优先购买权并未丧失仍可以行使，这并不能说是合同因侵犯了股东的优先购买权而归于无效。而该类合同显然又不符合《合同法》规定的其他合同无效的情形。因而，得出该类合同无效的结论理由并不十分充分。此外，股东是否行使优先购买权具有不确定性，如果只要违反《公司法》（2018 年修正）第 71 条就一概认定无效，并且是合同的自始、当然、确定无效，将导致优先购买权人在放弃优先购买权后，转让人和第三人必须重新缔结合同的不合理结论，违背经济、效率的商事法则。例如《江苏省高级人民法院关于审理适用公司法案件若干问题的意见（试行）》（已失效）第 62 条规定："有限责任公司股东向公司以外的人转让股权，未履行《公司法》第三十五条规定的股东同意手续的，应认定合同未生效。诉讼中，人民法院可以要求当事人在一定期限内征求其他股东的意见，期限届满后其他股东不作相反意思表示的，视为同意转让，可认定合同有效。该期限内有其他股东表示以同等条件购买股权的，应认定合同无效，受让人只能要求出让人赔偿损失。"再如，《人民司法·案例》2014 年第 24 期所载的覃某松诉林某股权转让协议纠纷案中指出，股东向股东以外的第三人转让股权，未将转让股权的条件通知公司其他股东，并给其他股东必要的时间行使优先购买权，侵害了股东的优先购买权，所签订的股权转让协议无效。

"附法定生效条件说"①、"效力待定说"②、"可撤销说"③和"有效说"。显然,《最高人民法院关于适用〈中华人民共和国公司法〉若干问题的规定(四)》(法释〔2017〕16号)第21条否定了征求意见稿的"无效说"而采"有效说"。在"有效说"下,股东优先购买权的行使目的在于通过保障其他股东优先获得拟转让股权而维护公司内部信赖关系,因此,法律所要否定的是非股东第三人优先于公司其他股东取得公司股权的行为,而不是转让股东与第三人间成立转让合同的行为,并不是只有撤销股权转让合同或否定合同效力才能保护其他股东的优先购买权。事实上,基于合同的"相对性",合同只约束当事人双方,合同的效力可以与权利变动的结果相区

---

① "附法定生效条件说"是指,虽然公司法并未规定,"公司同意"和股东"不行使优先购买权"是该类股权转让合同的生效要件,但是从公司法的规定来看,第三人要想取得股权必须满足这两个条件,否则,只要股东表示要购买股权第三人的预期就将落空,因而,这两个条件应为法律规定的该类合同的法定生效条件,该类行为应为附法定生效条件的行为。并且因条件法定,股东向第三人转让出资时,无须声明已满足这两个条件,如果没有满足这两个条件,除非转让人承诺已满足,否则其无须向第三人承担交易不能的责任。该说并非从现有关于合同效力的法律规定来论证此类合同的效力,而是从贯彻立法目的的角度出发,推理得出结论。

② "效力待定说"又具体分为两类观点,一类观点认为股东在此种情况下对股份之处分类似于无权处分。公司法赋予全体股东以同意权,类似于在共有情况下共有人处分共有物必须经过其他共有人之同意,如未同意则对其他共有人不生效力之规定。此种规定与无限公司中相关规定是基于同一法理。而无限公司股东拥有的股权具有共有性质。因此,未经股东会同意且其他股东未放弃优先购买权的股权转让合同的效力处于未定状态,且依照《合同法》第51条之规定,应当允许股东会事后追认。另一类观点认为该类合同不属于《合同法》规定的无权处分情形,但是可以类推适用"限制行为能力人订立的合同"的规定。这两种观点无疑也是从实现股东优先购买权的立法目的出发,从《合同法》上找到确定该类合同效力的法律依据。

③ "可撤销说"认为,此种合同有别于绝对有效合同,否则,老股东的优先购买权势必落空。此种合同也有别于绝对无效合同,因为出让股东是享有股权的主体,老股东也未必反对该合同。鉴于此种股权转让违反了公司法有关出让股东行使处分权的法定限制条款,侵害了老股东的法定优先购买权;又鉴于老股东是否有意、是否具有财力行使优先购买权并不确定,此类股权转让合同应界定为可撤销合同。例如,2010年8月16日起施行的《最高人民法院关于审理外商投资企业纠纷案件若干问题的规定(一)》第12条规定:"外商投资企业一方股东将股权全部或部分转让给股东之外的第三人,其他股东以该股权转让侵害了其优先购买权为由请求撤销股权转让合同的,人民法院应予支持。其他股东在知道或者应当知道股权转让合同签订之日起一年内未主张优先购买权的除外。前款规定的转让方、受让方以侵害其他股东优先购买权为由请求认定股权转让合同无效的,人民法院不予支持。"再如,《江西省高级人民法院关于审理公司纠纷案件若干问题的指导意见》(赣高法〔2008〕4号)第37条第1款规定:"股东经其他股东过半数同意转让股权,但未向其他股东告知转让价格等主要内容而与非股东订立股权转让合同,或者股权实际转让价格低于告知其他股东的价格的,其他股东可以申请人民法院撤销股权转让合同",《山东省高级人民法院关于审理公司纠纷案件若干问题的意见(试行)》(鲁高法发〔2007〕3号)第47条也作出同样规定。

分,法律可通过在权利变动领域施以控制以保护相关利害关系人的权益,而不必在合同效力领域加以干涉。因而,未经其他股东放弃优先购买权的股权转让要么不能履行从而不能发生权利变动,要么履行后(如通过故意抬高价格使其他股东放弃优先购买权,因而使相关登记得以进行)不发生股权变动的结果或者使股权变动的结果对其他股东不发生效力。但是,并不影响转让股东与第三人之间的股权转让合同。优先权人行使优先购买权使第三人与转让人的合同不能履行时,第三人可以寻求债务不履行的救济。该观点主张,上述行为只阻碍或者否定股权变动的效果发生,而不否定股权转让合同的效力,借此,既可以保护优先购买权的实现,又能最大限度地保护第三人的利益。

例如,在北京新奥特集团有限公司与中国华融资产管理公司股权转让合同纠纷二审案[最高人民法院(2003)民二终字第143号]中,最高人民法院认为,当股东行使优先购买权时,转让股东与非股东第三人间股权转让协议是否生效,应当按照该协议自身的内容根据《合同法》关于合同效力的规定认定其效力,即便优先权股东未行使股东优先购买权,只要该协议本身符合《合同法》的合同生效要件,则协议仍为有效。再如,上海高院民二庭发布的《关于审理涉及有限责任公司股东优先购买权案件若干问题的意见》(沪高法民二〔2008〕1号)第12条规定:"股东向股东以外的第三人转让股权,其他股东行使优先购买权或因不同意对外转让而购买拟转让股权,其他股东或公司请求人民法院撤销股权转让合同或确认股权转让合同无效的,法院不予支持。"类似的,《物权编司法解释一》第12条规定:"按份共有人向共有人之外的人转让其份额,其他按份共有人根据法律、司法解释规定,请求按照同等条件优先购买该共有份额的,应予支持。其他按份共有人的请求具有下列情形之一的,不予支持:(一)未在本解释第十一条规定的期间内主张优先购买,或者虽主张优先购买,但提出减少转让价款、增加转让人负担等实质性变更要求;(二)以其优先购买权受到侵害为由,仅请求撤销共有份额转让合同或者认定该合同无效。"

基于上述"有效说"的原理,《最高人民法院关于适用〈中华人民共和国公司法〉若干问题的规定(四)》(法释〔2017〕16号)在第21条第1款中还规定,其他股东自知道或者应当知道行使优先购买权的同等条件之日起30日内没有主张,或者自股权变更登记之日起超过1年的除外。显然,这一规定为优先购买权行使规定了"除斥期间"。

(2)在《公司法司法解释(四)》(2020年修正)第21条第1款的基础上,该条第2款有两层含义:一是其他股东仅提出确认股权转让合同及股权变动效力等请求,未同时主张按照同等条件购买转让股权的,人民法院不予支持。但如果其他股东同时提出主张股权转让合同无效、股权变动无效、主张优先购买权三个请求,主张股权转让合同无效不应得到法院的支持,而后两者则可得到支持。这一规定意味着,即使第三人已经进行了股权的过户登记,在优先购买权人主张优先购买权并得到法院支持后,仍然可以将已经过户的股权取回,无论该第三人是否属于善意第三人。就此而言,司法解释更为看重对有限责任公司"人合性"以及其他股东优先购买权的保护,这与传统民法理论中看重善意第三人的保护有所不同。二是删除了征求意见稿中"转让合同被认定无效后,其他股东同时请求按照实际交易条件购买该股权的,应予支持。受让人交易时善意无过失,请求股东承担赔偿责任的,应予支持"的规定,明确"其他股东非因自身原因导致无法行使优先购买权,请求损害赔偿的除外"。该规定意味着,在尊重"有效说"的基础上,其他股东非因自身原因导致无法行使优先购买权的,可以基于优先购买权提出损害赔偿,法院应予支持。

(3)《公司法司法解释(四)》(2020年修正)第21条第3款明确,在尊重股权转让人和第三人之间的股权转让合同效力的基础上,第三人因其他股东行使优先购买权而不能实现前述合同目的的,可以依法请求转让股东承担相应民事责任(违约责任)。这与征求意见稿"受让人交易时善意无过失,请求股东承担赔偿责任的,应予支持"的规定有所不同,因为征求意见稿的规定是建立在确认"转让合同无效"的基础之上,此时的赔偿责任只能是缔约过失责任。

【例17-1】侵害股东优先购买权的股权转让合同有效,但不能履行

案例1: 在周某某与姚某某股权转让纠纷案二审民事判决书[上海市第一中级人民法院(2011)沪一中民四(商)终字第883号]中,上海市第一中级人民法院认为:姚某某与周某某间的股权转让协议是双方当事人的真实意思表示,符合合同法有关合同效力的要件,应认定为有效,在合同相对方间产生法律约束力。但由于公司法的特殊规定,其他股东姚某某享有优先购买权,一旦姚某某要求行使股东优先购买权,那么,姚某某与周某某间的股权转让协议将无法继续履行。因此,原审法院认定2006年协议书全部无效不当,应予以纠正。

案例2: 在上诉人张某与被上诉人狮龙公司、王某等股权转让纠纷案[重庆市高级人民法院(2011)渝高法民终字第266号]中,重庆市高级人民法院认为:关于狮龙公司等19名股东与重庆市南川区方博投资有限公司签订的股权转让协议的效力问题。股东优先购买权的行使与否不影响其他股东与非股东第三人间股权转让协议的效力,只影响该协议能否实际履行。即股权转让协议是否有效应当按照

该协议自身的内容根据合同法关于合同效力的规定加以认定,即便优先权股东行使了股东优先购买权,只要该协议本身符合合同法规定的合同有效要件,协议仍为有效。本案中,狮龙公司等19名转让股东与重庆市南川区方博投资有限公司签订的股权转让协议并不违反法律法规的规定,是合法有效的。张某优先购买权的行使不影响该转让协议的效力,只影响该转让协议能否得以实际履行。

第二,2017年发布的(《最高人民法院关于适用〈中华人民共和国公司法〉若干问题的规定(四)》的征求意见稿)第24条规定,《公司法》(2018年修正)第71条第3款所称的"同等条件",应当综合股权的转让价格、付款方式及期限等因素确定。有限责任公司的股东向股东以外的人转让股权,其他股东主张优先购买部分股权的,不予支持,但公司章程另有规定的除外。而《最高人民法院关于适用〈中华人民共和国公司法〉若干问题的规定(四)》(法释〔2017〕16号)则删除了"有限责任公司的股东向股东以外的人转让股权,其他股东主张优先购买部分股权的,不予支持,但公司章程另有规定的除外"的规定。在征求意见时,这一规定的争议颇大。主流持赞同的观点。该观点认为:(1)如果允许股东就部分标的股权行使优先购买权,则有可能导致剩余股权价值受损;且如果同等条件允许部分股权转让,就不是真正的"同等",而且如果出让人与行使优先购买权的股东协商同意部分转让的话,就不是优先权的正常行使,是非同等条件下的买卖双方的让步;(2)但书"公司章程另有规定的除外"的规定意味着公司章程可以规定股东优先购买权的部分行使,事实上承认了公司章程可以在法定的股权转让程序限制之外,自行设定更为严格的转让程序限制。但正式稿则删除了该规定,是否意味着最高院认同了股东可以主张优先购买部分股权呢?笔者认为并非如此,因为正式稿在第18条规定的考虑因素中增加了"转让股权的数量",实质上否定了部分股权的优先购买权的行使。

三、股权转让后出资责任的确定

在公司法资本认缴制下,对于未缴付出资的股权转让后的出资责任由谁承担,《公司法》(2018年修正)并未予以明确。《公司法》(2023年修订)第88条在吸纳《公司法司法解释(三)》第18条的基础上,区分未届出资期股权转让和已届出资期股权转让两种情形,分别明确了出资责任的承担主体和责任状态。

(一)现行未出资股权转让出资责任规则的争议

《公司法司法解释(三)》(2020年修正)第18条规定:"有限责任公司的股东

未履行或者未全面履行出资义务即转让股权,受让人对此知道或者应当知道,公司请求该股东履行出资义务、受让人对此承担连带责任的,人民法院应予支持;公司债权人依照本规定第十三条第二款向该股东提起诉讼,同时请求前述受让人对此承担连带责任的,人民法院应予支持。受让人根据前款规定承担责任后,向该未履行或者未全面履行出资义务的股东追偿的,人民法院应予支持。但是,当事人另有约定的除外。"该条解释规定了"股东未履行或者未全面履行出资义务"的情形下原股东承担出资义务、知情受让人承担连带责任。司法实践已经明确已届出资期股权转让属于该条解释适用的范围①,但对于未届出资期股权转让是否受其规制存在争议②。这是其一。其二,解释规定"知道或者应该知道"的受让人承担连带责任,是否对受让人进行过错推定,即直接推定受让人非善意而追究其连带责任③,以及受让人举证推翻这一推定的除外也是一个问题。核心的争议问题是前者。

学理界对第一个问题也众说纷纭,主要存在如下几种观点:一是转让股东承担责任说。该说认为,基于资本维持原则以及对公司债权人和交易安全的保护,股东出资义务具有法定性,转让股东的出资义务不随股权变动而发生移转,因此转让股东在股权转让后仍应承担出资责任④。二是转让股东不承担责任说。该说认为,资本认缴制赋予了股东期限利益保护,并从股权转让自由和商事外观主义的价值

---

① 参见刘某、贾某等案外人执行异议之诉再审民事判决书[最高人民法院(2021)最高法民再 218 号];曾某、甘肃华慧能数字科技有限公司股权转让纠纷二审民事判决书[最高人民法院(2019)最高法民终 230 号]等。

② 司法实践的主流观点认为,未届出资期转让股权,原则上转让股东不再负有出资义务,该出资义务移转给受让人。即是说,不属于《公司法司法解释(三)》(2020 年修正)第 18 条规定的"未履行或者未全面履行出资义务"的情形。参见榆林市德厚矿业建设有限公司、陕西太兴置业有限公司等执行异议之诉申请再审审查民事裁定书[最高人民法院(2021)最高法民申 6423 号];曾某、甘肃华慧能数字科技有限公司等股权转让纠纷二审民事判决书[最高人民法院(2019)最高法民终 230 号](最高人民法院第六巡回法庭 2019 年度民商事典型案例)。另有观点认为,未出资期转让股权,原股东仅仅是让渡了自己的合同权利,履行出资的合同义务并不当然随着股权的转让而转移,原股东仍须在未出资范围内对公司债务承担连带责任。参见许某勤与常州市通舜机械制造有限公司等加工合同纠纷二审民事判决书[山东省青岛市中级人民法院(2020)鲁 02 民终 12403 号](最高人民法院 2020 年度全国法院十大商事案例之二,载《人民法院报》2021 年 2 月 18 日)。

③ 参见游某明与邓某莲、刘某芝等民间借贷纠纷再审民事判决书[山东省菏泽市中级人民法院(2014)菏民再终字第 11 号]。

④ 参见李志刚等:《认缴资本制语境下的股权转让与出资责任》,载《人民司法(应用)》2017 年第 13 期;崔艳峰、丁巍:《未出资股权转让后的出资义务——兼评〈公司法(修订草案)〉第 89 条》,载《学术交流》2022 年第 6 期。

出发,认为出资义务随股权变动而移转给受让股东,转让股东不再承担出资责任[1],但转让人与受让人恶意串通,故意转让给缺乏清偿能力的受让人以逃避出资义务的除外[2]。三是折中说。该说认为,出于对股东利益和债权人利益的平衡,应区分债权形成时间来判定转让股东是否需要承担出资责任。即,如果债权形成于股权转让之前,债权人对资本认缴产生了高度信赖利益或依赖的,转让股东仍需承担出资责任;反之,则无须承担出资责任[3]。关于责任的形态,也存在连带责任、补充责任的不同观点。

(二)新公司法关于未出资股权转让出资责任的规则

《公司法》(2023年修订)第88条明确了未出资股权转让后出资责任承担的规则。针对未届出资期的股权转让,其第1款明确由股权受让人承担出资义务,股权转让人承担补充责任;针对已届出资期的股权转让,其第2款明确,除受让人善意外,否则应由转让人和受让人承担连带责任,并且删除了《公司法司法解释(三)》(2020年修正)第18条第2款"受让人根据前款规定承担责任后,向该未履行或者未全面履行出资义务的股东追偿的,人民法院应予支持。但是,当事人另有约定的除外"之规定,这是因为,受让人和转让人之间能否相互追偿,实际取决于股权转让交易中,受让人支付的对价是否包含未缴付的出资以及对追偿权的明确约定。若已包含,则受让人事实上已给付相应股权的对价,在基于股东身份对公司缴付出资后,有权依据连带责任向转让人追偿。此时,若转让人因承担连带责任而缴付出资,转让人不得向受让人追偿;反之,若未包含,则受让人应当基于其股东身份缴付出资,但不得向转让人追偿。此时,若转让人因承担连带责任而缴付出资,转让人也可向受让人追偿。如此,事实上还是要视当事人之间股权转让协议的约定而定,故删除前述规定交由当事人意思自治。

从理论上讲,在公司资本认缴制下,股东出资义务系其对公司附期限的义务。股东对于公司的认缴出资义务应是股东对于公司的附期限的承诺,股东在初始章

---

[1] 参见俞巍、陈克:《公司资本登记制度改革后股东责任适法思路的变与不变》,载《法律适用》2014年第11期;李志刚等:《认缴资本制语境下的股权转让与出资责任》,载《人民司法(应用)》2017年第13期;刘敏:《论未实缴出资股权转让后的出资责任》,载《法商研究》2019年第6期;陈景善、邰俊晖:《股权转让后的未届期出资义务承担》,载《国家检察官学院学报》2022年第6期。

[2] 参见刘敏:《论未实缴出资股权转让后的出资责任》,载《法商研究》2019年第6期。

[3] 参见梁昕:《论未届期的股权转让后出资责任承担》,载巢志雄主编:《中山大学青年法律评论》(第5卷),法律出版社2020年版,第130页。

程或增资合同中作出的认缴意思表示属于民法上为自己设定负担的行为,本质上是债权债务关系的建立。通过认缴,股东成为出资契约中的债务人,公司则成为出资契约中的债权人。因此,对于公司资本的认缴是债权的成立,而对于公司资本的实缴是债权到期后债务人的实际履行。从契约的角度来说,股东享有到期缴纳出资的期限利益并承担按期足额出资的义务。① 这是其一。其二,对于股东的出资义务而言,可以区分为未届出资期的出资义务和已届出资期的出资义务,可以分为"抽象的出资义务"和"具体的出资义务"。即:对于前者,该出资义务系附履行期限的义务,与股权及其上的其他权利义务"捆绑"在一起,属于未具体化、未特定化,也未与特定股东相联系的"抽象的出资义务",在股权转让时,原则上这样的具有认缴期限利益的出资义务将随股权一并移转,恶意转让的除外。此时,受让股东继而享有在未来期限内缴纳出资的期限利益以及按期缴纳出资的义务,而转让股东因股权转让而失去股东地位,无须履行股东义务,同时不再享有目标公司股东的权利;对于后者,由于出资期限已经届满,"抽象的出资义务"转化为"具体的出资义务"(具象化的与特定股东相联系的出资义务),类似于特定化的普通债务。因此,瑕疵出资股东的出资义务不因股权转让而免除或消灭。

综上所述,笔者将未出资股权转让的出资责任的理论模型总结为图17-5:

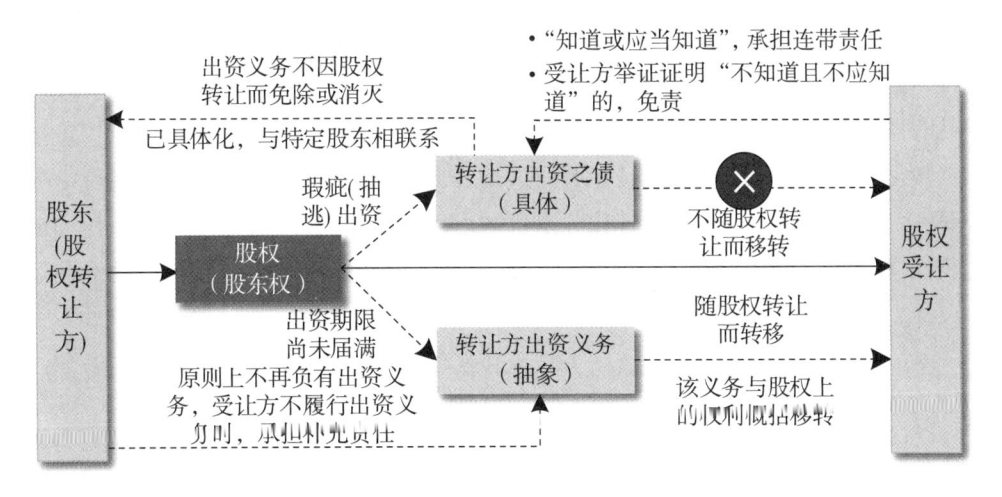

图 17-5 未出资股权转让出资责任的承担

最后,需要说明的是,新公司法在股权转让后出资义务的承担问题上采纳了

---

① 参见许某勤与常州市通舜机械制造有限公司等加工合同纠纷二审民事判决书[山东省青岛市中级人民法院(2020)鲁02民终12403号](最高人民法院2020年度全国法院十大商事案例之二,载《人民法院报》2021年2月18日)。

"双重属性说"的观点。该观点在"法定义务说"①和"约定义务说"②的基础之上，采纳了折中的立场。即，出资义务具有法定性和约定性的双重属性，既是股东与公司及其他股东达成出资协议而负有的合同法上的义务，也是股东作为公司成员而负担的组织法上的义务，约定性表现为可以通过契约自由实现转让自由，法定性表现为通过法律规定保障债权人的合法利益。③ 这在司法实践中，也有直接的体现，如有的法院认为"股东出资的约定系股东与公司之间的契约。股东对于公司的出资义务来源于股东与公司之间就公司资本与股权份额的约定，对于股东而言，其以出资行为换取公司相应份额的股权，对于公司而言，其以公司股权换取公司运营所需资金。既然出资协议系股东与公司之间的契约，那么该契约应由《合同法》规则规制，当然，基于公司作为商事活动所创设的基本组织的特性，该契约还受《公司法》所规定的特殊规则的约束，在《公司法》框架下不能适用的相关《合同法》的规则应予剔除"④。

1. 已届出资期股权转让出资责任的确定

《公司法》（2023 年修订）第 88 条第 2 款将《公司法司法解释（三）》（2020 年修正）第 18 条中"未履行或者未全面履行"的表述修改为"未按照公司章程规定的出资日期缴纳出资"和"作为出资的非货币财产的实际价额显著低于所认缴的出资额"两种情形，与第 1 款"已认缴出资但未届缴资期限"的情形进行了区分，使得该两款规定分工明确，回应了理论界和实务界长久以来关于认缴期内未履行出资义务是否属于"未履行出资义务"的争议。具体而言：

第一，关于瑕疵出资股东转让股权后是否仍然承担出资责任。就此而言，各国公司法立法近乎一致地认为，转让股东仍需承担资本充实责任，即并不免除其法定的资本充实义务。这也为我国司法实践所普遍认可。如在海南金厦建设股份有限

---

① 参见李志刚等：《认缴资本制语境下的股权转让与出资责任》，载《人民司法（应用）》2017 年第 13 期。

② 参见彭真明：《论资本认缴制下的股东出资责任——兼评"上海香通公司诉昊跃公司等股权转让纠纷案"》，载《法商研究》2018 年第 6 期；蒋大兴：《公司法的观念与解释Ⅲ——裁判逻辑＆规则再造》，法律出版社 2009 年版，第 372 页。

③ 参见王军：《公司资本制度》，北京大学出版社 2022 年版，第 274 页；梁昕：《论未届期的股权转让后出资责任承担》，载《中山大学青年法律评论》（第 5 卷），法律出版社 2020 年版，第 130 页；叶敏、张晔：《合同视角下未到期出资转让的法律分析》，载《江南大学学报（人文社会科学版）》2020 年第 5 期。

④ 许某勤与常州市通舜机械制造有限公司等加工合同纠纷二审民事判决书［山东省青岛市中级人民法院(2020)鲁 02 民终 12403 号］（最高人民法院 2020 年度全国法院十大商事案例之二，载《人民法院报》2021 年 2 月 18 日）。

公司、中国农业银行股份有限公司深圳市分行股东出资纠纷再审民事判决书[最高人民法院(2016)最高法民再279号]中,最高院认为,"股东的出资义务属于法定义务,为确保公司资本充实,维护公司的正常经营以及公司债权人的利益,股东的出资义务不因股权转让而免除,虚假出资的股东在出让股权后仍应承担责任"。再如,在李某、成都宝弘骏汽车销售服务有限公司股东出资纠纷二审民事判决书[四川省成都市中级人民法院(2020)川01民终14686号]中,法院认为,"股东出资义务是指股东应当足额缴纳对公司资本的认缴出资额的义务,是股东必须履行的一项法定义务""李某作为股东,其按期足额出资系法定义务,转让股权是否为零对价以及王某娟是否知晓均不构成李某作为股权转让方在未完全履行出资义务就转让股权后应承担出资义务的抗辩事由,故对该上诉理由,不予支持"。①

第二,关于瑕疵股权转让后受让人是否应承担出资责任。《公司法》(2023年修订)第88条第2款确立的规则是,原则上股权转让人和受让人承担连带责任,受让人在不知情的状态下可以免责。即,如果股权受让人"不知道且不应当知道存在上述情形"②的,受让人不承担连带责任。这样的规定意味着,新公司法采纳了"过错推定"原则,受让人主观状态的举证责任应由受让人承担。其原因在于,在"有限责任公司股东认缴和实缴的出资额、出资方式和出资日期"已经列为公示事项[《公司法》(2023年修订)第40条第1款第1项]的情况下,股权受让人很容易就可以查询到转让股东的出资缴纳情况,很难主张其对出资瑕疵的事实不知情。因此,其在受让股权时的主观状态应推定为"对此知道或者应当知道"。受让人若想免于承担出资责任,则需要举出反证证明"不知道且不应当知道"标的股权上存在出资瑕疵。这就对前述的争议问题二予以了明确的回应。可以发现,事实上,股权受让人原则上都需要承担连带责任,很难以不知情而免责。

2. 未届出资期股权转让出资责任的确定

首先,如前所述,《公司法》(2023年修订)第88条第1款采纳了"双重属性说"的观点,认为出资义务可以经由当事人的约定发生移转,未届出资期股权转让后由

---

① 类案还可参见甘肃宇清节能环保科技有限公司与庞某股东出资纠纷再审审查与审判监督民事裁定书[甘肃省高级人民法院(2020)甘民申2333号];谢某与西安庆南贸易有限公司股东出资纠纷申请再审民事裁定书[陕西省高级人民法院(2017)陕民申591号];陈某某与甲公司股东出资纠纷二审民事判决书[上海市第一中级人民法院(2010)沪一中民四(商)终字第2036号]。

② 需要注意的是,《公司法司法解释(三)》(2020年修正)第18条采用的表述是"受让人对此知道或者应当知道",并以此作为受让人承担连带责任的条件,而新《公司法》则改为将"受让人不知道且不应当知道存在上述情形"作为受让人免责的条件。

受让人承担出资义务。从学理上看，在"双重属性说"下，"法定义务说"确定的出资义务是股东的法定义务，不因股权转让而免除或消灭，其适用的前提是"具体的出资义务"而非"抽象的出资义务"，"抽象的出资义务"（享有期限利益的出资义务）可以依约移转，因为股权转让人享有出资的期限利益，其转让股权时并不存在违约行为，股权转让后，受让人基于股东身份自然承继法定的缴付出资的义务（"抽象的出资义务"）。

其次，如果股权受让人未按期足额缴纳出资，转让人对受让人未按期缴纳的出资承担补充责任。新公司法对于转让人补充责任的规定并无期限的限制，但《公司法》（2023年修订）第47条新增认缴出资需在5年内缴足的规定，本质上也是将未届出资期股权转让中转让人的责任限制在5年之内。因为在5年实缴期限的规定之下，至多5年认缴出资的期限便会届至，不会再出现股东转让股权多年后出资期限才会到来，进而再追究转让人责任的情形。

需要注意的是，与《公司法（修订草案）》一审稿第89条第1款"股东转让已认缴出资但未届缴资期限的股权的，由受让人承担缴纳该出资的义务"的规定相比较，新公司法增加转让人的补充责任实际是在股东利益和债权人利益之间进行了平衡。那么，新公司法为何如此平衡呢？其理论逻辑在哪里呢？笔者认为，这主要基于如下几点考虑：

（1）股东通过认缴出资而产生的出资义务实际上是通过未来履行出资义务而充实公司清偿能力的承诺，起到担保公司未来清偿能力的作用。在实务中，股东可能将股权转让给无清偿能力的受让人来逃避实缴出资的义务，而公司又无力清偿债务，严重损害了公司债权人的利益，此种情形下其认缴出资的期限利益不应被保护。① 司法实践中，转让股东逃避出资义务、逃避债务的情形众多，如在公司已经具备破产原因时转让股权；在出资期限即将届满之际恶意延长出资期限，后转让股权；在公司存在大量负债且对债务无清偿能力时转让股权；公司多次涉诉且被生效法律文书确认承担巨额债务，在诉讼期间转让股权；低注册资本、零实缴出资、超长认缴期，无对价转让股权；将股权无偿或低价转让给偿付能力显著不足的新股东等等。

（2）基于商事外观主义的要求，如果公司债权人在与公司交易之时，系基于对

---

① 参见大荔县皇家沙苑旅游开发有限公司、中国旅行社总社西北有限公司等建设工程施工合同纠纷二审民事判决书［最高人民法院（2022）最高法民终116号］；扬州今日种业有限公司、戴某梅等侵害植物新品种权纠纷二审民事判决书［最高人民法院（2021）最高法知民终884号］。

股东认缴出资的信赖,则此时并不宜免除转让人的出资义务。就此,最高法民二庭曾经提出"债权人对特定股东具有高度信赖利益"的观点[《最高院民二庭法官会议意见(公司类)纪要》(2019年3月8日)]:"某项债权发生时,股东的相关行为已使得该债权人对股东未届出资期限的出资额产生高度确信和依赖,在公司不能清偿该债权的,法院可以判令特定的股东以其尚未届出资期限的出资额向该债权人承清偿责任。"①实际上,这有些类似于出资义务的"加速到期"。

(3)就未届出资期的股权转让时转让人承担何种责任而言,学理上存在如下几种学说:一是"连带责任说"。该说实际是参照了《公司法司法解释(三)》(2020年修正)第18条规定,即转让股东和受让股东对出资承担连带责任。二是"并存的债务承担说"。该说认为,依据《民法典》第552条规定,第三人(受让股东)与债务人(转让股东)约定加入债务并通知债权人(公司),或者受让股东表示愿意加入债务,公司未在合理期限内明确拒绝的,公司可以请求受让股东在股权转让合同约定的债务范围内和转让股东承担连带债务。三是"新债清偿说"。此观点在"法定义务说"的基础上,借鉴了民法中的传统理论"新债清偿"(也称为"间接给付"或旧债新偿)。即,只有在次债务人(受让股东)不履行"新债务"时,才能请求债务人(转让股东)履行"旧债务"。此时,受让股东是第一顺位清偿责任人,只有在其不能履行的情况下,才由转让股东进行清偿,故出让股东是第二顺位清偿责任人。四是"瑕疵担保责任说"。该说认为,转让股东依法对其转让的股权承担瑕疵担保义务,不仅要确保其有权转让,而且要对股权的完整性、有效性承担担保责任(瑕疵出资股权属于权利的瑕疵担保责任)。这意味着,受让股东负担第一顺位的出资责任,而转让股东仅负担第二顺位的瑕疵担保责任。此种补充责任在责任性质上类似于一般保证人的责任,即在受让人无法或不能履行出资义务的情况下,转让人在受让人未能履行出资义务的范围内担保出资义务的履行。五是"由第三人履行合同说"。该观点认为,依据《民法典》第523条的规定,在公司法框架下,股东转让未届出资期股权及移转附着其上的"抽象的出资义务",无须目标公司同意,对公司的资本认缴义务移转给股权的受让人后,就应由第三人(受让股东)向债权人(公司)履行债务(出资义务);如果受让人不按期履行出资义务,符合上述法律规定中的第三人不履行债务的情形,因此,公司得向前股东(债务人)主张违约责任

---

① 参见姚某升、湖南中格建设集团有限公司等建设工程施工合同纠纷民事裁定书[最高人民法院(2020)最高法民申6390号];殷某翔与溧阳市爱尔森服饰有限公司、邓某芳等股东损害公司债权人利益责任纠纷二审民事判决书[江苏省无锡市中级人民法院(2020)苏02民终2487号]。

（缴付出资的义务）。

在既往的司法实践中，主流的观点是"连带责任说"（或者"原股东的法定义务说"+"并存的债务承担说"）。但在新公司法下，笔者认为，"瑕疵担保责任说"从理论上能更好地解释受让人承担出资责任，而转让人承担补充责任这一规则。因为，"新债清偿说"意味着两个债务并存，老债务在新债务得以清偿前处于"暂时休眠"状态，但这与《公司法》（2023年修订）第88条第1款前句"股东转让已认缴出资但未届出资期限的股权的，由受让人承担缴纳该出资的义务"规定仅存在一个债务有所不同。"由第三人履行合同说"存在的问题是，在该说下向公司出资的义务并未移转给受让人，仍然保留在转让人手中，受让人作为第三人仅仅是履行合同义务而已，这也与前述"由受让人承担缴纳该出资的义务"明显不同。而"瑕疵担保责任说"则参照了一般保证的法理，受让人作为债务人负有向作为债权人的公司缴付出资的义务，这里仅存在一个主债务，而在受让人不按期缴付出资时，转让人作为保证人承担保证责任。有学者提出，对转让人适用补充责任要满足其存在逃避债权等不法目的的要件[①]，即应允许转让人以不存在逃避出资义务的恶意进行抗辩。但新公司法并未有如此规定，该问题还有待后续的司法解释予以明确。

再次，至于转让人承担类似担保责任后是否可以向受让人追偿，新《公司法》没有明确规定。笔者认为，这与已届出资期股权转让情形类似，应根据股权转让交易中的对价以及是否存在追偿权的相关约定而定。通常而言，在有约定时按其约定确定；若不存在相关约定，则原则上在零对价或对价极低情况下，转让人享有追偿权。反之，在对价高于或者等于股权的认缴出资时，转让人不享有追偿权。

最后，关于股权多次转让情形下的责任顺位问题。此种情形下，股权转让交易链条上存在多位前手股东，公司和/或债权人在追究股东出资责任时，将会涉及责任主体和责任顺位的问题。在实体法层面，对于已届出资期股权转让，由于转让人和受让人原则上需要承担连带责任，因此公司债权人可以将所有主体一并起诉请求承担连带责任，此时不存在所谓的责任顺位问题。但对于未届出资期股权转让，由于转让人仅承担补充责任，类似于一般保证人，因此只能在某一转让人无法承担责任时，才能进一步诉请其前手转让人承担责任。若在某一手股权转让过程中出资义务已届期，则在此后的股权转让属于已届出资期股权转让，出资期限届至时登记在册股东的出资义务不再随股权转让而发生移转，在此之后的受让人需要承担连带责任，在此之前的转让人承担补充责任。在程序法层面，债权人可以选择一并

---

① 参见陈群峰、张衡：《论出资未届期股权转让后原股东的补充责任》，载《首都师范大学学报（社会科学版）》2022年第3期。

起诉股权转让人和受让人,但不能在未起诉受让人的情形下径直起诉转让人。

四、未届出资期股权转让的加速到期问题

(一)新《公司法》施行前未届出资期股权转让的加速到期问题

对于实务中股权转让人转让未届出资期股权时,若公司债权人请求转让人在未出资范围内对公司不能清偿的债务承担补充赔偿责任,是否导致该未届出资期股权的出资义务"加速到期"的问题,在现行法律中,与此相关的规定散落于多处,包括《企业破产法》第35条、《公司法司法解释(二)》(2020年修正)第22条第1款、《公司法司法解释(三)》(2020年修正)第13条第2款、《最高人民法院关于民事执行中变更、追加当事人若干问题的规定》(2020年修正)第17条、《九民纪要》第6条等,这些条文均明确或相对模糊地包含了股东出资加速到期制度的法律规制。在《九民纪要》出台之前,这一问题在学理界和司法实践中一直充满争议。主要存在如下三种观点:

观点一:依据《公司法司法解释(三)》(2020年修正)第18条的规定,股东在认缴出资的期限内转让股权的,公司的负债应由其后的受让人继承和承担充实责任。[1] 其主要理由为:第一,因认缴出资未到期,故出让股权的股东并不构成对出资义务的违反,应当对认缴出资的股东的出资期限权利予以尊重;对公司而言,其认可并办理股权变更系对权利义务的概括转让,转让股东不再承担原债务。第二,资本信用所对应的实缴制已被抛弃,在资产信用背景下,债权人的期待是公司的资产包括已到期债权而非公司资本。注册资本根本上不是对债务履行的担保,要求转让股东对债权人未获清偿部分承担责任,其结果是纵容债权人放弃自身的风险管理。

观点二:即便待缴股权转让后,转让股东仍不能免除出资义务,在受让股东不能缴纳到期出资或者公司不能清偿债权人债务的情况下,其需要在未缴纳出资本

---

[1] 参见《最高人民法院关于当前商事审判工作中的若干具体问题》"一、关于《公司法》修改后公司诉讼案件的审理问题"(2015年12月24日);《山东省高级人民法院民二庭关于审理公司纠纷案件若干问题的解答》(2018年7月17日);贺小荣主编:《最高人民法院民事审判第二庭法官会议纪要——追寻裁判背后的法理》,人民法院出版社2018年版,第149-153页以及(2011)沪一中民四(商)终字第363号、(2017)粤71民终151号、(2011)厦民终字第2498号、(2017)浙04民终1929号等、(2014)普民二(商)初字第5182号、(2016)最高法民再301号等裁判文书。

息范围内承担连带清偿责任。① 其主要理由为:第一,认缴责任是对公司的责任,股权转让合同是新旧股东之间的法律关系,股权转让协议不能处理作为第三人的公司债权,公司配合办理受让股东变更手续是法定义务之履行,不能解释为对认缴义务转移之同意;第二,认缴期限的制度本意是让股东享受认缴制的利益(主要是延期缴纳出资的期限利益),是为鼓励投资,而不是鼓励商事主体的投机行为;第三,在公司负有巨额到期债务的情况下,股东认缴出资后出资尚未届至缴纳期限,股东将股权转让给缺乏履行能力的受让人,此时债权人权益缺乏保护,一律由受让人承担缴纳出资义务不符合《公司法》修订时设立资本认缴制的初衷,故转让人和受让人对转让前的债务应在认缴出资差额本息范围内对债权人承担连带责任。

观点三:该观点认为,应根据具体案情进行综合判断,以确定转让人是否承担连带责任。②

《九民纪要》第 6 条"股东出资应否加速到期"对此明确道:

在注册资本认缴制下,股东依法享有期限利益。债权人以公司不能清偿到期债务为由,请求未届出资期限的股东在未出资范围内对公司不能清偿的债务承担补充赔偿责任的,人民法院不予支持。但是,下列情形除外:

(1)公司作为被执行人的案件,人民法院穷尽执行措施无财产可供执行,已具备破产原因,但不申请破产的;

(2)在公司债务产生后,公司股东(大)会决议或以其他方式延长股东出资期限的。

故此,最高院确立了未届出资期股权转让时,"在注册资本认缴制下,股东依法享有期限利益"这一基本原则,一般不支持"加速到期",但上述两种情形除外。具体而言:

第一,所谓认缴制下股东享有的"期限利益",是指在认缴资本制度下,股东享有的依据股东间协议的约定以及公司章程的规定,在一定的期限内缴纳一定的出资份额即可享有参与公司经营管理的,被现行公司法所认可并予以保护的权利。在该出资期限届满前,非依法定事由,公司、其他股东及债权人均无权予以干涉。

---

① 参见成都同美誉投资管理有限公司、涂某章民间借贷纠纷再审民事判决书[四川省高级人民法院(2016)川民再 232 号]。

② 参见华某明与许某标、徐某娟等民间借贷纠纷二审民事判决书[江苏省高级人民法院(2016)苏民终 947 号];中山市业冠食品有限公司、陈某华执行异议之诉二审民事判决书[广东省佛山市中级人民法院(2017)粤 06 民终 8854 号];上海香通国际贸易有限公司与上海昊跃投资管理有限公司、徐某松、毛某露、接某建、林某雪股权转让纠纷一审民事判决书[上海市普陀区人民法院(2014)普民二(商)初字第 5182 号]。

在认缴资本制度下，在公司不能清偿到期债务且已经损及债权人利益时，股东出资是否应当加速到期，其实质在于合理地寻找并确定股东的期限利益与债权人的债权利益的边界。即是说，在公司不能清偿到期债务已经损及债权人利益时，是否还应当将股东的期限利益作为首要价值目标予以保护。除了《破产法》第35条、《公司法司法解释（二）》（2020年修正）第22条规定的破产或解散时，股东的期限利益不予保护外，《公司法》（2018年修正）对于股东认缴期限尚未届满、公司不能清偿到期债务时股东出资是否可以加速到期没有作出规定。加速到期情形下的公司债务得以清偿的实质，只是公司个别债权人利益相对于全体债权人得到了不平等的保护。

从保护投资者的积极性出发，在公司不具有破产原因而申请破产以及债务发生后，股东恶意延长出资期限以逃避履行出资义务的情况下，将股东的出资期限利益作为首要价值目标予以保护，是一种促进创业、促进社会财富增长的理性选择。

第二，对于两种例外情形：（1）在执行案件中，如果符合下列条件，股东的出资期限利益不受保护（"濒临破产"的情形）：①公司作为被执行人；②法院穷尽执行措施无财产可供执行；③已具备破产原因，但不申请破产。换言之，在法院执行阶段，只要满足资不抵债且公司没有财产可供执行的条件，那么法院就可以直接裁定股东的认缴出资加速到期。这一规定表面上看似乎有利于保护债权人利益，但在公司掌握相关财务资料的情况下，债权人如何证明公司已陷于破产的边缘，无疑是司法实践中的难点。（2）在公司债务产生后，如果符合下列条件，股东的出资期限利益不受保护（"恶意延期"的情形）：公司股东（大）会决议或以其他方式延长股东出资期限的。这一规定的精神也体现在华某明与许某标、徐某娟等民间借贷纠纷二审民事判决书[江苏省高级人民法院（2016）苏民终947号]中："从债权人与公司形成债权债务关系时的信赖利益出发，看债权形成的时间与股权转让的时间先后。如果根据公示的工商登记资料即可知有限责任公司发起人（股东）在出让股权之时缴纳资本金的义务尚未到期，且相关公司的债务尚未形成，则该公司债务对应的债权人无权向股权的出让人即原公司发起人（股东）主张补充赔偿责任及资本充实责任。"

第三，尽管《九民纪要》第6条对股东出资加速到期进行了有限的明确，但在适用该条规定时，仍然产生了一些争议。如该条的适用范围争议。一种观点认为，该条仅适用于现任股东，而不适用于已转让股权的股东[①]。其理由主要是，加速到期制度针对的是公司现任股东负期限的出资义务，而已经转让股权的原股东则不在

---

① 参见榆林市德厚矿业建设有限公司、中国化学工程集团有限公司等执行异议之诉申请再审审查民事裁定书[最高人民法院（2021）最高法民申6421号]；力勤投资有限公司等与燕某国执行异议之诉二审民事判决书[北京市第三中级人民法院（2020）京03民终4730号]。

加速到期制度的射程范围之内,应由股权转让规则予以规制。另一种观点认为,该条可适用于股东已经转让股权的情形①。其主要理由是,依据《九民纪要》第6条,受让股东在股权转让时出资加速到期的情形下,可以适用《公司法司法解释(三)》(2020年修正)第18条、第13条第2款和《最高人民法院关于民事执行中变更、追加当事人若干问题的规定》(2020年修正)第19条规定,请求追加原股东对公司不能清偿的债务承担补充赔偿责任。

(二)新《公司法》施行后未届出资期股权转让的加速到期问题

《公司法》(2023年修订)第54条规定:"公司不能清偿到期债务的,公司或者已到期债权的债权人有权要求已认缴出资但未届出资期限的股东提前缴纳出资。"新公司法以法律的形式正式确立了"股东出资加速到期制度",该制度的适用条件是"债务期限届满+公司不能清偿"。

第一,对于"公司不能清偿到期债务"的认定,可以结合《最高人民法院关于适用〈中华人民共和国企业破产法〉若干问题的规定(一)》第2条"下列情形同时存在的,人民法院应当认定债务人不能清偿到期债务:(一)债权债务关系依法成立;(二)债务履行期限已经届满;(三)债务人未完全清偿债务"之规定予以认定,"不能清偿"可以理解为司法机关对债务人应当执行的动产和其他方便执行的财产执行完毕后,司法机关对债务人难以继续强制执行或执行困难,其债务仍未能得到清偿的状态,在此情形下才能启动股东出资加速到期制度。值得说明的是,《公司法》修订过程中,一审稿中要求股东提前出资的条件除"公司不能清偿到期债务"外还包括"明显缺乏清偿能力",而二审稿、三审稿及最终稿中删除了"明显缺乏清偿能力"。因此,是否具备《九民纪要》第6条第1项所规定的"濒临破产"情形在所不问,在公司无法清偿到期债务时,公司或者已到期债权的债权人即可主张股东出资加速到期。

第二,关于出资加速到期的"入库"原则。在既往司法实践中,《公司法司法解释(三)》(2020年修正)以及《九民纪要》第6条的出资加速到期明确的是,股东在出资加速到期的范围内直接向债权人承担补充赔偿责任,这属于对个别债权人的清偿,可能损害公司其他债权人的利益,故本次《公司法》修订采用了"入库"原则,即便债权人请求其加速出资也应向公司缴付出资。将新《公司法》第54条和第88

---

① 参见刘某平、李某辉等股东出资纠纷二审民事判决书[广东省高级人民法院(2021)粤民终1071号];汤某军、汉中兴源实业有限公司等追加、变更被执行人异议之诉民事判决书[陕西省高级人民法院(2021)陕民再138号]。

条结合起来看,公司债权人一并起诉股权受让人和转让人的,即便转让人承担补充责任,也是向公司承担补充出资责任,而非现在司法实践中的,向公司债权人直接承担补充赔偿责任。

需要注意的是,"入库"规则在执行层面如何衔接适用,还有待《最高人民法院关于民事执行中变更、追加当事人若干问题的规定》进一步明确。例如,在执行程序中,法院以往在追加股东后直接执行股东财产(如不动产、知识产权等)用以清偿债权人,但现在是否需要先将股东名下的权利过户至公司,然后再执行被执行人即公司名下的不动产和知识产权?这些问题都有待未来的执行制度予以明确。

第三,将新《公司法》第54条与第51条"董事会催缴出资"结合起来看,在公司无法清偿到期债务时,股东未届出资期的出资义务应当加速到期,此时该出资义务就已经转变为已届出资期的出资义务了,因此,依据新《公司法》第52条的规定,董事则负有催缴出资的法定义务。在公司已经无法清偿到期债务的情形下,股东仍选择将股权转让给资产状况较差的受让人,此时出资义务的移转无疑会导致公司和债权人利益受到损害。若董事未要求股东缴足出资,仍然配合完成股权转让的程序,导致受让人无法按期足额缴纳出资,给公司和公司债权人利益造成损失,也存在被追究赔偿责任的可能。

第三节　股权转让(并购)合同的审查

一、股权转让(并购)合同的框架结构

从实践来看,一份比较典型的股权转让(并购)合同正文部分通常可以分为如下六个部分:术语定义和释义;目标公司、标的股权、转让价款及价款支付;陈述与保证;协议签署后及交割事项;保证交易进行的约定条款;其他杂项条款。其框架结构见表17-1:

表17-1　股权转让合同的框架结构

结构	具体条款	说明
术语定义和释义部分	1. 定义和释义	本条对本协议中使用的特定术语进行定义,对协议解释规则进行明确
目标公司、标的股权及价款	2. 目标公司 3. 标的股权 4. 价格条款 5. 价款支付	本部分对股权转让或收购的目标公司、标的股权进行明确;对标的股权的收购价款的确定及其支付安排进行约定

续表

结构	具体条款	说明
陈述与保证	6. 陈述与保证	本条对出让方和受让方的承诺和保证事项进行约定
协议签署后及交割事项	7. 协议签署后事项 8. 过渡期安排 9. 目标公司交割事项及交割先决条件	协议签署后事项主要对协议签署后进一步的尽职调查事项等作出约定;过渡期安排对股权定价基准日与交割日之间的过渡期事项进行约定;目标公司交割条款主要约定触发交割必须满足的先决条件、期限以及如何具体交割等事项
保证交易事项进行的约定条款	10. 违约责任及赔偿 11. 不竞争 12. 通知 13. 费用及开支 14. 变更、解除及终止	本部分主要对合同的履行提供保障。譬如,违约责任及赔偿条款、合同变更、解除及终止条款。除此之外,为便于信息送达,还会涉及通知条款以及费用、开支的约定等
其他杂项条款	15. 保密 16. 继任人及受让方 17. 生效 18. 放弃及可分割性 19. 管辖、适用法律及争议解决 20. 其他条款	本部分主要涵盖了保密条款,当事方的继任人以及受让方等,还包括非常重要的生效条款、法律适用、管辖以及争议解决等

从上述股权转让(并购)合同的框架结构可以看出,正文条款部分比较复杂,其可以分为"一般条件/条款"和"特殊条件/条款"两部分。前者主要是一些通用条款,交易各方在实践中对这些条款一般都予以高度认可,如不可抗力条款、争议解决条款、保密条款、放弃及可分割条款等。而后者则是基于不同合同的交易性质、交易标的而对某些特殊事项进行的约定。譬如,合同价款和支付条件、过渡期条款、交割条款等。

二、股权转让(并购)合同主要条款的审查

(一)股权转让合同的定义条款

与一般的合同类似,股权转让合同的定义条款一般出现在合同正文的第一条,条款标题通常为"定义和用语"或"定义和术语"或"术语和释义"等。其主要的作用在于对股权转让合同中出现的特定名词、术语等进行统一、明确含义。

1. 股权转让(并购)合同的特定术语或名词

与一般的合同不同的是,股权转让合同会包含许多其交易性质所决定的特定的术语或名词。笔者将其归纳为表17-2。

表 17－2　股权收购重要术语

序号	结构描述	具体术语或用语列示
一	有关交易当事方及其关联公司的定义	「买方」(「收购方」、「受让方」)、「卖方」(「被收购方」、「出让方」)、「收购子公司」、「关联公司」、「控股公司」
二	有关目标公司以及标的股权的定义	「目标公司」、「标的股权」
三	有关交易日期的定义	「计价基准日」、「股权转让基准日」、「审计基准日」、「评估基准日」、「交割日」、「交易截止日」、「披露函出具时间」、「余款支付日」
四	有关交易价款及支付的定义	「初始对价」(「预约对价」)、「最终对价」、「保证金」(「诚意金」)、「价款调整」、「监管银行」、「监管账户」、「预付款」、「对价余额」
五	有关交易的其他术语的定义	「净资产」、「净资产变化」、「交易账目」、「交易还原」、「交易终止」、「完整运营权」(「完整管理权」)、「通过经营者集中审查申报」、「索赔款项」、「或有负债」
六	交易涉及的其他法律文件的定义	「××股份购买协议」、「××股东贷款转让协议」、「××监管协议」
七	交易涉及的其他术语的定义	「中国」、「通讯」、「美元」、「商务部」、「公认会计原则」

需要注意的是,上表列示的特定术语并非在每个股权转让合同中都会涉及,法律顾问和律师应该视交易的结构和流程情况而定。

2.股权转让(并购)合同定义条款的实务要点

第一,实务中,定义条款的拟定并非一蹴而就,而是与正文其他条款的拟定交互或交叉进行。譬如,可以事先定义一些基本的术语(如涉及当事方的术语定义),但并不能以一概全。在拟定正文条款的同时,发现某术语(如有关计价基准日、交割日等)需要定义时,可返回定义条款先作一定义并根据情况进行调整。

第二,术语的定义条款需要根据股权转让交易的性质、模式、途径、方式等来进行拟定,并非上述的所有术语都会涉及。譬如,在对标的股权如何作价进行明确时,如采取在目标公司净资产公允价值的基础上进行过渡期损益调整的方式,就会涉及在定义条款对"初始对价"和"最终对价"以及"过渡期损益"等进行定义,而在"固定作价法"下,则并不需要分别定义,直接定义一个股权价款即可;再比如,在定义各种交易日期时,就可依据股权转让交易的特点,分别定义"计价基准日""交割日""完整运营权移交日",这是由交易的流程所决定的。

第三,术语定义的原则和顺序一般应当依照笔者所著《合同审查精要与实务指南:合同起草审查的基础思维与技能》(第3版)所述的一般合同的术语定义的原则和顺序来进行,并没有不同。

第四,如果定义条款过长而影响正文条款的起始阅读,建议将它作为附件放在正文条款之后。

(二)目标公司和交易标的条款

在股权转让交易中,在合同中明确目标公司及标的股权是首要的事项(紧随定义条款之后),即是说这是合同中的一个首要必备条款。

1. 对标的股权的考虑与审查

在目标公司和交易标的条款起草、审查之前,有必要对标的股权进行审查。主要涉及瑕疵股权、限售股权和第三人股权等方面。关于瑕疵股权的内容参见前文,不再赘述。在此仅介绍限售股权和第三人股权。关于限售股权对转让合同效力的影响,其并不会必然导致预先签订的转让合同无效,只是限售股权在限售期内不得转让,但限售期经过后再进行股权交割与登记。关于第三人股权,《民法典》删除了《合同法》第51条规定,故此并不要求股权转让合同签订时出让方必须拥有所转让的股权,只要在交割时可以履行合同即可,但是在实务中这样的情形非常罕见。这是其一。其二,在股权并购交易中,还需要考虑标的股权的数量和比例问题。依据《公司法》及其司法解释、《证券法》等规定,公司股权结构具有9条生命线(其主要节点为67%—51%—34%—30%—20%—10%—5%—3%—1%),具体见图17-6:

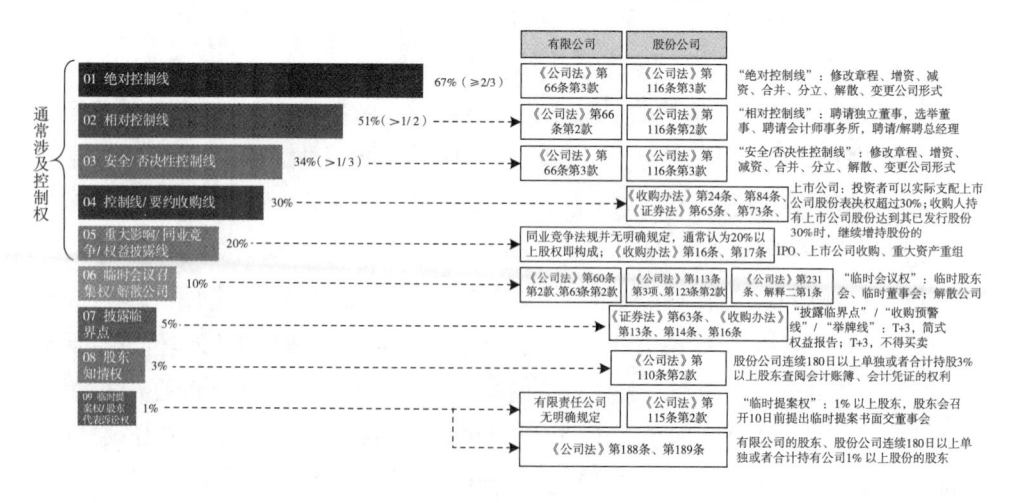

图17-6 股权结构"九条界线"

对于有限责任公司而言,主要需考虑的四条界线是:绝对控制线(67% ≥2/3)、相对控制线(51% >1/2)、安全/否决性控制线(34% >1/3)和重大影响控制线

（20%—30%）。

（1）绝对控制线（67%≥2/3）。根据《公司法》（2023年修订）第66条第3款"股东会作出修改公司章程、增加或者减少注册资本的决议，以及公司合并、分立、解散或者变更公司形式的决议，应当经代表三分之二以上表决权的股东通过"之规定，对于这七大类事项，若控股股东需要实现对公司的绝对控制，则至少需要直接或间接持股达到67%。

（2）相对控制线（51%＞1/2）。除上述七类法定的需代表2/3以上表决权股东通过的事项外，一般情况下，除非股东在投资协议（以及公司章程）中有特别约定，其他事项一般1/2以上表决权股东通过即可。

（3）安全/否决性控制线（34%＞1/3）。如上所述，反向从小股东的视角来看，若是要保留对公司重大事项的否决权，则至少需要直接或间接持股达到34%。

（4）重大影响控制线（20%—30%）。所谓重大影响，是指股东对公司尚不足以取得控制，但可以对公司重大经营、财务、决策以及董事会人员的任免产生重大影响，一般而言，持股20%—30%会被认定为具有重大影响。

另外，需要说明的是，《公司法》（2023年修订）对公司股权结构的控制图谱有两处重大修订：一是新增了股份有限公司连续180日以上单独或者合计持股3%以上的股东可以要求查阅公司的会计账簿、会计凭证；二是将股份有限公司股东的临时提案权的门槛从单独或者合计持股3%降低为1%。

最后需要注意目标公司章程对于股权表决权、投票权等的特殊规定和安排，以便获取了相应的股权，就可以获得相应股权所对应的股东权利。特殊的公司（特别是初创型公司）往往对投票权有特殊的规定。

2. 起草目标公司和标的条款的考虑因素

在起草目标公司和交易标的条款时，应从两个方面进行约定。对目标公司进行约定时应当考虑如下几个方面的因素：

√ 目标公司的全称（若有外国名称应附上）
√ 目标公司的注册登记号或商业登记号
√ 目标公司的注册登记地址和营业地址（可选）
√ 目标公司的注册资本及实收资本（若有）
√ 目标公司的股东及其股权比例和出资额等

对标的股权进行约定时应当考虑如下几个方面的因素：

√ 标的股权占目标公司的比例和份额
√ 标的股权由谁（卖方）出售

- ✓ 标的股权不得存在任何瑕疵（包括但不限于任何质押等权利负担）
- ✓ 标的股权包含其所对应的全部权益（财产权利和非财产权利）

就审查而言，需要特别注意的是：

第一，股权包括股东依据出资额和公司章程拥有的财产权、参与决策权、知情权、人事权和诉讼权。财产权又包括利润分配权、股权出让权、特定情况下请求公司收购股份权、股权优先购买权、优先增资权、剩余财产分配权、继承权等。在股权转让的情况下，股东拥有的这些权利必须一并转让。

第二，在股权转让计价基准日以前目标公司已经通过决议派发的股息红利应当登记在属于公司负债的应付利润（股利）账户，出让方对该等应付利润（股利）不予转让的，仍应支付给出让方。若股权转让合同约定在股权转让计价基准日没有分配的利润与股权一并转让，必须在股权转让经公司登记机关登记完成后向新股东分配。

需要特别说明的是，在股权转让的实务中，股权转让双方经常就已宣告未实际派发的股息是否已经随股权转让而转让给股权受让方产生争议。在此种情形下，需要首先看股权转让合同就该具体的利润分配请求权（普通债权）是否明确约定予以转让，如未约定转让，则认为并未随标的股权的转让而转让。如在甘肃乾金达矿业开发集团有限公司、万城商务东升庙有限责任公司再审民事判决书[最高人民法院(2021)最高法民再 23 号，载《最高人民法院公报》2023 年第 1 期（总第 317 期）]中，最高院认为，载明具体分配方案的股东会决议一经作出，抽象性的利润分配请求权即转化为具体性的利润分配请求权，从股东的成员权转化为独立于股东权利的普通债权，股东转让股权时，抽象性的利润分配请求权随之转让，而具体的利润分配请求权除合同中有明确约定外并不随股权转让而转让，当分配利润时间届至而公司未分配时，权利人可以直接请求公司按照决议载明的具体分配方案给付利润。

第三，除非出让股权的股东尚未完成出资，或者已经确定有出资违约责任（迟延出资或出资不符合约定）或者出资不足责任（非货币出资虚高作价），否则股东不对目标公司承担既定的责任。所以，在股权转让协议中无须载明受让方在对目标公司享有权利的同时还承担什么责任。如果转让股权存在瑕疵出资情形，由于新《公司法》已经删除了"追偿权"的相关规定，因此股权转让双方应结合股权出资的情况和此后可能承担的出资责任，在股权转让合同中对于股权价款进行调整，并对承担出资义务后的追偿权进行明确安排，提前进行风险分配，避免双方权利义务的失衡和后续的诉讼风险。

【例17-2】股权转让协议的目标公司和标的股权条款示例

X	目标公司
	本协议项下的目标公司为： [　　　　　　　　　　　　　]（"目标公司"）； 统一社会信用代码:[　　　　　　　]； 住所:[　　　　　　　]； 注册资本:[　　　　　　　]； 实收资本:[　　　　　　　]；（可选） 公司类型:[　　　　　　　]
Y	标的股权
	在本合同项下的股权为占目标公司交易基准日全部注册资本百分之壹百[100%]的股权，以及依照该股权应当享有的对目标公司的各项权利，包括但不限于未分配利润及股东各项财产权、表决权、人事权、知情权以及其他权益（包括但不限于所有权，商标、技术等知识产权和非知识产权，以及品牌、市场、客户等等）。

（三）股权转让价格与支付条款

1. 股权转让价格条款

股权转让价格是股权转让合同的核心条款，在实践案例中，该价格通常由一个初始预约价格加上价格的调整机制构成。预约价格一般根据出让方提供的股权转让计价基准日目标公司资产负债表上载明的股东权益确定，如果经过核实出让方提供的资产负债表真实，预约价格就不会调整，如果经过核实，资产负债表上载明的股东权益发生了变化，那么预约转股价格就需要调整。由此可见，采用预约价格的价格体例对受让方预防并购价格风险大有好处，特别是在出让方对目标公司的披露不够充分的情况下，更是非常有必要。

在股权转让合同签订后，受让方将派专业人员对目标公司的财务账目和资产进行稽核和查验，并根据稽核和查验的结果对上述预约价格进行调整。根据对目标公司股权转让基准日所有者权益调整的结果，凡是调整后的目标公司所有者权益少于出让方披露的该日目标公司所有者权益的，按照如下比例调整股权转让价格：调整后的股权转让价格＝预约股权转让价格－转股基准日目标公司所有者权益减少额×（预约股权转让价格÷转股基准日目标公司所有者权益额）。调整后的股权转让价格为交易双方最终确定的股权转让价格。

如下是一个股权转让价格及其调整的示例条款：

【例17-3】股权转让合同的预约价格条款

X	预约价格
	在本协议项下,出让方向受让方转让标的股权的预约价格为人民币[　　　]元(大写:人民币[　　　]元)。该预约价格为目标公司股权转让计价基准日资产负债表所列转让股权享有的各项所有者权益的对价。
Y	预约价格的调整
Y.1	出让方和受让方同意由[　　]会计师事务所对目标公司于交割日的资产负债表以及截至交割日的损益表按照公认会计原则进行审阅。经出让方和受让方签字确认的交割账目所显示的所有金额为最终金额,对出让方和受让方均具有约束力。
Y.2	标的股权的对价须按净资产值调整。双方同意,净资产值调整机制为: 调整后的股权转让价格 = 预约价格 − 股权转让计价基准日目标公司所有者权益减少额 ×(预约价格÷股权转让计价基准日目标公司所有者权益额)

2. 股权转让价款的支付

事实上,在公司股权转让交易中,除了股权如何作价和计量之外,还有一个息息相关的问题就是股权转让价款如何支付的问题,这也是股权转让协议需要考虑的核心条款之一。在实务中,有关股权转让价款支付的安排需要结合交易的模式、交易过程以及风险控制等诸多因素综合协商确定。

✓ 股权转让价款的支付形式

股权转让价款的支付包括多种形式,最常见也是最受欢迎的毫无疑问是货币支付,但是在实践中,特别是上市公司股权收购中经常还会使用增发股份等非货币支付方式,较少情况下还可以使用收购方持有的其他公司的股权进行"持股公司换股"支付,非常少见的是使用非货币性的实物资产、无形资产进行支付。在实践中,还存在一种方式就是代替目标公司或其股东承担债务(常见于实务中的承债式收购)。

✓ 股权转让价款支付步骤的安排

在实践中,基于风险控制以及督促出让方和目标公司推进交易的目的,股权转让价款通常会通过分次支付的方式进行。一个典型的支付安排是,首先安排在股权转让协议签署后支付少部分,在股权转让协议取得有关部门的批准和/或公司登记机关变更登记完成后再支付一部分,在目标公司管理权移交完成后再支付其他的部分。还有一种情况是,基于控制或有负债风险的缘故,收购方可能会要求在一个合理的期间(比如12-36个月内)滞留少部分股权转让价款,并将其作为目标公司或有负债的出让方赔偿责任的保证金。

✓ 股权转让价款支付中的汇率确定和税款的代扣代缴义务

如果股权转让交易涉及非居民企业转让境内居民企业的股权,并且要求支付的股权转让价款属于外汇时,股权转让价款支付条款中,还需要明确该等外币和人民币之间的折算汇率。同时,按照中国税法的规定,这个时候非居民企业有缴纳预提所得税的义务,股权价款支付方具有代扣代缴的义务,如果未完成税款缴纳的义务,股权价款的外汇登记以及购汇出境将面临障碍,所以取得非居民企业应纳所得税的完税证明是必需的。

✓ 股权转让价款支付的滞留保证金以及股权质押

如前所述,在实践中,为了保证股权转让合同中约定的出让方的赔偿责任的履行或者对目标公司可能存在的或有负债的出让方赔偿责任的担保,收购方可能会要求在一段合理的时间内滞留部分股权转让价款作为担保,这样可以在赔偿责任明确后及时获得赔偿价款。这个合理的时间一般由双方协商确定,通常可以考虑为目标公司管理权移交之后12－36个月,滞留的价款比例也无定数,可以根据价款总额和赔偿责任可能发生的概率和金额滞留5%—10%。

反之,股权出让方也会考虑在股权变更登记完成后,其将丧失股东身份,如何收回剩余的股权转让价款的问题。所以,有时出让方会要求在股权转让合同中约定,受让方以取得的股权作为支付股权转让价款的质押,如果受让方取得股权后怠于行使或拒绝行使价款支付义务,出让方还可以依据股权质押条款收回转让的股权,从而也一定意义上促使受让方适当地履行合同规定的付款义务。

3. 陈述与保证条款

"陈述和担保"有时也称为"声明和保证"。简单地讲,陈述和担保常用于合同一方因为签订某个合同需要了解某些对自己很重要但仅为合同另一方掌握或合同另一方虽非掌握但合同一方很难获得的信息的情况,譬如公司组建设立的具体情况,公司是否存在对外的担保,是否存在正在进行或即将进行的诉讼、仲裁,公司是否存在劳动、税务争议等等,合同其他方可能很难从另外的渠道知晓。因此,一方通过这个条款要求另一方对这些事项或信息作出陈述和保证,保证其陈述在本合同项下真实、完整、有效。

实务中,陈述和保证条款的事项繁多,很多条款拟定得比较杂乱,起草人很多都是"想到什么就拟定什么",难免有所遗漏或重复,甚至冲突。为厘清思路,笔者根据实践将该条款的结构总结为图17－7:

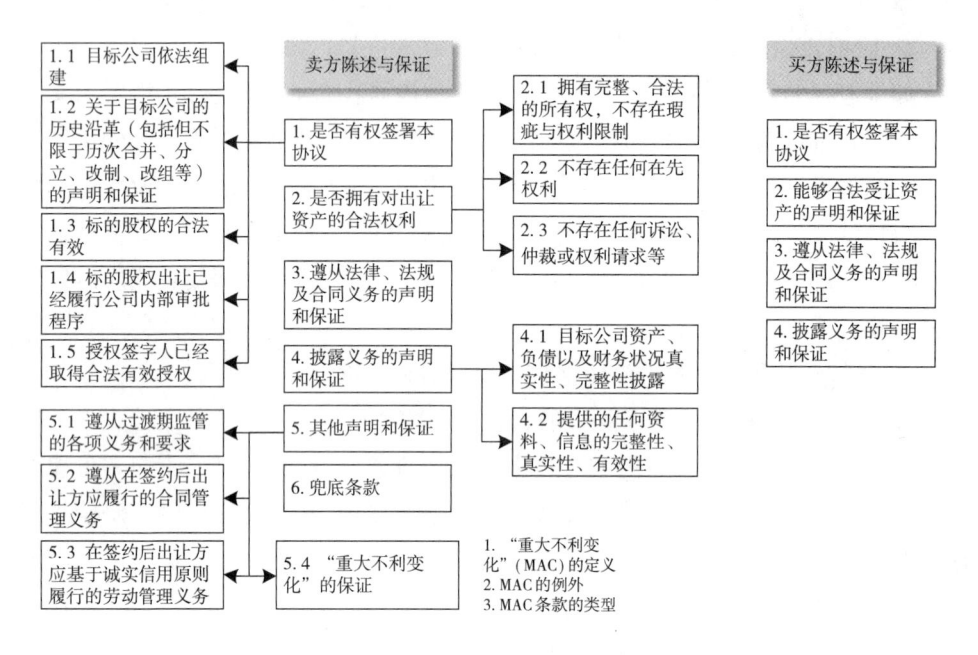

图 17-7 陈述与保证条款的结构

卖方陈述与保证

1. 是否有权签署本协议
   - 1.1 目标公司依法组建
   - 1.2 关于目标公司的历史沿革（包括但不限于历次合并、分立、改制、改组等）的声明和保证
   - 1.3 标的股权的合法有效
   - 1.4 标的股权出让已经履行公司内部审批程序
   - 1.5 授权签字人已经取得合法有效授权

2. 是否拥有对出让资产的合法权利
   - 2.1 拥有完整、合法的所有权，不存在瑕疵与权利限制
   - 2.2 不存在任何在先权利
   - 2.3 不存在任何诉讼、仲裁或权利请求等

3. 遵从法律、法规及合同义务的声明和保证

4. 披露义务的声明和保证
   - 4.1 目标公司资产、负债以及财务状况真实性、完整性披露
   - 4.2 提供的任何资料、信息的完整性、真实性、有效性

5. 其他声明和保证
   - 5.1 遵从过渡期监管的各项义务和要求
   - 5.2 遵从在签约后出让方应履行的合同管理义务
   - 5.3 在签约后出让方应基于诚实信用原则履行的劳动管理义务
   - 5.4 "重大不利变化"的保证

6. 兜底条款
   1. "重大不利变化"（MAC）的定义
   2. MAC 的例外
   3. MAC 条款的类型

买方陈述与保证

1. 是否有权签署本协议
2. 能够合法受让资产的声明和保证
3. 遵从法律、法规及合同义务的声明和保证
4. 披露义务的声明和保证

在图 17-7 的结构思路下，在拟定陈述和保证的事项时，通常需要考虑：

- ✓ 卖方陈述和保证
  - ➤ 目标公司的全部注册资本已经按照法律规定和章程的要求全部按时缴足；
  - ➤ 目标公司完整地、排他地、合法地拥有本合同所列之商标及其他知识产权权利（若有）；
  - ➤ 就目标公司拥有、占有或使用的任何土地和房产，目标公司拥有良好的、不存在任何请求权或任何其他形式权利负担的所有权；
  - ➤ 除另有披露外，目标公司已与所有的雇员签订了劳动合同，并依法支付、缴纳养老保险、医疗保险、失业保险、工伤保险、住房公积金以及其他所有法律要求的社会保险基金或员工福利；
  - ➤ 除另有披露外，目标公司不存在拖欠员工工资、津贴、奖金、加班费的情况；
  - ➤ 目标公司自成立以来，在财务、税收、环境保护等各方面，遵守中国法律法规。

- ✓ 买方陈述和保证
  - ➤ 买方谨此向卖方保证，于目标公司交割完成后，买方须促使并确保目标公司维持目标公司员工的工作及权益的稳定性及持续性。买方须促使及确保目标公司于总体转让完成日起多少年内不进行经济性裁员。

➢ 买方将切实履行本合同项下的各项条款和义务,并不得损害卖方的合法权益和利益。

【例17-4】股权转让合同的陈述和保证条款

X	陈述和保证
X.1	甲乙双方保证各自是符合中国法律规定的民事主体,具有签署本协议和履行本协议约定各项义务的主体资格,并将按诚实信用的原则执行本协议。
X.2	本协议双方在此所作的全部保证、承诺是连续的、不可撤销的,且除法律的明文规定和执行司法裁决之必须外,不受任何争议、法律程序及上级单位的指令的影响,也不受双方名称及股东变更以及其他变化的影响。
X.3	甲方的陈述与保证
X.3.1	甲方所转让的股权是甲方合法持有的股权,甲方有完全、合法的处分权,没有设定任何质押或者其他足以影响股权转让的担保,亦不存在任何司法查封、冻结,并不会因股权转让使乙方受到其他方的指控、追索或遭受其他实质损害。
X.3.2	甲方保证,其在交易时向乙方提供的关于目标公司和目标股权的相关财务信息是真实、全面的。
X.3.3	甲方依本协议之规定,配合、协助乙方办理股权转让所需各项手续。
X.3.4	乙方全额支付股权转让价款之日即视为公司股东,享有受让股权项下的全部股东权利、承担股东义务。
X.3.5	甲方承担由于违反上述陈述和保证而产生的一切经济责任和法律责任,并对由于违反上述陈述与保证而给乙方造成的任何直接损失承担赔偿责任。
X.4	乙方的陈述与保证
X.4.1	乙方具有依法受让甲方所持有的目标股权的主体资格。
X.4.2	乙方依照本协议[　]条之规定,向甲方支付股权转让价款。
X.4.3	乙方依本协议之规定,配合、协助甲方办理股权转让所需各项手续。
X.4.4	乙方承担由于违反上述陈述和保证而产生的一切经济责任和法律责任,并对由于违反上述陈述与保证而给甲方造成的任何直接损失承担赔偿责任。

最后,需要说明的是,若卖方违反了陈述和保证事项,则需承担合同约定的相应违约责任。但是,若不对卖方的责任进行限制,卖方实际可从交易中获得的收益将面临无限的风险,可能颗粒不剩,甚至需要自掏腰包赔偿买方。因此,在实践中,卖方通常会对陈述和保证责任进行适当的限制。

(四)股权转让的先决条件条款

通常,股权转让的主要先决条件如下:(1)股权转让交易已经完成并购各方内部的批准程序并取得合法有效的书面批准文件;(2)股权转让交易或合同已经取得政府有权机构的批准、授权和同意(若需);(3)卖方对目标公司的出资已经全部到位;(4)目标公司已经完成公司登记机关变更登记,买方已被登记为股东;(5)买方已经取得因股权转让而支付价款所需要的外汇批准或备案等手续。

【例17-5】国有股权转让合同的先决条件条款

X	股权转让的先决条件
X.1	甲方进行股权转让的先决条件
X.1.1	甲方就本协议项下的股权转让方案已依法履行了法定批准程序,获得了有权机关的批准。详见本协议附件:[ ]。
X.1.2	甲方就本协议项下的股权转让事项已依据甲方公司章程的规定获得了本公司关于签署并执行本协议的一切必要决议和/或授权。详见本协议附件:[ ]。
X.1.3	**甲方就本协议项下的股权转让事项已经依法委托了具备享有资质的专业机构对目标公司资产进行了审计及评估并在相关的国有资产监督管理部门进行了备案。详见本协议附件:[ ]。**
X.1.4	甲方依据有关法律法规以及[交易所]的相关规定,就本协议项下股权转让事项已在该所完成了公开挂牌及其他相关手续,且其程序合法有效。
X.2	乙方进行股权转让的先决条件
X.2.1	乙方就本协议项下股权转让已在[交易所]完成了受让申请、按期足额交纳了不低于甲方挂牌底价金额的交易保证金,并被确定为本协议项下股权转让的受让方。
X.2.2	乙方就本协议项下的股权转让事项已依据乙方公司章程的规定获得了最高决策机构关于签署并履行本协议的一切必要决议和/或授权。详见本协议附件:[ ]。
X.2.3	乙方完全接受甲方公示挂牌时列明的全部交易条件。

【评析】:在本例中,需要特别关注国有股权转让需要履行资产评估手续的先决条件。根据《国有资产评估管理办法》(国务院令第732号)第3条第1项的规定,国有资产占有单位转让资产的,应当进行资产评估。该规定明确了资产评估程序是企业国有资产交易的前置条件。

尽管《国有资产评估管理办法》(国务院令第91号)第3条规定:"国有资产占有单位(以下简称占有单位)有下列情形之一的,应当进行资产评估:(一)资产拍卖、转让;……"①,但在实践交易中,如违反了该规定,国有资产交易是否有效的问题一直广受关注。司法实践中,存在两类观点:一是合同无效的观点。依据《合同法》第52条第5项规定,违反法律、行政法规的强制性规定的合同无效(现《民法典》第153条第1款"违反法律、行政法规的强制性规定的民事法律行为无效。但是,该强制性规定不导致该民事法律行为无效的除外")。而《国有资产评估管理办法》是国务院制定的行政法规,其第3条规定评估程序是签订转让国有资产合同的必备法定前置程序,该程序目的是防止国有资产流失,国有资产流失会损害社会公共利益。所以,该条规定也属于强制性规定,违反该条规定未履行法定前置手续,擅自签订转让合同的,合同无效。二是合同有效的观点。《合同法司法解释(二)》第14条将"强制性规定"限定在"效力性强制性规定"范围内,明确了管理性的强制性规定不影响合同效力。《国有资产评估管理办法》第3条规定的是国有资产管理者的义务和职责,是内部程序性规定,其目的是避免国有资产流失而对交易价格进行国家干预,未评估并不必然造成国有资产流失。而且,未评估影响的仅是合同交易价格条款的效力,整个协议仍应认定有效。因此,《国有资产评估管理办法》第3条规定属于规范内部程序的管理性规定,而非效力性强制性规定,不应影响国有企业与第三人签订合同的效力。

在司法实践中,对于该问题早期的个别法院认为合同无效,但主流的裁判观点是认为合同有效。例如,在淮阴市信托投资公司等诉殷某股权转让案[江苏省高级人民法院(2001)苏民二终字第175号]中,一审法院江苏省淮安市中级人民法院认为,"信托投资公司的经济性质为国有企业,其用国有资产向淮信房地产公司投资而拥有的财产权利为国有产权。信托投资公司作为国有资产占有单位将其在淮信房地产公司的股权转让给殷某,该行为系国有资产转让行为。根据国务院《国有资产评估管理办法》第三条第(一)项的规定,国有资产占有单位在资产拍卖、转让时,应当进行资产评估。信托投资公司在实施国有资产转让行为时,未按规定向国有资产管理部门申请立项、确认,也没有经有关国有资产评估机构对转让的股权进行价值评估,违反了国家行政法规的强制性规定,该转让行为无效"。江苏省高级人民法院作为二审法院支持了一审法院的认定,认为:"《国有资产评估管理办法》的应当评估的规定属于行政法规的强制性规定,未履行相关评估手续,该协议应认

---

① 现为《国有资产评估管理办法》(2020年修订)第3条。

定为无效。"但在更多的司法判例中,法院(包括最高人民法院)认为,《国有资产评估管理办法》第3条规定是管理性强制性规定而非效力性强制性规定,违反《国有资产评估管理办法》第3条规定不影响已成立的转让合同的效力。在《九民纪要》以及《民法典》第153条对该问题作出规定以后,这样的认定再无争议了。

【例17-6】国有股权未经评估,转让合同的效力问题①

裁判要旨:《国有资产评估管理办法》第三条关于国有资产占有单位在资产拍卖、转让等五种情形下,应当进行评估的规定虽为强制性规定,但根据《合同法》第五十二条及最高人民法院《关于适用〈中华人民共和国合同法〉若干问题的解释(二)》第十四条规定,该内容并非效力性强制性规定。

法院裁判:江苏省高级人民法院认为,本案中不应依据《国有资产评估管理办法》的规定认定股权转让行为无效,理由为:《国有资产评估管理办法》出台于20世纪90年代初,当时合同法尚未颁布,国家尚未通过立法确立保护交易安全的理念,但在合同法颁布后,应尽可能促进交易安全,不能轻易否定交易行为的效力。

最高人民法院认为,1992年国务院发布的《国有资产评估管理办法》性质为行政法规,其第三条关于国有资产占有单位在资产拍卖、转让等五种情形下,应当进行评估的规定虽为强制性规定,但根据《合同法》第五十二条及最高人民法院《关于适用〈中华人民共和国合同法〉若干问题的解释(二)》第十四条"合同法第五十二条第(五)项规定的'强制性规定',是指效力性强制性规定"的规定,该内容并非效力性强制性规定。

此外,在兴宁市华侨住宅建设有限公司与广州嘉儒华房地产开发有限公司等代位权纠纷再审案[最高人民法院(2012)民提字第29号]、山西嘉鑫煤化工科技有限公司与山西能源产业集团煤炭有限公司项目转让合同纠纷申请再审案[最高人民法院(2013)民申字第2036号]、深圳土畜产茶叶进出口有限公司与广东地产公司、深圳长江兴业发展有限公司建设用地使用权转让合同纠纷申请再审案[最高人民法院(2014)民申字第304号]、黔南州国有资本营运有限责任公司诉中房集团都匀房地产开发公司、刘某学联合建房合同纠纷案[贵州省高级人民法院(2014)

---

① 参见联大集团有限公司与安徽省高速公路控股集团有限公司股权转让纠纷二审案[最高人民法院(2013)民二终字第33号]。

黔高民终字第24号]中,法院都认定《国有资产评估管理办法》虽然是行政法规,但其第3条关于"国有资产占有单位进行资产转让应当进行评估"的规定并非效力性强制性规定,而是管理性强制性规定。因此,不能据此认定未经评估而签署的转让合同无效。故从法律效力以及审判机关的裁判来看,审判机关更倾向于认定关于国有资产转让须经评估的强制性规定是管理性的,而非效力性的。

但如果当事人明知标的国有股权未经评估而签订国有股权转让合同,若签订协议后评估价格属于明显不合理的低价而仍然进行交易,谋取不当利益,即可认定为属于《民法典》第154条"行为人与相对人恶意串通,损害他人合法权益的民事法律行为无效"的情形,而认定该股权转让合同无效。

【例17-7】未履行评估程序的国有股权转让合同,以明显低价转让,可认定为恶意串通,该股权转让合同应认定为无效①

裁判要旨:当事人明知所涉股权未经过评估而签订国有股权转协议的,若签订协议后,评估价格属于明显不合理的低价而仍然交易,谋取不当利益的,可认定为恶意串通,该股权转让协议无效。

法院裁判:最高人民法院认为,国有资产转让不仅应当由国有资产监督管理部门审批,而且应当由具有国有资产评估资格的评估机构进行评估。当事人明知所涉股权未经评估而签订国有股权转让协议的,可以认定当事人明知或应当知道其行为将造成国家的损失,而故意为之,说明当事人并非善意。如果签订转让协议后评估价格属于明显不合理的低价,且受让方明知价格明显低于市场价格仍与之交易,谋取不当利益的,即可认定为恶意串通。在上述情形下,应认定为该股权转让协议无效。

那么实践中如何区分效力性强制性规定与管理性强制性规定呢?应该讲这是司法实践的一个疑难问题。在《九民纪要》发布之前,实践中主要的一些标准和观点为:

第一,在2007年全国民商事审判工作会议上,最高院提出,强制性规定包括管理性规范和效力性规范。管理性规范是指法律及行政法规未明确规定违反此类规范将导致合同无效的规范。此类规范旨在管理和处罚违反规定的行为,但并不否

---

① 参见苏州工业园区广程通信技术有限公司与中国北方工业公司股权转让合同纠纷上诉案[最高人民法院(2009)民二终字第15号]。

认该类行为在民商法上的效力。效力性规定是指法律及行政法规明确规定违反该类规定将导致合同无效的规范，或者虽未明确规定违反之后将导致合同无效，但若使合同继续有效将损害国家利益和社会公共利益的规范。此类规范不仅旨在处罚违反规定之行为，而且意在否定其在民商法上的效力。因此，只有违反了效力性的强制规范，才应当认定合同无效。

第二，我国民法理论界和司法实务界就效力性强制规定和管理性强制规定之区分和效力形成共识：强制性规定区分为效力性强制规定和管理性强制规定，违反效力性强制规定，合同无效；违反管理性强制规定，合同未必无效。《合同法司法解释（二）》第14条的规定意味着，司法解释将法律、行政法规的强制性规定作出效力性和管理性之区分，人民法院不得仅以违反管理性强制性规定为由认定合同无效。该区分原则的理论基础在于：效力性强制规范着重于违反行为之法律行为的价值，以否认其法律效力为目的，违反效力性强制规范的，合同应被认定无效；而管理性强制规范着重于违反行为之事实行为的价值，以禁止其行为为目的，违反管理性强制规范的，合同未必无效。强制性规范规制的是合同行为本身，即只要该合同行为发生即绝对地损害国家利益或者社会公共利益的，人民法院应当认定合同无效；管理性规范规制的是当事人的"市场准入"资格而非某种类型的合同行为，或者规制的是某种合同的履行行为而非某类合同行为，此类合同未必绝对无效。

第三，最高院的观点认为，二者主要区别在于追求的目的不同：不确认违法行为无效不能达到立法目的的，属于效力性强制性规定；仅在防止法律事实上之行为的，属于管理性强制性规定。就具体如何识别强制性规定是否构成效力性规定，最高院提出了应当采取肯定性和否定性的正反两个标准的司法意见。在肯定性识别上，应区分以下两个层次判断。首先的判断标准是该强制性规定是否明确规定了违反的后果是合同无效，如是，则该规定属于效力性强制性规定。其次，法律、行政法规虽然没有规定违反将导致合同无效的，但违反该规定如使合同继续有效将损害国家利益和社会利益的，也应当认定该规定是效力性强制性规定。在否定性识别上，应从以下两个方面考虑。其一，从立法目的判断，如强制性规定是为实现管理的需要而设置，并非针对行为内容本身，则可认定不属于效力性强制性规定。其二，从调整对象判断，一般而言，效力性强制性规定针对的都是行为内容，而管理性强制性规定很多时候单纯限制的是主体的行为资格。

最高院立案二庭叶阳法官提出，关于效力性规定的实质判定，可以从以下几个方面考量：第一，违反效力性规定的结果是对公共利益造成直接、现实性的损害，如果仅仅是间接的、可能的损害,则一般不属于效力性规定;第二,违反效力性规定的结果应当是对公共利益造成一定程度的损害,如果仅为轻微损害则不宜认定为效力性规定;第三,辨识效力性规定还应当综合把握公共利益与交易安全、信赖利益等利益关系的平衡。①

《最高人民法院关于当前形势下审理民商事合同纠纷案件若干问题的指导意见》(法发〔2009〕40号)以司法解释的形式进一步明确了识别效力性强制性规定的标准。该意见第16条规定:"人民法院应当综合法律法规的意旨,权衡相互冲突的权益,诸如权益的种类、交易安全以及其所规制的对象等,综合认定强制性规定的类型。如果强制性规范规制的是合同行为本身即只要该合同行为发生即绝对地损害国家利益或者社会公共利益的,人民法院应当认定合同无效。如果强制性规定规制的是当事人的'市场准入'资格而非某种类型的合同行为,或者规制的是某种合同的履行行为而非某类合同行为,人民法院对于此类合同效力的认定,应当慎重把握,必要时应当征求相关立法部门的意见或者请示上级人民法院。"

2019年,最高院通过《九民纪要》对此进行了明确和纠偏。其第30条"强制性规定的识别"明确规定:

合同法施行后,针对一些人民法院动辄以违反法律、行政法规的强制性规定为由认定合同无效,不当扩大无效合同范围的情形,《合同法司法解释(二)》第14条将《合同法》第52条第5项规定的"强制性规定"明确限于"效力性强制性规定"。此后,《最高人民法院关于当前形势下审理民商事合同纠纷案件若干问题的指导意见》进一步提出了"管理性强制性规定"的概念,指出违反管理性强制性规定的,人民法院应当根据具体情形认定合同效力。随着这一概念的提出,审判实践中又出现了另一种倾向,有的人民法院认为凡是行政管理性质的强制性规定都属于"管理性强制性规定",不影响合同效力。这种望文生义的认定方法,应予纠正。

人民法院在审理合同纠纷案件时,要依据《民法总则》第153条第1款和《合同法司法解释(二)》第14条的规定慎重判断"强制性规定"的性质,特别是要在考量强制性规定所保护的法益类型、违法行为的法律后果以及交易安全保护等因素的基础上认定其性质,并在裁判文书中充分说明理由。下列强制性规定,应当认定为"效力性强制性规定":强制性规定涉及金融安全、市场秩序、国家宏观政策等公序良俗的;交易标的禁止买卖的,如禁止人体器官、毒品、枪支等买卖;违反特许经营规定的,如场外配资合同;交易方式严重违法的,如违反招投标等竞争性缔约方式

---

① 参见叶阳:《效力性规定在司法实践中的辨识》,载《人民法院报》2011年11月23日,第7版。

订立的合同；交易场所违法的，如在批准的交易场所之外进行期货交易。关于经营范围、交易时间、交易数量等行政管理性质的强制性规定，一般应当认定为"管理性强制性规定"。

鉴于《民法典》第153条第1款系吸纳《民法总则》第153条第1款和《合同法司法解释（二）》第14条而来，故该司法指导意见在《民法典》施行之后仍然具有价值。需要注意的是，《民法典合同编通则司法解释》第16条至第18条对合同违反强制性规范和公序良俗时的效力进行了规定，司法解释"搁置"了管理性强制性规定和效力性强制性规定之争，没有继续采用这一分类表述，而是采取了直接对《民法典》第153条第1款规定的"但书"进行解释的思路。①

（五）股权转让的"过渡期"条款

关于过渡期的问题，需要注意三个方面的内容：一是过渡期损益的归属的约定；二是过渡期监管事项（监管措施）；三是"重大不利变化"（Material Adverse Change，MAC）的影响。见图17-8：

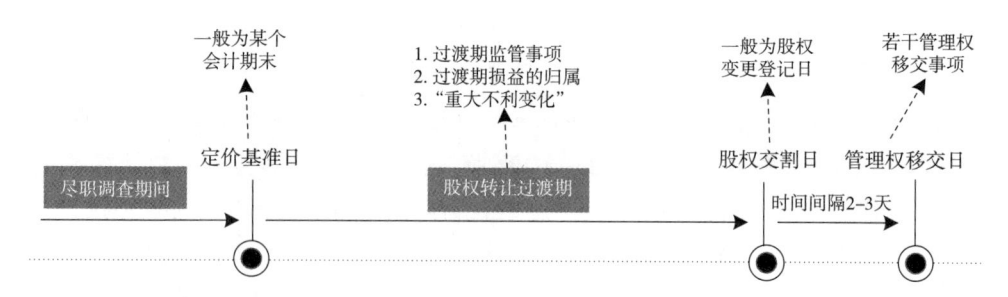

图 17-8 股权转让的"过渡期"

1. 过渡期损益的归属

关于过渡期损益的归属，一般而言，过渡期损益的归属遵循如下处理原则：

第一，对于非上市公司而言，在固定作价法下，过渡期所产生的债权、债务及收益或亏损均由受让方享有或承担，受让方承担过渡期间损益带来的不确定性；在预约定价法下，预约定价法的实质就是"预约确定"一个股权转让基准日并作出预约定价，出让方承担过渡期间损益带来的不确定性，即在股权转让协议中约定过渡期间损益均由出让方享有或者承担。

第二，对于上市公司而言，为了满足监管对于上市公司中小股东利益的保护原

---

① 详细的内容，请参阅笔者所著《合同审查精要与实务指南：合同起草审查的基础思维与技能》（第3版）第10章"合同订立的法律风险管控：基础问题"第3节第2部分。

则,很多案例在过渡期间损益上呈现完全倾向于上市公司的"一刀切"。无论估值作价是否是收益法,无论支付方式是否是增发股份,均约定过渡期间的收益归上市公司,若亏损由交易对方承担或补足。反之,上市公司出售股权或资产的,过渡期间盈利归属上市公司,亏损由交易对方承担。

2. 过渡期监管事项

关于过渡期监管事项,一般而言,过渡期监管事项主要包括:

✓ 对目标公司注册资本变更的监管:不得变更目标公司注册资本;

✓ 对目标公司利润分配的监管:目标公司不得分配利润和储备;

✓ 对目标公司资产的监管:目标公司不得在资产上设置任何权利负担和在先权利,以及不得非正常处置任何重大资产或投资;

✓ 对目标公司借贷事项的监管:目标公司不得向任何第三方发放贷款或提供信用或提供担保等,以及不得订立任何贷款协议或借入任何款项,除非因生产经营活动所必要,且经收购方书面同意;

✓ 对目标公司合同事项的监管:目标公司合同不得任意订立、变更、转让及终止合同;

✓ 对目标公司合资合同、章程的监管:目标公司不得修订公司合资合同和公司章程;

✓ 对目标公司人力资源事项的监管:目标公司不得进行任何非正常的人员变动、调薪、晋职、调增竞业限制补偿金、经济补偿金以及职业保险等;

✓ 对目标公司财务事项的监管:目标公司不得任意变更会计政策或替换公司的会计师及事务所等;

✓ 对目标公司法律诉讼事项的监管:目标公司不得在非正常业务运作中的诉讼等法律程序中作出任何妥协等;

✓ 对目标公司营业、渠道、品牌、其他无形资产的监管:目标公司应对其资产、营业、渠道、品牌等尽善意管理的义务。

除了前述10项带有共性的过渡期监管事项外,在实践中,可能还需要根据具体的并购交易、交易目标对象、交易的影响因素等而在合同中约定其他需要监管的事项和监管措施。

以下是一个不带MAC条款的过渡期安排参考条款:

【例17-8】股权转让合同的过渡期安排条款

X	过渡期
X.1	本协议所称过渡期,指股权转让完成日起至双方依照本协议约定完成目标公司的交接手续之日止的期间。过渡期内,甲方和乙方对目标公司日常运营进行共同管理。
X.2	甲乙双方确认,设置过渡期的目的,在于保证此次交易的继续顺利进行,并尽可能节约交易所需的时间,同时降低甲乙双方的交易风险。
X.3	过渡期的安排:
X.3.1	经营共管:在过渡期内,目标公司的经营应仅限于[　　]项目的管理和经营,除双方另有约定并形成有效书面文件同意的情况之外,目标公司不从事任何其他经营活动。目标公司的日常运营活动,由甲乙双方共同进行管理。
X.3.2	财务交接和剩余资金的处理: (1)自股权转让完成日起[30]个工作日内,双方共同对目标公司截至股权转让完成日止的财务状况(尤其包括目标公司账户剩余资金以及其他负债情况)进行签署确认,并完成相关财务资料的清单编制。 (2)前述期限内,由双方共同书面确认截至股权转让完成日止的应付工程建设款项余额以及工程质量保证金(含银行保函)等工程款余额。甲方同意将此等工程款余额继续保留在目标公司账户或乙方指定的其他账户,并将相关单位提供的银行保函移交给乙方或目标公司,除此之外的目标公司剩余资金归甲方所有,并可由甲方立即转至甲方指定的其他账户,乙方及目标公司对此表示同意并配合。
X.3.3	公司资产清点:过渡期内,甲乙双方就目标公司拥有的除本协议附件[　　]中载明的公司资产以外的其他公司资产,共同进行清点,并编制物件清单。
X.3.4	印鉴共管:在过渡期内,甲乙双方共同对目标公司的公司印鉴进行管理,所有印鉴使用需进行印鉴使用的书面记录,并获得甲乙双方的同意。
X.3.5	档案资料的清点:在过渡期内,目标公司档案资料由甲乙双方共同清点并编制文件资料清单。
X.3.6	目标公司员工的安置:双方确认,股权转让完成之后(包括过渡期),乙方同意遵守甲方提出的员工安置方案。员工安置方案详见本协议附件[　　　　]。
X.4	过渡期损益:
	计价基准日前的债权、债务及收益和亏损均由甲方享有或承担;过渡期所产生的债权、债务及收益或亏损由乙方享有或承担。

3.过渡期"重大不利变化"

在股权并购交易中,MAC条款通常是指,在并购双方签署交易文件和最终交易完成之间的过渡期内,目标公司或标的资产发生或者预期发生重大变化的程度对目标公司或标的资产形成重大不利影响时,买方有权退出交易。其产生的原因在于,交易的卖方对标的资产比买方更为了解,这种买卖双方信息的不对称导致了

MAC 条款的出现。我们知道,卖方在并购交易中会通过尽职调查来对目标公司或标的资产进行尽可能的了解,但尽职调查并不能解决所有的问题,而且尽职调查实际完成后,才谈及签署并购协议的事宜,离目标公司或标的资产的真实交割为时尚远。特别是,定价基准日之后或双方签署了并购协议后(视交易情况而定)至实际交割之前("过渡期"),若目标公司或标的资产及卖方的经营状况、财务状况、资产和负债状况等出现了重大不利变化,则并购双方谈判确立的收购基础和收购目的将难以实现,MAC 条款此时给买方提供了终止交易而无须承担任何法律责任的退出通道。

实践中,MAC 条款主要包含如下两个方面的作用:其一,股权并购交易的卖方为其在并购协议陈述和保证条款中所做的陈述和保证增加安全系数或保护措施,限制自己可能的赔偿责任(MAC"安全阀");其二,当目标公司或标的资产在过渡期内出现了目标公司或标的资产及卖方的重大不利变化的情况下,并购交易的买方可以"安全撤退"(如约定买方享有单方的解除权)。例如,在股权并购合同中,如果目标公司被要求作出如下陈述与保证:"目标公司的业务和运营过去和现在未违反任何其适用的法律",则目标公司可以考虑在此基础上增加一个 MAC"安全阀",以避免其"动辄得咎"。如"目标公司的业务和运营过去和现在未违反任何其适用的法律,但该违反(若有)单独或累计未导致重大不利影响的除外"。最后需要注意的是,MAC 条款适用的一个前提是对什么是"重大不利变化"(MAC)作出定义。实践中,可能会在"陈述和保证"条款和/或"交割条款"中对 MAC 作出直接定义,也可能会在"定义"条款对其作出定义。例如在定义条款中对 MAC 作出的一个简单定义如下:

"重大不利影响",是指该事项的发生已经或即将导致目标公司净资产值减少 10% 以上,或者导致目标公司的生产经营受到重大影响。

尽管在并购实务中,MAC 条款并不罕见,但在中国的司法实践中,涉及 MAC 条款争议的尚不多见。但仍然有一些争议案例,在争议中,法院一般将目标公司在过渡期发生了重大不利变化的举证责任分配给通过 MAC 条款行使解除权解除合同的一方。① 限于篇幅不再详述。

---

① 参见周某贤、何某玲等与深圳市金州投资有限公司股权转让纠纷二审民事判决书[最高人民法院(2016)最高法民终 12 号];四川省化学工业研究设计院、四川瑞达峰投资有限公司股权转让纠纷再审审查与审判监督民事裁定书[最高人民法院(2017)最高法民申 4362 号]。

（六）股权转让的"交割"条款

在股权并购交易中，买方的目的在于取得对目标公司的控制。故此，买方需要完成两个方面的事项：一是完成股权的内部公示（记载于公司股东名册、完成公司章程修订等）和外部公示（完成公司股权的变更登记手续）；二是取得对目标公司的实际经营管理控制。即，通常需要完成对目标公司的资产、账簿、公章、证照及其他法律文件的移交，以及公司管理人员的替换等接管程序。

在实务中，这些目的的实现通常会通过股权交易条款来实现。具体而言，股权交割条款应包括股权交割的先决条件以及具体的交割事项两个方面的内容。通常，股权交割的先决条件包含如下一些条件：股权转让交易已经完成并购各方内部的批准程序并取得合法有效的书面批准文件；股权转让交易或协议已经取得政府有权机构的批准、授权和同意（若需）；卖方对目标公司的出资已经全部到位；目标公司已经完成将买方记载入股东名册，完成公司章程的修订和公司登记机关的变更登记，买方已被登记为股东；买方已经办理因股权转让而支付价款所需要的外汇批准或备案等手续。

目标公司的具体交割事项通常包括目标公司的各种证照、法律文件、历史沿革资料、各种产权证照、银行及证券账户资料、印鉴以及各种财务会计资料、公司印章、公司客户网络资料、各种生产资料、各类合同文本、员工名册及劳动合同等等。

最后，应尽量将股权交割与支付部分股权转让价款结合起来，即将前者作为后者的前提条件，并且还可以约定买方的单方解除权，防止买方陷入支付了转让价款却无法实现交易目的或交易一直处在悬而未决的窘境。若不如此规定，在司法实践中可能会被认定为非对待给付，买方不得在股权已经办理变更登记的情形下拒绝付款或延迟付款。

（七）股东名册记载与变更登记条款

1. 股权变动效力时点确定的争议难题

现行《公司法》（2018年修正）第32条规定："有限责任公司应当置备股东名册，记载下列事项：（一）股东的姓名或者名称及住所；（二）股东的出资额；（三）出资证明书编号。记载于股东名册的股东，可以依股东名册主张行使股东权利。公司应当将股东的姓名或者名称向公司登记机关登记；登记事项发生变更的，应当办理变更登记。未经登记或者变更登记的，不得对抗第三人。"该条明确了股权的内部公示和外部公示制度。内部公示主要表现为公司股东名册的记载，外部公示表现为公司登记机关的登记。股东名册的记载赋予出资人对抗公司的权利,而公司登记机关的登记赋予出资人对抗外部第三人的权利。但是,上述规则并未明确股权变动的时间节点和效力,引发了实务中一系列的争议,如股权转让合同生效后、股东名册记载前,受让方能否取得股权和股东资格;股权取得与股东资格之间有何区别?如若出让方将股权"一股二卖",两个买受人之间的关系应如何处理?名义股东未经实际出资人同意转让股权,买受人能否取得股权?若公司的股东名册和公司登记机关的登记未同时变更,如受让人已经被记载于股东名册,但尚未向公司登记机关申请变更登记,受让人能否取得股东资格并行使股东权利?这些争议问题的核心都在于有限责任公司股权变动时点的确定,这决定了股权转让人何时完成交付股权的义务、股权受让人何时享有股东权利并承担股东责任。

在学理界和司法实践中,依据股权转让交易流程的时间节点,一直以来都存在如图17-9所示的两大类、四种观点:

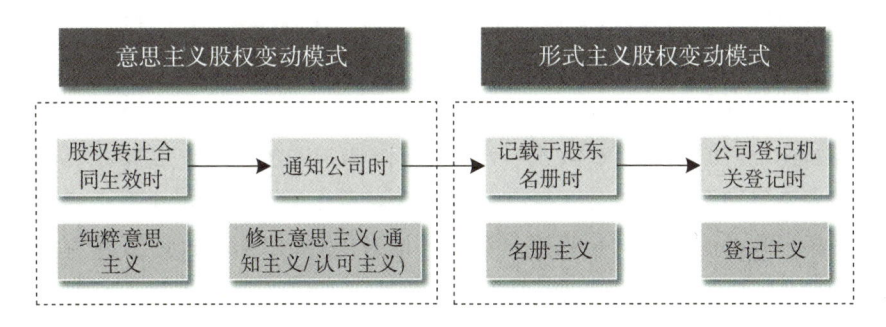

图17-9 有限责任公司股权变动时点

第一,"意思主义说"。该说又可以细分为"纯粹意思主义说"和"修正意思主义说"。

(1)纯粹意思主义说认为,股权变动无须以公示为生效要件,当事人意思表示一致即股权转让合同生效时,股权即在当事人之间发生移转。但纯粹意思主义说完全忽视了股权是一种带有人身权和财产权属性的综合性独立财产权利,以及股权本身也是带有组织法上的成员特性的成员权,而仅关注股权自身的自由流转,将公司完全排除在外,容易损害公司利益和其他股东的优先购买权。

(2)修正意思主义说亦称为"通知主义说"或"认可主义说",该说是在纯粹意思主义说的基础上修正其缺陷而来。该说主张,参照债权让与制度,在股权转让人和受让人内部,股权在股权转让合同生效时即发生变动,但需通知公司或者经公司认可后才能对抗公司,经公司登记机关登记后方可对抗第三人;或者另外一种略有差异的解释是,以通知公司股权转让事实为股权发生移转的标志。股权转让合同生效后,只要转让人将转让事实以书面方式通知了公司,股权即在双方当事人之间发生转移,且可以对抗公司。① 该学说最大的问题在于,考虑到公司股权的成员权属性,到底是"通知公司即发生股权移转的效果"还是"通知公司即可对抗公司的效果",甚或是"得到公司认可股权才发生移转的效果"?"公司认可"是否意味着公司享有同意权或者说否定权?如果公司"不同意"或"否决"了该股权转让,如公司拒绝给受让人颁发出资证明书、变更公司章程、变更股东名册记载,拒绝通知受让人参加股东会议,拒绝分配利润时股权就不发生移转之效果,这无疑将极大地阻碍股权的自由流转,侵害了股东(尤其是小股东)的财产处置权,也与股权可以自由转让而无须公司"同意"的常识相悖。再如,在股权代持法律关系中,如果公司向名义股东颁发出资证明书、分配利润,但又通知实际出资人出席股东会议行使表决权,那么此时名义股东和实际出资人都各自得到了"公司认可"的部分事实,在两者都主张其为股东时,修正意思主义说将陷入无法判断的困境。

在司法实践中,如《广西壮族自治区高级人民法院民二庭关于审理公司纠纷案件若干问题的裁判指引》(桂高法民二〔2020〕19号)第18条"股权变动时间点的判断"规定:

股权转让合同成立生效后,应当自公司认可新股东资格时发生股权变动效力,但法律、行政法规规定应当办理批准手续的股权转让除外。其原理在于:股权主要作为一种相对性的权利、一种对人权而非对物权,须具体向公司或其他股东主张,故股权受让人要替代性地进入与公司及其他股东之间的出资法律关系之中,应当经过公司及全体股东的知晓或确认环节,受让人才能完整获得股东成员资格,才能完整行使股权权利并承担股东义务。

个案中应以公司确认该次股权转让的时候为变动时间点。具体的时间点一般为公司开始变更公司股东名册、变更公司章程记载事项、办理工商变更登记、向新股东签发出资证明等变更手续;或在个案中新股东在事实上已开始行使股东权利的,也可视为公司对新股东成员资格的确认,并以此为股权变动时间点。

公司变更股东名册虽然不是发生股权变动效力唯一的时间点或形式要件,但如果股权受让人的姓名或名称已经得到了该公司股东名册的变更记载,则可以据

---

① 如在上海亚仕服装服饰有限公司与山东桑莎制衣集团有限公司股权转让纠纷二审民事判决书[山东省高级人民法院(2015)鲁商终字第216号]中,法院认为:股权转让后,公司有义务修改股东名册并将股东姓名或者名称进行工商变更登记,登记或者变更登记具有对抗第三人的效力,但公司未修改股东名册或者未办理工商变更登记不影响股权的取得和享有。利源公司股东名册虽未修改,工商登记虽未进行变更,但股权的行使对象是公司,股东将股权转让事实通知公司或者公司知道股权转让事实的,股权转让即已完成,受让股东即取得股东资格。

此认定受让人已经取得了股权。

该条第1款"知晓或确认"的表述似乎在"通知主义说"或"认可主义说"之间"摇摆不定",笔者倾向于认为此处采纳了"认可主义说",因为第2款在认定股权变动的具体时点时,完全采取的是修正意思表示主义说中"公司认可"的明示和默示形式。这是其一。其二,第3款阐述的是"记载于股东名册"具有"推定效力",股权受让人可以据此主张取得股权,但有证据推翻的除外。

第二,"形式主义说"。该说又可以细分为"名册主义说"和"登记主义说"。形式主义说实际与传统的物权变动理论相类似,其认为股权变动需满足"物权变动的合意+特定形式"两个要件,前者是指达成股权转让合同等,而后者则是指将股权受让人记载于股东名册或者在公司登记机关变更登记。即是说,在此说下,股权转让合同生效并不直接发生股权变动的效力,只有股权受让人被记载于股东名册或者登记于公司登记机关的登记簿才发生股权变动的效力。

(1)"名册主义说"。该说认为,股权受让人被记载于股东名册之时股权发生变动的效力。即,股东名册变更登记为设权登记,股东名册变更登记是受让人取得股权的标志。公司登记机关变更登记仅产生对抗第三人的效力。我国司法实践的主流观点是"名册主义说"。如《九民纪要》第8条"有限责任公司的股权变动"规定:

当事人之间转让有限责任公司股权,受让人以其姓名或者名称已记载于股东名册为由主张其已经取得股权的,人民法院依法予以支持,但法律、行政法规规定应当办理批准手续生效的股权转让除外。未向公司登记机关办理股权变更登记的,不得对抗善意相对人。

从上述规定可以看出,《九民纪要》将股权转让交易分为三个层面的关系:股权转让合同生效、股权移转生效和股权移转公示。除法律、法规另有规定或者股权转让合同另有约定外,股权转让合同自成立时生效,受让人未记载于股东名册或未办理变更登记的,不影响股权转让合同的效力;在受让人记载于股东名册后,股权发生移转的效力,此时受让人取得股权;在公司登记机关变更登记后,可以对抗善意相对人。

(2)"登记主义说"。该说认为,有限责任公司股权自公司登记机关核准变更登记之日起转移。公司登记机关变更登记是股权转让的法定要件,未经公司登记机关变更登记,股权转让行为不发生法律效力。

2. 新公司法关于股权变动时点的规则

《公司法》(2023年修订)第86条规定:"股东转让股权的,应当书面通知公司,请求变更股东名册;需要办理变更登记的,并请求公司向公司登记机关办理变更登记。公司拒绝或者在合理期限内不予答复的,转让人、受让人可以依法向人民法院提起诉讼。股权转让的,受让人自记载于股东名册时起可以向公司主张行使股东权利。"这一规定看似回应了股权变动时点如何确定这一理论和实践难题,但对该条的理解与适用仍然存在争议:一种观点是股东名册变更是股权变动的生效要件;另一种观点是股东名册变更是股权变动的充分而非必要条件。当然公司登记机关的变更登记属于股权变动的对抗要件并无争议。从本条文义上看,似乎采纳了形式主义变动模式下的"名册主义说",但笔者倾向于另一种观点,其本质上仍是公司"认可主义说",与现行公司法一样,股东名册仅具有权利推定效力,股东名册变更是股权变动的充分条件而非必要条件①。具体如下:

第一,股东转让股权的,"应当书面通知公司",请求变更股东名册。这意味着仅当事人签订股权转让合同并不发生股权变动效力,转让股东还负有法定的"通知"公司义务,这似乎是糅合了"通知主义说"的部分观点,但结合"请求变更股东名册"以及第2款"股权转让的,受让人自记载于股东名册时起可以向公司主张行使股东权利"来看,股东名册变更是股权变动的特定形式要件,实际也是"公司认可"的形式要件之一②。笔者认为,"名册主义说"归根结底是"认可主义说",这是因为公司将股权受让人记载于股东名册只是"公司正式认可股权转让的事实""认可受让人为新股东"③的特定形式要件。

第二,需要注意的是,股东名册变更是股权变动的充分条件而非必要条件。即

---

① 参见赵旭东主编、刘斌副主编:《新公司法重点热点问题解读:新旧公司法的比较分析》,法律出版社2024年版,第213-214页。该书编者认为:"2023年《公司法》修改,将股东名册变更作为股权变动的生效要件,将股东登记变更作为股权变动的对抗要件。……虽然新《公司法》第86条的规定可以被认为,是将股东名册变更作为股权变动的生效要件,将股权登记变更作为股权变动的对抗要件;但是,这种缺乏相应实践根据和基础的法律规定,在适用时,应如何应对实践中股东名册缺位问题?……""此外,还需要说明的是,新《公司法》第86条仅明确受让人何时可向公司主张权利,并未如《民法典》第209条第1款'不动产物权的设立、变更、转让和消灭,经依法登记,发生效力;未经登记,不发生效力,但是法律另有规定的除外'明确不动产物权变动模式一样,明确股权变动模式。从法律适用逻辑上看,该规定仅是将记载于股东名册作为股东行使股东权利的充分条件,而非必要条件。这意味着,立法并不排斥其他股权变动的形式要件。"

② 参见赵旭东主编、刘斌副主编:《新公司法重点热点问题解读:新旧公司法的比较分析》,法律出版社2024年版,第214页。该书编者认为:"股东名册变更的根本实质是公司对股权变动的认可。"

③ 参见最高人民法院民事审判第二庭编著:《〈全国法院民商事审批工作会议纪要〉理解与适用》,人民法院出版社2019年版,第135页。

是说,只要股东名册变更原则上就意味着发生股权变动的效力,但并非意味着在其他情形下就不能产生股权变动的效力。如公司修订公司章程、向股权受让人签发出资证明书、通知参加股东会议并行使股东表决权、分配利润实际行使股东权利、承担股东义务的事实等,都可能导致公司认可股权受让人为新股东,产生股权变动的效力。如最高院阐述道①:

需要注意的是,虽然公司法中明确要求有限责任公司应当置备股东名册,但是目前实践中部分公司管理不规范,存在股东名册形同虚设甚至不设股东名册的情况。针对这一情况,考虑到股东名册记载变更的目的归根结底是公司正式认可股权转让的事实,审判实践中可以根据案件实际审理情况,认定股东名册是否变更。在不存在规范股东名册的情况下,有关的公司文件,如公司章程、会议纪要等,只要能够证明公司认可受让人为新股东的,都可以产生相应的效力。

如在龚某良、洪某育等股权转让纠纷民事二审民事判决书[最高人民法院(2019)最高法民终1491号]中,股权受让人林某民以股权转让人龚某良等未完成股权变更登记为由主张股权转让人龚某良等没有履行合同义务,而股权转让人则以股权受让人已实际取得目标公司控制权,合同目的已经实现为由要求支付合同价款。最高院综合考虑目标公司巢湖信泰公司相关证照文件的交接、巢湖信泰公司董事及香港信泰公司股权登记的变化、巢湖信泰公司实际运营等诸多因素,认为股权受让人林某民已经实现了对巢湖信泰公司的控制,龚某良等实际已经履行了股权转让合同义务的待证事实已具高度可能性,故股权受让人林某民应依约支付合同价款。

第三,股东名册仅具有权利推定效力,股东名册并未终局性地确定股权的归属。在特定情形下,若当事人能够举证证明权利表征与真实权利状态存在不一致,可推翻股东名册的推定力。换言之,若当事人之间对股东名册记载并无争议,人民法院仅需适用新《公司法》第86条第2款,将股东名册的记载作为股权归属判断的基础。反之,若存在争议,主张股东名册记载与真实权利状态不一致的一方应负举证责任。在其无法证实或真伪不明时,由其承担举证不能的法律后果。如在斯某西、宁某损害股东利益责任纠纷再审审查与审判监督民事裁定书[最高人民法院(2017)最高法民申1513号]中,最高院认为:

关于斯某西、宁某、斯某成和李某宝是否仍为龙虎山公司股东的问题。斯某西、宁某、斯某成主张股权转让价款未全部支付,股权转让合同未履行完毕,继而主

---

① 参见最高人民法院民事审判第二庭编著:《〈全国法院民商事审批工作会议纪要〉理解与适用》,人民法院出版社2019年版,第135页。

张朱某未取得公司股东的资格。根据案涉股权转让合同的约定,股权转让的范围为龙虎山公司的100%股权即现有房屋及土地使用权、在贵溪市工业园区的80亩土地使用权、设备设施、技术、办公用具、知识产权等财产及权利。本院认为,股权转让合同当事人之间的股权变动,应以股权的交付作为股权变动的认定标准,而非以股权转让款是否全部支付来认定。股东名册作为公司置备的记载股东个人信息和股权信息的法定簿册,具有权利推定效力。股权转让合同中,在证明权利归属的股东名册上进行记载的行为应视为股权交付行为。本案并不存在相反证据推翻该股东名册记载事项,故在双方达成股权转让合意的前提下,股东名册对朱某持股100%的股权事项的记载足以证明龙虎山公司的股东不再是斯某西、宁某、斯某成、李某宝四人。

第四,明确了在公司拒绝配合办理变更手续时的救济途径。新《公司法》以受让人记载于股东名册作为股权变动时点,而变更股东名册[《公司法》(2023年修订)第34条、第86条]、签发出资证明书[《公司法》(2023年修订)第87条]、办理信息公示[《公司法》(2023年修订)第40条]等行为的法定主体均为公司,为避免公司阻碍股权受让人权利实现或损害股权转让人的相关权益,新《公司法》第86条第1款进一步规定,公司拒绝或者在合理期限内不予答复的,股权转让人、股权受让人均可以依法向法院提起诉讼("请求变更公司登记纠纷")。新《公司法》明确了股权转让双方均有权提起诉讼,实际是回应了司法实践中股权受让人能否起诉公司要求变更公司登记的争议。对于股权转让人而言,由于其本身就是公司的股东,其在原告资格审查上没有问题[1],但股权受让人在公司不予认可其股东资格并拒绝办理变更登记时,其可能尚未取得股东资格,法院审查其原告主体资格时将存在问题,但如果股权转让人不主动起诉而受让人又不具有原告资格的话,其权利将无法得到保障,从而陷入"救济不能"的悖论,因此司法实践中有判例显示其也可作为原告起诉[2]。

3. 股东名册记载与变更登记条款的实务要点

依据新《公司法》的规定,在股权转让实务中,股权转让人和股权受让人应重视股东名册记载、股权变更登记的程序性事项。主要包括如下两点:

---

[1] 参见上诉人南京虹吸工程技术有限公司与被上诉人田某明、王某,原审第三人陈某、刘某请求变更公司登记纠纷民事判决书[江苏省南京市中级人民法院(2019)苏01民终7546号]。

[2] 参见三亚三兴实业公司、北京金源新盛置业有限公司股权转让纠纷二审民事判决书[最高人民法院(2017)最高法民终870号];北京龙泽红旗汽车销售有限公司等与胡桂芳等请求变更公司登记纠纷二审民事判决书[北京市第三中级人民法院(2019)京03民终6554号]。

第一，在股权转让合同中，应明确约定股权转让人"通知"公司并请求变更股东名册的义务。具体包括通知的时间、方式以及内容等，以及股权转让人不履行前述义务时，股权受让人有权按照前述约定通知公司并请求变更股东名册，并可追究股权转让人的违约责任。

第二，如股权转让交易采取股权转让方、受让方和目标公司三方签约的模式，尽管股东名册记载与变更登记属于目标公司的法定义务，但仍可以约定目标公司在收到通知后什么期限内履行何种程序（如修改公司章程，该项修改不需由股东会表决）、准备哪些法律文件（如其他股东放弃优先购买权的声明）以进行股东名册变更和公司登记机关的变更登记手续，并向股权受让人签发出资证明书等。如果采用的是股权转让方、受让方两方签约的模式，则应增加股权转让方促成目标公司完成股东名册变更和公司登记机关变更登记手续的义务，以及相应的违约责任。

（八）税费和开支条款

对于交易的各方而言，交易不可避免地会产生各种费用。譬如，审计、评估、咨询费用，差旅费用，交际应酬费用、办公费用及其他费用等。同时，基于交易的性质和路径以及支付对价的形式的不同，对于交易各方而言，还可能产生企业所得税、个人所得税、增值税、印花税等，但是在有限责任公司的股权交易中一般仅涉及所得税和印花税的问题，不产生增值税。交易各方应对这些费用和开支的承担进行协商约定。

（九）不竞争条款

不竞争是出让方对受让方承担的一项特殊义务。从实务中看，受让方一般都会要求出让方承担不竞争的义务，但出让方能否接受则只能依谈判情况而定。所谓不竞争，是指股权出让方在多长时间之内，在多大的空间之内，不从事、不参与从事与目标公司相同或类似的有竞争关系的产品的生产及销售的业务。在协商谈判和拟定"不竞争"条款时，通常需要注意如下要点：

✓ "不竞争"的主体不但包括出让方，还应该扩大到出让方的控股公司、附属子公司、合营公司及其各自的关联方等主体。

✓ "不竞争"的范围包括两个维度：一是不竞争的期间，一般都是从交易完成之日（"交割日"）的次日起2－5年；二是不竞争的区域，一般而言，该区域越大越对收购方有利，通常的做法是收购方的营业或业务的现有范围以及正在或未来欲拓展之范围，而且必须涵盖不竞争主体原有业务范围。

✓ "不竞争"的客体,系指不得从事、参与从事的目标公司的营业或业务,其主要的特征是与目标公司的营业或业务相同或类似或具有竞争关系。

✓ "不竞争"的例外。一般而言,针对出让方及其关联方的不竞争的限制集中在其直接或间接从事或参与从事,但与不竞争的客体相关的某些活动可能会排除在外。如目标公司从事饮料的制造和销售,则与饮料添加剂、原材料的生产和销售,以及在各酒店、商场、百货公司等场所零售饮料或相关产品等业务可能会被排除在限制之列。同时,如果基于重要性原则,出让方及其关联方在从事相关活动的公司的权益投资不超过其全部已发行股本的某个很小比例时(比如5%),则这样的权益投资也可被排除在外。

✓ 在明确了上述几点核心内容后,在"不竞争"条款协商谈判中,一般还会约定出让方及其关联方违反"不竞争"义务时的违约责任以及赔偿。

(十)保密条款

股权转让合同的保密条款主要包括两项内容:一项是基于对目标公司知识产权(特别是商业秘密)的保护,要求出让方在出让股权后不得传播、利用目标公司的知识产权;二是基于交易双方或目标公司为上市公司的原因,受上市公司信息披露规则的要求,在披露前不得泄露本合同的内容及本合同项下交易的事项。在有些情况下双方也可约定股权变更信息披露的时间及内容,以便协同披露。

除了上述条款之外,股权转让(并购)合同中,违约责任条款和解除、终止合同条款也是非常重要的条款,尤其需要针对双方主要的权利义务设定违约责任和解除权,限于篇幅不再详述。

第18章 股权代持协议起草、审查精要与实务

> **内容概览**
>
> 在实践中,基于各种原因,实际出资人或实际股东并不亲自持有公司股权(份),而通过名义出资人或名义股东代其持有股权(份)。股权代持往往涉及三个方面的法律问题,一是实际出资人和名义出资人之间的法律关系;二是名义出资人与被投资公司之间的法律关系;三是名义出资人与第三人之间的法律关系。而第一个方面的法律关系是股权代持的基础和核心法律关系,实践中往往是通过股权代持协议来确定的。本章包含如下内容:
> - ✓ 股权代持的概念、类型、原因与风险
> - ✓ 股权代持的核心法律问题
> - ✓ 股权代持协议的审查

第一节 股权代持的概念、类型、原因与风险

一、股权代持的概念与类型

在当前的经济环境下,出于各种原因,股权代持是一个很常见的现象,也是证监会在上市审核和日常监管中会重点关注的一类问题。"股权代持"又称"代持股""委托持股""隐名投资",是指实际出资人与他人约定,以他人名义代实际出资人履行股东权利义务的一种股权或股份处置方式。在此种情况下,实际出资人与名义出资人之间往往仅通过一纸代持股协议确定存在代为持有股权或股份的事实。

从历史沿革及实践来看,代持股归纳起来主要有以下五种情形:一是由职工持

股会或工会持股①;二是自然人"代持股",即"隐名股东"与"显名股东"之间通过签署"委托投资协议"或"代持股协议"确立代持股关系;三是"壳公司"持股,即由自然人股东先成立若干公司,再由这些公司对实际运营公司投资,自然人股东间接持股;四是由信托机构代持股,即自然人股东作为委托人将其本应持有的股权(份)作为信托财产委托给受托人(信托公司)代为持有;五是"合伙企业"持股,即由自然人股东先成立合伙企业,再由合伙企业作为股东持有公司股权(份)。但从真正意义的代持股而言,上述的第三种、第五种情形可能并非真正的代持股,实际可以算是间接持股模式。

二、股权代持的原因及法律风险

(一)股权代持的原因

实践中,基于各种原因,股权代持的形态多种多样,总结起来,主要包括如下一些原因和类型:

第一,因法律、法规的禁止性或限制性规定而代持股权。具体包括:(1)公司董监高转让股权的限制[《公司法》(2023年修订)第160条];(2)有限责任公司股东人数不得超过50人[《公司法》(2023年修订)第42条];(3)外商投资企业持股比例限制[《外商投资产业指导目录》、《外商投资准入特别管理措施(负面清单)》(2021年版)等];(4)为享受外商投资企业优惠待遇(《外商投资法》)。

第二,隐名股东的身份不适宜担任股东。如有的实际出资人是国家工作人员或法官等,不能或不适宜开展公司经营[《公务员法》(2018年修订)第59条、《法官法》(2019年修订)第46条]。

第三,为回避同业竞争、关联交易而代持股权。如公司IPO时应避免发起人和上市主体之间的同业竞争和关联交易[《首次公开发行股票注册管理办法》(中国证券监督管理委员会令第205号)]。

第四,因实施员工股权激励计划或持股计划,采用持股平台代持股份[《上市公司股权激励管理办法》(2018年修正)、《合伙企业法》(2006年修订)]。

第五,历史上对于自然人股东持股有限制,转为企业法人代为持股等。

(二)股权代持的法律风险

从法律视角看,股权代持显然是一种非常规的做法。尽管代持股协议一般有

---

① 随着国家对职工持股会或工会持股的禁止,这种方法在现实生活中已经不存在了。

效,但委托人会存在较大的风险。具体而言:

第一,代持股协议的法律效力问题。依据《公司法司法解释(三)》(2020年修正)第24条第1款,如无法律法规规定的无效情形,股权代持协议有效;依据《民法典》第153条第1款,违反法律、行政法规的强制性规定的民事法律行为无效。

第二,代持人(受托人)擅自转让、质押或以其他方式处置股权,第三人依善意取得股权或质权的风险。依据《公司法司法解释(三)》(2020年修正)第25条第1款,第三人参照《民法典》第311条规定的善意取得制度取得股权的,隐名股东(委托人)请求认定处分股权行为无效的,法院不予支持。

第三,代持人(受托人)的债权人强制执行其名下股权的风险。即使受托人不处置,如果受托人出现债务纠纷,债权人可能向法院申请冻结、执行受托人名下的股权,委托人即便能够证明自己是实际权利人,能否阻断保全或执行在实务中也存在争议[1](具体详见后文分析)。

第四,代持股的税务风险。在股权代持中,当条件成熟、实际出资人准备解除代持股协议时,实际出资人和名义股东都将面临税收风险。通常而言,税务机关往往对于实际投资人的一面之词并不认可,并要求实际出资人按照公允价值计算缴纳企业所得税或者个人所得税。《国家税务总局关于企业转让上市公司限售股有关所得税问题的公告》(国家税务总局公告2011年第39号)对于企业个人代持股的限售股征税问题进行了明确。具体而言,因股权分置改革造成原个人限售股取得的收入,应作为企业应税收入计算纳税。依照该规定,完成纳税义务后的限售股转让收入余额转付给实际所有人时不再缴税。然而,该公告仅适用于股权分置改革造成的企业转让上市公司限售股的情形,实际生活当中普遍存在的其他代持现象仍存在被双重征税的风险。

第二节 股权代持的核心法律问题

股权代持常见的法律问题主要包括如下几个方面:一是股权代持协议的法律效力;

---

[1] 反对隐名股东排除强制执行的案例参见新乡市汇通投资有限公司、韩某案外人执行异议之诉再审民事判决书[最高人民法院(2018)最高法民再325号]、中国建设银行股份有限公司吕梁住房城市建设支行与高某平执行异议之诉二审民事判决书[山西省高级人民法院作出的(2020)晋民终449号]等;支持隐名股东排斥强制执行的案例参见林某青、林某全案外人执行异议之诉再审审查与审判监督民事裁定书[最高人民法院(2019)最高法民申2978号](该案涉及股份有限公司股份)、山东滕建投资集团兴唐工程有限公司、山东华奥斯新型建材有限公司案外人执行异议之诉再审民事判决书[山东省高级人民法院(2020)鲁民再239号]等。

二是隐名股东如何确权显名;三是名义股东转让代持股权的善意取得问题;四是隐名(显名)股东对公司债务承担的问题;五是隐名股东能否排除对名义股东的强制执行;六是显名股东对隐名股东债务承担的问题;七是股权代持协议的解除及其法律后果。

一、股权代持协议的法律效力

(一)股权代持协议的法律效力的类型化分析

我国现行《公司法》没有股权代持的明确规定,关于股权代持协议的法律效力主要规定在最高院的司法解释中。《公司法司法解释(三)》(2020年修正)第24条第1款规定:"有限责任公司的实际出资人与名义出资人订立合同,约定由实际出资人出资并享有投资权益,以名义出资人为名义股东,实际出资人与名义股东对该合同效力发生争议的,如无法律规定的无效情形,人民法院应当认定该合同有效。"说明股权代持协议"如无法律规定的无效情形",则应属有效。此处的法律规定主要是指《民法典》总则编第6章"民事法律行为"第3节"民事法律行为的效力"的相关规定以及合同编通则分编第3章"合同的效力"的有关规定。例如,《民法典》第153条规定:"违反法律、行政法规的强制性规定的民事法律行为无效。但是,该强制性规定不导致该民事法律行为无效的除外。违背公序良俗的民事法律行为无效。"此外,《民法典合同编通则司法解释》第16条至第18条对于违反法律强制性规定和公序良俗的合同效力如何认定进行了明确①。同时,《公司法司法解释(三)》(2020年修正)还对代持股安排中易引发争议的投资权益归属、股东名册变更、股权处分等事项进行了规定,这从司法实践层面认可了代持股本身的合法性。

在司法实践中,这类争议包括有限责任公司和股份有限公司、非上市股份有限公司和上市公司、银行(保险)等金融机构的股权代持以及外商投资企业的股权代持等各类型的纠纷案件。具体而言:

第一,对于有限责任公司,依据《公司法司法解释(三)》(2020年修正)第24条第1款规定,若无法律规定的无效情形,通常认定股权代持协议有效。对于股份有限公司,除非涉及银行、保险等金融机构和上市公司代持,由于其代持行为通常不会涉及众多不特定主体的利益,也不存在行业监管规定禁止股权代持行为,因此,在司法实践中,只要无法律规定的无效情形(指无违反强制性规定和公序良俗的无效情形),一般都属有效。但在上市前应根据监管机构要求进行清理。例如,

---

① 有关合同的效力问题,请读者参阅笔者所著《合同审查精要与实务指南:合同起草审查的基础思维与技能》第10章"合同订立的法律风险管控:基础问题"的相关内容。

公务员股权代持协议应认定有效,但不得据此要求显名。① 再例如,为规避有限责任公司股东人数限制的股权代持有效②。

第二,关于银行、保险等金融机构中的股权代持。目前的审判实践显示,基于强监管的现状,若违反监管机构的禁止性规定,应认定股权代持协议无效。例如,代持保险公司股权会损害社会公共利益,代持协议无效。③ 这些判例一般违反的都是规章或规范性文件性质的监管文件,就此《九民纪要》第31条"违反规章的合同效力"规定:"违反规章一般情况下不影响合同效力,但该规章的内容涉及金融安全、市场秩序、国家宏观政策等公序良俗的,应当认定合同无效。人民法院在认定规章是否涉及公序良俗时,要在考察规范对象基础上,兼顾监管强度、交易安全保护以及社会影响等方面进行慎重考量,并在裁判文书中进行充分说理。"此外,《民法典合同编通则司法解释》第17条对此有进一步的解释④。

第三,关于上市公司中的股份代持。司法实践显示,代持上市公司股权会损害社会公共利益,代持协议无效,股权归受托人所有⑤。这些案件中蕴含的司法价值导向就是,资本市场的信息披露制度需要坚决维护,不特定的广大潜在投资者的利

---

① 参见北京问日科技有限公司与高某股东资格确认纠纷二审民事判决书[北京市第一中级人民法院(2015)一中民(商)终字第5296号]。在该案中,法院认为,《公务员法》中的相关规定属管理性规范,并非效力性规范,代持协议有效。另参见陈某斌、张某霞与上海弓展木业有限公司股东资格确认纠纷上诉案[上海市第二中级人民法院(2014)沪二中民四(商)终字第489号]。在该案中,法院认为,即使股权代持协议被认定为有效,具有公务员身份的实际出资人虽然可以享有在代持协议下相应股权所对应的财产权益,却仍然不能完成"显名"。

② 参见方某文、刘某锋等与潜山县安顺客运有限责任公司、彭某富等股东资格确认纠纷二审民事判决书[安徽省安庆市中级人民法院(2016)皖08民终194号]。

③ 参见福建伟杰投资有限公司、福州天策实业有限公司营业信托纠纷二审民事裁定书[最高人民法院(2017)最高法民终529号]。在该案中,最高院认为:《保险公司股权管理办法》虽为部门规章,但从其规范目的、内容实质,以及实践中允许代持保险公司股权可能出现的危害后果进行综合分析,违反该规定将会"损害社会公众利益",依据《合同法》第52条第4项规定,相应代持协议应认定为无效。

④ 相关内容,请读者参阅笔者所著《合同审查精要与实务指南:合同起草审查的基础思维与技能》(第3版)第6章"合同起草、审查的基本步骤与方法"第1节第3部分。

⑤ 参见杨某国、林某坤股权转让纠纷再审审查与审判监督民事裁定书[最高人民法院(2017)最高法民申2454号]。在该案中,最高院认为:案涉代持协议实际隐瞒了拟上市公司的真实股东或投资人身份,违反了发行人如实披露义务,为《证券法》《首次公开发行股票并上市管理办法》等证券监管规定明令禁止,将损害资本市场基本交易秩序,损害金融安全与社会稳定,从而会"损害社会公共利益",依据《合同法》第52条第4项规定,应认定代持协议无效。合同无效后,最高院认为关于杨某要求将诉争股权过户至其名下的请求不能支持,但杨某可依进一步查明事实所对应的股权数量请求公平分割相关委托投资利益。类似的案例还可参见:杉浦某身与龚某股权转让纠纷一审民事判决书[上海金融法院(2018)沪74民初585号,上海法院金融商事审判案例精选之十一—(2011-2019)]。

益需要坚决保护。该类代持涉及违反规章或规范性文件性质的监管文件的,协议效力参见上文第二点,不再赘述。

第四,关于外商投资企业涉及的股权代持。依据《外商投资法》第28条第1款"外商投资准入负面清单规定禁止投资的领域,外国投资者不得投资"、《最高人民法院关于适用〈外商投资法〉若干问题的解释》(法释〔2019〕20号)第2条第1款"对外商投资法第四条所指的外商投资准入负面清单之外的领域形成的投资合同,当事人以合同未经有关行政主管部门批准、登记为由主张合同无效或者未生效的,人民法院不予支持"以及《最高人民法院关于审理外商投资企业纠纷案件若干问题的规定(一)》(2020年修正)第15条第1款"合同约定一方实际投资、另一方作为外商投资企业名义股东,不具有法律、行政法规规定的无效情形的,人民法院应认定该合同有效。一方当事人仅以未经外商投资企业审批机关批准为由主张该合同无效或者未生效的,人民法院不予支持"之规定,外国投资者通过股权代持投资"外商投资准入负面清单"以外的领域,只要不具有法律、行政法规规定的无效情形的,即便合同未经有关行政主管部门批准、登记,也不影响代持协议的效力。反之,即便合同经过了有关行政主管部门批准、登记,如果该合同属于法律法规规定的无效情形,该合同也不应有效。《民法典合同编通则司法解释》第13条对此予以了明确:"合同存在无效或者可撤销的情形,当事人以该合同已在有关行政管理部门办理备案、已经批准机关批准或者已依据该合同办理财产权利的变更登记、移转登记等为由主张合同有效的,人民法院不予支持。"但若是外国投资者通过股权代持进入"外商投资准入负面清单"内禁止或限制外商进入的行业,则属于违反法律、法规的强制性规定,该股权代持协议无效。

(二)股权代持协议无效的法律后果

关于代持协议被认定无效的法律后果问题,《民法典》第157条继承了《合同法》第58条之规定:民事法律行为无效、被撤销或者确定不发生效力后,行为人因该行为取得的财产,应当予以返还;不能返还或者没有必要返还的,应当折价补偿。有过错的一方应当赔偿对方由此所受到的损失;各方都有过错的,应当各自承担相应的责任。法律另有规定的,依照其规定。代持协议无效后涉及两个问题:一是代持股权的归属,二是代持股权所产生的分红、转送股、股权/股份增值利益或亏损的分配/分担。关于第一个问题通常没有争议,代持协议若被认定无效,若代持股权属于"不能返还或者没有必要返还的"情形的,则意味着"实际出资人"不得据此要求对股权/股份的所有权,故代持股权此时应归受托人即名义股东所有。[①] 关于第

---

① 参见杨某国、林某坤股权转让纠纷再审审查与审判监督民事裁定书[最高人民法院(2017)最高法民申2454号]。

二个问题,目前最高院的倾向性意见是按照公平原则,将代持股权的相应增值利益在当事人之间进行合理分配。①

二、隐名股东的确权显名

(一)隐名股东"显名化"概念

股权代持共涉及三层法律关系,一是实际出资人与名义股东两者之间的代持法律关系②,适用《民法典》总则编和合同编。若代持法律关系有效成立,则实际出资人可向名义股东主张代持股权的财产性权益等。二是实际出资人与公司、其他

---

① 参见华懋金融服务有限公司与中国中小企业投资有限公司委托投资纠纷上诉案[最高人民法院(2002)民四终字第30号]。这一案件是处理代持股权增值利益分配的典型案例,该案代持股权产生了巨额股权增值利益,一审法院仅要求名义股东返还代持本金及代持期间分红。该案最终经最高院审判委员会讨论后,确定了"四六分"的处理方式,即名义股东向委托人支付代持股份市值及其全部红利之和的40%作为补偿金,利益大部分归于名义股东,主要是考虑毕竟名义股东基于股东资格、股东职责等法定条件为股份增值作出过更多的贡献。最高院还曾考虑过按照"合同无效、收益罚没"方式处理,但因增值利益巨大、没收较难实施而作罢。后来的福建伟杰投资有限公司、福州天策实业有限公司营业信托纠纷二审民事裁定书[最高人民法院(2017)最高法民终529号]、杨某国、林某坤股权转让纠纷再审审查与审判监督民事裁定书[最高人民法院(2017)最高法民申2454号]等延续了这一思路,认为应当按照公平原则对增值利益进行分配。

② 2011年《公司法司法解释(三)》出台时回避了股权代持的法律性质问题。股权代持的法律性质在学说上,主要存在委托代理说、信托关系说、无名合同说。这些观点各有优劣,从不同的角度阐释了股权代持的法律性质。委托代理说认为,在股权代持中,隐名股东是委托人,名义股东是代理人,前者委托后者,以后者的名义进行股权投资,代理投资的法律效果归属于前者。在委托代理说的逻辑下,完全隐名的股权代持成立不公开的间接代理(《民法典》第926条);不完全隐名的股权代持则成立公开的间接代理(《民法典》第925条)。根据《民法典》第162条规定的代理行为法律效果归属规则,代持股权原则上应归属于隐名股东,仅在存在公司法上实质性障碍时("其他股东半数以上不同意"),归属于名义股东。其弱点在于无法解决股东资格的悖论。在委托代理说下,若以隐名股东为真实有效的股东,由于其未被记载于股东名册或经工商登记,并且也未受公司或其他股东认可,赋予其股东资格存在公司法制度上难以被击破的规范障碍;若以名义股东为真实有效的股东,那么名义股东可且按以自己的名义行使股东权利,并不存在作为委托人的隐名股东向名义股东授予相关权利的法律事实,故而隐名股东与名义股东之间难言成立委托代理关系。信托关系说认为,在股权代持中,隐名股东是委托人、受益人,名义股东是受托人,隐名股东将特定的财产委托给受托人,受托人以此财产对公司出资将其转化为股权。无名合同说认为,股权代持是隐名股东与名义股东签订代持股协议,约定由隐名股东出资,名义股东出名,将股权登记在名义股东名下,而由隐名股东享有股权收益、行使股东权利的一系列契约安排。该说区分了合同法制度与公司法制度,一方面,认为隐名股东与名义股东之间建立的是普通债权债务关系,受合同法调整,隐名股东与名义股东之间关于股权归属与股东权利行使的约定并不发生公司法上的效力,不约束公司和其他股东;另一方面,名义股东是公司真实有效的股东,与公司和其他股东之间的法律关系受公司法调整,而隐名股东基于代持股协议向公司或其他股东主张的任何权利,后者皆有权拒绝。

股东之间的股权权属法律关系（"内部关系"），主要适用《公司法》及其司法解释。在代持法律关系有效成立的前提下，若符合显名化条件，则实际出资人可进一步向公司主张显名化。三是实际出资人与公司债权人、名义股东债权人、股权受让人等第三人之间的法律关系（"外部关系"），同时适用《民法典》总则编、合同编和《公司法》及其司法解释。隐名股东显名化即发生在上述第二层法律关系项下，具体指隐名股东向公司主张确认股东资格，要求公司签发出资证明书、记载于股东名册、记载于公司章程，并向公司登记机关申请变更登记。其中，第一层法律关系是隐名股东显名化的前提及基础，而第三层法律关系又可能对隐名股东显名化产生直接影响。若实际出资人与名义股东之间并不成立代持法律关系或代持法律关系无效，则不存在所谓隐名股东显名化的问题。同时，若隐名股东要求显名化时，标的股权已出现被转让或已由名义股东债权人查封等涉及第三人利益保护的情形，即使符合显名化的一般条件，也可能对隐名股东的显名化造成实质障碍。

（二）隐名股东"显名化"的条件

《公司法司法解释（三）》（2020年修正）第24条第3款规定："实际出资人未经公司其他股东半数以上同意，请求公司变更股东、签发出资证明书、记载于股东名册、记载于公司章程并办理公司登记机关登记的，人民法院不予支持。"这是关于有限责任公司隐名股东显名化的一般条件的规定，简略地讲，即需经"其他股东半数以上同意"（从司法实践来看，当然还包含其他两个前提条件：代持协议合法有效、隐名股东已经实际出资）。基于股份有限公司公开性、资合性的特征，相关司法解释并未对股份有限公司隐名股东显名化的条件作出限制性的规定。司法解释如此规定的逻辑主要在于，对于不知情之公司其他股东以及公司外部债权人而言，隐名股东显名化的法律效果与名义股东向隐名股东对外转让股权的表现方式并无实质区别。基于有限责任公司"人合性"特征，有限责任公司的隐名股东显名化，也应与《公司法》（2023年修订）第84条规定的股东对外转让股权的条件基本一致，需经"其他股东半数以上同意"。而基于股份有限公司的"资合性"特征，《公司法》（2023年修订）第157条规定股份有限公司的股东可以依法转让股权，就此股份有限公司隐名股东显名化也就无须经其他股东同意。在具体理解和适用"其他股东半数以上同意"时，需要注意如下要点：

第一，"半数以上"到底是指"股东人数半数以上"还是"表决权半数以上"，这一点在司法实践中，基本无争议。即，"半数以上"应指"股东人数半数以上"。立法的本意是，有限责任公司隐名股东显名化，犹如新股东加入，需要其他股东对其进行审查;在股权对外转让的情况下,法律需要考量其他过半数股东意见,则在隐名股东显名化方面自然可以参照适用。并且事实上,立法时在涉及表决权数时的表述均明确为"所持表决权",如《公司法》(2018年修正)第43条规定"必须经代表三分之二以上表决权的股东通过"[《公司法》(2023年修订)第66条规定"应当经代表三分之二以上表决权的股东通过"]。还需要注意的是,司法解释采用的表述是"半数以上",这与《公司法》(2018年修正)第71条所规定的"过半数"有所不同,后者不包含本数并无争议,但前者是否包含本数则存在争议①。一种观点认为,"半数以上"包含本数,其理由是参照民法中"以上"包含本数的规则,《公司法司法解释(三)》(2020年修正)第24条第3款规定的"半数以上"包含本数②。另一种观点则认为,"半数以上"不包含本数。理由是,不宜简单地参照民法对"以上"的解释,而应考虑公司法的特别法地位,在具体案情中,基于资本或人头"多数决"的原则或基于名义股东需要将股权转让给隐名股东从而参照公司法有关股权对外转让"过半数"同意的规则,认定"半数以上"不包含本数③。需要注意的是,《公司法》(2023年修订)第84条删除了其他股东的"同意权",因此也就相应地删除了其他股东"过半数"同意的表述,所以在既往案例中参照公司法有关股权对外转让"过半数"同意的规则来处理隐名股东显名的问题,将不再具有适用性。但笔者倾向于认为,在公司章程无特别规定的情形下,"半数以上"不包含本数。理由是,《民法典》对"以上"的解释,并不当然可以直接适用于《公司法司法解释(三)》第24条第3款的规定。因为,《民法典》系一般法,《公司法》系特别法(具有组织法的特性)。根据特别法优于一般法的精神,于与公司有关的纠纷中,在《公司法》已有相关规定的情况下,应优先适用《公司法》的原则和规定(如"多数决"原则)。这是其一。其二,隐名股东显名采其他股东"半数以上"同意的"人头决",尽管并非"资本多数决",但仍然属于"人头多数决",而"多数决"原则是现代公司治理、表

---

① 参见雷霆:《隐名股东显名,"其他股东"及"半数以上"如何认定?》,载微信公众号"高杉LEGAL"2023年3月23日,https://mp.weixin.qq.com/s/sEHfYEvtlfVy8Wod-xflGg。

② 参见刘某亮、牛某霞请求变更公司登记纠纷二审民事判决书[山东省德州市中级人民法院(2020)鲁14民终932号];史某新、邓某年股东资格确认纠纷二审民事判决书[山东省高级人民法院(2020)鲁民终588号];黄某明、江西宏惠房地产开发有限公司股东资格确认纠纷二审民事判决书[江西省抚州市中级人民法院(2021)赣10民终404号]等。

③ 参见田某等与北京三咔供应链管理有限公司等合同纠纷再审审查与审判监督民事裁定书[北京市高级人民法院(2022)京民申3306号];刘某、怀化市富美机动车驾驶员培训有限公司等股东资格确认纠纷二审民事判决书[湖南省怀化市中级人民法院(2022)湘12民终96号];朱某中、江西松柏实业有限公司股权转让纠纷再审审查与审判监督民事裁定书[最高人民法院(2020)最高法民申1653号]等。

决的一项基本原则,必然要体现资本或人头多数的效果。若采包括本数的规则,则在"其他股东"为偶数时,可能导致"表决僵局",因为反对的其他股东与同意的其他股东人数一样,任何一方都无法形成表决多数。不论支持任何一方都可能导致对另一方的"不公",必将影响有限责任公司的"人合性"。因此,笔者建议未来新的公司法司法解释在规定隐名股东显名时,采用"过半数"的表述,以避免司法实践适用的争议。

第二,关于不存在"其他股东"的情形。在司法实践中,对于《公司法司法解释(三)》(2020年修正)第24条第3款的"其他股东"应指所涉显名股东之外的其他显名股东。若"其他股东"不存在,则保护有限责任公司"人合性"自无适用之前提和必要,此时法院普遍认为隐名股东显名无须受第24条第3款之限制。例如,所涉公司为一人公司时,隐名股东显名不受"其他股东半数以上同意"的限制。① 再例如,一种极为特殊的情形是所涉公司的显名股东均为股权的代持人。由于所有显名股东都属于代持人,法院认为其不属于司法解释第24条第3款规定的其他股东,不得以此为由抗辩实际出资人的显名请求。②

第三,关于"同意"的方式认定。如何证明其他股东"同意"显名化,相关法律并未明确规定。司法实践中,"同意"分为"明示的同意"和"默示的同意"或"推定的同意"。"明示的同意"指其他股东口头或书面明确表示同意隐名股东显名化。"默示的同意"指通过其他股东的行为或相关事实去推定其具有同意隐名股东显名化的意思表示,或者至少不持异议。就后者而言,《九民纪要》第28条"实际出资人显名的条件"规定:"实际出资人能够提供证据证明有限责任公司过半数的其他股东知道其实际出资的事实,且对其实际行使股东权利未曾提出异议的,对实际出资人提出的登记为公司股东的请求,人民法院依法予以支持。公司以实际出资人的请求不符合《公司法司法解释(三)》第24条的规定为由抗辩的,人民法院不

---

① 参见宁夏泰和房地产有限公司、平罗翔龙工贸有限公司与刘某霞股东资格确认纠纷再审审查与审判监督民事裁定书[宁夏回族自治区高级人民法院(2017)宁民申428号];王某胜与俞某宏请求变更公司登记纠纷一审民事判决书[河南省中牟县人民法院(2018)豫0122民初1493号]。

② 参见金华市庭桂养殖有限公司与吴某尚股东资格确认纠纷上诉案[浙江省金华市中级人民法院(2016)浙07民终4622号]。在该案中,法院认为:一审据此认定季某南、吴某尚、俞某林三人为隐名股东,俞某芳、楼某芳二人为显名股东并无不当。……该规定中"未经其他股东半数以上同意"的"股东"应当指的是除代持他人股份之外的公司其他显名股东,而本案中的在册登记股东与显名股东一致,仅为俞某芳、楼某芳二人。因此,庭桂公司以前述法律规定抗辩吴某尚要求确认其为庭桂公司股东于法无据,二审法院不予采信,认为一审法院判决支持吴某尚的诉讼请求合法有据。

予支持。"在林某群与林某、张某股东资格确认纠纷申请再审民事裁定书[最高人民法院(2014)民申字第1053号]中,最高院认为:

> 依据各股东在《流转协议》中的约定,林某群"代持"的目的是"为了简化注册手续"。中凯联公司成立后,林某、张某作为该公司的工作人员参与了公司经营,其作为代持协议中约定的实际出资人,请求结束其股权被代持的状况,并不违反当事人之间的约定。现中凯联公司登记的股东是林某群、吴某朝,二人均是《流转说明》的缔约人,吴某朝对林某、张某作为实际出资人、隐名股东的身份是清楚并认可的。曾是中凯联公司原始股东的汪某军的证言亦证明了设立公司时与林某、张某等四人协商等事实。因此,依据本案的事实及相关法律规定,原审判令中凯联公司为林某、张某办理股东工商登记变更手续、林某群应履行必要的协助义务,适用法律正确。

再如,在北京金源新盛置业有限公司、北京杰宝房地产开发有限责任公司股权转让纠纷再审审查与审判监督民事裁定书[最高人民法院(2018)最高法民申4156号]中,最高院认为:

> 原判决认定三兴公司经公司其他股东半数以上,即盛华乐天公司和王某东同意三兴公司办理股东工商登记变更手续并无不当。杰宝公司的股东为金源新盛公司、盛华乐天公司和王某东。实际出资人三兴公司需得到盛华乐天公司或王某东同意,才能办理股东工商登记变更手续。鉴于王某东是金源新盛公司和盛华乐天公司的控股股东,也是杰宝公司的控股股东,原判决关于"在2013年7月30日杰宝公司召开的股东会上,盛华乐天公司和王某东对于三兴公司作为杰宝公司的股东不仅没有异议,而且还认可其以股东身份行使权利,进一步表明其至少不反对三兴公司成为杰宝公司的股东"的认定,亦不违背案涉当事人的本意。故根据《最高人民法院关于适用〈中华人民共和国公司法〉若干问题的规定(三)》第二十四条第三款关于"实际出资人未经公司其他股东半数以上同意,请求公司变更股东、签发出资证明书、记载于股东名册、记载于公司章程并办理公司登记机关登记的,人民法院不予支持"的规定,原判决认定三兴公司经公司其他股东半数以上同意,即盛华乐天公司和王某东同意三兴公司办理股东工商登记变更手续,本院不持异议。

从上述案例可以看出,司法实践中对于隐名股东显名化的一般条件并无争议,即有限责任公司隐名股东显名化需经"其他股东半数以上同意"。而在认定"同意"上已经采纳了"默示的同意"的方式。如在(2014)民申字第1053号案中,其他股东参与了代持协议的签订被视为知情且认可隐名股东身份,进而被视为"同意"。在(2018)最高法民申4156号案中,法院综合考量如下因素后认定其他股东

"同意"显名;其他股东对隐名股东参与公司经营、以股东身份行使权利等表示认可或至少是不反对;其他股东对代持股知情且未在合理期限表示反对或购买;其他股东受名义股东控制,或与名义股东存在其他密切关系等。另外,司法实践也显示,股份有限公司隐名股东显名化则无须经其他股东同意。①

在实务中,需要注意的问题是,若其他股东在代持过程中曾经明确表示过同意或者可以推定其同意,可否在争议过程中推翻此前的"同意";亦即,其他股东可否预先"同意"隐名股东显名化的主张。笔者认为,在不涉及公共利益和不损害第三人合法权益的情况下,当事人的预先安排应得到尊重。在实务中,一种做法就是根据"禁反言"原则的精神,隐名股东与公司其他股东可以事先签订《股权转让同意书》和《放弃优先购买权的说明》(在隐名股东显名过程中,其他股东是否具有优先购买权存在一定争议,但基于谨慎性原则,可一并准备),承诺隐名股东要求名义股东将股权转让到其名下或第三人名下时,除该转让行为有损公司或其他股东权益外,其他股东都将同意,并对隐名股东应享有的股权份额放弃优先购买权。当然,另外一种做法是,隐名股东在签订股权代持协议的同时,可以要求显名股东向其出具表决权委托行使授权书或者直接在代持协议中签章表示同意②;此外,还应留存参加股东会、董事会等参与公司管理的证据。实务中,另外一种应对措施是,若条件允许,隐名股东可少量持有公司股权。此时,隐名股东在名义股东配合的情况下,若依据《公司法》(2018年修正)第71条之规定,可以直接通过股东之间的股权转让显名,无须其他股东同意和放弃优先购买权。而在《公司法》(2023年修订)第84条下,仍然可以直接进行股权转让,因为其他股东此时不存在优先购买权。

需要注意的另外一个问题是,隐名股东符合显名化的条件并不必然产生实际显名的法律效果。例如,特殊监管领域对股东变更设置了特殊审批程序,则必须满足该审批要求后才可实际显名化[参见最高人民法院(2014)民提字第147号]。也有相关法律禁止或限制某些主体成为公司股东,如公务员无法成为公司股东,只能委托持股。若隐名股东显名化后公司股东人数超过法律规定的股东人数上限,

---

① 参见华夏金谷融资担保有限公司、北京华诚宏泰实业有限公司股东资格确认纠纷再审审查与审判监督民事判决书[最高人民法院(2014)民提字第147号];陈某明、王某股权转让纠纷再审审查与审判监督民事裁定书[最高人民法院(2017)最高法民申5055号]。

② 参见陈某与贵州万商置业有限公司、孙某妮股东资格确认纠纷一审民事判决书[贵州省贵阳市中级人民法院(2016)黔01民初965号]。在该案中,虽然其他股东在实际出资人提出显名要求后未作同意表示甚至以此抗辩,但鉴于代持协议约定实际出资人解约后可随时恢复股东身份,且其他过半数股东在代持协议中盖章确认,法院认定事前其他股东在代持协议中已作出过同意显名的意思表示,支持了实际出资人的显名诉请。

也无法显名。如《公司法》规定有限责任公司股东人数上限为 50 人,非上市股份有限公司股东人数上限为 200 人。隐名股东显名化可能侵害第三人利益的,也无法显名。如第三人已经善意取得该股权,或者法院已经依法对代持股权采取强制执行措施;公司章程对股权转让进行了特别约定或限制等。

三、代持股权的处分问题

在股权代持中,代持股权的转让或者说股权受让人的利益保护包括两个方面:一是名义股东(显名股东)处分代持股权的善意取得问题;二是隐名股东将名义股东代持的股权转让的问题。

(一)名义股东将代持股权处分给第三人

名义股东将代持股权转让、质押或者以其他方式处分给第三人,首先涉及的就是名义股东这样的处分行为是有权处分或无权处分。若是前者,则属于有权处分人处分自己的财产,并无争议;若是后者,则需要从负担行为效力与处分行为效力两个层面进行分析。

在主流的委托代理说下,当且仅当在完全隐名股权代持中,并且其他股东半数以上不同意隐名股东作为股东的,代持股权归属于名义股东;反之,则归属于隐名股东。当代持股权被确权认定归属于隐名股东时,名义股东处分代持股权属于无权处分,则有进一步适用善意取得制度与商事外观主义原则之余地。

1.负担行为之效力

名义股东无权处分代持股权之负担行为原则上有效。《民法典》删除了《合同法》第 51 条"无处分权的人处分他人财产,经权利人追认或者无处分权的人订立合同后取得处分权的,该合同有效"之规定。再结合《民法典》合同编典型合同分编第 9 章"买卖合同"第 597 条之"因出卖人未取得处分权致使标的物所有权不能转移的,买受人可以解除合同并请求出卖人承担违约责任。法律、行政法规禁止或者限制转让的标的物,依照其规定"之规定,法律对无权处分合同的效力采"有效说"或"不影响合同效力说"。① 因此,名义股东无权处分代持股权所订立的股权转让或质押合同如无其他无效事由,当属有效。当然,恶意串通情形下,名义股东无权处分股权之负担行为无效。若第三人明知隐名股东与名义股东之间的代持关系,

---

① 有关内容请读者参阅笔者所著《合同审查精要与实务指南:合同起草审查的基础思维与技能》(第 3 版)第 10 章"合同订立的法律风险管控:基础问题"之"无权处分人订立的合同的效力"。

却与名义股东签订股权转让合同或为类似的意图损害隐名股东对代持股权合法权益的行为,可通过对"恶意串通"的解释及隐名股东的合法权益因此受到损害的事实适用《民法典》第154条的规定,认定名义股东无权处分股权之负担行为无效。

2. 处分行为之效力

《公司法司法解释(三)》(2020年修正)第25条规定:"名义股东将登记于其名下的股权转让、质押或者以其他方式处分,实际出资人以其对于股权享有实际权利为由,请求认定处分股权行为无效的,人民法院可以参照民法典第三百一十一条的规定处理。名义股东处分股权造成实际出资人损失,实际出资人请求名义股东承担赔偿责任的,人民法院应予支持。"本条解释依据"内外有别"的原则,尊从商事外观主义原则,名义股东处分代持股权时,应适用善意取得制度,符合善意取得要件的交易相对人取得股权(《民法典》第311条)。事实上,在股权能否善意取得的问题上,学界争议颇大。反对者的主要论点认为,股权变动与物权变动存在不同的结构;根据股权变动模式形式说的观点以及《公司法》(2023年修订)第34条之规定,名义股东擅自处分代持股权的行为系有权处分,故无善意取得的空间。但在委托代理说的语境下,当股权归属于隐名股东而名义股东系无权处分代持股权时,若交易相对人符合《民法典》第311条规定的善意取得的要件,则其善意取得代持股权,隐名股东仅能寻求内部救济。①

在善意取得制度下,股权受让人善意取得股权需要满足受让人善意、对价合理、已经登记三个要件。但实践中,有时并非都能同时满足这三个要件,此时股权处分虽缺乏善意取得构成要件②,但若构成表见代理,交易相对人亦可以请求给付股权。在委托代理说下,隐名股东与名义股东之间构成委托代理关系,隐名股东将股权登记在名义股东名下,使交易相对人有理由相信名义股东具有处分股权的能力。至于这种"相信"是对名义股东具备处分股权的代理权的信任,还是对名义股东自身有权处分股权的信任,并不影响善意交易相对人相信名义股东有处分股权

---

① 参见王毓莹:《股权代持的权利架构——股权归属与处分效力的追问》,载《比较法研究》2020年第3期。

② 事实上,在《公司法》(2023年修订)第86条下,股权受让人自应去查阅股东名册,确认名义股东是否被记载于其上,名义股东是否是公司真实股东、对标的股权是否具备处分权。基于善意取得的要件,如果发现名义股东并未记载于股东名册而仅登记于公司登记机关的登记簿,此时名义股东并非真实股东,受让人就不可能成立善意,故无善意取得适用的空间。反之,如果名义股东同时还记载于股东名册,显然可以认定其为真实股东,其对股权的处分就是有权处分,也就不存在善意取得适用的空间。可见,实践中,股权受让人很难构成善意相对人,除非受让人查阅、变更的股东名册系"伪造"这类的特殊情形。

的能力。因此,在委托代理说下,虽然代持股权协议并未约定名义股东有处分股权的代理权,但善意交易相对人根据对股权登记外观的信赖,有理由相信名义股东具有处分股权的能力,根据《民法典》第172条之规定,这种股权处分行为构成表见代理,可直接约束作为委托人的隐名股东,继而根据《民法典》第926条之规定,交易相对人有权请求名义股东或隐名股东交付股权。另外,从行为的正当性看,隐名股东将股权登记在名义股东名下,本身就具备可苛责性,由其承担代持股权被他人处分之风险并无不当。①

实务中,需要注意的是,若隐名股东在代持协议中明确禁止名义股东自行处分代持股权或者其事后拒绝追认,则名义股东转让代持股权的行为的效力如何认定,以及若隐名股东请求法院判令名义股东向公司登记机关撤销股权变更登记(实质要求股权回转),是否能够得到支持。在北京汽车工业进出口公司、北京北汽众运汽车贸易有限公司与公司有关的纠纷再审审查与审判监督民事裁定书[最高人民法院(2016)民申1046号]中,最高院认为:

北汽进出口公司作为名义股东,未经实际出资人天津佳利公司同意而向鹏龙行公司转让讼争股权,属于无权处分。因上述转让为无偿转让,且天津佳利公司不予追认,该转让行为应认定无效。在本案审查过程中,北汽众运公司提供情况说明及其工商登记资料,表明鹏龙行公司已于2016年2月2日将持有北汽众运公司的50%股权变更登记至案外人恒盛公司名下,交易方式系无偿划转。北汽进出口公司、北汽众运公司与佳利莱公司对上述股权转让的真实性均无异议。佳利莱公司在一审中请求法院判令北汽众运公司向公司登记机关申请撤销就北汽进出口公司与鹏龙行公司之间的股权转让所办理的工商变更登记,实际上是请求将原登记在鹏龙行公司名下的股权回转登记至北汽进出口公司名下。鉴于讼争股权已经转让至恒盛公司名下,佳利莱公司在本案中请求实现讼争股权回转登记的客观条件已不具备,其申请本院再审纠正二审判决不支持其上述请求的认定,缺乏事实和法律依据。

在该案一审[北京市第一中级人民法院(2010)一中民初字第12377号]中,关于北汽进出口公司、鹏龙行公司、北汽众运公司提出的确认天津佳利公司为北汽众运公司的股东应经过行政机关的审批,不能通过民事诉讼程序和作出民事判决予以变更的辩称,一审法院曾指出:"佳利莱公司②的诉讼请求并非确认天津佳利公

---

① 参见王毓莹:《股权代持的权利架构——股权归属与处分效力的追问》,载《比较法研究》2020年第3期。

② 佳利莱公司系本案实际出资人天津佳利公司的股东,本案系股东代表诉讼。

司为北汽众运公司的股东,只是确认天津佳利公司为北汽众运公司的实际出资人,如天津佳利公司欲成为北汽众运公司的股东还需根据《公司法》(2005年)及相关司法解释规定的程序办理,不属于本案审理范围","法院对佳利莱公司关于判令北汽众运公司向公司登记机关申请撤销就北汽进出口公司与鹏龙行公司之间的股权转让所办理的工商变更登记的诉讼请求不予支持"。在该案二审[北京市高级人民法院(2012)高民终字第888号]中,二审法院就股权变更登记能否撤销曾指出:"鉴于北汽进出口公司与鹏龙行公司之间的股权转让经过了北京产权交易所的相关程序,且在股权转让后,受让方已实际行使并享有北汽众运公司的股东权利,若将案涉股权回转既不利于企业的经营发展,也不利于市场交易秩序的稳定,故本院对一审法院判决关于股权转让合同无效后北汽众运公司应据此根据相关行政规定,向工商登记机关办理相关变更登记手续的认定予以纠正,即本案股权转让合同被确认无效后,天津佳利公司可以通过请求补偿等方式救济其权益。"同时,最高院在再审中更进一步指出:"鉴于讼争股权已经转让至恒盛公司名下,佳利莱公司在本案中请求实现讼争股权回转登记的客观条件已不具备",即案涉股权无偿划转的受让人(鹏龙行公司,系名义股东北汽进出口公司的关联公司)已经再次将代持股权转让给了案外人(再次无偿划转给另一个关联公司恒盛公司),股权回转的客观条件已不具备。因此,可以看出,即便第三人不符合"善意取得"的要件,从而股权处分行为被认定为无效,也不必然意味着隐名股东可以实现股权回转,这体现了商事审判维持商事交易秩序与安全的价值考量。当然,若无法实现股权回转,隐名股东仍可基于代持法律关系,要求名义股东赔偿相应损失。

(二)隐名股东将代持股权转让给第三人

除了名义股东将代持股权处分给第三人外,实务中还出现了隐名股东将代持股权转让给第三人的情形。此种情形下的代持股权行为的效力如何认定,其法律后果又如何呢?对此,司法实践的观点是比较统一的:隐名股东转让代持股权,显名股东无异议的,转让有效;但该转让并非对代持股权的转让,其转让的仅是实际出资的隐名投资地位,相当于一种债权债务的移转,受让人成为新的隐名股东。显名股东反对的,应当先向公司申请确认股东资格,而后方可转让股权。

就此问题,最高人民法院在书中论述道:①

第三人明知实际出资人的存在,并从实际出资人处受让股权时,如果名义股东

---

① 参见最高人民法院民事审判第二庭编著:《最高人民法院关于公司法解释(三)、清算纪要理解与适用》,人民法院出版社2016年版,第404页。

以工商登记为由提出反对,应当进入确权程序。也就是说,实际出资人必须要公司申请确认其股东资格,得到公司的确认后,股权转让方能进行。在确权过程中,公司及其股东应当禁止名义股东转让股权。如果公司反对确认实际出资人的股东资格,其可以向法院诉请确认。一旦认定实际出资人为股东的判决确定后,股权转让行为即可发生效力,名义股东不得再主张股权转让无效。

第三人明知实际出资人的存在,并从实际出资人处受让股权时,如果名义股东并没有提出反对的,则可以认定该转让有效。此时在实际出资人和第三人之间转让的不是股权,因为此时股权仍然归名义股东享有,其转让的仅是实际出资的隐名投资地位,相当于一种债权债务的移转。其在实际出资人和第三人之间的转让不会引起两者之外其他法律关系的变化,因为如果名义出资人同意继续由其行使股权而由新的受让人享受股权投资收益;当新的受让人欲取代名义股东显名化时需要经过公司其他股东过半数同意,这并不会给公司的人合性带来任何破坏。

司法实践中,在毛某随与焦某成、焦某等股权转让纠纷二审民事判决书[最高人民法院(2016)最高法民终18号]①中,最高院认为:

二、关于焦某成是否应当向毛某随支付转让款并承担违约金的问题。

2013年12月28日毛某随与焦某成签订了《股权转让合同》,约定将毛某随持有的石圪图煤炭公司12%的股份转让给焦某成。本院认为,该转让合同涉及隐名股东即实际出资人转让股权的效力问题。前已分析,毛某随在石圪图煤炭公司内部享有的隐名投资人地位以及12%的股权依法应当得到确认和保护,因此,毛某随在满足一定条件下,可以依法转让该股权。毛某随拟转让之股权,系来源于石圪图煤炭公司《股权认购协议书》之确认,作为时任法定代表人的焦某成应当知晓该事实。在明知毛某随为隐名股东的情形下,焦某成与毛某随之间转让该12%股权的行为依法成立。根据本案的实际,石圪图煤炭公司就该转让行为不但未提出异议,而且在2014年12月6日的《补充协议书》中承诺承担连带保证责任,并出具了《担保书》,此外,亦未见石圪图煤炭公司的其他时任登记股东提出任何异议。因此,焦某成与毛某随之间签订的《股权转让合同》合法有效,焦某成、毛某随、焦某、石圪图煤炭公司四方基于此而签订的《补充协议书》亦合法有效,各方均应当依约

---

① 类案还可参见陈某超、郑某标与张某荣、陶某王股权转让合同纠纷一审民事判决书[青海省高级人民法院(2015)青民二初字第26号];李某英与深圳市通天网络技术有限公司股权转让纠纷上诉案[广东省深圳市中级人民法院(2012)深中法商终字第996号];王某法与刘某君股权转让纠纷二审民事判决书[安徽省高级人民法院(2015)皖民二终字第01025号];蔡某才与林某雄股权转让纠纷上诉案[江苏省高级人民法院(2012)苏商外终字第0008号]。

履行合同。基于已经查明的事实,在《股权转让合同》及《补充协议书》签订后,焦某成未能如约履行支付股权转让款的义务,毛某随主张焦某成继续履行付款义务并承担违约责任的主张符合约定和法律规定。

在上述案件中,公司及全体股东(包括受让方)均认可隐名股东身份,并且,公司及其他股东对隐名股东转让代持股权均知情且未提出异议,则隐名股东的股权转让行为有效,受让方不能以隐名股东不具有股东身份为由拒不支付转让款项。

另外,在宁夏申银特钢股份有限公司、沈某才股权转让纠纷二审民事判决书[最高人民法院(2020)最高法民终346号]中,最高院认为:

关于沈某才是否应向申银公司支付股权转让款5400万元的问题

根据查明事实,2012年7月16日新生焦化公司成立,注册资本2亿元,申银公司出资1.2亿元占股60%,沈某才出资8000万元占股40%。2014年5月申银公司与黄某签订《隐名出资协议》,约定黄某代申银公司持有新生焦化公司60%的股权,并办理了相应的股权变更登记。2016年9月9日,黄某与沈某签订《股权转让协议》,约定黄某将其持有的新生焦化公司27%的股权以5400万元的价格转让给沈某。同日,申银公司、沈某才、杨某平、范某弟、施某华签订《公司股权重组、增资协议》,约定对新生焦化公司重组后注册资本为4亿元,沈某才出资金额2.68亿元占股67%,出资人名称为沈某,实际控制人为沈某才;申银公司出资金额7200万元占股18%,由施某华代持;杨某平出资6000万元占股15%,由其自己持有。次日,新生焦化公司按照《股权转让协议》《公司股权重组、增资协议》约定进行了工商登记变更。由此可见,申银公司以黄某的名义,将其在新生焦化公司27%的股权以5400万元的价格转让给沈某才,并办理了股权变更登记,沈某才应按照协议约定支付相应价款,一审判决其支付股权转让款5400万元,事实依据充分,并无不妥。沈某才上诉认为申银公司并非新生焦化公司股东,其作为股东主张权利,主体不适格,该事实已被宁夏回族自治区石嘴山市惠农区人民法院(2018)宁0205民初225号民事裁定确认,一审判决未采信该裁定错误。经审查,本案系股权转让纠纷,虽转让人为黄某,但对于黄某与申银公司之间的代持股关系,各方均无异议,申银公司作为案涉股权的实际权利人,在沈某才未依约支付股权转让款的情况下,直接以自己的名义提起本案诉讼,主体资格并无不妥。同时,虽股权变更登记之后的持股人为沈某并非沈某才,但《公司股权重组、增资协议》载明,该股权的实际控制人为沈某才,对此沈某才签字确认,故申银公司直接起诉案涉股权的实际控制人沈某才,要求其支付相应股权转让款,亦无不妥。

在这个案件中,最高院显然是站在委托代理说的角度来进行裁判。即,在受托人(黄某)已经披露委托人(申银公司),且目标公司(新生焦化公司)及其他股东、受让方(沈某)及其实际出资人(沈某才)都知情的情形下,由委托方(实际出资人)申银公司直接向受让方(沈某)的实际出资人沈某才主张支付股权转让款,主体资格并无不妥。

四、隐名(名义)股东对公司债务的承担

所谓隐名(名义)股东对公司债务的承担问题,实质就是有关公司债权人的利益保护及衡量问题。具体而言,又可分为两个子问题:一是公司债权人能否要求名义股东和/或隐名股东承担出资赔偿责任;二是公司债权人能否要求名义股东和/或隐名股东承担清算赔偿责任。

(一)公司债权人能否要求名义股东和/或隐名股东承担出资赔偿责任

《公司法司法解释(三)》(2020年修正)第26条规定:"公司债权人以登记于公司登记机关的股东未履行出资义务为由,请求其对公司债务不能清偿的部分在未出资本息范围内承担补充赔偿责任,股东以其仅为名义股东而非实际出资人为由进行抗辩的,人民法院不予支持。名义股东根据前款规定承担赔偿责任后,向实际出资人追偿的,人民法院应予支持。"该条第1款表明,名义股东原则上不能以仅为"名义股东"或"挂名股东"为由抗辩对公司债务不能清偿的部分在未出资本息范围内承担补充赔偿责任,对此并无争议。存在争议的是,公司债权人能否单独或一并要求隐名股东承担前述补充赔偿责任,对此《公司法》及相关司法解释并未作出明确规定。

《九民纪要》(征求意见稿)第26条"股权代持情况下实际出资人的责任"曾规定:

公司债权人以名义股东未履行或者未完全履行出资义务为由,请求实际出资人在未出资范围内对公司债务不能清偿的部分承担责任,其提供的股权代持协议等证据足以证明名义股东仅是代实际出资人持股的,根据权利义务相一致的原则,人民法院应予支持。

上述规定表明,最高院可能曾更倾向于支持,在符合一定条件下,公司债权人可以直接要求实际出资人在未出资范围内对公司债务承担补充赔偿责任。但上述规定实际上涉及实际出资责任的认定、"刺破公司面纱"的制度适用、公司和/或其他股东对实际出资人股东资格的认定等诸多问题,既包含实体法律规范,也包含公司内部意思自治等程序法律规定,但理论界及实务界对此有不同观点,最终《九民纪要》删除了上述第26条之规定，并未对公司债权人是否可追及实际出资人的出资责任问题作出进一步的规定。就此，这一问题在司法实践中可能仍将存在较大争议。

其实早在《九民纪要》（征求意见稿）发布之前，一些地方法院就曾对此出台司法指导意见。例如，《山东省高级人民法院民二庭关于审理公司纠纷案件若干问题的解答》（2018年7月17日）就曾明确：

5.隐名出资情形下，实际出资人未履行或未完全履行出资义务时，公司债权人主张名义股东或实际出资人承担责任的，能否支持？

答：可以区分三种情形予以处理。

第一种情形：债权人不知道实际出资人的情况下，只要求名义股东承担补充赔偿责任的，应予支持。名义股东关于其仅为登记股东，并非实际出资人，不应承担责任的抗辩不能成立。名义股东向公司债权人承担补充赔偿责任后，可以根据与实际出资人之间的协议约定，要求实际出资人赔偿损失。理由：基于商事外观主义原则，名义股东应当对于公开登记的事项承担相应责任。

第二种情形：债权人知道实际出资人的情况下，债权人参照《中华人民共和国合同法》第四百零三条第二款①规定选择名义股东或者实际出资人主张权利，要求名义股东或者实际出资人承担补充赔偿责任的，应予支持。理由：第一，名义股东实际上可能并无承担责任的能力，赋予债权人选择权对债权人的保护更为周全。第二，如此处理，并未实质上损害名义股东及实际出资人的利益。因为名义股东本就依法应当对外承担股东责任，而实际出资人更是出资未到位的实际责任人。即便名义股东先行对外承担了出资不足的责任，也可以再向实际出资人主张权利，实际出资人仍然是责任的最终承担者。第三，赋予债权人选择权有利于减少隐名出资行为，促进公司规范治理，维护交易安全。

第三种情形：债权人知道实际出资人的情况下，债权人将名义股东和实际出资人列为共同被告，要求名义股东和实际出资人承担连带责任的，可以根据具体案情判决双方承担连带责任。如果名义股东和实际出资人通谋不履行或不完全履行出资义务，公司债权人主张双方承担连带责任的，应予支持。理由：根据《中华人民共

---

① 《合同法》第403条第2款规定："受托人因委托人的原因对第三人不履行义务，受托人应当向第三人披露委托人，第三人因此可以选择受托人或者委托人作为相对人主张其权利，但第三人不得变更选定的相对人。"《民法典》第926条第2款的规定与该规定一致。

和国侵权责任法》第八条①规定，可以认定构成共同侵权。

根据"举轻以明重"的解释原则，在名义股东依法应当承担补充赔偿责任的情形下，隐名股东作为实际出资义务人，当然也应当承担补充赔偿责任。同时，《公司法司法解释(三)》第26条第2款"名义股东根据前款规定承担赔偿责任后，向实际出资人追偿的，人民法院应予支持"的规定赋予名义股东追偿权也可表明未履行出资义务的最终责任应当由隐名股东承担。据此，上述观点表明，若公司的债权人有证据证明隐名股东的存在，此时应赋予其将隐名股东单独或一并起诉的权利，要求隐名股东承担补充赔偿责任或连带补充赔偿责任。例如，在舟山桃花岛远洋渔业有限公司、潘某海、阮某芳等追收未缴出资纠纷一审民事判决书[浙江省舟山市定海区人民法院(2019)浙0902民初3418号]中，法院认为：

在审理中，被告潘某海、阮某芳、叶某均辩称被告阮某芳、叶某系挂名股东，被告阮某芳、叶某不应承担出资义务。对此本院认为，被告阮某芳、叶某的股东资格和认缴数额已经工商登记，对外具有公示效力，其依法负有足额出资的义务。即便被告阮某芳、叶某是挂名股东，在实际出资人出资不实的情况下，其也不得以与实际出资人之间的关系对抗公司的债权人。因此被告阮某芳、叶某的出资义务不能免除。……被告潘某海在审理中自认其应全额承担公司的出资义务，该自认具有法律效力。被告潘某海应对被告阮某芳应补缴的出资款980万元、被告叶某应补缴的出资款1020万元承担连带清偿责任。

此外，《最高人民法院关于民事执行中变更、追加当事人若干问题的规定》(法释〔2016〕21号)第17条规定："作为被执行人的营利法人，财产不足以清偿生效法律文书确定的债务，申请执行人申请变更、追加未缴纳或未足额缴纳出资的股东、出资人或依公司法规定对该出资承担连带责任的发起人为被执行人，在尚未缴纳出资的范围内依法承担责任的，人民法院应予支持。"但这一规定中并未对"股东""出资人"给出明确定义，即并没有明确是否包括隐名股东、实际出资人。但从司法实践来看，法院一般持否定态度。原因在于：执行异议、复议程序无权对被追加人是否系隐名股东及相关责任承担等实体问题进行审查，因此在未有生效判决确认隐名股东的股东身份的情况下，不能在执行程序中直接将隐名股东追加为被执行人。②

---

① 《侵权责任法》第8条规定："二人以上共同实施侵权行为，造成他人损害的，应当承担连带责任。"《民法典》第1168条的规定与此完全一致。

② 参见盖某强与王某、莱芜市君正房地产开发有限公司追偿权纠纷执行复议执行裁定书[山东省莱芜市中级人民法院(2016)鲁12执复10号]。

（二）公司债权人能否要求名义股东和/或隐名股东承担清算赔偿责任

《公司法司法解释（二）》（2020年修正）第18条至第20条规定了有限责任公司的股东、股份有限公司的董事和控股股东、公司实际控制人等清算义务人的清算赔偿责任。① 其中，第18条规定了清算义务人"消极不履行"清算义务时的清算赔偿责任；第19条、第20条规定清算义务人"积极不履行"清算义务时的清算赔偿责任。在这些情形下，名义股东能否以存在股权代持关系，其仅为"名义股东"或"挂名股东"，对公司经营情况并不了解为由，主张不承担清算赔偿责任，《公司法》及司法解释并未明确规定，司法实践中争议也颇大。

在"积极不履行"清算义务的清算赔偿责任案件中，名义股东往往以自己仅为"名义股东"或"挂名股东"，对公司经营情况并不了解抗辩，在温某才、李某英等借款合同纠纷申请再审民事裁定书[最高人民法院（2015）民申字第2509号]中，最高院认为：

根据商法上的公示公信和外观主义原则，第三人对公司登记信息的信赖利益应当受到保护。代持股关系属于代持股人与被代持股人之间的合同法律关系，不能以此对抗公司债权人。在公司的外部关系方面，经工商登记备案的代持股的名义股东属于法律意义上的公司股东，其是对外承担股东责任的直接主体，无论实际控制人是否承担相应的责任，只要未实际向债权人承担责任，代持股的名义股东就应当对外承担股东的责任。这一原则在《最高人民法院关于适用〈中华人民共和国公司法〉若干问题的规定（三）》第二十六条（2014年修订前为第二十七条）中关于经公司登记机关登记的股东不得以其仅为名义股东而拒绝债权人要求其履行出资义务的规定中，已经明确体现。《公司法司法解释（二）》第二十一条规定中也隐含股东不管过错有无、过错大小，对外必须承担股东责任，不能以自己没有过错为由对抗公司债权人的原则。温某才、李某英虽系代北泰公司持有方圆公司的股权，但并非被北泰公司冒名登记为股东，代持股是符合其自己的意志和利益的行为，且也并无证据显示南头城公司在向方圆深圳分公司提供借款时知悉并认可温某才、李某英的代持股人身份及北泰公司的实际出资人地位，故温某才、李某英应当承担

---

① 需要注意的是，《公司法》（2023年修订）第232条将董事规定为公司清算义务人，这一规定与《民法典》第70条第2款保持一致，实际性地修订和澄清了《公司法》（2018年修正）第183条"有限责任公司的清算组由股东组成，股份有限公司的清算组由董事或者股东大会确定的人员组成"以及《公司法司法解释（二）》（2020年修正）将有限责任公司的股东、控股股东、实际控制人以及股份有限公司股东大会确定的人员作为或视为清算义务人的争议问题。《公司法》（2023年修订）生效施行后，相关司法解释如何修订需要进一步关注。

相应的法律责任风险。温某才、李某英尽管没有签署决定解散方圆公司的股东会文件和清算报告,并称也不知道方圆公司已被解散并依据虚假的清算报告办理了注销登记,即未直接实施损害公司债权人利益的行为,但作为方圆公司经登记的股东,上述情形亦属于其怠于行使股东权利和履行股东监管职责及清算义务,导致公司被非法注销而无法清算,损害公司债权人利益。该情形已经符合《公司法司法解释(二)》第二十条第一款规定的承担责任的条件。本案二审判决依据该条款判令温某才、李某英对公司债务承担责任,并无不当。

在上述案件中,尽管名义股东提交生效裁判文书证明其并未在相关清算法律文件上签字,也不知悉公司已被解散并依据虚假的清算报告办理了注销登记,但最高院并未采纳这一抗辩,并认为此种情形亦属于怠于行使股东权利和履行股东监管职责及清算义务,符合当时施行的《公司法司法解释(二)》第20条第1款的条件,判令名义股东对公司债务承担清偿责任。因此,代持关系原则上并非名义股东抗辩其对公司未经清算即注销的清算赔偿责任的"护身符"。

在"消极不履行"清算义务的清算赔偿责任案件中,对于名义股东的抗辩,《九民纪要》第14条"怠于履行清算义务的认定"规定:

《公司法司法解释(二)》第18条第2款规定的"怠于履行义务",是指有限责任公司的股东在法定清算事由出现后,在能够履行清算义务的情况下,故意拖延、拒绝履行清算义务,或者因过失导致无法进行清算的消极行为。股东举证证明其已经为履行清算义务采取了积极措施,或者小股东举证证明其既不是公司董事会或者监事会成员,也没有选派人员担任该机关成员,且从未参与公司经营管理,以不构成"怠于履行义务"为由,主张其不应当对公司债务承担连带清偿责任的,人民法院依法予以支持。

上述意见表明,股东能够举证证明已经积极履行了清算义务,或者小股东能够举证证明既不是董事或监事,也没有选派人员担任该机关成员,且从未参与公司经营管理的,不构成"怠于履行义务",但这并非是说名义股东可以仅以"名义股东"或"挂名股东"为由进行抗辩。至于隐名股东是否有适用《九民纪要》第14条之空间或余地,笔者认为,若有证据证明隐名股东构成公司的实际控制人,则可能会基于此承担清算赔偿责任(参见最高人民法院(2015)民申字第2509号一审判决书)。

五、隐名股东能否排除对名义股东的强制执行

在股权代持法律关系中(含显名化),直接涉及的主体包括名义股东、隐名股东、目标公司及其他股东。除此之外,还可能间接涉及包括名义股东的债权人、隐名股东的债权人、目标公司的债权人、代持股权受让人等在内的其他诸多第三人的利益。当第三人利益与其他主体的利益产生冲突时,如何进行利益衡量,司法实践中争议较大。其中,一个重要的问题就是:在执行程序中,隐名股东能否通过案外人执行异议之诉,排除名义股东的金钱债权人对代持股权的强制执行。

(一)《九民纪要》颁布前的司法实践

在《九民纪要》颁布之前,司法实践对此存在两种不同的观点,并未形成一致意见。

观点一:股权代持法律关系不得对抗第三人。名义股东的金钱债权人就代持股权申请强制执行,隐名股东以其为代持股权的实际权利人为由,提起执行异议之诉请求排除强制执行的,不予支持。

例如,在中信银行股份有限公司济南分行、海航集团有限公司执行异议之诉再审民事判决书[最高人民法院(2016)最高法民再360号]中,最高院认为:

本院经审理认为,海航集团就涉案股份并不享有足以排除强制执行的民事权益,不能排除人民法院的强制执行。主要理由如下:

第一,从实际出资人与名义股东的内部代持法律关系的性质分析。代持法律关系其本质属于一种债权债务关系,受合同法相对性原则的约束,隐名股东就该债权仅得以向名义股东主张,对合同当事人以外的第三人不产生效力……涉案股份均登记于中商财富名下,中商财富可以据此主张行使股东权利,在公司对外关系上,名义股东具有股东的法律地位,隐名股东不能以其与名义股东之间的约定为由对抗外部债权人对名义股东的正当权利……综合上述分析可知,海航集团即使对涉案股份真实出资,其对因此形成的财产权益,本质还是一种对中商财富享有的债权。如中商财富违反其与海航集团之间签订的委托协议,海航集团得依据双方签订的相关协议向中商财富主张违约责任,并不当然享有对涉案股份的所有权、享受股东地位。

第二,从信赖利益保护的角度分析。根据商事法律的外观主义原则,交易行为的效果以交易当事人行为的外观为准。即使外在的显示与内在的事实不一致,商事主体仍须受此外观显示的拘束,外观的显示优越于内在的事实。法定事项一经登记,即产生公信力,登记事项被推定为真实、准确、有效,善意第三人基于对登记的信赖而实施的行为,受到法律的保护,即使登记事项不真实、与第三人的信赖不符,善意第三人也可以依照登记簿的记载主张权利。只要第三人的信赖合理,第三人的信赖利益就应当受到法律的优先保护。另一方面,执行案件中的债权人与被执行人发生交易行为时,本身也有信赖利益保护的问题。发生交易时,申请执行人对被执行人的总体财产能力进行衡量后与之进行交易,被执行人未履行生效法律文书确定的义务进入强制执行程序后,被执行人名下的所有财产均是对外承担债务的一般责任财产与总体担保手段,因此不能认为强制执行程序中的申请执行人就不存在信赖利益保护的问题。……因此,不能苛求被执行人的债权人与名义股东必须是就登记在名义股东名下的特定代持股权从事民事法律行为时才能适用善意第三人制度。在涉案股份的实际出资人与公示的名义股东不符的情况下,法律不仅应优先保护信赖公示的与名义股东进行交易的善意第三人,也应优先保护名义股东的债权人的权利。

第三,从债权人和隐名股东的权责和利益分配上衡量。首先,债权人对名义股东的财产判断只能通过外部信息,股权信息查询获得,但代持关系却较难知悉,属于债权人无法预见的风险,不能苛求债权人尽此查询义务,风险分担上应向保护债权人倾斜,制度以此运行则产生的社会成本更小。其次,实际出资人的权利享有相应的法律救济机制。即使名义股东代持的股权被法院强制执行,隐名股东依然可以依据其与名义股东之间的股权代持协议的约定以及信托、委托制度的基本原则,请求名义股东赔偿自己遭受的损失。再次,对涉案股份的执行并未超过实际出资人的心理预期。实际出资人在显名为股东之前,其心理预期或期待的利益仅仅是得到合同法上的权益,而非得到公司法上的保护。本案中,海航集团在相关代持协议中与中商财富就代持股份可能被采取强制执行措施的情形已做了特别约定即是明证。最后,从风险和利益一致性的角度考虑,实际出资人选择隐名,固有其商业利益考虑,既然通过代持关系,获得了这种利益,或其他在显名情况下不能或者无法获得的利益,则其也必须承担因为此种代持关系所带来的固有风险,承担因此可能出现的不利益。因此,由海航集团承担因选择代持关系出现的风险和不利益,更为公平合理。

第四,从司法政策价值导向上衡量。现实生活中因为多种原因产生股份代持的现象,但从维护交易安全、降低交易成本的角度看,如果侧重于承认和保护隐名股东的权利从而阻却执行,客观上则会鼓励通过代持股份方式规避债务,逃避监管,徒增社会管理成本。……为了维护交易安全,也为倒逼隐名股东在选择名义股东时更加谨慎,依法判决实际出资人海航集团不能对抗人民法院对涉案股权强制执行,有利于规范商业银行股权法律关系,防止实际出资人违法让他人代持股份或者规避法律。

再如,在黄某鸣、李某俊再审民事判决书[最高人民法院(2019)最高法民再45

号]中,最高院认为:

关于《中华人民共和国公司法》第三十二条的理解与适用问题。该条规定:"公司应当将股东的姓名或者名称向公司登记机关登记;登记事项发生变更的,应当办理变更登记。未经登记或者变更登记的,不得对抗第三人。"工商登记是对股权情况的公示,与公司交易的善意第三人及登记股东之债权人有权信赖工商机关登记的股权情况并据此作出判断。其中"第三人"并不限缩于与显名股东存在股权交易关系的债权人。根据商事外观主义原则,有关公示体现出来的权利外观,导致第三人对该权利外观产生信赖,即使真实状况与第三人信赖不符,只要第三人的信赖合理,第三人的民事法律行为效力即应受到法律的优先保护。基于上述原则,名义股东的非基于股权处分的债权人亦应属于法律保护的"第三人"范畴。本案中,李某俊、黄某鸣与蜀川公司之间的股权代持关系虽真实有效,但其仅在双方之间存在内部效力,对于外部第三人而言,股权登记具有公信力,隐名股东对外不具有公示股东的法律地位,不得以内部股权代持关系有效为由对抗外部债权人对显名股东的正当权利。故皮某作为债权人依据工商登记中记载的股权归属,有权向人民法院申请对该股权强制执行。二审法院的认定并无不当。

支持此观点的案例还可参见哈尔滨国家粮食交易中心与哈尔滨银行股份有限公司科技支行、黑龙江粮油集团有限公司、黑龙江省大连龙粮贸易总公司、中国华粮物流集团北良有限公司执行异议纠纷二审民事判决书[最高人民法院(2013)民二终字第111号]、王某岐与刘某苹、詹某才等申诉、申请民事裁定书[最高人民法院(2016)最高法民申3132号]。

观点二:名义股东的一般金钱债权人不属于信赖该股权权利外观的"善意第三人"。名义股东的金钱债权人就代持股权申请强制执行,隐名股东以其为代持股权的实际权利人为由提起执行异议之诉请求排除强制执行的,应予支持。

例如,在中国银行股份有限公司西安南郊支行申请上海华冠投资有限公司执行人执行异议之诉民事裁定书[最高人民法院(2015)民申字第2381号]中,最高院认为:

关于公司股权实际权利人能否对抗该股权名义持有人的债权人对该股权申请司法强制执行问题。

在本案所涉及的执行案件中,中行南郊支行是申请执行人,成城公司是被执行人,华冠公司是提出执行异议的案外人,执行标的是成城公司名下登记的渭南市城市信用社股份有限公司(现更名为长安银行股份有限公司,以下简称长安银行)1000万股份。根据陕西高院(2009)陕民二终字第00053号生效民事判决,成城公司为该股权的名义持有人,华冠公司才是该股权的实际权利人。中行南郊支行在原审及申请再审时均主张,案涉执标的长安银行1000万股份登记在成城公司名下,中行南郊支行已经信赖该登记并申请将涉案股权采取执行措施,根据商事外观主义原则,上述股权应执行过户给中行南郊支行。商事外观主义作为商法的基本原则之一,其实际上是一项在特定场合下权衡实际权利人与外部第三人之间利益冲突所应遵循的法律选择适用准则,通常不能直接作为案件处理依据。外观主义原则的目的在于降低成本,维护交易安全,但其适用也可能会损害实际权利人的利益。根据《最高人民法院关于适用〈中国人民共和国公司法〉若干问题的规定(三)》第二十六条的规定,股权善意取得制度的适用主体仅限于与名义股东存在股权交易的第三人。据此,商事外观主义原则的适用范围不包括非交易第三人。

案涉执行案件申请执行人中行南郊支行并非针对成城公司名下的股权从事交易,仅仅因为债务纠纷而寻查成城公司的财产还债,并无信赖利益保护的需要。若适用商事外观主义原则,将实质权利属于华冠公司的股权用以清偿成城公司的债务,将严重侵犯华冠公司的合法权利。依照《中华人民共和国民法通则》第七十五条第二款之规定,中行南郊支行无权通过申请法院强制执行的方式取得案涉执标的长安银行1000万股份。因此,二审判决适用法律正确,中行南郊支行基于商事外观主义原则要求强制执行取得案涉长安银行1000万股份的再审申请主张,依法不能成立。

再如,在江某权、谢某平再审审查与审判监督民事裁定书[最高人民法院(2018)最高法民申5464号]中,最高院重申:

从权利性质上来看,江某权系基于合伙协议纠纷案件中形成的民事调解书确定的一般债权而对案涉股权采取查封措施,谢某平系基于返还请求权而对案涉股权执行提出异议,江某权的权利主张并不能当然优先于谢某平的权利主张。……江某权与钟某彤之间并未就案涉股权建立任何信赖法律关系,江某权亦不属于因信赖权利外观而需要保护的民事法律行为之善意第三人,在本案中并不适用《最高人民法院关于适用〈中华人民共和国公司法〉若干问题的规定(三)》第二十五条以及《中华人民共和国物权法》第一百零六条之相关规定。

从上述两类司法案件裁判来看,这些案件均为执行程序中案外人提起的案外人执行异议之诉,并非执行行为异议程序;申请执行人的债权性质均为"金钱债权",即申请执行人并非"股权交易的相对人"。若名义股东的债权人为股权交易的相对人,则其取得的执行依据为"确权裁判",则隐名股东将很难简单地对抗强制执行,可能需要通过再审程序或第三人撤销之诉程序等进行救济。若名义股东的债权人为金钱债权人,则隐名股东能否排除强制执行,司法实践中的争议焦点就在于:《公司法》(2018年修正)第32条第3款"公司应当将股东的姓名或者名称向公司登记机关登记;登记事项发生变更的,应当办理变更登记。未经登记或者变更登记的,不得对抗第三人"规定中需要运用"公示公信"及"商事外观主义"原则保护的"第三人"是否应当限缩解释为与名义股东存在股权交易的第三人。上述观点一认为,该"第三人"不应作限缩解释,应包括非交易的第三人,即名义股东的金钱债权人也属于此范畴;上述观点二则认为,该"第三人"应作限缩解释,不应包括非交易的第三人。

此外,在《九民纪要》出台之前,各地方高院的司法指导意见也不甚统一。例如,依据《山东省高级人民法院民二庭关于审理公司纠纷案件若干问题的解答》(2018年7月17日)第6条的规定,山东省高院倾向于认为,隐名股东通过执行异议之诉,可以排除名义股东债权人对代持股权的强制执行;依据《吉林省高级人民法院关于审理执行异议之诉案件若干疑难问题的解答(二)》(2018年12月24日)问题14、《江苏省高级人民法院执行异议及执行异议之诉案件审理指南(三)》(2019年3月21日,已失效)第18条、《江西省高级人民法院关于执行异议之诉案件的审理指南》(2019年6月22日)第38条的规定,吉林省高院、江苏省高院以及江西省高院则倾向于认为,隐名股东通过执行异议之诉,原则上不能排除名义股东债权人对代持股权的强制执行。

(二)《九民纪要》颁布后的司法实践

1.案外人依据另案生效裁判能否排除强制执行

《九民纪要》(征求意见稿)第119条"案外人系实际出资人的处理"曾经规定:

在金钱债权执行过程中,人民法院针对登记在被执行人名下的房产或者有限责任公司的股权等实施强制执行,案外人有证据证明其系实际出资人,与被执行人存在借名买房、隐名持股等关系,请求阻却执行的,人民法院应予支持。

另一种观点:不予支持。

可以看出,最高院在《九民纪要》(征求意见稿)中,将其在以往司法实践中的两种观点进行了归纳并列,仍未能形成一致意见。

《九民纪要》正式发布时,最终删除了上述第119条的意见,新增第123条"案外人依据另案生效裁判对非金钱债权的执行提起执行异议之诉"、第124条"案外人依据另案生效裁判对金钱债权的执行提起执行异议之诉"规定。显然,这两条意见仅解决了案外人依据"另案生效裁判"对非金钱债权或金钱债权的执行提起执行异议之诉时的处理规则，但并未解决案外人（隐名股东）未取得另案生效裁判，在执行异议之诉中一并提出确权请求，以及隐名股东在取得另案债权生效裁判后，在执行异议之诉中一并提出确权请求的问题。案外人能否在执行异议之诉中依据另案生效裁判排除强制执行，原则上适用"物权优于债权""特殊债权优于普通债权"的原则。其具体规定如下：

《九民纪要》第123条"案外人依据另案生效裁判对非金钱债权的执行提起执行异议之诉"规定：

审判实践中，案外人有时依据另案生效裁判所认定的与执行标的物有关的权利提起执行异议之诉，请求排除对标的物的执行。此时，鉴于作为执行依据的生效裁判与作为案外人提出执行异议依据的生效裁判，均涉及对同一标的物权属或给付的认定，性质上属于两个生效裁判所认定的权利之间可能产生的冲突，人民法院在审理执行异议之诉时，需区别不同情况作出判断：如果作为执行依据的生效裁判是确权裁判，不论作为执行异议依据的裁判是确权裁判还是给付裁判，一般不应据此排除执行，但人民法院应当告知案外人对作为执行依据的确权裁判申请再审；如果作为执行依据的生效裁判是给付标的物的裁判，而作为提出异议之诉依据的裁判是确权裁判，一般应据此排除执行，此时人民法院应告知其对该确权裁判申请再审；如果两个裁判均属给付标的物的裁判，人民法院需依法判断哪个裁判所认定的给付权利具有优先性，进而判断是否可以排除执行。

《九民纪要》第124条"案外人依据另案生效裁判对金钱债权的执行提起执行异议之诉"规定：

作为执行依据的生效裁判并未涉及执行标的物，只是执行中为实现金钱债权对特定标的物采取了执行措施。对此种情形，《最高人民法院关于人民法院办理执行异议和复议案件若干问题的规定》第26条规定了解决案外人执行异议的规则，在审理执行异议之诉时可以参考适用。依据该条规定，作为案外人提起执行异议之诉依据的裁判将执行标的物确权给案外人，可以排除执行；作为案外人提起执行异议之诉依据的裁判，未将执行标的物确权给案外人，而是基于不以转移所有权为目的的有效合同（如租赁、借用、保管合同），判令向案外人返还执行标的物的，其性质属于物权请求权，亦可以排除执行；基于以转移所有权为目的的有效合同（如买卖合同），判令向案外人交付标的物的，其性质属于债权请求权，不能排除执行。

应予注意的是，在金钱债权执行中，如果案外人提出执行异议之诉依据的生效裁判认定以转移所有权为目的的合同（如买卖合同）无效或应当解除，进而判令向案外人返还执行标的物的，此时案外人享有的是物权性质的返还请求权，本可排除金钱债权的执行,但在双务合同无效的情况下,双方互负返还义务,在案外人未返还价款的情况下,如果允许其排除金钱债权的执行,将会使申请执行人既执行不到被执行人名下的财产,又执行不到本应返还给被执行人的价款,显然有失公允。为平衡各方当事人的利益,只有在案外人已经返还价款的情况下,才能排除普通债权人的执行。反之,案外人未返还价款的,不能排除执行。

综合上述两条意见,案外人能否排除强制执行,按照图18-1所示的路径进行判断:

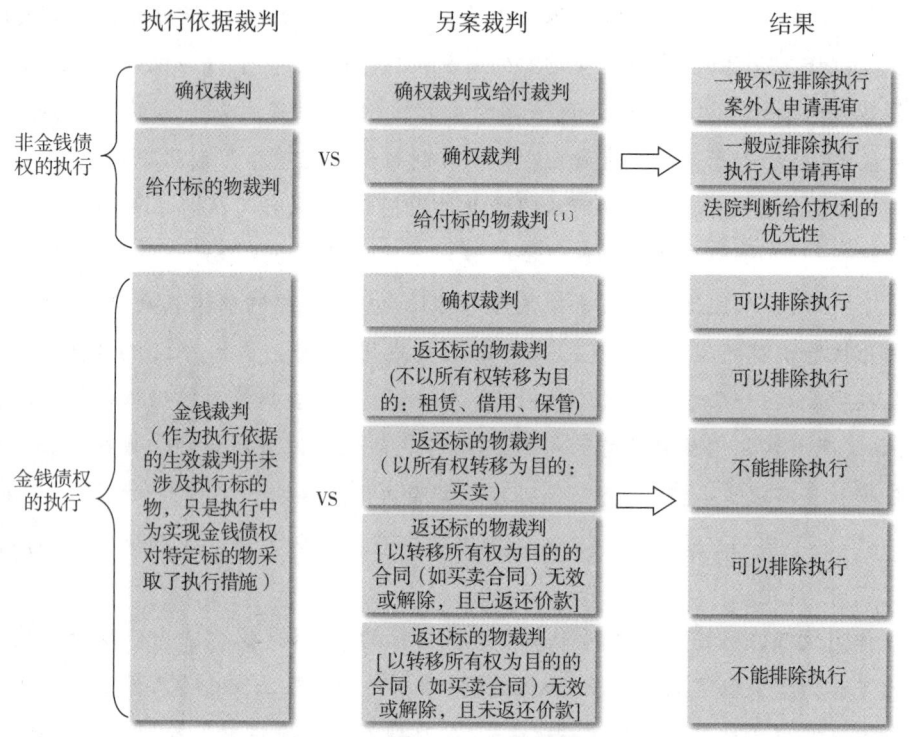

执行依据裁判		另案裁判	结果
非金钱债权的执行	确权裁判	确权裁判或给付裁判	一般不应排除执行 案外人申请再审
	给付标的物裁判 VS	确权裁判	一般应排除执行 执行人申请再审
		给付标的物裁判[1]	法院判断给付权利的优先性
金钱债权的执行	金钱裁判(作为执行依据的生效裁判并未涉及执行标的物,只是执行中为实现金钱债权对特定标的物采取了执行措施) VS	确权裁判	可以排除执行
		返还标的物裁判(不以所有权转移为目的:租赁、借用、保管)	可以排除执行
		返还标的物裁判(以所有权转移为目的:买卖)	不能排除执行
		返还标的物裁判[以转移所有权为目的的合同(如买卖合同)无效或解除,且已返还价款]	可以排除执行
		返还标的物裁判[以转移所有权为目的的合同(如买卖合同)无效或解除,且未返还价款]	不能排除执行

[1] "给付标的物裁判"指的是裁判将标的物给付某人,其裁判基础是该标的物的所有权归某人。其与"给付裁判"存在区别,若给付裁判判决某人应当将房屋交付给某人使用,而确权裁判判决房屋的所有权归属他人,此时两个裁判实质并不矛盾,因为一个是物的所有权归属,另一个是物的直接占有;但若是"给付标的物裁判",则两个裁判实质是矛盾的,因为一物只能归一人所有,除非存在共有关系。

图18-1 案外人能否排除强制执行

根据《九民纪要》的上述指导意见,在隐名股东能否对抗名义股东的债权人问题上,可以总结如下:

第一,若隐名股东已取得涉案代持股权的另案权属确权生效裁判,则一般可据此排除强制执行(参见前文最高人民法院(2015)民申字第2381号民事裁定书);但若名义股东的债权人的执行依据亦是涉案股权的确权生效裁判,则原则上可以阻止案外人（隐名股东）的执行异议之诉。此时，应告知案外人（隐名股东）对作为执行依据的确权裁判申请再审。

第二，若隐名股东仅取得代持协议效力认定或者代持股权的投资收益权确认等债权生效裁判，则一般不可据此排除强制执行。需要注意的是，此时仅指隐名股东不能依据另案债权生效裁判排除强制执行。

第三，隐名股东的另案生效裁判应当在名义股东债权人提起执行查封措施之前就已经取得，由此才有比较请求权性质的基础，此时提出的是执行异议（执行标的异议）；如未取得另案裁判依据，依据《关于执行权合理配置和科学运行的若干意见》（法发〔2011〕15号）第26条以及《最高人民法院关于人民法院办理执行异议和复议案件若干问题的规定》（法释〔2020〕21号）第26条①之规定，在执行法院对诉争代持股权采取执行措施后，隐名股东只能提起执行异议之诉。

2. 案外人未取得另案生效裁判能否排除强制执行

如前所述，《九民纪要》第123条、第124条实质上并未解决案外人（隐名股东）未取得另案生效裁判，在执行异议之诉中一并提出确权请求，以及隐名股东在取得另案债权生效裁判后，在执行异议之诉中一并提出确权请求的问题。《九民纪要》颁布之后的司法实践对此的裁判意见仍未统一。例如，新乡市汇通投资有限公司、韩某案外人执行异议之诉再审民事判决书［最高人民法院（2018）最高法民再325号］以及中国建设银行股份有限公司吕梁住房城市建设支行与高某平执行异议之诉二审民事判决书［山西省高级人民法院（2020）晋民终449号］等，仍然不支持排除强制执行；而林某青、林某全案外人执行异议之诉再审审查与审判监督民事裁定书［最高人民法院（2019）最高法民申2978号］（本案涉及股份有限公司股份）及山东滕建投资集团兴唐工程有限公司、山东华奥斯新型建材有限公司案外人执

---

① 该条规定："金钱债权执行中，案外人依据执行标的被查封、扣押、冻结前作出的另案生效法律文书提出排除执行异议，人民法院应当按照下列情形，分别处理：（一）该法律文书系就案外人与被执行人之间的权属纠纷以及租赁、借用、保管等不以转移财产权属为目的的合同纠纷，判决、裁决执行标的归属于案外人或者向其返还执行标的且其权利能够排除执行的，应予支持；（二）该法律文书系就案外人与被执行人之间除前项所列合同之外的债权纠纷，判决、裁决执行标的归属于案外人或者向其交付、返还执行标的的，不予支持。（三）该法律文书系案外人受让执行标的的拍卖、变卖成交裁定或者以物抵债裁定且其权利能够排除执行的，应予支持。金钱债权执行中，案外人依据执行标的被查封、扣押、冻结后作出的另案生效法律文书提出排除执行异议，人民法院不予支持。非金钱债权执行中，案外人依据另案生效法律文书提出排除执行异议，该法律文书对执行标的的权属作出不同认定的，人民法院应当告知案外人依法申请再审或者通过其他程序解决。申请执行人或者案外人不服人民法院依照本条第一、二款规定作出的裁定，可以依照民事诉讼法第二百二十七条规定提起执行异议之诉。"

行异议之诉再审民事判决书[山东省高级人民法院(2020)鲁民再239号]则持支持态度。

笔者注意到,《九民纪要》在其具有总则性质的"引言"部分特别强调:

特别注意外观主义系民商法上的学理概括,并非现行法律规定的原则,现行法律只是规定了体现外观主义的具体规则,如《物权法》第106条规定的善意取得,《合同法》第49条、《民法总则》第172条规定的表见代理,《合同法》第50条规定的越权代表,审判实务中应当依据有关具体法律规则进行判断,类推适用亦应当以法律规则设定的情形、条件为基础。从现行法律规则看,外观主义是为保护交易安全设置的例外规定,一般适用于因合理信赖权利外观或意思表示外观的交易行为。实际权利人与名义权利人的关系,应注重财产的实质归属,而不单纯地取决于公示外观。总之,审判实务中要准确把握外观主义的适用边界,避免泛化和滥用。

另外,其第3条"民法总则与公司法的关系及其适用"明确:

……就同一事项,民法总则制定时有意修正公司法有关条款的,应当适用民法总则的规定。例如,《公司法》第32条第3款规定:"公司应当将股东的姓名或者名称及其出资额向公司登记机关登记;登记事项发生变更的,应当办理变更登记。未经登记或者变更登记的,不得对抗第三人。"而《民法总则》第65条的规定则把"不得对抗第三人"修正为"不得对抗善意相对人"。经查询有关立法理由,可以认为,此种情况应当适用民法总则的规定。……

而《民法典》第65条①与《民法总则》第65条完全相同,并且《民法典》第311条②在吸纳《物权法》第106条的基础上未有实质修改,其适用于交易的"受让人"。所以,笔者倾向于第二种观点。即,名义股东的金钱债权人(非股权交易的相对人)不属于"善意相对人",也不能参照适用《民法典》第311条规定,原则上不能援引"商事外观主义"予以保护。即隐名股东可以自己是实际权利人而对抗名义股东的金钱债权人。理由在于:③

---

① 该条规定:"法人的实际情况与登记的事项不一致的,不得对抗善意相对人。"
② 《民法典》第311条规定:"无处分权人将不动产或者动产转让给受让人的,所有权人有权追回;除法律另有规定外,符合下列情形的,受让人取得该不动产或者动产的所有权:(一)受让人受让该不动产或者动产时是善意;(二)以合理的价格转让;(三)转让的不动产或者动产依照法律规定应当登记的已经登记,不需要登记的已经交付给受让人。受让人依据前款规定取得不动产或者动产的所有权的,原所有权人有权向无处分权人请求损害赔偿。当事人善意取得其他物权的,参照适用前两款规定。"(《物权法》第106条规定类似)。就此而言,实践中通常认为,名义股东的金钱债权人难以简单地适用或参考"善意取得制度"。
③ 参见王毓莹:《股权代持的权利架构——股权归属与处分效力的追问》,载《比较法研究》2020年第3期。笔者进行了适度的删减。

（1）需要指出的是，讨论外观主义原则适用范围的前提是代持股权归属于隐名股东。以上两种司法实践中的观点在逻辑上存在些许跳跃，即在讨论股权代持中外观主义原则的适用范围时，未先明确股权之归属。若代持股权归属于名义股东，代持股权当然构成名义股东之责任财产，如此，名义股东的债权人申请强制执行代持股权时，隐名股东当然无权排除强制执行，其对名义股东基于代持股权的特定债权只能通过相应的司法程序参与分配。只有代持股权归属于隐名股东时，方有讨论外观主义原则适用范围的空间。《最高人民法院关于人民法院办理执行异议和复议案件若干问题的规定》第24条①亦采该种审理逻辑，即在案外人执行异议案件中，人民法院首先应审查案外人是否是权利人。执行异议之诉的审理思路亦应先判断案外人是否为权利人，继而对是否排除执行作出判断。

（2）非股权交易相对人对股权登记不具有信赖利益，或者讲即使存在信赖利益，该信赖利益也并非很强烈。因为，非股权交易相对人与股权交易相对人相比较，后者的信赖之指向是明确而具体的，尤其是在其签订股权转让合同并支付了股权转让款后，其更是获得了一种对代持股权物权性的期待，法律对于此种信赖应当予以保护。尤其在委托代理说下，更是可以构成对名义股东具有处分股权能力的信赖，进而构成表见代理而直接约束隐名股东，使隐名股东对其负有交付股权之义务。

（3）目前，我国公司法制虽已基本形成但仍不够细致，譬如股权变动模式、股东名册管理制度、商事登记效力等问题存在规范的不明确或缺失的问题，引发失范效应。在此背景下，股权代持并非总是当事人对法律有意规避而实施的行为，而是当事人对投资活动存在需求而公司法又未能供给有效的、足够明确的规范时，创造出来的一种投资工具或投资模式。股权代持现象是我国法制发展过程中出现的阶段性现象，应辩证地看待和处理，不应绝对地适用外观主义原则，忽视隐名股东合法权益的保护。

但是，2019年11月29日发布的《最高人民法院关于审理执行异议之诉案件适用法律问题的解释（一）》（向社会公开征求意见稿）第13条"隐名权利人提起的执行异议之诉的处理"关于这一问题，也没有统一意见，而是提供了两种解决方案征求意见：一种方案认为股权代持能够排除强制执行，一种方案认为股权代持无法排除强制执行。故此，在正式的司法解释出台之前，这一争议仍将延续。因此，建议隐名股东随时关注名义股东的财产状况，若出现或可能出现名义股东资不抵债或

---

① 该条规定："对案外人提出的排除执行异议，人民法院应当审查下列内容：（一）案外人是否系权利人；（二）该权利的合法性与真实性；（三）该权利能否排除执行。"

被债权人追偿情形的,或者在具备变更登记的条件后,应考虑及时"显名化"或提起股权确权之诉,不要在代持股权被采取强制执行措施后再采取行动,那就比较被动了。

(三)新公司法对排除对名义股东的强制执行的影响

1. 股权代持中股东资格认定问题

在司法实践中,实际出资人还是名义股东何者具有股东资格,一直存在纷争。那么,在新公司法下这一问题是否得以解决了呢?笔者认为尚需进一步观察。如本书前述,在对《公司法》(2023年修订)第86条规定的理解与适用上,存在"股东名册变更是股权变动的生效要件"和"股东名册变更是股权变动的充分条件而非必要条件"两种观点。① 采纳何种观点将直接影响股权代持关系中股东资格的认定。

在前一种观点下,若名义股东记载于股东名册,那么名义股东才是公司真实合法有效的股东,实际出资人与名义股东之间基于代持协议有关约定仅具有债法上的效力,而无公司法上变动股权的效力,这是财产权变动规则的强制性所决定的②。若名义股东未记载于股东名册而仅是登记于公司登记机关的登记簿,实际出资人记载于股东名册,则名义股东并非公司真实股东,但这一主张不得对抗善意相对人。

在后一种观点下,需要区分情况在个案中认定股东资格。其一,若公司和其他股东对实际出资人的存在完全不知情("完全隐名"),名义股东为公司真实股东。因实际出资人未记载于股东名册,且未取得其他股东过半数同意,此时即使实际出资人和名义股东关于股权归属的约定产生债法上的效力,亦会在显名过程中面临公司法上的障碍,不能认定实际出资人为实际股东,而应贯彻形式主义股权变动模式的基本原则,认定名义股东为真实股东,实际出资人因欠缺形式要件而无法取得股权,仅可依股权代持协议向名义股东主张投资收益,享有债权请求权。其二,公司和其他股东对实际出资人的存在是同意或默许的("不完全隐名"),在实际出资人有充分证据证明其实际享有股权时,可以认可其股东资格。此时实际出资人与名义股东各占据一部分权利外观事实,可采实质重于形式的判断标准,对实际出资

---

① 参见本书第17章"股权转让(并购)合同起草、审查精要与实务"第3节第2部分之"股东名册记载与变更登记条款"。

② 参见赵旭东主编、刘斌副主编:《新公司法重点热点问题解读:新旧公司法的比较分析》,法律出版社2024年版,第214页。

人是否享有股权作实质审查。若实际出资人实际行使包括参与重大决策权、选择管理者、资产收益权、知情权在内的股东权利,如列席股东会议,参与重大事项表决,委派公司高管、财务人员,参与公司利润分配等,其他股东对此明示同意或者默示同意,可以认定实际出资人为公司股东。

笔者倾向于后一种观点。因为,新《公司法》第86条仅仅正向规定受让人自记载于股东名册时起可以向公司主张行使股东权利,并未反向禁止未记载于股东名册的受让人行使股东权利,记载于股东名册是股权变动的充分条件而非必要条件。

2. 实际出资人能否排除名义股东的债权人的强制执行

如前文所述,股权代持关系中,可以区分"完全隐名"和"不完全隐名"两种情形来分别确认股东资格。在"完全隐名"下,隐名股东仅享有债权请求权,其债权与申请执行的人债权处于相同位阶,无法排除强制执行。而在"不完全隐名"下,若实际出资人证实其实际行使权利且公司过半数其他股东同意,实际出资人享有股权。此时,若申请执行人仅享有金钱债权,原本可以基于"物权优于债权"的基本原理简单地得出实际出资人可以排除强制执行的结论,但因为《公司法》(2023年修订)第34条第2款之规定,由于实际出资人并未登记,不得对抗"善意相对人",如前所述,学理界和实务界对此存在较大争议。但从新《公司法》第34条第2款采用与《民法典》第65条不得对抗"善意相对人"同样的规定,笔者倾向于认为,此时应区分申请执行人股权交易的是"善意相对人"还是"善意第三人"两种情形予以处理。即,若名义股东之债权人为善意相对人,则有权申请强制执行登记于名义股东名下的股权;反之则否。需要注意的是,善意相对人是一个合同法上的概念,其与善意第三人或者第三人所指称的范围是不同的,善意相对人仅指与名义股东发生交易的主观上不知道且不应知道名义股东并非真实合法有效的股东的人①。从学理上讲,股权登记表征不构成善意第三人的信赖基础,善意第三人不具有信赖利益,其债权请求权自然无法对抗实际出资人的物权。当然这一争议问题,还有待最高院的司法解释予以明确。

六、名义股东对隐名股东债务的承担问题

与隐名股东能否排除对名义股东的金钱债权人的强制执行相对,当隐名股东的债权人对隐名股东提起诉讼请求赔偿或在执行阶段采取强制执行措施时,若其能举证证明代持关系真实、合法有效,能否对名义股东主张在其代持股权的价值范

---

① 参见赵旭东主编、刘斌副主编:《新公司法重点热点问题解读:新旧公司法的比较分析》,法律出版社2024年版,第215页。

围内对隐名股东的债务承担清偿责任,或在执行阶段对名义股东代持的股权申请强制执行也是一个问题。

(一)名义股东如何对隐名股东承担清偿责任

对于名义股东是否以及如何对隐名股东承担责任,公司法及其司法解释并无明确规定。有如下几种观点:①

观点一:审判阶段仅对股权代持事实予以审查、认定,隐名股东的债权实现需要在法院强制执行阶段通过追加被执行人方式予以解决。其主要理由为:基于合同相对性原则,隐名股东的债权人不能直接向名义股东主张承担清偿责任。故此,在审判阶段,隐名股东的债权人的诉讼请求应予驳回,至于其权益可以在强制执行阶段通过追加名义股东为被执行人的方式救济。

观点二:名义股东应当在股权代持价值范围内对隐名股东债权人承担连带清偿责任。其主要理由为:若隐名股东通过法定程序对代持股权进行确权或者显名化,则无非是达成解除股权代持协议的效果,名义股东的利益并无实质损害。但最终能否达成股权变动之效果,尚需看公司法上是否存在实质障碍。

观点三:名义股东应当在股权代持价值范围内对隐名股东债权人承担清偿责任。其主要理由为:承担连带清偿责任的前提是当事人之间存在承担连带责任的约定或者法律的明确规定。即是说,为保障债权人的利益,只能判定名义股东就隐名股东的债权人在股权代持价值范围内承担清偿责任,而不能是连带清偿责任。

从司法实践来看,目前尚未找到有关此问题的生效裁判文书,笔者不赞同上述三种观点,更倾向于认为,隐名股东的债权人不能主张名义股东在股权代持价值范围内承担责任。即,基于合同相对性原则、内外有别的原则,在现行法律法规及司法解释尚无明确规定的情况下,名义股东无须在股权代持价值范围内对隐名股东债权人承担清偿责任(不论是否连带)。

(二)隐名股东的债权人能否强制执行代持股权

当隐名股东作为被执行人时,隐名股东债权人能否对代持股权申请强制执行?《最高人民法院关于人民法院民事执行中查封、扣押、冻结财产的规定》(法释〔2004〕21号)第2条第3款规定:"对于第三人占有的动产或者登记在第三人名下的不动产、特定动产及其他财产权,第三人书面确认该财产属于被执行人的,人民

---

① 参见孙军辉:《显名股东对隐名股东的债务承担问题初探》,载微信公众号"仟问律师"2020年2月22日,https://mp.weixin.qq.com/s/GK5WCPUllyyqCi06_sbeSQ。

法院可以查封、扣押、冻结。"据此,按照上述规定的文义,在名义股东书面确认股权属于隐名股东所有的情况下,存在隐名股东债权人向执行法院申请执行代持股权或投资收益的法律余地。

此外,在《最高人民法院执行工作办公室关于深圳金安集团公司和深圳市鹏金安实业发展有限公司执行申诉案的复函》(〔2001〕执监字第188号)中,最高院答复:

三、关于执行深圳市金来顺饮食有限公司、深圳市京来顺饮食有限公司和深圳市东来顺饮食有限公司的问题

请你院监督执行法院进一步核实此三公司的注册资本投入和鹏金安公司受让深圳市金来顺饮食有限公司和深圳市京来顺饮食有限公司各90%股权的情况,如三公司确系金安公司全部或部分投资,现有其他股东全部或部分为名义股东,可依据《最高人民法院关于人民法院执行工作若干问题的规定(试行)》第53条、第54条①的规定,执行金安公司在三公司享有的投资权益。但不应在执行程序中直接裁定否定三公司的法人资格。

从上述答复来看,在查明股权代持事实的基础上,隐名股东债权人可以向执行法院申请执行代持股权的投资收益。笔者认为,基于上述最高院的司法解释以及个案复函的相关规定,可能在一定程度上存在隐名股东债权人向执行法院申请对登记在名义股东名下的投资收益予以强制执行的法律空间;但能否进一步突破,执行名义股东名下的股权,相关法律规定尚付之阙如。值得注意的是,股权代持法律关系往往较为复杂,除隐名股东债权人利益外,还涉及其他诸多主体的利益,包括名义股东债权人利益、其他股东利益、目标公司经营稳定等问题,较难在执行程序中进行简单认定。就此,基于审执分离原则,是否适宜在执行程序中直接对代持股权采取执行措施,应当审慎对待,对此问题有必要进一步探讨。

七、股权代持协议的解除及其法律后果

当隐名股东要求"显名化"时,实际意味着其与名义股东之间代持股权的法律关系终止或解除。实务中此类纠纷主要涉及各方当事人是否享有任意解除权、隐名股东能否要求返还投资款、能否更换代持人、名义股东能否要求解除代持关系并卸任高管职务等问题。

---

① 参见《最高人民法院关于人民法院执行工作若干问题的规定(试行)》(2020年修正)第38条、第39条。

(一)股权代持当事人有无任意解除权

关于股权代持关系中的当事人有无任意解除权的问题,理论和司法实践中存在争议,而争议的焦点在于对股权代持法律关系的性质认识的分歧。如前所述,股权代持法律关系的性质存在委托代理说、信托关系说、无名合同说。在委托代理说下,依据《民法典》第 933 条"委托人或者受托人可以随时解除委托合同。因解除合同造成对方损失的,除不可归责于该当事人的事由外,无偿委托合同的解除方应当赔偿因解除时间不当造成的直接损失,有偿委托合同的解除方应当赔偿对方的直接损失和合同履行后可以获得的利益"之规定,委托合同当事人享有任意解除权。① 反之,在信托关系说或无名合同说中,当事人一般不享有任意解除权。

在股权代持场合,我国主流观点认为其属于委托代理关系。即是说,通常认为意定代理中代理人与被代理人之间的基础关系是委托契约关系,而非信托契约关系、雇佣契约关系。只有在基础关系被认定为委托契约关系时,才有适用《民法典》第 933 条规定的任意解除权之空间。司法实践中认定当事人有任意解除权的判决也处于绝对的优势地位,仅有少量判决持反对意见。至于股权代持协议能否对任意解除权约定排除,亦未形成统一意见。最高院有法官认为:"意思自治是合同法的基本原则,除非法律明确禁止,否则应充分尊重当事人的合意。特别是委托或代持的原因多种多样,在有偿或存在对价的代持中,排除任意解除权的约定,应当得到尊重。同时,倘若名义股东存在根本违约之情形,隐名股东自然有权主张解除合同并要求赔偿损失。但需要注意的是,代持合同解除的后果,若涉及股权的变更,则应遵循《公司法司法解释(三)》第 24 条第 3 款关于显名的基本规定,即取得其他股东过半数同意。若公司章程有更严格规定的,应遵从章程这一股东之间宪章的约定。"②但笔者倾向于认为,在《民法典》第 933 条下,对委托合同任意解除权的行使不作限制,双方均可随时解除合同;对于行使任意解除权的,通过加大赔偿责任的方式予以规制。③ 而且,关于限制任意解除权的约定并不能真正阻却任意解除权的行使,此类约定亦不适于强制履行,对于一方当事人主张任意解除权的,应当认定行使任意解除权的行为有效,而不能否定行使效果。对于解除方违反约

---

① 有关委托合同任意解除权的内容,请读者参阅本书第 10 章"委托合同起草、审查精要与实务"。
② 参见丁广宇:《股权代持纠纷的有关法律问题》,载《人民司法》2019 年第 17 期。
③ 最高人民法院民法典贯彻实施工作领导小组主编:《中华人民共和国民法典合同编理解与适用(四)》,人民法院出版社 2020 年版,第 2529-2530 页。

定行使任意解除权的行为,可作为当事人违约的一种情形,追究解除方的违约责任。①

(二)隐名股东解除股权代持协议

实践中,隐名股东(实际出资人)主要基于如下目的而要求解除股权代持协议:一是要求"显名";二是要求名义股东返还投资款;三是对现有代持人不满意,要求更换代持人。关于第一点前文已述,本部分仅介绍后两点。

1.隐名股东能否要求名义股东返还投资款

股权代持与股权转让不同,在股权代持法律关系中,名义股东的主要合同义务是代持股之行为。对于以行为为履行标的的合同(继续性合同),对于已经履行的部分不可行恢复原状之请求,即当事人行使合同解除权只能向后发生效力,而不能溯及已经过的代持期间。而股权转让关系中当事人的主要合同义务是一方交付股权、一方给付对价,标的物系物而非行为,当事人可行使解除权,要求对已履行部分恢复原状。当然,代持期间名义股东有违约行为的,可诉请承担违约责任。因此,司法实践中,若名义股东已履行股权代持协议约定的合同义务(如投资并代持股权,未擅自处分代持股权等),则实际出资人解除股权代持合同并向名义股东主张向其返还投资款的,法院不予支持。

在黄某贡与重庆翰廷投资有限公司合同纠纷上诉案[重庆市高级人民法院(2016)渝民终591号]中,代持人已按代持协议约定,在收到实际出资人2400万元投资款后以其自身名义完成对标的公司的出资义务并成为公司具名股东,此后实际出资人以代持人未依约将股权变更登记至其名下为由要求解除代持协议并返还全部投资款。法院认为,鉴于代持人已完成投资并成为名义股东,其合同义务已履行,实际出资人要求代持股权的合同目的已经实现。虽然名义股东没有在合同约定期限内将股权变更登记至实际投资人名下,但此属名义股东的违约行为,该违约行为并未导致整个代持协议的合同目的无法实现,况且相关监管部门的限制变更登记期限已过,翰廷投资公司明确表示愿意办理股权变更登记,黄某贡以融炬小额贷款公司经营状况不佳为由拒不办理,亦非合法的解除合同事由,实际出资人据此请求解除协议并由名义股东向其返还2400万元出资,不符合法定或约定的解除条件。对此违约行为,实际出资人可以请求对方承担违约责任,而无权直接解除合同。

---

① 最高人民法院民法典贯彻实施工作领导小组主编:《中华人民共和国民法典合同编理解与适用(四)》,人民法院出版社2020年版,第2532页。

2. 隐名股东能否更换代持人

若隐名股东既并不想显名,也不想解除股权代持协议,而仅因对名义股东(代持人)不满意,欲更换代持人,该主张能否得到支持?《公司法司法解释(三)》(2020年修正)对此没有明确规定。

在实务中,一种做法是隐名股东对股权代持协议做整体概括转让,即将协议的当事方由现名义股东变更为新的代持人,但操作层面面临的障碍是,如何将新的代持人变更登记为显名股东。此时,仍然需要取得现名义股东的配合,与新的代持人签订名义价格的股权转让协议,并取得公司其他股东放弃优先购买权的承诺,操作难度很大。当然,一种解决方法是取得公司及其他股东事先放弃优先购买权的法律文件。

那么,隐名股东是否可以依据股权代持协议相关更换代持人的约定,向法院直接诉请变更名义股东呢?笔者认为,这一诉请因缺乏相应的请求权基础而无法实现。因为,股权代持协议的更换代持人的特别约定(实际是代持协议的整体概括转让),仅在隐名股东和名义股东之间产生效力,而不能约束公司及其他股东,后者并无义务予以配合,这是其一;其二,即便前述特别约定对现名义股东有约束力,但其完全可以不予配合变更(无法强制名义股东与新的代持人缔约),隐名股东只能主张解除代持协议,主张名义股东承担违约责任,但如前所述,此时仍然受到"显名"之约束。

(三)名义股东解除股权代持协议

除隐名股东起诉要求解除股权代持关系外,实践中也不乏名义股东(代持人)主动要求解除而引发争议的情形。代持人主动解约的原因主要有:

(1)避免承担股东、高管责任。具体包括:标的公司债务缠身,而隐名股东尚未完成出资,代持人担心自己作为名义股东要在应缴出资范围内承担出资责任;名义股东在标的公司担任高管职务,公司面临诉讼风险,名义股东担心受民事、行政甚至刑事责任牵连。

(2)隐名股东债务缠身、下落不明甚至死亡、破产。如名义股东因代持股权产生经济损失,其本可向隐名股东追偿。而一旦隐名股东债务缠身陷入困境,或者下落不明甚至死亡、破产的,将导致名义股东存在届时追偿受阻的风险,故名义股东急于解约避险。

(3)代持原因消灭。名义股东同意代持,或为获取代持费用,或出于与隐名股东的友好关系,或是因阶段性的经济利益。而一旦隐名股东未依约支付代持费用,或双方关系破裂,或情势已发生变更,合作基础不再,名义股东往往不愿再受代持所累而欲退出。

(4) 自身原因。代持人因身体、精力发生变化,自认为不适合继续代持,故要求解约。

实质上,名义股东解除股权代持协议,某种意义上与隐名股东解除股权代持协议的效力相近。例如,解除股权代持协议的法律效果一般是名义股东返还代持股权,非公司现有股东的隐名股东显名化,此时仍然受到"其他股东半数以上同意"的限制。① 此外,部分名义股东在代持股权的同时担任公司法定代表人,其在起诉解除代持协议返还股权的同时往往会一并提出要求公司配合变更法定代表人的主张,以便彻底退出公司、消除民事、行政乃至刑事责任承担之风险。然而,该类主张未必能在解除代持关系案件中一并解决。例如,在刘某与天津弘泽投资集团有限公司、天津诚瑞通商贸有限公司合同纠纷一审民事判决书[天津市南开区人民法院(2018)津 0104 民初 2584 号]中,法院即以要求配合变更法定代表人的请求与解除代持关系的请求属于不同的法律关系为由,驳回了名义股东的该项诉请。最终名义股东只得另案[天津市南开区人民法院(2018)津 0104 民初 8292 号]起诉,法院才以名义股东担任执行董事任期届满后未获连选连任,目前已不具备法律规定担任法定代表人的条件为由,支持了其变更诉请。

第三节　股权代持协议的审查

一、股权代持协议的框架结构

在前述有关股权代持介绍的基础上,一份典型的股权代持协议主要包括如下条款:

✓ 股权代持协议的主体。必要时,可以将目标公司及其他股东作为协议的一方加入进来,便于未来显名化;

✓ 委托事项(股权代持)条款;

✓ 双方的权利义务条款;

✓ 处分代持股权的特别约定;

✓ 委托方(实际出资人)"显名化"的特别约定;

✓ 代持税费的承担;

---

① 参见王某存与无锡市江益液压机械成套有限公司、无锡和洋精工轴承有限公司请求变更公司登记纠纷二审民事判决书[江苏省无锡市中级人民法院(2017)苏 02 民终 5602 号];武某旺与谢某杰、河南鑫特光电科技有限公司请求变更公司登记纠纷一审民事判决书[河南省宝丰县人民法院(2019)豫 0421 民初 1811 号]。

- ✓ 代持报酬（若需要）；
- ✓ 协议的解除和终止。

除了上述核心条款外，股权代持协议还可能包括保密、通知、违约责任、争议的解决方式等条款。

二、股权代持协议主要条款的审查

（一）股权代持协议的主体

关于股权代持协议的主体的审查，主要涉及三个方面的内容：一是签署主体是否涉及可能导致协议无效的主体（如是否违反金融监管的强制性规定、是否规避外商投资准入规定等）；二是表明成立委托代理法律关系的主体身份信息，如委托方（甲方）、受托方（乙方）；三是若可能，建议将被投资公司及其他股东作为合同一方处理。

就第三个方面而言，基于隐名股东（委托方）未来"显名"的需要，若能够事先取得所投资的公司及其他股东对股权代持知情且同意未来显名的承诺，可以考虑将他们加入进股权代持协议作为一方签章，或者取得事先的股权代持相关方声明书（同意显名并放弃优先购买权）。如前所述，这样事先取得书面"同意"的做法在司法实践中是被认可的。在此基础上，再结合如下的"股权代持知情"条款来实现：

丙方确认甲方为目标公司隐名股东（实际出资人），甲方对代持股权享有实际的股东权利。丙方同意根据甲方指示配合办理显名手续，完成股东名册、公司变更登记等手续，使甲方或其指定的第三人成为目标公司注册股东。

（二）委托事项（股权代持）条款

委托事项（股权代持）条款是股权代持协议的核心条款之一。本条款的主要事项包括：明确实际出资人和代持人之间的基础法律关系为委托代理关系、对目标公司的投资资金来源于实际出资人以及取得实际出资的证明、代持人在具有自持和代持股权双重身份并面临股权冻结情况时如何处理等。

【例18-1】委托股权代持（隐名投资）条款

X	委托股权代持（隐名投资）
X.1	经双方协商一致，甲方委托乙方代甲方投资并持有[填写被投资的公司全称]（"目标公司"）的股权（"代持股权"），并代为行使相关股东权利、承担相关股东义务。乙方同意将作为受托方以善意、谨慎、勤勉之精神接受与执行甲方的该项委托。

续表

X.2	甲乙双方约定,在本协议生效之日起[ ]个工作日内,甲方向乙方如下指定银行账户汇入[人民币　　　]元(大写:[人民币　　　　])("投资资金")。乙方收到该投资资金后,仅能用于以其个人名义认购目标公司[人民币　　　]元(大写:[人民币　　　　])出资额,占目标公司注册资本的[ ]%。乙方应完成股东名册记载、公司章程变更、股权登记、取得出资证明书,并代甲方持有该等代持股权。 乙方银行账户的信息如下: 开户行:[　　　　　　　] 账户名:[　　　　　　　] 账号:[　　　　　　　]
X.3	甲方委托乙方代为行使的权利包括:由乙方以自己的名义将受托行使的代持股权作为在目标公司股东名册上具名、在登记机关予以登记、以股东身份参与相应活动、代为收取股息或红利、出席股东会并行使表决权以及公司法与目标公司章程授予股东的其他权利。
X.4	若乙方同时持有除代持股权之外的目标公司其他股权,则甲方可主张的代持股权应及于乙方持有的所有目标公司股权中的全部或其任一部分。
X.5	在乙方代理甲方持有代持股权期间,目标公司发生资本公积金转增股本、派发股票红利、股份拆细、缩股、配股或增资等事宜的,或乙方根据甲方指示转让部分代持股权的,本协议所指之所代持股权数量则同时随之做相应调整。

【评析】:有关条款的具体目的和作用简评如下:

1. 对于第X.1款,其主要用于明确甲乙双方之间的基础法律关系系委托代理关系,受托方为委托方代持股权。

2. 对于第X.2款,基于隐名股东(实际出资人)确权以及未来显名化的考虑,有必要明确出资资金的真实来源(系委托方所有并支付于代持人),以及已经实际出资(名义股东取得出资证明),因为"完成实际出资"将是代持股权确权及显名化的要件之一。

3. 对于第X.4款,在某些情况下,代持人还会是目标公司的真实股东,即他/她具有双重身份,此时有必要将两种身份持有的股权予以明确区分。如,受托人自持10%股权,并代持5%股权,合计持有15%。后因各种原因,15%股权中的7%股权被法院冻结,则面临争议的将是该7%被冻结股权是谁持有的股权。因此,在技术上应界定假定"代持股权及于受持人的所有股权中的全部或任一部分",即除非确有所指,委托人无须证明、区别其拥有的5%是15%中的哪一部分,其可随意主张其中的任意5%,对此受托人不能抗辩,或者明确约定此时优先冻结的是代持人自持股权。

(三)双方的权利义务条款

双方的权利义务条款亦是股权代持协议的核心条款之一。实务中,通常从委托方(实际出资人)和受托方(代持人)两个维度予以综合规定。具体而言:

✓ 委托方享有的权利应当以公司股东的权利为依据。公司股东的权利包括:股东身份权、知情权、表决权、股东会召集权、异议股东股份回购请求权、利润分配权等,委托方要确保以上权利为委托方享有。此外,委托方应当承担公司法下规定的义务。义务包括按期足额缴纳出资、承担投资风险、目标公司清算责任等。

✓ 为保护委托方的股东权利,应当明确受托方的权限或者对受托方的权利进行限制。例如,防止受托方擅自处分股权的权利。

【例18-2】双方的权利义务条款

X	双方的权利义务
X.1	股东权益
X.1.1	甲方作为代持股权的实际出资人,对代持股权享有实际的股东权利,并享有代持股权项下的全部投资收益(含现金股息、送配股、股权转让收益等);乙方仅以自身名义代甲方持有该代持股份所形成的股东权益,而对该等出资所形成的股东权益不享有任何收益权或处置权(包括但不限于股东权益的转让、质押、划转等处置行为)。 未经甲方事先书面同意,乙方不得转委托第三方持有上述代持股权及其股东权益。
X.1.2	乙方承诺将其未来所收到的因代持股权所产生的全部投资收益均全部转交给委托方,并承诺将在收到该等投资收益后[ ]日将该等投资收益划入甲方或甲方指定的任何第三人的指定银行账户。如果乙方不能及时转付,应向甲方支付按中国人民银行授权全国银行间同业拆借中心发布的一年期的同期同类贷款市场报价利率("1年期LPR")计算的违约金。 若目标公司在此期间进行送配股、增资,且甲方未放弃该权利的,则送配、新增的股权归属甲方但仍登记在乙方名下,由乙方依照本协议的约定代持。
X.2	表决权 甲方通过乙方参与对公司事项的表决。乙方参加目标公司股东会前,应与甲方进行沟通,涉及需要乙方在目标公司股东会表决的事项,乙方应根据甲方的书面指示进行表决。 乙方应将每一次股东会表决的情况在会议结束之日起[ ]日内向甲方作书面通报。
X.3	剩余财产分配权 在本协议有效期内,如目标公司因某种原因解散并进行清算,如经清算后目标公司有剩余财产分配,甲方有权取得目标公司分配的财产,乙方应予以积极配合。

续表

X.4	知情权
X.4.1	甲方享有对目标公司投资的知情权,有权通过乙方了解目标公司的实际生产经营状况、财务状况、重大决策以及利润分配方案等。
X.4.2	乙方应及时地向甲方通知与目标公司及代持股权有关的重要信息(包括但不限于目标公司的合并、分立、股权转让、增资、减资、解散、资产出售或购买、清算、诉讼与处罚等重大事项,及涉及代持股权的质押、冻结、强制执行等重大事项),及时回复甲方就目标公司及代持股权有关的询问,并保证其向甲方所作的与目标公司及代持股权有关的陈述、通知、答询等信息载体中的内容皆真实、准确及完整,不存在任何欺骗、误导与隐瞒。
X.5	代持股权处分 甲方有权按照自己的意愿对代持股权进行处分,包括转让、质押等。乙方应按照甲方的意愿,无条件地配合甲方完成代持股权的相应处置。[有关处分按照本协议第[　]条的约定执行。]
X.6	指令权与监督权
X.6.1	乙方应根据甲方之指令,行使相关权利(包括但不限于知情权、提案权、提名权、投票权、增资优先认购权、股权转让优先购买权、分红请求权、股东诉权、股权的转让权/出质权/赠予权等各项股东权利,以及签署增资认购协议、公司章程、公司章程修正案、股东会决议等有关文件的权利)和履行相关义务,执行与代持股权有关的指示并根据需要签署相关文件,乙方于执行指示过程时,应与甲方保持必要、有效的沟通(如询问、确认、事后通知等方式)以保证执行指示行为的准确性、有效性。
X.6.2	甲方作为代持股权的实际所有人,有权依据本协议对乙方不适当的受托行为进行监督与纠正,并有权基于本协议约定要求乙方赔偿因受托不善而给自己造成的实际损失,但甲方不能随意干预乙方的正常经营活动。
X.7	缴付出资的义务 甲方应按照目标公司章程、本协议及公司法的规定以人民币现金按期足额履行出资的义务。因甲方未能按期足额出资而导致的一切后果(包括给乙方造成的损失)均应由甲方承担。 若目标公司股东会决定增加注册资本金或补足注册资本金,甲方有权利并有义务按目标公司成立时其出资额占目标公司注册资本的比例增加或补足出资,乙方应无条件地予以配合。
X.8	投资风险的承担 甲方以其委托出资的数额为限,承担对目标公司出资的投资风险和清算责任。甲方不得就出资资产的盈亏,要求乙方承担补偿或赔偿责任;乙方不对甲方的出资承担保值增值责任。
X.9	税费的承担 在乙方代理持股期间,因乙方代理甲方行使股东权利、履行股东义务及接受甲方指令而进行的各种行为过程中所发生的相关必要税费(包括但不限于与代持股相关的税款、差旅费、律师费、审计费、资产评估费等)均由甲方承担;在乙方将代持股权转为甲方或甲方指定的任何第三人持有时,所产生的变更登记费用也由甲方承担。

需要说明的是，基于代持股权处分以及实际出资人"显名化"的特殊性和争议性，除了在双方权利义务条款中进行概略的约定外，在实务中，还往往就这两个事项作出专门的特别约定（详见后文）。

(四)处分代持股权的特别约定

基于"内外有别"以及"商事外观主义"原则，当名义股东以自己名义处分股权（转让、质押等）时，不仅涉及该处分行为的效力问题，还涉及隐名股东的权益问题。因此，在股权代持协议中，通常会对名义股东处分代持股权的行为予以限制，并规定相应的违约责任。此外，当隐名股东自己直接处置代持股权时，亦需要名义股东予以配合，因此需要对名义股东的配合义务以及相应的违约责任等作出约定。如：

未经甲方书面同意，乙方擅自处分代持股权（包括但不限于转让、质押或其他任何形式的担保、设定权利负担或转由第三方代持）的，甲方有权解除本协议，乙方应赔偿由此给甲方造成的损失，包括但不限于甲方为此产生的维权开支，如律师费、调查取证费用等。

甲方作为代持股权的实际出资人，对代持股权享有实际的股东权利。甲方有权将该等股东权利以及股权代持协议项下的所有权利义务转让给第三方，乙方和丙方对此予以同意。乙方有义务配合甲方履行相关的法律手续，包括根据甲方的指示，与甲方、第三方签署股权代持协议的转让协议，否则视为乙方根本性违约。

实务中需要注意的是，除名义股东主动处分代持股权外，实际上还存在名义股东"被动"处置代持股权的情形，包括名义股东的债权人对代持股权强制执行、名义股东离婚、继承等引发的财产分割纠纷等。给隐名股东造成损害的，名义股东应承担损害赔偿责任。

(五)委托方"显名"的特别约定

在股权代持协议中，实际上，往往通过一个条款来综合规定两种情形：一是委托方（实际出资人）将其投资权益或股权权益转让给第三人，即指令名义股东（代持人）将其名下的代持股权转让给第三人；二是委托方（隐名股东）"显名化"，即指令名义股东（代持人）将其名下的代持股权无偿或者以"1元"的名义价格转让给自己。如下参考条款（甲方为隐名股东，乙方为名义股东，丙方为目标公司及其他股东）包括代持股知情与显名化的内容：

丙方确认甲方为目标公司隐名股东(实际出资人),甲方对代持股权享有实际的股东权利。丙方同意根据甲方指示配合办理显名手续,完成股东名册、公司变更登记等手续,使得甲方或其指定的第三人成为目标公司注册股东。

......

甲方作为代持股权的实际出资人,对代持股权享有实际的股东权利。当甲方主张时,乙方有义务根据甲方之指示,在[ ]个工作日内将全部或部分代持股权转让给甲方或甲方指定的第三方。如因转让代持股权之需要,第三方须向乙方支付股权转让款等款项的,乙方应于收到该等款项后[ ]日内转移给甲方或甲方指定的相关方。

在合同条款设计上,通过"股权代持知情"条款,目标公司及其他股东对隐名股东实际出资人的身份予以确认,且认同其对代持股权享有实际的股东权利,并且事先取得他们对隐名股东"显名化"的同意,以及其他股东放弃优先购买权(实务中,另外一种做法就是由其他股东事先作一个声明/承诺表明同意以及放弃优先购买权),这是其一;其二,在法律形式上,股权转让实际是通过名义股东与隐名股东或者指定的第三人签署股权转让协议来完成的,除非通过诉讼确认来实现;其三,若涉及隐名股东向第三方转让代持股权,乙方作为名义股东收到的股权转让价款应及时转付给隐名股东。

需要强调的是,还必须有名义股东不履行义务时的违约责任条款与上述条款相配合。如:

若乙方不能(包括客观不能及主观不能)于甲方指示的时限内向甲方或甲方指定的第三方转让代持股权,则应向甲方支付[1.3倍的投资资金/代持股权所对应的目标公司净资产额的120%]之违约金。

(六)代持税费的承担与代持报酬

在将股权代持协议构建为委托代理法律关系的前提下,依据《民法典》第921条:"委托人应当预付处理委托事务的费用。受托人为处理委托事务垫付的必要费用,委托人应当偿还该费用并支付利息"及第928条"受托人完成委托事务的,委托人应当按照约定向其支付报酬。因不可归责于受托人的事由,委托合同解除或者委托事务不能完成的,委托人应当向受托人支付相应的报酬。当事人另有约定的,按照其约定"之规定,委托人(隐名股东)应当负担受托人(名义股东)在处理委托事务(代持股权)中发生的必要税费(参见【例18-2】中第X.9款)。尤其需要注意的是,名义股东为隐名股东之利益而因代持股权发生的税款,应约定为由隐名股东承担。如,名义股东代隐名股东收取目标公司分红时需要缴纳个人所得税,这部分个税可在转付给隐名股东时予以扣除。

至于名义股东代持股权的报酬,隐名股东并非必须要给付报酬,但实务中通常会约定一定的报酬。

(七)协议的解除和终止条款

在股权代持协议中,对于隐名股东和名义股东,解除和终止条款都是非常重要的条款。对于隐名股东而言,当名义股东违反协议约定不按指令行使股东权利、不转付投资收益、不按指令转让股权给隐名股东(显名化)或指定的第三方,或者违反约定擅自处分代持股权时,隐名股东都可行使解除权终止协议,并追究名义股东的违约责任;对于名义股东而言,当出现隐名股东债务缠身、下落不明甚至死亡、破产,或者目标公司财务状况恶化等情形时,出于规避自身风险等考虑,应赋予名义股东解除协议的权利。参见下例:

【例18-3】解除和终止条款

X	协议的解除和终止
X.1	协议的解除
X.1.1	甲乙双方可以随时解除本委托协议,但须提前[30]天以书面形式通知对方。除不可归责于解除方的事由外,因解除本委托协议给对方造成损失的,应负赔偿责任。
X.1.2	任何一方在本协议期间解除本协议的,乙方都应将代持股权转移至甲方或甲方指定的第三人名下,乙方有义务予以协助和配合,包括但不限于签署相应的股权转让的法律文件等。
X.1.3	在本协议期间内,甲方向第三方转让对目标公司的出资权益或股东权益的,乙方有义务配合签署相关的出资或权益转让协议,本协议在前述转让协议生效时解除。
X.1.4	当甲方认为乙方不能诚信、谨慎、勤勉地履行受托义务时,有权依法取消对乙方的委托,解除本协议,并要求乙方依法转让代持股权给甲方选定的新受托人,乙方应无条件予以配合。
X.2	协议的终止
X.2.1	若有不可归责于甲乙双方之情势发生,致使本协议无法继续履行或继续履行无意义,本协议自行终止,但甲乙双方另有约定的除外。
X.2.2	发生下列情形之一的,本协议终止: (1)目标公司发生解散、破产、清算、注销等情形,主体消灭的; (2)甲、乙任何一方死亡或丧失行为能力的; (3)法定或双方约定本协议应终止的其他情形。

【评析】：对于协议的解除,本条款分别约定了:(1)双方均享有任意解除权,但应负有提前通知义务,以及损害赔偿责任(第 X.1.1 项)。(2)不论何方提出解除协议,都面临乙方(名义股东)转移代持股权至甲方或甲方指定的第三人名下的问题,法律形式上,都需要乙方签署相关的股权转让协议或出资转让协议。甲方(隐名股东)显名时,还需要取得目标公司及其他股东的同意和放弃优先购买权的声明(第 X.1.2 项、第 X.1.3 项)。(3)当委托方(甲方)需要更换受托人(乙方)时,仍然面临股权代持协议的解除并将代持股权转让给新的受托人的问题,无疑仍然需要乙方的配合(第 X.1.4 项)。

对于协议的终止,本条款主要约定了:(1)在情势变更或不可抗力引发协议无法继续履行或者继续履行已无意义的情形下,本协议自行终止;(2)若发生目标公司主体消灭的情形时,本协议自行终止。

在实务中,当股权代持协议解除、终止或因其他原因丧失效力时,最为核心的事项在于名义股东(代持人)应将投资资金或代持股权返还、处分给甲方或甲方指定的第三人;若名义股东(代持人)不能完成前述义务,则其应当承担协议明确规定的违约责任。例如:

当本协议解除、终止或因其他原因丧失效力时,均不免除乙方或其继承人向甲方或其继承人返还相应权益(未完成认购代持股权时为投资资金;已完成认购代持股权时为代持股权),但若乙方不能(包括客观不能及主观不能)于合理时限内向甲方返还代持股权,则应向甲方承担[1.3 倍的投资资金/代持股权所对应的目标公司净资产额的 120%]的违约责任。

如前所述,在股权代持协议中,还有另外一个条款非常重要,就是违约责任条款。实践中,应仔细梳理委托方和受托方双方各自的权利、义务来一一对应地拟定,需要明确、具体和具有可执行性。限于篇幅,不再详述。另外一些条款,如保密条款、通知条款、不可抗力条款等基本与其他合同所用的通用条款类似,不再赘述。

第19章 外商投资合同起草、审查精要与实务

> **内容概览**
>
> 《外商投资法》及其实施条例自2020年1月1日起施行,原三资企业法同日废止,外商投资的法律环境发生了重大的变化。所涉的外商投资合同如何适用和调整就成为涉外律师必须考虑的问题之一。特别是在商务部和市监总局有关具体的规定、指引尚不明确的情形下,如何遵从基本的法律原则和规定来处理这类合同,是值得研究的一个领域。本章包含如下内容:
> ✓ 外商投资法律的重大变化和影响
> ✓ 外商投资合同的概念、类型、特征与效力
> ✓ 外商投资合同的审查

第一节 外商投资法律的重大变化和影响

随着国际投资格局不断变化,我国也与时俱进地完善了外商投资法律制度。《外商投资法》及《外商投资法实施条例》已于2020年1月1日起施行,这标志着由《中外合资经营企业法》《中外合作经营企业法》《外资企业法》(以下简称三资企业法)所组成的外商投资法律制度时代落下帷幕,外商投资管理将从昔日的"政府审批"改为"内外平等"和"国民待遇"。我国外商投资的法律环境的重大变化,必将对外商投资产生深远影响。

一、外商投资、外国投资者与外商投资企业的概念

《外商投资法》第2条对"外商投资""外国投资者""外商投资企业"的概念作出了明确规定:

在中华人民共和国境内(以下简称中国境内)的外商投资,适用本法。

本法所称外商投资,是指外国的自然人、企业或者其他组织(以下称外国投资者)直接或者间接在中国境内进行的投资活动,包括下列情形:

(一)外国投资者单独或者与其他投资者共同在中国境内设立外商投资企业;

(二)外国投资者取得中国境内企业的股份、股权、财产份额或者其他类似权益;

(三)外国投资者单独或者与其他投资者共同在中国境内投资新建项目;

(四)法律、行政法规或者国务院规定的其他方式的投资。

本法所称外商投资企业,是指全部或者部分由外国投资者投资,依照中国法律在中国境内经登记注册设立的企业。

在理解和适用上述规定时,需要注意如下几个方面的问题:

(一)外国投资者的定义

外国投资者包括外国的自然人、企业或者其他组织。其中,其他组织包括外国经济组织、国际组织、其他国家或地区政府及其所属部门或机构。

《外商投资法实施条例》第48条规定:"香港特别行政区、澳门特别行政区投资者在内地投资,参照外商投资法和本条例执行;法律、行政法规或者国务院另有规定的,从其规定。台湾地区投资者在大陆投资,适用《中华人民共和国台湾同胞投资保护法》(以下简称台湾同胞投资保护法)及其实施细则的规定;台湾同胞投资保护法及其实施细则未规定的事项,参照外商投资法和本条例执行。定居在国外的中国公民在中国境内投资,参照外商投资法和本条例执行;法律、行政法规或者国务院另有规定的,从其规定。"因此,我国港澳台地区的投资者在内地或大陆投资,在性质上虽不属于外国投资者,但与内资相比又有一定的特殊性,按照既保持港澳台地区投资政策的连续性和稳定性,又为政策调整留有空间的原则,仍然继续参照适用有关外商投资的法律法规。需要注意的是,通常认为"定居在国外的中国公民"与"华侨"具有相同的含义,在判断是否属于定居在国外的中国公民时,可以参照华侨的定义。依据《关于界定华侨外籍华人归侨侨眷身份的规定》(国侨发〔2009〕5号)的规定,华侨是指定居在国外的中国公民。① 除此之外,实务中,还需要注意如下两个问题:

---

① 根据该规定,"定居"是指中国公民已取得住在国长期或永久居留权,并已在住在国连续居留两年,两年内居留不少于18个月。中国公民虽未取得住在国长期或永久居留权,但已取得住在国连续5年以上(含5年)合法居留资格,5年内在住在国累计居留不少于30个月,视为华侨。中国公民出国留学(包括公派和自费)在外学习期间,或因公务出国(包括外派劳务人员)在外工作期间,均不视为华侨。

第一,外国自然人成为公司股东是否有限制。依据《外商投资法》第 4 条、第 28 条的规定,我国对外国投资者施行负面清单管理制度①,即是说在特定领域我国对外商投资实施准入特别管理措施。如属负面清单规定禁止投资的领域,则外国投资者不得投资;如属负面清单规定限制投资的领域,则外国投资者进行投资应当符合负面清单规定的条件并履行必要的审批程序,未经审核批准不得投资以及成为股东。

在殷某、张某兰股东资格确认纠纷再审审查与审判监督民事裁定书[最高人民法院(2017)最高法民申 37 号]中,最高院认为:

关于德国国籍的张某兰是否具有淮信公司股东资格问题。《协议书》和《补充合同书》均可证明,淮信公司及其股东均同意张某兰向淮信公司缴纳出资成为股东且淮信公司的其他股东对张某兰以殷某的名义进行投资均是明知的。张某兰多次以淮信公司股东的身份参加股东会议,实际行使股东权利。根据《外商投资产业指导目录(2015 修订)》内容,房地产开发并未列入上述目录限制类或禁止类产业,故不涉及国家规定实施准入特别管理(负面清单)的外商投资企业的设立和变更,不再需要审批。因此,原审判决依据当事人之间的约定以及出资事实确认德国国籍的张某兰为淮信公司的股东,适用法律并无不当。

第二,外国自然人继承境内股东股权,是否改变企业性质。参照《关于外国投资者并购境内企业的规定》(商务部令 2009 年第 6 号)第 55 条"境内公司的自然人股东变更国籍的,不改变该公司的企业性质",以及《国家外汇管理局综合司关于取得境外永久居留权的中国自然人作为外商投资企业外方出资者有关问题的批复》(国家外汇管理局综合司汇综复〔2005〕64 号)的规定,中国公民在取得境外永久居留权前在境内投资举办的企业,不享受外商投资企业待遇。故外国自然人因继承取得境内公司股东资格的,未改变该公司注册资金来源地,不改变公司的性质,仍为内资公司。

在金某与上海维克德钢材有限公司股票权利确认纠纷一案二审民事判决书[上海市第一中级人民法院(2009)沪一中民五(商)终字第 7 号]中,法院认为:

根据《公司法》第七十六条规定,自然人股东死亡后,其合法继承人可以继承股东资格;但是,公司章程另有规定的除外。本案两上诉人出具的上海市《继承权公证书》证明其为公司股东金非的合法继承人,而公司章程亦未对股东资格继承另作约定,故两上诉人在继承了金非在维克德公司的股权的同时,亦应继承相应的股

---

① 参见《国家发展改革委、商务部关于印发〈市场准入负面清单(2022 年版)〉的通知》(发改体改规〔2022〕397 号)、《外商投资准入特别管理措施(负面清单)(2021 年版)》(国家发展和改革委员会、商务部令第 47 号)、《海南自由贸易港外商投资准入特别管理措施(负面清单)(2020 年版)》(国家发展和改革委员会、商务部令第 39 号)、《自由贸易试验区外商投资准入特别管理措施(负面清单)(2021 年版)》(国家发展和改革委员会、商务部令第 48 号)。

东资格,而无须公司过半数股东的同意。本院注意到,两上诉人是外国国籍,维克德公司是内资公司,但这并不影响两上诉人依法继承股东资格。由于两上诉人系因继承取得维克德公司股东资格,并未改变该公司注册资金来源地,该公司的性质仍为内资公司,故无须国家外商投资管理部门批准。

(二)外国投资的定义

外商投资是指外国投资者"直接或间接"[①]在中国境内进行的投资活动,具体包括四种情形:

第一,外国投资者单独或者与其他投资者共同在中国境内设立外商投资企业。此处的"外商投资企业"是广义的企业,既包括具有法人主体资格的公司,也包括依法设立的外资合伙企业。实务中需要注意的是中国自然人能否成为外商投资企业的股东。在《外商投资法》及《外商投资法实施条例》施行之前,根据我国三资企业法的相关规定,仅"中国的公司、企业或其它经济组织"可以成为中外合资企业、中外合作企业的中方股东,即境内自然人不得成为中方股东。[②]《外商投资法实施

[①] 关于"间接投资"应作何理解,一种通常理解是投资者不直接参与所投资企业的经营活动,也不享有所投资企业的控制权或支配权,是一个单纯在资本层面的投资,例如购买企业股票、债券等其他有价证券或以贷款等方式对特定企业进行的投资。但这尚有待后续法规、监管政策的进一步明确。

[②] 存在三种例外情形:一是根据《关于外国投资者并购境内企业的规定》(商务部令2009年第6号)第54条"被股权并购境内公司的中国自然人股东,经批准,可继续作为变更后所设外商投资企业的中方投资者"之规定,当外国投资者购买境内公司股东的股权或认购境内公司的增资时,虽会导致该境内公司变更为合资企业,但原中国自然人股东仍可继续作为变更后的合资企业的中方股东。这也成为当时境内自然人"曲线救国"实现入股外商投资企业目的的途径。即,先设立境内公司,然后由外国投资者实施股权并购,借此完成合资企业的设立。二是境内自然人主动持股外商投资企业,这在实践中仍存在争议。持反对意见的案例参见戴某云与镇江新景源高压气瓶制造有限公司新增资本认购纠纷、买卖合同纠纷二审民事判决书[江苏省镇江市中级人民法院(2017)苏11民终100号];持赞同意见的案例包括郑某响、福州市广福有色金属制品有限公司确认一般合同效力纠纷再审审查与审判监督民事裁定书[最高人民法院(2014)民申字第802号],上诉人扎兰屯市三力经贸有限责任公司、郭某峰因与被上诉人周某银合同纠纷二审民事判决书[黑龙江省哈尔滨市中级人民法院(2016)黑01民终4592号],陈某青、福建新华传媒发展有限公司合伙协议纠纷二审民事裁定书[福建省福州市中级人民法院(2017)闽01民终5469号],倪某达、赵某雯股权转让纠纷二审民事判决书[福建省福州市中级人民法院(2018)闽01民终3685号]。三是境内自然人定向增发认购外商投资股份公司股份。2009年7月3日,《商务部办公厅关于答复浙江向日葵光能科技股份有限公司向境内管理层人员增发股份问题的函》(商办资函〔2009〕173号)批复:"现行外商投资企业法律法规和规章对已设立的外商投资股份公司向境内自然人定向增发股份无禁止性规定。"此外,在实践中亦存在境内自然人通过股权转让取得外商投资股份有限公司股份的案例。除此之外,当时各地有很多地方政策对外商投资进行了放开(例如,北京、上海、深圳、天津、湖北等)。

条例》第 3 条规定：" 外商投资法第二条第二款第一项、第三项所称其他投资者，包括中国的自然人在内。" 据此，上海、江苏等地相续出台了《关于允许境内自然人投资设立外商投资企业管理办法》（沪市监规范〔2019〕9 号/苏市监规〔2019〕6 号）等配套办法，并已经办理了相应的境内自然人持股的营业执照。因此，境内自然人成为外商投资企业股东应无争议。

第二，外国投资者取得中国境内企业的股份、股权、财产份额或者其他类似权益。此处的"财产份额"主要是指取得境内合伙企业的财产份额，而兜底的"其他类似权益"则存在较大的争议，集中在于是否包括可变利益实体（Variable Interest Entities，VIE）架构（亦称为"协议控制"架构）。最早的《外国投资法草案》第 15 条明确规定，"本法所称的外国投资，是指外国投资者直接或者间接从事的如下投资活动：……（六）通过合同、信托等方式控制境内企业或者持有境内企业权益"。众所周知，VIE 架构就是属于"通过合同等方式控制境内企业或者持有境内企业权益"。基于此，这一草案规定引起了香港证监会和香港联交所在内的境外监管机构的高度关注。① 有观点认为即便本项的"其他类似权益"作限缩解释排除了 VIE，但《外商投资法》第 2 条第 4 项"法律、行政法规或者国务院规定的其他方式的投资"这一兜底规定仍然为监管当局将 VIE 纳入外国投资监管预留了空间。笔者认为，《外商投资法》和《外商投资法实施条例》对 VIE 问题采取了搁置态度。考虑到如何处理将会对采用 VIE 结构的众多存量企业产生影响并可能引发市场震动，特别是在扩大对外开放的整体政策背景下，立法部门采用谨慎态度对待 VIE 结构的做法基本符合预期。

第三，外国投资者单独或者与其他投资者共同在中国境内投资新建项目。此处"其他投资者"包括境内自然人（参见前文）。至于什么是"投资新建项目"，《外商投资法》和《外商投资法实施条例》并未作出界定，但《商务部关于外商投资信息报告有关事项的公告》（商务部公告 2019 年第 62 号）第 1 条规定："外国投资者直接在中国境内投资设立公司、合伙企业的，外国（地区）企业在中国境内从事生产经营活动的，外国（地区）企业在中国境内设立从事生产经营活动的常驻代表机构等，应按照《外商投资信息报告办法》的规定，通过企业登记系统在线提交初始报告、变更报告，通过国家企业信用信息公示系统在线提交年度报告。……外商投资举办的投资性公司、创业投资企业和以投资为主要业务的合伙企业在境内投资设

---

① 当时，香港联交所就要求每一家以 VIE 架构申请上市的申请人均在招股说明书中详细披露《外国投资法草案》可能对 VIE 架构造成的影响和相关风险，并要求申请人的中国律师出具明确的法律意见。

立企业的,应当参照前款规定报送投资信息。"据此,除了常见的外国投资者直接在中国境内投资设立公司、合伙企业的情形,该条规定还列举了两种情形,即外国(地区)企业在中国境内从事生产经营活动,以及外国(地区)企业在中国境内设立从事生产经营活动的常驻代表机构。其中,外国(地区)企业在中国境内从事生产经营活动,应遵从《外国(地区)企业在中国境内从事生产经营活动登记管理办法》(国家工商行政管理总局令第92号)第3条规定,即"根据国家现行法律、法规的规定,外国企业从事下列生产经营活动应办理登记注册:(一)陆上、海洋的石油及其它矿产资源勘探开发;(二)房屋、土木工程的建造、装饰或线路、管道、设备的安装等工程承包;(三)承包或接受委托经营管理外商投资企业;(四)外国银行在中国设立分行;(五)国家允许从事的其它生产经营活动"。因此,可以理解为,投资新建项目指的是外国投资者不在中国境内设立或者并购企业(是一种非企业形式的外商投资),而仅依靠合同关系等进行的新建项目投资,例如矿产资源勘探开发项目、基础设施(如土木工程、管道、线路)建设运营(BOT)项目等。

第四,法律、行政法规或者国务院规定的其他方式的投资。这是一个兜底条款,为目前存在争议的一些方式(如VIE、信托)以及其他未来可能出现的其他方式的投资预留空间。通常理解,如前所述,《外商投资信息报告有关事项的公告》(商务部公告2019年第62号)中列举的另一种适用情形,即外国(地区)企业在中国境内设立从事生产经营活动的常驻代表机构,《国务院关于管理外国企业常驻代表机构的暂行规定》(国发〔1980〕272号)规范的常驻代表机构,由《外国航空运输企业常驻代表机构审批管理办法》(交通运输部令2018年第9号)具体监管的航空运输业,以及《外国律师事务所驻华代表机构管理条例》(国务院令第338号)规范的法律服务业(不含中国法律服务),这些应该属于行政法规或者国务院规定的其他方式的投资。

(三)外商投资企业的定义

依据《外商投资法》第2条的规定,外商投资企业,是指全部或者部分由外国投资者投资,依照中国法律在中国境内经登记注册设立的企业。这一定义摒弃了沿用数十年的外商独资企业、中外合资经营企业、中外合作经营企业的区分,统一称为"外商投资企业"。此外,"外商投资企业"是指广义的企业,既包括具有法人主体资格的公司,也包括依法设立的外资合伙企业。《市场监管总局关于贯彻落实〈外商投资法〉做好外商投资企业登记注册工作的通知》(国市监注〔2019〕247号)第4条"完善外商投资企业登记事项"第9点"明确企业类型登记规则"明确规定:登记机关应当根据申请,按照内资企业类型分别登记为"有限责任公司""股份有限公司""合伙企业",并应当标明外商投资或者港澳台投资。现有中外合资经营企业、中外合作经营企业申请组织形式、组织机构变更登记前,按照原有企业类型加注规则执行。

二、外商投资的准入管理

(一)外商投资的监管体系

《外商投资法》和《外商投资法实施条例》重塑了现有的外商投资监管体系。以外商投资企业的设立为例,现有的外商投资监管体系至少包括如表19-1所示的几个部分:

表19-1 外商投资监管的体系

事项	监管部门	职责
项目管理	发改委	依据《外商投资项目核准和备案管理办法》对外商投资项目进行核准或备案
行业准入	行业主管部门	根据行业准入的法规要求,审核外商投资企业的相关资质并确定是否办理相关行业许可
外资准入	市场监管部门	根据市场准入清单(负面清单)进行审查,在负面清单内以外的领域投资的,予以登记;在负面清单内限制领域投资的,符合准入条件的,予以登记;在负面清单内禁止领域投资的,不予登记
企业登记		
信息报告	商务部门/市场监管部门	通过企业登记系统在线提交初始报告、变更报告,通过国家企业信用信息公示系统在线提交年度报告。注销报告相关信息由市场监管总局向商务部共享,外国投资者或者外商投资企业无须另行报送
经营者集中审查	商务部	对涉及经营者集中的,按照规定进行经营者集中审查
国家安全审查	发改委、商务部	对可能影响国家安全的外商投资,进行外商投资安全审查

(二)外商投资的准入与登记

在此主要对外资准入和企业登记问题进行介绍。《外商投资法》第4条第1款、第2款规定:"国家对外商投资实行准入前国民待遇加负面清单管理制度。前款所称准入前国民待遇,是指在投资准入阶段给予外国投资者及其投资不低于本国投资者及其投资的待遇;所称负面清单,是指国家规定在特定领域对外商投资实施的准入特别管理措施。国家对负面清单之外的外商投资,给予国民待遇。"而《国家发展改革委、商务部关于印发〈市场准入负面清单(2022年版)〉的通知》(发改体改规〔2022〕397号)、《外商投资准入特别管理措施(负面清单)(2021年版)》(国家发展和改革委员会、商务部令第47号)、《自由贸易试验区外商投资准入特别管理措施(负面清单)(2021年版)》(国家发展和改革委员会、商务部令第48号)、《海南自由贸易港外商投资准入特别管理措施(负面清单)(2020年版)》(国家发展和改革委员会、商务部令第39号)则发布了有关市场准入的四个负面清单。对于负面清单未涉及的内容,将适用"内外资一致"的原则,这也正是《外商投资法》所强调的外商投资准入前"国民待遇"。

依据《外商投资法》的相关规定,外商投资企业设立无须商务部门审批或备案,市场监管部门的批准成为设立外商投资企业的重要程序。依据《市场监管总局关于贯彻落实〈外商投资法〉做好外商投资企业登记注册工作的通知》(国市监注〔2019〕247号)第1条"规范外商投资企业登记程序"第1点"规范申请程序"规定:"……法律、行政法规规定企业设立、变更、注销登记前须经行业主管部门许可的,还应当向登记机关提交有关批准文件。"第2点"规范审查程序"规定:"外国投资者或者外商投资企业在《负面清单》以外的领域投资的,按照内外资一致的原则进行登记注册。外国投资者或者外商投资企业投资《负面清单》内对出资比例、法定代表人(主要负责人)国籍等有限制性规定的领域,对于符合准入特别管理措施规定条件的,依法予以登记注册;行业主管部门在登记注册前已经依法核准相关涉企经营许可事项的,登记机关无须就是否符合准入特别管理措施规定条件进行重复审查。外国投资者或者外商投资企业在《负面清单》禁止投资的领域投资的,不予登记注册。……"第2条"落实外商投资信息报告制度"第3点"配合商务部门落实外商投资信息报告制度"规定:"自2020年1月1日起,不再执行外商投资企业设立商务备案与工商登记'一口办理'。……提交外商投资信息报告不是办理外商投资企业登记注册的必要条件。登记机关不对外商投资信息报告进行审查。……"因此,负面清单(特别管理措施)主要由登记机关负责;涉及经营许可的行业主管部门先核准的,登记机关不再重复审查。行业主管部门、市场监管部门和发改委在办理行业许可、企业登记注册、投资项目核准备案的各个环节中均可对是否符合负面清单进行监督把关,并强化事中事后监管。故此,商务部门对外商投资企业设立和变更所实行的"审批制"和"备案制"同时退出历史舞台,改为"信息报告制"。

三、外商投资法下的公司治理结构

在三资企业法被废止后,外商投资企业的组织机构适用《公司法》《合伙企业法》等法律的规定。例如,依据《公司法》(2023年修订)的相关规定,有限责任公司的组织机构中,股东会是最高权力机构,董事会或董事(规模较小或者股东人数较少的有限责任公司可以设一名董事、不设董事会)对股东会负责,可以设经理,必须设监事会或监事(规模较小或者股东人数较少的有限责任公司可以设一名监事,不设监事会;经全体股东一致同意,也可以不设监事)。

《外商投资法》的实施,对于中外合资企业和中外合作企业的影响最大。依据三资企业法的相关规定,中外合资企业不设立股东会,最高权力机构是董事会,企业实行董事会领导下的总经理经营管理体制。中外合作企业设立董事会或联合管理机构,也可委托中外合作者以外的他人经营管理。外商独资企业可不设立董事会,但必须有一名执行董事。三种企业形式规定各不相同,又与《公司法》的规定存在交叉和冲突。新法的实施,意味着公司章程及后续的管理体制必将迎来根本性的变化。此外,《外商投资法实施条例》第46条还规定:"现有外商投资企业的组织形式、组织机构等依法调整后,原合营、合作各方在合同中约定的股权或者权益转让办法、收益分配办法、剩余财产分配办法等,可以继续按照约定办理。"主要变化见表19-2:

表19-2 外商投资企业治理机构的变化

事项	中外合资企业	中外合作企业	公司法(2023年修订)
最高权力机构	董事会	董事会或联合管理委员会委员(非法人)	股东会
最低组成人数	至少3名董事	至少3名董事或委员会成员	至少3名董事/不设董事/至少1名董事
法定最低出席人数	全体董事的2/3	全体董事或委员会成员的2/3	过半数董事
董事任期	4年	不超过3年	不超过3年
重大事项表决机制	经出席会议的董事一致通过	经出席会议的董事或委员会成员一致通过	经代表2/3以上表决权的股东通过
董事的产生	各方协商确定或由董事会选举产生。一方担任董事长的,由他方担任副董事长	一方担任董事会的董事长、联合管理机构的主任的,由他方担任副董事长、副主任	董事长、副董事长的产生办法由公司章程规定。即,允许同一名股东同时指定董事长及副董事长
法定代表人	董事长	董事长或委员会主任	由公司章程规定,由执行公司事务的董事或经理担任
利润分配	按注册资本比例	依照合作企业合同的约定	按实缴出资比例分配,但全体股东另有约定的除外
股权转让	其他股东一致同意	其他合作方一致同意	其他股东可以行使优先购买权,但公司章程另有规定的除外

四、外商投资企业再投资

《外商投资法实施条例》第 47 条规定："外商投资企业在中国境内投资,适用外商投资法和本条例的有关规定。"这条规定明确了我国对外商投资实施"穿透式监管",即无论外国投资者在中国境内设立多少层的企业,其在中国直接和间接的投资都将被视为外商投资进行监管,这与《外商投资法》第 2 条对"外商投资"包括"间接"在中国境内进行的投资活动的定义相符合。

在外商投资企业再投资时,若选择用结汇后的资本金进行再投资,即使再投资行业不涉及负面清单的行业,该再投资行为也会受到外汇监管的限制。《国家外汇管理局关于改革外商投资企业外汇资本金结汇管理方式的通知》(汇发〔2015〕19号)第 4 条"便利外商投资企业以结汇资金开展境内股权投资"规定:"除原币划转股权投资款外,允许以投资为主要业务的外商投资企业(包括外商投资性公司、外商投资创业投资企业和外商投资股权投资企业),在其境内所投资项目真实、合规的前提下,按实际投资规模将外汇资本金直接结汇或将结汇待支付账户中的人民币资金划入被投资企业账户。上述企业以外的一般性外商投资企业以资本金原币划转开展境内股权投资的,按现行境内再投资规定办理。以结汇资金开展境内股权投资的,应由被投资企业先到注册地外汇局(银行)办理境内再投资登记并开立相应结汇待支付账户,再由开展投资的企业按实际投资规模将结汇所得人民币资金划往被投资企业开立的结汇待支付账户。被投资企业继续开展境内股权投资的,按上述原则办理。"此外,《资本项目外汇业务指引(2020 年版)》(汇综发〔2020〕89 号,已失效)也规定:"投资性外商投资企业以外汇资金境内再投资新设企业按照接收境内再投资基本信息登记办理,投资性外商投资企业以外汇资金与外国投资者共同出资的,被投资企业需分别办理接收境内再投资基本信息登记和新设外商投资企业基本信息登记手续,其中办理新设外商投资企业基本信息登记时,投资性外商投资企业视为中方股东登记。"因此,原则上,外商投资性公司可以直接按实际投资规模将外汇资本金直接结汇或将结汇待支付账户中的人民币资金划入被投资企业基本账户;而若一般性外商投资企业以资本金原币划转开展境内股权投资的,应先由被投资企业在注册地外管局办理境内再投资登记,并在银行开立相应的境内再投资专用账户。银行直接审核相关资料后办理划转手续。外汇资金按照原币划转至被投资企业开立的境内再投资专用账户后,被投资企业接收的股权投资款按照汇发〔2015〕19 号文规定进行结汇。一般性外商投资企业以结汇资金开展境内股权投资的,应由被投资企业先到注册地外汇局(银行)办理境内再投资登记并开立相应结汇待支付账户,再由开展投资的企业按实际投资规模将结汇所得人民币资金划往被投资企业开立的结汇待支付账户,并进行监管。

五、外商投资法下的过渡期安排

《外商投资法》第42条第2款规定:"本法施行前依照《中华人民共和国中外合资经营企业法》《中华人民共和国外资企业法》《中华人民共和国中外合作经营企业法》设立的外商投资企业,在本法施行后五年内可以继续保留原企业组织形式等。具体实施办法由国务院规定。"《外商投资法实施条例》第44条规定:"外商投资法施行前依照《中华人民共和国中外合资经营企业法》《中华人民共和国外资企业法》《中华人民共和国中外合作经营企业法》设立的外商投资企业(以下称现有外商投资企业),在外商投资法施行后5年内,可以依照《中华人民共和国公司法》《中华人民共和国合伙企业法》等法律的规定调整其组织形式、组织机构等,并依法办理变更登记,也可以继续保留原企业组织形式、组织机构等。自2025年1月1日起,对未依法调整组织形式、组织机构等并办理变更登记的现有外商投资企业,市场监督管理部门不予办理其申请的其他登记事项,并将相关情形予以公示。"据此,在5年过渡期内,原依据三资企业法设立的外商投资企业可以继续保留原企业组织形式、组织机构等,也可以按照《公司法》《合伙企业法》进行调整。但自2025年1月1日起,仍未依法调整并办理变更登记的外商投资企业,市监部门将不予办理其申请的其他登记事项,并将相关情形予以公示。

依据《市场监管总局关于贯彻落实〈外商投资法〉做好外商投资企业登记注册工作的通知》(国市监注〔2019〕247号)第5条"做好过渡期内外商投资企业登记工作"第10点至第13点规定:

第一,关于组织形式变更登记。2020年1月1日以前依法设立的外商投资的公司、外商投资合伙企业无须办理企业组织形式变更登记。依法设立的不具有法人资格的中外合资、外商独资的外商投资企业,可以在《外商投资法》实施后5年内申请改制为合伙制企业,并向登记机关申请变更登记,并依法提交有关材料。隶属企业变更组织形式后,分支机构应当及时申请变更登记。

第二,关于组织机构等变更(备案)登记。2020年1月1日以前设立的外商投资的公司,在5年过渡期内调整最高权力机构、法定代表人或者董事产生方式、议事表决机制等与《公司法》强制性规定不符事项的,应当修订公司章程,并依法向登记机关申请办理变更登记、章程备案或者董事备案等手续。

第三,关于其他登记事项变更登记。2020年1月1日以前依法设立的外商投资企业,在5年过渡期内申请调整组织形式、组织机构前(时),根据调整前的组织形式、组织机构以及议事表决机制申请变更(备案)或者注销登记的,登记机关应当予以受理。

第四,关于过渡期后的衔接工作。现有中外合资经营企业、中外合作经营企业的组织形式、组织机构等依法调整后,在合同有效期内申请股东变更登记时,除全体股东重新约定外,有关股权转让办法执行合同约定条件的,登记机关应当予以受理。自2025年1月1日起,外商投资企业的组织形式、组织机构等不符合《公司法》《合伙企业法》强制性规定,且未依法申请变更登记、章程备案或者董事备案的,登记机关不予办理该企业其他登记事项的变更登记或者备案等事宜,并将相关情形予以公示。

第二节 外商投资合同的概念、类型、特征与效力

一、外商投资合同的概念与类型

在《外商投资法》于2020年1月1日生效施行后,原三资企业法下的外商合营合同(协议)、外商合作合同(协议)的概念已退出历史舞台,代之以"外商投资合同"的概念。

根据《外商投资法司法解释》第1条的规定,外商投资合同,是指全部或部分由外国投资者(外国的自然人、企业或者其他组织)因直接或间接在中国境内投资而形成的相关合同或协议。包括设立外商投资企业合同、股份转让合同、股权转让合同、财产份额或者其他类似权益转让合同、新建项目合同等协议。外国投资者因赠与、财产分割、企业合并、企业分立等方式取得相应权益所产生的合同也包括在内。此外,依据该解释第6条,港澳台地区投资者和定居在国外的中国公民在内地或大陆投资产生的相关合同或协议也被纳入"广义"的外商投资合同。

二、外商投资合同的特征

依据《外商投资法》及《外商投资法实施条例》的相关规定,外商投资合同具有如下主要特征:

第一,外商投资合同属于非典型合同,尽管《外商投资法司法解释》对其作出了定义,但并未对其主要内容作出特别的规定,仍可参考原三资企业法有关合同内容的规定拟定合同。

第二,部分外商投资合同的准据法必须是中国法律。《民法典》第467条第2款规定:"在中华人民共和国境内履行的中外合资经营企业合同、中外合作经营企业合同、中外合作勘探开发自然资源合同,适用中华人民共和国法律。"①此外,《民事诉讼法》(2023年修正)第279条规定,因在中华人民共和国履行中外合资经营企业合同、中外合作经营企业合同、中外合作勘探开发自然资源合同发生纠纷提起的诉讼,由中华人民共和国人民法院管辖。由此,《民法典》第467条第2款的规定也与程序法的规定实现了有效衔接。但需要注意的是,这里的外商投资合同并不包含全部由外国投资者签署的合同。

第三,依法律、行政法规的规定,部分外商投资合同应经外商投资企业审批机关批准后才生效。例如,前述的在负面清单规定的限制领域或者需要行业审批的领域投资的项目。

第四,外商投资合同中的设立外商投资企业合同、新建项目合同等往往履行期限较长,有些甚至无限期。

三、外商投资合同的效力问题

关于外商投资合同的效力问题,《外商投资法司法解释》作出了明确的规定。其第2条第1款规定:"对外商投资法第四条所指的外商投资准入负面清单之外的领域形成的投资合同,当事人以合同未经有关行政主管部门批准、登记为由主张合同无效或者未生效的,人民法院不予支持。"第3条规定:"外国投资者投资外商投资准入负面清单规定禁止投资的领域,当事人主张投资合同无效的,人民法院应予支持。"第4条规定:"外国投资者投资外商投资准入负面清单规定限制投资的领域,当事人以违反限制性准入特别管理措施为由,主张投资合同无效的,人民法院应予支持。人民法院作出生效裁判前,当事人采取必要措施满足准入特别管理措施的要求,当事人主张前款规定的投资合同有效的,应予支持。"第5条规定:"在生效裁判作出前,因外商投资准入负面清单调整,外国投资者投资不再属于禁止或者限制投资的领域,当事人主张投资合同有效的,人民法院应予支持。"此外,《外商投资企业纠纷司法解释(一)》(2020年修正)第1条规定:"当事人在外商投资企业设立、变更等过程中订立的合同,依法律、行政法规的规定应当经外商投资企业审批机关批准后才生效的,自批准之日起生效;未经批准的,人民法院应当认定该

---

① 关于涉外合同的法律适用的内容,请读者参阅笔者所著《合同审查精要与实务指南:合同起草审查的基础思维与技能》(第3版)第15章"合同通用条款的审查:正文通用条款"第4节第4部分。

合同未生效。当事人请求确认该合同无效的,人民法院不予支持。前款所述合同因未经批准而被认定未生效的,不影响合同中当事人履行报批义务条款及因该报批义务而设定的相关条款的效力。"同时,该解释第 3 条还规定:"人民法院在审理案件中,发现经外商投资企业审批机关批准的外商投资企业合同具有法律、行政法规规定的无效情形的,应当认定合同无效;该合同具有法律、行政法规规定的可撤销情形,当事人请求撤销的,人民法院应予支持。"

因此,涉及负面清单禁止投资领域的投资合同应认定为无效;涉及负面清单限制投资领域的投资合同未经审批的未生效,但可以在法院作出生效裁判前补正后生效;不论如何,涉及负面清单的投资合同都不影响其独立报批条款的效力。[①] 此外,审批机构审批后的外商投资合同也并不必然有效,若存在法律法规规定无效或可撤销情形的,仍然可认定无效或者依申请予以撤销。

第三节　外商投资合同的审查

如前所述,外商投资合同范围很广,包括设立外商投资企业合同、股份转让合同、股权转让合同、财产份额或者其他类似权益转让合同、新建项目合同等。外国投资者因赠与、财产分割、企业合并、企业分立等方式取得相应权益所产生的合同也包括在内。其中,外商投资企业的股权(份)转让合同与一般的股权(份)转让合同基本相同,财产份额或者其他类似权益转让合同则主要指的是合伙企业财产份额转让合同,其他如企业合并协议、分立协议、财产分割协议和赠与合同等与一般同类型的合同差别也不大。故此,本节有关外商投资合同审查的介绍,将以设立外商投资企业(合营企业)合同展开。

一、外商投资合同的框架结构

依据《外商投资法》及《外商投资法实施条例》,参考《中外合资经营企业法实施条例》(2019 年修订)第 11 条规定,并结合外商投资企业实践中使用的合同文本,一个典型的合营企业合同的主要条款如下:
- ✓ 前言;
- ✓ 定义与解释;
- ✓ 合营各方:包括合营各方的名称、注册国家、注册地址和法定代表人的姓

---

① 有关独立报批条款的更多内容,请读者参阅笔者所著《合同审查精要与实务指南:合同起草审查的基础思维与技能》(第 3 版)第 11 章"合同订立的法律风险管控:疑难问题"第 6 节。

名、职务、国籍；

　　✓ 合营企业的成立：公司的名称、注册地址等信息；

　　✓ 生产经营的宗旨、经营范围和规模；

　　✓ 合营企业的投资总额和注册资本，合营各方的出资额、出资比例、出资方式、出资的缴付期限以及出资额欠缴的规定；

　　✓ 股权转让：包括股东之间的股权转让、股东向第三人的股权转让、异议股东的股权回购等；

　　✓ 股东会：股东会的组成、职权、召开及议事规则等；

　　✓ 董事会：董事会的组成、董事名额的分配、董事职权、召开（主持）及议事规则等；

　　✓ 监事会：监事会的组成、监事名额的分配、监事职权、召开（主持）及议事规则等；

　　✓ 经营管理机构：总经理、副总经理及其他高级管理人员的职责、权限和聘用办法；

　　✓ 财务、会计、审计、税务、保险的处理原则；

　　✓ 劳动管理：有关劳动管理、工资、福利、劳动保险等事项的规定；

　　✓ 合营各方利润分配和亏损分担的处理原则；

　　✓ 合营企业期限；

　　✓ 合营企业的终止、解散及清算程序；

　　✓ 合同修改、变更；

　　✓ 违约责任；

　　✓ 适用的法律；

　　✓ 争议的解决；

　　✓ 合同文本采用的文字；

　　✓ 合同的生效及其他；

　　✓ 合营企业合同的附件。

　　需要说明的是，有观点认为，中国传统的中外合资企业合同包括《中外合资经营企业法》（2016年修正）项下的许多必备条款，但这些条款在《外商投资法》或《公司法》项下都不做强制要求或甚至没有提及，所以在《外商投资法》生效后将不再适用。在很多情况下，这些传统条款不符合当前的最佳实践，可能会引起混淆和误解。这样的条款包括"经营宗旨、范围和规模"（经营范围除外）、"合营企业的投资总额和注册资本"（注册资本除外）、"劳动管理"、"税务和保险"、"市场营销与销售"、"设备和服务采购"等。① 笔者认为,前述观点尽管有其道理,但基于习惯以及谨慎性考量,在外商投资法律"转型"期间,由于有些政策尚不明晰以及地方市场监管部门合同范本的修订并未完成等原因,尽管有些条款有些"冗余",但保留在合同条款中并非不可接受(况且其中部分条款即便是在《中外合资经营企业法实施条例》第11条下也并非就是合同成立的必备条款),只不过这些条款不再推荐为合同示范条款而已,更非必备条款了。

因此,除了上述典型的条款之外,视具体情况,合营企业合同还可能包括股东的权利和义务(如股东的知情权、质询权、新股优先购买权、异议股东回购请求权等)条款,知识产权(技术、商标和商名)条款,材料、设备和服务条款,甚至于合营企业产品的市场营销和销售条款等。其中,后三种条款完全可以不纳入合营企业合同之中,而通过另外签署单独的协议来明确,在条款复杂的情形下更是如此。

二、合营企业合同主要条款的审查

(一)合营企业合同的当事方与效力

在起草、审查合营企业合同时,首先需要审查的无疑是合同当事方和合同的效力。

1.合营企业合同的当事方

对于合同当事方的审查,请读者参阅本章第1节的相关内容。在此重申,依据《外商投资法实施条例》第3条"外商投资法第二条第二款第一项、第三项所称其他投资者,包括中国的自然人在内"之规定,中方股东可以是自然人、企业或其他经济组织,不再有自然人原则不得为中方股东之限制。

另外,《市场监管总局关于贯彻落实〈外商投资法〉做好外商投资企业登记注册工作的通知》(国市监注〔2019〕247号)第3条"明确外商投资企业材料规范"还明确:

第一,关于外国投资者主体资格证明。在申请外商投资企业登记时,申请人向登记机关提交的外国投资者的主体资格证明或者身份证明应当经所在国家公证机关公证并经中国驻该国使(领)馆认证。如其本国与中国没有外交关系,则应当经与中国有外交关系的第三国驻该国使(领)馆认证,再由中国驻该第三国使(领)馆认证。某些国家的海外属地出具的文书,应当在该属地办妥公证,再经该国外交机

---

① 参见[美]吕立山(ROBERT LEWIS):《外商投资实务指南:〈外商投资法〉时代合同模板与适用指引(中英双语)》,法律出版社2020年版,第161-167页。

构认证,最后由中国驻该国使(领)馆认证。中国与有关国家缔结或者共同参加的国际条约对认证另有规定的除外。外国自然人来华投资设立企业,提交的身份证明文件为中华人民共和国外国人永久居留身份证的,无须公证。

第二,关于港澳台投资者主体资格证明。香港特别行政区、澳门特别行政区和台湾地区投资者的主体资格证明或者身份证明应当按照专项规定或者协议,依法提供当地公证机构的公证文件。香港特别行政区、澳门特别行政区自然人投资者的身份证明为当地永久性居民身份证、特别行政区护照或者内地公安部门颁发的港澳居民居住证、内地出入境管理部门颁发的往来内地通行证;提交港澳居民居住证或者往来内地通行证的,无须公证。大陆公安部门颁发的台湾居民居住证、大陆出入境管理部门颁发的台湾居民往来大陆通行证,可作为台湾地区自然人投资者的身份证明且无须公证。香港特别行政区、澳门特别行政区自然人使用往来内地通行证、定居在国外的中国公民(华侨)使用护照申请登记注册的,可以通过全国企业登记身份管理实名验证系统进行实名验证,无须线下核实相关证件。

第三,关于法律文件送达。申请外商投资企业设立登记的,应当向登记机关提交外国投资者(授权人)与境内法律文件送达接受人(被授权人)签署的《法律文件送达授权委托书》(填表即可)。被授权人可以是外国投资者在境内设立的分支机构、拟设立的外商投资企业(被授权人为拟设立的企业的,企业设立后委托生效)或者其他境内有关单位或者个人。外商投资企业增加新的境外投资者的,也应当向登记机关提交上述文件。外国投资者(授权人)变更境内法律文件送达接受人(被授权人)或者被授权人名称、地址等事项发生变更的,应当及时向登记机关申请更新相关信息(填表即可)。登记机关在企业登记档案中予以记载。

2. 合营企业合同的效力

关于合营企业合同的效力问题,请读者参阅本章第 2 节的相关内容,不再赘述。在这里补充说明的是,《外商投资企业纠纷司法解释(一)》(2020 年修正)第 2 条规定:"当事人就外商投资企业相关事项达成的补充协议对已获批准的合同不构成重大或实质性变更的,人民法院不应以未经外商投资企业审批机关批准为由认定该补充协议未生效。前款规定的重大或实质性变更包括注册资本、公司类型、经营范围、营业期限、股东认缴的出资额、出资方式的变更以及公司合并、公司分立、股权转让等。"[①]因此,当事人在履行合营企业合同的过程中达成的补充协议,虽然属于对原合同的修改,但其效力应当结合具体情况全面综合分析。若补充协议内容不涉

---

① 2020 年修正后的解释第 2 条规定与修正前的第 2 条规定完全一致。

及必须报经审批机关审批的事项，对于已获批准的合营企业协议不构成实质性变更的，一方当事人不能仅以补充协议未经审批机关审批为由主张协议内容无效。

例如，在本溪北方煤化工有限公司、攀海国际有限公司股东出资纠纷再审审查与审判监督民事裁定书[最高人民法院(2018)最高法民申4393号]中，最高院认为：

北台钢铁公司与攀海公司于2003年2月23日签订《合资经营合同》《合资经营章程》，确认攀海公司以设备出资人民币12,865万元。双方又于2003年2月27日签订《合同、章程及意向书修改确认件》，将《合资经营合同》《合资经营章程》中攀海公司以设备作价出资12,865万元修改为"以设备作价出资12,865万元(以国家进出口商品检验检疫局认定的价格为准)"。辽宁省对外贸易经济合作厅于2003年2月28日批准《合资经营合同》《合资经营章程》后，双方又于2003年3月17日签订《补充协议》，删除了上述关于"国家进出口商品检验检疫局认定的价格为准"的条款。虽然该《补充协议》未经审批机构批准，但该变更并未对目标公司北方煤化工公司的注册资本、经营范围等构成重大变更或实质变化。根据《最高人民法院关于审理外商投资企业纠纷案件若干问题的规定(一)》第二条关于"当事人就外商投资企业相关事项达成的补充协议对已获批准的合同不构成重大或实质性变更的，人民法院不应以未经外商投资企业审批机关批准为由认定该补充协议未生效。前款规定的重大或实质性变更包括注册资本、公司类型、经营范围、营业期限、股东认缴的出资额、出资方式的变更以及公司合并、公司分立、股权转让等"的规定，原判决以该《补充协议》有效，并认定该《补充协议》对北台钢铁公司、攀海公司产生法律拘束力并无不当。北方煤化工公司关于原判决依据未经批准生效的《补充协议》认定攀海公司已经完成出资义务违背法律规定的再审主张，本院不予采信。

再如，在黄某勇、王某飞合同纠纷二审民事判决书[安徽省高级人民法院(2020)皖民终194号]中，法院认为：

《最高人民法院关于审理外商投资企业纠纷案件若干问题的规定(一)》第二条第二款规定：前款规定的重大或实质性变更包括注册资本、公司类型、经营范围、营业期限、股东认缴的出资额、出资方式的变更以及公司合并、公司分立、股权转让等。根据已查明且黄某勇、王某飞共同认可的事实，黄某勇、王某飞就设立稳晶公司而签订的协议、章程已经审批机构批准而生效，稳晶公司亦于2018年6月1日成立。2018年8月20日，双方又签订《合资经营有限责任公司协议书》，将黄某勇的出资方式由原来经批准的"货币出资"变更为"技术入股出资"，且约定"双方之前于2017年8月12日签订的关于此项目公司的协议作废"，属于重大或实质性变更。该协议因违反上述法律规定,一审法院认定其未生效,并无不当。此外,本案争议在于合同是否经批准而生效,不涉及合同某一条款无效不影响其他条款的效力问题。黄某勇关于该协议书不需经审批而生效、该条款无效并不影响合同其他条款的效力的上诉主张不能成立。因解除合同是以合同成立并生效为前提,对于未生效的合同,不存在请求解除的问题,故黄某勇解除合同的诉讼请求,不予支持。

需要说明的是,上述两个案例是在《中外合资经营企业法》及其实施条例尚处有效期间的案例,但《外商投资企业纠纷司法解释(一)》(2010年)第2条在2020年修正时并无变化,因此,这样的案例在《外商投资法》生效施行后仍然具有实践价值。

(二)合营企业的成立

合营公司的成立条款需要载明合营公司的名称和地址、公司组织形式以及受法律和法令保护等内容。需要注意对于合营企业的名称中使用的外方字号、商号的特别约定。例如,某些时候外方可能会要求,本合同终止时,或在本合同的有效期间内任何时候,如果外方不再对合营企业具有控制权(往往是持股比例下降至51%以下时)或外方的代表不再构成董事会的多数时,合营企业应变更公司名称,去除外方授予使用的外方商号或商名等。

【例19-1】合营企业成立条款

X	设立合营公司
X.1	**合营公司的成立:** 合营方同意根据《外商投资法》及其实施条例和中国其他有关法律、本合同及公司章程,成立合资经营公司。本合同签署并经审批机构批准(若需)后,合营方同意立即申领公司的营业执照以便成立公司。
X.2	**公司名称、地址和分支机构:** (a)公司的中文名称是:[ ]。 英文名称是:[ ]。 **本合同终止时,或在本合同的有效期间内任何时候,如果乙方所拥有公司注册资本份额降至百分之五十一(51%)以下,或乙方的代表不再构成董事会的多数时,公司应立即更改其名称,从其名称中删去["×××"]这一商名,并且不以任何相似的商名、词语或字样来代替。甲方保证在任何情况下不使用["×××"]这一商名或任何相似的词语或字样继续或接管公司的业务。有关使用["×××"]这一商名的其他条件将于商名使用许可合同中规定。** (b)公司的法定地址是:[ ]。 (c)经公司董事会及中国政府有关机构批准后,公司可以在中国境内外成立必要的分公司。

续表

X.3	**有限责任公司：** 公司的组织形式为有限责任公司。合营方对公司承担的责任以各方认缴的出资额为限。当一方已向公司缴清其对公司注册资本之出资额后，该方不须再向公司或代表公司出资、贷款、预支、保证或用其他方式缴付额外资金，任何一方无义务额外向其他一方、公司或第三方承担公司的债务、义务或责任。公司本身承担向任何一方赔偿其因公司经营而遭第三者索赔所招致的亏损、损失或义务。除本合同另有规定（或合作方另外书面同意）外，合营方以各自的利润分配和出资比例承担公司的风险和亏损。
X.4	公司是受中国法律约束的法人。公司的活动受中国的法律、法令、有关法规和条例的管辖和保护。

实务中需要关注如下两个有关合营企业及其分支机构的问题：

第一，自2020年1月1日起，外商投资企业的登记注册继续按照《市场监管总局关于印发〈企业登记申请文书规范〉〈企业登记提交材料规范〉的通知》（国市监注〔2019〕2号）执行。新设外商投资企业（包括内资转外资）登记注册中提交的材料参照"内资企业登记提交材料规范"执行。

第二，尽管《国家工商行政管理总局、商务部、海关总署、国家外汇管理局关于印发〈关于外商投资的公司审批登记管理法律适用若干问题的执行意见〉的通知》（工商外企字〔2006〕第81号）已经被废止，但其规定的精神依然可以参考适用，实践中亦是这样执行的。即，外商投资企业可根据业务需要直接设立从事业务联络的办事机构，无须办理工商登记。外商投资的公司的办事机构不再纳入工商登记后，外资登记管理机关应当继续对其进行监管，禁止其从事经营活动。①

（三）合营企业的宗旨、范围和规模

通常情况下，合营企业合同需要根据具体情况载明合营企业的经营宗旨或目的、经营范围和经营规模。需要特别说明的是，合营企业的宗旨和规模条款部分并无太大的现实意义，在拟定和审查本条款时可以考虑删除，故此尤需关注的是经营范围是否符合法律规定和合营企业现在和未来经营的需要。就此而言，在起草、审查合同本条款时，应查阅不时修订的市场准入负面清单、鼓励外商投资产业目录，看是否符合外商投资的准入制度。

---

① 更为详细的内容，请读者参阅笔者所著《合同审查精要与实务指南：合同起草审查的基础思维与技能》（第3版）第13章"合同主体条款审查"第5节的相关部分。

【例19-2】经营目的、范围和规模条款

X	经营目的、范围和规模
X.1	合营公司的经营目的： 扩大经济合作和技术交流，提高和达到满意的经济效益，不断引进国外先进的管理技术和设备，培育中国国内经营管理人员，引进经营的规范、模式，提供并传播国际市场信息，提高在中国及国际市场上具有竞争力的个人用品、家庭电器用品及百货用品的质量和销售数量，引导××市消费市场进入更高的水平，在××市内拓展商业零售连锁店业务。
X.2	合营公司的经营范围： 开办、经营、管理零售商业零售连锁店，加工、分装和/或销售国产和进口商品。
X.3	合营公司的规模： 公司经授权并经与有关方签订许可合同后，其经营管理的商业零售连锁店可有偿使用["×××"]作为商店商号。公司将按业务需要，逐步扩展其开设和经营管理的商业零售连锁店数量。

（四）投资总额和注册资本

投资总额这一概念一直以来是外商投资企业独有。投资总额的概念出现的历史原因在于对外开放之初，所谓的外商投资企业其实质还是项目公司意义上的企业，并不是一般意义上的市场主体，而是为了一个具体的建设项目而在有效期限内存在的企业。国家在批准设立外商投资企业的同时，批准了该外商投资企业的规模，这个规模就是外商投资企业投资总额。外商投资企业可以在投资总额与注册资本之间的差额（"投注差"）内举借外债，其目的是防止外商投资企业产生资本弱化的现象。

由于《外商投资法》并无"投资总额"的概念，在三资企业法废止后，投资总额和注册资本之间的比例（"投注比"）关系是否已经取消呢？有观点认为，当前限制外商投资企业举债金额的"投注差"规则不再适用（鉴于《公司法》中没有与《中外合资经营企业法》中规定的投资总额相对应的概念）。① 笔者认为，从未来趋势来看，"投注差"应予以取消；但截至目前，设立外商投资企业建议仍然遵守"投注比"的相关规定。理由在于：(1)《关于中外合资经营企业注册资本与投资总额比例的暂行规定》（工商企字〔1987〕第38号，以下简称"38号文"）仍然有效；(2)《商务部关于外商投资信息报告有关事项的公告》（商务部公告2019年第62号）附件1"《外商投资初始、变更报告表》"也依然要求外商投资企业报告投资总额相关信

---

① 参见［美］吕立山（ROBERT LEWIS）：《外商投资实务指南：〈外商投资法〉时代合同模板与适用指引（中英双语）》，法律出版社2020年版，第173页。

息;(3)对于外商投资企业而言,"投注比"或者说"投注差"的最大意义在于"投注差"为其可自境外贷入外债的最大额度。尽管依据《中国人民银行关于全口径跨境融资宏观审慎管理有关事宜的通知》(银发〔2017〕9号)的规定,自2017年1月11日起1年过渡期内,外商投资企业可选择"投注差"模式或该通知规定的基于企业净资产计算外债额度的"全口径"模式(实现了外债额度与投资总额的"脱钩")任一执行,后续《中国人民银行、国家外汇管理局关于调整全口径跨境融资宏观审慎调节参数的通知》(银发〔2020〕64号)将企业的跨境融资宏观审慎调节参数由1上调至1.25;《中国人民银行、国家外汇管理局关于调整企业跨境融资宏观审慎调节参数的通知》(银发〔2021〕5号)又将企业的跨境融资宏观审慎调节参数由1.25下调至1。故此,笔者认为,在确定外商投资企业跨境融资相关模式的规定出台之前,根据"投注差"确定外债额度的传统管理模式仍可选用。因此,"投注比"的相关规定已被废止,在跨境融资问题上能否实现内外资企业的完全一致,仍有待进一步的观察。至于在执行层面,外商投资合同和公司章程中仍然要求具备这一内容,故从谨慎性原则来看,仍然建议保留,或者至少应事先与登记机构进行沟通确定。

1."投注比"要求

一般地,合营企业的投资总额(含企业借款),是指按照合营企业合同、章程规定的生产规模需要投入的基本建设资金和生产流动资金的总和。合营企业的注册资本,则是指为设立合营企业在登记机关登记的资本总额,应为合营各方认缴的出资额之和。合营企业的注册资本可以用人民币表示,也可以用合营各方约定的外币表示。在组成上,投资总额实际上等于投资者缴付或认缴的注册资本和外商投资企业的借款之和。依据"38号文"的规定,"投注比"的关系如表19-3所示:

表19-3 投资总额与注册资本间的关系

单位:万美元

投资总额 X		注册资本 Y
(X, 300]		$Y \geq X \times 7/10$
(300, 1000]	(300, 420]	$Y \geq 210$
	(420, 1000]	$Y \geq X \times 1/2$
(1000, 3000]	(1000, 1250]	$Y \geq 500$
	(1250, 3000]	$Y \geq X \times 2/5$
(3000, X)	(3000, 3600]	$Y \geq X \times 1/3$
	(3600, X)	$Y \geq 1200$

同时,"38号文"第6条规定:"中外合作经营企业、外资企业的注册资本与投资总额比例,参照本规定执行。"第7条规定:"香港、澳门及台湾的公司、企业和其他经济组织或者个人投资举办的企业,其注册资本与投资总额的比例适用本规定。"

2. 投资总额和注册资本的币种表示和折算要求

《市场监管总局关于贯彻落实〈外商投资法〉做好外商投资企业登记注册工作的通知》(国市监注〔2019〕247号)第4条"完善外商投资企业登记事项"第8点"明确注册资本(出资数额)币种表示"规定:"外商投资企业的注册资本(出资数额)可以用人民币表示,也可以用其他可自由兑换的外币表示。作为注册资本(出资数额)的外币与人民币或者外币与外币之间的折算,应按发生(缴款)当日中国人民银行公布的汇率的中间价计算,法律、行政法规或者国务院决定另有规定的,适用其规定。"

3. 外国投资者的出资比例规定

三资企业法对外国投资者的出资比例作出了规定,一般不得低于25%,但在《外商投资法》生效施行后,依据其第2条第3款对外商投资企业的定义,除负面清单制度特别规定外,法律对外国投资者的出资比例没有法定要求。

4. 出资方式的要求

由于三资企业法被废止,有关出资方式的规定不再适用,而是统一到公司法的规定下。《公司法》(2023年修订)第48条第1款规定:"股东可以用货币出资,也可以用实物、知识产权、土地使用权、股权、债权等可以用货币估价并可以依法转让的非货币财产作价出资;但是,法律、行政法规规定不得作为出资的财产除外。"另外,股东或者发起人不得以劳务、信用、自然人姓名、商誉、特许经营权或者设定担保的财产等作价出资。

5. 注册资本的缴付要求

随着2013年《公司法》的修订,外商投资企业法规也作出了相应的修订。2015年10月28日,商务部发布了《关于修改部分规章和规范性文件的决定》(商务部令2015年第2号),自发布之日生效。根据该规定,对合营企业的注册资本的缴付要求完全交由公司章程约定,除非法律法规另有特别规定。《外商投资法》施行后,有关注册资本的缴付应完全按照公司法的规定执行。

【例19-3】投资总额和注册资本条款

X	投资总额和注册资本
X.1	投资总额： 公司的投资总额为二佰万美元（US＄2,000,000）。
X.2	注册资本： 公司的注册资本为二佰万美元（US＄2,000,000）。
X.3	注册资本的比例： 甲方和乙方对公司注册资本的出资比例如下： (a)甲方：一佰伍拾万美元（US＄1,500,000），占注册资本的75％； (b)乙方：伍拾万美元（US＄500,000），占注册资本的25％。
X.4	出资方式： 甲方和乙方应以下列方式出资： (a)甲方：以全部土地，厂房，生产设备，附属设备（详见附件1）及××商标专用权作价相当于一佰伍拾万美元（US＄1,500,000）出资； (b)乙方：以伍拾万美元（US＄500,000）出资。
X.5	出资期限： 合营方应按各自认缴的出资额出资，在成立之日起[10]天内缴付第一期其认缴出资额的[40％]，成立之日起[180]天缴付剩余的[60％]。
X.6	出资证明书： 在每一方对注册资本缴足其出资额后，公司应在出资之后[30]天内向出资各方发放由董事长及副董事长签署的出资证明书。
X.7	流动资金： (a)公司的流动资金应(1)由公司向其他放款机构贷款，或(2)以下列(b)分条约定的方法处理。 (b)(1)如甲乙双方同意要对公司流动资金进行追加但如公司不能如上述(a)(1)分条安排贷款，甲乙双方可以按双方投资比例安排出资款项。 (2)如任何一方未能安排此流动资金追加的款项，另一方则可以为对方提供贷款。贷款每年的计算应相当于贷款方安排此笔贷款的实际费用（包括所有贷款方安排此款项需要或可能负担的利息及费用）附加[3％]。如借款人在协定日期内不能还款，供款方可(i)从其在第[利润分配条款以下号]条中应得的利润中偿还贷款，直至全部贷款（包括以上所提到的本金及利息）还清为止；或(ii)以账面价值收购借款方的出资份额。 (3)借款方确保其在董事会的代表对上述方法偿还贷款一事投赞成票。借款方也应确保上述偿还贷款或收购借款方的出资份额方法遵守有关中国法规。
X.8	美元与人民币兑换率之计算方法： 人民币与美元的兑换应按*发生（缴款）*当日中国人民银行公布的汇率的中间价计算。

	未缴足出资额：
X.9	（a）任何一方未在本合同规定的期限内缴足出资额,应按本合同规定承担违约责任。如未缴足出资额的一方逾期[3]天仍未缴付应出资的份额,合作方应立即签订一份补充合同,对一方未缴足的出资额转由另一方认缴的有关事宜作出约定,并变更相应的权利义务,该补充合同签订后,应立即报送审批机构审批,自批准之日起生效。补充合同生效后,合作方应立即执行补充合同。公司同时应将补充合同报送工商管理机关办理变更工商登记注册手续,在不减少合作方董事人数的基础上,合作方应按实收资本新的出资比例,计算出新增董事人数,新增董事一方只按应新增董事数字的整数部分委任新增董事入董事会。 （**b**）**公司按合作方各自在注册资本中的出资比例分配利润和／或利益。未完成出资的不分配利润。** （c）如任何一方未按期向公司缴足该缴出资额或认缴增加出资额,该一方或合作方应向公司支付高于中国银行在规定出资日起到出资完成之日的放款利息(2%)的利息,公司有权把未缴足认缴出资额或增资额的任何一方或合作方在公司所分配的利润扣留,以作为部分或全部出资额或增资额(包括利息),直至完全付清为止。

（五）公司治理结构条款

如前所述,在三资企业法被废止后,具有法人资格的外商投资企业的组织机构("三会一层")适用《公司法》(2023 年修订)的规定。"三会"的规定具体见表 19-4：

表 19-4　公司的组织机构

公司类型		权利机构	行政机构	监督机构
有限责任公司	非一人公司	股东会	董事会（规模较小或者股东人数较少的,可以设 1 名董事）	监事会（规模较小或者股东人数较少的,可以设 1 名监事）；董事会设审计委员会的,可不设监事会或监事
	一人公司	股东		
	国家出资公司	国有资产监督管理机构		
股份有限公司		股东会		

除"三会"之外,公司治理结构条款还应包含"一层"的规定,即经营管理机构和经理的相关规定。

【例 19-4】股东会、董事会和经营管理条款

X	股东会、董事会和经营管理
X.1	股东会
X.1.1	公司股东会由全体股东组成,股东会是公司的最高权力机构,依照公司章程行使职权。

续表

X.1.2	股东会行使下列职权: (1)选举和更换董事,决定有关董事的报酬事项;选举和更换由股东代表出任的监事,决定有关监事的报酬事项; (2)审议批准董事会的报告; (3)审议批准监事会的报告; (4)审议批准公司的利润分配方案和弥补亏损方案; (5)对公司增加或者减少注册资本作出决议; (6)对发行公司债券作出决议; (7)对公司合并、分立、变更公司形式、解散和清算等事项作出决议; (8)修改公司章程; (9)对股东向股东以外的人转让出资作出决议; (10)[其他职权]。
X.1.3	股东会会议由股东按照出资比例行使表决权。
X.1.4	股东会对公司增加或者减少注册资本、分立、合并、解散或者变更公司形式作出决议,必须经代表2/3以上表决权的股东通过。
X.1.5	修改公司章程的决议,必须经代表2/3以上表决权的股东通过。
X.1.6	股东会会议分为定期会议和临时会议。定期会议应当按照公司章程的规定按时召开。代表1/4以上表决权的股东,1/3以上董事,或者监事,可以提议召开临时会议。股东会会议由董事会召集,董事长主持,董事长因特殊原因不能履行职务时,由董事长指定的副董事长或者其他董事主持。
X.2	**董事会**
X.2.1	公司召开的第一次股东会为公司董事会成立之日。董事会设董事长1人,由甲方提名;副董事长1人,由乙方提名。董事[ ]名,甲方提名[ ]名,乙方提名[ ]名。
X.2.2	董事长是公司法定代表人。董事长因故不能履行其职责时,可临时授权副董事长为代表。
X.2.3	董事长可委派另外一人在开董事会时作为他(她)的全权代理人行使其权利。出现此情况时应将全权代理委托书交董事会。
X.2.4	董事会行使下列职权: (1)召集股东会会议,并向股东会报告工作; (2)执行股东会的决议; (3)决定公司的经营计划和投资方案; (4)制订公司的利润分配方案和弥补亏损方案; (5)制订公司增加或者减少注册资本以及发行公司债券的方案; (6)制订公司合并、分立、解散或者变更公司形式的方案; (7)决定公司内部管理机构的设置; (8)决定聘任或者解聘公司经理及其报酬事项,并根据经理的提名决定聘任或者解聘公司副经理、财务负责人及其报酬事项; (9)制定公司的基本管理制度; (10)[其他职权]。

续表

X.2.5		董事会按照人数行使表决权。仅当赞同和反对的表决人数相等时,董事长拥有额外的一票决权。
X.2.6		董事会决定以出席会议的董事或其全权代理人的多数票通过,但重大事宜必须经[全体]董事(或其代理人)同意方能通过,包括但不限于: (1)公司章程的修订; (2)公司注册资本的增加或减少以及发行公司债券; (3)公司合并、分立、解散或变更公司形式; (4)公司利润分配方案和弥补亏损方案; (4)公司经营范围的任何改变; (5)公司预算的决定或决算的批准; (6)超过[5,000,000]元标的的合同/协议的签订; (7)分公司或分支机构的建立或撤销; (8)公司对外借款或担保; (9)[其他重大事项]。
X.2.7		董事会会议每半年召开一次,由董事长负责召集并主持。董事会在公司会计年度的[前3个]月内召开。董事长不能召集时由副董事长召集并主持。如遇特殊情形,由董事长或[2/3]以上董事提议,在必要时可召集董事会临时会议。董事会会议一般在公司的法定地址举行,若经董事会决定,也可以在其他地点举行。召开董事会会议,应当于会议召开[10日]前通知全体董事。董事会应当将所议事项的决定做成会议记录,出席会议的董事应当在会议记录上签名。
X.3	监事会	
X.3.1		公司设监事会,监事会由[ ]名监事组成。其中,甲方提名[ ]名,乙方提名[ ]名,职工代表监事[ ]名。
X.3.2		监事会设监事会主席[1]名,由[ ]方提名的监事出任,设监事会副主席[1]名,由[ ]方提名的监事出任。监事会主席担任召集人。监事任期[3]年,可连选连任。有关监事会职权、议事规则等事项,在公司章程中约定。
X.4	经营管理	
X.4.1		**经营管理机构** 公司所设经营管理机构隶属并向公司的董事会负责。公司应设总经理一人。总经理由甲方提名并由董事会以[3]年合同聘任,如需要,合同期限可以延长。
X.4.2		**总经理的职权** 总经理应在年度经营计划范围内负责公司的日常经营管理工作,并实施董事会的各项决定。总经理的任期和职权,应由董事会决议确定。
X.4.3		**撤换** 总经理如被发现有不能胜任、不负责任、玩忽职守或有类似情况,董事会决议可将其撤换。

（六）财务、利润分配和亏损弥补条款

根据《公司法》（2023 年修订）第 207 条至第 210 条的规定，公司必须依法建立财务、会计制度，依法编制财务报告，并依法报告股东，公开发行股票的股份有限公司还必须公告其财务会计报告。因此，合营企业合同，一般在财务和利润分配条款中规定这些内容。对于利润分配与派发，主要包括利润分配的顺序，包括是否提取任意公积金以及提取比例或确定方法等，以及股息或红利的派发事项等。对于亏损弥补，首先弥补税法上不能在税前弥补的亏损。用税前利润弥补亏损之后尚余不能税前弥补的亏损，该等不能税前弥补的亏损只能用税后利润进行弥补。在会计处理上，该弥补并不需要进行任何的账务处理，利润分配科目会进行自动弥补。如果公司账上提取的法定公积金尚有余额，可以先使用它弥补亏损，不足以弥补亏损的，应当先使用当年税后利润进行弥补。

需要特别注意的是，《公司法》（2023 年修订）第 210 条第 4 款规定："公司弥补亏损和提取公积金后所余税后利润，有限责任公司按照股东实缴的出资比例分配利润，全体股东约定不按照出资比例分配利润的除外；股份有限公司按照股东所持有的股份比例分配利润，公司章程另有规定的除外。"因此，根据公司法的规定及相关司法实践，股东可以在合营合同和公司章程中自由约定利润分配比例而不必遵守出资比例。

【例 19 – 5】财务和利润分配条款

X	财务和利润分配
X.1	公司依照法律、行政法规和国家有关部门的规定，制定本公司的财务会计制度。
X.2	公司在每一会计年度前 3 个月、9 个月结束后 30 日内编制公司季度报告，公司在每一会计年度前 6 个月结束后 60 日以内编制公司的中期财务报告，在每一会计年度结束后 120 日以内编制公司年度财务报告。
X.3	公司年度财务报告以及进行中期利润分配的中期财务报告，包括以下内容： (1) 资产负债表； (2) 利润表； (3) 利润分配表； (4) 财务状况变动表（或现金流量表）； (5) 会计报表附注。 公司不进行中期利润分配的，中期财务报告包括上款除第（3）项以外的会计报表及附注。
X.4	季度财务报告、中期财务报告和年度财务报告按照有关法律、法规的规定进行编制。

续表

X.5	公司除法定的会计账册外,不另立会计账册。公司的资产,不以任何个人名义开立账户存储。
X.6	公司缴纳有关税收后的利润,按下列顺序分配: (1)弥补以前年度的亏损; (2)提取公司法定公积金10%; (3)提取任意公积金[10]%。 任意公积金的提取比例由董事会视公司经营情况进行调整;公司法定公积金累计额为公司注册资本的50%以上时,可以不再提取。提取法定公积金后,是否提取任意公积金由股东会决定。公司不得在弥补公司亏损和提取法定公积金、任意公积金之前向股东分配利润。
X.7	公司股东会对利润分配方案作出决议后,公司董事会须在股东会召开后[1]个月内完成股利(或股份)的派发事项。
X.8	股东会决议将公积金转为股本时,按[股东原有股份比例]转增。但法定公积金转为股本时,所存留的该项公积金不得少于注册资本的25%。
X.9	公司的财务审计将聘请审计师事务所审查、稽核;审计包括公司的一切凭证、簿记、收支单据、账册、统计报表和财务报告,并将结果报告董事会和总经理;审计结果每年向股东通报;如果甲方或乙方股东欲聘请自己选择的其他审计师对年度财务进行审查,公司必须予以充分的配合,所聘请的其他审计师的费用由聘方承担。但是任何这种额外审计的内部费用应由公司承担。

如前所述,《外商投资法实施条例》第46条还规定:"现有外商投资企业的组织形式、组织机构等依法调整后,原合营、合作各方在合同中约定的股权或者收益转让办法、收益分配办法、剩余财产分配办法等,可以继续按照约定办理。"需要注意的是,该规定不受时间限制,即5年过渡期当中或之后均适用。

另外,在对利润分配条款进行审查时,尤其需要注意的一个特别问题就是"保底条款"的问题。"保底条款"通常是指在合同中约定,无论是否亏损一方享有固定回报的条款。那么保底条款到底有无效力呢?这在司法实践中存在较大的争议,人民法院对合同中目标公司承诺的保底条款("名为投资、实为借贷")总体上倾向于否认其效力。在以往的司法实践中,中外合资经营企业合营合同中如果规定有保底条款,很可能会被认定为无效条款。但需要注意的是,对于中外合作企业合作经营合同中的保底条款,从司法实践来看,法院倾向于认定其中的保底条款有效。

(七)股权转让条款

《公司法》(2023年修订)第84条规定:"有限责任公司的股东之间可以相互转让其全部或者部分股权。股东向股东以外的人转让股权的,应当将股权转让的数量、价格、支付方式和期限等事项书面通知其他股东,其他股东在同等条件下有优先购买权。股东自接到书面通知之日起三十日内未答复的,视为放弃优先购买权。两个以上股东行使优先购买权的,协商确定各自的购买比例;协商不成的,按照转让时各自的出资比例行使优先购买权。公司章程对股权转让另有规定的,从其规定。"因此,除非登记为有限责任公司的外商投资企业章程另有规定,否则基于有限责任公司的"人合性",应当遵从《公司法》(2023年修订)第84条有关其他股东优先购买权的规定。①

此外,依据《公司法司法解释(四)》(2020年修正)第19条规定:"有限责任公司的股东主张优先购买转让股权的,应当在收到通知后,在公司章程规定的行使期间内提出购买请求。公司章程没有规定行使期间或者规定不明确的,以通知确定的期间为准,通知确定的期间短于三十日或者未明确行使期间的,行使期间为三十日。"

【例19-6】出资份额的转让条款

X	出资份额的转让
X.1	当本合同任何一方(简称"处置方")向第三者提出转让本合同或出售或以其他方式处置其全部或部份所有权权益时,处置方应就处置权益的数量、价格、支付方式和期限等事项提前[30]日书面通知其他方,其他方在相同的价款和条件下有优先购买权。 **就本条而言,"第三者"一词不包括乙方将成立用以控制或拥有公司的权益的控股公司,无须给予甲方优先购买权;甲方在此放弃上述优先购买权。**
X.2	其他方自接到书面通知之日起[30]日内未答复的,视为放弃优先购买权。
[X.3]	[若有两个以上的其他方有意行使优先购买权,则这些其他方应协商确定各自的购买比例;协商不成的,则按如下公式计算各方的购买比例:各方的购买比例=该购买方在合营公司的持股比例/全部有意购买方在合营公司的持股比例之和]
X.4	每次出售或转让或其他处置完成后,公司应注销发给处置方的原出资证明书,并签发新的出资证明书,以证明拥有公司的权益。任何转让、出售或其他处置,应呈报原审批机构批准后方能有效(若需)。公司接获原审批机构批准后,应向有关政府机关办理所有权变更登记手续。

需要注意的是,《外商投资法实施条例》第46条规定:"现有外商投资企业的组织形式、组织机构等依法调整后,原合营、合作各方在合同中约定的股权或者权益转让办法、收益分配办法、剩余财产分配办法等,可以继续按照约定办理。"该规定不受时间限制,即5年过渡期当中或之后均适用。《市场监管总局关于贯彻落实

---

① 有关有限责任公司其他股东优先购买权的内容,请读者参阅本书第17章"股权转让(并购)合同起草、审查精要与实务"的相关内容。

〈外商投资法〉做好外商投资企业登记注册工作的通知》(国市监注〔2019〕247号)第 5 条"做好过渡期内外商投资企业登记工作"第 13 点"做好过渡期后的衔接工作"明确:"现有中外合资经营企业、中外合作经营企业的组织形式、组织机构等依法调整后,在合同有效期内申请股东变更登记时,除全体股东重新约定外,有关股权转让办法执行合同约定条件的,登记机关应当予以受理。"

(八)合营期限条款

营业期限是指公司存续的有效时间,分为有期限和无期限两种。有期限又分两种情形:一是自拟期限,指股东或发起人在章程上载明了营业期限;二是法定期限,指法律要求在章程上必须标明的期限。无期限是法律不强制要求公司表明存续期的一种态度。除少数国家外,包括中国在内的多数国家和地区的公司法不规定营业期限,属公司自拟行为。中国公司法既未规定公司的最长营业期限,又未规定公司章程对营业期限必须加以规定。如《公司法》(2023 年修订)第 46 条对有限责任公司章程应当载明的八项事项的规定中并不包含公司营业期限。

对于外商投资企业而言,三资企业法以及《中外合资经营企业合营期限暂行规定》被废止后,应无营业期限的特别限制了。故此,也应当统一适用公司法的规定,可以自由约定为有期限和无期限。

【例 19-7】合营期限条款

X	合营期限
X.1	合营期限: 除非任何一方按本合同的条款提前终止本合同,本合同规定的合营期限为[50]年,自公司登记机关签发营业执照之日起算。
X.2	合营期限的延长: 若公司决定延长合营期限,应在合营期限到期前不少于[6]个月的时间内召开股东会作出延长合营期限的决议,修订公司章程,并向公司登记机关办理变更备案。

(九)终止、解散和清算条款

我国公司法及其相关的法规并没有对公司解散进行明确的定义,但按照一般理解,公司解散是指基于法定事由,使公司的法人资格归于消灭的法律行为。公司解散只是公司法人资格消灭的原因,在解散过程中,公司丧失的只是从事营业活动的行为能力,其法人资格并未真正消灭。公司解散的法律后果主要体现在三个方面:一是因合并或分立而解散的,其法人资格消灭,其权利义务由存续公司或新设公司承继。其他原因的解散,公司进入清算程序,此时法人资格仍然存在。二是公司解散后,其行为能力受到限制,只能从事与清算目的有关的活动,不得开展营业活动。三是公司解散后,公司的机关停止行使权利,其与公司的权利义务关系也终止,将由清算组对外代表公司。

同样,我国公司法及其相关的法规也没有对公司清算进行明确的定义,但按照一般法律理解,公司清算是指公司解散后,清结公司债权债务,分配公司剩余财产,最终向公司登记机关申请注销登记,使公司法人资格归于消灭的法律行为。

【例19-8】终止和清算条款

X	终止和清算
X.1	终止: 除非按照第[X.2]款延长期限,否则本合同于合作期限届满时终止。
X.2	提前终止: 在任何下列情况下,任何一方有权通过向另一方发出书面通知在合作期限届满前终止本合同: (1)另一方实质性地违反本合同或章程,并且在书面通知违约方后3个月内仍未纠正该违约行为; (2)公司累积亏损超过[　　]港元(HK$　　)或其等值人民币; (3)公司或另一方破产,或成为清算或解散程序的对象,或停止营业或无力偿付其到期债务; (4)另一方违反本合同规定转让其在公司的权益; (5)公司全部或任何实质部分的资产被任何政府部门没收(在这种情况下公司应取得合理的补偿); (6)出现其他不可预见的情况使公司不能有效地运作; (7)不可抗力的情况或后果持续超过连续整[6]个日历月,而且双方未能按照第[不可抗力条款序号]条找到公平的解决方法; (8)尽管甲方、乙方和公司尽其一切合理的努力,公司连续[60]个月未能平衡其外汇要求; (9)对任何一方行使权力的任何部门或机构要求对本合同、章程、知识产权许可合同或服务合同的任何条款进行修改以致对公司或任何一方造成重大的不利后果;或 (10)发生第[经济调整条款序号][1]条所列事件而且双方在开始协商后60天内不能达成经济调整的协议。 如果任何一方按本款发出要求提前终止本合同的通知,双方应于该通知发出后的[1]个月内开始谈判并努力消除通知提前终止的原因。如果在谈判开始后[1]个月内,事情仍不能得到解决,或者如果被通知方拒绝在上述期限内开始谈判,双方应促使其委派的董事在董事会会议上投赞成票通过终止合同的决议并将提前终止的申请报审批机构批准。

续表

X.3	**清算:** 如果本合同期满或因故提前终止,公司的资产应在按照《公司法》成立的清算组指导下进行估价和清算。估价和出售资产时,清算组应尽一切努力使上述资产获得可能的最高价格,包括聘请一名对公司拥有或持有的各类资产估值方面有经验的独立的第三方专家协助进行上述估价。乙方提供给公司或许可公司使用的任何知识产权或诀窍以及所有有关资料和情报应还给乙方,乙方均无义务为此支付任何款项。公司一切未偿债务清算和结清,并在缴纳任何适用的税款后,公司余下的资产应以各方在本合同终止时对注册资本的实际出资比例分摊。公司的资产应尽可能以美元出售。根据本条应支付给乙方的任何和所有金额应以美元支付并按照中国外汇管理条例由乙方自由汇出中国境外。如果公司没有足够的外汇支付应付给乙方,公司应迅速通过外汇调剂中心或外资指定银行获得额外的外汇,使应付给乙方的所有金额可以外汇支付。
X.4	**没有义务:** 乙方在乙方指定的中国境外的银行收到本条项下应向其支付的所有款项后,对公司或甲方不再负有任何义务或责任,而甲方对公司或乙方也不再负有任何义务和责任。
X.5	**持续的义务:** 在法律许可的范围内,本条以及本合同第[保密条款的序号]条和第[不进行竞争条款的序号]条的条款和义务在本合同终止后及公司终止、解散或清算后仍然有效。

〔1〕经济调整条款为:"如果本合同日期后由于颁布任何新的中国法律、条例或规定或修改或解释任何现有的中国法律、条例或规定而使任何一方的经济利益受到不利和实质影响,则双方应迅速互相协商并尽最大努力实施任何必要的调整,以把各方从本合同获得的经济利益维持在不差于该等法律、条例或规定未颁布,或未修改或未那样解释时它所获得的经济利益的基础上。"

(十)法律适用和争议解决条款

在涉外的外商投资合同中,拟定好争议解决条款尤其重要。本处所指的争议解决条款包括两个部分:一是法律的适用;二是争议管辖。

如前所述,《民法典》第 467 条第 2 款规定:"在中华人民共和国境内履行的中外合资经营企业合同、中外合作经营企业合同、中外合作勘探开发自然资源合同,适用中华人民共和国法律。"此外,《民事诉讼法》(2023 年修正)第 279 条规定,因在中华人民共和国履行中外合资经营企业合同、中外合作经营企业合同、中外合作勘探开发自然资源合同发生纠纷提起的诉讼,由中华人民共和国人民法院管辖。因此,设立属于中外合资企业、中外合作企业性质的外商投资企业的,法律适用条款应约定适用中国法律并受中国法院管辖,约定由境外法院管辖的条款会被认定无效。但是,《民事诉讼法》(2023 年修正)并不限制当事人约定以仲裁的方式(包括提交境外仲裁机构)处理上述涉外纠纷。如,在志图控股有限公司与大连亿达房地产股份有限公司申请确认仲裁协议效力民事裁定书[北京市第四中级人民法院(2018)京 04 民特 361 号]中,法院认为:

仲裁协议(仲裁条款)系合同当事人约定将争议提交仲裁解决的意思表示,其效力与否决定了争议解决方式的选择。人民法院在对仲裁案件进行司法审查时,应当以尊重当事人意思自治为原则,以审查当事人有无将争议提交确定仲裁机构仲裁的意思表示为依据来确定仲裁协议(仲裁条款)的效力。对于中外合资经营企业合同中仲裁条款效力的审查,还应当以不违法我国法律法规的强制性规定为前提。本案所涉合同的性质为中外合资经营企业合同,志图公司依据民事诉讼法第二百六十六条规定,认为因此类合同引发的争议均应由中华人民共和国人民法院管辖。对此,本院将结合双方提出的理由进行分析:首先,民事诉讼法第二百六十六条规定,因在中华人民共和国履行中外合资经营企业合同发生纠纷提起的诉讼,由中华人民共和国人民法院管辖,该条专指的是诉讼管辖,并非排除约定仲裁的可选择性;其次,中外合资经营企业法第十六条规定,合营各方发生纠纷的,可以书面约定由中国仲裁机构进行调解或仲裁,也可由合营各方协议在其它仲裁机构仲裁,故中外合资经营企业法确定了约定中国或者其他仲裁机构仲裁的法律效力;再次,实施条例第九十七条和第九十八条规定,对于履行合同时发生的争议,可以书面约定提请仲裁或者司法解决,仲裁既可以在中国的仲裁机构进行仲裁,也可以在其他仲裁机构进行,故实施条例也认可了合同中约定仲裁解决争议的法律效力;最后,上述法律法规虽然在法律位阶和颁布实施时间上有所差别,但是立法内容具有一致性,即对于因中外合资经营企业合同履行产生的纠纷,合同当事人可以约定向中华人民共和国人民法院提起诉讼,也可以书面约定提交仲裁机构仲裁。上述法律法规即为审查本案所涉仲裁条款效力的强制性法律规范,结合仲裁法中关于仲裁条款效力的一般性规定,本院认为,修订及重述合同第19.1条明确约定,将因该合同履行有关的任何争议提交位于中国北京的中国国际经济贸易仲裁委员会仲裁,该条具有明确的仲裁意思表示、仲裁事项和仲裁机构,符合仲裁法规定仲裁条款有效的形式要件和实质要件,亦未违反民事诉讼法、中外合资经营企业法、实施条例的强制性规定,仲裁条款合法有效,志图公司的申请理由不能成立,应予驳回。

(十一)其他条款的审查

除了上述一些主要条款之外,合营合同中还可能涉及"技术、商标和商名""材料、设备和服务""合营企业产品的销售""知识产权"等其他条款。这些条款应根据每个合营企业的具体情况而具体审定。例如,以"材料、设备和服务"条款为例,其可能涉及合营公司向外方投资者采购材料、采购服务,这个时候往往仅在合营合同中写明材料的供应来源,并将供应合同作为合同的附件。类似地,购买咨询服务时,会将咨询服务合同作为合同的附件。

第 20 章　PPP 项目合同起草、审查精要与实务

内容概览

PPP 模式即 Public Private Partnership 的英文单词首字母缩写,通常译为"政府和社会资本合作",是指政府与私人组织之间,为了合作建设城市基础设施等项目或是为了提供某种公共物品和服务,以特许权协议为基础,彼此之间形成一种伙伴式的合作关系,并通过签署合同来明确双方的权利和义务,以确保合作的顺利完成,最终达到比各方单独行动更为有利的结果。PPP 项目合同是整个项目运作过程中合同体系的基础和核心。本章包含如下内容:

✓ PPP 模式与 PPP 合同体系
✓ PPP 项目合同的审查

第一节　PPP 模式与 PPP 合同体系

概括地讲,PPP 模式是政府和社会资本在基础设施和公共服务领域基于合同建立的一种合作关系。PPP 项目合同是整个项目运作过程中合同体系的基础和核心,政府方与社会资本方的权利义务关系以及 PPP 项目的交易结构、风险分配机制等均通过 PPP 项目合同确定,并以此作为各方主张权利、履行义务的依据。按合同办事是 PPP 模式的精神实质,加强对 PPP 项目合同的起草、谈判、履行、变更、解除、转让、终止直至失效的全过程管理,通过合同正确表达意愿、合理分配风险、妥善履行义务、有效主张权利,是政府和社会资本长期友好合作的重要基础,也是 PPP 项目顺利实施的保障。

一、PPP 模式的概念与内涵

广义的 PPP 模式即公私合作模式,是公共基础设施的一种项目融资模式,指政

府公共部门与私人部门合作过程中,让非公共部门所掌握的资源参与提供公共产品和服务,从而实现政府公共部门的职能同时也为私人部门带来利益。其管理模式包括与此相符的诸多具体形式。这种合作和管理过程可以在不排除并适当满足私人部门的投资营利目标的同时,为社会更有效率地提供公共产品和服务,使有限的资源发挥更大的作用。狭义的 PPP 是指政府与私人部门组成特殊目的机构（SPV）,引入社会资本,共同设计开发,共同承担风险,全过程合作,期满后再移交给政府的公共服务开发运营方式。PPP 模式的内涵主要包括以下四个方面：

第一,PPP 模式是一种新型的项目融资模式。项目 PPP 融资是以项目为主体的融资活动,是项目融资的一种实现形式,主要根据项目的预期收益、资产以及政府扶持措施的力度而不是项目投资人或发起人的资信来安排融资。项目经营的直接收益和通过政府扶持所转化的效益是偿还贷款的资金来源,项目公司的资产和政府给予的有限承诺是贷款的安全保障。

第二,PPP 模式可以使社会资本更多地参与到项目中,以提高效率,降低风险。这也正是现行项目融资模式所欠缺的。政府的公共部门与私人企业以特许权协议为基础进行全程的合作,双方共同对项目运行的整个周期负责。PPP 模式的操作规则使私人企业参与到基础设施、公共产品和服务项目的确认、设计和可行性研究等前期工作中来,这不仅降低了私人企业的投资风险,而且能将私人企业在投资建设中更有效率的管理方法与技术引入项目中,还能有效地实现对项目建设与运行的控制,从而有利于降低项目建设投资的风险,较好地保障国家与私人企业各方的利益。这对缩短项目建设周期,降低项目运作成本甚至资产负债率都有值得肯定的现实意义。

第三,PPP 模式可以在一定程度上保证民营资本"有利可图"。民营部门的投资目标是寻求既能够还贷又有投资回报的项目,无利可图的基础设施、公共产品和服务项目是吸引不到民营资本的投入的。而采取 PPP 模式,政府可以给予私人投资者相应的政策扶持作为补偿,从而很好地解决这个问题,如税收优惠、贷款担保、给予民营企业沿线土地优先开发权等。这些政策可提高民营资本投资基础设施、公共产品和服务项目的积极性。

第四,PPP 模式可以在减轻政府初期建设投资负担和风险的前提下,提高基础设施、公共产品和服务质量。在 PPP 模式下,公共部门和民营企业共同参与基础设施和公共产品项目的建设和运营,由民营企业负责项目融资,可能增加项目的资本金数量,进而降低较高的资产负债率,不但能节省政府的投资,还可以将项目的一部分风险转移给民营企业,从而减轻政府的风险。同时双方可以形成互利的长期关系,更好地为社会和公众提供服务。

二、PPP 模式的基本合同体系

在 PPP 项目中,项目参与方通过签订一系列合同来确立和调整彼此之间的权利义务关系,这些合同构成了 PPP 项目的基本合同体系。根据项目特点的不同,相应的合同体系也会有所不同。PPP 项目的基本合同通常包括 PPP 项目合同、股东协议、履约合同(包括工程承包合同、运营服务合同、原料供应合同以及产品或服务购买合同等)、融资合同和保险合同等。其中,PPP 项目合同是整个 PPP 项目合同体系的基础和核心。在 PPP 项目合同体系中,各个合同之间并非完全独立,而是紧密衔接、相互贯通的,合同之间存在一定的"传导关系"。PPP 项目基本合同体系见图 20-1:

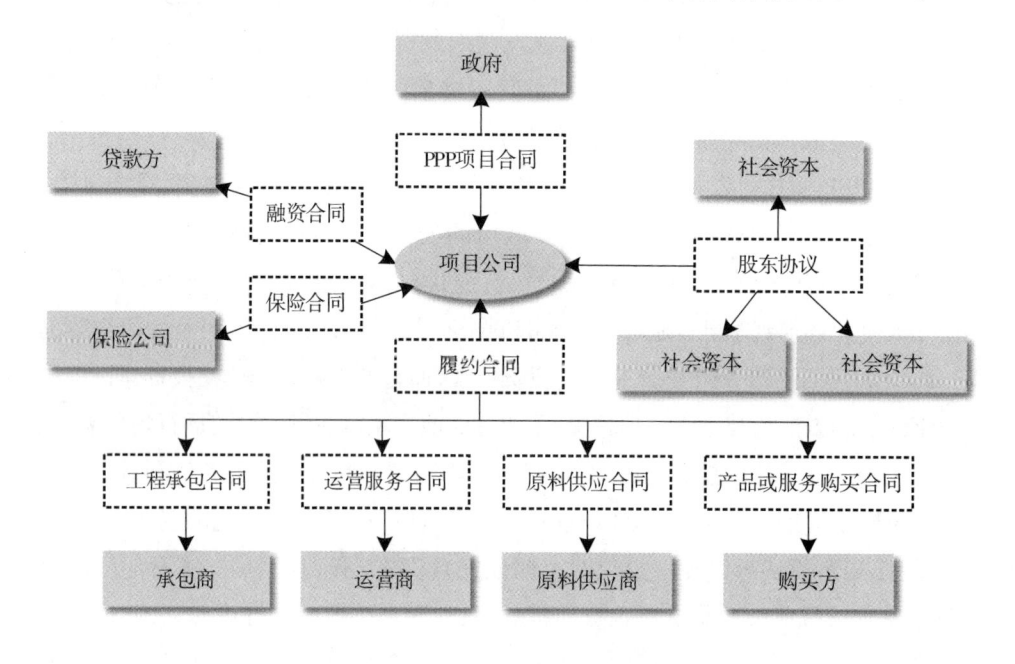

图 20-1　PPP 项目基本合同体系

（一）PPP 项目合同

PPP 项目合同是项目实施机构与中选社会资本签订(若需要成立专门项目公司,则由项目实施机构与项目公司签订)的约定项目合作主要内容和双方基本权利义务的协议。其目的是在项目实施机构与社会资本之间合理分配项目风险,明确双方的权利义务关系,保障双方能够依据合同约定合理主张权利、妥善履行义务,确保项目全生命周期的顺利实施。PPP 项目合同是其他合同产生的基础,也是整个 PPP 项目合同体系的核心。有关 PPP 项目合同的框架结构和主要内容详见后文。

(二)股东协议

股东协议由项目公司的股东签订,用以在股东之间建立长期的、有约束力的合约关系。股东协议通常包括以下主要条款:前提条件、项目公司的设立和融资、项目公司的经营范围、股东权利、履行PPP项目合同的股东承诺、股东的商业计划、股权转让、股东会、董事会、监事会组成及其职权范围、利润分配、违约责任、协议解除、终止及终止后处理机制、不可抗力、适用法律和争议解决等。

(三)融资合同

从广义上讲,融资合同包括项目公司与贷款方签订的项目贷款合同、担保人就项目贷款与贷款方签订的担保合同、政府与贷款方和项目公司签订的直接介入协议等多个合同。其中,项目贷款合同是最主要的融资合同,一般包括陈述与保证、前提条件、偿还贷款、担保与保障、抵销、违约责任、适用法律与争议解决等条款。同时,出于贷款安全性的考虑,贷款方往往要求项目公司以其财产或其他权益进行抵押或质押,或由其母公司提供某种形式的担保,或由政府作出某种承诺,这些融资保障措施通常会在担保合同、直接介入协议以及PPP项目合同中具体体现。

(四)保险合同

由于PPP项目通常资金规模大、生命周期长,负责项目实施的项目公司及其他相关参与方通常需要对项目融资、建设、运营等不同阶段、不同类型的风险分别投保。通常可能涉及的保险种类包括货物运输险、建筑工程险、针对设计或其他专业服务的专业保障险、针对间接损失的保险、第三人责任险、政治风险保险等。

(五)履约合同

履约合同通常包括工程承包合同、运营服务合同、原料供应合同以及产品或服务购买合同等。

1. 工程承包合同

项目公司一般只作为融资主体和项目管理者而其本身不一定具备自行设计、采购、建设项目的条件,因此可能会将全部或部分设计、采购、建设工作委托给工程承包商,并签订工程承包合同。项目公司可以与单一承包商签订总承包合同,也可以分别与不同承包商签订合同。承包商的选择要遵循相关法律、法规的规定。由于工程承包合同的履行情况往往直接影响PPP项目合同的履行,进而影响项目的贷款偿还和收益情况，因此，为了有效转移项目建设期间的风险，项目公司通常会与承包商签订一个固定价格、固定工期的"交钥匙"合同，将工程费用超支、工期延误、工程质量不合格等风险全部转移给承包商。此外，工程承包合同中通常还会包括履约担保和违约金条款，进一步督促承包商妥善履行合同义务。

2. 运营服务合同

根据PPP项目运营内容和项目公司管理能力的不同，项目公司有时会考虑将项目全部或部分的运营和维护事务外包给有经验的运营商，并与其签订运营服务合同。具体操作中，运营维护事务的外包可能需要事先征得政府方的同意。但是，PPP项目合同中约定的项目公司的运营和维护义务并不因项目公司将全部或部分运营维护事务分包给其他运营商实施而豁免或解除。

3. 原料供应合同

有些PPP项目在运营阶段对原料的需求量很大，原料成本在整个项目运营成本中占比较大，同时受价格波动、市场供给不足等影响又无法保证能够随时在公开市场上以平稳价格获取原材料，继而可能会影响整个项目的持续稳定运营，如燃煤电厂项目中的煤炭。因此，为了防控原料供应风险，项目公司通常会与原料的主要供应商签订长期原料供应合同，并约定相对稳定的原料价格。原料供应合同一般会包括以下条款：交货地点和供货期限、供货要求和价格、质量标准和验收、结算和支付、合同双方的权利义务、违约责任、不可抗力和争议解决等。除前述一般性条款外，原料供应合同通常还会包括"照供不误"条款，即要求供应商以稳定的价格、稳定的品质为项目提供长期、稳定的原料。

4. 产品或服务采购合同

在PPP项目中，项目公司的主要投资收益来源于项目提供的产品或服务的销售收入。因此，保证项目产品或服务有稳定的销售对象，对于项目公司而言十分重要。根据PPP项目付费机制的不同，项目产品或服务的购买者可能是政府，也可能是最终使用者。以政府付费的供电项目为例，政府的电力主管部门或国有电力公司通常会事先与项目公司签订电力购买协议，约定双方的购电和供电义务。此外，在一些产品购买合同中，还会包括"照付不议"条款，即项目公司与产品的购买者约定一个最低采购量，只要项目公司按照该最低采购量供应产品，不论购买者是否需要采购该产品，其均应按照该最低采购量支付相应价款。

5. 其他合同

PPP项目中还可能会涉及其他的合同，如与专业中介机构签署的投资、法律、技术、财务、税务等方面的咨询服务合同等。

第二节 PPP项目合同的审查

鉴于PPP项目中除PPP项目合同之外的其他合同通常与设立公司的投资协议、融资贷款合同、保险合同以及其他履约合同的审查差不多,并且PPP项目合同是PPP项目合同体系的核心和基础,因此,本节仅介绍最具有特点的PPP项目合同。

一、PPP项目合同的框架结构

PPP项目合同是指作为采购人的政府方与通过采购程序选择的中标人(社会投资人)或项目公司依法订立的约定了双方权利义务及风险分配的协议。一个典型的采用BOT(建设—运营—移交)形式的PPP项目合同的主要组成内容包括[①]:

- ✓ 前言
- ✓ 定义和解释
- ✓ PPP项目的范围和期限
- ✓ 前提条件
- ✓ 项目融资
- ✓ 项目前期工作及费用
- ✓ 项目用地
- ✓ 项目建设
- ✓ 运营与维护
- ✓ 项目公司的成立及股权变更的限制
- ✓ 项目付费机制
- ✓ 运营维护绩效考核
- ✓ 履约担保
- ✓ 保险
- ✓ 法律变更和政府行为
- ✓ 不可抗力
- ✓ 临时接管
- ✓ 违约及提前终止
- ✓ 项目移交

---

① 参考《PPP项目合同指南(试行)》《政府和社会资本合作项目通用合同指南(2014年版)》以及《政府和社会资本合作模式操作指南(修订稿)》第19条第1款规定。

- ✓ 争议的解决和法律适用;以及
- ✓ 其他条款

除上述核心条款以外,PPP项目合同通常还会包括其他一般合同中的常见条款,例如,知识产权、环境保护、声明与保证、通知、合同分割、合同修订等。

二、PPP项目合同主要条款的审查

在对PPP项目合同进行审查时,主要可以参考的两个文件是《财政部关于规范政府和社会资本合作合同管理工作的通知》(财金〔2014〕156号)的附件《PPP项目合同指南(试行)》(以下简称《项目合同指南》)[①]和《国家发展和改革委员会关于开展政府和社会资本合作的指导意见》(发改投资〔2014〕2724号)附件《政府和社会资本合作项目通用合同指南(2014年版)》(以下简称《通用合同指南》)。

(一)PPP项目合同主体的审查

PPP项目合同的合同主体为政府主体和社会资本主体,而社会资本主体则可以是社会资本方或为项目专门设立的项目公司。

1. PPP项目合同的政府主体

财政部于2019年11月1日发布的《关于征求〈政府和社会资本合作模式操作指南(修订稿)〉意见的函》(财办金〔2019〕94号,函中的修订稿以下简称《PPP操作指南(修订稿)》)[②]第3条规定:"本指南所称政府,指县级(含)以上人民政府或具备同等级别的行政主体。"[③]第9条规定:"……政府或其指定的有关职能部门或

---

① 本文件被《财政部关于公布废止和失效的财政规章和规范性文件目录(第十四批)的决定》(财政部令第114号,2024年1月20日发布,2024年1月20日实施)废止。国务院密文发布的《关于政府和社会资本合作存量项目分类处理的意见》明确:财政部取消PPP项目库。财政部门不再负责项目实施方案、物有所值评价和财政承受能力论证,不再执行每一年度本级全部PPP项目从一般公共预算列支的财政支出责任不超过当年本级一般公共预算支出10%的规定,严格预算管理和地方政府债务管理,加强政府购买服务监管,坚决防止新增地方政府隐性债务。

② 2014年11月29日,财政部发布了《关于印发政府和社会资本合作模式操作指南(试行)的通知》(财金〔2014〕113号),该文在我国PPP模式操作上的重要作用毋庸置疑,该文有效期为3年,于2017年11月29日到期失效[参见《财政部关于公布废止和失效的财政规章和规范性文件目录(第十三批)的决定》(财政部令第103号)]。此后,财政部开始对全国范围内的PPP项目进行规范,发现需要对财金〔2014〕113号文进行修订,2019年11月1日财政部发布了《关于征求〈政府和社会资本合作模式操作指南(修订稿)〉意见的函》(财办金〔2019〕94号),截至本书截稿之日尚未发布正式稿。

③ 此处的"具备同等级别的行政主体"通常是指各种开发区、园区的管委会。

事业单位可作为项目实施机构,负责项目准备、采购、监管和移交等工作。"[参见财金〔2014〕113号文件(已失效)第10条]第22条规定:"采购结果公示结束后,项目实施机构应将根据采购文件(含有关补遗文件)、社会资本响应文件(含有关补遗文件)和确认谈判备忘录拟定的PPP项目合同报本级政府审核同意后,与依法选定的社会资本签订PPP项目合同。需要设立项目公司的,待项目公司成立后,由项目公司与实施机构签署关于PPP项目合同的承继合同。"[参见财金〔2014〕113号文件(已失效)第21条]此外,《国家发展改革委关于开展政府和社会资本合作的指导意见》(发改投资〔2014〕2724号)第4条"建立健全政府和社会资本合作的工作机制"第2项"明确实施主体"规定"按照地方政府的相关要求,明确相应的行业管理部门、事业单位、行业运营公司或其他相关机构,作为政府授权的项目实施机构",第5条"加强政府和社会资本合作项目的规范管理"第4项"合同管理"规定"项目实施机构和社会资本依法签订项目合同,明确服务标准、价格管理……以及评估论证等内容"。《项目合同指南》第1章第1节第1条"政府"规定:"……本指南中,政府或政府授权机构作为PPP项目合同的一方签约主体时,称为政府方。"《通用合同指南》第6条"政府主体"第1款"主体资格"规定:"签订项目合同的政府主体,应是具有相应行政权力的政府,或其授权的实施机构。"《基础设施和公用事业特许经营管理办法》[国家发展和改革委员会等六部委令第17号,以下简称《特许经营管理办法》(2024年)]①第10条规定:"地方各级人民政府应当规范推进本级政府事权范围内的特许经营项目,依法依规授权有关行业主管部门、事业单位等作为基础设施和公用事业特许经营项目实施机构(以下简称'实施机构'),负责特许经营项目筹备、实施及监管,并明确其授权内容和范围。"第20条第1、2款规定:"实施机构应当与依法选定的特许经营者签订特许经营协议。需要成立项目公司的,实施机构应当与依法选定的特许经营者签订初步协议,约定其在规定期限内注册成立项目公司,并与项目公司签订特许经营协议。"

从上述规定中可以看出,《PPP操作指南(修订稿)》、发改投资〔2014〕2724号文件、《特许经营管理办法》(2024年)都首先规定了项目实施机构,进而规定项目实施机构应作为政府主体与社会资本主体签订PPP项目合同,而《项目合同指南》《通用合同指南》则直接规定了PPP项目合同的签约政府主体。总体而言,PPP项目合同的政府签约主体是具有相应行政权力的政府(或同等级别的行政主体)或其授权的实施机构。

---

① 该办法于2024年3月28日发布,于2024年5月1日起实施。

需要注意的是,《关于组织开展第三批政府和社会资本合作示范项目申报筛选工作的通知》(财金函〔2016〕47号)附件《PPP示范项目评审标准》规定,国有企业或融资平台公司作为政府方签署PPP项目合同的不再列为备选项目①,即,本级政府实际控制的国有企业和融资平台公司等不得"变相"以社会资本参与PPP项目。此外,由于PPP项目合同的实施期限至少在10年以上,其间可能会遇到政府职能机构调整的情况导致原本的实施机构不再享有相关职能,考虑到这种可能性,通常会在PPP项目合同中就政府签约主体机构调整时的延续或继承方式作出相关约定。

2. PPP项目合同的社会资本主体

第一,社会资本。《PPP操作指南(修订稿)》第4条规定:"本指南所称社会资本是指依法设立的境内外企业法人或契约型基金②、非营利组织、合伙企业等法律法规规定具有投资资格的其他组织。本级政府为实际控制人的企业不得作为社会资本参与本级PPP项目。"(参见财金〔2014〕113号文件(已失效)第2条)。《关于在公共服务领域推广政府和社会资本合作模式的指导意见》(国办发〔2015〕42号)③规定,社会资本是指依法设立且有效存续的具有法人资格的企业。《项目合同指南》第1章第1节第2条"社会资本方"规定:"本指南所称的社会资本是指依法设立且有效存续的具有法人资格的企业,包括民营企业、国有企业、外国企业和外商投资企业。但本级人民政府下属的政府融资平台公司及其控股的其他国有企业(上市公司除外)不得作为社会资本方参与本级政府辖区内的PPP项目。"《通用合同指南》第7条"社会资本主体"第1款"主体资格"规定:"签订项目合同的社会

---

① 财金〔2014〕113号文件(已失效)第2条亦规定:"本指南所称社会资本是指已建立现代企业制度的境内外企业法人,但不包括本级政府所属融资平台公司及其他控股国有企业。"《PPP操作指南(修订稿)》第4条第2款规定:"本级政府为实际控制人的企业不得作为社会资本参与本级PPP项目。"

② 修订稿将"契约型基金"纳入了社会资本,但仅限定在"契约型"基金,而未纳入公司型和合伙型基金,这样的排除可能并不恰当。因为,中国政府和社会资本合作融资支持基金这样的公司型基金如何参与PPP项目就存在问题,这是其一;其二,契约型基金参与PPP项目,是否存在"穿透",是否属于第三方代持股份等都是一些需要解决的潜在争议问题。

③ 《关于规范实施政府和社会资本合作新机制的指导意见》(国办函〔2023〕115号)明确:"稳妥推进新机制实施。把握好工作力度、节奏,2023年2月政府和社会资本合作项目清理核查前未完成招标采购程序的项目,以及后续新实施的政府和社会资本合作项目,均应按照本指导意见规定的新机制执行,不再执行2015年5月印发的《国务院办公厅转发财政部发展改革委人民银行关于在公共服务领域推广政府和社会资本合作模式指导意见的通知》(国办发〔2015〕42号)。"因此,国办发〔2015〕42号文并未被废止,2023年2月前完成招标采购程序的项目,仍然适用该文的政策。

资本主体,应是符合条件的国有企业、民营企业、外商投资企业、混合所有制企业,或其他投资、经营主体。"《特许经营管理办法》(2024年)第3条规定:"本法所称基础设施和公用事业特许经营,是指政府采用公开竞争方式授权中华人民共和国境内外的法人或者其他组织作为特许经营者,通过协议明确权利义务和风险分担,约定其在一定期限和范围内建设运营基础设施和公用事业并获得收益,提供公共产品或者公共服务。商业特许经营以及不涉及产权移交环节的公建民营、公办民营等,不属于本办法所称基础设施和公用事业特许经营。"从上述规定可以看出,各部委文件在社会资本方的范围表述上存在比较大的差异,而发改委发布的法律文件中对社会资本范围的规定相对更为宽泛。

另外,《关于规范实施政府和社会资本合作新机制的指导意见》(国办函〔2023〕115号)规定:"优先选择民营企业参与。要坚持初衷、回归本源,最大程度鼓励民营企业参与政府和社会资本合作新建(含改扩建)项目,制定《支持民营企业参与的特许经营新建(含改扩建)项目清单(2023年版)》(以下简称清单,见附件)并动态调整。市场化程度较高、公共属性较弱的项目,应由民营企业独资或控股;关系国计民生、公共属性较强的项目,民营企业股权占比原则上不低于35%;少数涉及国家安全、公共属性强且具有自然垄断属性的项目,应积极创造条件、支持民营企业参与。对清单所列领域以外的政府和社会资本合作项目,可积极鼓励民营企业参与。外商投资企业参与政府和社会资本合作项目按照外商投资管理有关要求并参照上述规定执行。"与《关于在公共服务领域推广政府和社会资本合作模式指导意见的通知》(国办发〔2015〕42号)"鼓励国有控股企业、民营企业、混合所有制企业等各类型企业积极参与提供公共服务"相比变化较大的是,新规明确规定,优先选择民营企业参与政府和社会资本合作,最大限度鼓励民营企业参与政府和社会资本合作新建(含改扩建)项目。笔者认为,此处的"民营企业"不包括国有独资公司、国有控股公司及外商投资企业。

第二,项目公司。《PPP操作指南(修订稿)》第22条规定:"……需要设立项目公司的,待项目公司成立后,由项目公司与实施机构签署关于PPP项目合同的承继合同。"[参见财金〔2014〕113号文件(已失效)第21条第3款]

《项目合同指南》第1章第1节第2条"社会资本方"规定:"社会资本是PPP项目的实际投资人,但在PPP实践中,社会资本通常不会直接作为PPP项目的实施主体,而会专门针对该项目成立项目公司,作为PPP项目合同及其他相关合同的签约主体,负责项目具体实施。项目公司是依法设立的自主运营、自负盈亏的具有独立法人资格的经营实体。项目公司可以由社会资本(可以是一家企业,也可以是多家企业组成的联合体)出资设立,也可以由政府和社会资本共同出资设立。但政府在项目公司中的持股比例应当低于50%,且不具有实际控制力及管理权。"因此,在项目初期阶段,项目公司尚未成立时,政府方会先与社会资本(项目投资人)签订意向书、备忘录或者框架协议,以明确双方的合作意向,详细约定双方有关项目开发的关键权利义务。待项目公司成立后,由项目公司与政府方重新签署正式PPP项目合同,或者签署关于继承上述协议的补充合同[《PPP操作指南(修订稿)》第22条仅规定了签署"承继合同"]。在PPP项目合同中通常也会对PPP项目合同生效后政府方与项目公司及其母公司之前就本项目所达成的协议是否继续存续进行约定。《通用合同指南》第7条"社会资本主体"第4款"对项目公司的约定"规定:"如以设立项目公司的方式实施合作项目,应根据项目实际情况,明确项目公司的设立及其存续期间法人治理结构及经营管理机制等事项……如政府参股项目公司的,还应明确政府出资人代表、投资金额、股权比例、出资方式等;政府股份享有的分配权益,如是否享有与其他股东同等的权益,在利润分配顺序上是否予以优先安排等;政府股东代表在项目公司法人治理结构中的特殊安排,如在特定事项上是否拥有否决权等。"《特许经营管理办法》(2024年版)第17条规定:"实施机构应当在招标文件、谈判文件等公开选择特许经营者的文件中载明是否要求成立特许经营项目公司。"第20条第1、2款规定:"实施机构应当与依法选定的特许经营者签订特许经营协议。需要成立项目公司的,实施机构应当与依法选定的特许经营者签订初步协议,约定其在规定期限内注册成立项目公司,并与项目公司签订特许经营协议。"

  根据上述规定可以看出:其一,项目公司并非一定要设立,社会资本可以自行与政府方签订PPP合同实施PPP项目。但实践中,通常政府方都会在招标文件中要求社会资本成立项目公司专门实施PPP项目,一方面是因为设立项目公司是社会资本的普遍需求和惯常操作,社会资本通过设立项目公司可以实现有限追索,起到风险隔离的作用;另一方面,如若政府方参股或社会资本为联合体,则更要通过设立项目公司来实施项目,有效整合联合体之间的资金和资源,也便于政府方的监督和管理。其二,政府方不一定要参股项目公司,可由社会资本单独设立项目公司。如果政府参股的,其在项目公司中参股比例为不超过50%(甚至不应相对控股),且不应具有实际控制力和管理权。实践中持股比例通常为10%—40%,一方面是因为股权比例越高对政府方的资金量需求就越高;另一方面,即使股权比例相对较高但是政府方又不得对项目具有实际控制力和管理权,因而对政府方不具有吸引力。在实践中,若设立项目公司,通常有以下两种签署PPP项目合同的方式:

一是政府方先与社会资本签订投资协议或框架协议,待项目公司成立后,由项目公司与政府方签署正式 PPP 项目合同;二是政府方直接与社会资本签订正式的 PPP 项目合同,待项目公司成立后,由项目公司与政府方重新签署 PPP 项目合同或以签订补充协议的形式承继 PPP 项目合同。

【例 20-1】某医院"BOT"项目 PPP 项目合同的签约主体

政府主体:×××市人民政府决定实施×××市××新区医院项目(下称"医院项目")。该市人民政府决定采用 PPP 模式实施医院项目,并授权"××新区开发建设委员会"("PPP 项目合同"的甲方)作为本项目的实施机构负责本项目规划、准备、采购、管理、监督和移交等工作,授权"×××市中心医院"作为本项目中政府方指定的项目公司出资代表。

社会资本主体(联合体):"××医药集团股份有限公司"(联合体成员,牵头人)、"××建设投资引导基金管理有限公司"(联合体成员,融资方)和"××建设集团有限公司"(联合体成员,施工方)(以下统称"PPP 项目合同"的乙方)组成社会资本的联合体,通过竞争性磋商的方式,已依法成为医院项目的成交社会资本方。

PPP 项目合同的签署:在 PPP 项目签署时,项目公司尚未设立,故 PPP 项目合同由成交社会资本方(乙方)与甲方先行签署,项目公司成立后,项目公司通过与甲乙双方签署补充合同的方式承继本合同项下的乙方权利与义务。

根据《政府和社会资本合作项目政府采购管理办法》(财库〔2014〕215 号)①第 4 条规定,PPP 项目的采购方式既可以是公开招标、邀请招标,也可以是竞争性谈判、竞争性磋商和单一来源采购。《关于规范实施政府和社会资本合作新机制的指导意见》(国办函〔2023〕115 号)明确,"项目实施机构应根据经批准的特许经营方案,通过公开竞争方式依法依规选择特许经营者(含特许经营者联合体,下同)"。《特许经营管理办法》(2024 年版)第 16 条规定:"实施机构根据经审定的特许经营方案,应当通过招标、谈判等公开竞争方式选择特许经营者。"据此,对于包含政府投资的项目,根据《政府采购法》第 26 条之规定,可采取竞争性磋商、竞争性谈判等方式;对于不包含政府投资的项目,是否还可以参照适用《政府采购法》第 26 条之

---

① 本文件被《财政部关于公布废止和失效的财政规章和规范性文件目录(第十四批)的决定》(财政部令第 114 号,2024 年 1 月 20 日发布,2024 年 1 月 20 日实施)废止。

规定,采取竞争性磋商、竞争性谈判等方式,笔者倾向于认为是可以的,但仍有待后续文件作出进一步规定。

另外,对于具体项目采用何种程序选择特许经营者,除需符合特许经营项目相关规定外,还需要考虑特定行业的其他法律、法规是否存在特别要求。例如《收费公路管理条例》第11条第3款规定,经营性公路建设项目应当向社会公布,采用招标投标方式选择投资者。《市政公用事业特许经营管理办法》(2015修正)第8条规定,市政公用事业的特许经营者应通过公开招标的方式选择。因此,前述项目的特许经营项目只能采取公开招标方式,而不能采取竞争性谈判等其他竞争性方式。

(二)PPP项目的范围

《项目合同指南》第2章第3节第1条"项目的范围"规定:"项目的范围条款,用以明确约定在项目合作期限内政府与项目公司的合作范围和主要合作内容,是PPP项目合同的核心条款。根据项目运作方式和具体情况的不同,政府与项目公司的合作范围可能包括设计、融资、建设、运营、维护某个基础设施或提供某项公共服务等。以BOT运作方式为例,项目的范围一般包括项目公司在项目合作期限内建设(和设计)、运营(和维护)项目并在项目合作期限结束时将项目移交给政府。通常上述合作范围是排他的,即政府在项目合作期限内不会就该PPP项目合同项下的全部或部分内容与其他任何一方合作。"在采用使用者付费机制的项目中,项目公司通常会要求在PPP项目合同中增加唯一性条款,要求政府承诺在一定期限内不在项目附近新建竞争性项目。

《通用合同指南》第3章第8条"合作关系"第1款"项目范围"规定:"明确合作项目的边界范围。如涉及投资的,应明确投资标的物的范围;涉及工程建设的,应明确项目建设内容;涉及提供服务的,应明确服务对象及内容等。"第3款"社会资本主体承担的任务"规定:"明确社会资本主体应承担的主要工作,如项目投资、建设、运营、维护等。"第10条"排他性约定"规定:"如有必要,可做出合作期间内的排他性约定,如对政府同类授权的限制等。"

从上述规定可以总结出,PPP项目范围条款通常应包含三个层次的内容:一是政府与社会资本(或项目公司,下同)的合作内容;二是标的项目的内容和范围;三是相关排他性的规定。

1. 政府与社会资本的合作内容

基于PPP模式的基本原理,笔者认为,政府与社会资本的合作内容事实上即指社会资本在基础设施和公共服务项目中所应承担的任务（在 PPP 项目中，政府将其在基础设施和公共服务领域所承担的部分职责让渡给社会资本，让渡的部分即双方合作的内容）。根据项目的不同，双方合作内容包括基础设施和公共服务项目的融资、投资、设计、建设、运营、维护、移交等全部或部分。通常，根据 PPP 项目的具体运作方式即可基本判断该项目的总体合作内容，如前所述，《项目合同指南》明确，以 BOT 运作方式为例，项目的范围一般包括项目公司在项目合作期限内建设（和设计）、运营（和维护）项目并在项目合作期限结束时将项目移交给政府。当然，对于上述合作内容中各项工作的承担边界，如前期工作的分工、运营维护的具体形式等还需在后续条款中进行详细约定。

2. 标的项目的内容和范围

标的项目的内容和范围，即指对项目对应的具体基础设施或公共服务项目范围和内容的描述。显然，根据相关规定，PPP 标项目必须存在于基础设施、公共服务领域，而不应包含非基础设施、非公共服务类的商业项目。就此，《特许经营管理办法》（2024 年版）第 2 条规定："中华人民共和国境内的交通运输、市政工程、生态保护、环境治理、水利、能源、体育、旅游等基础设施和公用事业领域的特许经营活动，适用本办法。"《市政公用事业特许经营管理办法》（2015 修正）第 2 条规定："本办法所称市政公用事业特许经营，是指政府按照有关法律、法规规定，通过市场竞争机制选择市政公用事业投资者或者经营者，明确其在一定期限和范围内经营某项市政公用事业产品或者提供某项服务的制度。城市供水、供气、供热、公共交通、污水处理、垃圾处理等行业，依法实施特许经营的，适用本办法。"这两条分别对基础设施和公用事业特许经营活动以及市政公用事业特许经营活动进行了定义与列举。而《关于规范实施政府和社会资本合作新机制的指导意见》（国办函〔2023〕115 号）规定："政府和社会资本合作应限定于有经营性收益的项目，主要包括公路、铁路、民航基础设施和交通枢纽等交通项目，物流枢纽、物流园区项目，城镇供水、供气、供热、停车场等市政项目，城镇污水垃圾收集处理及资源化利用等生态保护和环境治理项目，具有发电功能的水利项目，体育、旅游公共服务等社会项目，智慧城市、智慧交通、智慧农业等新型基础设施项目，城市更新、综合交通枢纽改造等盘活存量和改扩建有机结合的项目。"从国办函〔2023〕115 号的规定可以看出，体育、旅游公共服务等社会项目，智慧城市、智慧交通、智慧农业等新型基础设施项目，城市更新、综合交通枢纽改造等属于新增项目，但整体来说，主要为社会发展和城市更新所带来的新类型，整体并未跳出基础设施和公用事业领域。这是其一。其二，如果体育、旅游等不涉及社会公共事业，仅为纯商业化的旅游小镇等，则不属于该范围内。同时,国办函〔2023〕115号文件的附件《支持民营企业参与的特许经营新建(含改扩建)项目清单(2023年版)》对上述领域的具体项目予以列举。根据国家发改委有关负责同志就《关于规范实施政府和社会资本合作新机制的指导意见》答记者问时对第5个问题"如何理解《支持民营企业参与的特许经营新建(含改扩建)项目清单(2023年版)》?"的回答,清单采取不完全列举形式,并非对特许经营行业范围进行限定,未在清单中明确的行业领域项目,也可按照新机制规定采取特许经营模式。

此外,PPP标的项目范围和内容作为PPP项目的核心条件通常不可变更。原因在于,PPP项目均需在明确核心条件的基础上依据招投标法或政府采购法进行采购选择社会资本,而标的项目范围和内容作为PPP项目的核心边界条件,不论是根据招投标法还是政府采购法,不仅在签订PPP合同时不得变更,且除非出现特殊情形,该种不可变更性应贯彻项目实施的始终。

3. 排他性规定

PPP项目的排他性可以分为项目合作范围本身排他性和区域范围的排他性两个层次。就前者而言,作为PPP项目合同的签订双方,政府方与中选社会资本就项目范围内的合作理应具有排他性,政府方不得将PPP项目合同项下全部或部分内容与其他任何一方进行合作。当然,出于强调和明确之意,通常会在项目合同中对该等合作范围本身的排他性进行明确约定。就后者而言,对于与项目收入与项目使用量相关的PPP项目(政府付费的使用量项目和使用者付费项目),为保障社会资本方的预期收益,通常会在PPP项目合同中约定区域排他条款,社会资本在该特定区域范围内对合作范围内合作事宜具有排他性权利。区域排他中的区域设置通常采用两种方式:一种为明确的四至范围;一种则为行政区域范围,如以某市/区/县的行政区划作为项目合作的区域范围。第一种方式范围明确,无须赘述。第二种方式中则涉及未来行政区划范围变更对项目所产生的影响这一问题。通常,未来行政区域范围扩大的,应由政府方通过适当采购程序重新选择社会资本,但可赋予社会资本一定的优先权;未来行政区域范围缩小的,应综合考虑项目情况由双方进行协商,导致社会资本收益缩减的,政府方通常应给予相应补偿。

【例20-2】PPP项目范围条款

2	项目范围
2.1	本项目采取"BOT"(建设—运营—移交)运作方式,即项目公司在项目合作期限内负责本项目的投融资、建设、运营、维护,并在项目合作期限结束时将与本项目有关的包括但不限于设施设备、经营权、收益权、无形资产等资产无偿移交给甲方或[×××]市人民政府指定的其他机构。
2.2	本项目的建设范围主要包括:本项目占地面积约[　　]亩,总建筑面积[　　]m²。其中:[各建设项目部分的具体描述]。实际工程规模以经依法审查的设计文件为准。因政策和规划调整等原因导致本合同项下的工程数量减少或规模调整的,双方应根据调整后的政策和规划实施工程,互不承担违约责任。
2.3	**项目公司运营维护的范围和内容:** **(1)项目公司运营维护的范围** 本项目开始运营维护前,甲方和政府出资代表应指定由项目公司运营维护的设施设备范围,包括但不限于:[非核心医疗建筑工程、绿化景观、其他非医疗类设施设备以及甲方或政府出资代表要求的其他设施设备。] 运营维护范围可根据实际需要进行调整。运营维护范围调整可由任意一方在每一运营年度开始日前提出,调整内容仅限于本合同约定运维范围的优化,双方协商一致报经甲方批准后执行。运营维护范围的调整应能够以最小成本、由最有效管理它的一方承担,且能满足权利责任对等的原则。 **(2)项目公司运营维护的工作内容** (a)物业管理。主要包括项目范围内的安保、消防、车辆管理、环境卫生管理等物业管理服务。 (b)设施设备管理与维护。主要包括建筑物、地下综合管网、照明设施、电气设备、动力设备、给排水管网、空调设施、通风设施、通信设施等设施设备的巡查、更换、修理、维护。 (c)运营管理。主要包括食堂、停车场及其他便民服务设施等准经营性或经营性项目的运营管理,食堂的配餐服务与食品安全应服从甲方或政府出资代表的要求。 ……
2.4	<u>建设期内投资建设形成的项目资产,以及本项目运营期内因更新重置或升级改造投资形成的项目资产权属在项目合作期限内登记在×××市中心医院名下</u>;项目合作期限届满或根据本合同约定提前终止的,项目公司和乙方应将本合同约定的项目资产无偿移交给甲方或×××市人民政府指定的其他机构。
2.5	乙方有权在项目进入运营期后根据本合同规定获取政府可行性缺口补助和向使用者收取付费。
2.6	乙方应确保其经营活动和对项目设施的使用仅限于实施本项目之目的,未经甲方批准,不得从事其他经营活动。
2.7	**甲方或×××市人民政府应确保在该市行政区域范围内仅与乙方开展医院合作项目。如果未来该市行政区域增大的,乙方享有优先合作权;若未来该市行政区域缩小的,由双方协商确定给予甲方的相应补偿。**

(三) PPP 项目的合作期限

1. PPP 项目的合作期限和合同期限

《项目合同指南》第 2 章第 3 节第 2 条"项目合作期限"规定,"项目合作期限"需约定期限的确定、期限的延长和期限的结束。《通用合同指南》第 3 章第 9 条规定,需"明确项目合作期限及合作的起讫时间和重要节点"。需要注意区分财金〔2014〕113 号文件(已失效)附件中规定的"合同期限"与"合作期限",两者虽有关联,但并不完全相同,PPP 项目合同中可以约定"合作期限"与"合同期限"同时开始、同时结束,也可另行约定"合作期限"的开始时间,而如另行约定,则通常约定为前提条件的满足或豁免之日、新建项目开工日或存量项目资产移交开始日等日期。而由于"合作期限"将影响社会资本(或项目公司,下同)的项目收益,"合作期限"与"合同期限"是否同时开始,实质上约定了"合作期限"开始的相关条件成就的风险主要由何方承担。

《关于组织开展第三批 PPP 示范项目申报筛选工作的通知》(财金函〔2016〕47 号)规定,PPP 示范项目的合作期限原则上不低于 10 年。《基础设施和公用事业特许经营管理办法》(2015 年)规定,特许经营期限原则上不超过 30 年;对于投资规模大、回报周期长的项目,可以根据项目实际情况、约定超过前期规定的特许经营期限。《市政公用事业特许经营管理办法》(2015 修正)规定,特许经营期限最长不得超过 30 年。《PPP 操作指南(修订稿)》附件 3 "名词解释"对主流的运作模式进行了解释,并未再规定原则上的合同期限。① 但从以往的实践来看,PPP 项目合作期限一般应"不低于 10 年"、通常"最长不超过 30 年"。需要注意的是,《特许经营管理办法》(2024 年版)则规定,特许经营期限原则上不超过 40 年。《关于规范实施政府和社会资本合作新机制的指导意见》(国办函〔2023〕115 号)也明确"特许经营期限原则上不超过 40 年,投资规模大、回报周期长的特许经营项目可以根据实际情况适当延长,法律法规另有规定的除外"。

2. PPP 项目合作期限的延期与终止

依据《项目合同指南》第 2 章第 3 节第 2 条"项目合作期限"的规定,政府和项目公司通常会在合同谈判时商定可以延期的事由,基本的原则是:在法律允许的范

---

① 财金〔2014〕113 号文件(已失效)附件 2 "名词解释"规定,建设—运营—移交(BOT)、转让—运营—移交(TOT)、改建—运营—移交(ROT)运作方式合同期限一般为 20—30 年;委托运营(O&M)运作方式合同期限一般不超过 8 年;管理合同(MC)运作方式合同期限一般不超过 3 年。建设—拥有—运营(BOO)运作方式则不涉及合同期限。

围内,在项目合作期限内发生非项目公司应当承担的风险而导致项目公司损失的情形下,项目公司可以请求延长项目合作期限。常见的延期事由包括:(1)因政府方违约导致项目公司延误履行其义务;(2)因发生政府方应承担的风险导致项目公司延误履行其义务;(3)经双方合意且在合同中约定的其他事由。在 PPP 项目合同中,除政治不可抗力外,对于一般不可抗力,"如果不可抗力发生在建设期或运营期,则项目公司有权根据该不可抗力的影响期间申请延长建设期或运营期"。《特许经营管理办法》(2024 年版)第 43 条第 1、2 款规定:"特许经营期限届满终止或者提前终止,对该基础设施和公用事业继续采用特许经营方式的,实施机构应当根据本办法规定重新选择特许经营者;同等条件下,可以优先选择原特许经营者。特许经营期限内因确需改扩建等原因需要重新选择特许经营者的,同等条件下可以优先选择原特许经营者。"

【例 20-3】项目期限条款

3.2	项目期限
3.2.1	本项目合作期限为[15]年。
3.2.2	本项目期限分为建设期和运营期两个阶段,其中建设期不超过[3]年,运营期为固定期限[12]年。
3.2.3	**期限的延长** 在法律允许的范围内,**在项目合作期限内发生如下非项目公司应当承担的风险而导致项目公司损失的情形下,项目公司可以请求延长项目合作期限:** (1)因政府方违约导致项目公司延误履行其义务; (2)因发生政府方应承担的风险导致项目公司延误履行其义务; (3)经双方合意且在合同中约定的其他事由。
3.2.4	**期限的结束** 发生以下情形时,**本项目期限结束:** (1)本合同约定的项目合作期限届满时,本项目的合作期限结束; (2)本合同提前终止时,本项目合作期限提前结束。项目合作期限提前结束后,双方按照本合同第[违约及提前终止]章和第[项目移交]章的约定处理。

审查意见:本合同第 3.2.3 款"期限的延长"与项目《实施方案》"合同展期"条款"在以下情形发生时,协议双方可考虑对合同期限进行适当的延长:(1)因可归责于政府方的原因**导致工期延误**的;(2)因政府财政预算的调整,使得相应的支付能力受到影响;(3)项目公司在经营期限内履约记录良好,在符合届时适用法律规定的前提下,双方协商一致同意展期的"约定不尽一致,因此审查者出具如下法律

意见：

1. 两个条款的表述存在一些差异，需要双方在签订合同前予以磋商；此外，目前的合同文本有扩大项目《实施方案》的嫌疑。比如，第(1)项中"**延误履行其义务**"的表述的范围可能比"**导致工期延误**"更为宽泛。

2. 此外，对于第(2)项"**发生政府方应承担的风险**"的约定，我们还需要对《实施方案》"风险分配方案"条款中政府方的风险分配在本合同中予以明确（当然整个合同的条款表述并未完整地反映这一风险分配方案，不论是政府方或是社会资本方，可以考虑对此进行完善）。

3. 最后，第(3)项"**且在合同中约定的其他事由**"，审查者并没有找到对应的其他约定，这也与《实施方案》的规定并不一致。

根据第3.2.2款的规定，"本项目期限分为建设期和运营期两个阶段，其中建设期不超过3年，运营期为固定期限12年"，结合合同"项目建设"章节"如果出现下述情况，有关建设进度将被顺延或修改：……"的约定，为保持合同文本前后的一致性，建议在第2.1"定义"条款之"建设期"的定义中最后增加一句：

| 建设期 | 本项目建设期自本项目开工日起至本项目所有工程竣工验收合格之日止，**建设期不超过3年，但依照本合同约定顺延的除外**。 |

3. PPP项目的"建设期"与"运营期"

关于合作期限中的"建设期"与"运营期"的设置，《项目合同指南》规定，常见的项目合作期限规定方式包括以下两种：(1)设置一个自合同生效之日起的固定期限；(2)分别设置独立的设计建设期间与运营期间，并规定运营期间为自项目开始运营之日起的一个固定期限。显然上例中采用了第2种方式。在该种设置下，实际运营期限与完工时间无关，无论提前完工或延迟完工，项目的实际运营期限都不受影响，与计划运营期限相同，而社会资本即使提前完工也不会取得额外的收益，而如延迟完工则仅需承担违约金，不会产生收益损失。而在单一固定期限下，项目的实际运营期限完全取决于完工时间（或竣工时间或其他，根据合同约定的建设期结束时间确定，下同），建设期结束后，项目即进入运营期，如提前完工，实际运营期限将比计划运营期限长，迟延完工时，实际运营期限则比计划运营期限短。

基于上述考虑，在对合同其他条款进行审查后，审查者提出如下审查意见：

审查意见：关于"运营维护开始日"、"运营期"和"运营年"

1. 关于"运营维护开始日"

拟签署《PPP项目合同》第2.1条对"运营维护开始日"的定义如下：

运营维护开始日	本项目的运营维护开始日指具备本合同第9.1条所述条件的次日,具有本合同第3.2.2条所述含义。

根据该定义,"运营维护开始日"指具备本合同第9.1条所述条件的次日,而《PPP项目合同》第9.1条"开始运营的条件"约定的条件包括:

(1)已按照合同中约定的标准和计划完成项目竣工验收;

(2)**乙方和项目公司应在项目竣工验收后两个月内完成项目运营所需的物价、食品卫生、排污等相关手续**;

(3)其他满足项目开始运营条件的测试和要求已经完成或具备。

《PPP项目合同》第8.10条"验收和运营维护"之第8.10.2条"运营维护"约定"**本项目所有工程竣工验收合格日的次日**为运营维护开始日……"

因此,合同有关"运营维护开始日"的定义与第8.10.2条、第9.1条的约定存在冲突,需要予以明确。因此出具如下法律意见:

调整第8.10.2条"运营维护"的约定如下:

8.10.2 运营维护	8.10.2 运营维护
本项目所有工程竣工验收合格日的次日为运营维护开始日,自运营维护开始日,乙方依据本合同约定履行运营维护的义务,并依据本合同第11章的约定获得政府付费。	**满足本合同第9.1条所述条件的次日**为运营维护开始日,自运营维护开始日,乙方依据本合同约定履行运营维护的义务,并依据本合同第11章的约定获得政府付费。

2.关于"运营期"

基于对"运营维护开始日"的明确,为避免原定义表述可能导致的争议,建议将"运营期"定义修订为:

运营期	本项目建设期结束后**满足第9.1条所述条件的次日**即进入项目运营期,运营期为固定期限12年,自运营维护开始日起计算至第12个运营年期满为止。

3.关于"运营年"

基于《PPP项目合同》对"运营年"的定义,为避免因"运营期届满日"引发循环定义,建议修订如下:

运营年	第一个运营年为运营维护开始日至次年(日历年)的对日的期间,第二个运营年为上一运营年对日的次日到下一日历年对日的期间,以此类推,~~最后一个运营年为上一运营年对日的次日至运营期届满日的期间~~。 举例:运营维护开始日为2017年3月6日,则第一个运营年为2017年3月6日至2018年3月5日,第二个运营年为2018年3月6日至2019年3月5日。

(四)前提条件条款

1. 前提条件的含义、作用和常见的前提条件

根据《项目合同指南》第2章第4节"前提条件"的规定,一般情况下,PPP项目合同条款并不会在合同签署时全部生效,其中部分特定条款的生效会有一定的前提条件。只有在这些前提条件被满足或者被豁免的情况下,PPP项目合同的全部条款才会生效。如果某一前提条件未能满足且未被豁免,PPP项目合同的有关条款将无法生效,并有可能进一步导致合同终止,未能满足该前提条件的一方将承担合同终止的后果。

前提条件,也叫先决条件,是指PPP项目合同的某些条款生效所必须满足的特定条件。对项目公司而言,在项目开始实施前赋予其一定的时间以完成项目的融资及其他前期准备工作,并不会影响项目期限的计算及项目收益的获取。而对政府方而言,项目公司只有满足融资交割、审批手续等前提条件才可以正式实施项目,有利于降低项目的实施风险。

根据项目具体情况的不同,在项目正式实施之前需要满足的前提条件也不尽相同,实践中常见的前提条件包括:

✓ 完成融资交割——通常由项目公司负责。完成融资交割是PPP项目合同中最重要的前提条件,只有在项目公司及融资方能够为项目的建设运营提供足够资金的情况下,项目的顺利实施才有一定保障。项目双方的约定不同,完成融资交割的定义也可能会不同。通常是指:项目公司已为项目建设融资的目的签署并向融资方提交所有融资文件,并且融资文件要求的就本项目获得资金的所有前提条件得到满足或被豁免。

✓ 获得项目相关审批——由项目公司或政府方负责。根据我国法律法规规定,项目公司实施PPP项目可能需要履行相关行政审批程序,只有获得相应的批准或备案,才能保证PPP项目的合法合规实施。在遵守我国法律法规的前提下,按照一般的风险分配原则,该项条件通常应由对履行相关审批程序最有控制力且最有效率的一方负责。

✓ 保险已经生效——由项目公司负责。通常会将保险(主要是建设期保险)生效作为全部合同条款生效的前提条件。常见的安排是:项目公司已根据项目合同中有关保险的规定购买保险,且保单已经生效,并向政府方提交了保单的复印件。

✓ 项目实施相关的其他主要合同已经签订——由项目公司负责。在一些

PPP 项目合同中,政府方为进一步控制项目实施风险,会要求项目公司先完成项目实施涉及的其他主要合同的签署工作,以此作为 PPP 项目合同的生效条件。常见的安排是:项目公司已根据项目合同中有关规定签订工程总承包合同及其他主要分包合同,并且向政府方提交了有关合同的复印件。

✓ 其他前提条件。在 PPP 项目合同中双方还可能会约定其他的前提条件,例如,项目公司提交建设期履约保函等担保。

2. 前提条件的豁免

前提条件可以被豁免,但只有负责满足该前提条件的一方的相对方拥有该豁免权利。在实务中,合同应当明确约定前提条件豁免的形式(通常是书面形式)、时间要求和程序要求等内容。

3. 未满足前提条件的后果

未满足前提条件的后果主要包括合同终止和经济赔偿。如果双方约定的任一前提条件在规定的时间内未满足,并且另一合同方也未同意豁免或延长期限,则该合同方有权终止项目合同。合同终止的,除合同中明确规定的在合同终止后仍属有效的条款外,其他权利义务将终止。合同一方未能在规定的时间内满足其应当满足的前提条件而导致合同终止的,合同另一方有权向其主张一定的经济赔偿,但经济赔偿的额度应当与合同另一方因此所遭受的损失相匹配,并符合我国《民法典》合同编关于损害赔偿的规定。

【例 20-4】前提条件条款

4.1	前提条件 本项目应根据实施过程中各阶段的工作需要,由相关方提供如下前提条件:
4.1.1	项目公司已为项目建设融资的目的签署并向融资方提交所有融资文件,并且融资文件要求的就本项目获得资金的所有前提条件得到满足或被豁免。
4.1.2	甲方应将本项目纳入财政部 PPP 综合信息平台,并按项目合同约定的政府跨年度支出责任报请市政府审核、市人大审议后,**纳入年度预算和中长期财政规划**。
4.1.3	项目公司依照适用法律及本合同第 10.1 条约定设立并领取营业执照。
4.1.4	甲乙双方已与项目公司签署了由项目公司承接本合同项下规定的项目公司权利和义务的补充合同。
4.1.5	项目公司**履行完相关行政审批程序**,确保本 PPP 项目的合法合规实施。
4.1.6	项目公司已根据项目合同中有关保险的规定购买保险,且保单已经生效,并向政府方提交了保单的复印件。

续表

4.1.7	项目公司已根据项目合同中有关规定签订工程总承包合同及其他主要分包合同,并且向政府方提交了有关合同的复印件。
4.1.8	乙方已按本合同第13.2条约定向甲方提交建设期履约保证金。
4.2	**前提条件豁免** 上述前提条件可以被豁免,但只有负责满足该前提条件的一方的相对方拥有该豁免权利。无论是全部的或部分的豁免,有条件的或无条件的豁免,有豁免权的一方均应以书面形式作出。
4.3	**未满足前提条件的后果**
4.3.1	**合同终止** 如果双方约定的上述任一前提条件**在规定的时间内**未满足,并且另一合同方也未同意豁免或延长期限,则该合同方有权终止项目合同。
4.3.2	**合同终止的效力和后果** (1)除合同法及本合同中明确规定的在合同终止后仍属有效的条款外,其他权利义务将终止。 (2)合同一方在规定的时间内未能满足其应当满足的前提条件而导致合同终止的,合同另一方有权向其主张一定的经济赔偿,但经济赔偿的额度应当与合同另一方因此所遭受的损失相匹配,并符合我国《民法典》合同编关于损害赔偿的规定。

审查意见:

1. 关于"前提条件"的逻辑需要梳理

整个第4.1条"前提条件"规定了众多的条件且分属"实施过程中各阶段";第4.2条"前提条件豁免"规定了条件豁免的程序;第4.3条"未满足前提条件的后果"规定了未满足前提条件的后果。具体的法律意见如下:

第4.1条规定的各种前提条件需要清晰地对应合同的特定条款,从而明确合同生效时以及履行过程中何者条款何时生效以及不满足前提条件时,何者条款无法生效并有可能进一步导致合同终止的情形,亦将进一步导致第4.3条无法适当适用的问题。我们建议双方对这一条款进行重新的梳理。此外,对于"履行完相关行政审批程序"建议进一步明确。

2. 关于第4.2条"前提条件豁免"

对于第4.2条"前提条件豁免",具体的法律意见如下:本条只是简单地约定了豁免需要以书面形式作出,但并未明确豁免提出的时间和程序要求。我们建议,负责满足该前提条件的一方应以书面方式在约定的时间内向拥有豁免权的另一方提出豁免申请。

3. 关于第4.3条"未满足前提条件的后果"

对于第4.3.1条"未满足前提条件的后果",其中"在规定的时间内"在整个合同条款中并未予以明确。具体的法律意见如下：鉴于第4.1条"前提条件"规定的条件众多且分属"实施过程中各阶段"，因此建议：(1) 如果在签署《PPP项目合同》时，双方可以合理预估的话，可以作为附件予以明确，并加上"经双方书面确认可以予以调整"等类似表述；(2) 如果不能合理预估，则直接采用"经双方书面确认的时间内"的表述。

在前提条件条款中，比较难以确定的是前提条件履行的日期设定，该日期不宜过长否则起不到督促的作用，但也需要根据所设置的前提条件的性质决定，如设立项目公司、注资、购买保险的时间通常比较好把控，但是审批、完成融资交割的时间则相对不好控制。在日期到期前，双方可根据已满足的和未满足的前提条件的情况以及对未满足的原因进行评估以确定是否有必要延长目标日期。日期延长以后，在新的延长期内负有满足条件义务的一方应尽可能在延长期内满足前提条件。

此外，根据《项目合同指南》第2章第4节"前提条件"第3条"未满足前提条件的后果"的规定，为了更好地督促项目公司积极履行有关义务、达成相关的前提条件，政府方也可以考虑在签署PPP项目合同时（甚至之前）要求项目公司就履行前提条件提供一份履约保函。具体项目中是否需要项目公司提供此类保函、保函金额多少，主要取决于以下因素：(1) 在投标阶段是否已经要求项目公司提供其他的保函；(2) 是否有其他激励项目公司满足前提条件的机制，例如项目期限或付费机制的设置；(3) 项目公司不能达成前提条件的风险和后果；(4) 政府方因项目无法按时实施所面临的风险和后果；(5) 按时达成前提条件对该项目的影响；等等。如果项目公司未能按照约定的时间和要求达成前提条件，且政府方未同意豁免该前提条件，政府方有权提取保函项下的金额。实践中，有些项目虽然未要求提交前提条件的履约保函，但会要求项目公司提前提交建设期履约保函，也就是说项目协议签订后无论何时开工建设，先提交建设期履约保函。在这种情况下需要注意约定前提条件未满足和建设期履约保函提交的关联性，否则可能存在不能提取的风险。

（五）项目融资条款

PPP项目合同中有关项目融资的规定通常包括项目公司的融资权利和义务、融资方权利以及再融资等内容。

1. 项目公司的融资权利和义务

在PPP项目中，通常项目公司有权并且有义务获得项目的融资。为此，PPP项目合同中通常会明确约定项目全生命周期内相关资产和权益的归属，以确定项目公司是否有权通过在相关资产和权益上设定抵押、质押担保等方式获得项目融资，以及是否有权通过转让项目公司股份以及处置项目相关资产或权益的方式实现投资的退出。

与此同时，由于能否成功获得融资直接关系到项目能否实施，因此大多数PPP项目合同中会将完成融资交割作为项目公司的一项重要义务以及PPP项目合同全部生效的前提条件(参见上例前提条件条款)。

2. 融资方权利

为了保证项目公司能够顺利获得融资，在PPP项目合同中通常会规定一些保障融资方权利的安排。融资方在提供融资时最为关注的核心权利包括：

第一，融资方的主债权和担保债权。如果项目公司以项目资产或其他权益(例如运营期的收费权)或社会资本以其所持有的与项目相关的权利(例如其所持有的项目公司股权)为担保向融资方申请融资，融资方在主张其担保债权时可能导致项目公司股权以及项目相关资产和权益的权属变更。因此，融资方首先要确认PPP项目合同中已明确规定社会资本和项目公司有权设置上述担保，并且政府方可以接受融资方行使主债权或担保债权可能导致的法律后果，以确保融资方权益得到充分有效的保障。

第二，融资方的介入权。由于项目的提前终止可能会对融资方债权的实现造成严重影响，因此融资方通常希望在发生项目公司违约事件且项目公司无法在约定期限内补救时，可以自行或委托第三方在项目提前终止前对于项目进行补救。为了保障融资方的该项权利，融资方通常会要求在PPP项目合同中或者通过政府、项目公司与融资方签订的直接介入协议对融资方的介入权予以明确约定。

第三，再融资。为了调动项目公司的积极性并保障融资的灵活性，在一些PPP项目合同中，还会包括允许项目公司在一定条件下对项目进行再融资的约定。再融资的条件通常包括：再融资应增加项目收益且不影响项目的实施、签署再融资协议前须经过政府的批准等。此外，PPP项目合同中也可能会规定，政府方对于因再融资所节省的财务费用享有按约定比例(例如50%)分成的权利。

【例20-5】项目融资条款

5.1	乙方的融资义务
5.1.1	项目资本金为人民币[　　]元(￥)，约占项目总投资的[　　]%，项目资本金以外的本项目所需其他资金由项目公司以银行贷款等合法融资方式解决。
5.1.2	项目公司应完成第4.1.1条约定的融资交割。如项目公司不能顺利完成项目融资，则由成交社会资本方通过股东借款、补充提供担保等方式解决，以确保项目公司的融资足额、及时到位。甲方不承担相应的股东借款或补充提供担保等补救或增信担保责任。
5.1.3	除因本项目的投资、建设、运营及维护之目的外，项目公司不得因任何其他目的进行融资。
5.1.4	项目公司不得为他人提供担保，如有特殊情况，须报甲方批准并取得其书面同意，并将相关担保文件及时交甲方备案。
5.2	乙方的融资权利
5.2.1	经甲方事先书面同意，乙方可通过对本项目合同项下各项权益设置抵押、质押的方式获得本项目建设、运营及维护之目的融资，但不得在此等收益权上设定除此之外的其他任何转让、出租、质押等权利、义务或责任。相关贷款、借款协议应及时提交甲方备案。
5.2.2	若因项目融资需要，经甲方事先书面同意，乙方可引入财务投资人投资本项目，**项目公司的股权变动不改变乙方对本项目应当承担的全部履约责任**，且乙方对本项目的融资方案及方案调整应事先报甲方备案。
5.3	融资方的介入权
	当乙方存在第18.3.1(6)条的违约行为，可能导致本合同提前终止且乙方未能在约定期限内纠正和补救时，**经甲方书面同意**，本项目融资方可根据需要行使介入权，**包括直接或指定甲方认可的合格机构参与本项目的管理对本项目进行补救或者提请甲方启动临时接管机制**。乙方对违约行为进行有效纠正和补救的，融资方应停止行使介入权。

审查意见：第5.3条对"融资方的介入权"进行了规定，但需要注意的是：

1."融资方的介入权"在《实施方案》中并未提及；

2.对于"当乙方存在第18.3.1(6)条的违约行为……提请甲方启动临时接管机制"，如果融资方"提请甲方启动临时接管机制"，则甲方需要援引第17.1条"乙方违约情形下的临时接管"的有关规定，但第18.3.1(6)条规定的违约行为和第17.1条"乙方违约情形下的临时接管"之间存在不协调一致的情形。两者约定对比如下：

18.3.1 提前终止的情形: (6)乙方违约导致本合同提前终止: ⅰ 乙方在本合同中所作的声明与保证被证明在提供时有重大错误或不属实,使甲方履行本合同项下义务的能力或实现本项目目的之预期受到根本性不利影响; ⅱ 乙方未能根据本合同第13章约定维持履约担保项下的相应金额; ⅲ 乙方延迟开工超过60天; ⅳ 乙方的运营维护绩效考核结果连续两年不合格(低于70分),或者任何连续5年内不合格(低于70分)累计达到3次及以上; ⅴ 乙方违反本合同第10章有关股权转让限制的规定; ⅵ 乙方存在其他严重违反本合同约定并可能危及本项目正常建设运营的行为。	17.1 乙方违约情形下的临时接管 乙方在项目期限内有下列行为之一的,甲方有权责令其限期改正,逾期未改的,甲方或政府指定的其他机构有权对本项目实施临时接管: 17.1.1 以出售、转让、出租、抵押等方式处置项目设施,或在项目设施上设置其他权利限制,导致本项目不能正常运营的; 17.1.2 擅自停业、歇业,严重影响社会公共利益和公共安全的; 17.1.3 因管理不善发生重大质量、生产安全事故,导致本项目不能正常运营的; 17.1.4 因经营管理不善等原因,造成财务状况严重恶化,导致本项目不能正常运营的; 17.1.5 存在重大安全隐患且拒不整改,危及或者可能危及公共利益、公共安全的; 17.1.6 乙方法人主体资格终止或被撤销的; 17.1.7 法律、法规、规章规定的其他情形。

从上述对比可以看出,由于第18.3.1(6)条的违约行为并未完全对应到第17.1条的违约行为,所以在提请甲方启动临时接管机制时可能找不到相应的合同依据。建议在第17.1.6条之后插入如下条款:

17.1.7 乙方存在本合同第18.3.1(6)条所述违约行为的;

(六)项目用地条款

PPP项目合同中的项目用地条款系在项目实施中涉及的土地方面的权利义务规定,通常包括土地权利的取得、相关费用的承担以及土地使用的权利及限制等内容。

《土地管理法》(2019年修正)第54条规定:"建设单位使用国有土地,应当以出让等有偿使用方式取得;但是,下列建设用地,经县级以上人民政府依法批准,可以以划拨方式取得:(一)国家机关用地和军事用地;(二)城市基础设施用地和公益事业用地;(三)国家重点扶持的能源、交通、水利等基础设施用地;(四)法律、行政法规规定的其他用地。"从此规定可以看出,建设单位使用国有土地的主要方式是出让等有偿使用方式,对于无偿划拨用地要由县级以上人民政府依法批准,且有明确的范围。

根据《关于联合公布第三批政府和社会资本合作示范项目加快推动示范项目建设的通知》(财金〔2016〕91号)的规定,PPP项目用地应当符合土地利用总体规划和年度计划,依法办理建设用地审批手续。在实施建设用地供应时,不得直接以PPP项目为单位打包或成片供应土地,应当依据区域控制性详细规划确定的各宗地范围、用途和规划建设条件,分别确定各宗地的供应方式:(一)符合《划拨用地目录》的,可以划拨方式供应;(二)不符合《划拨用地目录》的,除公共租赁住房和政府投资建设不以盈利为目的、具有公益性质的农产品批发市场用地可以作价出资方式供应外,其余土地均应以出让或租赁方式供应,及时足额收取土地有偿使用收入;(三)依法需要以招标拍卖挂牌方式供应土地使用权的宗地或地块,在市、县国土资源主管部门编制供地方案、签订宗地出让(出租)合同、开展用地供后监管的前提下,可将通过竞争方式确定项目投资方和用地者的环节合并实施。该通知仅明确符合《划拨用地目录》的,可以划拨方式供应;不符合《划拨用地目录》的,仅公共租赁住房和政府投资建设不以营利为目的、具有公益性质的农产品批发市场用地可以作价出资方式供应外;对于符合划拨用地目录的土地能否作价出资这一问题仍未作出明确规定。

根据《划拨用地目录》,其中第 3 项城市基础设施用地、第 5 项非营利性教育医疗设施等公益性科研用地、第 14 项水利设施用地、第 15 项铁路交通设施用地以及第 16 项公路交通设施用地(高速公路服务区经营性项目除外)等可以以划拨方式取得。除出让和划拨土地之外,用地方式还可以是项目公司租赁的方式。

【例 20-6】关于"项目用地"的法律风险

在前述医院项目中,根据《实施方案》"项目土地使用权"的内容,本项目符合《划拨用地目录》,可采用划拨方式获得土地使用权。目前本项目红线范围内的土地已依法拨给×××市中心医院,并已办理土地使用权证。鉴于 PPP 项目土地问题尚未完全明确且本项目具有一定特殊性,目前项目红线范围内的土地暂由该中心医院无偿提供给项目公司使用,未来待法律关系理顺后,根据项目实际情况,可就项目土地问题与社会资本方另行协商。

法律风险提示:

《PPP 项目合同》第 2.4.9 条第(3)项约定:

"目前本项目土地已由×××市人民政府(以下称市政府)划拨给市中心医院,由市中心医院持有并**暂时无偿**提供给项目公司使用,在此情形下,本项目建设期内投资建设形成的项目资产,以及本项目运营期内因更新重置或升级改造投资形成的项目资产权属在合同期内属政府方所有,项目公司享有项目经营权和收益权。"

结合《PPP 项目合同》第七章"项目用地"的约定,需要关注的法律风险如下:

1. 如果划拨给×××市中心医院的土地使用权不能作为资本金投入到项目公

司,则在本项目"运营期"内形成的房屋等固定资产等项目资产权属属于政府方(甲方),需要登记到×××市中心医院名下,而项目公司仅享有收益权和经营权。在 BOT 项目的移交阶段,项目公司将按照合同约定将所有的项目资产移交给××新区医院(非营利性事业单位),如果是这样,实质是×××市中心医院予以移交,对于社会资本方的移交义务应该予以明确约定或免除。如果前述项目资产不办理产权登记到×××市中心医院名下,则面临的风险是资产将处于无证的非法状态。

2. 项目土地"暂时无偿"提供给项目公司使用,可能会面临涉嫌违反上述土地取得使用方式的法律规定。如果按照租赁取得,则《PPP 项目合同》中应当反映租赁期限和租金等核心条件。

当然,如果该土地作价入股,则将不存在移交风险和土地取得风险的问题。

具体法律意见:

基于上述,建议在《PPP 项目合同》第七章增加如下第 7.2.6 条:

7.2.6 鉴于 **PPP** 项目土地问题尚未完全明确且本项目具有一定特殊性,目前项目红线范围内的土地暂由××× 中心医院无偿提供给项目公司使用,未来待法律关系理顺后,根据项目实际情况,可就项目土地问题与项目公司或社会资本方另行协商。

【例 20-7】项目用地条款

7.1	**土地使用权的取得** 本项目土地用途为公共管理与公共服务设施用地,政府方以土地划拨方式向×××市中心医院提供项目建设用地的土地使用权,并根据项目建设需要协助项目公司获得临时用地和相关进入场地的道路使用权。
7.2	**取得土地使用权的费用** 政府部门负责项目用地的规划、土地征用、拆迁安置、征收补偿等工作,征地拆迁及其他费用由政府方承担。
7.3	**临时用地** 本项目实施过程中,涉及临时用地的,政府方应协助乙方或项目公司办理相关手续,但临时用地涉及的费用由乙方或项目公司承担。
7.4	**土地使用权的限制** 未经政府批准,该项目土地使用权不得出让、转让、抵押、质押,不得用于本项目以外的其他用途。

7.5	政府方的场地出入权
7.5.1	甲方基于合同权利,行使检查项目建设进度、督促项目公司履行合同项下义务等权力时,在履行双方约定的合理通知义务后,有权出入项目设施场地,但在行使项目场地出入权时,需遵守一般的安全保卫规定,并不得影响项目的正常建设及运营。
7.5.2	政府方及其他政府部门为依法行使其行政监管职权而采取行政措施时,项目场地出入权不受上述合同条款限制。

（七）项目前期工作条款

根据《通用合同指南》第5章的规定,"项目前期工作"属于PPP项目合同的必备篇章,该章重点约定合作项目前期工作内容、任务分工、经费承担及违约责任等事项。从实践来看,存量项目的前期工作内容包括收集建设及运营维护项目资产的历史资料,对项目进行尽职调查、清产核资、资产评估等。新建项目(含改扩建,下同)的前期工作的内容与项目建设密切相关,主要包括项目规划、立项及项目设计等工作。

（八）项目建设条款

《项目合同指南》第2章第7节"项目的建设"对项目建设要求、建设责任、政府方对项目建设的监督和介入分别进行了介绍。《通用合同指南》第6章"工程建设"约定了合作项目工程条件、进度、质量、安全要求、变更管理、实际投资认定,工程验收,工程保险及违约责任等事项。

PPP项目合同中的"项目的建设"与一般的建设工程施工合同有所不同,两者的签署主体不同,侧重点也不同,所以不能也无必要将建设工程施工合同中的条款全部照搬到PPP项目合同中。对政府方而言,只需要从把控建设质量、进度、安全、工程变更、投资额认定等角度对项目公司进行约束即可。

在建设条款中需要特别注意建设周期及其延期。通常在PPP项目合同中需要约定明确的开工日、建设工期。

1. 开工日

关于开工日,PPP项目合同一般会约定"开工日"的定义,以及最迟不晚于何时开工。开工日通常以监理工程师签发的开工令中载明的开工日期为准。在实际操作中可能会遇到即使项目未具备开工条件,政府方出于各种原因也要求监理工程师签发开工令的情况,因此,通常为保证项目实施的合规性,社会资本方会要求在PPP项目合同中约定:开工日指项目具备法定的开工条件后,监理工程师签发的开工令中载明的开工日。

2. 建设工期

关于建设工期,则需要在合同中明确具体的工期。根据项目情况可分为总工期、各子项目工期,作为评判项目公司是否按约竣工的依据。为保证工期,通常 PPP 项目合同中会要求项目公司根据政府方的工期要求提交建设进度计划,并且定期就进度计划的实施情况进行汇报。

3. 建设工期的延长

通常在以下情况发生时,项目公司有权要求延长工期:(1)不可抗力事件;(2)因甲方原因导致的延误;(3)法律变更或其他政府部门的原因导致的延误;(4)其他非项目公司(含施工总承包商、分包商、材料供应商等)原因导致的延误。

尽管发生以上情况项目公司可以申请延期,但项目公司仍有义务采取赶工措施并尽量避免工期延误,赶工措施费及可能发生的窝工费、机械设备闲置费计入项目总投资。若工期延误系由于项目公司原因(含施工总承包商、分包商、材料供应商等)导致,则项目公司同样有义务采取赶工措施并尽量避免工期延误,赶工措施费及可能发生的窝工费、机械设备闲置费不计入项目总投资,由项目公司自行承担。

【例20-8】项目建设进度计划条款

8.6	项目建设进度计划
8.6.1	**预计的进度计划** 除非双方另有约定,双方应在下列有关进度日期当日或之前履行其在本合同项下的义务: (1)开工日:为监理单位遵照甲方指示发出的项目开工令的日期; (2)完工日:项目交工验收合格日,根据本合同第 8.6.5 条顺延的除外。
8.6.2	**施工进度计划** 乙方应就本项目向甲方提交详细的施工进度计划,其中应列出计划实施工程的程序、关键性时间节点、工期目标、工期保障措施、安全文明施工措施等。施工进度计划经甲方同意后执行。若工程实际进度与进度计划不符,甲方可要求乙方以实现如期完工为前提合理安排施工计划并修改进度计划。
……	……

续表

8.6.5	如果出现下述情况,有关建设进度将被顺延或修改: (1)不可抗力事件; (2)项目建设过程中,在建设场地范围内发现有古墓、古建筑或化石等具有考古、地质研究价值的物品; (3)因政府部门在受理乙方或甲方报批申请后审批迟延而延误; (4)适用法律变化或政府的公益性指令造成延误; (5)发生下述第8.9条约定的工程变更而造成延误或提前; (6)甲方违约造成延误; (7)其他非乙方原因造成的延误; (8)其他双方一致同意的情形。

(九)运营与维护条款

在PPP项目中,项目的运营不仅关系到公共产品或服务的供给效率和质量,而且关系到项目公司的收入,因此对于政府方和项目公司而言都非常关键。有关项目运营的条款通常包括开始运营的时间和条件、运营期间的权利与义务以及政府方和社会公众对项目运营的监督等内容。

《关于在公共服务领域推广政府和社会资本合作模式指导意见的通知》(国办发〔2015〕42号)规定,由社会资本承担公共服务涉及的设计、建设、投资、融资、运营和维护等责任,政府作为监督者和合作者,减少对微观事务的直接参与,加强发展战略制定、社会管理、市场监管、绩效考核等职责。因此,PPP项目合同应明确约定由社会资本方承担项目运营的责任,而政府方主要承担监管和绩效考核的责任,并提供项目运营所必需的外部条件。

PPP项目合同应明确约定运营开始日,以此作为政府方向社会资本方付费或社会资本方向使用者收费的起始日期。运营开始日应结合项目所处的行业和项目特点,并依据相关法律规定合理设置,包括:(1)常见的运营开始日为工程竣工验收合格后的次日;(2)对于港口、公路和航道的PPP项目,因其具有完工验收的环节,运营开始日则可为工程完工验收合格后的次日;(3)对于可能造成重大或轻度环境影响的PPP项目,因其具有竣工环保验收的环节,运营开始日则可为环保验收合格后的次日;(4)对于要求取得特别运营许可的PPP项目,运营开始日则可为取得运营许可的当日。如《燃气经营许可管理办法》(2019年修订)第5条规定,经营单位应在燃气设施建设工程已竣工验收合格并依法备案后,申请领取燃气经营许可证;《危险废物经营许可证管理办法》(2016年修订)第5条规定,经营单位应在贮存设施、设备经验收合格后,申请领取危险废物经营许可证。

(十)项目公司的成立及股权变更的限制条款

1. 项目公司的成立

PPP 项目中的项目公司常常被称作"特别目的载体"(Special Purpose Vehicle),系为实施 PPP 项目这一特殊目的而专门设立,出于实现风险隔离和项目融资等目的,设立 PPP 项目公司是绝大多数项目的选择。《项目合同指南》明确阐述道,"在 PPP 实践中,社会资本通常不会直接作为 PPP 项目的实施主体,而会专门针对该项目成立项目公司,作为 PPP 项目合同及项目其他相关合同的签约主体,负责项目具体实施",可以说,项目公司是社会资本实施 PPP 项目的重要载体。

实践中,同时基于 PPP 项目的实际情况,项目公司组织形式通常为有限责任公司。《项目合同指南》第 1 章第 1 节第 2 条"社会资本方"规定"项目公司可以由社会资本(可以是一家企业,也可以是多家企业组成的联合体)出资设立,也可以由政府和社会资本共同出资设立。但政府在项目公司中的持股比例应当低于 50%,且不具有实际控制力及管理权",据此,项目公司的股东存在两种情形:仅为社会资本,或社会资本与政府方双方出资设立。

2. 项目公司股权变更的限制

为了有效控制项目公司股权结构的变化,在 PPP 项目合同中一般会约定限制股权变更的条款。该条款通常包括股权变更的含义、范围以及股权变更的限制等内容。

在不同的项目中,政府方与社会资本方达成的股权变更范围和程度各有不同,通常的股权变更有以下几种形式:(1)股权转让(包括直接转让和间接转让)。(2)股权并购、增资扩股等其他形式。(3)股东权益发生变更。在政府方参股 PPP 项目公司的情况下,与股权相关的权益发生变化将实质导致股东对项目公司的控制、管理权发生变化,该类股东权益变化包括股东表决权、董监高的席位比例变化等,这属于广义上的股权变更。与此相关的,如股东借款、可转换公司债发生变化,也会对股东表决权或将来可转换成的股权产生影响,也可能会被纳入股权变更限制条款中。(4)兜底条款。常见的股权转让兜底条款为:"其他任何可能导致股权变更的事项。"限制股权变更的方式通常有以下几种:

第一,设置股权锁定期。设置锁定期是最常见的股权变更限制方式。锁定期"是指限制社会资本转让其所直接或间接持有的项目公司股权的期间"。政府方在与社会资本签订 PPP 项目合同时通常会约定项目公司的股权锁定期,常见表述为"在一定期限内,未经政府方批准,项目公司及其母公司不得发生本合同定义的任何股权变更的情形"。设置锁定期的方式主要有两种,第一种为固定期限,如自项目合同生效之日起至项目运营日后的一段时间,如 2 年、5 年等;第二种为参照合同规定的其他相关期限确定,如股权锁定期一直从建设期延续到缺陷责任期届满。同时,常见的股权锁定期的例外情形如下:

- ✓ 项目贷款人为履行本项目融资项下的担保,根据法院生效判决或仲裁裁决向法院申请执行股权质押协议项下的股权而导致的项目公司股权变更(相应股权质押协议在签订时,往往约定需经政府方的同意或批准);

- ✓ 将项目公司股权或其母公司的股权转让给社会资本的关联方。此处的关联方与证监会发布的《上市公司信息披露管理办法》(2021 年)等法律法规对关联方的广泛性定义不同,一般将其定义为"与一方有关时,指该方直接或间接拥有 50% 或以上股权的法律实体,或直接或间接拥有该方 50% 或以上股权的法律实体,或与该方同样均被一共同的第三方直接或间接拥有 50% 或以上股权的法律实体";

- ✓ 参股的政府方股权转让不受限。PPP 项目合同中通常约定政府方股权变更不受限,且社会资本应放弃对该部分股权的优先购买权。

第二,其他限制方式。除锁定期外,限制股权受让方也是 PPP 项目合同对股权变更的限制方式。如合同约定他人在受让项目公司股权时必须具备相应的履约能力或资质,并承继转让方原有的合同项下权利义务。在某些项目中,还要避免不适合的主体成为 PPP 项目公司的股东参与到 PPP 项目中,如在合同中以"负面清单"的方式限制某一行业或领域的企业受让项目公司的股权。

此外,在 PPP 项目合同中,往往对项目公司股权变更的前置程序及详细的履行要求进行约定,常见的前置程序可分为批准和备案两种。批准程序通常适用于锁定期内的股权变更及锁定期之外的重大股权变更,常用条款表述如"若发生有关股权变更的情形需事前经政府方的同意/批准"。备案程序则适用于锁定期外的一定范围内(通常比例较小)的股权变更。

PPP 项目合同中往往视违反股权变更为严重的违约行为,并对应设置较为严厉的违约责任条款。一般而言,PPP 项目合同中会明确:如违反合同约定实施股权变更行为,且在一定期间内无法将股权状况恢复原状的,政府方将获得合同解约权,违约方(社会资本方)须根据提前终止的相关条款承担相应的违约责任。

【例20-9】项目公司的成立及股权变更的限制条款

10	项目公司的成立及股权**转让**的限制
10.1	项目公司的成立
10.1.1	本合同签署后,乙方和×××市中心医院共同签署项目公司股东协议和公司章程,并于本合同签订之后的[60]日内在×××市注册成立项目公司,项目公司的注册资金为人民币[　　]元(¥　　　)。其中×××市中心医院占股比例为[　]%,社会资本方占股比例为[　]%,**出资方式为前期投入评估出资或货币出资**。×××**市中心医院以其与×××市人民政府(含甲方)对项目的前期投入作为项目公司股东出资**。项目公司的股权结构见下表: | 股东名称	出资额	股权比例	出资方式
---	---	---	---
×××市中心医院	……	……	……
……	……	……	……	
10.1.2	项目公司的注册资金在股东协议及公司章程中具体约定,股东应在项目公司注册后一年内缴清认缴出资额,项目公司向股东颁发出资证明。项目公司成立后,股东不得抽逃或变相抽逃股本金。
10.2	股权变更的限制
10.2.1	**股权变更包括项目公司的股东及股权结构的变更,股权变更可能通过将股权转让给其他方,或者增发新股等方式进行。**
10.2.2	在本项目期限内,上述股权变更或可能导致股权变更的情形,均须向甲方报告并获得甲方书面同意后方可实行。项目公司应向甲方提交股权变更的书面申请材料[阐明变更原因、变更方式、拟转让的股权比例(如有)、意向受让方(如有)情况等]以及项目公司或股权变更**所涉及母公司股东会同意该等股权转让的书面决议**。
10.3	股权锁定期
10.3.1	股权锁定期为建设期以及运营期前[2]个运营年内。股权锁定期内,成交社会资本方在项目公司的股权不得发生变化,除非这种变化是经甲方书面同意、为本项目融资建设需要、项目公司为履行本合同项下的担保且被人民法院或仲裁机构强制执行或为中国法律所要求,或是法院或具有适当管辖权的政府部门所命令的转让。
10.3.2	股权锁定期后,经×××市人民政府批准,成交社会资本方中的一方可将其所持股权部分或全部转让给其他股东或经各股东一致同意的第三方,以实现股权退出。
10.3.3	无论是否有其他相反约定,受让方皆应满足本项目采购文件规定的技术能力、财务信用、运营经验等基本条件,并以书面形式报经甲方同意和向其他股东明示,在其成为项目公司股东后,会督促并确保项目公司继续承担本合同项下的义务。

审查意见:

1. 关于"项目公司的成立"

项目公司是社会资本为实施本项目而专门成立的公司,独立于社会资本而运营。《PPP项目合同》与项目公司有关的主要条款涉及第10章"项目公司的成立及股权转让的限制"以及第4章"前提条件"。具体的法律风险提示如下：

(1)×××市中心医院以"前期投入评估作价"入股，如何在《公司法》上予以实现。《公司法》(2023年修订)第48条规定："股东可以用货币出资，也可以用实物、知识产权、土地使用权、股权、债权等可以用货币估价并可以依法转让的非货币财产作价出资；但是，法律、行政法规规定不得作为出资的财产除外。对作为出资的非货币财产应当评估作价，核实财产，不得高估或者低估作价。法律、行政法规对评估作价有规定的，从其规定。"因此，如果×××市中心医院以"前期投入评估作价"入股可能不符合《公司法》(2023年修订)第48条有关出资的要求，因为根据本合同对"前期投入"的界定，它并非货币或者非货币财产，而是已支付的成本或费用。

(2)有关项目公司承接"前期投入"的税收和发票风险。即，可能因发票抬头与项目公司不一致导致增值税无法抵扣或企业所得税无法税前扣除的风险。

(3)该条规定："×××市中心医院以其与×××市人民政府(含甲方)对项目的前期投入作为项目公司股东出资"，需要解决×××市人民政府以平台公司(含甲方)对项目的前期投入如何转移到×××市中心医院这一股东的出资名下的问题。

对《PPP项目合同》第10.1条的约定提出如下修订建议：

(1)×××市中心医院以货币出资，但其与×××市人民政府(含甲方)对项目的前期投入可以冲抵其出资义务，×××市中心医院与乙方应在投资协议(股东协议)和公司章程中对此进行明确。

(2)有关前期费用转移(包括尚未履行完毕的合同转移)以及票据、税收的问题，建议与税务部门提前进行沟通予以明确。

2. 关于"股权转让的限制"

基于合同第10章第10.2条和第10.3条的约定，发现如下需要考虑的问题：

(1)"股权变更"的表述比"股权转让"的表述更为恰当，外延更广。

(2)"股权变更"的定义并未考虑"间接股权转让"、"并购"、股份上附着权益的转让以及其他导致股权变更的情形。

(3)合同对股权变更的例外情形考虑并不完善，也没有考虑政府方(甲方)的豁免情形。

鉴于此，对有关的第10章"项目公司的成立及股权转让的限制"提出如下建议：

(1)将本章标题"项目公司的成立及股权**转让**的限制"调整为"项目公司的成立及股权**变更**的限制"，以与后述具体条款内容相匹配。

(2) 建议对第10.2.1条"股权变更"的定义进行修订：

10.2 股权变更的限制 10.2.1 股权变更包括项目公司的股东及股权结构的变更，股权变更可能通过将股权转让给其他方，或者增发新股等方式进行。	**10.2 股权变更的限制** 10.2.1 股权变更包括项目公司的股东及股权结构的变更，股权变更可能是： 1. 将股权直接或间接转让给其他方，但间接转让仅限于项目公司各级母公司控股股权变更； 2. 并购或增发新股等其他方式； 3. 股份上附着的其他相关权益（包括表决权、可转换公司债务等）的变更；以及 4. 其他任何可能导致股权变更的事项。

上述修订是为了防范通过间接转股、并购以及股份的其他相关权益的变更等方式导致股权变更的情形，对于无法列举的其他任何可能导致股权变更的事项以"兜底"条款的方式表述。

(3) 根据对第10.2.1条"股权变更"定义的修订，对第10.2.2条修订如下：

10.2 股权变更的限制 10.2.2 在本项目期限内，上述股权变更或可能导致股权变更的情形，均须向甲方报告并获得甲方书面同意后方可实行。项目公司应向甲方提交股权变更的书面申请材料[阐明变更原因、变更方式、拟转让的股权比例（如有）、意向受让方（如有）情况等书面材料]以及项目公司或股权变更所涉母股东会同意该等股权转让的书面决议。	**10.2 股权变更的限制** 10.2.2 在本项目期限内，上述股权变更或可能导致股权变更的情形，均须向甲方报告并获得甲方书面同意后方可实行。项目公司应向甲方提交**上述**股权变更的书面申请材料[阐明变更原因、变更方式、拟转让的**股权比例（如有）**、意向受让方（如有）情况等书面材料]以及项目公司或股权变更所涉**及**母公司股东会同意该等股权**变更**的书面决议。

(4) 对第10.3.1条的修订建议如下：

10.3 股权锁定期 10.3.1 股权锁定期为建设期以及运营期前2个运营年内。股权锁定内，成交社会资本方在项目公司的股权不得发生变化，除非这种变化是经甲方书面同意、为本项目融资建设需要、项目公司为履行本合同项下的担保且被人民法院或仲裁机构强制执行或为中国法律所要求，或是法院或具有适当管辖权的政府部门所命令的转让。	**10.3 股权锁定期** 10.3.1 股权锁定期为建设期以及运营期前2个运营年内。股权锁定期内，**项目公司及其各级母公司不得发生上述股权变更**，除非这种**变更**： 1. 经甲方书面同意**或应甲方的要求而发生**； 2. 为本项目融资建设需要； 3. 项目公司为履行本**项目融资**项下的担保且被人民法院或仲裁机构强制执行； 4. **或**为中国法律所要求，或是法院或具有适当管辖权的政府部门所命令**的转让**； 5. **将项目公司及其各级母公司的股权转让给社会资本的关联方**； 6. **甲方转让其在项目公司的股权**。

续表

10.3.2 股权锁定期后,经×××市人民政府批准,成交社会资本方中的一方可将其所持股权部分或全部转让给其他股东或经各股东一致同意的第三方,以实现股权退出。	10.3.2 股权锁定期后,经×××市人民政府批准,成交社会资本方中的**建设方**可将其所持股权部分或全部转让给**成交社会资本方中的运营方其他股东**或经各股东一致同意的第三方,以实现股权退出。**未经×××市人民政府批准则不得转让。**

(5)增加如下第 10.3.4 条:

乙方及其各级母公司发生违反上述股权变更限制的情形,视为乙方严重违约行为,甲方有权依据第 18.3 条规定提前终止本合同。

理由在于,第 18.3.1 条第(6)项规定:"V 乙方违反本合同第 10 章有关股权转让限制的规定",这样补充规定,更为清晰完善。

(6)《PPP 项目合同》对"关联方"的定义如下:

关联方	与一方有关时,指该方直接或间接拥有 50% 或以上股权的法律实体,或直接或间接拥有该方 50% 或以上股权的法律实体,或与该方同样均被一共同的第三方直接或间接拥有 50% 或以上股权的法律实体。

上述定义仅考虑了基于法律性控制或股权控制的情形,并未考虑实质控制的情形,建议修订如下:

关联方	与一方有关时,指该方直接或间接拥有 50% 或以上**表决权**股权的法律实体,或直接或间接拥有该方 50% 或以上**表决权**股权的法律实体,或与该方**同样均**被同一**第三方**直接或间接拥有 50% 或以上**表决权**股权的法律实体。**虽未达到前述股份控制标准,但在股份、资金、经营、购销等方面构成实质控制的,亦互为关联方。**

(十一)项目付费机制条款

付费机制关系 PPP 项目的风险分配和收益回报,是 PPP 项目合同中的核心条款。实践中,需要根据各方的合作预期和承受能力,结合项目所涉的行业、运作方式等实际情况,因地制宜地设置合理的付费机制。在 PPP 项目中,常见的付费机制主要包括三类:政府付费、可行性缺口补贴和使用者付费①。

1. 政府付费

政府付费(Government Payment),是指政府直接付费购买公共产品和服务。

---

① 参见财金〔2014〕113 号文件(已失效)第 11 条第 4 项,政府付费、可行性缺口补助、使用者付费三种模式,分别对应非经营性项目、准经营性项目和经营性项目。

在政府付费机制下,政府可以依据项目设施的可用性、产品或服务的使用量以及质量向项目公司付费。政府付费是公用设施类和公共服务类项目中较为常用的付费机制,一些公共交通项目也会采用这种机制。政府付费是指由政府直接付费购买公共产品或服务,其与使用者付费的最大区别在于付费主体是政府而非项目的最终使用者。

根据项目类型和风险分配方案的不同,政府付费机制下,政府通常会依据项目的可用性、使用量和绩效中的一个或多个要素的组合向项目公司付费。

✓ 可用性付费(Availability Payment),是指政府依据项目公司所提供的项目设施或服务是否符合合同约定的标准和要求来付费。

✓ 使用量付费(Usage Payment),是指政府主要依据项目公司所提供的项目设施或服务的实际使用量来付费。在按使用量付费的项目中,项目的需求风险通常主要由项目公司承担。因此,在按使用量付费的项目中,项目公司通常需要对项目需求有较为乐观的预期或者有一定影响能力。实践中,污水处理、垃圾处理等部分公用设施项目较多地采用使用量付费。

✓ 绩效付费(Performance Payment),是指政府依据项目公司所提供的公共产品或服务的质量付费,通常会与可用性付费或者使用量付费搭配使用。

2. 可行性缺口补贴

可行性缺口补贴(Viability Gap Funding,VGF),是指使用者付费不足以满足项目公司成本回收和合理回报时,由政府给予项目公司一定的经济补助,以弥补使用者付费之外的缺口部分。可行性缺口补助是在政府付费机制与使用者付费机制之外的一种折中选择。在我国实践中,可行性缺口补助的形式多种多样,包括土地划拨、投资入股、投资补助、优惠贷款、贷款贴息、放弃分红权、授予项目相关开发收益权等其中的一种或多种。

参考《财政部关于印发〈政府和社会资本合作项目财政承受能力论证指引〉的通知》(财金〔2015〕21号)[①]相关规定,其常见的计算公式为:

当年运营补贴支出数额 = [项目全部建设成本 × (1 + 合理利润率) × (1 + 年度折现率)n/财政运营补贴周期(年)] + 年度运营成本 × (1 + 合理利润) − 当年使用者付费数额

其中:

[①] 该文已被《财政部关于公布废止和失效的财政规章和规范性文件目录(第十三批)的决定》(财政部令第103号)废止。目前新的指引还未出台。

n 为折现年数。

财政运营补贴周期为财政提供运营补贴的年数。

合理利润率应以商业银行中长期贷款利率水平为基准，充分考虑可用性付费、使用量付费、绩效付费的不同情景，结合风险等因素确定。

3. 使用者付费

使用者付费（User Charges），是指由最终消费用户直接付费购买公共产品和服务。项目公司直接从最终用户处收取费用，由于在使用者付费项目中项目公司的成本回收和收益取得与项目的使用者实际需求量（市场风险）直接挂钩，为确保PPP项目能够顺利获得融资支持和合理回报，社会资本通常会要求在PPP项目合同中增加唯一性条款，即要求政府承诺在一定期限内不在项目附近批准新建与本项目有竞争的项目。

《关于规范实施政府和社会资本合作新机制的指导意见》（国办函〔2023〕115号）明确："聚焦使用者付费项目。政府和社会资本合作项目应聚焦使用者付费项目，明确收费渠道和方式，项目经营收入能够覆盖建设投资和运营成本、具备一定投资回报，不因采用政府和社会资本合作模式额外新增地方财政未来支出责任。政府可在严防新增地方政府隐性债务、符合法律法规和有关政策规定要求的前提下，按照一视同仁的原则，在项目建设期对使用者付费项目给予政府投资支持；政府付费只能按规定补贴运营、不能补贴建设成本。除此之外，不得通过可行性缺口补助、承诺保底收益率、可用性付费等任何方式，使用财政资金弥补项目建设和运营成本。"对于"使用者付费"这一提法的背景，国家发改委投资司有关负责同志在答记者问时提及，"从国际经验看，PPP主要有基于使用者付费的特许经营（Concession）和基于公共部门（政府）付费的私人融资计划（PFI）两种模式，后者主要在英国实施，且由于多种原因，英国政府已于2018年暂停推行，我国此前推行的以政府付费为主的PPP项目也出现了一些问题，加重了地方政府的财政支出压力。为规范实施政府和社会资本合作新机制，《指导意见》明确，将聚焦使用者付费项目，明确收费渠道和方式，项目经营收入能够覆盖建设投资和运营成本、具备一定投资回报，不因采用政府和社会资本合作模式额外新增地方财政未来支出责任"。

由此可见，新指导意见下的"使用者付费"目前主要是从与"政府付费"模式相对应的角度定义的，并未沿用原有PPP机制下三类付费机制的提法。聚焦"使用者付费"项目的核心在于避免在新机制下，因滥用PPP模式导致固化政府支出责任，避免增加地方政府隐形债务。基于此，原有PPP机制下的"经营性项目"不涉及政府付费或支付可行性缺口补贴,因此,应符合新指导意见的要求;但原有"准经营性项目"(可行性缺口补助项目)是否仍符合新指导意见的要求,笔者认为,仍需区分对待:一方面需要更多从项目的类型和本质上予以把握,包括项目是否原本就属于需要政府补贴的项目(补贴与否与采用何种模式无关),以及是否能满足"使用者付费"项目的核心要求和特征;另一方面,如果项目在建设阶段已取得政府投资支持,在该情况下,是否政府方仅需补贴运营,而不涉及对建设部分进行任何补贴。

《基础设施和公用事业特许经营管理办法》(2015年版)第19条第2款规定:"向用户收费不足以覆盖特许经营建设、运营成本及合理收益的,可由政府提供可行性缺口补助,包括政府授予特许经营项目相关的其它开发经营权益。"但《特许经营管理办法》(2024年)第22条第3款规定:"政府可以在严防新增地方政府隐性债务、符合法律法规和有关政策规定要求的前提下,按照一视同仁的原则,在项目建设期对使用者付费项目给予政府投资支持;政府付费只能按规定补贴运营,不能补贴建设成本。除此之外,不得通过可行性缺口补助、承诺保底收益率、可用性付费等任何方式使用财政资金弥补项目建设投资和运营成本。……"

实务中,在对本条款进行约定时,通常需要对付费机制(可用性服务费、绩效服务费、使用者付费、可行性缺口补助等)、绩效考核系数以及支付方式(含延迟付款)等进行约定。

此外,还需要约定价格调整机制。调价机制有公式调整机制和协商调整机制两种。目前采用比较多的是公式调整机制,如污水处理项目,通常会以电费、人工费、化学药剂费、企业税收等指数作为主要的调价因子,当上述因子变动达到约定的幅度时即可触发调价程序,按调价公式自动调整定价。这里需要关注的有两点:一是各调价因子在总调价公式中的比重占比目前没有统一的比例,同样是污水处理项目,有的地方人工费因子占比例较大,有的地方电费因子占比例较大。所以合理确定权重是一项重要工作,目前尚缺乏权威部门指导意见。二是调价频率,目前有的地方是一年一次,有的是两年或者三年一次。

【例20-10】项目付费机制条款

11	项目付费机制
11.1	**付费机制** 本项目付费机制为可行性缺口补助,计算公式如下: **本项目可行性缺口补助 =(年可用性服务费 + 运维绩效服务费)× 绩效考核系数 - 使用者付费** 本项目合作期限内乙方应对本合同第9条所述内容进行运营维护,甲方将根据本合同附件《项目建设和运维维护绩效考核标准》对乙方运营维护情况进行年度考核和评估,并将年可用性服务费的100%以及年运维服务费的100%与绩效考核结果挂钩,按照本合同第12章约定确定应向乙方支付的运维绩效服务费金额。
11.1.1	**可用性服务费** 可用性服务费在本项目所有工程竣工验收合格后方可支付。 本项目每个运营年的可用性服务费计算公式如下: $$年可用性服务费 = P_1 \times \frac{i_1 \times (1+i_1)^n}{(1+i_1)^n - 1} + P_2 \times \frac{i_2 \times (1+i_2)^n}{(1+i_2)^n - 1}$$ 其中: P_1 为扣除政府股本金后的项目资本金。 i_1 为可用性服务费资本金部分合理利润率,以成交社会资本方在响应文件中的报价为准,该比率为浮动比率,即"当期5年期及以上中国人民银行贷款基准利率 + 2.5%(固定利差)"。 P_2 为项目融资部分。 i_2 为可用性服务费融资部分合理利润率,以成交社会资本方在响应文件中的报价为准,该比率为浮动比率,即"当期5年期及以上中国人民银行贷款基准利率 + 1%(固定利差)"。 n 为政府付费年限。 各运营年可用性服务费支付将与本项目绩效考核结果挂钩,考核方法根据本合同第12章规定执行。
11.1.2	**运维绩效服务费** (1)本项目运维绩效服务费根据每一运营年内所实际发生的运维成本,并结合成交社会资本对运维服务的合理利润率报价,即年合理利润率[0.1]%,经绩效考核确定支付比例计算得出。 年运维绩效服务费 = 运营年运维成本 × (1 + r) 其中: r 即成交社会资本对运维服务费合理利润率的响应报价,为0.1%。 (2)运营维护成本的确定 a)第一个运营年结束后15个工作日内,甲方应聘请第三方审计机构对该运营年运营维护成本进行审计。如因甲方原因未在合理时间内开展审计的,经甲方同意,乙方可自行聘请审计机构进行审计,并以此审计结果为准。 b)自第二个运营年开始,运营维护成本依据成本预算与决算审计进行确定。即,每个运营年开始前10个工作日,乙方须参照上一运营年度运维情况制定下一运营年的运维预算,运维预算应包含运营维护的各项成本及明细,并报至甲方,双方将共同

续表

11.1.2	调整确定下一年度运维预算。运营年中需要调整运维预算或发生必要的运维预算之外的成本支出的,乙方应事先报甲方同意。如因甲方不当否决或不合理修改预算支出导致的相关责任由甲方承担。运营年结束30个工作日内,乙方将上一年度运维情况以及对运维预算的执行情况形成书面报告,报至甲方,甲方应聘请第三方审计机构对该运营年运营维护成本进行审计。如因甲方原因未在合理时间内开展审计的,经甲方同意,乙方可自行聘请审计机构进行审计,并以此审计结果为准。 (3)调价机制 根据运维内容,对适宜于采用定额方式支付运维成本的情形,采用以下调价机制: 甲方将根据本项目运营维护期间的通货膨胀情况(主要是指人工、维修费、水电费、税费等),设定运维绩效服务费调价触发机制及调价机制。 运维绩效服务费调价机制由常规调价及临时调价构成,涉及的调整因素主要有人工、维修费、自来水费、电费、材料费等。常规调价在运营期内每两年进行一次,若前述调整因素中的一项或多项成本变动幅度超过±5%,则乙方可向甲方申请启动调价程序,由甲方组织相关政府部门审核通过后调价;当前述调整因素中的一项或多项成本变动幅度超过±10%时,乙方可向甲方申请启动临时调价程序,临时调价后下个常规调价启动年份顺延至该次临时调价的两年后。
11.1.3	**使用者付费** 使用者付费是指项目公司通过本项目设施设备获得的停车费、配餐费等收入扣除税费后的总额。 甲方实际付费金额应在可用性服务费和运维绩效服务费的基础上扣减使用者付费。
11.1.4	**绩效考核系数** 绩效考核系数=考核打分结果对应的绩效服务费付费比例+运维绩效奖励比例 考核打分结果对应的绩效服务费付费比例见附件《项目建设和运营维护绩效考核标准》; 只有考核打分结果大于或等于90分且利益相关者满意度不低于90%,项目公司才可按当期政府应付可用性服务费与运维绩效服务费之和的2%获得额外的运维绩效奖励。
11.1.5	甲方根据上述规定对本项目政府付费金额进行最终确定。
11.2	**支付方式**
11.2.1	**支付方式** (1)本项目可行性缺口补助在运营期内按年支付,下一运营年开始日起60日内应完成上一年可行性缺口补助支付,可行性缺口补助金额根据绩效考核结果计算后扣除已支付部分。乙方应在每个运营年结束后的10日内将上一运营年的付费申请和履约情况书面提交给甲方。甲方则根据对乙方上一年的绩效考核结果,在30日内完成付费金额审核及向×××市财政部门提交付费申请,并协调×××市财政部门及时支付。 (2)第一个运营年在项目竣工验收合格后先支付80%的可用性服务费,支付时点为项目竣工验收合格之日起60日内,之后每满一年支付一次。其余可行性缺口补助,自本项目进入运营期之日起第一年开始,每年进行一次绩效考核,考核时间为运营维护期起始月第12个月初,考核时间不超过1个月,根据绩效考核确定当年的可行性缺口补助支付比例,考核完毕后与项目公司进行结算,还须支付的缺口补助在30

续表

11.2.1	日内支付,以此类推。甲方向乙方支付第一个运营年的可用性服务费时,若竣工结算审计尚未完成,则暂按过程计量金额与前期费用总额之和为基数计算的年可用性服务费的80%支付;待竣工结算审计完成并根据绩效考核计算出实际应支付的可用性服务费后多退少补。 (3)乙方应根据相关部门的要求提交有效票据。
11.2.2	**延迟付款** 若×××市财政未能根据第11.2.1条的规定按时向乙方支付费用,则乙方可向甲方发出书面催缴通知,若该催缴通知发出后的30个工作日内仍未收到款项,则甲方应自催款期满日起每日按所欠金额的1‰向乙方支付违约金,直至所欠金额付至乙方账户之日。逾期超过180日仍未支付的,乙方有权根据本合同第18.3条的约定向甲方发出本合同终止意向通知。 若乙方未按第11.2.1条约定的时间提交付费申请及履约情况说明,甲方不承担本条约定的延迟付款责任。

(十二)履约担保和保险条款

1. 履约担保条款

《项目合同指南》将履约担保定义为"为了保证项目公司按照合同约定履行合同并实施项目所设置的各种机制",这是对"履约担保"的广义解释。因此,PPP项目中的履约担保通常是指中选社会资本/项目公司与政府方之间的履约担保。根据《项目合同指南》的规定,PPP项目中常见的履约担保包括如下几种方式:

- ✓ 项目采购阶段:投标担保;
- ✓ 采购完成后前提条件实现前(如有):前提条件成就担保;
- ✓ 建设期:建设期履约担保;
- ✓ 运营期:运维履约担保;
- ✓ 期满终止日前的12个月至项目期满移交后12个月内:移交维修担保。

上述担保又可以分为投标担保及履约担保,前者目的在于促使投标阶段社会资本遵循相应的采购竞争规则,即上述的投标担保;后者存在于项目采购完成合同签订后(履约阶段),目的在于促使社会资本方/项目公司妥善履约,通常包括上述的后几项担保。

【例20-11】履约担保条款

13	履约担保	
13.1	建设履约保证金	本项目合同签订之日起[10]个工作日内,乙方应向甲方缴纳建设履约保证金,建设期履约保证金可以银行保函方式缴纳,开工前缴纳金额为人民币[　　]元(￥　　);当实际完成的项目建安工程费达到[50]%时,建设履约保证金可降为[　　]元(￥　　)。建设履约保证金在工程竣工验收完成且乙方缴纳运营维护保证金之日起[10]个工作日内退还。建设履约保证金用于保证乙方在开工节点、竣工验收节点、重大工程质量事故或安全责任事故、运营维护保证金提交等方面的守约行为,甲方对乙方在上述方面的违约可以从建设履约保证金中提取违约金。
13.2	运营维护保证金	在本项目工程竣工验收合格通知下达之日起[10]个工作日内,乙方应向甲方缴纳运营维护保证金,运营维护保证金金额为人民币[　　]元(￥　　),运营维护保证金与移交保证金同时退还。运营维护保证金用于保证乙方在项目运营绩效、服务质量标准达标、安全保障、移交保证金提交等方面的守约行为,甲方对乙方在上述方面的违约可以从运营维护保证金中提取违约金。
13.3	移交保证金	在本项目最后一个运营年度开始前,乙方应根据甲方的要求向甲方缴纳移交保证金,移交保证金金额为人民币[　　]元(￥　　),移交保证金在移交完毕且质量保证期满(本项目移交完毕二年期满)后的[10]个工作日内退还。若移交过程中因乙方违约发生的损失超过移交保证金,可由甲方从乙方应得的可行性缺口补助中扣减违约金和损失。移交保证金用于保证乙方在项目设施恢复性大修、对项目设施隐蔽性缺陷的维修等方面的守约行为,甲方对乙方在上述方面的违约可以从移交保证金中提取违约金。
13.4	履约保函的基本要求	履约保函的格式由乙方自行拟定,但应为中国工商银行、中国建设银行、中国农业银行或中国银行出具的不可撤销、见索即付的保函,且递交的时点、保函金额等均应符合本条所述相关规定,保函受益人应为甲方。
13.5	恢复履约保函的数额	
13.5.1		如果甲方在项目合作期内根据本合同的有关规定提取履约保函项下的款项,乙方应确保在甲方提取后的[10]个工作日内,将履约保函的数额恢复到本合同规定的数额,且应向甲方提供履约保函已足额恢复的证明。
13.5.2		乙方未在前述期限内补足或恢复履约保函相应金额的,甲方有权发出催告,乙方应在收到该等催告后[7]日内予以补足;乙方在前述期限内仍未补足的,则甲方有权提取履约保函项下的余额、扣留本合同中约定的由甲方支付给乙方的任何款项直至乙方恢复保函数额为止,并有权提前终止本合同。
13.5.3		甲方提取履约保函的权利不影响甲方在本合同项下的其他权利,并且不应解除乙方不履行本合同项下义务而对甲方所负的任何进一步的责任和义务。

续表

13.6	提取履约担保不当
	发生甲方扣除或提取乙方提交之履约担保的行为后,乙方通过本合同争议解决机制确定甲方无权扣除或提取的,则甲方应退还已扣除或提取的金额,并应支付自扣除之日至退还之日的利息,该利息参照届时中国人民银行活期存款利率执行。

2. 保险条款

PPP 项目合作期内,购买并维持保险的责任分工、各方在保险中的角色、应购买的合理保险种类、保险覆盖的项目范围、保险获赔的风险等问题都是最终与项目风险密切相关的问题。因此,应当予以明确约定。

建设期保险通常包括:完工延迟险;建筑安装工程一切险;(建筑安装工程一切险之)完工延迟险;第三者责任险;环境责任险;其他必要险种。运营期保险通常包括:财产一切险;(财产一切险之)业务中断险;机器故障损坏险;(机器故障损坏险之)业务中断险;第三者责任险;环境责任险;其他必要险种。

(十三)项目临时接管和提前终止条款

1. 项目临时接管条款

本条款实质上是出于维护社会公共利益的需要而实施的一种政府介入机制,在项目合同中约定介入机制,应区分项目公司违约和未违约两种情形下的具体情况,并特别明确政府介入后的法律后果,以便给项目公司明确的交代,使其心里有底。

【例 20-12】临时接管条款

17	临时接管
17.1	**乙方违约情形下的临时接管** 乙方在项目期限内有下列行为之一的,甲方有权责令其限期改正,逾期未改的,甲方或政府指定的其他机构有权对本项目实施临时接管:
17.1.1	擅自以出售、转让、出租、抵押等方式处置项目设施,或在项目设施上设置其他权利限制,导致本项目不能正常运营的;
17.1.2	擅自停业、歇业,严重影响社会公共利益和公共安全的;
17.1.3	因管理不善发生重大质量、生产安全事故,导致本项目不能正常运营的;
17.1.4	存在重大安全隐患且拒不整改,危及或者可能危及公共利益、公共安全的;

17.1.5	乙方法人主体资格终止或被撤销的;
17.1.6	法律、法规、规章规定的其他情形。
17.2	**乙方未违约情形下的临时接管** 在项目期限内,虽然乙方不存在本合同项下的违约行为,但如发生如下情形,甲方或政府指定的其他机构有权对本项目实施临时接管:
17.2.1	存在严重危及人身健康安全、财产安全或环境安全的重大风险;
17.2.2	发生紧急情况,甲方合理认为该紧急情况会导致人员伤亡、严重财产损失或造成环境污染;
17.2.3	法律、法规、规章规定的其他情形。
17.3	乙方应无条件服从甲方或政府指定机构接收或接管本项目的所有指令、命令,临时接管期间甲方或政府指定的其他机构负责在接管范围内组织正常运营维护工作,乙方应当在甲方或政府指定机构临时接管前善意履行看守职责,维持正常的经营服务,并应保证在甲方或政府指定机构对本项目实施临时接管期间向甲方提供正常运营本项目所需的备品配件及资料。
17.4	甲方或政府指定的其他机构依据上述第 17.1 款实施临时接管,临时接管所产生的一切费用由乙方予以承担;甲方或政府指定的其他机构依据上述第 17.2 款实施临时接管,临时接管所产生的额外费用由甲方承担,临时接管期间的相应收入(如有)依然归乙方所有。
17.5	如临时接管的情形持续 2 个月未结束,则有权方可依据本合同第 18.3 条向另一方发出本合同提前终止通知。

2. 项目提前终止条款

提前终止是指在 PPP 项目合作期限尚未届满的情况下,由于特定情况的出现,导致 PPP 项目合同提前解除。通常当事方较容易理解因为违约导致的提前终止,而容易忽视由于法律变更、不可抗力(特别是政治不可抗力事件)所导致的提前终止。提前终止条款需要注意以下几点:

一是提前终止的法律后果。一般而言,由于 PPP 项目多为基础设施建设类项目,因此,一旦合同提前终止,项目公司需要进行项目设施移交,政府方要根据事先约定的金额,向项目公司支付提前终止补偿金额。需要注意,从提前终止事件发生到合同实际提前终止(一般以合同约定的"终止日"为准),往往还有一段时间(例如双方对提前终止事件的发生进行通知,对争议进行协商,对提前终止补偿金额进行计算等),截至提前终止日,PPP 项目合同依然是有效的,双方仍应履行合同项下的义务。即使是在终止日之后,PPP 项目合同已经终止,双方仅是不负有继续履行合同的义务,对于终止日之前,双方的履约行为已经实际产生的合同义务,仍应该继续履行(例如按照约定支付服务费)。此外,由于提前终止合同将伴随着资产的清点、移交等,因此,项目公司在项目设施移交完毕之前,应尽到"谨慎管理人"的义务,合理地对项目设施进行照管。此外,即使发生 PPP 项目合同的提前终止,也不意味着全部合同条款的终止,在 PPP 项目合同中约定的一些通用条款,例如争议解决程序、适用法、合同文件的组成和效力等,均应继续保持有效。

二是提前终止补偿。提前终止补偿是指当 PPP 项目合同提前终止时,项目公司把项目设施(无论是否完工)移交给政府方,由政府方支付给项目公司的补偿款。提前终止补偿款的计算是一个综合性问题,需要从法律和财务两个角度通盘考虑双方的责任(哪一方违约导致提前终止)、项目建设情况(建设期还是运营期,项目设施是否已经可直接使用)、项目融资情况等多种因素,并要结合已有的违约条款、移交条款、权属变更条款等进行综合分析。

提前终止补偿金额是指在发生 PPP 项目合同提前终止的情况下对项目公司的补偿,具体金额的计算应结合项目实际情况统筹考虑,而不宜简单复制其他项目的补偿方式(例如在违约终止的情况下,对违约方均适用定额违约金)。由于 PPP 项目的合作期限比较长,在建设期和运营期发生终止,其补偿金额也应有所区分。因此,提前终止补偿金额要根据项目资产(在建工程)的实际价值、项目运营情况、社会资本的收益情况、双方过错程度、届时双方额外要求的条件(例如知识产权转移、备品备件提供、缺陷责任)等综合计算。

三是提前终止后的解押安排。合同提前终止发生后,由于项目公司需要将项目设施移交给政府方,通常会被要求提前解除设置在项目设施、项目用地及项目收益权之上的抵押或质押安排,这里就有一个解押成本及资金来源的问题。但在现有的 PPP 项目合同文本里,这个问题较少被关注,或直接要求项目公司自行提前解押,或者语焉不详。

从公平合理的角度出发,建议将上述解押安排与提前终止补偿金额的支付挂钩,一方面降低提前终止补偿金额被滥用的风险,另一方面对政府方的付款也有个促进作用,有助于提前终止程序的顺利实施。

(十四)项目移交条款

根据《项目合同指南》第 2 章第 19 节"项目的移交"的相关规定,项目移交通常是指在项目合作期限结束或者项目合同提前终止后,项目公司将全部项目设施及相关权益以合同约定的条件和程序移交给政府方或者政府方指定的其他机构。项目移交的基本原则是,项目公司必须确保项目符合政府方回收项目的基本要求。项目合作期限届满或项目合同提前终止后,政府方需要对项目进行重新采购或自行运营的,项目公司必须尽可能减少移交对公共产品或服务供给的影响,确保项目持续运营。项目移交条款通常需要对移交的权利、移交的内容和方式、移交的条件和标准、移交的程序和方式以及移交后的风险分配等相关内容进行约定。

1. 移交的权利

出于土地使用权取得的障碍和政府方希望保留项目设施所有权的考虑,部分PPP项目中项目公司并不拥有项目设施的所有权,PPP项目合同应根据不同的PPP运作方式及项目设施的权属情况,区分项目公司在移交时的权利,进而明确移交的内容。

2. 移交的内容

移交的范围通常包括:(1)项目设施;(2)项目土地使用权及项目用地相关的其他权利;(3)与项目设施相关的设备、机器、装置、零部件、备品备件以及其他动产;(4)项目实施相关人员;(5)运营维护项目设施所要求的技术和技术信息;(6)与项目设施有关的手册、图纸、文件和资料(书面文件和电子文档);(7)移交项目所需的其他文件。

3. 移交的方式

根据移交后项目公司是否存续,PPP项目合同会约定采取资产移交或股权移交的方式以及相关费用的承担主体,即项目公司向政府移交PPP项目相关资产而后解散,或项目公司股东向政府方转让持有的项目公司全部股权,而项目公司依然存续。

4. 移交的条件和标准

项目移交时项目设施应符合双方约定的技术、安全和环保标准,并处于良好的运营状况。为了确保回收的项目符合政府的预期,PPP项目合同中通常会明确约定项目移交的条件和标准。特别是在项目移交后政府方还将自行或者另行选择第三方继续运营该项目的情形下,移交的条件和标准更为重要。

5. 移交的程序

PPP项目移交程序一般始于移交前的过渡期,PPP项目合同通常会约定过渡期时长为运营期的最后一年至移交日止。在这个过渡期内,通常会由政府方和项目公司共同成立项目移交委员会,由移交委员会负责制定移交方案,编制移交清单等。

在PPP项目移交前,通常需要对项目的资产状况进行评估并对项目状况能否达到合同约定的移交条件和标准进行测试。实践中,上述评估和测试工作通常由政府方委托的独立专家或者由政府方和项目公司共同组成的移交工作组负责。经评估和测试,项目状况不符合约定的移交条件和标准的,PPP项目合同通常会约定政府方有权要求项目公司对项目设施进行相应的恢复性修理、更新重置，甚至有权直接提取维修保函并将其移交保险公司。

PPP项目合同会同时约定移交时涉及的资产转移、合同转让等手续的办理以及相关费用的承担主体。

6. 移交的风险分配

依据《民法典》的相关规定，PPP项目合同通常会约定，项目资产移交前的风险由项目公司承担，项目移交后的风险由政府方承担，而如双方在约定的日期未能完成项目移交，则风险由导致不能如期完成移交的一方承担。

【例20-13】项目移交条款

19	项目移交
19.1	**期满时的移交**
19.1.1	项目合作期限届满，乙方应将项目资产及相关权利等无偿移交给政府方或其指定机构。
19.1.2	本项目合作期限期届满12个月前，甲方与乙方应组建移交委员会，由移交委员会制定移交方案，根据需要，乙方应对甲方指定的人员予以培训，以便其在移交后能够承担本项目的技术、运营及管理工作。
19.1.3	上述第19.1.2条约定的移交方案应包括项目设施中修、大修、重置计划以及验收标准，乙方至少应于期满前最后一年内按照该等计划对项目设施进行中修、大修及重置，且该等中修、大修、重置须于移交日6个月前完成，所发生的费用由甲方承担（但因项目建设质量等原因造成的修缮、维护等责任由乙方承担）。若乙方怠于履行或不完全履行前述义务，则甲方有权指定第三方代为实施，所涉费用从合作期限的履约保证金中予以提取，不足部分甲方有权向乙方追偿。
19.1.4	期满移交依照以下程序进行： (1)移交日为本项目合作期限届满之日。乙方至少应在合作期限结束前6个月提交详细的移交清单，移交清单应包括但不限于项目设施、设备、工具、器材、计算机软件及文字资料，以及相关的其他物品及资料等； (2)乙方最迟应在移交日前2个月向甲方提交移交通知，该等通知应包括乙方移交代表的姓名及其他移交相关的事项； (3)甲方应在收到乙方移交通知后10个工作日内以书面形式确认其通知，并将政府接收代表的姓名通知乙方； (4)甲方与乙方应在移交日前7日完成有关移交内容的清点和复核工作，并就移交补偿事宜达成一致，共同签署预移交备忘录； (5)在移交日，甲方与乙方将正式签署移交备忘录，同时甲方或其指定机构的管理人员将正式开始运营维护； (6)移交备忘录的签署，意味着乙方基于本合同项下本项目而言所享有的权利和其他利益被依法终止。

续表

19.1.5	本项目移交应包括以下内容： (1)项目设施，且项目设施之上不得附有任何第三方之抵押、质押等担保权或其他请求权； (2)移交日后3个月内项目设施正常运行需要的消耗性备品备件、事故抢修的备品备件等； (3)与本项目运营有关的手册、制度； (4)维持本项目后续正常管理、运营所必需的财务账目和凭证等本项目文件资料； (5)本项目运营期间的相关记录、档案资料等； (6)移交时，乙方须将项目设施上可能存有的向其他第三方之请求权全部移交给政府或其指定机构，乙方应积极配合政府或其指定机构行使请求权。
19.1.6	乙方应保证在正常使用情况下，移交之项目设施在移交后1年内均处于可正常使用状态。
19.1.7	甲方在移交后1年内发现项目设施任何部分因合作期限内乙方的任何违约行为出现任何缺陷或损坏，均应及时通知乙方。乙方收到通知后，应在甲方规定的时间内对该等缺陷或损坏进行修复，否则甲方有权提取移交保证金的相应部分。
19.1.8	如果项目设施的缺陷或损坏严重，当出现下述情形时，甲方有权就项目设施性能的降低获得补偿，该等金额的确定由各方共同认可之第三方检测机构予以核定，甲方据此提取移交保证金中相应金额(包括聘请检测机构之费用)用以支付该等补偿款： (1)通过更换或修复仍无法达到适用法律和移交方案确定的标准； (2)通过更换或修复可以达到适用法律和移交方案确定的标准，但该等更换或修复的成本过高且被证明是不经济的。
19.2	**提前终止的移交**
19.2.1	本合同提前终止时，乙方应将上述第19.1.5条所约定的移交内容参照第19.1.4条约定的程序全部移交给政府方或其指定机构，上述第19.1.6条至19.1.8条的约定同样适用；
19.2.2	甲方应于移交备忘录签署日后60日或各方另行约定的更长时间内，依据本合同第18.4条的约定向乙方支付相应提前终止补偿金。

(十五)争议解决条款

PPP项目合同争议解决条款的设置，经常引起争议。对于在PPP项目合同争议属于民商事合同纠纷还是行政协议纠纷，司法实践中存在较大争议，这一问题的回答直接决定了该类争议是可以约定采用仲裁解决，还是只能采用行政诉讼解决①。关于前述性质之争，目前存在三种观点：

---

① 《最高人民法院关于审理行政协议案件若干问题的规定》(法释[2019]17号，2020年1月1日施行)第26条规定："行政协议约定仲裁条款的，人民法院应当确认该条款无效，但法律、行政法规或者我国缔结、参加的国际条约另有规定的除外。"

第一种观点:PPP项目合同为平等民事主体之间签订的合同,受民商事法律关系调整,其理由在于,PPP项目合同主要内容包括项目融资、项目建设及运维、股权变更、付费机制以及履约保证等条款。该等协议的内容主要涉及民事权利义务的事项,并未涉及行政法意义上的权利义务。

第二种观点:PPP项目合同属于行政协议,发生争议应当通过行政复议或行政诉讼解决,此种观点认为应延续《行政诉讼法》以及其司法解释中关于特许经营协议的相关定性。

第三种观点:不能简单地因特许经营协议、政府与社会资本合作协议产生纠纷就判定其属于行政诉讼的受案范围,而应结合合同的目的、职责、主体、行为、内容等方面,判定涉案合同是否属于行政协议,若具有明显的民商事法律关系性质,应定性为民商事合同。这种观点其实是混合合同说或者认为在审判实践中对该类争议应当运用"二分法"进行处理。

笔者赞同第三种观点,理由在于PPP项目合同条款众多,既包括归属于政府行政职能的征地、供地、规划、建设审批等,也包括归属于民事权利义务的建设期利息、项目公司治理结构、注册资金缴纳、项目公司融资等条款,行政性质与民事性质相互交叉,无法简单将之单一定性为行政或者民事法律性质。因此,PPP项目合同兼具民事、行政两种法律属性。具体分析如下:

第一,在学理层面,民事协议与行政协议的区别主要体现在如下几个方面:(1)协议的主体不同,民事协议的各方主体均需为民事主体,而行政协议的主体其中一方必须为行政机关、法律法规授权的组织以及依法接受委托行使公共管理职能的组织;(2)主体地位不同,民事协议的各方主体具有平等性,而行政协议中,行政主体具有一定的优越性,具体表现在对于整个协议的签署、履行、监督及解除具有主导性;(3)协议的内容不同,民事协议的内容主要是各方的民事权利义务,而在行政协议中,行政机关主要行使的是行政职权,而非一般的民事权利,协议的内容主要是行政法上的权利义务;(4)协议的目的不同,民事协议的目的一般具有私益性,行政协议虽不排除个人对私益的追求,但必然具有公益性,以实现公共利益为目标,具有一定的管理性。协议的如约履行,如果相应提高当地经济生产总量,提高政府财税收入,部分解决就业问题,有助于对外开放、经济技术发展和产业结构调整,有利于地方的长远发展,应当认定具有社会公共利益。因此,相较于民事协议而言,行政协议在缔约主体、缔约目的、协议内容等方面都有其特殊性,是一类特殊的协议。行政协议在法律性质上具有鲜明的双重性特点,行政性和契约性是行政协议的一体两面,共同构成行政协议不可分割的法律属性。而PPP项目合同显然并不能简单地认为仅符合行政协议的要件和特征。

第二，从规范性文件及合同示范层面来看，如《项目合同指南》编制说明中提到："PPP从行为性质上属于政府向社会资本采购公共服务的民事法律行为，构成民事主体之间的民事法律关系。同时，政府作为公共事务的管理者，在履行PPP项目的规划、管理、监督等行政职能时，与社会资本之间构成行政法律关系。因此，我国PPP项目合同相关法律关系的确立和调整依据，主要是现行的民商法、行政法、经济法和社会法，包括《民法通则》《合同法》《预算法》《政府采购法》《公司法》《担保法》《保险法》《行政许可法》《行政处罚法》《行政复议法》《民事诉讼法》《仲裁法》《行政诉讼法》《会计法》《土地管理法》《建筑法》《环境保护法》等。"

第三，在司法解释层面，《最高人民法院关于适用〈中华人民共和国行政诉讼法〉若干问题的解释》（法释〔2015〕9号）①第11条明确规定："行政机关为实现公共利益或者行政管理目标，在法定职责范围内，与公民、法人或者其他组织协商订立的具有行政法上权利义务内容的协议，属于行政诉讼法第十二条第一款第十一项规定的行政协议。公民、法人或者其他组织就下列行政协议提起行政诉讼的，人民法院应当依法受理：（一）政府特许经营协议；（二）土地、房屋等征收征用补偿协议（三）其他行政协议。"《最高人民法院关于适用〈中华人民共和国行政诉讼法〉若干问题的解释》（法释〔2018〕1号，2018年2月8日施行）删除了该规定，但《最高人民法院关于审理行政协议案件若干问题的规定》（法释〔2019〕17号，2020年1月1日施行）第1条规定："行政机关为了实现行政管理或者公共服务目标，与公民、法人或者其他组织协商订立的具有行政法上权利义务内容的协议，属于行政诉讼法第十二条第一款第十一项规定的行政协议。"第2条规定："公民、法人或者其他组织就下列行政协议提起行政诉讼的，人民法院应当依法受理：（一）政府特许经营协议；……（五）符合本规定第一条规定的政府与社会资本合作协议；……"从前述有关行政协议的规定演变可以看出，行政协议界定的其中两项本质要素"实现行政管理或者公共服务目标"（原为"实现公共利益或者行政管理目标"）和"具有行政法上权利义务内容"并未发生变化。②故，争议的焦点就集中于如何界定一个

---

① 该司法解释已被《最高人民法院关于适用〈中华人民共和国行政诉讼法〉若干问题的解释》（法释〔2018〕1号，2018年2月8日施行）所废止。

② 事实上，法释〔2019〕17号对于行政协议的定义与法释〔2015〕9号几乎一致，均要求四个要素：一是主体要件，签约主体必须是行政机关与相对人，行政机关与行政机关以及行政机关与其内设机构、个人签订的协议均不是行政协议；二是目的要件，必须以实现行政管理和公共服务为目标；三是内容要件，内容必须具有行政法上权利义务；四是意思要素，即协议各方当事人必须协商一致。

协议是否"具有行政法上权利义务内容"。因此,即便在法释〔2019〕17号出台后,这一争议仍然没有彻底解决。但最高人民法院在司法实践中的立场无疑是明确的。即,对PPP项目合同的性质不能一概而论,需要根据PPP项目合同争议的具体内容及所针对的行为性质认定。

【例20-14】PPP合同的性质应根据争议的具体内容及所针对的行为性质认定①

裁判要旨:对PPP协议的定性分为两种情况:涉及行政规划、许可、处罚、管理、监督等行政职能的争议,属于行政法律关系,典型的是特许经营协议内容本身的争议;内容上设定民事权利义务以及涉及协议的履行、变更、解除等行为的,属于民事争议。

案情简介:2007年4月28日,乌鲁木齐市城市交通局与北方公司签订《乌拉泊至板房沟、水西沟公路工程项目BOT投资协议》(下称《BOT协议》),2007年12月19日签订《补充协议》,项目建设包括公路专项与辅助配套工程,2007年9月29日正式通车。2008年6月7日,经政府办公厅复函同意,北方公司开始试运营收费。2009年6月12日,乌鲁木齐市昌吉州发改委、乌鲁木齐市城市交通局下达了通知,规定自2009年6月15日零时起停止对乌拉泊至板房沟、水西沟收费站收费。因双方所签订的《BOT协议》《补充协议》无法继续履行,双方协商约定共同委托鑫瑞公司、华盛公司进行评估,以确定回购价值,但评估结果一直未出。北方公司起诉至新疆高院,请求判令交通局向北方公司支付179,077,628元。

法院裁判:一审新疆高院认为,双方签订的两份协议书不属于民事法律关系中的合同,基于此产生的诉讼应当属于行政诉讼,遂驳回起诉。北方公司不服,向最高人民法院上诉。

最高人民法院认为:本案争议焦点为本案例纠纷是否属行政诉讼范围。具体包括:本案争议的具体内容是什么;交通局行政主体身份对本案争议法律关系的影响;本案争议内容是否针对具体行政行为。

关于本案的争议内容问题。根据各方当事人的诉辩意见,各方当事人对终止案涉《BOT协议》《补充协议》的履行,及终止协议后由当地政府对案涉工程进行回购,并无异议。分歧在于,北方公司请求根据司法鉴定结论支付回购款;而交通局

---

① 参见北京北方电联电力工程有限责任公司与乌鲁木齐市交通运输局其他合同纠纷二审民事裁定书[最高人民法院(2014)民二终字第40号]。

认为,应依双方约定以相关评估机构的评估结果作为支付回购款的依据。故本案争议的主要内容为上述协议终止后,案涉工程回购款的支付依据问题。

关于交通局行政主体身份对本案法律关系的影响。首先,交通局行政主体的身份不影响本案争议的独立性。案涉《BOT 协议》《补充协议》履行过程中,交织着相关行政主体的具体行政行为,而两种性质不同的法律关系中,双方主体重叠,在民事合同关系中的双方当事人,是相关行政法律关系中的行政主体和行政相对人。但该协议与其履行过程中所涉及的行政审批、管理事项等行政行为,依据不同的法律规范,这些行政行为虽影响双方合作,但不能因此否认双方民事合同关系的存在及独立性。同样,上述协议的终止及案涉工程回购事宜,也具有这样的特点。影响回购发生及方式的行政行为,与回购过程中就回购依据产生的争议,分属不同的法律关系、相互独立。其次,交通局行政主体身份,不能当然决定本案争议为行政法律关系。争议法律关系的实际性质,不能仅凭一方主体的特定身份确定。本案需判断争议是否与行政主体行使行政职权相关,应结合争议的具体内容及所针对的行为性质认定。

关于本案争议是否涉及具体行政行为问题。根据《行政诉讼法》第 12 条有关受案范围的规定,本案当事人间就回购款支付依据发生的争议,是否属行政诉讼范围,应以争议是否针对具体行政行为判断。如前所述,有关回购原因的行政行为与回购争议本身相互独立,北方公司对终止《BOT 协议》之前的相关行政行为并无异议。根据北方公司诉讼请求及一审查明的事实,双方争议的回购款依据问题,不涉及具体行政行为,北方公司本案亦未针对具体行政行为提出相关诉求。故本案不属于行政诉讼受案范围。一审裁定关于《BOT 协议》《补充协议》具公益目的,作为一方当事人的行政机关在合同订立、解除等方面享有单方优越主导地位,合同履行与行政许可紧密关联,两协议不属平等主体间的民事合同,本案属行政诉讼的观点,混淆了上述协议履行过程中涉及的行政行为与协议终止后的回购款支付行为的性质,没有法律依据。各方当事人在回购款的支付问题上,处于平等的法律地位,不能排除民事法律规范的适用。北方公司起诉符合民事诉讼法关于受理条件的规定,应予受理。

从上述案件可以看出,不能因交通局的行政主体身份当然认为本案争议为行政法律行为。案涉《BOT 协议》《补充协议》在履行过程中,交织着相关行政主体的具体行政行为,存在两种性质不同的法律关系,但行政行为不影响双方民事合同关系的存在与独立。在相关协议终止后的工程回购问题上,影响回购发生及方式的行政行为,与回购过程中就回购依据产生的争议,分属不同的法律关系、相互独立,从案情来看,北方公司对终止《BOT协议》之前的相关行政行为并无异议,双方仅对案涉工程回购款的支付依据问题产生了分歧。因此,本案纠纷属于民事诉讼的范围。

　　类似的判决案例还包括:河南新陵公路建设投资有限公司与辉县市人民政府合同纠纷管辖权异议民事裁定书[最高人民法院(2015)民一终字第244号],漳浦中环天川环保水务有限公司与漳浦县环境保护局、漳浦县赤湖镇人民政府等侵权责任纠纷民事裁定书[最高人民法院(2015)民申字第3013号],深圳鹏森投资集团有限公司与成都市锦江区业余体育学校及成都市巨能投资管理有限责任公司确认合同无效纠纷再审民事判决书[四川省高级人民法院(2014)川民再终字第10号]等。在这些案例中,人民法院的裁判观点保持一致。值得注意的是,协议中的个别条款涉及公共利益、体现行政主体公共事务管理职能的,该条款可认定为具有行政协议性质[参见前述(2015)民申字第3013号民事裁定书]。

　　法释〔2019〕17号施行后,在四川省川建勘察设计院有限公司、荣县广太水务有限责任公司建设工程勘察合同纠纷二审民事裁定书[四川省成都市中级人民法院(2021)川01民终4045号]①中,法院认为:

　　本院认为,本案的争议焦点在于本案能否适用民事诉讼程序进行审理。《最高人民法院关于审理行政协议案件若干问题的规定》第一条规定:"行政机关为了实现行政管理或者公共服务目标,与公民、法人或者其他组织协商订立的具有行政法上权利义务内容的协议,属于行政诉讼法第十二条第一款第十一项规定的行政协议。"第二条规定:"公民、法人或者其他组织就下列行政协议提起行政诉讼的,人民法院应当依法受理:……(五)符合本法第一条规定的政府与社会资本合作协议;……"川建勘察院作为联合体成员之一参与荣县旭水河流域生态修复工程PPP项目投标,并在中标后由联合体牵头人中广核服务集团有限公司代表联合体与荣县人民政府授权的荣县水务局签订《荣县旭水河流域生态修复工程PPP项目合同》,该项目属于政府与社会资本合作协议,且合同标的为河道清淤、水质提升、污水处理、生态修复,还包括社会资本建设水厂、污水处理厂并取得供水特许经营权、污水处理特许经营权的内容,荣县水务局签订和履行该合同是其行使公共管理和公共服务职责的方式之一,该行为具有公权力属性,故一审法院认定《荣县旭水河流域生态修复工程PPP项目合同》为行政协议正确。在《荣县旭水河流域生态修复工程PPP项目合同》中,约定了应由中标社会资本方与政府出资代表共同设立

---

① 类案还可参见云南水务投资股份有限公司、富民县人民政府合同纠纷二审民事裁定书[云南省高级人民法院(2020)云民终1105号];湖南省第六工程有限公司、龙山县人民政府建设工程施工合同纠纷二审民事裁定书[湖南省高级人民法院(2020)湘民终998号]。

项目公司作为实施投资、设计、建设、运营维护和移交案涉项目的企业法人,由项目公司与荣县水务局另行签订正式合同或者补充合同,以继承社会资本方即联合体在《荣县旭水河流域生态修复工程PPP项目合同》中的全部权利、义务。广太水务公司虽作为项目公司而设立,但在荣县水务局未与其重签或者换签PPP项目合同的情况下,广太水务公司未承继整个联合体成员基于《荣县旭水河流域生态修复工程PPP项目合同》的权利和义务,即联合体成员基于招投标行为对于招标人承担的责任、享有的权利没有因为项目公司的设立而发生转移。另一方面,广太水务公司也明确拒绝与川建勘察院签订相关合同,因此,川建勘察院所实施的勘察、测量、检测工作仍然是基于联合体与荣县水务局所签订的《荣县旭水河流域生态修复工程PPP项目合同》,川建勘察院在本案中亦请求荣县水务局承担相应责任,基于《荣县旭水河流域生态修复工程PPP项目合同》的行政协议性质,本案不应适用民事诉讼程序进行审理,一审驳回川建勘察院的起诉并无不当。

关于PPP项目合同是否具有可仲裁性,在天颂建设集团有限公司、诸暨市人民政府大唐街道办事处申请确认仲裁协议效力特别程序民事裁定书[浙江省绍兴市中级人民法院(2020)浙06民特4号]①中,法院认为:

本案纠纷是否具有可仲裁性取决于案涉《PPP项目投资协议》的法律性质。关于案涉《PPP项目投资协议》的性质问题,首先,案涉项目虽然与行政机关实现行政管理目标,履行公共管理职责有一定的关联,但该项目并非是诸暨市大唐街道办事处完全无偿的、单一的向社会公众提供的公共服务。其次,从合同订立及合同内容确定情况来看,虽然合同的一方当事人是诸暨市大唐街道办事处,但案涉协议内容不能充分表明行政机关在订立合同、监督和指挥合同的履行、变更或者解除合同等方面均享有单方的优越和主导地位。合同相对人天颂建设集团有限公司、中新房东方有限公司在订立合同及决定合同内容等方面仍享有充分的意思自治,并不受单方行政行为强制。再次,从合同内容来看,本案合同并未就行政审批、行政许可等行政法上权利义务内容进行约定,合同系为了约定设立项目公司后签署《PPP项目协议》,实施项目的设计、投融资、建设、运营管理及维护等事宜而签订。合同约定的具体的权利义务及违约责任,均体现了双方当事人的平等、等价协商一致的合意。本案协议具有具有明显的民商事法律关系性质,应当定性为民商事合同,不属于行政机关为实现公共利益或者行政管理目标,在法定职责范围内,与公民、法人或者其他组织协商订立的具有行政法上权利义务内容的行政协议。另外,从诸暨

---

① 类似案例参见:重庆市峻坤实业有限公司与世达投资(香港)控股有限公司等申请确认仲裁协议效力民事裁定书[北京市第四中级人民法院(2020)京04民特677号]。

市大唐街道办事处的仲裁请求来看,其涉及的是案涉《PPP项目投资协议》的履行问题,纠纷并不涉及具体的行政行为。因此,本案争议具有可仲裁性,不属于依法应当由行政机关处理的行政争议。

关于PPP项目合同解除后的清算协议争议,在汾阳市碧水源市政工程有限公司与汾阳市公用事业管理局合同纠纷二审民事裁定书[山西省高级人民法院(2020)晋民终868号]中,法院认为:

本院认为,上诉人碧水源公司与被上诉人汾阳市公用事业局双方签订的《汾阳市市政基础设施工程PPP项目合同》解除后,双方签署《汾阳市市政基础设施工程PPP项目终止清算协议》,协议约定自清算协议生效之日起三个月内(最长不超过六个月),被上诉人汾阳市公用事业局向上诉人碧水源公司支付相关费用,现上诉人主张被上诉人怠于履行付款义务构成根本违约。本案系因前述BOT协议清算所引发的纠纷,上诉人碧水源公司仅针对清算协议提起诉讼,清算协议一方当事人虽为汾阳市水务局,但协议在清算过程中体现了双方当事人的平等、等价协商一致的合意,并不受行政行为单方强制,双方为平等主体之间的债权债务关系,合同具有明显的民商事法律关系性质,应当定性为民商事合同。故原审法院裁定驳回碧水源公司起诉不当。

基于上述分析,为避免实践争议,原则上采用个案分析的方法,对于PPP项目合同的行政机关行使行政管理的职责而引发的行政法上权利义务的争议,采取行政诉讼方式解决;对于其他争议,则可采用民商事争议解决方式(既可以选择民事诉讼,也可以选择仲裁)。

【例20-15】争议的解决条款

20	争议的解决
20.1	本合同的签署及履行中所产生的任何争议,甲乙双方应首先通过友好协商解决,协商不成的,任何一方均有权向本项目所在地有管辖权人民法院提起民事诉讼。政府方及相关部门因行使职权等产生的纠纷,乙方有权向有管辖权的人民法院提起行政诉讼。
20.2	在争议解决期间,除争议事项外,各方应继续履行本合同所约定的其他各项义务,不得以发生争议为由单方面终止或中断本合同义务的履行。

除了上述核心条款之外,PPP项目合同还可能会涉及定义与释义、环境保护、税收优惠、保密条款等,限于篇幅,不再详述。

第21章 合同涉税及发票条款审查精要与实务

内容概览

企业的经营活动离不开规范的合同管理,而合同的设计、拟定和审查无疑会涉及诸多的法律问题,合同当事方在签订合同时不光要考虑公司法、合同法等法律问题,还应当考虑合同条款与税收的关联问题。例如,合同当事方的税收身份、合同价款(含税与不含税)和价外费用、发票的开具和交付及其证明效力、税款的代扣代缴等。这些问题都是公司律师或企业法律顾问在进行合同审查时,必须关注的问题。本章包含如下内容:
✓ 合同涉税条款的审查
✓ 合同涉税条款审查的特殊问题

企业的经营活动离不开规范的合同管理,而合同的设计、拟定和审查无疑会涉及诸多的法律问题,合同当事方在签订合同时不光要考虑公司法、合同法等法律问题,还应当考虑合同条款与税收的关联问题。现实生活中因合同涉税条款设计不合理、不周详而导致企业损失的情形比比皆是。因此,对于合同审查人员而言,在审查合同的涉税条款时,应予以高度重视并掌握必要的财税知识和审查原则、方法。

第一节 合同涉税条款的审查

经济合同是企业经济活动记载和确认的重要依据,合同主体之间的经济业务涉及合同的签订、发票的开具和取得、销售收入和应付账款实现的时间确定、税款缴纳和抵扣时间的确定以及收款和货款支付方式及时间等问题,这一系列的活动都围绕着合同进行。对于经济合同而言,主要面临着法律风险、财务风险、税务风险三种潜在风险。其中,税务风险包括合同主体的税收资格风险、合同价款风险、价外费用及税额风险、价款结算及纳税义务发生时间的确定风险、税收发票风险(不开具发票或发票开具不规范、不合法)、税收成本风险(不同的交易形式造成,被对方转嫁造成的多担税款)、被税务处罚风险(补缴税款、滞纳金、罚款、取消一般纳税人资格、不得享受优惠、停供发票)等。这些风险都可能体现在合同的涉税条款中。据此,合同的涉税条款主要包括合同的当事人条款、合同价款条款、价外费用及税额条款、价款的结算与纳税义务时间条款、合同的发票条款、合同的税收责任条款以及合同的其他涉税条款等。

一、合同当事方的税收身份审查

合同签订时应当审查合同当事方的纳税资格,分清是增值税一般纳税人还是小规模纳税人。一般纳税人可以开具增值税专用发票,小规模纳税人则只能开具普通发票(可由税务机关代开税率为3%的增值税专用发票)。特别是"营改增"之后,原来的服务或不动产或无形资产提供方从营业税纳税人,可能转变为增值税一般纳税人,提供方的增值税作为进项可以被购买方用以抵扣。因此,签订合同时要考虑提供方是一般纳税人还是小规模纳税人,提供的结算票据是增值税专用发票还是普通发票,增值税率是多少,能否抵扣,再分析、评定报价的合理性,从而有利于节约成本、降低税负,达到合理控税,降本增效的目的。此外,在"营改增"之后,对提供方开具发票的要求更为严格,需要把购买方的名称、纳税人识别号、地址、电话、开户行、账号信息主动提供给提供方,用于提供方开具增值税专用发票。

此外,在企业所得税方面,还应分清对方是居民企业还是非居民企业。如果属于非居民企业,则可能会涉及非居民企业税收的承担(如约定由中方承担税款)、代扣代缴(扣缴义务人、扣缴时间)、纳税人自行申报以及向税务机关报送资料的要求,在合同条款约定中应予以考虑。

二、合同价款、税额及价外费用

(一)合同价款和税额

众所周知,营业税是价内税,增值税是价外税。在"营改增"之后,营业税改征增值税,这一根本变化必然会影响企业的定价机制,公司律师或企业的法务人员应及时与财务、税务及业务团队进行沟通,明确合同的有关价格条款是否属于含税价款。由于增值税的应纳税额等于销项税额减进项税额,不同于原来营业税的应纳税额由收入乘以税率即可得出,如果属于含税价,那么"营改增"以后最好在合同中注明含税价格是指"销项税额"而非"应纳税额",以避免因理解不同带来纠纷。此外,在所得税领域,特别是合同对方(主要是非居民企业的情形)要求本方承担所得税的,也可能存在包含所得税的含税价约定。在涉及增值税及附加与所得税复合的场合,应区分税款由谁承担。如果合同约定的是有关税款由买方承担,且合同约定的是含税价,则有关计算公式如下:

不含税所得额 = 含税价/(1 + 增值税适用税率)

应扣所得税 = 不含税所得额 × 所得税适用税率

应扣增值税 = 不含税所得额 × 增值税适用税率

应扣城建税及附加 = 应扣增值税 × 城建税及附加税率

如果合同约定的是有关税款由卖方负担,且合同约定的是不含税价,则有关计算公式如下:

含税所得额 = 不含税价/(1 − 所得税适用税率 − 增值税适用税率 × 城建税及附加税率)

应扣所得税 = 含税所得额 × 所得税适用税率

应扣增值税 = 含税所得额 × 增值税适用税率

应扣城建税及附加 = 应扣增值税 × 城建税及附加税率

【例21 −1】合同约定税款的承担

假定,境外 A 公司为境内 B 公司(增值税一般纳税人)提供咨询服务,合同约定的总金额为 100 万元,以 B 公司为增值税扣缴义务人,则 A 公司应当扣缴的税额计算如下(假设企业所得税率 10%,增值税率 6%,城建税 7%,教育费附加 3%,地方教育附加 3%,附加税费合计为增值税税额的 12%):

情形1:合同约定 A 公司承担税款(增值税和所得税)

不含增值税的所得 = 100/(1 + 6%) = 94.34(万元)

应扣缴所得税 = 94.34 × 10% = 9.43(万元)

应扣缴增值税 = 94.34 × 6% = 5.66(万元)

应扣缴城建税、教育费附加、地方教育附加 = 5.66 × 12% = 0.68(万元)

在此种情形下,合同总金额为 100 万元,B 公司应支付的金额(含税)为 100 万元,税后实际支付金额为 84.23 万元(100 − 9.43 − 5.66 − 0.68)。

情形2:合同约定 B 公司承担税款(增值税和所得税)

含税所得额 = 100 万元/(1 − 10% − 6% × 12%) = 112.01(万元)

应扣缴所得税 = 112.01 万元 × 10% ≈ 11.2(万元)

应扣缴增值税 = 112.01 万元 × 6% = 6.72(万元)

应扣缴城建税、教育费附加、地方教育附加 = 6.72 × 12% = 0.81(万元)

在此种情形下,合同总金额为 100 万元,B 公司应支付的金额(含税)为 118.73 万元(100 + 11.2 + 6.72 + 0.81),税后实际支付金额为 100 万元。

(二)合同的价外费用

在增值税领域,增值税纳税人的销售额,是指纳税人发生应税行为取得的全部价款和价外费用。在采购或购买过程中,可能会发生各类价外费用。依据《增值税暂行条例实施细则》(2011 年修订)第 12 条的规定,价外费用主要包括价外向购买方收取的手续费、补贴、基金、集资费、奖励费、违约金、滞纳金、延期付款利息、赔偿金、代收款项、代垫款项、包装费、包装物租金、储备费、运输装卸费以及其他各种性质的价外收费。价外费用金额涉及增值税纳税义务以及供应商开具发票的义务,有必要在合同约定价外费用以及价外费用金额是否包含增值税。如下是一个简单的有关建设工程的价外费用条款:

在采购清单报价总额(含增值税)以外收取的任何费用,包括但不限于手续费、补贴、基金、集资费、返还利润、奖励费、运输装卸费、代收款项、代垫款项及其他各种性质的费用,依据税法规定,视为价外费用(含增值税)。

乙方收取价外费用的,需依法开具增值税专用发票。

在所得税领域,需要特别注意的是,对于非居民企业取得源于中国的消极所得时,也可能会涉及价外费用,这对于扣缴义务人进行源泉扣缴具有意义。《企业所得税法》(2018 年修正)第 19 条规定:"非居民企业取得本法第三条第三款规定的所得,按照下列方法计算其应纳税所得额:(一)股息、红利等权益性投资收益和利息、租金、特许权使用费所得,以收入全额为应纳税所得额;(二)转让财产所得,以收入全额减除财产净值后的余额为应纳税所得额;(三)其他所得,参照前两项规定的方法计算应纳税所得额。"《企业所得税法实施条例》(2019 年修订)第 103 条规定:"依照企业所得税法对非居民企业应当缴纳的企业所得税实行源泉扣缴的,应当依照企业所得税法第十九条的规定计算应纳税所得额。企业所得税法第十九条所称收入全额,是指非居民企业向支付人收取的全部价款和价外费用。"此处的"价外费用"是指除了合同约定的价款外,为了实现合同约定的目的而发生的其他费用。即,非居民企业从支付人处取得的收入,不论是何种理由或者目的,也不论是价内或者价外收取的,凡与合同事项相关的收入,均应并入所得进行纳税。

在实务操作中,在我国境内未设立机构、场所的非居民企业提供专利权、专有技术所收取的特许权使用费,往往在提供技术的同时,伴随提供相关的技术服务、人员培训等。这些相关的服务往往是专利权或者专有技术顺利使用的必要条件。就此情况,在确定特许权使用费范围时,除了合同中明确的技术特许费外,还应包括相关的图纸资料费、技术服务费和人员培训费等费用,而不论这些费用是发生在中国境内或者境外。非居民企业进行技术转让时,经常同时向我国境内销售机器设备,或者说该项技术就是为此机器设备提供技术支持的。有些合同中还包括设备价款、零部件价款、设备图纸费等。在确定技术转让费范围时,可不包括设备价款、零部件价款、设备图纸费。但对图纸费没有明确规定是技术图纸费,还是设备图纸费的情况下,应全部作为技术转让费收入征税。对于在我国境内未设立机构、场所的非居民企业取得的源于我国的租金收入,应区别该项租赁合同为经营租赁,还是融资租赁。经营租赁所取得的租金收入,应全额作为应纳税所得额申报纳税;融租租赁所取得的租赁收入,可以扣除合同规定的设备价款后的余额为应纳税所得额申报纳税。融资租赁的设备价款的确定,在合同中应有明确规定;如果没有规定的,当事人应按公允价值确定。

  非居民企业通过提前回收投资的形式取得投资回报,其超过投资的部分应为股息分配。在经济合同中,有些合同规定由支付人负担非居民企业在我国应缴纳的税款(即包税条款),该项税款也应作为非居民企业收入合并申报纳税。在贷款协议中,所谓"安排费""承担费""代理费""提款费"等,这些费用是伴随贷款业务所发生的,也应视同利息收入合并征税。

  在实务中,曾经引发理论界和实务界热议的一个股权转让价外费用的著名案件是"法兰西水泥案"①。在该案中,争议的焦点是股权出让方对目标公司的银行贷款提供的反担保义务的解除是否构成股权转让价款中的"价外费用"。法院认为,免除和解除股权出让方作为保证人的反担保义务为股权转让协议的主要条款,为履行该条款约定的义务,收购方的境内全资子公司支付资金用于偿还目标公司的银行贷款本息,其目的就是免除和解除出让方作为保证人的反担保义务。即收购方与其境内全资子公司为全面履行合同项下的义务,实际上分别支付了协议约定的股权转让价款和银行贷款本息。税务机关认定收购方境内全资子公司用于消除反担保义务而支付的银行贷款本息是为实现合同目的而支付的价外费用并无不

---

① 参见法兰西水泥诉蒲城县国家税务局税收征收行政纠纷行政判决书[陕西省蒲城县人民法院(2013)蒲行初字第00007号],法兰西水泥(中国)有限公司与陕西省蒲城县国家税务局税务行政征收二审行政判决书[陕西省渭南市中级人民法院(2014)渭中行终字第00003号]。

当。收购方的控股母公司以配售和发行股份支付股权对价及其境内全资子公司向目标公司转入资金清偿贷款本息,共同构成了本次股权转让的收入全额。

(三)价款的结算与纳税义务时间

1. 价款的结算条款

合同价款的结算方式或支付方式与发票或收据的开具结合起来,对纳税义务时间的确定具有重要意义。合同当中常见的结算方式有以下几种:

√ 赊销和分期收款方式。例如,甲方应支付乙方货款××元整。甲方必须在××××年××月××日支付货款的××%(百分比),在××××年××月××日前付讫余款。

√ 预收款方式。例如,甲方应支付乙方货款××元整。甲方在合同签订后×日内支付×%(百分比),剩余货款于货物发出时支付。

√ 现款现货方式。甲方应支付乙方货款××元整。甲方必须在合同签订后×日内支付全部货款,乙方凭发票发货。

2. 结算方式和纳税义务时间的确定

根据税法相关规定,增值税、消费税、企业所得税等税种都规定了纳税义务发生的时间。如《增值税暂行条例》(2017年修订)第19条规定:"增值税纳税义务发生时间:(一)发生应税销售行为,为收讫销售款项或者取得索取销售款项凭据的当天;先开具发票的,为开具发票的当天。(二)进口货物,为报关进口的当天。增值税扣缴义务发生时间为纳税人增值税纳税义务发生的当天。"《增值税暂行条例实施细则》(2011年修订)第38条规定:"条例第十九条第一款第(一)项规定的收讫销售款项或者取得索取销售款项凭据的当天,按销售结算方式的不同,具体为:(一)采取直接收款方式销售货物,不论货物是否发出,均为收到销售款或者取得索取销售款凭据的当天;①(二)采取托收承付和委托银行收款方式销售货物,为发出货物并办妥托收手续的当天,(三)采取赊销和分期收款方式销售货物,为书面合同约定的收款日期的当天,无书面合同的或者书面合同没有约定收款日期的,为货物发出的当天;(四)采取预收货款方式销售货物,为货物发出的当天,但生产销

---

① 根据《国家税务总局公告2011年第40号——关于增值税纳税义务发生时间有关问题的公告》(国家税务总局公告2011年第40号)的规定,自2011年8月1日起,采取直接收款方式销售货物,已将货物移送对方并暂估销售收入入账,但既未取得销售款或取得索取销售款凭据也未开具销售发票的,其增值税纳税义务发生时间为取得销售款或取得索取销售款凭据的当天。

售生产工期超过12个月的大型机械设备、船舶、飞机等货物,为收到预收款或者书面合同约定的收款日期的当天;(五)委托其他纳税人代销货物,为收到代销单位的代销清单或者收到全部或者部分货款的当天。未收到代销清单及货款的,为发出代销货物满180天的当天;(六)销售应税劳务,为提供劳务同时收讫销售款或者取得索取销售款的凭据的当天;(七)纳税人发生本细则第四条第(三)项至第(八)项所列视同销售货物行为,为货物移送的当天。"

需要特别注意的是,《财政部、国家税务总局关于全面推开营业税改征增值税试点的通知》(财税〔2016〕36号,以下简称"36号文")附件1:《营业税改征增值税试点实施办法》第45条规定:"增值税纳税义务、扣缴义务发生时间为:(一)纳税人发生应税行为并收讫销售款项或者取得索取销售款项凭据的当天;先开具发票的,为开具发票的当天。收讫销售款项,是指纳税人销售服务、无形资产、不动产过程中或者完成后收到款项。取得索取销售款项凭据的当天,是指书面合同确定的付款日期;未签订书面合同或者书面合同未确定付款日期的,为服务、无形资产转让完成的当天或者不动产权属变更的当天。……"因此,在确定增值税纳税义务时间时,应采用"孰先原则"。即,纳税人已经收讫销售款项的,按照收讫销售款项的当天确定纳税义务发生时间;或者虽未收讫销售款项但已经"取得索取销售款项凭据"的,按照"取得索取销售款项凭据"的当天确定纳税义务发生时间。取得索取销售款项凭据的当天的确定,先按照书面合同确定的付款日期确定,如果未签订书面合同或者书面合同未确定付款日期的,为服务、无形资产转让完成的当天或者不动产权属变更的当天。另外,第45条第2、3、4项分别规定"纳税人提供建筑服务、租赁服务采取预收款方式的,其纳税义务发生时间为收到预收款的当天""纳税人从事金融商品转让的,为金融商品所有权转移的当天""纳税人发生本办法第十四条规定情形的,其纳税义务发生时间为服务、无形资产转让完成的当天或者不动产权属变更的当天",其中第4项实际规定的是36号文第14条视同销售服务、无形资产或不动产的纳税义务发生的时间确定。《财政部、国家税务总局关于建筑服务等营改增试点政策的通知》(财税〔2017〕58号)第3条规定:"纳税人提供建筑服务取得预收款,应在收到预收款时,以取得的预收款扣除支付的分包款后的余额,按照本条第三款规定的预征率预缴增值税。按照现行规定应在建筑服务发生地预缴增值税的项目,纳税人收到预收款时在建筑服务发生地预缴增值税。按照现行规定无需在建筑服务发生地预缴增值税的项目,纳税人收到预收款时在机构所在地预缴增值税。适用一般计税方法计税的项目预征率为2%,适用简易计税方法计税的项目预征率为3%。"

此外,对于采取赊销和分期收款方式销售货物,为书面合同约定的收款日期的当天。而"书面合同约定的收款日期的当天"应当是指明确的收款日期约定。诸如"货物收到后 60 天内付款"应视为没有约定收款日期,此种情况下应以货物发出的当天确定。

显然,以货物销售为例,货物销售方式、货款结算方式不同,销售收入的实现时间不同,纳税义务发生的时间也不同。纳税人可以据此进行税收安排,并在合同上具体反映。还需要特别注意的是包装物押金的问题。依据《国家税务总局关于取消包装物押金逾期期限审批后有关问题的通知》(国税函〔2004〕827 号)规定:"纳税人为销售货物出租出借包装物而收取的押金,无论包装物周转使用期限长短,超过一年(含一年)以上仍不退还的均并入销售额征税。本通知自 2004 年 7 月 1 日起执行。"如果企业收取的押金大多在一年以后退还,在签订包装物押金合同时,应将收取押金时间控制在一年内。超过一年仍未退还包装物的,可以在合同中约定视为按照押金价款销售给对方。

(四)合同的发票条款

合同的发票条款是合同非常重要的条款之一。特别是,增值税专用发票涉及到抵扣环节,开具不了增值税专用发票或者开具的增值税专用发票不合规,都将给受票方造成法律风险和经济损失。因此应将取得增值税专用发票作为一项合同义务列入合同的相关条款,同时考虑在合同中增加"取得合规的增值税专用发票后才支付款项"或者"不开具合规的增值税专用发票,有权拒绝付款"等付款方式条款,规避提前支付款项后发现发票认证不了、虚假发票等情况发生。另外,《国家税务总局关于取消增值税扣税凭证认证确认期限等增值税征管问题的公告》(国家税务总局公告 2019 年第 45 号)第 1 条第 1 款规定:"增值税一般纳税人取得 2017 年 1 月 1 日及以后开具的增值税专用发票、海关进口增值税专用缴款书、机动车销售统一发票、收费公路通行费增值税电子普通发票,取消认证确认、稽核比对、申报抵扣的期限。纳税人在进行增值税纳税申报时,应当通过本省(自治区、直辖市和计划单列市)增值税发票综合服务平台对上述扣税凭证信息进行用途确认。"第 8 条规定"本公告第一条自 2020 年 3 月 1 日起施行……"因此,增值税一般纳税人取得 2017 年 1 月 1 日及以后开具的增值税专用发票,取消认证确认、稽核比对、申报抵扣的期限,自 2020 年 3 月 1 日起施行。

实践中防范发票的风险,主要需要在合同发票条款中明确如下几个方面的内容:一是明确供应商(承包商)按规定提供发票的义务;二是供应商(承包商)提供发票的时间要求；三是供应商（承包商）提供发票类型和税率的要求；四是发票不符合规定所导致的赔偿责任。

1. 明确供应商（承包商）提供发票的义务

依据《发票管理办法》（2023年修订）第18条规定："销售商品、提供服务以及从事其他经营活动的单位和个人，对外发生经营业务收取款项，收款方应当向付款方开具发票；特殊情况下，由付款方向收款方开具发票。"第19条规定："所有单位和从事生产、经营活动的个人在购买商品、接受服务以及从事其他经营活动支付款项，应当向收款方取得发票。取得发票时，不得要求变更品名和金额。"因此，企业向供应商（承包商）采购货物或劳务时，必须在合同中明确供应商（承包商）按规定提供发票的义务。企业选择供应商（承包商）时应考虑发票因素，选择供应商（承包商）时，对能按规定提供发票的供应商（承包商）应优先考虑。

2. 供应商（承包商）提供发票的时间要求

购买、销售货物或提供劳务，有不同的结算方式，企业在采购接受时，必须结合自身的情况，在合同中明确结算方式，并明确供应商（承包商）提供发票的时间。同时，企业还可在合同中明确，供应商（承包商）在开具发票时必须通知企业，企业在验证发票符合规定后付款。

3. 供应商（承包商）提供发票类型和税率的要求

根据税法规定，不同税种间存在税率差，而同一税种的不同税目之间也存在税率差别。供应商（承包商）在开具发票时，为了减轻自己的税负，可能会开具低税率的发票，或者提供与实际业务不符的发票。依据《发票管理办法》及其实施细则的规定，开具发票应如实开具，不能变更项目与价格等，否则所开具的发票属于不符合规定的发票。不符合规定的发票，不得作为财务报销凭证，任何单位和个人有权拒收。

此外，根据税法规定，发票分为增值税普通发票、增值税通用机打发票（手工发票）、增值税电子普通发票、增值税专用发票等类型，一般情况下，只有取得增值税专用发票可以用于抵扣（或计算抵扣）。如果对方开具其他类型的发票，受票方将会丧失抵扣进项税的权利。因此，增值税一般纳税人在采购货物时，还需明确供应商（承包商）是否必须提供增值税专用发票，避免取得增值税普通发票，相关的进项税额不能抵扣。

就增值税税率而言，依据《财政部、税务总局、海关总署关于深化增值税改革有关政策的公告》（财政部、税务总局、海关总署公告2019年第39号）第1条规定："增值税一般纳税人（以下简称纳税人）发生增值税应税销售行为或者进口货物，原适用16%税率的,税率调整为13%;原适用10%税率的,税率调整为9%。"因此,一般情况下,自2019年4月1日起,增值税税率为13%、9%和6%三档。除税率之外,涉及简易征税的,还存在3%和5%的征收率。在合同审查时,一定要根据具体业务与财务、税务部门一起,在合同中明确业务适用的正确的税率或征收率。

4. 红字发票的开具问题

36号文第42条规定:"纳税人发生应税行为,开具增值税专用发票后,发生开票有误或者销售折让、中止、退回等情形的,应当按照国家税务总局的规定开具红字增值税专用发票;未按照规定开具红字增值税专用发票的,不得按照本办法第三十二条和第三十六条的规定扣减销项税额或者销售额。"《国家税务总局关于推行增值税发票系统升级版有关问题的公告》(国家税务总局公告2014年第73号,国家税务总局公告2018年第31号修改)、《国家税务总局关于全面推行增值税发票系统升级版有关问题的公告》(国家税务总局公告2015年第19号,国家税务总局公告2018年第31号修改)对红字发票开具作出了规定。因此,在涉及货物质量问题的退货行为时,如果退货行为涉及开具红字增值税专用发票的行为,应当约定对方需要履行协助义务。如果合同中约定了质保金的扣留条款,那么质保金的扣留也会影响到增值税开票金额。所以合同中还应约定收款方在质保金被扣留时,需要开具红字发票,付款方应当配合提供相关资料。

5. 发票不符合规定导致的赔偿责任

企业采购时不能取得发票,或者取得的发票不符合规定,如发票抬头与企业名称不符等,都会导致企业的损失。为防止发票问题所导致的损失,企业在采购合同中应当明确供应商(承包商)对发票问题的赔偿责任(详见后文介绍)。

【例21-2】设备采购合同价款、结算、发票条款

X	价款和结算
X.1	本合同项下甲乙双方买卖设备的含税价款总金额为人民币[　　　]元(大写[　　　]整),其中不含税价款金额[　　　]元(大写[　　　]整),税额[　　　]元(大写[　　　]整)。
X.2	甲方按如下约定向乙方结算货款:
X.2.1	在本合同生效后[30]天之内,乙方向甲方开具按本条第X.1款约定的总价款的[20]%的合法有效的加盖乙方财务专用章的**收款收据**,甲方收到乙方开具的收款收据并审核无误后[10]天内,按本条第X.1款约定的总价款的[20]%向乙方支付预付款。

续表

X.2.2	在甲方按本合同第[安装前对设备的初检]条约定对如期运至约定的地点的设备初验合格后[30]天内,乙方向甲方开具按本条第 X.1 款约定的总价款的[30]%的合法有效的加盖乙方财务专用章的**收款收据**,甲方收到乙方开具的收款收据并审核无误后[10]天内,按本条第 X.1 款约定总价款的[30]%向乙方支付。
X.2.3	在乙方按本合同第[安装调试及培训]条约定对设备进行安装调试并经甲方按本合同第[质量验收]条约定检验合格后的[30]天之内,乙方向甲方开具合法有效的全额增值税专用发票(税率[13]%),**汇总开具增值税专用发票的,须同时使用防伪税控系统开具《销售货物或者提供应税劳务清单》,并加盖发票专用章**,在甲方收到乙方发票并审核无误且在扣除乙方应支付的违约金、赔偿金后[10]天内,甲方向乙方付至本条第 X.1 款约定的总价款的[90]%(含甲方已支付的款项在内),甲方按本款付款时,有权扣除乙方按本合同第[供应商安装调试使用水、电、气的承担]款应付的费用。
X.2.4	在甲方按本条第 X.2.3 项约定付款后,所余的本条第 X.1 款约定的总价款的[10]%为质量保证金,该质量保证金按本合同第[质量保证]条的约定办理。
X.2.5	甲方支付本条第 X.2.4 项约定的质保金时,乙方需向甲方提供盖有乙方财务专用章且与本次付款等额的**收据**;同时乙方需向甲方提供盖有乙方公章和财务专用章的付款申请。
X.2.6	甲方以银行转账方式向乙方支付上述款项。**甲方向乙方付款,不接受乙方委托第三方收款的要求。**甲方在付款时仅按本合同载明的开户行、账号付款,如开户行和账号有变更需乙方出具书面变更通知并经甲方履行审批流程后方予以支付。
X.2.7	乙方若未按本合同上述约定开具增值税发票,导致受票方对应增值税发票抵扣失效的,受票方有权退回失效增值税发票,乙方应及时向受票方提供新的增值税发票。
X.3	甲方的发票接收人和地址见本合同第[通知条款]条。

【评析】:1.在第 X.1 款中,甲乙双方明确了采购设备的合同含税总价款、不含税价款和税额的多少。

2.在第 X.2.1 项中,甲方在合同签署生效后 30 天内,向乙方支付预付款。根据税法规定,"采取预收货款方式销售货物,为货物发出的当天,但生产销售生产工期超过 12 个月的大型机械设备、船舶、飞机等货物,为收到预收款或者书面合同约定的收款日期的当天"。因此,乙方的增值税纳税义务发生在货物发出的当天。由于属于预付款,乙方并不确认收入,所以开具收款收据。类似的情形还存在于第 X.2.2 项中。

3.在第 X.2.3 项中,在甲方验收合格后,乙方向甲方开具合法有效的全额增值税专用发票,合同注明税率为 13%。此外,需要特别注意的是,根据《国家税务总局货物和劳务税司关于做好增值税发票使用宣传辅导有关工作的通知》(税总货便函[2017]127 号)所附《增值税发票开具指南》第二章第一节第十三条规定:"一一般纳税人销售货物、提供加工修理修配劳务和发生应税行为可汇总开具增值税专用发票。汇总开具增值税专用发票的,同时使用新系统开具《销售货物或者提供应税劳务清单》,并加盖发票专用章。"因此,如果乙方采用汇总开具增值税专用发票的,必须同时使用防伪税控系统开具《销售货物或者提供应税劳务清单》,并加盖发票专用章,否则甲方不可以抵扣增值税进项税。

发票后附的《销售货物或者提供应税劳务清单》开具不规范表现在以下三个方面:一是汇总开具发票的时候未开具销货清单;二是汇总开票开具销货清单,但没有在销货清单上加盖发票专用章;三是从税控系统开具增值税专用发票,但是没有从税控系统开具增值税发票的销货清单。不符合规定的发票和发票清单可能会造成不能抵扣进项税额等一系列问题。所以在取得对方开具的发票时,一定要对票面的信息进行详细审核。①

4. 在第 X.2.6 项中,为了避免所谓的"三流一致"被认定为虚开增值税专用发票的风险,甲方在合同中明确约定不接受乙方委托的向第三方付款要求。

5. 在第 X.2.7 项中,明确约定了乙方未按合同约定开具增值税专用发票导致甲方不能抵扣时,甲方有权退回发票,乙方须重新开具发票。

6. 合同标的发生变更时发票的开具与处理

合同标的发生变更,可能涉及混合销售、兼营的风险,需要关注发生的变更是否对己方有利。必要时,己方需要在合同中区分不同项目的价款。合同变更如果涉及采购商品品种、价款等增值税专用发票记载项目发生变化的,则应当约定作废、重开、补开、红字开具增值税专用发票。如果收票方取得增值税专用发票尚未认证抵扣,则可以由开票方作废原发票,重新开具增值税专用发票;如果原增值税专用发票已经认证抵扣,则由开票方就合同增加的金额补开增值税专用发票,就减少的金额开具红字增值税专用发票。

(五)合同的税收责任条款

合同的税收责任条款通常整合在合同的违约责任条款中。关于税收责任条款是否会因违反法律法规的强制性规定而无效,笔者认为,当事人依法享有自愿订立合同的权利,合同双方约定由非纳税义务人承担因纳税义务人未能抵扣税款或者因非纳税义务人的原因导致的税款负担等,是出于双方意思表示一致而签订的商

---

① 《销售货物或者提供应税劳务清单》的真伪可以通过国家税务总局全国增值税发票查验平台(网址:https://inv-veri.chinatax.gov.cn/)进行查验。

事合同。因该等税收责任条款并未改变法定的纳税义务人,而只是对另一方的损失补偿,属于合同双方交易环节中对经济利益的自主分配,并未导致国家税收收入的流失,因而与《税收征管法》(2015年修正)等税收法律、行政法规中关于纳税义务人的强制性规定并不抵触,这样的条款并不违反法律法规的强制性规定,具有合法合规性。

在这样的条款中,可以具体考虑如下两种情形:一是在合同约定时间内未按时开具发票的责任;二是开具不符合规定发票的责任。在确定赔偿责任方面需要考虑银行同期贷款利率和/或贷款市场报价利率(LPR)计算的利息损失、增值税不能抵扣或进项转出的税款损失、所得税税前不能扣除的损失以及税务机关作出的行政处罚、滞纳金等。如下是一个示范条款:

【例21-3】发票赔偿责任条款

X	违约责任
……	……
X.4	乙方的以下行为构成严重违约: (1)向甲方开具的发票为虚假发票,或提供由他人开具的与实际经营业务不符的发票; (2)向甲方开具的发票无法认证、认证不符或其他任何因发票瑕疵导致发票作废; (3)未按本合同第[价款和结算]条约定时间向甲方开具发票、或拒绝开具发票; (4)发票遗失,乙方未配合甲方获得其他可抵扣凭证或重新获得发票; (5)乙方纳税主体身份发生变更,未及时通知甲方; (6)乙方未向税务机关按时缴纳对应增值税税款,导致甲方无法抵扣进项税额; (7)其他因乙方原因,导致甲方无法实现进项税额抵扣的情形。 乙方构成上述严重违约情形的,甲方有权单方面书面通知乙方解除本合同,乙方按本条第X.5款约定承担违约责任。
X.5	乙方若违反本合同第X.4款约定,未按时开具或开具不符合规定发票应按以下方式赔偿甲方因此受到的损失:
X.5.1	在合同约定时间内未按时开具增值税专用发票,造成甲方未按时抵扣的,按银行同期贷款利率和/或贷款市场报价利率(LPR)计算承担相应损失: 损失 = 增值税金额 × 银行同期贷款利率和/或贷款市场报价利率(LPR) × 延迟时间(从约定开票之日起至实际开票日)。

续表

X.5.2	应提供发票而未提供的或只提供企业自制收据的或者出具不符合合同约定的发票、《销售货物或者提供应税劳务清单》，造成甲方增值税不能抵扣或申报抵扣后被税务机关检查要求转出的，乙方应向甲方赔偿增值税及相关损失。即： (1) 增值税损失金额＝按照约定应开票含税结算额/(1＋适用税率)×适用税率－实收票面进项税； (2) 城建税及附加损失＝增值税损失金额×(城建税税率＋教育附加费率＋地方教育费附加费率)；以及 (3) 包括但不限于税务机关对甲方执行的滞纳金及罚款等。
X.5.3	应提供发票而未提供的或只提供企业自制收据的或者出具不符合合同约定的发票，造成甲方所得税损失的，乙方需按25%的税率向甲方承担企业所得税费用损失。即： (1) 所得税损失＝按照约定应开票据金额(含税金额)×25%； (2) 包括但不限于税务机关对甲方执行的滞纳金及罚款等。
X.5.4	乙方除按第X.5.2、X.5.3款承担甲方相应损失外，还应赔偿甲方由此产生的资金时间损失。按如下公式计算： 资金时间损失金额＝按照约定应开票据金额(含税金额)×银行同期贷款利率和/或贷款市场报价利率(LPR)×延迟时间(从约定开票之日起至实际开票日)。

此外，企业还可同时在合同中明确以下问题：一是明确供应商(承包商)与公司间的业务涉及税务调查的，供应商(承包商)必须履行通知义务[企业与供应商(承包商)间的业务涉及税务调查的，供应商(承包商)有义务配合]；二是双方财务部门应及时沟通，供应商(承包商)有义务提供当地的税收法规；三是明确供应商(承包商)对退货退款、返利、折让等事项，应提供证明和开具红字专用发票的义务等。

最后还需要关注的是，合同中最好约定合同出票方擅自将发票作废的赔偿责任。这是为了防止在受票方已经接受发票并认证后，开票方将发票作废的情况。这种情况下，受票方无法控制开票方作废发票，但可以规定高额的赔偿责任或者在未支付款项或预留款项中扣除相应损失的权利。

(六) 税款的代扣代缴条款

除了上述涉税条款之外，合同中还可能涉及代扣代缴义务人的相关条款。《税收征管法》(2015年修正)第4条规定："法律、行政法规规定负有纳税义务的单位和个人为纳税人。法律、行政法规规定负有代扣代缴、代收代缴税款义务的单位和个人为扣缴义务人。纳税人、扣缴义务人必须依照法律、行政法规的规定缴纳税款、代扣代缴、代收代缴税款。"因此，如果合同中涉及代扣代缴义务的，应明确予以约定。如下是一个示范条款：

【例21-4】税款的代扣代缴条款

X	代扣代缴
X.1	本合同项下甲乙双方约定的含税价款总金额为人民币[　　　]元(大写[　　　]整),其中不含税价款金额[　　　]元(大写[　　　]整),税额[　　　]元(大写[　　　]整)。
X.2	按照相关税收法律法规的规定,合同双方按照纳税义务承担与本合同项下相关的税费。
X.3	乙方按照相关税收法律法规为本合同项下所涉税款的代扣代缴义务人,甲方应该配合付款方履行代扣代缴义务。 乙方按照法定的期限和程序,代甲方向税务机关履行完毕相关纳税义务,并妥善保管有关完税凭证,在取得完税凭证起[7]个工作日内向甲方提供完税凭证复印件。 乙方按照相关税收法律法规代扣代缴的属于甲方应履行纳税义务的税费,于支付合同价款之时给予扣除,如合同价款未支付额低于代扣代缴的税费额或合同价款支付完成,甲方在收到乙方提供完税凭证复印件[7]个工作日内向乙方另行补偿代扣代缴的税费的款项。
X.4	乙方不予履行或怠于履行税收代扣代缴义务,导致税务机关或其他机关向甲方追缴税款、滞纳金或作出行政处罚等决定的,乙方应当于该行政决定作出之日起[15]个工作日内向甲方承担违约责任,包括但不限于承担甲方根据相关行政决定而应缴纳的税款、滞纳金、行政罚款和诉讼费、律师费等直接和间接损失。

需要说明的是,在实务中,需要注意三个问题:一是在合同并未明确约定价款支付人有权代扣代缴税款的情形下,扣缴义务人能否在交易中代扣代缴税款后将剩余价款支付给对方;二是在合同并未明确约定价款支付人有权代扣代缴税款的情形下,扣缴义务人能否以依法负有代扣代缴的法定义务从而行使不安抗辩权中止支付剩余价款;三是在合同未明确约定价款是否包含代扣代缴税款时,合同价款是否属于含税价。

对于第一个问题,在广州市奥新遮阳帘有限公司与游某股权转让合同纠纷案①中,法院认为:②

一审法院认为:涉案《股权转让协议》系双方真实意思表示,合法有效,对双方均具有约束力。奥新公司辩称应扣除股权转让收益的个税,但奥新公司现尚未代游某某缴纳个税,故奥新公司主张扣除相关税款无理,游某某有权要求奥新公司立即支付剩余股权转让款并承担违约责任。

---

① 参见刘敏:《股权案件裁判要点与观点》,法律出版社2016年版,第345-347页。
② 参见赵森主编、马小明等副主编:《民商事审判典型涉税争议评析》,中国财政经济出版社2021年版,第43页。

二审法院认为:奥新公司与游某某在《股权转让合同》中系处于平等地位的商事主体,双方的权利义务是对等的。奥新公司并非税务机关,且无权代为扣缴税款。在商事法律关系中,奥新公司在没有得到游某某的授权的情况下,也无权代游某某办理纳税申报。游某某在本案所主张的是股权转让的对价,而非从奥新公司处支取的劳动报酬。《个人所得税法》第8条的规定并不适用于平等商事主体之间的交易行为,奥新公司援引该规定对抗游某某系对法律规定的认知错误,奥新公司的上诉理由不成立。

在上述案件中,由于合同中并未对奥新公司(实际是公司回购股东的股权)代扣代缴股东游某某的个税作出明确的约定,且在未实际代缴个税的情况下,一审法院认为奥新公司不能对抗股权转让人游某某要求支付股权转让对价的主张。值得重视的是,二审法院在判决中认为"在商事法律关系中"奥新公司"无权代为扣缴税款",事实上在税法上奥新公司负有法定的扣缴义务,并非无权代扣税款。只不过,在合同未有明确约定扣缴的情况下,法院基于本案系商事争议,而游某某的主张是要求奥新公司支付股权转让的对价,故此法院支持了游某某的主张。

这意味着,扣缴义务属于税法领域的行政法律关系,合同价款支付属于民商事合同关系,两种法律关系并行不悖,并无先后;非经合同明确约定,如扣缴义务人尚未完成税款缴付,不能当然有权自应付价款中扣除代扣代缴税款。那么,此时,奥新公司如何处理面临的法定扣缴义务以及法律后果呢?依据《税收征管法》(2015年修正)第30条第2款规定:"扣缴义务人依法履行代扣、代收税款义务时,纳税人不得拒绝。纳税人拒绝的,扣缴义务人应当及时报告税务机关处理。"实务中,奥新公司有两种处理方式:一是即便合同中并未约定扣缴税款,但也可径直扣缴,将剩余价款支付给对方。唯实务中存在难题的是,扣缴股权转让个税时应扣除相应的股权的原值,若对方不予配合,则存在无法确定扣缴税款数额的情形,司法实践也告诉我们,此时不宜对未缴纳部分从股权转让款中进行扣除。对于未缴纳的股权转让个税,由转让方自行主动缴纳。① 此外,若转让方起诉主张受让方支付股权转让对价,受让方可能面临败诉,但在已经实际代缴个税的情况下,可以通过行使抵销权抗辩主张抵销或通过另案提起不当得利的民事诉讼向对方行使追偿权②。二

---

① 参见中石油新疆销售有限公司、谢某基股权转让纠纷二审民事判决书[最高人民法院(2019)最高法民终828号]。

② 参见刘某波与恒大地产集团有限公司追偿权纠纷二审民事判决书[最高人民法院(2014)民一终字第43号]。在该案中,最高院认为:不论扣缴义务人是否按照法律规定的代扣代缴程序,在支付纳税人收入之前即予以扣缴个税,抑或在向纳税义务人支付了全部收入后又代为向税务机关垫付个税,都不能产生改变该税负法定纳税义务人的法律后果。不能认为在扣缴义务人未经抵扣即向纳税义务人支付相应收入后,即当然丧失向纳税义务人追偿的权利。

是依据前述第 30 条第 2 款的规定,在转让方拒绝扣缴或者拒绝提供股权的原值等信息导致无法履行扣缴义务时,受让方应及时报告主管税务机关,以避免税务行政处罚风险。但不论如何,归根结底,实务中建议在合同或协议中明确约定价款支付方有权代扣代缴后才将剩余价款支付给对方。

对于第二个问题,原则上应看合同是否明确价款支付方代扣代缴以及纳税义务人缴纳个人所得税是支付价款的前提条件(先履行义务)。例如,在甘肃万达房地产开发有限公司、郝某山股权转让纠纷再审审查与审判监督民事裁定书[最高人民法院(2019)最高法民申 3972 号]①中,最高院认为:

关于甘肃万达公司能否以代扣代缴所得税为由行使不安抗辩权中止支付剩余股权转让款的问题。首先,根据《中华人民共和国合同法》第六十八条的规定,不安抗辩权是指在有先后履行顺序的双务合同中,应先履行义务的一方有确切证据证明对方当事人有难以给付之虞时,在对方当事人未履行或未为合同履行提供担保之前,有暂时中止履行合同的权利。本案系股权转让合同纠纷,双方的权利义务由合同约定。案涉《股权转让协议》中并未约定出让方郝某山、刘某应缴纳的个人所得税由受让方甘肃万达公司代扣代缴并冲抵股权转让款,亦未将郝某山、刘某缴纳个人所得税作为甘肃万达公司支付股权转让款的条件。即税款的缴纳与甘肃万达公司支付股权转让款之间并非双方在合同中约定的先后义务。甘肃万达公司以此主张不安抗辩权与前述法律规定不符。另,即使双方约定甘肃万达公司有代扣代缴义务,代扣代缴义务的履行方应为甘肃万达公司。根据双方《股权转让协议》及《谅解协议》的约定,甘肃万达公司应在 2017 年 9 月 30 日前支付完毕全部股权转让款,但至本案一审起诉后,甘肃万达公司方才申报代扣代缴税款,但未实际缴纳。甘肃万达公司以自己未履行义务而主张不安抗辩,与法律规定不符,亦有违日常生活逻辑、法律逻辑和诚实信用原则。其次,在双方未将税款的缴纳或代扣代缴作为合同义务进行约定的情况下,郝某山、刘某是否申报并缴纳个人所得税,受税收行政法律关系调整,不属于本案民事诉讼管辖范围,二审法院未将税款扣缴问题纳入本案审理范围并无不当。因此,甘肃万达公司认为其依法负有所得税代扣代缴义务从而可行使不安抗辩权中止支付剩余股权转让款的主张不能成立,其未按照约定期限支付全部股权转让款,构成违约。

从上述案例可以看出,不论合同中是否约定了受让方代扣代缴的义务,若受让方扣缴了税款并实际解缴至国库,则在诉讼中至少可以主张抵销,故本案的二审法

---

① 类案参见北京泓源投资集团有限公司、王某章等股权转让纠纷申请再审民事裁定书[最高人民法院(2015)民申字第 1157 号]。

院认定"因万达公司尚未履行代扣代缴义务,其可在履行了代缴义务后,从应当支付的股权转让款中相应予以扣除,或者在执行中由一审法院协助扣缴"。但最高院在判例中亦认为,合同中没有代扣代缴税款的约定,不足以证明工程总包单位是法定的纳税义务人,虽然相应的交款凭证和纳税凭证上有写明纳税主体是工程总包单位,但是发包人并未提交工程总承包单位委托其代缴税金的相关证据,不足以证明发包人缴纳的税金系经工程总承包单位同意并认可。因此,即使缴纳税金是工程总承包单位的法定义务,发包人也应当通过其他法律关系另行主张,要求直接抵扣其欠付工程总承包单位的工程款,依据不足。① 因此,上述案例再次告诉我们,实务中应在合同或协议中明确约定受让方有权扣缴税款后才支付相关的价款或者将扣缴税款作为支付价款的前提条件,并要求对方有配合的义务;若对方不履行配合的义务,受让方有权拒绝支付价款并可向对方主张不能及时股权变更登记的违约责任。还需要注意的是,在确定价款支付(尤其是分期支付)安排时,要确保剩余应付价款不少于扣缴税款,否则还应明确约定收款方在收到付款方提供完税凭证复印件多少时间内应向付款方另行补偿差额部分的税款。

对于第三个问题,如果合同并未明确约定时,法院通常会根据交易习惯、合同履行情况等因素,综合认定合同价款或利息是否包含应代扣代缴的税款;如果经前述因素考量后仍不能确定属于税后净价的,通常认为该价款属于含税价。如在张某玲与宿迁世典房地产开发有限公司民间借贷纠纷二审民事判决书[江苏省宿迁市中级人民法院(2018)苏13民终3630号]中,二审法院认为:

双方当事人约定的利息是税前利息还是税后利息,主要依据双方借款合同的约定。从借款合同约定来看,并未注明是税前利息还是税后利息。根据房产抵押借款合同和世典公司在保证声明书中所述的世典公司承担债权人实现债权的相关税、费,亦无法得出世典公司与张某玲约定的利息系税后利息的结论。张某玲主张根据当地交易习惯和普通人的认知,应为净得即税后利息,并无事实依据。宿迁本地的实际更多的是,民间借贷的借款人多未代扣代缴贷款人利息的个人所得税,而贷款人也鲜有申报该项税收,实际上是存在着大量的漏税现象。从双方的履行来看,在2017年9月14日以前,支付的利息均未代扣代缴个人所得税,之后则根据约定利息标准计算利息但扣除了代扣代缴个人所得税再向张某玲支付,并针对以前支付的利息进行了代扣补缴。因此,从履行情况来看,也无法得出双方约定的利息系税后利息。根据个人所得税法规定,利息、股息、红利所得应纳个人所得税。

---

① 参见安徽帅旺置业有限公司、黎黎建设工程施工合同纠纷再审审查与审判监督民事裁定书[最高人民法院(2020)最高法民申1045号]。

个人所得税,以所得人为纳税义务人,以支付所得的单位或者个人为扣缴义务人。因此,世典公司作为扣缴义务人,有权代扣代缴,即使世典公司未及时代扣代缴存在违法行为,应当承担补扣或补收的责任,或应受到罚款等处罚,亦不能免除所得人张某玲的纳税义务。故世典公司在代扣补缴后亦有权向张某玲主张。因此,世典公司在有部分借款未归还张某玲的情况下,代扣补缴了张某玲所得利息的个人所得税,并将余额支付给了张某玲,世典公司向张某玲所借款项已经清偿完毕,张某玲应协助世典公司办理涉案房屋的撤押手续。

在本案中,双方并未对借款人(还款方)世典公司在偿还借款本息时是否有权扣缴个税发生争议,而发生的争议是世典公司在偿还借款本息时扣缴了个税后将剩余款项支付给出借人(收款方)张某玲后,是否已经履行完毕了偿还借款的义务。世典公司认为其借款已经偿还完毕,而张某玲则认为其应取得的是税后净利息,世典公司尚欠其与扣缴个税等额的本金。二审法院从合同未约定利息是否含税、当地交易习惯不能证明是否含税以及合同履行情况来看,亦不能证明利息系税后利息,因此,二审法院认为,本案中的利息系含税利息,该利息的纳税义务应由张某玲缴纳,在世典公司履行扣缴义务后,案涉借款已经偿还完毕。笔者认为,本案判决的背后逻辑在于:首先,法院尊重双方当事人在合同中有关价款是否含税的约定;其次,如果在合同未有明确约定的情况下,则应结合交易习惯以及合同履行情况等,对是否含税进行解释;最后,如果经前述步骤之后,仍不能判定是否含税时,应认定为含税价。如此判定的原因在于,作为民商事交易的当事人而言,通常知晓国家有关税法的规定,在订立合同时,各方当事人理应在合同中对价款是否含税作出明确约定。如果在合同中未作出明确的约定,就当然认定为不含税,则收款方将获得额外的利益(即既获得合同价款的利益,又获得付款方为其代缴税款的利益),而付款方将付出额外的成本,导致双方之间的利益失衡。因此,在当事人未对税款的承担作出明确约定的情况下,通常应推定该税款由各自负担。

第二节　合同涉税条款审查的特殊问题

除了上述合同涉税条款审查中需要注意的一般问题外,在实践中还需要注意一些特殊的问题。这些特殊问题包括涉税条款的效力问题,涉及发票的纠纷、"三流不一致"和虚开的问题,兼营和混合销售问题,集中采购模式下的涉税条款以及发票的证明效力问题等。

一、涉税条款的效力问题

（一）合同约定不开发票的效力问题

在实践中，部分合同当事人为了少缴税款，在合同中约定销售方不开发票，并给予购买方一定的价格优惠。那么，这样的合同约定是否有效呢？根据《税收征管法实施细则》（2016 年修订）第 3 条第 2 款规定："纳税人应当依照税收法律、行政法规的规定履行纳税义务；其签订的合同、协议等与税收法律、行政法规相抵触的，一律无效。"而《发票管理办法》（2023 年修订）第 18 条规定："销售商品、提供服务以及从事其他经营活动的单位和个人，对外发生经营业务收取款项，收款方应当向付款方开具发票；特殊情况下，由付款方向收款方开具发票。"在既往的司法实践中，法院通常认为，这样的约定违反了国家要求开具发票的规定，可能导致损害国家税收利益的后果，故损害了社会公共利益，违反了公序良俗原则，属于无效条款。如在高某华、四川景润装饰工程有限公司装饰装修合同纠纷再审审查与审判监督民事裁定书[四川省高级人民法院(2019)川民申 4974 号][1]中，四川高院认为：

关于《景润装饰基装预算清单》中约定景润公司不开具发票的条款的效力问题。《中华人民共和国发票管理办法》第十九条规定："销售商品、提供服务以及从事其他经营活动的单位和个人，对外发生经营业务收取款项，收款方应当向付款方开具发票；特殊情况下，由付款方向收款方开具发票。"税收是国家财政收入的主要来源，如果当事人以不开具发票的形式逃避缴纳税款，则不开发票的行为损害了社会公共利益，违反了公序良俗原则。虽然法律法规没有明文规定当事人之间约定不开具发票将导致合同条款无效，但违反该禁止性规定将导致损害社会公共利益，违反公序良俗的，该禁止性规定即属于效力性强制性规定。因此，高某华与景润公司约定的景润公司不开具发票这一条款因违反法律、行政法规的强制性规定而无效，高某华可以向景润公司主张要求其开具发票。

---

[1] 类案参见中节能铁汉生态环境股份有限公司、岳阳恒鑫建设有限公司建设工程施工合同纠纷二审民事判决书[湖南省岳阳市中级人民法院(2022)湘 06 民终 2309 号]；史某君、巩某林等建设工程施工合同纠纷二审民事判决书[吉林省白山市中级人民法院(2022)吉 06 民终 11 号]；王某、郑州福都商业物业管理有限公司房屋租赁合同纠纷二审民事判决书[河南省郑州市中级人民法院(2017)豫 01 民终 10661 号]；上海凌拓建筑工程有限公司与南通四建集团有限公司建设工程施工合同纠纷二审民事判决书[江苏省泰州市中级人民法院(2016)苏 12 民终 1214 号]；安徽嘉年华置业有限公司与明光市林东水库管理所买卖合同纠纷上诉案[安徽省高级人民法院(2009)皖民一终字第 0010 号]。

(二)合同约定扣除增值税税款的效力认定

在实践中,有些合同中约定对方不开具增值税发票的,合同方可以在价款中扣除增值税税款。这样的约定是否有效呢?让我们来看如下案例:

【例21-5】[①] 交付发票是税法上的义务还是合同中约定的义务?

裁判要旨:出卖人或承揽人开具增值税发票系法定强制性义务,不能通过当事人约定的方式予以排除。当事人关于未交付增值税发票则由买受人或定作人直接扣除增值税税款的约定,可能导致国家增值税税款流失,应归于无效。买受人或定作人因不能抵扣增值税发票所导致的经济损失,应当提起反诉或者另行起诉主张。

案情简介:原告陈某鲜系俊豪五金厂业主。2011年12月,俊豪五金厂与被告立阳公司签订采购合约一份,约定俊豪五金厂按照立阳公司月需求量加工五金件,俊豪五金厂接到立阳公司对账单后,于当月25日之前将发票全部送至立阳公司,否则对账时自动扣除税金部分。庭审中,原、被告双方一致确认,立阳公司结欠原告俊豪五金厂的加工款为23,586.98元,其中,尚有11,065.77元加工款未开具增值税发票。被告立阳公司认为,原告应当在支付货款之前向被告开具增值税发票,否则被告有权按17%的税率扣除相应的税金。

法院裁判:江苏省苏州市相城区人民法院审理认为,根据《中华人民共和国增值税暂行条例》的规定,销售货物或者提供加工、修配劳务以及进口货物的单位和个人,为增值税的纳税人,应当缴纳增值税。俊豪五金厂作为从事加工经营的企业,负有依法开具增值税专用发票的法定义务及向被告交付相应的增值税发票的合同义务。但是,俊豪五金厂不履行开具增值税发票的法定义务的,被告立阳公司依法应当向主管税务机关举报,由主管税务机关处理。如允许被告立阳公司在未收到增值税发票时即在加工款中相应扣除税款,则可能导致国家增值税款流失,损害国家利益,故采购合约中关于扣除增值税税金的约定无效,如立阳公司认为因俊豪五金厂不开具增值税发票而导致其经济损失的,可以另案诉讼予以主张。据此,该院判决被告立阳公司支付原告陈某鲜加工款人民币23,586.98元。一审判决作出后,原、被告双方均未提起上诉,该判决已经发生法律效力。

[①] 参见陈某鲜与苏州立阳螺丝工业有限公司加工合同纠纷一审民事判决书[江苏省苏州市相城区人民法院(2013)相商初字第1451号]。

上述案件涉及增值税发票开具、交付和抵扣的问题。按照商事交易习惯，出卖人、承揽人一般情况下在收取货款或定作款之前，一般应买受人或定作人的要求先交付增值税发票。现实中，不交付增值税发票常常成为买受人、定作人拒不支付货款、定作款的理由。双方争议诉至法院后，对开具发票的义务是否构成拒付价款的有效抗辩，是否可以允许在拒不开具增值税发票的情况下由买受人、定作人扣除相应的税款，存在一定的争议。在该案中，法院认为：

第一，交付增值税发票系合同从给付义务，不履行从给付义务不构成对方当事人拒付价款理由。该案中，俊豪五金厂履行了加工五金件的合同主义务，其未开具增值税发票不影响合同目的的实现，故立阳公司无权拒付相应定作款（有关此问题的论述，还可详见本章后文）。

第二，合同约定直接扣除增值税税款实际系免除了纳税人开具增值税发票的义务，应归于无效。开具增值税发票系纳税人负有的强制性法律义务，不受当事人约定的影响，接受增值税发票一方亦无权免除纳税人该项义务。在出卖人或承揽人未依法开具增值税发票的前提下，如允许买受人或定作人直接按照税率扣除相应的税款，则实际上免除了出卖人或承揽人开具增值税发票的义务，不但直接违反了《增值税暂行条例》的规定，也使得国家税收征管秩序受到损害，并可能导致国家增值税款的流失，损害国家利益。依据原《合同法》第52条第2项"恶意串通，损害国家、集体或者第三人利益"（《民法典》第154条规定："行为人与相对人恶意串通，损害他人合法权益的民事法律行为无效。"）之规定，合同无效。因此，合同双方当事人约定，直接扣除增值税税款的，应当认定为无效条款。

需要注意的是，既往司法实践中也有部分法院认为，《税收征管法》《发票管理办法》《增值税暂行条例》等法律法规关于在货物买卖中应当开具和索取发票的规定，属于行政法规中的管理性强制性规定，法律法规并未明确不开具、不索取发票将导致合同无效，而且合同或协议即便约定"不开具发票"并且直接在价款中扣除税款，继续履行该合同或协议并不必然损害国家利益和社会公共利益，该条款并非必然无效。如在唐山渤海冶金设备有限责任公司、鲁丽集团有限公司确认合同效力纠纷二审民事判决书[山东省高级人民法院(2018)鲁民终1688号]中，鲁丽公司（甲方，购买货物方）与渤海冶金公司（乙方，销售货物方）签订的案涉《和解协议》第一条规定：截至目前，针对乙方尚欠甲方的（共计95,030,000元）增值税发票，所承担上缴的国税（17%）、地税（3%）费用从甲方应付乙方款项（货款本金32,250,000元及利息约计6,900,000元共39,150,000元）中扣除，乙方不再向甲方开具任何增值税发票。剩余款项乙方同意甲方于本协议生效之日起三个工作日

内一次性支付乙方壹仟万元整(小写:10,000,000.00元),该款项汇入乙方指定账户。山东省高院认为:

本案双方当事人并不存在恶意串通损害国家税收利益的情形。如前所述,双方所签《和解协议》是为彻底解决纠纷所达成的付款金额和结算方式的变更协议,双方当事人并不存在恶意串通损害国家税收利益的主观故意。《和解协议》虽约定渤海冶金公司不再向鲁丽公司开具增税值发票,但并未约定渤海冶金公司不再缴纳任何其他税种,渤海冶金公司作为纳税义务人,应根据与鲁丽公司的协议约定情况以及自身的经营情况依法纳税,所以在客观上,《和解协议》的履行也不必然损害国家税收利益。渤海冶金公司主张本案双方当事人存在恶意串通损害国家税收利益的情形,缺乏依据,本院不予支持。

双方所签《和解协议》的内容并不违反法律、行政法规的效力性强制性规定。《最高人民法院关于适用〈中华人民共和国合同法〉若干问题的解释(二)》第十四条规定,"合同法第五十二条第(五)项规定的'强制性规定',是指效力性强制性规定"。而效力性强制性规定是指法律及行政法规明确规定违反该类规定将导致合同无效的规范,或虽未明确规定违反之后将导致合同无效,但若使合同继续有效将损害国家利益和社会公共利益的规范。本案中,《中华人民共和国税收征收管理办法》《中华人民共和国发票管理办法》《中华人民共和国增值税暂行条例》等相关法律、行政法规虽然规定在货物买卖中应当开具和索取发票,但并未明确不开具、不索取发票将导致合同无效,并且《和解协议》有效、继续履行亦不必然损害国家利益和社会公共利益。故上述规定从性质上属于行政法规中的管理性强制性规定,不能作为认定双方所签《和解协议》无效的依据。渤海冶金公司关于《和解协议》的内容违反了法律、行政法规的强制性规定应为无效的主张,不能成立,本院不予支持。

笔者认为,依据《民法典合同编通则司法解释》第16条第2项"强制性规定旨在维护政府的税收、土地出让金等国家利益或者其他民事主体的合法利益而非合同当事人的民事权益,认定合同有效不会影响该规范目的的实现"之规定,本案中前述税法有关发票的强制性规定旨在实现国家税收利益,并非为了维护合同当事人的利益。况且,约定不开具增值税发票并不必然免除纳税义务人渤海冶金公司如实向国家税务管理部门依法纳税的法定义务,亦不必然导致国家税收流失。根据《民法典合同编通则司法解释》第17条第2款的规定,人民法院在认定合同是否违背公序良俗时,应综合考虑当事人的主观动机和交易目的,在本案中,双方当事人签订《和解协议》是为了"彻底解决纠纷"所达成的付款金额和结算方式的变更协议,双方当事人并不存在恶意串通损害国家税收利益的主观故意。因此,在个案中仍然存在被认定为有效的可能。

第三,拒不开具增值税发票导致对方当事人经济损失的,应当提起反诉或者另行起诉。原《买卖合同司法解释》(法释〔2012〕8号)第44条[《买卖合同司法解释》(2020年修正)第31条]规定:"出卖人履行交付义务后诉请买受人支付价款,买受人以出卖人违约在先为由提出异议的,人民法院应当按照下列情况分别处理:(一)买受人拒绝支付违约金、拒绝赔偿损失或者主张出卖人应当采取减少价款等补救措施的,属于提出抗辩;(二)买受人主张出卖人应支付违约金、赔偿损失或者要求解除合同的,应当提起反诉。"依据原《合同法》第174条(《民法典》第467条第1款)的规定,承揽合同可以参照适用买卖合同的有关规定。本案中,承揽人拒不开具增值税专用发票,使定作人无法抵扣相应的增值税款,由此导致的经济损失应当由定作人提起反诉或者另行起诉主张(有关此问题的论述,还可详见本章后文)。

(三)合同"包税"条款的效力问题

1. 合同"包税"条款的含义

在实践中,缔约双方通常对交易行为应负担的税费进行书面约定,从而转嫁纳税义务人本应承担的纳税义务。例如,合同约定由非纳税义务人(可能是合同当事一方,也可能是第三人)承担税费的条款,该类条款对税费在合同当事人及第三人之间如何承担作出了约定,即俗称的"包税"条款。再如,在股权转让交易中,转让方由于股权转让溢价产生转让财产所得,根据税法规定应缴纳个人所得税。但在实际交易中,转让方和受让方常达成由受让方承担该部分个人所得税的约定。

2. 合同"包税"条款的法律有效性分析

那么"包税"条款约定是否具有法律效力?在税法上到底应怎样进行税务处理?这是理论和实践都需要明确的问题。在实务中,需要注意如下几点:

第一,司法实践普遍认为"包税"条款系合法有效的约定。理由在于:首先,该条款是当事人的真实意思表示;其次,该条款并未违反法律、行政法规的强制性规定。依据据原《合同法》第52条第5项的规定,违反法律、行政法规的强制性规定的合同无效(《民法典》第153条第1款规定,违反法律、行政法规的强制性规定的民事法律行为无效。但是,该强制性规定不导致该民事法律行为无效的除外)。税法及相关法律规定并未禁止交易双方约定税收义务实际由纳税义务人(即"纳税主体")以外的主体(即"负税主体")承担。但纳税义务人负有的纳税法定义务并不因此转移,只不过可以通过约定由他人代为履行(《民法典》第523条)。若事后实际承担人未缴纳税款,税务机关可向纳税义务人征收税款,纳税义务人不得以存在税费转嫁条款来抗辩纳税义务。

【例21-6】① "包税"条款不违反行政法规强制性规定,应属有效条款

裁判要旨:虽然我国税收管理方面的法律、法规对于各种税收的征收均明确规定了纳税义务人,但是并未禁止纳税义务人与合同相对人约定由合同相对人或者第三人缴纳税款,即对于实际由谁缴纳税款并未作出强制性或禁止性规定。因此,当事人在合同中约定由纳税义务人以外的人承担转让土地使用权税费的,并不违反相关法律、法规的强制性规定,应认定为合法有效。

法院裁判:最高人民法院认为,《补充协议》是对《协议书》约定转让土地使用权的税费承担所作的补充约定,明确了转让土地使用权的税费如何承担及由谁承担的问题。虽然我国税收管理方面的法律法规对于各种税收的征收均明确规定了纳税义务人,但是并未禁止纳税义务人与合同相对人约定由合同相对人或第三人缴纳税款。税法对于税种、税率、税额的规定是强制性的,而对于实际由谁缴纳税款没有作出强制性或禁止性规定。故《补充协议》关于税费负担的约定并不违反税收管理方面的法律法规的规定,属合法有效协议。嘉和泰公司关于《协议书》签订时,所转让的土地属划拨地,太重公司无权转让及《补充协议》就税费负担的约定违反税法的强制性规定,均属无效协议的主张,没有法律依据,不予支持。一审法院关于《协议书》合法有效及《补充协议》与《协议书》具有相同的法律效力的认定是正确的,应予维持。

最高人民法院的其他裁判②也延续了上述观点,当事人之间约定税费负担的具体承担人,如不违反法律、行政法规的规定,应为有效。在河北宏信房地产开发

---

① 参见山西嘉和泰房地产开发有限公司与太原重型机械(集团)有限公司土地使用权转让合同纠纷案[最高人民法院(2007)民一终字第62号],载《最高人民法院公报》2008年第3期(总第137期)。

② 类案参见上诉人贵州省地质矿产勘查开发局与被上诉人贵州银海益沣房地产开发有限公司土地使用权转让合同纠纷二审民事判决书[最高人民法院(2015)民一终字第199号];吴某媚、李某生与梁某业、宋某之等股权转让纠纷二审民事判决书[最高人民法院(2016)最高法民终51号];辽阳天俊矿业有限公司、常某股权转让纠纷二审民事判决书[最高人民法院(2016)最高法民终806号]等。

有限公司、安阳丛台房地产开发有限公司与厦门银鹭房地产开发有限公司合作开发房地产合同纠纷申请再审民事裁定书[最高人民法院(2013)民申字第2248号]中,最高院认为:

根据宏信公司、银鹭公司、丛台公司三方签订的《股东经营协议书》,对丛台公司的经营管理模式明确约定为由宏信公司进行责任经营,责任经营期间,宏信公司承诺自行筹集丛台公司、合作项目开发经营所需的全部资金,并对内承担全部经营风险及法律责任。双方确认丛台公司的资产、投资、经营、效益回报、配套、广告、物业、维修基金、各种税费、前后期债权债务及经营风险等一切事项均由宏信公司全权处理并承担法律责任。该约定属于股东之间权利义务的约定,系双方真实意思表示,不违背法律禁止性规定,也不损害丛台公司及公司其他债权人的利益,该约定合法有效,双方应该按照该约定履行。依据上述协议的约定,该费用应由宏信公司负担。

在黑龙江省鹤山农场与中地种业(集团)有限公司其他合同纠纷审判监督民事判决书[最高人民法院(2014)民提字第23号]中,最高院认为,合同双方约定,在国家出台免税政策后,一方应当保证另一方优先享受该政策,否则应当承担全部税费,该判决认为,合同约定条件成就,且无证据证明此项约定违反法律、行政法规的强制性规定,约定应当执行。

从前述法律、行政法规及司法实践可知,合同当事人之间对税费负担条款的约定,只要不损害国家的税收利益,不改变税收法律、行政法规对税种、税率、税额等的强制性规定,从而影响国家税收,则约定由非纳税义务人承担税费的条款属于私法领域的范畴,是对合同当事人权利义务的安排,不违反法律、行政法规的强制性规定,因此应认定为有效约定。相反,如约定一方不开具发票,相对方在付款时按照税率扣除相应的税款,不仅违反了国家要求开具发票的规定,而且减少了国家的税收,显然损害了国家税收秩序与利益,属于无效约定。

第二,"包税"条款系履行承担。依据《民法典》第523条规定,履行承担是指债务人与第三人约定,由第三人代为向债权人履行债务,从而使债权、债务归于消灭的一种制度。"包税"条款的约定属于将税收债务约定由第三人承担,这一约定不需要经过税务机关的同意即可成立生效,并且这一约定不改变纳税义务人的身份。

第三,纳税义务人、扣缴义务人的法定义务不能通过合同、协议予以免除。税费负担条款虽然可以将税费的实际承担主体进行转移,但是,法律、行政法规规定的纳税义务人、扣缴义务人的纳税责任并不因此免除。此外,非纳税义务人未履行税费负担条款,可能导致以下情况:未按合同约定承担税费,致使纳税义务人不得不主动向税务机关申报、缴纳;未及时承担税费,造成纳税义务人被行政机关处罚。约定由非纳税义务人承担税费负担的条款,在合同当事人之间形成了明确的债权债务关系,如非纳税义务人未按约定及时承担税款,给纳税义务人造成经济损失的,应当对纳税义务人进行赔偿。在司法实践中也不乏这样的判决案例。例如,在文某清、文某与唐某、刘某股权转让合同纠纷上诉案[重庆市高级人民法院(2015)渝高法民终字第00368号]中,重庆市高院认为,各方签订的股权转让合同明确约定:"甲、乙双方按国家有关规定分别承担的税费均由乙方承担。"而股权转让方唐某、刘某已经缴纳了本案所涉今申公司股权转让交易的个人所得税共计360万元,股权受让方文某清、文某应当向唐某、刘某支付该笔个人所得税款。

3."包税"条款税款如何计算

对于所得税而言,包税税金要在税前扣除,必须要把合同的不含税收入还原为含税收入,再计征税款。例如,对于个人所得税而言,其换算公式如下:

税后收入 = 税前收入 − [(税前收入 − 扣除费用) × 税率 − 扣除数]

对于增值税而言,在计算增值税时,应将含税价款转换为不含税价款,再以不含税价款计算增值税。其换算公式如下:

不含税价款 = 含税价款/(1 + 增值税税率)

增值税 = 不含税价款 × 增值税税率

4."包税"条款税款是否可以税前扣除

对于"包税"条款中非纳税义务人承担的税款,纳税义务人是否可以所得税税前扣除这一该问题取决于该税金是否与取得收入直接有关,即对《企业所得税法》第8条之"相关性"的判定,类似的还有企业代个人承担的个人所得税。在实践中,主要存在如下观点:

观点一:同意税前扣除派。该观点认为,包税与不包税并未导致国家税款的减少,也未影响税款的入库属地,应享受同样的税收待遇。如果只因合同签订模式的变化,便要纳税人损失一块税金,有违税收中性原则。

观点二:反对税前扣除派。该观点认为,由于包税业务模式下,付款方虽然能取得含税价发票,却无法取得含税价价款收款凭证。因此,不得扣除。

笔者赞同观点一。在合同约定中,需要注意的:一是合同约定的价款应是含税价款;二是在"包税"条款下,应取得含税价发票。

5."包税"条款审查要点

在对相关"包税"条款进行审查时,需要注意如下事项:(1)在审查合同时,应当将价款是否含税、税费负担范围及方式约定明确,以免因为约定不明出现纠纷;

(2)对于约定税收负担条款的,应当明确约定实际负担纳税义务的一方违反约定情况下的违约责任;(3)在订立条款和履约时,要注意与税款缴纳或税负承担有关的时间节点和履约跟踪,一来可根据法定纳税时间节点设定诸如付款方的付款时间等条款,二来可以在发现对方未履行或未完全履行涉税义务时及时以书面方式予以催告,保留证据或提起诉讼。

6. 网络司法拍卖公告约定买受人负担双方一切税费,是否有效

网络司法拍卖实务中,拍卖公告中往往约定,"办理过程中涉及买卖双方过户所需承担的一切税费(包括但不仅限于企业所得税、增值税、土地增值税、契税、过户手续费、印花税、权证费、出证金以及房地产交易中规定缴纳的各种费用),以及有可能存在的物业费、水电费等欠费,均由买受人自行承担",那么这样的约定是否有效呢?若买受人负担了这些税费,能否主张在税前列支呢?

《最高人民法院关于人民法院网络司法拍卖若干问题的规定》(法释〔2016〕18号,以下简称《网络司法拍卖规定》)第30条规定:"因网络司法拍卖本身形成的税费,应当依照相关法律、行政法规的规定,由相应主体承担;没有规定或者规定不明的,人民法院可以根据法律原则和案件实际情况确定税费承担的相关主体、数额。"《江苏省高级人民法院关于正确适用〈最高人民法院关于人民法院网络司法拍卖若干问题的规定〉若干问题的通知》(苏高法电〔2017〕217号)第4条"关于税费负担"规定:"因网络司法拍卖产生的税费,按照网拍规定第三十条的规定,由相应主体承担。在法律、行政法规对税费负担主体有明确规定的情况下,人民法院不得在拍卖公告中规定一律由买受人承担。"就此,实践中尚未形成统一的意见,存在如下两种观点:一种观点认为,这些规定表明,目前法院试图将司法拍卖中关于税费的承担拉回到依法由相应主体承担之上,避免现实中产生的冲突。但该等规定仅是法院作出的一种应然引导条款,仅为对涉拍卖标的物在拍卖时各方税负最初负担的确定规则,并不影响执行法院根据具体案件的执行实际以公告形式披露拍卖时将该方税负的最初负担转移由另一方负担的拍卖条件,况且该问题并非作为合同条款效力的判断依据①。另一种观点认为,这样的约定违反了《网络司法拍卖规

---

① 如在李某辉、郑某岚民间借贷纠纷执行审查类执行裁定书[广东省中山市中级人民法院(2017)粤20执复101号]中,法院认为:虽然《最高人民法院关于人民法院网络司法拍卖若干问题的规定》第三十条规定……但该规定仅为对涉拍卖标的物在拍卖时各方税负最初负担的确定规则,并不影响执行法院根据具体案件的执行实际以公告形式披露拍卖时将该方税负的最初负担转移由另一方负担的拍卖条件。此拍卖条件一经确定并予依法公告发布,对各竞买人具有约束力。还可参见深圳市日新盛龙物流有限公司、宋某杰、深圳市恒威俊业贸易有限公司等其他案由执行审查类执行裁定书[广东省高级人民法院(2020)粤执复390号]。

定》第 30 条的规定,支持了对有关包税条款的执行异议①。

从最高院较近的司法判例来看,最高院倾向于统一的观点是因网络司法拍卖"本身"形成的能够预见的权属变更税费,才应当依照相关法律、行政法规的规定,由相应主体承担。如在河池五吉有限责任公司、深圳市汇清科技股份有限公司其他案由执行监督执行裁定书[最高人民法院(2020)最高法执监 421 号]中,最高院认为:

《网络司法拍卖规定》第三十条规定,因网络司法拍卖本身形成的税费,应当依照相关法律、行政法规的规定,由相应主体承担;没有规定或者规定不明的,人民法院可以根据法律原则和案件实际情况确定税费承担的相关主体、数额。根据上述法律规定,通过网络司法拍卖处置财产时,涉及因拍卖本身形成的税费,相应主体应分别承担各自部分税费。执行法院在进行网络司法拍卖时,就税费承担问题,理应按照上述法律规定进行公告公示。本案中,根据查明的事实,河池中院在对案涉土地使用权拍卖时,通过《拍卖公告》《拍卖须知》《标的物介绍》等向社会公示,拍卖成交后办理产权登记过户所涉及的一切相关税费均由买受人承担。由此可见,在涉案土地使用权拍卖过程中,河池中院公示的税费承担表述与上述法律规定不符,应予纠正。但广西高院、河池中院并未对税费的具体承担等内容进行严格审查即作出认定,并未明确指出应由被执行人承担的税费内容,存在认定事实不清的情况,河池中院应当重新审查处理。

再如在成都金创盟科技有限公司、成都爱华康复医院有限公司拍卖合同纠纷再审民事判决书[最高人民法院(2022)最高法民再 59 号]中,最高院认为:

《最高人民法院关于人民法院网络司法拍卖若干问题的规定》第 30 条规定,"因网络司法拍卖本身形成的税费,应当依照相关法律、行政法规的规定,由相应主体承担;没有规定或者规定不明的,人民法院可以根据法律原则和案件实际情况确定税费承担的相关主体、数额"。据此,网络司法拍卖本身形成的能够预见的权属

---

① 如杨某忠买卖合同纠纷执行审查类执行裁定书[甘肃省高级人民法院(2020)甘执复 14 号]中,法院认为:对于不动产买卖、转让中,买卖双方关于税的承担问题,我国税法也明确规定,由出卖方缴纳营业税、城市建设维护费、土地增值税、印花税等,买受方缴纳契税、印花税等。故在税法有明确规定的情况下,对司法拍卖本身形成的税费,仍应遵照《网络司法拍卖规定》第三十条"依照相关法律、行政法规的规定,由相应主体承担"之规定。兰州中院拍卖公告规定"一切税费均由买受人承担",违反该司法解释规定。……故兰州中院在执行过程中,从拍卖房产所得款项中扣除买受人已垫付的被执行人应负税款的执行行为符合规定。为公平保护各方当事人合法权益起见,对买受人杨某忠要求扣除并返还其已垫付的应由被执行人承担的税款的请求,本院予以支持。还可参见杨某、四川峨眉山农村商业银行股份有限公司金融借款合同纠纷执行审查类执行裁定书[四川省乐山市中级人民法院(2020)川 11 执复 13 号]。

变更税费,原则上尚且由法律规定的纳税义务人承担,与权属变更无关的超出竞买人预见的税费更应由法定纳税人承担,除非买卖双方当事人有明确具体的特别约定。本案中,案涉城镇土地使用税属于与权属变更无关的税费,应由其法定纳税人爱华医院承担,而非买受人金创盟公司承担。

但需要注意的是,在(2022)最高法民再59号案中,最高院特别强调了"除非买卖双方当事人有明确具体的特别约定",这意味着如果网络拍卖公告明确约定了买受人承担一切税费,而竞买人在竞买约定和知悉相关的法律后果后参与竞拍应视为同意《竞买公告》对税费负担的约定。另外,在案涉房产拍卖成交后,其再要求改变拍卖公告的税费分担方式,从拍卖款中扣缴转让方应承担的税费,则有违诚实信用原则①。

(四)"0"元或"1"元名义价转股条款的效力问题

针对实践中出现的诸如"0"元或"1"元等名义转让价格签订的转股条款等是否当然无效,需要根据具体案情进行判定。如前所述,当事人采取何种交易方式,价款如何,只要不损害国家或第三人的合法权益,一般应认定为有效。即使合同约定的股权转让价款明显偏低,税务机关可根据税收法律、法规确定是否予以征税以及按照何种税基征税。因此,不收取任何股权转让款或者仅收取名义股权转让款的股权转让合同,并不必然属于违反法律、行政法规的强制性规定,更不当然无效。例如,在刘某琼、梁某与黄某华、黄某军股权转让合同纠纷申请再审民事裁定书[最高人民法院(2013)民申字第1580号]中,最高院认为,双方当事人之间的股权转让,是以受让人承担目标公司的债务为交易方式,该交易方式并不为国家法律、行政法规所禁止,对于合同履行过程中是否应当缴纳税费,属于国家行政机关的审查范围,即使存在纳税方面的问题,亦不影响双方当事人之间签订的民事合同的效力。

二、涉发票的纠纷及其司法实践

司法实践中,买卖双方因发票问题产生的纠纷越来越多,而发票则是买卖合同中的一个重要介质。因此,关注涉票案件的司法裁判规则,对于合同审查人员有重要的实践意义。

---

① 参见雷某彬、中国信达资产管理股份有限公司福建省分公司等借款合同纠纷执行监督执行裁定书[最高人民法院(2020)最高法执监232号]。

(一)买方能否单独诉请开具发票和/或赔偿损失

1. 既往司法实践中单独诉请开具发票之争

这一争议源于发票"开具"和"交付"区分之争,"交付"发票是税法上的义务还是合同法上的义务之争,以及系从给付义务还是附随义务之争。

《发票管理办法》历次版本都规定:"销售商品、提供服务以及从事其他经营活动的单位和个人,对外发生经营业务收取款项,收款方应当向付款方开具发票;特殊情况下,由付款方向收款方开具发票。"而依据《民法典》第599条规定:"出卖人应当按照约定或者交易习惯向买受人交付提取标的物单证以外的有关单证和资料。"《买卖合同司法解释》(2020年修正)第4条规定:"民法典第五百九十九条规定的'提取标的物单证以外的有关单证和资料',主要应当包括保险单、保修单、普通发票、增值税专用发票、产品合格证、质量保证书、质量鉴定书、品质检验证书、产品进出口检疫书、原产地证明书、使用说明书、装箱单等。"此处的"普通发票"和"增值税专用发票"都属于"发票"。尽管前述规定仅适用于买卖合同,但依据《民法典》第467条第1款的规定:"本法或者其他法律没有明文规定的合同,适用本编通则的规定,并可以参照适用本编或者其他法律最相类似合同的规定。",对于其他涉及发票开具与交付的合同亦同样参照适用。

根据上述规定,对于发票的"开具"和"交付"是否同一,主要存在如下两种观点:一是发票的"开具"行为归属行政法(税法)的调整范畴,而发票的"交付"行为归属于合同法的调整范畴。"开具"是"交付"的前提,并不包括后者。如在穗州天智房地产开发有限公司、兰州西伯乐斯楼宇自控系统有限公司建设工程施工合同纠纷二审民事裁定书[最高人民法院(2018)最高法民终1208号]中,最高院认为:"从天智公司和西伯乐斯公司的反诉请求看,开具发票、交付竣工结算资料均属合同约定内容,属于民事义务范围。其中,'开具发票'从文义解释看虽是由税务机关开具和履行,但合同文本的含义并非规定税务机关开具发票的义务,而是约定在给付工程款时需由承包一方'给付发票',该给付义务属承包方应予履行的义务,故原审认为'开具发票'属于行政法律关系,无事实和法律依据。"二是发票的"开具"包括了"交付"。就此而言,现实中的司法实践往往并未仔细区分这两者的差异,并且裁判结果并不统一。就当事人能否单独诉请开具发票,主要存在如下观点:

观点一:开具发票事宜属于税务机关行政管理的范畴,若合同并未就此明确约定的话,不属于民事审判解决的平等主体之间的权利义务关系,不属于民事案件受理范围。①

观点二:开具发票事宜本不属于民事案件受理范围,但如双方当事人在合同中对发票开具义务有明确约定,则开具发票属于民事案件受理范围,收款方应开具相应金额的发票。②

观点三:无论双方当事人是否在合同中明确约定,负有开具发票义务的一方当事人未按法律规定开具发票,另一方当事人请求对方开具发票都是其合同权利(亦是对方的从给付义务或附随义务)。③

【例21-7】交付发票是税法上的义务还是合同中约定的义务?

案例1: 在上海锦浩建筑安装工程有限公司与昆山纯高投资开发有限公司建设工程施工合同纠纷二审民事判决书[最高人民法院(2015)民一终字第86号]中,最高院认为,关于是否交付工程款发票,双方当事人在合同中并未有明确的约定,交付发票是税法上的义务,而非双方合同中约定的义务。昆山纯高公司依据合同主张锦浩公司交付发票缺乏依据,其主张本院不予支持。

案例2: 在上诉人洛阳五建建筑工程有限责任公司与上诉人洛阳向阳房地产置业有限公司及原审第三人河南军安建工集团有限公司建设工程施工合同纠纷案[河南省高级人民法院(2013)豫法民一终字第00066号]中,河南高院认为,关于

---

① 参见上诉人洛阳五建建筑工程有限责任公司与上诉人洛阳向阳房地产置业有限公司及原审第三人河南军安建工集团有限公司建设工程施工合同纠纷案[河南省高级人民法院(2013)豫法民一终字第00066号];上海锦浩建筑安装工程有限公司与昆山纯高投资开发有限公司建设工程施工合同纠纷二审民事判决书[最高人民法院(2015)民一终字第86号];内蒙古长融房地产开发有限公司、四川建设集团有限公司建设工程施工合同纠纷二审民事判决书[最高人民法院(2018)最高法民终482号];李某锋、贵州南长城企业(集团)房地产开发有限公司建设工程施工合同纠纷二审民事判决书[最高人民法院(2019)最高法民终1000号]。

② 参见中田阳日新坡物株式会社与金昌石业(沈阳)有限公司、金某焕土地使用权转让纠纷民事裁定书[最高人民法院(2013)民申字第1664号];贵州好旺佳房地产开发有限公司、福建省晓沃建设工程有限公司建设工程施工合同纠纷二审民事判决书[最高人民法院(2019)最高法民终996号]。

③ 参见中天建设集团有限公司与新疆温商房地产开发有限公司建设工程施工合同纠纷二审民事判决书[最高人民法院(2014)民一终字第4号];山东太阳控股集团有限公司、山东圣德国际酒店有限公司建设工程施工合同纠纷二审民事判决书[最高人民法院(2019)最高法民终917号];梅某与王某木措、冯某祖等建设工程施工合同纠纷一审民事判决书[青海省都兰县人民法院(2020)青2822民初537号];宁夏鸿天房置业有限公司、浙江创业建设工程有限公司建设工程施工合同纠纷二审民事判决书[最高人民法院(2020)最高法民终971号]。

工程款发票。《中华人民共和国发票管理办法》第十九条明确规定,开具并交付发票是收款人的法定义务,是政府职能部门监管的职责,不属法院受理范围,向阳公司可就此问题向政府职能部门主张。

案例3: 在贵州好旺佳房地产开发有限公司、福建省晓沃建设工程有限公司建设工程施工合同纠纷二审民事判决书[最高人民法院(2019)最高法民终996号]中,最高院认为,根据《建设工程施工合同》的约定,晓沃公司作为工程款接受方应当开具对应金额的建安发票,开具发票是双方约定的晓沃公司应承担的合同义务,晓沃公司主张开具发票义务是基于税法规定中收款方的法定义务非平等主体之间的民事权利义务关系的主张不能成立,晓沃公司应按合同约定履行开具发票义务。

案例4: 在中天建设集团有限公司与新疆温商房地产开发有限公司建设工程施工合同纠纷二审民事判决书[最高人民法院(2014)民一终字第4号]中,最高院认为,收取工程款开具工程款发票是承包方税法上的义务,无论是否在合同中明确约定,要求承包方收到工程款后开具相应数额的工程款发票也都是发包方的合同权利。因此,温商公司要求中天公司收取工程款后开具相应数额的工程款发票的请求应予支持,一审判决认为该请求不属于民事审判解决的范围并不予审查,属适用法律错误,予以纠正。

案例5: 在宁夏鸿天房置业有限公司、浙江创业建设工程有限公司建设工程施工合同纠纷二审民事判决书[最高人民法院(2020)最高法民终971号]中,一审宁夏省高院认为,鸿天房公司反诉创业公司开具工程款发票的主张能否成立问题。根据《中华人民共和国发票管理办法》第十九条"销售商品、提供服务以及从事其他经营活动的单位和个人,对外发生经营业务收取款项,收款方应当向付款方开具发票",《中华人民共和国合同法》第六十条关于"当事人应当遵循诚实信用原则,根据合同的性质、目的和交易习惯履行通知、协助、保密等义务"的规定,从事经营活动的单位和个人,对外发生经营业务收取款项后,向付款方开具发票既是法定义务,也是交易习惯,属于合同履行的附随义务。

从上述案件可以看出,法院在审理发票开具和交付案件中,存在如下三个方面的问题:

一是在判决发票开具和交付案件中,在认定是属于行政法上的义务还是合同法的义务上并不统一。例如,在案例1和案例2中,两级法院都认为,交付发票是税法上的义务,而非双方合同中约定的义务(观点一);在案例3中,法院认为,一旦合同中约定了开具发票的义务,毫无疑问属于合同义务(观点二);而在案例4、案例5中,法院都认为,收取工程款开具工程款发票是承包方税法上的义务,无论是否在合同中明确约定,要求承包方收到工程款后开具相应数额的工程款发票也都是发包方的合同权利(附随义务)(观点三)。

二是法院基本并未详细区分"开具"和"交付",而是将两者等同,都视为属于"税法"调整的范畴。在案例1中,一审法院江苏省高院认为,"双方合同中没有约定锦浩公司要提供建筑业统一发票,故开具发票不是锦浩公司的合同义务",但昆山纯高公司支付工程款后,锦浩公司应开具发票,这是税法上锦浩公司的义务,上述问题属于行政法律关系问题,一审法院不予理涉。二审法院最高院同样认为,关于是否交付工程款发票,双方当事人在合同中并未有明确的约定,"交付发票是税法上的义务,而非双方合同中约定的义务"。昆山纯高公司依据合同主张锦浩公司交付发票缺乏依据,其主张本院不予支持。需要提请注意的是,一审法院表述的是"开具发票",而二审法院则直接修改为"交付发票"。此外,在案例2中,河南省高院则直接表述的是"开具并交付发票"。

三是关于开具发票到底是合同的从给付义务还是附随义务,司法实践并不统一,部分裁判认定为附随义务[1],也有不少裁判认定为从给付义务[2]。在各级法院的司法指导意见中,也不统一。如2016年11月21日发布的《最高人民法院关于印发〈第八次全国法院民商事审判工作会议(民事部分)纪要〉的通知》(以下简称《八民纪要(民事部分)》)。其第34条规定,建设工程"承包人不履行配合工程档案备案、开具发票等协作义务的,人民法院视违约情节,可以依据合同法第六十条、第一百零七条规定,判令承包人限期履行、赔偿损失等"。但该纪要将开具发票作为"协作义务",似乎是采纳了"附随义务"的概念,因为原《合同法》第60条第2款规定:"当事人应当遵循诚实信用原则,根据合同的性质、目的和交易习惯履行通知、协助、保密等义务。"与《民法典》第509条第2款"当事人应当遵循诚信原则,根据合同的性质、目的和交易习惯履行通知、协助、保密等义务"是一脉相承的。而民法理论上将该条规定理解为合同履行过程中的附随义务。值得商榷的是,纪要该条规定又同时援引了原《合同法》第107条有关违约责任的规定,明确可以判令

---

[1] 参见最高人民法院(2013)民申字第538号、(2014)民一终字第4号、(2017)最高法民申4612号、(2019)最高法民终1873号、(2019)最高法民申4730号、(2020)最高法民申4542号、(2020)最高法民申6050号、(2021)最高法知民终1264号。

[2] 参见四川省高级人民法院(2014)川民终字第468号;新疆生产建设兵团第八师中级人民法院(2017)兵08民终522号;最高人民法院(2020)最高法民终341号、(2020)最高法民申4859号、(2021)最高法民申3492号。

承办人"限期履行",即有从给付义务和附随义务概念误用之嫌①。而《上海市高级人民法院民事审判第二庭关于当前商事审判若干问题的意见》(沪高法民二〔2009〕14号)第10条规定:"根据《中华人民共和国合同法》第136条和《增值税专用发票使用规定》第10条的规定,出卖人给付增值税专用发票为法定义务,是出卖人必须履行的买卖合同的从给付义务。从给付义务与附随义务的主要区别之一,就是从给付义务与主给付义务联系更为密切,其存在的目的就是补助主给付的功能,而附随义务是辅佐实现给付义务的。在买卖合同中,增值税专用发票的提供与出卖人的主给付义务——交货,关系最为密切,事关买受人利益的实现。如果出卖人不提供增值税专用发票,买受人的进项税额一部分就不能抵扣,其权利就受到损害。所以买受人可以单独诉请出卖人履行给付增值税专用发票的从给付义务,对此法院应当予以受理。"2018年2月发布的《上海市高级人民法院民二庭关于合同纠纷案件审理中若干问题的讨论纪要》"二、关于增值税专用发票的相关问题(二)关于单独诉请交付发票的纠纷处理"中对上述观点再次予以了确认:"虽然从合同义务相对主合同义务而言不具独立性,但不影响买受人可以单独诉请法院判令出卖人履行交付发票的义务;又考虑到拒不开票行为确将造成买受人损失,其对此具有诉的利益,不应限制其对此起诉的权利。"

综上所述,在实务中,应在合同中明确约定发票的"开具和交付"条款。如果合同并未对此进行明确的约定,可能导致买方主张卖方开具和交付发票的请求得不到法院支持的风险。因为,法院可能认为,我国《税收征管法》(2015年修正)规定,税务机关是发票的主管机关,对拒不开具发票的行为,权利遭受侵害的一方当事人可向税务部门投诉,由税务部门依照税收法律法规处理。同时《发票管理办法》也规定,对拒不开票的义务人,税务管理机关可责令开票义务人限期改正,没收其非法所得,可并处罚款。《增值税专用发票使用规定》(国税发〔2006〕156号,国家税务总局公告2022年第26号修改)也规定,取消开具增值税发票的资格、收回拒不开票义务人的增值税发票。前述规定表明,请求履行开具发票的义务应属于税务部门的行政职权范畴,不属于法院在民商事案件中的审查范围。因此,在诉讼实务中,当事人的诉讼请求最好是"开具并交付发票"而非仅是"开具发票",因为仅开具发票实际并无实际价值,而重要的是交付发票。

2.既往司法实践中拒不开具发票的损害赔偿之诉

如前所述,无论开具和交付发票属于从合同义务还是附随义务,都可以请求损

---

① 需要注意的是,在司法实践中,各级法院在裁判中,不乏认定开具发票是附随义务,但又支持原告开具发票的诉请的判例。如辽宁省朝阳市中级人民法院(2022)辽13民终3409号。

害赔偿。附随义务与从给付义务的主要区别在于:不履行从给付义务,相对人可以请求继续履行;而附随义务的不履行只能导致损害赔偿的效果。在司法实践中,相关的判例亦予以支持。

【例21-8】拒不开具发票致对方损失的,可以主张赔偿

案例1:在浙江广宏建设有限公司、浙江广宏建设有限公司西安分公司与上海禾岩建材经营部买卖合同纠纷案[最高人民法院(2014)民申字第171号]中,最高院认为,广宏西安分公司支付货款后,禾岩经营部有按约开具发票的义务。因广宏公司、广宏西安分公司并未在本案一审、二审中对禾岩经营部未开具发票问题提出违约主张,故广宏公司、广宏西安分公司在本案中以此作为其不应承担违约金的再审主张本院不予支持。对于禾岩经营部未开具发票给广宏西安分公司造成的损失,广宏西安分公司可另行主张。

案例2:在中铁九局集团有限公司与义县通达顺筑路工程有限公司租赁合同纠纷申请再审民事裁定书[辽宁省高级人民法院(2015)辽审一民申字第00548号]中,辽宁省高院认为,销售方不给付增值税发票,给购货方造成损失,销售方应当承担赔偿责任。购货方请求销售方赔偿损失,人民法院应予支持。本案中,中铁九局的诉讼请求是如通达顺公司不能给付发票则支付相应税金,实际是要求通达顺公司赔偿不能抵扣进项税款的损失,该诉讼请求属于人民法院民事案件审理范围。

根据上述案件并结合税法规定,需要注意如下几点:

第一,在增值税方面,如果收款方未按时开具增值税专用发票或开具的增值税专用发票不符合规定,导致付款方不能及时认证进而导致不能抵扣的,应认定为发生了损失①,当然还可以主张收款方赔偿付款方自未能抵扣进项税之日起的利息损失②。

第二,在所得税方面,根据所得税税法的规定,若在次年所得税汇算清缴前因

---

① 参见营口盼盼起重机制造有限公司与辽宁坤霖机械设备有限公司加工合同纠纷再审民事判决书[辽宁省沈阳市中级人民法院(2018)辽01民再189号];成都东英科技发展有限公司与重庆九鑫水泥(集团)有限公司买卖合同纠纷二审民事判决书[重庆市第四中级人民法院(2019)渝04民终1449号];深圳市建侨建工集团有限公司、江西荣威陶瓷有限公司买卖合同纠纷二审民事判决书[江西省宜春市中级人民法院(2020)赣09民终155号]。

② 参见四川省鑫福矿业股份有限公司、四川广安发电有限责任公司买卖合同纠纷再审审查与审判监督民事裁定书[最高人民法院(2016)最高法民申3675号]。

收款方未交付发票导致付款方合理的成本费用支出无法税前列支的,则应当被视为付款方的损失①。但诉请企业所得税税款损失有着较为严格的前提条件,即未交付发票的行为导致了付款方最终无法列支成本,付款方须承担举证责任。如在广州柏睿光电科技有限公司、天津市拓达伟业技术工程有限公司等买卖合同纠纷二审民事判决书[天津市第二中级人民法院(2022)津02民终5942号]中,法院认为:"是否发生企业所得税损失,与会计上的账务处理密切相关,只有未交付发票且最终导致企业无法列支成本时,才会存在企业所得税的损失。现拓达公司既未提供证据证明其营业收入,也未提供其申报的营业成本明细,无法证明针对本案所涉发票具体申报的利润数额,其应当承担举证不能的不利后果。故,对于拓达公司主张的企业所得税损失,本院不予采信。"实践中,还存在一类较为特殊的企业所得税损失赔偿案件。如在建设施工合同纠纷中,承包人拒绝开具发票导致发包人对固定资产折旧进行纳税调减,从而在整个折旧期(如20年)内每期都进行纳税调减,但在起诉时发包人将面临一个难题就是,按照整体未开具发票金额主张税损,将面临部分折旧金额尚未纳税调减并非"实际发生损失"的问题,而不如此主张难道等到每期损失产生时再主张,或者等到折旧期间结束时再主张,显然后者从诉讼上是无法接受的,也是对司法资源的极大浪费。笔者认为,在认定司法实践中的"实际损失"时,一般的原则应当是该损失已经现实地发生,但如果损失是可以明确地确定时或者是损失必然会发生时,应认定为前述一般原则的例外。

第三,关于税收滞纳金或罚款。有观点认为,如果付款方在未取得发票时已经暂估成本并进行了税前列支,而在当年度企业所得税汇算清缴期结束前仍未取得发票,未进行企业所得税纳税调整,则不仅会面临补缴税款局面,根据《税收征管法》(2015年修正)的相关规定,还可能被税务机关认定为多列支出而被追缴滞纳金并处少缴税款50%至5倍的罚款。此种情形下,如果付款人能充分举证滞纳金及罚款已经实际发生(已缴纳),则该部分损失可以主张。但笔者持不同观点,理由是,付款方未取得发票并不免除其依法纳税的义务,即是说即便未取得发票,付款方也应按税法规定进行纳税调整。因此,税收滞纳金或罚款产生在于付款方"不缴或少缴税款",损失与收款方不开具发票不具有因果关系。

第四,关于退税损失。实务中,开具发票争议包括自始不开票,以及虽开票但开具的发票不符合税法要求。如收款方应开具的发票系可供付款方退税的发票,

---

① 参见云南正晓电缆有限公司、何某根合同纠纷二审民事判决书[最高人民法院(2019)最高法民终1358号];肇庆联德房地产开发有限公司、肇庆珠影文体产业投资有限公司合同纠纷民事二审判决书[广东省肇庆市中级人民法院(2020)粤12民终1569号]。

则拒不开具发票或开具发票不符合税法要求将导致退税无法实现,此时付款方可以主张退税损失。如在河南妲美商贸有限公司与深圳市盛宝莱实业有限公司买卖合同纠纷一审民事判决书[河南省濮阳市华龙区人民法院(2022)豫0902民初11738号]中,法院认为:"被告向深圳市龙岗区税务局提供了与双方认可的实际交易不符的数额致原告不能退税,违反了诚实信用义务,给原告造成损失,应当承担违约责任,向原告赔偿不能退税损失508,728.58元。"

第五,《买卖合同司法解释》(2020年修正)第31条规定:"出卖人履行交付义务后诉请买受人支付价款,买受人以出卖人违约在先为由提出异议的,人民法院应当按照下列情况分别处理:(一)买受人拒绝支付违约金、拒绝赔偿损失或者主张出卖人应当采取减少价款等补救措施的,属于提出抗辩;(二)买受人主张出卖人应支付违约金、赔偿损失或者要求解除合同的,应当提起反诉。"因此,对于因未交付发票所导致的经济损失,应当以反诉或另行起诉的方式提出。

还需要注意的是,在武汉市江夏区江南实业有限公司、湖北万豪置业集团有限公司股权转让纠纷二审民事判决书[最高人民法院(2016)最高法民终516号]中,最高院认为:

关于万豪公司请求江南实业公司提供可进入建设开发项目成本的票面金额为22,137.180438万元的合法票据(如不能提供,则应赔偿税款损失10,515.160708万元)的问题。《股权及项目转让协议书》第七条第3款明确约定江南实业公司未提供相应合法票据的情况下,万豪公司的损失应该是经税务部门确认应缴应罚的数额,而万豪公司主张的税款损失数额系单方计算未经税务部门确认,不符合合同约定的条件,一审法院认为万豪公司应待税务部门确认应缴应罚数额后另行向江南实业公司主张权利并无不妥。

从上述案件可以看出,在合同中明确约定损害赔偿额对于可能的受损方而言,可以减轻甚至避免损害赔偿额的证明负担。在本案中,协议约定"如江南实业公司无法足额提供或提供的票据不符合税务清算要求,由此造成的相关损失(经税务部门确认应缴应罚)由江南实业公司承担,万豪公司(或完成股权转让后的江南春公司)将直接从本协议第三条第3款约定的应付江南实业公司二期、三期的收益款中扣减"。但这样的约定的"败笔"在于对于相关损失的括号内的补充解释"经税务部门确认应缴应罚",这导致了协议本身无法"预定损害赔偿额",因为税务部门何时确认以及确认多少金额,万豪公司在诉讼中都不能举证证明。换言之,实务中,税务部门也不可能对纳税人这样的请求予以确认,因此法院认为万豪公司主张的税款损失数额系单方计算未经税务部门确认,不符合合同约定的条件,对其诉讼请求不予支持。因此,在实践中一定要明确约定有关税款损失的结算方法(公式),可以参见【例21-3】"发票赔偿责任条款"的相关约定。

3. 单独诉请开票与索赔新规

《民法典合同编通则司法解释》第26条规定:"当事人一方未根据法律规定或者合同约定履行开具发票、提供证明文件等非主要债务,对方请求继续履行该债务并赔偿因怠于履行该债务造成的损失的,人民法院依法予以支持;对方请求解除合同的,人民法院不予支持,但是不履行该债务致使不能实现合同目的或者当事人另有约定的除外。"如前所述,在实务中,如果合同当事人一方未履行开具发票、提供证明文件等义务,对方能否请求履行开具发票、提供证明文件等,在司法实践中裁判并不统一,本条解释明确了开具发票系"非主要债务",且支持"继续履行该债务",这改变了开具发票在以往审判实践中到底属于从给付义务还是附随义务这一纷争,同时也统一了开具发票可以单独诉请,即定性为从给付义务,无疑将极大地改变实践中的申请开具发票诉讼纠纷的走向。这是其一。其二,在违反从给付义务时,一般情况下,并不允许解除合同,但是不履行该义务致使不能实现合同目的或者当事人另有约定的除外。具体如下:

第一,开具发票既是公法上的义务,也是合同法上的从给付义务("非主要债务")。本条是关于从给付义务的履行与救济的规定。根据《民法典》第577条规定,当事人一方不履行合同义务或者履行合同义务不符合约定的,应当承担继续履行、采取补救措施或者赔偿损失等违约责任。从给付义务作为合同义务的一种,如果一方不履行或者履行不符合约定的,对方当然可请求其继续履行或者赔偿因此受到的损失。对于一方违反从给付义务,对方能否解除合同的问题,由于从给付义务是一种辅助性义务,违反该义务一般而言不会导致对方的合同目的或者合同利益受到根本性影响,故其原则上不能主张解除合同,可要求继续履行或者赔偿损失。但是,例外情形下,如果违反从给付义务导致严重的损害后果致使合同目的落空的,此时对方享有合同解除权,这是一种法定解除权①;此外,如果当事人明确约定违反从给付义务,将导致合同解除,守约方也可享有合同解除权,这是一种约定解除权。②

---

① 如《买卖合同司法解释》(2020年修正)第19条规定:"出卖人没有履行或者不当履行从给付义务,致使买受人不能实现合同目的,买受人主张解除合同的,人民法院应当根据民法典第五百六十三条第一款第四项的规定,予以支持。"

② 参见最高人民法院民事审判第二庭、研究室编著:《最高人民法院民法典合同编通则司法解释理解与适用》,人民法院出版社2023年版,第296页。

还需要注意的是,当一方不履行或者不完全履行合同约定的从给付义务而满足约定的合同解除条件时,人民法院对约定的合同解除权应否进行司法审查,是否只要当事人作出此种约定,一方违反从给付义务,对方即享有合同解除权?为了交易关系的稳定性和安全性,避免当事人随意约定违反从给付义务可解除合同,对约定解除权也要进行司法审查,避免解除权滥用,造成双方利益严重失衡。《九民纪要》第47条【约定解除条件】①规定:

合同约定的解除条件成就时,守约方以此为由请求解除合同的,人民法院应当审查违约方的违约程度是否显著轻微,是否影响守约方合同目的的实现,根据诚实信用原则,确定合同应否解除。违约方的违约程度显著轻微,不影响守约方合同目的的实现,守约方请求解除合同的,人民法院不予支持;反之,则依法予以支持。

若按照上述指导意见,人民法院在审理此类案件时可依据上述规定进行裁判说理。因此,一方违反从给付义务,发生约定解除权时,应当审查违约方的违约程度是否显著轻微,是否影响守约方合同目的的实现,如果违约方的违约程度显著轻微,对守约方合同目的的实现不会产生严重影响,根据诚信原则,宜对行使约定解除权进行限制,不予支持解除合同,以鼓励交易。②

另外,实践中,在当事人一方请求对方履行开具发票、提供证明文件等义务时,有的法院会以该义务为公法上的义务为由驳回其诉讼请求。我们认为,尽管上述义务是公法上的义务,但并不影响其同时也是私法上的义务。依民法通说,合同上的义务除了主给付义务之外,还有从给付义务和附随义务等,开具发票、提供证明文件等均属于从给付义务。考虑到主给付义务、从给付义务、附随义务等概念是学

---

① 本次解释征求意见稿第55条【违约显著轻微时约定解除权行使的限制】曾规定:"当事人一方以对方的违约行为符合约定的解除事由为由主张解除合同的,人民法院依法予以支持。但是,违约方的违约程度显著轻微,不影响非违约方合同目的的实现,解除合同对违约方显失公平的除外。有前款规定的除外情形,非违约方主张对方承担相应的违约责任或者采取其他补救措施的,人民法院依法予以支持。"但在正式稿中这一规定被删除了,因为存在较大的反对意见:首先,合同守约当事人在行使约定解除权时无须考虑诚实信用原则,而在合同履行过程中若一方当事人违约,则证明该违约方没有遵照诚实信用原则履行合同义务。在此情形下如果人民法院以审查守约方诚实信用原则为名而否定守约方的约定解除权,实质反而是背离了诚实信用原则。其次,违约方的违约程度是否显著轻微与守约方行使约定解除权没有任何关联性。最后,约定的解除条件成就,守约方主张解除合同本身就证明了守约方认为合同目的无法或无须实现。此种情形下,由于违约方的违约程度"显著轻微"从而仅影响其违约责任的大小而已。相关内容还可参见本套书第1册第3章"民法典合同编通则司法解释:体系、继承与创新"第1节第2部分。

② 参见最高人民法院民事审判第二庭、研究室编著:《最高人民法院民法典合同编通则司法解释理解与适用》,人民法院出版社2023年版,第304页。

理概念,本条用非主要义务来表述从给付义务这一概念。①

第二,从给付义务的发生主要是基于法律明文规定②或者当事人在合同中的约定,本条解释"根据法律规定或者合同约定"的表述就表明了这一点,还可以是基于诚信原则以及补充的合同解释(合同漏洞之填补解释)。区分从给付义务与附随义务的法律意义在于判断能否独立诉讼请求履行,违反附随义务,原则上只能请求损害赔偿。

第三,单独诉请"开具并交付发票"的判决有可能无法强制执行。从既往司法实践来看,部分法院支持强制执行。如陈某贵、陈某霞等房屋买卖合同纠纷首次执行执行裁定书[福建省仙游县人民法院(2022)闽0322执3918号之一],四川四环锌锗科技有限公司、九龙县银海矿业有限公司买卖合同纠纷首次执行执行裁定书[四川省石棉县人民法院(2022)川1824执507号]案等,但无疑对"开票行为"的强制执行属于一种"行为强制",有赖于被执行人配合和其主管税务机关的协助执行。如果被执行人不配合或者因其他原因无法执行时,对开票行为的强制执行将很难实现或无法实现。如在李延某某、西安鑫园置业有限公司西安某某置业有限公司买卖合同纠纷首次执行执行裁定书[西安市鄠邑区人民法院(2022)陕0118执2452号]中,法院查明:"被执行人因与其他单位之间因建设项目所涉及的税款产生争议,导致被执行人无法在税务机关领取代开的税务发票,因此无法为申请执行人开具购房款增值税发票和办理房屋产权证手续。"并裁定终结执行。当然,在执行案件中,可要求法院对收款方及其法定代表人采取列入失信被执行人名单及限高、限消等强制措施,然而这种手段只是间接督促手段,并不能直接弥补申请执行人的经济损失。因此,当事人在采取单独诉请开票将来无法强制执行的风险较高时,可能就会考虑选择"赔偿损失"之诉。

第四,当事人诉请开具并交付发票的同时还可以主张损害赔偿。从本条司法解释的征求意见稿与正式稿的修订即可清晰地看出这一点。征求意见稿规定的是"对方请求继续履行该义务或者赔偿因怠于履行该义务给自己造成的损失的,人民法院依法予以支持",而正式稿修订为"对方请求继续履行该债务并赔偿因怠于履

---

① 参见最高人民法院民事审判第二庭、研究室编著:《最高人民法院民法典合同编通则司法解释理解与适用》,人民法院出版社2023年版,第297页。

② 如《民法典》第599条规定:"出卖人应当按照约定或者交易习惯向买受人交付提取标的物单证以外的有关单证和资料。"《买卖合同司法解释》(2020年修正)第4条规定:"民法典第五百九十九条规定的'提取标的物单证以外的有关单证和资料',主要应当包括保险单、保修单、普通发票、增值税专用发票、产品合格证、质量保证书、质量鉴定书、品质检验证书、产品进出口检疫书、原产地证明书、使用说明书、装箱单等。"

行该债务造成的损失的,人民法院依法予以支持",但这一规定中的"因怠于履行该债务造成的损失"在司法实践中如何认定,尚存疑虑。主要存在两种观点:一种观点认为,因债务人怠于履行开具并交付发票的义务,导致债权人截至本案诉讼时发生的增值税抵扣及其附加损失、企业所得税税款损失、税收滞纳金或罚款以及退税损失等的全部损失,可以在诉讼开票的同时一并主张。另一种观点认为,债权人的开票诉请可能与某些索赔诉请无法一并主张。因为法院一旦支持债权人的开票主张,则增值税抵扣及其附加损失、企业所得税税款损失等将在其受票后的后续期间内得以弥补,若法院同时支持债权人的索赔主张,则将导致重复受偿,但可以主张赔偿因债务人怠于履行开具并交付发票的义务而导致增值税未能抵扣之日起的利息损失、税收滞纳金或罚款以及退税损失等。尽管从理论逻辑上第二种观点更为合理,但笔者倾向于赞同在诉讼程序中,按照第一种观点来处理。即采用"预备合并之诉"来处理,这样在一个诉讼中解决两个问题,避免了实践中先诉请开具并交付发票得不到强制执行后,再另行起诉违约方未开票导致的税款损失的诉累。如在大唐海外(北京)国际贸易有限公司诉大连长庚能源有限公司买卖合同纠纷一审民事判决书[北京市第二中级人民法院(2016)京02民初218号]中,原告诉请"请求判令长庚能源公司向大唐海外公司开具价税总计为1,959,041.33元的增值税发票,若长庚能源公司不能开具前述发票,则判令长庚能源公司赔偿未开具发票给大唐海外公司造成的损失284,647.03元"。原告在将"开具发票"作为主诉请的情形下,将"赔偿损失"作为备位诉请。法院就此认为:

大唐海外公司第三项诉讼请求为请求判令长庚能源公司向大唐海外公司开具价税总计为1,959,041.33元的增值税发票,若长庚能源公司不能开具前述发票,则判令长庚能源公司赔偿未开具发票给大唐海外公司造成的损失284,647.03元。本案中,双方交易之标的物为煤炭,系我国税法上增值税之应纳税货物,卖方应依据税法之相关规定向买方开具增值税发票,该发票可作为买方增值税进项税额之凭证,而买方增值税进项税额可与买方增值税销项税额进行抵扣,从而减轻买方之税负。若货物卖方未向买方及时足额提供增值税专用发票,则可导致买方不能依法享受进项税额抵扣之法定优惠。本案中,大唐海外公司与长庚能源公司虽然解除了涉案的四份煤炭采购合同,但双方对于已钱货两清部分的交易,并未要求恢复原状,长庚能源公司应就已收货款且已结算范围内货物开具增值税专用发票。长庚能源公司辩称本案中系因大唐海外公司与长庚能源公司始终未能就实际供煤数量进行结算,致使大唐海外公司指定的上游实际供煤企业迟迟未能与长庚能源公司进行结算,未能向长庚能源公司开具增值税进项税票,进而导致长庚能源公司未能开具增值税发票。在未确认实际供货数额前,不应由长庚能源公司向大唐海外公司承担相应的开票责任,但长庚能源公司就该项抗辩并未提交相关合同依据,本院不予支持。经双方核对,就双方已履行部分,长庚能源公司尚有价税合计 1,959,041.33 元的增值税发票未开具,1,959,041.33 元交易金额所对应的增值税额为 284,647.03 元($1,959,041.33 \div 1.17 \times 0.17$)。本院对大唐海外公司第三项诉讼请求,予以支持。

显然,在诉讼实践中,"预备合并之诉"的策略可以一定程度上缓解"开具并交付"发票的判决无法强制执行的难题。此时,就可以转向金钱债务的强制执行,提高了司法效率,也保障了债权人实现诉讼目的的可能性。但仍需提示的是,由于民事诉讼法并未明确规定"预备合并之诉",在我国民事诉讼实践中,存在法院认为诉讼请求不具体明确而不予支持的可能。如果法院不予支持"预备合并之诉",则原告需要在"开具并交付发票"之诉和"赔偿损失"之诉两者间予以权衡作出选择。

(二)未交付发票,能否据此拒付价款

1. 既往司法实践中未开具发票能否拒付价款之争

在既往的司法实践中,还出现了一类争议案件,即卖方未开具并交付发票,买方拒绝支付货款的情形。这涉及"交付发票"是属于主合同义务还是从合同义务或附随义务之争。从法律规定以及司法实践来看,"交付发票"不属于主合同义务并无争议,有争议的是属于从合同义务还是附随义务。

主流观点认为,从合同义务(亦称为从给付义务)具有辅助主合同义务的功能,在确保债权人利益得到最大满足或者保障合同完整履行方面有着无法替代的作用,其或基于法律明文规定,或基于当事人的约定或交易习惯,或基于诚实信用的原则或合同解释;而附随义务是源于民法的诚实信用和公平原则,是一种事后的义务,也是法官依赖职权在裁判过程中发展出来的。当然,《民法典》第 500 条(原《合同法》第 42 条)、第 501 条(原《合同法》第 43 条)、第 509 条第 2 款(原《合同法》第 60 条第 2 款)以及第 558 条(原《合同法》第 92 条)中也均反映了附随义务的内容。一般而言,当事人需要交付的单证有两类,《民法典》第 598 条(原《合同法》第 135 条)规定的"提取标的物的单证",是持有人对标的物拥有权利的证明,具有物权凭证的作用,可以以拟制交付代替实际交付,属于主合同义务的范畴;而《民法典》第 599 条(原《合同法》第 136 条)规定的"交付提取标的物单证以外的有关单证和资料"(辅助单证和资料)虽不如前条所列举的单证等那般重要,但对合同顺利履行仍然必不可少,属于从合同义务,这其中就包括了发票。在司法实践中,司法裁判也并不统一,但主要裁判是附随义务。尽管如此,在法院审判中,对合同当事人在对方已经履行了主给付义务的情况下,仅以未履行开具和交付发票这一从给付义务为由而行使同时履行抗辩权或先履行抗辩权或不安抗辩权,从而拒绝给予价款,法院都不予支持。

【例21-9】交付发票是从合同义务还是附随义务?

案例1: 在山东东佳集团股份有限公司与江苏庆峰国际环保工程有限公司与青岛捷能汽轮机集团股份有限公司一般承揽合同纠纷申请再审民事裁定书[最高人民法院(2014)民申字第890号]中,最高院认为,涉案设备经过验收合格,东佳公司已经投入使用,付款是其向庆峰公司必须履行的义务,其以庆峰公司未开具发票为由而拒绝付款没有法律依据。

案例2: 在再审申请人临邑金宇有线网络开发有限责任公司与被申请人安徽天康(集团)股份有限公司申请再审民事裁定书[最高人民法院(2013)民申字第538号]中,最高院认为,开具发票虽然是收款方的法定义务但只是附随义务,是否开具并交付发票不属于当事人行使不安抗辩权的法定情形。

案例3: 在中天建设集团有限公司与新疆温商房地产开发有限公司建设工程施工合同纠纷二审民事判决书[最高人民法院(2014)民一终字第4号]中,最高院认为,关于开具发票的问题。涉案两份《建设工程施工合同》和《协议书》中均没有中天公司开具发票的约定,中天公司此种合同附随义务的产生是基于我国税法的相关规定,不属于民事审判解决的平等主体之间的权利义务关系,依法不予审查;即温商公司应当另行解决。

案例4: 在江阴市国烨水箱有限公司与四川省江油市胜峰天然气化工有限公司买卖合同纠纷二审民事判决书[四川省高级人民法院(2014)川民终字第468号]中,四川省高院认为,根据《补充协议》的约定,双方当事人已经履行完案涉合同的主合同义务。《设备采购合同》以及《补充协议》还约定了国烨公司应承担案涉设备单证给付义务,根据《最高人民法院关于审理买卖合同纠纷案件适用法律问题的解释》第七条"合同法第一百三十六条规定的'提取标的物单证以外的有关单证和资料',主要应当包括保险单、保修单、普通发票、增值税专用发票、产品合格证、质量保证书、质量鉴定书、品质检验证书、产品进出口检疫书、原产地证明书、使用说明书、装箱单等"的规定,本院认定交付案涉设备单证系国烨公司应当履行的从合同义务。

实践中区分从合同义务与附随义务的意义在于,若违反的是从合同义务,债权人可以独立请求履行,也可请求损害赔偿;附随义务虽也可请求损害赔偿,但不能单独请求履行。

另外,依据《民法典》第525条(原《合同法》第66条)规定:"当事人互负债务,没有先后履行顺序的,应当同时履行。一方在对方履行之前有权拒绝其履行请求。一方在对方履行债务不符合约定时,有权拒绝其相应的履行请求。"故行使同时履行抗辩权需具备四个条件,即双方当事人须基于同一双务合同而互负债务;须双方均没有履行债务;须双方互负的债务均已届清偿期;须双方的对等债务是可能履行的。据此,主张同时履行抗辩权要求双方的给付义务是对等的,双方债务是对价的。在合同对方已经履行了主给付义务的情况下,开具发票的义务仅为合同的从给付义务,与支付价款的义务并不是对等对价的,则合同方不享有同时履行抗辩权,不得以对方未交付发票为由拒绝履行支付价款的义务。

在《民法典合同编通则司法解释》生效实施后,最高院对此的态度也是明确的,即开具发票是从给付义务。在履行抗辩权适用方面,对于一方的从给付义务与对方的主给付义务之间,是否构成互为对待给付义务关系,能否发生同时履行抗辩权、先履行抗辩权,则存在争议。通说认为,不履行从给付义务,相对人不得援引同时履行抗辩权或者先履行抗辩权,拒绝履行己方的主给付义务。但是,如果从给付义务对合同目的的实现是必要的,或者具有密切关系,可就具体案件根据双务合同的类型以及当事人的利益状态,依据诚信原则,可以产生同时履行抗辩权或者先履行抗辩权。① 例如,在建设工程施工合同中,给付工程款属于主合同义务,开具发票属于从合同义务,双方未在协议中对开具发票和付款义务的先后顺序作出约定的,当事人不能以未开具发票为由行使先履行抗辩权或同时履行抗辩权而拒付工程款。能否发生同时履行抗辩权或者先履行抗辩权,需要审查该从给付义务的履行与合同目的实现是否密切关联,对合同目的的实现是否必要,只有与合同目的密切相关或者对合同目的实现是必要的特殊情形,根据诚信原则,才允许行使抗辩权。

此外,如果合同并未明确约定对方应当先交付发票,则依据《民法典》第526条(原《合同法》第67条)的规定:"当事人互负债务,有先后履行顺序,应当先履行债务一方未履行的,后履行一方有权拒绝其履行请求。先履行一方履行债务不符合约定的,后履行一方有权拒绝其相应的履行请求。"因此,买方以卖方未开具发票为

---

① 参见王泽鉴:《债法原理》(第2版),北京大学出版社2013年版,第81页;崔建远:《合同法》(第4版),北京大学出版社2021年版,第150页;韩世远:《合同法总论》(第4版),法律出版社2018年版,第410-411页。

由拒付欠款的抗辩理由不能成立。那么，如何合同中有明确约定"先票后款"能否抗辩呢？或者讲是否可以将发票的开具提升为主合同义务呢？司法实践中存在一些支持的判决。

【例21-10】合同约定"先票后款"，能否行使履行抗辩权

案例1：在韩国日新织物株式会社与金昌石业（沈阳）有限公司、金某焕土地使用权转让纠纷民事裁定书[最高人民法院（2013）民申字第1664号]中，最高院认为，判决日新会社向金昌公司交付合格的发票，符合日新公司和金昌公司在《土地转让协议》和《补充协议》中的约定，不能视为超出本案的审理范围。虽然金昌公司并未提起反诉，但向金昌公司交付合格发票是日新公司的合同义务，而且是在先履行的义务。在日新公司提供的发票不合格的情况下，按照《中华人民共和国合同法》第六十七条的规定，金昌公司作为后履行义务的一方，享有抗辩权，可以拒绝其履行要求。交付发票是日新公司对金昌公司负有的合同义务，属于民事权利义务的范畴，人民法院有权在合同当事人未履行时判决其履行，二审判决没有超越管辖权范围。

案例2：在青岛恒益丰泽工贸有限责任公司与青岛怡华置业有限公司买卖合同纠纷二审民事判决书[山东省高级人民法院（2014）鲁商终字第179号]中，山东省高院认为，本案双方已明确约定须凭发票结算货款，即恒益丰泽公司、怡华公司已将交付发票约定为恒益丰泽公司的主合同义务，与怡华公司的付款义务构成对价关系。

案例3：在贺州市八步区非凡涂料商行、广西建工集团第二建筑工程有限责任公司等装饰装修合同纠纷一审民事判决书[广西壮族自治区贺州市八步区人民法院（2023）桂1102民初1980号]中，法院认为，关于利息问题。合同约定原告不开具发票的，被告有权拒付工程价款，说明原被告双方将开具发票视为与支付工程价款同等的义务。原告在诉讼中于2023年7月10日才开具了剩余工程款的发票，原告主张的利息计算方法缺乏依据，本院不予支持。被告提出应从原告开具发票之日起计付利息的意见，本院予以采纳。

需要提请注意的是，在合同仅明确约定"先票后款"的情况下，付款方能否以未开发票为由拒绝付款，在司法实践中基本一致的判决是不予支持的。但仍有部分判例直接或间接显示，在合同中包含了开具发票和付款的"先后履行顺序"、"不及时开具发票，应有权拒绝支付工程价款"或者"凭票付款，且未交付发票，则享有

先履行抗辩权"这样明确约定的情形下,付款方可以主张同时履行抗辩权或先履行抗辩权。如在重庆钢铁股份有限公司、重庆通汇煤炭洗选有限责任公司买卖合同纠纷再审审查与审判监督民事裁定书[最高人民法院(2017)最高法民申 1675 号]中,最高院认为:

  本案系买卖合同纠纷案件,作为出卖人的通汇公司主要合同义务是交付货物,作为买受人的重钢公司主要合同义务是支付货款。现在通汇公司已经向重钢公司交付了货物的情况下,重钢公司理应按照合同约定支付货款。开具增值税发票并非出卖人通汇公司的主要合同义务,仅是附随义务,除非合同明确约定了先后履行顺序。

又如在国信(海南)龙沐湾投资控股有限公司、中建二局第三建筑工程有限公司建设工程施工合同纠纷民事申请再审审查民事裁定书[最高人民法院(2021)最高法民申 7246 号]①中,最高院认为:

  关于案涉工程结算条件是否成就以及工程款和相关利息如何认定的问题。……国信龙沐湾公司以双方在案涉《施工总承包合同》中"发包人向承包人支付工程款前,承包人须向发包人提交正式工程发票及完税证明。发包人保留对工程税金代缴代扣的权利"的约定,主张由于中建二局第三公司未按照合同约定提交正式发票和完税证明,故案涉工程付款条件未成就。虽然双方当事人约定了中建二局第三公司开具发票的义务,但并没有明确约定如果中建二局第三公司不及时开具发票,国信龙沐湾公司有权拒绝支付工程价款。依据双务合同的性质,合同抗辩的范围仅限于对价义务,支付工程款与开具发票是两种不同性质的义务,二者不具有对等关系,国信龙沐湾公司以此作为案涉工程付款条件未成就的抗辩理由不能成立。国信龙沐湾公司未支付剩余工程款的行为属于违约行为,原判决认定对未付工程款应计付利息,并无不当。

再如在文思海辉技术有限公司、泰禾集团股份有限公司等计算机软件开发合同纠纷二审民事判决书[最高人民法院(2021)最高法知民终 925 号]中,一审法院北京知识产权法院认为:

---

  ① 类案参见四川天工建设工程有限公司、贵州祥鸿宇贸易有限公司买卖合同纠纷再审民事判决书[贵州省黔南布依族苗族自治州中级人民法院(2020)黔 27 民再 1 号];三亚市天涯海角旅游发展有限公司、海南万联通电子磁卡系统工程有限公司合同纠纷再审审查与审判监督民事裁定书[最高人民法院(2019)最高法民申 2588 号];唐山国华科技有限公司、中国有色金属工业西安岩土工程有限公司建设工程施工合同纠纷其他民事裁定书[最高人民法院(2021)最高法民申 4865 号];广州快塑电子商务有限公司、东莞市亿明包装用品有限公司买卖合同纠纷一审民事判决书[广东省广州市黄埔区人民法院(2021)粤 0112 民初 34962 号]。

根据涉案合同第6.3.6条约定,泰禾北京分公司每次付款前,文思海辉公司均应提供正式足额发票,未按要求提供发票的,泰禾北京分公司有权拒绝支付款项,且不构成违约。因此,上述约定实际上要求文思海辉公司必须先向泰禾北京分公司开具发票,泰禾北京分公司才向其支付相应款项。

文思海辉公司并未出具发票,其主张开具发票的义务为附随义务。对此,原审法院认为,主合同义务是指合同关系中固有的、必备的、自始确定的、能够决定合同类型的基本义务。附随义务是指并非自始确定的,而是在合同履行过程中基于诚实信用原则而产生的、旨在更好地实现当事人利益的义务。本案中,涉案合同明确约定了开具发票是相应合同款项的支付条件,开具发票为主合同义务,泰禾北京分公司有权主张先履行抗辩权。在双方存在明确约定的情况下,应当充分尊重双方当事人的意思自治,不能认为付款条件已经成就。

2. 新司法解释出台后的司法实践

上述争议问题,在《民法典合同编通则司法解释》第31条第1款"当事人互负债务,一方以对方没有履行非主要债务为由拒绝履行自己的主要债务的,人民法院不予支持。但是,对方不履行非主要债务致使不能实现合同目的或者当事人另有约定的除外"之规定出台后,似乎迎来了解决的契机。特别是"但是,对方不履行非主要债务致使不能实现合同目的或者当事人另有约定的除外"的但书规定意味着"在双方当事人对此事先有约定的情况下,一方当事人也可以对方未履行附随义务为由而拒绝履行自己的主要债务""在一方不履行非主要债务致使另一方合同目的不能实现或者双方有约定的情况下,另一方可以仅以对方未履行非主要债务为由拒绝履行自己的主要债务。"[①]也就是说,如果合同中并非简单地约定"先票后款"而是类似于"收款方必须先履行开具发票的义务,否则付款方有权拒绝支付价款"这样的明确约定的话,可以主张同时履行抗辩权或者先履行抗辩权。但在笔者对相关案例进行检索时发现,截至目前的案例对此仍然略有争议,但主流观点应是支持的。

一类案件裁判支持当事人另有约定的除外。如在浙江华源生态园林有限公司、绿地控股集团杭州众银置业有限公司建设工程施工合同纠纷一审民事判决书[浙江省杭州市萧山区人民法院(2023)浙0109民初18576号][②]中,法院支持了当

---

① 参见最高人民法院民事审判第二庭、研究室编著:《最高人民法院民法典合同编通则司法解释理解与适用》,人民法院出版社2023年版,第360页。

② 类案参见嘉林建设集团有限公司、绿地控股集团杭州众银置业有限公司建设工程施工合同纠纷一审民事判决书[浙江省杭州市萧山区人民法院(2023)浙0109民初16402号]。

事人有关约定：

　　本案争议焦点为在甲公司未开具发票的情形下，其主张乙公司支付未付工程款的逾期利息及违约金有无依据。《最高人民法院关于适用〈中华人民共和国民法典〉合同编通则若干问题的解释》第三十一条第一款规定，当事人互负债务，一方以对方没有履行非主要债务为由拒绝履行自己的主要债务的，人民法院不予支持。但是，对方不履行非主要债务致使不能实现合同目的或者当事人另有约定的除外。案涉合同已明确约定"发包人支付上述款项前，承包人必须开具同等数额的并经发包人财务部确认的当地税务部门的正规税务发票，否则发包人有权拒绝支付工程款且不承担因此造成的不支付或迟延支付引起的任何责任"。案涉合同还约定"在乙方已依约履行的前提下，甲方未按合同约定时间付款超九十日的，自第九十一日起，每逾期一日，应按当期应付未付款的万分之一向乙方支付违约金，但该违约金总额以当期应付未付款的3%为限"。现甲公司于2023年10月10日才开具发票，至今尚未超过90日的付款期间。综合以上，甲公司诉请的逾期利息及违约金依据不足，本院不予支持。

　　在慈溪某公司、湖州某公司服务合同纠纷一审民事判决书[浙江省德清县人民法院（2023）浙0521民初3431号]①中，案涉合同约定"恒融公司付款前，震华公司应开具相应金额的恒融公司指定抬头的税务发票，否则恒融公司有权拒付"。法院认为：

　　对恒融公司提出震华公司未提供剩余478,986.64元清洁服务费发票，故付款条件未成就的答辩意见，经审查，震华公司在法庭辩论终结前未能提供其开具的发票，但发票交付并不属于合同的主要给付义务，本案中，震华公司已经完成开荒清洁工程并已经通过恒融公司工作人员验收，但恒融公司一直未能完成内部审批，同时，恒融公司对其认可应支付的款项亦未履行付款义务，故恒融公司应当在震华公司履行足额开票义务的同时支付清洁服务费826,153.61元。

　　法院最终在判决主文第一项中明确"如原告慈溪某公司申请强制执行的，人民法院应当在原告慈溪某公司完成开票义务后对被告湖州某公司采取执行行为"，这其实就是《民法典合同编通则司法解释》第31条第2款所规定的同时履行抗辩权

---

① 类案参见某加工厂与某公司买卖合同纠纷一审民事判决书[河南省获嘉县人民法院（2024）豫0724民初105号]；东台市某广告部、东台某公司广告合同纠纷一审民事判决书[江苏省东台市人民法院（2024）苏0981民初334号]；安徽扬子地板股份有限公司、浙江蓝城供应链管理有限公司等买卖合同纠纷一审民事判决书[浙江省德清县人民法院（2023）浙0521民初5159号]；荆州市永某经营部与湖北昕某有限公司承揽合同纠纷一审民事判决书[湖北省荆州市荆州区人民法院（2023）鄂1003民初3893号]。

的"对待给付判决"①。

再如在广州礼和置业发展有限公司、广州市安卓建筑智能化工程有限公司建设工程施工合同纠纷系列案{二审民事判决书[广东省广州市中级人民法院(2024)粤01民终2174号]}中,当事人合同第七条第1款第(6)项约定"乙方每次收取甲方一笔工程款,必须同时开具同等金额的有效工程发票给甲方。否则,甲方有权拒绝支付,直至乙方开具发票为止"。一审法院认为:

至于工程款、质保金的违约金问题。根据涉案合同第七条第1款第(6)项的约定,礼和公司支付工程款与安卓公司开具相应发票系同时行为,安卓公司开具发票与礼和公司付款不具有对等性质,并无免除礼和公司的付款责任,况且礼和公司未提供证据证明此前其向安卓公司付款均以安卓公司先开具工程发票、礼和公司再支付工程款作为交易习惯,并且礼和公司在签订《工程结算申请表》后未向安卓公司支付过款项的行为确已属违约,安卓公司有权要求礼和公司支付逾期支付工程款98,740.76元的违约金。……

二审法院认为:

关于礼和公司是否需要向安卓公司支付逾期付款利息问题。礼和公司上诉认为安卓公司未按约定向其提供发票,故其享有按约定推迟付款的抗辩事由,无须支付逾期付款利息。本院对此认为,虽然双方签订的《誉山五区二期1-4栋项目智能化安装工程合同》第六条第5款约定礼和公司付款前,安卓公司应提供同等金额的增值税专用发票,否则礼和公司有权拒绝支付该项款项。但在本案中,案涉工程竣工验收至今已经超过四年,在案涉合同系包干固定总价、应付款项清晰明确的情况下,礼和公司仍以双方未完成结算为由拒绝支付剩余工程款。此外,在本案一审审理期间,安卓公司已明确表示其随时可以开具发票,但礼和公司仍拒绝付款。根据上述查明的事实,可以认定礼和公司在应付工程款数额明确的情况下,仍以各种理由拒绝支付工程款,故安卓公司主张其有理由相信即便开具同等金额的发票也无法正常收款具有合理性。本院予以采信。基于上述原因,安卓公司在礼和公司付款前暂时没有开具发票合情合理,一审法院综合本案案情,判决礼和公司向安卓公司支付逾期付款利息并无不当,本院予以维持。

从这一案件可以看出,二审法院实际是认可双方当事人对于同时履行债务约定的,只不过本案的被告礼和公司在案涉工程款清晰明确的情况下,仍然以双方未完成结算为由拒绝支付剩余工程款,自竣工验收至今已经超过四年,且在一审期间

---

① 有关对待给付判决和同时履行判决的相关内容,请读者参阅本套书第1册第3章"民法典合同编通则司法解释:体系、继承与创新"第2节第4部分。

原告安卓公司已明确表示其随时可以开具发票，但礼和公司仍拒绝付款等事实上，予以综合判定。笔者倾向于认为，本案仍可归于支持当事人另有约定的判例之列。

另外一类案件裁判仍然不支持当事人的约定。如在山东某公司、日照某公司建设工程施工合同纠纷二审民事判决书［山东省临沂市中级人民法院（2023）鲁13民终12572号］中，案涉合同约定"每次付款前乙方需向甲方提供合法有效的增值税专用发票，以便甲方凭票付款，否则甲方有权延迟付款或拒绝付款。若发票不合规，乙方需要重新开具合规有效的增值税专用发票。因乙方开具发票不合规所带来的一切法律责任全部由乙方承担"。一审法院认为：

收取工程款开具工程款发票是承包方税法上的义务，国某公司应当依据税法相关规定向发包人即天某公司开具发票。天某公司现主张国某公司承担因迟延开具发票导致天某公司损失，因双方一直处于诉讼状态，工程款仍未最终确定，发票开具及数额亦无法确定，天某公司要求国某公司支付未开具增值税专用发票导致的损失81,743.19元的请求，不予支持。

二审法院认为：

关于增值税专用发票的问题，一审法院已经就此作出详细阐述，本院予以认可且不再赘述；未开具增值税专用发票并不能成为山东天某生物制品有限公司拒付工程款的理由，更不得在现阶段以此主张税款损失。

再如在上海朗美卫浴有限公司、上海贸幻建筑材料销售有限公司建设工程合同纠纷一审民事判决书［浙江省杭州市临平区人民法院（2023）浙0113民初5615号］中，双方合同约定"原告应向被告提交付款申请和等额的符合被告要求的增值税专用发票，否则被告有权拒绝付款，直至原告依约提交付款申请和发票时止"。尽管法院援引了《民法典合同编通则司法解释》第31条第1款的规定，但仍然认为：

被告辩称原告未向其提供全额发票，合同约定的付款条件尚未成就，因此被告有权不付款，根据上述规定，被告该答辩意见不能成立，因此被告未依约支付工程款构成违约，应承担相应的民事责任。原告要求被告支付工程款的诉讼请求，理由充分，本院予以支持。

最后，笔者认为，在《民法典合同编通则司法解释》第31条出台后主流的观点是支持当事人另有的特别约定。尽管如此，在实务中，仍需要注意如下一些问题：如在合同中约定，如付款方催告收款方后仍不开具发票的，付款方有权从应付款项中扣除将导致的税损。① 但需要注意的是,该等损失应当是实际已经发生的。这是其一。其二,不论合同中是否约定付款方应向收款方发送明确的开票信息,其付款方都负有及时向收款方发送开票通知并载明开票信息的义务,使得收款方开具发票的条件成就。其三,对于收款方而言,如果在临近付款截止日付款方仍未通知开票的,可以考虑主动联系对方是否已具备付款条件,根据对方的答复决定是否开票。

(三)增值税发票记载价款与合同约定价款不同时的处理

在实践中,还可能出现的一种情况是,收款方开具的增值税发票记载的价款与合同约定价款不一致时,如何认定的问题。

【例21-11】②增值税发票记载价款与合同约定价款不同时如何处理

裁判要旨:增值税发票记载价款与合同约定价款不同时,原则上,若买受人接受出卖人开具的增值税发票并申请认证、抵扣等,可视为买受人已经认可增值税发票上记载的标的物品种、数量、价格等内容。

案情简介:2009年12月31日,沈某云代表原告永达公司与被告枕磊公司签订涤纶胚布买卖合同,约定永达公司为枕磊公司提供涤纶胚布,胚布开票单价为2.78元/米,数量以实际发生为准。2010年5月25日,永达公司向枕磊公司开具两张江苏增值税发票,发票上记载胚布单价2.99元,税率17%,数量合计66,136米,价税合计231,474元(即胚布开票单价为3.5元/米),枕磊公司随后即对此两张增值税发票申请认证并抵扣。截至诉讼之日,枕磊公司已付款13.5万元。

法院裁判:浙江省绍兴县人民法院经审理认为,永达公司与枕磊公司之间的买卖合同关系有付款凭证、增值税专用发票等证据为凭,应认定为双方的真实意思表示。枕磊公司辩称与永达公司之间并不存在买卖合同,讼争交易实际发生于枕磊

---

① 参见平果恒泰房地产开发有限公司建设工程施工合同纠纷其他民事民事裁定书[最高人民法院(2021)最高法民申5686号]。在该案中,最高院认为:江苏奥达公司作为建筑工程的承包人,应当向付款方平果恒泰公司开具工程款发票,双方在合同中亦作此约定。但是,双方并未约定平果恒泰公司在江苏奥达公司未提供发票时可以代扣税款,江苏奥达公司系缴纳税款的主体,平果恒泰公司在本案中请求直接扣留相应税款,缺乏事实和法律依据,二审判决对该请求不予支持,并无不当。

② 参见吴江市永达纺织品有限公司与绍兴县枕磊进出口有限公司买卖合同纠纷二审民事判决书[浙江省绍兴市中级人民法院(2011)浙绍商终字第607号]。

公司与案外人沈某云之间，因永达公司否认，且枕磊公司未能提供有效证据予以证明，故对枕磊公司该项辩称不予采信。枕磊公司接受货物后未能及时支付相应货款，是造成本纠纷的原因，依法应承担相应的民事责任。法院判决：枕磊公司支付永达公司货款96,474元。枕磊公司不服，提起上诉。

浙江省绍兴市中级人民法院经审理认为，双方争议焦点在于枕磊公司尚欠永达公司货款金额的问题。虽然沈某云代表永达公司与枕磊公司签订了涤纶胚布买卖合同约定胚布的开票单价为2.78元/米，但永达公司开具的两张增值税专业发票上，分别记载单价2.99元，税率17%，数量合计66,136米，价税合计231,474元（即胚布开票单价为3.5元/米），扣除枕磊公司已支付货款13.5万元，枕磊公司尚欠永达公司货款96,474元。因枕磊公司在接受永达公司开具的两张增值税发票后，申请认证、抵扣，应视为枕磊公司已认可增值税发票上记载的标的物品种、数量、价格等内容。法院判决：驳回上诉，维持原判。

本案的争议焦点虽为枕磊公司尚欠永达公司货款金额的问题，但其核心问题是当增值税发票记载价款与合同约定价款不同时，应如何处理。关于增值税发票记载价款与合同约定价款异同应如何处理，存在较大争议。主要有两种观点：第一种观点认为，增值税发票作为一般纳税人经营活动中从事商事活动的重要凭证，主要是税务机关计收税金和扣减税额的重要凭据，该凭据本身尚不具有单独直接证明合同价款的证据效力，在合同有效的情形下，应以合同约定的价款作为计价依据。第二种观点认为，增值税发票记载价款与合同约定价款不同时，原则上，若买受人接受出卖人开具的增值税发票并申请认证、抵扣等行为，可视为买受人已经认可增值税发票上记载的标的物品种、数量、价格等内容。在本案中，法院认同第二种观点。其理由在于：

首先，根据《增值税暂行条例》（2017年修订）第21条第1款的规定，纳税人发生应税销售行为，应当向索取增值税专用发票的购买方开具增值税专用发票，并在增值税专用发票上分别注明销售额和销项税额。增值税发票上记载的销售额和销项税额对于买卖合同项下货物的价款及数量具有推定效力，在对方未提供反证予以否认的情形下，应认定增值税发票记载的价款和数量。

其次，在纳税流程上，认证是抵扣的必经环节，虽然两者在税收管理上可能有不同的作用，但在民商事法律关系或民商事法律事实的认定上，其没有实质上的效力区别。买受人接受出卖人开具的增值税发票并申请认证、抵扣等行为，可视为买受人已经认可增值税发票上记载的标的物品种、数量、价格等内容，这些内容对于买卖合同内容的认定同样具有推定的证明力。从司法实践中看，虽然现实中确实存在当事人之间基于简便或其他不便为他人知悉的理由开具和接受票、物、价不符的增值税发票,但毕竟并非交易常态,也为相关规章所不许。故对方否认增值税发票上的价格、数量,认为票、物、价不符或部分不符的,应举证或作出合理解释,如其能够证明开票后存在退货或销售折让等情形,导致票面货物、价格等情况与实际不符的,可据实加以调整,并责成当事人向税务部门办理相应手续。

三、"三流不一致"与虚开的问题

(一)"三流不一致"的含义

税法实践中所谓的"三流合一"是指资金流(银行的收付款凭证)、票据流(发票的开票人和收票人)和货物流(劳务流)相互统一,具体而言是指不仅收款方、开票方和货物销售方或劳务提供方必须是同一个经济主体,而且付款方、货物采购方或劳务接受方也必须是同一个经济主体。如果在经济交易过程中,不能保证资金流、票据流和货物流(劳务流)相互统一,则会出现票款不一致,涉嫌虚开发票,被税务部门稽查判定为虚列支出,虚开发票,承担一定的行政处罚甚至遭受刑事处罚的法律风险。

(二)"虚开发票"的含义与认定

根据税法的规定,发票具体分为增值税专用发票和普通发票两大类,因此虚开既包括虚开增值税专用发票以骗取出口退税、虚抵进项税款等行为,也包括虚开普通发票以虚列成本,少缴企业所得税等行为。界定虚开的主要标准是"与实际经营业务情况不符",这里的"情况"是指某项经济业务的全部情形,即使是有货物交易或劳务发生,只要开票人不是实际销售(提供)方;或者开票人是实际销售(提供)方,但是金额不符;或者与实际交易项目不符,都属与实际经营业务的情况不符,即构成虚开。在认定虚开发票的行为时,应根据查获的证据和查证的事实,依具体案情具体分析。通常而言,虚开发票包括如下情形:

✓ 虚开发票的行为包括:为他人、为自己开具与实际经营业务情况不符的发票;让他人为自己开具与实际经营业务情况不符的发票;介绍他人开具与实际经营业务情况不符的发票。对于非法代开发票的行为,依照虚开发票进行处罚。

✓ 虚开增值税专用发票的手段包括:没有货物、不动产、无形资产购销,未提供或接受应税劳务、应税服务而为他人、为自己、让他人为自己、介绍他人开具增值税专用发票;有货物、不动产、无形资产购销,提供或接受应税劳务、应税服务,但为他人、为自己、让他人为自己、介绍他人开具数量或者金额不实的增值税专用发票;

进行了实际经营活动,但让他人为自己代开增值税专用发票。

根据《国家税务总局关于纳税人对外开具增值税专用发票有关问题的公告》(国家税务总局公告2014年第39号)的规定,纳税人通过虚增增值税进项税额偷逃税款,但对外开具增值税专用发票同时符合以下情形的,不属于对外虚开增值税专用发票:

✓ 纳税人向受票方纳税人销售了货物,或者提供了增值税应税劳务、应税服务;

✓ 纳税人向受票方纳税人收取了所销售货物、所提供应税劳务或者应税服务的款项,或者取得了索取销售款项的凭据;

✓ 纳税人按规定向受票方纳税人开具的增值税专用发票相关内容,与所销售货物、所提供应税劳务或者应税服务相符,且该增值税专用发票是纳税人合法取得、并以自己名义开具的。

受票方纳税人取得的符合上述情形的增值税专用发票,可以作为增值税扣税凭证抵扣进项税额。

(三)保持"三流一致",规避虚开发票的风险

在审查合同的涉税条款时,通常情况下需要保证"资金流、票据流、货物流"的完全一致。如果"三流"不一致,则可能导致不能抵扣税款。

合同中应当约定由供货方提供其发出货物的出库凭证及相应的物流运输信息。如果货物由供货方指定的第三方发出,为了避免"三流"不一致、导致虚开发票的行为,需要明确供货方提供与第三方之间的采购合同等资料。对于分批交货合同增值税专用发票的开具,为了做到三流一致,防止出现虚开增值税专用发票的情形,应当在合同中约定在收货当期开具该批次货物的增值税专用发票。涉及分期付款的,基于防范虚开增值税专用发票风险考虑,在需方实际收到供方的货物时,供方产生开具增值税专用发票的义务。如果货物不是分期交付,则分期付款行为并不会影响增值税专用发票的开具。

此外,还需要保证票据开具必须与合同保持匹配。对于委托第三方支付和收款等三流不一致的情形,可以通过签订三方合同的方式减少风险,或者也可通过指定由第三方付款的方式来解决,但需要提供相应委托协议,以防止被认定为虚开增值税专用发票的行为。

例如,如下的简单的示范条款:

"乙方应向甲方提供其货物发出的出库凭证、物流信息及票据,连同增值税专

用发票一起交付甲方。如果本合同项下货物系由第三方发出，则乙方需要提供与第三方签订的采购合同等证明以及委托第三方发货的手续、第三方出库凭证、物流信息及票据。"

"甲方委托第三方向乙方支付合同价款的，需要提供委托协议作为本合同的附件。"

四、兼营和混合销售问题

（一）兼营问题与合同分别约定

"营改增"后，取消了混业经营概念、保留了兼营行为概念（试点纳税人销售货物、加工修理修配劳务、服务、无形资产或者不动产适用不同税率或者征收率），按规定纳税人应当分别核算适用不同税率或者征收率的销售额，未分别核算销售额的，一律从高适用税率。对于经济行为中涉及兼营行为的，为了避免因从高适用税率而导致承担额外的税负，有必要在合同中将涉及的经济行为的价款分别明确，建立分开核算的合同依据。

（二）混合销售问题

36号文附件1：《营业税改征增值税试点实施办法》第40条规定："一项销售行为如果既涉及服务又涉及货物，为混合销售。从事货物的生产、批发或者零售的单位和个体工商户的混合销售行为，按照销售货物缴纳增值税；其他单位和个体工商户的混合销售行为，按照销售服务缴纳增值税。本条所称从事货物的生产、批发或者零售的单位和个体工商户，包括以从事货物的生产、批发或者零售为主，并兼营销售服务的单位和个体工商户在内。"

根据本条规定，界定"混合销售"行为的标准有两点：一是其销售行为必须是一项；二是该项行为必须即涉及服务又涉及货物，其"货物"是指增值税条例中规定的有形动产，包括电力、热力和气体；服务是指属于全面营改增范围的交通运输服务、建筑服务、金融保险服务、邮政服务、电信服务、现代服务、生活服务等。在界定"混合销售"行为是否成立时，其行为标准中的上述两点必须是同时存在，如果一项销售行为只涉及销售服务，不涉及货物，这种行为就不是混合销售行为；反之，如果涉及销售服务和涉及货物的行为，不是存在一项销售行为之中，这种行为也不是混合销售行为。问题是如何理解和认定"以从事货物的生产、批发或者零售为主"呢？在税收征管实践中，基本上是以"企业经营的主业确定"。即企业经营的主业是货物销售的，则按照货物销售的增值税税率计算增值税；企业经营的主业是服务销售的,则按照服务业的增值税税率计算增值税。

在进行合同审查时,区分混合销售和兼营行为很有必要。两者的区别如表21-1所示:

表21-1 混合销售和兼营行为的区别

项目	混合销售	兼营行为
是否同时发生	同时发生	不一定
是否针对同一销售对象	针对同一对象:同一销售行为;价款来自同一买方	不一定:同一纳税人;价款来自不同买方
税务处理	根据纳税人的主营业务,统一按照一个税目和税率征税	分别核算的,分别不同税目和税率征收税;未分别核算的,从高适用税率

【例21-12】混合销售行为的认定与多份合同的签订

案情:A公司从事电脑批发零售,也从事软件开发业务。A公司与B公司经协商达成一致:由A公司向B公司销售一批专用电脑设备,价款100万元,A公司另外要向B公司提供与该批电脑设备有关的软件开发服务,价款也是100万元。A公司销售电脑设备,适用增值税税率为13%;提供软件开发服务,适用增值税税率为6%。

问题:如果A公司与B公司签订一份合同,既约定电脑设备销售事宜,又约定软件开发服务事宜,A公司该如何计算缴纳增值税?是分别计税,还是必须将两个应税项目合并成一项交易,按混合销售计税,统一适用13%税率?如果双方签订两份合同,一份合同约定电脑设备销售事项,另一份合同约定软件开发服务,A公司又该如何计算缴纳增值税?

分析:如果按混合销售缴纳增值税,A公司的销项税额是26万元(200×13%)。如果允许分别计税,A公司的销售税额是19万元(100×13% + 100×6%)。前者比后者多出7万元。

本例中A公司究竟应该按哪种方式计税?营改增后,混合销售的概念改变为同一纳税人在同一项销售业务中,混杂增值税不同税目的业务,既涉及货物又涉及营改增应税服务的行为。在本案例中,A公司向B公司提供软件开发服务,是建立在向B公司销售电脑设备的基础上的。因为如果A、B两公司之间没有发生电脑设备销售行为,B公司就不可能接受A公司的软件开发服务。显然,电脑设备销售与软件开发构成混合销售行为,两者形成主次关系,前者是主要应税项目,后者构成次要的、辅助的应税项目。

至于 A、B 公司是签订一份合同还是两份合同,这与混合销售行为的认定没有任何关系,混合销售的判定标准不是以合同,软件开发服务是建立在电脑设备销售行为之上的,故有关销售行为应认定为单一销售行为。因此,A 公司电脑设备销售及软件开发服务应认定为混合销售。

正确的缴纳增值税计算是:A 公司的销项税额按是混合销售计税 = [100 万元(销售一批专用电脑设备价款) + 100 万元(该批电脑设备有关的软件开发服务价款)] × 13% = 26 万元。

五、集中采购模式下的涉税条款

在实践中,特别是对于公司集团而言,基于协同效应,集团对于物资、机器设备等通常采用集中采购的模式。那么,这种模式下,在合同谈判、签订和审查中需要注意哪些事项呢？笔者认为,为避免合同签订方与实际使用方名称不一致,无法实现进项税额抵扣,采用"统谈、分签、分付"的模式,才能保证税款的抵扣。所谓"统谈"是指集中采购单位统一与供应商谈判；所谓"分签"是指供应商与各采购需求单位分别签订合同,分别发货或提供服务,分别开具发票；所谓"分付"是指各采购需求单位分别向供应商支付款项。

但在实践中,如果采购需求单位过多的话,集中采购单位通常根据需求单位的委托,采用"统签"的方式。即,集中采购单位作为受托方和合同当事方之一统一与供应商签订采购合同,并在合同中明确约定,由供应商直接向各采购需求单位发货或提供服务,分别开具发票,资金由各采购需求单位分别支付或者以委托付款的方式通过集中采购单位统一支付给供应商。

六、税率调整时享受税率差优惠的问题

随着国家对增值税税率不断简并、降低处理,实务中,出现了原签订的买卖合同等约定的税率发生了变化,导致买卖双方谁应该享受国家给予的税率差优惠的争议,诉诸法院的案件不少,但基本的诉由都是合同纠纷(主要是买卖合同纠纷、商品房销售合同纠纷以及建设工程施工合同纠纷等)。在这些案件中,往往是买方(发包方)向卖方(承包方)主张赔偿税率差部分的税损,或者主张从合同价款中予以扣减。

如在东莞百实特电子科技有限公司、东莞市中洲石化有限公司买卖合同纠纷二审民事判决书[广东省东莞市中级人民法院(2021)粤 19 民终 7823 号]中,中洲公司(卖方)与百实特公司(买方)签订了《采购合同》,约定的货物税率为 16%,在合同履行过程中,国家增值税税率于2019年4月1日起,由16%调整为13%。原告中洲公司向法院提起诉讼请求被告百实特公司向其支付货款、违约金等。而百实特公司则主张应从价款中扣减3%税率差的货款94,151.30元。法院认为:

关于税额调整的问题。案涉《采购合同》约定了货物单价、总金额,但未约定若税率调整应如何处理,亦无充分证据证明双方以交易习惯变更合同约定。中洲公司按双方约定的货物单价及百实特公司未付款的送货量向百实特公司主张案涉货款,合法有据。百实特公司主张增值税改革后已由16%减为13%,货款应扣减税率差额3%,缺乏依据,本院不予采纳。

再如在林某与苏州旭高房地产开发有限公司商品房销售合同纠纷一审民事判决书[江苏省苏州市虎丘区人民法院(2018)苏0505民初3520号]①中,法院认为:

原被告签订的《苏州市商品房买卖合同》系双方当事人的真实意思表示,合法、有效,故双方当事人应当按照合同约定行使权利以及履行义务。本案的争议焦点为因涉案商品房销售而产生的应税销售行为适用的增值税税率由11%降为10%后,对房屋总价款的影响。针对上述争议焦点,本院认为:首先,原被告在合同第四条约定,本合同约定的总房价款除面积差异的原因外,不再做变动,上述约定系原被告双方就涉案房屋约定了固定房屋总价款的计价方法;且不动产属于家庭的大额财产,不动产买卖事宜关系重大,故原被告通过合同作出固定房屋总价款的约定有利于维护商品房交易秩序的稳定;其次,合同补充条款第23条第5项约定,原告购买涉案房屋适用增值税税率为11%,被告辩称上述约定仅是基于当时营改增政策,原被告双方对税种、开票种类的约定,原告主张上述约定系原被告双方约定将增值税税率作为房屋总价款的计价因素之一,故税率下调后房屋总价款应当随之调整,本院认为,开发商因销售商品房而产生的增值税税款系开发商的经营、销售成本之一,开发商在计算商品房的成本时将其考虑在内无可厚非,但原被告已经通过合同第四条作出固定房屋总价款的意思表示,且补充条款第23条第5项的约定并不具有降税即降价的意思表示,故在没有降税降价明确约定的情形下,被告是否缴税、缴税的具体金额、种类对于房屋总价款不产生任何影响;换句话说,如果增值税税率并非下降而是上调,对房屋总价款亦无影响;最后,增值税是以商品(含

---

① 类案还可参见朱某章、陆某佳与苏州旭高房地产开发有限公司商品房销售合同纠纷一审民事判决书[江苏省苏州市虎丘区人民法院(2018)苏0505民初3521号];倪某彦商品房销售合同纠纷一审民事判决书[江苏省苏州市相城区人民法院(2019)苏0507民初7427号];张某榕与芜湖梁宏置业有限公司商品房销售合同纠纷一审民事判决书[安徽省芜湖市弋江区人民法院(2020)皖0203民初948号]。

应税劳务)在流转过程中产生的增值额作为计税依据而征收的一种流转税。从计税原理上说,增值税是对商品生产、流通、劳务服务中多个环节的新增价值或商品的附加值征收的一种流转税。本案被告作为开发商销售涉案商品房后,发生了增值税应税销售行为,应当缴纳增值税,故增值税的纳税义务人为被告,并非原告。现国家降低了增值税的税率,直接目的是给企业减轻税负,激发企业活力,但降税后必将会产生一系列的积极效应和连锁反应,从长远来看也必将作用于消费领域,从而惠及广大消费者。综上,本院认为,因涉案商品房销售而产生的应税销售行为适用的增值税税率由11%降为10%后,不影响涉案房屋的总价款,现房屋总价款因面积差异原因变动为1,621,699元,被告根据上述价款开具增值税发票及收取契税的行为并无不妥,故原告的诉讼请求本院不予支持。

从上述案例可以看出,在民商法领域,因为民事案由为买卖合同纠纷、建设工程施工合同纠纷和商品房销售合同纠纷,故此法院充分尊重双方合同的约定,除非法律法规有强制性规定。因此,如果合同中无税率调整适用的约定,根据合同诚实信用原则,任何一方当事人不能任意变更合同,税率调整一般不影响合同效力(即是说请求权基础是否源于合同约定)。但合同双方可以就价款调整事宜进行协商,如已经开具发票,则视为产生纳税义务,此时无法通过合同变更适用新的税率,但如果未付款未开具发票,双方可以协商变更合同涉税条款并达成书面变更协议或补充协议。

至于一方当事人不同意调整价款,另一方起诉要求调整能否得到法院支持?有观点认为,可以依据《民法典》第533条(原《合同法司法解释(二)》第26条)规定的"情势变更"主张变更合同,但从司法实践来看,法院对于情势变更的认定较为慎重。一般情况下,税收政策对合同价款的影响较小,并非合同法律行为的基础性事实,增值税税率调整不足以导致合同赖以成立的基础丧失,也不足以导致当事人合同目的无法实现,不适用情势变更。① 如果国家税费政策的调整确使合同成立以后的基础条件发生重大变化且使合同各方当事人的权利义务严重失衡,甚至导致合同目的不能实现,则应另当别论。也有法院基于卖方故意拖延开具发票造成买方税损的,根据公平原则,判决由卖方承担该部分损失②。此外,还有法院在合同未就税率调整进行约定时,以纳税义务发生时间为准确定税率。如在河南诚

---

① 参见湖北电力天源钢管塔有限公司、宣化钢铁集团有限责任公司合同纠纷二审民事判决书[河北省张家口市中级人民法院(2020)冀07民终936号]。
② 参见北京方旭食品有限公司与上海欧朔智能包装科技有限公司买卖合同纠纷二审民事判决书[上海市第一中级人民法院(2020)沪01民终13918号]。

宸建设工程有限公司、郑州拓丰置业有限公司建设工程施工合同纠纷二审民事判决书[河南省高级人民法院(2021)豫民终259号]中,2016年2月27日,诚宸公司(承包方)与拓丰公司(发包方)签订《建设工程施工合同》一份,后两者因工程结算发生纠纷。诚宸公司向法院起诉请求拓丰公司支付拖欠工程款及利息等。拓丰公司则主张,在合同履行过程中,依据《财政部、税务总局关于调整增值税税率的通知》(财税〔2018〕32号)的规定,自2018年5月1日起,增值税税率由11%调整为10%;依据《财政部、税务总局、海关总署关于深化增值税改革有关政策的公告》(财政部、税务总局、海关总署公告2019年第39号)的规定,自2019年4月1日起,增值税税率由10%调整为9%。本案中,拓丰公司与诚宸公司均按照上述文件执行,诚宸公司根据上述文件已分别向拓丰公司开具11%、10%、9%的发票,且其后续只能开具9%税率的发票,但鉴定机构均按照11%的税率计入涉案工程总造价,既显失公平,亦与实际情况严重不符。涉案工程总造价依法依约均应扣减上述款项,合计应减少支付工程款1,535,488.71元。二审法院认为:

关于税率计算问题。鉴定机构泓昇咨询公司在对案涉工程造价进行鉴定时统一按照11%增值税税率进行的鉴定,鉴定意见为:鉴定造价为165,410,067.53元,其中确定部分造价为155,095,688.70元,不确定部分造价为10,314,378.83元。诚宸公司、拓丰公司均认可拓丰公司已向诚宸公司支付工程款并开具增值税专用发票的金额为88,518,430元。

根据增值税纳税义务发生时间为收到款项的当天的规定,结合拓丰公司提交的16份案涉合同增值税专用发票及《河南省住房和城乡建设厅关于调整建设工程计价依据增值税税率的通知》(豫建设标〔2018〕22号)、住房和城乡建设部办公厅发布的《关于重新调整建设工程计价依据增值税税率的通知》(建办标函〔2019〕193号)的规定,鉴定机构泓昇咨询公司和一审法院对案涉工程造价统一按照11%增值税税率进行计价不当,本院予以纠正。具体计算方法为:1.确定部分鉴定造价未支付金额=确定部分造价155,095,688.70 − 88,518,430 = 66,577,258.70元;确定部分鉴定造价未支付不含税金额66,577,258.70/(1+11%)=59,979,512.34元;11%税额=59,979,512.34×11%=6,597,746.36元;9%税额=59,979,512.34×9%=5,398,156.11元;确定部分鉴定造价应扣减税额=6,597,746.36 − 5,398,156.11 = 1,199,590.25元。2.不确定部分造价未支付金额243,222.76元;不确定部分造价未支付不含税金额243,222.76/(1+11%)=219,119.60元;11%税额=219,119.60×11%=24,103.16元;9%税额=219,119.6×9%=19,720.76元;不确定部分造价应扣减税额=24,103.16 − 19,720.76 = 4382.40元。确定与不确定部分合计应扣减税额 = 1,199,590.25 元 + 4382.40 元 = 1,203,972.65 元。

综上,案涉工程的造价为 155,338,911.46 - 1,203,972.65 = 154,134,938.81 元。拓丰公司应支付诚宸公司工程款为 57,909,761.87 元(154,134,938.81 - 154,134,938.81×5% - 88,518,430)。

在本案中,河南省高院采取的立场是,如果纳税义务发生时间在增值税税率调整之前,应按照旧税率开票,由于迟延开票导致开票不能的,则应承担相应的税率差损失;若纳税义务发生时间在增值税税率调整之后,则应按照新税率开票。

鉴于司法实践中仍存有一些争议,在民商事交易中,当事人可通过以下两种方式约定税率调整对价款的影响:一是采取与上述购房案例类似的固定计价的方式约定价款,排除税率调整的影响;二是采用"不含税价 + 增值税"的方式确定合同价格。例如:

发票税率[　]%,如遇国家税收政策调整的,不含税金额不变,含税金额按新税率计算相应调整。

七、发票的证据效力问题

有关发票的证据效力问题主要涉及的是发票是否可以作为付款凭证的问题,有关内容,请读者参阅本书第 1 章"买卖合同起草、审查精要与实务"之"第 5 节 买卖合同的发票问题",在此不再赘述。

附录　本书主要参考文献

一、著作

1. 崔建远:《合同责任研究》,吉林大学出版社1992年版。
2. 胡康生主编:《中华人民共和国合同法释义》,法律出版社1999年版。
3. 曲宗洪:《债权与物权的契合:比较法视野中的所有权保留》,法律出版社2010年版。
4. 李国光、金剑峰、曹士兵等:《最高人民法院〈关于适用《中华人民共和国担保法》若干问题的解释〉理解与适用》,吉林人民出版社2000年版。
5. 王泽鉴:《债法原理》,中国政法大学出版社2001年版。
6. 陈自强:《民法讲义Ⅰ——契约之成立与生效》,法律出版社2002年版。
7. 王泽鉴:《民法概要》,中国政法大学出版社2003年版。
8. 最高人民法院民事审判第一庭编著:《最高人民法院建设工程施工合同司法解释的理解与适用》,人民法院出版社2004年版。
9. 李永军:《合同法》,法律出版社2010年版。
10. 谢菁菁:《国际保理中应收账款转让问题研究》,中国检察出版社2011年版。
11. 最高人民法院民事审判第二庭编:《最高人民法院商事审判裁判规范与案例指导》(第2卷),法律出版社2011年版。
12. 王利明:《合同法研究》(第2卷)(修订版),中国人民大学出版社2011年版。
13. 高云:《思维的笔迹(上):法律人成长之道》,法律出版社2013年版。
14. 王利明:《合同法研究》(第1卷)(第3版),中国人民大学出版社2015年版。
15. 最高人民法院研究室编著:《最高人民法院关于合同法司法解释(二)理解

与适用》,人民法院出版社2015年版。

16. 雷霆:《资本交易法律文书精要详解及实务指南》,法律出版社2015年版。

17. 最高人民法院民事审判第一庭编著:《最高人民法院建设工程施工合同司法解释的理解与适用》,人民法院出版社2015年版。

18. 最高人民法院民事审判第二庭编著:《最高人民法院关于买卖合同司法解释理解与适用》,人民法院出版社2016年版。

19. 最高人民法院民事审判第二庭编著:《最高人民法院关于融资租赁合同司法解释理解与适用》,人民法院出版社2016年版。

20. 最高人民法院民事审判第二庭编著:《最高人民法院关于公司法解释(三)、清算纪要理解与适用》(第2版),人民法院出版社2016年版。

21. 刘敏主编:《股权案件裁判要点与观点》,法律出版社2016年版。

22. 王勇:《建设工程施工合同纠纷实务解析》,法律出版社2017年版。

23. 唐青林、李舒主编:《公司法司法解释四裁判综述及诉讼指南》,中国法制出版社2017年版。

24. 杜万华主编、最高人民法院民事审判第二庭编著:《最高人民法院公司法司法解释(四)理解与适用》,人民法院出版社2017年版。

25. 梁慧星:《读条文 学民法》(第2版),人民法院出版社2017年版。

26. 曹士兵:《中国担保制度与担保方法》(第4版),中国法制出版社2017年版。

27. 陈胜编著:《中国合同库:商业保理》,法律出版社2018年版。

28. 王利明:《合同法研究》(第4卷)(第3版),中国人民大学出版社2018年版。

29. 朱广新:《合同法总则研究》,中国人民大学出版社2018年版。

30. 韩世远著:《合同法总论》(第4版),法律出版社2018年版。

31. 姚明斌:《违约金论》,中国法制出版社2018年版。

32. 贺小荣主编:《最高人民法院民事审判第二庭法官会议纪要:追寻裁判背后的法理》,人民法院出版社2018年版。

33. 司伟、肖峰:《担保法实务札记:担保纠纷裁判思路精解》,中国法制出版社2019年版。

34. 最高人民法院民事审判第二庭编著:《〈全国法院民商事审判工作会议纪要〉理解与适用》,人民法院出版社2019年版。

35. 最高人民法院民法典贯彻实施工作领导小组主编:《中华人民共和国民法

典总则编理解与适用》(上、下),人民法院出版社 2020 年版。

36. 最高人民法院民法典贯彻实施工作领导小组主编:《中华人民共和国民法典物权编理解与适用》(上、下),人民法院出版社 2020 年版。

37. 最高人民法院民法典贯彻实施工作领导小组主编:《中华人民共和国民法典合同编理解与适用》(一)~(四),人民法院出版社 2020 年版。

38. 黄薇主编:《中华人民共和国民法典合同编释义》,法律出版社 2020 年版。

39. 最高人民法院民法典贯彻实施工作领导小组主编:《中华人民共和国民法典婚姻家庭编继承编理解与适用》,人民法院出版社 2020 年版。

40. 崔建远:《中国民法典释评:物权编》(上下卷),中国人民大学出版社 2020 年版。

41. 王利明主编:《中国民法典释评:合同编·通则》,中国人民大学出版社 2020 年版。

42. [美]吕立山:《外商投资实务指南:〈外商投资法〉时代合同模板与适用指引(中英双语)》,法律出版社 2020 年版。

43. 朱广新、谢鸿飞主编:《民法典评注:合同编·通则》,中国法制出版社 2020 年版。

44. 王利明主编:《民法》(第 8 版),中国人民大学出版社 2020 年版。

45. 吴江水:《完美的合同:合同的基本原理及审查与修改》(第 3 版),北京大学出版社 2020 年版。

46. 王轶、高圣平、石佳友、朱虎、熊丙万、王叶刚:《中国民法典释评:合同编·典型合同》(上下卷),中国人民大学出版社 2020 年版。

47. 高圣平:《担保法前沿问题与判解研究——最高人民法院新担保制度司法解释条文释评》(第 5 卷),人民法院出版社 2021 年版。

48. 程啸、高圣平、谢鸿飞:《最高人民法院新担保司法解释理解与适用》,法律出版社 2021 年版。

49. 高圣平:《民法典担保制度及其配套司法解释理解与适用》,中国法制出版社 2021 年版。

50. 最高人民法院民事审判第一庭编著:《最高人民法院新建设工程施工合同司法解释(一)理解与适用》,人民法院出版社 2021 年版。

51. 赵森主编:《民商事审判典型涉税争议评析》,中国财政经济出版社 2021 年版。

52. 最高人民法院民事审判第二庭:《最高人民法院民法典担保制度司法解释

理解与适用》，人民法院出版社2021年版。

53. 何力、常金光等：《合同起草审查指南：三观四步法》（第3版），法律出版社2021年版。

54. 高圣平：《民法典担保制度及其配套司法解释理解与适用》，中国法制出版社2021年版。

55. 王毓莹、史智军：《建设工程施工合同纠纷疑难问题和裁判规则解析》，法律出版社2022年版。

56. 高圣平：《民法典担保制度体系研究》，中国人民大学出版社2023年版。

57. 最高人民法院民事审判第二庭、研究室编著：《最高人民法院民法典合同编通则司法解释理解与适用》，人民法院出版社2023年版。

58. 赵旭东主编：《新公司法重点热点问题解读：新旧公司法比较分析》，法律出版社2024年版。

二、文献

1. 梁慧星：《统一合同法：成功与不足》，载《中国法学》1999年第3期。

2. 孙森焱：《论违约金与解约金》，载《法令月刊》1996年第12期。

3. 王利明：《对〈合同法〉格式条款规定的评析》，载《政法论坛》1999年第6期。

4. 朱岩：《格式条款的基本特征》，载《法学杂志》2005年第6期。

5. 赵一平：《论账户质押中的法律问题》，载《人民司法》2005年第8期。

6. 崔建远、龙俊：《委托合同的任意解除权及其限制——"上海盘起诉盘起工业案"判决的评释》，载《法学研究》2008年第6期。

7. 邱继东、郭瑞萍：《雇佣关系与承揽关系的区分》，载《人民法院报》2010年9月16日，第6版。

8. 叶阳：《效力性规定在司法实践中的辨识》，载《人民法院报》2011年11月23日，第7版。

9. 刘承韪：《预约合同层次论》，载《法学论坛》2013年第6期。

10. 崔拓寰：《本人签署的非典型签名与签正式姓名具有同等效力》，载《人民司法》2013年第20期。

11. 方建国、蒋海英：《商业银行保证金账户担保的性质辨析》，载南京师范大学法学院、《金陵法律评论》编辑部编：《金陵法律评论》2013秋季卷，法律出版社2014年版。

12. 耿利航:《预约合同效力和违约救济的实证考察与应然路径》,载《法学研究》2016年第5期。

13. 陈龙吟:《账户质押效力论》,载《北方法学》2017年第3期。

14. 崔建远:《合同解释的对象及其确定》,载《华东政法大学学报》2018年第5期。

15. 崔建远:《论格式条款的解释》,载《经贸法律评论》2019年第3期。

16. 张轶:《知识产权转让不破许可之证伪》,载《知识产权》2019年第5期。

17. 侯思贤:《论银行账户质押的名称、性质与公示方式的选择》,载《征信》2019年第6期。

18. 丁广宇:《股权代持纠纷的有关法律问题》,载《人民司法》2019年第17期。

19. 王毓莹:《股权代持的权利架构——股权归属与处分效力的追问》,载《比较法研究》2020年第3期。

20. 王轶:《民法典之"变"》,载《东方法学》2020年第4期。

21. 王利明:《论民法典合同编发挥债法总则的功能》,载《法学论坛》2020年第4期。

22. 彭先伟、吴亚男:《〈民法典〉下的合同成立时间问题评析》,德恒研究,2020年8月17日。

23. 张鹏:《知识产权许可使用权对第三人效力研究》,载《北方法学》2020年第6期。

24. 何颖来:《〈民法典〉中有追索权保理的法律构造》,载《中州学刊》2020年第6期。

25. 朱虎:《〈民法典〉合伙合同规范的体系基点》,载《法学》2020年第8期。

26. 王利明:《我国〈民法典〉保证合同新规则释评及适用要旨》,载《政治与法律》2020年第12期。

27. 高圣平:《民法典上保证期间的效力及计算》,载《甘肃政法大学学报》2020年第5期。

28. 麻莉、丁俊峰:《有追索权保理合同纠纷管辖法院的确定》,载《人民司法》2020年第31期。

29. 林文学、杨永清、麻锦亮、吴光荣:《"关于非典型担保"及"附则"部分重点条文解读》,载《人民法院报》2021年2月25日,第7版。

30. 刘贵祥:《民法典关于担保的几个重大问题》,载《法律适用》2021年第1期。